Le Québ
2000-2001
D0268424

Guides de voyage
ULYSSE
Le plaisir de mieux voyager

Recherche et rédaction
Attraits Touristiques
François Rémillard
Portrait
Benoît Prieur

Éditeurs
Caroline Béliveau
Daniel Desjardins
Stéphane G. Marceau

Directrice de production
Pascale Couture

Metteurs en pages
Caroline Béliveau
Alexandra Gilbert
Raphaël Corbeil
Élyse Leconte

Cartographes
André Duchesne
Patrick Thivierge
Yanik Landreville
Collaboration
Nancy Deslauriers

Correcteurs
Pierre Corbeil
Pierre Daveluy

Infographe
Stéphanie Routhier

Illustratrices
Lorette Pierson
Marie-Annick Viatour
Myriam Gagné

Photographe
Page couverture
Guy Dagenais

Directeur artistique
Patrick Farei (Atoll)

Recherche et rédaction : Gabriel Audet, Caroline Béliveau, Daniel Desjardins, Alexandra Gilbert, Stéphane G. Marceau, Jacqueline Grekins, François Hénault, Judith Lefebvre, Claude Morneau, Yves Ouellet, Joël Pomerleau, Sylvie Rivard, Yves Séguin, Marcel Verreault.

Collaboration à la recherche et à la rédaction : Virginie Bonneau, Nathalie Boucher, Raphaël Corbeil, Catherine Desforges, Simon Dubé, Claude Feuiltault, Isabel Gosselin, Yanik Landreville, Alain Legault, Giuseppe Marcario, Jennifer McMorran, Francis Plourde, Marc Rigole, Steve Rioux, Christian Roy, Maxime Soucy, Christopher Woodworth.

Photographies:
Architecture : Guy Dagenais, Michel Gagné, Perry Mastrovito, Roger Michel, Roch Nadeau, Carlos Pineda, François Rémillard.
Autochtones : Diane de Koninck, Serge Gosselin, John Mameamskum, Georges Mestokosho, Audrey Mitchell, Monique Papatie, Clothilde Pelletier, Régent Sioui.
Nature : Michel Gagné, H. Hughes, Perry Mastrovito, Roch Nadeau, Sean O'Neill, Carlos Pineda, Philippe Renault, B. Terry.

DISTRIBUTION

Canada : Distribution Ulysse, 4176, St-Denis, Montréal (Québec) H2W 2M5, ☎(514) 843-9882, poste 2232, ☎800-748-9171, fax : (514) 843-9448, www.ulysse.ca, info@ulysse.ca

États-Unis : Distribooks, 8120 N. Ridgeway, Skokie, IL 60076-2911, ☎(847) 676-1596, fax : (847) 676-1195

Belgique-Luxembourg : Vander, 321, avenue des Volontaires, B-1150 Bruxelles, ☎(02) 762 98 04, fax : (02) 762 06 62

France : Inter Forum, 3, allée de la Seine, 94854 Ivry-sur-Seine Cedex, ☎01 49 59 11 89, fax : 01 49 59 11 96

Espagne : Altaïr, Balmes 69, E-08007 Barcelona, ☎(3) 323-3062, fax : (3) 451-2559

Italie : Centro cartografico Del Riccio, Via di Soffiano 164/A, 50143 Firenze, ☎(055) 71 33 33, fax : (055) 71 63 50

Suisse : Diffusion Payot SA, p.a. OLF S.A., Case postale 1061, CH-1701 Fribourg, ☎(26) 467 51 11, fax : (26) 467 54 66

Pour tout autre pays, contactez Distribution Ulysse (Montréal).
Données de catalogage avant publication (Canada). (Voir p 10)

Bibliothèque nationale du Québec
Dépôt légal - Premier trimestre 2000
ISBN 2-89464-235-0

«tu es mon amour
ma clameur mon bramement
tu es mon amour ma ceinture fléchée d'univers
ma danse carrée des quatre coins d'horizon
le rouet des écheveaux de mon espoir
tu es ma réconciliation batailleuse
mon murmure de jours à mes cils d'abeille
mon eau bleue de fenêtre
dans les hauts vols de buldings
mon amour
de fontaines de haies de ronds-points de fleurs
tu es ma chance ouverte et mon encerclement
à cause de toi
mon courage est un sapin toujours vert
et j'ai du chiendent d'achigan plein l'âme
tu es belle de tout l'avenir épargné
d'une frêle beauté soleilleuse contre l'ombre
ouvre-moi tes bras que j'entre au port»

Extrait de «La Marche à l'amour»
Gaston Miron
L'Homme rapaillé

SOMMAIRE

Portrait du Québec **13**
La géographie 13
La flore 14
La faune 15
Bref historique 15
Vie politique 25
La population québécoise .. 31
L'architecture et l'aménagement du territoire 37
Les arts au Québec 44

Renseignements généraux **49**
Formalités d'entrée 49
Ambassades et consulats ... 49
Renseignements touristiques 50
Aéroports 51
Douane 53
Études et travail 53
Vos déplacements 54
Services financiers 59
Taxes et pourboire 60
Télécommunications 60
Bureaux de poste 61
Décalage horaire 61
Horaires et jours fériés ... 61
Climat 62
Assurances 63
Santé 63
Sécurité 63
Français québécois 63
Personnes handicapées 64
Aînés 64
Enfants 64
Gays et lesbiennes 64
Attraits touristiques 64
Hébergement 65
Restaurants 66
Bars et discothèques 68
Avis aux fumeurs 68
Vins, bières et alcools 68
Animaux 68
Fêtes et festivals 68
Achats 70
Poids et mesures 71

Plein air **73**
Parcs 73
Les loisirs d'été 76
Les loisirs d'hiver 81

Montréal **83**
Pour s'y retrouver sans mal . 86
Renseignements pratiques . . 88
Attraits touristiques 90
Parcs 145
Activités de plein air 145
Hébergement 147
Restaurants 153
Sorties 165
Achats 171

Laval **175**
Pour s'y retrouver sans mal 175
Renseignements pratiques . 176
Attraits touristiques 176
Parcs 179
Activités de plein air 180
Hébergement 180
Restaurants 180
Sorties 182
Achats 182

Montérégie **183**
Pour s'y retrouver sans mal 183
Renseignements pratiques . 187
Attraits touristiques 187
Parcs 216
Activités de plein air 217
Hébergement 220
Restaurants 222
Sorties 226
Achats 227

Cantons-de-l'Est **229**
Pour s'y retrouver sans mal 230
Renseignements pratiques . 232
Attraits touristiques 232
Parcs 249
Activités de plein air 250
Hébergement 253
Restaurants 258
Sorties 262
Achats 264

Lanaudière **265**
Pour s'y retrouver sans mal 265
Renseignements pratiques . 266
Attraits touristiques 266
Parcs 277
Activités de plein air 277
Hébergement 279
Restaurants 281
Sorties 283
Achats 284

Les Laurentides **285**
Pour s'y retrouver sans mal 285
Renseignements pratiques . 286
Attraits touristiques 286
Parcs 302
Activités de plein air 304
Hébergement 308
Restaurants 314
Sorties 319
Achats 320

L'Outaouais **321**
Pour s'y retrouver sans mal 321
Renseignements pratiques . 322
Attraits touristiques 322
Parcs 334
Activités de plein air 335
Hébergement 336
Restaurants 337
Sorties 339
Achats 340

Abitibi–Témiscamingue **341**
Pour s'y retrouver sans mal 341
Renseignements pratiques . 342
Attraits touristiques 344
Parcs 351
Activités de plein air 351
Hébergement 354
Restaurants 356
Sorties 357

Mauricie–Centre-du-Québec **359**
Pour s'y retrouver sans mal 360
Renseignements pratiques . 362
Attraits touristiques 362
Parcs 379
Activités de plein air 380
Hébergement 381
Restaurants 383
Sorties 386
Achats 387

La ville de Québec **389**
Pour s'y retrouver sans mal 391
Renseignements pratiques . 392
Attraits touristiques 393
Parcs 424
Activités de plein air 425
Hébergement 426
Restaurants 430
Sorties 437
Achats 439

Les environs de Québec **441**
Pour s'y retrouver sans mal 441
Renseignements pratiques . 442
Attraits touristiques 444
Parcs 463
Activités de plein air 465
Hébergement 468
Restaurants 471
Sorties 474
Achats 474

Chaudière-Appalaches **477**
Pour s'y retrouver sans mal 478
Renseignements pratiques . 478
Attraits touristiques 479
Parcs 501
Activités de plein air 502
Hébergement 504
Restaurants 507
Sorties 509
Achats 511

Le Bas-Saint-Laurent **513**
Pour s'y retrouver sans mal 514
Renseignements pratiques . 514
Attraits touristiques 514
Parcs 527
Activités de plein air 527
Hébergement 529
Restaurants 532
Sorties 534
Achats 535

La Gaspésie **537**
Pour s'y retrouver sans mal 538
Renseignements pratiques . 538
Attraits touristiques 539
Parcs 554
Activités de plein air 555
Hébergement 557
Restaurants 562
Sorties 565
Achats 566

Les Îles-de-la-Madeleine **567**
Pour s'y retrouver sans mal 568
Renseignements pratiques . 570
Attraits touristiques 570
Parcs 573
Activités de plein air 574
Hébergement 576
Restaurants 578
Sorties 579
Achats 580

Charlevoix **581**
Pour s'y retrouver sans mal 582
Renseignements pratiques . 582
Attraits touristiques 582
Parcs 595
Activités de plein air 596
Hébergement 597
Restaurants 599
Sorties 601
Achats 602

Le Saguenay–Lac-Saint-Jean **603**
Pour s'y retrouver sans mal 604
Attraits touristiques 606
Parcs 620
Activités de plein air 621
Hébergement 622
Restaurants 625
Sorties 627
Achats 627

Manicouagan **629**
Pour s'y retrouver sans mal 630
Renseignements pratiques . 632
Attraits touristiques 632
Parcs 640
Activités de plein air 641
Hébergement 643
Restaurants 646
Sorties 647
Achats 647

Duplessis **649**
Pour s'y retrouver sans mal 650
Renseignements pratiques . 650
Attraits touristiques 652
Parcs 661
Activités de plein air 662
Hébergement 664
Restaurants 665
Sorties 666
Achats 666

Nord-du-Québec **669**
Pour s'y retrouver sans mal 670
Renseignements pratiques 672
Attraits touristiques 673
Activités de plein air 683
Hébergement 685
Restaurants 687
Sorties 688
Achats 688

Index **689**

SYMBOLES DES CARTES

Information touristique (service permanent)
Information touristique (service saisonnier)
Terrain de golf
Terrain de camping
Station de ski alpin
Musée
Traversier (ferry)
Traversier (navette)
Gare routière
Hôpital
Stationnement
Sanctuaire ou monastère
Église
Poste frontalier
Point de vue
Station de métro
Train à vapeur
Centre d'interprétation des mammifères marins
Port ou marina
Centre de pisciculture
Gare ferroviaire
Piste cyclable
Librairie Ulysse
Casino

LISTE DES CARTES

Abitibi-Témiscamingue
Circuit A (L'Abitibi) et circuit B (Le Témiscamingue) 343
Baie-Comeau (secteur Marquette) 638
Baie-Comeau (secteur Mingan) 637
Baie-Saint-Paul 585
Bas-Saint-Laurent
Circuit A (Le Pays de Kamouraska) et circuit B
(La Belle au bois dormant) 515
Basse-Côte-Nord (Au pays de Gilles Vigneault) 648
Cantons-de-l'Est
Circuit A (Le verger) et circuit B (Les lacs) 231
Circuit C (L'arrière-pays) 247
Chambly 189
Charlevoix 583
Chaudière-Appalaches
Circuit A (Les Seigneuries de la Côte-du-Sud) 476
Circuit B (La Beauce) 495
Chicoutimi 610
Drummondville 375
Environs de Québec 428
Gaspé 545
Gaspésie
Circuit A (La péninsule) et circuit B (La baie des Chaleurs) 536
Hull 327
Hull et ses environs 326
Île d'Anticosti 657
Îles-de-la-Madeleine 569
Route des Îles-de-la-Madeleine 575
Joliette 273
Jonquière 612
La Haute-Côte-Nord (Manicouagan) 631
La Malbaie 592
La Moyenne-Côte-Nord (La Minganie) 659
Lanaudière
Circuit A (La plaine) et circuit B (La Matawinie) 267
Laurentides
Circuit A (Lac des Deux Montagnes)
et circuit B (Royaume des vacanciers) 287
Circuit C (Le pays du curé Labelle) 301
Laval : le tour de l'île Jésus 177
Lévis 485
Longueuil 207
Matane 541
Mauricie — Centre-du-Québec
Circuit A (La Mauricie) 355
Circuit B (Le Centre-du-Québec) 371
Mont-Tremblant 299
Montérégie (est) 184
Montérégie (ouest) 185

Montréal
Circuits suggérés à Montréal 88
Circuit A : Vieux-Montréal 91
Circuit B : Centre-ville 101
Circuit C : Village Shaughnessy 115
Circuit D : Le mont Royal et Westmount 119
Circuit E : Maisonneuve 123
Circuit F : Îles Sainte-Hélène et Notre-Dame 127
Circuit G : Quartier latin 131
Circuit H : Plateau Mont-Royal 137
Circuit I : Sault-au-Récollet 139
Circuit J : L'ouest de l'île 141
Île de Montréal et ses environs 85
Le métro de Montréal 87
Montréal souterrain 105
Nord-du-Québec (Baie-James - Nunavik) 668
Outaouais
Circuit A (Vallée des Outaouais) et circuit B (Vallée de la Gatineau) 323
Parc linéaire Le P'tit Train du Nord 303
Parcs provinciaux et nationaux au Québec 73
Percé 549
Ville de Québec
Circuits suggérés 388
Circuit A : Vieux-Québec 395
Circuit B : Du Petit-Champlain au Vieux-Port 407
Circuit C : Grande Allée 414
Circuit D : Saint-Jean-Baptiste 421
Circuit E : Autres lieux de Québec 423
Régions touristiques du Québec 12
Rimouski 523
Rivière-du-Loup 519
Rouyn-Noranda 347
Saguenay–Lac-Saint-Jean
Circuit A (Le Saguenay) et circuit B (Le tour du lac Saint-Jean) 605
Saint-Hyacinthe 197
Saint-Jean-sur-Richelieu et Iberville 191
Saint-Jérôme 291
Sainte-Agathe-des-Monts 297
Sept-Îles 651
Sherbrooke 243
Sherbrooke et ses environs 242
Situation géographique dans le monde 11
Tadoussac 633
Terrebonne 268
Trois-Rivières et ses environs 361
Trois-Rivières 363
Trois-Rivières (centre-ville) 365
Val-d'Or 345
Victoriaville 374

TABLEAU DES SYMBOLES

≡	Air conditionné
🐕	Animaux de compagnie admis
⊛	Baignoire à remous
⏱	Centre de conditionnement physique
⛵	Coup de cœur Ulysse pour les qualités particulières d'un établissement
ℂ	Cuisinette
½ p	Demi-pension
♿	Établissement équipé pour recevoir les personnes à mobilité réduite
𝔉	Foyer
pc	Pension complète
pdj	Petit déjeuner inclus dans le prix de la chambre
≈	Piscine
ℝ	Réfrigérateur
❂	Relais santé
ℜ	Restaurant
bc	Salle de bain commune
bp	Salle de bain privée (installations sanitaires complètes dans la chambre)
⌂	Sauna
⇄	Télécopieur
☎	Téléphone
tv	Téléviseur
tlj	Tous les jours
⊗	Ventilateur

Classification des attraits

★	Intéressant
★★	Vaut le détour
★★★	À ne pas manquer

Les tarifs mentionnés dans ce guide équivalent au droit d'entrée pour un adulte.

Classification de l'hébergement

Les tarifs mentionnés dans ce guide s'appliquent, sauf indication contraire, à une chambre standard pour deux personnes en haute saison.

Classification des restaurants

Les tarifs mentionnés dans ce guide s'appliquent, sauf indication contraire, à un dîner pour une personne, excluant le service et les boissons.

$	moins de 10$
$$	de 10$ à 20$
$$$	de 20$ à 30$
$$$$	plus de 30$

Tous les prix mentionnés dans ce guide sont en dollars canadiens.

ÉCRIVEZ-NOUS

Tous les moyens possibles ont été pris pour que les renseignements contenus dans ce guide soient exacts au moment de mettre sous presse. Toutefois, des erreurs peuvent toujours se glisser, des omissions sont toujours possibles, des adresses peuvent disparaître, etc.; la responsabilité de l'éditeur ou des auteurs ne pourrait s'engager en cas de perte ou de dommage qui serait causé par une erreur ou une omission.

Nous apprécions au plus haut point vos commentaires, précisions et suggestions, qui permettent l'amélioration constante de nos publications. Il nous fera plaisir d'offrir un de nos guides aux auteurs des meilleures contributions. Écrivez-nous à l'adresse qui suit, et indiquez le titre qu'il vous plairait de recevoir (voir la liste à la fin du présent ouvrage).

Éditions Ulysse
4176, rue Saint-Denis
Montréal (Québec)
Canada H2W 2M5
www.ulysse.ca
Info@ulysse.ca

«Les éditions Ulysse reconnaissent l'aide financière du gouvernement du Canada par l'entremise du Programme d'Aide au Développement de l'Industrie de l'Édition (PADIÉ) pour ses activités d'édition.»

Les éditions Ulysse tiennent également à remercier la SODEC pour son soutien financier.

CATALOGAGE

Données de catalogage avant publication (Canada)

Vedette principale au titre:

Le Québec

(Guide de voyage Ulysse)
ISSN 1486-3499

ISBN 2-89464-235-0

1. Québec (Province) - Guides. I. Titre.

FC2907.Q322 917.1404'4 C99-301662-6
F1052.7.Q322

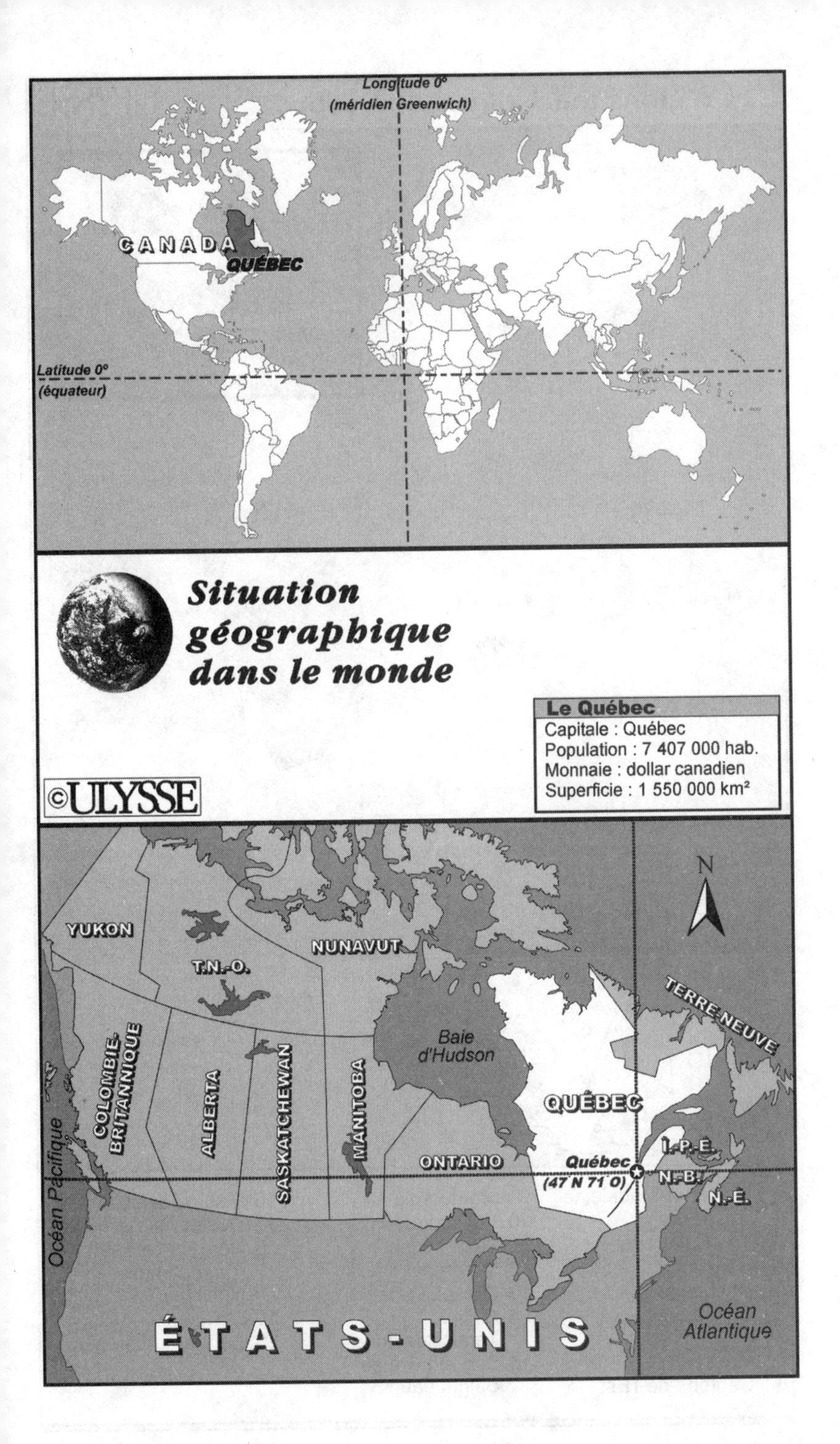

Longitude 0°
(méridien Greenwich)
CANADA
QUÉBEC
Latitude 0°
(équateur)
Situation géographique dans le monde
Le Québec
Capitale : Québec
Population : 7 407 000 hab.
Monnaie : dollar canadien
Superficie : 1 550 000 km²
©ULYSSE
N
YUKON
NUNAVUT
T.N.-O.
TERRE-NEUVE
COLOMBIE-BRITANNIQUE
ALBERTA
SASKATCHEWAN
MANITOBA
Baie d'Hudson
QUÉBEC
ONTARIO
Québec
(47°N 71°O)
Î.-P.-É.
N.-B.
N.-É.
Océan Pacifique
ÉTATS-UNIS
Océan Atlantique

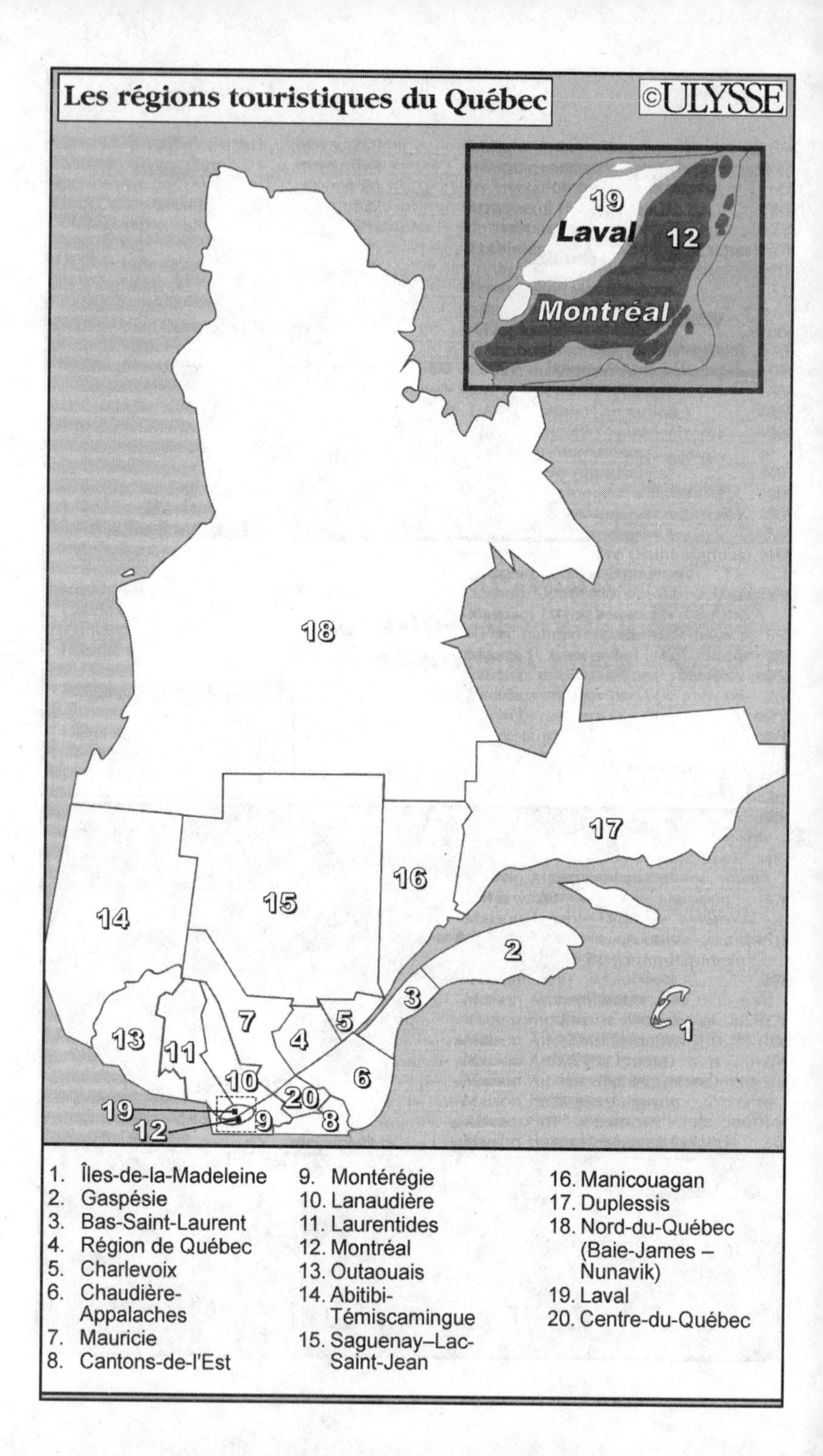
Les régions touristiques du Québec
©ULYSSE
19
Laval
12
Montréal
18
17
16
15
14
2
3
1
13
11
7
5
4
6
10
20
19
12
9
8
1. Îles-de-la-Madeleine
2. Gaspésie
3. Bas-Saint-Laurent
4. Région de Québec
5. Charlevoix
6. Chaudière-Appalaches
7. Mauricie
8. Cantons-de-l'Est
9. Montérégie
10. Lanaudière
11. Laurentides
12. Montréal
13. Outaouais
14. Abitibi-Témiscamingue
15. Saguenay–Lac-Saint-Jean
16. Manicouagan
17. Duplessis
18. Nord-du-Québec (Baie-James – Nunavik)
19. Laval
20. Centre-du-Québec

Portrait du Québec

Vaste contrée située à l'extrémité nord-est du continent américain, le Québec s'étend sur environ 1 550 000 km², ce qui équivaut globalement aux superficies de l'Allemagne, de la France et de la péninsule ibérique mises ensemble.

Cet immense territoire à peine peuplé, sauf dans ses régions les plus méridionales, comprend de formidables étendues sauvages, riches en lacs, en rivières et en forêts. Il forme une grande péninsule septentrionale dont les interminables fronts maritimes plongent à l'ouest dans les eaux de la baie James et de la baie d'Hudson, au nord dans le détroit d'Hudson et la baie d'Ungava, et à l'est dans le golfe du Saint-Laurent.

Le Québec possède également de très longues frontières terrestres qu'il partage à l'ouest et au sud-ouest avec l'Ontario, au sud-est avec le Nouveau-Brunswick et l'État du Maine, au sud avec les États de New York, du Vermont et du New Hampshire, et au nord-est avec le Labrador, appartenant à la province de Terre-Neuve.

Avant d'atteindre leur configuration actuelle en 1927, les frontières du Québec ont été modifiées à quelques reprises. Lors de la Confédération en 1867, on attribua au Québec l'ancien territoire du Bas-Canada, correspondant à ce qui est aujourd'hui le sud du Québec. Par la suite, le Québec s'est agrandi vers le nord, d'abord en 1898, en incluant la région qui va de l'Abitibi à la rivière Eastmain, puis en 1912, par l'ajout du Nouveau-Québec. Enfin, en 1927, le Conseil privé de Londres trancha en faveur de Terre-Neuve dans le litige l'opposant au Québec sur l'immense territoire du Labrador.

La géographie

La géographie du pays est marquée de trois formations morphologiques d'envergure continentale. D'abord, le puissant et majestueux fleuve Saint-Laurent, le plus important cours d'eau de l'Amérique du Nord à se jeter dans l'Atlantique, le traverse sur plus d'un millier de kilomètres. Tirant sa source des Grands Lacs, le Saint-Laurent reçoit dans son cours les eaux de grands affluents tels que l'Outaouais, le Richelieu, le

Saguenay et la Manicouagan. Étant la principale voie de pénétration du territoire, le fleuve a depuis toujours été le pivot du développement du Québec. Encore aujourd'hui, la majeure partie de la population québécoise se regroupe sur les basses terres qui le bordent, principalement dans la région de Montréal, qui compte près de la moitié de la population du Québec. Plus au sud, près de la frontière canado-étasunienne, la chaîne des Appalaches longe les basses terres du Saint-Laurent depuis le sud-est du Québec jusqu'à la péninsule gaspésienne.

Les paysages vallonnés de ces régions ne sont pas sans rappeler ceux de la Nouvelle-Angleterre, alors que les montagnes atteignent rarement plus de 1 000 m d'altitude. Le reste du Québec, soit environ 80% de son territoire, est formé du Bouclier canadien, une très vieille chaîne de montagnes érodées bordant la baie d'Hudson de chaque côté. Très peu peuplé, le Bouclier canadien est doté de richesses naturelles fabuleuses, de grandes forêts et d'un formidable réseau hydrographique dont plusieurs rivières servent à la production d'électricité.

Un paysage façonné par l'homme

Le mode d'occupation du sol des premiers colons modèle encore de nos jours l'espace territorial québécois. Les paysages des basses terres du Saint-Laurent portent ainsi toujours l'empreinte du système seigneurial français. Ce système, qui divisait les terres en longs rectangles très étroits, avait été élaboré pour permettre au plus grand nombre possible de colons d'avoir accès aux cours d'eau. Lorsque les terres bordant les cours d'eau étaient toutes peuplées, on traçait alors un chemin (un rang) avant de répéter cette même division du sol plus loin. Plusieurs régions du Québec restent quadrillées de la sorte. Comme les terres sont très étroites, derrière des maisons rapprochées les unes des autres qui s'alignent le long des rangs, les champs s'étendent à perte de vue. Dans certaines régions bordant la frontière canado-étasunienne, les premiers occupants, des colons britanniques, implantèrent, quant à eux, un système de cantons, soit une division du sol en forme de carré. Ce système subsiste dans certaines parties des Cantons-de-l'Est, une région anciennement connue sous le nom d'Estrie. Il a cependant disparu dans plusieurs autres régions avec l'arrivée massive de paysans francophones qui ont imposé le système seigneurial.

La flore

Vu la différence de climat, la végétation varie sensiblement d'une région à l'autre; alors que dans le nord du territoire québécois elle est plutôt rabougrie, dans le sud, elle s'avère luxuriante. En général, au Québec, on divise le type de végétation selon quatre strates allant du nord au sud : la toundra, la forêt subarctique, la forêt boréale et la forêt mixte.

La toundra occupe les confins les plus septentrionaux du Québec, principalement aux abords de la baie d'Hudson et de la baie d'Ungava. Étant donné que la saison végétative dure à peine un mois, que la température hivernale est excessive et que le gel du sol atteint plusieurs mètres de profondeur, la végétation de la toundra ne se compose que d'arbres miniatures, de mousses et de lichens.

La forêt subarctique ou forêt de transition couvre, quant à elle, plus du tiers du Québec, faisant le lien entre la toundra et la forêt boréale. Il s'agit d'une zone à la végétation très clairsemée où les arbres connaissent une croissance extrêmement lente et réduite. On y trouve plus particulièrement de l'épinette et du mélèze.

La forêt boréale s'étend également sur une très grande partie du Québec, depuis la forêt subarctique et, à certains endroits, jusqu'aux rives du fleuve Saint-Laurent. C'est une région forestière très homogène où l'on ne retrouve que des résineux, dont les principales essences sont l'épinette blanche, l'épinette noire, le sapin baumier, le pin gris et le mélèze. On l'exploite pour la pâte à papier et le bois de construction.

La forêt mixte, qui se déploie le long du fleuve Saint-Laurent jusqu'à la frontière canado-étasunienne, est constituée de conifères et de feuillus. Elle est riche de nombreuses essences telles que le pin blanc, le pin rouge, la pruche, l'épinette, le merisier, l'érable, le bouleau et le tremble.

La faune

L'immense péninsule du Québec, à la géographie diverse et aux climats variés, s'enorgueillit d'une faune d'une grande richesse. En effet, une multitude d'animaux peuplent ses vastes forêts, plaines ou régions septentrionales, alors que ses mers, lacs et rivières regorgent de poissons et d'animaux aquatiques.

Vous trouverez l'illustration de quelques-uns des principaux mammifères que l'on retrouve au Québec dans le fascicule en couleur traitant de la faune.

Bref historique

Lorsque les Européens découvrent le Nouveau Monde, une mosaïque de peuples indigènes occupent déjà ce vaste continent depuis plusieurs millénaires. Les ancêtres de ces populations autochtones, des nomades originaires de l'Asie septentrionale, avaient franchi le détroit de Béring vers la fin de la période glaciaire, il y a plus de 12 000 ans, pour lentement s'approprier l'ensemble du continent.

C'est au cours des millénaires suivants, et ce, à la faveur du recul des glaciers, que certains d'entre eux commencent à émigrer vers les terres les plus septentrionales, notamment celles de la péninsule québécoise. Ainsi, au moment où les Européens lancent leurs premières explorations intensives de l'Amérique du Nord, plusieurs nations regroupées au sein de trois familles linguistiques (algonquienne, iroquoienne et inuttitut) se partagent le territoire qui deviendra par la suite le Québec.

Vivant en groupes, les Autochtones de ce vaste pays ont élaboré des sociétés aux modes de fonctionnement très distincts les uns des autres. Par exemple, les peuples de la vallée du Saint-Laurent se nourrissent principalement des produits de leurs potagers, y ajoutant du poisson et du gibier, alors que les communautés plus au nord dépendent essentiellement des fruits de leur chasse pour survivre.

Au fil des siècles, s'est tissé sur l'ensemble du continent un intense réseau de communication impliquant l'ensemble des Amérindiens; tous utilisent abondamment le canot pour circuler sur les «chemins qui marchent» et entretiennent des relations commerciales très étroites avec les nations voisines. Ces sociétés amérindiennes, bien adaptées aux rigueurs et aux particularités du territoire, seront rapidement marginalisées à partir du XVIe siècle avec le début de la conquête européenne.

La Nouvelle-France

Lors de sa première exploration des côtes de Terre-Neuve et de l'embouchure du fleuve Saint-Laurent, Jacques Cartier y croise des navires de pêche provenant de diverses régions d'Europe. En fait, ces eaux, qui ont d'abord été explorées par les Vikings vers l'an 900, sont déjà, à l'époque des voyages de Cartier, régulièrement visitées par de nombreux baleiniers et pêcheurs de morues provenant de différentes régions d'Europe. Les trois voyages de Jacques Cartier, à partir de

1534, marquent néanmoins une étape importante, puisqu'ils constituent les premiers contacts officiels de la France avec les peuples et le territoire de cette partie de l'Amérique.

Au cours de ses expéditions, le navigateur breton remonte très loin le fleuve Saint-Laurent, jusqu'aux villages amérindiens de Stadaconé (Québec) et d'Hochelaga (sur l'actuelle île de Montréal). Les découvertes de Cartier sont toutefois considérées par les autorités françaises comme étant de peu d'intérêt. Cartier ayant été mandaté par François Ier pour chercher de l'or et un passage vers l'Asie, ses trois voyages en Amérique ne lui ont permis de découvrir ni l'un ni l'autre. À la suite de cet échec, la Couronne française oublie cette contrée au climat inhospitalier pendant plusieurs décennies.

La mode grandissante en sol européen de coiffures et de vêtements de fourrure ainsi que les bénéfices que laisse présager ce commerce relancent par la suite l'intérêt de la France pour l'Amérique du Nord. Comme la traite des fourrures nécessite des liens étroits et constants avec les fournisseurs locaux, une présence permanente devient alors rapidement indispensable.

Jusqu'à la fin du XVIe siècle, plusieurs tentatives d'installation de comptoirs sur la côte atlantique ou à l'intérieur du continent sont lancées. Enfin, en 1608, sous le commandement de Samuel de Champlain, un premier poste permanent est érigé. Champlain et ses hommes choisissent un emplacement au pied d'un gros rocher faisant face à un étranglement du fleuve pour construire quelques bâtiments fortifiés que l'on nomme l'Abitation de Québec (en algonquin, Québec signifie «l'endroit où la rivière se rétrécit»).

Le premier hiver à Québec est extrêmement pénible, et 20 des 28 hommes meurent du scorbut ou de sous-alimentation avant l'arrivée de navires de ravitaillement au printemps de 1609. Quoi qu'il en soit, cette date marque le début de la présence française en Amérique du Nord. Lorsque meurt Samuel de Champlain le jour de Noël 1635, la Nouvelle-France compte déjà environ 300 pionniers.

Entre 1627 et 1663, la Compagnie des Cent Associés détient le monopole du commerce des fourrures et assure un lent peuplement de la colonie. Simultanément, la Nouvelle-France commence à intéresser de plus en plus les milieux religieux français. Les récollets arrivent les premiers en 1615, avant d'être remplacés par les jésuites à partir de 1632.

Déterminés à convertir les Autochtones, les jésuites s'installent profondément dans l'hinterland de la Nouvelle-France, près du littoral de la baie Georgienne, y fondant Sainte-Marie-des-Hurons. L'entente commerciale les liant aux Français est sans doute la principale raison pour laquelle les Hurons consentent à la présence des religieux.

La mission est toutefois abandonnée quand cinq jésuites périssent lors de la défaite des Hurons en 1648 et en 1649 aux mains des Iroquois. Cette guerre fait d'ailleurs partie d'une vaste campagne militaire lancée par la puissante confédération iroquoise des Cinq Nations, qui anéantit, entre 1645 et 1655, toutes les nations rivales. Comptant chacune au moins 10 000 individus, les nations des Hurons, des Pétuns, des Neutres et des Ériés disparaissent presque totalement en l'espace d'une décennie. L'offensive menace même l'existence de la colonie française.

En 1660 et 1661, des guerriers iroquois frappent partout en Nouvelle-France, entraînant la ruine des récoltes et le déclin de la traite des fourrures. Louis XIV, roi de France, décide alors de prendre la situation en main. Il dissout en 1663 la Compagnie des Cent Associés et décide d'administrer lui-même la colonie. La Nouvelle-France, qui regroupe environ 3 000 habitants, devient dès lors une province française.

L'émigration vers la Nouvelle-France se poursuit sous le régime royal. On recrute alors principalement des travailleurs agricoles, mais également des militaires, comme ceux du régiment de Carignan-Salières, envoyés en 1665 pour combattre les Iroquois. La Couronne prend également des initiatives pour augmenter la croissance naturelle de la population, jusqu'alors entravée par la faible proportion d'immigrantes célibataires. Ainsi, entre 1663 et 1673, environ 800 «filles du roi» viennent trouver des époux en Nouvelle-France contre une dot payée par le roi.

Cette période de l'histoire de la Nouvelle-France est aussi celle de la glorieuse épopée des «coureurs des bois». Délaissant leur terre pour le commerce des fourrures, ces jeunes gens intrépides pénètrent profondément dans le continent afin de traiter directement avec les trappeurs amérindiens. L'occupation principale de la majorité des colons demeure néanmoins l'agriculture.

L'organisation sociale gravite autour du système seigneurial; les terres de la Nouvelle-France sont divisées en seigneuries qui, elles-mêmes, sont subdivisées en rotures. Pour permettre à tous l'accès aux cours d'eau, on divise les terres en bandes étroites et profondes. Dans le système seigneurial, un censitaire est tenu de verser une rente annuelle et d'accomplir une série de devoirs pour son seigneur. Mais comme le territoire est très vaste et fort peu peuplé, le censitaire de la Nouvelle-France jouit alors de conditions d'existence autrement supérieures à celles du paysan français de la même époque.

Les revendications territoriales françaises en Amérique du Nord s'accroissent rapidement à cette époque, à la faveur des expéditions de «coureurs des bois», de religieux et d'explorateurs, à qui l'on doit la découverte de la presque totalité du continent nord-américain. La Nouvelle-France atteint son apogée à l'aube du XVIIIe siècle, au moment où elle monopolise le commerce des fourrures en Amérique du Nord, contrôle le fleuve Saint-Laurent et entreprend la mise en valeur de la Louisiane. Ses positions lui permettent de contenir l'expansion des colonies anglaises, pourtant beaucoup plus populeuses, entre l'océan Atlantique et les Appalaches.

Mais la France, vaincue en Europe, accepte par le traité d'Utrecht de 1713 de céder le contrôle de la baie d'Hudson, de Terre-Neuve et de l'Acadie française à l'Angleterre. Ce traité, qui fait perdre à la Nouvelle-France une grande partie du commerce des fourrures et des positions militaires stratégiques, l'affaiblit sévèrement et sera le prélude de sa chute.

Dans les années suivantes, l'étau ne cesse de se resserrer sur la colonie française. Dès 1755, le colonel britannique Charles Lawrence ordonne ce qu'il conçoit comme une mesure préventive : la déportation des Acadiens. Ce «grand dérangement» entraîne l'exode d'au moins 7 000 Acadiens, ces paysans de langue française, citoyens britanniques depuis 1713, qui occupaient jusqu'alors les terres de l'actuelle Nouvelle-Écosse.

L'épreuve de force pour le contrôle de l'Amérique du Nord connaît son dénouement quelques années plus tard avec la victoire définitive des troupes britanniques sur les Français. Bien que Montréal soit tombée la dernière en 1760, c'est la célèbre bataille des plaines d'Abraham, où s'affrontent les troupes de Montcalm et de Wolfe, qui concrétise, l'année précédente, la fin de la Nouvelle-France par la chute de Québec. Au moment de la conquête anglaise, la population de la Nouvelle-France s'élève à environ 60 000 habitants, dont 8 967 vivent à Québec et 5 733 à Montréal.

Le Régime anglais

Par le traité de Paris de 1763, la France cède officiellement à l'Angleterre le Canada, ses possessions à l'est du Mississippi et ce qui lui reste de l'Acadie. Pour les anciens sujets de la Couronne française, les premières années de l'administration britannique sont très éprouvantes. D'abord, les dispositions de la Proclamation royale de 1763 instaurent un découpage territorial qui prive la colonie du secteur le plus dynamique de son économie, la traite des fourrures.

De plus, la mise en place des lois civiles anglaises et le refus de reconnaître l'autorité du pape signifient la destruction des deux piliers sur lesquels reposait jusqu'alors la société coloniale : le système seigneurial et la hiérarchie religieuse. Enfin, indispensable pour occuper toute haute fonction administrative, le serment de Test, niant la transsubstantiation dans l'Eucharistie et l'autorité du pape, ne peut que discriminer les Canadiens français. Une part importante de l'élite quitte le pays pour la France, tandis que des marchands anglais prennent graduellement les commandes du commerce.

L'Angleterre accepte par la suite d'annuler la Proclamation royale, car, pour mieux pouvoir résister aux poussées indépendantistes de ses 13 colonies du Sud, elle doit rapidement accroître son emprise sur le Canada et gagner la faveur de la population. Ainsi, à partir de 1774, l'Acte de Québec remplace la Proclamation royale et inaugure une politique plus réaliste envers cette colonie anglaise dont la population est catholique et de langue française.

La population canadienne reste presque essentiellement de souche française jusqu'à la fin de la guerre d'Indépendance américaine, qui amène une pre-

Rappel des principaux événements historiques

Il y a plus de 12 000 ans : des nomades provenant d'Asie septentrionale traversent le détroit de Béring et peuplent graduellement les deux Amériques. Certains s'établissent, après le retrait des glaces, sur la péninsule du Québec : ce sont les ancêtres des Amérindiens et des Inuit.

1534 : Jacques Cartier, marin de Saint-Malo, fait la première de ses trois explorations du golfe et du fleuve Saint-Laurent. Il s'agit des premiers contacts officiels de la France avec ce territoire.

1608 : Samuel de Champlain et ses hommes fondent Québec. C'est le début d'une présence française permanente en Amérique du Nord.

1663 : la Nouvelle-France devient officiellement une province française. La colonisation se poursuit.

1759 : Québec tombe aux mains des Britanniques. Quatre ans plus tard, le roi de France leur cédera officiellement la Nouvelle-France, où vivent environ 60 000 colons d'origine française.

1837-1838 : l'armée britannique écrase les insurrections des Patriotes.

1840 : faisant suite au rapport Durham, les dispositions de l'Acte d'Union visent à minoriser les Canadiens français et, éventuellement, à les assimiler.

1867 : naissance de la Confédération canadienne. Quatre provinces, dont le Québec, sont parties prenantes de ce pacte. Six autres provinces viendront par la suite s'y joindre.

1914-1918 : le Canada s'engage dans la Première Guerre mondiale. Anglophones et francophones ne s'entendent pas sur l'ampleur de la participation du pays. Le Canada en ressort très divisé.

1929-1939 : la crise économique touche de plein fouet le Québec. En 1933, 27% de la population est au chômage.

1939-1945 : participation du Canada à la Seconde Guerre mondiale. Les anglophones et les francophones du pays s'opposent toujours en ce qui a trait à la conscription obligatoire.

1944-1959 : le premier ministre Maurice Duplessis dirige le Québec et impose un régime très conservateur. On qualifiera cette période de «grande noirceur».

1960 : élection du Parti libéral. Début de la Révolution tranquille.

Octobre 1970 : un groupuscule terroriste, le Front de Libération du Québec (FLQ), enlève un diplomate britannique et un ministre québécois, déclenchant une grave crise politique.

Novembre 1976 : un parti indépendantiste, le Parti québécois, remporte l'élection provinciale.

Mai 1980 : les Québécois se prononcent majoritairement contre la tenue de négociations visant à donner au Québec l'indépendance.

1982 : rapatriement de la Constitution canadienne sans l'accord du Québec.

Juin 1990 : l'échec de l'entente du Lac Meech sur la Constitution canadienne est très mal reçu au Québec.

26 octobre 1992 : le gouvernement fédéral et les provinces organisent un référendum sur de nouvelles offres constitutionnelles. Jugées insuffisantes, elles sont rejetées par une majorité de Québécois et de Canadiens.

30 octobre 1995 : le gouvernement du Parti québécois tient un référendum sur la souveraineté du Québec : 49,4% des Québécois votent «oui»; 50,6% «non».

mière vague de colons anglo-saxons. Citoyens américains désirant rester fidèles à la Couronne britannique, les loyalistes viennent s'installer au Canada, principalement aux abords du lac Ontario et dans l'ancienne Acadie, mais aussi dans les régions de peuplement français.

Avec l'arrivée de ces nouveaux colons, les autorités britanniques divisent, en 1791, le Canada en deux provinces. Le Haut-Canada, situé à l'ouest de la rivière Outaouais, est principalement peuplé d'Anglo-Saxons, et les lois civiles anglaises y ont désormais cours. Le Bas-Canada, qui comprend le territoire de peuplement à majorité française, reste régi par la coutume de Paris. D'autre part, l'Acte constitutionnel de 1791 introduit une amorce de parlementarisme au Canada en créant une Chambre d'assemblée dans chacune des deux provinces.

Du point de vue économique, le blocus continental de Napoléon, qui pousse l'Angleterre à venir s'approvisionner en bois au Canada, initie une nouvelle vocation pour la colonie. Cela tombe à point car le motif initial de la colonisation, la traite des fourrures, ne cesse de péricliter.

En 1821, l'absorption de la Compagnie du Nord-Ouest, qui regroupe les intérêts montréalais, par la Compagnie de la Baie d'Hudson concrétise le déclin de Montréal en tant que pôle du commerce des fourrures en Amérique du Nord. D'autre part, l'épuise-ment des sols et la surpopulation relative causée par le haut taux de natalité des familles canadiennes-françaises débouchent, au cours de cette même période, sur une profonde crise agricole. Le niveau de vie du paysan chute de telle sorte que son régime alimentaire en vient à se composer presque essentiellement de soupe aux pois et de galettes de sarrasin.

Ces difficultés économiques, mais aussi les luttes de pouvoir entre les deux groupes linguistiques du Bas-Canada, seront les éléments catalyseurs de la rébellion des Patriotes de 1837 et 1838. La période d'effervescence précédant les événements s'amorce en 1834, avec la publication des *Quatre-Vingt-Douze Résolutions*, un réquisitoire impitoyable contre la politique coloniale de Londres. Ses auteurs, un groupe de parlementaires conduit par Louis-Joseph Papineau, décident de ne plus voter le budget aussi longtemps que l'Angleterre n'accédera pas à leurs demandes. La métropole réagit en mars 1837 par la voie des *Dix Résolutions* de Lord Russell, refusant catégoriquement tout compromis avec les parlementaires du Bas-Canada.

Dès l'automne suivant, de violentes émeutes éclatent à Montréal, opposant les Fils de la Liberté, composés de jeunes Canadiens, au Doric Club, formé de Britanniques loyaux. Les affrontements se déplacent par la suite dans la vallée du Richelieu et dans le comté de Deux-Montagnes, où de petits groupes d'insurgés tiennent tête pendant un temps à l'armée britannique avant d'être écrasés dans le sang.

L'année suivante, tentant de rallumer la rébellion, des patriotes connaissent le même sort à Napierville en affrontant 7 000 soldats de l'armée britannique. Par contre, cette fois-ci, les autorités coloniales entendent donner l'exemple. En 1839, 12 patriotes montent sur l'échafaud, alors que de nombreux autres sont déportés.

Entre-temps, Londres avait envoyé un émissaire, Lord Durham, afin d'étudier les problèmes de la colonie. S'attendant à découvrir un peuple en rébellion contre l'autorité coloniale, Durham constate plutôt qu'il s'agit de deux peuples en lutte, l'un français, l'autre britannique. Dans son rapport, Durham avance une solution radicale afin de résoudre définitivement le problème canadien : il propose aux autorités de la métropole d'assimiler graduellement les Canadiens français.

Dicté par Londres, l'Acte d'Union de 1840 s'inspire dans une large mesure des conclusions du rapport Durham. Dans cet esprit, on instaure un parlement unique composé d'un nombre égal de délégués des deux anciennes colonies, même si le Bas-Canada possède une population bien supérieure à celle du Haut-Canada. On unifie également les finances publiques et, enfin, la langue anglaise devient la seule langue officielle de cette nouvelle union.

Comme les soulèvements armés ont été sans résultat, la classe politique canadienne-française décide alors de s'allier aux anglophones les plus progressistes afin de combattre ces dispositions. La lutte pour l'obtention de la responsabilité ministérielle devient par la suite le principal cheval de bataille de cette coalition.

Par ailleurs, la crise agricole qui frappe toujours aussi durement le Bas-Canada, doublée de l'arrivée constante d'immigrants et d'un haut taux de natalité, entraîne une émigration massive de Canadiens français vers les États-Unis. Entre 1840 et 1850, 40 000 Canadiens français quittent le pays pour aller tenter leur chance dans les usines de la Nouvelle-Angleterre. Pour contrer cette hémorragie, l'Église et le gouvernement lancent un vaste plan de colonisation des régions périphériques, dont le Lac-Saint-Jean. La rude vie des colons de ces nouvelles régions de peuplement, agriculteurs en été et bûcherons en hiver, fut dépeinte avec brio par Louis Hémon dans le roman *Maria Chapdelaine*.

Mais cette désertion massive ne cesse pas pour autant avant le début du siècle suivant, si bien que, selon les estimations, environ trois quarts de million de Canadiens français auraient émigré entre 1840 et 1930. De ce point de vue, la colonisation, qui a permis de doubler la superficie des terres cultivées, se solde par un échec. La pression démographique sévissant dans le monde rural ne pourra être absorbée que plusieurs décennies plus tard grâce à l'industrialisation.

L'économie canadienne reçoit à cette même époque un dur coup, lorsque l'Angleterre abandonne sa politique de mercantilisme et de tarifs préférentiels à l'égard de ses colonies. Pour amortir les contrecoups du changement de cap de la politique coloniale britannique, le Canada-Uni signe en 1854 un traité permettant la libre entrée de certains de ses produits aux États-Unis.

L'économie canadienne reprend timidement son souffle jusqu'à ce que le traité soit répudié en 1866 sous la pression d'industriels américains. C'est pour aider à résoudre ces difficultés économiques que l'on conçoit alors, en 1867, la Confédération canadienne.

La Confédération

Par la Confédération de 1867, l'ancien Bas-Canada reprend forme sous le nom de Province de Québec. Trois autres provinces, la Nouvelle-Écosse, le Nouveau-Brunswick et l'Ontario (ancien Haut-Canada), adhèrent à ce pacte qui unira par la suite un vaste territoire s'étendant de l'Atlan-tique au Pacifique.

Pour les Canadiens français, ce nouveau système politique confirme leur statut de minorité amorcé par l'Acte d'Union de 1840. La création de deux paliers de gouvernement octroie par contre au Québec la juridiction dans les domaines de l'éducation, de la culture et des lois civiles.

Du point de vue économique, la Confédération tarde à résoudre les difficultés. En fait, il faut attendre trois décennies ponctuées de fortes fluctuations avant que l'économie du Québec ne connaisse un véritable essor. Ces premières années de la Confédération permettent néanmoins une consolidation de l'industrie nationale grâce à la mise en place de tarifs douaniers protecteurs, à la création d'un grand marché unifié et au développement du système ferroviaire sur l'ensemble du territoire.

La révolution industrielle amorcée au milieu du XIXe siècle reprend de la vigueur à partir des années 1880. Si Montréal demeure le centre incontesté de ce mouvement, cette industrialisation touche aussi de nombreuses autres villes de moindre importance.

L'exploitation forestière, qui constitue un moteur économique majeur au cours du XIXe siècle, fait que l'on exporte désormais plus de bois scié que de bois équarri, donnant ainsi naissance à une industrie de transformation. Par ailleurs, l'expansion du système ferroviaire, qui a pour pôle Montréal, permet une spécialisation dans le secteur du matériel fixe des chemins de fer. Les industries du cuir, du vêtement et de l'alimentation connaissent également une croissance notable.

De plus, cette période donne lieu à l'émergence d'une toute nouvelle industrie, le textile, qui deviendra par la suite, et pour longtemps, le symbole de la structure industrielle du Québec. Bénéficiant d'un large réservoir de main-d'œuvre peu qualifiée, les industries textiles exploitent à leur début principalement les femmes et les enfants.

Cette vague d'industrialisation a pour conséquences d'ac-croître le rythme de l'urbani-sation et de créer une importante classe ouvrière aux conditions de vie difficiles. Agglutinés près des usines, les quartiers ouvriers de Montréal sont terriblement insalubres, et la mortalité infantile y atteint un taux deux fois plus élevé que dans les quartiers riches.

Alors que le monde urbain vit de profondes transformations, la campagne amorce une sortie de crise. Une production dominée par les produits laitiers remplace graduellement les cultures de subsistance, contribuant à augmenter le niveau de vie des cultivateurs.

Enfin, un événement tragique, la pendaison de Louis Riel en 1885, témoigne une nouvelle fois de l'opposition qui règne entre les deux groupes linguistiques du Canada. Ayant pris la tête de rebelles métis et amérindiens dans l'ouest du Canada, Riel, un Métis francophone et catholique, est jugé coupable de haute trahison et condamné à mort. Alors que l'opi-nion publique cana-dienne-française se mobilise pour demander au cabinet fédéral de commuer la peine, du côté anglo-saxon, on réclame avec insistance la pendaison de Riel. Le gouvernement Macdonald tranche finalement pour que Riel soit pendu, déclenchant une vive réaction populaire au Québec.

L'âge d'or du libéralisme économique

Le début du XXe siècle coïncide avec le commencement d'une période de croissance économique prodigieuse devant se prolonger jusqu'à la crise des années trente. Euphorique et optimiste comme bien d'autres Canadiens, le premier ministre de l'époque, Wilfrid Laurier, prédit alors que le XXe siècle sera celui du Canada.

Cette croissance profite au secteur manufacturier québécois. Mais, grâce à la mise au point de nouvelles technologies et à l'émergence de certains marchés, ce sont les richesses naturelles du territoire qui deviennent le principal facteur de localisation dans cette seconde vague d'industrialisation.

L'électricité joue un rôle de pivot. En quelques années, grâce au grand nombre de rivières à fort débit et à leur dénivellation, le Québec devient l'un des plus importants producteurs d'hydroélectricité. Cette disponibilité d'énergie bon marché attire dans son sillage des industries nécessitant une forte consommation d'électricité. Des alumineries et certaines industries chimiques s'établissent ainsi à proximité des centrales hydroélectriques.

Par ailleurs, le secteur minier connaît un timide démarrage, alors que commence l'exploitation du sous-sol des Cantons-de-l'Est, riche en amiante, et de l'Abitibi, où l'on trouve des gisements de cuivre, d'or, de zinc et d'argent. Mais surtout, le secteur des pâtes et papiers québécois trouve de fabuleux débouchés aux États-Unis avec l'épuisement des forêts américaines et l'essor de la grande presse. Pour favoriser la création d'industries de transformation en sol québécois, le gouvernement du Québec intervient en 1910 pour interdire l'exportation de billes de bois.

Cette nouvelle vague d'industrialisation diffère de la première à bien des égards. Ayant lieu à l'extérieur des grands centres, elle accentue l'urbanisation des régions périphériques, créant dans certains cas des villes en quelques années. L'exploitation des richesses naturelles se distingue également du secteur manufacturier par la nécessité d'une main-d'œuvre plus qualifiée, mais surtout par le besoin d'imposants capitaux dont la finance locale est presque complètement dépourvue. Les Britanniques, jusque-là principaux pourvoyeurs de capitaux, cèdent cette fois devant l'ascension triomphante du capitalisme américain.

Cette société en pleine transformation, dont la population devient à moitié urbaine à partir de 1921, reste néanmoins fortement encadrée par l'Église. Rassemblant 85% de la population du Québec et pour ainsi dire tous les Canadiens français, l'Église catholique s'élève alors au rang d'acteur politique majeur au Québec. Grâce au contrôle qu'elle exerce sur les domaines de l'éducation, des soins hospitaliers et de l'assistance sociale, son autorité est incontournable. L'Église catholique n'hésite d'ailleurs pas à intervenir dans les débats politiques, combattant tout particulièrement les politiciens jugés trop libéraux.

Enfin, lorsque la Première Guerre mondiale éclate en Europe, le gouvernement canadien s'engage sans réticence au côté de la Grande-Bretagne. Un bon nombre de Canadiens français s'enrôlent volontairement dans l'armée, quoique dans une proportion beaucoup plus faible que les autres Canadiens. Ce manque d'enthousiasme des francophones s'explique par les sentiments plutôt mitigés qu'ils entretiennent envers la Grande-Bretagne. Bientôt, le gouvernement canadien fixe l'objectif de mobiliser 500 000 hommes et, comme les volontaires ne sont plus suffisants, il vote en 1917 la conscription obligatoire.

Au Québec, la colère gronde : émeutes, bagarres, dynamitages. La population réagit furieusement. La conscription se solde finalement par un échec en ne parvenant pas à enrôler un nombre appréciable de Canadiens français. Mais surtout, elle a pour conséquence de river les deux groupes linguistiques du Canada l'un contre l'autre.

La Grande Dépression

Entre 1929 et 1945, deux événements d'envergure internationale, la crise économique et la Seconde Guerre mondiale, perturbent considérablement la vie politique, économique et sociale du pays. La Grande Dépression des années trente, que l'on perçoit d'abord comme une crise cyclique et temporaire, se prolonge en un long cauchemar d'une décennie et brise l'essor économique du Québec. La chute des échanges internationaux frappe durement l'économie canadienne, fortement dépendante des marchés extérieurs.

Le Québec est inégalement touché. Montréal, dont une grande partie de l'économie repose sur l'exportation, et les villes axées sur l'exploi-tation des richesses naturelles absorbent les coups les plus durs. Les industries du textile et de l'alimentation écoulant leur production sur le marché canadien résistent mieux dans les premières années avant de sombrer également dans les difficultés. Comme elle peut nourrir sa population, la campagne devient alors un refuge, apportant un répit au mouvement séculaire d'urbanisation. La misère ne cesse de se généraliser, et le chômage frappe, touchant jusqu'à 27% de la population en 1933.

Les gouvernements ne savent que faire devant cette crise que l'on pensait d'abord passagère. Le gouvernement du Québec lance d'abord de vastes travaux publics pour employer les chômeurs, mais, devant l'insuffisance de cette solution, il introduit le secours direct. D'abord très timidement avancée, puisque le chômage a toujours été perçu comme un problème individuel, cette mesure vient par la suite en aide à de nombreux Québécois.

La crise incite également le gouvernement fédéral à remettre en cause certains dogmes du libéralisme économique et à redéfinir le rôle de l'État. La mise sur pied de la Banque du Canada en 1935 va dans ce sens en permettant un meilleur contrôle du système monétaire et financier.

C'est toutefois au cours des années de guerre que seront lancées les mesures qui conduiront par la suite à la naissance de l'État providence canadien. Entre-temps, la crise qui secoue le libéralisme débouche sur un foisonnement d'idéologies au Québec. Les tendances se multiplient, mais le nationalisme traditionnel accapare une place de choix, encensant les valeurs traditionnelles que sont le monde rural, la famille, la religion et la langue.

La Seconde Guerre mondiale

La guerre éclate en 1939, et le Canada s'y engage officiellement dès le 10 septembre de la même année. La nécessité de moderniser le matériel militaire canadien et les besoins logistiques des Alliés permettent une relance de l'économie du pays. De plus, ses relations privilégiées avec la Grande-Bretagne et les États-Unis accordent au Canada un rôle diplomatique appréciable, comme en témoigneront les conférences de Québec en 1943 et 1944.

Mais, très rapidement, la polémique entourant la conscription obligatoire refait surface. Bien que le gouvernement fédéral se soit engagé à ne pas y recourir, devant la montée de l'opposition anglophone du pays, il organise un plébiscite afin de se dégager de cette promesse. Les résultats démontrent sans équivoque le clivage existant entre les deux groupes linguistiques : les Canadiens anglais votent à 80% en faveur de la conscription alors que les Québécois francophones s'y opposent dans une même proportion. Les sentiments équivoques à l'égard de la France et de la Grande-Bretagne font en sorte que les Québécois se sentent très peu enclins à s'engager dans ce conflit. Ils doivent néanmoins se plier à la décision de la majorité. L'engagement total du Canada s'élève à 600 000 personnes, dont 42 000 trouveront la mort.

La guerre a pour effet de modifier en profondeur le visage du Québec. Son économie en sort davantage diversifiée et beaucoup plus puissante. Du côté des relations entre Québec et Ottawa, l'intervention massive du gouvernement fédéral au cours de la guerre devient le prélude à l'accroissement de son rôle dans l'économie et à la marginalisation relative des gouvernements provinciaux.

D'autre part, le contact de milliers de Québécois avec le monde européen, tout comme le travail des femmes dans les usines, transforme les attentes de chacun. Un vent de changement souffle sur la société québécoise. Il se heurte cependant à la volonté d'un homme, Maurice Duplessis, et de ses alliés.

1945-1960 : le Duplessisme

La fin du second conflit mondial initie une période exaltante de croissance économique, où les désirs de consommation réprimés, par la crise et le rationnement du temps de guerre, peuvent enfin être assouvis. Jusqu'en 1957, malgré quelques fluctuations, l'économie fonctionne à merveille.

Cette richesse touche néanmoins inégalement les divers groupes sociaux et ethniques du Québec. De nombreux travailleurs, surtout les non-syndiqués, gagnent toujours des salaires relativement bas. De plus, en moyenne, la minorité anglophone du Québec bénéficie d'un niveau de vie supérieur à celui des francophones. À compétence et à expérience égales, les francophones touchent des salaires moindres et sont discriminés dans leur ascension sociale par le puissant contrôle qu'exercent les Canadiens anglais et les Étasuniens sur l'économie.

Quoi qu'il en soit, cette croissance de l'économie favorise la stabilité politique, si bien que le chef de l'Union nationale, Maurice Duplessis, demeure premier ministre du Québec de 1944 jusqu'à sa mort, en 1959. Cette période qu'on a souvent qualifiée de «grande noirceur» est profondément marquée par la personnalité de Duplessis.

L'idéologie duplessiste est formée d'un amalgame parfois paradoxal de nationalisme traditionnel, de conservatisme et de capitalisme débridé. Le «Chef» fait l'apologie du monde rural, de la religion et de l'autorité, tout en octroyant aux grandes entreprises étrangères des conditions très favorables à l'exploitation des richesses du territoire.

Dans l'esprit de Duplessis, la main-d'œuvre bon marché fait partie de ces richesses nationales qu'il faut préserver. Il lutte donc farouchement contre la syndicalisation et n'hésite pas à employer des mesures musclées d'intimidation. Des nombreuses grèves, c'est celle de l'amiante, en 1949, qui marque le plus la conscience collective.

Bien que Maurice Duplessis soit la personnalité dominante de cette époque, son passage au pouvoir ne peut s'expliquer que par la collaboration tacite d'une grande partie des élites traditionnelles et du monde des affaires tant francophone qu'anglophone. Le clergé, qui, en apparence, vit ses heures les plus glorieuses, ressent un affaiblissement de son autorité, ce qui le pousse à soutenir à fond le régime duplessiste.

Malgré la prédominance du discours duplessiste, cette période donne néanmoins lieu à l'émergence d'importants foyers de contestation. Le Parti libéral du Québec ayant de la difficulté à s'organiser, l'opposition se veut alors surtout extraparlementaire. Certains artistes et écrivains témoignent de leur impatience en publiant le *Refus Global*, un réquisitoire terrible contre l'atmosphère étouffante du Québec d'alors. Mais l'opposition organisée émane surtout de groupes d'intellectuels, de syndicalistes et de journalistes.

Tous désirent moderniser le Québec et sont en majorité favorables à la mise en place d'un État providence. Cependant, très tôt au sein de ces réformistes, deux tendances s'organisent. Certains, comme Gérard Pelletier et Pierre Trudeau, soutiennent que la modernisation du Québec passe par un fédéralisme centralisateur; d'autres, les néonationalistes, comme André Laurendeau, souscrivent plutôt à un accroissement des pouvoirs du gouvernement du Québec.

Ces deux groupes, qui auront tôt fait de marginaliser le traditionalisme avec la Révolution tranquille, s'opposeront par la suite tout au long de l'histoire contemporaine du Québec.

La Révolution tranquille

«L'équipe du tonnerre» du Parti libéral de Jean Lesage, ayant pour slogan «C'est le temps que ça change», prend le pouvoir en 1960 et le conserve jusqu'en 1966. Cette période qu'on désigne sous le nom de «Révolution tranquille» a l'allure d'une véritable course à la modernisation.

Mouvement accéléré de rattrapage, la Révolution tranquille réussit en quelques années à mettre le Québec à «l'heure de la planète». L'État accroît son rôle en prenant à sa charge les domaines de l'éducation, de la santé et des services sociaux. L'Église, dépouillée ainsi de ses principales sphères d'influence, perd alors de son autorité et plonge dans une douloureuse remise en question accentuée par la désaffection massive de ses fidèles.

Du point de vue économique, la nationalisation de l'électricité initie un vaste mouvement visant à octroyer au gouvernement du Québec un rôle moteur dans le développement économique. L'État québécois se dote au surplus de puissants instruments économiques lui permettant d'intervenir massivement et de consolider l'emprise des francophones dans le monde des affaires.

Cette Révolution tranquille se traduit par un remarquable dynamisme dans la société québécoise, que symbolisera la tenue à Montréal d'événements internationaux d'envergure tels que l'Exposition universelle, en 1967, et les Jeux olympiques, en 1976.

Cette société en pleine effervescence engendre un pluralisme idéologique, cependant marqué par la prédominance des mouvements de gauche. On assiste à des débordements à partir de 1963, alors que le Front de Libération du Québec (FLQ), un groupuscule d'extrémistes désirant accélérer la «décolonisation» du Québec, lance une première vague d'attentats à Montréal. Puis, en octobre 1970, le FLQ récidive en kidnappant le diplomate britannique James Cross et le ministre Pierre Laporte, ce qui déclenche une crise politique au pays.

Le premier ministre canadien de l'époque, Pierre Elliott Trudeau, prétextant un soulèvement appréhendé, réagit en promulguant la Loi des mesures de guerre. L'armée canadienne prend alors position en territoire québécois; on effectue des milliers de perquisitions et emprisonne des centaines de personnes innocentes.

Peu de temps après, le ministre Pierre Laporte est retrouvé mort. La crise se termine finalement lorsque les ravisseurs de James Cross acceptent sa libération contre un sauf-conduit vers Cuba. Tout au long de cette crise, et par la suite, le premier ministre Trudeau sera critiqué sévèrement pour avoir eu recours à la Loi des mesures de guerre. On l'accusera d'avoir tenté, par ce coup de force, de briser le mouvement autonomiste québécois.

Le phénomène politique le plus marquant entre 1960 et 1980 demeure cependant l'ascension rapide du nationalisme modéré. Rompant avec le traditionalisme d'antan, le néonationalisme se veut le promoteur d'un Québec fort, ouvert et moderne. Il préconise un accroissement des pouvoirs du gouvernement québécois et, ultimement, l'indépendance politique.

Les forces nationalistes se regroupent rapidement autour de René Lévesque, fondateur du Mouvement SouverainetéAssociation, puis, en 1968, du Parti québécois. Après deux élections où il ne fait élire que quelques députés, le Parti québécois remporte, en 1976, une étonnante victoire. S'étant fixé comme mandat de négocier la souveraineté du Québec, le Parti québécois organise en 1980 un référendum pour obtenir l'assentiment du peuple.

Dès le début, la campagne référendaire met au jour la division des Québécois entre souverainistes et fédéralistes. La lutte demeure vive et mobilise l'ensemble de la population jusqu'aux derniers moments. Mais finalement, après une campagne axée sur des promesses visant à réaménager le fédéralisme, les tenants du «non» remportent la victoire avec près de 60% des voix.

Malgré l'amertume que suscite cette défaite, les souverainistes se consolent néanmoins en constatant que le soutien à leur cause a fait un bond de géant en l'espace de quelques années. Mouvement marginal dans les années soixante, le nationalisme s'affirme désormais comme un phénomène incontournable de la politique québécoise. Le soir de la défaite, René Lévesque, déçu mais toujours aussi charismatique, prédit que ce serait pour *«la prochaine fois»*.

Depuis 1980 : ruptures et continuités

Le mouvement amorcé par la Révolution tranquille connaît une rupture avec la défaite souverainiste au référendum, et, pour plusieurs, les années quatre-vingt s'amorcent avec ce que l'on a appelé la «déprime post-référendaire». Le climat s'envenime davantage lorsqu'en 1981 et 1982 l'économie traverse la pire récession depuis les années trente.

Plus tard, bien qu'il y ait une lente relance de l'économie, le taux de chômage demeurera très élevé, et les finances publiques accumuleront des déficits vertigineux. À l'instar de plusieurs autres gouvernements occidentaux, le Québec remet alors en question ses choix passés, même si, pour certains, cette nouvelle rationalité du gouvernement québécois fait craindre que les «acquis» de la Révolution tranquille ne soient sacrifiés.

La décennie des années quatre-vingt et le début des années quatre-vingt-dix sont donc marquées du sceau de la rationalisation, mais aussi de la mondialisation des marchés et de la consolidation de grands blocs économiques. Dans cet esprit, le Canada et les États-Unis concluent un accord de libre-échange en 1989, élargi au Mexique à partir de 1994.

Du point de vue politique, la question du statut du Québec refait surface, et le mouvement souverainiste québécois reprend une étonnante vigueur avec le début des années quatre-vingt-dix. Les Québécois acceptent alors très mal l'échec de l'entente du Lac Meech, en juin 1990, qui visait à réintégrer le Québec dans la «famille constitutionnelle» en lui accordant un statut particulier (voir p 28). Plus tard, les gouvernants tentent de résoudre l'impasse en organisant, le 26 octobre 1992, un référendum pancanadien sur de nouvelles offres constitutionnelles, que rejette avec éclat, mais pour des raisons opposées, tant la population québécoise que canadienne.

Par la suite, lors de l'élection fédérale du 25 octobre 1993, le Bloc québécois, un parti favorable à la souveraineté du Québec, remporte plus des deux tiers des comtés du Québec et forme l'opposition officielle au Parlement canadien; puis, l'année suivante, le Parti québécois se fait élire et forme le gouvernement du Québec, en ayant à son programme la tenue d'un référendum sur la souveraineté du Québec.

Moins d'un an après son arrivée au pouvoir, comme prévu, le Parti québécois déclenche une campagne référendaire sur la souveraineté du Québec. Tout comme au référendum de 1980, 15 années plus tôt, on sait la population québécoise très divisée sur le sujet. Par contre, cette fois-ci, les résultats seront autrement plus serrés. Au soir du 30 octobre 1995, date du référendum, le résultat ne laisse aucun doute sur le déchirement des Québécois : 49,4% votent «oui» au projet de souveraineté du Québec, et 50,6% votent «non»!

Ce référendum, qui devait résoudre définitivement la question du statut politique du Québec, a plutôt ramené tout le monde à la case départ. Depuis, la situation constitutionnelle a peu évolué et les deux camps, souverainiste et fédéraliste, continuent à s'affronter sur l'avenir politique du Québec.

Vie politique

Le document constitutionnel à la base de la Confédération canadienne de 1867, l'Acte de l'Amérique du Nord britannique, a créé une division des pouvoirs entre deux paliers de gouvernement. Ainsi, en plus du gouvernement central, situé à Ottawa, les 10 provinces canadiennes, dont le Québec, possèdent respectivement un gouvernement ayant le pouvoir de légiférer dans certains domaines. Le conflit constitutionnel opposant le Québec et le gouvernement canadien repose d'ailleurs largement sur les modalités de cette division des pouvoirs.

Calqués sur le modèle britannique, les systèmes politiques canadien et québécois accordent le pouvoir législatif à un Parlement élu au suffrage universel. À Québec, ce Parlement, qu'on nomme l'Assemblée nationale, se compose de 122 députés représentant autant de circonscriptions électorales. À Ottawa, le pouvoir appartient à la Chambre des communes, formée de députés provenant de toutes les régions du Canada. Le gouvernement fédéral possède également une Chambre haute, le Sénat, qui fut départie peu à peu de tous ses pouvoirs réels et dont l'avenir reste incertain.

Lors d'élections, le parti politique qui a pu faire élire le plus grand nombre de députés forme le gouvernement. Ces élections se tiennent environ tous les quatre ans, selon le mode de scrutin uninominal à majorité simple. La logique de ce type de suffrage conduit à un affrontement ne laissant généralement place qu'à deux formations politiques d'envergure. En contrepartie, ce système électoral offre l'avantage de garantir une grande stabilité entre chaque élection, tout en permettant d'identifier chaque député à une circonscription.

La politique fédérale

Au niveau fédéral, deux formations politiques, le Parti libéral et le Parti conservateur, ont gouverné tour à tour le Canada depuis le début de la Confédération en 1867. Les Québécois et, généralement, les Canadiens de langue française ont en majorité donné jusqu'à tout récemment leur soutien au Parti libéral du Canada. D'ailleurs, les quatre premiers ministres de langue française ayant gouverné le Canada se sont tous présentés sous la bannière de cette formation.

Longtemps associés à l'impérialisme britannique et à la conscription obligatoire de 1917, ne laissant traditionnellement que peu de place aux francophones, les conservateurs ont récemment donné signe d'une plus grande ouverture. Ils ont ainsi réussi à prendre le pouvoir lors de l'élection de 1984 et à le conserver en 1988 grâce à l'appui des Québécois. Ils ont cependant été battus par le Parti libéral lors de l'élection tenue à l'automne 1993, permettant du coup à Jean Chrétien d'être élu premier ministre du Canada.

Le retour des libéraux au pouvoir n'a surpris personne, puisque le système politique canadien favorise l'alternance. Cette élection devait toutefois marquer une rupture brutale avec le passé en amenant un réaménagement sans précédent de l'échiquier politique canadien à la faveur de deux nouvelles formations : le Reform Party et le Bloc québécois. Le Reform Party, qui présente un programme politique populiste largement inspiré de la droite américaine, a fait élire une cinquantaine de députés provenant essentiellement des provinces de l'Ouest canadien.

De son côté, le Bloc québécois a remporté 54 sièges, soit plus des deux tiers des circonscriptions en jeu au Québec. Né de la débâcle de l'Accord du Lac Meech, le Bloc québécois s'est donné la mission de promouvoir la souveraineté du Québec sur la scène fédérale. Le Parti conservateur, jusque-là au pouvoir, et le Nouveau Parti démocratique, cet éternel bon troisième de la politique canadienne, ont quant à eux été pratiquement balayés de la carte.

Les résultats de l'élec-tion fédérale de 1993 se sont par la suite confirmés, dans une large mesure, lors du plus récent scrutin tenu au printemps 1997. Le Parti libéral a été une nouvelle fois élu, quoique cette fois-ci avec une marge plus mince malgré un appui massif de la population de l'Ontario, la plus populeuse des provinces canadiennes.

Le Reform Party a encore une fois connu une écrasante victoire dans l'Ouest canadien, augmentant même le nombre de sièges remportés par rapport à l'élection précédente. La performance du Bloc québécois a été moins impressionnante qu'en 1993. Il a tout de même remporté 45 des 75 circonscriptions du Québec. De leur côté, le Parti conservateur et le Nouveau Parti démocratique ont pu timidement renaître de leurs cendres grâce à des victoires acquises notamment dans les provinces de l'Atlantique.

La carte politique canadienne n'aura certes jamais été aussi complexe. L'incapacité du Parti libéral à obtenir un appui substantiel de la population ailleurs qu'en Ontario, la performance du Reform Party en tant que porte-parole des revendications de l'Ouest canadien et la présence au sein même du Parlement canadien d'un groupe important de députés du Bloc québécois, un parti voué à la promotion de la souveraineté du Québec, semblent mettre au jour l'éclatement d'un certain consensus pan-canadien.

La politique provinciale

Deux formations dominent la vie politique québécoise. Lucien Bouchard, chef du Parti québécois (PQ) et premier ministre depuis le début de l'année 1996, a succédé à Jacques Parizeau, qui avait été élu sous la même bannière en 1994. Cette formation relativement jeune avait auparavant formé le gouvernement de 1976 à 1985; le PQ avait, à cette époque, le fameux communicateur et très charismatique René Lévesque comme figure de proue.

L'opposition au Parti québécois est principalement composée du Parti libéral du Québec, qui fut aux commandes du gouvernement québécois de 1985 à 1994, alors que Robert Bourassa en était le chef. Après avoir été dirigé par Daniel Johnson, fils, le Parti libéral a maintenant à sa tête Jean Charest qui a aussi été chef du Parti conservateur canadien.

Ce qui distingue ces deux formations politiques québécoises, c'est d'abord et avant tout la vision qu'elles ont du statut politique du Québec. Depuis sa naissance, le Parti québécois poursuit l'objectif de faire accéder le Québec à la souveraineté politique. De son côté, le Parti libéral, tout en revendiquant timidement un accroissement des pouvoirs du gouvernement provincial, reste néanmoins attaché au système fédéral canadien.

Les élections de l'automne 1998 ont confirmé ces deux partis dans leur rôle respectif de gouvernement et d'opposition tout en ouvrant la porte à un troisième parti, l'Action Démocratique, qui n'a toutefois fait élire qu'un seul député, son chef Mario Dumont, dans la jeune trentaine.

Les relations fédérales-provinciales

Au cours des 40 dernières années, les relations fédérales-provinciales et l'affrontement entre les fédéralistes et les souverainistes québécois ont monopolisé la vie politique du pays. Ce bras de fer qui n'a pas encore désigné de gagnant continue d'ailleurs à occuper l'avant-scène de la vie politique.

Depuis la Révolution tranquille, les gouvernements québécois successifs se sont tous considérés comme les porte-parole d'une nation distincte, réclamant un statut particulier pour le Québec et un accroissement de leurs pouvoirs au détriment du gouvernement canadien. Face à cette volonté autonomiste du Québec, le gouvernement fédéral a résisté avec énergie, arguant que le Québec n'est, somme toute, qu'une province comme les autres.

Le gouvernement fédéral poursuivait depuis quelques années l'objectif de rapatrier les textes constitutionnels canadiens, toujours à Londres, une entreprise demandant l'appui des provinces. Si le Québec ne s'opposait pas au rapatriement de la Constitution, son intention était de profiter de cette occasion pour y inclure une révision de la division des pouvoirs en sa faveur. Les exigences québécoises n'ont cependant jamais étésatisfaits par le gouvernement fédéral, et le Québec, longtemps appuyé par d'autres provinces canadiennes, a répondu en bloquant le rapatriement de la Constitution lors des conférences fédérales-provinciales de 1964 et 1971.

Le référendum de 1980

Les enjeux changèrent radicalement lorsque le Parti québécois prit le pouvoir en 1976. Cette formation, dont la principale raison d'être était l'accession à la souveraineté politique du Québec, tenait un discours qui effrayait autrement plus le gouvernement fédéral et les forces fédéralistes québécoises.

En 1980, le PQ choisit de tenir un référendum sur la question nationale, demandant aux Québécois de lui accorder le mandat de négocier la souveraineté-association avec le reste du pays. La campagne référendaire qui s'engagea donna lieu à un affrontement titanesque entre les troupes fédéralistes, menées par le Parti libéral du Québec et par les ténors du gouvernement canadien, et les troupes souverainistes, dirigées par le Parti québécois.

Cette collision frontale entre les deux principales thèses ayant marqué la vie politique québécoise contemporaine prit également l'allure d'une guerre à finir entre deux hommes : Pierre Elliott Trudeau et René Lévesque. Après une longue bataille, la campagne connut son dénouement le 20 mai 1980, alors que les Québécois votèrent à près de 60% contre le projet de souveraineté-association. Ce jour là, une majorité de Québécois choisit donc de donner une autre chance au fédéralisme canadien en confiant son avenir à Pierre Elliot Trudeau, qui avait promis *«qu'un non au référendum serait un oui à un nouveau Canada»*.

Mais les Québécois ne tardèrent pas à apprendre que le nouveau fédéralisme de Pierre E. Trudeau n'avait rien à voir avec les demandes traditionnelles du Québec. En novembre 1981, Trudeau convoqua une conférence fédérale-provinciale dans le but de rapatrier la Constitution. Le Québec trouva d'abord des alliés chez les autres provinces pour bloquer le projet fédéral, mais un revirement spectaculaire, en pleine nuit et en l'absence du Québec, isola le gouvernement québécois.

Après cet épisode baptisé de «nuit des longs couteaux», le gouvernement fédéral put, dès 1982, imposer de force au Québec un nouveau pacte constitutionnel, bien que l'Assemblée nationale du Québec eût farouchement refusé d'en être signataire.

En plus de n'octroyer aucun nouveau pouvoir au Québec et de menacer ses lois linguistiques, la Constitution de 1982 fit perdre au gouvernement québécois son droit de veto sur tout amendement constitutionnel. Après avoir gagné le référendum sur la souveraineté, les fédéralistes tentèrent ainsi de museler définitivement toute velléité autonomiste des Québécois. Depuis ce coup de force, le Parti libéral fédéral n'a plus jamais réussi à faire élire une majorité de députés au Québec.

Du Lac Meech à Charlottetown

La saga constitutionnelle, après une pause de quelques années, reprit de plus belle avec l'arrivée au pouvoir de Brian Mulroney à Ottawa (1984) et l'élection, à Québec, de Robert Bourassa (1985), chef du Parti libéral du Québec. Le premier ministre canadien mit alors à l'ordre du jour l'objectif de réintégrer le Québec dans la *«famille canadienne»*, et ce, *«dans l'honneur et l'enthousiasme»*. En 1987, le gouvernement fédéral et les 10 provinces en arrivèrent à une entente, désignée sous le nom d'Accord du Lac Meech, qui apportait un réaménagement de la Constitution répondant aux demandes traditionnelles minimales du Québec. L'accord devait cependant être ratifié devant les Assemblées législatives des 10 provinces avant le 24 juin 1990 pour entrer en vigueur.

Cette opération, qui semblait de prime abord très simple, se transforma en un fiasco monumental lorsque certains premiers ministres provinciaux furent défaits et remplacés par des opposants à l'accord, que le premier ministre de Terre-Neuve renia sa parole et que l'opinion publique canadienne-anglaise se mobilisa pour combattre ce renouvellement de la Constitution, jugé trop favorable au Québec. La «grande réconciliation nationale», après maintes tentatives burlesques pour la sauver, se solda donc par un échec retentissant.

Le premier ministre Bourassa dut alors se résoudre à lancer un ultimatum au gouvernement fédéral. Il annonça qu'un référendum se tiendrait au Québec avant le 26 octobre 1992, portant, soit sur des offres fédérales acceptables, soit sur une proposition de souveraineté du Québec. Jusqu'à la toute fin de ce délai, Robert Bourassa souhaita que les autres provinces et le gouvernement fédéral proposent une entente susceptible de répondre aux revendications d'une majorité de Québécois. Mais le premier ministre du Québec dut finalement se rendre à l'évidence et, ravalant ses menaces, retourna négocier avec ses partenaires du fédéral et des provinces.

Une entente de principe fut bâclée en quelques jours, ayant la prétention non seulement de répondre aux aspirations du Québec, mais également à celles des autres provinces canadiennes et des Premières Nations. Pour être ratifié, ce projet devait cependant être d'abord accepté par une majorité de la population de chacune des provinces. On choisit le 26 octobre 1992, date qui avait initialement été retenue pour le référendum sur l'avenir du Québec, pour tenir ce référendum désormais pan-canadien.

Robert Bourassa promit alors, selon ses propres termes, de réussir à *«vendre»* cette entente à la population québécoise. Mais, dès le départ, le premier ministre québécois se heurta à l'opposition farouche d'une majorité de la population et, même, de plusieurs militants de son propre parti. Ainsi, le soir du référendum, le rejet de cette entente par les Québécois ne surprit personne. D'ailleurs, elle fut également répudiée dans certaines autres provinces canadiennes, quoique pour des raisons parfois diamétralement opposées à celles des Québécois. Le problème du statut politique du Québec n'avait donc pas encore été résolu.

Oui : 49,4% / Non : 50,6%

Épuisés par les discours stériles sur leur place au sein du Canada, beaucoup de Québécois attendaient avec impatience, depuis l'échec de l'entente du Lac Meech, l'occasion d'exprimer leur désir de changement. Cette occasion se présenta d'abord lors de l'élection fédérale de 1993. Pour la première fois, les Québécois avaient alors l'occasion de voter en faveur d'un parti souverainiste bien structuré, le Bloc québécois, qui irait les représenter au sein même du Parlement canadien. Le Bloc québécois devait finalement rafler plus des deux tiers des comtés en jeu au Québec et former l'opposition officielle à Ottawa.

L'année suivante, la population québécoise était cette fois appelée à élire un nouveau gouvernement à la tête du Québec; son choix devait se porter sur le Parti québécois, principal porte-étendard de la cause souverainiste québécoise au cours du dernier quart de siècle. Dès lors, avec une forte représentation souverainiste au Parlement canadien et le Parti québécois à la tête du gouvernement du Québec, il n'y avait plus aucun doute possible, les Québécois auraient une nouvelle fois l'occasion de choisir, par voie de référendum, entre la souveraineté et le fédéralisme canadien.

Après quelques mois d'attente, on fit enfin connaître la date du référendum. Ce serait le 30 octobre 1995. Quinze ans après le référendum de 1980, les fédéralistes et les souverainistes s'engageaient donc une nouvelle fois à fond de train dans une campagne dont l'issue déterminerait l'avenir politique du Québec.

Dès les débuts de la campagne référendaire, chaque camp savait la population québécoise toujours divisée sur la question. Par contre, personne n'aurait alors pu prédire un résultat final aussi serré. Au soir du référendum, il fallut attendre que le scrutin soit presque entièrement dépouillé pour enfin connaître le verdict de la population : 49,4% des Québécois avaient voté «oui» au projet de souveraineté, tandis que 50,6% avaient voté «non»! Les deux options n'étaient séparées que de quelques dizaines de milliers de votes seulement; le Québec était pour ainsi dire coupé en deux.

Personne ne fut alors bien étonné d'entendre les ténors souverainistes, qui venaient de rater le «grand soir» de peu, annoncer un prochain rendez-vous référendaire pour très bientôt. Le lendemain du référendum, Jacques Parizeau offre néanmoins sa démission comme chef du Parti québécois et premier ministre du Québec. Il sera remplacé par Lucien Bouchard, jusque-là chef du Bloc québécois à Ottawa, qui jouit d'une grande popularité auprès de la population québécoise.

Les résultats serrés du référendum de 1995 ont durement secoué les fédéralistes qui s'étaient toujours crus à l'abri d'un éventuel vote majoritaire des Québécois en faveur de la souveraineté. Le réveil a été brutal. D'autant plus que le chef du Parti québécois, Lucien Bouchard, ne cache pas son intention de tenir un nouveau référendum sur la question nationale.

Les fédéralistes tentent depuis lors, aidé par le chef du Parti libéral, Jean Charest, fervent défenseur de cette cause, de reprendre l'initiative au Québec. Sachant que toute véritable tentative de renouvellement en profondeur du fédéralisme canadien serait une opération risquée, les fédéralistes essaient plutôt d'utiliser au mieux l'étroite marge de manœuvre dont ils disposent pour convaincre les Québécois de leur ouverture à des aménagements éventuels.

Vie économique

Longtemps boudé par la majorité de la population, le monde des affaires occupe désormais une place prépondérante au Québec. Depuis les années soixante, il est devenu l'un des lieux privilégiés des Québécois francophones pour exprimer leur désir de prendre en main leur destinée. Ce phénomène récent constitue un virage social majeur.

Jusqu'à la Révolution tranquille, on orientait massivement les étudiants francophones vers les domaines du droit, de la médecine ou de la prêtrise, dédaignant le monde des affaires, jugé trop temporel, mais également inaccessible puisque dominé par la langue anglaise. Les 40 dernières années ont ainsi été les témoins d'un remarquable changement d'attitude des francophones, alors que l'indifférence et les craintes d'autrefois ont fait place à un désir avoué d'être des acteurs de premier plan dans le développement économique du Québec.

Aujourd'hui, les jeunes s'orientent dans une forte proportion vers des programmes d'études en administration des affaires, à un point tel que les universités québécoises forment actuellement beaucoup plus d'administrateurs que les autres universités canadiennes. On médiatise également davantage les succès des gens d'affaires québécois, tandis que de plus en plus d'études sont consacrées aux phénomènes économiques.

Bref, les Québécois, longtemps relégués à des postes subalternes, ont amorcé un grand rattrapage. Cette montée de l'«entrepreneur-ship» francophone s'est faite au détriment des Anglo-Canadiens et des Américains. À cet égard, on a pu observer depuis quelques années un net recul de la présence étrangère, surtout américaine, en territoire québécois. Le dynamisme des entrepreneurs locaux, combiné à des politiques fédérales de contrôle des investissements étrangers et au déclin des secteurs d'activité où se concentrent les investisseurs américains, explique cette plus grande mainmise du capitalisme francophone sur l'économie locale.

Le rôle de l'État

À l'instar de ce qui eut lieu dans plusieurs autres pays occidentaux, l'intervention étatique a diminué au Québec au cours des dernières décennies. Malgré la rationalisation de son activité, l'État reste néanmoins un acteur de taille impliqué de maintes façons dans le développement économique. Ainsi, il s'élève au rang du plus important employeur au Québec, formant en son sein un grand nombre de cadres compétents et stimulant l'activité économique locale, notamment par des politiques d'achats privilégiant les fournisseurs locaux.

En ce sens, l'essor d'Hydro-Québec donne un exemple éloquent de l'effet d'entraînement qu'ont les interventions de l'État québécois. Bénéficiant, depuis le gouvernement de Jean Lesage, d'un monopole presque exclusif sur la production et la distribution d'électricité en territoire québécois, Hydro-Québec, ce fleuron des entreprises publiques, a pu, par la mise en œuvre de chantiers de grande envergure, donner une forte impulsion à plusieurs entreprises privées du Québec.

Certaines firmes d'ingénierie doivent ainsi leur expansion, au Québec et à l'étranger, aux compétences acquises par leur participation à la construction d'immenses barrages hydroélectriques dans le Nord québécois.

Le gouvernement s'est en outre donné au cours des dernières décennies de puissants leviers de développement économique, dont le plus fameux est la Caisse de dépôt et de placement. Cette institution, qui administre des capitaux provenant principalement du fonds de retraite des travailleurs québécois, est devenue un véritable géant financier.

Alors que, dans les premières années, son action restait relativement discrète, la Caisse de dépôt et de placement s'est transformée, avec l'accession au pouvoir du Parti québécois en 1976, en un puissant instrument de soutien aux entreprises privées établies au Québec. Elle détient aujourd'hui le plus important portefeuille d'actions au Canada. Si plusieurs s'inquiètent de la lourdeur de l'intervention publique, il y a généralement consensus sur la nécessité d'un État fort pour une petite économie comme celle du Québec.

L'avenir économique du Québec

L'économie québécoise est actuellement en pleine transformation. Tout comme dans la plupart des autres pays occidentaux, la tertiarisation de l'économie touche le Québec, avec la perte de vitesse de plusieurs secteurs d'exploitation des richesses minières et de certaines industries traditionnelles. En contrepartie, on a assisté au cours de cette même période à l'émergence ou à la croissance de quelques sphères d'activité économique porteuses d'avenir.

Ainsi, grâce à d'imposantes ressources électriques bon marché, le Québec est devenu le troisième producteur mondial d'aluminium de première fusion et un centre important de transformation de divers autres métaux. De plus, certains produits finis, particulièrement le matériel de transport, la machinerie et les appareils électriques, ont graduellement occupé une place de choix dans l'économie locale.

À titre d'exemple, la société Bombardier, jadis une petite entreprise familiale spécialisée dans la production de motoneiges, s'est transformée en un important groupe industriel exportateur de matériel de transport ferroviaire et aérien.

Bien entendu, l'exploitation des richesses naturelles reste toujours un secteur clé au Québec. En domestiquant d'impétueuses rivières du Nord québécois, Hydro-Québec a pu atteindre une colossale puissance installée de 25 600 MW. D'autre part, les activités économiques gravitant autour de l'exploitation des forêts demeurent encore responsables de 10% du PIB québécois et de 100 000 emplois. Enfin, en ce qui concerne l'extraction minière, l'effondrement des cours mondiaux des métaux a fait décroître les principales productions québécoises que sont le fer, l'amiante, le cuivre et le zinc. Seul l'or, avec une production annuelle de 52 000 tonnes, est en hausse.

Cette restructuration de l'économie du Québec ne se fait pas sans heurt et sans victimes. Au cours des dernières années, le taux de chômage s'est maintenu constamment autour de 10%, affectant très durement certains quartiers de Montréal et quelques régions périphériques. De plus, alors que la classe moyenne a vu son pouvoir d'achat fléchir, les plus riches n'ont cessé de s'enrichir.

Ainsi, bien que l'on puisse apprécier le chemin parcouru depuis la Révolution tranquille, notamment en ce qui a trait à la prise en main de l'économie locale par les gens d'affaires du

Québec, les Québécois devront encore relever de nombreux défis avant que l'économie ne devienne garante d'un développement social plus harmonieux.

La population québécoise

Le Québec, tout comme le reste de l'Amérique d'ailleurs, est constitué d'une population aux origines diverses. Aux peuples autochtones, se sont joints, à partir du XVIe siècle, des colons d'origine française dont les descendants forment aujourd'hui la majorité de la population québécoise. Puis, au cours des deux derniers siècles, le Québec s'est enrichi d'immigrants des îles Britanniques et des États-Unis, puis d'un peu partout à travers le monde. Selon le dernier recensement, le Québec compte près de sept millions d'habitants.

Les Inuits et les Amérindiens

Premiers habitants du territoire québécois, les Autochtones représentent désormais environ 2% de la population totale du Québec. Leurs ancêtres, qui provenaient d'Asie septentrionale, franchirent le détroit de Béring il y a plus de 12 000 ans et, quelques millénaires plus tard, commencèrent à peupler la péninsule québécoise par vagues successives.

Ainsi, lorsque Jacques Cartier «découvrit» au nom du roi François Ier les terres bordant le golfe et le fleuve Saint-Laurent, des civilisations y vivaient déjà depuis des millénaires. À cette époque, le territoire que l'on nommera par la suite le Québec était peuplé d'une mosaïque complexe de cultures indigènes se distinguant les unes des autres par leur langue, leur mode de vie et leurs rites religieux.

Ayant su apprivoiser les rigueurs du climat et les particularités du territoire, les peuples du Nord tiraient leur subsistance de la chasse et de la pêche, alors que ceux qui vivaient dans la vallée du Saint-Laurent se nourrissaient principalement de leurs récoltes. Comme ces peuples ne maîtrisaient pas l'écriture, le peu que nous sachions de leur mode de vie à l'époque repose sur les traditions orales, les récits d'explorateurs européens et les recherches anthropologiques.

Le déclin de ces cultures millénaires débuta à partir du XVIe siècle, en fait avec l'arrivée des premiers colonisateurs européens. Contrairement aux conquêtes européennes de certaines autres régions des Amériques, les affrontements armés entre Autochtones et colonisateurs ont été relativement peu nombreux. La faible densité de population de ce vaste territoire permettait aux Européens de fonder leurs premières petites colonies en évitant d'affronter directement les nations autochtones, longtemps beaucoup plus puissantes qu'eux.

Néanmoins, les Autochtones souffrirent cruellement de la colonisation européenne dès ses premières années. D'abord, des maladies introduites par les Européens, comme la grippe, la variole et la tuberculose, que le système immunitaire des Autochtones ne pouvait combattre, emportaient parfois jusqu'à la moitié d'une nation.

Tout aussi dévastatrice, la lutte pour le contrôle du lucratif commerce des fourrures, instauré par les colonisateurs, provoqua de sanglantes guerres entre nations autochtones, désormais pourvues d'armes à feu. C'est ainsi qu'entre 1645 et 1665 la confédération iroquoise des Cinq Nations anéantit presque totalement les Hurons, les Pétuns, les Neutres et les Ériés, nations comptant respectivement plus de 10 000 personnes.

L'agonie des peuples autochtones se poursuivit par la suite avec l'avancée implacable de la colonisation qui, arrachant graduellement les territoires, repoussa sans relâche les Autochtones. Finalement, sans avoir véritablement jamais été défaits militairement, les Autochtones vivent désormais sous la loi des Blancs.

On estime aujourd'hui qu'environ 60 000 Autochtones habitent le Québec, dont plus des trois quarts vivent toujours dans de petites communautés dispersées un peu partout sur le territoire. Quoique plusieurs puissent encore jouir de territoires de chasse et de pêche, leur mode de vie traditionnel a été, dans une large mesure, anéanti.

Mal adaptés à la société moderne, souffrant de déculturation, les peuples autochtones sont actuellement piégés par d'importants problèmes sociaux. Depuis quelques années, ils ont néanmoins réussi à obtenir davantage d'attention de la part des médias, de la population et des gouvernements.

Il y eut d'abord le succès international remporté par Kashtin, un duo de musique montagnaise. Cependant, l'intérêt a surtout été porté vers leurs revendications politiques et territoriales, plus particulièrement lors de l'été 1990, alors que, pendant plus de deux mois, des Mohawks armés ont réussi à bloquer l'un des principaux ponts reliant l'île de Montréal à la rive sud du Saint-Laurent. Occasionnant de fortes tensions sociales, cette crise politique a sans doute nui à court terme à la cause des Autochtones.

Mais, deux ans plus tard, un pas important était accompli, lorsque, dans le projet de réforme de la Constitution canadienne, fut incluse la création de gouvernements autonomes pour les Autochtones. Bien que les Québécois et les Canadiens aient voté contre cette entente lors du référendum du 26 octobre 1992, ce n'était en aucune façon par crainte d'éventuels gains des Autochtones.

En fait, les revendications des Amérindiens et des Inuits trouvent maintenant des appuis très solides un peu partout au Canada, et des accords leur octroyant une plus grande autonomie ont commencé à être signés ces dernières années.

Les 11 nations autochtones du Québec se regroupent en trois familles culturelles distinctes. Ainsi, les Abénaquis, les Algonquins, les Attikameks, les Cris, les Malécites, les Micmacs, les Montagnais et les Naskapis sont tous de culture algonquienne, alors que les Hurons-Wendat et les Mohawks sont de culture iroquoienne. Les Inuits forment, de leur côté, une entité culturelle tout à fait à part. Nous présentons ici, brièvement, ces 11 nations autochtones. Nous vous invitons aussi à consulter le fascicule en couleur inséré dans ce guide.

Vivant jadis dans les États de la Nouvelle-Angleterre, où résident toujours plusieurs des leurs, les **Waban Aki** (**Abénaquis**) se sont d'abord installés à Sillery (près de Québec) vers 1675, puis aux abords des chutes de la rivière Chaudière en 1684. Très étroitement liés aux colons français, les Abénaquis leur ont fait partager plusieurs de leurs connaissances ancestrales dont, semble-t-il, l'art de la fabrication du sirop d'érable.

Lors des guerres coloniales, les Waban Aki se sont rangés du côté des Français, participant d'ailleurs à la défense de la colonie contre les visées des Britanniques, établis plus au sud sur le continent. En 1700, plusieurs d'entre eux se fixèrent définitivement à Odanak, un village qui sera saccagé lors de la conquête de la Nouvelle-France par les troupes britanniques, en 1759.

Au Québec, on retrouve maintenant deux communautés abénakies, Odanak et Wôlinak, situées sur la rive sud du fleuve Saint-Laurent entre les villes de Sorel et de Bécancour. Sur les quelque 1 600 Abénaquis vivant au Québec, environ 350 habitent l'un ou l'autre de ces deux villages. Ayant longtemps fait la réputation des Waban Aki, la vannerie de frêne et de foin est encore fabriquée dans ces villages, mais la plupart des Waban Aki travaillent plutôt dans les villes avoisinantes ou ailleurs au Québec. La langue abénakie n'est pratiquement plus parlée; leur langue seconde est le français.

Habitants des territoires plutôt éloignés des grands centres de développement, les **Anishnabe** (**Algonquins**) ont pu ainsi longtemps préserver leur mode de vie nomade, vivant de la chasse, de la pêche et de la cueillette. Ils n'ont commencé en fait à se sédentariser qu'au milieu du siècle dernier, avec l'arrivée de colons, de bûcherons et de prospecteurs qui, venus mettre en valeur le sol de l'Abitibi, ont, dans un même temps, perturbé les activités traditionnelles des Anishnabe.

Au Québec, on dénombre aujourd'hui quelque 6 500 Algonquins, dont environ 4 000 habitent les communautés de Kitcisakik (Grand-Lac-Victoria), Kitiganik (Lac-Rapide) et Kitigan zibi (Maniwaki), dans la région de l'Outaouais, ainsi que de Hunter's Point, de Kebaowek, de Simo Sagigan (Lac-Simon), d'Abitibiwinni (Pikogan), de Timiskaming (Notre-Dame-du-Nord) et de Winneway, en Abitibi-Témiscamingue. La langue algonquine est encore largement utilisée dans la plupart de ces communautés qui parlent aussi l'anglais et le français.

Presque complètement décimés au XVIIe siècle, à la suite des épidémies et des défaites militaires subies aux mains des Iroquois, les **Atikamekw** se sont réfugiés chez les peuples cris ou montagnais avant de s'intégrer à un groupe du lac Supérieur, les O'pimittish Ininivac, qui se sont plus tard installés en Haute-Mauricie. C'est d'ailleurs toujours dans cette région que les quelque 4 000 Atikamekw du Québec habitent, principalement dans les villages de Manawan, de Wemotaci et d'Obedjiwan.

Restés très près de la nature par leur mode de vie,

les Atikamekw ont su développer, en Haute-Mauricie, un réputé service forestier prônant le développement durable des ressources. La langue atikamekw, proche du montagnais, est encore parlée par l'ensemble de la population des trois communautés, qui utilisent aussi le français.

Remarquablement bien adaptés au territoire et aux rigueurs du climat, les **Cris** habitent le nord du Québec depuis environ 5 000 ans. Malgré l'isolement qu'imposaient les distances, très tôt ils eurent des contacts suivis avec les Européens. D'ailleurs, dès la fin du XVIIe siècle, le commerce des fourrures avec les marchands non autochtones a constitué l'une des principales activités économiques de la nation crie. Mais le déclin de cette pratique et l'intérêt grandissant des gouvernements canadien et québécois pour le développement du nord du Québec à partir des années cinquante ont graduellement modifié les rapports qu'entretenaient les Cris avec leur environnement.

Cependant, c'est la signature avec les gouvernements du Québec et du Canada, en 1975, de la Convention de la Baie-James et du Nord québécois qui a réellement transformé le mode de vie des Cris. Cette convention permit l'aménagement par Hydro-Québec de barrages hydroélectriques sur certaines des plus tumultueuses rivières de la région, octroyant aux Cris, en contrepartie, des indemnités de 225 millions de dollars, la propriété d'un territoire de 13 696 km^2 et l'exclusivité des droits de chasse et de pêche sur un territoire de 151 580 km^2. Par cette convention, les Cris ont obtenu les moyens nécessaires pour prendre une part active au développement économique de leur région, comme en témoigne, depuis une dizaine d'années, l'émergence d'entreprises dynamiques détenues par des gens de cette nation.

Les 12 000 Cris du Québec habitent aujourd'hui neuf villages : Waskaganish, Eastmain, Wemindji et Chisasibi, sur les rives de la baie James; Whapmagoostui, à proximité de la baie d'Hudson; Nemiscau, Waswanipi et Mistissini, à l'intérieur des terres; et Oujé-Bougoumou, tout près de la ville de Chibougamau. Le cri est toujours la langue d'usage pour une grande partie de la population, dont la langue seconde est l'anglais.

À l'arrivée des premiers colons français, les **Hurons-Wendat** habitaient une vingtaine de grands villages construits dans le centre de l'Ontario, aux abords de la baie Georgienne. En plus d'être d'excellents agriculteurs, ils contrôlaient alors un immense empire commercial qui s'étendait de la région des Grands Lacs jusqu'au Saguenay et à la baie d'Hudson, ce qui fit d'eux, tout naturellement, les principaux partenaires des marchands français du pays aux premiers temps de la colonisation. Mais cette fructueuse association économique va toutefois rapidement prendre fin, car la population huronne-wendat sera, en l'espace de quelques années, presque complètement décimée, d'abord par des épidémies en 1634 et 1639, puis par les attaques répétées des Iroquois à partir de 1640.

En 1649, les survivants, soit environ 300 Hurons-Wendat, viennent trouver refuge aux abords de Québec, s'installent sur l'île d'Orléans, en 1657, puis près de la rivière Saint-Charles, en 1697, où se trouve encore aujourd'hui le village de Wendake. Situé à proximité de Loretteville, Wendake, une petite communauté à l'économie florissante, est l'unique village huron-wendat du Québec. Sur les quelque 2 500 Hurons-Wendat que compte le Québec, environ 950 habitent ce village. Certains produits fabriqués à Wendake sont reconnus internationalement, comme les mocassins, les canots et les raquettes. La langue huronne n'est plus utilisée au Québec; les communautés parlent plutôt le français.

Les **Inuits** résident depuis environ 4 500 ans dans l'extrême nord du Québec, région connue en inuttitut sous le nom de Nunavik, qui signifie dans cette langue «pays où vivre». Jusqu'au début du XXe siècle, les Inuits ont préservé, dans son ensemble, un mode de vie hérité de leurs ancêtres, chassant avec les armes traditionnelles et vivant sous leur iglou. Le passage au mode de vie plus moderne, avec tout ce que cela implique, n'a donc eu lieu, chez les Inuits, que tout récemment et en l'espace de quelques décennies seulement.

Comme les Cris, les Inuits sont signataires de la Convention de la Baie-James et du Nord québécois. Cet accord permit notamment aux Inuits d'acquérir une plus grande autonomie en ce qui concerne l'administration de la région. Ils contrôlent ainsi la plupart des services dispensés au Nunavik, qui sera éventuellement doté d'un gouvernement régional.

Les indemnités monétaires obtenues à la suite de la signature de la convention, que gère la Société Makivik, servent, de leur côté, à donner aux Inuits les outils nécessaires pour prendre une place plus grande dans le développement de l'économie régionale. Ainsi, par l'intermédiaire de la Société Makivik, les Inuits du Québec sont notamment propriétaires des compagnies aériennes Air Inuit et First Air, qui détiennent une place prépondérante dans le domaine du transport aérien dans le Nord canadien.

Les 8 500 Inuits du Québec habitent 14 villages situés sur les rives de la baie d'Hudson (Kuujjuarapik, Umiujaq, Inukjuak, Payungnituk, Akulivik), du détroit d'Hudson (Ivujivik, Salluit, Kangiqsujjuag, Quaqtag) et de la baie d'Ungava (Kangirsuk, Aupaluk, Tasiujaq, Kuujjuaq et Kangiqsualujjuaq).

Quelques dizaines d'Inuits habitent également à Chisasibi. La langue des Inuits, l'inuttitut, est toujours largement utilisée dans les communautés. Elle est d'ailleurs, dans les écoles inuites, la seule langue d'enseignement jusqu'à la troisième année du primaire. Si les Inuits ont adopté un style de vie plus moderne, leur culture et leurs valeurs ancestrales ont été largement conservées.

Dispersés sur le territoire, les **Welustuk (Malécites)**, que l'on a longtemps appelés les Etchemins, ne sont qu'environ 270 à habiter le Québec. Ils sont, en outre, la seule nation autochtone du Québec à ne pas être regroupée en au moins un village. Pourtant, en 1827, le gouvernement créa pour eux l'une des premières réserves amérindiennes du Québec sur les berges de la rivière Verte, dans la région du Bas-Saint-Laurent. Mais, comme la plupart des Welustuk préféraient plutôt demeurer nomades, cette réserve, pratiquement jamais habitée, fut par la suite rachetée par les autorités gouvernementales.

Finalement, les membres de la nation malécite ne se sont jamais regroupés en un village, s'intégrant plutôt, graduellement, aux communautés blanches avoisinantes. Bien que la langue ne soit plus parlée, au profit du français, et qu'ils n'aient aucun village,

Femme et enfant inuits

les Welustuk ont, depuis 1987, un chef et un conseil de nation.

Les **Mi'gmaq (Micmacs)**, dont la population s'élève aujourd'hui à un peu moins de 4 000 personnes, se sont sédentarisés dans la région de la Gaspésie, formant les villages de Restigouche et de Gesgapegiag, ou habitant, avec les non-Autochtone, à Gaspé et dans ses alentours. Sans doute l'une des premières nations amérindiennes, sinon la toute première, à avoir eu des contacts avec les Européens, les Mi'gmaq habitaient alors les rives du fleuve Saint-Laurent et la côte de l'océan Atlantique.

Reconnus comme d'excellents marins, ils établirent aussi des campements, permanents ou non, sur plusieurs des îles du golfe du Saint-Laurent. Avec le développement économique de la région, plusieurs Mi'gmaq sont devenus, depuis le siècle dernier, bûcherons ou ouvriers. Bon nombre d'habitants de Restigouche et de Gesgapegiag parlent toujours le micmac, que l'on enseigne d'ailleurs maintenant dans les écoles de ces deux villages.

À l'arrivée des Européens, les **Kanien'kahaka (Mohawks)** formaient une des cinq nations iroquoises de la puissante confédération des Cinq Nations, qui sera au cœur de la guerre des fourrures au XVIIe siècle. Mais, malgré leur association à ce système politique sophistiqué, les Kanien'kahaka n'en demeuraient pas moins une nation indépendante et ambitieuse.

Plus tard, lorsque sédentarisés, plusieurs d'entre eux pratiqueront des métiers très recherchés, notamment celui d'ouvrier spécialisé dans le montage de structures d'acier. Les Kanien'kahaka jouissent d'ailleurs, encore maintenant, d'une réputation internationale en ce qui a trait à ce genre d'ouvrage sur des édifices en hauteur ou des ponts.

Avec une population d'environ 12 000 personnes, les Kanien'kahaka forment aujourd'hui la plus populeuse des nations amérindiennes du Québec. Ils habitent principalement trois villages : Kahnawake, situé tout près de Montréal sur la rive sud du fleuve Saint-Laurent; Akwesasne, dans le sud-ouest de la province, et chevauchant à la fois les frontières du Québec, de l'Ontario et de l'État de New York; et Kanesatake, à une cinquantaine de kilomètres à l'ouest de Montréal, aux abords du lac des Deux Montagnes.

Rappelons que les revendications territoriales des Mohawks de Kanesatake ont été au centre de la crise autochtone de l'été 1990. Si de nombreux Kanien'kahaka ont adopté la culture moderne nord-américaine, d'autres vivent toujours selon les enseignements ancestraux, basés sur la «Grande Loi de la Paix». La société mohawk est, en outre, traditionnellement matrilinéaire; d'ailleurs, les mères de clans sont seules à choisir les chefs. Le mohawk est toujours parlé par plusieurs membres des communautés, mais l'anglais est aussi largement utilisé.

Isolés sur le vaste territoire de la Côte-Nord et de la Basse-Côte-Nord, les **Innuat (Montagnais)** vivaient essentiellement de la chasse, de la pêche, de la cueillette et du commerce des fourrures jusqu'au début du siècle. Mais l'arrivée des industries minières et forestières et la construction de barrages hydroélectriques ont bouleversé leur mode de vie.

Leur culture reste cependant encore bien vivante, et le montagnais demeure toujours la langue d'usage dans la plupart des communautés, surtout les plus isolées. Le groupe musical Kashtin, d'Uashat-Maliotenam, est un bon exemple de la vitalité culturelle de cette nation, tout comme les efforts ayant mené récemment à l'élaboration d'un premier dictionnaire montagnais-français. Les 12 000 Innuat constituent, pour ce qui est du nombre, la seconde nation amérindienne en importance au Québec. Ils se regroupent dans sept communautés : Les Escoumins, Betsiamites et Uashat-Maliotenam, sur la Côte-Nord; Mingan, Natashquan, La Romaine et Pakuashipi, sur la Basse-Côte-Nord; Mashteuiatsh, au Lac-Saint-Jean, et Matimekosh, près de Schefferville.

La nation **naskapie** ne compte qu'un seul village au Canada, Kawawachikamach, qui fut inauguré en 1984 et qui est situé dans le nord du Québec, à quelques kilomètres de Schefferville. En vertu de la Convention du Nord-Est québécois, les 475 Naskapis de Kawawachikamach possèdent un territoire de 285 km^2 et disposent de l'exclu-sivité des droits de chasse, de pêche et de piégeage sur un territoire de 4 144 km^2.

Les Naskapis, qui n'ont laissé la vie traditionnelle sous la tente que tout récemment, pratiquent toujours la chasse au caribou, cet animal dont la chair et la fourrure leur permirent de survivre aux difficiles conditions de la toundra arctique. La langue naskapie est parlée par l'ensemble de la population.

Les francophones

Les Québécois francophones sont les descendants, dans une écrasante majorité, des colons d'origine française arrivés au pays entre 1608 et 1759. Cette émigration vers la Nouvelle-France fut d'abord très lente, si bien qu'en 1663 la colonie française ne comptait qu'environ 3 000 habitants. Le mouvement migratoire s'accéléra légèrement par la suite, ce qui, combiné à la croissance naturelle, donna à la Nouvelle-France une population d'environ 60 000 habitants au moment de la conquête anglaise de 1759. Les Français venus peupler le Canada, majoritairement des paysans, provenaient pour la plupart des régions de la côte ouest de la France.

Ces 60 000 Canadiens français ont légué, après un peu plus de deux siècles, un impressionnant héritage démographique de plusieurs millions d'individus, dont environ sept millions vivent toujours au Canada. Des démographes ont établi des comparaisons très étonnantes à ce sujet : entre 1760 et 1960, la population mondiale s'est multipliée par 3, la population de souche européenne par 5, alors que la population française du Canada se multipliait par 24!

Cette statistique est surprenante, d'abord parce que l'immigration en provenance de la France fut presque nulle au cours de cette période, mais aussi parce que, mises à part les quelques unions avec des Irlandais, il y eut très peu de mariages entre citoyens des îles Britaniques et Canadiens français, et que les immigrants des autres pays d'Europe se sont surtout assimilés à la minorité anglophone. De plus, entre 1840 et 1930, environ 900 000 Québécois, dont une grande majorité de francophones, quittèrent le pays pour les États-Unis.

Cette croissance phénoménale de la population française du Canada tient donc, essentiellement, à un taux d'accroissement naturel remarquable. Ainsi, pendant longtemps, les femmes canadiennes-françaises engendraient en moyenne 8 enfants, les familles de 15 ou de 20 enfants étant chose courante. Ce phénomène s'explique en partie par les pressions qu'exerçait le puissant clergé catholique, désireux de combattre la progression du protestantisme au Canada. Situation plutôt paradoxale, les francophones du Québec partagent aujourd'hui, avec des pays comme l'Allemagne, l'un des taux d'accroissement naturel les moins élevés du monde.

Majoritaires au Québec, les francophones ont toutefois longtemps été dépourvus du contrôle de leur économie. On estime qu'en 1960 la moyenne de revenu des Québécois francophones correspondait à environ 66% de celle des Anglo-Québécois.

Alors que le rattrapage économique s'amorçait avec la Révolution tranquille, on assista parallèlement à une ascension de l'affirmation nationale des francophones, qui, dès lors, cessèrent de se considérer comme Canadiens français et se définirent plutôt comme Québécois. Les francophones, qui intègrent maintenant de plus en plus d'immi-grants, représentent actuellement un peu moins de 82% de la population totale du Québec.

Les anglophones

On a longtemps véhiculé une conception très monolithique de la communauté québécoise de langue anglaise. Selon l'image populaire, les «Anglais» étaient essentiellement protestants et bien nantis. Dans la réalité, cependant, les Anglo-Québécois forment à bien des égards, et ce, depuis longtemps, une communauté très diversifiée. D'abord, même si, en moyenne, ils ont toujours bénéficié de revenus supérieurs aux Québécois d'expression française, dans les faits, on retrouve des anglophones dans tous les milieux socioéconomiques. De plus, grâce à l'intégration de nombreux immigrants, ils constituent un groupe aux origines ethniques particulièrement hétérogènes.

Les premiers arrivés après la conquête de 1759, surtout des marchands, n'ont représenté qu'une fraction infime de la population québécoise durant près d'un quart de siècle. Ils furent ensuite rejoints par des colons américains (loyalistes ou simples paysans à la recherche de terres) entre 1783 et le début du XIXe siècle. Vinrent par la suite, et ce, tout au cours du XIXe siècle, de grandes vagues d'immigrants en provenance des îles Britanniques.

Ces Anglais, Écossais ou Irlandais, souvent dépossédés dans leur pays ou victimes de la famine, s'installèrent surtout dans les Cantons-de-l'Est, dans l'Outaouais ou à Montréal. La diminution de l'immigration britannique, dès la fin du XIXe siècle, fut compensée par l'intégration d'arrivants d'autres souches.

Les immigrants d'origine autre que britannique ou française ont ainsi longtemps préféré adopter la langue anglaise, considérée comme un gage de réussite économique. Pour cette même raison, la minorité anglophone du Québec parvint même à assimiler de nombreux Québécois de langue française. En jetant un coup d'œil aux origines ethniques des Anglo-Québécois, on constate qu'aujourd'hui 60% se disent d'origine britannique, 15% d'origine française, 8% d'origine juive et 3% d'origine italienne.

Représentant actuellement un peu plus de 10% de la population totale du Québec, les Québécois ayant l'anglais comme langue maternelle vivent pour les trois quarts à Montréal, plus particulièrement dans l'ouest de la ville. Ils possèdent leurs propres institutions (écoles, universités, hôpitaux, médias), qui fonctionnent parallèlement à celles des francophones. Ils forment encore aujourd'hui un groupe au poids économique relativement important, quoique, dans les dernières décennies, leur pouvoir n'ait cessé de s'effriter.

Depuis la Révolution tranquille, la montée du mouvement indépendantiste québécois, le rattrapage économique des francophones et la promulgation de lois linguistiques visant à protéger et à promouvoir l'usage du français au Québec ont provoqué une série de chocs dans la communauté anglophone. Bien que la majorité se soit adaptée à ces changements, plusieurs ont quitté définitivement le Québec.

Ceux qui sont restés ont par ailleurs modifié sensiblement la perception qu'ils ont de leur place au Québec. Par exemple, désormais, environ 60% des Anglo-Québécois affirment être en mesure de s'exprimer en français, ce qui représente une nette progression. Même s'il y a parfois divergence de vue entre eux et les francophones, les Anglo-Québécois éprouvent généralement un attachement très profond pour le Québec et plus particulièrement pour Montréal, une ville qu'ils ont grandement contribué à construire.

Les Québécois d'autres origines ethniques

L'immigration autre que française, étasunienne ou britannique n'a réellement commencé qu'au tournant du XXe siècle. Jusqu'à ce que la crise économique des années trente et le second conflit mondial imposent une halte aux mouvements migratoires vers le Québec, cette immigration se constituait surtout de Juifs d'Europe centrale et d'Italiens. Avec la prospérité de l'après-guerre, l'arrivée d'immigrants reprit de plus belle, venant très majoritairement d'Europe du Sud et de l'Est.

Puis, à partir des années soixante, le Québec accueillit une immigration en provenance de tous les continents, dont notamment beaucoup d'Indochinois et de Haïtiens. Aujourd'hui, après les Québécois d'origine française ou britannique, les Italiens, les Juifs et les Grecs forment les groupes ethniques les plus importants au Québec.

Évidemment, ces nouveaux arrivants, même s'ils tendent souvent à préserver leurs attaches culturelles, finissent par adopter le français ou l'anglais comme langue d'échange, et par s'intégrer à l'une ou l'autre des deux communautés. Cette intégration fut jusqu'à tout récemment source de fortes tensions sociales.

Il n'y a pas si longtemps, les immigrants s'assimilaient massivement à la minorité anglophone, ce qui fit craindre un renversement de l'équilibre linguistique et, à terme, un clivage de la société québécoise entre les francophones et les autres groupes ethniques. Promulguée en 1977, la Charte de la langue française avait pour but de remédier à cette situation, en poussant, par l'intermédiaire de l'école française, les nouveaux arrivants à s'intégrer à la majorité linguistique du Québec.

L'architecture et l'aménagement du territoire

Consulter aussi le fascicule en couleurs.

Les XVIIe et XVIIIe siècles

Un vaste territoire à défendre et à développer

Au siècle des Lumières, l'immensité du territoire français en Amérique a de quoi surprendre. Vers 1750, la Nouvelle-France s'étend de l'Acadie à l'estuaire du Mississippi et des contreforts des Appalaches à ceux des Rocheuses. Les explorateurs et les militaires qui osent s'aventurer à l'intérieur du continent se contentent le plus souvent d'enterrer en des lieux significatifs (promontoires, embouchures de rivière) des plaques de terre cuite ou d'étain marquant la prise de possession du territoire au nom du roi de France.

Mais il arrive que l'on érige un fortin de pieux pour défendre un point névralgique. Ces emplacements donneront parfois naissance à des bourgs qui deviendront des années plus tard des villes du Midwest américain, comme Detroit ou Pittsburgh.

L'hinterland demeure cependant en grande partie vierge. C'est le royaume amérindien, fréquenté sporadiquement par les chasseurs de fourrures blancs et les missionnaires jésuites. La population de souche française, qui s'élève à 65 000 âmes en 1759, est concentrée dans la vallée du Saint-Laurent. De ce total, près du quart habite les trois villes qui bordent le fleuve (Québec : 8 400 hab., Trois-Rivières : 650 hab., Montréal : 5 200 hab.), soit une proportion de citadins plus élevée qu'en France à cette époque (22% au Canada contre 17% en France)!

Le sentiment d'insécurité des habitants, joint à la volonté du roi de voir sa colonie mieux protégée, amène les citoyens des villes et villages de la Nouvelle-France à entourer leurs agglomérations d'enceintes fortifiées en pierre ou en bois, dessinées selon les principes de Vauban, ingénieur militaire de Louis XIV.

À ces ouvrages bastionnés, subventionnés par la Couronne, s'ajoute un ensemble de forts destinés à retarder la progression de l'ennemi. Les enceintes doivent être conçues pour résister à la fois aux attaques-surprises des tribus amérindiennes hostiles et à l'armée britannique, venue par la mer sur des navires de guerre équipés de pièces d'artillerie lourde.

Maison canadienne

À la fin du Régime français, Montréal et surtout Québec ont l'aspect de petites villes de province française bien contenues dans leurs murs. Elles se parent d'églises pointant leurs clochers au-dessus des enceintes, de couvents, de collèges, d'hôpitaux et de demeures aristocratiques et bourgeoises entourées de jardins à la française. Une place d'armes et une place du marché viennent se joindre à cette courte liste.

Pendant longtemps, les rivières, et surtout le fleuve Saint-Laurent, serviront de routes à la Nouvelle-France. Ces voies d'eau sont alors ponctuées de portages, qui se transformeront souvent en hameaux où l'on aménagera auberge et chapelle. Il faut attendre l'an 1734 pour que soit enfin inaugurée une route de terre carrossable entre Montréal et Québec.

Le chemin du Roy, comme on l'appelle encore (aujourd'hui la route 138), n'était praticable qu'en été, le fleuve reprenant son statut de voie de communication principale l'hiver venu. En 1750, il fallait compter jusqu'à cinq jours pour se rendre de Québec à Montréal par la route.

Les abords du fleuve Saint-Laurent et de la rivière Richelieu sont lentement défrichés et mis en culture. Le roi de France, qui a choisi le système seigneurial pour favoriser le développement du Canada, concède de longs rectangles de terre, perpendiculaires aux cours d'eau, à des individus ou à des communautés religieuses qui s'engagent à y tenir feu et lieu et à recruter des colons.

Ceux-ci s'engagent à leur tour à payer le cens et à jurer «foi et hommage» à leur seigneur. Sous le Régime français, peu de ces seigneurs rempliront leurs obligations, certains d'entre eux trouvant leurs terres trop isolées ou trop exposées aux attaques iroquoises et britanniques, d'autres utilisant leur seigneurie comme réserve de chasse aux bêtes à fourrure ou comme simple objet de spéculation. Il faudra attendre la fin du XVIIIe siècle pour voir l'ensemble des seigneuries concédées entre 1626 et 1758 enfin défrichées et cultivées.

Les seigneuries ont été aménagées selon un modèle rigide qui a façonné le paysage de la vallée du fleuve Saint-Laurent et de celle de la rivière Richelieu. On trouvait d'abord, en bordure du cours d'eau desservant la seigneurie, le «domaine» du seigneur, sur lequel étaient érigés le manoir et le moulin à eau ou à vent, destiné à moudre le grain des censitaires pour en faire de la farine. La «commune», sorte de pâturage à usage commun, occupait également la rive.

Tout à côté s'élevait le bourg, généralement composé d'une modeste église et de cinq ou six maisons de pierre ou de bois. Le reste de la seigneurie était occupé par de longues et étroites bandes de terres, disposées en rangs successifs concédés aux colons au fur et à mesure de l'augmentation du nombre des familles.

Ces bandes étaient reliées entre elles par des «côtes», chemins bordant le côté étroit des concessions, et des «montées» traversant la seigneurie perpendiculairement aux rangs et aux côtes. Le système seigneurial a été aboli en 1854, mais la répartition des terres agricoles sous la forme du rang s'est perpétuée jusqu'à nos jours.

Adaptation de l'architecture française au contexte québécois

Parmi les ennemis à combattre, celui que les habitants de la Nouvelle-France redoutent le plus est sans contredit le froid. Après des débuts extrêmement difficiles, voire tragiques, qui ont vu mourir gelés des colons installés dans de frêles cabanes en bois aux fenêtres de papier, l'architecture française s'adapte lentement aux longs hivers.

Elle doit en outre pallier la pénurie de main-d'œuvre spécialisée, notamment celle des tailleurs de pierre, ainsi que l'absence de certains matériaux sur le marché local, matériaux qu'il faut importer à grands frais, comme le verre pour les fenêtres et l'ardoise pour les couvertures. On le devine, l'architecture du Régime français est une architecture de colonisation, épurée et économique, où chaque composante a une fonction bien déterminée, donc essentielle au bien-être des colons.

La maison du Régime français est un modeste rectangle de moellons grossièrement équarris à deux cheminées, coiffé d'un toit à deux versants et recouvert de bardeaux de cèdre. Les murs sont percés de rares ouvertures dotées de fenêtres à vantaux divisés en tout petits carreaux, le verre de trop grande taille ne supportant pas la traversée de l'océan. La porte est, en général, faite de planches moulurées.

L'intérieur de la maison demeure assez rustique, la première préoccupation restant le chauffage. Le nombre de pièces est limité à celui des cheminées, chacune des chambres devant obligatoirement être chauffée. À partir de 1740, plusieurs bâtiments seront équipés de poêles en fonte fabriqués aux Forges du Saint-Maurice. On retrouvera parfois le long des murs des éviers de pierre ou des armoires encastrées, et plus rarement des lambris de style Louis XV.

L'architecture des manoirs seigneuriaux est en général fort semblable à celle des maisons de ferme prospères. Il y a toutefois des exceptions dans le cas des seigneurs les plus actifs ou des communautés religieuses, dont le manoir sert aussi de couvent. Ces manoirs prennent alors l'allure de véritables châteaux, le plus célèbre étant le château de Longueuil, aujourd'hui disparu.

L'architecture des villes diffère légèrement de celle des campagnes. La première préoccupation demeure l'éternel combat contre le froid, auquel il faut ajouter la prévention des incendies, car ceux-ci peuvent facilement devenir des conflagrations majeures en l'absence de service d'incendie efficace. Deux édits des intendants de Nouvelle-France, parus en 1721 et 1727, codifient la construction à l'inté-rieur des murs des villes.

Les maisons de bois et les toitures mansardées, dont la charpente touffue présente un réel danger, sont interdites; tous les bâtiments devront être de pierre et dotés de murs coupe-feu; les planchers des greniers devront être recouverts de carreaux de terre cuite. Les plus pauvres, qui ne peuvent satisfaire à des exigences aussi coûteuses, iront former les premiers faubourgs à l'extérieur des enceintes. Ils y construisent des maisons de bois dont il ne subsiste plus que de rares exemples. L'architecture demeure partout sobre et fonctionnelle.

Certains édifices présentent toutefois un décor plus sophistiqué. Dans cette contrée colonisée par les sociétés dévotes, les églises et chapelles sont évidemment les bâtiments les plus soignés. Quelques-unes se voient même parées de belles façades baroques en pierre de taille. Mais, plus importants, leurs intérieurs bien éclairés aux nombreux ornements de bois de styles Louis XIV et Louis XV, peints en blanc et dorés à la feuille, apparaissent dans la première moitié du XVIIIe siècle.

C'est le début d'une tradition typiquement québécoise qui perdurera jusqu'au milieu du XIXe siècle. La plupart des églises et chapelles des villes s'inscrivent alors dans des perspectives caractéristiques de l'urbanisme français classique. Malheureusement, ces perspectives ont été éliminées au XIXe siècle afin de faciliter la circulation...

On trouve aussi, dans les villes, quelques rares hôtels particuliers entre cour et jardin, mais davantage de demeures de marchands hautes de trois ou quatre étages et érigées en bordure de la rue. Elles sont parfois dotées d'ateliers et de caves voûtées en pierre pour l'entreposage des marchandises. De beaux exemples de ces caves subsistent autour de la place Royale à Québec (voir p 409).

L'après-conquête

La Nouvelle-France sort meurtrie de la guerre de Sept Ans, qui laisse nombre de ses plus beaux édifices en ruine. Ce que la conquête britannique de 1759 n'aura pas réussi à endommager, l'invasion américaine de 1775 et la guerre anglo-américaine de 1812 le feront.

Cependant, malgré tous les bouleversements politiques, le vocabulaire architectural ne changera pas avant la fin du XVIIIe siècle, car la population britannique est trop faible, et les entrepreneurs, tout comme la main-d'œuvre, demeurent essentiellement canadiens-français. L'architecture palladienne anglaise, influencée par l'œuvre d'Andrea Palladio en Italie, n'est employée pour la première fois qu'après 1780, lors de la construction de quelques maisons pour les dignitaires et militaires britanniques haut gradés en poste à Québec.

Le XIXe siècle

L'élaboration d'une tradition

Le mariage de l'architecture du Régime français et du palladianisme, en prenant soin d'inclure le courant Regency, forme la base de l'architecture québécoise traditionnelle, qui connaîtra son apogée au XIXe siècle. Celle-ci se différencie de l'architecture du siècle précédent par le prolongement du larmier de la toiture, qui vient recouvrir une longue galerie de bois disposée sur la façade de la maison. Les larmiers débordants et galbés des cottages Regency, inspirés de l'architecture orientale, trouvent donc ici une nouvelle fonction. Les galeries servent, quant à elles, d'intermédiaire entre le dedans et le dehors. Lieux de détente en été, elles évitent que la neige n'envahisse les ouvertures en hiver.

Parmi les autres améliorations notables qu'il faut signaler, mentionnons la réduction de la pente des toits, évitant ainsi que la neige ne s'abatte sur les occupants de la maison chaque fois qu'ils pointent le nez dehors, le surhaussement du carré de maçonnerie pour mieux dégager la structure du sol, et l'installation des cheminées aux extrémités des habitations plutôt qu'en leur centre, permettant de la sorte une meilleure distribution de la chaleur.

Les fenêtres, plus nombreuses, demeurent françaises, mais le nom-bre de carreaux de chaque vantail passe de 12 à 6; puis s'ajoutent à la fenêtre fixe une contre-fenêtre en hiver et une moustiquaire en été, améliorant de beaucoup le confort des occupants de la maison.

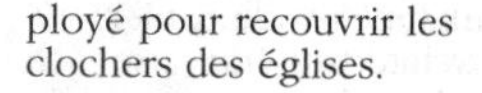

Vers 1820 apparaît aussi la cuisine d'été, sorte d'appentis, aussi appelé «bas- côté», disposé sur la face nord de la maison, la plus exposée aux vents froids. La pièce, plus fraîche en été, est fermée en hiver, permettant d'y entreposer les denrées périssables

tout en protégeant le corps principal des bourrasques glaciales. Enfin, la couverture de bardeaux est graduellement remplacée par de la tôle à la canadienne ou à baguettes, matériau résistant et incombustible qui sera également employé pour recouvrir les clochers des églises.

Ces dernières profiteront, elles aussi, des apports du palladianisme, grâce notamment à la famille Baillairgé de Québec, qui va révolutionner l'art de bâtir les églises au Québec. Cette dynastie d'architectes ajoute serliennes et frontons aux façades, et fait même entrer des composantes du style Louis XVI dans le mobilier liturgique. À l'autre extrémité du registre, Louis-Amable Quévillon (1749-1823) rassemble tout ce que le Régime français avait déployé de somptuosité pour créer des décors complexes sur lesquels veillent des plafonds étoilés et losangés.

La population des villages du Québec augmentant rapidement, on procède à l'agrandissement ou au remplacement de plusieurs églises du Régime français. Les communautés religieuses catholiques érigent dans leur voisinage des couvents et des collèges voués à l'éducation des filles et des garçons. Tout autour s'établit une nouvelle classe de notables, formée d'avocats, de notaires et de médecins, qui se font construire de vastes demeures.

Le village québécois traditionnel, formé à cette époque, se différencie du village américain ou ontarien par son tissu urbain, composé de maisons campagnardes très rapprochées les unes des autres, sans pour autant être mitoyennes, ainsi que par la rareté des édifices commerciaux, les boutiques et magasins étant installés dans des bâtiments dont l'allure diffère peu de celle des habitations. Cette façon de faire s'explique à la fois par la crainte des incendies, la plupart de ces maisons villageoises possédant une structure de bois, et par le discours du clergé catholique de l'époque, peu favorable à l'expansion du commerce.

L'immigration américaine et britannique

À la suite de la signature du traité de Versailles, reconnaissant l'indépendance des États-Unis (1783), nombre d'Américains loyaux à la couronne d'Angleterre se réfugient dans ce qui reste de l'Amérique du Nord britannique, c'est-à-dire le Canada. Ils apportent avec eux une architecture d'esprit georgien de la Nouvelle-Angleterre, caractérisée par l'emploi de la brique rouge et du clin de bois peint en blanc.

Ces nouveaux arrivants occupent les espaces laissés vacants par le Régime français, que le gouvernement colonial britannique divise sous forme de cantons dans la première moitié du XIXe siècle. Les Cantons-de-l'Est (voir p 229) et l'Outaouais (voir p 321) sont les régions du Québec où l'on retrouve la plupart de ces cantons à saveur américaine.

Parallèlement, les villes de Québec et de Montréal reçoivent entre 1800 et 1850 un fort contingent d'immigrants écossais et irlandais, qui importent une architecture néoclassique sévère mais élégante, comme on la retrouve alors à Dublin ou à Glasgow. Conséquemment, la pierre de taille remplace définitivement les moellons vers 1810. Bientôt apparaissent en milieu urbain la fenêtre à guillotine, le portique à colonnes et tout le vocabulaire architectural inspiré de la Grèce et de la Rome antiques (frontons, pilastres toscans, palmettes en acrotère).

Les premiers gouvernements municipaux démocratiques procèdent à l'éclairage et au pavage de certaines rues. Cette époque voit aussi la réalisation de projets d'ingénierie d'envergure, comme le percement du canal de Lachine (1821-1825) et l'apparition de chantiers navals, d'une échelle jamais vue auparavant. Toute cette activité économique attire également dans les villes une partie de la population rurale canadienne-française. Ainsi, Montréal supplante définitivement Québec vers 1830 et dépasse le cap des 100 000 habitants en 1860.

Le règne de l'historicisme

La construction de l'orphelinat protestant de Québec en 1823 et surtout celle de l'église Notre-Dame à Montréal entre 1824 et 1829, deux édifices de style néogothique, annoncent l'ère de l'historicisme dans l'architecture québécoise. D'abord marginal, l'histor icisme en viendra à dominer le paysage des villes du Québec dans la seconde moitié du XIXe siècle. Il se définit par l'emploi d'éléments décoratifs tirés des différentes époques de l'histoire de l'architecture, remis à la mode grâce aux découvertes archéologiques, à l'in-vention de la photographie et à la popularité du roman historique, diffusé à travers le monde.

Une pléiade de styles inspirés des formes anciennes apparaissent presque simultanément peu avant et pendant le règne de Victoria (1837-1901), ce qui vaudra à toutes ces formes, si différentes les unes des autres, d'être réunies sous le terme simplificateur d'architecture «victorienne». L'Amérique étant suffisamment éloignée des modèles du Moyen Âge ou de la Renaissance, elle a pu se libérer des contraintes du pastiche qui ont longtemps affecté l'Europe. On peut donc parler de l'architecture victorienne nord-américaine comme étant foncièrement nouvelle. On y appose simplement un décor passéiste qui a valeur de symbole pour ses contemporains.

Le style néogothique, par exemple (le préfixe «néo» tient du fait qu'il s'agit du renouveau d'un art plus ancien), avec ses arcs brisés, ses pinacles et ses cré-

Maison victorienne de North Hatley

neaux, sera longtemps privilégié pour la construction des églises, car le Moyen Âge, dont il est issu, correspond à une période de grande ferveur religieuse.

De même, le style néo-Renaissance sera favorisé par la classe bourgeoise pour la construction de demeures somptueuses, car la Renaissance italienne correspond à l'éclosion d'une puissante bourgeoisie. Le style Second Empire est, quant à lui, associé au raffinement du Paris de Napoléon III. Ses toitures mansardées, revêtues d'ardoises, seront employées à profusion dans l'architecture résidentielle du Québec et pour toute une série d'édifices publics.

Sa grande popularité tient à la fois des ramifications françaises de la société québécoise et de la vogue du style dans l'ensemble de l'Amérique du Nord entre 1865 et 1900. Il ne faudrait pas oublier le style néoroman, caractérisé par ses larges arcs cintrés et ses colonnes trapues, le style Queen Anne, employé dans les banlieues de la nouvelle classe moyenne, et surtout le style Château, mélange de l'architecture des manoirs écossais et des châteaux de la Loire, devenu au fil des ans une sorte de «style national» du Canada.

Victor Bourgeau, dans la région de Montréal, et Joseph Ferdinand Peachy, dans la région de Québec, se sont illustrés dans la construction d'une multitude d'églises paroissiales historicisantes, pour tous les goûts et tous les budgets. Bourgeau, travaillant d'abord avec un vocabulaire néoclassique issu autant de l'œuvre du britannique John Ostell que de l'architecture des églises urbaines du Régime français, se tournera graduellement vers le néogothique, puis vers le néoroman. Peachy a davantage laissé sa marque grâce à des œuvres néo-Renaissance et Second Empire.

Industrialisation et confort

L'ère victorienne peut sembler contradictoire. Si elle est tournée vers le passé en matière de décor architectural, elle se tourne résolument vers l'avenir en ce qui a trait au confort. Ainsi, on ne compte plus les innovations technologiques de cette époque qui rendent la vie des citadins plus agréable : eau courante, réservoirs d'eau chaude automatiques, multiplication des salles de bain, chauffage central, téléphone, électricité.

Parmi les changements durables apportés au bâti, il faut noter la popularité des fenêtres en baie et des oriels (*bay-window, bow-window* et *box-window*) de même que l'apparition du toit plat, revêtu de goudron et de cailloux, qui retient la neige jusqu'à ce qu'elle fonde plutôt que de l'évacuer, faisant de cette neige un isolant naturel tout en évitant qu'elle ne s'abatte sur les passants. Certaines toitures plus complexes, appartenant à des édifices civiques ou religieux, seront plutôt recouvertes d'un cuivre richement orné ayant acquis une agréable patine verdâtre au fil des ans sous l'effet de l'oxydation (vert-de-gris).

Dans la seconde moitié du XIXe siècle, le chemin de fer permet désormais de relier efficacement les grands centres, sans compter qu'il profite également aux Canadiens français; isolés sur leurs seigneuries maintes fois redivisées pour la colonisation de nouveaux territoires au nord du Saint-Laurent (Saguenay–Lac-Saint Jean, Laurentides et Témiscamingue), ce nouveau moyen de transport repousse les frontières habitées du Québec.

La révolution industrielle fait des villes des centres de transformation des matières premières. Les quartiers ouvriers poussent comme des champignons autour des usines, bien desservies par un réseau de tramways, d'abord hippomobiles (1861), puis électriques (1892). Les villes de Québec et de Montréal deviennent très fréquentées et bruyantes. De grands magasins, des théâtres, des sièges sociaux de banques et de compagnies d'assurances ouvrent leurs portes, attirant une foule toujours plus nombreuse de travailleurs. Cependant, le reste du Québec, essentiellement agricole, demeure solidement ancré dans la tradition. Il vivra d'ailleurs relativement isolé jusqu'au milieu du XXe siècle.

Le XXe siècle

L'habitat vernaculaire urbain

Le taux de natalité record dans le Québec rural de 1900, où les familles de 12 enfants ne sont pas rares, provoque toujours l'engorgement des terres. De nouvelles régions, comme l'Abitibi, sont ouvertes à la colonisation par le clergé. Mais le pouvoir d'attraction des villes est insurmontable, malgré les salaires de misère.

Ces «déracinés» veulent retrouver en ville un peu de leur maison de ferme : galeries et balcons, pièces nombreuses et bien éclairées, espaces de rangement multiples, qui serviront à l'occasion de poulailler ou d'étable. L'ensemble ne doit pas coûter trop cher à chauffer et être relativement facile d'entretien. L'habitat type montréalais était né!

Ses escaliers extérieurs, qui doivent se contorsionner afin d'atteindre l'étage dans l'espace restreint disponible entre le trottoir et le balcon, évitent aux citadins d'avoir à chauffer une cage d'escalier intérieure. Ses balcons rappellent la galerie rurale et donnent un accès direct aux logements (un ou deux par étage), qui possèdent leur propre entrée extérieure individuelle.

De 1900 à 1930, des milliers de ces duplex, triplex, quadruplex et quintuplex seront construits le long des avenues rectilignes de Montréal. Ces immeubles de deux ou trois étages à structure de planches de bois, emboîtées les unes dans les autres, sont revêtus soit de la pierre calcaire locale, soit de briques, dont il existe une variété infinie. Même s'il est avant tout économique, l'habitat type montréalais se pare d'une corniche ou d'un parapet très orné, de balcons à colonnes toscanes et de beaux vitraux d'inspiration Art nouveau.

À la même époque, une série de villes mono-industrielles (papetières ou minières) voient le jour à travers le Québec. Ces agglomérations, créées de toutes pièces par des entreprises, sont dotées, dès leur fondation, d'un plan d'urbanisme précis ainsi que d'une architecture publique et résidentielle soignée, œuvre d'architectes reconnus qui prend pour modèle les cités-jardins anglaises.

Le retour aux sources

L'École des beaux-arts de Paris, dont les enseignements vont engendrer des principes rigoureux de composition architecturale (symétrie, monumentalité) de même qu'un style, synthèse du classicisme français, trouvera un écho favorable chez les Canadiens français éclairés au début du XXe siècle. Ces derniers voudront faire du style Beaux-Arts un flambeau signalant la présence française en Amérique. Ses colonnes jumelées, ses balconnets ornés de fer forgé et soutenus par des consoles de pierre, ainsi que sa balustrade de couronnement se retrouveront aussi dans les quartiers des Anglo-Saxons fortunés, pour qui les beaux-arts s'inscrivent dans la tradition du raffinement parisien.

Escaliers extérieurs - Montréal

Ce timide mouvement de retour aux sources des Canadiens français prendra des proportions plus considérables chez les descendants des marchands anglais et écossais, de plus en plus nombreux à effectuer des pèlerinages outre-Atlantique pour redécouvrir tel manoir gallois en ruine ou telle maison de ferme écossaise ayant vu naître grand-père. Le mouvement «Arts and Crafts» britannique trouvera là des amateurs de la tuile du Herefordshire, de la boiserie élizabéthaine et de la cheminée Tudor. Ces mêmes personnes, déjà sensibilisées à l'architecture rurale traditionnelle de Grande-Bretagne, qu'elles tenteront de reproduire au Québec, sont à la base des premiers sauvetages de l'architecture rurale du Régime français, qui poursuivait toujours sa descente aux enfers en 1920.

À l'orée des années trente, on verra toutefois apparaître quelques bâtiments neufs s'inspirant des réalisations de la Nouvelle-France. La Révolution tranquille des années soixante encouragera heureusement une conscientisation plus large de la population face à son patrimoine de tradition française. Ce sera le début d'une ère de décapage et de restauration minutieuse.

Toutefois, pendant qu'un certain patrimoine se voit remis à l'honneur, un autre, celui du XIXe siècle, tombe massivement sous le pic du démolisseur. Cette saignée ne sera stoppée qu'au début des années quatre-vingt. On s'efforce encore de colmater les brèches causées par des vagues de démolition comparables aux bombardements de la guerre, qui ont laissé des terrains vacants jusqu'au cœur des villes.

Le choix de l'Amérique

Les contacts privilégiés qu'entretiennent les architectes et artistes québécois avec Paris, Bruxelles et Londres depuis toujours n'empêcheront pas les décideurs d'opter d'emblée pour l'Amérique au début du XXe siècle. Ainsi, les premiers gratte-ciel percent l'horizon montréalais en 1928, à la suite de l'abrogation définitive d'un règlement limitant la hauteur des édifices à 10 étages.

Des architectes célèbres, venus des États-Unis, dessineront plusieurs des tours montréalaises, donnant au centre-ville de la méropole sa configuration actuelle, très nord-américaine. L'Art déco français, géométrique ou aérodynamique, dont il existe de bons exemples dans toutes les régions du Québec, sera supplanté par l'architecture moderne américaine après la Seconde Guerre mondiale. Enfin, l'Exposition universelle tenue à Montréal en 1967 a été l'occasion de doter cette ville et le Québec entier d'une architecture internationale, audacieuse et exemplaire.

La Révolution tranquille des années soixante correspond à l'explosion des banlieues et à la construction d'infrastructures publiques majeures. Depuis, de nouvelles autoroutes sillonnent le Québec dans tous les sens; des écoles gigantesques, des hôpitaux, des centres culturels et des musées voient le jour dans des régions où il n'y avait auparavant qu'églises et couvents. Le nord du Québec reçoit un peu plus d'attention, avec la construction de vastes complexes hydroélectriques. Le centre des villes connaît également des transformations raicales en ce domaine : construction d'un métro à Montréal, de vastes complexes gouvernementaux modernes à Québec, etc.

Au début des années quatre-vingt, la lassitude engendrée par la répétition *ad nauseam* des mêmes formules décrétées par les modernistes provoque un retour vers les formes du passé à travers le postmodernisme, qui mêle volontiers verre réfléchissant et granit poli dans des compositions rappelant l'Art déco ou le néoclassicisme.

Les années quatre-vingt-dix présentent, quant à elles, deux pôles opposés : l'aboutissement du postmodernisme, sous une forme d'architecture romantique traditionnelle, et la recherche d'une architecture nouvelle ultramoderne faisant appel à des matériaux nouveaux, à l'informatique et à l'électronique.

Les arts au Québec

Le monde des arts sert souvent de véhicule privilégié aux peuples pour exprimer leurs préoccupations et leurs aspirations. Au Québec, l'expression artistique a pendant longtemps été à l'image d'une société constamment sur la défensive, tourmentée par la médiocrité de son présent et par des doutes quant à son avenir. Mais, depuis les années d'après-guerre et surtout avec la Révolution tranquille, la culture québécoise a bien évolué et s'est affirmée. Ouverte aux influences extérieures, et souvent très innovatrice, elle est maintenant d'une remarquable vitalité.

Lettres québécoises

L'essentiel des débuts de la littérature de langue française en Amérique du Nord est constitué d'écrits des premiers explorateurs (dont ceux de Jacques Cartier) et des communautés religieuses. Sous forme de récits, ces textes relatent différentes observations destinées principalement à faire connaître le pays aux autorités de la métropole. Le mode de vie des Autochtones, la géographie du pays et les débuts de la colonisation française figurent parmi les principaux thèmes abordés par des auteurs comme le père Sagard (*Le grand voyage au pays des Hurons*, 1632) ou par le baron de La Hontan (*Nouveaux voyages en Amérique septentrionale*, 1703).

La tradition orale domine la vie littéraire durant tout le XVIIIe siècle et le début du XIXe siècle. Les légendes issues de cette tradition (revenants, feux follets, loups-garous, chasse-galerie) sont par la suite consignées par écrit. Plusieurs années s'écoulent donc avant que le mouvement littéraire ne prenne un véritable envol, qui aura lieu à la fin du XIXe siècle. La majorité des créations d'alors, fortement teintées de la rhétorique de la «survivance», encensent les valeurs nationales, religieuses et conservatrices.

L'éloge de la vie à la campagne, loin de la ville et de ses tentations, devient l'un des thèmes centraux de la littérature de l'époque. Les romans d'Antoine Gérin-Lajoie (*Jean Rivard le défricheur*, 1862, et *Jean Rivard, économiste*, 1864) offrent l'exemple type de cette tendance à une apologie du monde rural frisant la propagande. La glorification du passé, particulièrement du Régime français, inspire également de nombreux romanciers. Mis à part quelques écrits tels que *Angéline de Montbrun* (1884) de Laure Conan, peu de romans de cette période présentent davantage qu'un intérêt strictement socio-historique. L'influence de l'idéologie traditionnelle domine également dans la poésie. Néanmoins, le poète Louis-Honoré Fréchette a su s'en démarquer.

Jusqu'en 1930, le traditionalisme continue de marquer profondément la création littéraire, quoique soient perceptibles certains mouvements innovateurs. En poésie, l'École littéraire de Montréal, mais plus particulièrement Émile Nelligan, qui a été le premier à s'inspirer des œuvres de Baudelaire, de Rimbaud, de Verlaine et de Rodenbach, font contrepoids au courant dominant pendant quelque temps. Encore aujourd'hui une figure mythique, Nelligan a écrit sa poésie très jeune, avant de sombrer dans la folie.

Dans le roman québécois de cette époque, le monde rural reste toujours le principal thème que l'on aborde, bien que certains auteurs commencent à le traiter d'une manière différente. Louis Hémon, dans *Maria Chapdelaine* (1916), présente avec une plus grande vraisemblance la vie paysanne, alors qu'Albert Laberge (*La scouine*, 1918) en décrit la médiocrité.

C'est au cours des années de la crise économique et de la guerre que la création littéraire connaît un début de modernisation. Dans le roman du terroir, qui domine toujours, on voit graduellement apparaître le thème de l'aliénation des individus. On sent enfin qu'un pas majeur a été franchi lorsque la ville, où en réalité une majorité de la population réside, devient le cadre de romans, comme c'est le cas de *Bonheur d'occasion* (1945) de la Franco-Manitobaine Gabrielle Roy et de *Au pied de la pente douce* (1945) de Roger Lemelin.

Le modernisme s'affirme franchement à partir de la fin de la guerre, et ce, malgré le régime politique de Maurice Duplessis. En ce qui a trait au roman, deux courants dominent : le roman urbain tel que *Au pied de la pente douce* (1945) de Roger Lemelin ou *Les Vivants, les morts et les autres* (1959) de Pierre Gélinas, et le roman psychologique tel que *La Fin des songes* (1950) de Robert Élie ou *Le Gouffre a toujours soif* (1953) d'André Giroux. Un peu en marge de ces deux courants, Yves Thériault, auteur très prolifique, publie, de 1944 à 1962, contes et romans (*Agaguk* en 1958, *Ashini* en 1960) qui marqueront toute une génération de Québécois.

La poésie connaît une période d'or grâce à une multitude d'auteurs, notamment Gaston Miron, Alain Grandbois, Anne Hébert, Rina Lasnier et Claude Gauvreau. On assiste également à la véritable naissance du théâtre québécois grâce à la pièce *Tit-Coq* de Gratien Gélinas, qui sera suivie d'œuvres variées, dont celles de Marcel Dubé et de Jacques Ferron. Pour ce qui est des essais, le *Refus Global* (1948), signé par un groupe de peintres automatistes, fut sans contredit le plus incisif des nombreux réquisitoires contre le régime duplessiste.

La Révolution tranquille, dont l'effervescence politique et sociale marque la création littéraire des années soixante, «démarginalise» les auteurs. Une multitude d'essais, tel *Nègres blancs d'Amérique* (1968) de Pierre Vallières, témoignent de cette période de remise en question, de contestation et de bouillonnement culturel.

Au cours de cette époque, véritable âge d'or du roman, de nouveaux noms, entre autres ceux de Marie-Claire Blais (*Une saison dans la vie d'Emmanuel*, 1965), Hubert Aquin (*Prochain épisode*, 1965) et Réjean Ducharme (*L'avalée des avalés*, 1966), s'ajoutent aux écrivains de la période précédente. La poésie triomphe, alors que le théâtre, marqué particulièrement par l'œuvre de Marcel Dubé et par l'ascension de nouveaux dramaturges comme Michel Tremblay, s'affirme avec éclat. Pendant quelque temps, plusieurs ro-

Place au spectacle!

Deux formes assez particulières d'expression artistique québécoises empruntent certains éléments au théâtre : celle des «humoristes» et celle du cirque. L'humour a toujours tenu une place importante dans la vie culturelle québécoise. Ainsi, dans les années soixante, le groupe humoristique Les Cyniques, par sa critique mordante du clergé et des institutions politiques, participa à sa façon à la Révolution tranquille. Puis, au cours des années soixante-dix, Yvon Deschamps reprendra le personnage du Canadien français exploité mais sympathique de ses aînés (Olivier Guimond entre autres) pour forcer une prise de conscience chez son public. Les années qui ont suivi le référendum de 1980 ont vu naître une impressionnante vague de comédiens dont l'humour tient davantage de l'absurde et de l'autodérision (Ding et Dong, Roch et Belles Oreilles, Daniel Lemire, Lise Dion, etc.), témoignant sans doute de la désillusion de toute une génération. Le fameux Cirque du Soleil, quant lui, a littéralement réinventé l'art du cirque en intégrant ses composantes traditionnelles à de véritables chorégraphies. Ce cirque comprend maintenant plusieurs troupes se produisant autant au Québec qu'à travers le monde.

manciers, poètes et dramaturges font usage dans leurs œuvres de la langue populaire.

La création littéraire contemporaine s'est diversifiée et enrichie. De nouvelles figures sont venues se joindre aux auteurs de la période antérieure, com-me Victor-Lévy Beaulieu, Jacques Godbout, Alice Parizeau, Roch Carrier, Jacques Poulin, Louis Caron, Yves Beauchemin, Suzanne Jacob et, encore plus récemment, Louis Hamelin, Robert Lalonde, Gaetan Soucy, Christian Mistral, Dany Laferrière, Ying Chen, Sergio Kokis, Denise Bombardier et Arlette Cousture.

Par ailleurs, le théâtre se distingue au cours des années quatre-vingt par un foisonnement de productions d'une remarquable qualité, dont plusieurs intègrent d'autres formes d'expression artistique (danse, chant, vidéo). Un engouement pour le théâtre se fit sentir à Montréal, alors que se multipliaient les petites salles. Parmi les plus brillants représentants du théâtre québécois d'aujourd'hui, notons la troupe Carbone 14, les metteurs en scène André Brassard, Robert Lepage, Lorraine Pintal, René-Richard Cyr et les auteurs Normand Chaurette, Marie Laberge, René-Daniel Dubois, Michel-Marc Bouchard, Jean-Pierre Ronfard et Wajdi Mouhawad.

Musique et chanson

En ce qui a trait à la musique, il faut attendre les années d'après-guerre pour que le modernisme puisse commencer à s'afficher au Québec. Cette tendance s'affirme résolument à partir des années soixante, alors qu'on tient pour la première fois, en 1961, une Semaine internationale de la musique actuelle. Les grands orchestres, notamment l'Orchestre symphonique de Montréal (OSM), commencent dès lors à intéresser un plus vaste public. Dirigé depuis 1978 par Charles Dutoit, l'OSM multiplie les enregistrements et les tournées internationales. L'intérêt pour la musique s'est également propagé en province, où l'on tient notamment un grand festival d'été dans la région de Lanaudière et un festival de musique actuelle à Victoriaville.

La chanson, qui a toujours été un élément important du folklore québécois, connaît un nouvel essor dans l'entre-deux-guerres avec la généralisation de la radio et l'amélioration de la qualité des enregistrements. Des artistes comme Ovila Légaré s'illustrent, mais le plus grand succès de l'époque appartient incontestablement à la Bolduc (Marie Travers), qui, grâce à des chansons originales en langue populaire, connaît la gloire pendant de longues années.

Au cours de la guerre, le Soldat Lebrun occupe aussi une place appréciable dans le monde de la chanson locale. Puis, dans les années cinquante, la mode de l'adaptation de succès américains ou de l'interprétation de chansons françaises éclipse le travail de chansonniers tels que Raymond Lévesque et Félix Leclerc, qui ne seront reconnus qu'au cours de la décennie suivante.

Avec la Révolution tranquille, la chanson dite québécoise s'affiche avec éclat. Des chansonniers comme Claude Léveillé, Jean-Pierre Ferland, Gilles Vigneault et Claude Gauthier font vibrer les «boîtes à chansons» du Québec par des textes fortement teintés d'affirmation nationale et culturelle. Un événement d'une grande portée survient en 1968, lorsque Robert Charlebois lance le premier album rock en français.

La chanson québécoise connaît par la suite des succès retentissants. Pour la Saint-Jean-Baptiste, fête nationale des Québécois, des artistes parviennent à rassembler des centaines de milliers de personnes lors de grands spectacles extérieurs se transformant en véritables *happenings*. La chanson québécoise remporte également de forts succès à l'étranger, particulièrement en Europe francophone.

Aux figures déjà connues que sont notamment Plume Latraverse, Michel Rivard, Diane Dufresne, Pauline Julien, Ginette Reno, Jim Corcoran, Claude Dubois, Richard Séguin, Paul Piché et Marjo, se sont joints récemment des artistes aussi différents que Jean Leloup, Richard Desjardins, Daniel Bélanger, Luc de la Rochelière, Dan Bigras, Bruno Pelletier, Kevin Parent, Lynda Lemay, Térez Montcalm, Luce Dufault, Lara Fabian et le groupe Les Colocs. La figure la plus connue à l'étranger est toutefois Céline Dion, une interprète qui chante tant en français qu'en anglais. Sa voix remarquable lui a permis de se hisser parmi les étoiles de la musique populaire les plus connues du monde.

On se doit également de souligner le succès remporté par le parolier Luc Plamondon, entre autres avec les opéras-rock *Starmania* et *Notre-Dame-de-Paris*, ainsi que par la Bottine souriante, qui joue une musique inspirée de la tradition québécoise. Enfin, certains artistes non francophones, comme Leonard Cohen et Corey Hart, jouissent d'une solide réputation internationale.

Les arts visuels

Ayant pour toile de fond idéologique le clérico-nationalisme, les œuvres d'art québécoises du XIXe siècle s'illustrent par leur attachement à un esthétisme désuet. Néanmoins encouragés par de grands collectionneurs montréalais, des peintres locaux adhèrent à des courants quelque peu novateurs à la fin du XIXe siècle et au début du XXe siècle.

Il y a d'abord la vogue des paysagistes qui, comme Lucius R. O'Brien, font l'éloge de la beauté du pays. La peinture à la manière de l'école de Barbizon, s'appliquant à représenter le mode de vie pastoral, bénéficie également d'une certaine reconnaissance. Puis, inspirés par l'école de La Haye, des peintres comme Edmund Morris introduisent timidement le subjectivisme dans leurs œuvres.

Les peintures d'Ozias Leduc, s'inscrivant dans le courant symboliste, démontrent aussi une tendance à l'interpré tation subjective de la réalité, tout comme les sculptures d'Alfred La liberté réalisées au début du XXe siècle.

Quelques créations de l'époque laissent entrevoir une certaine perméabilité aux courants européens, comme c'est le cas des tableaux de Suzor-Côté. Mais, c'est dans la peinture de James Wilson Morrice, inspirée de Matisse, que l'on peut le mieux sentir l'empreinte des écoles européennes. Mort en 1924, Morrice est perçu par plusieurs comme le précurseur de l'art moderne au Québec. Il faudra néanmoins attendre plusieurs années, marquées notamment par les peintures très attrayantes de Marc-Aurèle Fortin, paysagiste mais aussi peintre urbain, avant que l'art visuel québécois ne se place au diapason des courants contemporains.

L'art moderne québécois commence d'abord à s'affirmer au cours de la guerre grâce aux chefs de file que sont Alfred Pellan et Paul-Émile Borduas. Dans les années cinquante, il est possible de distinguer deux courants majeurs. Le plus important est le non-figuratif, que l'on peut diviser en deux tendances : l'expressionnisme abstrait, dont se réclament Marcelle Ferron, Marcel Barbeau, Pierre Gauvreau et surtout Jean-Paul Riopelle, et l'abstraction géométrique, où s'illustrent particulièrement Jean-Paul Jérôme, Fernand Toupin, Louis Belzile et Redolphe de Repentigny. Le deuxième courant d'envergure de l'après-guerre, le nouveau figuratif, comprend des peintres tels que Jean Dallaire et surtout Jean-Paul Lemieux.

Les tendances de l'après-guerre s'imposent toujours dans les années soixante, quoique l'arrivée de nouveaux créateurs comme Guido Molinari, Claude Tousignant et Yves Gaucher accroisse la place de l'abstraction géométrique. Par ailleurs, le domaine de la gravure et de l'estampe connaît un essor certain, les *happenings* se popularisent et l'on commence à mettre les artistes à contribution dans l'aménagement des lieux publics. La diversification des procédés et des écoles devient réelle à partir du début des années soixante-dix, jusqu'à présenter aujourd'hui une image très éclatée de l'art visuel.

Le cinéma

Bien que certains longs métrages aient été réalisés auparavant, il faut attendre l'après-guerre pour que naisse un authentique cinéma québécois. Entre 1947 et 1953, des producteurs privés portent à l'écran des œuvres ayant connu le succès dans d'autres médias, comme *Un homme et son péché* (1948), *Séraphin* (1949), *La petite Aurore l'enfant martyre* (1951) et *Tit-Coq* (1952). Mais l'avènement de la télévision, au début des années cinquante, lui porte un dur coup, si bien que la création cinématographique québécoise stagne par la suite pendant une décennie complète.

Sa renaissance, au cours des années soixante, est largement tributaire du soutien de l'Office national du film (ONF). Par l'intermédiaire de documentaires ayant recours au cinéma «direct», la critique de la société québécoise constitue alors le thème principal abordé par les cinéastes. Des nombreuses créations de l'époque, le film de Pierre Perreault et de Michel Brault, *Pour la suite du monde* (1963), fut sans doute le plus marquant par son caractère innovateur. Par la suite, le long métrage de fiction devient un genre dominant, et certains cinéastes y connaissent le succès : Claude Jutra (*Mon oncle Antoine*, 1971), Jean-Claude Lord (*Les Colombes*, 1972), Gilles Carle (*La vraie nature de Bernadette*, 1972), Michel Brault (*Les ordres*, 1974), Jean Beaudin (*J.A. Martin photographe*, 1977) et Francis Mankiewicz (*Les bons débarras*, 1979). Comme peu de films sont rentables, le financement, même avec l'apport de producteurs privés, repose en grande partie sur les gouvernements.

Parmi les films des dernières années, il convient de mentionner ceux de Denys Arcand (*Le déclin de l'empire américain*, 1986, et *Jésus de Montréal*, 1989), de Jean-Claude Lauzon (*Un zoo la nuit*, 1987, et *Léolo*, 1992), de Léa Pool (*À corps perdu*, 1988), de Pierre Falardeau (*Le party*, 1990), de Jean Beaudin (*Being at home with Claude*, 1992), de Robert Lepage (*Le confessionnal*, 1995), de François Girard (*Le violon rouge*, 1998), de Roch Demers, qui s'est spécialisé dans les films pour enfants, et de Frédérick Back, qui s'est distingué grâce à un film d'animation, *L'homme qui plantait des arbres*, gagnant d'un oscar en 1988.

Mentionnons aussi la contribution de Daniel Langlois, acteur important sur la scène du cinéma utilisant les nouvelles technologies. Il contribue à les développer par la mise sur pied de festivals et de lieux de création. Il est notamment le fondateur de Softimage, qui crée des logiciels d'animation infographique ayant servi à la réalisation de plusieurs longs métrages remarqués ces dernières années.

Renseignements généraux

Le présent chapitre a pour but de vous aider à planifier votre voyage, aussi bien avant votre départ qu'une fois sur place. Il renferme plusieurs indications générales qui pourront vous être utiles lors de vos déplacements. Nous vous souhaitons un excellent voyage au Québec!

Formalités d'entrée

Généralités

Pour la plupart des citoyens des pays de l'Europe de l'Ouest, un passeport valide suffit, et aucun visa n'est requis pour un séjour de moins de trois mois. Il est possible de demander une prolongation de trois mois. Un billet de retour ainsi qu'une preuve de fonds suffisants pour couvrir le séjour peuvent être demandés.

Prolongation sur place

Il faut adresser sa demande **par écrit** et **avant** l'expiration du visa (date généralement inscrite dans le passeport) à l'un des centres d'Immigration Canada. Votre passeport valide, un billet de retour, une preuve de fonds suffisants pour couvrir le séjour ainsi que 65$ pour les frais de dossier vous seront demandés. Attention, dans certains cas (études, travail), la demande doit obligatoirement être faite **avant** l'arrivée au Canada.

Ambassades et consulats

Pour la liste complète des services consulaires à l'étranger, veuillez consulter le site du gouvernement canadien : ***www.dfait-maeci.gc.ca/travel/consular***

En Europe

FRANCE
Ambassade du Canada
35, av. Montaigne
75008 Paris
Métro Franklin-Roosevelt
☎ ***01.44.43.29.00***
⇄ ***01.44.43.29.98***
www.amb-canada.fr

BELGIQUE
Ambassade du Canada
Av. de Tervueren, 2
1040 Bruxelles
Métro Mérode
☎ ***741.06.11***
⇄ ***741.06.19***

ESPAGNE
Ambassade du Canada
Edificio Goya
Calle Nuñez de Balboa 35
28 001 Madrid
☎*423.32.50*
⇄*423.32.51*

ITALIE
Ambassade du Canada
Via Zara 30
00198 Rome
☎*44.59.81*
⇄*44.59.89.12*

SUISSE
Ambassade du Canada
Kirchenfeldstrasse 88
3005 Berne
☎*357 32 00*
⇄*357 32 10*

À Montréal

CONSULAT GÉNÉRAL DE FRANCE À MONTRÉAL
1, Place Ville-Marie
Bureau 2601, 26e étage
Montréal, H3B 4S3
☎*878-4381*
⇄*878-3981*
www.montreal.consulfrance.org

CONSULAT GÉNÉRAL DE FRANCE À QUÉBEC
25, rue St-Louis
Québec, (Québec)
G1R 3Y8
☎*(418) 694-2294*
www.quebec.consulfrance.org

CONSULAT GÉNÉRAL DE BELGIQUE
999, bd De Maisonneuve Ouest
Bureau 1250
Montréal, H3A 3C8
☎*(514) 849-7394*
⇄*(514) 844-3170*

CONSULAT GÉNÉRAL DE SUISSE
1572, av. Dr Penfield
Montréal, H3G 1C4
☎*(514) 932-7181*
⇄*(514) 932-9028*

CONSULAT DES ÉTATS-UNIS
Place Félix-Martin
1155, rue St-Alexandre
Montréal
☎*(514) 398-9695*
⇄*(514) 398-9749*

CONSULAT GÉNÉRAL DE L'ITALIE
3489 rue Drummond
Montréal, H3G 1X6
☎*(514) 849-8351*
⇄*(514) 499-9471*

CONSULAT GÉNÉRAL D'ESPAGNE
1 Westmount Square
Montréal, H3Z 2P9
☎*(514) 935-5235*
⇄*(514) 935-4655*

Renseignements touristiques

Il est utile de savoir que le Québec se divise en 20 régions touristiques. Les Associations touristiques régionales s'occupent de diffuser l'information concernant leur région. Pour les villes de Montréal, Québec et Laval, ce sont les offices de tourisme qui dispensent les renseignements. Pour chacune des régions touristiques, une brochure promotionnelle est publiée. Ces brochures sont disponibles gratuitement auprès de ces associations et offices.

Les Éditions Ulysse publient des guides tels que celui que vous consultez en ce moment, mais qui couvrent des régions de manière plus spécifique : *Gaspésie - Bas-Saint-Laurent - Îles-de-la-Madeleine, Charlevoix - Saguenay - Lac-Saint-Jean, Côte-Nord, Abitibi et Grand Nord* ainsi que *Ville de Québec* et *Montréal.*

Pour les amateurs de plein air, mentionnons : le *Guide de randonnée pédestre au Québec* et *Randonnée pédestre Montréal et ses environs, le Québec cyclable, Ski de fond au Québec* et *Motoneige au Québec.* Pour l'hébergement et la restauration, on retrouve notamment *Le guide des Gîtes du passant au Québec, Hôtels et bonnes tables du Québec* et *La cuisine régionale au Québec.*

En Europe

France

Tourisme Québec
tlj 15h à 23h
c/o MPS
Boîte postale 90
67162 Wissembourg Cedex
☎*08.00.90.77.77*
www.bonjour-quebec.com
Minitel : 3615 Québec

Commission canadienne du tourisme
lun-ven 10h à 17h
35, av. Montaigne
75008 Paris
Métro Franklin-Roosevelt
☎*01.44.43.29.00*
⇄*01.44.43.29.94*
Au ☎*01.44.43.25.07*
un système automatisé permet d'obtenir rapidement de l'information touristique 24 heures.
Sur Minitel : 3615 Canada.

Délégation générale du Québec
66, rue Pergolèse
75116 Paris
Métro Porte Dauphine
☎*01.40.67.85.00*

France-Québec
24, rue Modigliani
75015 Paris
Métro Lourmel
☎*01.45.54.35.37*

La librairie du Québec
30, rue Gay Lussac
75005 Paris
☎*01.43.54.49.02*
⇄*01.43.54.39.15*
À Paris, on peut trouver un grand choix de livres sur le Québec et le Canada, ainsi que toute l'édition du Québec et du Canada francophone, dans tous les domaines.

Belgique

Délégation générale du Québec
Av. des Arts, 46, 7e étage
1040 Bruxelles
Métro Art-Loi
☎*512.00.36*

Suisse

Welcome to Canada!
22, Freihofstrasse
8700 Küsnacht
☎*910 90 01*
⇄*910 38 24*

Au Québec

Pour tout renseignement sur les différentes régions touristiques, vous pouvez composer sans frais :

de Montréal et sa région
☎*(514) 873-2015*

du Québec, des États-Unis ou du Canada
☎*800-363-7777*

Vous pouvez aussi écrire à :
Tourisme Québec
Case postale 979
Montréal, H3C 2W3

À Montréal

Pour de l'information détaillée avec nombreux documents (cartes routières, dépliants, guides d'hébergement) sur Montréal et toutes les régions touristiques du Québec :

Infotouriste
1001, rue du Square-Dorchester
Métro Peel

Librairie Ulysse
4176, rue Saint-Denis
Métro Mont-Royal
☎*(514) 843-9447*

560, av. du Président-Kennedy
Métro McGill
☎*(514) 843-7222*

À Québec

Maison du tourisme de Québec
12, rue Ste-Anne
Québec, G1R 3X2

Centre d'information de l'Office du tourisme et des congrès de la Communauté urbaine de Québec
835, av. Wilfrid-Laurier
Québec, G1R 2L3
☎*(418)692-2471*

Librairie Ulysse
4, bd René-Lévesque Est
☎*(418)529-5349*

Sur Internet

Vous pourrez aussi trouver de multiples renseignements sur le Web. Voici quelques sites intéressants.

On ne saurait parler du Web québécois sans nommer son site le plus visité : **La toile du Québec** *(www.toile.qc.ca)*. Vaste répertoire de liens, ce site constitue un point de départ fabuleux pour explorer les recoins de la «toile», du moins lorsqu'on parle du Québec.

Les voyageurs partant pour le Québec ou les Québécois visitant une nouvelle région consulteront le site du **ministère du Tourisme** *(www.tourisme.gouv.qc.ca)*, qui permet d'entrer en contact avec les différentes associations touristiques régionales et même de faire une visite virtuelle du Québec. N'oubliez surtout pas le site des **Éditions Ulysse** *(www.ulysse.ca)*, qui présente régulièrement ses nouveautés sur le Québec.

Aéroports

Il existe deux aéroports importants au Québec, soit ceux de **Dorval** et de **Mirabel**. Un troisième, celui de **Québec** (ville) est nettement plus petit et ne dessert qu'un nombre limité de destinations, bien qu'il reçoive des vols internationaux. Les aéroports de Dorval et de Québec sont destinés aux vols internationaux et domestiques, tandis que l'aéroport de Mirabel ne reçoit plus que les vols nolisés *(charters)*.

Aéroport international de Dorval

Cet aéroport est situé à une vingtaine de kilomètres du centre-ville de Montréal, soit à plus ou moins 20 min en voiture. Pour vous rendre au centre-ville, prenez l'autoroute 20 Est jusqu'à la jonction de l'autoroute 720 (Ville-Marie) direction «centre-ville, Vieux-Montréal».

Information

Pour tout renseignement concernant les services d'aéroport (arrivées, départs et autres), un comptoir d'information est ouvert de 5h à 2h30, sept jours sur sept; ☎*(514) 394-7377*.

Autobus

De Dorval au centre-ville : avec la compagnie d'autocars La Québécoise, *(lun-ven aux 20 min de 7h à 23h et aux 30 min de 23h à 1h, sam-dim aux 30 min de 7h à 13h; ☎931-9002)*. Arrêts à l'aérogare Centre-ville *(777 De La Gauchetière, angle rue University)* et à la Station Centrale *(505 boul. De Maisonneuve Est, métro Berri-UQÀM)*. Coût : 11$ adulte aller simple, 19,75$ aller-retour.

Renseignements généraux

Du centre-ville à Dorval : vous pouvez utiliser le même service *(lun-ven aux 30 min de 7h à 23h et sam-dim aux 30 min de 5h à 23h, départs de l'aérogare Centre-ville et de la Station Centrale).*

De Dorval à Mirabel : même service *(tlj 9h30 à 23h30, gratuit pour les voyageurs en correspondance de moins de 15 heures; 15$ aller simple, 19,75$ aller-retour).*

Vous pouvez aussi utiliser le **service de transports en commun** (voir «Les transports publics», p ?) pour vous rendre au centre-ville. Prenez l'autobus n° 204 vers l'est jusqu'au terminus Dorval. De là, prenez le n° 211 vers l'est jusqu'à la station de métro Lionel-Groulx. Information : ☎***288-6287***

De Dorval à Ottawa : avec la compagnie Voyageur Colonial *(aller simple 22,95$; tlj 13h20, 15h20, 18h20, 20h20, ☎842-2281).*

De Dorval à Québec : avec la compagnie La Québécoise *(46$ aller simple; tlj 18h, 20h, 22h, ☎931-9002)*

Taxis

L'aéroport de Dorval est desservi par 260 voitures et 12 mini-fourgonnettes modifiées pouvant accueillir les fauteuils roulants (les chauffeurs ont reçu une formation adéquate pour transporter les personnes à mobilité réduite). Le service est offert à partir de 6h le matin jusqu'à l'arrivée du dernier vol. Le tarif forfaitaire se chiffre à 24,25$ plus 1$ de frais aéroportuaires pour les voyages entre Dorval et le centre-ville de Montréal. Pour les courts trajets, le tarif minimal est de 10$ plus 1$ de frais aéroportuaires. Tous les taxis desservant l'aéroport de Dorval sont tenus d'accepter les cartes de crédit majeures.

Limousine

Tarif fixe (43$) pour aller au centre-ville. Information : ☎***633-3019***.

Location de voitures

Les grandes firmes sont présentes à l'aéroport.

Change

L'agence Thomas Cook dispose d'un comptoir ouvert de 6h à 23h. Une commission est prélevée. Notez qu'il est plus avantageux de changer ses devises au centre-ville de Montréal (voir p 88).

Taxes

Une taxe de départ de 10$ vous sera exigée lors de votre départ de l'aéroport de Dorval. Vous pouvez vous aquiter de ce montant à l'un des nombreux guichets automatiques de l'aéroport même ou au comptoir juste avant de franchir les portes d'embarquement.

Objets perdus dans l'aéroport ☎***636-0499***

Aéroport de Mirabel

Situé à Mirabel, cet aéroport se trouve à une cinquantaine de kilomètres au nord de Montréal. Pour se rendre au centre-ville, il faut prendre l'autoroute des Laurentides (15), direction sud, jusqu'à la jonction de l'autoroute métropolitaine (40), qu'il faut emprunter vers l'ouest sur quelques kilomètres. Puis il faut continuer sur l'autoroute 15, en direction - sud (qui prend alors le nom d'autoroute Décarie), jusqu'à la jonction de l'autoroute Ville-Marie (720). Il faut suivre ensuite la direction «Centre-ville, Vieux-Montréal». Comptez de 40 à 60 min pour effectuer ce trajet.

Information

Pour tout renseignement concernant les services d'aéroport (arrivées, départs et autres), un comptoir d'information est à la disposition des visiteurs *(lun-mer-jeu 15h45 à 23h45, mar 7h45 à 15h45, ven- dim, 24 heures sur 24; ☎394-7377).*

Autobus

De Mirabel au centre-ville : avec la compagnie d'autocars La Québécoise *(18$ aller simple, 25$ aller-retour; l'horaire varie selon les départs et les arrivées).* Arrêts à l'aérogare Centre-ville *(777 De La Gauchetière, angle rue University)* et à la Station Centrale *(505 boul. De Maisonneuve Est, métro Berri-UQÀM).*

Du centre-ville à Mirabel : vous pouvez utiliser le même service. Information : ☎***931-9002***.

De Mirabel à Dorval : même service *(15$ aller simple, 19,75$ aller-retour, gratuit pour passagers avec une correspondance de moins de 15 heures; l'horaire varie selon les arrivées et les départs. ☎931-9002).*

Limousine

Pour un service de limousine, adressez-vous à **Limousines Montréal** *(☎514-333-5466).*

Taxis

L'aéroport de Mirabel est également desservi par 45

voitures, mais les services sont plus restreints et plus coûteux *(environ 75$)*, étant donné la distance qui sépare Mirabel du centre-ville de Montréal. Le service de navette est donc plus avantageux dans ce cas.

Location de voitures

Toutes les grandes entreprises de location sont représentées à l'aéroport.

Change

Devises internationales - ouvre ses portes pendant les heures d'arrivées et de départs des avions. Une commission est perçue. Notez qu'il est plus avantageux de changer ses devises au centre-ville de Montréal (voir p 88). Par ailleurs, cette banque dispose de guichets automatiques de devises pour les monnaies les plus courantes.

Objets perdus dans l'aéroport
☎476-3010

Aéroport international Jean-Lesage

Bien que de petite taille, l'aéroport de Québec accueille des vols internationaux. Il est situé à la limite de Sainte-Foy et de L'Ancienne-Lorette. Du Vieux-Québec, on y accède en empruntant le boulevard Laurier vers l'ouest jusqu'à l'autoroute Henri-IV (40 Nord). Il faut par la suite se rendre sur le boulevard Hamel (en direction ouest) et le suivre jusqu'à la route de l'Aéroport.

510, rue Principale
Ste-Foy, G2E 5W1
☎640-2600
⇌640-2656

Navette aéroportuaire
L'entreprise La Québécoise *(lun-ven 7h15 à 22h20 et sam 7h15 à 20h25 ☎418-872-5525, ⇌872-0294)* relie l'aéroport aux divers hôtels du centre-ville de Québec. Le voyage coûte 6$ pour Sainte-Foy et 9$ pour le Vieux-Québec.

Location de voitures
On y trouve des comptoirs de location de voitures Hertz et National.

Change
Un bureau de change Thomas Cook y est ouvert tous les jours de 8h à 21h. Information : ***☎877-5768***.

Objets perdus dans l'aéroport
☎(418) 640-2765

Douane

Si vous apportez des cadeaux à des amis québécois, n'oubliez pas qu'il existe certaines restrictions. Pour les **fumeurs** (l'âge minimal est de 16 ans), la quantité maximale est de 200 cigarettes, de 50 cigares, de 400 g de tabac ou de 400 bâtonnets de tabac. Pour les **vins ou alcools**, le maximum est de 1,1 litre; en pratique, on tolère deux bouteilles par personne. Pour la bière, il est de 24 canettes ou bouteilles de 355 ml.

Par ailleurs, il existe des règles très strictes concernant l'importation de **plantes**, de **fleurs** ou d'autres **végétaux**; aussi est-il préférable, en raison de la sévérité de la réglementation, de ne pas apporter ce genre de cadeau. Si toutefois cela s'avère indispensable, il est vivement conseillé de s'adresser au service de Douane-Agriculture de l'ambassade du Canada **avant** de partir.

Si vous décidez de voyager avec votre **chien** ou votre **chat**, il vous sera demandé un certificat de santé (document fourni par votre vétérinaire) ainsi qu'un certificat de vaccination contre la rage. Attention, cette vaccination devra avoir été faite **au moins 30** jours **avant** votre départ et ne devra dater de plus d'un an.

Enfin, il existe une possibilité de se faire rembourser les **taxes** perçues sur ses achats (voir p 60).

Études et travail

Étudier au Québec

Pour étudier au Québec, il vous faudra obtenir un C.A.Q. (certificat d'acceptation du Québec) ainsi qu'un permis de séjour fédéral.

Pour cela, il faut **d'abord** vous inscrire dans un collège ou une université à un programme d'au moins six mois, avec un minimum d'heures de cours par semaine. Il vous faudra fournir des preuves de fonds suffisants pour votre séjour ainsi que pour les frais de scolarité. De plus, vous devrez détenir une assurance maladie-hospitalisation. Il se peut aussi qu'un examen médical soit exigé.

Travail d'étudiant

Si vous avez obtenu un permis de séjour pour étudier au Québec, vous avez le droit de travailler moyennant certaines conditions. Le travail sur le campus, comme assistant de recherche, ou un emploi dans une entreprise, afin d'acquérir une expérience pratique, sont autant de possibilités offertes à l'étudiant.

Par ailleurs, le conjoint de l'étudiant admis à titre de visiteur peut également travailler durant la durée du séjour de l'étudiant. Attention cependant, les lois évoluant rapidement, il est préférable de se renseigner auprès de la Délégation générale du Québec de votre pays.

Travailler au Québec

Le travail sous contrat temporaire

Vous devez toujours faire les démarches à partir de votre lieu de résidence. C'est l'employeur qui devra faire la demande auprès d'un Centre d'emploi du Canada. Dans le cas où l'offre a été jugée recevable, vous serez convoqué auprès de la Délégation générale du Québec, qui examinera vos compétences. Celle-ci vous indiquera la suite des démarches à effectuer.

N'oubliez pas : tant que vous n'avez pas reçu votre visa de travail, il vous est interdit de travailler sur place. Aussi, ce permis de travail ne sera valable que pour l'emploi et l'employeur auprès duquel vous avez postulé et que pour la durée de cet emploi.

Attention : le fait que vous soyez admis au Québec pour travailler ne signifie pas que vous puissiez y rester comme immigrant (voir ci-dessous).

Le travail au pair

Tout comme pour le travail temporaire, la demande doit être faite par l'employeur et n'est valable que pour ce dernier. Cette formule impose que vous demeuriez chez votre employeur.

Le travail saisonnier

Il est surtout concentré dans le domaine de l'agriculture, de la cueillette des pommes aux stages agricoles. L'obtention préalable d'un visa de travail est nécessaire. Renseignez-vous auprès de l'ambassade ou du consulat de votre lieu de résidence.

Quelques sites Internet

www.qc.hrdc-drhc.gc.ca
www.toile.qc.ca
www.activeemploi.com/actijob/
www.careerclick-.com/montrealgazette/
www.magasinez.com/
www.planete.qc.ca

Vos déplacements

En voiture

Le bon état général des routes et l'essence moins chère qu'en Europe font de la voiture un moyen idéal pour visiter le Québec en toute liberté. On trouvera d'excellentes cartes routières publiées au Québec ainsi que des cartes régionales dans les librairies et dans les centres d'information touristique.

Quelques conseils

Permis de conduire : en règle générale, les permis de conduire européens sont valables six mois à compter du jour d'arrivée au Canada.

L'hiver : bien que les routes soient en général très bien dégagées, il faut tout de même considérer le danger que représentent les conditions climatiques. Il n'est pas rare de voir la route transformée en véritable patinoire par le verglas! Le vent peut également être de la partie, provoquant de la «poudrerie» et rendant ainsi la visibilité quasi nulle. Tous ces facteurs auxquels les Québécois sont bien habitués doivent vous faire redoubler de prudence. Aussi, si vous décidez de visiter des régions peu habitées, il est vivement conseillé d'apporter avec vous une couverture et quelques vivres en cas de panne.

Le code de la route : attention, il n'y a pas de priorité à droite comme en Europe. Ce sont les panneaux de signalisation qui indiquent la priorité à chaque intersection. Ces panneaux marqués «Arrêt» ou «Stop» sur fond rouge sont à respecter scrupuleusement! Il faut que vous marquiez l'arrêt complet, même s'il vous semble n'y avoir aucun danger apparent.

Les feux de circulation sont situés le plus souvent de l'autre côté de l'intersection. Faites attention où vous marquez l'arrêt. Lorsqu'un autobus scolaire (de couleur jaune) est à l'arrêt (feux clignotants allumés), il est obligatoire de vous arrêter, quelle que soit votre direction. Le manquement à cette règle est considéré comme une faute grave! Le port de la ceinture de sécurité est obligatoire.

Attention aux voies réservées aux autobus! Elles sont identifiées par un large losange blanc peint sur la chaussée ainsi que par des panneaux qui indiquent clairement les heures pendant lesquelles vous devez vous abstenir

Tableau des distances (km)

Par le chemin le plus court

Exemple : la distance entre Québec et Chicoutimi est de 211 km.

	Toronto (Ont.)	Sherbrooke	Rouyn-Noranda	Québec	Niagara Falls (Ont.)	New York (N.Y.)	Montréal	Hull / Ottawa	Halifax (N.-É.)	Gaspé	Chicoutimi	Chibougamau	Charlottetown (Î.-P.-É.)	Boston (Mass.)	Baie-Comeau
Baie-Comeau															
Boston (Mass.)															1040
Charlottetown (Î.-P.-É.)														1081	724
Chibougamau													1347	1152	679
Chicoutimi												363	992	849	316
Gaspé											649	1039	867	1247	337
Halifax (N.-É.)										952	1076	1430	265	1165	807
Hull / Ottawa									1488	1124	662	725	1404	701	869
Montréal								207	1290	930	464	700	1194	512	676
New York (N.Y.)							608	814	1508	1550	1045	1308	1421	352	1239
Niagara Falls (Ont.)						685	670	543	1919	1590	1126	1298	1836	767	1334
Québec					925	834	253	451	1056	700	211	515	984	648	422
Rouyn-Noranda				877	858	1246	638	536	1916	1559	831	493	1833	1136	1304
Sherbrooke			782	240	827	657	147	347	1271	915	451	724	1187	426	662
Toronto (Ont.)		693	606	802	141	823	546	399	1828	1476	1000	1124	1746	906	1224
Trois-Rivières	688	158	747	130	814	750	142	331	1173	808	338	574	1089	566	545

de circuler dans ces voies, sauf, bien sûr, pour effectuer un virage à droite.

Les autoroutes sont gratuites partout au Québec, et la vitesse y est limitée à 100 km/h. Sur les routes principales, la vitesse est de 90 km/h, et de 50 km/h dans les zones urbaines.

Les postes d'essence : le Canada étant un pays producteur de pétrole, l'essence est nettement moins chère qu'en Europe, soit d'environ 0,65$ le litre.

Location de voitures

De nombreuses agences de voyages travaillent avec les firmes les plus connues (Avis, Budget, Hertz et autres) et offrent des promotions avantageuses, souvent accompagnées de primes (par exemple : réductions pour spectacles).

Vérifiez si le contrat comprend le kilométrage illimité ou non et si l'assurance proposée vous couvre complètement (accident, frais d'hospitalisation, passagers, vol de la voiture et vandalisme).

En général, les meilleurs tarifs sont obtenus en réservant à l'avance, aux centrales de réservation internationales des différentes firmes, même pour prendre une voiture dans votre propre ville. Afin de garantir le tarif qui vous est proposé par téléphone, faites-vous envoyer une confirmation par télécopieur.

Il faut avoir un minimum de 21 ans et posséder son permis depuis **au moins un an** pour louer une voiture. De plus, si vous avez entre 21 et 25 ans, certaines firmes (ex. : Avis, Thrifty, Budget) vous imposeront une franchise collision de 500$ et parfois un supplément journalier. À partir de l'âge de 25 ans, ces conditions ne s'appliquent plus.

Une carte de crédit est indispensable pour le dépôt de la garantie si vous ne voulez pas bloquer d'importantes sommes d'argent.

Dans la majorité des cas, les voitures louées sont dotées d'une transmission automatique. Vous pouvez, si vous le préférez, demander une manuelle. Les sièges de sécurité pour enfants sont en supplément dans la location.

Location de roulottes motorisées (autocaravanes ou camping-cars)

Bien qu'assez cher, cette façon de se déplacer constitue un moyen très agréable de découvrir la grande nature. Tout comme pour l'automobile, la solution du forfait acheté auprès d'un voyagiste peut être plus avantageuse.

N'oubliez pas cependant qu'à cause de la demande et de la durée assez courte de la bonne saison il faut absolument réserver très tôt pour avoir un bon choix. Si vous partez pour l'été, il faudra que vous réserviez au plus tard en janvier ou en février.

N'oubliez pas de bien analyser la couverture d'assurance, car ce type de véhicule est très onéreux. Assurez-vous que les ustensiles de cuisine ainsi que la literie sont inclus dans le prix de la location.

Si toutefois vous désirez louer sur place, voici une adresse, en plus des nombreuses entreprises que vous trouverez dans l'annuaire des *Pages Jaunes* (rubrique «Véhicules récréatifs»).

Cruise Canada
☎(514) 628-7093
≠(514) 628-7103

Accidents

La majorité des municipalités du Québec sont dotées du service **911**, qui vous permet, en cas d'urgence, de composer seulement ces trois chiffres pour appeler la police, les pompiers ou les ambulanciers. Il est toujours possible de composer le 0 pour joindre un téléphoniste qui vous indiquera quel numéro composer pour obtenir de l'aide.

Si vous vous trouvez sur l'autoroute, rangez-vous sur les bandes d'accotement, et faites fonctionner vos feux de détresse. N'oubliez jamais de remplir une déclaration d'accident. En cas de désaccord, demandez l'aide de la police.

En autocar

Avec la voiture, il s'agit du meilleur moyen pour se déplacer. Bien répartis, les circuits d'autocars couvrent la majeure partie du Québec. Sauf pour les transports urbains, il n'existe pas d'entreprise d'État; plusieurs firmes se partagent le territoire.

Il est interdit de fumer, et les animaux ne sont pas admis. En général, les enfants de 5 ans et moins sont transportés gratuitement, et les personnes de 60 ans et plus ainsi que les étudiants ont droit à d'importantes réductions. Renseignez-vous avant d'acheter votre billet si vous faites partie de l'une ou l'autre de ces catégories. Il est recommandé de se présenter au moins 45 min avant le départ.

Durée des trajets et coût (adulte) aller simple de Montréal :

Sherbrooke :
2 heures, 23$
Ottawa :
2 heures 10 min, 29$
Québec : *2 heures 45 min, 37$*
Rimouski : *6 heures 40 min, 72$*
Toronto : *6 heures 10 min, 81$*

Renseignements :

Montréal
Station centrale
505, bd De Maisonneuve Est, angle Berri.
☎(514)842-2281

Québec
Gare du Palais
320, rue Abraham-Martin
☎(418)525-3000

Ste-Foy (Québec)
3001, ch. Quatre-Bourgeois
☎(418)650-0087

Les forfaits

Certaines entreprises proposent aussi des forfaits pour des excursions d'un jour ou plus incluant, selon la formule choisie, l'hébergement et le tour de ville. Vu leur grand nombre, nous ne pouvons toutes les citer ici. Pour obtenir davantage de renseignements sur ces forfaits, Adressez-vous aux Centres d'information touristique de Montréal ou de Québec.

En train

Le train peut s'avérer fort intéressant pour vos déplacements, tout particulièrement pour parcourir de grandes distances, car il procure un excellent niveau de confort. **VIA Rail Canada** est la principale société ferroviaire responsable du transport des passagers partout au Canada. D'autre part, la **Compagnie ferroviaire Québec, Côte-Nord et Labrador** *(100 rue Retty, C.P. 1000, Sept-Îles, G4R 4L5, ☎418-968-7803)* ne dessert que deux lignes dans le Nord-Est : Sept-Îles à Schefferville (une fois par semaine), Sept-Îles à Wabush–Labrador City (deux fois par semaine, trois fois par semaine en été).

En bateau

Les occasions de croisière sur les cours d'eau et les lacs sont nombreuses. Sur certaines rivières, des excursions en bateau-mouche sont organisées. Quelquefois, des naturalistes accompagnent les groupes afin de les renseigner sur l'écosystème. En général, les explications sont très intéressantes et permettent une meilleure compréhension de la flore et de la faune. Bien que les options offertes soient multiples, il convient de mentionner quelques-unes d'entre elles qui en valent particulièrement la peine :

De Montréal

Pour les sportifs ou les gens «avides de sensations fortes», la descente des rapides de Lachine. Croisières autour des îles de Boucherville. Croisières de nuit avec vue saisissante sur Montréal.

De Québec

Le tour de l'île d'Orléans.

Le Saguenay

Excursions dans le fjord du Saguenay. Il s'agit du seul fjord navigable en Amérique du Nord, et il atteint jusqu'à 275 m de profondeur à certains endroits.

Le Saint-Laurent

Excursions aux baleines en zodiac, croisières guidées à Montréal ou à Québec et soupers-croisière sont organisés par **Croisières AML** *(124 rue St-Pierre, Québec, ☎418-692-1159, ⇌692-0845)*.

La Côte-Nord

Excursions le long de la Côte-Nord au départ de Sept-Îles jusqu'à Blanc-Sablon, en passant par l'île d'Anticosti ainsi que par 12 villages accessibles seulement par bateau.

Les Îles-de-la-Madeleine

Excursions autour des îles.

À partir de Montréal, il existe une navette hebdomadaire jusqu'à Cap-aux-Meules, mais il s'agit plutôt d'un traversier *(durée : 5 heures; 15 juil au 15 août les sam et dim 2 départs par jour)*. Renseignements et réservations :
☎(418) 986-3278 ou (418) 986-6600
⇌986-6198.

Au Québec

Le **M/S Jacques-Cartier** est un bateau de croisière pouvant accueillir jusqu'à 400 passagers. Il offre une vaste gamme de croisière sur différentes routes navigables du Québec : la rivière des Outaouais, le St-Laurent, la rivière Richelieu et la rivière Saguenay. Même si son port d'attache est Trois-Rivières, le M/S Jacques-Cartier propose des croisières à partir de différentes villes du territoire. Réservations **☎800-567-3737**.

Nautisme

Pour les amateurs de voile, la Fédération de voile du Québec (☎514-252-3097) publie le *Guide nautique du Saint-Laurent*. Un petit conseil : munissez-vous toujours de vêtements chauds car, même en été, il peut faire frais sur les cours d'eau.

En traversier

De nombreux traversiers vous permettront de franchir le Saint-Laurent ou d'autres cours d'eau. En raison de leur nombre et des changements fréquents d'horaires, nous ne pouvons ici les énumérer tous. Aussi, pour une information plus détaillée, reportez-vous dans le guide à la section de la région que vous désirez visiter.

En avion

C'est de loin le moyen de transport le plus coûteux; cependant, certaines compagnies aériennes proposent régulièrement des tarifs spéciaux. Encore une fois, soyez un consommateur averti et comparez les offres.

Deux grandes compagnies assurent des vols réguliers :

Air Alliance : filiale d'Air Canada, elle dessert plusieurs destinations comme le Saguenay, Québec, Gaspé, les Îles-de-la-Madeleine. Renseignements à Montréal :

Air Canada
☎393-3333
⇄393-6710

Inter-Canadien : elle exploite entre autres plusieurs lignes intérieures vers Québec, Gaspé, Baie-Comeau, Sept-Îles et bien d'autres destinations. Renseignements à Montréal :

☎631-9802
⇄847-2055.
☎(514)847-2211 Réservations

Pour le Nord du Québec

Deux compagnies aériennes appartenant à des communautés autochtones assurent des vols réguliers vers le Grand Nord québécois.

Air Creebec dessert Chibougamau, Chisasibi, Matagami, Roberval, Weiindji et bien d'autres points encore. Elle propose des vols au départ de Val-d'Or et Montréal. Pour information :
☎800-567-6567 Réservations
☎(819) 825-8355
⇄825-0208

Air Inuit dessert Inukjuak, Kuujjuarapik, Ivujivik et bien d'autres points. Pour information :
☎800-267-1247
⇄(613)738-2133
⇄(613)688-2638

L'hydravion

Plus qu'un moyen de transport, l'hydravion est surtout une façon originale d'obtenir une vue d'ensemble sur la région ou la ville que vous survolerez. Aussi, pour les personnes ne disposant que de peu de temps, il constitue le moyen idéal pour survoler les immenses complexes hydroélectriques de la Baie-James, accéder aux réserves amérindiennes et aux pourvoiries, ou partir en mini-excursion de pêche ou de chasse.

Les survols de Montréal et de sa région, du Saguenay, du Lac-Saint-Jean, de Charlevoix, de Québec et des Laurentides sont autant de possibilités qui vous sont proposées. La plupart des régions touristiques offrent ce service.

À vélo

Le vélo au Québec est bien populaire, spécialement dans les grandes villes comme Montréal. Des pistes cyclables sont aménagées permettant aux cyclistes de se déplacer aisément. La prudence, même sur ces pistes, ainsi que le port du casque protecteur sont recommandés. Des randonnées cyclistes sont possibles partout au Québec. Voir aussi p 76.

En stop

Il existe deux formules : le stop «libre», ou le stop «organisé» par l'intermédiaire de l'association Allo-Stop. Le «stop libre» est fréquent, en été surtout, et plus facile en dehors des grands centres. N'oubliez pas qu'il est interdit de «faire du pouce» sur les autoroutes.

Le «stop organisé» par l'intermédiaire de l'association Allo-Stop fonctionne très bien en toute saison. Cette association efficace met en contact les personnes qui désirent partager leur voiture moyennant une petite rétribution (carte de membre obligatoire : passager 6$ par an, chauffeur 7$ par an). Le chauffeur reçoit une partie (environ 60%) des frais payés pour le transport. Les destinations couvrent tout le Québec, mais aussi le reste du Canada et les États-Unis.

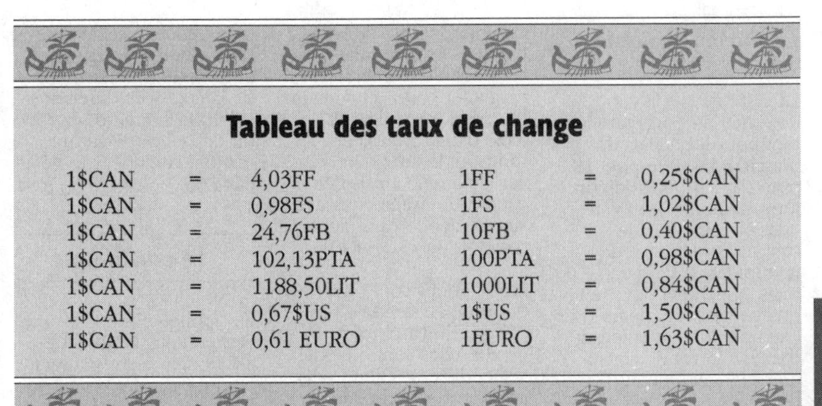

Tableau des taux de change

1$CAN	=	4,03FF	1FF	=	0,25$CAN
1$CAN	=	0,98FS	1FS	=	1,02$CAN
1$CAN	=	24,76FB	10FB	=	0,40$CAN
1$CAN	=	102,13PTA	100PTA	=	0,98$CAN
1$CAN	=	1188,50LIT	1000LIT	=	0,84$CAN
1$CAN	=	0,67$US	1$US	=	1,50$CAN
1$CAN	=	0,61 EURO	1EURO	=	1,63$CAN

Quelques exemples de prix :
Montréal - Québec : *15$*
Montréal - Saguenay : *30$*
Montréal - Tadoussac : *30$*
Montréal - Toronto : *26$*
Montréal - Ottawa : *26$*

Attention : les enfants de moins de cinq ans ne peuvent voyager avec cette association à cause d'une réglemen-tation rendant obligatoires les sièges d'enfants à ces âges. En outre, informez-vous afin de savoir si vous pourrez fumer ou non.

Pour inscription et information :

Allo-Stop Montréal
4317, rue St-Denis
☎(514) 985-3032

Allo-Stop Québec
467, rue St-Jean
☎(418) 522-3430
2360, Ch. Ste-Foy
☎(418) 522-0056

Allo-Stop Ottawa
238, rue Dalhousie
☎(613) 562-8248

Allo-Stop Chicoutimi
☎(418) 695-2322

Allo-Stop Jonquière
2370, St-Dominique
☎(418) 695-2322

Allo-Stop Rimouski
106, rue St-Germain
☎(418) 723-5248

Allo-Stop Sherbrooke
1204, King O.
☎(819) 821-3637

Monnaie

L'unité monétaire est le **dollar** ($), lui-même divisé en cents. Un dollar = 100 cents.

Il existe des billets de banque de 5, 10, 20, 50 et 100 dollars, de même que des pièces de 1, 5, 10, 25 cents ainsi que de 1 et 2 dollars.

Il se peut que vous entendiez parler de «piastres» et de «sous»; il s'agit, en fait, respectivement des dollars et des cents. À l'occasion (surtout dans la langue populaire), on pourra vous demander un «30 sous». C'est, en fait, de la pièce de 25 cents dont on parle alors!

Services financiers

Bureaux de change

La plupart des banques changent facilement les devises étrangères, mais presque toutes demandent des **frais de change**. En outre, on peut s'adresser à des bureaux ou comptoirs de change. Certains d'entre eux n'exigent pas de commission et ces bureaux ont souvent des heures d'ouverture plus longues. La règle à retenir : **se renseigner et comparer**.

Chèques de voyage

N'oubliez pas que les dollars canadiens et américains sont différents. Aussi, si vous ne songez pas à vous rendre aux États-Unis lors d'un même voyage, il serait préférable de faire émettre vos chèques en dollars canadiens. Les chèques de voyage sont acceptés en général dans la plupart des grands magasins et dans les hôtels, mais il vous sera plus commode de les changer dans une banque.

Cartes de crédit

La carte de crédit est acceptée un peu partout, tant pour les achats de marchandise que pour la note d'hôtel ou l'addition au restaurant. Son avantage principal réside surtout dans l'absence de manipulation d'argent, mais également dans le fait qu'elle vous permettra (par exemple lors de la location d'une voiture) de constituer une garantie et d'éviter ainsi un dépôt important d'argent. De plus, le taux de change est généralement plus avantageux. Les plus utilisées sont Visa, MasterCard et American Express.

La carte de crédit représente aussi un bon moyen d'éviter les frais de change. Ainsi, on peut surpayer sa carte et faire ensuite des retraits directement à partir de celle-ci. Cette procédure évite de transporter de grandes quantités d'argent liquide ou des chèques de voyage. Les retraits peuvent se faire directement d'un guichet automatique si vous possédez un numéro d'identification personnel pour votre carte.

Carte perdue ou volée :
☎*800-428-1858*

Banques

De nombreuses banques offrent aux touristes la plupart des services courants. Attention cependant aux commissions.

On peut retirer de l'argent dans n'importe quel guichet automatique, partout au Canada, grâce aux réseaux Interac, Cirrus et ATM. La plupart des guichets sont ouverts en tout temps. En outre, plusieurs guichets automatiques accepteront les cartes de banques européennes. Il est possible d'obtenir de l'argent à partir d'une carte de crédit, mais il s'agit alors d'une avance de fonds, et le taux d'intérêt sur la somme ainsi prêtée est élevé, sauf si vous avez surpayé votre carte auparavant (voir ci-dessus).

Les banques sont ouvertes du lundi au vendredi de 10h à 15h. La plupart d'entre elles sont ouvertes les jeudis et les vendredis jusqu'à 18h, voire 20h.

Taxes et pourboire

Les taxes

Contrairement à l'Europe, les prix affichés le sont **hors taxes** dans la majorité des cas. Il y a deux taxes : la TPS (taxe fédérale sur les produits et services) de 7% et la TVQ (taxe de vente du Québec) de 7,5% sur les biens et sur les services. Elles sont cumulatives, et il faut donc ajouter 14,59% de taxes sur les prix affichés pour la majorité des produits ainsi qu'au restaurant. Taxe spécifique à l'hébergement, voir p 65.

Il y a quelques exceptions à ce régime de taxation, comme les livres, qui ne sont taxés qu'à 7%, et les aliments (sauf le prêt-à-manger), qui n'est pas taxée.

Droit de remboursement de la taxe pour les non-résidants

Les non-résidants peuvent récupérer les taxes payées sur leurs achats. Pour cela, il est important de garder ses factures. Le remboursement de ces taxes se fait en remplissant un formulaire pour chaque taxe (fédérale et du Québec). Attention, les conditions de remboursement de la taxe sont différentes selon qu'il s'agit de la TPS ou de la TVQ. Pour information, composez le ☎***800-668-4748*** (pour la TVQ et la TPS).

Le pourboire

Il s'applique à tous les services rendus à table, c'est-à-dire dans les restaurants ou autres endroits où l'on vous sert à table (la restauration rapide n'entre donc pas dans cette catégorie). Il est aussi de rigueur dans les bars, les boîtes de nuit et les taxis.

Selon la qualité du ser-vice rendu, il faut compter environ 15% de pourboire sur le montant avant les taxes. Il n'est pas, comme en Europe, inclus dans l'addition, et le client doit le calculer lui-même et le remettre à la serveuse ou au serveur.

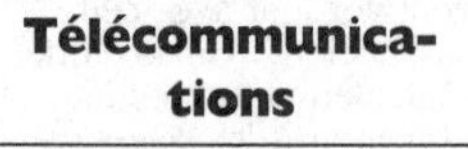

Télécommunications

Les indicatifs régionaux sont clairement indiqués dans la section «Renseignements pratiques» de chaque chapitre. Vous n'avez pas besoin de composer cet indicatif s'il s'agit d'un appel local. Pour les appels interurbains, faites le 1, suivi de l'indicatif de la région que vous appelez, puis le numéro de l'abonné que vous désirez joindre. Si vous utilisez un télécopieur, il faut également composer l'indicatif régionnal, qui est le même que pour un interurbain téléphonique. Les numéros de téléphone précédés de **800** ou **888** vous permettent de communiquer avec l'abonné sans encourir de frais si vous appelez du Canada et souvent même des États-Unis. Faites quand-même le **1** devant ces numéros. Si vous désirez joindre un téléphoniste, signalez le **0**.

Beaucoup moins chers à utiliser qu'en Europe, les appareils téléphoniques se trouvent à peu près partout. Ils est facile de s'en servir, et certains fonctionnent même avec les cartes de crédit. Pour les appels locaux, la communication coûte 0,25$ pour une durée illimitée. Pour les interurbains, munissez-vous de pièces de 25 cents, ou bien procurez-vous une carte à puce d'une valeur de 10$, 15$ ou 20$ en vente dans les kiosques à journaux.

À titre d'exemple, un appel à Québec, à partir de Montréal, coûtera 2,50$ pour les trois premières minutes et 0,38$ par minute supplémentaire. Si vous téléphonez d'une résidence privée, cela vous coûtera moins cher. Il est maintenant possible de payer par carte de crédit, ou en utilisant la carte «Allô» pré-payée, mais sachez que, dans ces cas, le coût des communications est beaucoup plus élevé.

Pour appeler en **Belgique**, faites le 011-32 puis l'indicatif régional (Anvers 3, Bruxelles 2, Gand 91, Liège 41) et le numéro du correspondant.

Pour appeler en France, faites le 011-33 puis le numéro à 10 chiffres du correspondant en omettant le premier zéro. **France Direct** *(☎800-363-4033)* est un service qui vous permet de communiquer avec un téléphoniste de France et de faire porter les frais à votre compte de téléphone en France.

Pour appeler en **Suisse**, faites le 011-41 puis l'indicatif régional (Berne 31, Genève 22, Lausanne 21, Zurich 1) et le numéro du correspondant.

Bureaux de poste

Les grands bureaux de poste sont ouverts de 8h à 17h45. Il existe de nombreux petits bureaux de poste répartis un peu partout au Québec, soit dans les centres commerciaux, soit chez certains «dépanneurs» ou même dans les pharmacies; ces bureaux sont ouverts beaucoup plus tard que les autres.

Décalage horaire

Au Québec, il est six heures plus tôt qu'en Europe et trois heures plus tard que sur la côte ouest de l'Amérique du Nord. Tout le Québec (sauf les Îles-de-la-Madeleine, qui ont une heure de plus) est à la même heure (dite «heure de l'Est»), mais n'oubliez pas qu'il existe plusieurs fuseaux horaires au Canada.

Notez aussi que le Québec vit, du premier dimanche d'avril au dernier dimanche d'octobre, à l'heure avancée de l'Est, soit une heure plus tard qu'en hiver.

Horaires et jours fériés

Magasins

La loi sur les heures d'ouverture permet aux magasins les horaires suivants.

Du lundi au mercredi de 8h à 21h : la plupart ouvrent à 10h et ferment à 18h.

Le jeudi et le vendredi de 8h à 21h : la majorité ouvrent à 10h.

Le samedi de 8h à 17h : plusieurs ouvrent à 10h.

Le dimanche de 8h à 17h : la plupart ouvrent à midi.

On trouve également un peu partout au Québec des «dépanneurs» (magasins généraux d'alimentation de quartier) qui sont ouverts plus tard et parfois 24 heures sur 24.

Jours fériés

Voici la liste des jours fériés au Québec. Notez que la plupart des services administratifs et les banques sont fermés ces jours-là.

Les 1er et 2 janvier : jour de l'An et le lendemain

Le lundi suivant la fête de Pâques

Le 3e lundi de mai : la fête de Dollard, appelée aussi «fête de la Reine»

Le 24 juin : la Saint-Jean (fête nationale des Québécois)

Le 1er juillet : la fête du Canada

Le 1er lundi de septembre : la fête du Travail

Le 2e lundi d'octobre : l'Action de grâces

Le 11 novembre : le jour du Souvenir (seuls les banques et les services gouvernementaux fédéraux sont fermés)

Les 25 et 26 décembre : Noël et le lendemain

Climat

Climat

L'une des caractéristiques du Québec par rapport à l'Europe est que les saisons y sont très marquées. Les températures peuvent monter au-delà de 30°C en été et descendre en deçà de -25°C en hiver. Si vous visitez le Québec durant chacune des deux saisons «principales» (été et hiver), il pourra vous sembler avoir visité deux pays totalement différents, les saisons influant non seulement sur les paysages, mais aussi sur le mode de vie et le comportement des Québécois.

Hiver

Mon pays ce n'est pas un pays, c'est l'hiver...
- Gilles Vigneault

De la mi-novembre à la fin mars, c'est la saison idéale pour les amateurs de ski, de motoneige, de patin, de randonnée en raquettes et autre sports d'hiver. En général, il faut compter cinq ou six tempêtes de neige par hiver. Le vent refroidit encore davantage les températures et provoque parfois ce que l'on nomme ici la «poudrerie» (neige très fine emportée par le vent). Cependant, l'une des caractéristiques propres à l'hiver québécois est son nombre d'heures d'ensoleillement, plus élevé ici qu'à Paris ou Bruxelles.

Printemps

Il est bref (de la fin mars à la fin mai) et annonce la période de la «sloche» (mélange de neige fondue et de boue). La fonte des neiges laisse apercevoir une herbe jaunie par le gel et la boue, puis le réveil de la nature se fait spectaculaire.

Été

De la fin mai à la fin août s'épanouit une saison qui s'avère à bien des égards surprenante pour les Européens habitués à voir le Québec comme un pays de neige.

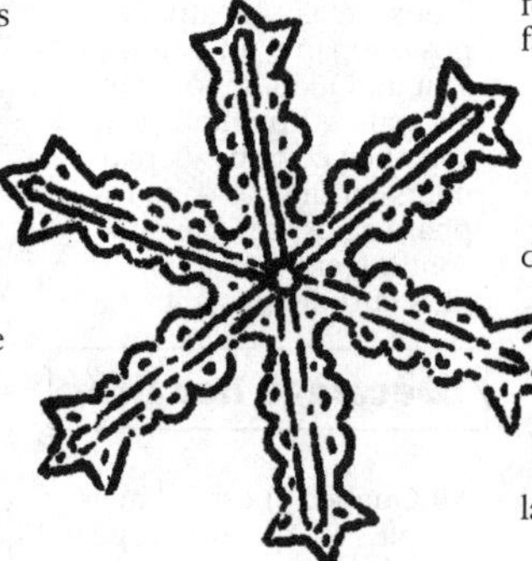

Les chaleurs peuvent en effet être élevées et souvent accompagnées d'humidité. La végétation prend des allures luxuriantes, et il ne faut pas s'étonner de voir des poivrons rouges ou verts pousser dans un pot sur le bord d'une fenêtre. Dans les villes, les principales artères sont ornées de fleurs, et les terrasses ne désemplissent pas. C'est aussi la saison de nombreux festivals en tout genre (voir rubrique «Festivals et fêtes», p 68).

Automne

De septembre à novembre, c'est la saison des couleurs. Les arbres dessinent ce qui est probablement la plus belle peinture vivante du continent nord-américain. La nature semble exploser en une multitude de couleurs allant du vert vif au rouge écarlate en passant par le jaune ocre. S'il peut encore y avoir des retours de chaleur, comme l'été des Indiens, les jours refroidissent très vite et les soirées peuvent déjà être froides.

L'été des Indiens

Cette période relativement courte (quelques jours) pendant l'automne donne l'impression d'un retour en force de l'été. Ce sont en fait des courants chauds venus du golfe du Mexique qui réchauffent les températures déjà fraîches. Cette période de l'année porte le nom d'été des Indiens, car il s'agissait de la dernière chasse avant l'hiver. Les Amérindiens profitaient de ce réchauffement pour faire le plein de nourriture pour la saison froide.

Habillement

En raison des excès du climat québécois, il convient de bien choisir ses vêtements en fonction de la saison.

Hiver

Tricot, gants, bonnet (appelé ici «tuque»), écharpe..., vous voilà prêt à affronter l'hiver..., enfin presque! Petits conseils :

Apportez un manteau de préférence long et avec un capuchon. Dans le cas contraire, n'hésitez pas à vous acheter un bonnet ou des «oreilles» (mais oui!).

Si vous êtes amoureux de vos chaussures, achetez-vous une paire de «claques». Il s'agit d'une sorte de couvre-chaussures en caoutchouc, bien pratique pour éviter les effets corrosifs du sel utilisé pour faire fondre la glace. On les trouve facilement, et elles ne coûtent pas très cher.

Été

Munissez-vous de t-shirts, de chemises et de pantalons légers, de shorts et de lunettes de soleil; un tricot est souvent nécessaire en soirée.

Printemps-automne

Pour ces saisons d'entre-deux, sont à la fois conseillés chandail, tricot et écharpe, sans oublier le parapluie.

Assurances

L'assurance-annulation est normalement offerte par l'agent de voyages au moment de l'achat du billet d'avion ou du forfait. Elle permet le remboursement du billet ou du forfait dans le cas où le voyage devrait être annulé en raison d'une maladie grave ou d'un décès. Les gens en santé n'ont pas réellement besoin d'une telle protection. Elle demeure par conséquent d'une utilité relative.

Vol

La plupart des assurances-habitation au Canada protègent une partie des biens contre le vol, même si celui-ci a lieu à l'extérieur de la maison. Si une telle malchance survenait, n'oubliez toutefois pas d'obtenir un rapport de police, car sans lui vous ne pourriez pas réclamer votre dû. Les personnes disposant d'une telle protection n'ont donc pas besoin d'en prendre une supplémentaire, mais, avant de partir, assurez-vous d'en avoir bel et bien une.

Maladie

L'assurance-maladie est sans nul doute la plus importante à se procurer avant de partir en voyage, et il est prudent de bien savoir la choisir, car la police d'assurance doit être la plus complète possible. Au moment de l'achat de la police d'assurance, il faudrait veiller à ce qu'elle couvre bien les frais médicaux de tout ordre comme l'hospitalisation, les services infirmiers et les honoraires des médecins (jusqu'à concurrence d'un montant assez élevé), ainsi qu'une clause de rapatriement, pour le cas où les soins requis ne peuvent être administrés sur place. En outre, il peut arriver que vous ayez à débourser le coût des soins en quittant la clinique; il faut donc vérifier ce que prévoit la police dans ce cas. S'il vous arrivait un accident durant votre séjour, vous devriez toujours garder sur vous la preuve que vous avez contracté une assurance-maladie, ce qui vous évitera bien des ennuis.

Santé

Pour les personnes en provenance d'Europe et des États-Unis, aucun vaccin n'est nécessaire. D'autre part, il est vivement recommandé aux étrangers, de souscrire une assurance maladie-accident. Il existe différentes formules, et nous vous conseillons de les comparer. Emportez vos médicaments, surtout ceux qui exigent une ordonnance. Sauf indication contraire, l'eau est potable partout au Québec.

En hiver, une lotion hydratante sera utile pour les peaux sensibles, de même qu'un baume hydratant pour les lèvres. En cette saison, l'air à l'intérieur est souvent fort sec.

En été, méfiez-vous des fameux coups de soleil. Lorsque souffle le vent, il arrive fréquemment que l'on ne ressente pas les brûlures causées par le soleil. Après tout, Montréal est située à la même latitude que Lyon! N'oubliez pas votre crème solaire!

Urgence : ☎911

Sécurité

Comparé aux États-Unis, le Québec est loin d'être une société violente. En prenant les précautions courantes, il n'y a pas lieu d'être inquiet outre mesure pour sa sécurité.

La majorité des municipalités du Québec sont dotées du service **911**, qui vous permet, en cas d'urgence, de composer seulement ces trois chiffres pour appeler la police, les pompiers ou les ambulanciers. Il est toujours possible de faire le **0** pour joindre un téléphoniste qui vous indiquera quel numéro composer pour obtenir de l'aide.

Français québécois

La langue parlée au Québec a bien souvent de quoi surprendre le voyageur étranger. Les Québécois sont toutefois très fiers de cette «langue de France aux accents d'Amérique», qu'ils ont su préserver au prix de longues luttes.

Il nous serait bien difficile de dresser ici une liste exhaustive des expressions propres à la langue québécoise. Le voyageur intéressé à en connaître un peu plus peut se référer au guide de conversation *Le Québécois pour mieux voyager*, paru aux Éditions Ulysse.

Personnes handicapées

L'association Keroul publie le répertoire *Accès Tourisme*, qui donne la liste des endroits accessibles aux personnes handicapées à travers tout le Québec. Ces endroits sont classés par régions touristiques. La brochure est disponible au prix de 15$. De plus, dans la plupart des régions, des associations organisent des activités de loisir ou de sport. Vous pouvez obtenir l'adresse de ces associations en communiquant avec l'Association québécoise de loisir pour personnes handicapées.

Association québécoise de loisir pour personnes handicapées
4545, av Pierre-de-Coubertin
C.P. 1000, Succursale M
Montréal, H1V 3R2
☎***252-3144***
⇌***252-8363***

Keroul *(tourisme pour personnes handicapées)*
4545 av. Pierre-de-Coubertin
C.P. 1000, Succursale M
Montréal, H1V 3R2
☎***252-3104***
⇌***254-0766***

Aînés

Pour les personnes du troisième âge qui désirent rencontrer des Québécois du même âge, il existe une fédération qui regroupe la plupart des clubs de personnes âgées de 55 ans et plus. Cette fédération pourra vous indiquer, selon l'endroit que vous allez visiter, les activités et les adresses des clubs locaux.

Pour information :

Fédération de l'âge d'or du Québec
4545, av. Pierre-de-Coubertin
C.P. 1000, Succursale M
Montréal, H1V 3R2
☎***(514) 252-3017***
⇌***(514) 252-3154***

Des réductions très avantageuses pour les transports et les spectacles sont souvent offertes aux aînés. N'hésitez pas à les demander.

Enfants

Au Québec, les enfants sont rois. Aussi, où que vous vous rendiez, des facilités vous seront-elles offertes, que ce soit pour les transports ou les loisirs. Dans les transports en général, les enfants de cinq ans ou moins ne payent pas. Il existe aussi des réductions pour les 12 ans et moins. Pour les activités ou les spectacles, la même règle s'applique parfois. Renseignez-vous avant d'acheter les billets. Dans la plupart des restaurants, des chaises pour enfants sont disponibles, et certains proposent des menus pour enfants. Quelques grands magasins offrent aussi un service de garderie.

Gays et lesbiennes

En 1977, le Québec fut le deuxième État du monde, après la Hollande, à avoir inscrit dans sa charte le principe de non-discrimination pour orientation sexuelle. L'attitude des Québécois envers l'homosexualité est en général ouverte et tolérante. Les villes de Montréal et Québec offrent beaucoup de services à leur communauté gay. À Montréal, un quartier appelé **Le Village**, situé principalement sur la rue Sainte-Catherine entre les rues Amherst et Papineau, regroupe la plupart des commerces fréquentés par les gays. À Québec, le secteur gay se situe principalement sur la rue Saint-Jean-Baptiste, hors des murs de la vieille ville.

À Montréal, il y a deux lignes téléphoniques précisant les détails des activités en ville : **Gai-Info** *(☎514-768-0199)*, bilingue, et **The Gay Line** *(☎514-990-1414)*, en anglais seulement. Autres possibilités, la librairie gaie et lesbienne **L'Androgyne**, située au 3636, boulevard Saint- Laurent, et le **Centre Communautaire des Gais et Lesbiennes** *(1311, rue Sherbrooke Est, ☎(514)528-8424)*, qui propose toutes sortes d'activités telles que danse, cours de langue, musique, etc.

Au cours du mois d'août, un grand **Défilé de la fierté gaie et lesbienne** a lieu sur les rues Saint-Denis et Sainte-Catherine; il se termine par des spectacles. Renseignements : **Diverscité** ***☎(514) 285-4011***.

Trois revues gratuites sont également disponibles dans les bars et autres commerces gays, la revue *RG*, la revue *Fugues* et la revue *Orientations*. Toutes trois sont mensuelles et contiennent des renseignements sur la communauté gay.

Attraits touristiques

Chacun des chapitres de ce guide vous entraîne à travers une des 20 régions touristiques du Québec. Y

LE QUÉBEC AU GRÉ DES SAISONS

«Mon pays ce n'est pas un pays, c'est l'hiver» chante Vigneault en parlant du Québec, et il ne fait aucun doute que cette longue saison caractérise ce pays du Nord. Mais en réalité, le Québec vit aux rythmes de ses quatre saisons, chacune d'elles étant très marquée : le froid et les chutes de neige en hiver, la crue des eaux et le réveil spectaculaire de la nature au printemps, le soleil et les chaleurs souvent torrides de l'été, l'explosion de couleurs de l'été des Indiens en automne. Aussi les Québécois ont-ils su apprendre à assumer pleinement les multiples personnalités de leur coin de terre, profitant en toutes saisons de ses montagnes, de ses forêts, de ses innombrables lacs et rivières, de son majestueux fleuve...

«Un fleuve. Difficile de désigner de ce nom tous ces cours d'eau étroits qui baignent les grandes villes, quand on est né au bord du Saint-Laurent. Être héritière de l'espace, quelle espérance!»

Denise Bombardier, *Tremblement de cœur*

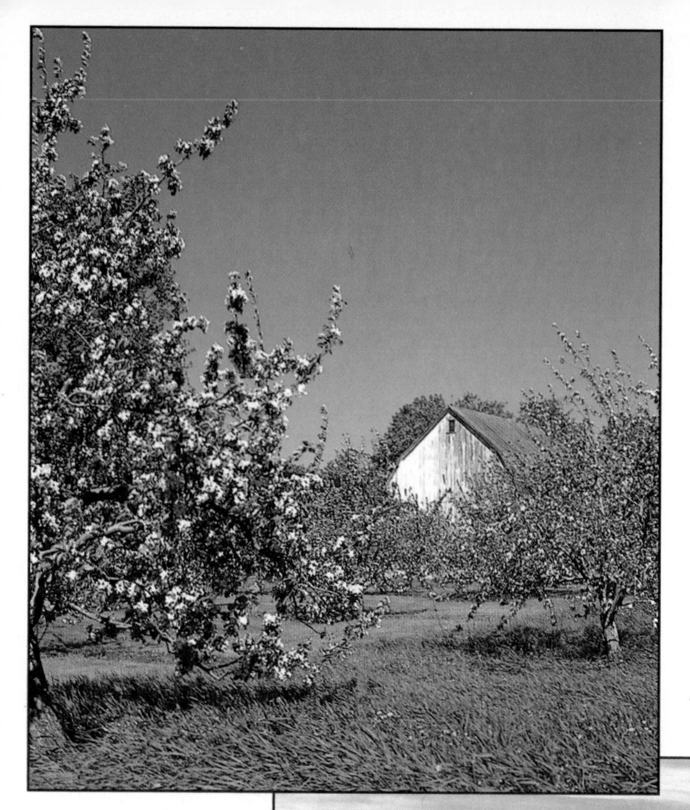

«Vois, les fleurs
ont recommencé
Dans l'étable crient
les nouveau-nés
Viens voir la vieille
barrière rouillée
Endimanchée de
toiles d'araignées
Les bourgeons
sortent de la mort
Papillons ont des
manteaux d'or
Près du ruisseau
sont alignées les
fées
Et les crapauds
chantent la
liberté.»
Félix Leclerc,
L'hymne au printemps

Les paysages des basses terres du Saint-Laurent portent toujours l'empreinte du système seigneurial français, qui divisait les terres en longs et étroits rectangles pour permettre au plus grand nombre possible de colons d'avoir accès aux cours d'eau. Derrière des maisons rapprochées les unes des autres qui s'alignent le long des rangs, les champs s'étendent à perte de vue.

«Pêcheur, un homme est libre, aussi libre qu'on peut dire. Il a la mer entière où voyager pour son pain. Mais la misère est là quand même, la misère physique, l'effort, la patience, l'endurance. À savoir la préférence : manquer d'air mais être avocat, docteur, ou monseigneur. Avoir de l'air, du vent et du salin, et pêcher la morue...»
Yves Thériault, *La mort d'eau*

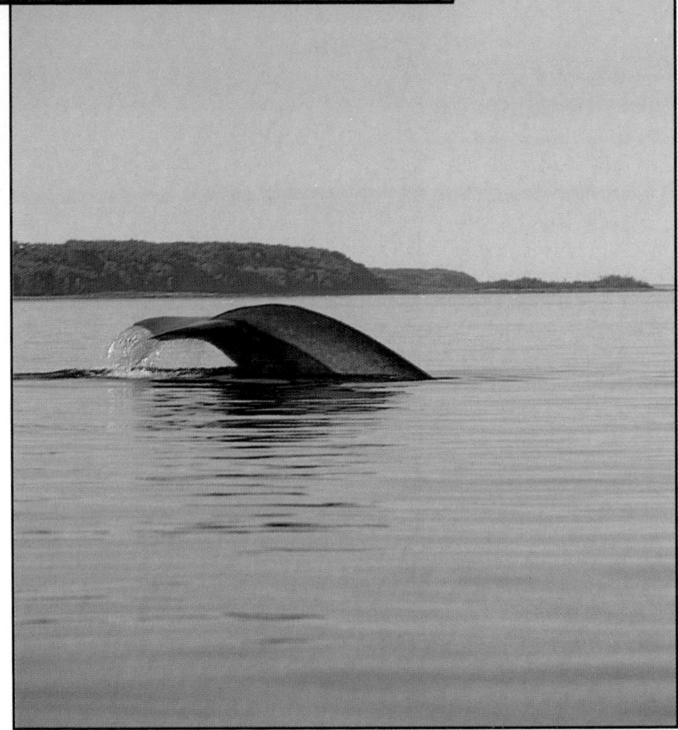

L'observation des baleines, ces géants habitant le fleuve Saint-Laurent à l'embouchure de la rivière Saguenay, une activité estivale fascinante et enivrante.

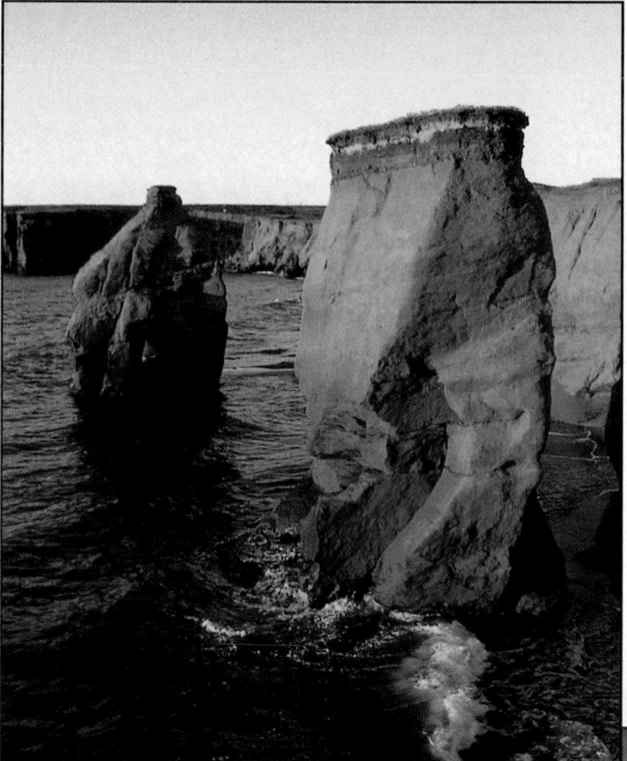

Les Îles-de-la-Madeleine, éloignées et empreintes de mystère avec leurs paysages sculptés par le vent et la mer.

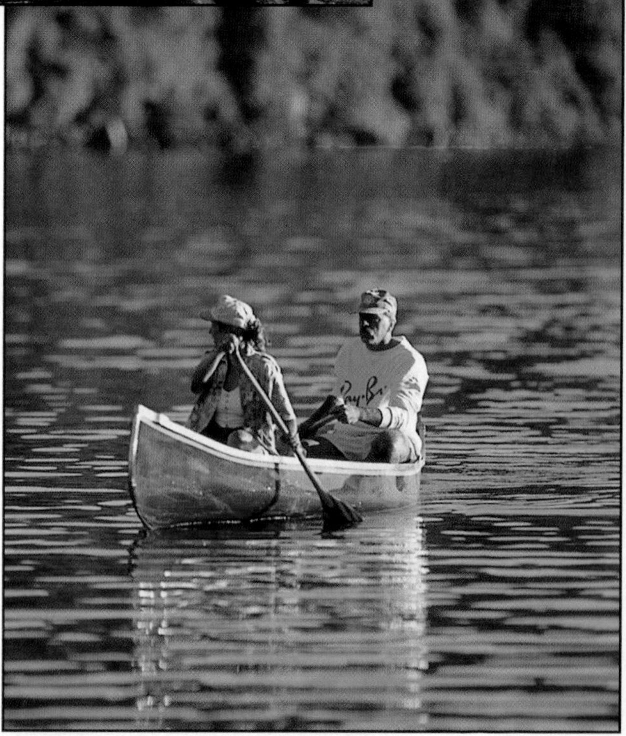

Contrée de lacs et de rivières, le Québec se prête à merveille à la pratique de toutes les activités nautiques possibles et imaginables : canot, kayak, planche à voile, navigation de plaisance, pêche, rafting... la liste est sans fin.

Maison de campagne, résidence secondaire, chalet au bord de l'eau... quelle que soit l'appellation choisie, il s'agit là du rêve de bien des citadins cherchant à passer l'été «à la campagne», pour ainsi fuir la chaleur et l'humidité qui envahissent alors la ville.

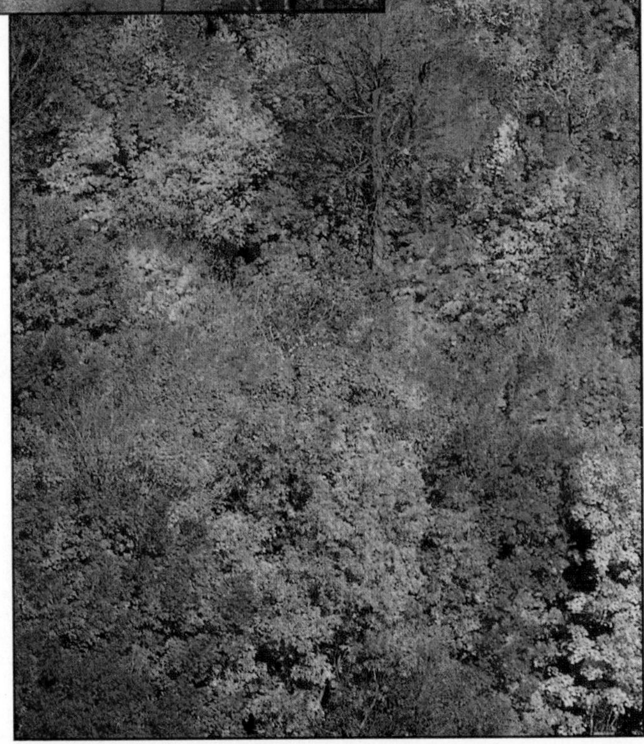

Quand arrive l'automne, la forêt québécoise se pare de ses plus beaux atours et d'innombrables coloris embrasent le paysage. C'est alors que survient le mythique et romantique été des Indiens.

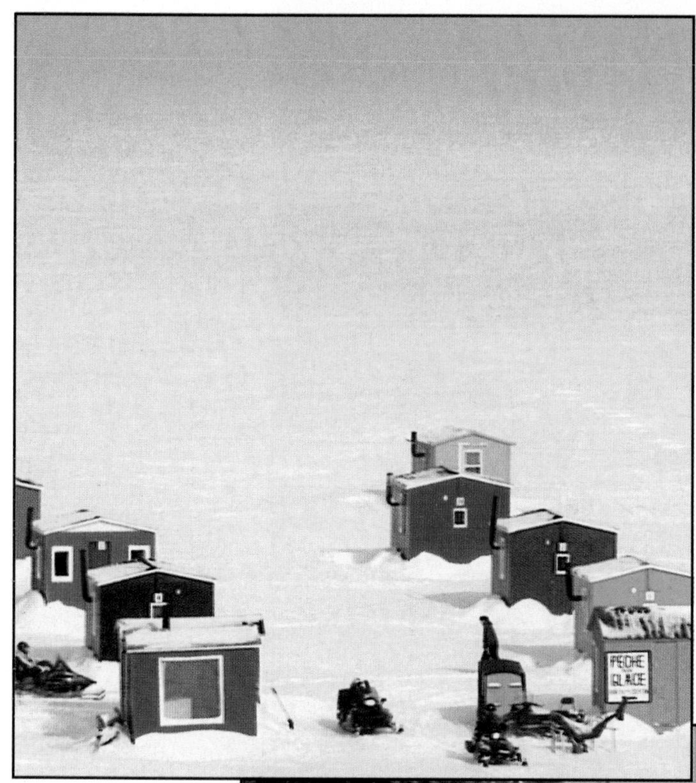

Une fois les cours d'eau gelés, on installe de petites cabanes à même la glace; on perce celle-ci, et on s'adonne à la pêche blanche. Dans certaines régions, on parle plutôt alors de la «pêche aux petits poissons des chenaux».

Apprivoiser l'hiver, conquérir ses «quelques» arpents de neige, voilà la tâche à laquelle s'attelle le Québécois depuis toujours. Parmi les inventions et les astuces qui lui ont permis de relever le défi, il faut mentionner la motoneige ainsi qu'un autre moyen de transport devenu un loisir, le traîneau à chiens.

sont abordés les principaux attraits touristiques, suivis d'une description historique et culturelle. Les attraits sont classés selon un système d'étoiles pour vous permettre de faire un choix si le temps vous y oblige.

★ Intéressant
★★ Vaut le détour
★★★ À ne pas manquer

Le nom de chaque attrait est suivi d'une parenthèse qui vous donne ses coordonnées. Le prix qu'on y retrouve est le prix d'entrée pour un adulte. Informez-vous, car plusieurs endroits offrent des réductions aux enfants, aux étudiants, aux aînés et aux familles. Plusieurs de ces attraits sont accessibles seulement pendant la saison touristique, tel qu'indiqué dans cette même parenthèse. Cependant, même hors saison, certains de ces endroits vous accueillent sur demande, surtout si vous êtes en groupe.

Hébergement

Le choix est grand, et, suivant le genre de tourisme que l'on recherche, on choisira l'une ou l'autre des nombreuses formules proposées. En général, le niveau de confort est élevé, et souvent plusieurs services sont offerts.

Les prix varient selon le type de logement choisi; sachez cependant que, aux prix affichés, il faut ajouter une taxe de 7% (la TPS : taxe fédérale sur les produits et les services) et la taxe de vente du Québec de 7,5%. Ces taxes sont toutefois remboursables aux non-résidants (voir p 60).

Prenez note qu'une nouvelle taxe applicable aux frais d'hébergement est en vigueur à Montréal et à Laval. Appelée «Taxe spécifique sur l'hébergement», elle a été instaurée pour soutenir les infrastructures touristiques de ces régions. Elle est de 2$ par nuitée, peu importe le total de votre facture.

Tourisme Québec, en collaboration avec la Corporation des Services aux Établissements Touristiques Québécois, a récemment mis sur pied un système de classification des établissements hôteliers du Québec.

Cette classification, qui s'échelonne entre 1 et 5 étoiles, est conforme aux standards internationaux et permet ainsi au visiteur d'avoir un point de repère quant à la qualité de l'établissement hôtelier. Ce système évalue tant l'aspect extérieur de l'établissement que la qualité des services offerts, en passant par le bon goût de la décoration, le confort des chambres et les commodités de la salle de bain. Les endroits répertoriés portent la mention Hébergement Québec.

Dans la section «Hébergement» du présent guide, la qualité des établissements mentionnés n'est pas définie selon les nouvelles normes de Tourisme Québec, mais bien selon l'appréciation des auteurs, au gré des coups de coeur et des belles découvertes.

Dans la mesure où vous souhaitez réserver (fortement conseillé en été!), une carte de crédit s'avère indispensable car, dans plusieurs cas, on vous demandera de payer d'avance la première nuitée.

Dans les centres d'information touristique de Montréal et de Québec, il existe également un comptoir du Service de réservation, Hospitalité Canada, qui s'occupe gratuitement des réservations d'hôtels des visiteurs.

Centre Infotouriste
1001, rue du Square-Dorchester
Montréal
H3B 4V4
☎ ***(514) 393-9049***
⇄ ***(514) 393-8942***

12, rue Ste-Anne
Québec
G1R 3X2
☎ ***(418) 694-1602*** ou
800-665-1528

Hôtels

Ils sont nombreux, modestes ou luxueux. Dans la majorité des cas, les chambres sont louées avec salle de bain.

Logement chez l'habitant

Contrairement aux hôtels, les chambres ne sont pas toujours louées avec salle de bain. Les *bed and breakfasts* sont bien répartis dans la majeure partie du Québec et offrent l'avantage, outre le prix, de faire partager une ambiance familiale. Ils vous permettront aussi de vous familiariser avec une architecture régionale, certaines petites maisons de bois étant particulièrement pittoresques et chaleureuses. Attention cependant, la carte de crédit n'est pas acceptée partout. Le prix de la chambre inclut le petit déjeuner.

L'appellation québécoise **Gîtes du Passant** identifie un *bed and breakfast* membre de la Fédération des Agricotours du Québec; les Gîtes du Passant sont tenus de se conformer à

Renseignements généraux

des règles et normes qui assurent aux visiteurs une qualité impeccable. La Fédération produit chaque année en collaboration avec les Éditions Ulysse le guide des *Gîtes du Passant au Québec*, qui vous indiquera, pour chaque région, les différentes possibilités d'hébergement avec les services offerts, les activités de plein air pouvant être pratiquées à proximité, tous les tarifs, les gîtes non-fumeurs, avec ou sans animaux de compagnie, etc. Outre les gîtes, ce guide donne aussi des adresses pour des formules de logement à la ferme ainsi que pour la location de maisons de campagne.

Motels

On les retrouve en grand nombre. Ils sont relativement peu chers, mais ils manquent souvent de charme. Cette formule convient plutôt lorsqu'on manque de temps.

Auberges de jeunesse

Vous trouverez l'adresse des auberges de jeunesse dans la section «Hébergement» de la ville où elles se trouvent.

Pour de plus amples renseignements, communiquer avec :

Tourisme Jeunesse
☎(514) 252-3117 ou 800-461-8585
≠(514) 252-3119 info@tourismej.qc.ca www.TourismeJ.qc.ca

Universités

Cette formule reste assez compliquée à cause des nombreuses restrictions qu'elle implique : elle ne peut s'appliquer qu'en été (de la mi-mai à la mi-août); il faut réserver plusieurs mois à l'avance et de préférence posséder une carte de crédit afin de payer la première nuitée à titre de réservation. Toutefois, ce type d'hébergement reste moins cher que les formules «classiques», et, si l'on s'y prend à temps, cela peut s'avérer agréable. Il faut compter en moyenne 20$ plus les taxes pour les personnes qui possèdent une carte d'étudiant (33$ pour les non-étudiants). La literie est comprise dans le prix, et, en général, une cafétéria sur place permet de prendre le petit déjeuner (non inclus).

Relais-santé

Les relais-santé offrent une forme d'hébergement de plus en plus populaire. Des professionnels de la santé vous offrent différents soins en hydrothérapie, massothérapie, esthétique, etc. dans des établissements qui se distinguent par leurs menus, activités et services propres. Pour obtenir de plus amples renseignements ou choisir le relais qui correspondra le mieux à vos objectifs de santé, contactez :

l'**Association des Relais**
☎(514) 479-1690
☎800-788-7594
www.pages.infinit.net/relais

Chez les Autochtones

Les possibilités de loger chez les Autochtones sont limitées mais se développent de plus en plus. N'oubliez pas que les réserves sont administrées par les Autochtones, d'où la nécessité, dans certains cas, d'obtenir une autorisation du Conseil de bande.

Camping

À moins de se faire inviter, le camping constitue probablement le type d'hébergement le moins cher. Malheureusement, le climat ne rend possible cette activité que sur une courte période de l'année, soit de juin à août, à moins de disposer de l'équipement approprié contre le froid. Les services offerts sur les terrains de camping peuvent varier considérablement. Certains sont publics et d'autres, privés.

Les prix mentionnés dans ce guide s'appliquent à un emplacement sans raccordements pour une tente. Ils varieront, il va sans dire, selon les services ajoutés. Notez que les terrains de camping ne sont pas soumis à la taxe spécifique sur l'hébergement (voir p 65).

Par ailleurs, le Conseil du développement du camping au Québec publie en collaboration avec la Fédération québécoise de camping et caravaning le guide *Camping-Caravaning*. Ce guide annuel liste 300 terrains de camping avec leurs services, et il est disponible gratuitement auprès des Associations touristiques régionales ou de la Fédération québécoise de camping et caravaning.

Fédération québécoise de camping et caravaning
4545, av. Pierre-de-Coubertin
C.P. 1000, Succursale M
Montréal, H1V 3R2
☎(514) 252-3003
≠(514) 254-0694

Restaurants

Tout comme en Belgique, les Québécois appellent le petit déjeuner le déjeuner, le déjeuner le dîner et le

Cabane à sucre

dîner le souper (ce guide suit cependant la nomenclature internationale : «petit déjeuner», «déjeuner», «dîner»).

Dans la majorité des cas, les restaurants offrent un «spécial du jour», c'est-à-dire un menu complet à prix avantageux. Pour le repas de midi seulement, il propose bien souvent un choix d'entrées et de plats, un dessert et un café. Le soir, la table d'hôte (même formule mais légèrement plus chère) est également intéressante.

Les prix mentionnés dans ce guide s'appliquent à un dîner pour une personne **excluant** le sevice (voir «Pourboire», p 60) et les boissons.

***$*** moins de 10$
***$$*** de 10$ à 20$
***$$$*** de 20$ à 30$
***$$$$*** plus de 30$

C'est généralement selon les prix des tables d'hôte du soir que nous les avons classés, mais souvenez-vous que les déjeuners sont souvent beaucoup moins coûteux.

«Apportez votre vin!»

Il existe des restaurants où l'on peut apporter sa bouteille de vin. Dans la majorité des cas, une enseigne vous informera de cette possibilité. Autre «bizarrerie», il existe, en plus du permis de vente d'alcool, un permis de bar! Autrement dit, les restaurants qui n'ont qu'un permis de vente d'alcool ne peuvent vous vendre de la bière, du vin et de l'alcool que s'ils accompagnent un repas. Les restaurants qui, en plus, ont un permis de bar peuvent vous vendre de l'alcool même si vous n'y prenez pas de repas.

Les cafés

Beaucoup de Québécois sont amateurs de café *espresso*. Ainsi les cafés, ces petits restaurants à l'ambiance conviviale et détendue, sont-ils des endroits très fréquentés et répandus dans les villes, surtout Montréal et Québec. La rutilante machine à café y trône en maître des lieux, mais on peut aussi y manger de bons petits plats tels que soupes, salades ou croque-monsieur, et bien sûr des croissants et des desserts!

La cuisine québécoise

Bien que les plats servis dans les restaurants s'apparentent beaucoup aux mets que l'on retrouve en France ou aux États-Unis, quelques-uns sont typiquement québécois et doivent être goûtés :

La soupe aux pois
La tourtière
Le pâté chinois
Les cretons
Le jambon au sirop d'érable
Les fèves au lard
Le ragoût de pattes de cochon
Le cipaille
La tarte aux pacanes (noix)
La tarte au sucre
La tarte aux bleuets
Le sucre à la crème

En région, vous aurez également la possibilité de goûter des spécialités régionales souvent étonnantes, par exemple l'orignal, le lièvre, le castor, le saumon de l'Atlantique, l'omble de l'Arctique et le caviar de l'Abitibi.

La Corporation de la cuisine régionale au Québec fait, depuis sa formation en 1993, la promotion de la cuisine régionale au Québec. Au printemps 1999, elle a publié, en collaboration avec les Éditions Ulysse, *La cuisine régionale au Québec*, un guide des restaurants, producteurs et transformateurs qui soutiennent aussi le développement de cette cuisine dans toutes les régions du Québec.

Cabanes à sucre

Au début du dégel, la sève commence à monter dans les arbres. C'est à ce moment que l'on procède à des entailles dans les érables afin d'en recueillir la sève; après une longue ébullition, celle-ci se transforme en un sirop sucré que l'on appelle «sirop d'érable». C'est à cette époque de l'année que les Québécois s'en vont à la campagne (dans les érablières) passer une journée à la cabane à sucre pour y manger des œufs dans le sirop d'érable ainsi que du lard ou des couennes de lard frites (appelées «oreilles de Christ»). Après quoi on passe à la dégustation de la tire sur la neige. La tire est obtenue en faisant bouillir le sirop d'érable. Déposée chaude sur la neige, elle se consomme à l'aide de petits bâtonnets.

Bars et discothèques

Dans la plupart des cas, aucuns frais d'entrée (en dehors du vestiaire obligatoire) ne sont demandés. Cependant, attendez-vous à débourser quelques dollars pour avoir accès aux discothèques ainsi qu'à certains bars proposant des spectacles durant les fins de semaine. Bien que la vie nocturne soit très active au Québec, la vente d'alcool cesse au plus tard à 3h du matin. Certains bars peuvent rester ouverts, mais il faudra, à ce moment, vous contenter de petites limonades! Aussi, les établissements n'ayant qu'un permis de taverne et brasserie doivent fermer à minuit. Dans les petites villes, les restaurants font souvent aussi office de bars. Si vous désirez vous divertir le soir venu, consultez les sections «Sorties» de chacun des chapitres, mais jetez aussi un coup d'œil aux sections «Restaurants».

Avis aux fumeurs

Il est interdit de fumer :

- dans les centres commerciaux
- dans les autobus et dans le métro
- dans les bureaux des administrations publiques

La majorité des lieux publics (restaurants, cafés) sont tenus, depuis le 17 décembre 1999, d'avoir des sections fermées, réservées aux fumeurs. Si toutefois vous n'êtes pas trop découragé par ces règlements, sachez que les cigarettes se vendent dans bien des endroits (bars, marchands de journaux).

Vins, bières et alcools

Au Québec, les alcools sont régis par une société d'État, soit la Société des Alcools du Québec (SAQ). Les meilleurs vins, bières et alcools sont donc vendus dans les magasins administrés par cette société qu'on retrouve un peu partout sur le territoire. Leurs heures d'ouverture sont cependant assez restreintes.

Les bières

Deux grandes brasseries au Québec se partagent la plus grande part du marché : Labatt et Molson-O'Keefe. Chacune d'elles produit différents types de bières, surtout des blondes, avec divers degrés d'alcool. Dans les bars, restaurants et discothèques, la bière pression (appelée parfois *draft*) est moins chère qu'en bouteille.

À côté de ces «macrobrasseries» se développent depuis quelques années des microbrasseries qui, à bien des égards, s'avèrent très intéressantes. La variété et le goût de leurs bières font qu'elles connaissent un énorme succès auprès du public québécois. Nommons, à titre d'exemples, Unibroue (Maudite, Fin du Mon-de, Blanche de Chambly), McAuslan (Griffon, St-Ambroise), le Cheval Blanc (Cap Tourmente, Berlue), les Brasseurs du Nord (Boréale) et GMT (Belle Gueule).

N.B. Il faut avoir au moins **18 ans** pour pouvoir acheter des boissons alcoolisées et des cigarettes.

Animaux

À l'instar des habitants du reste de l'Amérique du Nord, les Québécois trouvent assez étrange qu'on puisse amener son chien aussi bien pour aller magasiner que pour aller au restaurant. Aussi, sachez que si vous avez décidé de voyager avec votre chien, il ne sera pas commode pour vous de faire du tourisme avec celui-ci. En règle générale, les animaux ne sont pas admis dans les endroits publics, particulièrement dans les magasins d'alimentation et les restaurants. Il est tout de même possible d'amener les petits animaux (s'ils sont en cage ou dans vos bras) dans l'autobus ou le métro à Montréal.

Fêtes et festivals

Grâce à son passé et à sa culture distincte, mais aussi à la diversité de la population qui le compose, le Québec est riche en activités de toutes sortes. Vu le nombre impressionnant (environ 240) de festivals, d'expositions annuelles, de salons, de carnavals, de rassemblements et autres, il nous est impossible de vous en citer ici la liste complète. Nous en avons néanmoins sélectionné quelques-uns qui sont décrits dans la section «Sorties» de chaque chapitre. On peut également se procurer *Le Bottin des Fêtes et Festivals du Québec*, publiée par la Société des Fêtes et Festivals du Québec (☎*514-252-3037*) chez les marchands de journaux.

Principaux festivals

Février

Montréal
La Fête des neiges

Hull-Ottawa (Outaouais)
Le Bal de neige

Ville de Québec
Le carnaval de Québec

Chicoutimi (Saguenay–Lac-Saint-Jean)
Le Carnaval-Souvenir de Chicoutimi

Mai

Plessisville (Mauricie–Centre-du-Québec)
Le Festival de l'érable de Plessisville

Victoriaville (Mauricie–Centre-du-Québec)
Le Festival international de musique actuelle de Victoriaville

Juin

Montréal
Le Concours international d'art pyrotechnique
Les FrancoFolies
Le Grand Prix Molson du Canada

Saint-Gabriel-de-Brandon (Lanaudière)
Le Maski-Courons

Saint-Jean-Port-Joli (Chaudière-Appalaches)
La Fête internationale de la sculpture

Matane (Gaspésie)
Le Festival de la Crevette

Tadoussac (Manicouagan)
Le Festival de la chanson de Tadoussac

Juillet

Montréal
Le Concours international d'art pyrotechnique
Le Festival international de jazz de Montréal
Le Festival Juste pour rire
Les FrancoFolies

Kahnawake (Montérégie)
Le Pow Wow

Saint-Hyacinthe (Montérégie)
L'Exposition régionale agricole de Saint-Hyacinthe

Sorel (Montérégie)
Le Festival de la gibelotte de Sorel

Salaberry-de-Valleyfield (Montérégie)
Les Régates internationales de Valleyfield

Granby (Cantons-de-l'Est)
Le Symposium international de sculpture de l'Estriade

Magog (Cantons-de-l'Est)
La Traversée internationale du lac Memphrémagog

Orford (Cantons-de-l'Est)
Le Festival Orford

Joliette (Lanaudière)
Le Festival international de Lanaudière

Hull - Ottawa (Outaouais)
Le Festival international de jazz d'Ottawa et de Hull

Drummdonville (Mauricie–Centre-du-Québec)
Le Mondial des Cultures

Ville de Québec
Le Festival d'été de Québec

Beauport (Environs de Québec)
Les Grands feux Loto-Québec

Saint-Jean-Chrysostome (Chaudière-Appalaches)
Le Festivent

Mont-Saint-Pierre (Gaspésie)
La Fête du vol libre

Saint-Irénée (Charlevoix)
Le Festival international du Domaine Forget

Roberval (Saguenay–Lac-Saint-Jean)
La Traversée internationale du lac Saint-Jean

Baie-Comeau (Manicouagan)
Le Festival international de jazz et blues

Boule de Neige - Fête des neiges

Août

Montréal
Le défilé Divers-Cité (fierté gaLe Festival international des films du monde (FFM)

Chambly (Montérégie)
La fête de Saint-Louis

Saint-Jean-sur-Richelieu (Montérégie)

Le Festival de montgolfières

Saint-Paul-de-l'Île-aux-Noix (Montérégie)
Le Festival nautique de Saint-Paul-de-l'Île-aux-Noix

Orford (Cantons-de-l'Est)
Le Festival Orford

Station touristique du Mont-Tremblant (Laurentides)
Le Festival de blues de Tremblant
La Fête de la Musique

Aylmer (Outaouais)
La fête de l'été d'Aylmer

Trois-Rivières (Mauricie–Centre-du-Québec)
Le Grand Prix Player's de Trois-Rivières

Ville de Québec
Expo-Québec
Plein art

Beauport (Environs de Québec)
Les Grands feux Loto-Québec

Montmagny (Chaudière-Appalaches)
Le Carrefour mondial de l'accordéon

Île du Havre Aubert (Îles-de-la-Madeleine)
Le Concours des châteaux de sable

Saint-Irénée (Charlevoix)
Le Festival international du Domaine Forget

Baie-Saint-Paul (Charlevoix)
Le Symposium de la nouvelle peinture au Canada

Septembre

Chambly (Montérégie)
Le Festi-Bière

Granby (Cantons-de-l'Est)
Le Festival de la chanson de Granby

Saint-Donat (Lanaudière)
Les Week-End des couleurs

Laurentides
Le Festival des couleurs

Val-Morin (Laurentides)
Les couleurs à vélo

Gatineau (Outaouais)
Le Festival de montgolfières

Saint-Tite (Mauricie–Centre-du-Québec)
Le Festival western de Saint-Tite

Rimouski (Bas-Saint-Laurent)
Le Festi-Jazz
Le Carrousel international du film de Rimouski

Baie-Saint-Paul (Charlevoix)
Rêves d'automne

Octobre

Montréal
Le Festival international du cinéma et des nouveaux médias de Montréal (FCMM)

Laurentides
Le Festival des couleurs

Rouyn-Noranda (Abitibi-Témiscamingue)
Le Festival du cinéma international en Abitibi-Témiscamingue

Trois-Rivières (Mauricie–Centre-du-Québec)
Le Festival international de la Poésie

Montmagny (Chaudière-Appalaches)
Le Festival de l'Oie Blanche

Novembre

Saint-Denis (Montérégie)
La fête des Patriotes

Achats

Quoi acheter?

Alcools : plusieurs alcools, entre autres de délicieuses bières qui ont remporté des prix internationaux, sont produits localement.

Artisanat autochtone : de très belles sculptures amérindiennes, fabriquées à partir de différentes sortes de pierres et en général assez chères. Assurez-vous du caractère authentique de votre sculpture en réclamant la vignette d'authenticité délivrée par le gouvernement du Canada.

Artisanat local : peintures, sculptures, travail du bois, céramique, émaux sur cuivre, tissus, etc.

Cidre : il est fabriqué en Montérégie, tout comme plusieurs autres produits à base de pommes (vinaigre, beurre, alcool, etc.)

Disques compacts : on trouve au Québec un très grand choix, au tiers du prix pratiqué en Europe, sans oublier plusieurs albums d'artistes québécois qui ne sont pas nécessairement en vente ailleurs.

Électronique : l'un des plus grands manufacturiers au monde de téléphones et d'appareils connexes est installé à Montréal; aussi peut-il être avantageux d'acheter des appareils comme un répondeur, un télécopieur ou un téléphone sans fil. Il faut toutefois prévoir adapter ces appareils au système électrique de son pays. L'importation de ces appareils peut ne pas être autorisée dans certains pays d'Europe.

Fourrure et cuir : les vêtements faits à partir de ces peaux d'animaux sont d'excellente qualité, et leur prix est relativement bas. C'est dans ce que l'on nomme le «quartier de la fourrure» à Montréal que se fabriquent environ 80% des vêtements de fourrure au Canada.

Hydromel : il s'agit d'un vin de miel.

Livres : les livres d'auteurs québécois constituent évidemment de très bons achats pour qui s'intéresse à la culture d'ici. De plus, la plupart des livres américains sont vendus dans les librairies anglophones du Québec à moindre prix qu'en Europe.

Sirop d'érable : le sirop d'érable se trouve en plusieurs qualités. Plus sirupeux ou plus coulant, plus foncé ou plus clair, plus ou moins sucré : ce serait en tout cas un grave péché que de ne pas au moins y goûter!

Vin de bleuets : ce vin, produit à partir de bleuets, est disponible dans la plupart des succursales de la Société des alcools du Québec (S.A.Q.).

Vin local : il existe une production viticole locale.

Vin de pissenlit : il s'agit d'une sorte de vin blanc sec produit à partir d'une plante et surtout offert en Beauce.

Poids et mesures

Bien que le système métrique soit en vigueur au Canada depuis plus de 20 ans, il est encore courant de voir les gens utiliser les unités de mesure du système impérial. Voici quelques équivalences :

1 livre (lb) = 454 grammes
1 pied (pi) = 30 centimètres
1 mille (mi) = 1,6 kilomètre
1 pouce (po) = 2,5 centimètres

Divers

Cultes

Presque tous les cultes sont représentés. Contrairement au Canada anglais, le culte majoritaire est la religion catholique, bien que la majorité des Québécois ne pratiquent plus.

Drogues

Absolument interdites (même les drogues dites «douces»). Aussi bien les consommateurs que les distributeurs risquent de gros ennuis s'ils sont trouvés en possession de drogues.

Électricité

Partout au Canada, la tension est de 110 volts. Les fiches d'électricité sont plates, et l'on peut trouver des adaptateurs sur place.

Folklore

Le folklore peut être un moyen très agréable de mieux connaître la nation québécoise. Regroupés au sein d'une association, plusieurs comités régionaux œuvrent pour la préservation et le développement de celui-ci. Selon les saisons et les lieux, plusieurs activités sont organisées. Pour en savoir plus :

Association québécoise des loisirs folkloriques
4545, av. Pierre-de-Coubertin
C.P. 1000, Succursale M
Montréal, H1V 3R2
☎(514) 252-3022

Laveries

On les retrouve à peu près partout dans les centres urbains. Apportez votre savon à lessive. Bien qu'on y trouve parfois des changeurs de monnaie, il est préférable d'en avoir une quantité suffisante sur soi.

Marchés

Nombreux et couverts en hiver, ils sont intéressants non seulement pour les prix, mais aussi pour l'ambiance qui y règne.

Météo

Pour les prévisions météorologiques, composez le ***☎283-3010***. Pour connaître l'état des routes, composez le ***☎873-4121***. Vous pouvez aussi syntoniser Météomédia (le canal 17 sur la télévision câblée) ou visiter le site Internet ***www.meteomedia.com***.

Musées

Dans la majorité des cas, ils sont payants. Cependant, l'accès aux collections permanentes de certains musées est gratuit

L'inforoute québécoise

Les Québécois font très bonne figure sur le World Wide Web. À la suite de différentes initiatives privées et gouvernementales, on a vu naître une série de sites Internet francophones, et ce, plusieurs années avant que l'Europe ne suive le pas. C'est donc dire que l'internaute trouvera facilement une vaste gamme de renseignements sur le Québec et sa culture, le tout au moyen de quelques «clics» de souris.

On ne saurait parler du Web québécois sans pointer vers son site le plus visité : **La toile du Québec** (http://www.toile.qc.ca/). Vaste répertoire de liens, ce site constitue un point de départ fabuleux pour explorer les recoins de la toile, du moins lorsqu'on parle du Québec.

Les voyageurs partant pour le Québec apprécieront le site du **ministère du Tourisme** (http://www.tourisme.gouv.qc.ca/), qui permet d'entrer en contact avec les différentes associations touristiques régionales et même de faire une visite virtuelle du Québec. N'oubliez surtout pas le site des **Éditions Ulysse** (http://www.ulysse.ca).

Aussi, plusieurs magazines et quotidiens ont maintenant leurs pages sur le Web. C'est le cas du quotidien ***Le Devoir*** (http://www.ledevoir.com).

les mercredis soir, de 18h à 21h, et des réductions sont offertes à ceux et celles qui désirent voir les expositions temporaires durant cette même période. De plus, des tarifs spéciaux sont accordés aux 60 ans et plus ainsi qu'aux enfants. Renseignez-vous!

Pharmacies

À côté de la pharmacie classique, il existe de grosses chaînes (sorte de supermarchés des médicaments). Ne soyez pas étonné d'y trouver des chocolats ou de la poudre à lessiver en promotion à côté de boîtes de bonbons pour la toux ou de médicaments pour les maux de tête. Rappelez-vous la chanson de Trenet : *Les Pharmacies du Canada*!

Presse

Dans les centres urbains, vous trouverez sans problème la presse internationale. Les grands journaux québécois sont *Le Devoir*, *La Presse*, *Le Journal de Montréal*, *Le Soleil*, en français, et *The Gazette*, en anglais.

Chaque semaine, on trouve les hebdomadaires *Voir (www.voir.ca)* et *Ici*, en français, et *Mirror* et *Hour*, en anglais, dans plusieurs lieux publics à Montréal tels que bars, restaurants et certaines boutiques. Tous les quatre sont distribués gratuitement et couvrent les activités culturelles qui font bouger Montréal. Une autre version du *Voir* en français est également distribuée à Québec, couvrant les activités culturelles liées spécifiquement à cette ville.

Toilettes

Il y en a dans la plupart des centres commerciaux. N'hésitez pas cependant, si vous n'en trouvez pas, à entrer dans un bar, un casse-croûte ou un restaurant.

Plein air

Du fait de l'étendue de son territoire et de ses paysages d'une grande beauté, le Québec est un endroit idéal pour pratiquer toutes sortes de loisirs de plein air. Nous passerons en revue une série d'activités sportives praticables au Québec.

Cette liste est, bien sûr, incomplète en raison du grand choix d'activités possibles. Pour chaque sport, vous trouverez quelques remarques d'ordre général qui ont pour but de faciliter l'organisation des activités. Pour plus de détails, consultez la section «Activités de plein air» de chaque chapitre. Par souci de clarté, nous avons classé ces loisirs en deux catégories, soit loisirs d'été et loisirs d'hiver.

Regroupement Loisir Québec

Cet organisme privé sans but lucratif regroupe plus de 100 organismes nationaux (fédérations, mouvements, associations) s'occupant de loisirs ou de sports. Son but est de leur assurer un soutien administratif et technique. La plupart de ces organismes ont leur bureau au Stade olympique de Montréal.

Regroupement Loisir Québec
4545, av. Pierre-de-Coubertin
C.P. 1000, Succursale M
Montréal H1V 3R2
☎ *(514)252-3000*

Parcs et réserves fauniques

Il existe des parcs nationaux, administrés par le gouvernement fédéral, et des parcs provinciaux, à la charge du gouvernement du Québec. La majorité de ces parcs offrent des services et installations tels que bureau de renseignements, plans du parc, programmes d'interprétation de la nature, guides accompagnateurs et lieux d'hébergement (gîtes, auberges, camping) ou de restauration.

Ces services et installations n'étant pas systématiquement disponibles dans tous les parcs (ils varient aussi selon les saisons), il est préférable de se renseigner auprès des responsables du parc avant de partir. Il est possible de réserver les emplacements de camping (sauf ceux pour le camping sauvage), les refuges et les chalets (parcs provinciaux).

Notez cependant que les politiques de réservation pour les emplacements de camping des parcs fédéraux varient d'un endroit à l'autre. Il est conseillé de se renseigner auprès du parc directement ou à Parcs Canada (voir p 74).

Dans plusieurs parcs, des circuits sillonnant le territoire et s'étendant sur des dizaines de kilomètres sont aménagés, permettant aux amateurs de s'adoner à des activités comme la randonnée pédestre, le ski de fond ou la motoneige pendant des jours. Les lacs et rivières, quant à eux, se prêtent bien au canot, au kayak, à la pêche et à la baignade. Le long de ces circuits, des sites de camping sauvage ou des refuges ont été aménagés.

Certains emplacements de camping sauvage se révèlent très rudimentaires et, parfois, ne sont même pas pourvus d'eau; il est alors essentiel d'être adéquatement équipé. Comme ces circuits s'enfoncent dans des forêts, loin de toute habitation, il est fortement conseillé de respecter le balisage des sentiers. Des cartes très utiles indiquant les circuits ainsi que les sites de camping et les refuges sont disponibles pour la plupart des parcs.

Tout au long du guide, vous trouverez la description de la majorité de ces parcs et réserves fauniques ainsi que les principales activités de plein air que l'on peut y pratiquer.

Parcs nationaux

Mentionnons l'existence, sur le territoire québécois, de quatre parcs fédéraux : le parc Forillon, en Gaspésie; le parc de la Mauricie, dans la région Mauricie–Centre-du-Québec; le parc de l'Archipel-de-Mingan, dans la région de Duplessis; et le parc marin du Saguenay–Saint-Laurent. Outre ces parcs, le Service canadien des parcs possède également des aires de détente, en général des lieux historiques.

On peut obtenir plus de renseignements sur ces parcs en s'adressant au :

Service canadien des parcs
Ministère de l'Environnement
3, passage du Chien d'Or
C.P. 6060,
Québec G1R 4V7
☎ ***(418)648-4177***
☎ ***800-463-6769***
⇄ ***(418)648-4234***
www.parcscanada.pch.gc.ca
parcscanada-que@ pch.gc.ca

Patrimoine canadien–Parcs Canada
200, boulevard René-Lévesque Ouest
Tour Ouest, 6e étage
Montréal, H2Z 1X4
☎ ***(514)283-2332***
⇄ ***(514)496-4841***

Parcs provinciaux

Les parcs provinciaux sont, quant à eux, «classés» en deux catégories, soit les parcs de conservation et les parcs de récréation. Les premiers ont été créés dans le but de conserver les territoires naturels. On y organise des activités basées surtout sur l'observation de la nature. Il n'y a aucune exploitation dans ces parcs. Les seconds proposent un certain nombre d'activités. Quelques exploitations (forestières par exemple) y sont permises et réglementées. Dans ces parcs, on peut pratiquer la pêche à certaines conditions : il faut, entre autres, détenir un permis et réserver. La chasse est toutefois interdite. On compte 16 parcs de récréation et de conservation au Québec, incluant le parc du Bic, le parc du Mont-Orford, le parc de Frontenac, le parc du Saguenay, le parc de la Gaspésie, le parc du Mont-Tremblant, le parc des Îles-de-Boucherville et le parc du Mont-Saint-Bruno.

Ministère de l'Environnement et de la Faune
675, boulevard René-Lévesque Est
Québec, G1R 5V7
☎ ***(418)521-3830***
☎ ***800-561-1616***
⇄ ***(418)646-5974***
www.mef.gouv.qc.ca

5199, rue Sherbrooke Est, bureau 3860
Montréal, H1T 3X9
☎ ***(514)374-2417***
⇄ ***(514)873-5662***

La Société des établissements de plein air du Québec (Sépaq) gère une cinquantaine d'établissements axés sur le plein air, tous situés sur le territoire québécois. La Sépaq a pour mandat de développer les sites dans une perspective de tourisme durable, en assurant la conservation et la préservation des ressources naturelles. Pour de plus amples informations sur les activités et services offerts, de même que sur les sites sous la tutelle de la Sépaq, veuillez communiquer au :

801, ch. St-Louis, bureau 180
Québec, (Québec)
G1S 1C1
☎ ***(418) 686-4875***
⇄ ***(418) 686-6160***
www.sepaq.com

Pour réservations :
☎ ***800-665-6527***
☎ ***(418)890-6527***
inforeservation@sepaq.com

Réserves fauniques

Les réserves fauniques couvrent généralement des territoires plus vastes que les parcs. La pêche et la chasse, organisées et contrôlées, y sont permises. Plusieurs réserves fauniques ont été créées sur le territoire québécois, entre autres les réserves de La Vérendrye, du Saint-Maurice, des Laurentides,

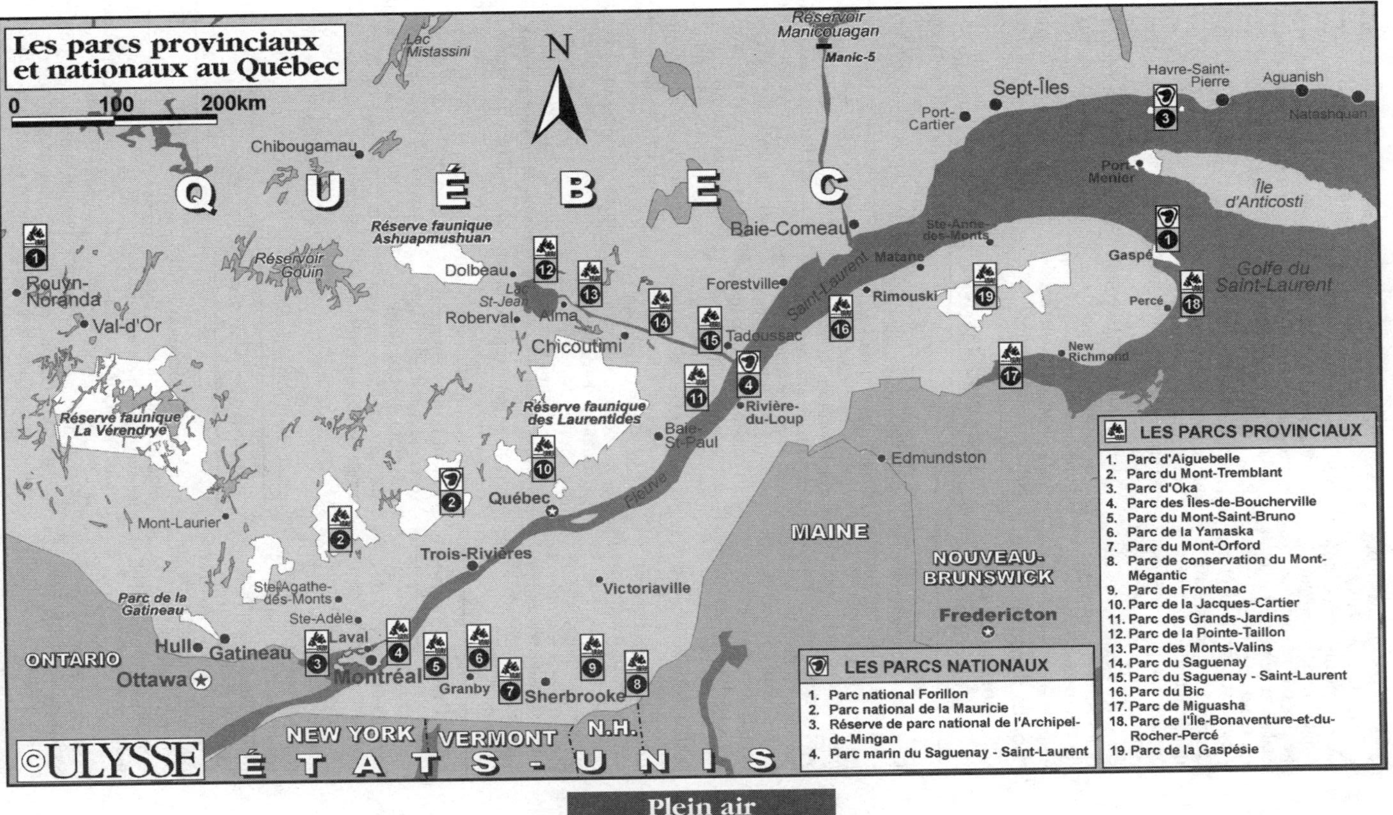
Les parcs provinciaux
et nationaux au Québec
0 100 200km
©ULYSSE
QUÉBEC
ÉTATS-UNIS
ONTARIO
NOUVEAU-BRUNSWICK
MAINE
VERMONT
NEW YORK
N.H.
Fredericton
Ottawa
Hull
Gatineau
Parc de la Gatineau
Mont-Laurier
Réserve faunique La Vérendrye
Val-d'Or
Rouyn-Noranda
Chibougamau
Réservoir Gouin
Lac Mistassini
Réserve faunique Ashuapmushuan
Dolbeau
Lac St-Jean
Roberval
Alma
Chicoutimi
Réserve faunique des Laurentides
Québec
Trois-Rivières
Ste-Agathe-des-Monts
Ste-Adèle
Laval
Montréal
Granby
Sherbrooke
Victoriaville
Baie-St-Paul
Tadoussac
Rivière-du-Loup
Forestville
Baie-Comeau
Réservoir Manicouagan
Manic-5
Fleuve Saint-Laurent
Rimouski
Matane
Ste-Anne-des-Monts
Edmundston
Port-Cartier
Sept-Îles
New Richmond
Percé
Gaspé
Port-Menier
Île d'Anticosti
Golfe du Saint-Laurent
Havre-Saint-Pierre
Aguanish
Natashquan
LES PARCS PROVINCIAUX
1. Parc d'Aiguebelle
2. Parc du Mont-Tremblant
3. Parc d'Oka
4. Parc des Îles-de-Boucherville
5. Parc du Mont-Saint-Bruno
6. Parc de la Yamaska
7. Parc du Mont-Orford
8. Parc de conservation du Mont-Mégantic
9. Parc de Frontenac
10. Parc de la Jacques-Cartier
11. Parc des Grands-Jardins
12. Parc de la Pointe-Taillon
13. Parc des Monts-Valins
14. Parc du Saguenay
15. Parc du Saguenay - Saint-Laurent
16. Parc du Bic
17. Parc de Miguasha
18. Parc de l'Île-Bonaventure-et-du-Rocher-Percé
19. Parc de la Gaspésie
LES PARCS NATIONAUX
1. Parc national Forillon
2. Parc national de la Mauricie
3. Réserve de parc national de l'Archipel-de-Mingan
4. Parc marin du Saguenay - Saint-Laurent

de Portneuf, de Mastigouche, de Rouge-Matawin, de Papineau-Labelle et des Chic-Chocs. Elles sont gérées par la société des établissements de plein air du Québec (SÉPAQ) ***(☎800-665-6527)***. La SÉPAQ distribue une revue annuelle intitulée *Activités Services*, qui présente les diverses activités et services offerts dans les parcs et les réserves fauniques du Québec.

Zones d'exploitation controlée et pourvoiries

Les zones d'exploitation contrôlée (ZEC) sont aussi propriété du gouvernement du Québec. Elles ne sont généralement pas aménagées pour recevoir les visiteurs comme le sont les parcs et les réserves. On y pratique toutefois la chasse et la pêche. Les pourvoiries, quant à elles, sont des domaines privés aménagés spécialement pour recevoir les chasseurs et les pêcheurs. Quelques-unes sont équipées de refuges rustiques, tandis que d'autres vous accueillent dans une auberge de luxe au menu élaboré.

Jardins du Québec

Le Québec possède de merveilleux jardins où il fait bon se promener tout en découvrant des aménagements paysagers aux beautés sans pareilles. De même que les bâtiments historiques, les œuvres d'art et les traditions ancestrales, les jardins sont également reconnus comme partie intégrante du patrimoine québécois.

C'est en 1989 que l'on décida de regrouper les grands jardins du Québec (Association des jardins du Québec) afin de promouvoir l'horticulture ornementale et de les faire connaître à tous les amoureux de la nature. Cette association a d'ailleurs conçu, en collaboration avec Tourisme Québec, un dépliant qui décrit les principaux jardins de la province ainsi que leur localisation. Le Québec compte 21 jardins, tous ouverts au public, dont 7 dans la seule région de Québec. À vous de découvrir ces «circuits fleuris»!

Les loisirs d'été

Lorsque la température est plus clémente, il est possible de pratiquer les activités de plein air dont nous donnons la liste ci-dessous. Toutefois, selon la saison, l'habillement variera. Par ailleurs, il ne faut pas oublier que les nuits sont fraîches (sauf peut-être en juillet et août dans les régions au sud).

En été, dans certaines régions, des chemises ou chandails à manches longues seront fort utiles si vous ne désirez pas «vous offrir en repas» aux «maringouins» (moustiques) ou aux mouches noires. Au mois de juin, durant lequel ils sont particulièrement voraces, des insectifuges puissants sont presque indispensables pour les promenades en forêt.

Randonnée pédestre

Activité à la portée de tous, la randonnée pédestre se pratique en maint endroit au Québec. Plusieurs parcs proposent des sentiers aux longueurs et niveaux de difficulté divers. Certains offrent même des pistes de longue randonnée. S'enfonçant dans les étendues sauvages, ces circuits peuvent s'étendre sur des dizaines de kilomètres.

En empruntant de tels sentiers, il faut, bien sûr, en respecter le balisage et partir bien équipé. Il existe des cartes indiquant les sentiers ainsi que les emplacements de camping sauvage et les refuges. Les réservations pour les refuges qui se trouvent dans toutes les réserves fauniques ainsi que dans le parc de la Gaspésie et dans le parc de la Jacques-Cartier se font à compter de mai *(☎418-890-6527 ou 800-665-6527, ⇄418-528-6025)*.

Un excellent guide intitulé *Randonnée pédestre au Québec* est disponible en librairie. Ce dernier propose différents circuits classés aussi bien d'après leur niveau de difficulté que d'après leur longueur. Il s'agit donc d'un ouvrage qui s'adresse à tous. Les Éditions Ulysse publient aussi un guide intitulé *Randonnée pédestre Montréal et ses environs*, qui propose divers itinéraires situés non loin de la métropole ou à Montréal même. La Fédération québécoise de la marche *(☎514-252-3157)*, qui a pour but de développer la pratique de la randonnée pédestre, de la raquette et de la marche en milieu urbain, fournit divers renseignements.

Vélo

Le vélo est un moyen des plus agréables de découvrir les régions du Québec. Les Éditions Ulysse publient un guide *Le Québec cyclable* qui vous aidera à organiser de belles excursions sur les routes du Québec. Des pistes de vélo de montagne ont été aménagées dans plusieurs parcs. On peut obtenir des renseignements à cet égard au bureau d'accueil des parcs.

Une autre association, **Le monde à bicyclette** *(911 rue Jean-Talon Est, bureau 126, Montréal, H2W 2R3, ☎514-270-4884)* s'est donné une fonction plus militante. Elle publie un petit journal gratuit, *Le Monde à Bicyclette.*

Le Centre Infotouriste de Montréal distribue gratuitement un très bon plan des pistes cyclables de la ville. Découvrir Montréal à bicyclette en été est un véritable plaisir, et nous vous conseillons vivement de faire le tour de l'île!

De nombreuses boutiques de vélos offrent un service de location. Considérant le nombre, il est préférable de vous adresser aux Associations touristiques régionales, qui vous indiqueront les endroits proposant ce service, ou encore de consulter les *Pages Jaunes* sous la rubrique «Bicyclettes-Location». Il est conseillé de se munir d'une bonne assurance. Certains établissements incluent une assurance-vol dans le prix de location. Il est préférable de se renseigner au moment de la location.

Patin à roues alignées

Ce sport encore tout jeune est le pendant estival de notre populaire patin à glace. Il demande un certain temps d'adaptation, mais une fois à votre aise dans ces patins, vous apprécierez l'aisance avec laquelle les kilomètres défileront sous vos pieds. On pratique le patin à roues alignées surtout dans les centres urbains, sur des routes revêtues. Quelques entreprises en font la location. Il est fortement conseillé de se munir d'un casque protecteur, de genouillères, de protège-coudes et de gants.

Canot

Le territoire québécois étant pourvu d'une multitude de lacs et rivières, les amateurs de canot seront comblés. Bon nombre de parcs et de réserves fauniques sont le point de départ d'excursions de canot d'une ou de plusieurs journées. Dans ce dernier cas, des emplacements de camping sauvage sont mis à la disposition des canoteurs. Au bureau d'information du parc, on peut généralement obtenir une carte des circuits canotables et louer des embarcations.

Une excellente carte, *Les parcours canotables du Québec*, est disponible. Des «cartes-guides» (jusqu'à 125 cartes différentes!) par rivière sont aussi disponibles, de même qu'un *Guide Canot-Camping* (pour débutant). Pour information, adressez-vous à la Fédération québécoise du canot-camping du Regroupement Loisir Québec *(☎514-252-3001, ≠514-254-1363).*

Kayak

Le kayak n'est pas un sport nouveau, mais sa popularité va croissant au Québec. De plus en plus de gens découvrent cette activité merveilleuse qui permet de sillonner un cours d'eau dans une embarcation sécuritaire et

Kayak

confortable à un rythme qui convient pour apprécier la nature environnante.

En fait, installé dans un kayak, on a l'impression d'être littéralement assis sur l'eau et de faire partie de cette nature. Une expérience aussi dépaysante que fascinante! Il existe trois types de kayaks dont le galbe varie : le kayak de lac, le kayak de rivière et le kayak de mer. Ce dernier, qui peut loger une ou deux personnes selon le modèle, est le plus populaire car plus facilement manœuvrable. Plusieurs entreprises offrent la location de kayaks et organisent des expéditions guidées sur les cours d'eau du Québec.

Le fleuve lui-même est sillonné de toute part, à la hauteur de la Côte-du-Sud, du Bas-Saint-Laurent, des îles de Sorel, etc. La rivière Saguenay est une autre destination à envisager : la beauté du fjord vous coupera le souffle! Pour information, on peut s'adresser à Canot-Kayak d'Eau Vive *(☎514-252-3024)*.

Rafting

Le rafting, ou descente de rivières, est un sport pour le moins riche en émotions fortes. Il consiste à affronter des rapides en canot pneumatique. Ces embarcations, qui accueillent généralement une dizaine de personnes, sont d'une résistance et d'une flexibilité nécessaires pour bien résister aux rapides.

Le rafting est particulièrement apprécié au printemps, lorsque les rivières sont en crue, donc avec un courant beaucoup plus impétueux. Il va sans dire qu'il faut avoir une bonne forme physique pour participer à une excursion de ce genre, d'autant plus qu'entre les rapides c'est la force des rameurs qui mène le bateau. Cependant, une excursion bien organisée, en compagnie d'un guide expérimenté, ne présente pas de danger démesuré. Les entreprises qui proposent de telles descentes fournissent généralement l'équipement nécessaire au confort et à la sécurité des participants. Alors, embarquez-vous et laissez les rivières enfin libérées des glaces de l'hiver vous faire sauter et tournoyer au milieu de grandes éclaboussures!

Voile

La Fédération de voile du Québec regroupe clubs, écoles et associations qui s'intéressent à la navigation. Elle met sur pied des programmes de formation et possède une importante documentation. Outre la publication annuelle de la liste des clubs et écoles de la voile, elle édite également un périodique saisonnier, *Le bulletin Voile Québec*, ainsi que le *Guide nautique du Saint-Laurent*. Pour information, adressez-vous à cette fédération du Regroupement Loisir Québec *(☎514-252-3097, ⇄514-252-3158)*.

Le *Guide des marinas du Québec*, disponible dans les kiosques à journaux, peut également s'avérer fort utile. Notez que le port de la ceinture de sauvetage est obligatoire au Québec.

Ski nautique et motomarine

Le ski nautique et la motomarine (*jetski*) sont deux activités praticables sur les lacs du Québec. On voit aussi des motomarines sur le fleuve, même à la hauteur de Montréal. Certaines entreprises en font la location. Nous vous rappelons que la vigilance est de mise, surtout lorsque vous vous adonnez à ces sports non loin des baigneurs. Le port de la ceinture de sauvetage est obligatoire au Québec.

La Fédération québécoise de ski nautique offre renseignements, guides, stages de formation et autres services. Elle publie de plus le bulletin *Ski Nautique Québec*. Pour information, adressez-vous à cette fédération du Regroupement Loisir Québec *(☎514-252-3092)*.

Baignade

Les plages de sable blanc fin, de galets ou de roches sont nombreuses. On les retrouve sur les berges du fleuve ou au bord d'un des milliers de lacs que compte le Québec. Vous n'aurez aucune difficulté à en trouver une à votre goût, même si l'eau peut parfois être un peu froide, surtout s'il s'agit d'une rivière. Cependant, la ville a aménagé une plage sur l'île Notre-Dame où vous pourrez vous rafraîchir dans l'eau filtrée du fleuve. Attention, il s'agit d'une plage très populaire et la quantité de baigneurs y est limitée : arrivez tôt.

Naturisme

À certains endroits au Québec, le naturisme est possible. D'ailleurs, la Fédération québécoise de naturisme a pour but de promouvoir les activités de ce genre. En plus de la revue *Au Naturel*, elle publie chaque été un guide naturiste et organise aussi des activités en hiver (couvertes, bien sûr!).

Les membres de l'Association naturiste internationale munis de leur «passeport A.N.I.» ont droit à des privilèges. Pour information, adressez-vous à cette fédération du Regroupement Loisir Québec *(☎514-252-3014, ⇄254-1363).*

Observation d'oiseaux

Outre les parcs nationaux, plusieurs sites particulièrement intéressants sont accessibles pour observer les oiseaux. À cette fin, nous vous recommandons ci-dessous quelques guides que vous pouvez vous procurer à la boutique Lire la Nature *(1198 chemin De Chambly, Longueuil, J4J 3X7, ☎450-463-5072)* :

Les meilleurs sites d'observation des oiseaux du Québec, aux Éditions Québec-Science;

Les oiseaux de l'Est de l'Amérique du Nord et *Le guide des oiseaux de l'Est de l'Amérique du Nord* aux Éditions Broquet.

Consultez aussi le fascicule tout en couleur inséré dans ce guide qui vous aidera à reconnaître les principales espèces d'oiseaux qu'on retrouve au Québec.

Observation de baleines

Le fleuve Saint-Laurent recèle une vie aquatique riche et variée. On y retrouve d'innombrables mammifères marins dont plusieurs espèces de baleines (béluga, rorqual commun et rorqual bleu). À partir des régions touristiques de Charlevoix, du Saguenay–Lac-Saint-Jean, du Bas-Saint-Laurent, de Manicouagan, de Duplessis et de la Gaspésie, des excursions d'observation de baleines sont organisées.

Assurez-vous toutefois de vous embarquer avec une entreprise reconnue et responsable qui respecte les règles imposées afin de protéger les mammifères marins : par exemple, de ne pas poursuivre les baleines ou trop s'en approcher. Pour plus de renseignements, nous vous référons à chacune de ces régions qui sont décrites au fil du guide.

Observation de baleines

Golf

Dans tous les coins du Québec, des terrains de golf ont été aménagés et sont en activité du mois de mai au mois d'otobre. Une carte intitulée *Le golf au Québec* ainsi qu'un *Guide Maxi-Golf* vous indiqueront toutes les possibilités qui vous sont offertes. Disponibles dans les librairies de voyage et au Centre Infotouriste, à Montréal.

Équitation

Plusieurs centres équestres proposent des cours ou des promenades. Quelques-uns d'entre eux organisent même des excursions de plus d'une journée. Selon les centres, on peut retrouver deux styles équestres : le style classique (selle anglaise) et le style western. Tous deux étant bien différents, il est utile de vérifier lequel est offert par le centre que vous avez choisi au moment de la réservation. Certains parcs provinciaux disposent de sentiers de randonnée équestre.

Québec à cheval est une association qui a pour but de faire connaître la randonnée équestre. Elle distribue gratuitement une publication annuelle intitulée *Découvrir le Québec à cheval*. Des stages de formation sont également proposés. Pour information, adressez-vous à Québec à cheval du Regroupement Loisir Québec *(☎514-252-3002, ⇄251-8038)*.

Plongée sous-marine

La plupart des régions disposent de bons sites de plongée sous-marine, et le Québec compte pas moins de 200 centres de plongée, écoles ou clubs. Notez qu'il existe de plus un centre de traitement pour les victimes d'accident de plongée : Urgence Hyperbar, à l'hôpital Sacré-Cœur de Montréal *(☎514-338-2000)*. Pour en connaître davantage sur la plongée sous-marine au Québec, adressez-vous la Fédération québécoise des activités subaquatiques *(☎514-252-3009)*.

Escalade

Les amateurs pourront s'adonner à l'escalade hiver comme été. Ainsi, on retrouve quelques parois de glace destinées aux grimpeurs de tous les niveaux. Pour cette activité, on doit se munir d'un équipement adéquat (qui est parfois loué sur place) et, bien sûr, connaître les techniques de base. Certains centres proposent des cours d'initiation.

Pour des renseignements concernant l'escalade de glace, l'initiation à l'escalade, les activités ou les stages, adressez-vous à la Fédération québécoise de la montagne du Regroupement Loisir Québec *(☎514-252-3004, ⇄254-1363)*. Une revue intitulée *Le Mousqueton* est également disponible sur place ainsi que dans certaines boutiques de plein air.

Vol libre (deltaplane et parapente)

Le vol en deltaplane se pratique au Québec depuis le début des années soixante-dix. Les montagnes ou monts se prêtant bien à ce sport se retrouvent en Gaspésie, dans Charlevoix, dans les Appalaches et dans les Laurentides. Le parapente est une activité sportive beaucoup plus récente au Québec. Rappelons qu'elle consiste à se laisser porter par un parachute directionnel gonflé par les vents. Réputés assez dangereux, ces sports ne peuvent être pratiqués sans au préalable avoir suivi un cours offert par un moniteur accrédité. Pour information, adressez-vous à l'Association québécoise de vol libre du Regroupement Loisir Québec *(☎514-856-4639)*.

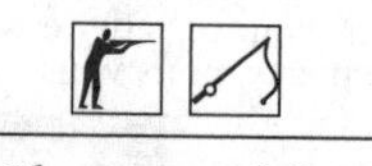

Chasse et pêche

La chasse et la pêche sont réglementées. En raison de la complexité de la législation en la matière, il est souhaitable de se renseigner auprès du ministère de l'Environnement et de la Faune *(675 boulevard René-Lévesque Est, Québec, G1R 4Y3, ☎418-521-3830 ou 800-561-1616, ⇄646-5974)*. On peut s'y procurer gratuitement de petites brochures énonçant l'essentiel des règlements de pêche ou de chasse, aussi disponibles au Ministère du Tourisme.

En règle générale, sachez cependant que pour pêcher ou chasser, il faut se procurer un permis du Québec, disponible dans la plupart des magasins de sport et dans les pourvoiries.

Pour chasser les oiseaux migratoires, on doit se munir d'un permis fédéral, en vente dans tous les bureaux de poste. Pour faire la demande d'un tel permis, il faut détenir un certificat de manutention d'armes à feu (ou attestation émise par la province ou le pays d'origine).

Les permis sont délivrés selon les zones de chasse, ainsi que les saisons, les espèces et les quotas. Il est souhaitable de faire les démarches pour l'obtention du permis à l'avance car les restrictions sont nombreuses.

Les périodes de chasse et de pêche sont établies par le ministère et doivent, en tout temps, être respectées. Ces périodes varient selon le gibier chassé : le chevreuil l'est généralement au début novembre; l'orignal, de la mi-septembre à la mi-octobre; la perdrix, de la mi-septembre à la fin décembre; le lièvre, de la mi-septembre à mars.

Durant la chasse, il est nécessaire de porter un dossard orangé fluorescent. Il est de plus interdit de chasser la nuit. Aux fins de conservation, le nombre de prises est limité et les espèces protégées ne peuvent être chassées. Tout chasseur doit déclarer ses prises à l'un des centres d'enregistrement (qui sont pour la plupart situés sur les routes d'accès des zones de chasse) dans les 48 heures après son départ de la zone de chasse.

Il est possible de chasser et de pêcher dans les réserves fauniques ou les parcs; il faut alors respecter certaines règles spécifiques. En outre, pour accéder aux plans d'eau, il est recommandé de réserver. Pour plus de renseignements, adressez-vous directement au bureau de la réserve où vous comptez pêcher ou chasser.

Les loisirs d'hiver

Une carte routière intitulée *Sports d'hiver Québec* recense plusieurs sports pratiqués au Québec durant cette saison. Elle comporte une liste d'établissements classés selon le lieu et le sport, ainsi que la route à suivre pour y accéder en voiture. Cette carte est disponible dans la plupart des librairies de voyage et au Centre Infotouriste, à Montréal. Le ministère du Tourisme publie également une brochure répertoriant les diverses activités sportives d'hiver.

Ski alpin

On dénombre plusieurs stations de ski alpin. Certaines d'entre elles disposent de pistes éclairées qui sont ouvertes en soirée. Près des centres de ski, on trouve des hôtels offrant des forfaits économiques incluant la chambre, les repas et les billets de ski; renseignez-vous au moment de réserver votre chambre.

Les billets de ski alpin sont coûteux; aussi, afin de s'adapter à tous les types de skieurs, les stations de ski mettent-elles en vente des billets pour la demi-journée, la journée et la soirée. Plusieurs d'entre elles proposent même des billets à l'heure ou selon un système de points.

Planche à neige

La planche à neige (*snowboard*, «surf des neiges» ou simplement *snow*) est apparue au Québec au tournant des années quatre-vingt-dix. Bien que marginal à ses tout débuts, ce sport ne cessa de prendre de l'ampleur, si bien qu'aujourd'hui les stations de ski de l'Amérique du Nord dénombrent souvent plus de planchistes que de skieurs. Ça se comprend! Avec la planche à neige, les sensations éprouvées dans une descente se quintuplent.

Contrairement à ce que plusieurs croient, le surf des neiges ne s'adresse pas uniquement aux jeunes ; il n'y a pas d'âge pour goûter les plaisirs d'un slalom. Pour les débutants qui désirent tenter l'expérience, il est conseillé de prendre quelques leçons avant de s'engager sur les pistes, plusieurs stations offrant ce service. La majorité d'entre elles font aussi la location d'équipement.

Ski de fond

Les centres et les parcs offrant des pistes de ski de fond sont nombreux. Dans la plupart des centres, il est possible de louer de l'équipement à la journée. Plusieurs disposent de pistes de longue randonnée, le long desquelles on a aménagé des refuges afin d'accommoder les skieurs.

Pour s'assurer une place dans les refuges situés dans les réserves fauniques, il faut réserver à compter de la mi-octobre *(☎418-890-6527 ou 800-665-6527)*.

Les Éditions Ulysse ont publié un ouvrage intitulé *Ski de Fond au Québec*, qui répertorie la plupart des centres de ski. Ce guide vous donne la longueur des pistes, leur niveau de difficulté et leurs particularités. Certains centres de ski de fond offrent aux personnes suivant une piste de longue randonnée la possibilité d'aller porter en motoneige la nourriture au refuge.

Raquette

Ce sont les Amérindiens qui ont inventé la raquette, aujourd'hui un sport, mais qui jadis leur servait essentiellement à se déplacer sur la neige sans s'enfoncer. Au Québec, il n'y a pas d'association qui regroupe les adeptes de ce sport que l'on pratique généralement dans les centres de ski de fond et les parcs et réserves.

Motoneige

Voilà un sport très populaire au Québec; après tout, n'oublions pas que c'est le Québécois Joseph-

Armand Bombardier qui inventa la motoneige, donnant ainsi naissance à ce qui allait devenir un des plus importants groupes industriels du Québec, aujourd'hui impliqué dans la fabrication d'avions et de matériel ferroviaire.

Un réseau de plus de 26 000 km de sentiers de motoneige aménagés sillonne le territoire québécois. Des circuits traversant diverses régions touristiques mènent les intrépides au cœur de vastes régions sauvages. Le long de ces sentiers, on trouve tous les services nécessaires aux motoneigistes (ateliers de réparation, relais chauffés, pompes à essence et services de restauration). Il est possible de louer, dans certains centres, les motoneiges et l'équipement requis pour entreprendre de telles expéditions. Il existe une revue, *Motoneige Québec*, disponible dans les kiosques à journaux. On peut également se procurer la carte *Sentiers de motoneige à travers le Québec*. Sur les cartes, on trouve des renseignements comme les routes à suivre, l'emplacement des centres de services et les villes où l'on peut louer du matériel. De plus, vous pouvez vous procurer le guide *Motoneige au Québec* (Éditions Ulysse), qui donne une liste exhaustive des centres et sentiers du Québec. Il s'agit d'un excellent ouvrage sur ce sport.

Pour emprunter les sentiers de motoneige, il faut être en possession du certificat d'immatriculation du véhicule et avoir une carte de membre. On peut se procurer cette carte à la Fédération des clubs de motoneigistes (voir ci-dessous). Nous vous recommandons fortement de vous munir d'une assurance-responsabilité.

Quelques règles de sécurité doivent être respectées. Ainsi, le port du casque protecteur est obligatoire. On ne peut circuler sur la voie publique en motoneige, sauf lorsque le sentier balisé y passe. Il faut allumer les phares avant et arrière en tout temps. La vitesse limite est de 60 km/h. Il est préférable d'entreprendre une expédition en groupe plutôt que seul. On doit respecter le balisage des sentiers.

Pour information, adressez-vous à la Fédération des clubs de motoneigistes du Québec du Regroupement Loisir Québec (*☎514-252-3076, ≠514-254-2066*).

Traîneau à chiens

Autrefois utilisé comme moyen de déplacement par les Inuits du Grand Nord, le traîneau à chiens est devenu une activité sportive très prisée. Des compétitions sont d'ailleurs organisées en maints pays nordiques. Chacun peut cependant s'initier aux plaisirs des randonnées en traîneau car, depuis quelques années, des centres ont commencé à proposer aux visiteurs de tout âge des promenades qui peuvent durer de quelques heures à plusieurs jours.

Dans ce dernier cas, le centre veille à offrir l'équipement adéquat et les refuges. En moyenne, il est possible d'envisager de parcourir de 30 à 60 km par jour; aussi faut-il avoir une bonne forme physique pour entreprendre ces longues excursions. Pour les personnes possédant leur traîneau et leurs chiens, la réserve faunique du Saint-Maurice (*☎819-538-3232*) dispose de pistes aménagées à cet égard. Vous trouverez, au fil du guide, quelques adresses de centres proposant des randonnées en traîneau à chiens.

Patin à glace

La plupart des municipalités disposent de patinoires parfois aménagées dans les parcs, sur les rivières ou sur les lacs. Quelquefois, on peut y louer des patins, alors qu'une petite cabane permet de les chausser tout en restant au chaud.

Pêche sur glace

Plus communément appelé «pêche blanche», ce sport a vu sa popularité grandir d'année en année. Le principe consiste, comme son nom l'indique, à pêcher le poisson qui nage sous la glace. Une petite cabane de bois est installée sur le lac ou sur la surface gelée du cours d'eau afin de pouvoir s'y tenir au chaud pendant les longues heures de patience que vous demandera cette activité. Les régions les plus populaires pour ce type de pêche sont les Cantons-de-l'Est, la Mauricie–Centre-du-Québec et le Saguenay–Lac-Saint-Jean. Tout au long du guide, nous mentionnons quelques endroits où la pratique de cette activité est possible.

Montréal

Ville au carrefour de l'Amérique et de l'Europe, à la fois latine et septentrionale, cosmopolite et métropole québécoise, Montréal ★★★ s'offre sans retenue. Elle étonne les visiteurs d'outre-Atlantique par son caractère anarchique et sa nonchalance, alors que son petit cachet européen sait charmer les continentaux.

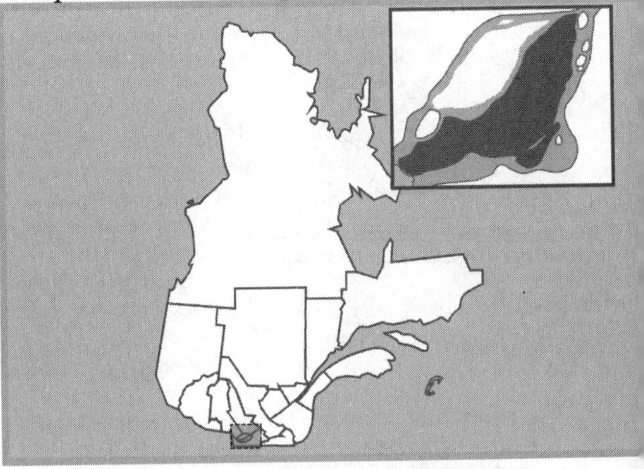

On la visite avec ravissement, mais surtout on la vit avec passion et enivrement. Montréal est généreuse, accueillante et pas mondaine du tout. Lorsque vient le temps d'y célébrer le jazz, le cinéma, l'humour, la chanson ou la Saint-Jean-Baptiste, c'est par centaines de milliers que l'on envahit ses rues pour faire de ces événements de chaleureuses manifestations populaires. D'ailleurs, cet esprit de fête, on le retrouve tout au long de l'année dans ses innombrables cafés, boîtes de nuit ou bars en tout genre, pris constamment d'assaut par une faune urbaine bigarrée et joyeuse.

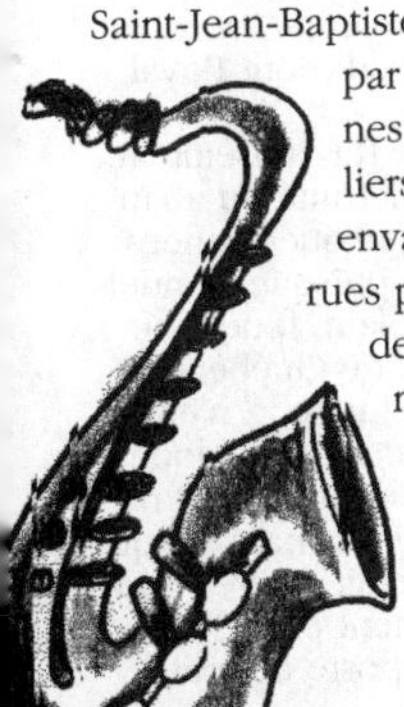

Si l'on sait s'éclater à Montréal, on aime aussi beaucoup y célébrer les arts. Perméable aux influences françaises et américaines, tout en étant le principal foyer de la culture québécoise et une terre d'accueil de peuples provenant de tous les horizons, Montréal constitue un formidable carrefour culturel de réputation internationale.

Le dynamisme de ses créateurs et de ses artistes est perceptible par l'abondance d'œuvres de qualité remarquable, notamment en théâtre, en mode, en littérature et en musique. Sa gastronomie bénéficie également d'une réputation très enviable : il semble que l'on mange mieux à Montréal que partout ailleurs en Amérique du Nord.

Montréal offre un paysage urbain présentant en une riche diversité les différentes étapes de l'évolution de la ville. Des plus anciennes constructions du Vieux-Montréal jusqu'aux tours de verre du centre-ville, se sont écoulés trois

Paul de Chomedey, sieur de Maisonneuve

siècles et demi, marqués par l'incessante croissance de la ville.

La splendeur de ses innombrables églises, les façades néoclassiques des banques de la rue Saint-Jacques, les petites maisons à toit plat des quartiers ouvriers, tout comme les somptueuses résidences de ce que l'on dénommait le «mille carré doré», ne sont que quelques témoignages de l'histoire récente ou plus ancienne de cette ville. L'importance que Montréal occupa et occupe toujours, en tant que principal centre artistique et intellectuel du Québec et grande ville portuaire, industrielle, financière et commerciale, se reflète avec éloquence dans son riche patrimoine architectural.

Malgré les airs de grande cité nord-américaine qu'évoque sa haute silhouette de verre et de béton, Montréal est avant tout une ville de quartiers, de «bouts de rue». Ses quartiers se succèdent rapidement, possédant chacun leurs églises, quelques commerces, un *delicatessen* au coin d'une rue et des brasseries ou tavernes.

Par ailleurs, l'espace montréalais s'est également adapté, au fil des années, à la présence d'une population de plus en plus cosmopolite. La division entre l'Est et l'Ouest, entre les francophones et les anglophones, prévaut toujours dans une certaine mesure, bien qu'elle ne suscite plus les mêmes sentiments.

Les deux «solitudes» ont d'ailleurs appris à s'estimer davantage et, malgré leurs divergences, apprécient les avantages qu'offre la métropole québécoise. À ces deux principales composantes de la société montréalaise, se sont joints depuis un siècle des immigrants de tous les continents. Certaines de ces minorités, notamment les Italiens, les Grecs, les Juifs, les Chinois et les Portugais, se sont regroupées dans quelques quartiers où ils préservent un peu du mode de vie de leur pays d'origine.

Cette grande diversité des quartiers, et des populations qui les habitent, contribue à donner un charme tout à fait particulier à Montréal. Bien qu'elle soit la métropole québécoise, elle est par sa population singulièrement différente du reste du Québec.

Bref historique de Montréal

Lors de sa deuxième expédition en Amérique du Nord en 1535, Jacques Cartier remonta le fleuve Saint-Laurent jusqu'aux abords de l'île de Montréal, en explora les rives et gravit le mont Royal. Si Cartier n'a peut-être pas été le premier Européen à la visiter, il a néanmoins été le premier à en rapporter l'existence.

Située au confluent de ce que l'on dénomme aujourd'hui le fleuve Saint-Laurent et la rivière des Outaouais, l'île était alors connue des Amérindiens sous le nom d'Hochelaga. Au moment de la visite de Cartier, une grande ville fortifiée, peuplée d'environ 1 000 Amérindiens de langue iroquoienne, occupait les flancs du mont Royal.

Cette ville fut vraisemblablement détruite ou abandonnée quelques années plus tard, puisque Samuel de Champlain, fondateur de la ville de Québec et grand explorateur, n'en trouva aucune trace lors de sa visite en 1611. Il nota toutefois au passage que cette île ferait un très bon emplacement pour l'érection d'un poste de traite.

La traite des fourrures n'a cependant pas été à l'ori-

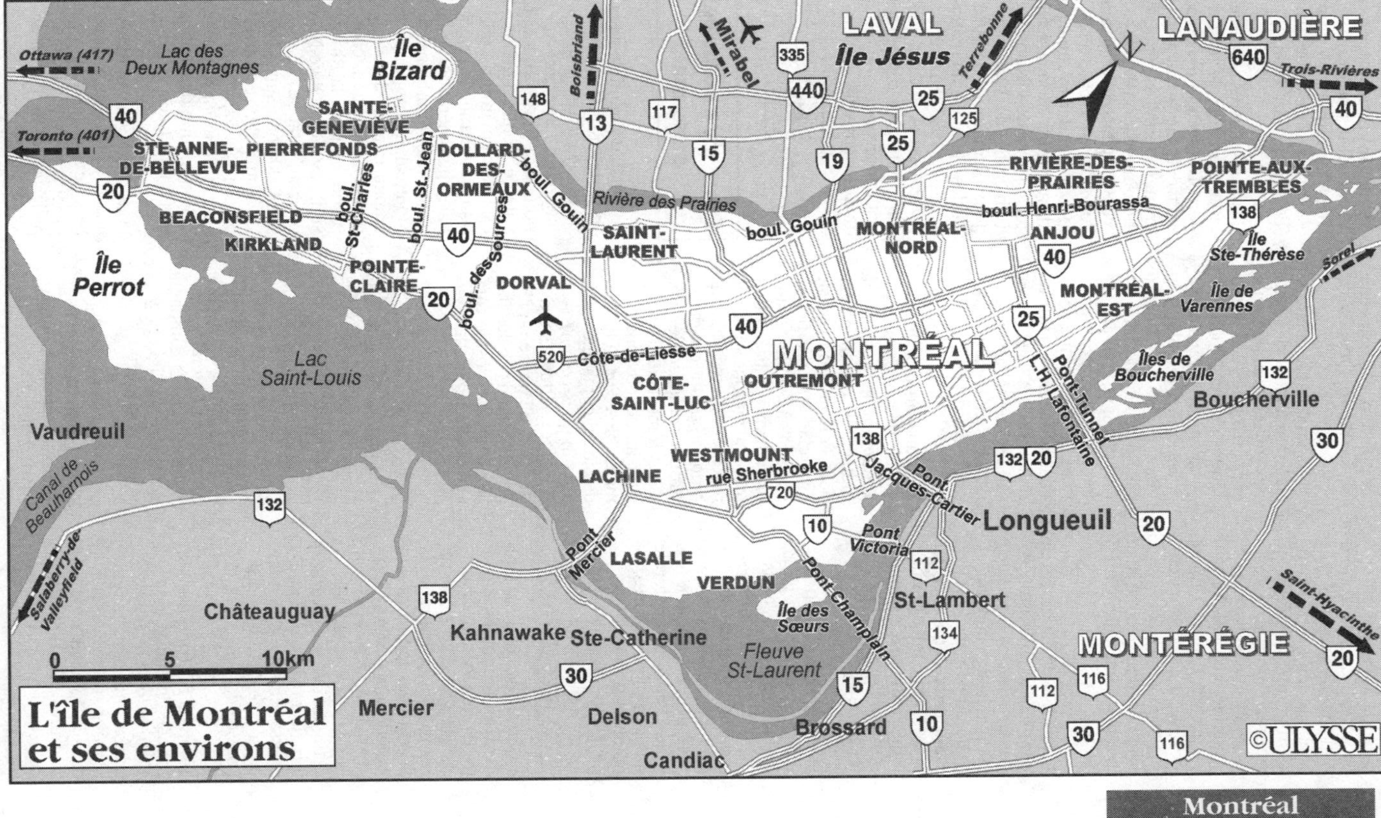

LANAUDIÈRE
LAVAL
Île Jésus
MONTÉRÉGIE
MONTRÉAL
Mirabel
Trois-Rivières
Terrebonne
Boisbriand
Sorel
Saint-Hyacinthe
Ottawa (417)
Toronto (401)
Salaberry-de-Valleyfield
Lac des Deux Montagnes
Île Bizard
Île Perrot
Lac Saint-Louis
Rivière des Prairies
Fleuve St-Laurent
Canal de Beauharnois
SAINTE-GENEVIÈVE
PIERREFONDS
STE-ANNE-DE-BELLEVUE
BEACONSFIELD
KIRKLAND
POINTE-CLAIRE
DOLLARD-DES-ORMEAUX
DORVAL
SAINT-LAURENT
CÔTE-SAINT-LUC
WESTMOUNT
OUTREMONT
LACHINE
LASALLE
VERDUN
MONTRÉAL-NORD
RIVIÈRE-DES-PRAIRIES
ANJOU
MONTRÉAL-EST
POINTE-AUX-TREMBLES
boul. Gouin
boul. St-Charles
boul. St-Jean
boul. des Sources
Côte-de-Liesse
rue Sherbrooke
boul. Henri-Bourassa
Pont-Tunnel L.H. Lafontaine
Pont Jacques-Cartier
Pont Victoria
Pont Champlain
Pont Mercier
Île Ste-Thérèse
Île de Varennes
Îles de Boucherville
Île des Sœurs
Boucherville
Longueuil
St-Lambert
Brossard
Candiac
Delson
Kahnawake
Ste-Catherine
Mercier
Châteauguay
Vaudreuil
0
5
10km
L'île de Montréal et ses environs
©ULYSSE

gine de la fondation de Montréal. Baptisé d'abord Ville-Marie, son établissement a plutôt été l'œuvre d'un groupe de dévots français, venus dans l'espoir d'y évangéliser les Amérindiens. Sous la direction de Paul de Chomedey, sieur de Maisonneuve, 50 hommes et quatre femmes, dont Jeanne Mance, fondèrent Ville-Marie le 18 mai 1642.

Leur idéal se heurta cependant très tôt à l'hostilité des Iroquois, si bien que, jusqu'à la signature du traité de paix de 1701, Français et Iroquois se livrèrent un conflit permanent, qui menaça même à plusieurs reprises l'existence de la ville.

Si Montréal a été fondée initialement pour la gloire de la chrétienté, les commerçants se sont néanmoins rapidement substitués aux religieux et autres porteurs de la «bonne nouvelle». Pénétrant profondément l'arrière-pays, les nombreux cours d'eau à proximité donnaient un accès facile à de riches territoires de chasse.

Montréal devint ainsi rapidement un important centre de négoce et même, durant près d'un siècle et demi, le principal pôle de la traite des fourrures en Amérique du Nord. C'est aussi à partir de Montréal que les explorateurs et coureurs des bois partirent à la découverte de l'immense territoire s'étendant de la baie d'Hudson à la Louisiane.

Montréal fut conquise par l'armée britannique en 1760, et les marchands français furent alors remplacés par des Écossais dans le commerce des fourrures. Elle devint la métropole du pays dans les années 1820, lorsque sa population dépassa celle de la ville de Québec.

Montréal changeait alors très rapidement de visage : des milliers d'immigrants provenant des îles Britanniques s'y installaient ou simplement y transitaient avant d'aller peupler d'autres contrées de l'Amérique du Nord. Elle devint même, pendant quelque temps, à majorité anglo-saxonne, avant que son industrialisation, à partir du milieu du XIXe siècle, n'attire un flux incessant de paysans de la campagne québécoise.

Déjà au tournant du XXe siècle, Montréal était devenue une importante cité industrielle et commerciale dont la haute bourgeoisie contrôlait 70% des richesses de l'ensemble canadien. La révolution industrielle avait tout aussi naturellement donné naissance à un important prolétariat, surtout composé de Canadiens français et d'Irlandais, aux conditions de vie misérables. Parallèlement, des immigrants autres que britanniques commençaient à y affluer, surtout des Juifs d'Europe de l'Est, des Allemands et des Italiens, initiant ainsi le caractère cosmopolite de la métropole.

Au cours du XXe siècle, Montréal ne cessa de croître et d'engloutir les villes et villages avoisinants grâce à l'arrivée toujours constante d'immigrants et de Québécois des zones rurales. Elle commença même, à partir des années cinquante, à étendre ses tentacules sur la campagne extérieure de l'île et à y créer une banlieue.

Son centre économique quitta graduellement le «Vieux-Montréal» pour le quartier aux abords du boulevard Dorchester (aujourd'hui le boulevard René-Lévesque), où poussent depuis des gratte-ciel de verre et de béton.

Dans les années soixante et soixante-dix, le maire Jean Drapeau, que l'on a souvent taxé de mégalomane, affermit la réputation internationale de «sa» ville en y faisant construire le métro en 1966 et en y organisant des événements d'envergure. Montréal fut ainsi l'hôte de l'Exposition universelle de 1967, des Jeux olympiques de 1976 et des Floralies internationales de 1980. Puis, en 1992, c'est avec éclat que les Montréalais célèbrent le 350e anniversaire de fondation de leur ville.

Pour s'y retrouver sans mal

Au total, 28 municipalités se partagent l'île de Montréal, longue de 32 km et large de 16 km dans sa portion la plus étendue. La ville de Montréal même est, avec environ un million d'habitants, la principale agglomération de la Communauté urbaine de Montréal, qui regroupe les administrations de l'île. La région de Montréal comprend, en plus, la Rive-Sud, Laval et la Rive-Nord, pour un total de 3 200 000 habitants (1991). Le centre-ville se trouve en bordure du Saint-Laurent, au sud du mont Royal (234 m), l'une des collines montérégiennes.

Pour découvrir quelques-uns des plus beaux quartiers de la ville, nous vous proposons neuf circuits pédestres et un circuit en

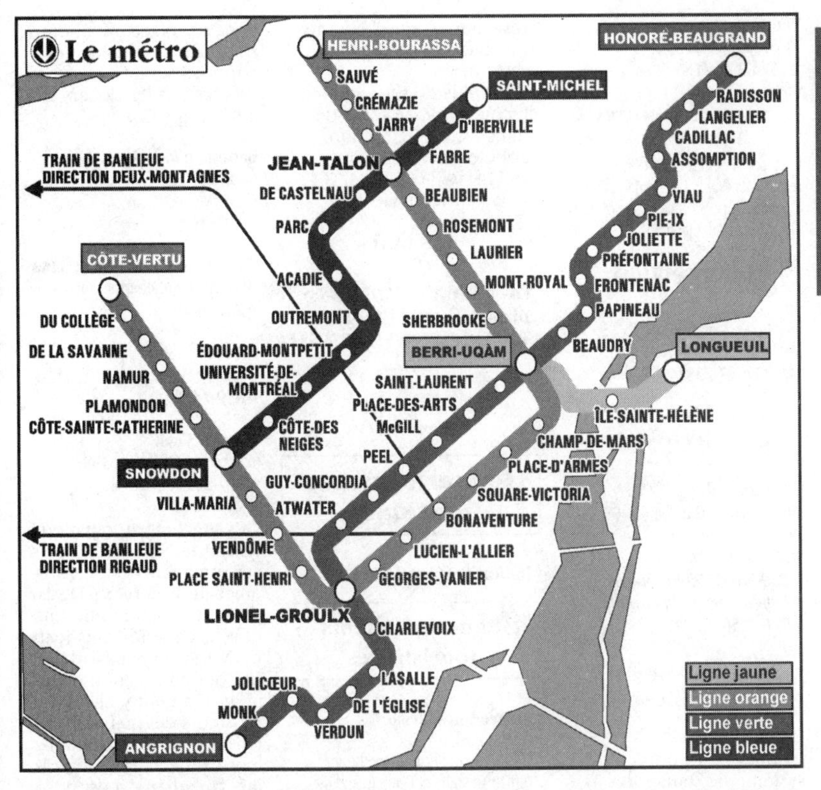

voiture sillonnant Montréal et les municipalités avoisinantes : **Circuit A : Le Vieux-Montréal ★★★**, **Circuit B : Le centre-ville ★★★**, **Circuit C : Le Village Shaughnessy ★★**, **Circuit D : Le mont Royal et Westmount ★★**, **Circuit E : Maisonneuve ★★**, **Circuit F : Les îles Sainte-Hélène et Notre-Dame ★★**, **Circuit G : Le Quartier latin ★★**, **Circuit H : Le Plateau Mont-Royal ★** et **Circuit I : Le Sault-au-Récollet ★**, **Circuit J : L'ouest de l'Île**. Pour d'autres circuits dans Montréal, voir le *Guide Ulysse Montréal*.

En voiture

Si vous partez de Québec ou de l'autoroute 40 (rive nord), vous pouvez emprunter l'autoroute 20 Ouest jusqu'au pont Champlain puis prendre l'autoroute Bonaventure, qui mène directement au centre-ville. Vous pouvez aussi arriver par l'autoroute 40 Ouest, que vous devez emprunter jusqu'à l'autoroute Décarie, d'où vous devez suivre les indications pour le centre-ville.

En arrivant d'Ottawa, empruntez l'autoroute 40 Est jusqu'à l'autoroute Décarie, que vous devez prendre en suivant les indications pour le centre-ville. De Toronto, vous entrez sur l'île de Montréal par l'autoroute 20 Est, puis vous devez prendre l'autoroute Ville-Marie en suivant les indications pour le centre-ville.

Des États-Unis, en arrivant par l'autoroute 10 (Cantons-de-l'Est) ou l'autoroute 15, vous entrez à Montréal par le pont Champlain et l'autoroute Bonaventure.

Agences de location de voitures

Avis
1225, rue Metcalfe
☎***(514)66-7906***

Budget
1240, rue Guy
☎(514)937-9121
Complexe Desjardins
☎***(514)842-9931***

Hertz
1475, rue Aylmer
☎***(514)842-8537***

National
1200, rue Stanley
☎***(514)878-2771***

Via Route
1255, rue Mackay
☎*(514)871-1166*

Les aéroports

On trouve deux aéroports à Montréal : l'aéroport de Dorval (p 51) et l'aéroport de Mirabel (p 49).

Gare routière

505, bd De Maisonneuve Est
Métro Berri-UQAM
☎*(514)842-2281*

Gare ferroviaire

Gare centrale
895, rue De La Gauchetière Ouest ,
Métro Bonaventure
☎*(514)871-7765*
☎*800-361-5390 du Québec*
☎*800-561-8630 du Canada*
≠*871-7766*

Les transports publics

Montréal est pourvue d'un système de transport en commun (autobus et métro) qui couvre l'ensemble de son territoire. Pour utiliser tout le réseau pendant un mois sans aucune limite, on peut se procurer la carte d'accès à 46$. Pour l'utiliser pendant une semaine, il faut se procurer la Cam-Hebdo à 12,25$. On peut acheter des billets au coût de 8,25$ pour six.

Enfin, pour un seul voyage, il faut payer 2$. Lorsqu'un trajet nécessite une correspondance (transfert d'autobus au métro par exemple), le passager doit demander un billet de correspondance au chauffeur ou le prendre, après avoir franchi le tourniquet, dans la distributrice prévue à cet effet dans les stations de métro. À l'intérieur de ces dernières, on peut obtenir gratuitement un plan du réseau ainsi que l'horaire de chacune des lignes.

Pour plus de renseignements sur le système de transports en commun, appelez la STCUM au ☎(514) 288-6287 (AUTOBUS, sur le clavier).

Les taxis

Co-op Taxi : ☎*(514)725-9885*
Diamond : ☎*(514)273-6331*
Taxi LaSalle : ☎*(514)277-2552*

Renseignements pratiques

Indicatif régional : 514

Renseignements touristiques

Centre Infotouriste
(métro Peel)
1001, rue du Square-Dorchester
(entre Metcalfe et Peel, au sud de Ste-Catherine)
☎*873-2015*
www.tourisme-montreal.org
Le centre est ouvert de 8h à 19h tous les jours en été et de 9h à 18h tous les jours de novembre à avril.

On trouve un petit kiosque donnant de l'information sur Montréal seulement, au 174, rue Notre-Dame Est (métro Champ-de-Mars).

Bureaux de change

Au centre-ville, on trouve plusieurs banques offrant un service de change des devises étrangères. Dans la majorité des cas, ces institutions demandent des frais de change. Les bureaux de change, quant à eux, n'en exigent pas toujours; il faut se renseigner sur place. Mentionnons que la plupart des banques sont en mesure de changer les dollars américains.

Banque d'Amérique du Canada
1230, rue Peel
☎*392-9100*

Banque Nationale du Canada
1001, rue Ste-Catherine Ouest
☎*281-9640*

Forexco
1250, rue Peel
☎*879-1300*

Thomas Cook
625, bd René-Lévesque Ouest
☎*397-4029*

Des guichets automatiques faisant le change de devises étrangères ont été installés au Complexe Desjardins (sur Sainte-Catherine Ouest, entre les rues Jeanne-Mance et Saint-Urbain). Ils sont en fonction de 6h à 2h. On peut y changer plusieurs devises en monnaie canadienne. Par ailleurs, en échange de dollars canadiens, il est possible d'obtenir des devises américaines et françaises. À l'aéroport de Mirabel, il y a également de tels guichets.

Bureaux de poste

1250, rue University
☎*283-4506*

1695, rue Ste-Catherine Est
☎*522-5191*

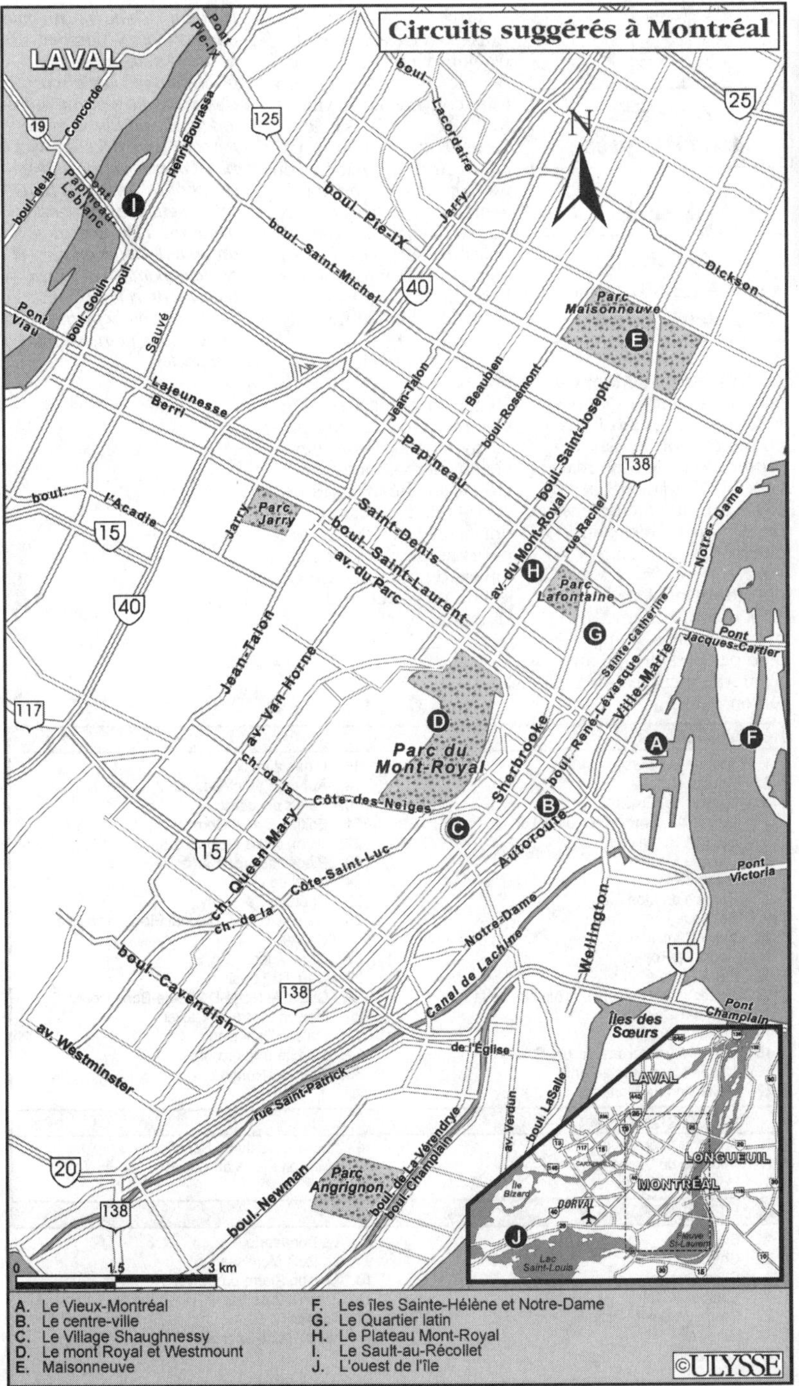
Circuits suggérés à Montréal
LAVAL
Pont Pie-IX
boul. Henri-Bourassa
Concorde
boul. de la Concorde
Pont Papineau-Leblanc
boul. Gouin
Pont Viau
Sauvé
boul. Lacordaire
Jarry
boul. Pie-IX
boul. Saint-Michel
Dickson
Parc Maisonneuve
Jean-Talon
Beaubien
boul. Rosemont
boul. Saint-Joseph
Lajeunesse
Berri
Papineau
boul. l'Acadie
Parc Jarry
Saint-Denis
boul. Saint-Laurent
av. du Parc
av. du Mont-Royal
rue Rachel
Parc Lafontaine
Notre-Dame
Sainte-Catherine
Pont Jacques-Cartier
Ville-Marie
boul. René-Lévesque
Sherbrooke
av. Van Horne
Parc du Mont-Royal
ch. de la Côte-des-Neiges
ch. Queen-Mary
ch. de la Côte-Saint-Luc
Autoroute
Pont Victoria
Wellington
Notre-Dame
Canal de Lachine
boul. Cavendish
av. Westminster
Pont Champlain
Îles des Sœurs
de l'Église
rue Saint-Patrick
av. Verdun
boul. LaSalle
boul. de La Vérendrye
boul. Champlain
Parc Angrignon
boul. Newman
LAVAL
LONGUEUIL
MONTRÉAL
Île Bizard
DORVAL
Lac Saint-Louis
Fleuve St-Laurent
0 1,5 3 km
A. Le Vieux-Montréal
B. Le centre-ville
C. Le Village Shaughnessy
D. Le mont Royal et Westmount
E. Maisonneuve
F. Les îles Sainte-Hélène et Notre-Dame
G. Le Quartier latin
H. Le Plateau Mont-Royal
I. Le Sault-au-Récollet
J. L'ouest de l'île
©ULYSSE

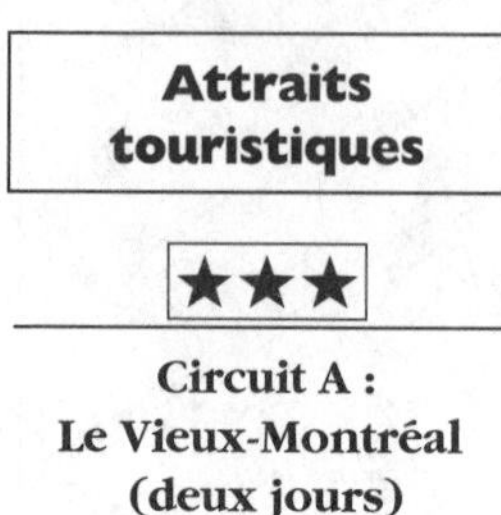

Attraits touristiques

★★★

Circuit A : Le Vieux-Montréal (deux jours)

Au XVIIIe siècle, Montréal était, tout comme Québec, entourée de fortifications en pierre (voir le plan des fortifications de Montréal vers 1750). Entre 1801 et 1817, cet ouvrage défensif fut démoli à l'instigation des marchands, qui y voyaient une entrave au développement de la ville. Cependant, la trame des rues anciennes, comprimée par près de 100 ans d'enfermement, est demeurée en place. Ainsi, le Vieux-Montréal d'aujourd'hui correspond à peu de chose près au territoire couvert par la ville fortifiée. Au XIXe siècle, ce secteur devient le noyau commercial et financier du Canada. On y construit de somptueux sièges sociaux de banques et de compagnies d'assurances, ce qui entraîne la destruction de la quasi-totalité des bâtiments du Régime français.

Puis au XXe siècle, après une période d'abandon de 40 ans au profit du centre-ville moderne, le long processus visant à redonner vie au Vieux-Montréal a été enclenché avec les préparatifs de l'Exposition universelle de 1967 et se poursuit, de nos jours, à travers de nombreux projets de recyclage et de restauration.

Le circuit débute à l'extrémité ouest du Vieux-Montréal, sur la rue McGill, tracée à l'emplacement même du mur d'enceinte qui séparait autrefois la ville du faubourg des Récollets (métro Square-Victoria). On notera une différence appréciable dans le tissu urbain entre le centre-ville moderne, à l'arrière, où se dressent des tours en verre et en acier bordant de larges boulevards, et le secteur de la vieille ville, où la pierre prédomine le long de rues étroites et compactes.

● ATTRAITS

1. Tour de la Bourse
2. Square Victoria
3. Maison de l'OACI
4. Centre de commerce mondial de Montréal
5. Banque Royale
6. Banque Molson
7. Place d'Armes
8. Banque de Montréal
9. Basilique Notre-Dame
10. Vieux Séminaire
11. Cours Le Royer
12. Place Royale
13. Musée d'archéologie et d'histoire de la Pointe-à-Callière
14. Place D'Youville
15. Hôpital Général des Sœurs Grises
16. Musée Marc-Aurèle-Fortin
17. Vieux-Port de Montréal
18. Cinéma Imax
19. Auberge Saint-Gabriel
20. Palais de justice
21. Édifice Ernest-Cormier
22. Vieux palais de justice
23. Place Jacques-Cartier
24. Hôtel de ville
25. Château Ramezay
26. Lieu historique national Sir-George-Étienne-Cartier
27. Gare Viger
28. Gare Dalhousie
29. Chapelle Notre-Dame-de-Bonsecours
30. Maison Pierre du Calvet
31. Maison Papineau
32. Marché Bonsecours
33. Tour de l'Horloge

HÉBERGEMENT

1. Auberge Alternative
2. Auberge du Vieux-Port
3. Hôtel Intercontinental
4. Les Passants du SansSoucy
5. Maison Pierre du Calvet

RESTAURANTS

1. Bio Train
2. Chez Delmo
3. Chez Queux
4. Claude Postel
5. Crémerie Saint-Vincent
6. Gibby's
7. La Marée
8. Le Bonaparte
9. Le Petit Moulinsart
10. Maison Pierre du Calvet
11. Stash's Café Bazar
12. Titanic
13. Vieux Saint-Gabriel

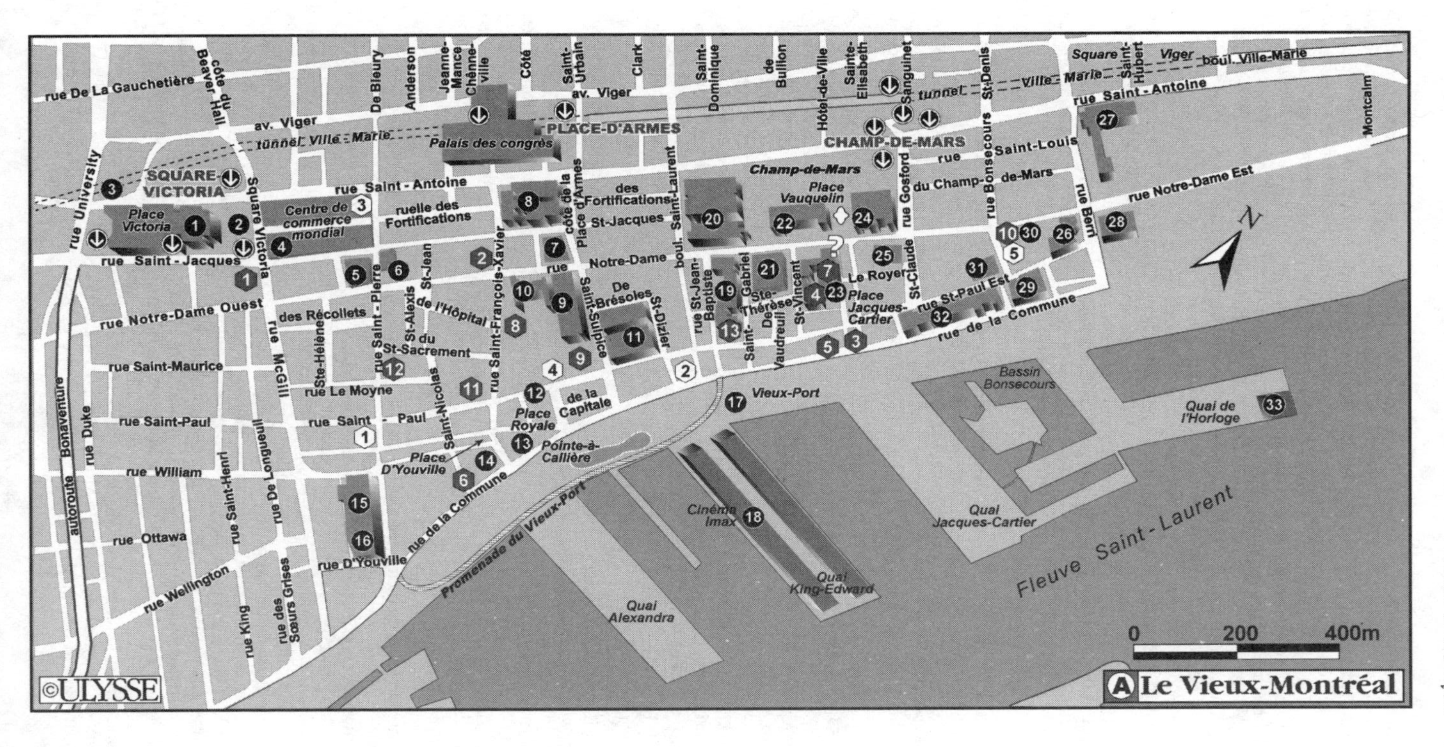

A Le Vieux-Montréal
0
200
400m
©ULYSSE
Fleuve Saint-Laurent
Quai de l'Horloge
Bassin Bonsecours
Quai Jacques-Cartier
Quai King-Edward
Cinéma Imax
Quai Alexandra
Vieux-Port
Promenade du Vieux-Port
Pointe-à-Callière
Place Royale
Place D'Youville
de la Capitale
Place Jacques-Cartier
Place Vauquelin
Champ-de-Mars
CHAMP-DE-MARS
PLACE-D'ARMES
SQUARE-VICTORIA
Place Victoria
Square Victoria
Centre de commerce mondial
Palais des congrès
rue Notre-Dame Est
rue Saint-Antoine
rue Berri
rue Saint-Louis
rue Bonsecours
rue du Champ-de-Mars
rue Gosford
St-Claude
Le Royer
rue St-Paul Est
rue de la Commune
St-Vincent
De Vaudreuil
Ste-Thérèse
Saint-Gabriel
rue St-Jean-Baptiste
boul. Saint-Laurent
De Brésoles
St-Dizier
Saint-Sulpice
rue Notre-Dame
St-Jacques
ruelle des Fortifications
des Fortifications
côte de la Place d'Armes
rue Saint-François-Xavier
Saint-Nicolas
de l'Hôpital
St-Jean
St-Alexis
du St-Sacrement
rue Saint-Pierre
rue Saint-Paul
rue Le Moyne
Ste-Hélène
des Récollets
rue D'Youville
rue McGill
rue De Longueuil
rue des Sœurs Grises
rue King
rue Saint-Henri
rue Notre-Dame Ouest
rue Saint-Maurice
rue Saint-Paul
rue William
rue Ottawa
rue Wellington
rue Duke
autoroute Bonaventure
rue University
rue Saint-Jacques
rue De La Gauchetière
côte du Beaver Hall
av. Viger
tunnel Ville-Marie
De Bleury
Anderson
Jeanne-Mance
Chênneville
Côté
Saint-Urbain
Clark
Saint-Dominique
de Bullion
Hôtel-de-Ville
Sainte-Elisabeth
Sanguinet
St-Denis
Square Viger
Saint-Hubert
boul. Ville-Marie
Montcalm

La **tour de la Bourse** ★ *(place de la Bourse, métro Square-Victoria)* est le bâtiment qui domine le paysage à l'arrivée. Élevée en 1964 selon les plans des célèbres ingénieurs italiens Luigi Moretti et Pier Luigi Nervi, à qui l'on doit le Palais des Sports de Rome et le Palais des Expositions de Turin, l'élégante tour noire de 47 étages qui abrite les bureaux et le parquet de la Bourse est l'un des nombreux édifices montréalais dessinés par des créateurs venus d'ailleurs.

Sa construction était censée redonner vie au quartier des affaires de la vieille ville, délaissé depuis le krach de 1929 au profit des environs du square Dorchester. Le projet initial prévoyait la construction de deux, voire de trois tours identiques.

Au XIXe siècle, le **square Victoria** *(métro Square-Victoria)* adoptait la forme d'un jardin victorien entouré de magasins et de bureaux Second Empire ou néo-Renaissance. Seul l'étroit édifice du 751 rue McGill subsiste de cette époque. Au nord de la rue Saint-Antoine, on peut voir une **statue de la reine Victoria**, réalisée en 1872 par le sculpteur anglais Marshall Wood, ainsi qu'une authentique **grille de métro parisien** de style Art nouveau, conçue par Hector Guimard en 1900. Cette dernière a été donnée à la Ville de Montréal par la Ville de Paris à l'occasion de l'Exposition universelle de 1967. Elle a été installée à l'une des entrées de la station de métro Square-Victoria.

Montréal est le siège des deux organismes régissant le transport aérien civil dans le monde, l'IATA (International Air Transport Association) et l'OACI (Organisation de l'aviation civile internationale). Cette dernière est une agence des Nations Unies fondée en 1947. L'organisme vient de se doter d'une **Maison de l'OACI** *(angle rue University et rue St-Antoine O.)* pour abriter les délégations de ses 183 pays membres. Du square Victoria, on aperçoit l'arrière de l'édifice, intégré à la Cité internationale de Montréal. Sa construction a été terminée en 1996.

Pénétrer dans le passage couvert du Centre de commerce mondial.

Les centres de commerce mondiaux, mieux connus sous le nom de *World Trade Centers*, sont des lieux d'échanges destinés à favoriser le commerce international. Le **Centre de commerce mondial de Montréal** ★ *(rue McGill, métro Square-Victoria)*, achevé en 1991, couvre un quadrilatère complet, constitué de façades anciennes apposées sur une nouvelle structure traversée en son centre par un impressionnant passage vitré, long de 180 m. Celui-ci occupe une portion de la ruelle des Fortifications, voie qui suit l'ancien tracé du mur nord de la ville fortifiée.

En bordure du passage se trouvent une fontaine et un élégant escalier de pierre servant de cadre à une sculpture d'Amphitrite, épouse de Poséidon, provenant de la fontaine municipale de Saint-Mihiel-de-la-Meuse. Il s'agit d'une œuvre du milieu du XVIIIe siècle. On peut y voir une portion du “Mur de Berlin”, don de la ville de Berlin à la ville de Montréal à l'occasion du 350e anniversaire de sa fondation.

Gravir l'escalier, puis longer le passage jusqu'à l'entrée discrète du hall de l'hôtel Intercontinental. Prendre à droite la passerelle qui conduit à l'édifice Nordheimer, restauré pour accueillir les salles de réception de l'hôtel intégré au Centre de commerce mondial.

Cet édifice, érigé en 1888, abritait à l'origine un magasin de pianos ainsi qu'une petite salle de concerts où se sont produits les plus grands artistes, notamment Maurice Ravel et Sarah Bernhardt. L'intérieur, combinant boiseries sombres, plâtres moulés et mosaïques, est typique de la fin du XIXe siècle, caractérisée par un éclectisme débordant et une polychromie enjouée. Sa façade, rue Saint-Jacques, réunit des éléments issus du style néoroman tels qu'adaptés par l'Américain Henry Hobson Richardson et des éléments de l'école de Chicago, notamment au niveau de la toiture métallique, abondamment fenêtrée.

Sortir par le 363 de la rue Saint-Jacques.

La **rue Saint-Jacques** a été pendant plus de 100 ans l'artère de la haute finance canadienne. Cette particularité se reflète dans son architecture riche et variée, véritable encyclopédie des styles de la période 1830-1930. Les banques, les compagnies d'assurances, tout comme les grands magasins et les entreprises ferroviaires ou maritimes du pays, étaient alors contrôlés, pour une bonne part, par des Écossais devenus Montréalais, attirés par les perspectives d'enrichissement qu'offraient les colonies.

L'ancien siège social de la **Banque Royale** ★★ *(360 rue*

St-Jacques, métro Square-Victoria), entrepris en 1928 selon les plans des spécialistes du gratte-ciel newyorkais, les architectes York et Sawyer, est l'un des derniers immeubles à avoir été érigé au cours de cette période faste.

La tour de 22 étages est posée sur un podium s'inspirant des palais florentins et respectant l'échelle des bâtiments voisins. Il faut pénétrer dans le hall bancaire pour admirer les hauts plafonds de ce «temple de la finance», érigé à une époque où les banques devaient se pourvoir de bâtiments imposants afin de donner confiance à l'épargnant.

On remarquera, sur le pourtour du hall en pierre de Caen, les armoiries de 8 des 10 provinces canadiennes ainsi que celles de Montréal (croix de Saint-Georges) et Halifax (oiseau jaune), où la banque a été fondée en 1861.

La **Banque Molson** ★ *(288 rue St-Jacques, métro Square-Victoria)* a été fondée en 1854 par la famille Molson, célèbre pour sa brasserie mise sur pied par l'ancêtre John Molson (1763-1836) en 1786. À l'instar des autres banques de l'époque, la Banque Molson imprimait même son propre papier-monnaie. C'est dire toute la puissance de ses propriétaires, qui ont beaucoup contribué au développement de Montréal.

Le siège social de l'institution familiale ressemble d'ailleurs davantage à une demeure patricienne qu'à une banque anonyme. L'édifice, achevé en 1866, est l'un des premiers exemples du style Second Empire, aussi appelé style Napoléon III, à avoir été érigé au Canada. Ce style d'origine française, ayant pour modèle le Louvre et l'Opéra de Paris, a connu une grande popularité en Amérique entre 1865 et 1890. On remarquera, au-dessus de l'entrée, les têtes de William Molson et de deux de ses enfants, sculptées dans le grès. La Banque Molson a fusionné avec la Banque de Montréal en 1925.

Longer la rue Saint-Jacques jusqu'à la place d'Armes, qui apparaît soudainement.

La **Banque de Montréal** ★★ *(119 rue St-Jacques, métro Place-d'Armes)*, fondée en 1817 par un groupe de marchands, est la plus ancienne institution bancaire du pays. Son siège social actuel occupe tout un quadrilatère au nord de la place d'Armes, au centre duquel trône le magnifique édifice de John Wells abritant le hall bancaire, construit en 1847 sur le modèle du Panthéon romain.

Son portique corinthien est un monument à la puissance commerçante des marchands écossais. En 1970, les chapiteaux de ses colonnes, gravement endommagés par la pollution, ont été remplacés par des répliques en aluminium. Dans le fronton se trouve un bas-relief en pierre de Binney, exécuté en Écosse par le sculpteur de Sa Majesté, Sir John Steele. Il représente les armoiries de la banque.

L'intérieur fut presque entièrement refait en 1904-1905 selon les plans des célèbres architectes newyorkais McKim, Mead et White (Bibliothèque de Boston, Université Columbia de New York, etc.). À cette occasion, on a doté la banque d'un splendide hall bancaire, aménagé dans le goût des basiliques romaines, où se mêlent colonnes de syénite verte, ornements de bronze doré et comptoirs de marbre beige. Un petit **musée de numismatique** *(entrée libre; lun-ven 9h à 17h)*, situé dans le couloir de la tour moderne, permet de voir des billets de différentes époques ainsi qu'une amusante collection de tirelires mécaniques. En face du musée, on aperçoit quatre bas-reliefs en pierre artificielle Coade provenant de la façade du premier siège de la banque. Ils ont été réalisés en 1819 d'après des dessins du sculpteur anglais John Bacon.

Sous le Régime français, la **place d'Armes** ★★ *(métro Place-d'Armes)* constituait le cœur de la cité. Utilisée pour les manœuvres militaires et des processions religieuses, elle comportait aussi le puits Gadoys, principale source d'eau potable de l'agglomération. En 1847, la place se transforme en un joli jardin victorien, ceinturé d'une grille; il disparaîtra au début du XXe siècle pour faire place au terminus des tramways.

Entre-temps, on y installe en 1895 le **monument à Maisonneuve** du sculpteur Philippe Hébert, qui représente le fondateur de Montréal, Paul de Chomedey, sieur de Maisonneuve, entouré de personnages ayant marqué les débuts de la ville, soit Jeanne Mance, fondatrice de l'Hôtel-Dieu, Lambert Closse et sa chienne Pilote, ainsi que Charles Le Moyne, chef d'une famille d'explorateurs célèbres. Un guerrier iroquois complète le tableau.

La place de forme trapézoïdale est entourée de plusieurs édifices dignes de mention. Au numéro 511 Place-d'Armes, la surprenante tour de grès rouge,

Basilique Notre-Dame

élevée en 1888 pour la compagnie d'assurances New York Life est considérée comme le premier gratte-ciel montréalais, avec seulement huit étages. Sa pierre de parement fut importée d'Écosse. On acheminait alors ce type de pierre dans les cales des navires, où elles servaient de ballast avant d'être vendues à quai aux entrepreneurs en construction.

L'édifice voisin *(507 Place-d'Armes)* comporte de beaux détails Art déco. Il est un des premiers immeubles montréalais à avoir dépassé les 10 étages, à la suite de l'abrogation, en 1927, du règlement limitant la hauteur des édifices.

Du côté sud de la place d'Armes, on retrouve la basilique Notre-Dame ainsi que le Vieux Séminaire, décrits ci-dessous.

En 1663, la seigneurie de l'île de Montréal est acquise par les Messieurs de Saint-Sulpice de Paris. Ces derniers en demeureront les maîtres incontestés jusqu'à la conquête britannique. En plus de distribuer des terres aux colons et de tracer les premières rues de la ville, les sulpiciens font ériger de nombreux bâtiments, entre autres la première église paroissiale de Montréal en 1673.

Placé sous le vocable de Notre-Dame, ce temple orné d'une belle façade baroque s'inscrivait dans l'axe de la rue du même nom, formant ainsi une agréable perspective, caractéristique de l'urbanisme classique français.

Mais, au début du XIXe siècle, cette petite église villageoise faisait piètre figure, lorsque comparée à la cathédrale anglicane de la rue Notre-Dame et à la nouvelle cathédrale catholique de la rue Saint-Denis, deux édifices aujourd'hui disparus. Les sulpiciens décidèrent alors de marquer un grand coup afin de surpasser pour de bon leurs rivaux. En 1823, ils demandent à l'architecte new-yorkais d'origine irlandaise protestante James O'Donnell de dessiner la plus vaste et la plus originale des églises au nord du Mexique, au grand dam des architectes locaux.

La **basilique Notre-Dame** ★★★ *(2$; 110 rue Notre-Dame O., métro Place-d'Armes)*, construite entre 1824 et 1829, est un véritable chef-d'œuvre du style néogothique en Amérique. Il ne faut pas y voir une réplique d'une cathédrale d'Europe, mais bien un bâtiment foncièrement néoclassique de la révolution industrielle, sur lequel est apposé un décor d'inspiration médiévale précurseur de l'historicisme de l'ère victorienne. C'est d'ailleurs ce qui fait son mérite.

O'Donnell fut tellement satisfait de son œuvre qu'il se convertit au catholicisme avant de mourir, afin d'être inhumé sous l'église. Le décor intérieur d'origine, jugé trop sévère, fut remplacé par le fabuleux décor polychrome actuel entre 1874 et 1880. Exécuté par Victor Bourgeau, champion de la construction d'églises dans la région de Montréal, et par une cinquantaine d'artisans, il est entièrement de bois peint et doré à la feuille.

On remarquera en outre le baptistère, décoré de fresques du peintre Ozias Leduc, le puissant orgue électropneumatique Casavant de 5 772 tuyaux, fréquemment mis à contribution pendant les nombreux concerts donnés à la basilique, ainsi que les vitraux du maître-verrier limousin Francis Chigot, dépeignant des épisodes de l'histoire de Montréal, et qui furent installés lors du centenaire de l'église.

À la droite du chœur, un passage conduit à la chapelle du Sacré-Cœur, greffée à l'arrière de l'église en 1888. Surnommée la «chapelle des Mariages» à cause des innombrables cérémonies nuptiales qui s'y tiennent chaque année, elle a malheureusement été gravement endommagée par un incendie en 1978. Seuls les escaliers à vis et les galeries latérales subsistent de l'exubérant décor néogothique hispanisant d'autrefois.

Les architectes Jodoin, Lamarre et Pratte ont choisi de lier ces vestiges à un aménagement moderne, terminé en 1981, comprenant une belle voûte compartimentée et percée de puits de lumière, un grand retable de bronze de Charles Daudelin et un orgue mécanique Guilbault-Thérien.

En sortant de la chapelle, dirigez-vous sur la droite pour voir le petit **musée de la basilique** *(fermé au public)*, où sont rassemblés divers trésors, dont des vêtements liturgiques brodés ainsi que les effets personnels et le trône épiscopal de Mgr de Pontbriand, dernier évêque de la Nouvelle-France.

Le **Vieux Séminaire ★** *(116 rue Notre-Dame O., métro Place-d'Armes)* fut construit en 1683 sur le modèle des hôtels particuliers parisiens, érigés entre cour et jardin. C'est le plus ancien édifice de la ville. Depuis plus de trois siècles, il est habité par les Messieurs de Saint-Sulpice, qui en ont fait, sous le Régime français, le manoir d'où ils administraient leur vaste seigneurie.

À l'époque de sa construction, Montréal comptait à peine 500 habitants, terrorisés par les attaques incessantes des Iroquois. Le séminaire, même s'il semble somme toute modeste, représentait dans ce contexte un précieux morceau de civilisation européenne au milieu d'une contrée sauvage et isolée. L'horloge publique, installée au sommet de la façade en 1701, serait la plus ancienne du genre dans le Nouveau Monde.

Emprunter la rue Saint-Sulpice, qui longe la basilique.

Le Vieux-Montréal recèle un grand nombre de ces entrepôts à ossature de pierre du XIXe siècle, destinés à emmagasiner les biens transbordés dans le port tout proche. Leurs importantes surfaces vitrées, prévues pour réduire l'éclairage artificiel au gaz, et conséquemment les risques d'incendie, leurs vastes espaces intérieurs dégagés et surtout la sobriété de leurs parements dans le contexte victorien en font, tout comme leur contrepartie américaine à ossature de fonte, des ancêtres de l'architecture moderne.

Les immenses entrepôts du **Cours Le Royer ★** *(rue St-Sulpice, métro Place-d'Armes)* ont été conçus entre 1860 et 1871 par Michel Laurent et Victor Bourgeau, dont c'est l'une des seules réalisations commerciales, pour les religieuses hospitalières de Saint-Joseph, qui les louaient à des importateurs. Ils sont situés à l'emplacement même du premier Hôtel-Dieu de Montréal, fondé par Jeanne Mance en 1643. L'ensemble de 43 000 m^2 a été recyclé en appartements et en bureaux entre 1977 et 1986. À cette occasion, la petite rue Le Royer a été excavée pour permettre l'aménagement d'un stationnement souterrain, recouvert d'un agréable mail piétonnier.

Tourner à droite sur la rue Saint-Paul, puis rejoindre la place Royale, à gauche.

La plus ancienne place publique de Montréal, la **place Royale** *(métro Place-d'Armes)*, existe depuis 1657. D'abord place de marché, elle devient, à son tour, un joli square victorien, entouré d'une grille. Surélevée pour permettre l'aménagement d'une crypte archéologique en 1991, elle relie le Musée d'archéologie et d'histoire de la Pointe-à-Callière à la **vieille douane**, au nord. Cette dernière est un bel exemple d'architecture néoclassique britannique telle que transposée au Canada. La douane fut construite en 1836 d'après les dessins de John Ostell, fraîchement débarqué à Montréal.

Le **Musée d'archéologie et d'histoire de la Pointe-à-Callière ★★** *(8,50$; en hiver mar-ven 10h à 17h et sam-*

dim 11h à 17 h, en été mar-ven 10h à 18h, sam-dim 11h à 18h; 350 place Royale, Pointe-à-Callière, métro Place-d'Armes, ☎872-9150) se trouve à l'emplacement même où Montréal fut fondée le 18 mai 1642. Là où débute la place D'Youville coulait autrefois la rivière Saint-Pierre; là où se trouve la rue de la Commune s'approchait la rive boueuse du fleuve, découpant ainsi une pointe isolée sur laquelle les premiers colons érigèrent le fort Ville-Marie, fait de terre et de pieux.

Menacés par les flottilles iroquoises et par la crue des eaux, les dirigeants de la colonie décidèrent bientôt d'installer la ville sur le coteau Saint-Louis, dont la rue Notre-Dame constitue de nos jours l'épine dorsale. Le site du fort fut par la suite occupé par un cimetière et par le château du gouverneur de Callière, d'où son nom.

Le Musée d'archéologie et d'histoire de la Pointe-à-Callière utilise les techniques les plus modernes pour présenter aux visiteurs un intéressant panorama de l'histoire de la ville. Un spectacle multimédia, une visite des vestiges découverts sur le site, de belles maquettes représentant différents stades du développement de la place Royale, des conversations holographiques et des expositions thématiques composent le menu de ce musée, érigé pour les fêtes du 350e anniversaire de Montréal (1992) selon les plans de l'architecte Dan Hanganu.

Se diriger vers la place D'Youville, à la droite du musée.

La forme allongée de la **place D'Youville**, s'étendant de la place Royale à la rue McGill, vient de ce qu'elle est aménagée sur le lit de la rivière Saint-Pierre, canalisée en 1832. Au milieu de la place se trouve le **Centre d'histoire de Montréal** *(4,50$; mai à sept tlj 9h à 17h, sept à mai fermé lun 10h à 17h, fermé du 8 déc au 25 jan; 335 place D'Youville, métro Square-Victoria, ☎872-3207)*, petit musée sans prétention qui présente des expositions temporaires portant sur différents thèmes de la vie urbaine montréalaise. Il occupe l'ancienne caserne de pompiers n° 3, rare exemple d'architecture d'inspiration flamande au Québec. À l'ouest de la rue Saint-Pierre se trouvait autrefois le marché Sainte-Anne, où a siégé le Parlement du Canada-Uni de 1840 à 1849. Cette année-là, les Orangistes brûlèrent l'édifice à la suite de l'adoption d'une loi compensatoire visant à la fois les victimes anglaises et françaises de la rébellion de 1837-1838. C'en fut fait de la vocation politique de Montréal.

Tourner à gauche sur la rue Saint-Pierre.

La communauté des sœurs de la Charité est mieux connue sous le nom de Sœurs Grises, sobriquet dont on avait affublé les religieuses accusées à tort de vendre de l'alcool aux Amérindiens et ainsi de les griser. En 1747, la fondatrice de la communauté, sainte Marguerite d'Youville, prend en main l'ancien hôpital des frères Charon, fondé en 1693, qu'elle transforme en **Hôpital Général des Sœurs Grises** ★ *(138 rue St-Pierre, métro Square-Victoria)*, où sont hébergés les «enfants trouvés» de la ville. Seule l'aile ouest et les ruines de la chapelle subsistent de ce complexe des XVIIe et XVIIIe siècles aménagé en forme de *H*. L'autre partie, qui formait auparavant une autre des belles perspectives classiques de la vieille ville, fut éventrée lors du prolongement de la rue Saint-Pierre, en plein centre de la chapelle.

Le petit **Musée Marc-Aurèle-Fortin** *(4$; mar-dim 11h à 17h; 118 rue St-Pierre, métro Square-Victoria, ☎845-6108)*, pourvu de quelques salles seulement, est entièrement consacré à l'œuvre de Marc-Aurèle Fortin. Dans un style bien à lui, Fortin a peint des scènes québécoises pittoresques. Ses toiles peintes sur fond noir et ses arbres majestueux sont quelques-unes de ses marques distinctives.

Traverser la rue de la Commune pour accéder à la promenade du Vieux-Port, en bordure du fleuve.

Le port de Montréal est le plus important port intérieur du continent. Il s'étend sur 25 km le long du fleuve, de la Cité du Havre aux raffineries de Montréal-Est. Le **Vieux-Port de Montréal** ★★ *(métro Place-d'Armes ou Champ-de-Mars)* correspond à la portion historique du havre, située devant la ville ancienne. Délaissé à cause de sa vétusté, il a été réaménagé entre 1983 et 1992 pour accueillir les promeneurs, à l'instar de plusieurs zones portuaires centrales nord-américaines.

Le Vieux-Port de Montréal comporte un agréable parc linéaire, aménagé sur les remblais et doublé d'une promenade le long des quais offrant une «fenêtre» sur le fleuve de même que sur les quelques activités maritimes qui ont heureusement été préservées. L'agencement met en valeur les vues sur l'eau, sur le centre-ville et sur la rue de la Commune, qui dresse devant la ville sa muraille d'entrepôts néoclassiques en pierre grise, représentant l'un des seuls exemples d'aménagement dit en «front de mer» en Amérique du Nord.

Du Vieux-Port, on peut faire une excursion sur le fleuve et le canal de Lachine avec **Le Bateau-Mouche** *(21,50$ taxes incluses; quai Jacques-Cartier, mi-mai à mi-oct, départs tlj 10h, 12h, 14h, 16h, 19h; ☎849-9952)*, pourvu d'un toit vitré qui permet d'apprécier la beauté des panoramas environnants.

Le bateau-mouche propose, le soir, des croisières avec repas et soirée dansante. On peut aussi utiliser les navettes *(quai Jacques- Cartier, fin mai à mi-oct la fin de semaine 11h à 19h, au cœur de l'été tlj 11h à 19h; ☎281-8000)* vers l'île Sainte-Hélène *(2,75$)*, et vers Longueuil *(3,25$)*, qui permettent d'avoir une vue d'ensemble du Vieux- Port et du Vieux-Montréal.

À droite, dans l'axe de la rue McGill, se situe l'embouchure du **canal de Lachine**, inauguré en 1825. Cette voie navigable permettait enfin de contourner les infranchissables rapides de Lachine, en amont de Montréal, donnant ainsi accès aux Grands Lacs et au Midwest américain.

Le canal devint en outre le berceau de la révolution industrielle canadienne, les filatures et les minoteries tirant profit de son eau comme force motrice, tout en bénéficiant d'un système d'approvisionnement et d'expédition direct, du bateau à la manufacture. Fermé en 1959, au moment de l'ouverture de la voie maritime du Saint-Laurent, le canal a été pris en charge par le Service canadien des parcs, qui a aménagé sur ses berges une piste cyclable se prolongeant dans le Vieux-Port. Les écluses du canal, restaurées en 1991, sont adjacentes à un parc et à une audacieuse Maison des éclusiers. Derrière les écluses se dresse le dernier des grands **silos à grains** du Vieux-Port. Cette structure de béton armé, érigée en 1905, avait suscité l'admiration de Walter Gropius et de Le Corbusier lors de leurs voyages d'étude. Elle est maintenant éclairée tel un monument.

En face, on aperçoit l'étrange amoncellement de cubes d'Habitat 67 (voirp 128), alors qu'à gauche se trouve la **gare maritime Iberville** *(☎496-7678)*, où accostent les paquebots en croisière sur le fleuve Saint-Laurent. Réouverture en 2002.

Le **quai King-Edward**, à l'est, accueille, dans les anciens hangars, différentes expositions saisonnières, en plus d'abriter un marché aux puces, un café et surtout le **cinéma Imax ★** *(quai King-Edward, métro Champ-de-Mars ou Place-d'Armes, ☎496-4629)*, merveille de la technologie canadienne. On y présente sur écran géant des films plus vrais que nature, tournés avec une caméra spéciale. À l'extrémité du quai, un belvédère permet de découvrir une vue saisissante sur le Vieux-Montréal et le centre-ville, en arrière-plan.

Longez la promenade jusqu'au **boulevard Saint-Laurent**. Cette artère constitue la démarcation entre l'est et l'ouest de Montréal, autant sur le plan de la toponymie et des adresses civiques que sur le plan ethnique. En effet, traditionnellement, l'ouest de la ville est davantage anglophone, et l'est, davantage francophone, alors que les minorités ethniques de toutes origines se concentrent dans l'axe même du boulevard Saint-Laurent.

Remonter le boulevard Saint-Laurent jusqu'à la rue Saint-Paul. Tourner à droite, puis à gauche sur l'étroite rue Saint-Gabriel.

C'est dans cette rue que Richard Dulong ouvre en 1754 une auberge. L'**Auberge Saint-Gabriel** *(426 rue St-Gabriel, métro Place-d'Armes)*, la plus ancienne du pays encore en exploitation, n'est aujourd'hui qu'un restaurant. Elle occupe un groupe de bâtiments du XVIIIe siècle aux solides murs de moellons.

Tourner à droite sur la rue Notre-Dame.

Après les secteurs des affaires et des entrepôts, on aborde maintenant le quartier des institutions civiques et judiciaires, où pas moins de trois palais de justice se côtoient en bordure de la rue Notre-Dame. Le nouveau **palais de justice** *(1 rue Notre-Dame E., métro Champ-de-Mars)*, inauguré en 1971, écrase les alentours par ses volumes massifs. La sculpture de son parvis, intitulée *allegrocube*, est de l'artiste Charles Daudelin. Un mécanisme permet d'ouvrir et de fermer cette «main de la Justice» stylisée.

De son inauguration en 1926 jusqu'à sa fermeture en 1970, l'**édifice Ernest-Cormier ★** *(100 rue Notre-Dame E., métro Champ-de-Mars)* a reçu les causes criminelles. Autrefoispalais de justice, recyclé en conservatoire de musique, l'édifice porte dorénavant le nom de son architecte, l'illustre Ernest Cormier, à qui l'on doit, entre autres, le pavillon principal de l'Université de Montréal et les portes de l'Assemblée générale des Nations Unies à New York. L'édifice comporte d'exceptionnelles torchères en bronze, coulées à Paris aux ateliers d'Edgar Brandt. Leur installation, en 1925, marque les débuts de l'Art déco au Canada. Le hall principal, revêtu de travertin et percé de trois puits de lumière en forme de coupole, mérite une petite visite.

Le **vieux palais de justice** ★ *(155 rue Notre-Dame E., métro Champ-de-Mars)*, doyen des palais de justice montréalais, a été érigé entre 1849 et 1856 selon les plans de John Ostell et d'Henri-Maurice Perrault, à l'emplacement du premier palais de justice de 1800. Il s'agit d'un autre bel exemple d'architecture néoclassique canadienne. À la suite de la division des tribunaux en 1926, le vieux Palais a hérité des causes civiles. Depuis l'ouverture du nouveau Palais, à sa gauche, le vieux Palais a été transformé pour accueillir une annexe de l'hôtel de ville, situé à sa droite.

La **place Jacques-Cartier** ★ *(métro Champ-de-Mars)* a été aménagée à l'emplacement du château de Vaudreuil, incendié en 1803. L'ancienne résidence montréalaise du gouverneur de la Nouvelle-France était sans contredit la plus raffinée des demeures de la ville. Dessinée par l'ingénieur Gaspard Chaussegros de Léry en 1723, elle comportait un escalier en fer à cheval donnant sur un beau portail en pierre de taille, deux pavillons en avancée de part et d'autre du corps principal et un jardin à la française s'étendant jusqu'à la rue Notre-Dame.

La forme allongée de la place Jacques-Cartier lui vient de ce que les marchands, ayant racheté la propriété, ont choisi de donner au gouvernement de la Ville une languette de terre, à condition qu'un marché public y soit aménagé, augmentant du coup la valeur des terrains limitrophes, demeurés entre des mains privées.

Rapidement plus nombreux à Montréal qu'à Québec, ville du gouvernement et des troupes d'occupation, les marchands d'origine britannique trouveront différents moyens pour assurer leur visibilité et exprimer leur patriotisme au grand jour.

Armoiries de Montréal

Ainsi, ils seront les premiers du monde, en 1809, à ériger un monument à la mémoire de l'amiral Horatio Nelson, vainqueur de la flotte franco-espagnole à Trafalgar. On raconte qu'ils auraient même enivré des Canadiens français pour leur extorquer une contribution au financement du projet.

La base de la **colonne Nelson** fut dessinée et exécutée à Londres selon les plans de l'architecte Robert Mitchell. Elle regroupe des bas-reliefs relatant les exploits du célèbre amiral à Aboukir, à Copenhague et, bien sûr, à Trafalgar. La statue de Nelson, au sommet, était à l'origine en pierre artificielle Coade, mais elle fut à maintes reprises endommagée par les manifestants, jusqu'à son remplacement par une réplique en fibre de verre en 1981. La colonne Nelson est le plus ancien monument qui subsiste à Montréal. À l'autre extrémité de la place, on aperçoit le **quai Jacques-Cartier** et le fleuve, alors qu'à droite, à mi-course, se cache la petite **rue Saint-Amable**, où se regroupent les artistes et artisans vendant bijoux, dessins et gravures pendant la belle saison.

Sous le Régime français, Montréal avait, à l'instar de Québec et de Trois-Rivières, son propre gouverneur, qui ne doit pas être confondu avec le gouverneur de la Nouvelle-France dans son ensemble. Il en sera de même sous le Régime anglais. Il faut attendre l'année 1833 pour qu'un premier maire élu prenne en main la destinée de la ville.

Ce sera Jacques Viger, homme féru d'histoire, qui donnera à Montréal sa devise (*Concordia Salus*) et ses armoiries, formées des quatre symboles des peuples «fondateurs», soit le castor canadien-français, auquel peut se substituer la fleur de lys, le trèfle irlandais, le chardon écossais et la rose anglaise.

Après avoir logé dans des bâtiments inadéquats pendant des décennies (mentionnons simplement l'incident de l'aqueduc Hayes, édifice comportant un immense réservoir d'eau sous lequel se trouvait la salle du Conseil, et qui se fissura un jour en pleine séance; on imagine la suite), l'administration municipale put enfin emménager dans l'édifice actuel en 1878. L'**hôtel de ville** ★ *(275 rue Notre-Dame E., métro Champ-de-Mars)*, bel exemple du style Second Empire ou Napoléon III, est l'œuvre d'Henri-Maurice Perrault, auteur du palais de justice voisin.

En 1922, un incendie (encore un!) détruisit l'intérieur et la toiture de l'édifice. Celle-ci fut rétablie en 1926, en prenant pour modèle l'hôtel de ville de Tours en France. Des expositions se tiennent sporadiquement dans le hall d'honneur, auquel on accède par l'entrée principale. Notons enfin que c'est du balcon de l'hôtel de ville que le général de Gaulle a lancé son fameux *«Vive le Québec libre»* en 1967, pour le grand plaisir de la foule massée devant l'édifice.

Se rendre derrière l'hôtel de ville en passant par la jolie **place Vauquelin**, *située dans le prolongement de la place Jacques-Cartier.*

La statue de l'amiral Jean Vauquelin, défenseur de Louisbourg à la fin du Régime français, fut probablement installée à cet endroit pour faire contrepoids à la colonne Nelson, symbole du contrôle britannique sur le Canada.

Descendez l'escalier qui conduit au **champ-de-Mars**, dont le réaménagement, en 1991, a permis de dégager une partie des vestiges des fortifications qui entouraient jadis Montréal. Tout comme à Québec, Gaspard Chaussegros de Léry est responsable de cet ouvrage bastionné, érigé entre 1717 et 1745. Cependant, les murs de Montréal ne connurent jamais de bataille, la vocation commerciale et le site même de la ville interdisant ce genre de geste téméraire. Les grandes pelouses bordées d'arbres rappellent, quant à elles, que le champ de Mars a été utilisé comme terrain de manœuvre et de parades militaires jusqu'en 1924. On remarquera aussi le dégagement, qui permet une vue sur le centre-ville et ses gratte-ciel.

Retourner vers la rue Notre-Dame.

Le plus humble des «châteaux» construits à Montréal, le **Château Ramezay** ★★ *(5$; mar-dim 10h à 16h30, en été tlj 10h à 18h, horaire sujet à changement; 280 rue Notre-Dame E., métro Champ-de-Mars, ☎861-3708)* est pourtant le seul qui subsiste. Il a été érigé en 1705 pour le gouverneur de Montréal, Claude de Ramezay, et sa famille. En 1745, il passe entre les mains de la Compagnie des Indes occidentales, qui en fait son siège nord-américain.

On conserve alors dans ses voûtes les précieuses fourrures du Canada, avant qu'elles ne soient expédiées en France. À la Conquête, les Britanniques s'y installent avant d'être délogés temporairement par l'armée des insurgés américains, qui voudraient bien que le Québec se joigne aux États-Unis, en formation. Benjamin Franklin vient même résider au château pendant quelques mois, en 1775, pour convaincre les Montréalais de devenir citoyens américains.

Après avoir accueilli les premiers locaux de la succursale montréalaise de l'Université Laval de Québec, le bâtiment devient musée en 1896, sous les auspices de la Société d'histoire et de numismatique de Montréal, fondée par Jacques Viger. On y présente toujours une riche collection de mobilier, costumes et objets usuels des XVIIIe et XIXe siècles, ainsi que de nombreux objets amérindiens. La salle de Nantes est revêtue de belles boiseries d'acajou de style Louis XV, dessinées par Germain Boffrand, qui proviennent du siège nantais de la Compagnie des Indes occidentales (vers 1750).

Longer la rue Notre-Dame jusqu'à l'intersection avec la rue Berri.

À l'angle de la rue Berri se trouve le **lieu historique national George-Étienne-Cartier** ★ *(3,50$; sept à juin mer-dim 10h à 12h et 13h à 17h, été tlj 10h à 18h, fermé fin déc à fin mars; 458 rue Notre-Dame E., métro Champ-de-Mars, ☎283-2282)*, composé de deux maisons jumelées, habitées successivement par George-Étienne Cartier, l'un des pères de la Confédération canadienne. On y a recréé un intérieur bourgeois canadien-français du milieu du XIXe siècle, accompagné d'effets sonores. Des expositions temporaires complètent la visite des lieux. On signale une nouvelle orientation du musée avec animation théâtrale. L'édifice voisin, au numéro 452, est l'**ancienne cathédrale schismatique grecque Saint-Nicolas**, construite dans le style romano-byzantin vers 1910.

La rue Berri marque approximativement la frontière est du Vieux-Montréal, et donc de la ville fortifiée du Régime français, au-delà de laquelle s'étendait le faubourg Québec, excavé au XIXe siècle pour permettre l'installation de voies ferrées, ce qui explique la brusque dénivellation entre le coteau Saint-Louis et les gares Viger et Dalhousie. La **gare Viger**, que l'on aperçoit du côté gauche, a été inaugurée par le Canadien Pacifique en 1895 pour desservir l'est du pays.

Sa ressemblance avec le Château Frontenac de Québec n'est pas fortuite, puisqu'elle a été dessinée pour la même société ferroviaire et par le même architecte, l'Américain Bruce Price. La gare de style Château, fermée en 1935, comprenait également un hôtel prestigieux et de grandes verrières, aujourd'hui disparues.

La petite **gare Dalhousie** *(514 rue Notre-Dame, métro Champ-de-Mars)*, près de la maison Cartier, a été la première gare du Canadien Pacifique, entreprise formée pour la construction d'un chemin de fer transcontinental canadien. La gare a été le théâtre du départ du premier train transcontinental, à destination de Vancouver, le 28 juin 1886. Le Canadien Pacifique semble avoir eu un faible pour les architectes étrangers, puisque c'est Thomas C. Sorby, responsable des Travaux publics en Angleterre, qui a conçu les plans de l'humble structure. Elle abrite de nos jours l'École nationale du cirque. On aperçoit, du sommet de la rue Notre-Dame, l'ancien entrepôt frigorifique du port en brique brune et, au milieu du fleuve, l'île Sainte-Hélène, qui a accueilli, avec l'île Notre-Dame, l'Exposition universelle de 1967.

Tourner à droite sur la rue Berri, puis encore à droite sur la rue Saint-Paul, qui offre une belle perspective sur le dôme du marché Bonsecours. Continuer tout droit jusqu'à la chapelle Notre- Dame-de-Bonsecours.

Une première chapelle fut érigée à cet endroit en 1657, à l'instigation de sainte Marguerite Bourgeoys, fondatrice de la congrégation de Notre-Dame. La **chapelle Notre-Dame-de-Bonsecours** ★

● ATTRAITS

1. Linton
2. Église presbytérienne St. Andrew and St. Paul
3. Musée des Beaux-Arts de Montréal
4. Église Erskine & American
5. Rue Crescent
6. Le Château
7. Hôtel Ritz-Carlton
8. Maison Alcan
9. Les Cours Mont-Royal
10. Centre Infotouriste
11. Square Dorchester
12. Windsor
13. Édifice Sun Life
14. Place du Canada
15. Église anglicane St. George
16. Tour IBM-Marathon
17. Gare Windsor
18. Centre Molson
19. Marriott Château Champlain
20. Planétarium Dow
21. Tour 1000 De La Gauchetière
22. Cathédrale Marie-Reine-du-Monde
23. Place Bonaventure
24. Place Ville-Marie
25. Place Montréal Trust
26. Tour BNP
27. Université McGill
28. Musée McCord
29. Cathédrale Christ Church
30. Square Phillips
31. La Baie
32. Église St. James United
33. Église du Gesù
34. Basilique St. Patrick
35. Musée d'Art contemporain de Montréal
36. Place des Arts
37. Complexe Desjardins
38. Théâtre du Nouveau Monde
39. Musée Juste pour rire
40. Monument National
41. Quartier chinois
42. Palais des congrès de Montréal

○ HÉBERGEMENT

1. Auberge de jeunesse
2. Bonaventure Hilton
3. Casa Bella
4. Centre Sheraton
5. Delta Montréal
6. Holiday Inn Select Montréal Centre-Ville
7. Hôtel de la Montagne
8. Hôtel Wyndham (complexe Desjardins)
9. Hôtel du Nouveau Forum
10. Hôtel du Parc
11. Loews Hôtel Vogue
12. Manoir Ambrose
13. Marriott Château Champlain
14. Marriott Residence Inn-Montréal
15. Novotel
16. Reine-Élizabeth
17. Ritz Carlton Montréal
18. Université Concordia
19. Université McGill
20. YMCA Centre-Ville

● RESTAURANTS

1. Beaver Club
2. Ben's Delicatessen
3. Biddle's Jazz
4. Café de Paris
5. Café du TNM
6. Café Société
7. Café Starbuck's
8. Café Toman
9. Club Lounge 737
10. Cracovie
11. Da Vinci
12. Grand Comptoir
13. Julien
14. Katsura
15. L'Actuel
16. La Brûlerie Saint-Denis
17. La Mère Tucker
18. Le Caveau
19. Le Commensal
20. Le Jardin du Ritz
21. Le Lutétia
22. Le Parchemin
23. Le Paris
24. Les Caprices de Nicolas
25. Maison George Stephen
26. Moe's Deli & Bar
27. Mövenpick
28. Wienstein 'n' Gavino Pasta Bar Factory Co.

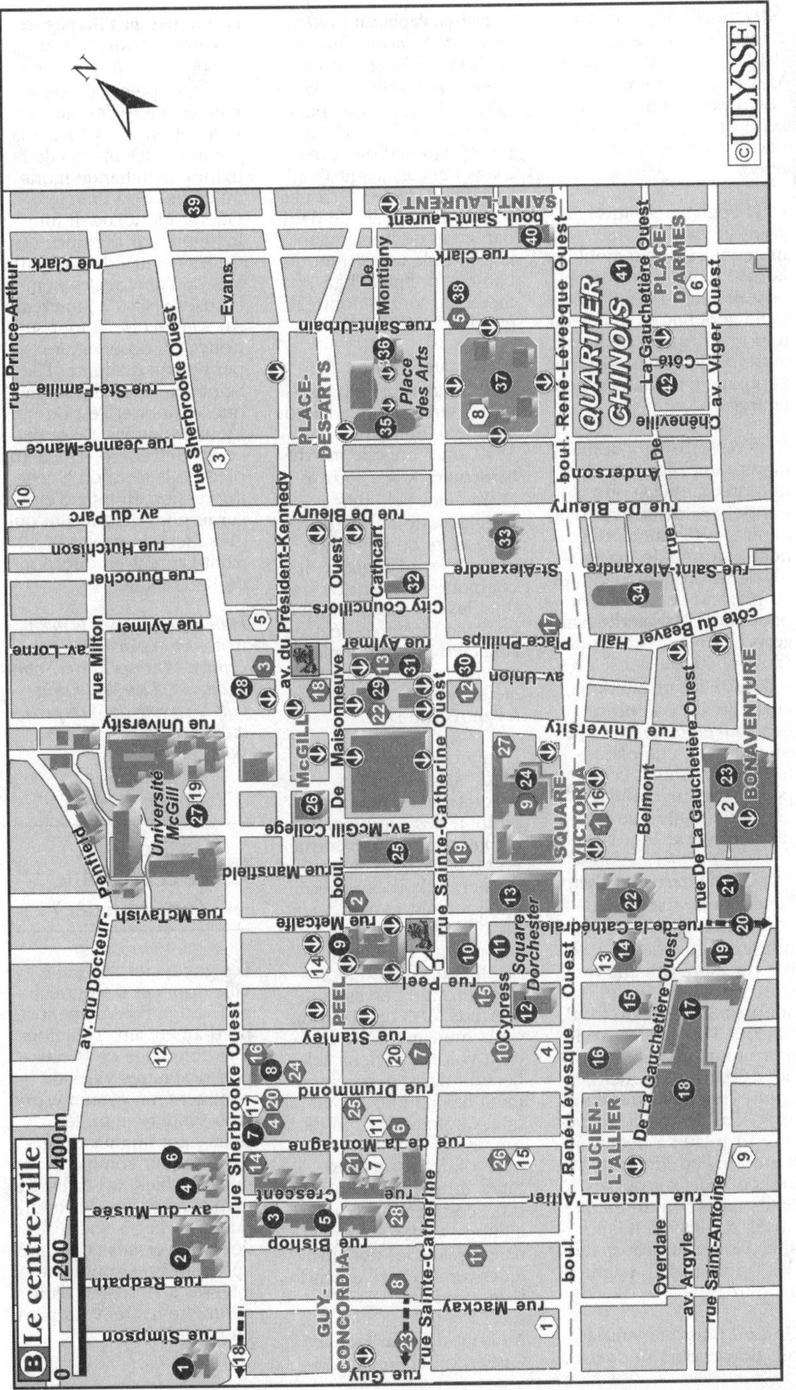
B Le centre-ville
0 200 400m
©ULYSSE
rue Simpson
rue Redpath
av. du Musée
rue Guy
rue Bishop
rue Crescent
rue de la Montagne
rue Drummond
rue Stanley
rue Peel
rue Metcalfe
rue McTavish
rue Mansfield
av. McGill College
rue University
av. Lorne
rue Aylmer
rue Durocher
rue Hutchison
av. du Parc
rue Jeanne-Mance
rue Ste-Famille
rue Prince-Arthur
rue Clark
rue Sherbrooke Ouest
av. du Docteur-Penfield
Université McGill
rue Milton
Evans
av. du Président-Kennedy
boul. De Maisonneuve Ouest
rue Sainte-Catherine Ouest
rue Mackay
Cathcart
City Councillors
rue De Bleury
rue Saint-Urbain
De Montigny
boul. Saint-Laurent
PLACE-DES-ARTS
Place des Arts
SAINT-LAURENT
GUY-CONCORDIA
PEEL
McGILL
Square Dorchester
Cypress
boul. René-Lévesque Ouest
rue de la Cathédrale
SQUARE-VICTORIA
Place Phillips
av. Union
St-Alexandre
rue Saint-Alexandre
côte du Beaver Hall
Belmont
rue De La Gauchetière Ouest
De La Gauchetière Ouest
BONAVENTURE
LUCIEN-L'ALLIER
rue Lucien-L'Allier
Overdale
av. Argyle
rue Saint-Antoine
Anderson
rue De Chenneville
av. Viger Ouest
QUARTIER CHINOIS
PLACE D'ARMES
Côte

Montréal

(400 rue St-Paul E., métro Champ-de-Mars) actuelle date de 1771, alors que les Messieurs de Saint-Sulpice voulurent établir une desserte de la paroisse mère dans l'est de la ville fortifiée.

La chapelle a été mise au goût du jour vers 1890, au moment où l'on a ajouté la façade actuelle en pierre bossagée ainsi que la chapelle aérienne donnant sur le port, d'où l'on bénissait autrefois les navires et leur équipage en partance pour l'Europe.

L'intérieur, refait à la même époque, contient de nombreux *ex-voto* offerts par des marins sauvés d'un naufrage. Certains prennent la forme de maquettes de navires, suspendues au plafond de la nef. Du petit **musée Marguerite-Bourgeoys** *(2$; mai à oct mer-dim 9h à 16h30, nov à avr 10h30 à 14h30)*, à l'arrière de la chapelle, où l'on présente des souvenirs de la sainte, on accède à une plate-forme attenante à la chapelle aérienne d'où l'on bénéficie d'une vue intéressante sur le Vieux-Port.

La **maison Pierre-du-Calvet**, à l'angle de la rue Bonsecours *(au numéro 401)*, est représentative de l'architecture urbaine française du XVIIIe siècle adaptée au contexte local, puisque l'on y retrouve les épais murs de moellons noyés dans le mortier, les contre-fenêtres extérieures apposées devant des fenêtres à vantaux à petits carreaux de verre importé de France, mais surtout les hauts murs coupe-feu, imposés par les intendants afin d'éviter la propagation des flammes d'un bâtiment à l'autre.

Un peu plus haut sur la rue Bonsecours se dresse la **maison Papineau** *(440 rue Bonsecours, métro Champ-de-Mars)*, habitée autrefois par Louis-Joseph Papineau (1786-1871), avocat, politicien et chef des mouvements nationalistes canadiens-français jusqu'à l'insurrection de 1837. La maison de 1785, revêtue d'un parement de bois imitant la pierre de taille, a été l'un des premiers bâtiments du Vieux-Montréal à être restauré (1962).

La **rue Saint-Paul** fut pendant longtemps la principale artère commerciale de Montréal. Entre 1845 et 1850, on y érige le **marché Bonsecours ★★** *(350 rue St-Paul Est)*, bel édifice néoclassique en pierre grise, doté de fenêtres à guillotines à l'anglaise. Il comporte un portique, dont les colonnes doriques en fonte furent coulées en Angleterre, et un dôme argenté, qui a longtemps été le symbole de la ville, à l'entrée du port.

Le marché public, fermé au début des années soixante à la suite de l'apparition des supermarchés d'alimentation, transformé en bureaux municipaux puis en salle d'exposition, a été rouvert partiellement en 1996. À l'origine, l'édifice abritait également l'Hôtel de Ville de Montréal ainsi qu'une salle de concerts à l'étage. Le long de la rue Saint-Paul, on peut voir les anciens celliers du marché, récemment mis au jour, alors que, du grand balcon de la rue de la Commune, on aperçoit le **bassin Bonsecours**, en partie reconstitué, où accostaient les bateaux à aubes sur lesquels prenaient place les agriculteurs venus en ville vendre leurs produits.

Au bout du quai Jacques-Cartier, on aperçoit vers l'est la **tour de l'Horloge ★** *(à l'extrémité du quai de l'Horloge; mai à oct)*. Cette structure peinte en jaune pâle est en réalité un monument érigé en 1922 à la mémoire des marins de la marine marchande morts au cours de la Première Guerre mondiale. Il fut inauguré par le prince de Galles (futur Édouard VIII) lors de l'une de ses nombreuses visites à Montréal. Au sommet de la tour se trouve un observatoire permettant d'admirer l'île Sainte-Hélène, le pont Jacques-Cartier et l'est du Vieux-Montréal. De la place du Belvédère, située au pied de la tour, on a cette impression étrange d'être sur le pont d'un navire qui glisse lentement sur le Saint-Laurent en direction de l'Atlantique.

Pour retourner vers le métro, remonter la place Jacques-Cartier, traverser la rue Notre-Dame, la place Vauquelin puis le champ de Mars jusqu'à la station du même nom.

Circuit B : Le centre-ville (une journée)

Les gratte-ciel du centre-ville donnent à Montréal son visage typiquement nord-américain. Toutefois, à la différence de la plupart des autres villes du continent, un certain esprit latin s'infiltre entre les tours pour animer ce secteur, de jour comme de nuit. Les bars, les cafés, les grands magasins, les boutiques, les sièges sociaux, deux universités et de multiples collèges sont tous intégrés à l'intérieur d'un périmètre restreint au pied du mont Royal.

Au début du XXe siècle, le centre de Montréal s'est déplacé graduellement de la vieille ville vers ce qui était, jusque-là, le quartier résidentiel huppé de la bourgeoisie canadienne, baptisé Golden Square Mile. De grandes artères, comme le boulevard Dorchester, aujourd'hui René-Lévesque, étaient alors bordées de demeures palatiales entourées de jardins ombragés. Le centre-ville a connu une transformation radicale en un très court laps de temps, soit entre 1960 et 1967, période qui voit s'élever la Place Ville-Marie, le métro, la ville souterraine, la Place des Arts et plusieurs autres infrastructures qui influencent encore le développement du secteur.

Pour débuter le circuit, gravir la côte de la rue Guy (au sortir de la station de métro Guy-Concordia), puis tourner à droite sur la rue Sherbroooke.

Au cours du XXe siècle, le *Golden Square Mile* connu des changements sociaux profonds qui ont modifié son visage : l'exode de la population d'origine écossaise, la pénurie de personnel domestique, l'impôt sur le revenu, la Grande Guerre, au cours de laquelle plusieurs fils de famille sont morts, et surtout le krach de 1929, qui a entraîné la ruine de plusieurs hommes d'affaires.

Conséquemment, les grandes maisons sont tombées nombreuses sous le pic des démolisseurs, et la population restante a dû trouver une forme d'habitat plus modeste. Le Linton ★ *(1509 rue Sherbrooke O., métro Guy-Concordia)*, immeuble résidentiel prestigieux érigé dès 1907, représentait une solution avantageuse. Il a été construit dans le parc de la maison du même nom, que l'on peut encore apercevoir à l'arrière dans la petite rue Simpson. On remarquera, sur la façade du Linton, les plantureux détails de style Beaux-Arts, moulés dans la terre cuite, ainsi que la belle marquise en fonte.

L'**église presbytérienne St. Andrew and St. Paul** ★★ *(angle rue Redpath, métro Guy-Concordia)* st l'une des principales institutions de la bourgeoisie écossaise de Montréal. L'édifice, construit en 1932, est le troisième temple de la communauté et illustre la persistance du vocabulaire d'inspiration médiévale dans la construction d'édifices religieux.

L'intérieur en pierre recèle de magnifiques vitraux commémoratifs. Ceux des allées proviennent de la seconde église et sont, pour la plupart, des œuvres britanniques d'importance, telles les verrières d'Andrew Allan et de son épouse, réalisées dans l'atelier de William Morris d'après des cartons du célèbre peintre pré-raphaélite anglais Edward Burne-Jones. Le régiment canado-écossais des Black Watch est affilié à l'église depuis sa création en 1862.

Le **Musée des Beaux-Arts** ★★★ *(entrée libre pour la collection permanente, 12$ pour les expositions temporaires, à moitié prix mer 17h30 à 21h; mar-dim 11h à 18h, mer jusqu'à 21h; 1380 rue Sherbrooke O., ☎285-2000)*, le plus ancien et le plus important musée québécois, a été fondé en 1860 par un groupe d'amateurs d'art anglo-saxons sous le nom de *Art Association of Montreal.* e pavillon Beniah-Gibb, du côté nord de la rue Sherbrooke *(1379 rue Sherbrooke O.)*, a ouvert ses portes en 1912.

Musée des Beaux-Arts

Sa belle façade en marbre blanc du Vermont est l'œuvre des architectes privilégiés de la bourgeoisie écossaise, les prolifiques Edward et William Sutherland Maxwell. À l'étroit dans son immeuble, le musée a été agrandi à trois reprises vers l'arrière, avant que l'architecte Moshe Safdie ne crée en 1991 le pavillon Jean-Noël-Desmarais, du côté sud de la rue Sherbrooke.

Celui-ci intègre la façade de briques rouges d'un ancien immeuble d'habitation et est relié au pavillon originel par des galeries qui courent sous la rue Sherbrooke. L'entrée principale du musée se situe maintenant dans le nouveau pavillon, à l'angle de la rue Crescent.

Le musée regroupe des collections variées provenant pour la plupart de grandes familles du *Golden Square Mile.* Le pavillon Gibb regroupe l'art canadien, alors que le pavillon Desmarais s'accapare la plus grande part de la collection permanente (œuvres américaines, européennes, art africain, art précolombien, etc.).

On y présente également des expositions temporaires d'envergure internationale. Parmi les salles du musée, les plus intéressantes sont certainement la salle des miniatures, les salles du Moyen Âge et de la Renaissance ainsi que celles où sont présentées les peintures canadiennes de la première moitié du XXe siècle. Les volumes intérieurs du nouveau musée, parfois surprenants, méritent, eux aussi, un examen attentif.

Musée des Arts décoratifs de Montréal *(gratuit; mar-dim 11h à 18h, mer 11h à 21h; 2200 rue Crescent, métro Guy-Concordia, ☎284-1252).* Ce musée est principalement constitué des meubles et objets décoratifs de style international (1935 à nos jours) de la collection «Liliane et David Stewart». On y présente aussi des expositions itinérantes sur le verre, le textile, etc.

Érigée en 1892, l'**église Erskine & American** ★ *(angle avenue du Musée, métro Guy-Concordia)* est un excellent exemple du style néoroman tel qu'adapté par l'architecte américain Henry Hobson Richardson. Le grès texturé, les grands arcs encadrés de colonnettes trapues ou allongées démesurément, de même que les suites de petites ouvertures cintrées, sont typiques du style.

L'intérieur en forme d'auditorium a été remanié en 1937 à la manière de l'école de Chicago. On peut voir dans la chapelle inférieure *(en bordure de l'avenue du Musée)* de beaux vitraux Tiffany très colorés.

La **rue Crescent** ★ *(métro Guy-Concordia)*, située immédiatement à l'est du musée, a une double personnalité. Au nord du boulevard De Maisonneuve, elle accueille, à l'intérieur d'anciennes maisons en rangée, des antiquaires et des boutiques de luxe, alors qu'au sud on retrouve une concentration de boîtes de nuit, de restaurants et de bars, la plupart précédés de terrasses ensoleillées. Pendant longtemps, la rue Crescent fut connue comme le pendant anglophone de la rue Saint-Denis. Même s'il est vrai qu'elle est toujours la favorite des visiteurs américains, sa clientèle est aujourd'hui plus diversifiée.

Signe des temps, **Le Château** ★ *(1321 rue Sherbrooke O., métro Guy-Concordia ou Peel)*, un bel immeuble de style Château, a été érigé en 1925 pour un homme d'affaires canadien-français, Pamphile du Tremblay, propriétaire du journal *La Presse*. Les architectes Ross et Macdonald ont réalisé ce qui était, à l'époque, le plus vaste immeuble résidentiel au Canada.

Le chic magasin **Holt-Renfrew** *(1300 rue Sherbrooke O.)*, situé en face, a valu à ces mêmes architectes un prix de l'Institut Royal pour la qualité de son design. Le magasin de 1937 est un bel exemple du style Art déco, dans sa version aérodynamique aux lignes horizontales et arrondies.

Dernier survivant des vieux hôtels de Montréal, l'**Hôtel Ritz-Carlton** ★ *(1228 rue Sherbrooke O., métro Guy-Concordia ou Peel)* a été inauguré en 1911 par César Ritz lui-même. Il fut pendant longtemps le lieu de rassemblement favori de la bourgeoisie montréalaise. Certains y résidaient même toute l'année, menant la belle vie entre les salons, le jardin et la salle de bal. L'édifice a été conçu par les architectes new-yorkais Warren et Wetmore, bien connus pour leur Grand Central Terminal de Park Avenue, à New York. L'hôtel, d'un luxe raffiné, a accueilli au cours de son histoire de nombreuses célébrités. Richard Burton et Elizabeth Taylor s'y sont mariés en 1964.

Continuez sur la rue Sherbrooke jusqu'à l'entrée de la Maison Alcan. En face, on aperçoit trois bâtiments dignes de mention. La **maison Baxter** *(1201 rue Sherbrooke O., métro Peel)*, à gauche, possède un bel escalier en plusieurs volées. La **maison Forget** *(1195 rue Sherbrooke O., métro Peel)*, au centre, fut construite en 1882 pour Louis-Joseph Forget, l'un des seuls magnats canadiens-français à habiter le quartier au XIXe siècle. Le bâtiment, à droite, abrite un club privé pour gens d'affaires, le **Club Mont-Royal**. L'édifice de 1905 est l'œuvre de Stanford White, de la célèbre firme new-yorkaise McKim, Mead et White, à qui l'on doit le siège social de la Banque de Montréal, sur la place d'Armes (voir p 93).

La **Maison Alcan** ★ *(1188 rue Sherbrooke O., métro Peel)*, siège mondial de la compagnie d'aluminium Alcan, représente un bel effort de conservation du patrimoine et d'invention en matière de réaménagement urbain. Cinq bâtiments de la rue Sherbrooke, parmi lesquels figure la belle **maison**

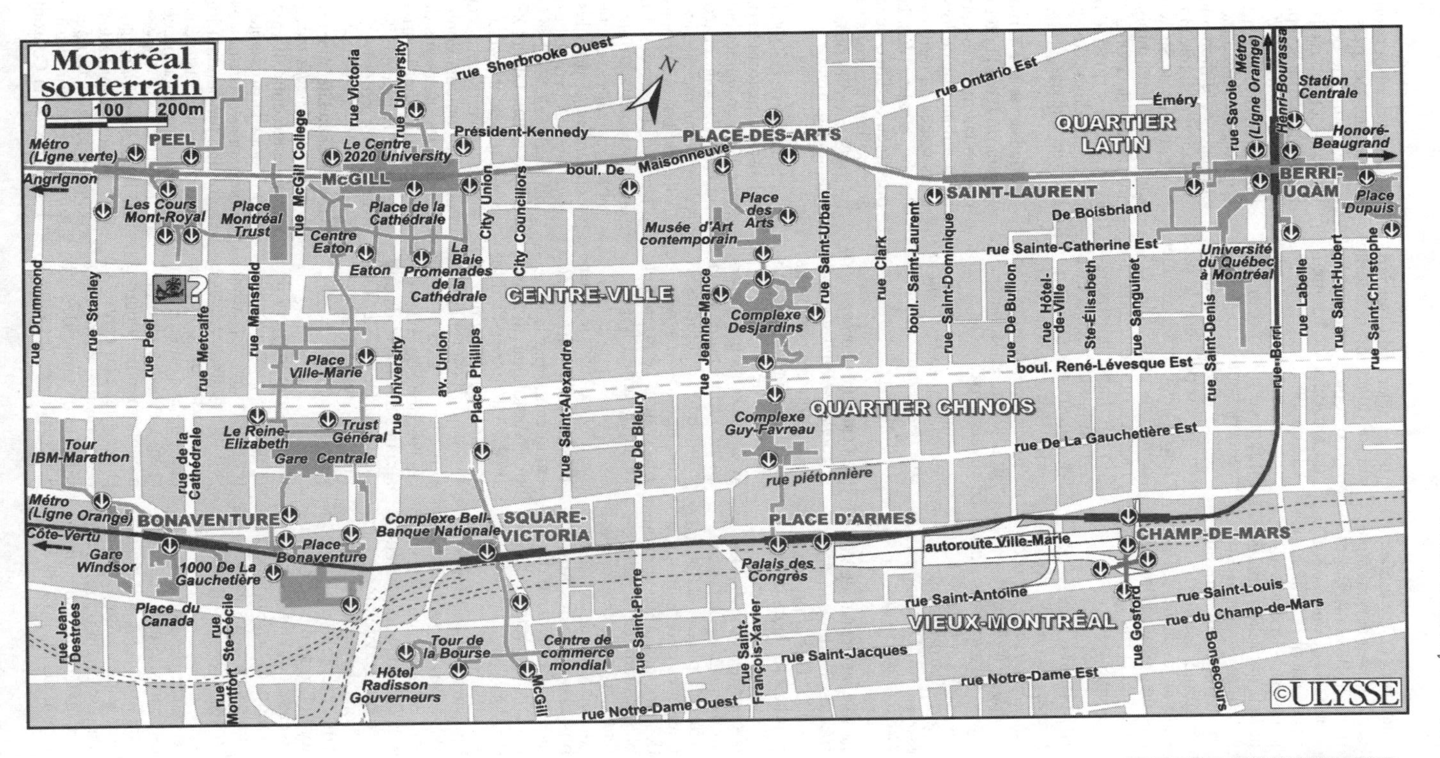
Montréal souterrain
0 100 200m
PEEL
McGILL
PLACE-DES-ARTS
SAINT-LAURENT
BERRI-UQAM
CHAMP-DE-MARS
PLACE D'ARMES
SQUARE-VICTORIA
BONAVENTURE
QUARTIER LATIN
QUARTIER CHINOIS
CENTRE-VILLE
VIEUX-MONTRÉAL
Métro (Ligne verte)
Angrignon
Métro (Ligne Orange)
Côte-Vertu
Métro (Ligne Orange)
Henri-Bourassa
Honoré-Beaugrand
Station Centrale
Place Dupuis
Université du Québec à Montréal
Émery
De Boisbriand
Les Cours Mont-Royal
Place Montréal Trust
Le Centre 2020 University
Place de la Cathédrale
Centre Eaton
Eaton
La Baie
Promenades de la Cathédrale
Place Ville-Marie
Trust Général
Le Reine-Elizabeth
Gare Centrale
Place Bonaventure
1000 De La Gauchetière
Gare Windsor
Tour IBM-Marathon
Place du Canada
Complexe Bell-Banque Nationale
Tour de la Bourse
Hôtel Radisson Gouverneurs
Centre de commerce mondial
McGill
Musée d'Art contemporain
Place des Arts
Complexe Desjardins
Complexe Guy-Favreau
Palais des Congrès
rue piétonnière
rue Sherbrooke Ouest
President-Kennedy
boul. De Maisonneuve
rue Ontario Est
rue Savoie
rue Sainte-Catherine Est
boul. René-Lévesque Est
rue De La Gauchetière Est
autoroute Ville-Marie
rue Saint-Antoine
rue Saint-Jacques
rue Notre-Dame Est
rue Notre-Dame Ouest
rue Saint-Louis
rue du Champ-de-Mars
Bonsecours
rue Gosford
rue Saint-Christophe
rue Saint-Hubert
rue Labelle
rue Berri
rue Saint-Denis
rue Sanguinet
rue Ste-Elisabeth
rue Hôtel-de-Ville
rue De Bullion
rue Saint-Dominique
boul. Saint-Laurent
rue Clark
rue Saint-Urbain
rue Jeanne-Mance
rue De Bleury
rue Saint-Alexandre
City Councillors
City Union
Place Phillips
av. Union
rue University
rue Victoria
rue McGill College
rue Mansfield
rue Metcalfe
rue de la Cathédrale
rue Peel
rue Stanley
rue Drummond
rue Jean-Destrées
rue Montfort
rue Ste-Cécile
rue Saint-François-Xavier
rue Saint-Pierre
©ULYSSE

Montréal

Atholstan *(1172 rue Sherbrooke O.)*, premier exemple de style Beaux-Arts à Montréal (1894), ont été soigneusement restaurés, puis joints par l'arrière à un atrium qui relie la partie ancienne à un immeuble moderne en aluminium. Ce dernier est bordé au sud par un jardin qui permet de passer subrepticement de la rue Drummond à la rue Stanley.

Pénétrer dans l'atrium par l'entrée de la rue Sherbrooke, qui donnait autrefois accès au hall de l'hôtel Berkeley. Ressortir par le jardin sur la rue Stanley et l'emprunter vers le sud. Tourner à gauche sur le boulevard De Maisonneuve puis à droite sur la rue Peel.

La **ville souterraine de Montréal** est la plus étendue du monde. Très appréciée pendant les jours de mauvais temps, elle donne accès par des tunnels, des atriums et des places intérieures à plus de 2 000 boutiques et restaurants, à des cinémas, à des immeubles résidentiels, à des bureaux, à des hôtels, à des gares, au terminus d'autobus, à la Place des Arts et même à l'Université du Québec à Montréal (UQAM).

Les Cours Mont-Royal ★★ *(1455 rue Peel, métro Peel)* sont reliées, comme il se doit, à ce réseau tentaculaire qui gravite autour des stations de métro. Il s'agit d'un complexe multifonctionnel comprenant quatre niveaux de boutiques, des bureaux et des appartements aménagés dans l'ancien hôtel Mont-Royal.

Ce palace des années folles, inauguré en 1922, était, avec ses 1 100 chambres, le plus vaste hôtel de l'Empire britannique. Mis à part l'extérieur, seule une portion du plafond du hall, où est suspendu l'ancien lustre du casino de Monte Carlo, a été conservée lors du recyclage de l'immeuble en 1987.

Il faut voir les 4 cours intérieures, hautes de 10 étages, et se promener dans ce qui est peut-être le plus réussi des centres commerciaux du centre-ville. En face, ce qui ressemble à un petit manoir écossais est en fait le siège social des distilleries Seagram (vins Barton et Guestier, champagnes Mumm Cordon Rouge et Mumm cuvée Napa).

Poursuivre vers le sud sur la rue Peel jusqu'au square Dorchester.

Le **Centre Infotouriste** *(1001 du Square-Dorchester, métro Peel)* abrite les comptoirs de plusieurs intervenants du domaine touristique, dont les bureaux d'information touristique, de la compagnie d'autocars Greyhound, du service de réservation Le Réseau et de la Librairie Ulysse.

De 1799 à 1854, le **square Dorchester ★** *(métro Peel)* était occupé par le cimetière catholique de Montréal. Cette année-là, il fut transféré sur le mont Royal, où il est toujours situé. En 1872, la Ville fait de l'espace libéré deux squares de part et d'autre de la rue Dorchester (actuel boulevard René-Lévesque).

La portion nord porte le nom de «square Dorchester», alors que la portion sud fut rebaptisée «place du Canada» lors du centenaire de la Confédération (1967). Plusieurs monuments ornent le square Dorchester : au centre, on peut voir une statue équestre à la mémoire des soldats canadiens tués lors de la guerre des Boers en Afrique du Sud, puis, sur le pourtour, une belle statue du poète écossais Robert Burns, une sculpture d'après *Le Lion de Belfort* de Bartholdi, offerte par la compagnie d'assurances Sun Life, et le monument du sculpteur Émile Brunet en l'honneur de Sir Wilfrid Laurier, premier ministre du Canada de 1896 à 1911. Le square est aussi le point de départ des visites guidées en autocar.

Le **Windsor ★** *(1170 rue Peel, métro Peel)*, l'hôtel où descendaient les membres de la famille royale lors de leurs visites en terre canadienne, n'existe plus. Le prestigieux édifice de style Second Empire, construit en 1878, a été la proie des flammes en 1957.

Seule l'annexe de 1906 subsiste, transformée depuis 1986 en immeuble de bureaux. La jolie Peacock Alley de même que les salles de bal ont cependant été conservées. Un impressionnant atrium, visible des étages supérieurs, a été aménagé pour les locataires. À l'emplacement du vieil hôtel se dresse la **tour CIBC** (1962). Ses parois sont revêtues d'ardoise verte, respectant ainsi les couleurs dominantes des bâtiments du square, qui sont le gris-beige de la pierre et le vert du cuivre oxydé.

L'**édifice Sun Life ★★** *(1155 rue Metcalfe, métro Peel)*, érigé entre 1913 et 1933 pour la puissante compagnie d'assurances Sun Life, fut pendant longtemps le plus vaste édifice de l'Empire britannique. C'est dans cette «forteresse» de l'*establishment* anglo-saxon, aux colonnades dignes de la mythologie antique, que l'on dissimula les joyaux de la Couronne britannique au cours de la Seconde Guerre mondiale. En 1977, le siège social de la compagnie fut déménagé à Toronto en guise de protestation contre les lois linguistiques favorables au français. Heureusement, le carillon qui sonne à 17h, chaque jour de la semaine, n'a pas été transféré et demeure partie intégrante de l'âme du quartier.

La **place du Canada** ★ *(métro Bonaventure)*, dans la portion sud du square Dorchester, accueille le 11 novembre de chaque année la cérémonie du Souvenir, à la mémoire des soldats canadiens tués au cours de la guerre de Corée et des deux guerres mondiales. Les anciens combattants se réunissent autour du monument aux Morts, qui trône au centre de la place. Un monument plus imposant, à la mémoire de Sir John A. Macdonald, premier à avoir été élu premier ministre du Canada en 1867, est situé en bordure du boulevard René-Lévesque.

Avant même qu'il ne soit aménagé en 1872, le square Dorchester est devenu le point de convergence de diverses églises. Malheureusement, seuls deux des huit temples érigés dans les environs du square entre 1865 et 1875 ont survécu, entre autres la très jolie **église anglicane St. George** ★★ *(rue De La Gauchetière, angle rue Peel, métro Bonaventure)*, de style néogothique. Son extérieur de grès délicatement sculpté cache un intérieur revêtu de belles boiseries sombres.

On remarquera l'exceptionnel plafond à charpente apparente et les boiseries du chœur, ainsi qu'une tapisserie provenant de l'abbaye de Westminster et ayant servi lors du couronnement de la reine Elizabeth II.

L'élégante **tour IBM-Marathon** ★ *(1250 bd René-Lévesque O., métro Bonaventure)*, de 47 étages, qui se dresse à l'arrière-plan de l'église Saint-George, a été achevée en 1991 selon les plans des célèbres architectes new-yorkais Kohn, Pedersen et Fox. Son jardin d'hiver planté de bambous est accessible au public.

En 1887, le directeur du Canadien Pacifique, William Cornelius Van Horne, demande à son ami new-yorkais Bruce Price (1845-1903) d'élaborer les plans de la **gare Windsor** ★ *(angle rue De La Gauchetière et rue Peel, métro Bonaventure)*, gare moderne qui agira comme terminal du chemin de fer transcontinental, terminé l'année précédente.

Price est, à l'époque, l'un des architectes les plus en vue de l'est des États-Unis, où il conçoit des projets résidentiels pour la haute société, mais aussi des gratte-ciel, tel l'American Surety Building de Manhattan. On le chargera, par la suite, de la construction du Château Frontenac de Québec, qui lancera la vogue du style Château au Canada.

L'allure massive qui se dégage de la gare Windsor, ses arcades en série, ses arcs cintrés soulignés dans la pierre et ses contreforts d'angle en font le meilleur exemple montréalais du style néoroman tel qu'adapté par l'architecte américain Henry Hobson Richardson. Sa construction va consacrer Montréal comme plaque tournante du transport ferroviaire au pays et amorcer le transfert des activités commerciales et financières du Vieux-Montréal vers le *Golden Square Mile*.

Délaissée au profit de la Gare centrale après la Seconde Guerre mondiale, la Gare Windsor ne fut plus utilisée que par les passagers des trains de banlieue jusqu'en 1993.

Le **Centre Molson** *(8$; tlj, tours guidés en français 9h45 et 13h15, en anglais 11h15 et 14h45, durée 1 heure 15 min; 1250 rue De La Gauchetière, métro Bonaventure, ☎989-2841)*, érigé à l'emplacement des quais de la gare Windsor, bloque maintenant tout accès des trains au vénérable édifice. L'immense bâtiment aux formes incertaines, inaugurée en mars 1996, a succédé au Forum de la rue Sainte-Catherine (voir p 114) en tant que patinoire du club de hockey Le Canadien, propriété de la Brasserie Molson.

L'amphithéâtre compte 21 247 sièges ainsi que 138 loges vitrées, vendues à fort prix aux entreprises montréalaises. La saison régulière de la Ligue nationale de hockey s'étend d'octobre à avril, et les éliminatoires peuvent se prolonger jusqu'en juin. Deux mille places sont mises en vente à la billetterie du Centre Molson le jour même de chaque match, ce qui permet d'obtenir de bons billets à la dernière minute. Le Centre accueille en outre de fréquents concerts de musique populaire.

L'**Hôtel Château Champlain (Marriott)** ★ *(1 place du Canada, métro Bonaventure)*, surnommé «la râpe à fromage» par les Montréalais à cause de ses multiples ouvertures cintrées et bombées, a été réalisé en

1966 par les Québécois Jean-Paul Pothier et Roger D'Astou. Ce dernier est un disciple de l'architecte américain Frank Lloyd Wright, auprès duquel il a étudié pendant quelques années. Son hôtel n'est pas sans rappeler les lignes fluides et arrondies des dernières œuvres du maître.

Le **Planétarium Dow** ★ *(6$; juin à sept tlj 13h15, 15h45 et 20h30; début sept à fin juin mar-dim 13h15, 15h45 et jeu-dim 20h30; représentations de 45 min; 1000 rue St-Jacques O., métro Bonaventure ☎872-4530)* présente, sous un dôme hémisphérique de 20 m, des projections qui ont pour thème l'astronomie. L'Univers et ses mystères sont ici expliqués de façon à rendre accessible à tous ce monde merveilleux, trop souvent mal connu. Des conférenciers sont invités à commenter les présentations.

La **tour 1000** *(1000 rue De La Gauchetière O., métro Bonaventure)*, gratte-ciel de 50 étages, a été terminée en 1992. On y retrouve le terminus des autobus qui relient Montréal à la Rive-Sud ainsi que l'**Amphitéâtre Bell**, une patinoire intérieure ouverte toute l'année *(5$, location de patins 4$; tlj 11h30 à 22h, ☎395-0555)*.

Les architectes ont voulu démarquer l'immeuble de ses voisins en le dotant d'un couronnement en pointe recouvert de cuivre. Sa hauteur totale atteint le maximum permis par la Ville, soit la hauteur du mont Royal, symbole ultime de Montréal, qui ne peut être dépassé en aucun cas.

Siège de l'archevêché de Montréal et rappel de la puissance extrême du clergé jusqu'à la Révolution tranquille, la **cathédrale Marie-Reine-du-Monde** ★★ *(bd René-Lévesque O., angle Mansfield, métro Bonaventure)* est une réduction au tiers de la basilique Saint-Pierre-de-Rome. En 1852, un terrible incendie détruit la cathédrale catholique de la rue Saint-Denis. L'évêque de Montréal à l'époque, l'ambitieux Mgr Ignace Bourget (1799-1885), profitera de l'occasion pour élaborer un projet grandiose, qui surpassera enfin l'église Notre-Dame des sulpiciens et qui assurera la suprématie de l'Église catholique à Montréal. Quoi de mieux alors qu'une réplique de Saint-Pierre-de-Rome élevée en plein quartier protestant.

Malgré les réticences de l'architecte Victor Bourgeau, le projet sera mené à terme, l'évêque obligeant même Bourgeau à se rendre à Rome pour mesurer le vénérable édifice. La construction, entreprise en 1870, sera finalement achevée en 1894. Les statues de cuivre des 13 saints patrons des paroisses de Montréal seront, quant à elles, installées en 1900.

L'intérieur, modernisé au cours des années cinquante, ne présente plus la même cohésion qu'autrefois. Il faut cependant remarquer le beau baldaquin, réplique de celui du Bernin, exécuté par le sculpteur Victor Vincent. Dans la chapelle mortuaire, à gauche, sont inhumés les évêques et archevêques de Montréal, la place d'honneur étant réservée au gisant de Mgr Bourget. Un monument, à l'extérieur, rappelle lui aussi ce personnage qui a beaucoup fait pour rapprocher la France du Canada.

La **Place Bonaventure** ★ *(1 Place Bonaventure, métro Bonaventure)*, immense cube de béton strié sans façade, était, au moment de son achèvement en 1966, l'une des réalisations de l'architecture moderne les plus révolutionnaires de son époque.

Il s'agit d'un complexe multifonctionnel érigé au-dessus des voies ferrées qui mènent à la Gare centrale, où se superposent un stationnement, un centre commercial à deux niveaux relié au métro et à la ville souterraine, deux vastes halls d'exposition, des salles de vente en gros, des bureaux et, au-dessus, un hôtel intimiste de 400 chambres, aménagé autour d'un charmant jardin suspendu qui mérite une petite visite.

La Place Bonaventure donne accès à la station de métro du même nom (1964). Avec ses revêtements de brique brune et ses voûtes de béton brut, elle rappelle une basilique paléochrétienne. Au total, le **métro de Montréal** compte 65 stations réparties sur 4 lignes, empruntées par des rames de métro qui roulent sur pneumatiques (voir le plan du métro). Chacune des stations adopte une architecture différente, parfois très élaborée.

En 1913, on perce, sous le mont Royal, un tunnel ferroviaire qui aboutit au centre-ville. Les voies souterraines courent sous l'avenue McGill College, puis se multiplient au fond d'une large tranchée à l'air libre qui s'étend entre les rues Mansfield et University. En 1938, on érige la **Gare centrale** en sous-sol, véritable point de départ de la ville souterraine. Camouflée depuis 1957 par l'**Hôtel Reine-Elizabeth,** elle présente une intéressante salle des pas perdus de style Art déco aérodynamique, aussi appelé Streamlined Deco.

La **Place Ville-Marie** ★★★ *(1 Place Ville-Marie, métro Bonaventure)* voit le jour dans la portion nord de cette tranchée en 1959.

Le célèbre architecte sino-américain Ieoh Ming Pei (Pyramide du Louvre de Paris, East Building de la National Gallery de Washington) conçoit, au-dessus des voies ferrées, un complexe multifonctionnel comprenant des galeries marchandes très étendues, aujourd'hui reliées à la majorité des immeubles environnants, et différents immeubles de bureaux, notamment la fameuse tour cruciforme en aluminium. Sa forme particulière, tout en permettant d'obtenir un meilleur éclairage naturel jusqu'au centre de la construction, symbolise la ville catholique dédiée à Marie.

Au milieu de l'espace public en granit, une rose des vents indique le nord géographique, alors que l'orientation de l'**avenue McGill College**, dans l'axe de la place, suggère plutôt le nord tel que les Montréalais le perçoivent dans la vie de tous les jours. Cette artère, bordée de gratte-ciel multicolores, était encore en 1950 une étroite rue résidentielle. La large perspective qu'elle offre maintenant permet de voir le mont Royal, coiffé de sa croix métallique.

Celle-ci fut installée en 1927 pour commémorer le geste posé par le fondateur de Montréal, Paul Chomedey, sieur de Maisonneuve, lorsqu'il gravit la montagne en janvier 1643 pour y planter une croix de bois en guise de remerciement à la Vierge pour avoir épargné le fort Ville-Marie d'une inondation dévastatrice.

Traverser la Place Ville-Marie, puis emprunter l'avenue McGill College jusqu'à la rue Sherbrooke.

L'avenue McGill College a été élargie et entièrement réaménagée au cours des années quatre-vingt. On peut y voir plusieurs exemples d'une architecture postmoderne éclectique et polychrome, où le granit poli et le verre réfléchissant abondent.

La **Place Montréal Trust** *(angle rue Ste-Catherine, métro McGill)* est l'un de ces centres commerciaux surmontés d'une tour de bureaux qui sont reliés à la ville souterraine et au métro par des corridors et des places privées.

La **tour BNP** ★ *(1981 av. McGill College, métro McGill)*, le plus réussi des immeubles de l'avenue McGill College, a été construit pour la Banque Nationale de Paris en 1981 selon les plans des architectes Webb, Zerafa, Menkès, Housden et associés (tour Elf-Aquitaine de La Défense à Paris, Banque Royale de Toronto). Ses parois de verre bleuté mettent en valeur la sculpture intitulée ***La foule illuminée*** du sculpteur franco-britannique Raymond Mason.

L'**Université McGill** ★★ *(805 rue Sherbrooke O., métro McGill)* a été fondée en 1821 grâce à un don du marchand de fourrures James McGill, ce qui en fait la plus ancienne des quatre universités de la ville. L'institution sera, tout au long du XIXe siècle, l'un des plus beaux fleurons de la bourgeoisie écossaise du *Golden Square Mile*. Le campus principal de l'université est caché dans la verdure, au pied du mont Royal.

On y pénètre, à l'extrémité nord de l'avenue McGill College, par les portes Roddick, qui renferment l'horloge et le carillon universitaire. À droite, on aperçoit deux bâtiments néoromans de Sir Andrew Taylor, conçus pour abriter les départements de physique (1893) et de chimie (1896). L'École d'architecture occupe maintenant le second édifice.

Un peu plus loin se trouve l'édifice du département d'ingénierie, le Macdonald Engineering Building, un bel exemple de néobaroque anglais avec son portail à bossages, doté d'un fronton brisé écarté (Percy Nobbs, 1908). Au fond de l'allée se dresse le plus ancien bâtiment du campus, l'Arts Building de 1839. Cet austère bâtiment néoclassique de l'architecte John Ostell fut pendant trois décennies le seul pavillon de l'Université McGill. Il loge le Moyse Hall, un beau théâtre antiquisant de 1926 (Harold Lea Fetherstonhaugh, architecte).

Le **Musée McCord d'histoire canadienne** ★★ *(8,05$ (taxes incluses, sam entrée libre 10h à 12h; mar-ven 10h à 18h, sam-dim 10h à 17h, fin juin à mi-oct tlj 10h à 18h; 690 rue Sherbrooke O., métro McGill, ☎398-7100)* occupe l'ancien édifice de l'association étudiante de l'Université McGill. Le beau bâtiment d'inspiration baroque anglais, de l'architecte Percy Nobbs (1906), a été agrandi vers l'arrière en 1991.

Le long de la rue Victoria, on peut voir, entre les

parties nouvelles et anciennes du musée, une intéressante sculpture de Pierre Granche intitulée ***Totem urbain/histoire en dentelle***. C'est le musée qu'il faut absolument voir à Montréal si l'on s'intéresse aux Amérindiens et à la vie quotidienne au Canada aux XVIIIe et XIXe siècles. On y trouve en effet une importante collection ethnographique, à laquelle s'ajoutent des collections de costumes, d'arts décoratifs, de peinture, d'estampes et de photographies, entre autres la fameuse collection «Notman», comportant 700 000 négatifs sur verre, véritable portrait du Canada de la fin du XIXe siècle.

Revenir à la rue Sainte-Catherine Ouest.

La **rue Sainte-Catherine** est la principale artère commerciale de Montréal. Longue de 15 km, elle change de visage à plusieurs reprises sur son parcours. Vers 1870, elle était encore bordée de maisons en rangée, mais, en 1920, elle était déjà au cœur de la vie montréalaise. Depuis les années soixante, un ensemble de centres commerciaux reliant l'artère aux lignes de métro adjacentes s'est ajouté aux commerces sur rue.

Parmi ceux-ci, le **Centre Eaton** *(rue Ste-Catherine O., métro McGill)* comprend une longue galerie à l'ancienne, bordée de cinq niveaux de magasins, de restaurants et de cinémas. Un tunnel piétonnier le relie à la Place Ville-Marie.

Cathédrale Christ Church ★★ et **Promenades de la Cathédrale** (angle rue University, métro McGill). La première cathédrale anglicane de Montréal était située sur la rue Notre-Dame à proximité de la place d'Armes. À la suite d'un incendie en 1856, on décida de reconstruire la cathédrale Christ Church plus près de la population à desservir, soit au cœur du *Golden Square Mile* naissant. L'architecte Frank Wills de Salisbury, prenant pour modèle la cathédrale de sa ville d'origine, a réalisé un ouvrage flamboyant doté d'un seul clocher aux transepts. La sobriété de l'intérieur contraste avec la riche ornementation des églises catholiques que l'on retrouve dans le même circuit. Seuls quelques beaux vitraux, exécutés dans les ateliers de William Morris, ajoutent un peu de couleur.

La flèche de pierre du clocher fut démolie en 1927 et remplacée par une copie en aluminium, car elle aurait éventuellement entraîné l'affaissement de l'édifice. Le problème lié à l'instabilité des fondations ne fut pas réglé pour autant, et il fallut la construction du centre commercial Les Galeries de la Cathédrale, sous l'édifice, pour solidifier le tout (1987). Ainsi, la cathédrale anglicane Christ Church repose maintenant sur le toit d'un centre commercial. Par la même occasion, une tour de verre postmoderne, coiffée d'une «couronne d'épines», fut érigée à l'arrière. À son pied se trouve un agréable petit jardin.

C'est autour du **square Phillips ★** *(angle rue Union et rue Ste-Catherine O., métro McGill)* qu'apparurent les premier magasins de la rue Sainte-Catherine, autrefois strictement résidentielle. Henry Morgan y transporta sa Morgan's Colonial House, aujourd'hui **La Baie**, à la suite des inondations de 1886 dans la vieille ville. Henry Birks, issu d'une longue lignée de joailliers anglais, suivit bientôt, en installant sa célèbre bijouterie dans un bel édifice de grès beige, sur la face ouest du square. En 1914, on a inauguré, au centre du square Phillips, un monument à la mémoire du roi Édouard VII, œuvre du sculpteur Philippe Hébert. Le square est un lieu de détente apprécié des clients des grands magasins.

L'**église St. James United** *(463 rue Ste-Catherine O., métro McGill)*, ancienne église méthodiste aménagée en forme d'auditorium, présentait à l'origine une façade complète donnant sur un jardin. Pour contrer la diminution de ses revenus, la communauté fit construire, en 1926, un ensemble de commerces et de bureaux sur le front de la rue Sainte-Catherine, ne laissant qu'un étroit passage pour accéder au temple. On aperçoit encore les deux clochers néogothiques en retrait de la rue.

Tourner à droite sur la rue De Bleury.

Après 40 ans d'absence, les jésuites reviennent à Montréal en 1842 à l'invitation de Mgr Ignace Bourget. Six ans plus tard, ils fondent le collège Sainte-Marie, où plusieurs générations de garçons recevront une éducation exemplaire.

L'**église du Gesù ★★** (*1202 rue De Bleury, métro Place-des-Arts)* fut conçue, à l'origine, comme chapelle du collège. Le projet grandiose, entrepris en 1864 selon les plans de l'architecte Patrick C. Keely de Brooklyn (New York), ne put être achevé faute de fonds. Ainsi, les tours de l'église néo-Renaissance n'ont jamais reçu de clochers. Quant au décor intérieur, il fut exécuté en trompe-l'œil par l'artiste Damien Müller. On remarquera les beaux exemples d'ébénisterie que sont les sept autels principaux ainsi que les parquets marquetés qui les entourent. Les grandes toiles suspendues aux murs ont été commandées aux frères Gagliardi de Rome. Le collège des jésuites, érigé au sud de l'église, a été démoli en 1975, mais le Gesù a heureusement pu être sauvé puis restauré en 1983.

Une courte excursion facultative permet de visiter l'église St. Patrick. Pour s'y rendre, suivre la rue De Bleury vers le sud. Tourner à droite sur le boulevard René-Lévesque, puis à gauche sur la petite rue Saint-Alexandre. On entre dans l'église par les accès situés sur les côtés.

Fuyant la misère et la maladie de la pomme de terre, les Irlandais arrivent nombreux à Montréal entre 1820 et 1860, où ils participent aux chantiers du canal de Lachine et du pont Victoria. La construction de la **basilique St. Patrick** ★★ *(rue St-Alexandre, métro Place-des-Arts)*, pour desservir la communauté catholique irlandaise, répondait donc à une demande nouvelle et pressante.

Au moment de son inauguration en 1847, l'église dominait la ville, située en contrebas. Elle est, de nos jours, bien dissimulée entre les gratte-ciel du quartier des affaires. Le père Félix Martin, supérieur des jésuites, et l'architecte Pierre-Louis Morin se chargèrent des plans de l'édifice néogothique, style préconisé par les Messieurs de Saint-Sulpice, qui financèrent le projet. Paradoxe parmi tant d'autres, l'église St. Patrick est davantage l'expression d'un art gothique français que celle de sa contrepartie anglo-saxonne.

L'intérieur, haut et sombre, invite à la prière. Chacune des colonnes en pin qui divisent la nef en trois vaisseaux est un tronc d'arbre d'un seul morceau.

Revenir vers la rue Sainte-Catherine Ouest.

Autrefois situé à la Cité du Havre, le **Musée d'Art contemporain** ★★ *(6$; mar-dim 11h à 18h, mer entrée libre 18h à 21h; 185 rue Ste-Catherine O., angle rue Jeanne-Mance, métro Place-des-Arts, ☎847-6212)* a été transféré sur ce site en 1992. L'édifice tout en longueur, érigé au-dessus du stationnement de la Place des Arts, renferme huit salles où sont présentées des œuvres québécoises et internationales réalisées après 1940.

L'intérieur, nettement plus réussi que l'extérieur, s'organise autour d'un hall circulaire. Au rez-de-chaussée, une amusante sculpture métallique de Pierre Granche intitulée *Comme si le temps... de la rue* représente la trame de rues montréalaise, envahie par des oiseaux casqués, dans une sorte de théâtre semi-circulaire.

Inspiré par des ensembles culturels, comme le Lincoln Center de New York, le gouvernement du Québec a fait ériger la **Place des Arts** ★ *(rue Ste-Catherine O., entre les rues Jeanne-Mance et St-Urbain, métro Place-des-Arts)*, un complexe de cinq salles consacré aux arts de la scène, dans la foulée de la Révolution tranquille. La Salle Wilfrid-Pelletier, au centre, fut inaugurée en 1963 (2 982 places). Elle accueille l'Orchestre symphonique de même que l'Opéra de Montréal.

Le Théâtre Maisonneuve, à droite, adopte une forme cubique. Il renferme trois salles : le Théâtre Maisonneuve (1 460 places), le Théâtre Jean-Duceppe (755 places) et le Café de la Place, petite salle intimiste de 138 places. Quant à la Cinquième Salle (350 places), elle a été aménagée en 1992 dans le cadre de la construction du Musée d'Art contemporain.

La Place des Arts est reliée à l'axe gouvernemental de la ville souterraine, qui s'étend du Palais des congrès jusqu'à l'avenue du Président-Kennedy. Développée par les différents paliers de gouvernements, cette portion du réseau souterrain a été baptisée ainsi par opposition au réseau privé, qui gravite autour de la Place Ville-Marie, plus à l'ouest.

Le vaste **complexe Desjardins** ★ *(rue Ste-Catherine O., métro Place-des-Arts)* abrite le siège social de la Fédération des caisses populaires Desjardins depuis 1976. On y trouve également de nombreux bureaux gouvernementaux. Le complexe est doté d'une place publique intérieure, très courue durant les mois d'hiver, où sont présentés divers spectacles et où sont enregistrées des émissions de télévision. Cette place est entourée de boutiques et de cinémas.

L'ancien Gaiety Theatre, où se produisait autrefois Lili Saint-Cyr, la plus célèbre effeuilleuse nord-américaine de tous les temps, est devenu le respectable **Théâtre du Nouveau**

Monde (*84 rue Ste-Catherine O., ☎866-8668*) au début des années soixante. Le «TNM», où sont présentés les classiques du répertoire français et québécois, est situé à l'ombre du complexe Desjardins. Il a subi en 1996 une importante cure de jouvence sous la direction de l'architecte Dan Hanganu. À cette occasion, le foyer du théâtre a été entièrement reconstruit dans un style débridé, combinant le métal, le verre et la brique rouge.

On quitte maintenant l'ancien secteur du *Golden Square Mile* pour aborder celui du **boulevard Saint-Laurent**. À la fin du XVIIIe siècle, le faubourg Saint-Laurent se développe en bordure du chemin du même nom, qui conduit à l'intérieur des terres.

En 1792, on en fait la division officielle de la ville en deux quartiers est et ouest, de part et d'autre de l'artère. Puis au début du XXe - siècle, les adresses des rues est-ouest sont réparties de façon à débuter au boulevard Saint-Laurent. Entre- temps, vers 1880, la haute société canadienne-française conçoit le projet de faire de ce boulevard les «Champs-Élysées» montréalais. On démolit alors le flanc ouest pour élargir la voie et reconstruire de nouveaux immeubles dans le style néoroman de Richardson, à la mode en cette fin du XIXe siècle.

Peuplé de vagues successives d'immigrants qui débarquent dans le port, le boulevard Saint-Laurent ne connaîtra jamais la gloire prévue par ses promoteurs. Le tronçon du boulevard compris entre les boulevards René-Lévesque et De Maisonneuve deviendra cependant le noyau de la vie nocturne montréalaise dès le début du XXe siècle. On y trouvait les grands théâtres, tel le Français, où se produisait Sarah Bernhardt.

À l'époque de la Prohibition aux États-Unis (1919-1930), le secteur s'encanaille, attirant chaque semaine des milliers d'Américains qui fréquentent les cabarets et les lupanars, nombreux dans le quartier jusqu'à la fin des années cinquante.

Tourner à droite sur le boulevard Saint-Laurent.

Installé dans les anciens bâtiments de la brasserie Ekers, le **Musée juste pour rire ★★** (*5$; lun-ven 9h30 à 15h30, sam-dim 10h à 17h; 2111 bd St-Laurent, métro St-Laurent, ☎845-4000*) fut inauguré en 1993. Ce musée, unique en son genre, explore diverses facettes du domaine de l'humour en présentant divers extraits de films et des décors parfois déroutants. Un système d'écouteurs à infrarouge, grâce auquel on peut suivre la présentation, accompagne les curieux tout au long de leur visite. Le bâtiment dans lequel il se trouve a été rénové et réaménagé par l'architecte Luc Laporte; il offre quelque 3 000 m² de surface d'exposition.

Quartier chinois

Érigé en 1893 pour la Société Saint-Jean-Baptiste, vouée à la défense des droits des francophones, le **Monument National ★** (*1182 bd St-Laurent, métro St-Laurent*) constituait un centre culturel dédié à la cause du Canada français. On y proposait des cours commerciaux, on y trouvait la tribune favorite des orateurs politiques et l'on y présentait des spectacles à caractère religieux.

Toutefois, au cours des années quarante, on y a aussi monté des spectacles de cabaret et des pièces à succès qui ont lancé la carrière de plusieurs artistes québécois, notamment les Olivier Guimond père et fils. L'édifice, vendu à l'École nationale de théâtre du Canada en 1971, a fait l'objet d'une restauration complète pour son centenaire; à cette occasion, on a mis en valeur la plus ancienne salle de spectacle au Canada.

Traverser le boulevard René-Lévesque, puis tourner à droite sur la rue De La Gauchetière.

Le **quartier chinois ★** (*rue De La Gauchetière, métro Place-des-Arts*) de Montréal, même s'il est plutôt petit, n'en demeure pas moins un lieu de promenade agréable. Les Chinois venus au Canada pour la construction du chemin de fer transcontinental, terminée en 1886, s'y sont installés en grand nombre à la fin du XIXe siècle.

Bien qu'ils n'habitent plus le quartier, ils y viennent toujours les fins de semaine pour flâner et faire ample provision de produits exotiques. La rue De La Gauchetière a été transformée en artère piétonne, bordée de restaurants et encadrée par de belles portes à l'architecture d'inspiration chinoise.

À l'ouest de la rue Saint-Urbain se dresse le **Palais des congrès de Montréal** *(201 av. Viger O., métro Place-d'Armes, ☎871-3170)*, masse de béton rébarbative érigée au-dessus de l'autoroute Ville-Marie, qui contribue à isoler le Vieux-Montréal du centre-ville. Une petite place le long de la rue De La Gauchetière donne accès au hall d'accueil du Palais aménagé sous une longue verrière. Les aires de réunion (avec leurs 16 700 m²) peuvent accueillir jusqu'à 5 000 congressistes à la fois. Des projets d'agrandissement et de relocalisation sont à l'étude.

Pour retourner au point de départ, remonter le boulevard Saint-Laurent jusqu'à la station de métro Place-des-Arts (angle boulevard De Maisonneuve). Prendre le métro vers l'ouest jusqu'à la station Guy-Concordia.

Circuit C : Le Village Shaughnessy (une journée)

Lorsque les Messieurs de Saint-Sulpice prennent possession de l'île de Montréal en 1663, ils se réservent une partie des meilleures terres, sur lesquelles ils implanteront une ferme et un village amérindien en 1676. À la suite d'un incendie, le village est déplacé à différents endroits, avant de se fixer définitivement à Oka.

Une section de la ferme, correspondant à l'actuel territoire de Westmount, est alors concédée à des colons français. Sur la portion restante, les sulpiciens aménagent un verger et un vignoble. Le lotissement de ces terres débute vers 1870 : une partie d'entre elles servent à la construction de demeures bourgeoises, alors que de larges parcelles sont accordées aux communautés religieuses catholiques, alliées des sulpiciens.

C'est à cette époque que l'on érige la maison Shaughnessy, qui donnera son nom au quartier. Depuis 1960, la population du secteur a considérablement augmenté, faisant du Village Shaughnessy la zone la plus densément peuplée du Québec.

De la rue Guy (station de métro Guy-Concordia), prendre la rue Sherbrooke à gauche. Le circuit débute au 1850 Sherbrooke Ouest.

Les loges maçonniques, bien que déjà présentes en Nouvelle-France, prendront de l'ampleur avec l'immigration britannique. Ces associations de libres penseurs n'ont pas la faveur du clergé canadien, qui fustige leurs vues libérales.

Ironiquement, le **Temple maçonnique** ★ *(1850 rue Sherbrooke O., métro Guy-Concordia)* des loges écossaises de Montréal est situé en face du Grand Séminaire, où l'on forme les prêtres catholiques. L'édifice, bâti en 1928, contribue à donner à la franc-maçonnerie son caractère mystique et secret grâce à sa façade hermétique sans fenêtres, dotée de vasques antiques et de luminaires bicéphales.

La maison de ferme des sulpiciens était entourée d'un mur d'enceinte relié à quatre tours d'angle en pierre, ce qui lui a valu le nom de fort des Messieurs. La maison a été détruite au moment de la construction (1854-1860) du **Grand Séminaire** ★★ *(2065 rue Sherbrooke O., métro Guy-Concordia)*, mais deux des tours érigées au XVIIe - siècle selon les plans de François Vachon de Belmont, supérieur des sulpiciens de Montréal, subsistent dans les jardins ombragés de l'institution.

C'est dans l'une d'elles que sainte Marguerite Bourgeoys enseignait aux petites Amérindiennes. Les longs bâtiments néoclassiques du Grand Séminaire, œuvre de l'architecte John Ostell, se sont vu coiffer d'une toiture en mansarde par Henri-Maurice Perrault vers 1880. Un centre d'interprétation extérieur, aménagé sur la rue Sherbrooke, dans l'axe de la rue du Fort, apporte des précisions sur la disposition des bâtiments de la ferme.

Il faut pénétrer à l'intérieur du Grand Séminaire pour voir la belle chapelle dessinée dans le style néoroman par Jean Omer Marchand en 1905. Les poutres de son plafond sont faites de cèdre de la Colombie-Britannique, alors que ses murs sont revêtus de pierres de Caen. Les 300 stalles en chêne, sculptées à la main, bordent la nef de 80 m de longueur, sous laquelle reposent les sulpiciens morts à Montréal depuis le XVIIe siècle. Rappelons que la compagnie des prêtres de Saint-Sulpice a été fondée à Paris par Jean-Jacques Olier en 1641 et que son église mère est la célèbre église parisienne Saint- Sulpice, sur la place du même nom.

La congrégation de Notre-Dame, fondée par sainte Marguerite Bourgeoys en 1671, possédait un couvent et une maison d'enseignement dans le Vieux-Montréal. L'ensemble, reconstruit au XVIIIe siècle, fut exproprié par la Ville au début du XXe siècle en vue du prolongement du boulevard Saint- Laurent jusqu'au port. Les religieuses durent se résoudre à quitter les lieux pour s'installer dans une nouvelle maison mère.

C'est alors que la congrégation fit élever le couvent de la rue Sherbrooke selon les plans de Jean Omer Marchand (1873-1936), premier architecte canadien-français diplômé de l'École des beaux-arts de Paris. L'immense complexe, occupé depuis 1987 par le **Collège Dawson ★** *(3040 rue Sherbrooke O., métro Atwater)*, cégep (collège d'enseignement général et professionnel) de langue anglaise, témoigne de la vitalité des communautés religieuses québécoises avant la Révolution tranquille de 1960. Sa chapelle néoromane, au centre, comporte un dôme de cuivre allongé rappelant l'architecture byzantine.

Le déclin de la pratique religieuse et la pénurie de nouvelles vocations ont obligé la communauté à s'installer dans des bâtiments plus modestes. Le couvent de la rue Sherbrooke fut vendu au gouvernement du Québec. L'édifice de brique jaune, entouré d'un parc abondamment planté, est maintenant relié directement au métro et à la ville souterraine. L'ancienne chapelle, à peine modifiée, abrite la bibliothèque. C'est peut-être le plus beau de tous les cégeps du Québec.

Emprunter l'avenue Atwater vers le sud, puis tourner à gauche sur la rue Sainte-Catherine Ouest.

Le **Forum** *(2313 rue Ste-Catherine O., métro Atwater)*, vaste bâtiment aux allures de hangar maintes fois modifié, a été le domicile du club de hockey Le Canadien, de 1924 jusqu'à sa fermeture en mars 1996 (voir «Centre Molson», p 107). Les «Glorieux», comme les appellent affectueusement leurs nombreux partisans, y ont connu plusieurs moments forts de leur histoire.

En face, sur l'avenue Atwater, se dresse la **Plaza Alexis-Nihon**, un complexe multifonctionnel relié à la ville souterraine comprenant un centre commercial, des bureaux et des appartements. Le **square Cabot**, au sud du Forum, était autrefois le terminus des autobus pour tout l'ouest de la ville.

Tourner à droite sur la rue Lambert-Closse, puis à gauche sur la rue Tupper.

Entre 1965 et 1975, le Village Shaughnessy a connu une vague massive de démolition. Quantité de maisons en rangée de l'ère victorienne ont alors été remplacées par des tours d'habitation que l'on a souvent qualifiées de «cages à poules», tellement leur architecture sommaire, caractérisée par une répétition sans fin des mêmes balcons de verre ou de béton, était caricaturale.

L'**avenue Seymour ★** *(métro Atwater)* est l'une des seules rues du quartier qui a échappé à cette vague, maintenant résorbée. On peut y voir de coquettes maisons de brique et de pierre grise présentant des détails Queen Anne, Second Empire ou néoroman.

Tourner à droite sur la rue du Fort, puis à gauche sur la petite rue Baile (attention aux automobiles qui circulent trop rapidement sur ces rues environnant les accès de l'autoroute Ville-Marie). Emprunter le sentier qui longe le Centre Canadien d'Architecture à l'est pour rejoindre le boulevard René-Lévesque Ouest.

Fondé en 1979 par Phyllis Lambert, le **Centre Canadien d'Architecture ★★★** *(6$, entrée libre jeu 18h à 20h; juin à sept mar-dim 11h à 18h, jeu jusqu'à 20h; oct à mai mer-ven 11h à 18h, jeu jusqu'à 20h, sam-dim 11h à 17h; 1920 rue Baile, métro Guy-Concordia, ☎939-7026)* est à la fois un musée et un centre d'étude de l'architecture du monde entier. Ses collections de plans, de dessins, de maquettes, de livres et de photographies d'architecture sont les plus importantes du genre au monde.

Le centre, érigé entre 1985 et 1989, comprend 6 salles d'exposition, une librairie, une bibliothèque, un auditorium de 217 places et une aile spécialement aménagée pour les chercheurs, sans compter les voûtes et les laboratoires de restauration. L'édifice principal en forme de *U*, réalisé par Peter Rose, assisté de Phyllis Lambert, est recouvert de calcaire gris extrait des carrières de Saint-Marc, près de Québec. Ce matériau, autrefois extrait des carrières du Plateau Mont-Royal et de

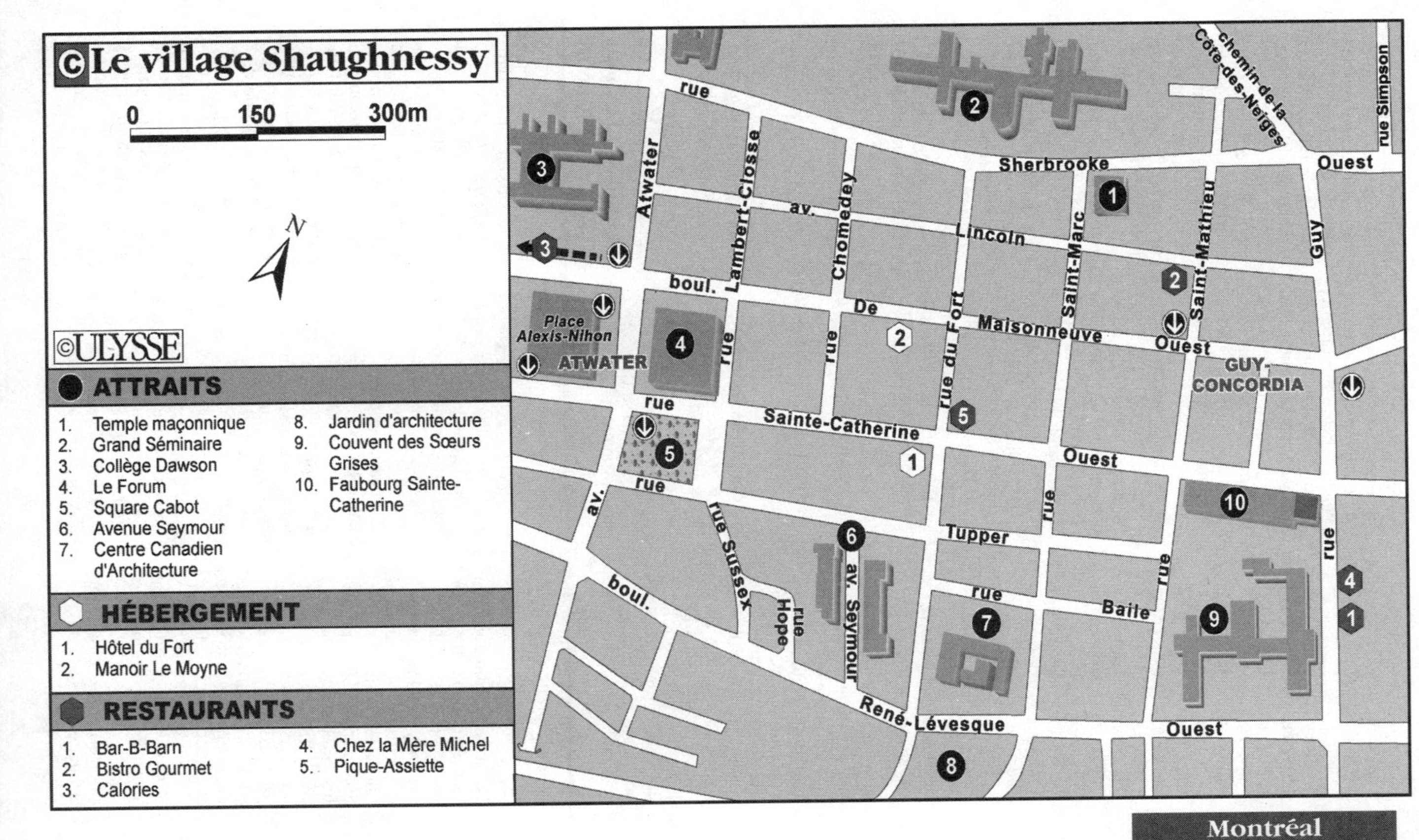
Le village Shaughnessy
0 150 300m
N
©ULYSSE
ATTRAITS
1. Temple maçonnique
2. Grand Séminaire
3. Collège Dawson
4. Le Forum
5. Square Cabot
6. Avenue Seymour
7. Centre Canadien d'Architecture
8. Jardin d'architecture
9. Couvent des Sœurs Grises
10. Faubourg Sainte-Catherine
HÉBERGEMENT
1. Hôtel du Fort
2. Manoir Le Moyne
RESTAURANTS
1. Bar-B-Barn
2. Bistro Gourmet
3. Calories
4. Chez la Mère Michel
5. Pique-Assiette
rue Simpson
chemin-de-la Côte-des-Neiges
rue Sherbrooke Ouest
av. Lincoln
boul. De Maisonneuve Ouest
rue Sainte-Catherine Ouest
Tupper
rue Baile
boul. René-Lévesque Ouest
Atwater
Lambert-Closse
Chomedey
rue du Fort
Saint-Marc
Saint-Mathieu
Guy
rue
av.
rue Sussex
rue Hope
av. Seymour
Place Alexis-Nihon
ATWATER
GUY-CONCORDIA

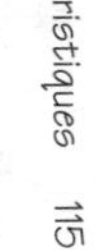
Montréal

Rosemont, à Montréal, donne sa couleur aux rues de la ville.

L'édifice enserre la **maison Shaughnessy**, dont la façade donne sur le boulevard René-Lévesque Ouest. Cette maison est, en fait, constituée de deux habitations jumelées, construites en 1874 selon les plans de l'architecte William Tutin Thomas. Elle est représentative des demeures bourgeoises qui bordaient autrefois le boulevard René-Lévesque (anciennement rue Dorchester).

En 1974, elle fut au centre du sauvetage du quartier, éventré à plusieurs endroits. La maison, elle-même menacée de démolition, fut rachetée *in extremis* par Phyllis Lambert, qui y a aménagé les bureaux et les salles de réception du Centre Canadien d'Architecture. Un ancien président du Canadien Pacifique, Sir Thomas Shaughnessy, qui a habité la maison pendant plusieurs décennies, a laissé son nom au bâtiment. Les habitants du secteur, regroupés en association, ont par la suite choisi de donner son nom au quartier tout entier.

L'amusant **jardin d'architecture** ★ *(métro Guy-Concordia)* de l'artiste Melvin Charney, aménagé entre deux bretelles d'autoroute, fait face à la maison Shaughnessy. Il exprime les différentes strates de développement du quartier à travers un segment du verger des sulpiciens, à gauche; les limites de lots des demeures victoriennes indiquées par des lignes de pierre et des plantations de rosiers rappellent les jardins de ces maisons.

Une promenade longeant la falaise qui séparait autrefois le quartier riche des quartiers ouvriers permet de contempler la basse-ville (La Petite-Bourgogne, Saint-Henri, Verdun) et le fleuve Saint-Laurent. Certains points forts de ce panorama sont représentés de manière stylisée au sommet de mâts en béton.

À l'instar de la congrégation de Notre-Dame, les Sœurs Grises ont dû relocaliser leur couvent et leur hôpital, autrefois situés sur la rue Saint- Pierre, dans le Vieux- Montréal (voir p 96). Elles ont obtenu un morceau de la ferme des sulpiciens, sur lequel elles ont fait ériger, entre 1869 et 1874, un vaste ensemble conventuel conçu par Victor Bourgeau.

Poursuivre la promenade sur le boulevard René-Lévesque en direction est, et tourner sur la rue Saint-Mathieu.

Le **couvent des Sœurs Grises** ★★ *(1185 rue St-Mathieu, métro Guy-Concordia)* représente l'aboutissement d'une tradition architecturale québécoise développée à travers les siècles. Seule la chapelle présente une influence étrangère, soit le style néoroman, qui, avec le néogothique, était privilégié par les Messieurs de Saint-Sulpice, par opposition aux styles néo-Renaissance et néobaroque, favorisés par l'évêché.

Le **Musée Marguerite-d'Youville** *(entrée libre; mer-dim 13h30 à 16h30; ☎937-9501)*, du nom de la fondatrice de la communauté, présente, dans l'aile nord- ouest, des objets racontant la vie de la communauté ainsi que de beaux vêtements liturgiques, des toiles, des meubles, de l'art amérindien, inuit et missionnaire. Sur demande, il est possible d'avoir accès à la chapelle de l'Invention- de-la-Sainte-Croix, au centre du couvent. Ses vitraux proviennent de la Maison Champigneule de Bar-le-Duc, en France. En 1974, le couvent devait être démoli pour être remplacé par des tours d'habitation. Heureusement, les protestations des Montréalais ont permis de sauver l'ensemble, aujourd'hui classé.

Tourner à droite sur la rue Sainte-Catherine Ouest.

Occupant un ancien garage recyclé, le **Faubourg Sainte-Catherine** ★ *(1616 rue Ste-Catherine O., métro Guy-Concordia)* regroupe des cinémas, un marché composé de petites boutiques de spécialités locales et étrangères ainsi qu'une aire de restauration rapide aménagée sous une longue verrière.

Pour retourner à la station de métro Guy-Concordia, tourner à gauche sur la rue Guy.

Circuit D : Le mont Royal et Westmount

Le mont Royal est un point de repère important dans le paysage montréalais, autour duquel gravitent les quartiers centraux de la ville. Appelée simplement «la montagne» par les citadins, cette masse trapue de 234 m de haut à son point culminant est en fait l'une des collines montérégiennes, qui sont autant d'intrusions de roche volcanique dans la plaine du Saint-Laurent.

Ce «poumon vert» couvert d'arbres apparaît à l'extrémité des rues du centre-ville, exerçant un effet bénéfique sur les Montréalais, qui ainsi ne perdent jamais contact avec la nature. La montagne comporte en réalité trois sommets : le premier est occupé par le parc du Mont-Royal, le second par l'Université de Montréal et le troisième par Westmount, ville autonome aux belles demeures de style anglais. À cela, il faut ajouter les cimetières catholique, protestant et juif, qui forment ensemble la plus vaste nécropole du continent nord-américain.

Pour se rendre au point de départ de ce circuit, prendre l'autobus 11 à la station de métro Mont- Royal, sur le Plateau Mont-Royal. Descendre au belvédère Camillien-Houde.

Du **belvédère Camillien-Houde** ★★ *(voie Camillien-Houde)*, un beau point d'observation, on embrasse du regard tout l'est de Montréal. On voit, à l'avant-plan, le quartier du Plateau Mont-Royal, avec sa masse uniforme de duplex et de triplex percée à plusieurs endroits par les clochers de cuivre verdi des églises paroissiales, et, à l'arrière-plan, les quartiers Rosemont et Maisonneuve, dominés par le Stade olympique.

Par temps clair, on distingue les raffineries de pétrole de Montréal-Est, dans le lointain. À des fins comparatives, mentionnons que le fleuve Saint-Laurent, visible à droite, fait 1,5 km de largeur à son point le plus étroit. Le belvédère Camillien-Houde est le point de rendez-vous des amoureux motorisés.

Gravir l'escalier de bois à l'extrémité sud du stationnement de l'observatoire, puis emprunter sur la gauche le chemin Olmsted, qui conduit au chalet et au belvédère principal. On longe alors la croix du mont Royal.

Le **parc du Mont-Royal** ★★★ a été créé par la Ville de Montréal en 1870, à la suite des pressions des résidants du *Golden Square Mile* qui voyaient leur terrain de jeu favori déboisé par divers exploitants de bois de chauffage. Frederick Law Olmsted (1822-1903), le célèbre créateur du Central Park, à New York, fut mandaté pour aménager les lieux. Il prit le parti de conserver au site son caractère naturel, se limitant à aménager quelques points d'observation reliés par des sentiers en tire-bouchon.

Inauguré en 1876, ce parc de 101 ha, concentré dans la portion sud de la montagne, est toujours un endroit de promenade apprécié des Montréalais.

Le **chalet du mont Royal** ★★★ *(lun-ven 9h30 à 20h; parc du Mont-Royal, ☎844-4928)*, au centre du parc, fut conçu par Aristide Beaugrand-Champagne en 1932, en remplacement de l'ancien, qui menaçait ruine. Au cours des années trente et quarante, les *big bands* donnaient des concerts à la belle étoile sur les marches de l'édifice.

L'intérieur est décoré de toiles marouflées représentant des scènes de l'histoire du Canada et commandées à de grands peintres québécois comme Marc-Aurèle Fortin et Paul-Émile Borduas. Mais, si l'on se rend au chalet du mont Royal, c'est d'abord pour la traditionnelle vue sur le centre-ville depuis son belvédère, admirable en fin d'après-midi et en soirée, alors que les gratte-ciel s'illuminent.

Emprunter la route de gravier qui conduit au stationnement du chalet et à la voie Camillien-Houde. À droite se trouve l'une des entrées du cimetière Mont-Royal.

Le **cimetière protestant Mont-Royal** ★★ *(voie Camillien-Houde)* fait partie des plus beaux parcs de la ville. Conçu comme un éden pour les vivants visitant leurs défunts, il est aménagé tel un jardin anglais dans une vallée isolée, donnant aux visiteurs l'impression d'être à mille lieues de la ville alors qu'ils sont en fait en son centre. On y retrouve une grande variété d'arbres fruitiers et feuillus, sur les branches desquels viennent se percher des espèces d'oiseaux absentes des autres régions du Québec.

Le cimetière, créé par les églises anglicane, presbytérienne, méthodiste, unitarienne et baptiste, a ouvert ses portes en 1852. Certains de ses monuments sont de véritables œuvres d'art créées par des artistes de renom.

Parmi les personnalités et les familles qui y sont inhumées, il faut mentionner l'armateur Sir Hugh Allan, les brasseurs Molson, qui possèdent le plus imposant mausolée, ainsi que de nombreux autres personnages de la petite et de la grande histoire, parmi lesquels figure Anna Leonowens, gouvernante du roi de Siam au XIXe siècle, qui a inspiré les créateurs de la pièce *The King and I* (Le roi et moi).

En route vers le lac aux Castors, on remarquera, à gauche, la seule des anciennes maisons de ferme de la montagne qui subsiste encore.

Suivre la voie Camillien-Houde, puis le chemin Remembrance vers l'ouest. En-

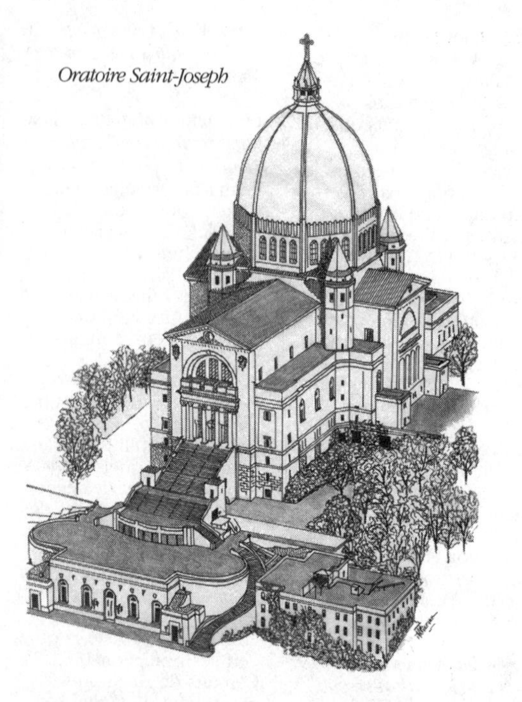
Oratoire Saint-Joseph

suite, emprunter le chemin qui mène au lac aux Castors.

Le petit **lac aux Castors** *(en bordure du chemin Remembrance)* a été aménagé en 1958 sur le site des marécages se trouvant autrefois à cet endroit. En hiver, il se transforme en une agréable patinoire. Ce secteur du parc, aménagé d'une manière plus conventionnelle, comprend en outre des pelouses et un jardin de sculptures, contrevenant ainsi aux directives d'Olmsted le puriste.

Le **cimetière Notre-Dame-des-Neiges ★★**, le plus vaste des cimetières montréalais, est une véritable cité des morts, puisque plus d'un million de personnes y ont été inhumées depuis 1854, date de son inauguration. Il succède au cimetière qui occupait le square Dominion, maintenant square Dorchester, jugé trop proche des habitations. Contrairement au cimetière protestant, il présente des attributs à caractère éminemment religieux qui identifient clairement son appartenance au catholicisme.

Ainsi, deux anges du paradis encadrant un crucifix accueillent les visiteurs à l'entrée principale du chemin de la Côte-des-Neiges. Les «deux solitudes» (les peuples d'origines française catholique et anglosaxonne protestante du Canada) demeurent donc isolées jusque dans la mort. Le cimetière peut-être visité tel un *Who's Who* des personnalités du monde des affaires, des arts, de la politique et de la science au Québec. Un obélisque à la mémoire des Patriotes de la rébellion de 1837-1838 et plusieurs monuments, réalisés par des sculpteurs de renom, parsèment les 55 km de routes et de sentiers qui sillonnent les lieux.

Du cimetière et des chemins qui y conduisent, on jouit de plusieurs points de vue sur l'**oratoire Saint-Joseph ★★** *(entrée libre; tlj 9h à 17h, messe tlj 6h30 à 21h30, crèche de Noël du 15 nov au 15 fév; 3800 chemin Queen Mary, ☎733-8211).* L'énorme édifice, coiffé d'un dôme en cuivre, le second en importance au monde après celui de Saint-Pierre-de-Rome, est érigé à flanc de colline, accentuant encore davantage son caractère mystique. De la grille d'entrée, il faut gravir plus de 300 marches pour accéder à la basilique.

L'oratoire a été aménagé entre 1924 et 1956 à l'instigation du bienheureux frère André, portier du collège Notre-Dame (situé en face), à qui l'on attribue de nombreux miracles. Ce véritable complexe religieux est donc à la fois consacré à saint Joseph et à son humble créateur. Il comprend la basilique inférieure, la crypte du frère André et la basilique supérieure, ainsi que deux musées, l'un dédié à la vie du frère André et l'autre à l'art sacré. La première chapelle du petit portier, aménagée en 1910, une cafétéria, une hostellerie et un magasin d'articles de piété complètent les installations.

L'oratoire est l'un des principaux lieux de dévotion et de pèlerinage en Amérique. Il accueille chaque année quelque deux millions de visiteurs. L'enveloppe extérieure de l'édifice fut réalisée dans le style néoclassique selon les plans des architectes Dalbé Viau et Alphonse Venne; mais l'intérieur est avant tout une œuvre mo-

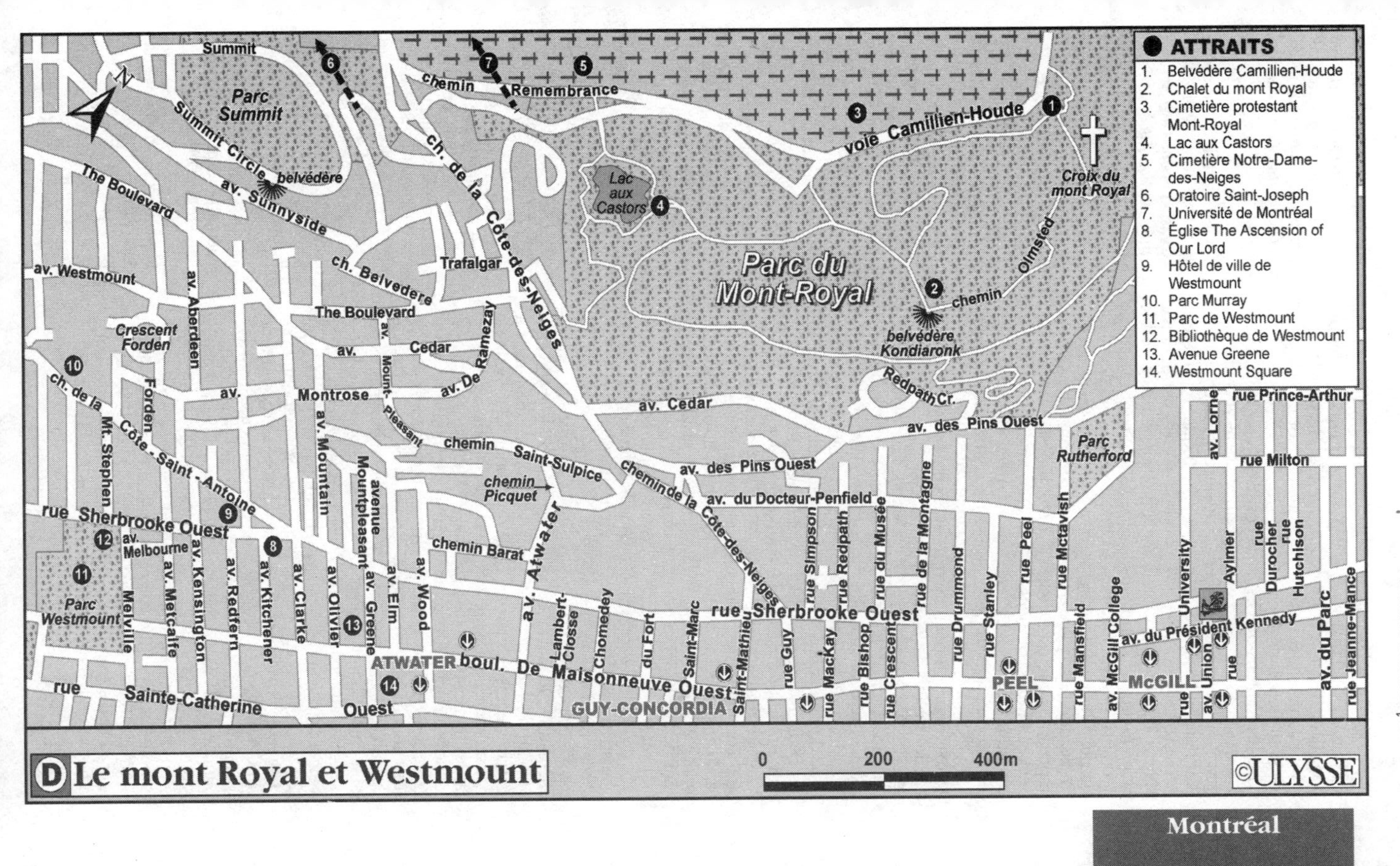
D Le mont Royal et Westmount
ATTRAITS
1. Belvédère Camillien-Houde
2. Chalet du mont Royal
3. Cimetière protestant Mont-Royal
4. Lac aux Castors
5. Cimetière Notre-Dame-des-Neiges
6. Oratoire Saint-Joseph
7. Université de Montréal
8. Église The Ascension of Our Lord
9. Hôtel de ville de Westmount
10. Parc Murray
11. Parc de Westmount
12. Bibliothèque de Westmount
13. Avenue Greene
14. Westmount Square
©ULYSSE
Parc du Mont-Royal
Lac aux Castors
Croix du mont Royal
belvédère Kondiaronk
voie Camillien-Houde
chemin Olmsted
chemin Remembrance
ch. de la Côte-des-Neiges
Parc Summit
Summit
Summit Circle
belvédère
av. Sunnyside
The Boulevard
ch. Belvedere
Trafalgar
av. Cedar
av. De Ramezay
av. Mount-Pleasant
av. Montrose
Parc Rutherford
Redpath Cr.
av. des Pins Ouest
chemin Saint-Sulpice
chemin Picquet
chemin Barat
av. Atwater
av. du Docteur-Penfield
chemin de la Côte-des-Neiges
rue Sherbrooke Ouest
boul. De Maisonneuve Ouest
rue Sainte-Catherine Ouest
ch. de la Côte-Saint-Antoine
Parc Westmount
av. Westmount
Crescent Forden
Forden
Mt. Stephen
av. Aberdeen
av. Mountain
avenue Mountpleasant
av. Melbourne
Melville
av. Metcalfe
av. Kensington
av. Redfern
av. Kitchener
av. Clarke
av. Olivier
av. Greene
av. Elm
av. Wood
Lambert-Closse
Chomedey
du Fort
Saint-Marc
Saint-Mathieu
rue Guy
rue MacKay
rue Bishop
rue Crescent
rue Simpson
rue Redpath
rue du Musée
rue de la Montagne
rue Drummond
rue Stanley
rue Peel
rue Mctavish
rue Mansfield
av. McGill College
rue University
av. Union
rue Aylmer
rue Durocher
rue Hutchison
av. du Président Kennedy
av. du Parc
rue Jeanne-Mance
rue Prince-Arthur
av. Lorne
rue Milton
ATWATER
GUY-CONCORDIA
PEEL
McGILL
0 200 400m

derne de Lucien Parent et du bénédictin français dom Paul Bellot, à qui l'on doit notamment l'abbaye de Saint-Benoît-du-Lac, dans les Cantons-de-l'Est.

Il ne faut pas manquer de voir dans la basilique supérieure les verrières de Marius Plamondon, l'autel et le crucifix d'Henri Charlier, ainsi que l'étonnante chapelle dorée, à l'arrière. La basilique est dotée d'un imposant orgue du facteur Beckerath que l'on peut entendre tous les mercredis soir durant l'été.

À l'extérieur, on peut aussi voir le carillon de la maison Paccard et Frères, d'abord destiné à la tour Eiffel, et le beau chemin de croix dans les jardins à flanc de montagne, réalisé par Louis Parent et Ercolo Barbieri. L'observatoire de l'oratoire Saint-Joseph, d'où l'on embrasse du regard l'ensemble de Montréal, est le point culminant de l'île à 263 m de hauteur.

Une succursale de l'Université Laval de Québec ouvre ses portes dans le Château De Ramezay en 1876, après bien des démarches entravées par la maison mère, qui voulait garder le monopole de l'éducation universitaire en français à Québec. Quelques années plus tard, elle emménage sur la rue Saint-Denis, donnant ainsi naissance au Quartier latin (voir p 130).

L'**Université de Montréal** ★ *(2900 bd Édouard-Montpetit)* obtient finalement son autonomie en 1920, ce qui permet à ses directeurs d'élaborer des projets grandioses. Ernest Cormier (1885-1980) est approché pour la réalisation d'un campus sur le flanc nord du mont Royal. Cet architecte, diplômé de l'École des beaux-arts de Paris, fut l'un des premiers à introduire l'Art déco en Amérique du Nord.

Les plans du pavillon central évoluent vers une structure Art déco épurée et symétrique, revêtue de brique jaune clair et dotée d'une tour centrale, visible depuis le chemin Remembrance et le cimetière Notre-Dame-des-Neiges. La construction, amorcée en 1929, est interrompue par la crise américaine, et ce n'est qu'en 1943 que le pavillon central, sur la montagne, accueille ses premiers étudiants.

Depuis, une pléiade de pavillons se sont joints à celui-ci, faisant de l'Université de Montréal la seconde plus grande université de langue française au monde, avec plus de 58 000 étudiants. L'entrée de l'université est assez éloignée du trajet suivi, aussi une visite du site constitue-t-elle une excursion supplémentaire à laquelle il faut consacrer environ une heure.

Suivez ensuite les sentiers du parc du Mont-Royal jusqu'à la sortie menant à Westmount. Cette ville résidentielle cossue de 20 239 habitants, enclavée dans le territoire de Montréal, a longtemps été considérée comme le bastion de l'élite anglosaxonne du Québec. Après que le *Golden Square Mile* eut été envahi par le quartier des affaires, Westmount a pris la relève. Ses rues ombragées et sinueuses, sur le versant sud-ouest de la montagne, sont bordées de demeures de styles néo-Tudor et néogeorgien, construites pour la plupart entre 1910 et 1930. Des hauteurs de Westmount, on bénéficie de beaux points de vue sur la ville, en contrebas.

Emprunter The Boulevard, puis tourner à gauche sur l'avenue Clarke (près du petit parc triangulaire) pour rejoindre la rue Sherbrooke Ouest.

L'église catholique anglaise de Westmount, l'**église The Ascension of Our Lord** ★ *(angle avenue Kitchener, métro Atwater)*, érigée en 1928, témoigne de la persistance du style néogothique dans l'architecture nord-américaine et de l'exactitude historique, croissante au XXe siècle, des édifices dont les formes se réfèrent à des modèles anciens. On a donc l'impression d'avoir sous les yeux une authentique église de village anglais du XIVe siècle, avec son revêtement de pierre brute, ses lignes étirées et ses fines sculptures.

Westmount est comme un morceau de Grande-Bretagne transposé en Amérique. L'**hôtel de ville de Westmount** ★ *(4333 rue Sherbrooke O.)* adopte le style néo- Tudor, inspiré de l'architecture de l'époque d'Henri VIII et d'Elizabeth Ire, considéré dans les années vingt comme le style national anglais, puisque émanant exclusivement des îles Britanniques. Celui-ci se définit, entre autres choses, par la présence d'ouvertures horizontales à multiples meneaux de pierres, de *bay-windows* (oriels) et d'arcs surbaissés. À l'arrière se trouve la pelouse irréprochable d'un club de *bowling* sur gazon, sur laquelle se détachent les joueurs portant le costume blanc réglementaire.

Empruntez le chemin de la Côte-Saint-Antoine jusqu'au parc Murray. Le terme «côte» au Québec n'a, en général, rien à voir avec la dénivellation du terrain, mais réfère plutôt au système seigneurial de la Nouvelle-France. Les longs rectangles de terre distribués aux colons présentant leur «côté» face aux chemins qui relient les fermes les unes aux autres, ceux-ci ont pris le nom de «côte». La côte Saint- Antoine est l'un des premiers chemins de l'île de Montréal. Aménagé en 1684 par les Messieurs de Saint-Sulpice sur le tracé d'une ancienne piste amérindienne, ce chemin s'ouvre sur les plus anciennes maisons du territoire de Westmount. À l'angle de l'avenue Forden, une **borne** installée là au XVIIe siècle, discrètement identifiée par un aménagement rayonnant du trottoir, est la seule survivante d'une signalisation développée par les sulpiciens sur leur seigneurie de l'île de Montréal.

Pour ceux et celles qui voudraient s'imprégner d'une atmosphère *Mid-Atlantic*, faite d'un mélange d'Angleterre et d'Amérique, le **parc Murray** *(au nord de l'avenue Mount Stephen)* offre la combinaison parfaite : terrain de football américain et courts de tennis dans un cadre champêtre. On y trouve les restes d'un bois naturel d'acacias, essence rarissime à cette latitude à cause du climat rigoureux. Sa présence indique que l'on se trouve là où le climat est le plus doux au Québec. Sa clémence dépend à la fois de l'inclinaison sud-ouest du terrain et de l'influence bénéfique des rapides de Lachine, situés non loin.

Descendre l'avenue Mount Stephen pour retourner vers la rue Sherbrooke Ouest.

Parc et **bibliothèque de Westmount** ★ *(4575 rue Sherbrooke O.).* Le parc Westmount a été créé à l'emplacement de marécages en 1895. Quatre ans plus tard, on y construisait la première bibliothèque municipale du Québec. La province avait un retard considérable en la matière, les seules communautés religieuses ayant jusque-là pris en charge ce type d'équipement culturel. L'édifice de brique rouge se rattache aux courants éclectiques, pittoresques et polychromes des deux dernières décennies du XIXe siècle.

Empruntez l'avenue Melbourne à l'est du parc, pour voir de beaux exemples de maisons de style Queen Anne. Tournez à droite sur l'avenue Metcalfe, puis à gauche sur le boulevard De Maisonneuve Ouest. À l'angle de l'avenue Clarke se dresse l'**église Saint-Léon** ★, dans la seule paroisse catholique de langue française de Westmount. Derrière une sobre et élégante façade d'inspiration néoromane se dissimule un décor d'une rare richesse, exécuté à partir de 1928 par l'artiste Guido Nincheri, à qui l'on doit par ailleurs les fresques du Château Dufresne (voir p 124). Nincheri a bénéficié d'une somme importante pour exécuter un ouvrage sans substituts et sans artifices.

Ainsi, le sol et la base des murs sont revêtus des plus beaux marbres d'Italie et de France, alors que la portion supérieure de la nef est en pierre de Savonnières et que les salles du chœur ont été sculptées à la main par Alviero Marchi dans le plus précieux des noyers du Honduras. Les vitraux complexes représentent différentes scènes de la vie du Christ, incluant parfois des personnages contemporains de la construction de l'église qu'il est amusant de découvrir entre les figures de la *Bible*. Enfin, l'ensemble du panthéon chrétien est représenté dans le chœur et sur la voûte sous forme de fresques très colorées, réalisées selon la technique traditionnelle de l'œuf. Cette technique, qui fut notamment utilisée par Michel-Ange, consiste à faire adhérer le pigment sur la surface détrempée (la détrempe) à l'aide d'un enduit fait d'œuf. Comme chacun sait, l'œuf, une fois séché, devient très dur et résistant.

Poursuivre sur le boulevard De Maisonneuve, dans l'ancien quartier francophone de Westmount, avant d'accéder à l'intersection avec l'avenue Greene.

L'**avenue Greene** *(métro Atwater)*, un petit bout de rue au cachet typiquement canadien-anglais, regroupe plusieurs des boutiques bon chic bon genre de Westmount. Outre des commerces de services, on y trouve des galeries d'art, des antiquaires et des librairies remplies de beaux livres imagés.

L'architecte Ludwig Mies van der Rohe (1886-1969), l'un des principaux maîtres à penser du mouvement moderne et le directeur du Bauhaus, en Allemagne, a dessiné le **Westmount Square** ★★ *(angle av. Wood et bd De Maisonneuve O., métro Atwater)* en 1964. Il est typique de la production nord-américaine de l'architecte, caractérisée par l'emploi de métal noir et de verre teinté. Il comprend un centre commercial souterrain, surmonté de trois tours de bureaux et d'appartements. Le revêtement extérieur original des espaces publics en travertin blanc veiné, matériau cher à Mies, a été remplacé par une couche de granit, davantage capable de résister aux effets dévastateurs du gel et du dégel.

Un corridor souterrain mène du Westmount Square à la station de métro Atwater.

Circuit E : Maisonneuve (une journée)

En 1883, la ville de Maisonneuve voit le jour dans l'est de Montréal à l'initiative de fermiers et de marchands canadiens-français. Dès 1889, les installations du port de Montréal la rejoignent, facilitant ainsi son développement. Puis, en 1918, cette ville autonome est annexée à Montréal, devenant de la sorte l'un de ses principaux quartiers ouvriers, francophone à 90%.

Au cours de son histoire, Maisonneuve a été profondément marquée par des hommes aux grandes idées qui ont voulu faire de ce coin de pays un lieu d'épanouissement collectif. Les frères Marius et Oscar Dufresne, à leur arrivée au pouvoir à la mairie de Maisonneuve en 1910, institueront une politique de démesure en faisant ériger de prestigieux édifices publics de style Beaux-Arts destinés à faire de «leur» ville un modèle de développement pour le Québec français.

Puis, le frère Marie-Victorin y fonde en 1931 le Jardin botanique de Montréal, aujourd'hui le second en importance au monde. Enfin, en 1971, le maire Jean Drapeau inaugure dans Maisonneuve les travaux de l'immense complexe sportif qui accueillera les Jeux olympiques de Montréal en 1976.

De la station de métro Pie-IX, gravir la côte qui mène à l'angle de la rue Sherbrooke Est. Le circuit commence au Jardin botanique.

Jardin botanique, **Maison de l'Arbre** et **Insectarium** ★★★ *(entrée serres et Insectarium basse saison 7$, haute saison 9,50$, billet combiné avec le Biodôme et la Tour Olympique 22,50$ valide pour 2 jours; sept à mai tlj 9h à 17h, mai à sept tlj 9h à 19h; 4101 rue Sherbrooke E., métro Pie-IX, ☎872-1400).* D'une superficie de 73 ha, le Jardin botanique a été entrepris pendant la crise des années trente sur le site du Mont-de-La-Salle, la maison mère des frères des Écoles chrétiennes. Derrière le pavillon Art déco de l'École de biologie de l'Université de Montréal s'étirent les 10 serres d'exposition reliées les unes aux autres, où l'on peut notamment voir une précieuse collection d'orchidées ainsi que le plus important regroupement de bonsaïs et de *penjings* hors d'Asie, dont fait partie la fameuse collection «Wu», donnée au jardin par le maître Wu Yee-Sun de Hong-Kong en 1984.

Trente jardins extérieurs, ouverts du printemps à l'automne, conçus pour instruire et émerveiller le visiteur, s'étendent au nord et à l'ouest des serres. Parmi ceux-ci, il faut souligner les jardins d'exposition symétriques, dans la perspective du restaurant, le jardin japonais et son pavillon de thé de style *sukiya*, ainsi que le très beau jardin chinois du Lac de rêve, dont les pavillons ont été réalisés par des artisans venus exprès de Chine. Montréal étant jumelée à Shanghai, on a voulu en faire le plus vaste jardin du genre hors d'Asie.

Un arboretum occupe la partie nord du Jardin botanique. C'est dans ce secteur qu'a été érigée la **Maison de l'Arbre**, véritable outil de vulgarisation permettant de mieux comprendre la vie d'un arbre. L'exposition permanente interactive que l'on y présente reprend d'ailleurs la forme d'une m

oitié de tronc d'arbre. Les modules y sont faits de bouleau jaune, arbre emblématique du Québec depuis 1993. La structure du bâtiment, formé d'un assemblage de poutres provenant de différentes essences, veut rappeler une forêt de feuillus. On remarquera plus particulièrement les jeux d'ombre et de lumière de la charpente sur le grand mur blanc qui suggère des troncs et des branches.

À l'arrière, une terrasse permet de contempler l'étang de l'arboretum et donne accès à un charmant petit jardin de bonzais. On peut se rendre à la Maison de l'Arbre en montant à bord de la *Balade*, navette qui fait régulièrement le tour du Jardin botanique, ou encore y accéder directement par l'entrée nord du Jardin, située le long du boulevard Rosemont.

L'**Insectarium** (☎872-8753), complémentaire, est situé à l'est des serres. D'un type nouveau, ce musée vivant invite les visiteurs à découvrir le monde fascinant des insectes à l'aide de courts films, de jeux interactifs et d'une surprenante collection d'insectes.

Retourner vers le boulevard Pie-IX. Du côté ouest, tout juste au sud de la rue Sherbrooke Est, se dresse le Château Dufresne.

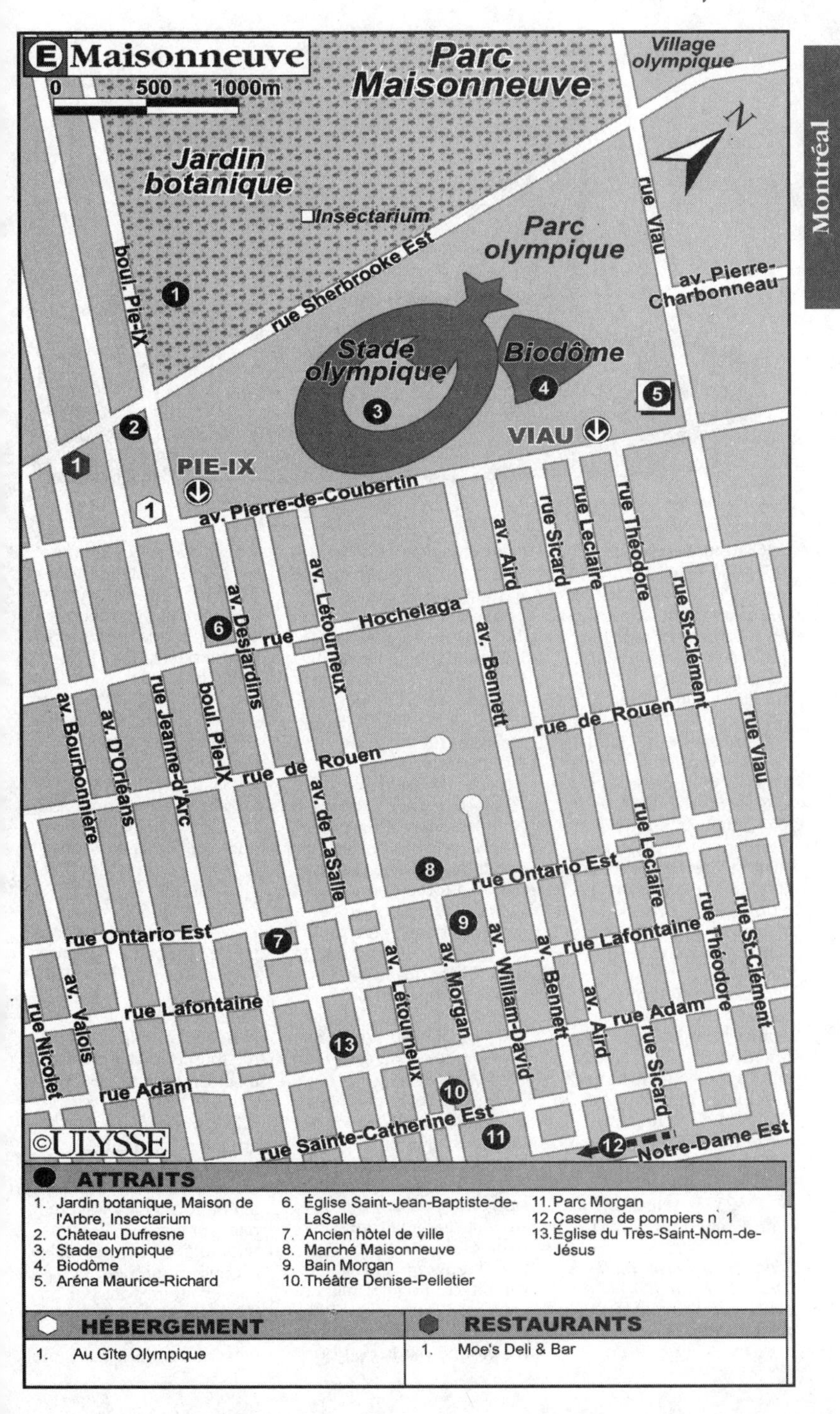
E Maisonneuve
0 500 1000m
Parc Maisonneuve
Village olympique
Jardin botanique
Insectarium
Parc olympique
rue Sherbrooke Est
boul. Pie-IX
rue Viau
av. Pierre-Charbonneau
Stade olympique
Biodôme
VIAU
PIE-IX
av. Pierre-de-Coubertin
av. Aird
rue Sicard
rue Leclaire
rue Théodore
rue St-Clément
av. Desjardins
av. Létourneux
rue Hochelaga
av. Bennett
rue de Rouen
rue Viau
av. Bourbonnière
av. D'Orléans
rue Jeanne-d'Arc
boul. Pie-IX
rue de Rouen
av. de LaSalle
rue Leclaire
rue Ontario Est
rue Théodore
rue St-Clément
rue Ontario Est
av. Létourneux
av. Morgan
av. William-David
av. Bennett
rue Lafontaine
av. Valois
rue Nicolet
rue Lafontaine
av. Aird
rue Adam
rue Sicard
rue Adam
rue Sainte-Catherine Est
Notre-Dame-Est
©ULYSSE
ATTRAITS
1. Jardin botanique, Maison de l'Arbre, Insectarium
2. Château Dufresne
3. Stade olympique
4. Biodôme
5. Aréna Maurice-Richard
6. Église Saint-Jean-Baptiste-de-LaSalle
7. Ancien hôtel de ville
8. Marché Maisonneuve
9. Bain Morgan
10. Théâtre Denise-Pelletier
11. Parc Morgan
12. Caserne de pompiers n° 1
13. Église du Très-Saint-Nom-de-Jésus
HÉBERGEMENT
1. Au Gîte Olympique
RESTAURANTS
1. Moe's Deli & Bar

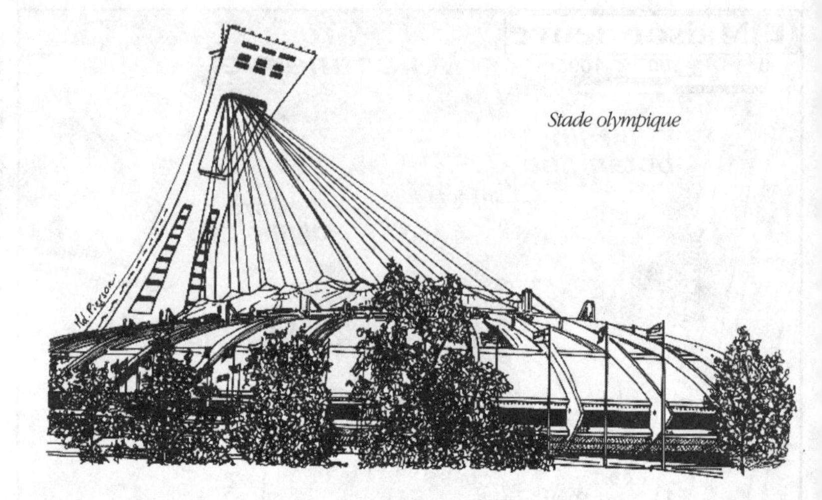

Stade olympique

Le **Château Dufresne** ★★ (2929 rue Jeanne-d'Arc, métro Pie-IX) est constitué en réalité de deux résidences bourgeoises jumelées de 22 pièces chacune, érigées derrière une façade unique. Il fut réalisé en 1916 pour les frères Marius et Oscar Dufresne, fabricants de chaussures et promoteurs d'un projet d'aménagement grandiose pour Maisonneuve, auquel la Première Guerre mondiale allait mettre un terme, engendrant la faillite de la municipalité. Leur demeure, œuvre conjointe de Marius Dufresne et de l'architecte parisien Jules Renard, devait former le noyau d'un quartier résidentiel bourgeois, qui n'a jamais vu le jour. Elle est un des meilleurs exemples d'architecture Beaux-Arts à Montréal. Le château a abrité de 1979 jusqu'à mars 1997 le Musée des Arts décoratifs de Montréal *(☎259-2575)*, relocalisé au centre-ville (voir p 104).

Redescendre la côte du boulevard Pie-IX, puis tourner à gauche sur l'avenue Pierre-de-Coubertin.

Stade olympique ★★★ (5,25$, 10,25$ visite guidée et tour dans le funiculaire; visites guidées en français à 11h et 14h, en anglais à 12h40 et 15h40; fermé mi-jan à mi-fév; 4141 av. Pierre-de- Coubertin, métro Pie-IX, ☎252-8687). Jean Drapeau fut maire de Montréal de 1954 à 1957 puis de 1960 à 1986. Il rêvait de grandes choses pour «sa» ville. D'un pouvoir de persuasion peu commun et d'une détermination à toute épreuve, il mena à bien plusieurs projets importants, entre autres la construction du métro et de la Place des Arts, et la venue à Montréal de l'Exposition universelle de 1967 et, bien sûr, des Jeux olympiques d'été de 1976.

Mais pour cet événement international, il fallait doter la ville d'équipements à la hauteur. Qu'à cela ne tienne, on irait chercher un visionnaire parisien qui dessinerait du jamais vu. Un milliard de dollars plus tard, l'œuvre maîtresse de l'architecte Roger Taillibert, également auteur du stade du Parc des Princes, à Paris, étonne par la courbure de ses formes organiques en béton. Le stade ovale de 56 000 places est couvert d'une toiture en téflon soutenue par des câbles tendus depuis la tour penchée, haute de 190 m. Au loin, on aperçoit les deux tours de forme pyramidale du **Village olympique**, qui ont logé les athlètes en 1976. Le Stade olympique accueille, chaque année, différents événements, entre autres le Salon de l'auto et le Salon national de l'habitation.

D'avril à septembre, l'équipe de baseball Les Expos y dispute ses matchs à domicile. La tour du stade, qui serait la plus haute tour penchée du monde, a été rebaptisée la **Tour de Montréal**. Un funiculaire *(9$, lun 12h à 21h, mar-jeu 10h à 21h, ven-dim 10h à 23h)* grimpe à l'assaut de la structure, permettant d'accéder à un observatoire intérieur d'où les visiteurs peuvent contempler l'ensemble de l'Est montréalais. Au niveau inférieur de l'observatoire sont présentées des expositions qui ont pour thème l'olympisme. On y trouve aussi une aire de détente assortie d'un bar.

Le pied de la tour abrite les piscines du Complexe olympique, alors que l'ancien vélodrome, situé à proximité, a été transformé en un milieu de vie artificiel pour les plantes et les animaux appelé le **Biodôme** ★★★ *(9,50$; tlj 9h à 17h, mi-juin à début sept jusqu'à 19h; 4777 av. Pierre-de-Coubertin, métro Viau, ☎868-3000).*

Ce nouveau type de musée, rattaché au Jardin botanique, présente sur 10 000 m^2 quatre écosystèmes fort différents les uns des autres : la forêt tropicale, la forêt laurentienne, le Saint- Laurent marin et le monde polaire. Ce sont des microcosmes complets, comprenant végétation, mammifères et oiseaux en liberté ainsi que conditions climatiques réelles.

Le hockey sur glace occupe une place bien particulière dans le cœur des Québécois. Plusieurs d'entre eux considèrent Maurice «Rocket» Richard comme le plus grand hockeyeur de tous les temps. Un petit musée, l'**Univers Maurice «Rocket» Richard** *(mar-dim 12h à 18h; 2800 rue Viau, métro Viau, ☎251-9930)* lui est consacré en marge du complexe olympique.

Situé à l'intérieur de l'aréna qui porte son nom, le musée expose l'équipement sportif, les trophées et autres objets significatifs ayant appartenu à ce héros montréalais qui a joué pour le club de hockey Le Canadien de 1942 à 1960. On trouve aussi au musée une boutique de souvenirs liés au hockey ainsi qu'un service d'affûtage de patins.

Quant à l'**aréna Maurice-Richard** *(2800 rue Viau, métro Viau, ☎872-6666)*, il précède de 20 ans le Parc olympique, auquel il est maintenant rattaché. Sa patinoire est la seule, dans tout l'est du Canada, à respecter les normes internationales en matière de superficie. Elle sert à l'entraînement de l'Équipe olympique canadienne de patinage de vitesse ainsi qu'à celui de plusieurs champions de patinage artistique.

Revenir vers le boulevard Pie-IX et l'emprunter vers le sud.

L'**église Saint-Jean-Baptiste-de-LaSalle** *(angle rue Hochelaga, métro Pie-IX)* a été construite en 1964 à l'occasion du renouveau liturgique de Vatican II. Dans un effort visant à conserver ses ouailles, le clergé catholique a chambardé les règles du culte, introduisant une architecture audacieuse qui n'atteint pas toujours son objectif. Ainsi, sous cette mitre d'évêque évocatrice, se cache un intérieur déprimant en béton brut qui donne l'impression de s'abattre sur l'assistance.

Poursuivre vers le sud sur le boulevard Pie-IX, puis tourner à gauche sur la rue Ontario.

Ancien hôtel de ville ★ *(4120 rue Ontario E.)*. Le coup d'envoi de la politique de grandeur de l'administration Dufresne fut donné en 1911 par la construction de l'hôtel de ville selon les plans de l'architecte Cajetan Dufort. De 1926 à 1967, on y trouvait l'Institut du Radium, spécialisé dans la recherche sur le cancer. Depuis 1981, l'édifice abrite la Maison de la culture Maisonneuve, l'un des centres culturels de quartier de la Ville de Montréal. À l'étage, un dessin «à vol d'oiseau» de Maisonneuve vers 1915 laisse voir les bâtiments prestigieux réalisés ainsi que ceux qui sont demeurés sur papier.

Le **marché Maisonneuve** ★ *(place du Marché)* s'inscrit dans un concept d'aménagement urbain hérité des enseignements de l'École des beaux-arts de Paris, appelé «mouvement City Beautiful» en Amérique du Nord. Il s'agit d'un mélange de perspectives classiques, de parcs de verdure et d'équipements civiques et sanitaires. Érigé dans l'axe de l'avenue Morgan en 1914, le marché Maisonneuve, de Cajetan Dufort, est la réalisation la plus ambitieuse initiée par Dufresne. On trouve, au centre de la place du Marché, une œuvre importante du sculpteur Alfred Laliberté intitulée *La fermière*. Le marché a fermé ses portes en 1962, pour les rouvrir partiellement en 1980.

Emprunter l'avenue Morgan.

Malgré sa petite taille, le **bain Morgan** ★ *(1875 av. Morgan)* en impose par ses éléments Beaux-Arts : escalier monumental, colonnes jumelées, balustrade de couronnement et sculptures pâteuses du Français Maurice Dubert. À cela, il faut ajouter un autre bronze d'Alfred Laliberté intitulé *Les petits baigneurs*. À l'origine, les bains publics servaient non seulement à la détente et aux plaisirs de la baignade, mais aussi à se laver, dans ces quartiers ouvriers où les maisons n'avaient pas toutes de salle de bain.

L'ancien cinéma Granada a été reconverti en salle de théâtre en 1977. Il porte dorénavant le nom de **Théâtre Denise-Pelletier** *(4353 rue Ste-Catherine E.)*, afin d'honorer l'une des grandes comédiennes de la Révolution tranquille morte prématurément. La façade de terre cuite arbore un décor de la Renaissance italienne. L'intérieur d'origine (1928), réalisé par Emmanuel Briffa, et en partie conservé, est de type «atmosphérique». Au- dessus de la colonnade d'un palais mythique faisant le tour de la salle, une voûte noire était autrefois piquée de milliers d'étoiles, donnant l'impression au public d'assister à une représentation en plein air. Un projecteur créait des effets de nuages mouvants et même d'avions volant dans la nuit.

Le **parc Morgan** *(à l'extrémité sud de l'avenue Morgan)* a été aménagé en 1933 à l'emplacement de la maison de campagne de Henry Morgan, propriétaire des magasins du même nom. Du chalet, au centre, on peut contempler une étrange perspective où le marché Maisonneuve se superpose à l'énorme silhouette du Stade olympique.

Emprunter la rue Sainte-Catherine Est vers l'ouest jusqu'à l'avenue Létourneux. Tourner à gauche.

Maisonneuve pouvait s'enorgueillir de posséder deux casernes de pompiers, dont une tout à fait originale et réalisée selon les dessins de Marius Dufresne en 1914. Celui-ci, en plus de sa formation d'ingénieur et d'homme d'affaires, s'intéressait beaucoup à l'architecture. Fort impressionné par l'œuvre de Frank Lloyd Wright, il a conçu la **caserne de pompiers n° 1** ★ *(du côté sud de la rue Notre-Dame E.)* telle une variante de l'Unity Temple d'Oak Park, en banlieue de Chicago (1906). L'édifice figure donc parmi les premières réalisations de l'architecture moderne au Canada.

Tourner à droite sur l'avenue Desjardins. Le sol instable dans cette partie de la ville laisse voir des maisons aux inclinaisons inquiétantes.

Derrière la façade néoromane quelque peu terne de l'**église du Très-Saint-Nom-de-Jésus** ★ *(angle rue Adam)*, datant de 1906, s'élabore un riche décor polychrome auquel a contribué l'artiste d'origine italienne Guido Nincheri, dont l'atelier était situé dans Maisonneuve. On remarquera les grandes orgues des frères Casavant, réparties entre le jubé arrière et le chœur de l'église, ce qui est tout à fait inhabituel pour un temple catholique. Des tiges de métal retiennent la voûte de cette structure soumise aux mêmes caprices du sol que les maisons avoisinantes.

★★

Circuit F : Les îles Sainte-Hélène et Notre-Dame (une journée)

Lorsque Samuel de Champlain aborde dans l'île de Montréal en 1611, il trouve, en face, un petit archipel rocailleux. Il baptise la plus grande de ces îles du nom de son épouse, Hélène Boulé. L'île Sainte- Hélène est par la suite rattachée à la seigneurie de Longueuil.

La baronne y fait ériger une maison de campagne entourée d'un jardin vers 1720. À noter qu'en 1760 l'île sera le dernier retranchement des troupes françaises en Nouvelle- France sous le commandement du chevalier François de Lévis. L'importance stratégique des lieux est connue de l'armée britannique, qui aménage un fort dans la partie est de l'île au début du XIXe siècle. La menace d'un conflit armé avec les Américains s'étant amenuisée, l'île Sainte- Hélène est louée à la Ville de Montréal par le gouvernement canadien en 1874. Elle devient alors un parc de détente relié au Vieux-Montréal par un service de traversiers et, à partir de 1930, par le pont Jacques-Cartier.

Au début des années soixante, Montréal obtient l'Exposition universelle de 1967. On désire l'aménager sur un vaste site attrayant et situé à proximité du centre-ville. Un tel site n'existe pas. Il faut donc l'inventer de toutes pièces en doublant la superficie de l'île Sainte-Hélène et en créant l'île Notre-Dame à l'aide de la terre excavée des tunnels du métro. D'avril à novembre 1967, 45 millions de visiteurs fouleront le sol des deux îles et de la Cité du Havre, qui constitue le point d'entrée du site. «L'Expo», comme l'appellent encore familièrement les Montréalais, fut plus qu'un ramassis d'objets hétéroclites.

Ce fut le réveil de Montréal, son ouverture au monde et, pour ses visiteurs venus de partout, la découverte d'un nouvel art de vivre, celui de la mini-jupe, des réactés, de la télévision en couleurs, des hippies, du *flower power* et du rock revendicateur.

Il n'est pas facile de se rendre du centre-ville à la Cité du Havre. Le meilleur moyen consiste à emprunter la rue Mill, puis le chemin des Moulins, qui court sous l'autoroute Bonaventure jusqu'à l'avenue Pierre-Dupuy. Celle-ci conduit au pont de la Concorde,

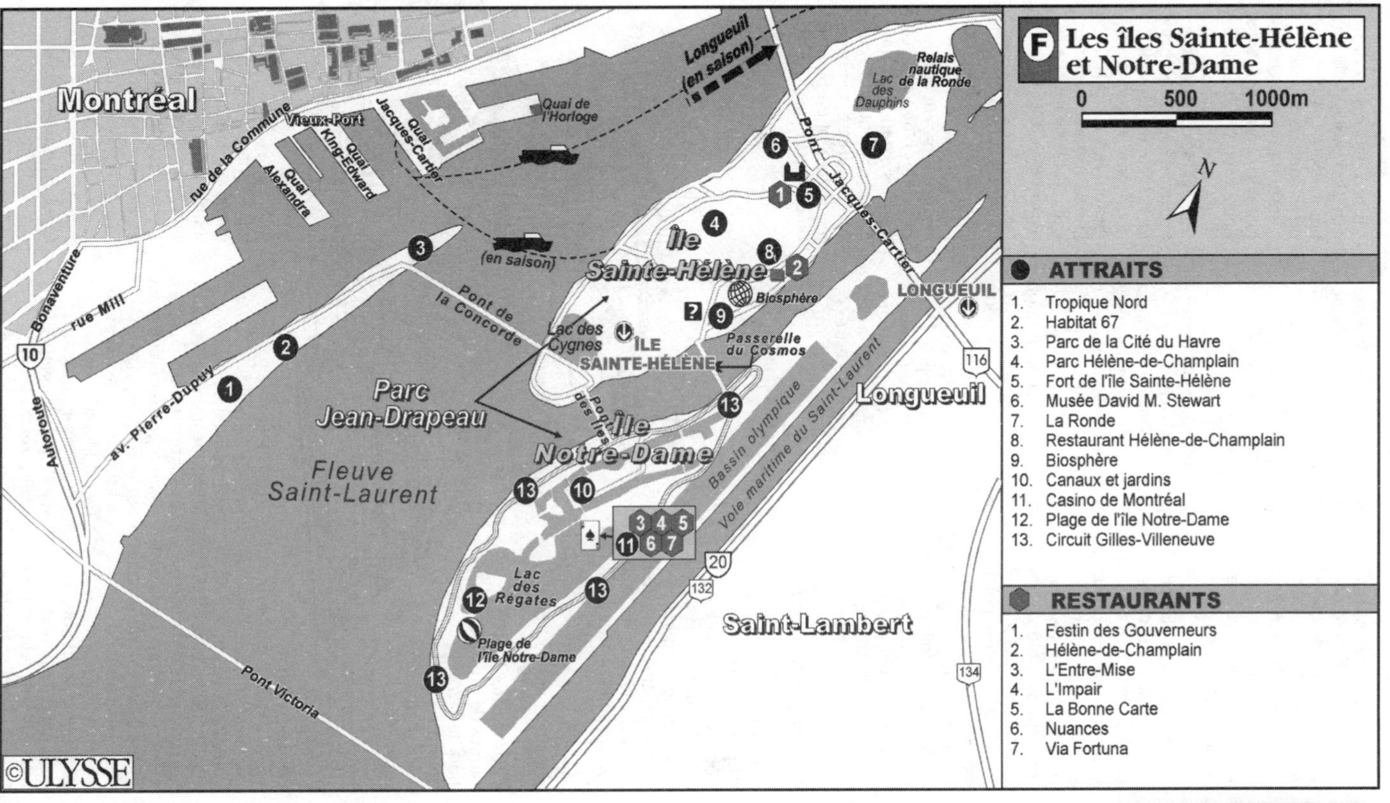
F Les îles Sainte-Hélène et Notre-Dame
0 500 1000m
N
ATTRAITS
1. Tropique Nord
2. Habitat 67
3. Parc de la Cité du Havre
4. Parc Hélène-de-Champlain
5. Fort de l'île Sainte-Hélène
6. Musée David M. Stewart
7. La Ronde
8. Restaurant Hélène-de-Champlain
9. Biosphère
10. Canaux et jardins
11. Casino de Montréal
12. Plage de l'île Notre-Dame
13. Circuit Gilles-Villeneuve
RESTAURANTS
1. Festin des Gouverneurs
2. Hélène-de-Champlain
3. L'Entre-Mise
4. L'Impair
5. La Bonne Carte
6. Nuances
7. Via Fortuna
Montréal
rue de la Commune
Vieux-Port
Quai Alexandra
Quai King-Edward
Quai Jacques-Cartier
Quai de l'Horloge
Longueuil (en saison)
(en saison)
Relais nautique de la Ronde
Lac des Dauphins
Pont Jacques-Cartier
Île Sainte-Hélène
Biosphère
LONGUEUIL
Bonaventure
rue Mill
Autoroute
av. Pierre-Dupuy
Pont de la Concorde
Lac des Cygnes
ÎLE SAINTE-HÉLÈNE
Passerelle du Cosmos
Parc Jean-Drapeau
Pont des Îles
Île Notre-Dame
Bassin olympique
Voie maritime du Saint-Laurent
Longueuil
Fleuve Saint-Laurent
Lac des Régates
Plage de l'île Notre-Dame
Saint-Lambert
Pont Victoria
©ULYSSE

qui franchit un bras du fleuve Saint-Laurent pour atteindre les îles. On peut également s'y rendre avec l'autobus 168 à partir du métro McGill, ou avec le bateau-taxi partant du quai Jacques-Cartier, dans le Vieux-Port.

Le **Tropique Nord**, **Habitat 67** et le **parc de la Cité du Havre** ★★ *(☎872-7678)* sont construits sur une pointe de terre créée pour les besoins du port de Montréal, qu'elle protège des courants et de la glace et qui offre de beaux points de vue sur la ville et sur l'eau. À l'entrée se trouvent le siège de l'administration du port ainsi qu'un groupe d'édifices qui abritait autrefois l'Expo-Théâtre et le Musée d'Art contemporain.

Un peu plus loin, on aperçoit la grande verrière de Tropique Nord, ce complexe d'habitation dont les appartements donnent sur l'extérieur, d'un côté, et sur un jardin tropical intérieur, de l'autre. On reconnaît ensuite Habitat 67, cet ensemble résidentiel expérimental réalisé dans le cadre de l'Exposition universelle pour illustrer les techniques de préfabrication du béton et annoncer un nouvel art de vivre. Son architecte, Moshe Safdie, n'avait que 23 ans au moment de l'élaboration des plans. Habitat 67 se présente tel un gigantesque assemblage de cubes, contenant chacun une ou deux pièces. Les appartements d'Habitat 67 sont toujours aussi prisés et logent plusieurs personnalités québécoises.

Le parc de la Cité du Havre comprend 12 panneaux retraçant brièvement l'histoire du fleuve Saint-Laurent. La piste cyclable menant aux îles Notre-Dame et Sainte-Hélène passe tout près.

Traverser le pont de la Concorde.

Le **parc Hélène-de-Champlain** ★★ *(métro Île-Ste-Hélène)* est situé sur l'île Sainte-Hélène, qui avait à l'origine une superficie de 50 ha. Les travaux d'Expo 67 l'ont portée à plus de 120 ha. La portion originale correspond au territoire surélevé et ponctué de rochers, composés d'une pierre d'un type particulier à l'île appelée «brèche», une pierre très dure et ferreuse qui prend une teinte orangée avec le temps lorsqu'elle est exposée à l'air.

Casino de Montréal

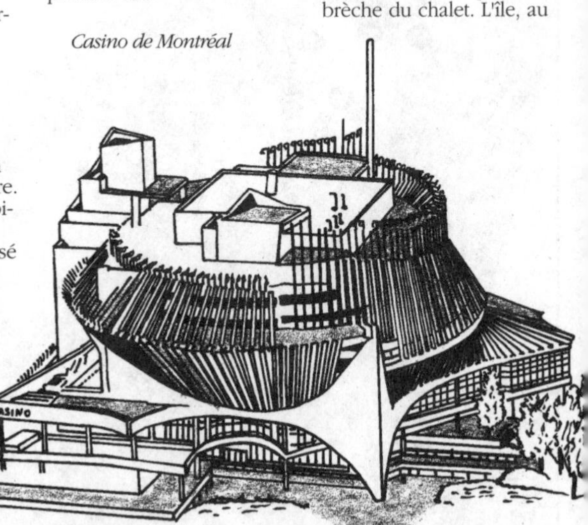

En 1992, la portion ouest de l'île a été réaménagée en un vaste amphithéâtre en plein air où sont présentés des spectacles à grand déploiement. Sur une belle place en bordure de la rive faisant face à Montréal, on aperçoit ***L'Homme***, important stabile d'Alexander Calder réalisé pour Expo 67.

Un peu plus loin, à proximité de l'entrée de la station Île-Sainte- Hélène, se dresse une œuvre de l'artiste mexicain Sebastián intitulée ***La porte de l'amitié***. Cette sculpture, offerte à la Ville de Montréal par la Ville de México en 1992, fut installée à cet emplacement trois ans plus tard pour commémorer la signature des accords de libre-échange entre le Canada, les États-Unis et le Mexique (ALENA).

Empruntez les sentiers qui conduisent vers l'intérieur de l'île. À l'orée du parc original, on peut voir le chalet des baigneurs et ses piscines extérieures, aménagés pendant la crise des années trente. On notera le revêtement en pierre de brèche du chalet. L'île, au relief complexe, est dominée par la **tour** Lévis, un simple château d'eau aux allures de donjon érigé en 1936, et par le **blockhaus fénien**, un poste d'observation en bois érigé en 1849.

Suivre les indications pour le fort de l'île Sainte-Hélène.

À la suite de la guerre de 1812 entre les États- Unis et la Grande-Bretagne, le **fort de l'île Sainte-Hélène ★★** *(métro Île-Ste-Hélène)* est construit afin que l'on puisse défendre adéquatement Montréal si jamais un nouveau conflit devait éclater. Les travaux effectués sous la supervision de l'ingénieur militaire Elias Walker Durnford sont achevés en 1825.

L'ensemble en pierre de brèche se présente tel un *U* échancré, entourant une place d'armes qui sert de nos jours de terrain de parade à la Compagnie Franche de la Marine et au 78e régiment des Fraser Highlanders. Ces deux régiments factices en costume d'époque font revivre les traditions militaires françaises et écossaises du Canada pour le grand plaisir des visiteurs. De la place d'armes, on bénéficie d'une belle vue sur le port et le pont Jacques- Cartier, inauguré en 1930, qui chevauche l'île et sépare le parc de verdure de La Ronde.

Le **Musée David-M. Stewart ★★** *(6$; sept à mai mer-lun 10h à 17h, été tlj 10h à 18h; métro Île-Ste-Hélène, ☎861-6701)*, aussi appelé «Musée des découvertes», est installé dans l'arsenal. On y présente un ensemble d'objets des XVIIe et XVIIIe siècles parmi lesquels figurent d'intéressantes collections de cartes, d'armes à feu, d'instruments scientifiques et de navigation, rassemblées par l'industriel montréalais David Stewart et son épouse Liliane. Cette dernière veille sur le musée et sur la fondation Macdonald-Stewart, qui administre également le Château Ramezay et le Château Dufresne (qui abritait anciennement le Musée des Arts décoratifs).

Le **Festin des Gouverneurs** (voir p 160), un restaurant qui accueille principalement les groupes sur réservation, occupe les voûtes des anciennes casernes. On y recrée chaque soir l'ambiance d'un repas de fête à l'époque de la Nouvelle-France.

La Ronde ★ *(27,50$; juin à sept tlj 11h à 23h, ven-sam jusqu'à minuit; métro Île-Ste-Hélène, ☎872-6222)*, ce parc d'attractions aménagé à l'occasion de l'Exposition universelle de 1967 sur l'ancienne île Ronde, ouvre chaque été ses portes aux jeunes et aux moins jeunes. Pour les Montréalais, la visite annuelle à La Ronde est presque devenue un pèlerinage. Un concours international d'art pyrotechnique s'y tient les samedis ou les dimanches pendant les mois de juin et de juillet.

Emprunter le chemin qui longe la rive sud de l'île en direction de la Biosphère.

Construit comme pavillon des sports en 1938, le **restaurant Hélène- de-Champlain ★** (voir p 160) rappelle, par son style inspiré de l'architecture de la Nouvelle-France, la maison d'été de la baronne de Longueuil, autrefois située dans les environs. Derrière le restaurant, une belle roseraie créée à l'occasion d'Expo 67 agrémente la vue des convives, alors qu'en face se trouve l'**ancien cimetière militaire** de la garnison britannique, stationnée sur l'île Sainte-Hélène de 1828 à 1870. La plupart des pierres tombales originales ont disparu. Un monument commémoratif installé en 1937 les remplace.

Bien peu de pavillons d'Expo 67 ont survécu à l'usure du temps et aux changements de vocation des îles. L'un des rares survivants est l'ancien pavillon américain, un véritable monument à l'architecture moderne. Il s'agit du premier dôme géodésique complet à avoir dépassé le stade de la maquette. Son concepteur est le célèbre ingénieur Richard Buckminster Fuller (1895-1983). La **Biosphère ★★** *(6,50$; mar-dim 10h à 17h, été tlj 10h à 18h; métro Île-Ste-Hélène, ☎283-5000)* de 80 m de diamètre, à structure tubulaire en aluminium, a malheureusement perdu son revêtement translucide en acrylique lors d'un incendie en 1978.

Elle abrite de nos jours un centre d'observation environnementale portant sur le fleuve Saint-Laurent, les Grands Lacs et les différents écosystèmes canadiens. Le volet permanent vise à sensibiliser le public dans les domaines du développement durable et de la conservation de l'eau en tant que ressource précieuse. On y trouve quatre salles interactives dotées d'écrans géants et de maquettes tactiles pour explorer tout en s'amusant. Un restaurant-terrasse avec vue panoramique sur l'ensemble des îles complète le musée.

Traverser sur l'île Notre-Dame en empruntant la passerelle du Cosmos.

L'**île Notre-Dame** est sortie des eaux du fleuve Saint-Laurent en l'espace de 10 mois, grâce aux 15 millions de tonnes de roc et de terre transportés sur le site depuis le chantier du métro. Comme il s'agit d'une île artificielle, on a pu lui donner une configuration fantaisiste en jouant autant avec la terre qu'avec l'eau. Ainsi, l'île est traversée d'agréables **canaux** et **jardins** ★★ *(métro Île-Ste-Hélène et autobus 167)* aménagés à l'occasion des Floralies internationales de 1980. Il est possible de louer des embarcations pour sillonner les canaux et admirer les fleurs qui se mirent dans leurs eaux.

Le **Casino de Montréal** ★ *(entrée, stationnement et vestiaire gratuits; tlj 24 heures sur 24; métro Île-Ste-Hélène et autobus 167, ☎392-2746)* est aménagé dans ce qui fut les pavillons de la France et du Québec pendant l'Exposition universelle de 1967. Le bâtiment principal, correspondant à l'ancien **pavillon de la France** ★, a été conçu en aluminium par l'architecte Jean Faugeron, puis rénové au coût de 92,4 millions de dollars en 1993 pour abriter le casino. Les galeries supérieures offrent une vue imprenable sur le centre-ville et sur le fleuve Saint-Laurent.

À proximité se trouve l'accès à la **plage de l'île Notre-Dame**, qui permet aux Montréalais de se prélasser sur une vraie plage de sable, même au milieu du fleuve Saint-Laurent. Le système de filtration naturel permet de garder l'eau du petit lac intérieur propre, sans devoir employer d'additifs chimiques. Le nombre de baigneurs que la plage peut accueillir est cependant rigoureusement contrôlé afin de ne pas déstabiliser ce système.

D'autres équipements de sport et de loisir s'ajoutent à ceux déjà mentionnés, soit le **bassin d'aviron**, aménagé à l'occasion des Jeux olympiques de 1976, et le **circuit Gilles-Villeneuve** *(métro Île-Ste-Hélène et autobus 167)*, où l'on dispute chaque année le Grand Prix du Canada, course de voitures de formule 1 faisant partie du circuit mondial.

Pour retourner vers le centre-ville de Montréal, prendre le métro à la station Île-Sainte-Hélène.

Circuit G : Le Quartier latin (trois heures)

Ce quartier universitaire, qui gravite autour de la rue Saint-Denis, est apprécié pour ses théâtres, ses cinémas et ses innombrables cafés-terrasses, d'où l'on peut observer la foule bigarrée d'étudiants et de fêtards. Son histoire débute en 1823, alors que l'on inaugure l'église Saint-Jacques, première cathédrale catholique de Montréal. Ce prestigieux édifice de la rue Saint-Denis a tôt fait d'attirer dans ses environs la crème de la société canadienne-française, composée surtout de vieilles familles nobles demeurées au Canada après la Conquête.

En 1852, un incendie ravage le quartier, détruisant du même coup la cathédrale et le palais épiscopal de Mgr Bourget. Reconstruit péniblement dans la seconde moitié du XIXe siècle, le secteur conservera sa vocation résidentielle jusqu'à ce que l'Université de Montréal s'y installe en 1893. S'amorce alors une période d'ébullition culturelle, qui sera à la base de la Révolution tranquille des années soixante.

L'Université du Québec, créée en 1974, a pris la relève de l'Université de Montréal, déménagée sur le versant nord du mont Royal, assurant de la sorte la prospérité du Quartier latin.

Le circuit débute à la sortie de la station de métro Sherbrooke.

L'Institut de tourisme et d'hôtellerie du Québec (ITHQ) *(3535 rue St-Denis, métro Sherbrooke)* loge paradoxalement dans l'édifice considéré par plusieurs comme le plus laid de Montréal. Implanté sur le flanc est du square Saint-Louis, en bordure de la rue Saint-Denis, il fait partie d'un ensemble médiocre conçu entre 1972 et 1976 à la veille des Jeux olympiques. On y offre cependant des cours de cuisine, de tourisme et d'hôtellerie de tout premier ordre.

Traverser la rue Saint- Denis pour se rendre au square Saint-Louis.

À la suite de l'incendie de 1852, on aménage un réservoir d'eau au sommet de la Côte-à- Barron. En 1879, le réservoir est démantelé et son site aménagé en parc de verdure sous le nom de **square Saint-Louis** ★★ *(métro Sherbrooke)*. Des entrepreneurs érigent alors autour du square de belles demeures victoriennes d'inspiration Second Empire, constituant ainsi le noyau du quartier résidentiel de la bourgeoisie canadienne-française.

Ces ensembles forment l'un des rares paysages urbains montréalais où règne une certaine harmonie. À l'ouest, la **rue Prince-Arthur** débouche sur le square. Cette artère piétonne (entre le boulevard Saint- Laurent et l'avenue Laval) était, dans les années soixante, le centre de la contre-culture et du mouvement hippie à Montréal. Elle est, de nos jours, bordée de nombreux restaurants et terrasses.

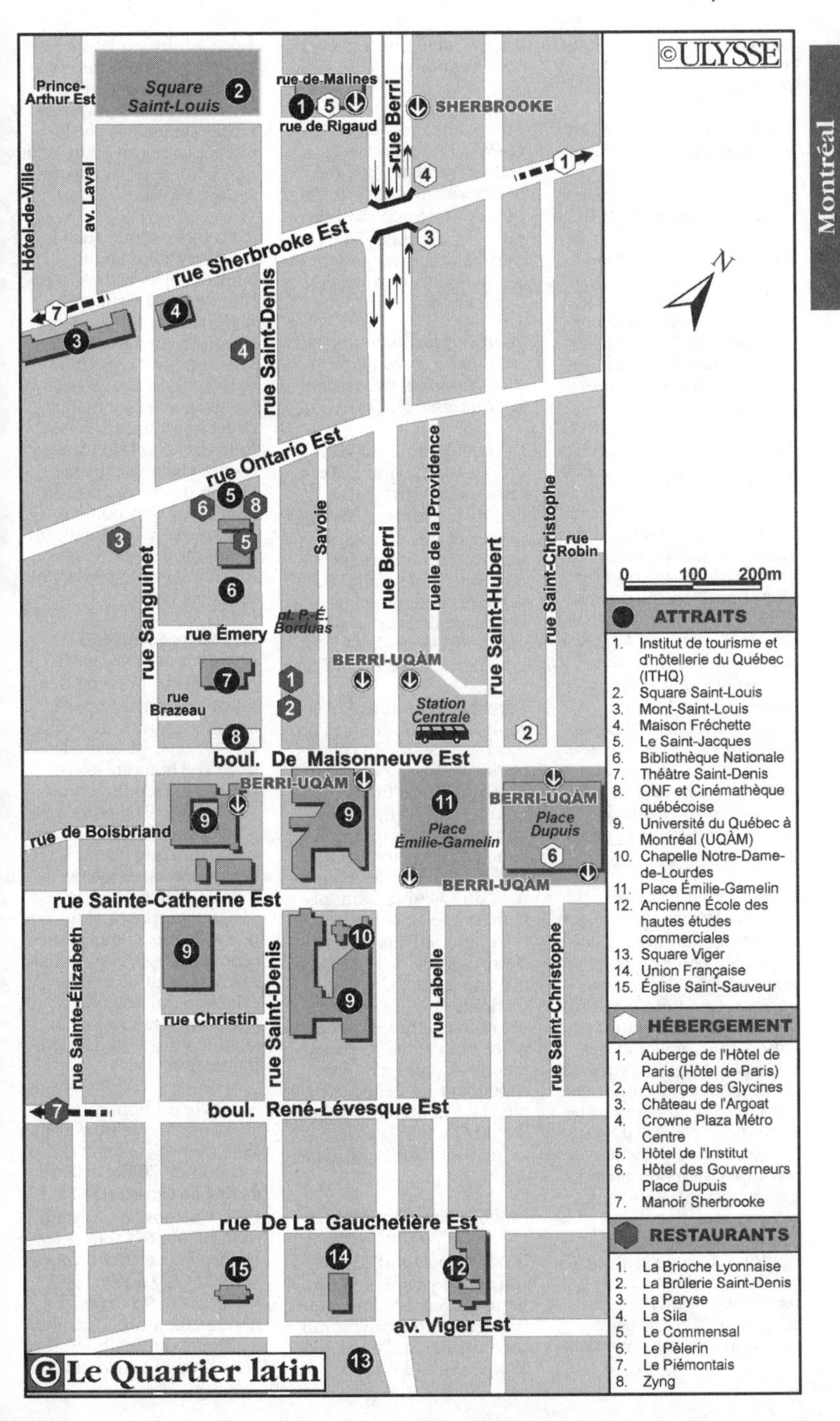
©ULYSSE
Square Saint-Louis
Prince-Arthur Est
rue de-Malines
rue de Rigaud
SHERBROOKE
rue Berri
Hôtel-de-Ville
av. Laval
rue Sherbrooke Est
rue Saint-Denis
rue Ontario Est
Savoie
rue Berri
ruelle de la Providence
rue Saint-Hubert
rue Saint-Christophe
rue Robin
0 100 200m
rue Sanguinet
rue Émery
pl. P.-É. Borduas
BERRI-UQÀM
rue Brazeau
Station Centrale
boul. De Maisonneuve Est
rue de Boisbriand
Place Émilie-Gamelin
Place Dupuis
rue Sainte-Catherine Est
rue Sainte-Élizabeth
rue Christin
rue Labelle
boul. René-Lévesque Est
rue De La Gauchetière Est
av. Viger Est
G Le Quartier latin
ATTRAITS
1. Institut de tourisme et d'hôtellerie du Québec (ITHQ)
2. Square Saint-Louis
3. Mont-Saint-Louis
4. Maison Fréchette
5. Le Saint-Jacques
6. Bibliothèque Nationale
7. Théâtre Saint-Denis
8. ONF et Cinémathèque québécoise
9. Université du Québec à Montréal (UQÀM)
10. Chapelle Notre-Dame-de-Lourdes
11. Place Émilie-Gamelin
12. Ancienne École des hautes études commerciales
13. Square Viger
14. Union Française
15. Église Saint-Sauveur
HÉBERGEMENT
1. Auberge de l'Hôtel de Paris (Hôtel de Paris)
2. Auberge des Glycines
3. Château de l'Argoat
4. Crowne Plaza Métro Centre
5. Hôtel de l'Institut
6. Hôtel des Gouverneurs Place Dupuis
7. Manoir Sherbrooke
RESTAURANTS
1. La Brioche Lyonnaise
2. La Brûlerie Saint-Denis
3. La Paryse
4. La Sila
5. Le Commensal
6. Le Pèlerin
7. Le Piémontais
8. Zyng

Les soirs d'été, l'endroit est animé par des amuseurs publics.

Tournez à gauche sur l'**avenue Laval**, l'une des seules rues de la ville où l'on puisse encore sentir pleinement l'ambiance de la Belle Époque. Délaissées par la bourgeoisie canadienne-française à partir de 1920, ses maisons seront reconverties en pensions avant de retrouver la faveur des artistes québécois, qui ont entrepris de les restaurer une par une. Le poète Émile Nelligan (1879-1941) a habité le numéro 3688 avec sa famille au tournant du siècle.

La maison de l'Union des écrivains québécois, au numéro 3492, occupe l'ancienne maison du cinéaste Claude Jutra, à qui l'on doit des films comme *Mon oncle Antoine*. Plusieurs autres artistes tels que la chanteuse Pauline Julien, l'écrivain Michel Tremblay, le romancier Yves Navarre et le pianiste André Gagnon habitent ou ont habité dans les environs du square Saint-Louis et de l'avenue Laval.

Le **Mont-Saint-Louis ★** *(244 rue Sherbrooke E., métro Sherbrooke)*, un ancien collège pour garçons dirigé par les frères des Écoles chrétiennes, a été construit dans l'axe de l'avenue Laval en 1887. Il est un des exemples les plus probants du style Second Empire tel qu'adapté pour les grandes institutions montréalaises : longue façade ponctuée de pavillons, murs de pierres grises bossagées, ouvertures à arcs segmentaires et toitures en mansarde. L'institution a fermé ses portes en 1970, et l'édifice fut recyclé en immeuble résidentiel en 1987. À cette occasion, un stationnement fut aménagé discrètement sous le jardin.

Le journaliste, poète et député Louis Fréchette (1839-1908) a habité la **Maison Fréchette** *(306 rue Sherbrooke E., métro Sherbrooke)* de style Second Empire. Il y a hébergé Sarah Bernhardt à quelques reprises pendant ses tournées nord-américaines.

Tourner à droite sur la rue Saint-Denis et descendre la «Côte-à-Barron» en direction de l'Université du Québec.

La montée du Zouave, à droite, aujourd'hui la **Terrasse Saint-Denis**, était le lieu de rencontre favori des poètes et des écrivains québécois au tournant du siècle. L'ensemble de maisons a été aménagé à l'emplacement de la demeure du sieur de Montigny, fier zouave pontifical.

L'architecte montréalais Joseph-Arthur Godin fut l'un des précurseurs de l'architecture moderne en Amérique du Nord. En 1914, il entre-prend d'ériger trois immeubles de rapport, à structure de béton armé apparente, dans les environs du Quartier latin, notamment le **Saint-Jacques ★** (1704 rue St-Denis, métro Berri-UQAM). À ce concept d'avant- garde, Godin marie de subtiles courbes Art nouveau qui donnent grâce et légèreté à ces bâtiments. L'entreprise fut cependant un échec commercial qui entraîna la faillite de Godin et mit un terme à sa carrière d'architecte.

La **Bibliothèque Nationale ★** *(1700 rue St-Denis, métro Berri-UQAM)* fut d'abord aménagée pour les Messieurs de Saint-Sulpice, qui voyaient d'un mauvais œil la construction d'une bibliothèque municipale ouverte à tous sur la rue Sherbrooke. Même si de nombreux ouvrages étaient encore à l'Index, donc interdits de lecture par le clergé, cette ouverture était vue comme de la concurrence déloyale.

Autrefois connue sous le nom de Bibliothèque Saint-Sulpice, cette succursale de la Bibliothèque nationale du Québec fut dessinée par l'architecte Eugène Payette en 1914 dans le style Beaux-Arts. Ce style, synthèse de l'architecture française de la Renaissance et du classicisme, était enseigné à l'École des beaux-arts de Paris, d'où son nom en Amérique. À l'intérieur, on peut voir de belles verrières réalisées par Henri Perdriau en 1915.

Le **Théâtre Saint-Denis** *(1594 rue St-Denis, métro Berri-UQAM)* possède deux salles de spectacle parmi les plus courues de la ville. En été, on y présente le festival d'humour Juste pour rire. Depuis son ouverture en 1914, le théâtre a vu défiler tous les grands noms du showbiz français et québécois, et même du monde entier. Modernisé à plusieurs reprises, il fut une nouvelle fois complètement rénové en 1989. On remarquera le haut de la salle originale qui dépasse la façade de granit rose, ajoutée lors de la dernière rénovation.

À l'angle du boulevard De Maisonneuve se trouve la salle de projection et de location de l'**Office national du film du Canada** (ONF). L'ONF dispose d'une cinérobothèque *(5$ pour deux heures, 3$ pour une heure; mar-dim 12h à 21h; 1564 rue St-Denis, ☎496-6887)* permettant à une centaine d'usagers de visionner des films différents. De plus, ce complexe abrite une salle de cinéma *(5$; tlj, l'horaire paraît au début de chaque mois)* où l'on projette différents documentaires ainsi que des films de l'ONF.

Un peu plus loin à l'ouest, la **Cinémathèque québécoise** *(335 bd De Maisonneuve E., ☎842-9763)* accueille les cinéphiles. Elle possède une collection de 25 000 films canadiens, québécois et étrangers, ainsi que des centaines d'appareils témoignant des débuts de l'histoire du cinéma. Elle vient de rouvrir après une importante rénovation et un agrandissement de ses locaux. En face se dresse la nouvelle salle de concerts de l'Université du Québec, la **salle Pierre-Mercure**.

Contrairement à la plupart des campus universitaires nord-américains, composés de pavillons disséminés dans un parc, le campus de l'**Université du Québec à Montréal** (UQAM) ★ *(405 rue Ste-Catherine E., angle rue St-Denis, métro Berri-UQAM)* est intégré à la ville à la manière des universités de la Renaissance en France ou en Allemagne. Il est en outre relié à la ville souterraine et au métro.

L'université occupe l'emplacement des bâtiments de l'Université de Montréal et de l'église Saint-Jacques, reconstruite après l'incendie de 1852. Seuls le mur du transept droit et le clocher néogothique, dessiné par Victor Bourgeau, ont été intégrés au pavillon Judith-Jasmin de 1979, pour devenir l'emblème de l'institution.

L'UQAM fait partie du réseau de l'Université du Québec, fondé en 1969 et réparti dans différentes villes du Québec. Ce lieu de haut savoir, en pleine expansion, accueille chaque année plus de 40 000 étudiants.

Tourner à gauche sur la rue Sainte-Catherine Est.

L'artiste Napoléon Bourassa habitait une grande maison située sur la rue Saint-Denis. La **chapelle Notre-Dame-de- Lourdes** ★ *(430 rue Ste-Catherine E., métro Berri-UQAM)*, érigée en 1876, est l'œuvre de sa vie. Elle a été commandée par les Messieurs de Saint-Sulpice, qui voulaient assurer leur présence dans ce secteur de la ville. Son vocabulaire romano- byzantin est en quelque sorte le résumé des carnets de voyage de son auteur. Il faut voir les fresques très colorées de Bourassa qui ornent l'intérieur de la petite chapelle.

La **place Émilie-Gamelin** ★ *(angle rue Berri et rue Ste-Catherine E., métro Berri-UQAM)* honore la mémoire de la fondatrice des sœurs de la Providence, dont l'asile occupait le site jusqu'en 1960. L'espace, autrefois baptisé **square Berri**, fut aménagé en 1992 dans le cadre des fêtes du 350e anniversaire de Montréal; il est le dernier-né des grands squares publics montréalais.

En fond de scène, on retrouve de curieuses sculptures métalliques de l'artiste Melvin Charney, à qui l'on doit également le jardin du Centre Canadien d'Architecture (voir p 116). Au nord du square se trouve le terminus des autocars (Station centrale), aménagé au-dessus de la station de métro Berri-UQAM, où trois des quatre lignes du métro convergent.

À l'est, la Place Dupuis et les Atriums, deux centres commerciaux regroupant une centaine de boutiques, sont aménagés à l'emplacement de l'ancien grand magasin Dupuis Frères. Sur la rue Sainte-Catherine Est, on peut encore apercevoir certains commerces chers aux Montréalais, tel le disquaire Archambault. La section de la rue Sainte-Catherine Est située entre les rues Amherst et Papineau est considérée comme le «Village Gay» de Montréal.

Tourner à droite sur la rue Saint-Hubert, puis encore à droite sur l'avenue Viger Est.

Symbole de l'ascension sociale d'une certaine classe d'hommes d'affaires canadiens-français au début du XXe siècle, l'**ancienne École des hautes études commerciales** ★ *(535 av. Viger, métro Berri-UQAM ou Champ-de-Mars)* va modifier en profondeur le milieu de l'administration et de la finance à Montréal, jusque-là dominé par les Canadiens d'origine britannique.

L'architecture Beaux-Arts très parisienne de cet imposant bâtiment de 1908, caractérisée par des colonnes jumelées, des balustrades, un escalier monumental et des sculptures pâteuses, témoigne de la francophilie de ses promoteurs. En 1970, l'École des hautes études commerciales a rejoint le campus de l'Université de Montréal, sur le flanc nord du mont Royal. L'endroit abrite actuellement une institution pénale.

Le **square Viger** *(av. Viger E., métro Berri-UQAM ou Champ-de-Mars)* est le premier square autour duquel la bourgeoisie canadienne-française va se regrouper au cours des années 1850, avant de lui préférer le square Saint-Louis à partir de 1880. Défiguré par l'aménagement de l'autoroute Ville-Marie en souterrain (1977-1979), il a été réaménagé en trois sections réalisées par autant d'artistes, qui ont préféré un design touffu à la sobriété du square du XIXe - siècle. À l'arrière-plan, on aperçoit l'ancienne gare Viger, aux allures de château fort (voir p 100).

L'**Union française** *(429 av. Viger E., métro Berri-UQAM ou Champ-de-Mars)*, l'association culturelle française de Montréal, est installée dans cette ancienne demeure patricienne depuis 1909. On y organise des conférences et des salons sur la France et ses régions. Chaque année, le 14 Juillet est célébré dans le square Viger, en face.

La maison, attribuée à l'architecte Henri- Maurice Perrault, fut construite en 1867 pour l'armateur Jacques-Félix Sincennes, fondateur de la Richelieu and Ontario Navigation Company. Elle apparaît comme l'un des premiers exemples d'architecture Second Empire réalisés à Montréal.

À l'angle de la rue Saint-Denis se dresse l'**église Saint-Sauveur** *(329 av. Viger E., métro Berri-UQAM ou Champ-de-Mars)*, sanctuaire néogothique construit en 1865 selon les plans des architectes Lawford et Nelson. De 1922 à 1995, elle a été le siège de la communauté syrienne catholique de Montréal. On remarquera son chœur en hémicycle, dont les fenêtres sont ornées de beaux vitraux de l'artiste Guido Nincheri.

Circuit H : Le Plateau Mont-Royal (trois heures)

S'il existe un quartier typique à Montréal, c'est bien celui-là. Rendu célèbre par les écrits de Michel Tremblay, l'un de ses illustres fils, «le Plateau», comme l'appellent ses résidants, c'est le quartier des intellectuels fauchés autant que des jeunes professionnels et des vieilles familles ouvrières francophones.

Ses longues rues sont bordées des fameux duplex et triplex montréalais, dont les longs et étroits appartements sont accessibles par des escaliers extérieurs aux contorsions amusantes. Ces escaliers aboutissent à des balcons de bois ou ornés de fer forgé qui sont autant de loges fleuries d'où l'on observe le spectacle de la rue.

Le Plateau Mont-Royal est délimité à l'ouest par le mont Royal, à l'est et au nord par les voies ferrées du Canadien Pacifique, et au sud par la rue Sherbrooke. Il est traversé par quelques artères bordées de cafés et de théâtres, comme les rues Saint-Denis et Papineau, mais conserve dans l'ensemble une douce quiétude. Une visite de Montréal serait incomplète sans une excursion sur le Plateau Mont-Royal, ne serait- ce que pour flâner sur ses trottoirs et mieux saisir l'âme de Montréal.

Le circuit débute à la sortie du métro Mont- Royal. Se diriger vers la droite sur l'avenue du Mont-Royal Est, principale artère commerciale du quartier.

Le **monastère des pères du Très-Saint-Sacrement ★** *(500 av. du Mont-Royal E., métro Mont-Royal)* et son église Notre-Dame-du-Très-Saint-Sacrement ont été érigés à la fin du XIXe - siècle pour la communauté des pères du même nom. Derrière une façade quelque peu austère se cache une église des plus colorées au décor italianisant, réalisée selon les plans de Jean-Zéphirin Resther. Ce sanctuaire voué à l'exposition et à l'adoration perpétuelle de l'Eucharistie est ouvert à la prière et à la contemplation tous les jours de la semaine. On y présente à l'occasion des concerts de musique baroque.

Suivez l'avenue du Mont-Royal Est vers l'est. On y côtoie la population bigarrée du quartier qui magasine dans des commerces hétéroclites, allant de la chic Pâtisserie Bruxelloise au magasin de babioles à un dollar en passant par les boutiques où l'on vend des disques usagés.

Tournez à droite sur la rue Fabre, où l'on peut voir de bons exemples de l'habitat type montréalais. Ces maisons construites entre 1900 et 1925 comprennent respectivement de deux à cinq logements, tous accessibles par des entrées individuelles donnant sur l'extérieur. On notera les détails d'ornementation qui varient d'un immeuble à l'autre, tels que les vitraux Art nouveau, les parapets et les corniches de brique et de tôle, les balcons aux colonnes toscanes ainsi que le fer ornemental qui s'exprime en frisettes et en torsades.

Tourner à gauche sur la rue Rachel Est.

À l'extrémité de la rue Fabre, on aperçoit le **parc Lafontaine** *(métro Sherbrooke)*, principal espace vert du Plateau Mont-Royal, créé en 1908 à l'emplacement d'un ancien champ de tir militaire.

Des monuments honorant la mémoire de Sir Louis-Hippolyte Lafontaine, de Félix Leclerc et de Dollard des Ormeaux y ont été élevés. D'une superficie de 40 ha, le parc est agrémenté de deux petits lacs artificiels et de sentiers ombragés que l'on peut emprunter à pied ou à vélo.

Des terrains de pétanque et de tennis sont mis à la disposition des amateurs. En hiver, une grande patinoire éclairée est entretenue sur les étangs. On y trouve également le Théâtre de Verdure, où sont présentés des concerts d'été. La fin de semaine, le parc est envahi par les gens du quartier qui viennent y profiter des belles journées ensoleillées.

Les églises paroissiales du Plateau Mont-Royal, conçues pour accueillir les familles nombreuses des ouvriers canadiens-français, sont immenses. L'**église de l'Immaculée-Conception** *(angle avenue Papineau, métro Sherbrooke ou Mont-Royal)* fut construite en 1895 dans le style néoroman. Son intérieur décoré de toiles marouflées et de statues de plâtre est typique de l'époque.

Tourner à droite sur l'avenue Papineau, puis encore à droite sur la rue Sherbrooke Est.

La longue **place Charles-de-Gaulle** *(angle avenue Émile-Duployé, métro Sherbrooke)*, située en bordure de la rue Sherbrooke, est dominée par un obélisque à la mémoire du général de Gaulle réalisé par l'artiste français Olivier Debré. L'œuvre en granit bleu de Vire, extrait des carrières de Saint-Michel-de-Montjoie en Normandie, fait 17 m de hauteur. Elle a été donnée par la Ville de Paris à la Ville de Montréal en 1992 à l'occasion de son 350e anniversaire de fondation.

En face, on aperçoit l'**hôpital Notre-Dame**, l'un des principaux hôpitaux de la ville. Un peu plus à l'ouest, au 3700 de l'avenue Calixa-Lavallée, se trouve la jolie **école Le Plateau** (1930). L'édifice Art déco des architectes Perrault et Gadbois abrite aussi la salle qui a accueilli l'Orchestre symphonique de Montréal à ses débuts. Un sentier, au nord de l'école, donne accès aux étangs du parc Lafontaine.

De retour sur la rue Sherbrooke Est, on peut voir la **Bibliothèque municipale de Montréal**, inaugurée en 1917 par le maréchal Joffre *(1210 rue Sherbrooke E.)*. La modeste taille de l'édifice, en comparaison de la population à desservir, même au début du XXe siècle, s'explique par les réticences du clergé à voir s'ouvrir une bibliothèque laïque. De nos jours heureusement, un réseau de 27 succursales de quartiers s'ajoute à la bibliothèque. On y trouve entre autres une salle complète consacrée à la généalogie des familles canadiennes-françaises (la salle Gagnon, au sous-sol).

Le monument en l'honneur de Sir Louis-Hippolyte Lafontaine (1807-1864), qui a donné son nom au parc, se trouve de l'autre côté de la rue. Considéré comme le père du gouvernement responsable au Canada, Lafontaine fut aussi l'un des principaux défenseurs du français dans les institutions du pays. Empruntez la **rue Cherrier**, qui se détache de la rue Sherbrooke Est, en face du monument. Cette artère formait autrefois, avec le square Saint-Louis, à son extrémité ouest, le noyau du quartier résidentiel bourgeois canadien- français. Au numéro 840, on peut voir l'**Agora de la danse**, où sont regroupés les studios de diverses compagnies de danse. L'édifice de brique rouge, terminé en 1919, abritait auparavant la Palestre nationale, centre sportif pour les jeunes du quartier et lieu de nombreuses assemblées publiques houleuses au cours des années trente.

*Tourner à droite sur la rue Saint-Hubert, bordée de beaux exemples d'architecture vernaculaire. Puis tourner à gauche sur la rue Roy pour apercevoir l'**église Saint-Louis-de-France** de 1936, construite pour remplacer l'église originale, détruite par le feu en 1933.*

À l'angle de la **rue Saint-Denis** s'élève l'**ancien Institut des sourdes-muettes** *(3725 rue St-Denis, métro Sherbrooke)*, vaste bâtiment de pierres grises composé de nombreuses ailes érigées par étapes entre 1881 et 1900. L'ensemble de style Second Empire couvre un quadrilatère complet et est typique de l'architecture institutionnelle de l'époque au Québec. Il accueillait autrefois les sourdes-muettes de la région. L'étrange chapelle, aux colonnes de fonte, de même que la sacristie, avec ses hautes armoires et son surprenant escalier à vis, sont accessibles sur demande depuis l'entrée de la rue Berri.

Empruntez la rue Saint-Denis vers le nord. La section de la longue artère

ATTRAITS

1. Monastère des pères du Très-Saint-Sacrement
2. Parc Lafontaine
3. Église de l'Immaculée-Conception
4. Place Charles-de-Gaulle
5. Bibliothèque Nationale
6. Ancien Institut des sourdes-muettes
7. Église Saint-Jean-Baptiste

HÉBERGEMENT

1. Auberge de la Fontaine
2. B & B Bienvenue
3. Gîte sympathique
4. Vacances Canada 4 Saisons

RESTAURANTS

1. 917
2. Aux 2 Marie
3. Aux Baisers Volés
4. Baie du Bengale
5. Byblos
6. Cactus
7. Café Cherrier
8. Café El Dorado
9. Chu Chai
10. Continental
11. Côté Soleil
12. El Zaziummm
13. Fondue Mentale
14. L'Anecdote
15. L'Avenue
16. L'Express
17. La Binerie Mont-Royal
18. La Brûlerie Saint-Denis
19. La Gaudriole
20. La Piazzetta
21. La Psarotaverna du Symposium
22. La Raclette
23. Laloux
24. Le Flambard
25. Le Persil Fou
26. Lélé da Cuca
27. Misto
28. Ouzeri
29. Pistou
30. Pizzédélic
31. Poco Piu
32. Porté Disparu
33. Restorante-Trattoria Carrisima
34. Toqué

comprise entre la rue Sainte-Catherine, au sud, et le boulevard Saint-Joseph, au nord, est bordée de nombreux cafés-terrasses et de belles boutiques installées dans des anciennes demeures Second Empire de la deuxième moitié du XIXe siècle. On y trouve également plusieurs librairies et restaurants qui sont devenus au fil des ans de véritables institutions de la vie montréalaise.

Tourner momentanément à gauche sur la rue Rachel Est pour voir l'église Saint-Jean-Baptiste et les bâtiments institutionnels qui l'avoisinent.

L'**église Saint-Jean-Baptiste** ★★ *(309 rue Rachel, métro Mont-Royal)*, consacrée sous le vocable du saint patron des Canadiens français, est un gigantesque témoignage de la foi solide de la population catholique et ouvrière du Plateau Mont-Royal au tournant du XXe siècle, laquelle, malgré sa misère et ses familles nombreuses, a réussi à amasser des sommes considérables pour la construction d'églises somptueuses. L'extérieur fut édifié en 1901 selon les plans de l'architecte Émile Vanier.

Quant à l'intérieur, il fut repris, à la suite d'un incendie, selon des dessins de Casimir Saint-Jean, qui en fit un chef-d'œuvre du style néobaroque à voir absolument. Le baldaquin de marbre rose et de bois doré du chœur (1915) protège l'autel de marbre blanc d'Italie, qui fait face aux grandes orgues Casavant du jubé, figurant parmi les plus puissantes de la ville. L'église, qui peut accueillir 3 000 personnes assises, est le lieu de fréquents concerts.

En face de l'église, on peut voir le **collège Rachel**, construit en 1876 dans le style Second Empire. Enfin, à l'ouest de l'avenue Henri-Julien, se trouve l'**ancien hospice Auclair** de 1894, avec son entrée semi-circulaire sur la rue Rachel. La rue Drolet, au sud de la rue Rachel, présente de bons exemples de l'architecture ouvrière des années 1870 et 1880 sur le Plateau, avant l'avènement de l'habitat vernaculaire, à savoir le duplex et le triplex dotés d'escaliers extérieurs tels qu'on a pu les apercevoir sur la rue Fabre.

Retourner à la rue Saint-Denis, et remonter jusqu'à l'avenue du Mont-Royal. Tourner à droite pour reprendre le métro à la station Mont-Royal.

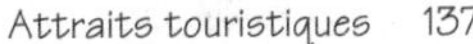

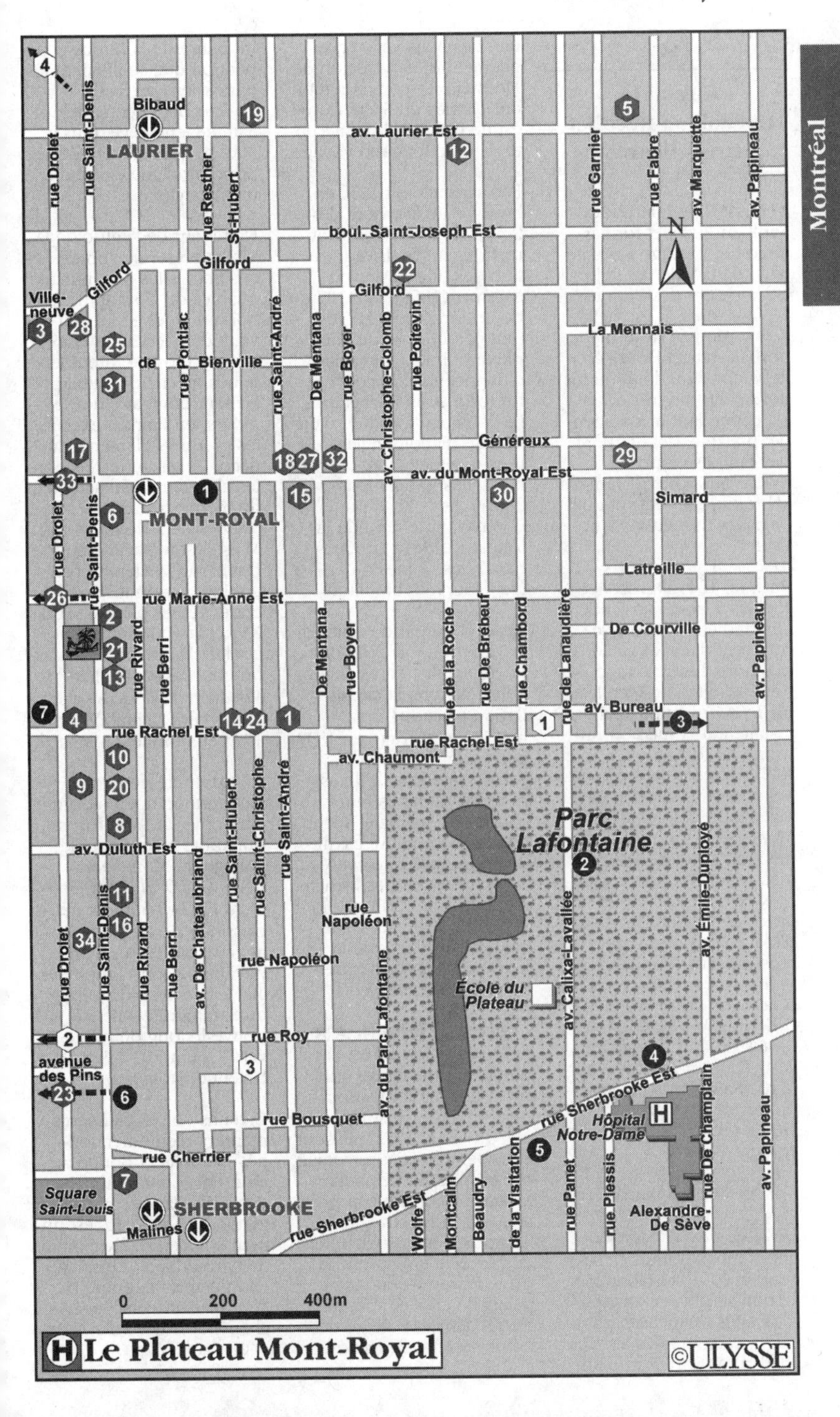
Bibaud
LAURIER
av. Laurier Est
rue Droulet
rue Saint-Denis
rue Resther
St-Hubert
rue Garnier
rue Fabre
av. Marquette
av. Papineau
boul. Saint-Joseph Est
N
Gilford
Ville-neuve
de Bienville
rue Pontiac
rue Saint-André
De Mentana
rue Boyer
av. Christophe-Colomb
rue Poitevin
La Mennais
Généreux
av. du Mont-Royal Est
Simard
MONT-ROYAL
Latreille
rue Marie-Anne Est
De Courville
rue Rivard
rue Berri
rue de la Roche
rue De Brébeuf
rue Chambord
rue de Lanaudière
av. Bureau
rue Rachel Est
av. Chaumont
Parc Lafontaine
av. Duluth Est
av. De Chateaubriand
rue Saint-Hubert
rue Saint-Christophe
rue Napoléon
av. du Parc Lafontaine
École du Plateau
av. Calixa-Lavallée
av. Émile-Duployé
rue Roy
avenue des Pins
rue Sherbrooke Est
Hôpital Notre-Dame
rue De Champlain
rue Bousquet
rue Cherrier
Square Saint-Louis
SHERBROOKE
Malines
Wolfe
Montcalm
Beaudry
de la Visitation
rue Panet
rue Plessis
Alexandre-De Sève
0
200
400m
Le Plateau Mont-Royal
©ULYSSE

Circuit I : Le Sault-au-Récollet (trois heures)

Vers 1950, le quartier du Sault-au-Récollet formait encore un village agricole isolé de la ville sur le bord de la rivière des Prairies. De nos jours, il est facile de s'y rendre par le métro, dont la station Henri-Bourassa constitue le terminus nord. L'histoire du «Sault» est cependant très ancienne, puisque, dès 1610, M. des Prairies emprunta la rivière qui porte désormais son nom, en pensant qu'il s'agissait du fleuve Saint-Laurent.

Puis, en 1625, le récollet Nicolas Viel et son guide amérindien Ahuntsic se noyèrent dans les rapides du cours d'eau, d'où le nom «sault... au-Récollet». En 1696, les sulpiciens y installèrent la mission huronne du fort Lorette. Au XIXe siècle, le Sault-au- Récollet devient un lieu de villégiature apprécié des Montréalais qui ne désirent pas trop s'éloigner de la ville pendant la belle saison, ce qui explique la présence de quelques maisons d'été ayant survécu au récent développement.

À la sortie du métro Henri-Bourassa, suivre le boulevard du même nom vers l'est. Tourner à gauche sur la rue Saint-Hubert, puis à droite sur le boulevard Gouin Est; de là part le circuit.

Collège Sophie-Barat *(1105 et 1239 bd Gouin E., métro Henri-Bourassa)*. Monseigneur Ignace Bourget, second évêque de Montréal, a courtisé plusieurs communautés religieuses françaises au cours des années 1840, afin qu'elles implantent des maisons d'enseignement dans la région de Montréal. La communauté des Dames du Sacré-Cœur est de celles qui ont accepté de faire le grand voyage.

Elle s'installe en 1856 en bordure de la rivière des Prairies, où elle construit un couvent pour l'éducation des filles. L'ancien externat (1858), au 1105 du boulevard Gouin Est, est tout ce qui reste du complexe primitif. À la suite d'un incendie, le couvent fut reconstruit par étapes. Le bâtiment, à l'allure d'un austère manoir anglais, est la plus intéressante de ces nouvelles installations (1929). Le collège porte dorénavant le nom de la fondatrice de la communauté des Dames du Sacré-Cœur, Sophie Barat.

Avant d'atteindre l'église de la Visitation, on aperçoit quelques demeures ancestrales, comme la **maison David-Dumouchel**, au n° 1737, construite en 1839 pour un menuisier du Sault-au-Récollet. Elle est pourvue de hauts murs coupe-feu, même si aucun autre édifice ne lui est mitoyen, preuve que cette composante d'abord strictement utilitaire était devenue au XIXe siècle un élément du décor de la maison, symbole de prestige et d'urbanité.

L'**église de la Visitation** ★★ *(1847 bd Gouin E.)* est la plus ancienne église qui subsiste sur l'île de Montréal. Elle fut construite entre 1749 et 1752, mais fut considérablement remaniée par la suite. Sa très belle façade palladienne, ajoutée en 1850, est l'œuvre de l'Anglais John Ostell, auteur de la vieille douane de la place Royale et du vieux palais de justice de la rue Notre-Dame. Le degré de raffinement atteint ici est tributaire de la féroce compétition que se livraient les paroissiens du Sault-au-Récollet et ceux de Sainte-Geneviève, plus à l'ouest, qui venaient de se pourvoir d'une église du même style.

L'intérieur de l'église de la Visitation forme l'un des ensembles les plus remarquables de la sculpture sur bois au Québec. Les travaux de décoration entrepris en 1764 ne furent terminés qu'en 1837. Philippe Liébert, originaire de Nemours, en France, exécuta les premiers éléments du décor, entre autres les portes abondamment sculptées du retable, précieuses œuvres de style Louis XV. Mais c'est à David-Fleury David que revient la part du lion, car on lui doit la corniche, les pilastres Louis XVI et la voûte finement ciselée. De beaux tableaux ornent l'église, dont *La Visitation de la Vierge*, acquis par le curé Chambon en 1756 et attribué à Mignard.

À l'extrémité de la rue Lambert, on aperçoit l'ancien noviciat Saint-Joseph, qui abrite aujourd'hui le collège du Mont-Saint-Louis *(1700 bd Henri- Bourassa E.)*. Le bâtiment néoclassique de 1853 a été agrandi par l'ajout d'un pavillon Second Empire en 1872. Le noyau du village du Sault-au-Récollet se trouve le long du boulevard Gouin Est, à l'est de l'avenue Papineau.

Certains de ses bâtiments méritent d'être mentionnés : la maison Boudreau, au n° 1947, fut construite dès 1750; l'ancien magasin général, au n° 2010, est un petit édifice Second Empire de type urbain, transposé en milieu rural; enfin, la fière maison Persillier-Lachapelle, érigée vers

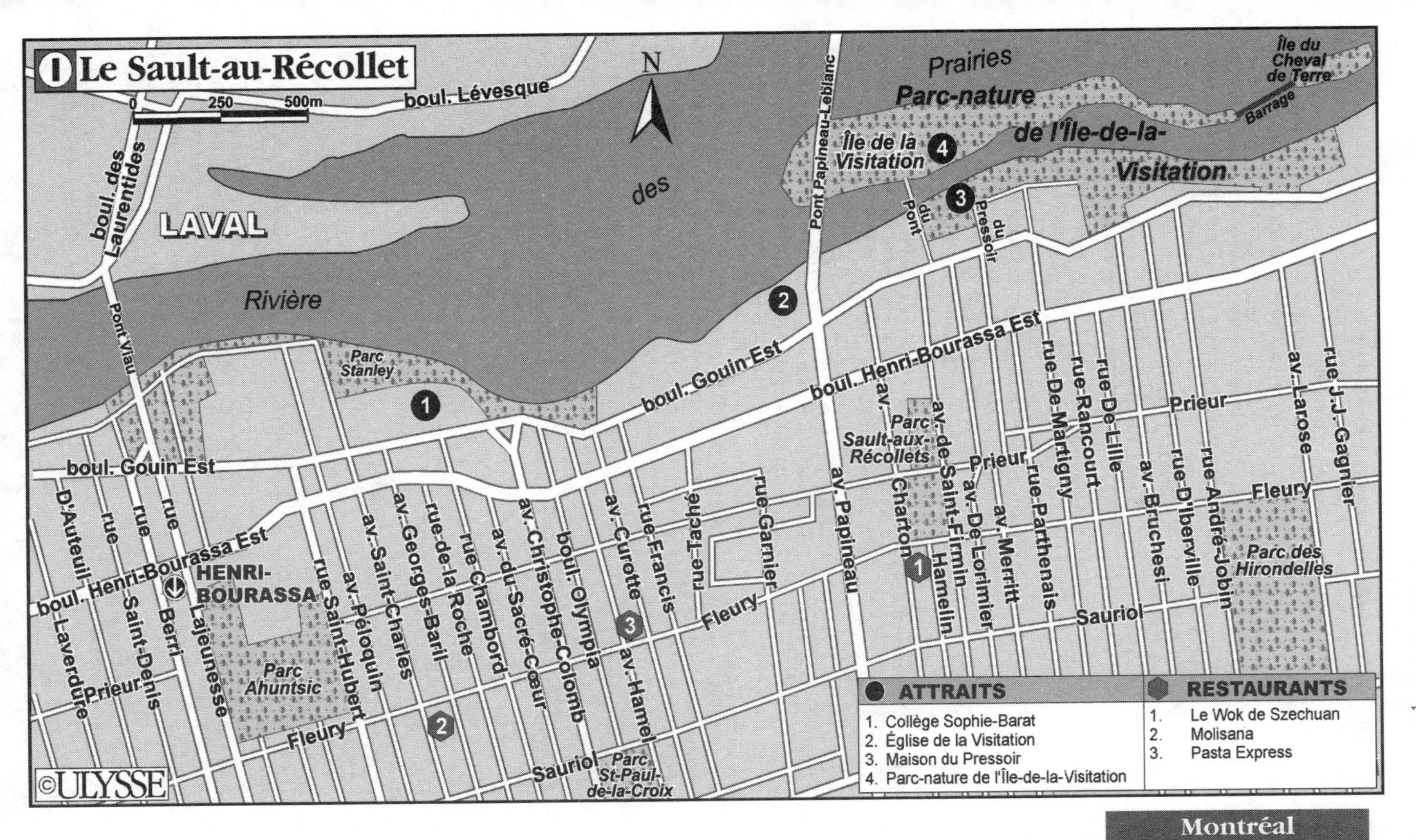
I Le Sault-au-Récollet
0 250 500m
N
boul. Lévesque
boul. des Laurentides
LAVAL
Rivière des Prairies
Parc-nature de l'Île-de-la-Visitation
Île de la Visitation
Île du Cheval de Terre
Barrage
Pont Papineau-Leblanc
du Pont
du Pressoir
Pont Viau
Parc Stanley
boul. Gouin Est
boul. Henri-Bourassa Est
HENRI-BOURASSA
Parc Sault-aux-Récollets
Parc des Hirondelles
Parc Ahuntsic
Parc St-Paul-de-la-Croix
D'Auteuil
rue Saint-Denis
rue Berri
rue Lajeunesse
Laverdure
Prieur
rue Saint-Hubert
av. Péloquin
av. Saint-Charles
av. Georges-Baril
rue de-la-Roche
rue Chambord
av. du Sacré-Cœur
av. Christophe-Colomb
boul. Olympia
av. Curotte
av. Hamel
rue Francis
rue Taché
rue Garnier
Fleury
av. Papineau
av. Charton
Hamelin
av. de-Saint-Firmin
av. De-Lorimier
av. Merritt
rue Parthenais
rue De-Martigny
rue Rancourt
rue De-Lille
av. Bruchesi
rue D'Iberville
rue André-Jobin
av. Larose
rue J.J.-Gagnier
Sauriol
ATTRAITS
1. Collège Sophie-Barat
2. Église de la Visitation
3. Maison du Pressoir
4. Parc-nature de l'Île-de-la-Visitation
RESTAURANTS
1. Le Wok de Szechuan
2. Molisana
3. Pasta Express
©ULYSSE

1830, au n° 2086, est l'ancienne demeure d'un meunier prospère et constructeur de ponts.

Tourner à gauche sur la rue du Pressoir.

Maison du Pressoir ★ *(entrée libre; sept à juin mer-dim 12h à 17h, juin à sept mer-dim 11h à 17h; 10865 rue du Pressoir, ☎280-6783).* Vers 1810, Didier Joubert érige le pressoir à cidre sur sa propriété du Sault-au-Récollet. L'état des recherches actuelles permet d'affirmer qu'il s'agit de l'unique exemple de bâtiment en pieux maçonnés qui subsiste sur l'île de Montréal. Le bâtiment restauré en 1982 abrite une exposition sur la fabrication du cidre et sur l'historique du pressoir et de la mission des sulpiciens.

Revenir sur ses pas en empruntant le boulevard Gouin vers l'ouest. Tourner à droite sur la rue du Pont pour rejoindre l'île de la Visitation.

Le **parc-nature de l'Île-de-la-Visitation** comprend une vaste superficie de terrain en bordure de la rivière des Prairies, ainsi que l'île elle-même, longue bande de terre fermée à chacune de ses extrémités par des digues qui contrôlent le niveau et le débit de l'eau, éliminant du coup le fameux sault qui a donné son nom au secteur. On traverse la digue depuis la rue du Pont, en bordure de laquelle les sulpiciens firent ériger de puissants moulins sous le Régime français. Il ne subsiste malheureusement plus que de maigres vestiges de ces installations.

La digue qui se trouve à l'extrémité est de l'île supporte la centrale hydroélectrique Rivière-des-Prairies, aménagée en 1928 par la Montreal Island Power. Son barrage contient une trappe à poissons qui en fait un lieu de prédilection pour la pêche à l'alose, espèce qui prolifère dans les eaux de la rivière.

Circuit J : L'ouest de l'île (une journée)

Seul véritable circuit riverain parmi ceux que l'on retrouve sur l'île de Montréal, L'ouest de l'île permet de découvrir de vieux villages ainsi que les plus beaux panoramas du fleuve Saint-Laurent, des lacs Saint-Louis et des Deux Montagnes. Bien que la plupart des agglomérations qui le forment aient été fondées par des colons français, nombre d'entre elles sont aujourd'hui peuplées d'une majorité d'anglophones. Aussi ne faut-il pas s'étonner d'entendre davantage la langue de Shakespeare que celle de Molière dans les commerces et le long des rues résidentielles, qui ne sont pas sans rappeler celles des banlieues américaines aisées.

Ce circuit ne fait pas partie des circuits pédestres urbains, car il s'étend sur près de 25 km. Il peut cependant être parcouru à bicyclette, puisqu'une bonne part du trajet longe soit une piste cyclable bien aménagée, soit des routes à vitesse réduite. Il est même possible de se rendre au point de départ du circuit, en suivant la piste du canal de Lachine depuis le Vieux-Montréal.

Les automobilistes qui partent du centre-ville devront quant à eux emprunter l'autoroute 20 Ouest puis, brièvement, l'autoroute 138 en direction du pont Mercier. Prenez la sortie de la rue Clément à LaSalle. Tournez à droite sur la rue Clément, à gauche sur la rue Saint-Patrick, puis immédiatement à gauche sur l'avenue Stirling pour rejoindre la rive du fleuve. Tournez à droite sur le chemin LaSalle.

★★ Lachine (35 266 hab.)

En 1667, les Messieurs de Saint-Sulpice concèdent des terres dans l'ouest de l'île de Montréal à l'explorateur Robert Cavelier de La Salle. Celui-ci, obsédé par l'idée de trouver un passage vers la Chine, découvrira finalement la Louisiane, à l'embouchure du Mississipi. Par dérision, les Montréalais désigneront dorénavant ses terres comme étant «La Chine», nom qui est devenu officiel par la suite.

En 1689, les habitants de Lachine ont été victimes du pire massacre iroquois du Régime français. Mais plutôt que de quitter les lieux, la population augmenta et deux forts furent construits pour la protéger, en raison de l'emplacement stratégique de Lachine, en amont des rapides du même nom, qui entravent toujours la navigation sur le fleuve Saint-Laurent.

Aussi les précieuses fourrures de l'hinterland, destinées au marché européen, devaient-elles être débarquées à Lachine et transportées à pied jusqu'à Montréal, située en aval des rapides. Dans les années qui suivirent l'ouverture du canal de Lachine en 1825, plusieurs industries s'installèrent à Lachine, qui a alors connu une urbanisation importante.

Aujourd'hui, son industrie vieillissante est heureuse-

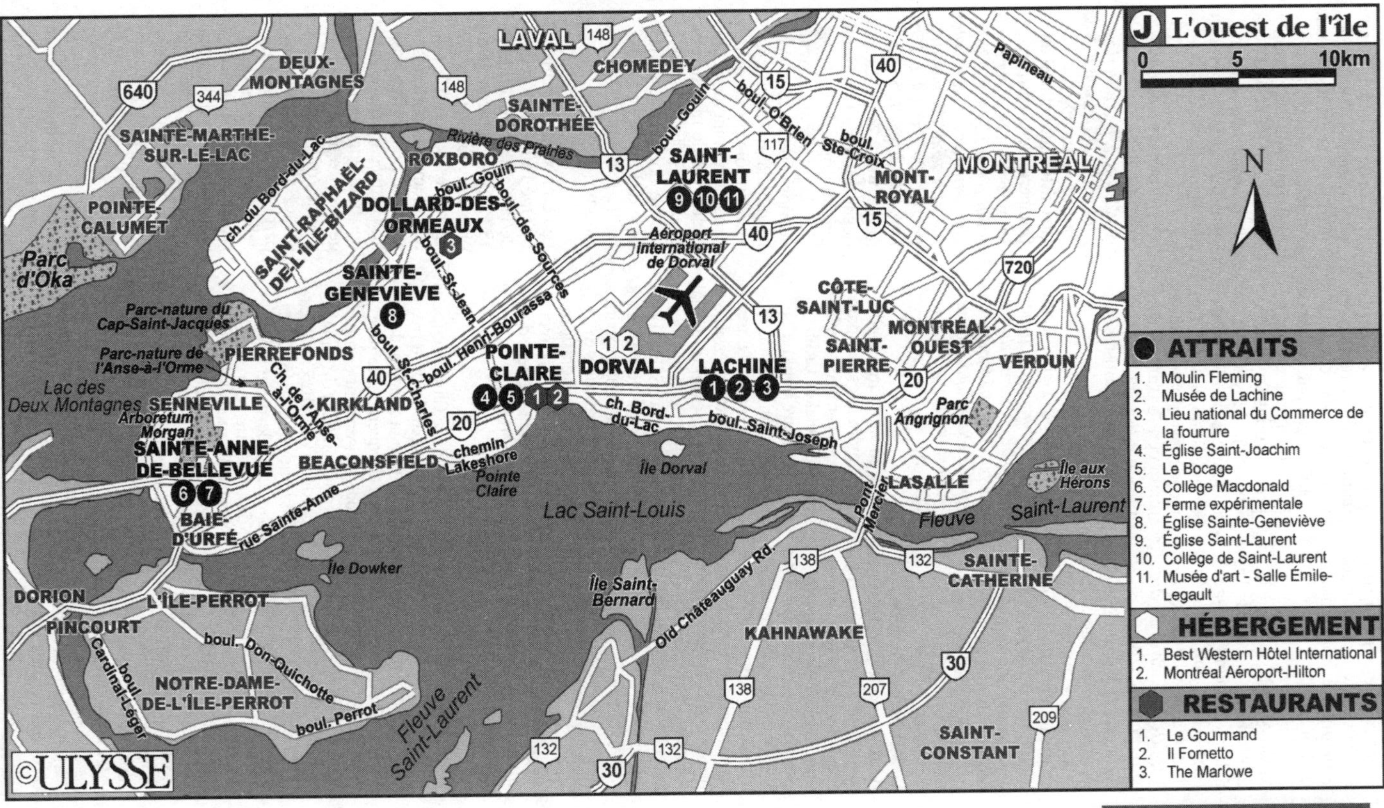
J L'ouest de l'île
0 5 10km
N
ATTRAITS
1. Moulin Fleming
2. Musée de Lachine
3. Lieu national du Commerce de la fourrure
4. Église Saint-Joachim
5. Le Bocage
6. Collège Macdonald
7. Ferme expérimentale
8. Église Sainte-Geneviève
9. Église Saint-Laurent
10. Collège de Saint-Laurent
11. Musée d'art - Salle Émile-Legault
HÉBERGEMENT
1. Best Western Hôtel International
2. Montréal Aéroport-Hilton
RESTAURANTS
1. Le Gourmand
2. Il Fornetto
3. The Marlowe
©ULYSSE
LAVAL
CHOMEDEY
DEUX-MONTAGNES
SAINTE-DOROTHÉE
SAINTE-MARTHE-SUR-LE-LAC
POINTE-CALUMET
Parc d'Oka
Rivière des Prairies
ROXBORO
SAINT-RAPHAËL-DE-L'ÎLE-BIZARD
ch. du Bord-du-Lac
DOLLARD-DES-ORMEAUX
SAINTE-GENEVIÈVE
Parc-nature du Cap-Saint-Jacques
Parc-nature de l'Anse-à-l'Orme
PIERREFONDS
Lac des Deux Montagnes
SENNEVILLE
Arboretum Morgan
SAINTE-ANNE-DE-BELLEVUE
BAIE-D'URFÉ
Ch. de l'Anse-à-l'Orme
KIRKLAND
BEACONSFIELD
boul. Gouin
boul. des Sources
boul. St-Jean
boul. St-Charles
boul. Henri-Bourassa
POINTE-CLAIRE
chemin Lakeshore
Pointe Claire
rue Sainte-Anne
DORVAL
Aéroport international de Dorval
SAINT-LAURENT
boul. O'Brien
boul. Ste-Croix
MONT-ROYAL
MONTRÉAL
Papineau
CÔTE-SAINT-LUC
MONTRÉAL-OUEST
SAINT-PIERRE
VERDUN
LACHINE
ch. Bord-du-Lac
boul. Saint-Joseph
Parc Angrignon
LASALLE
Île aux Hérons
Fleuve Saint-Laurent
Pont Mercier
Île Dorval
Lac Saint-Louis
Île Dowker
Île Saint-Bernard
Old Châteauguay Rd.
SAINTE-CATHERINE
KAHNAWAKE
SAINT-CONSTANT
DORION
L'ÎLE-PERROT
PINCOURT
boul. Don-Quichotte
boul. Cardinal-Léger
NOTRE-DAME-DE-L'ÎLE-PERROT
boul. Perrot
640 344 148 13 15 117 40 720 20 138 132 30 207 209

ment compensée par son site enchanteur, qui attire toujours une population enthousiaste.

Même s'il est situé sur le territoire de la ville de LaSalle, le **Moulin Fleming** *(entrée libre; juin tlj 11h30 à 18h, juil et août mar-dim 11h30 à 18h; dans le parc Stinson, ☎367-1000)* est étroitement lié au développement de Lachine, dont il faisait partie autrefois. Construit en 1816 pour un marchand écossais, il adopte la forme conique des moulins américains. Une exposition raconte son histoire.

Le fort Rémy, l'une des deux enceintes de Lachine, était situé à proximité. Il fut érigé pour protéger la première église en pierre du village, construite en 1703 et aujourd'hui disparue. L'ancienne usine de produits pharmaceutiques Burrows-Welcome, visible à l'ouest, abrite de nos jours l'hôtel de ville de LaSalle.

Suivre le boulevard LaSalle jusqu'au chemin du Musée. Tourner à gauche pour accéder au stationnement du musée de Lachine, qui fait face au chemin LaSalle.

Musée de Lachine ★ *(entrée libre; avr à fin nov, mer-dim 11h30 à 16h30; 110 ch. LaSalle, ☎634-3471, poste 346)* Cet ancien comptoir de traite et son entrepôt de fourrures percé de meurtrières sont les plus vieilles structures qui subsistent dans toute la région de Montréal, car leur construction remonte à 1670. À cette époque, Lachine constituait le dernier lieu habité de la vallée du Saint-Laurent, avant d'accéder aux contrées sauvages à l'ouest, ainsi que le point d'arrivée des cargaisons de fourrures, qui ont représenté pendant longtemps la principale richesse naturelle du Canada et la véritable raison d'être de sa colonisation par la France. Le bâtiment a été érigé pour Jacques Le Ber et Charles Le Moyne, riches marchands de Montréal. Depuis 1948, il abrite un musée historique de même qu'un centre d'art où l'on présente des œuvres contemporaines d'artistes locaux.

Emprunter le chemin LaSalle en face du musée. Tourner à droite sur le chemin du Canal, puis à gauche sur le chemin du Musée, qui devient ensuite le boulevard Saint-Joseph.

Trois étroites langues de terre aménagées de main d'homme forment l'**embouchure du canal de Lachine ★★ (parc Monk)** à la manière d'un estuaire évasé et tentaculaire. Le **parc René-Lévesque**, accessible depuis le chemin du Canal, permet de découvrir le majestueux lac Saint- Louis. Il est parsemé de plusieurs sculptures contemporaines, dont *Les Forces vives* de Georges Dyens, en hommage à l'ancien premier ministre du Québec, dont le parc porte aujourd'hui le nom.

Le Yachting Club occupe la seconde bande de terre, alors que la **promenade du Père Marquette** et le **parc Monk** s'inscrivent entre l'entrée initiale du canal, inauguré en 1825, et l'élargissement de 1848. C'est sur cette dernière langue de terre que se trouve le **Centre d'accueil et d'interprétation du Canal de Lachine** *(entrée libre; mi-mai à début sept mar-dim 10h à 12h et 13h à 18h)*. Le centre retrace l'histoire du canal qui permettait aux navires de contourner les rapides de Lachine afin d'atteindre les Grands Lacs et le centre du continent. Le canal, maintenant remplacé par la voie maritime du Saint- Laurent, sur la rive sud du fleuve, est fermé à la navigation. L'autre extrémité de la voie d'eau artificielle se trouve dans le Vieux-Port, en face du Vieux-Montréal.

En suivant la promenade du Père Marquette, il est possible d'atteindre le lieu historique national du Commerce-de-la-fourrure-à-Lachine.

Lieu historique national du Commerce-de-la-fourrure-à-Lachine ★ *(2,50$; avr à mi-oct tlj 10h à 12h30 et 13h à 18h, fermé lun et mar matin; mi-oct à début déc mer-dim 9h30 à 12h30 et 13h à 17h; fermé déc à avr; 1255 bd St-Joseph, ☎637-7433)*. La traite des fourrures a représenté, pendant près de deux siècles, la principale activité économique de la région montréalaise. Lachine a joué un rôle primordial dans l'acheminement des peaux vers le marché européen, au point où la fameuse Compagnie de la Baie d'Hudson en fit le centre nerveux de ses opérations.

Le lieu historique national occupe l'ancien entrepôt de la compagnie, érigé en 1803. On y présente divers objets de traite et des exemples de fourrures et de vêtements fabriqués avec ces peaux. L'exposition retrace en outre la vie des trappeurs, des «voyageurs», des tribus amérindiennes qui, au XVIIe - siècle, effectuaient la plupart des prises, ainsi que celle des dirigeants des puissantes compagnies françaises et anglaises qui se livraient une lutte pour le monopole de ce commerce lucratif.

★ Pointe-Claire (27 640 hab.)

L'une des premières missions implantées sur le pourtour de l'île de Montréal par les Messieurs de Saint-Sulpice, Pointe-Claire est devenue une banlieue aisée qui a cependant conservé son noyau de village initial. Le chemin du Bord-du-Lac, qui traverse les municipalités de l'ouest de l'île, de Lachine jusqu'à Sainte-Anne-de-Bellevue en passant par Pointe-Claire, était jusqu'en 1940 la seule route pour se rendre de Montréal à Toronto en voiture.

Tourner à gauche sur la rue Sainte-Anne pour accéder à la pointe Claire, qui avance dans le lac Saint-Louis, où sont regroupés les bâtiments institutionnels du village traditionnel.

Église Saint-Joachim, **moulin** et **couvent** ★ *(1 rue St-Joachim)*. L'église néogothique de 1882, au clocher fort original qui domine l'ensemble institutionnel, est l'une des dernières œuvres de Victor Bourgeau, à qui l'on doit des dizaines d'églises dans la région de Montréal. Son intérieur flamboyant en bois polychrome, orné de nombreuses statues, mérite une petite visite. Le couvent des sœurs de la Congrégation de Notre-Dame a été construit en 1867 sur la portion sud de la pointe balayée par les vents. Quant au moulin, pour lequel on ne pouvait trouver meilleur emplacement, il a été érigé dès 1709 par les Messieurs de Saint-Sulpice.

Reprendre le chemin du Bord-du-Lac en direction de Beaconsfield et de Baie d'Urfé. Ces deux municipalités forment le cœur du West Island anglophone. On y trouve cependant des propriétés anciennes ayant appartenu à de grandes familles canadiennes-françaises.

Jean-Baptiste de Valois, descendant direct de la famille royale de France, s'est installé au Canada en 1723. Son fils, Paul Urgèle Gabriel, fit construire **Le Bocage** ★ *(26 Lakeshore Drive, Beaconsfield)* en 1810. Notons que les maisons à façade en pierre de taille étaient chose rarissime en milieu rural au début du XIXe siècle et que celle-ci faisait donc état du statut particulier du propriétaire de la demeure.

En 1874, cette dernière fut vendue à Henri Menzies, qui transforma la propriété en vignoble. L'expérience fut un échec lamentable en raison du sol peu propice, mais surtout à cause de l'exposition du site aux vents froids comme aux vents chauds. Menzies a eu davantage de succès en rebaptisant le domaine Beaconsfield en l'honneur du premier ministre britannique Disraeli, fait Lord Beaconsfield par la reine Victoria. Puis, de 1888 à 1966, la maison a accueilli un club privé avant de devenir le chalet du club nautique de Beaconsfield.

★ Sainte-Anne-de-Bellevue (4 030 hab.)

Tout comme Lachine, Sainte-Anne-de-Bellevue possède un centre plus ou moins dense, agglutiné le long de la route panoramique qui prend ici le nom de rue Sainte- Anne. On y trouve de nombreuses boutiques et des restaurants qui sont, pour la plupart, dotés d'agréables terrasses donnant sur l'eau, à l'arrière des immeubles. On peut alors apercevoir les maisons de l'île Perrot, en face. Le village doit son existence à l'écluse qui permet, de nos jours, aux embarcations de plaisance de passer du lac Saint-Louis au très beau lac des Deux Montagnes, dans lequel se déverse la rivière des Outaouais. Le vieux village avoisine, à l'est, une banlieue confortable et des institutions telles que l'hôpital militaire, le cégep anglophone John Abbott et le collège Macdonald.

En arrivant à Sainte-Anne-de-Bellevue, on est surpris d'apercevoir toute une série d'édifices néo-baroques anglais, revêtus de brique orangée et entourant une vaste pelouse d'herbe rase. Ils font partie du **Collège Macdonald** ★ (21111 ch. du Bord-du-Lac) du département d'agriculture de l'Université McGill, élevé entre 1905 et 1908.

Une partie des immeubles abrite aussi le cégep John Abbott, seule institution de ce niveau à l'ouest du collège de Saint-Laurent. À la **ferme expérimentale** (*adulte entrée libre, enfant 3$; tlj 9h à 17h, dernière visite à 15h30, visite guidée en été 3$; de Montréal, prendre l'autoroute 40 O., sortie 41, suivre les indications du chemin Ste-Marie, premier arrêt tourner à droite, second arrêt tourner à gauche;* ☎*398-7701*), on peut voir plusieurs animaux d'élevage de la ferme. Les jardins et l'arboretum Morgan, qui complètent les installations, sont ouverts aux visiteurs.

Suivez la courbe de la rue Sainte-Anne, puis tournez à gauche sur le **chemin Senneville** ★★. Cette route traverse Senneville, la plus rurale de toutes les municipalités de l'île de Montréal. On y trouve en effet les dernières fermes de l'île ainsi que de vastes propriétés sur la rive du lac des Deux Montagnes. Le cadre champêtre se prête merveilleusement bien aux balades à bicyclette. On traverse ensuite Pierrefonds, où se trouvent deux parcs régionaux importants.

À Pierrefonds, le chemin Senneville prend le nom de «boulevard Gouin», nom qu'il conserve ensuite à travers tout le territoire montréalais.

★ Sainte-Geneviève (3 197 hab.)

Le vieux village de Sainte-Geneviève constitue une enclave francophone dans le territoire de Pierrefonds. Son origine remonte à 1730, alors que l'on construit un fortin pour défendre le portage des rapides du Cheval- Blanc, sur la rivière des Prairies, que longe le village.

Au XIXe siècle, les «cageux», ces solides gaillards qui descendent par voie d'eau les trains de bois (aussi appelés les «cages») en direction de Québec, où se trouvent alors les plus importants chantiers navals, s'arrêtent à Sainte-Geneviève. Les cages y sont reformées en radeaux afin de «passer» les nombreux rapides de la rivière des Prairies. Cette méthode de flottage du bois sera graduellement remplacée par le transport ferroviaire à partir de 1880.

L'**église Sainte-Geneviève** ★★ (16037 bd Gouin O.) est le seul bâtiment de la famille Baillargé de Québec dans la région de Montréal. Thomas Baillargé, qui en a conçu les plans en 1836, lui a donné une imposante façade néoclassique à deux clochers, qui a influencé l'architecture des églises catholiques de toute la région au cours des années 1840 et 1850.

L'intérieur s'inspire d'une église de Rotterdam, de l'architecte Guidici, aujourd'hui disparue. On remarquera le tabernacle et son tombeau d'Ambroise Fournier ainsi que la *Sainte Geneviève du chœur* d'Ozias Leduc. L'église est encadrée par le couvent de Sainte-Anne et par le presbytère et possède un chemin de croix extérieur en fonte bronzée, réalisé par l'Union artistique de Vaucouleurs, en France.

Continuer sur le boulevard Gouin. Après avoir traversé la portion est de Pierrefonds, on atteint Roxboro puis Montréal.

Au carrefour de ces municipalités se trouvent deux parcs régionaux, le parc-nature du Bois-de-Liesse et le parc-nature du Bois-de-Saraguay.

Tourner à droite sur le boulevard O'Brien, puis emprunter l'embranchement qui conduit au boulevard Sainte-Croix, à suivre jusqu'à la fin du circuit.

★ Saint-Laurent (72 402 hab.)

Le secteur résidentiel de Saint-Laurent est concentré sur le cinquième du territoire de la municipalité. Tout le reste est accaparé par un vaste parc industriel, qui en fait la seconde ville en importance au Québec sur ce plan. Saint-Laurent s'est développée à l'intérieur des terres à la suite de la signature du traité de paix avec les tribus iroquoises en 1701. La venue des pères, des frères et des sœurs de Sainte-Croix en 1847, à l'instigation de Mgr Ignace Bourget, second évêque de Montréal, va permettre la croissance du village dominé par les institutions de cette communauté originaire du Mans, en France.

L'**église Saint-Laurent** ★ *(805 bd Ste-Croix)*, construite en 1835, s'inspire de l'église Notre-Dame de Montréal, inaugurée six ans plus tôt.

C'est dans la maison située au 696 du boulevard Sainte-Croix que furent hébergés les pères et les frères de Sainte-Croix à leur arrivée au Canada en 1847. Dès 1852, ils emménageront dans leur collège, situé de l'autre côté de la rue. L'édifice a cependant été modifié et agrandi à plusieurs reprises.

Au cours de son histoire, le **Collège de Saint-Laurent** ★ *(625 bd Ste-Croix, métro Du Collège)* s'est démarqué par son avant-gardisme. Ainsi, il n'a pas hésité à former des gens d'affaires à une époque où l'on privilégiait la prêtrise, le droit, la médecine ou le notariat.

Au cours des années 1880, on y a créé un musée de sciences naturelles, qui sera logé dans une tour octogonale en 1896. La même année, le collège se dote d'un auditorium de 300 places pour les représentations de théâtre des élèves. En 1968, le collège devient cégep dans la foulée de la Révolution tranquille, et les prêtres qui ont fondé et piloté l'institution pendant plus de 100 ans n'ont que quelques jours pour faire leurs valises...

Musée d'art et **salle Émile-Legault** ★★ *(3$, mer entrée libre; mer-dim 12h à 17h, mer 13h à 21h; 615 bd Ste-Croix, métro Du Collège, ☎747-7367)*. En 1928, la direction du Collège de

Saint-Laurent décide de construire une nouvelle chapelle, car l'ancienne déborde d'élèves. Entre-temps, un diplômé de l'institution, alors président du comité exécutif de la Ville de Montréal, propose le rachat et la reconstruction, à Saint-Laurent, de l'église presbytérienne St. Andrew and St. Paul, située sur le boulevard Dorchester (aujourd'hui René-Lévesque) à l'emplacement de l'actuel Hôtel Reine-Elizabeth. L'édifice, exproprié par la compagnie ferroviaire du Canadien National en 1926, doit être détruit pour faire place aux voies ferrées de la Gare centrale. Le projet est accepté malgré son caractère inusité.

En 1930-1931, le temple protestant, dessiné en 1866 selon les plans de l'architecte Frederick Lawford, est démonté pierre par pierre et remonté à Saint- Laurent, avec quelques modifications apportées par Lucien Parent. Ainsi, le sous-sol est exhaussé pour permettre l'aménagement d'un auditorium moderne.

Cette salle jouera au cours des années trente et quarante un grand rôle dans l'évolution des arts au Québec grâce, notamment, aux Compagnons de Saint-Laurent, une troupe de théâtre fondée par le père Paul-Émile Legault en 1937, au sein de laquelle plusieurs comédiens québécois ont appris leur métier.

La chapelle a, quant à elle, accueilli une multitude de concerts. En 1968, lors de la transformation du collège en cégep, cette dernière perd son utilité. Le Musée d'art de Saint-Laurent, fondé quelques années plus tôt par Gérard Lavallée, s'y installe en 1979. Il présente des collections de meubles québécois, d'outils et de tissus traditionnels. On peut en outre y voir plusieurs objets d'art religieux des XVIIIe et XIXe siècles.

Pour reprendre l'autoroute, suivre le boulevard Sainte-Croix vers le sud jusqu'à la jonction avec l'autoroute 40. Pour retourner vers le centre de Montréal, poursuivre vers le sud sur le chemin Lucerne, tourner à gauche sur la rue Jean-Talon et enfin à droite sur le chemin de la Côte-des-Neiges.

Parcs

Circuit D : Le mont Royal et Westmount

En toute saison, les Montréalais se rendent au **parc du Mont-Royal** pour pratiquer une foule d'activités sportives. En été, des sentiers de randonnée et de vélo de montagne sont entretenus. Un sentier, le long duquel des mangeoires ont été aménagées, permet aux amateurs d'observer la faune ailée du parc.

En hiver, les sentiers se transforment en pistes de ski de fond sur les pentes enneigées du mont. Le lac aux Castors devient alors une vaste et belle patinoire où les gens de tout âge viennent s'amuser. Un chalet, en bordure du lac, abrite une cafétéria ainsi qu'un centre de location de patins.

Circuit F : Les îles Sainte-Hélène et Notre-Dame

Le **parc des îles** *(☎872-4537)* englobe l'île Sainte-Hélène et l'île Notre-Dame. En été, les Montréalais s'y rendent nombreux, les jours de beau temps, pour goûter les plaisirs de sa plage ou de ses piscines. Des sentiers de randonnée et des voies cyclables sillonnent le parc. En hiver, les îles sont aussi agréables à fréquenter, entre autres durant la fête des Neiges (voir p. 171)

Circuit I : Le Sault-au-Récollet

Le **parc-nature de l'Île-de-la-Visitation** *(2425 bd Gouin E., ☎280-6733)* attire une foule de citadins en mal de nature qui viennent y piqueniquer et profiter de ses courts sentiers. Baignant dans la rivière des Prairies, il présente de magnifiques paysages. Sur le site, deux bâtiments historiques, la **Maison du Pressoir** *(☎280-6783)* et la **Maison du Meunier** *(☎872-5913)*, sont ouverts aux visiteurs. En hiver, il est possible de s'adonner au ski de randonnée et à la glissade.

Activités de plein air

Aux quatre coins de l'île de Montréal se trouvent des parcs offrant la possibilité de s'adonner à mille et une activités. Les parcs **Angrignon** *(3400 bd des Trinitaires)*, **Lafontaine** (voir p 135), du **Mont-Royal** (voir p 145),

Jeanne-Mance *(av. de l'Esplanade, entre avenue du Mont-Royal et avenue Duluth)* et **René-Lévesque** *(à l'extrémité ouest du canal de Lachine)* s'avèrent bien agréables pour se détendre dans une atmosphère paisible. En toute saison, les Montréalais profitent de ces îlots de verdure pour relaxer loin de l'activité urbaine tout en restant au cœur même de leur cité.

Vélo

Des pistes cyclables ont été aménagées afin de permettre aux cyclistes de se promener en toute sécurité dans les rues de la ville. Un petit plan gratuit des pistes est également disponible au bureau d'information touristique. En dehors des heures de pointe, il est possible d'utiliser le métro avec son vélo.

Une très belle excursion à vélo, longeant le **canal de Lachine**, est possible au départ de la rue de la Commune (Vieux-Montréal). Les abords du canal ont été réaménagés dans le but de mettre en valeur cette voie de communication qui fut si importante au cours du XIXe siècle et au début du XXe siècle (voir p 97). La piste conduit les cyclistes jusqu'au **parc René-Lévesque**, cette mince bande de terre qui avance dans le lac Saint-Louis et d'où la vue est magnifique.

En partant du Vieux-Montréal, une autre piste cyclable se rend jusqu'aux îles Notre-Dame et Sainte-Hélène. La piste traverse d'abord un secteur où sont établies diverses usines, puis passe par la Cité du Havre et se rend jusqu'aux îles (on traverse le fleuve par le pont de la Concorde). Il est aisé de circuler d'une île à l'autre. Celles-ci, joliment entretenues, constituent un havre de détente où il fait bon se promener en contemplant au loin le profil de Montréal.

Vous pouvez faire la location de vélos à **La Cordée** *(2159 rue Ste-Catherine E., métro Papineau, ☎524-1515)*. Comptez 18$ pour la journée (un dépôt de 400$ est exigé).

Rafting

Vous recherchez une activité rafraîchissante pour les chaudes journées d'été? La jeune et dynamique entreprise **Les descentes sur le St-Laurent** *(C.P. 511, succursale Champlain, LaSalle, ☎767-2230 ou 800-324-7238)* vous propose trois circuits à travers les rapides de Lachine. Faisant appel au sens du travail en équipe, le rafting garantit rires et éclaboussures.

Tout en naviguant à travers les petites îles, en direction des rapides, les guides vous rapporteront les anecdotes ayant marqué la région. Pour ceux et celles qui préfèrent une expérience plus paisible, une croisière d'une durée d'environ une heure est également proposée. Une navette assure le transport entre le Centre Infotouriste *(1001 du Square-Dorchester)* et le point de départ, situé à LaSalle. Des vêtements de rechange sont requis.

Forfaits-aventure

Si vous séjournez à Montréal et que vous êtes envahi par un désir de grands espaces, participer à l'une des activités organisées par **Globe-Trotteur Aventure Canada** *(1619 rue St-Hubert, métro Berri-UQAM, ☎598-7688 ou 888-598-7688, ⇄598-7687)* pourrait vous satisfaire.

Cette jeune entreprise propose divers forfaits, hiver comme été, d'équitation, de canot, de camping, de motoneige, etc. dans différentes régions autour de la métropole. Ces forfaits comprennent le transport et la location d'équipement, ce qui est bien pratique pour les voyageurs. Un guide expérimenté accompagne ces sorties qui durent d'une demi-journée à quelques jours. En été, une grille horaire fixe et garantie vous permet de planifier vos expéditions.

Patin à glace

En hiver, dans plusieurs parcs, des **patinoires** sont aménagées pour le plus grand plaisir de tous. Parmi les plus belles, mentionnons celles du lac aux Castors *(parc du Mont-Royal)*, du **parc Lafontaine** *(entre les rues Sherbrooke et Rachel, angle rue Papineau)*, du **Vieux-Port** *(333 rue de la Commune O., ☎496-7678-PORT)* et du**parc des Îles** *(île Notre-Dame, aménagée sur le bassin)*.

L'**Amphithéâtre Bell** *(5$; tlj 11h30 à 22h; 1000 rue De La*

Gauchetière O., ☎395-0555), situé dans la plus haute tour de bureaux de Montréal, le 1000 De La Gauchetière, abrite une grande patinoire de 900 m^2 de superficie. La patinoire est entourée de comptoirs d'alimentation et d'aires de repos, et une mezzanine la surplombe. Au-dessus de la patinoire, il y a une superbe coupole vitrée qui diffuse les rayons du soleil. Des patins peuvent être loués sur place pour la somme de 4$.

Hébergement

On trouve à Montréal une panoplie d'hôtels et d'auberges de toutes catégories de prix. Leur coût varie grandement d'une saison à l'autre. Ainsi, durant la haute saison, l'été, les chambres sont plus dispendieuses. Les semaines du Grand prix automobile de Formule 1 et du Festival de jazz sont parmi les plus achalandées de l'année; il est recommandé de réserver longtemps à l'avance si vous prévoyez séjourner à Montréal en cette période.

En outre, les prix en fin de semaine sont généralement moins élevés qu'en semaine. Hors saison, on pourra souvent obtenir un meilleur prix que celui mentionné dans ce guide.

Montréal fait partie des villes où il est difficile de tout voir en une journée. Nous vous proposons donc divers types d'hébergement afin de vous permettre de profiter de plusieurs journées de visite. Les adresses suivantes sont répertoriées par ordre de circuits et d'importance du prix en commençant par le plus bas.

La **Fédération des Agricotours du Québec** *(4545 Pierre-de-Coubertin, H1V 3R2, ☎252-3138, ⇄252-3173)* publie chaque année le guide des *Gîtes du Passant au Québec*, dans lequel on trouve le nom et l'adresse des membres de cette fédération qui propose des chambres pour les voyageurs. Les chambres sélectionnées le sont en fonction des critères de qualité de la fédération. Elles sont généralement assez économiques. Ce guide est en vente au Québec, en France, en Belgique et en Suisse.

Gîte Montréal
3458 av. Laval, H2X 3C8
☎289-9749
⇄287-7386
Gîte Montréal est une association
regroupant une centaine de logements chez l'habitant. Afin de s'assurer du bon confort des chambres, l'organisme visite chacun des gîtes. Il est nécessaire de réserver.

Relais Montréal Hospitalité
3977 av. Laval H2W 2H9
☎287-9635
⇄287-1007
Relais Montréal Hospitalité possède également une banque d'adresses d'une trentaine de logements chez l'habitant qui ont tous été soigneusement inspectés. Les chambres sont propres et confortables.

Circuit A : Le Vieux-Montréal

Auberge alternative
dortoirs17$
chambre double 50$
ℂ
358 rue St-Pierre, H2Y 2M1
☎282-8069
www.odyssee.-net/~eber/intro.html
Située dans le Vieux-Montréal, l'Auberge alternative a ouvert ses portes en avril 1996. Tenue par un jeune couple, elle est située dans un immeuble rénové datant de 1875. Les 34 lits des chambres et des dortoirs sont rudimentaires mais confortables, et les salles de bain sont très propres. Murs aux couleurs gaies, beaucoup d'espace, vaste salle de repos-cuisinette avec murs de pierre et vieux planchers de bois. Une couverture coûte 2$ par nuitée. Buanderie à votre disposition et accès 24 heures par jour.

Les Passants du Sans-Soucy
125$ pdj
171 rue St-Paul O.
métro Place-d'Armes
☎842-2634
⇄842-2912
Les Passants du SansSoucy est une charmante auberge située dans une maison construite en 1723 et rénovée il y a 10 ans. Elle est d'autant plus fréquentée qu'elle propose de coquettes chambres meublées d'antiquités. Réservation requise.

Auberge du Vieux-Port
180$ pd
≡, *tv*, ℝ, ⊛,
97 rue de la Commune O., H2Y 1J1
☎876-0081
⇄876-8923
Situé juste en face du Vieux-Port de Montréal, l'Auberge du Vieux-Port , qui a ouvert ses portes en août 1996, est un bijou à

découvrir. Le hall, chic et agréablement décoré, laisse voir les murs de pierre du bâtiment historique, érigé en 1882. La construction et la division des chambres ont mis en valeur les nombreuses poutres en bois et les murs de pierre de l'édifice. Toutes les chambres sont décorées dans un esprit de respect historique, et le résultat est tout à fait remarquable. Au sous-sol, où un restaurant sert de la cuisine française, on peut voir une partie des anciennes fortifications de la vieille ville. Chaque chambre dispose d'un téléphone avec boîte vocale, et il est interdit d'y fumer.

Hôtel Intercontinental
199$ pdj
≈, ⊙, △, ℜ, ♿
360 rue St-Antoine O., H2Y 3X4
☎987-9900
☎800-361-3600
≠847-8730
www.interconti.com
Tout près du Palais des congrès, l'Hôtel Intercontinental , de construction récente (1991), à l'exception d'une de ses ailes, s'élève aux abords du Vieux-Montréal. Relié au Centre de commerce mondial et à plusieurs boutiques, il est aisément reconnaissable grâce à sa jolie tourelle aux multiples fenêtres, dans laquelle le salon des suites a été aménagé.

Les 357 chambres, garnies de meubles aux lignes harmonieuses, sont décorées sans surcharge et avec goût, et comprennent entre autres une salle de bain spacieuse. L'hôtel offre aussi tous les services nécessaires aux gens d'affaires : ordinateur, fax, photocopieur, etc. L'accueil est empressé et poli. Stationnement 12,00$ par jour.

Maison Pierre-du-Calvet
195$ pdj
ℜ
405 rue Bonsecours
☎282-1725
≠282-0456
www.pierreducalvet.ca
Située près du métro Champ-de-Mars, la Maison Pierre-du-Calvet est l'une des plus vieilles maisons de Montréal (1725). Elle se cache discrètement à l'angle des rues Bonsecours et Saint-Paul et a été entièrement rénovée ces dernières années, comme beaucoup d'anciennes maisons du quartier.

Un charme fou émane de ses six chambres, toutes munies d'un foyer, et des suites personnalisées, aux murs lambrissés de jolies boiseries anciennes, rehaussées de tapis indien, de vitraux et d'antiquités de bon goût; ce cadre ancestral mais raffiné donne aux visiteurs l'impression de remonter dans le temps. En outre, les salles de bain sont d'une propreté immaculée et recouvertes de marbre d'Italie.

Par ailleurs, une jolie cour intérieure et une salle de séjour ont été aménagées pour permettre aux clients de s'affranchir du grouillement de la foule. Le petit déjeuner est servi dans une salle victorienne; le service y est attentionné et soigné. Bref, cette auberge, située au cœur historique de la ville, est un vrai petit bijou qui rendra votre séjour tout à fait inoubliable.

Circuit B : Le centre-ville

Auberge de jeunesse
18$ à 26$ membre
22$ à 30$ non-membre
petit déjeuner et dîner (non-compris)servis dans un café
≡, ℂ
1030 rue Mackay, H3G 2H1
métro Lucien-L'Allier
☎843-3317
☎800-663-3317
≠934-3251
L'Auberge de jeunesse, située à deux pas du centre-ville, propose 250 lits répartis dans des chambres logeant de 4 à 10 personnes ainsi qu'une quinzaine de chambres privées. Les chambres sont toutes équipées de salles de bain complètes. Cette auberge compte parmi les moins chères à Montréal. Il est interdit d'y fumer. Un service de consignation des bagages, une cuisine, une buanderie, une salle de télévision et une table de billard y sont disponibles.

Résidences des étudiants de l'Université de Montréal ***23$ par pers.***
mi-mai à fin août
⊛, △, ♿
2350 bd Édouard-Montpetit, C.P. 6128, succursale Centre-ville, H3C 3J7, métro Édouard-Montpetit
☎343-6531
≠343-2353
Durant l'été, on peut louer une chambre dans les résidences étudiantes des universités de la ville. Ces chambres au confort élémentaire sont pourvues d'un lit simple et d'une petite commode et ne sont pas équipées de salle de bain privée. Il s'agit néanmoins d'une façon économique de loger à Montréal. Les réservations sont recommandées.

Les résidences des étudiants de l'Université de Montréal ont été construites au pied du mont Royal dans un quartier tranquille. Elles se trouvent à quelques kilomètres du centre-ville et sont facilement accessibles par autobus ou par métro. L'hébergement à la semaine ou au mois est également disponible.

Résidences de l'Université Concordia
30$ par pers.
7141 rue Sherbrooke O., H4B 1R6
☎848-4757
≠848-4780
foretim@vax2.concordia .com
Il est aussi possible de louer des chambres aux résidences de l'Université Concordia, qui sont situées à l'ouest du centre-ville, à 15 min d'autobus du métro Vendôme. De la mi-mai à la mi-août, on peut louer une chambre à la nuitée, à la semaine ou au mois.

Résidences de l'Université McGill
38$ par pers.
bc, ℂ, ℝ
550 rue Sherbrooke O., Tour Ouest, bureau 490, H3A 1B9
métro McGill
☎398-6367
≠398-4854
Reserve@Residences. lan.Mcgill.ca
Enfin, si vous désirez loger au centre-ville même, vous pouvez opter pour les résidences de l'Université McGill, situées sur le flanc du mont Royal. Elles renferment environ 1 100 chambres de un ou 2 lits réparties dans 6 pavillons. Bien qu'elles soient petites, ces chambres possèdent une grande commode et un bureau de travail, et certaines offrent une vue magnifique sur le mont Royal.

La plupart des chambres sont équipées d'un mini-frigo, et toutes les fenêtres s'ouvrent. Il y a deux cuisinettes et deux grandes salles de bain par étage. Sur le campus, on peut profiter de la piscine, d'un gymnase et d'un court de tennis (frais supplémentaires). Ouvert du 15 mai au 15 août.

Résidences du YMCA Centre-ville
40$
tv, ≈, ⊙, ⌂
1450 rue Stanley, H3A 2W6
métro Peel
☎849-8393
≠849-8017
Les résidences du YMCA Centre-ville, premier YMCA en Amérique du Nord, furent construites en 1851 et comptent 331 chambres très simples mais confortables, avec un ou deux lits. Hommes, femmes et enfants sont les bienvenus. La plupart des chambres sont munies d'un téléphone et d'un téléviseur; certaines ont un lavabo ou une salle de bain.

Au rez-de-chaussée, la cafétéria sert les repas matin et soir *(3$ à 6$)*. Les hôtes peuvent avoir accès sans frais supplémentaires à un gymnase très complet, à la piscine et au vestiaire du gymnase. Fondé en 1844 à Londres, le mouvement YMCA *(Young Men's Christian Association)* avait pour mandat d'aider les jeunes travailleurs anglais.

Casa Bella
65$ pdj
tv, *bc/bp*, ≡
264 rue Sherbrooke O., H2X 1X9
☎849-2777
≠849-3650
Situé sur la rue Sherbrooke, près de la Place des Arts, à côté d'un terrain vacant, le charmant Casa Bella, une maison centenaire, offre un bon rapport qualité/prix au centre-ville. Les 20 chambres sont jolies, et l'on sent qu'un effort a été apporté à la décoration. Le petit déjeuner est servi aux chambres. Le stationnement et un service de buanderie sont offerts sans frais supplémentaires. L'accueil courtois ajoute aux qualités de l'endroit.

Manoir Ambrose
50$ pdj
bc/bp, *tv*
3422 rue Stanley, H3A 1R8
☎288-6922
≠288-5757
Le Manoir Ambrose se compose de deux maisons victoriennes placées côte à côte, construites sur une rue tranquille. On y compte 22 petites chambres, dont 15 munies d'une salle de bain privée, réparties dans une sorte de dédale aux quatre coins de la demeure. L'hôtel, dont la décoration n'a rien de celle d'un manoir, vous semblera suranné et vous fera peut-être sourire, mais les chambres sont bien tenues et l'accueil est sympathique. Une laverie est mise à la disposition des voyageurs, moyennant des frais de 5$.

Hôtel du Nouveau Forum
60$ pdj
bc/bp, ≡, *tv*
1320 rue St-Antoine O., H3C 1C2
☎989-0300
≠989-3090
hdforum@globale.net
Érigé immédiatement à côté du Centre Molson (nouveau Forum) et pas très loin du Vieux-Montréal, le petit Hôtel du Nouveau Forum , qui a ouvert ses portes en juin 1996, propose une quarantaine de petites chambres sans prétention mais convenables. Il est aménagé dans une maison historique dont la façade de pierre a été restauré.

L'intérieur est quant à lui entièrement remis à neuf. L'atmosphère aseptisée des couloirs et de la salle à manger est heureusement réchauffée par un personnel très sympathique et un petit déjeuner des plus copieux. Un téléphone public se trouve sur chaque étage, et les clients peuvent communiquer avec la réception par interphone. Chambres avec douche seulement. Stationnement.

Novotel
190$
⊙, ℜ, △, ⊛, ♿
1180 rue de la Montagne, H3G 1Z1
☎861-6000
☎800-668-6835
≠861-0992
La chaîne hôtelière Novotel, d'origine française, a pignon sur rue à Montréal. Elle vise à répondre aux besoins de sa clientèle de gens d'affaires, en proposant des chambres avec un bureau de travail spacieux et une prise pour ordinateur. Elle s'adresse également à une clientèle plus familiale en proposant des prix spéciaux pour les enfants. L'accent est mis sur la sécurité.

Hôtel du Parc
159$
⊙, ℜ, ≈, ✪
3625 av. du Parc, H2X 3P8
☎288-6666
☎800-363-0735
≠288-2469
www.duparc.com
Touristes et gens d'affaires fréquentent les 449 chambres tout équipées de l'Hôtel du Parc . L'hôtel possède son propre centre de conditionnement physique et offre l'accès à la piscine du Pavillon athlétique de l'Université de Montréal.

Delta Montréal
185$
≈, ⊛, △, ⊙, ℜ
475 Président-Kennedy, H3A 1J7
☎286-1986
☎800-268-1133
≠284-4342 ou 284-4306
www.deltahotels.com/ properties/montreal.html
L'hôtel Delta Montréal occupe un bâtiment de construction relativement récente qui dispose de deux entrées, l'une donnant sur la rue Sherbrooke et l'autre sur l'avenue du Président-Kennedy. Il propose des chambres agréables et joliment garnies de meubles en bois de couleur acajou. Divers éléments de la décoration ont été rafraîchis en 1995.

Marriott Residence Inn-Montréal
139$ pdj
⊙, ≈, ≡, ℂ, ✪
2045 rue Peel, H3A 1T6, métro Peel
☎982-6064
☎800-999-9494
≠844-8361
L'hôtel-appartement Marriott Residence Inn-Montréal a ouvert ses portes en janvier 1997 après avoir été entièrement rénové. Il renferme 189 suites toutes équipées d'une cuisinette complète avec four traditionnel, four à micro-ondes, frigo et lave-vaisselle. Il est possible de louer une suite pour une nuitée ou pour plusieurs mois. Service de buanderie 24 heures par jour. Stationnement intérieur, grande terrasse, piscine sur le toit et bibliothèque avec foyer.

Hôtel de la Montagne
144$
⊛, ℜ, ≈, ≡
1430 rue de la Montagne, H3G 1Z5
☎288-5656
☎800-361-6262
≠288-9658
Outre ses 134 chambres réparties sur 19 étages, l'Hôtel de la Montagne dispose d'un excellent restaurant et d'un bar où un personnel chaleureux et courtois accueille la clientèle. Une piscine extérieure, au sommet de l'hôtel, est ouverte en été.

Holiday Inn Select Montréal Centre-Ville
160$
ℜ, ≈, ⊛, ⊙, △, ✪
99 av. Viger O., H2Z 1E9
☎878-9888
☎888-878-9888
≠878-6341
Situé entre le Vieux-Montréal et le centre-ville, le Holiday Inn Select Montréal Centre-Ville, construit en 1992, est un établissement qui offre tout le confort qu'on s'attend à retrouver dans un hôtel de qualité supérieure. Au cœur du quartier chinois, près du métro Place-d'Armes, il présente un décor à l'orientale qui en est le trait distinctif. Ses 232 chambres sont toutes impeccables et spacieuses, tandis que le service est empressé et courtois. Accès partiel aux handicapés.

Centre Sheraton
160$
≈, ⊙, △, ♿, ℜ
1201 bd René-Lévesque O., H3B 2L7
☎878-2000
☎800-325-3535
≠878-8214
Le Centre Sheraton s'élève sur plus de 30 étages et dispose de 824 chambres; il a donc une très grande capacité d'accueil. En entrant, prenez le temps de profiter du très beau hall orné de baies vitrées et de plantes tropicales. Les chambres, quant à elles, offrent une jolie décoration et révèlent plusieurs petites attentions (machine à café, séchoir à cheveux, étages non-fumeurs) qui ajoutent à leur confort. Certaines sont même très bien équipées pour les gens d'affaires. On y a procédé à plusieurs travaux de rénovation en 1996.

Marriott Château Champlain
175$
⊙, △, ℜ, ≈, ♿, ✪
1 Place du Canada, H3B 4C9
☎878-9000
☎800-228-9290
≠878-6761
www.marriott.com/marathe/can a-321.htm
Le Marriott Château Champlain occupe un bâtiment blanc aux fenêtres en demi-lune, ce qui lui a valu le surnom de «râpe à fromage». Cet hôtel réputé dispose de petites chambres, mais elles sont élégantes. Accès direct à la ville souterraine. L'hôtel dispose d'une salle de massage.

Hôtel Wyndham
180$
≈, ⌂, ⊙, ℜ
4 Complexe Desjardins, H5B 1E5
☎285-1450
☎800-361-8234
⇌285-1243
L'Hôtel Wyndham, l'ancien hôtel Méridien, est intégré au Complexe Desjardins. Au rez-de-chaussée se trouvent une promenade de boutiques, des salles de cinéma et des restaurants. Situé à deux pas de la Place des Arts, il bénéficie d'un emplacement avantageux au centre-ville, particulièrement pendant le Festival de jazz, qui se tient juste à côté. Ses chambres, vastes et d'un bon confort, répondent à ce que l'on attend d'un hôtel de cette catégorie.

Reine-Élizabeth
195$
⊙, ♿, ℜ, ⌂, ≈, ✪
900 bd René-Lévesque O., H3B 4A5
☎861-3511
☎800-441-1414
⇌954-2256
www.cphotels.ca/qeindex.htm
Le Reine-Élizabeth fait partie des institutions hôtelières du centre-ville montréalais qui se sont démarquées au cours des ans. L'hôtel, comptant 1 040 chambres, a subi plusieurs travaux de rénovation en 1996. Son hall orné de boiseries est splendide. Au rez-de-chaussée, on retrouve une galerie de boutiques de laquelle, grâce aux couloirs souterrains, on accède aisément à la gare ferroviaire ainsi qu'au Montréal souterrain.

Ritz-Carlton Montréal
215$
⊙, ℜ
1228 rue Sherbrooke O., H3G 1H6
☎842-4212
☎800-363-0366
⇌842-2268
www.ritz-carlton-montreal.com
Le Ritz-Carlton Montréal fut inauguré en 1912 (voir p 104) et n'a cessé depuis de s'embellir, afin d'offrir à sa clientèle un confort toujours supérieur, tout en conservant son élégance et son charme d'antan. Dignes d'un établissement de grande classe, les chambres sont décorées de superbes meubles anciens et offrent un excellent confort. Un excellent restaurant (le Café de Paris voir p. 157) Se double en été d'un agréable jardin où casser la croûte (le Jardin du Ritz voir p. 156)

Omni Montréal
245$
≈, ⌂, ⊙, ♿, ℜ, ℝ, ✪
1050 rue Sherbrooke O., H3A 2R6
☎284-1110
☎800-228-3000
⇌845-3025
www.westin.com/listings/ text/ montreal.html
Faisant partie des hôtels les plus réputés de Montréal, le Omni Montréal dispose de chambres spacieuses et très confortables. Toutefois, les chambres régulières offrent un décor banal, et les salles de bain sont bien petites pour un établissement de cette réputation. Il abrite d'excellents restaurants et dispose d'une piscine extérieure chauffée et ouverte toute l'année.

Bonaventure Hilton
219$
≈, ⊙, ℜ, ♿, ✪
1 Place Bonaventure, H5A 1E4
☎878-2332
☎800-267-2575
⇌878-3881 ou 878-1442
À l'hôtel Bonaventure Hilton, on retrouve dans 367 chambres plusieurs petites attentions (séchoir à cheveux, machine à café), ce qui en fait un endroit idéal pour la détente aux limites du centre-ville et du Vieux-Montréal. Il est possible de se baigner, même en hiver, dans la piscine extérieure chauffée. Aussi, une salle de massage est mise à la disposition des clients. L'hôtel possède un charmant jardin et offfre un accès à la ville souterraine.

Loews Hôtel Vogue
329$
≈, ⊛, ℜ, ℝ, ⊙, ✪
1425 rue de la Montagne, H3G 1Z3
☎285-5555
☎800-465-6654
⇌849-8903
www.loewshotels-.com/vogue.html
Au premier abord, le bâtiment de verre et de béton sans ornement qui abrite le Loews Hôtel Vogue peut sembler dénué de grâce. Le hall, agrémenté de boiseries aux couleurs chaudes, donne une idée plus juste du luxe et de l'élégance de l'établissement. Mais avant tout, ce sont les vastes chambres, garnies de meubles aux lignes gracieuses, qui révèlent le confort de cet hôtel.

Circuit C : Le Village Shaughnessy

Manoir Le Moyne
110$
⊙, ⊛, ⌂, ℜ, ℂ
2100 bd De Maisonneuve O., H3H 1K6
☎931-8861
⇌931-7726
Le Manoir Le Moyne est situé sur une rue passante. Ses chambres, équipées d'une cuisinette, sont adéquates.

Hôtel du Fort
125$, 160$ pdj
ℂ, ⊙
1390 rue du Fort, H3H 2R7
métro Atwater
☎938-8333
☎800-565-6333
⇌938-3123
L'Hôtel du Fort offre confort, sécurité et service personnalisé. Chacune des 127 chambres est munie d'une cuisinette équipée d'un four micro-ondes, d'un frigo, d'une cafetière, d'un séchoir à cheveux,

d'un minibar et d'une prise modem pour ordinateur. Toutes les fenêtres des chambres s'ouvrent.

Circuit G : Le Quartier latin

Auberge de l'Hôtel de Paris
18$ par pers.
bc
901 rue Sherbrooke E., H2L 1L3
métro Sherbrooke
☎522-6861
☎800-567-7217
⇄522-1387
www.interresa.ca/hotel/ hotparis.htm
L'Auberge de l'Hôtel de Paris, qui appartient à l'Hôtel de Paris (voir plus bas), est divisée en dortoirs comptant 4, 8 ou 14 lits pour un total de 40 lits. On fournit couverture, draps et oreiller. La cuisine commune, bien qu'elle soit petite, dispose du nécessaire pour permettre de se faire à manger, et il y a une terrasse extérieure d'où la vue est agréable. Il y a quatre douches et toilettes, une laverie tout près et pas de couvre-feu.

Manoir Sherbrooke
70$ pdj
bc/bp, ⊛
157 rue Sherbrooke E., H2X 1C7
☎285-0895
☎800-203-5485
⇄284-1126
Le Manoir Sherbrooke, aménagé dans une ancienne demeure en pierre, propose 38 chambres au décor tout de simplicité. L'accueil est poli et efficace.

Château de l'Argoat
70$ pdj
⊛, *tv*, ≡
524 rue Sherbrooke E., H2L 1K1
métro Sherbrooke
☎842-2046
⇄286-2791
Le Château de l'Argoat n'a rien de luxueux, et son entrée est peu invitante. Toutefois, les chambres, garnies de meubles vieillots qui semblent sortis d'une autre époque, ont un certain charme. De plus, vous passerez d'agréables moments dans la salle où l'on sert le petit déjeuner.

Hôtel de Paris
80$
≡, *tv*
901 rue Sherbrooke E., H2L 1L3
métro Sherbrooke
☎522-6861
☎800-567-7217
⇄522-1387
www.interresa.ca/hotel/ hotparis.htm
L'Hôtel de Paris , une belle maison construite en 1870, compte 29 chambres. Rénové récemment, l'hôtel conserve un cachet particulier avec ses magnifiques boiseries dans l'entrée, et les chambres sont confortables. On a annexé en 1995 une maison de l'autre côté de la rue abritant 10 chambres plus grandes, avec plancher de bois franc et four à micro-ondes (voir ci-dessus l'Auberge de l'Hôtel de Paris).

Hôtel de l'Institut
120$ pdj
≡, ℜ
3535 rue St-Denis, H2X 3P1, métro Sherbrooke
☎282-5120
☎800-361-5111
⇄873-9893
www.ithq.qc.ca
L'Hôtel de l'Institut occupe les étages supérieurs de l'Institut de tourisme et d'hôtellerie du Québec (ITHQ) , une école de niveau collégial renommée. Les chambres offrent un confort élevé, car l'hôtel est tenu par les étudiants qui y font leurs stages et certains cours pratiques, et leur travail fait l'objet d'un suivi par des professeurs qui les forment pour les grands hôtels. Service de conciergerie complet. Situé en plein cœur de la rue Saint-Denis et de ses nombreuses terrasses, boutiques et cafés, et tout près de la rue piétonnière Prince-Arthur, qui fourmille de restaurants.

Hôtel des Gouverneurs Place Dupuis
200$
≡, *tv*, ⌂, ℜ, ♿
1415 rue St-Hubert, H2L 3Y9
métro Berri-UQAM
☎842-4881
☎800-463-2820
⇄842-1584
est relié à la Place Dupuis et à ses nombreuses boutiques, à l'Université du Québec à Montréal, et se trouve tout près des cafés et terrasses de la rue Saint-Denis.

Crowne Plaza Métro Centre
189$
ℜ, ⊙, ≈, ⊛, ≡, ⌂, *tv*
505 rue Sherbrooke E., H2L 1K2
métro Sherbrooke
☎842-8581
☎800-2CROWNE
⇄842-8910
www.crowneplaza.-com/hotels/yulrh/
Les 320 chambres spacieuses du Crowne Plaza Métro Centre, au décor moderne, sont toutes munies d'une cafetière, d'un téléviseur couleur et de deux téléphones. L'hôtel se dresse tout près du Quartier latin, où se trouvent plusieurs restaurants, bars et boutiques. De nombreux services d'affaires sont disponibles, entre autres la messagerie vocale et un service de secrétariat.

Circuit H : Le Plateau Mont-Royal

Chambres du Vacances Canada 4 Saisons
14,50$
bc, ⊙
5155 de Gaspé, H2T 2A1
métro Laurier
☎495-2581
⇄278-7508
Contrairement aux résidences universitaires, les chambres du Vacances Canada 4 Saisons (Collège Français) sont ouvertes

toute l'année (550 lits en été, 220 en hiver). Les hôtes ont droit à un stationnement. Il y a aussi une possibilité de louer au mois un studio qui comprend chambre, salle de bain privée et cuisinette pour 300$.

Gîte du parc Lafontaine
55$ pdj
bc, ℂ
1250 rue Sherbrooke E., H2L 1M1
☎***522-3910***
Le Gîte du parc Lafontaine est une maison de chambre centenaire. Les clients peuvent profiter de chambres meublées, d'une cuisine, d'un salon, d'une laverie, d'une terrasse, d'un accueil sympathique et surtout d'une situation géographique fort avantageuse : à deux pas du parc Lafontaine et non loin de la rue Saint-Denis.

B & B Bienvenue
55$ bc
95$ bp; pdj
3950 av. Laval, H2W 2J2
☎***844-5897***
☎***800-227-5897***
⇄***844-5894***
À deux pas de la rue Duluth se trouve le B & B Bienvenue . Situé sur une rue tranquille, cet établissement dispose de huit chambres avec grand lit plutôt petites mais décorées de façon charmante. Il est installé depuis une dizaine d'années dans une maison joliment entretenue d'où se dégage une atmosphère paisible et amicale. Le petit déjeuner, très copieux, est servi dans une agréable salle à manger.

Auberge de la Fontaine
154$ pdj
⊛
1301 rue Rachel E., H2J 2K1
☎***597-0166***
☎***800-597-0597***
⇄***597-0496***
Si vous cherchez un endroit sachant allier charme, confort et tranquillité, allez loger à l'Auberge de la Fontaine , qui, en plus de proposer des chambres décorées avec goût, se trouve en face du beau parc Lafontaine. Un sentiment de calme et de bien-être vous envahira dès l'entrée. Avec autant de qualités, l'auberge est vite devenue populaire, et les réservations sont fortement recommandées. Stationnement inclus.

Circuit E : Maisonneuve

Gîte Olympique
80$
bc/bp
2752 bd Pie IX, H1V 2E9
☎***254-5423***
☎***888-254-5423***
Bien qu'il soit situé sur le passant boulevard Pie-IX, le Gîte Olympique bénéficie de cinq chambres tranquilles et d'une vue prenante sur le Stade olympique. Deux salons sont mis à la disposition des visiteurs, qui peuvent s'y détendre ou faire connaissance avec d'autres voyageurs. À l'arrière s'étend une large terrasse où l'on sert le petit déjeuner en été. Situé à deux pas du métro et près des principaux attraits de l'est de la ville. Stationnement.

Près des aéroports

Aéroport de Dorval

Best Western Hôtel International
99$
≈, ⏲, ⌂, ℜ; ⊛
13000 chemin Côte-de-Liesse
☎***631-4811***
☎***800-361-2254***
⇄***631-7305***
Les chambres du Best Western Hôtel International sont agréables et économiques. Rénové en 1996, l'hôtel offre à ses clients un service aussi rare qu'intéressant : on peut y garer sa voiture pour près d'un mois.

Hilton Montréal Aéroport
149$ pdj
(fin de semaine, sinon selon la demande)
≈, ⌂, ⏲, ⊛, ℜ, ♿
12505 chemin Côte-de-Liesse, H9P 1B7
☎***631-2411***
☎***800-268-9275***
⇄***631-0192***
Le Hilton Montréal Aéroport propose des chambres agréables à proximité de l'aéroport.

Aéroport de Mirabel

Château de l'Aéroport-Mirabel
115$
≈, ⌂, ℜ; ⏲, ✪
12555 rue Commerce A4, J7N 1E3
☎***(450)476-1611***
☎***800-361-0924***
⇄***(450)456-0873*** ***www.château-mirabel.com***
Directement accessible de l'aéroport de Mirabel, Le Château de l'Aéroport-Mirabel est bien équipé, et les chambres sont confortables. Il dispose d'une salle de massage.

Restaurants

Montréal bénéficie d'une réputation plus qu'enviable sur le plan gastronomique, réputation qu'elle n'a d'ailleurs pas volée. Toutes les cuisines du monde y sont représentées dans des établissements de toute taille. Le «plus», c'est que l'on peut toujours y dénicher une table qui saura devenir mémorable quel que soit son budget. Faites la découverte de la perle rare peu importe où vous en êtes dans votre exploration des quartiers montréalais.

Circuit A : Le Vieux-Montréal

Bio train
$
410 rue St-Jacques O. ☎**842-9184**
Le Bio train est le restaurant libre-service que privilégient les gens d'affaires du quartier pour sa cuisine santé. À midi, les plats sont servis rapidement.

Crémerie Saint-Vincent
$
153 rue St-Paul E.
angle rue St-Vincent
Ouvert uniquement durant l'été, la Crémerie Saint-Vincent est l'un des rares endroits à Mont-réal où l'on peut savourer une excellente crème glacée molle au sucre d'érable. Une grande variété de glaces figure sur la carte.

Titanic
$
lun-ven 7h à 16h
445 rue St-Pierre
☎**849-0894**
Voici un restaurant tout petit et très achalandé à découvrir pour le déjeuner. Installé dans un demi-sous-sol, Titanic propose une myriade de sandwichs sur pain baguette et de salades aux accents de la Méditerranée : féta et autres fromages, poissons fumés, pâtés, légumes marinés... Délicieux!

Le Bonaparte
$$
ouverture à 7h pour le pdj 12h pour le déjeuner et 17h30 pour le dîner 443 rue St-François-Xavier
☎**844-4368**
Le menu varié du restaurant français Le Bonaparte réserve toujours de délicieuses surprises. Les tables des mezzanines offrent une vue agréable sur les petites rues du Vieux-Montréal.

Chez Delmo
$$
fermé sam midi dim et lundi soir
211 rue Notre-Dame O.
☎**849-4061**
Chez Delmo se spécialise dans les plats de poisson et les fruits de mer. Il faut essayer son exceptionnelle bouillabaisse. La première salle, où se trouvent les deux longs buffets d'huîtres, est la plus agréable.

Le Petit Moulinsart
$$
fermé sam midi et dim midi
139 rue St-Paul O.
☎**843-7432**
Le Petit Moulinsart est un sympathique resto-bistro belge qui prend des allures de petit musée consacré aux personnages de bandes dessinées des aventures de *Tintin*, créé par Georges Rémi dit Hergé. Bibelots et affiches en tout genre évoquant ces personnages décorent les murs, le menu et les tables de l'établissement. Le service est sympathique mais lent. Outre le plat traditionnel de moules et de frites, ne manquez pas de goûter au sorbet du Colonel Sponz et à la salade du Capitaine Haddock.

Stash's Café Bazar
$$
200 rue St-Paul O.
☎**845-6611**
Autrefois situé à l'ombre de la basilique Notre-Dame, le Stash's Café Bazar fut contraint de déménager un coin de rue plus loin à la suite d'un fâcheux incendie. Décoré sans artifice, ce charmant petit restaurant polonais s'avère tout indiqué pour les amateurs de pirojkis farci de fromage, de saucisse et de choucroute. On y sert une excellente vodka.

Gibby's
$$$
fermé à midi
298 place D'Youville
☎**282-1837**
Le restaurant Gibby's occupe une vieille étable rénovée et propose de généreuses portions de steak de bœuf ou de veau; on les déguste à des tables en bois bordées d'un muret de brique et de pierre, et disposées devant un feu de braise. Pendant les mois d'été, on peut manger confortablement à l'air libre dans une très grande cour intérieure. Somme toute, un décor assez extraordinaire mais qui se reflète dans les prix plutôt élevés. Végétariens s'abstenir.

Vieux Saint-Gabriel
$$$
426 rue St-Gabriel
☎**878-3561**
On va au Vieux Saint-Gabriel d'abord et avant tout pour profiter d'un décor enchanteur, car le restaurant est aménagé dans une maison qui, déjà en 1754, abritait une auberge (voir p 97), l'endroit évoquant les premières années de la Nouvelle-France. Le menu, quant à lui, est sans extravagance et propose des plats français et italiens.

Chez Queux
$$$-$$$$
158 rue St-Paul
☎**866-5194**
Profitant d'un site des plus agréables face à la place Jacques-Cartier, Chez Queux. Profitant d'un site des plus agréables face à la place Jacques-Cartier, Chez Queux sert une délicieuse cuisine française. Le service et le décor raffinés en font un endroit tout indiqué pour faire un excellent repas.

Claude Postel
$$$-$$$$
fermé sam et dim midi
443 rue St-Vincent
☎875-5067
Le Claude Postel bénéficie d'une réputation bien établie dans le vieux secteur de la ville. Son menu étendu recèle de véritables triomphes de la cuisine française, mais à des prix plutôt élevés; la table d'hôte est tout aussi délicieuse et beaucoup plus abordable. Décor simple et raffiné. Le chef et propriétaire de cet établissement exploite également une pâtisserie à la porte voisine, de sorte que vous feriez bien de vous garder une petite place pour le dessert.

Maison Pierre-du-Calvet
$$$$
405 rue Bonsecours
☎282-1725
À la suite d'un conflit de travail, le restaurant les Filles du Roy a fermé ses portes pour rouvrir sous le nom de la Maison Pierre-du-Calvet. Cet ancien fleuron de la restauration montréalaise a donc fait place à une magnifique auberge (voir p 148) abritant l'une des meilleures salles à manger de Montréal.

Ce nouvel établissement est en effet particulièrement recommandé pour sa délicieuse cuisine française imaginative, dont le menu, à base de gibier, de volaille, de poisson et de bœuf, change toutes les deux semaines. De plus, son cadre élégant, ses antiquités, ses plantes ornementales et la discrétion de son service vous feront passer une soirée des plus agréables.

La Marée
$$$$
fermé dim midi
404 place Jacques-Cartier
☎861-9794
Située sur la trépidante place Jacques-Cartier, La Marée a su conserver, avec les ans, une excellente réputation. On y apprête à merveille le poisson et les fruits de mer. La salle étant spacieuse, chacun y est à son aise.

Circuit B : Le centre-ville

Ben's Delicatessen
$
990 bd De Maisonneuve O.
☎844-1000
Au début du siècle, un immigrant lithuanien adapta une recette de chez lui (la viande fumée) aux besoins des travailleurs et implanta à Montréal la recette du sandwich au *smoked meat*. C'est ainsi que vit le jour le restaurant Ben's Delicatessen . Au fil des ans, ce restaurant est devenu une institution montréalaise où se presse une foule bigarrée de 7h à 4h. On y va même après la fermeture des bars! Les tables usées et bancales ainsi que les photographies jaunies par le temps donnent au restaurant des allures austères.

Brûlerie Saint-Denis
$
2100 rue Stanley
Maison Alcan
☎985-9159
La Brûlerie Saint-Denis, située au centre-ville, sert les mêmes délicieux cafés, repas légers et desserts que les autres bistros du même nom (voir p 161). Bien que le café ne soit pas torréfié sur place, il y arrive directement de la brûlerie de la rue Saint-Denis.

Café Starbuck's
$
librairie Chapters, 1er étage, 1171 rue Ste-Catherine O.
☎843-4418
Le Café Starbuck's, aménagé dans un angle de la succursale du centre-ville de la chaîne de librairies Chapters, propose d'excellents cafés, des gâteaux, des muffins et des sandwichs déjà préparés, mais aussi des livres... trois étages remplis d'ouvrages pour tous les goûts. Il y a même une section complète de magazines tout juste à côté du coin café. Une excellente façon de tuer le temps avant l'ouverture ou après la fermeture des magasins.

Café Toman
$
fermé dim-lun
1421 rue Mackay
☎844-1605
Le Café Toman est prisé des étudiants des universités environnantes qui viennent y savourer de délicieuses spécialités tchèques, entre autres des gâteaux, des soupes et des salades, dans un beau décor «mittel Europe». Malheureusement, il ferme tôt *(18h)* et n'ouvre ni le dimanche ni le lundi.

Grand Comptoir
$
fermé dim et lun soir en hiver
1225 place Phillips ***☎393-3295***
Pour le repas de midi, il faut aller au Grand Comptoir non pas pour son décor, qui est tout à fait quelconque, mais pour sa cuisine bistro à prix imbattable.

Marché Movenpick
$-$$$$
Place Ville-Marie
Par où commencer? C'est d'ailleurs la question que vous vous poserez vous-même en pénétrant dans l'enceinte du Marché Movenpick, un concept

unique réunissant tout à la fois un marché traditionnel, une cafétéria et un restaurant. Mais ne vous en faites pas, puisque votre hôte ou votre hôtesse se fera un plaisir de vous réserver une table et de vous mettre au fait des habitudes de la maison.

Cette étape franchie, plusieurs choix s'offriront à vous, dès lors que des comptoirs de mets variés des quatre coins du monde, de tous les prix et à base d'ingrédients on ne peut plus frais sollicitent vos papilles à qui mieux mieux. Il ne vous reste plus qu'à commander ce qui vous chante et à faire estampiller votre passeport.

La nourriture est excellente (compte tenu du fait qu'il s'agit de restauration rapide), et comprend aussi bien des potages asiatiques que du *bami goreng* indonésien, des pizzas sur mesure, du poisson, des fruits de mer, des biftecks, des soupes, des salades et des desserts.

Il y a un comptoir de jus frais, un pub, un bar et même un bistro français offrant le meilleur steak tartare et les meilleurs vins qui soient! Notez toutefois que l'endroit peut devenir très affairé, et qu'on a parfois du mal à trouver une table. Cette chaîne de restauration suisse gagne de plus en plus de terrain en Amérique du Nord.

Biddle's Jazz
$-$$
fermé sam et dim midi
2060 rue Aylmer
☎842-8656
Rendez-vous du jazzman Charlie Biddle, le Biddle's Jazz reçoit régulièrement des musiciens. Une clientèle de gens d'affaires et d'amateurs de dîners musicaux y savoure de délicieux plats de *spareribs* (côtes de porc) ou d'ailes de poulet tout en appréciant une musique qui ne couvre pas les conversations.

Cracovie
$-$$
1246, rue Stanley
☎866-2195
Le Cracovie sert de bons mets polonais, des fameux *pirojkis* au poulet à la Kiev, au bœuf Stroganoff et aux *bigos*, sans oublier le ragoût chasseur. Décor authentiquement polonais. Table d'hôte le midi et le soir. Service cordial.

Le Commensal
$-$$
1204 av. McGill College
☎871-1480
Le restaurant Le Commensal a opté pour une formule buffet. Les plats, tous végétariens, sont vendus au poids. Son décor moderne et chaleureux ainsi que ses grandes fenêtres sur le centre-ville en font un endroit agréable. Ouvert tous les jours, jusqu'à tard le soir.

L'Actuel
$$
fermé sam midi et dim
1194 rue Peel
☎866-1537
L'Actuel, le plus belge des restaurants montréalais, ne désemplit pas midi et soir. On y trouve deux salles, dont une grande assez bruyante et très animée où se pressent des garçons affables parmi les gens d'affaires. La cuisine propose évidemment des moules mais aussi plusieurs autres spécialités.

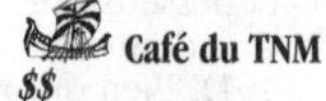
Café du TNM
$$
84 rue Ste-Catherine O.
☎866-8669
Quel bel ajout dans ce secteur un peu sinistré que ce Café du TNM, où il fait bon simplement prendre un verre, un café ou un dessert dans le décor déconstructiviste du rez-de-chaussée ou encore un bon repas à l'étage, où l'atmosphère rappelle les brasseries parisiennes. Le menu s'associe au décor et propose les classiques de la cuisine française de bistro. Service impeccable, belle présentation et cuisine irréprochable, que demander de plus?

Le jardin du Ritz
$$
1228 rue Sherbrooke O.
☎842-4212
Le jardin du Ritz est l'endroit rêvé pour se soustraire aux chaleurs estivales ainsi qu'à l'activité grouillante du centre-ville. On y déguste les classiques de la cuisine française, et l'on prend le thé devant un étang entouré de fleurs et de verdure où s'ébattent des canards. Clientèle diversifiée. Ouvert seulement en été, Le jardin est le prolongement de l'autre restaurant de l'hôtel, Le Café de Paris (voir plus loin). Prendre un repas dans ce jardin vous assure un moment de pur bonheur.

La Mère Tucker
$$
1175 place du Frère André
☎866-5525
Disposant de vastes salles, le restaurant La Mère Tucker est idéal pour les groupes et les familles. Le rôti de bœuf, servi à volonté, s'est depuis longtemps taillé une solide réputation auprès des gourmets gourmands. L'atmosphère est détendue.

Moe's Deli & Bar
$$
1050 rue de la Montagne
☎931-6637
Le Moe's Deli & Bar a ouvert ses portes sur la rue de la Montagne quelques mois à peine avant l'inauguration du nouveau Cen-

tre Molson, tout juste en face, et il a depuis bénéficié de l'attention accrue accordée à ce secteur. Hamburgers et sandwichs de viande fumée ont contribué à la renommée de cette chaîne de restaurants, et celui-ci présente la particularité d'être en plus axé sur le sport. Une ambiance de fête et une clientèle jeune y donnent le ton.

Paris
$$
fermé dim
1812 rue Ste-Catherine O.
☎937-4898
Le Paris est le restaurant tout indiqué pour savourer quelques-unes des spécialités de la cuisine française, particulièrement si vous aimez le boudin, le foie de veau ou le maquereau au vin blanc, et que vous désirez en prime profiter d'une ambiance décontractée et sympathique. Côté décoration, l'endroit n'a pas changé depuis des années, et, pour toute amélioration, on se contente généralement de ne redonner qu'une nouvelle couche de peinture, de la même couleur bien sûr! La carte des vins, quant à elle, est bien garnie et au goût du jour.

Da Vinci
$$-$$$
fermé dim
1180 rue Bishop
☎874-2001
Le Da Vinci est un restaurant familial qui s'adresse à une clientèle huppée, y compris, soit dit en passant, quelques grands du hockey, présents et passés. Le menu italien classique ne prétend pas vous faire faire de grandes découvertes, mais tous les plats sont préparés avec soin à partir d'ingrédients de toute première qualité. Quant à la carte des vins, elle se veut étendue, et vous y trouverez sûrement le cru tout indiqué pour accompagner votre repas. Un éclairage riche et feutré mettant en valeur des tables magnifiquement dressées confère aux lieux un air de raffinement on ne peut plus invitant.

Wienstein 'n' Gavino's Pasta Bar Factory Co.
$$-$$$
1434 rue Crescent
☎288-2231
Au Wienstein 'n' Gavino's Pasta Bar, en ce qui concerne le vin, le code d'honneur est de mise : vous en buvez tant que vous voulez à même la cruche posée sur votre table et dites ensuite au serveur combien de coupes vous avez ingurgitées au moment d'établir l'addition. Côté menu, les pizzas sont respectables, mais sans éclat ni grande distinction, tandis que les plats de pâtes sont franchement délicieux, surtout celui au gorgonzola et à l'aneth. Le vivaneau rouge en papillotte ne donne pas non plus sa place.

Café de Paris
$$$
1228 rue Sherbrooke O.
☎842-4212
Le Café de Paris est le restaurant réputé du magnifique Hôtel Ritz-Carlton (voir p 151). Son riche décor, aux couleurs de bleu et d'ocre, est d'une beauté distinguée. Le menu, composé avec soin, propose de délicieux plats.

Café Société
$$$
1415 rue de la Montagne
☎987-8168
Installés dans le très chic Hôtel Vogue (voir p 151), le restaurant et le bar du Café Société offrent un décor extraordinaire rappelant les années soixante. On y propose des mets eurasiens exquis et une carte des vins réputée.

Le Caveau
$$$
fermé sam et dim midi
2063 rue Victoria
☎844-1624
Le restaurant Le Caveau, qui semble caché derrière les gratte-ciel du centre-ville, a été aménagé dans une coquette maison blanche. On y élabore avec art des plats d'une cuisine française raffinée; on doit cependant déplorer un service distant et des desserts décevants.

Club Lounge 737
$$$
fermé sam midi et dim
1 Place Ville-Marie
☎397-0737
Situé au 42e étage de la Place Ville-Marie, le restaurant Club Lounge 737 est pourvu de grandes fenêtres qui permettent de jouir d'une vue imprenable sur Montréal et ses environs. Le menu, quant à lui, affiche une cuisine française. Notez toutefois qu'ici les prix sont aussi élevés que le restaurant lui- même.

**Julien**
$$$
fermé sam-dim
1191 rue Union
☎871-1581
Un classique à Montréal, Julien est reconnu pour servir l'une des meilleures bavettes à l'échalote en ville. Mais on ne s'y rend pas uniquement pour savourer une bavette, car les plats y sont tous plus succulents les uns que les autres. D'ailleurs, ici tout est impeccable : le service, la décoration et même la carte des vins. Réservation recommandée.

Katsura
$$$
2170 rue de la Montagne
☎849-1172
Au cœur du centre-ville, le Katsura vous fait découvrir les délices d'une cuisine japonaise raffinée. La salle

principale est meublée de longues tables, parfaites pour recevoir les groupes. On peut également opter pour les petites salles, plus intimes.

Le Lutétia
$$$
1430 rue de la Montagne
☎288-5656
Le chic décor victorien qu'arbore le restaurant de l'Hôtel de la Montagne, Le Lutétia, ne vous laissera sans doute pas indifférent, pas plus que son menu, qui comprend tous les classiques de la cuisine française : côtelette d'agneau, entrecôte, filet mignon.

Le Parchemin
$$$
fermé dim
1333 rue University
☎844-1619
Occupant l'ancien presbytère de la Christ Church Cathedral, Le Parchemin se caractérise par un décor chic et une atmosphère feutrée. On y propose une cuisine française soigneusement apprêtée qui comblera le plus fin gourmet. Pour les bourses bien garnies, le menu «dégustation» de six services constitue un véritable festin (55$ par personne). La table d'hôte, quant à elle, avec ses quatre services et son vaste choix, est plus qu'honorable.

Maison George Stephen
$$$
1440 rue Drummond ***☎849-7338***
Fondée en 1884, la Maison George Stephen ouvre ses portes à titre de restaurant uniquement le dimanche pour un brunch musical. Son décor semble s'être figé dans l'histoire, avec ses murs superbement lambrissés et ornés de vitraux datant du XIXe siècle. Vous aurez le privilège de vous délecter le palais tout en vous laissant bercer l'oreille par des airs de musique classique interprétés par des étudiants du Conservatoire.

Les Caprices de Nicolas
$$$$
ouvert le soir seulement
2071 rue Drummond ***☎282-9790***
Les Caprices de Nicolas s'inscrit au palmarès des meilleurs restaurants de Montréal. On y fait une cuisine très raffinée, française et innovatrice jusqu'au bout des doigts. Heureuse formule : pour le prix d'un bouteille de vin, on peut prendre différents vins au verre pour accompagner chacun des plats. Service irréprochable mais sans prétention et décor de jardin intérieur.

Beaver Club
$$$$
900 bd René-Lévesque O.
à l'intérieur de l'Hôtel Reine-Élizabeth
☎861-3511
De magnifiques boiseries confèrent une atmosphère raffinée au restaurant de renommée internationale qu'est le Beaver Club, un atout incomparable pour le grand hôtel montréalais où il est établi. Sa table d'hôte variable peut aussi bien comporter du homard frais que de fines coupes de bœuf ou de gibier. Tout y est préparé avec le plus grand soin, et une attention de tous les instants est accordée aux moindres détails, présentation comprise. Il y a même un sommelier à demeure, et vous pourrez y danser le samedi soir.

Circuit C : Le Village Shaughnessy et autour de l'Hôtel-Dieu

Bar-B-Barn
$
1201 rue Guy
☎931-3811
Au restaurant Bar-B-Barn, on peut déguster de délicieuses côtes de porc sucrées et grillées à point. Ce plat n'a rien de très raffiné, d'autant moins qu'il faut le manger avec les doigts, mais il fait le plaisir de bon nombre de Montréalais gourmands. Les fins de semaine, il faut s'armer de patience car les files d'attente sont souvent longues.

Calories
$
4114 rue Ste-Catherine O.
☎933-8186
Calories reçoit une clientèle bruyante jusqu'à tard dans la nuit. Il propose de délicieux gâteaux servis en copieuses portions.

Le Pique-Assiette
$
2051 rue Ste-Catherine O.
☎932-7141
Le Pique-Assiette offre un décor à l'indienne et une ambiance tranquille. Le menu propose d'excellents currys et spécialités tandouries, dont s'accommodent malheureusement assez mal les estomacs délicats car la cuisine est ici très épicée. Le buffet indien du midi vaut vraiment la peine. Amateur de pain nan, sachez qu'il est offert ici à volonté. Les bières anglaises accompagnent très bien ces mets.

Bistro Gourmet
$$$
2100 rue St-Mathieu
☎846-1553
Le Bistro Gourmetest un sympathique petit restaurant français où l'on peut

savourer de délicieux plats agréablement préparés, toujours frais et servis avec attention.

Thaï Grill
$$$
5101 bd St-Laurent
☎**270-5566**
Pas étonnant que le décor du Thaï Grill ait mérité un prix de design : malgré sa douceur, on ne se lasse pas de l'admirer. Des éléments thaïlandais traditionnels ont été habilement intégrés à un environnement moderne, et le tout crée une atmosphère feutrée malgré l'animation. Le service est sympathique et empressé. Quant aux plats, on doit souligner l'effort d'innovation sur la base des traditions thaïlandaises, comme cette salade de papaye verte à laquelle on a ajouté de la lime ou ces nouilles de riz au poulet dont l'assaisonnement équilibré s'avère exquis.

Chez la Mère Michel
$$$
fermé sam midi, dim, lun midi
1209 rue Guy
☎**934-0473**
Chez la Mère Michel est tenu par beaucoup pour un des meilleurs restaurants en ville. Installé dans une adorable vieille maison, il renferme trois salles à manger intimes et décorées avec un goût exquis. À l'avant, banquettes et chaises garnies de riches tissus imprimés invitent les clients à prendre place autour de tables fort bien mises, tandis qu'à l'arrière un chaleureux foyer et une profusion de plantes campent le décor.

Le chef Micheline fait appel à des ingrédients venant tout droit du marché pour créer de délicieuses spécialités régionales françaises ainsi qu'une table d'hôte saisonnière de cinq services. Le personnel est par ailleurs cordial et attentif, et l'impressionnante cave de l'établissement recèle certaines des meilleures bouteilles que l'on puisse trouver à Montréal.

Circuit D : Le mont Royal et Westmount

Franni
$
fermé lun midi
5528 av. Monkland
☎**486-2033**
Le café Franni, garni de boiseries, de carreaux en céramique et de plantes, se révèle malheureusement trop petit pour sa clientèle nombreuse. Une popularité qui s'explique par la très grande qualité de ses gâteaux au fromage.

Pizzafiore
$
3518 rue Lacombe
☎**735-1555**
En entrant à la Pizzafiore, on aperçoit le cuisinier à côté du four à bois où sont cuites les pizzas. Il en prépare pour tous les goûts et à toutes les sauces, garnies des ingrédients les plus variés. L'endroit est plaisant, aussi est-il souvent envahi par les gens du quartier et les universitaires.

Le Commensal
$-$$
715 ch. Queen Mary ☎**733-9755**
Voir p. 156, 161

Aux Deux Gauloises
$$
5195 ch. de la Côte-des-Neiges
☎**737-5755**
La cuisine du restaurant français Aux Deux Gauloises élabore une variété de crêpes, toutes plus savoureuses les unes que les autres. Ambiance agréable et service sympathique.

Claremont
$$
5032 rue Sherbrooke O.
☎**483-1557**
Le menu du Claremont propose une vaste sélection de plats, de l'un des meilleurs et des plus frais pistous qui soient à un délicieux potage *mulligatawny*, à moins que vous ne préfériez, comme beaucoup, vous contenter d'une boisson et d'un plat de *nachos* rehaussé d'une *salsa* maison. De fait, la proportion importante de clients de passage et la musique forte que diffusent les haut-parleurs ne font pas de cet endroit le lieu rêvé pour un dîner en tête-à-tête mais, si vous cherchez à mettre un peu de piquant dans votre journée, vous ne serez pas déçu.

Mess Hall
$$
4858 rue Sherbrooke O.
☎**482-2167**
Le Mess Hall arbore un décor frappant dont la pièce de résistance est un somptueux lustre central. Menu à la fois original et conventionnel de salades, de hamburgers et de pâtes, tous excellents, sans oublier quelques plats plus raffinés. Les jeunes professionnels de Westmount s'y rendent volontiers pour se faire voir et prendre le pouls du quartier.

La Transition
$$
4785 rue Sherbrooke O.
☎**933-1000**
Le bistro italien La Transition fait le bonheur d'une clientèle locale depuis plus de 10 ans. L'éclairage agréable et les sons du jazz s'allient pour créer une atmosphère de détente, malheureusement compromise à l'occasion par un niveau de bruit assez élevé. Menu italien classique rehaussé de quelques innovations.

Kaizen
$$$$
4120 Ste-Catherine O.
☎932-5654
Le meilleur restaurant japonais de Westmount où l'on peut déguster les classiques du pays du soleil levant. On peut déplorer un service un peu gauche dans la langue de Molière et des prix très élevés... mais les portions s'avèrent gargantuesques! Alors il vaut la peine de partager un plat, ce qui ne froissera pas le personnel.

Circuit E : Maisonneuve

Moe's Deli & Bar
$$
3950 rue Sherbrooke E.
☎253-6637
Le Moe's Deli & Bar est particulièrement couru pour son «5 à 7», pendant lequel on s'accoude sur le bar, mais sa salle à manger reste très souvent bondée. Son menu est extrêmement varié, ce qui n'est pas toujours synonyme de qualité, mais ici les plats, salades, grillades et sandwichs sont généralement bons. Pour les estomacs courageux, on propose une série de desserts assez audacieux. Musique forte et décor de *pub* anglais contribuent à créer une atmosphère animée. Situé à deux pas du Stade olympique.

Circuit F : Les îles Sainte-Hélène et Notre-Dame

Festin des Gouverneurs
$$$
☎879-1141
Au Festin des Gouverneurs, on recrée un festin tel qu'on en trouvait en Nouvelle-France au début de la colonisation. Des personnages en costume d'époque et des plats de la cuisine québécoise traditionnelle font revivre aux convives ces soirées de fête. Seuls les groupes sont reçus, aussi les réservations sont-elles nécessaires.

Hélène-de-Champlain
$$
fermé sam-dim midi
☎395-2424
Sur l'île Sainte-Hélène, le restaurant Hélène-de-Champlain bénéficie d'un site enchanteur, sans doute l'un des plus beaux à Montréal. La grande salle, pourvue d'un foyer et offrant une vue sur la ville et le fleuve, s'avère des plus agréables. Chaque coin de la salle à manger possède un charme bien à lui, et l'on peut y profiter des paysages qui varient au gré des saisons. La cuisine n'y est pas gastronomique, mais on mange très bien. Le service est empressé et courtois.

Nuances
$$$$
tlj 17h30 à 23h
Casino de Montréal
île Notre-Dame
☎392-2708
☎800-665-2274, poste 4322
Juché au cinquième étage du Casino de Montréal, le Nuances compte parmi les meilleures tables de la ville. Dans un riche décor où se côtoient acajou, laiton, cuir et vue sur les lumières de la ville, cet établissement de prestige propose une cuisine raffinée et imaginative.

Ainsi, on notera sur le menu la brandade crémeuse de homard en millefeuille ou la brochette de caille grillée comme entrée, ainsi que le magret de canard rôti, la longe d'agneau du Québec ou la polenta rayée entourée d'une grillade mi-cuite de thon pour la suite. Les desserts, savoureux, sont quant à eux présentés de façon spectaculaire. Le cadre feutré et classique de ce restaurant convient bien aux dîners d'affaires, mais aussi aux occasions spéciales et aux grandes demandes... Il est à noter que le casino possède également quatre autres restaurants à formules plus économiques : le **Via Fortuna** *($$)*, un restaurant italien, **L'Impair** *($)*, avec buffet, **La Bonne Carte** *($$)*, avec buffet et menu à la carte, et le casse-croûte **L'Entre-Mise** *($)*.

Circuit G : Le Quartier latin

La Brioche Lyonnaise
$
fermé lundi
1593 rue St-Denis
☎842-7017
La Brioche Lyonnaise est à la fois une pâtisserie et un café. Le choix de pâtisseries, de gâteaux et de friandises y est des plus variés. L'endroit est d'autant plus intéressant que tout y est délicieux à souhait.

Brûlerie Saint-Denis
$
1587 rue St-Denis
☎286-9159
Voir p. 161

La Paryse
$
302 rue Ontario E.
☎842-2040
Le local minuscule de La Paryse est fréquemment envahi par les étudiants. La raison en est bien simple : on y propose de délicieux hamburgers et des frites maison, servis en généreuses portions. Le décor rappelle les années cinquante.

Le Pèlerin
$
330 rue Ontario E.
☎845-0909
Situé près de la rue Saint-Denis, Le Pèlerin attire une clientèle hétéroclite qui aime discuter tout en grignotant dans une atmosphère jeune et sympathique. Le mobilier de bois imitant l'acajou et les expositions d'œuvres d'art moderne parviennent à créer une ambiance amicale.

Le Commensal
$-$$
1720 rue St-Denis
☎845-2627
Le bien connu restaurant végétarien Le Commensal qui avait pignon sur rue à l'angle des rues Sherbrooke et Saint-Denis depuis des lustres, a récemment transporté ses pénates dans un nouveau local un peu plus au sud sur la rue Saint-Denis. On y retrouve la même formule buffet où de bons petits plats santé sont vendus au poids. Les larges baies vitrées qui ornent la façade, pas plus que les murs de brique et les différents paliers, ne réussissent à rendre l'endroit chaleureux, mais on y mange bien dans une atmosphère décontractée.

Le Piémontais
$$
fermé dim
1145A rue De Bullion *☎861-8122*
Tous les vrais amateurs de cuisine italienne connaissent et vénèrent Le Piémontais . L'étroitesse des lieux et la proximité des tables les unes par rapport aux autres en font un endroit très bruyant, mais la douceur d'un décor où dominent le rose, la gentillesse, la bonne humeur et l'efficacité du personnel, ainsi que la poésie que l'on découvre dans son assiette, rendent l'expérience inoubliable. Les réservations sont recommandées.

Zyng
$$
1748 St-Denis
☎284-2016
Cette chaîne torontoise de sympathiques restos de nouilles et dim sum apporte un brin de fraîcheur et de design dans ce coin trop commercial de la rue St-Denis. Fraîcheur du décor, fraîcheur de l'amusant menu et fraîcheur des plats, où les légumes occupent une place de choix dans les bols repas. Les saveurs de Chine, du Japon, de la Thaïlande, de la Corée et du Vietnam se donnent ici rendez-vous et se prêtent aux combinaisons les plus originales.

La Sila
$$$-$$$$
2040 rue St-Denis
☎844-5083
La Sila sert une cuisine italienne traditionnelle dans un cadre élégant, rehaussé d'un bar invitant et d'une terrasse extérieure où vous pourrez vous installer par les chaudes soirées d'été.

Circuit H : Le Plateau Mont-Royal

L'Anecdote
$
801 rue Rachel E.
☎526-7967
L'Anecdote propose des hamburgers et des clubs végétariens préparés à partir d'ingrédients de qualité. On y trouve un décor évoquant les années cinquante : de vieilles pubs de Coke et des affiches de films ornent les murs.

Aux 2 Marie
$
4329 rue St-Denis
☎844-7246
Une faune typique du Plateau fréquente le charmant petit café Aux 2 Marie . On y sert, outre un impressionnant choix de cafés torréfiés sur place, d'excellents repas sans prétention à des prix abordables. Sa nouvelle terrasse à l'étage est plutôt agréable, si ce n'est du bruit de la rue. Le service peut se révèler lent certains midis achalandés.

Baie du Bengale
$$
4266 St-Denis
☎845-3722
Dans un décor modeste ou sur sa terrasse, ce resto propose une délicieuse cuisine indienne à bas prix, ce qui se fait rare. D'autant plus que le service s'avère des plus sympathiques.

Binerie Mont-Royal
$
367 av. du Mont-Royal E.
☎285-9078
Dans un décor formé de quatre tables et d'un comptoir, La Binerie Mont-Royal est un petit resto de quartier d'aspect modeste. Mais elle a bonne réputation grâce à sa spécialité, les fèves au lard (les «binnes»), et au roman d'Yves Beauchemin (*Le Matou*), auquel elle sert de toile de fond.

Brûlerie Saint-Denis
$
3967 rue St-Denis
☎286-9158
La Brûlerie Saint-Denis importe son café des quatre coins du monde et propose un des plus grands choix de moutures à Montréal. Les grains sont torréfiés sur place, ce qui donne à l'endroit un arôme tout à fait particulier. Des repas légers et des desserts sont également proposés.

Byblos
$
fermé lun
1499 av. Laurier E.
☎523-9396
Au petit restaurant Byblos, aux apparences très sim-

ples et aux murs ornés de pièces d'artisanat perse, vous jouirez d'une ambiance à la fois discrète et exotique. La cuisine raffinée et légère recèle de petites merveilles du Moyen-Orient. Le service est attentionné.

Café El Dorado
$
921 av. du Mont-Royal E.
☎598-8282
Dans un décor curviligne spectaculaire se presse la nouvelle foule branchée du Plateau Mont-Royal pour prendre un café ou un petit repas rapide, mais toujours de qualité. Une mention spéciale doit être accordée au Café El Dorado pour ses excellents desserts.

Lélé da Cuca
$-$$
ouvert tlj dès 17h apportez votre vin
70 rue Marie-Anne E. ***☎849-6649***
Au restaurant Lélé da Cuca, on peut goûter de délicieux plats mexicains et brésiliens. Du local exigu, qui ne peut accueillir qu'une trentaine de personnes, se dégage une ambiance détendue et sans façon.

La Piazzetta
$-$$
4097 rue St-Denis
☎847-0184
La Piazzetta sert de la pizza à croûte mince et croustillante, semblable à celle qu'on peut manger en Italie. À essayer aussi, la salade au *prosciuto* et au melon. Tout cela dans un beau décor branché!

Pizzédélic
$-$$
1250 av. du Mont-Royal E.
☎522-2286
Le restaurant Pizzédélic propose une pizza à croûte mince garnie d'ingrédients de qualité. Ses larges vitrines s'ouvrent en été pour laisser respirer sa clientèle nombreuse.

Porté Disparu
$
957 av. du Mont-Royal E.
☎524-0271
Le Porté Disparu est un sympathique café-bistro qui accueille une clientèle d'intellectuels venus discuter dans un cadre cossu, où l'on peut par ailleurs s'asseoir des heures durant pour lire bon nombre de livres en tout genre provenant de sa bibliothèque. Outre des spectacles présentés les fins de semaine, les midis sont égayés par des airs de piano, et certains lundis soir vibrent aux rythmes de poètes qui récitent leurs créations de façon classique ou humoristique.

Aux Baisers Volés
$$
fermé dim soir et lun 371 rue Villeneuve E. ***☎289-9921***
Aux Baisers Volés, le nom de l'endroit a pris toute sa signification. Chaleureux petit restaurant qui s'avère idéal pour déguster en tête-à-tête des plats sans prétention.

917
$$
fermé lun ouvert à partir de 17h les autres jours
917 rue Rachel E.
☎524-0094
Pour une bonne cuisine française à prix abordable, pensez au 917. Les grands miroirs qui ornent ses murs, ses tables rapprochées ainsi que ses garçons en tablier lui confèrent une ambiance bistro qui sied tout aussi bien à sa cuisine. Les abats, rognons et ris de veau y sont particulièrement bien réussis. Un délice qui fond dans la bouche!

Au Cactus
$$
4461 rue St-Denis
☎849-0349
Au Cactus, on propose des mets mexicains raffinés, mais servis en petites portions. On vous sert en espagnol, dans une atmosphère chaleureuse, pour le plaisir du dépaysement. Sa petite terrasse est très populaire en été.

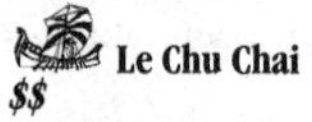
Le Chu Chai
$$
4088 rue St-Denis
☎843-4194
Le Chu Chai ose innover et il faut l'en féliciter. Tant de restaurants ressemblent à tous les autres! Ici, on a imaginé une cuisine thaïlandaise végétarienne qui donne dans le pastiche : crevettes végétariennes, poisson végétarien et même bœuf ou porc végétarien.

L'imitation est extraordinaire au point qu'on passe la soirée à se demander comment ils font! La chef peut vous expliquer qu'il s'agit vraiment de produits végétaux comme le seitan, le blé, etc. Le résultat est délicieux et ravit la clientèle diversifiée qui se presse dans sa salle modeste ou sur la terrasse. Pour le repas de midi, le restaurant propose une table d'hôte économique.

Côté Soleil
$$
fermé lun en hiver
3979 rue St-Denis
☎282-8037
Ce restaurant propose chaque jour un menu différent qui ne déçoit jamais. Voilà de la bonne cuisine française, inventive à l'occasion, à petit prix, tellement qu'on n'hésitera pas à dire qu'il s'agit probablement du meilleur rapport qualité/prix du secteur. Service empressé,

toujours souriant, agréable terrasse sur la rue, décor simple mais chaleureux.

El Zaziummm
$$
1276 av. Laurier E.
☎598-0344
4525 av. du Parc
☎499-3675
51 rue Roy E.
☎844-0893
El Zaziummm ne ressemble à aucun autre. Son décor, des plus hétéroclites, est par exemple composé d'une vieille baignoire vitrée utilisée comme table à travers laquelle on aperçoit des cartes postales et des billets d'avion à moitié enfouis dans le sable. Le menu affiche une longue liste de plats typiquement mexicains, mais apprêtés de façon originale avec une nette influence californienne. Étant donné l'achalandage monstre, le service est parfois lent.

Fondue mentale
$$
fermé à midi
4325 rue St-Denis
☎499-1446
Fondue mentale est installé dans une belle maison ancienne et typique du Plateau Mont-Royal, rehaussée de superbes boiseries. Comme son nom l'indique, les fondues sont à l'honneur, et que des fondues toutes plus intéressantes les unes que les autres. Mentionnons particulièrement la fondue suisse au poivre rose.

La Gaudriole
$$
825 av. Laurier E.
☎276-1580
Dans une salle quelque peu exiguë où le confort peut laisser à désirer, on sert une excellente cuisine dite «métissée», renouvelant une cuisine française qui avait depuis des siècles puisé aux apports du monde entier. Le menu se renouvelle constamment, ce qui permet à la fois de servir toujours frais et de faire profiter les clients de la créativité du chef Marc Vézina.

Ouzeri
$$
4690 rue St-Denis
☎845-1336
L'Ouzeri s'est donné pour objectif d'offrir à sa clientèle une cuisine méditerranéenne recherchée : mission accomplie. La cuisine est excellente et recèle plusieurs surprises, comme la moussaka végétarienne ou les pétoncles au fromage fondu. Avec ses plafonds très hauts et ses longues fenêtres, cet établissement constitue un endroit agréable où l'on risque de s'éterniser, surtout quand la musique grecque vous plonge dans la rêverie.

Le Persil Fou
$$
ouvert tous les soirs à partir de 17h
4669 rue St-Denis
☎284-3130
Situé en face du Théâtre du Rideau Vert, le sympathique petit restaurant français Le Persil Fou propose une excellente table d'hôte à prix très concurrentiel.

L'Avenue
$$-$$$
922 av. du Mont-Royal E.
☎523-8780
L'Avenue est devenu le refuge des B.C.B.G., qui s'y pressent afin de s'offrir de copieux plats. Arrivez tôt pour éviter d'attendre en file. Le service est courtois et attentionné.

Café Cherrier
$$-$$$
3635 rue St-Denis
☎843-4308
Lieu de rencontre par excellence de tout un contingent de jeunes professionnels dans la trentaine, la terrasse et la salle du Café Cherrier ne désemplissent pas. L'atmosphère de brasserie française y est donc très animée avec beaucoup de va-et-vient, ce qui peut donner lieu à d'agréables rencontres. Le menu affiche des plats de bistro généralement bons.

Continental
$$-$$$
fermé à midi
4169 rue St-Denis
☎845-6842
Quelle subtile mise en scène que celle du Continental! L'établissement séduit carrément, certains soirs, avec son personnel attentif et courtois, sa clientèle branchée et son décor «années cinquante» contemporéanisé. Le menu varié vous réserve quelques surprises, telles les *linguine carbonara*, parmi les meilleures à Montréal.

Le Flambard
$$-$$$
fermé à midi
851 rue Rachel E.
☎596-1280
Sympathique bistro décoré de boiseries et de miroirs, Le Flambard excelle dans l'élaboration d'une cuisine française de qualité. L'endroit est fort charmant, mais l'étroitesse du local et la proximité des voisins laissent peu de place à l'intimité.

Laloux
$$-$$$
fermé sam midi
250 av. des Pins E.
☎287-9127
Établi dans une superbe demeure, le Laloux est aménagé comme un chic et élégant bistro parisien. On peut y déguster une cuisine nouvelle qui ne déçoit jamais. Il propose un menu «théâtre» comportant trois services légers à prix avantageux.

Misto
$$-$$$
929 av. du Mont-Royal E.
☎526-5043
Le Misto est un restaurant italien couru par une clientèle branchée qui vient y savourer une délicieuse cuisine italienne imaginative. Dans ce grand et chaleureux local paré de brique et décoré dans les tons de vert, l'atmosphère bruyante et les tables très rapprochées n'enlèvent rien au service attentionné et sympathique.

Pistou
$$-$$$
fermé sam et dim midi 1453 av. du Mont-Royal E.
☎528-7242
La grande salle à manger du Pistou, à plafond haut et à la décoration moderne, n'est pas ce qu'on pourrait qualifier de chaleureuse, d'autant moins qu'elle est souvent bondée. Cette animation a tout de même ses avantages, surtout dans des soirées entre amis où le ton de la conversation monte parfois. Le menu propose des classiques comme la salade de chèvre chaud au miel, absolument délicieuse, et le tartare. Il est également possible d'opter pour la table d'hôte, qui varie chaque jour.

Poco Piu
$$-$$$
fermé à midi et lun
4621 rue St-Denis
☎843-8928
En pénétrant au Poco Piu, vous serez tout de suite séduit par son atmosphère à la fois feutrée et détendue. Vous serez en outre comblé par les plats, qui permettent tous une délicieuse incursion dans la gastronomie italienne : des découvertes qui vous plairont à coup sûr.

La Raclette
$$-$$$
apportez votre vin fermé à midi
1059 rue Gilford
☎524-8118
Restaurant de quartier très prisé lors de belles soirées d'été en raison de son attrayante terrasse, La Raclette plaît aussi pour son menu où figurent des plats tels que la raclette (bien sûr), mais aussi l'émincé de porc zurichois ou le saumon à la moutarde de Meaux et le clafoutis aux cerises. Les personnes ayant un solide appétit peuvent opter pour le menu «dégustation», qui comprend l'entrée, la soupe, le plat principal, le dessert et le café.

Restorante-Trattoria Carissima
$$-$$$
222, avenue du Mont-Royal Est
☎844-PATE/7283
Le Carissima est un bon restaurant italien qui a ouvert ses portes à l'automne 1998. Son intérieur de bois foncé est rehaussé d'un chaleureux foyer, et sa salle à manger, qui accueille volontiers les fumeurs, se pare de grandes fenêtres coulissantes s'ouvrant sur l'avenue du Mont-Royal. Les prix s'avèrent raisonnables, et on propose une table d'hôte en semaine. Bon choix de desserts. Des aliments italiens sont également en vente sur des étagères de bois foncé disposées près de la cuisine.

L'Express
$$$
3927 rue St-Denis
☎845-5333
Lieu de rencontre par excellence des yuppies vers 1985, L'Express demeure très apprécié pour son décor de wagon-restaurant, son atmosphère de bistro parisien animé, que peu ont su reproduire, et son menu toujours invitant. Il a su acquérir ses lettres de noblesse au fil des années.

Psarotaverna du Symposium
$$$
fermé sam et dim midi
4293 rue St-Denis
☎842-0867
La Psarotaverna du Symposium transporte sa clientèle instantanément en mer Égée avec son décor bleu et blanc ainsi que l'âme chaleureuse et insulaire du service. Le poisson (thazard, daurade, pageot) et les fruits de mer en sont les spécialités. Essayez la délicieuse moussaka et le *saganaki*. Au dessert, il ne faut pas manquer le délicieux *galatoboureco*, à base de lait.

Toqué
$$$$
ouvert à partir de 18 heures tlj
3842 rue St-Denis
☎499-2084
Si l'expérience culinaire vous intéresse, le Toqué est sans contredit l'adresse à retenir à Montréal. Le chef, Normand Laprise, insiste sur la fraîcheur des aliments et officie dans la cuisine, où les plats sont toujours préparés avec grand soin puis admirablement bien présentés. Il faut voir les desserts, de véritables sculptures modernes. De plus, le service est classique, la carte des vins est bonne, son nouveau décor est élégant et les prix élevés n'intimident pas les convives. L'une des tables les plus originales de Montréal.

Montréal

Circuit I : La Petite Italie

Petit Alep
$-$$
191 rue Jean-Talon E.
☎270-9361
Mouhamara, taboulé, houmous, feuilles de vigne, Chiche Kebab, Chiche taouk, l'eau vous vient à la bouche? Sachez que tous ces mets du Moyen-Orient sont servis au Petit Alep. Baptisé «Petit» en raison de son grand frère attenant, ce café-bistro sert donc une cuisine principalement syrienne, aux goûts savoureux.

Laissez vos papilles fleureter tour à tour avec le miel, l'huile ou le poivre de cayenne. Le décor rappelle un loft avec sa grande porte de garage donnant sur la rue Jean-Talon. Les murs se parent d'expositions temporaires, souvent intéressantes. Des revues et journaux sont disponibles pour inciter à la flânerie. Brunch les fins de semaine.

La Tarantella
$$
184, rue Jean-Talon E.
☎278-3067
Ce qui distingue La Tarantella, un bon petit restaurant italien comme tant d'autres, est son emplacement. Rien de plus agréable que de déguster un copieux petit déjeuner, un savoureux dîner, ou encore de siroter un café au lait sur la terrasse fleurie donnant sur l'animation effervescente du marché. Une atmosphère unique. La qualité du service et de la nourriture, ainsi que les prix raisonnables ne font qu'ajouter au plaisir.

Circuit J : Le Sault-au-Récollet

Pasta Express
$
1501 rue Fleury E.
☎384-3174
Le petit restaurant Pasta Express $ est fréquenté par les gens du quartier. On y déguste une cuisine italienne sans prétention dont les plats de pâtes s'avèrent toujours délicieux et peu chers.

Le Wok de Szechuan
$
1950 rue Fleury E.
☎382-2060
Vous l'aurez sûrement deviné: Le Wok de Szechuan est un restaurant chinois qui propose à une clientèle d'Asiatiques et de gens du quartier une bonne cuisine sichuanaise.

Molisana
$$
1014 rue Fleury E.
☎382-7100
Du restaurant italien Molisana se dégage une atmosphère tranquille. Le menu n'a rien de très original; les pâtes et la pizza cuite au four à bois en sont les principales composantes. Cependant, les plats sont bons et copieux. La fin de semaine, des musiciens sont sur place et agrémentent votre soirée de quelques chansons.

Circuit L : L'ouest de l'île

Lachine

Il Fornetto
$
1900 bd St-Joseph
☎637-5253
Situé aux abords du port de plaisance de Lachine, Il Fornetto est idéal pour ceux et celles qui aiment se promener sur le bord du lac Saint-Louis après un copieux repas. Il rappelle les trattorias avec son ambiance bruyante et son service sympathique. Les pizzas cuites au four à bois sont à essayer.

Pointe-Claire

Le Gourmand
$
fermé dim midi
42 rue Ste-Anne
☎695-9077
Établi dans une vieille maison en pierre tout à fait ravissante, Le Gourmand est l'endroit tout indiqué pour savourer une soupe chaude par un frais midi d'automne, ou une salade fraîche et un thé glacé par un torride après-midi d'été. Le menu du soir affiche des mets français, cajuns et californiens. Son comptoir de charcuterie fine vous permettra en outre de faire des provisions en vue d'un pique-nique au bord du lac.

Bars et discothèques

Au coucher du soleil jusqu'à tard la nuit, Montréal vit aux rythmes parfois endiablés, parfois plus romantiques, de ses bars. Envahis par des individus de tout âge, ces bars ont été conçus pour répondre aux goûts de chacun. Des bars-terrasses de la rue Saint-Denis aux bars *underground* du boulevard Saint-Laurent en passant par les bars plus chics de la rue Crescent, sans oublier les bars gays du «Village», il en existe de toutes sortes : à vous de les découvrir...

L'Air du Temps
194 rue Saint-Paul O.
L'Air du Temps fait partie des plus célèbres bars de jazz à Montréal. Au cœur du Vieux-Montréal, il offre un fantastique décor ancien, orné d'une profusion de pièces antiques. L'endroit étant souvent bondé, il faut arriver tôt pour bénéficier d'un bon siège. Les droits d'entrée varient selon les spectacles.

Allegra
fermé la fin de semaine 3523A bd St-Laurent
Allegra reçoit des clients qui souhaitent se réfugier discrètement derrière les rideaux de velours des petits salons privés afin de fumer des cigares valant de 3$ à 30$ tout en prenant un verre. Les personnes habillées de jeans et chaussées de souliers de course se verront refuser l'accès de l'établissement.

Aux Deux Pierrots
104 rue St-Paul E.
Une foule enthousiaste et bruyante vient Aux Deux Pierrots pour y écouter des chansonniers québécois. En été, ce bar dispose d'une agréable terrasse.

Balattou
4372 bd St-Laurent
Le Balattou est sans doute la boîte africaine la plus populaire de Montréal. Elle est sombre, enfumée, bondée, chaude, trépidante et bruyante. Des spectacles sont présentés en semaine seulement; les droits d'entrée varient dans ce cas.

Bar La Cervoise
4457 bd St-Laurent
Le Bar La Cervoise est une microbrasserie sans prétention au décor sympathique et à la clientèle jeune. On y propose de la musique diversifiée et originale mais toujours agréable. Au fond, un billard est mis à la disposition des amateurs.

Belmont
4483 bd St-Laurent
Au Belmont s'entasse une clientèle composée de jeunes cadres. La fin de semaine, l'endroit est littéralement envahi. Entrée : 3$ le jeudi, 4$ le vendredi et le samedi.

Billy Kun
354, av. du Mont-Royal Est
Le Billy Kun, second bar de la microbrassie «Cheval Blanc», propose un vaste choix de bières, dont la marque maison, d'excellente qualité et à bon prix. Avec un décor original orné de cous d'autruche empaillés, l'atmosphère est sympathique et surtout branchée!

Café Campus
57 rue Prince-Arthur
Le Café Campus, anciennement situé en face de l'Université de Montréal, s'est installé dans un grand local de la rue Prince Arthur, mais l'endroit reste très populaire auprès de la clientèle estudiantine. Le décor est demeuré des plus quelconques. De bons musiciens sont fréquemment invités à s'y produire en spectacle.

Café Sarajevo
2080, rue Clark
Le Café Sarajevo présente des formations gitanes les jeudi, vendredi et samedi, et des musiciens de jazz les autres soirs de la semaine. Clientèle mixte d'étudiants bohèmes et, il va sans dire, de Yougoslaves, dans un décor typique de bar champêtre. Tout en sirotant une bière ou un rouge hongrois, pourquoi ne pas essayer quelques spécialités des Balkans, comme le *bourek* (viande roulée dans une pâte filo), le *pleckavica* (hamburger) et les *cevapcici* (boulettes de viande), servis avec de l'*ajvar* (tartinade au piment rouge). Une agréable terrasse, aménagée à l'arrière, vous accueille en outre durant la belle saison. Quant au charismatique propriétaire des lieux, Osman, il ressemble à s'y méprendre à Sean Connery! Fermé le lundi. Droit d'entrée en fin de soirée pour les spectacles.

Le Cheval Blanc
809 rue Ontario E.
Le Cheval Blanc est une vieille taverne montréalaise qui semble ne pas avoir été rénovée depuis les années quarante, ce qui lui donne tout un cachet! Quelques bières sont brassées sur place et varient selon les saisons.

Diable vert
4557, rue St-Denis
Le Diable vert est l'endroit par excellence pour se laisser aller sur une vaste piste de danse. Très populaire auprès des étudiants, il n'est pas rare qu'on doive y faire la queue. Prévoir 2$ pour admission (vestiaire inclus) les mercredis et jeudis soirs et 3$ les vendredis et samedis soirs.

Di Salvio
3519 bd St-Laurent
Le Di Salvio présente une décoration de style Art déco, et le mobilier très «années cinquante» en fait un endroit original où l'on peut danser sur une musique *acid-jazz*. La clientèle est triée sur le volet, aussi est-il difficile d'y entrer.

Dogue
4177 rue St-Denis
Le Dogue est l'endroit rêvé pour danser, danser et danser. Sa musique, des classiques d'Elvis à la plus récente «bombe» de Rage Against the Machine, assouvit une clientèle très jeune, enthousiaste et avide de bière peu coûteuse. Ses deux tables de billard, toutefois encombrantes, di-

vertissent quelques adeptes invétérés. Dans ce bar littéralement bondé sept jours sur sept, il est fortement recommandé d'arriver tôt.

Les Foufs
87 rue Ste-Catherine E.
Les Foufs (anciennement Les Foufounes Électriques), un endroit au nom bizarre, est en fait un «bar-discothèque-lieu-de-rencontre» inusité et merveilleux. Il s'agit du meilleur bar au Québec pour danser sur de la musique non traditionnelle. Il attire une foule variée de jeunes Montréalais, allant des punks aux étudiants en médecine. Le décor composé de graffiti et de sculptures étranges est pour le moins farfelu. Il faut reconnaître que l'endroit n'est pas de tout repos. L'entrée est libre, sauf quand on y présente des spectacles.

Hurley's Irish Pub
1225 rue Crescent
Discrètement caché au sud de la rue Sainte-Catherine, parmi l'innombrable quantité de restaurants et de bars de la rue Crescent, le Hurley's Irish Pub réussit à recréer une atmosphère digne des traditionnels *pubs* irlandais grâce, notamment, à d'excellent musiciens amateurs de folklore irlandais.

L'Île Noire
342 rue Ontario E.
L'Île Noire est un très beau bar, dans le plus pur style écossais. Les bois précieux dont on a usé abondamment confèrent à l'endroit un charme feutré et une ambiance raffinée. Le personnel très professionnel vous conseillera dans le choix de whiskies, dont la liste est impressionnante. Aussi, on y propose un bon choix de bières en fût importées. Les prix sont malheureusement élevés.

Jello Bar
151 rue Ontario E.
Le Jello Bar est installé dans un local garni d'un curieux mélange de meubles et de bibelots rescapés des années soixante et soixante-dix, où l'on propose 32 choix différents de martinis à être bus tranquillement sur fond de musique blues ou jazz. De plus, d'excellents spectacles musicaux s'y tiennent régulièrement et deux tables de billard sont à la disposition de la clientèle.

Loft
1405 bd St-Laurent
Très grande discothèque au sombre décor «techno» rehaussé de mauve et où seule la musique alternative a sa place, le Loft attire une clientèle dont l'âge varie entre 18 et 30 ans. On peut y voir des expositions temporaires parfois intéressantes. Certains amateurs y viennent pour les tables de billard. La terrasse sur le toit est fort agréable.

P'tit bar
3451 rue St-Denis
Tout juste en face du square Saint-Louis, le P'tit bar est le lieu parfait pour parler littérature, philosophie, photographie, etc. L'ancien rendez-vous du regretté Gérald Godin, célèbre poète québécois, satisfera les amateurs de chansons françaises. Des expositions de photos composent le sobre décor de l'établissement.

Pub Quartier latin
318 Ontario E.
Le Pub Quartier latin sert plusieurs sortes de bières pression et en bouteille. Orné de photos de la ville de Montréal, ce *pub* invite à se détendre dans une ambiance *acid-jazz* et *soul*. Une clientèle dans la trentaine vient y discuter affaires, loisirs, musique, etc. Complètement rénové à l'été 1996, son look distingué charmera les plus raffinés.

Saint-Sulpice
1682 rue St-Denis
Occupant les trois étages d'une vieille maison, le Saint-Sulpicé est décoré avec goût. Il dispose de terrasses à l'arrière et à l'avant, parfaites pour profiter des soirées d'été.

Sherlock
1010 rue Ste-Catherine O.
Présente un très beau décor rappelant les *pubs* anglais, avec bustes de Sherlock Holmes en plus; il a l'avantage d'être très grand et bien fréquenté. Tout y est cependant assez cher. Une quinzaine de tables de billard sont mises à la disposition de la clientèle.

Pub Sir Winston Churchill
1459 rue Crescent
Au Pub Sir Winston Churchill, ce bistro de style anglais, se presse une clientèle qui vient y draguer. Il dispose d'une petite piste de danse et de tables de billard.

Swimming
3643 bd St-Laurent
En entrant au Swimming, le passage obligé dans le vestibule vétuste d'un immeuble du début du siècle rend encore plus saisissante la vue, au deuxième étage, sur cette immense salle de billard. De chaque côté du grand bar rectangulaire, des tables et des joueurs à perte de vue entourent des colonnes en béton verni délibérément mises en évidence et surmontées d'étranges polyèdres. Le plafond en tôle gaufrée rappelle le Montréal industriel du début du siècle et la fonction originale du bâtiment.

Thursday's
1449 rue Crescent
Le Thursday's est un bar très populaire, particulièrement auprès de la popula-

tion anglophone de Montréal. Il s'agit d'un bar de rencontre très prisé des gens d'affaires et des professionnels.

Pub Le Vieux-Dublin
1219A rue University
Le Pub Le Vieux-Dublin est une boîte irlandaise où des musiciens jouent de la musique celtique. On y trouve également un impressionnant choix de bières pression.

Whisky Café
5800 bd St-Laurent
On a tellement soigné la décoration du Whisky Café que même les toilettes des hommes sont en voie de devenir une attraction touristique. Les tons chauds utilisés dans un contexte moderne, les grandes colonnes recouvertes de boiseries, les chaises style «années cinquante», tout cela contribue à une sensation de confort et de classe. Une clientèle aisée de 20 à 35 ans s'y retrouve.

Upstairs
1254 rue MacKay
Situé en plein centre-ville, l'Upstairs présente des spectacles de blues et de jazz tous les jours de la semaine. En été, une terrasse murée, à l'arrière du bar, fait le bonheur des amateurs de couchers de soleil.

Zinc Café Bar Montréal
1148 Mont-Royal E.
Cherchez-vous un bon endroit pour discuter de tout et de rien en buvant un «picon bière»? Le Zinc Café Bar Montréal sert une variété de boissons hors du commun, et cela, dans un chaleureux local.

Scène *rave*

Si vous cherchez l'ambiance torride et lascive d'immenses pistes de danse, précipitez-vous dans les *after-hours*, car rarement ces salles sont-elles vides : leur atmosphère de fête vous laissera étourdi pendant quelques jours... L'excentricité est de mise dans ces endroits où la danse est l'attrait principal!

La clientèle y est généralement sociable, pacifique et chaleureuse. Les heures d'ouverture et de fermeture varient (entre 2h et 9h) selon l'endroit où vous aurez choisi d'aller. Et tel que la loi le permet, l'alcool y est en vente jusqu'à 3h, les danseurs s'abreuvant ensuite d'eau, de jus et de *smart drinks*.

Voici quelques établissements où vous pourrez *raver*... à vos risques :

Back Street
1459 St-Alexandre

Blade
1296 Amherst

Daylight
1254 rue Stanley (coin Ste-Catherine)

Sona
1439 rue de Bleury

Stéréo
858 Ste-Catherine Est

Bars et discothèques gays

Cabaret L'Entre-Peau
1115 rue Ste-Catherine E.
Au Cabaret L'Entre-Peau, on présente des spectacles de travestis. La clientèle est mixte et enjouée.

Sky Pub
1474 rue Ste-Catherine Est
☎*529-6969*
Bar gay le plus fréquenté de Montréal, le Sky Pub bénéficie d'un élégant décor épuré, doux et chaleureux. Bois à profusion et éclairage étudié en ont fait dès le début un endroit recherché, mais on peut déplorer sa musique trop forte et souvent banale.

En été, sa terrasse sur la rue Sainte-Catherine permet d'observer le va-et-vient; en toute saison, quand la soirée avance, on peut toujours opter pour le Sky, à l'étage, où se déhanche une clientèle en moyenne plus jeune. En début de semaine, le Sky Pub présente généralement des spectacles qui souvent mettent en vedette Mado Lamothe et son Québec travesti.

À l'étage, sur deux niveaux, s'étend la plus grande boîte gay de Montréal, le **Sky**, avec ses trois ou quatre pistes de danse qui permettent d'offrir une variété de styles musicaux : alternatif, commercial, techno, rétro, etc. Bien entendu, le pari de maintenir l'atmosphère dans une telle immensité n'est pas toujours tenu, mais, en général, la clientèle, plutôt jeune, s'amuse bien ici. Un seul reproche : les droits d'entrée assez chers qui varient de manière imprévisible.

Unity
jeu-dim 22h à 3h
1400 rue Montcalm
Grande discothèque gay fréquentée par un public de tout âge, surtout masculin. Son architecture est des plus intéressantes avec ses différents niveaux et sa mezzanine d'où l'on peut observer la piste de danse et les envoûtants jeux de lumière. Et, par les belles soirées d'été, il ne faut pas manquer son immense terrasse sur le toit.

Théâtres et salles de spectacles

La vie culturelle est intense à Montréal. Tout au long de l'année, des expositions et des spectacles sont organisés afin de permettre aux Montréalais de découvrir diverses facettes de la culture. C'est ainsi que des spectacles et des films de tous les pays, des expositions d'artistes de toutes tendances, de même que des festivals pour tous les âges et tous les goûts, y sont présentés. Les hebdomadaires *Voir*, *Ici*, *Mirror* et *Hour*, distribués gratuitement, donnent un aperçu des principaux événements qui se déroulent à Montréal.

Les prix des spectacles varient grandement d'une salle à l'autre. La plupart du temps, cependant, des tarifs spéciaux pour les étudiants sont offerts.

Place des Arts
260, bd De Maisonneuve O.
☎285-4200 Information
☎842-2112 Réservations
Elle dispose de cinq salles : la Salle Wilfrid-Pelletier, le Théâtre Maisonneuve, le Théâtre Jean-Duceppe, le théâtre du Café de la Place et la Cinquième Salle, ouverte en 1992.

Théâtre du Nouveau Monde
84, rue Ste-Catherine O.
☎861-0563
Voir p 111.

Kola Note
5240, av. du Parc
☎270-7848

Spectrum
318, rue Ste-Catherine O.
☎861-5851
Les spectacles débutent généralement vers 21h. Pour entrer, il faut compter un minimum de 10$. Tout comme au Club Soda, les spec-tacles après 23h sont en général gratuits pendant le Festival de jazz.

Théâtre Saint-Denis
1594, rue St-Denis
☎849-4211

Les billetteries

Trois principaux réseaux de billetterie distribuent les billets de spectacles, de concerts et d'autres événements. Pour ce faire, ils offrent un service de vente par téléphone. Des frais de service, variant d'un spectacle à l'autre, sont ajoutés au prix du billet. Il est possible de payer par carte de crédit.

Admission
☎790-1245
☎800-361-4595

Telspec
☎790-2222

Billetterie articulée
☎844-2172

Renseignements sur la vie culturelle

Info-Arts (Bell)
☎790-2787 (790-ARTS)

Des téléphonistes répondent à toutes vos questions concernant les activités présentées à Montréal dans le domaine des arts.

Les salles de cinéma

Montréal compte plusieurs salles de cinéma; voici une liste des principales salles qui sont situées au centre-ville. Des tarifs spéciaux sont offerts pour les représentations en matinée et le mardi. Le prix régulier est de 8,50$ (sauf dans les cinémas de répertoire).

Quelques salles où l'on présente des films en français :

Complexe Desjardins
rue Ste-Catherine O., entre les rues Jeanne-Mance et St-Urbain, ☎849-3456

Parisien
480 rue Ste-Catherine O.
☎866-3856

Quartier Latin
350 rue Émery
☎849-4422

Quelques salles où l'on présente des films en anglais :

Loews
954 rue Ste-Catherine O.
☎8061-7437

Quelques salles de cinéma de répertoire :

Cinémathèque québécoise
335 bd De Maisonneuve E.
☎842-9763
L'une des salles les plus avancées au point de vue technologique. La qualité des projections est toujours hors pair, les cinémas de répertoire et d'auteur étant à l'honneur.

EXCentris
3536 boul. St-Laurent
☎847-3536

Impérial
1430 rue De Bleury, ***☎288-1702***
C'est le plus ancien cinéma de Montréal.

L'**Office national du film** *(1564 rue St-Denis, ☎496-6301)* dispose d'une cinérobothèque où chacun peut visionner les films produits par l'ONF. Un robot alimente chaque appareil. Ce concept est unique au monde.

Vous pouvez également vous offrir une projection au cinéma Imax :

Imax
Vieux-Port de Montréal, rue de la Commune, angle bd St-Laurent
☎*496-4629*
pour réserver
☎*496-1799*
Ce cinéma présente des films sur écran géant.

Fêtes et festivals

Durant l'été, la fièvre des festivals assaille Montréal. Du mois de mai au mois de septembre se succèdent une foule de festivals, chacun ayant un thème différent. Une chose est certaine, il y en a pour tous les goûts. Avec la fin de la saison estivale, ces événements se font moins fréquents.

Tour de l'île
L'événement se restreint à un nombre maximum de 45 000 cyclistes, qui vont ensemble parcourir quelque 65 km sur l'île de Montréal. Pour y participer, les inscriptions débutent dès le mois d'avril et se font au coût de 21$ par adulte et à moitié prix pour les enfants (moins de 11 ans) et les aînés. On trouve les formulaires d'inscription dans les magasins Canadian Tire et à Tour de l'île de Montréal *(1251 rue Rachel E.,* ☎*521-8356).*

Le mois de juin est marqué par un événement d'envergure internationale qui captive une foule nombreuse d'amateurs venus de tous les coins d'Amérique : le **Grand Prix Player's du Canada** *(pour réserver des places,* ☎*350-0000)*, qui a lieu au cours de la deuxième semaine de juin sur le circuit Gilles-Villeneuve de l'île Notre-Dame. Il est sans conteste l'un des événements les plus courus de l'été. Durant ces trois journées, on peut assister à diverses courses automobiles, dont la vrombissante et spectaculaire course de voitures de formule 1.

Pour sa part, le **Concours international d'art pyrotechnique** *(*☎*872-6222)* débute à la mi-juin et se poursuit jusqu'à la mi-juillet. Les meilleurs artificiers du monde y présentent des spectacles pyro-musicaux d'une grande qualité. Les spectacles ont lieu les samedis en juin et les dimanches en juillet. Une foule de Montréalais se pressent alors à la Ronde *(il faut se procurer des billets au coût de 28$, 29$ ou 30$, mis en vente au* ☎*790-1245)* ou au bord du fleuve (c'est alors gratuit) afin d'apprécier les innombrables fleurs de feux qui colorent pendant plus d'une demi-heure le ciel de leur ville.

Pendant les journées du **Festival international de jazz de Montréal** *(*☎*871-1881)*, du 29 juin au 9 juillet 2000, sur le quadrilatère entourant la Place des Arts, se dressent les scènes où sont présentés de multiples spectacles rythmés sur des airs de jazz. Au début du mois de juillet, cette partie de la ville ainsi que bon nombre de salles de spectacle seront prises d'une activité trépidante.

Ces journées sont l'occasion de descendre dans les rues pour se laisser emporter par l'atmosphère joyeuse émanant de ces excellents spectacles en plein air présentés gratuitement, auxquels les Montréalais participent en grand nombre. La programmation en salle est payante, à l'exception des spectacles de fin de soirée au Spectrum et au Club Soda.

L'humour et la fantaisie sont à l'honneur durant le **Festival Juste pour rire**, qui a lieu du 13 au 23 juillet 2000 *(*☎*790-HAHA ou 790-4242).* Des salles de spectacle accueillent alors des humoristes venant de divers pays. Ainsi, le Théâtre Saint-Denis présente des spectacles au cours desquels on peut apprécier de courtes prestations de plusieurs artistes. On monte des scènes en plein air, sur lesquelles sont présentés des spectacles auxquels on peut assister gratuitement.

Les **FrancoFolies** *(*☎*871-1881)* sont organisées dans le but de promouvoir la chanson francophone. Durant les journées de ce festival, du 27 juillet au 5 août 2000, des artistes provenant d'Europe, des Antilles françaises, du Québec, du Canada français et d'Afrique présentent des spectacles où l'on peut découvrir les talents et les spécificités de chacun.

Pendant la dernière semaine d'août se tient, dans diverses salles de cinéma de la ville, le **Festival international des films du monde** (FFM) *(*☎*848-3883).* Au cours de ces jours de compétition, des films provenant de différents pays sont présentés au public montréalais. À l'issue de la compétition, bon nombre de prix sont décernés aux films les plus méritoires; mentionnons la catégorie la plus prestigieuse : le grand prix des Amériques. Durant ces journées, des films sont présentés du matin au soir pour le grand plaisir des cinéphiles.

Au **Festival international du cinéma et des nouveaux médias de Montréal** (FCMM) *(☎843-4725)*, le plus ancien événement cinématographique canadien, mais toujours le plus avant-gardiste, se rencontrent le cinéma d'auteur, la vidéo, les nouveaux médias (CD-ROM, Internet, etc.), les performances et les projections à la belle étoile. Le festival se déroule au cœur du boulevard Saint-Laurent chaque année. Autrefois en début d'été, l'événement se déplace maintenant à l'automne. Toutefois, les projections en plein air demeurent en juin.

L'hiver à Montréal donne l'occasion d'organiser une autre fête pour célébrer les plaisirs et les activités de cette blanche saison. La **Fête des Neiges** a lieu sur l'île Notre-Dame de la fin janvier à la mi-février. Des toboggans géants et des patinoires sont installés pour le plus grand plaisir des familles montréalaises. Le concours de sculptures sur glace attire également bon nombre de curieux.

Événements sportifs

Les amateurs de sport seront également comblés car, en plus des matchs professionnels de hockey et de baseball, il se déroule à Montréal une foule d'événements sportifs d'envergure internationale.

Depuis mars 1996, les parties de hockey des Canadiens de Montréal sont présentées au nouveau **Centre Molson** *(1250 rue De La Gauchetière)*. Ils y jouent 42 matchs durant la saison régulière. Puis débutent les séries éliminatoires, au terme desquelles l'équipe gagnante se mérite la coupe Stanley, légendaire trophée.

Au printemps débutent les parties de baseball. Les Expos reçoivent au **Stade olympique** *(4141 av. Pierre-de-Courbertin, ☎846-3976)* les diverses équipes de la Ligue nationale de baseball.

Casino

Avec ses 2 700 machines à sous et sa centaine de tables de jeu (blackjack, roulette, baccara, poker, etc.), le **Casino de Montréal** *(entrée libre; tlj 9h à 5h; métro Île-Ste-Hélène et autobus 167, ☎392-2746)* constitue à n'en point douter un élément important de la vie nocturne montréalaise. À la suite de l'ajout d'une seconde aile en 1996, aménagée dans l'ancien pavillon du Québec, il figure maintenant sur la liste des 10 plus importants casinos du monde en termes d'équipements de jeu. L'addition, toujours en 1996, d'un cabaret où sont présentés des spectacles divers, a amené une vitalité nouvelle au niveau de l'animation de l'endroit.

Achats

Que ce soit des créations québécoises ou des articles d'importation, les boutiques montréalaises vendent une foule de marchandises. Pour vous aider dans vos achats, nous avons dressé une liste de boutiques qui se démarquent par la qualité, l'originalité ou les bas prix de leurs produits.

Ne vous étonnez pas si vous entendez une personne demander à la vendeuse si tel ou tel article est «en vente». Cela, en réalité, signifie en «solde».

La ville souterraine

La construction de la Place Ville-Marie, en 1962, avec sa galerie marchande en sous-sol, marque le point de départ de ce que l'on appelle la ville souterraine. Le développement de cette «cité sous la cité» est accéléré par la construction du métro, qui ouvre en 1966. Rapidement, la plupart des commerces, des édifices à bureaux et quelques hôtels du centre-ville sont stratégiquement reliés au réseau piétonnier souterrain et, par extension, au métro.

Aujourd'hui, on dénombre cinq zones importantes formant cette ville souterraine, devenue entre-temps la plus grande du monde. La première se situe en plein cœur du réseau du métro, autour de la station Berri-UQAM. On y retrouve les bâtiments de l'Université du Québec à Montréal (UQAM) ainsi que la Palce Dupuis et la gare routière. La seconde, entre les stations Place-des-Arts et Place-d'Armes, formée de la Place des Arts, du Musée d'Art contemporain, des complexes Desjardins et Guy-Favreau, et du Palais des congrès, constitue un ensemble culturel exceptionnel.

La troisième dessert, à la station Square-Victoria, le quartier des affaires. La quatrième, qui est aussi la plus fréquentée et la plus importante, peut être identifiée aux stations McGill, Peel et Bonaventure; elle englobe les centres commerciaux La Baie, Eaton, la Place de la Cathédrale, la Place Montréal Trust et les Cours Mont-Royal ainsi que la Place Bonaventure, le

1000 De La Gauchetière, la Gare centrale et la Place Ville-Marie. Finalement, on peut noter une cinquième zone, dans le secteur commercial entourant la station Atwater, où l'on trouve le Westmount Square et la Plaza Alexis-Nihon.

Les centres commerciaux et la mode

Au centre-ville, plusieurs centres commerciaux disposent d'une bonne sélection de créations de couturiers. On y retrouve des vêtements signés Jean-Claude Chacok, Cacharel, Guy Laroche, Lily Simon, Adrienne Vittadini, Mondi, Ralph Lauren et bien d'autres.

La Baie
Square Phillips (rue Ste-Catherine O.)
☎***281-4422***

Ogilvy
1307, rue Ste-Catherine O.
☎***842-7711***

Simons
677, rue Ste-Catherine O.

Westmount Square
4, Westmount Square
☎***932-0211***

Créations québécoises

La boutique **Revenge** *(3852 rue St-Denis, ☎843-4379)* s'est donné la mission de faire connaître quelques-unes des plus belles créations des couturiers québécois. Elle regorge de vêtement aux lignes nouvelles et d'une excellente qualité. Si vous aimez les vêtements un peu différents, vous trouverez sans doute de quoi vous faire plaisir.

Le jean

Le jean se vend sous toutes ses formes à Montréal, et souvent à bien meilleur prix qu'en Europe. Les boutiques **Dalton** *(3794 bd St-Laurent, ☎843-3320; 1451 rue Ste-Catherine O., ☎849-5119)* constituent un incontournable pour faire ses provisions, car la sélection est grande et les prix sont bas.

Les chapeaux

Pour des chapeaux, **Chapofolie** *(3944 rue St-Denis, ☎982-0036)* en propose une bonne sélection qui répondra aux goûts les plus variés.

La fourrure

Vison, chat sauvage, rat musqué, renard argenté... **Desjardins Fourrure** *(325 bd René-Lévesque E., ☎288-4151)* et **McComber** *(440 bd de Maisonneuve O., ☎845-1167)* comptent parmi les belles boutiques de fourrures à Montréal.

Les vêtements et articles de plein air

Les personnes désirant partir en expédition de plein air bien équipées devraient faire un saut à **La Cordée** *(2159 rue Ste-Catherine E., ☎524-1106)*.

Pour des vêtements de style, chauds et parfaitement adaptés au plein air, il faut aller voir les créations de **Kanuk** *(485 rue Rachel E., ☎527-4494)*.

Les librairies

On trouve à Montréal des librairies aussi bien francophones qu'anglophones. Les livres québécois, canadiens et américains s'y vendent à bon prix. Pour ceux et celles qui s'intéressent à la littérature québécoise, les librairies offrent une large sélection. Du fait du transport, les livres importés d'Europe se vendent un peu plus cher. Pour les Européens qui s'intéressent à la littérature québécoise, c'est le moment de faire le plein de livres car Montréal offre une sélection complète.

Générales

Librairie Champigny
4380, rue St-Denis
5219, chemin de la Côte-des-Neiges
☎***844-2587***

Librairie Renaud-Bray
5252, chemin de la Côte-des-Neiges
☎***342-1515***
4233, rue St-Denis
☎***499-3656***
5117, av. du Parc
☎***276-7651***
1474, rue Peel
☎***287-1011***

Chapters
(francophone et anglophone)
1171, rue Ste-Catherine O.
☎***849-8825***

Librairie Gallimard
3700, bd Saint-Laurent ☎***499-2012***

Librairie Olivieri
5219 Côte-des-Neiges
☎***739-3639***

Librairie Paragraphe et Café
(anglophone)
2065, rue Mansfield ☎***845-5811***

WH Smith
(francophone et anglophone)
Place Ville-Marie
☎***861-1736***
Place de la Cathédrale ☎***289-8737***

Spécialisées

Librairie Allemande
(livres en allemand)
418, rue Sherbrooke Est,
☎**845-7489**

Librairie C.E.C. Michel Fortin
(éducation, langues)
3714, rue St-Denis
☎**849-5719**

Librairie Las Americas *(livres en espagnol)*
10, rue St-Norbert
☎**844-5994**

Librairie du Musée des Beaux-Arts
(art)
1368, rue Sherbrooke O.
☎**285-1600, poste 350**

Librairie Olivieri
(Musée d'Art contemporain)
185, rue Ste-Catherine O.
☎**847-6903**

Librairie Ulysse
(voyage)
4176, rue St-Denis
☎**843-9447**
560, av. du Président-Kennedy
☎**843-7222**

Les disques et les cassettes

Le voyageur européen trouvera au Québec des disques compacts moins chers qu'en Europe. Ces boutiques proposent un vaste choix, tant pour la musique populaire, francophhone et anglophone, que pour la musique jazz et classique.

Archambault Musique
500, rue Ste-Catherine E.
☎**849-6201**
175, rue Ste-Catherine O.
☎**281-0367**

HMV
1020, rue Ste-Catherine O.
☎**875-0765**

Sam the Record Man
Rue Ste-Catherine Ouest, angle St-Alexandre

L'artisanat d'ici

Parmi les pièces d'artisanat d'ici, il faut inclure les créations québécoises, canadiennes, autochtones et inuites. Tous les ans, en décembre, se tient à la Place Bonaventure *(901 rue De La Gauchetière O.)* le **Salon des métiers d'art du Québec**. Cette exposition, qui dure une dizaine de jours, est l'occasion pour les artisans québécois d'exposer et de vendre les fruits de leur travail.

Tout au long de l'année, il est également possible de se procurer quelques belles pièces produites par les artisans québécois à l'une des boutiques **Le Rouet** *(136 rue St-Paul E., ☎875-2333; 1500 av. McGill College, ☎843-5235)*.

La Guilde canadienne des Métiers d'arts *(2025 rue Peel, ☎849-6061)* possède une boutique où sont vendues des pièces d'artisanat québécoises et canadiennes. En outre, deux petites galeries présentent des pièces d'art inuites et autochtone.

La **Galerie d'objets d'art du marché Bonsecours** *(350 rue St-Paul E., ☎878-2787)* est une autre bonne adresse à connaître pour acheter des produit de artisanaux québécois.

Enfin, **Le Chariot** *(448 place Jacques-Cartier, ☎875-6134)* se spécialise dans les pièces d'art amérindiennes et inuites.

Bagels

Comment parler des boulangeries de Montréal sans parler des bagels...? Ces petits pains qui font partie à l'origine de l'alimentation kasher, font la réputation de Montréal à travers le monde. Il semblerait en effet qu'ils soient ici meilleurs que partout. Peu importe en fait, ils sont souvent délicieux et toujours appréciés. Diverses boulangeries, surtout dans les quartier Outremont et Miles-End, en préparent plusieurs variétés aux four à bois. Mentionnons entre autres, la Fairmount **Bagel Bakery** *(74 Fairmount O., ☎272-0668)*, ouverte 24 heures sur 24, et le **Bagel Shop** *(158 St-Viateur O., ☎270-2972)*

Les bijouteries

Si la beauté d'un bijou passe avant le prix, faites un arrêt chez **Birks** *(1240 square Phillips, ☎397-2511)*. Les personnes préférant les bijoux de fantaisie rigolos, mais à prix raisonnable, auront tout avantage à opter pour la boutique **Agatha** *(1054 av. Laurier O., ☎272-9313)*.

Enfin, deux boutiques proposent des créations modernes, en or ou en argent, originales et élégantes. Il s'agit de **Oz Bijoux** *(3955 rue St-Denis, ☎845-9568)* et de **Suk Kwan Design** *(5141 bd St-Laurent, ☎278-4079)*.

Les boutiques d'idées cadeaux

Céramique
(4201, rue St-Denis
95, rue de la Commune E.
☎848-1119
☎868-1611)
Si vous cherchez une idée originale pour un cadeau, la boutique-resto Céramique vous offre la possibilité de peindre vous-

même une pièce de céramique ou de verre tout en étant confortablement installé devant un léger repas ou une boisson. Le personnel expérimenté est là pour vous conseiller. Soyez assuré qu'il n'existera pas de cadeau plus personnalisé.

Les boutiques du **Musée des Beaux-Arts de Montréal** *(1390 rue Sherbrooke O., ☎285-1600)* et du **Musée d'Art contemporain** *(185 rue Ste-Catherine O., ☎847-6226)* vous réservent une foule de chouettes reproductions, des bibelots de toutes sortes, de t-shirts, d'objets de décoration... mille et une trouvailles si vous aimez les beaux souvenirs.

La boutique **Franc jeu** *(4152 rue St-Denis, ☎849-9253)* propose des jouets éducatifs, des oursons en peluche, des poupées et une ribambelles d'autres jouets amusants.

Les enfants de tout âge doivent se rendre aux **Valet d'cœur** *(4408 rue St-Denis, ☎499-9970)*. Ils y trouveront entre autres des jeux de société, des casse-tête ainsi que des jeux de dames et d'échecs.

Épiceries fines

On trouve une panoplie de petits commerces dignes de mention autour du marché Jean-Talon, mais la **Fromagerie Hamel** *(220, rue Jean-Talon E., ☎272-1161)*, un des plus grands spécialistes en ville, se démarque par la qualité et le vaste choix de ses produits fins ainsi que par l'excellence de son service. À la moindre hésitation, vous serez invité à goûter les produits. Bref, malgré le très grand achalandage, on s'y sent toujours traité aux petits oignons.

Les fins gourmets apprécieront sans contredit les excellents produits de la petite charcuterie artisanale **La Queue de Cochon** *(1328, av. Laurier E. ☎527-2252)*. On y retrouve, entre autres, plusieurs variétés de terrines, du boudin blanc ou noir, une gamme de saucissons et saucisses, ainsi que quelques plats préparés. Il va sans dire que les produits dérivés du cochon sont à l'honneur ici et que le propriétaire (un vendéen) aider de sa famille sauront vous les faire découvrir de sorte que vous ne pourrez plus vous en passer.

La boulangerie **Première moisson** n'est pas ce que l'on pourrait appeler une boulangerie artisanale puisqu'il s'agit d'une chaîne de plusieurs boutiques. Cependant, c'est dans chacune d'elles que l'on prépare la délicieuse fournée du jour, cuite, s'il-vous-plaît, au four à bois! On y vend aussi des charcuteries, des gâteaux, du chocolat et de délicieux plats préparés. En plus d'une succursale dans chacun des trois marchés publics, on en trouve, entre autres, une à la *Gare centrale* et une au *1271 rue Bernard Ouest*.

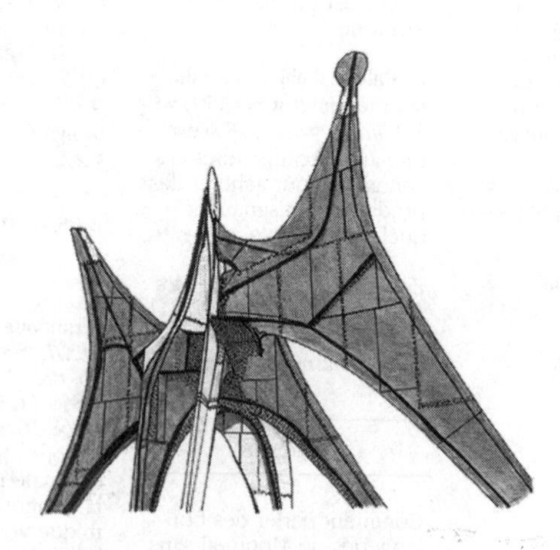

Deuxième ville en importance au Québec avec ses 350 000 habitants, Laval occupe une grande île au nord de Montréal, l'île Jésus, située entre le lac des Deux Montagnes, la rivière des Prairies et la rivière des Mille Îles.

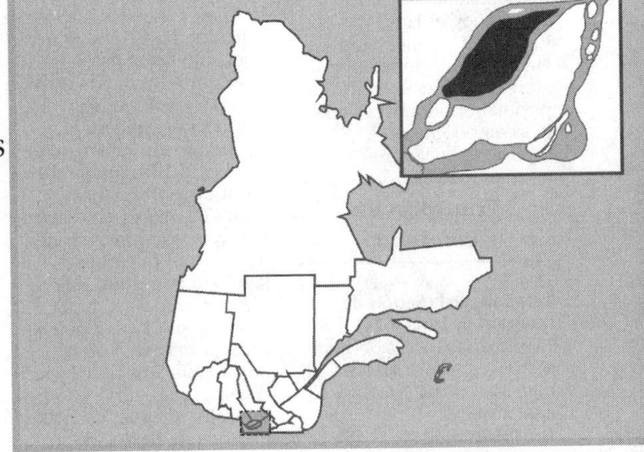

Ses riches terres arables attirèrent très tôt les colons français qui, après avoir signé un traité de paix avec les Amérindiens, fondèrent en 1706 Saint-François-de-Sales, le premier village de l'île Jésus. La ville de Laval telle qu'on la connaît aujourd'hui est née en 1965 de la fusion des 14 villages agricoles que comptait alors l'île Jésus.

Désormais grande banlieue résidentielle et industrielle, Laval a su également préserver certaines richesses de son patrimoine architectural ainsi que de grands espaces servant à l'agriculture ou aux activités de plein air.

Pour s'y retrouver sans mal

Grâce à son réseau routier étendu, le territoire de Laval est aisément accessible de Montréal. Un circuit est proposé à Laval : **Le tour de l'île Jésus.**

En voiture

Le circuit que nous vous proposons débute à la hauteur du pont Pie-IX, qui prolonge le boulevard du même nom à Montréal. Laval demeure toutefois accessible, au départ de Montréal, par les ponts Papineau (prolongement de l'avenue Papineau), Viau (rue Lajeunesse), l'autoroute des Laurentides, Lachapelle (boulevard Laurentien) et l'autoroute 13.

Pour suivre le trajet proposé dans les pages qui suivent, empruntez le boulevard Lévesque vers l'est à la sortie du pont Pie-IX. Cette route vous fera découvrir les anciens villages de Saint-Vincent-de-Paul et de Saint-François-de-Sales, et vous mènera jusqu'au bout de l'île Jésus.

Après avoir atteint ce point, le boulevard Lévesque bifurque soudainement vers l'ouest et devient le boulevard des Mille-Îles, qui longe la rivière du même nom. Au-delà du boulevard des Laurentides, cette artère change une fois de plus de nom pour se transformer en boulevard

Sainte-Rose à l'intérieur de l'ancien village portant aussi ce nom.

Notre tour de l'île Jésus se poursuit ensuite par le boulevard des Érables, le chemin du Bord-de-l'Eau, le boulevard Lévesque Ouest puis le boulevard des Prairies, se relayant pour longer la rivière des Prairies à travers Laval-sur-le-Lac, Sainte-Dorothée, Chomedey et Laval-des-Rapides. Une incursion à l'intérieur des terres permet alors d'accéder à de fort populaires attraits comme le Cosmodôme ou le Centre de la Nature.

Transport en commun

Terminus de la Société de transport de Laval (STL)
10765, rue Lajeunesse (métro Henri-Bourassa, à l'angle du boulevard Henri-Bourassa et de la rue Lajeunesse, à Montréal)
☎ ***(450)688-6520***

Renseignements pratiques

Indicatif régional : 450

Renseignements touristiques

2900, bd St-Martin O. Chomedey
☎ ***682-5522***
☎ ***800-463-3765***
682-7304
www.tourismelaval.qc.ca

Attraits touristiques

Le tour de l'île Jésus (une journée)

D'abord concédée aux jésuites en 1636, d'où son nom, l'île Jésus passe ensuite entre les mains de Mgr Laval, évêque de Nouvelle-France, qui confiera la seigneurie au Séminaire de Québec. Le Séminaire mûrit de grands projets pour l'île, mais peu d'entre eux voient le jour. Il fonde malgré tout quelques villages sur son pourtour. C'est pourquoi le circuit proposé suit la rive de l'île, car il permet de voir les noyaux anciens de villages dominés par leur église paroissiale. Ailleurs, de belles maisons de ferme, dont quelques-unes du Régime français, bordent la route.

Saint-Vincent-de-Paul

Le boulevard Lévesque Est longe la rivière des Prairies jusqu'à son embouchure. Il traverse d'abord l'ancien village de Saint-Vincent-de-Paul, fondé en 1743 à l'instigation de l'intendant de Nouvelle- France, Gilles Hocquart. Saint-Vincent-de-Paul est aussi connu pour son collège privé, fondé par les frères maristes (le collège Laval), et pour son ancien pénitencier.

L'église Saint-Vincent-de-Paul ★ (*à l'angle de la rue de la Fabrique*) actuelle fut érigée entre 1853 et 1857 selon les plans de Victor Bourgeau. Son intérieur néoclassique, doté de belles colonnes corinthiennes et d'un plafond à caissons, n'a pas trop souffert d'une simplification du décor dans les années soixante. Le parvis offre de belles vues sur la rivière des Prairies. Par temps clair, on aperçoit même la tour du Stade olympique et les gratte-ciel du centre-ville de Montréal dans le lointain.

Le **pénitencier ★** (*on ne visite pas; 180 montée St-François*) a vu le jour en 1873. Au fil des ans, le complexe s'est étendu à l'est de la montée Saint-François afin de pouvoir accueillir différents types de clientèles. On remarque les sévères bâtiments néoclassiques et Second Empire du XIXe siècle renfermant des cellules aux murs de pierres taillées.

Poursuivez vers l'est sur le boulevard Lévesque.

Saint-François-de-Sales

Cette paroisse, fondée dès 1706 par le Séminaire de Québec, est la plus ancienne de l'île Jésus. Elle est située à l'extrémité est de l'île, à l'endroit où ont débarqué les premiers colons. Une ville aménagée selon un plan quadrillé devait voir le jour sur le Bout-de-l'Île au XVIIIe siècle. Les guerres et la trop faible population en ont empêché la réalisation.

La **Berge du Vieux-Moulin** *(à l'est de la montée du Moulin)*. Un petit parc a été aménagé à l'emplacement du vieux moulin à eau par le Séminaire en 1716. On en distingue encore les fondations sur un îlot en face du parc. On y a une belle vue sur l'église de Rivière-des-Prairies, sur l'autre rive.

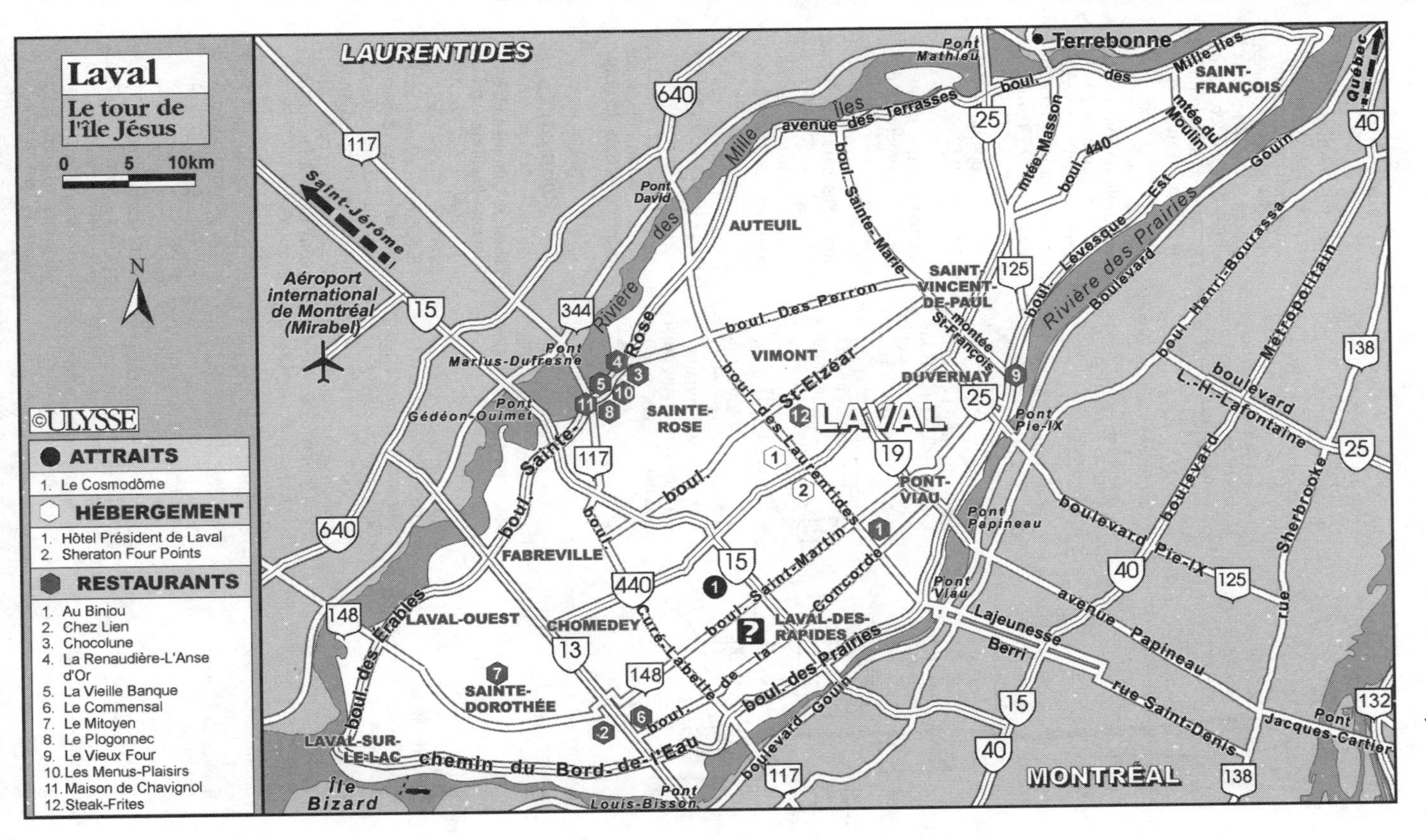

Laval
Le tour de l'île Jésus
0 5 10km
N
©ULYSSE
ATTRAITS
1. Le Cosmodôme
HÉBERGEMENT
1. Hôtel Président de Laval
2. Sheraton Four Points
RESTAURANTS
1. Au Biniou
2. Chez Lien
3. Chocolune
4. La Renaudière-L'Anse d'Or
5. La Vieille Banque
6. Le Commensal
7. Le Mitoyen
8. Le Plogonnec
9. Le Vieux Four
10. Les Menus-Plaisirs
11. Maison de Chavignol
12. Steak-Frites
LAURENTIDES
Saint-Jérôme
Aéroport international de Montréal (Mirabel)
Terrebonne
Québec
SAINT-FRANÇOIS
mtée du Moulin
boul. des Mille-Îles
Rivière des Prairies
Rivière des Mille Îles
boul. Lévesque Est
Gouin
boul. Henri-Bourassa
Métropolitain
boulevard L.-H.-Lafontaine
rue Sherbrooke
boulevard Pie-IX
avenue Papineau
rue Saint-Denis
Lajeunesse
Berri
Pont Jacques-Cartier
Pont Pie-IX
Pont Papineau
Pont Viau
Pont Mathieu
Pont David
Pont Marius-Dufresne
Pont Gédéon-Ouimet
Pont Louis-Bisson
mtée Masson
boul. 440
SAINT-VINCENT-DE-PAUL
montée St-François
DUVERNAY
LAVAL
PONT-VIAU
avenue des Terrasses
boul. Sainte-Marie
AUTEUIL
VIMONT
boul. Des Perron
St-Elzéar
boul. des Laurentides
boul. Saint-Martin
LAVAL-DES-RAPIDES
boul. de la Concorde
boul. des Prairies
boulevard Gouin
SAINTE-ROSE
boul. Sainte-Rose
boul. Curé-Labelle
FABREVILLE
CHOMEDEY
LAVAL-OUEST
SAINTE-DOROTHÉE
chemin du Bord-de-l'Eau
boul. des Érables
LAVAL-SUR-LE-LAC
Île Bizard
MONTRÉAL

Au Bout-de-l'Île, une croix plantée en 1950 commémore la première messe dite sur l'île Jésus par le père Lejeune, supérieur des jésuites en Nouvelle-France (1636).

Poursuivez sur le boulevard Lévesque Est, qui bifurque soudainement vers l'ouest, délaisse la rivière des Prairies pour la rivière des Mille Îles et, enfin, change de nom pour devenir le boulevard des Mille-Îles.

M.L. Pierson

Cosmodôme

L'**église Saint-François-de-Sales** *(7070 bd des Mille-Îles)*, humble et coquette à la fois, est le troisième temple de sa paroisse. Elle fut érigée en 1847 et dotée d'une nouvelle façade néogothique en 1894. Son cimetière campagnard, à l'arrière, rappelle les origines rurales de Laval.

En route vers Sainte-Rose, on aperçoit, sur l'autre rive, Terrebonne et son île des Moulins (voir p 261). Au-delà du boulevard des Laurentides, le boulevard des Mille-Îles prend le nom de «boulevard Sainte-Rose».

★ Sainte-Rose

Patrie du grand organisateur de la colonisation des Laurentides, le curé Antoine Labelle (voir p 298), Sainte-Rose a conservé ses charmes d'autrefois. Le vieux Sainte-Rose possède une étonnante concentration de bâtiments néoclassiques dotés de façades en pierre de taille à chaînages d'angle. Des boutiques de mode et de sympathiques restaurants ont été aménagés dans les anciennes résidences du boulevard Sainte-Rose.

L'**église Sainte-Rose-de-Lima** ★ *(219 bd Ste-Rose)* succède à deux autres églises construites respectivement en 1746 et en 1788. Les plans de Victor Bourgeau furent exécutés entre 1852 et 1858, soit à la même époque où s'élevait l'église Saint-Vincent-de-Paul, de l'autre côté de l'île Jésus. L'intérieur néoclassique a intégré certains éléments provenant du second temple, entre autres le maître-autel de Philippe Liébert (1799).

C'est aussi à la hauteur du quartier Sainte-Rose que l'on a accès au **parc de la Rivière-des-Mille-Îles** (voir p 179).

Poursuivez vers l'ouest sur le boulevard Sainte-Rose. À l'extrémité ouest de l'île Jésus, celui-ci devient le boulevard des Érables. On est alors à Laval-sur-le-Lac, ancien lieu de villégiature d'où l'on bénéficie de quelques percées visuelles sur le lac des Deux-Montagnes. On y verra plusieurs maisons cossues.

La route bifurque pour revenir au bord de la rivière des Prairies en direction est. Elle devient alors le chemin du Bord-de-l'Eau, qui donne accès à Sainte-Dorothée.

Sainte-Dorothée

À Sainte-Dorothée, vous emprunterez alors ce que l'on appelle maintenant «la route des fleurs». Jouissant des terres parmi les plus fertiles du Québec, Sainte-Dorothée s'est en effet bâti, au fil des ans, une réputation enviable : celle de «Capitale québécoise de la fleur». Elle regroupe ainsi plusieurs producteurs de fleurs annuelles et vivaces, notamment les **Serres Sylvain Cléroux** *(1570, rue principale, ☎627-2471)*, le plus grand producteur de fleurs annuelles au Québec.

Sainte-Dorothée s'enorgueillit également de posséder un des 24 économusées du Québec, celui de la fleur : **Fleurineau** *(1270 rue Principale, ☎689-8414)*. Comme dans tous les économusées, le savoir-faire traditionnel est à l'honneur. Dans ce cas-ci, il s'agit de fleurs séchées. On peut y glaner les trucs du métier, admirer les savants arrangements floraux et choisir ses préférés dans la boutique.

Chomedey

Complexe Culturel André-Benjamin-Papineau *(entrée libre; lun-ven; 5475 bd St-Martin O., ☎688-6558)*. Historique à plus d'un titre, cette splendide maison en pierre des champs fut le lieu de résidence d'André-Benjamin Papineau, un des participants à la révolte des Patriotes de 1837. Entièrement restaurée dans les années soixante-dix, elle abrite aujourd'hui une galerie d'art et un théâtre d'été.

Le **Cosmodôme** ★ *(8,75$; fin juin à début sept tlj 10h à 18h, début sept à fin juin mar-dim 10h à 18h; 2150 autoroute 15, sortie bd St-Martin O., ☎978-3600,* *www.cosmodome.org)* est un musée consacré à l'espace. La visite débute par une présentation multimédia très intéressante qui retrace l'histoire de la découverte de l'espace.

La seconde partie illustre les façons d'y accéder et expose les principes de physique régissant la vie dans le cosmos. On y retrouve des installations interactives faisant appel à toutes sortes de techniques de muséologie.

Pour sa part, la troisième partie aborde les télécommunications et le «village global». La partie suivante, consacrée à la Terre, explique les grands phénomènes terrestres comme les saisons et la géologie. La section 5 possède la pièce de résistance du musée : un morceau de roche lunaire. Cet échantillon est un don de la NASA, conférant une reconnaissance internationale au musée lavallois.

Puis la visite se termine par le système solaire. Toutes les planètes sont représentées à l'échelle, ce qui permet de comparer la petitesse de la Terre avec la grandeur du système solaire.

Revenez sur vos pas; prenez le chemin du Bord-de- l'Eau, qui deviendra ensuite le boulevard Lévesque Ouest, puis, à la hauteur de Laval-des-Rapides, le boulevard des Prairies.

Laval-des-Rapides

Consacré à l'infiniment petit, le **Musée Armand-Frappier** *(5$; visite guidée; sept à juin lun-ven 10h à 17h, juil et août tlj 10h à 17h; 531 bd des Prairies, ☎686-5641)* retrace, par le biais du parcours de cet éminent chercheur, l'histoire de la tuberculose à travers les siècles. Il a aussi pour objectif d'éveiller l'intérêt des jeunes pour la science en général.

La **Maison des Arts de Laval** *(1395 bd de la Concorde O., Laval-des-Rapides, ☎662-4442)* se veut la vitrine artistique de la ville. Ses salles polyvalentes accueillent expositions, spectacles et concerts.

De retour sur le boulevard des Prairies, poursuivez votre route vers l'est. Une fois de plus, l'artère changera bientôt de nom pour redevenir le boulevard Lévesque.

Duvernay

La **centrale électrique de la Rivière-des-Prairies** *(visite gratuite; mi-mai à fin juin, lun-ven, cinq visites guidées par jour; fin-juin au début sept., merc-dim., 5 visites; 3400 rue du Barrage, par le boulevard Lévesque, ☎800-365-5229)* enjambe la rivière du même nom entre les ponts Papineau et Pie-IX. Construite en 1929, elle est un bon exemple de centrale dite «au fil de l'eau», c'est-à-dire qu'elle produit de l'électricité sans réservoir.

On a profité de sa rénovation dans les années quatre-vingt pour y ajouter, côté lavallois, une passerelle pour les pêcheurs. Les visites guidées permettent de se familiariser avec le fonctionnement d'une centrale électrique; en outre, un centre d'interprétation raconte l'histoire de la centrale et explique la production de l'électricité.

Plus loin, l'avenue du Parc donne accès au **Centre de la Nature** (voir ci-dessous).

Parcs

Le **bois Duvernay** *(2830 St-Elzéar, Vimont, ☎669-7288 ou 661-1766)*, au cœur de la ville, offre 22 km de pistes de ski de fond à travers une érablière et des zones agricoles. Il est particulièrement réputé pour ses nombreuses espèces d'oiseaux.

Le **bois Papineau** *(3235 bd St-Martin, Duvernay)* dispose d'un pavillon de construction récente qui ajoute au confort des lieux. On peut y observer la flore et la faune et, en hiver, y pratiquer le ski de fond ou la raquette.

Le **parc de la Rivière-des-Mille-Îles** *(345 bd Ste-Rose, ☎622-1020)* exploite habilement la multitude d'îles qui parsèment cette portion de la rivière. D'une baie tranquille, qui sert également d'aire de jeux et de détente, on peut partir à la découverte en canot, kayak ou rabaska (location sur place) et faire escale sur l'une des nombreuses îles pour y pique-niquer ou contempler la faune et la flore particulièrement abondantes dans ce milieu humide.

Le gel hivernal favorise la pratique des sports tels que randonnée, raquette ou ski de fond. De plus, une immense patinoire est aménagée sur la rivière glacée et l'on peut dévaler sur une des deux glissoires. On trouve dans le pavillon un centre d'interprétation sur les divers écosystèmes de la rivière.

Le **Centre de la Nature** *(toute l'année; 901 av. du Parc, ☎662-4942)*, un parc de

47 ha arraché à une carrière désaffectée, est l'exemple parfait de la réhabilitation d'un espace perdu en milieu urbain. Au fil de ses 25 ans d'existence, il est devenu un lieu de vie et d'activité de première importance. En plus de magnifiques jardins, il offre aux visiteurs un lac artificiel superbe se prêtant bien au canot, au kayak ou au pédalo. En hiver, le lac se transforme en une immense surface glacée pour la joie des patineurs. Les nombreux sentiers qui jalonnent le Centre de la Nature sont accessibles, l'hiver venu, aux adeptes de ski de fond. Au nombre des autres attraits du parc, on compte la Ferme des animaux, le Jardin de la sculpture et une immense plaine gazonnée où se tiennent concerts, tournois sportifs et exposition.

Activités de plein air

Randonnée pédestre

Le **parc de la Rivière-des-Mille-Îles** *(mi-mai à fin sept lun-ven 9h à 18h, sam-dim 9h à 18h; 345 bd Ste-Rose, ☎622-1020, www.parc-mille-îles.qc.ca)* est reconnu parmi les randonneurs pour le **Parcours du Héron**. Il s'agit d'une série de courtes randonnées sur certaines îles. Le parcours offre des points d'observation qui révèlent la vie de cet environnement insulaire.

Ski de fond

Si, en été, on navigue entre les îles du parc de la **Rivière-des- Mille-Îles** *(mi-mai à fin sept lun-ven 9h à 18h, sam-dim 9h à 18h; 345 bd Ste-Rose, ☎622-1020)*, en hiver, on y skie. Le réseau compte près de 20 km de pistes faciles.

Le **bois Duvernay** *(entrée libre; 2830 bd St-Elzéar Est, H7E 4P2, ☎669-7288, ☎661-1766)* compte huit sentiers faciles. Les skieurs peuvent y observer quelques espèces d'oiseaux grâce aux mangeoires installées pour les attirer.

Hébergement

Hôtel Président de Laval
130$
≡, ⊛, ℜ, ≈, ♿
2225 autoroute des Laurentides, H7S 1Z6
☎682-2225
☎800-363-7948
⇄682-8492
L'Hôtel Président de Laval propose 174 chambres spacieuses et confortables de même qu'un centre de balnéothérapie.

Sheraton Four Points
295$
≡, ℜ, ≈, ⊙, ♿
2440 autoroute des Laurentides, H7T 1X5
☎687-2440
☎800-667-2440
⇄687-0655
Le Sheraton Four Points est un établissement hôtelier disposant de tous les services habituels; vous y trouverez, entre autres, deux salles à manger, un bar, une discothèque et une piscine intérieure. Les chambres sont confortables.

Restaurants

Au Biniou
$-$$
100 bd de la Concorde E.
☎667-3170
Au Biniou, vous savourerez de délicieuses crêpes.

Chocolune
$
274 bd Ste-Rose
☎628-7188
Chocolune, comme son joli nom le suggère, est une chocolaterie. On y fabrique sur place, d'une manière artisanale, différents produits au chocolat de même que des pâtisseries qu'on peut déguster au salon de thé attenant ou acheter à la boutique.

Steak-Frites
$$-$$$
2125 bd Le Carrefour Chomedey
☎682-6224
La formule proposée par le Steak-Frites est simple : on sert principalement du steak et des frites. Seules les sauces permettent de varier le menu. Moules et pâtés de gibier sont toutefois apparus récemment sur la carte. On peut ainsi goûter de bons plats pas chers.

Chez Lien
$$$
126 bd du Curé-Labelle
☎681-3307
Chez Lien est un bon restaurant vietnamien sans prétention. Décor plutôt moderne.

Le Commensal
$$-$$$
3180 bd St-Martin O.
☎***978-9124***
Restaurant de la chaîne du même nom, Le Commensal de Laval propose une variété infinie de mets végétariens regroupés dans un buffet attrayant. Originalité : l'addition y est facturée au poids de la nourriture choisie! Comptoir de mets à emporter.

Le Vieux Four
$$
5070 bd Lévesque E.
☎***661-7711***
Le Vieux Four est reconnu pour sa très bonne pizza cuite au four à bois.

Le Plogonnec
$$-$$$
fermé dim-lun
1 bd Ste-Rose
☎***625-1510***
Le Plogonnec est aménagé dans une mignonne demeure de brique. On y sert une fine cuisine française. Ne pouvant accueillir qu'une quarantaine de personnes, il est idéal pour les repas intimes.

La Maison de Chavignol
$$-$$$
3 bd Ste-Rose
☎***628-0161***
La Maison de Chavignol ne manque pas de charme avec sa terrasse fleurie à l'avant. On a su préserver le cachet historique de cette superbe demeure de pierre datant de 1810, autant à l'intérieur, où règne une délicieuse ambiance intime, qu'à l'extérieur.

La cuisine française proposée, variée et inventive, est servie – chose rare dans ce type de restaurant – sept jours par semaine. Le menu «douceurs du soir», à 28$, réserve quelques succulentes surprises. Parmi celles-ci, mentionnons le feuilleté de crottin de Chavignol avec salade de mache et beurre acidulé aux aromates, les noisettes de lapin et ses rognons poêlés au fumet de porto et au thym, ou encore l'escalope de saumon frais en chausson et son navarin de pétoncles au basilic. Réservations fortement recommandées.

Le Mitoyen
$$$
fermé lun
652 Place publique
Ste-Dorothée
☎***689-2977***
Le Mitoyen, pourvu de foyers, offre une ambiance des plus chaleureuses. L'endroit est d'autant plus agréable que l'on y mange divinement. Les plats, issus des traditions culinaires françaises mais concoctés à partir de produits du terroir québécois, sont préparés avec art. Laissez-vous tenter par le menu gastronomique, une expérience inoubliable. Ce restaurant figure parmi les bonnes tables du Québec.

La Vieille Banque
$$-$$$
205 bd. Ste-Rose
☎***625-4083***
La Vieille Banque est un bon restaurant servant de la pizza cuite au four à bois et de la fine cuisine italienne. Comme son nom le laisse supposer, ce resto occupe une ancienne institution bancaire.

La Renaudière-L'Anse d'Or
$$$-$$$$
fermé dim-lun
94 bd Ste-Rose
☎***622-7963***
La Renaudière-L'Anse d'Or domine le boulevard Ste-Rose depuis un léger promontoire qui met en valeur la belle maison victorienne qui l'abrite. À l'intérieur, l'intimité de ses petits salons et la musique feutrée contribuent à la magie des lieux. Plusieurs objets d'une autre époque composent la décoration intérieure, qui se révèle charmante. Le raffinement de la fine cuisine du marché que l'on y prépare vient confirmer ces premières impressions de façon convaincante. La table d'hôte comprend 5 services.

Les Menus-Plaisirs
$$$$
244 bd Ste-Rose
☎***625-0976***
C'est dans une spacieuse demeure datant du début du siècle qu'est installé le charmant resto Les Menus-Plaisirs. À l'intérieur, plusieurs petites salles permettent de recevoir beaucoup de monde... dans un cadre qui reste intime. Une vaste pièce, bien aérée en été, attend aussi les convives à l'arrière. Celle-ci donne sur la cour, transformée en une splendide terrasse avec clôture couverte de lierre et jolie cascade. Grâce à de grands auvents et à un système de génération de chaleur, on peut s'y attabler souvent jusqu'à la fin du mois d'octobre, un plaisir qui, au Québec, n'a rien de menu...

La table d'hôte de cinq services *(29$)* constitue une bonne affaire. S'y côtoient *carpaccio* de saumon, *filo* d'agneau, entrecôte sauce au poivre, magret de canard et autres spécialités françaises. Un bon choix de fondues est aussi proposé. La carte des vins, quant à elle, est fort impressionnante.

Sorties

Théâtres et salles de spectacle

Maison des Arts de Laval
1395 bd de la Concorde O.
☎662-4442
Les salles polyvalentes de la Maison des Arts de Laval accueillent expositions, spectacles et concerts.

Salle André-Mathieu
475 bd de l'Avenir
☎667-2040
La Salle André-Mathieu du cégep Montmorency est une salle de spectacle à part entière. L'acoustique et la vue y sont excellentes. On y présente des artistes d'ici et de l'étranger, ainsi que des spectacles et des pièces de théâtre.

Divers

La **Récréathèque** *(900 bd du Curé-Labelle, ☎688-8880, www.recreatheque.com)* est un vaste complexe récréatif intérieur où l'on retrouve une multitude d'activités tarifées. Citons entre autres : patin à roues alignés, tennis, billard, quilles, minigolf, racket-ball. Nouveauté : on y trouve depuis peu un jeu laser dernier cri, le Q-zar.

Achats

Au **Marché Public 440** *(3535 autoroute 440, ☎682-1440)*, on retrouve la gamme habituelle des comptoirs alimentaires propres à ce type d'établissement : fromagerie, boucherie, poissonnerie, etc. En saison, les maraîchers prennent possession des kiosques extérieurs pour y proposer leurs produits frais, ajoutant ainsi un cachet champêtre à l'ensemble.

Le Farfadet (619 rue Principale, Ste-Dorothée, ☎969-4877) enchante par son décor original d'arbres géants colorés, où sont disposés des produits à base de sucre à la crème et d'autres friandises toutes plus alléchantes les unes que les autres.

La **Fromagerie du Vieux-Saint-François** *(4740 bd des Mille-Îles, ☎666-6810)* produit, à partir de lait de chèvre, des fromages et yaourts qu'on peut goûter sur place. Le visiteur peut surveiller, à travers une baie vitrée, la fabrication artisanale du fromage. On lui propose également une visite de la chèvrerie, située un peu à l'écart.

Montérégie

Les six collines de la Montérégie, les monts Saint-Bruno, Saint-Hilaire, Yamaska, Rigaud, Saint-Grégoire et Rougemont, constituent les seules dénivelations d'importance de ce plat pays.

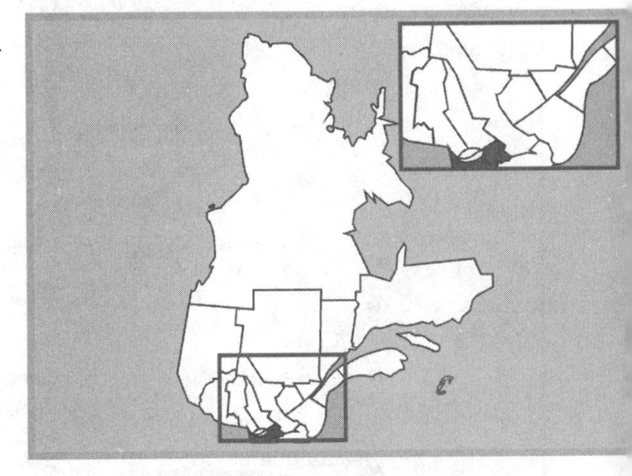

Disposées ici et là sur le territoire, ces collines massives, qui ne s'élèvent qu'à environ 400 m, furent longtemps considérées comme d'anciens volcans. En réalité, ce sont plutôt des roches métamorphiques qui devinrent apparentes à la suite de la longue érosion des terres avoisinantes.

Riche d'histoire, la Montérégie est donc d'abord et avant tout une belle plaine très propice à l'agriculture, située entre l'Ontario, la Nouvelle-Angleterre et les contreforts des Appalaches. Sa position géographique, tout juste au sud de Montréal, et ses multiples voies de communication naturelles, dont la majestueuse rivière Richelieu, lui octroyèrent longtemps un rôle militaire et stratégique d'importance.

Les nombreuses fortifications qu'on peut maintenant visiter dans la région ont ainsi été des avant-postes servant à protéger la colonie contre les Iroquois, les Anglais puis les Américains. La nation américaine y connut d'ailleurs, en 1812, la première défaite militaire de sa jeune histoire. Les Patriotes et les Britanniques s'y affrontèrent aussi, à Saint-Charles-sur-Richelieu et à Saint-Denis, lors de la rébellion de 1837.

Pour s'y retrouver sans mal

On atteint la région depuis l'île de Montréal en empruntant l'un des ponts qui franchissent le Saint-Laurent. La Montérégie comprend deux territoires dis-

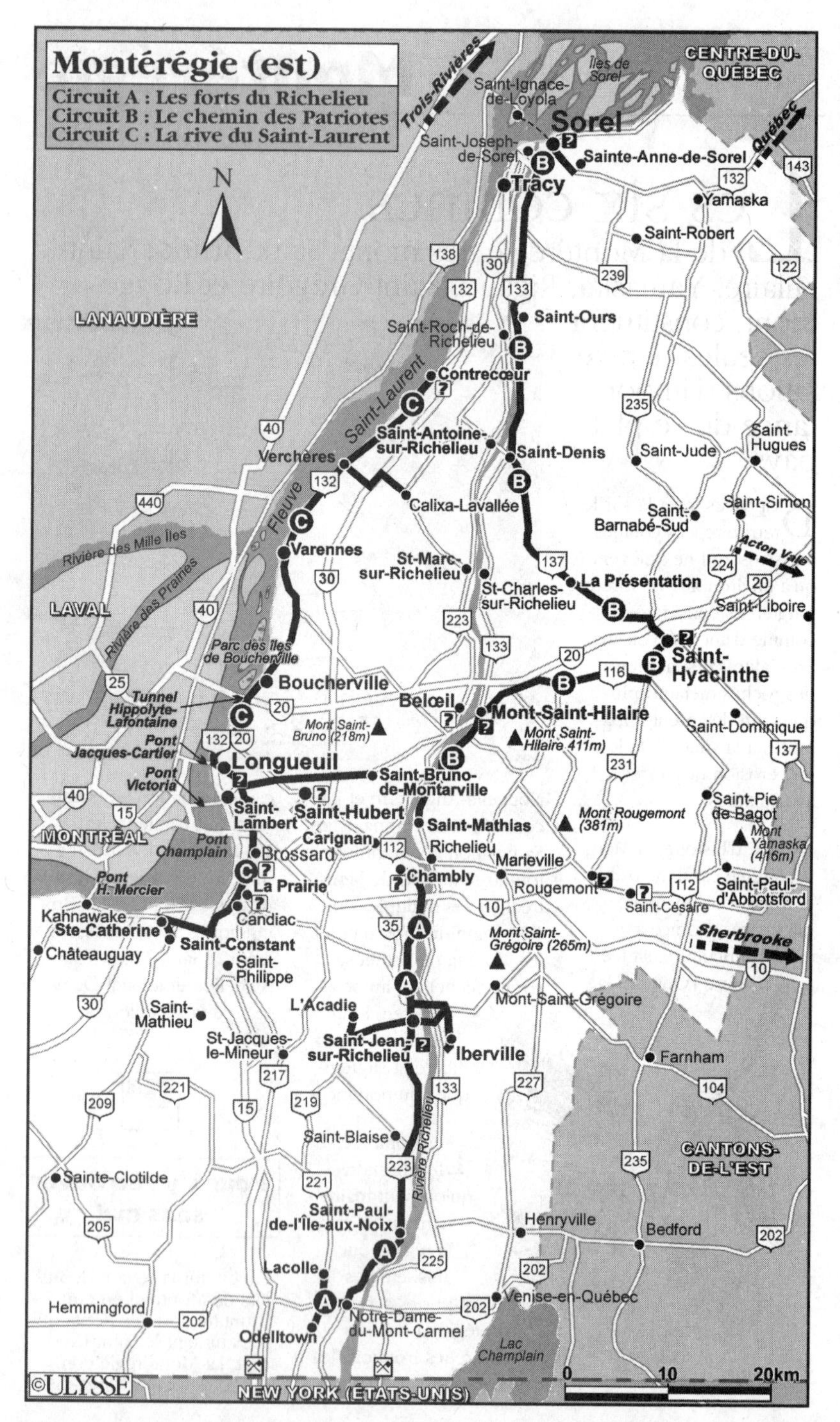
Montérégie (est)
Circuit A : Les forts du Richelieu
Circuit B : Le chemin des Patriotes
Circuit C : La rive du Saint-Laurent
N
CENTRE-DU-QUÉBEC
LANAUDIÈRE
LAVAL
MONTRÉAL
CANTONS-DE-L'EST
NEW YORK (ÉTATS-UNIS)
Trois-Rivières
Québec
Acton Vale
Sherbrooke
Sorel
Tracy
Saint-Hyacinthe
Longueuil
Boucherville
Îles de Sorel
Saint-Ignace-de-Loyola
Saint-Joseph-de-Sorel
Sainte-Anne-de-Sorel
Yamaska
Saint-Robert
Saint-Ours
Saint-Roch-de-Richelieu
Contrecœur
Saint-Antoine-sur-Richelieu
Saint-Denis
Saint-Jude
Saint-Hugues
Verchères
Calixa-Lavallée
Saint-Barnabé-Sud
Saint-Simon
Varennes
St-Marc-sur-Richelieu
St-Charles-sur-Richelieu
La Présentation
Saint-Liboire
Parc des Îles de Boucherville
Fleuve Saint-Laurent
Rivière des Mille Îles
Rivière des Prairies
Tunnel Hippolyte-Lafontaine
Pont Jacques-Cartier
Pont Victoria
Pont Champlain
Pont H. Mercier
Belœil
Mont-Saint-Hilaire
Mont Saint-Bruno (218m)
Mont Saint-Hilaire 411m)
Saint-Dominique
Saint-Bruno-de-Montarville
Saint-Lambert
Saint-Hubert
Saint-Mathias
Mont Rougemont (381m)
Saint-Pie de Bagot
Mont Yamaska (416m)
Carignan
Richelieu
Marieville
Brossard
Chambly
Rougemont
Saint-Césaire
Saint-Paul-d'Abbotsford
La Prairie
Candiac
Kahnawake
Ste-Catherine
Saint-Constant
Châteauguay
Saint-Philippe
Mont Saint-Grégoire (265m)
Mont-Saint-Grégoire
Saint-Mathieu
L'Acadie
St-Jacques-le-Mineur
Saint-Jean-sur-Richelieu
Iberville
Farnham
Saint-Blaise
Rivière Richelieu
Sainte-Clotilde
Saint-Paul-de-l'Île-aux-Noix
Henryville
Bedford
Lacolle
Hemmingford
Notre-Dame-du-Mont-Carmel
Venise-en-Québec
Odelltown
Lac Champlain
0 10 20km
©ULYSSE

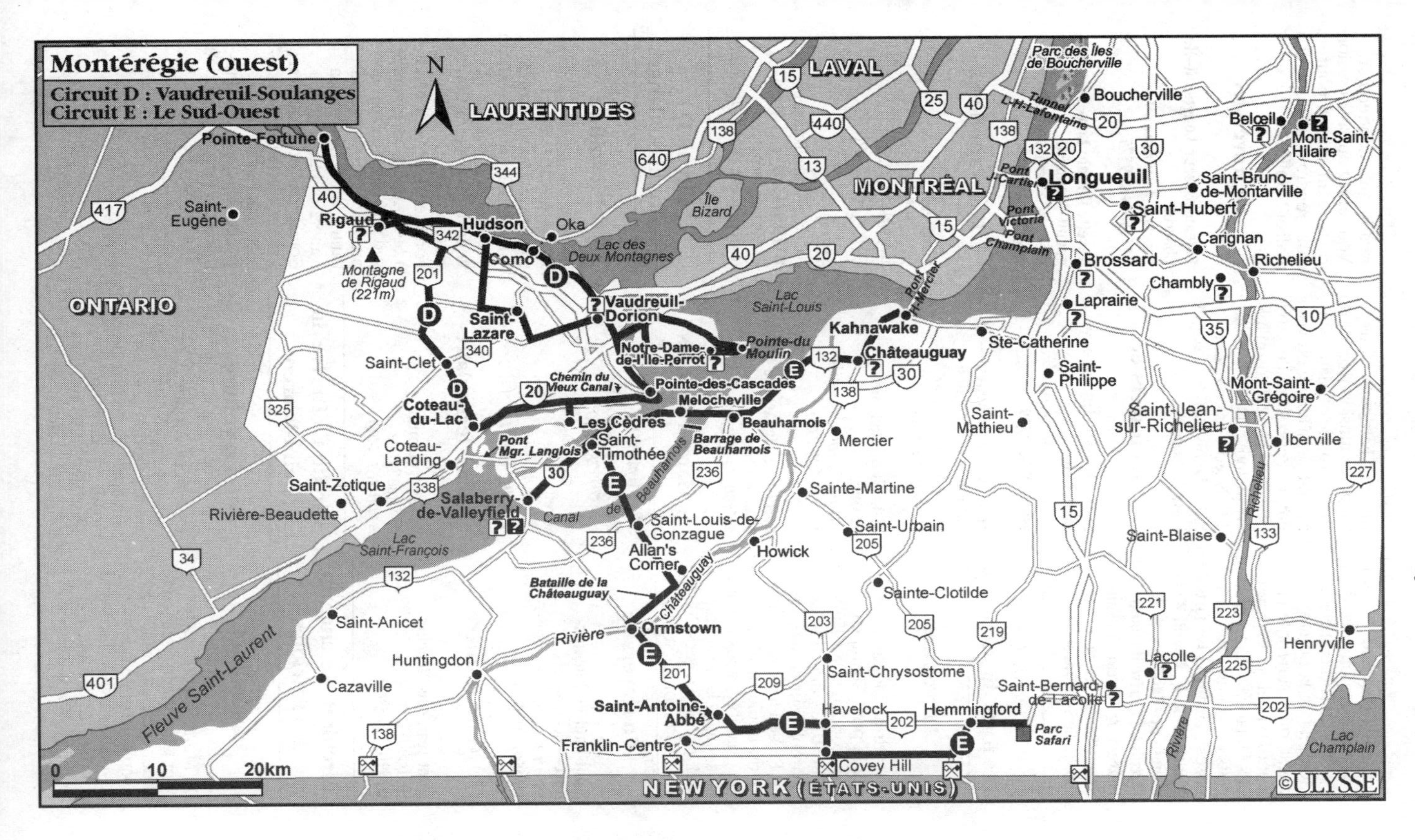
Montérégie (ouest)
Circuit D : Vaudreuil-Soulanges
Circuit E : Le Sud-Ouest
N
LAURENTIDES
LAVAL
MONTRÉAL
ONTARIO
NEW YORK (ÉTATS-UNIS)
Pointe-Fortune
Saint-Eugène
Rigaud
Montagne de Rigaud (221m)
Hudson
Oka
Como
Lac des Deux Montagnes
Île Bizard
Saint-Lazare
Vaudreuil-Dorion
Notre-Dame-de-l'Île-Perrot
Pointe-du Moulin
Lac Saint-Louis
Saint-Clet
Coteau-du-Lac
Chemin du Vieux Canal
Pointe-des-Cascades
Melocheville
Les Cèdres
Beauharnois
Barrage de Beauharnois
Pont Mgr. Langlois
Saint-Timothée
Coteau-Landing
Saint-Zotique
Rivière-Beaudette
Salaberry-de-Valleyfield
Canal de Beauharnois
Lac Saint-François
Saint-Louis-de-Gonzague
Allan's Corner
Bataille de la Châteauguay
Rivière Châteauguay
Ormstown
Howick
Saint-Anicet
Huntingdon
Cazaville
Fleuve Saint-Laurent
Saint-Antoine-Abbé
Franklin-Centre
Havelock
Covey Hill
Hemmingford
Parc Safari
Kahnawake
Pont H-Mercier
Châteauguay
Ste-Catherine
Mercier
Sainte-Martine
Saint-Urbain
Sainte-Clotilde
Saint-Chrysostome
Saint-Philippe
Saint-Mathieu
Laprairie
Brossard
Pont J-Cartier
Pont Victoria
Pont Champlain
Longueuil
Tunnel L-H-Lafontaine
Parc des Îles de Boucherville
Boucherville
Saint-Hubert
Saint-Bruno-de-Montarville
Carignan
Chambly
Richelieu
Belœil
Mont-Saint-Hilaire
Mont-Saint-Grégoire
Saint-Jean-sur-Richelieu
Iberville
Saint-Blaise
Lacolle
Saint-Bernard-de-Lacolle
Henryville
Rivière Richelieu
Lac Champlain
0 10 20km
©ULYSSE

tincts : la Rive-Sud d'abord, vaste plaine ponctuée de rivières au sud et à l'est de Montréal, et la pointe ouest, qu'enserrent le lac Saint-François et la rivière des Outaouais. Cinq circuits en voiture sont proposés : **Circuit A : Les forts du Richelieu ★★**, **Circuit B : Le chemin des Patriotes ★★**, **Circuit C : La rive du Saint-Laurent ★**, **Circuit D : Vaudreuil-Soulanges ★** et **Circuit E : Le Sud-Ouest ★**.

Circuit A : Les forts du Richelieu

En voiture

À partir de Montréal, prenez le pont Champlain, puis continuez sur l'autoroute 10 en direction de Chambly, sur la rive ouest du Richelieu, jusqu'à la sortie du boulevard Fréchette. De Chambly, vous n'aurez qu'à suivre la route 223 Sud, puis les routes 202 et 221, pour compléter le circuit.

En traversier

Saint-Paul-de-l'Île-aux-Noix—Île-aux-Noix
mi-mai à mi-novembre
☎(450)291-5700

Gare routière

Saint-Jean-sur-Richelieu
600 boul. Pierre-Caisse
☎(450)359-6024

Circuit B : Le chemin des Patriotes

En voiture

De Montréal, prenez le pont Champlain, puis continuez sur l'autoroute 10 jusqu'à ce que vous ayez traversé la rivière Richelieu, pour suivre la route 133 Nord, aussi appelée «chemin des Patriotes». Vous longerez ainsi la rive est du Richelieu, de St-Mathias à Mont-Saint-Hilaire, où vous emprunterez la route 116 puis la route 231 jusqu'à St-Hyancinthe. D'ici, la route 137 Nord vous mènera à Saint-Denis et la route 133 jusqu'à Sorel.

En traversier

St-Denis — St-Antoine-sur-Richelieu
mi-mai à mi-novembre
☎(450)787-2759

St-Marc-sur-Richelieu — St-Antoine-sur-Richelieu
mi-mai à mi-novembre
☎(450)584-2813

St-Roch-de-Richelieu — St-Ours
mi-mai à mi-novembre
☎(450)785-2161

Sorel — St-Ignace-de-Loyola
toute l'année
☎(450)743-3258

Gares routières

Saint-Hyacinthe
1330 rue Calixa-Lavallée
☎(450)778-6090

Sorel
191 rue du Roi
☎(450)743-4411

Gare ferroviaire

Sainte-Hyacinthe
1450 rue Sicotte
☎800-361-5390

Circuit C : La rive du Saint-Laurent

En voiture

À partir de Montréal, traversez le pont Mercier, puis prenez la route 132 Est, principal axe routier de ce circuit. Vous rejoindrez ainsi Ste-Catherine, puis longerez le fleuve St-Laurent jusqu'à Contrecœur. Vous aurez aussi l'occasion de faire un crochet pour vous rendre à St-Bruno et à Calixa-Lavallée.

En traversier

Bateau-passeur Longueuil–Île Charron
mi-mai à mi-novembre
☎(450)442-9575

Navette fluviale Longueuil–Montréal
mi-mai à mi-novembre
☎(450)288000

Gares routières

Longueuil
1001 rue de Sérigny
☎(450)670-3422
station d'autocars

STRSM
100 Place-Charles-Lemoyne
☎(450)463-0131
station de métro et d'autobus, station Longueuil

Circuit D : Vaudreuil-Soulanges

En voiture

De Montréal, suivez l'autoroute 20 Ouest jusqu'à Vaudreuil-Dorion, début du circuit. Par la route 342, vous aurez accès à Como, Hudson, Rigaud et Pointe-Fortune (pour vous rendre à St-Lazare, prenez vers le sud à Hudson). D'ici, empruntez la route 342 ou l'autoroute 40 jusqu'à la route 201, qui aboutit à Coteau-du-Lac, d'où vous longerez le fleuve St-Laurent vers l'est jusqu'à Pointe-des-Cascades. Prenez alors vers le nord pour aller visiter l'île Perrot.

En traversier

Hudson—Oka
mi-mai à mi-novembre
☎(450)458-4732

Circuit E : Le Sud-Ouest

En voiture

À partir de Montréal, traversez le pont Mercier et continuez sur la route 138 jusqu'à l'intersection avec la route 132, que vous suivrez jusqu'à St-Timothée (continuez sur quelques kilomètres si vous désirez vous rendre à Salaberry-de-Valleyfield). D'ici, prenez vers le sud, franchissez le canal de Beauharnois et poursuivez jusqu'à la rivière Châteauguay. Longez-la vers le sud jusqu'à Ormstown, d'où les routes 201 et 202 se chargeront de vous mener à bon port en fin de circuit.

Renseignements pratiques

L'indicatif régional de la Montérégie est le 450.

Renseignements touristiques

Bureau régional

Association touristique régionale de la Montérégie
11 ch. Marieville, Rougemont, J0L 1M0
☎(450)469-0069
☎(514)990-4600
⇄(450)469-1139
www.tourisme-monteregie.qc.ca

Circuit A : Les forts du Richelieu

Saint-Jean-sur-Richelieu 315 rue MacDonald, bureau 301
☎359-9999
⇄359-0994

Circuit B : Le chemin des Patriotes

Mont-Saint-Hilaire
1080 ch. des Patriotes Nord
☎536-0395
☎888-536-0395
⇄536-3147

Saint-Hyacinthe
parc des Patriotes, 2090 rue Cherrier
☎774-7276
☎800-849-7276
⇄774-9000

Sorel
92 ch. des Patriotes
☎746-9441
☎800-474-9441
⇄780-5737

Circuit C : La rive du Saint-Laurent

Longueuil
205 ch. Chambly
☎670-7293
⇄670-5887

Circuit D : Vaudreuil-Soulanges

Vaudreuil-Dorion
331 rue Saint-Charles (maison Valois)
bureau saisonnier
☎424-8620

Circuit E : Le Sud-Ouest

Salaberry-de-Valleyfield
980 boul. Monseigneur Langlois
☎377-7676
☎800-378-7648
⇄377-3727

Attraits touristiques

Circuit A : Les forts du Richelieu (deux jours)

Ce circuit, qui conduit de Chambly jusqu'à la frontière canado-étasunienne, permet d'explorer le réseau défensif créé le long de la rivière Richelieu sous le Régime français et renforcé à la suite de la Conquête. Ce chapelet de forts servait à contrôler l'accès au Richelieu, longtemps la principale voie de communication entre Montréal, la Nouvelle-Angleterre et New York, via le lac Champlain et le fleuve Hudson.

★★ Chambly (16 834 hab.)

La ville de Chambly occupe un site privilégié en bordure du Richelieu, qui s'élargit à cet endroit pour former le bassin de Chambly. Celui-ci se trouve à l'extrémité des rapides qui entravaient autrefois la navigation sur la rivière, faisant du lieu un élément clé du système défensif de la Nouvelle-France.

Dès 1665, le régiment de Carignan-Salières, sous le commandement du capitaine Jacques de Chambly, y construit un premier fort de pieux pour repousser les Iroquois de la rivière Mohawk, qui effectuent alors de fréquentes incursions jusqu'à Montréal. En 1672, le capitaine de Chambly reçoit la seigneurie qui portera son nom en guise de remerciement pour services rendus à la colonie.

Le bourg qui se formera graduellement autour du fort connaîtra une période florissante au moment de la guerre canado-étasunienne de 1812-1814, alors qu'une importante garnison britannique y est stationnée. Puis, en 1843, on inaugure le canal de Chambly, qui permettra de contourner les rapides du Richelieu, facilitant ainsi le commerce entre le Canada et les États-Unis.

Suivez la rue Bourgogne jusqu'à l'étroite **rue Richelieu ★**, que vous empruntez en direction du fort. Après avoir longé le parc des Rapides, où il est possible d'admirer de près le barrage de Chambly, vous retrouvez, de part et d'autre de la rue, plusieurs demeures monumentales construites dans la première moitié du XIXe siècle.

Maison John-Yule *(27 rue Richelieu).* D'origine écossaise, John Yule émigre au Canada en compagnie de son frère William à la fin du XVIIIe siècle. Ce dernier deviendra, quelques années plus tard, seigneur de Chambly. Quant à John Yule, il fait prospérer ses moulins à farine et à carder, disséminés dans la région. Il fait construire cette confortable maison d'inspiration palladienne en 1816.

Atelier du peintre Maurice Cullen *(28 rue Richelieu).* Érigée en 1920 sur les fondations du manoir seigneurial de William Yule, cette maison a servi d'atelier au peintre canadien Maurice Cullen (1866-1934).

Manoir De Salaberry *(18 rue Richelieu).* Le colonel Charles-Michel d'Irumberry de Salaberry est bien connu pour sa victoire décisive sur l'armée américaine lors de la guerre de 1812-1814. Salaberry et sa femme, Julie Hertel de Rouville, sont issus de la noblesse française et choisissent de demeurer au Canada malgré la Conquête. Ils emménagent dans cette grande maison construite vers 1814 afin d'administrer la seigneurie de Chambly, dont ils détiennent environ le tiers à cette époque. Mélange d'architecture palladienne et française, le manoir De Salaberry est l'une des plus élégantes propriétés de la région.

Maison Ducharme *(10 rue Richelieu).* À la suite de la guerre de 1812-1814, de nombreuses infrastructures militaires ont été érigées dans les environs du fort Chambly. Plusieurs ont été démolies depuis, alors que d'autres ont été recyclées. C'est le cas de la maison Ducharme, ancienne caserne de soldats bâtie en 1814 et transformée en résidence à la fin du XIXe siècle, devenue aujourd'hui un logement chez l'habitant (voir p 220).

L'ancien **corps de garde** *(8 rue Richelieu)* de 1814 avoisine la maison Ducharme au nord. Il est doté d'un portique palladien en bois, seul élément qui le distingue véritablement de l'architecture du Régime français. Il abrite une exposition sur la présence anglaise à Chambly. À l'extrémité de la rue Richelieu, on aperçoit le fort de Chambly au milieu de son parc.

Tournez à gauche sur la rue du Parc, puis reprenez la rue Bourgogne à droite.

De nombreux Britanniques, civils et militaires, de même que des réfugiés loyalistes américains, s'installent à Chambly au cours de la première moitié du XIXe siècle. L'**église anglicane St. Stephen ★** *(2004 rue Bourgogne)* est construite dès 1820 pour desservir cette communauté ainsi que la garnison du fort. Le temple, conçu par l'entrepreneur local François Valade, reprend la forme des églises catholiques de l'époque. L'intérieur, sobre et blanc, est cependant plus proche du culte anglican.

Le **lieu historique national du Fort-Chambly ★★★** *(3,75$; début mars à mi-mai mer-dim 10h à 17h, mi-mai à mi-juin tlj 9h à 17h, mi-juin à début sept tlj 10h à 18h, début sept à mi-oct tlj 10h à 17h, mi-oct à fin nov mer-dim 10h à 17h, 2 rue Richelieu, ☎658-1585).* Il s'agit là du plus important ouvrage militaire du Régime français qui soit parvenu jusqu'à nous. Il a été construit entre 1709 et 1711 selon les plans de l'ingénieur Josué Boisberthelot de Beaucours, à l'instigation du marquis de Vaudreuil. Le fort, défendu par les Compagnies franches de la Marine, devait protéger la Nouvelle-France contre une éventuelle invasion anglaise. Il remplace les quatre forts de pieux ayant occupé le site depuis 1665.

Au moment de la Conquête, le fort, devenu désuet, fut remis aux Anglais sans combat, car il ne pouvait soutenir un siège. Ceux-ci l'utilisèrent jusqu'en 1760, date où il fut complètement abandonné. Un citoyen de Chambly, Joseph-Octave Dion, sauva le fort au cours des années 1880 en le consolidant et en y installant sa demeure.

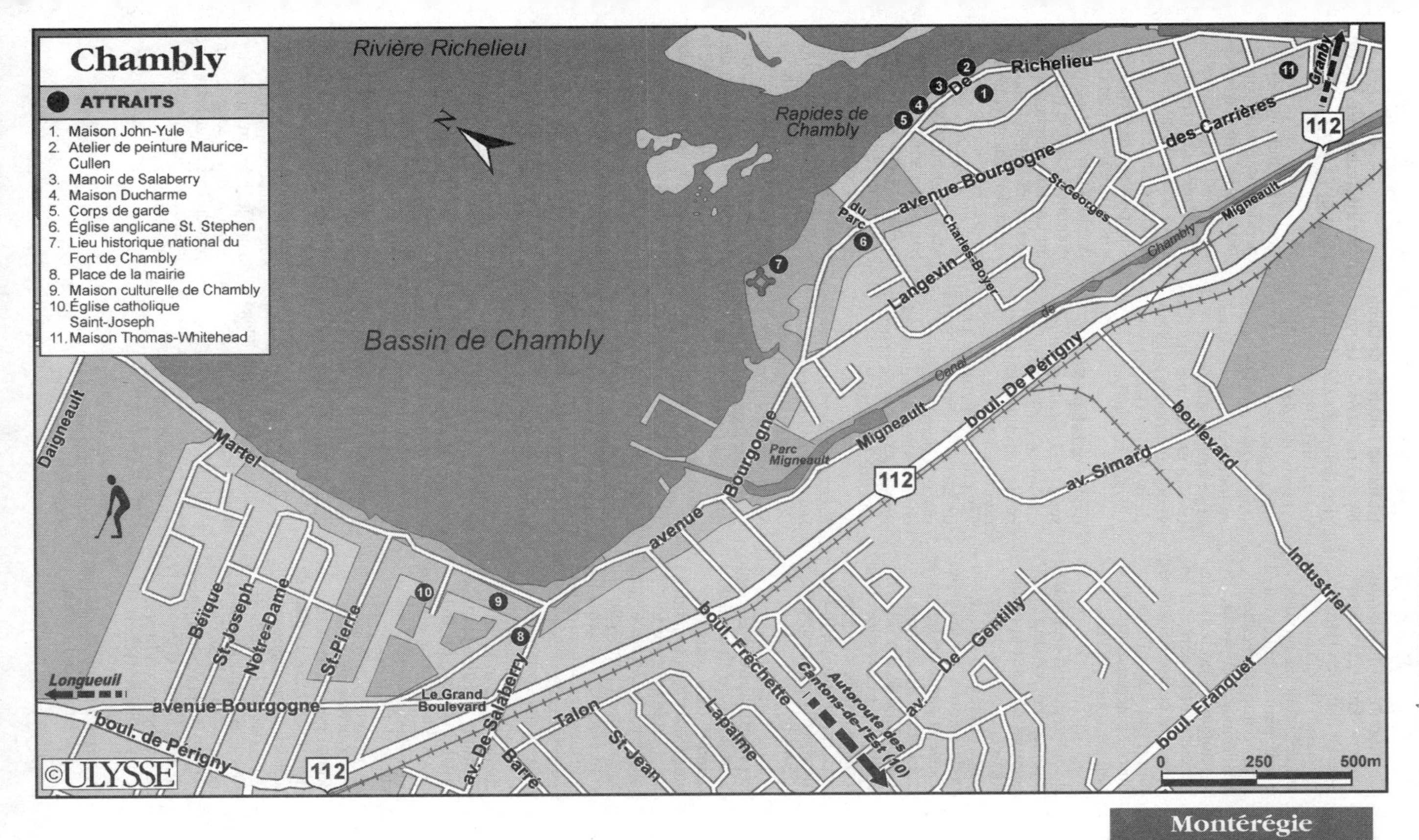
Chambly
ATTRAITS
1. Maison John-Yule
2. Atelier de peinture Maurice-Cullen
3. Manoir de Salaberry
4. Maison Ducharme
5. Corps de garde
6. Église anglicane St. Stephen
7. Lieu historique national du Fort de Chambly
8. Place de la mairie
9. Maison culturelle de Chambly
10. Église catholique Saint-Joseph
11. Maison Thomas-Whitehead
Rivière Richelieu
Bassin de Chambly
Rapides de Chambly
N
De Richelieu
des-Carrières
avenue-Bourgogne
St-Georges
du Parc
Charles-Boyer
Langevin
Canal de Chambly
Migneault
Parc Migneault
boul. De Périgny
av. Simard
boulevard Industriel
boul. Franquet
av. De Gentilly
Autoroute des Cantons-de-l'Est (10)
boul. Fréchette
Lapalme
St-Jean
Talon
Barré
av. De Salaberry
Le Grand Boulevard
avenue Bourgogne
boul. de Périgny
Longueuil
Granby
Daigneault
Martel
Bégue
St-Joseph
Notre-Dame
St-Pierre
112
0 250 500m
©ULYSSE

Montérégie

Ce monument historique s'inscrit dans un cadre spectaculaire en bordure du bassin de Chambly, là où débutent les rapides. Sur le plan architectural, il s'agit d'une fortification bastionnée comportant des échauguettes en bois. L'intérieur du fort abrite un intéressant centre d'interprétation qui relate l'importance stratégique du Richelieu au cours de l'histoire.

À l'intérieur, un centre d'interprétation vous en apprendra plus sur la rivière Richelieu et son importance stratégique au début de la colonie, sur les activités de la garnison française qui logeait au fort, entre autres à l'aide d'objets et vestiges retrouvés lors des fouilles archéologiques, ainsi que sur le peuplement de la seigneurie de Chambly.

Reprenez la rue Bourgogne à droite jusqu'au **canal de Chambly**, d'où vous surplomberez l'embouchure. À cet endroit et sur tout le parcours de cet étroit canal de 19 km de longueur, vous pourrez examiner les éclusiers actionner les portes et les ponts des neuf écluses qui correspondent à une dénivellation graduelle de 22 m entre Chambly et Saint-Jean. Le canal, inauguré en 1843, est exclusivement consacré à la navigation de plaisance depuis 1973.

À la jonction de la rue Bourgogne et de la rue Martel se trouve la **place de la Mairie**, aménagée en 1912, devant laquelle se dresse le monument à la mémoire du héros de la bataille de la Châteauguay, Charles-Michel d'Irumberry de Salaberry, un bronze de Louis-Philippe Hébert.

Empruntez la rue Martel, qui longe le bassin de Chambly.

La **Maison culturelle de Chambly** *(56 rue Martel)*. Le Service des loisirs de Chambly est installé dans cet ancien couvent des dames de la congrégation de Notre-Dame érigé en 1885. Avec sa toiture à deux versants et sa longue galerie de bois, il est typique des couvents qui trônent au cœur de la plupart des villes et villages du Québec.

L'**église catholique Saint-Joseph** *(164 rue Martel)* a été construite en 1881 sur une partie des murs de la première église de 1784, gravement endommagée par un incendie. En face prend place la dernière œuvre connue du sculpteur Louis-Philippe Hébert, la statue du curé Migneault.

Rebroussez chemin et reprenez la rue Martel puis la rue Bourgogne en direction de Saint-Jean-sur-Richelieu.
La **maison Thomas-Whitehead** *(2592 rue Bourgogne)*. À la sortie de Chambly, on aperçoit une jolie maison de bois peinte en bleu, érigée en 1815. Très peu de ces maisons de bois, autrefois fort répandues dans les villages et dans les faubourgs des grandes villes, ont survécu aux multiples incendies qui ont affligé le Québec. Un tableau de 1934 du peintre Robert Pilot représentant la maison Thomas-Whitehead en hiver (*Blue House, Musée des Beaux-Arts de Montréal*) a servi de toile de fond lors de la restauration du bâtiment en 1985.

Un peu à l'est de Chambly, on trouve la ville de **Rougemont**. Bien qu'elle fasse partie de la Montérégie, nous l'avons intégrée au circuit «Le verger» des Cantons-de-l'Est, à la page 236.

Poursuivez sur la route 223 Sud jusqu'à Saint-Jean-sur-Richelieu.

★ Saint-Jean-sur-Richelieu (39 724 hab.)

Cette ville industrielle fut pendant longtemps une importante porte d'entrée au Canada à partir des États-Unis, ainsi qu'un relais indispensable sur la route de Montréal, grâce à son port sur le Richelieu, très fréquenté à partir de la fin du XVIIIe siècle, à son chemin de fer, le premier au Canada, qui la relie à La Prairie dès 1836, et au canal de Chambly, inauguré en 1843.

Au milieu du XIXe siècle, Saint-Jean-sur-Richelieu voit prospérer de nombreuses entreprises liées à ces voies de communication, parmi lesquelles on pouvait compter plusieurs fabriques de poteries et de faïences dont les théières, cruches et assiettes allaient devenir une spécialité de la région. L'architecture de la ville reflète ce passé industriel avec ses manufactures, ses édifices commerciaux, son habitat ouvrier et ses belles demeures victoriennes.

Saint-Jean a cependant des origines plus anciennes. Elle a grandi autour du fort Saint-Jean, dont l'établissement remonte à 1666. En 1775, celui-ci fut attaqué à plusieurs reprises par l'armée des insurgés américains, qui durent finalement battre en retraite à l'arrivée des troupes britanniques. Le fort, maintes fois reconstruit, a abrité le Collège militaire royal de Saint-Jean jusqu'en 1994. Aujourd'hui, il loge le campus du fort Saint-Jean, une institution de niveau universitaire.

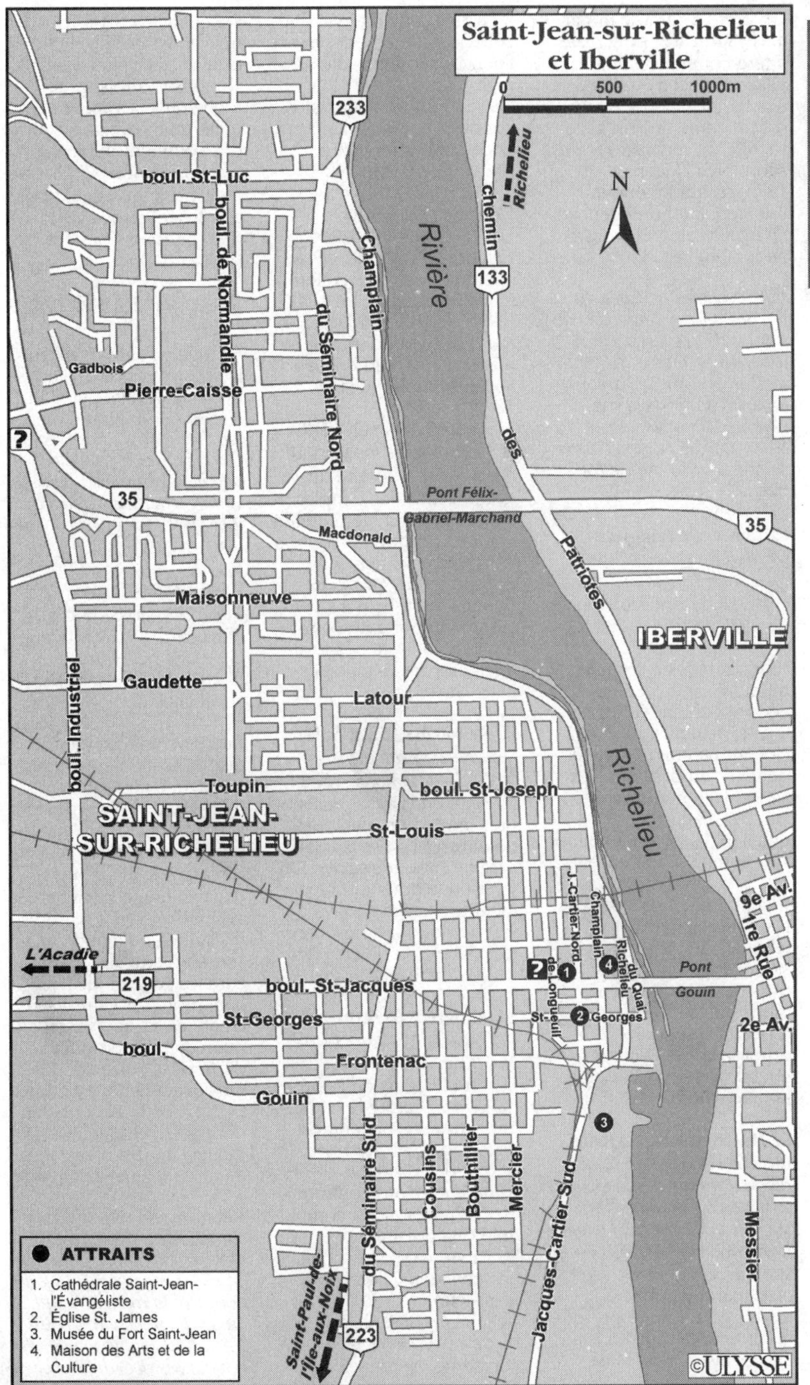
Saint-Jean-sur-Richelieu
et Iberville
0 500 1000m
N
SAINT-JEAN-SUR-RICHELIEU
IBERVILLE
Rivière Richelieu
Pont Félix-Gabriel-Marchand
Pont Gouin
ATTRAITS
1. Cathédrale Saint-Jean-l'Évangéliste
2. Église St. James
3. Musée du Fort Saint-Jean
4. Maison des Arts et de la Culture
©ULYSSE

On entre à Saint-Jean par la **rue Richelieu**, principale artère commerciale de la ville. Celle-ci a été la proie des flammes à deux reprises au cours de son histoire. Elle fut reconstruite aussitôt après l'incendie de 1876, ce qui lui confère une certaine homogénéité architecturale peu commune au Québec.

À l'exception du Musée du fort Saint-Jean, l'ensemble des attraits de la ville est situé dans un périmètre restreint qu'il est possible de parcourir à pied à partir de la rue Richelieu. Remontez la rue Saint-Jacques jusqu'à l'intersection avec la rue De Longueuil.

La **cathédrale Saint-Jean-L'Évangéliste** *(angle St-Jacques et De Longueuil)*. Le corps de la cathédrale date de 1827, mais ses extrémités ont été complètement réorganisées en 1861, au moment où façade et chevet ont été intervertis. La façade actuelle, avec son clocher de cuivre, date cependant du début du XXe siècle. Le temple n'a été élevé au rang de cathédrale qu'en 1933, ce qui explique son humble apparence.

À l'extrémité nord de la rue De Longueuil, on aperçoit le palais de justice néoclassique, érigé en 1854 d'après un modèle en pierre calcaire grise fort répandu à l'époque. Empruntez la rue De Longueuil vers le sud jusqu'à la place du Marché.

Le **Musée régional du Haut-Richelieu** ★ *(2$; fin juin début sept mar-dim 9h30 à 17h, sept à juin mer-dim 9h30 à 17h, 182 rue Jacques-Cartier N., ☎347-0649)* est situé à l'intérieur de l'ancien marché public érigé en 1859. Le musée présente, outre différents objets liés à l'histoire du Haut-Richelieu, une intéressante collection de poteries et faïences produites dans la région au cours du XIXe siècle, dont de belles pièces de la compagnie Farrar et de la St. Johns Stone Chinaware Company.

La **maison Macdonald** *(166 rue Jacques-Cartier N.)*. Cette demeure bourgeoise apparaît pour la première fois sur une carte en 1841. Elle a été mise au goût du jour par l'ajout d'un toit en mansarde et d'un décor Second Empire vers 1875.

Inaugurée en 1817, l'**église St. James** *(angle Jacques-Cartier et St-Georges)* est l'un des plus anciens temples anglicans de la Montérégie. Son architecture d'inspiration américaine nous rappelle qu'à cette époque Saint-Jean accueillait une importante communauté de réfugiés loyalistes en provenance des États-Unis.

La **Maison des Arts et de la Culture** *(228 rue Richelieu, ☎357-1977, ≠347-5226)* a plusieurs missions, mais sa plus importante demeure de diffuser l'art et la culture sur une base régionale. On y retrouve donc principalement des salles d'exposition où l'on présente les œuvres de divers artistes des environs.

La **voie ferrée** *(à l'extrémité sud de la rue Jacques-Cartier N.)*. Il ne subsiste plus rien des installations de la première voie ferrée du Canada, mais son souvenir est encore bien vivant dans l'esprit des résidants de Saint-Jean. Nous sommes en 1836, lorsque la compagnie Champlain and St. Lawrence Railroad met en service la liaison entre Saint-Jean et La Prairie. Celle-ci est assurée par la locomotive *Dorchester*, construite en Angleterre et acheminée à Saint-Jean sur une barge. Même si elle ne pouvait tirer plus de deux wagons à la fois, cette locomotive à vapeur marquait une évolution notable des communications au pays. La vénérable *Dorchester* est aujourd'hui exposée au Musée ferroviaire canadien de Saint-Constant (voir p 202).

Iberville (9 882 hab.)

En face de Saint-Jean, sur l'autre rive du Richelieu, se trouve Iberville, que l'on rejoint par le pont Gouin.

Cette excursion facultative débute à la sortie du pont Gouin. Tournez à gauche sur la 1re Rue, qui longe le Richelieu.

L'**église Saint-Athanase** *(1re Rue)*. Du parvis de l'église élevée en 1914, on bénéficie d'une belle vue d'ensemble de Saint-Jean-sur-Richelieu.

En 1835, William Plenderleath Christie hérite de la seigneurie familiale. La même année, il entreprend la construction de l'imposant **manoir Christie** ★ *(on ne visite pas; 375 1re Rue)*, d'inspiration géorgienne et visible à travers les arbres. Il s'agit d'une grande maison en pierre à la toiture surmontée d'un élégant lanternon. Les Christie n'habiteront que sporadiquement leur propriété d'Iberville, puisqu'on les retrouvera tantôt à Londres, tantôt à Bath. Leur ancien domaine n'en demeure pas moins l'un des plus évocateurs du régime seigneurial.

Retournez vers Saint-Jean-sur-Richelieu par le pont Gouin. Poursuivez sur la rue Saint-Jacques jusqu'à la jonction avec la route 219 Sud. Suivez les indications pour L'Acadie. Éloignée temporairement des rives du Richelieu,

Le nombre impressionnant de mammifères et d'oiseaux qui composent la faune québécoise ne saurait être mésestimé. Le castor, véritable symbole de la colonisation du Nouveau Monde, gruge à grands coups de dents les arbres nécessaires à la construction de sa hutte; l'orignal, que l'on retrouve principalement dans les sapinières, séduit avec son panache aux larges palmures; et que dire du chant du geai bleu ou du merle d'Amérique, qui résonne entre les branches des feuillus et des conifères! Cette faune grouillante des forêts et des plaines constitue l'une des plus belles richesses du Québec.

Le **harfang des neiges**

Contrairement à la plupart de ses semblables, ce grand hibou est actif le jour. Il habite les toundras arctiques du globe, mais il est aussi possible de le retrouver jusque dans le sud des États-Unis. Il se nourrit essentiellement de petits mammifères, ses préférés étant les lemmings.

L'**oie des neiges**

Au cours de leur périple migratoire de plusieurs milliers de kilomètres, les oies des neiges s'arrêtent en grand nombre (au printemps et à l'automne) dans la vallée du Saint-Laurent, envahissant les champs et les abords du fleuve.

La **bernache**

On la retrouve partout au Canada. On la reconnaît assurément à son long cou noir et à sa tête noire, deux grandes taches blanches ornant ses joues. La nidification de cet oiseau s'effectue sur un îlot, ou même sur des huttes de rats musqués ou de castors.

Le **fou de Bassan**

Le fou de Bassan est présent sur l'île Bonaventure : les colonies d'oiseaux offrent alors un spectacle étonnant lorsqu'ils s'envolent, créant un effet de flocons de neige par temps calme. Cet oiseau n'est pas très farouche, et il est facile de l'observer de près.

Le **grand cormoran**

Cet oiseau, au plumage noir luisant, p
atteindre 1 m de haut. Excellent plongeur
maintient son souffle jusqu'à 30 secondes so
l'eau, lui permettant ainsi d'attraper quelqu
victuailles.

Le **grand héron**

Cet échassier qui peut atteindre 132 cm de haut se retrouve partout dans le sud du Québec. Longtemps pourchassé, il est maintenant protégé par les lois canadiennes. Pour s'alimenter, le grand héron se plante dans une étendue d'eau où il attend, immobile, que sa proie s'approche nonchalamment tout près de lui.

Le **martin-pêcheur**

Robuste, le martin-pêcheur est dispersé un peu partout en Amérique et en Australie. Il est fascinant de l'observer alors qu'il s'apprête à plonger dans les eaux poissonneuses pour s'alimenter.

Le **huart à collier**

Peu après le dégel, il revient au Québec po
nicher. Généralement on ne rencontre qu'un se
couple par lac.

Le **merle d'Amérique**

Son chant annonce inévitablement l'arrivée du printemps. Cet oiseau, que l'on peut observer partout au Québec, se régale de petits fruits, d'insectes et de vers, qu'il déniche dans les endroits herbeux à découvert.

Le **geai bleu**

Cet oiseau à huppe habite essentiellement le sud du Canada. Pratiquement omnivore, le geai bleu est friand des œufs et des poussins des autres oiseaux, de fruits, de graines, de glands et d'insectes.

La **mésange à tête noire**

La mésange est un de ces oiseaux joyeux qui, même en plein hiver, se promènent gaiement sans trop se soucier du froid. Confiante, elle s'approche facilement des mangeoires. Elle s'alimente d'insectes, de petits fruits et de graines.

Le **cardinal rouge**

On peut apercevoir le cardinal en tout temps de l'année dans le sud-ouest du Québec. On reconnaît aisément le mâle à son magnifique plumage rouge.

Le **carouge à épaulettes**

On remarque la tache rouge sur chacune des ailes du mâle quand il est en vol. Il niche aux abords des marais, où il y a abondance de quenouilles et de joncs. Il se nourrit essentiellement de céréales, causant parfois d'importants dommages aux champs.

Le **castor**

Réputé comme étant un habile constructeur de barrages et un travailleur infatigable, il est l'emblème du Canada. On le reconnaît à son corps massif et à sa large queue plate et écailleuse lui servant de gouvernail lorsqu'il nage. Ses puissantes incisives inférieures lui permettent d'abattre les arbres nécessaires à la construction de son habitation.

Le **porc-épic**

Petit mammifère rongeur que l'on retrouve en grand nombre dans les forêts de conifères et de feuillus, le porc-épic est célèbre pour sa façon très singulière de se défendre. En cas d'attaque, il se replie sur lui-même, hérisse ses poils et forme un genre de pelote d'épingles inattaquable.

La **mouffette rayée**

Ce petit mammifère est surtout connu pour sa technique pour repousser ses ennemis : elle asperge ses adversaires d'un liquide malodorant. Les premiers Européens arrivés au pays l'ont d'ailleurs surnommée «bête puante». On la retrouve un peu partout au Québec, même parfois au centre-ville de Montréal; c'est une bête sympathique, mais avec laquelle il faut savoir tenir ses distances.

Le **raton laveur**

Nocturne et aussi rusé qu'un renard, le raton laveur vit dans le sud du Québec. Sa réputation de propreté provient de son habitude de plonger constamment sa nourriture dans l'eau avant de l'ingurgiter.

Le **caribou d'Ungava (renne arctique)**

Ce cervidé de grande taille peut peser à maturité jusqu'à 250 kg. Il vit dans la toundra arctique. Son nom vient de l'algonquin.

Le **chevreuil (cerf de Virginie)**

Plus petit cervidé du nord-est de l'Amérique, le chevreuil atteint un poids maximal d'environ 150 kg. Vivant souvent à la lisière des bois, cet animal est un des principaux gibiers du Québec. Le grand panache dont est pourvu le mâle tombe chaque hiver et repousse le printemps venu.

L'**orignal (élan du Canada)**

Il est le plus grand cerf du monde ; il peut mesurer plus de 2 m et peser jusqu'à 600 kg. Il se distingue par ses bois aplatis en éventail, par sa tête allongée au nez arrondi et par sa bosse sur le gareau.

L'**ours noir**

On le retrouve essentiellement en forêt, et il constitue la variété d'ours la plus répandue au Québec. Cet animal impressionnant peut atteindre jusqu'à 150 kg à l'âge adulte, quoiqu'il demeure le plus petit ours canadien. Attention, l'ours noir est un animal imprévisible et dangereux.

Le **loup**

Prédateur vivant en meute, il mesure entre 67 et 95 cm, et pèse au plus une cinquantaine de kilos. Il attaque ses proies à plusieurs (souvent des cerfs), ce qui fait de lui un animal peu apprécié des cœurs tendres. Le loup s'approche rarement de l'être humain.

Le **renard roux**

On retrouve ce petit animal roux un peu partout dans la forêt. Très rusé, il évite le plus souvent possible les humains; on l'aperçoit donc très rarement. Il chasse les petits mammifères et se nourrit en plus de petits fruits et de noix.

Le **coyote**

Plus petit que le loup, le coyote s'adapte facilement à des milieux variés, et on peut l'apercevoir en diverses régions du sud du Québec. Selon les ressources alimentaires disponibles, ce carnivore peut à l'occasion se convertir à un régime végétarien.

cette autre excursion facultative permet d'explorer l'intérieur des terres et l'un de ses villages les plus charmants.

★ L'Acadie (5 356 hab.)

Au cours de la guerre de Sept Ans entre la France et l'Angleterre, l'Acadie (une partie de la Nouvelle-Écosse et du Nouveau-Brunswick d'aujourd'hui) est mise à sac. En 1755, les Acadiens, qui occupent les meilleures terres, sont déportés vers de lointaines contrées. Entre 1764 et 1768, certains d'entre eux, de retour d'exil, viennent s'établir aux abords de la Petite Rivière. Ils formeront la «Petite Acadie», à l'origine du village de L'Acadie. Au début du XIXe siècle s'ajoute à cette communauté un contingent de familles suisses, qui s'installent au lieudit de la Grande-Ligne.

L'**église Sainte-Marguerite-de-Blairfindie** ★★ *(308 ch. du Clocher)*, le presbytère et la vieille école de L'Acadie forment l'un des ensembles institutionnels les plus pittoresques et les mieux conservés de toute la Montérégie. La paroisse catholique de Sainte-Marguerite a été constituée canoniquement en 1784. Il faudra cependant attendre jusqu'en 1801 avant que ne soit inaugurée l'église actuelle en pierre. Celle-ci, avec son plan en croix latine, son clocher à deux lanternons et ses ouvertures ordonnancées selon les préceptes de l'abbé Conefroy, est un modèle d'architecture québécoise traditionnelle. Remarquez le chemin couvert (1822) qui permet de se rendre du presbytère à l'église à l'abri des intempéries.

Le beau décor intérieur en bois, de style Louis XV, a été réalisé entre 1802 et 1809 sous la direction de Jean-Georges Finsterer, artisan de la région. On trouve également dans l'église plusieurs tableaux, dont *Marie au tombeau* et *Saint René* de Louis Dulongpré (vers 1802). Le cimetière recèle une autre œuvre d'intérêt, soit une *Madone* avec Jésus enfant du sculpteur Philippe Hébert (monument Roy, 1897).

En 1822, on construit le **presbytère** actuel *(310 ch. du Clocher)*, qui comprenait également, à l'origine, l'école et la salle des habitants. Sa longue galerie de bois, son étage dégagé du sol et ses larmiers débordants en font un autre bâtiment typique. En 1838, Sir John Colborne installe au presbytère son quartier général afin de mater la rébellion qui s'active dans la vallée du Richelieu.

La **vieille école** *(14 ch. du Clocher)* pour filles, qui a accueilli par la suite le logement du sacristain, a été construite en 1831 à l'instigation du curé de la paroisse.

Revenez sur vos pas, et prenez à droite le chemin des Vieux-Moulins pour rejoindre la route 219 Sud.

En parcourant le **chemin des Vieux-Moulins** ★, on peut apercevoir quelques belles maisons de ferme du XIXe siècle dans un cadre champêtre. Parmi celles-ci, la **ferme Roy** *(on ne visite pas; 777 ch. des Vieux-Moulins)* constitue un rare ensemble de bâtiments à vocation agricole en pierre et en bois datant de la première moitié du XIXe siècle. Le site comprend, outre la maison de moellons construite pour Joseph Roy en 1805, la remise, l'étable en pierre à deux étages et la grange en bois.

Afin de commémorer la venue des ancêtres acadiens dans ce joli village, la famille Delisle a créé le **Centre d'interprétation «Il était une fois... une petite colonie»** ★ *(5$; fin juin à début sept jeu-dim 10h à 17h; 2500 rte. 219, ☎347-9756)*. Des guides costumés vous accueillent pour vous faire découvrir des bâtiments décorés et meublés à l'ancienne. On retrouve aussi une mini-ferme, un four à pain extérieur traditionnel ainsi qu'une jolie boutique d'artisanat. Une agréable façon de découvrir le mode de vie des colons.

Il y a huit ans, un certain M. Bertrand a pris goût au reconditionnement de vieilles machines agricoles. Ce qui au départ était un simple passe-temps est vite devenu une véritable passion. Devant le problème d'espace pour entreposer ses nombreuses pièces de collection, M. Bertrand décida d'acheter une fermette sur le bord de la rivière L'Acadie. De là naquit le Musée René Bertrand *(5$; fin juin à début sept tlj 10h à 17h, sept et oct sam-dim 13h à 17h; 2864 rte. 219, L'Acadie, ☎346-1630, ≠359-1153)*.

On y trouve aujourd'hui, en plus de nombreux instruments aratoires, une vaste collection d'objets antiques qui ne manqueront pas de raviver les souvenirs des plus vieux autant que la curiosités des plus jeunes. En plus d'un petit parc d'attractions où sont proposés des balades en tracteurs, vous trouverez sur place un excellent petit restaurant servant des plats concoctés selon des recettes anciennes ainsi qu'une agréable aire de pique-nique.

Empruntez la route 219 Nord vers Saint-Jean-sur-Richelieu, puis reprenez la route 223 Sud, qui longe le Richelieu.

Saint-Paul-de-l'Île-aux-Noix (1 864 hab.)

Ce village est surtout connu pour son fort, édifié sur l'île aux Noix, au milieu du Richelieu. Le premier occupant de l'île, le cultivateur Pierre Joudernet, payait sa rente seigneuriale sous la forme d'un sac de noix, d'où le nom donné aux lieux. Vers la fin du Régime français, l'île acquit une grande importance stratégique en raison de sa proximité du lac Champlain et des colonies américaines.

En 1759, les Français entreprirent de fortifier l'île, mais les ressources manquèrent, tant et si bien que la prise du fort par les Britanniques se fit sans difficulté. En 1775, l'île devint le quartier général des forces révolutionnaires américaines, qui tentaient alors d'envahir le Canada. Puis, au cours de la guerre de 1812-1814, le fort reconstruit servit de base pour l'attaque de Plattsburg par les Britanniques.

Du centre d'accueil (61e Av.), où vous devez laisser votre voiture, empruntez un bac qui conduit sur l'île.

Le **lieu historique national du Fort-Lennox** ★★ *(5,25$; mi-mai à fin juin lun-ven 10h à 17h, sam-dim 10h à 18h; fin juin à début sept lun-dim 10h à 18h; ☎291-5700)* occupe les deux tiers de l'île aux Noix, dont il a transformé la configuration. Il a été construit entre 1819 et 1829, sur les ruines des forts précédents, par les Britanniques qui voyaient alors les Américains ériger le fort Montgomery, de l'autre côté de la frontière. Derrière l'enceinte bastionnée en terre et entourée de larges fossés, on trouve une poudrière, 2 entrepôts, le corps de garde, le logis des officiers, 2 casernes et 19 casemates. Le bel ensemble en pierre de taille, présente les traits de l'architecture coloniale néoclassique de l'Empire britannique.

Blockhaus de Lacolle

Les forces britanniques ont quitté le fort en 1870. Le Service canadien des parcs y présente de nos jours une intéressante reconstitution de la vie militaire au XIXe siècle ainsi qu'une exposition retraçant l'histoire du fort.

Reprenez la route 223 Sud en direction de Lacolle.

Le **blockhaus de Lacolle** ★ *(entrée libre; fin mai à début sept tlj 9h à 17h, début sept à début oct sam-dim 9h à 17h; 1 rue Principale, ☎246-3227)*, une construction de bois équarri à deux étages, dotée de meurtrières, se trouve à l'extrême sud de la municipalité de Saint-Paul-de-l'Île-aux-Noix. Sa construction remonte à 1782, ce qui en fait l'une des plus anciennes structures de bois de la Montérégie. C'est aussi l'un des rares ouvrages du genre qui subsitent au Québec.

Nous sommes ici à 10 km seulement de la frontière canado-étasunienne. Bien que les relations entre le Canada et les États-Unis soient des plus cordiales depuis plusieurs décennies, ce ne fut pas toujours le cas. Le blockhaus, qui était au premier rang du système défensif du Richelieu à la fin du XVIIIe siècle, jouait un rôle de sentinelle. Ses occupants devaient prévenir les soldats des forts voisins de l'arrivée imminente de troupes d'outre-frontière. Au cours des années trente, le blockhaus, alors à l'abandon, fut sauvé par un habitant de Lacolle, Richard Patterson, qui en fit un musée portant sur l'histoire militaire de la région.

Tournez à droite sur la route 202 Ouest pour aller rejoindre l'autoroute 15 Nord. Deux courtes excursions facultatives permettent de visiter le village de Lacolle (route 221 Nord) et l'église d'Odelltown, à Notre-Dame-du-Mont-Carmel (route 221 Sud).

Lacolle (1 392 hab.)

La **gare de Lacolle**. Derrière le village se trouve l'ancienne gare du Napierville Junction Railway (Canadien National), construite en 1930 dans le style des manoirs de la province française. Comme elle constituait le premier arrêt du côté canadien de la frontière, on lui a donné une importance qui dépasse grandement celle de l'agglomération où elle est située.

Odelltown

Hameau de quelques dizaines d'habitants seulement, Odelltown fait aujourd'hui partie de la municipalité de Notre-Dame-du-Mont-Carmel. L'endroit a été le théâtre d'un épisode décisif de la rébellion de 1837-1838, lorsque des Patriotes, réfugiés aux États-Unis tout proches, tentèrent une percée en prenant d'assaut la région de Lacolle. Ils proclamèrent le secteur «république du Bas-Canada». Celle-ci ne survécut néanmoins que sept jours, puisque les Patriotes durent battre en retraite devant l'arrivée des troupes britanniques commandées par Colborne.

L'**église** et les **écuries d'Odelltown** *(243 route 221)*. Le grand nombre de familles loyalistes d'origine hollandaise dans la région explique la présence de cette petite église méthodiste à Odelltown, confession adoptée par la majorité de ces familles à leur arrivée au Canada. Le temple en pierre a été construit à partir de 1823. Il a été doté d'ouvertures en ogive vers 1860. Quant aux écuries de bois, elles datent probablement de 1835. La communauté méthodiste s'éteignant tranquillement depuis le début du XXe siècle, l'église n'est utilisée qu'une seule fois par année.

Revenez vers la route 202 Ouest, qui mène à l'autoroute 15 Nord, en direction de Montréal.

Circuit B : Le chemin des Patriotes (trois jours)

Second noyau de peuplement en Nouvelle-France après les rives du fleuve Saint-Laurent, la vallée du Richelieu recèle de nombreux vestiges des anciennes seigneuries concédées en bordure de la rivière aux XVIIe et XVIIIe siècles. Au début du XIXe siècle, la région est l'une des plus peuplées du Québec; aussi n'est-il pas surprenant d'y retrouver l'un des premiers foyers de contestation ayant mené à la rébellion armée de 1837-1838. La vallée conserve plusieurs témoignages éloquents de ces événements, parmi les plus tragiques de l'histoire du Québec.

Saint-Mathias (3 729 hab.)

Au cours de la guerre d'Indépendance américaine, Saint-Mathias a été le théâtre d'événements marquants, alors qu'Ethan Allen et ses Green Mountain Boys, originaires du Vermont, s'emparèrent du village afin de convaincre ses habitants de se joindre aux États-Unis. Enfin, lors de la rébellion de 1837-1838, Saint-Mathias connut une nouvelle période d'intense activité avec l'installation du quartier général de la milice des Patriotes.

Seul véritable témoin de l'activité commerciale de Saint-Mathias au XIXe siècle, le **magasin Franchère** *(54 ch. des Patriotes)* a été construit en 1822 pour les frères Joseph et Timothée Franchère. Ce dernier fut emprisonné en 1838 pour sa participation à la rébellion. Le magasin, qui abritait également deux logements à l'origine, aurait d'ailleurs accueilli plusieurs réunions des Patriotes.

Remarquable pour son décor intérieur et pour son enclos de pierre qui enserre le cimetière, l'**église Saint-Mathias** ★★ *(79 ch. des Patriotes)* présente en outre une silhouette charmante, reflet de l'architecture québécoise traditionnelle. Sa construction, par le maître maçon François Châteauneuf, remonte à 1784. Quant au décor intérieur, il a été exécuté entre 1821 et 1833 par René Saint-James et Paul Rollin, exception faite du maître-autel et de la chaire, belles pièces de style Louis XV sculptées dès 1795 par Louis-Amable Quévillon. Chose rare pour une église de cette époque, on retrouve des tribunes dans les transepts et un double jubé à l'arrière. En outre, la voûte en bois est délicatement travaillée et ornée de médaillons dorés, réalisés par Jean-Baptiste Baret. Au centre du retable prend place une belle toile de Louis Dulongpré, *L'élection de saint Mathias dans le collège des apôtres (1811)*.

Poursuivez en direction nord sur le chemin des Patriotes. À mesure que vous approchez du mont Saint-Hilaire, la silhouette de la plus haute des collines Montérégiennes (403 m) s'impose dans le paysage.

★ Mont-Saint-Hilaire (12 995 hab.)

Campée devant l'énorme masse du mont Saint-Hilaire, cette petite municipalité de la vallée du Richelieu tire ses origines de la seigneurie de Rouville, concédée à Jean-Baptiste Hertel en 1694. Celle-ci demeurera entre les mains de la famille Hertel jusqu'en 1844, alors qu'elle sera vendue au major Thomas Edmund Campbell, secrétaire du gouverneur britannique, qui y exploitera une ferme modèle dont l'existence sera maintenue jusqu'en 1942.

Légèrement défiguré par l'aménagement de station

Manoir Rouville-Campbell

nements et l'ajout d'une grille ostentatoire, le **manoir Rouville-Campbell** ★ *(25 ch. des Patriotes S.)*, d'allure médiévale, n'en demeure pas moins l'une des plus splendides résidences seigneuriales du Québec, aujourd'hui transformé en hôtel (voir p 221). Il a été construit en 1854 selon les plans de l'architecte d'origine britannique Frederick Lawford, à qui l'on doit également une partie du décor intérieur de l'église de Saint-Hilaire.

Le manoir de la famille Campbell est l'un des premiers et des plus intéressants exemples du style néo-Tudor en Amérique, style qui se caractérise par l'emploi de l'arc brisé surbaissé, de fenêtres à meneaux et de *bay-windows*, et par un plan irrégulier associé au mouvement pittoresque. On remarquera, en outre, les parements de brique, fort rares au Québec avant 1860, et la présence de belles cheminées à mitrons torsadés. Le sculpteur Jordi Bonet sauva le manoir, laissé à l'abandon depuis 1955, lorsqu'il en fit son atelier en 1969. Au cours des années quatre-vingt, la maison et les écuries ont été reconverties en hôtellerie. En face du manoir Rouville-Campbell se dresse le **monument aux Patriotes de Mont-Saint-Hilaire.**

L'**église Saint-Hilaire** ★★ *(260 ch. des Patriotes N.)* devait à l'origine arborer deux tours en façade surmontées d'autant de flèches. À la suite de disputes internes, seule la base des tours fut érigée vers 1830, et un seul clocher, disposé au centre de la façade, fut finalement installé. Quant au décor intérieur, de style néogothique, il fut aménagé sur une longue période, soit de 1838 à 1928; mais c'est l'œuvre du peintre Ozias Leduc (1864-1955), exécutée à la toute fin du XIXe siècle, qui attire davantage l'attention.

Cet artiste, originaire de Mont-Saint-Hilaire, est l'auteur de l'ensemble des belles toiles marouflées aux tons pastel qui ornent le temple de même que des dessins des vitraux et des lampes de la nef.

Le presbytère (1798) avoisine l'église au nord, tandis que le **couvent des sœurs des Saints-Noms-de-Jésus-et-de-Marie**, avec son étrange avancée arrondie, se situe derrière elle.

Le **Musée d'art de Mont-Saint-Hilaire** ★ *(3$; mar 10h à 17h et 18h15 à 20h30, mer-sam 10h à 17h, dim 13h à 17h; 150 rue du Centre Civique, ☎536-3033)* a pour objectifs de promouvoir et diffuser les arts visuels contemporains, mais aussi de mettre en valeur des œuvres d'artistes célèbres qui ont vécu dans la municipalité. On pense entre autres à Ozias Leduc, Paul-Émile Borduas et Jordi Bonet.

Poursuivez sur la route 133 Nord. Tournez à droite sur la route 116 Est (suivez les indications pour le Centre de conservation de la nature de Mont-Saint-Hilaire). Prenez à droite la rue Fortier, qui devient le chemin Ozias-Leduc. Enfin, tournez à gauche sur le chemin de la Montagne, puis sur le chemin des Moulins. Le joli chemin de la Montagne est bordé de nombreux vergers de pommiers. Leurs propriétaires vendent d'ailleurs pommes, jus, cidre et compote en saison (septembre et octobre) dans des kiosques installés au bord de la route.

Centre de conservation de la nature de Mont-Saint-Hilaire ★★, voir p 216.

On délaisse momentanément la vallée du Richelieu pour effectuer une visite à Saint-Hyacinthe, surnommée la «capitale agroalimentaire du Québec». Pour vous y rendre, il faut reprendre la route 116 Est sur une vingtaine de kilomètres. Vous entrerez alors dans la ville par la rue Girouard en passant sous la ***porte des Anciens Maires****, monument d'allure médiévale situé en bordure de la rivière Yamaska.*

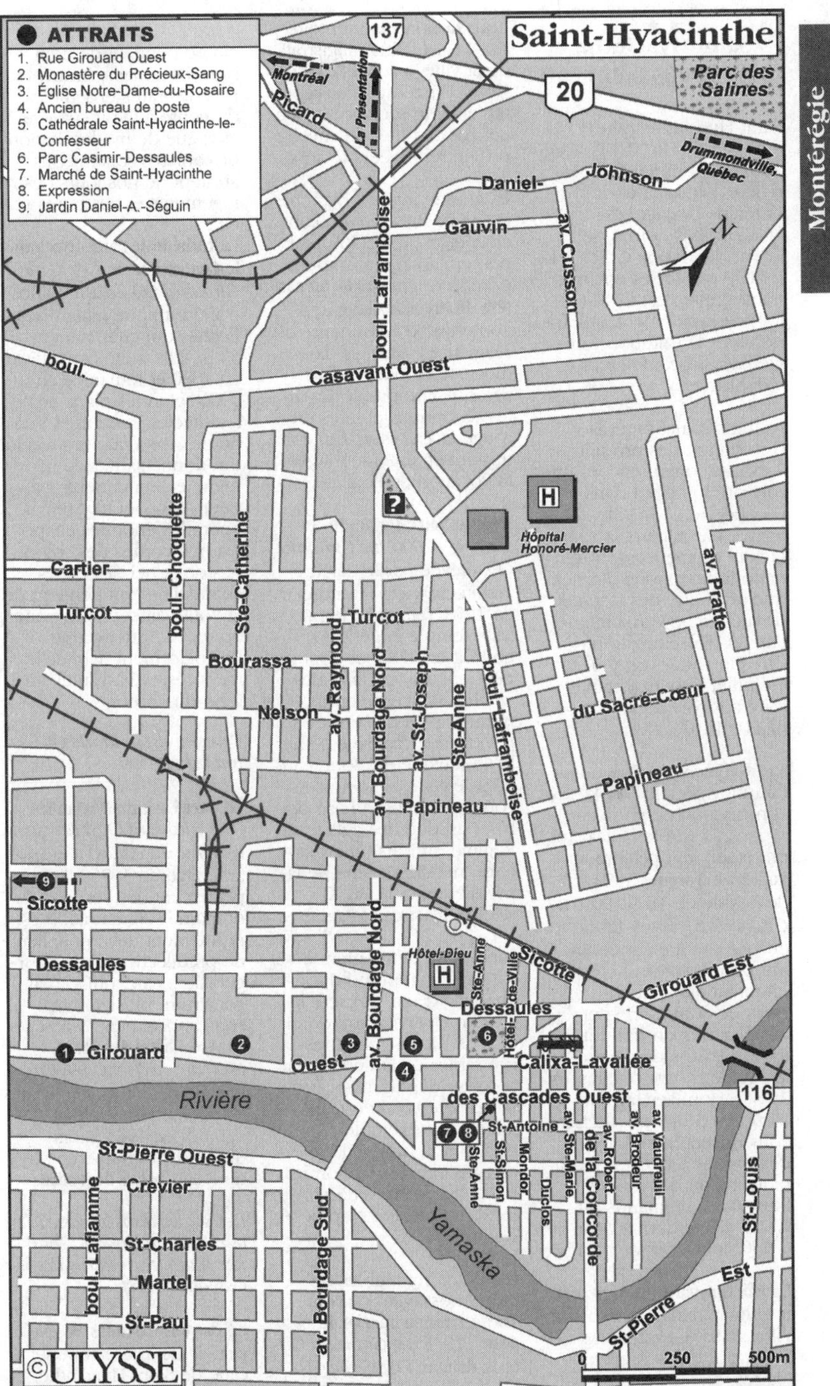

Saint-Hyacinthe
ATTRAITS
1. Rue Girouard Ouest
2. Monastère du Précieux-Sang
3. Église Notre-Dame-du-Rosaire
4. Ancien bureau de poste
5. Cathédrale Saint-Hyacinthe-le-Confesseur
6. Parc Casimir-Dessaules
7. Marché de Saint-Hyacinthe
8. Expression
9. Jardin Daniel-A.-Séguin
137
20
116
Montréal
La Présentation
Picard
Parc des Salines
Drummondville, Québec
Daniel-Johnson
Gauvin
av. Cusson
boul. Laframboise
boul. Casavant Ouest
Hôpital Honoré-Mercier
av. Pratte
Cartier
Turcot
boul. Choquette
Ste-Catherine
Bourassa
Nelson
av. Raymond
av. Bourdage Nord
av. St-Joseph
Ste-Anne
du Sacré-Cœur
Papineau
Sicotte
Dessaules
Hôtel-Dieu
Hôtel-de-Ville
Girouard Est
Girouard Ouest
Calixa-Lavallée
Rivière Yamaska
des Cascades Ouest
St-Antoine
St-Simon
Mondor
Duclos
av. Ste-Marie
de la Concorde
av. Robert
av. Brodeur
av. Vaudreuil
St-Louis
St-Pierre Ouest
St-Pierre Est
Crevier
St-Charles
Martel
St-Paul
boul. Laflamme
av. Bourdage Sud
0 250 500m
©ULYSSE

Montérégie

★★ Saint-Hyacinthe (41 063 hab.)

Saint-Hyacinthe a vu le jour à la fin du XVIIIe siècle autour des moulins de la rivière Yamaska et du domaine de Jacques-Hyacinthe Delorme, seigneur de Maska. Grâce à la fertilité des terres environnantes, elle s'est développée rapidement, attirant nombre d'institutions religieuses, de commerces et d'industries.

La transformation et la distribution des produits agricoles jouent encore un rôle prédominant dans l'économie de la ville. On y trouve par ailleurs la seule faculté de médecine vétérinaire francophone d'Amérique ainsi que des instituts de recherche agroalimentaire et d'insémination. Chaque année, on y tient en juillet une importante foire agricole régionale(voir p).

Saint-Hyacinthe s'est aussi fait une spécialité de la construction de grandes orgues. Les frères Casavant ont établi leur célèbre **manufacture d'orgues** à l'écart de la ville en 1879 *(900 rue Girouard E.)*. On y fabrique encore chaque année une quinzaine d'orgues électropneumatiques, que les experts de la maison vont installer un peu partout à travers le monde. Des visites guidées sont organisées à l'occasion. Les facteurs d'orgues Guilbault-Thérien construisent, quant à eux, des orgues à traction mécanique selon des modèles français et allemands du XVIIIe siècle depuis 1946 *(2430 rue Crevier)*.

La **rue Girouard Ouest** ★ est le principal axe de la haute ville de Saint-Hyacinthe. De la porte des Anciens Maires, érigée en 1927 pour honorer la mémoire des 11 premiers magistrats de la ville, jusqu'à l'église Notre-Dame-du-Rosaire, on traverse un secteur résidentiel cossu, reflet du succès des entrepreneurs locaux.

La grande maison blanche, dotée de lucarnes et d'un clocheton (vers 1860), au numéro 2500, constitue la portion originale du **monastère du Précieux-Sang**, qui abrite une communauté de religieuses cloîtrées. Le monastère, maintes fois agrandi, comprend des ailes de briques peintes en rouge et en blanc, qui contrastent étrangement avec la vocation de l'édifice.

L'**église Notre-Dame-du-Rosaire** ★ *(2000 rue Girouard O.)*, élevée par le célèbre architecte Victor Bourgeau en 1858, remplace le premier temple érigé à cet endroit en 1785, et dont on peut encore voir une des cloches convertie en monument près de l'entrée principale. L'église est une belle réussite de Bourgeau, dont le style personnel constitue une synthèse de l'art baroque des églises du Régime français (ailerons) et du néoclassicisme de la première moitié du XIXe siècle (pilastres toscans).

L'intérieur, d'une grande sobriété, comprend une chapelle d'axe, derrière le chœur, réservée aux dominicains. Ceux-ci sont responsables de la cure de la paroisse depuis 1873. Leur monastère voisin est un intéressant exemple d'éclectisme français. Il a été construit en 1892 selon les plans du peintre et architecte montréalais Napoléon Bourassa.

Les deux immeubles de pierre bossagée, qui ont abrité l'**ancien bureau de poste** *(1915 rue Girouard O.)* et la **douane** *(1995 rue Girouard O.)* de Saint-Hyacinthe pendant de nombreuses années, forment l'un des rares ensembles du genre à avoir survécu à la vague de modernisation des années soixante. Ils abritent de nos jours des logements et des bureaux.

La **cathédrale Saint-Hyacinthe-le-Confesseur** ★ *(1900 rue Girouard O.)* est un édifice d'allure trapue malgré ses flèches qui culminent à 50 m. Elle a été construite en 1880 et remaniée en 1906 selon les plans des architectes Perrault et Venne de Montréal, lesquels lui ont donné sa façade néoromane et son curieux intérieur rococo. On y remarquera les énormes chapiteaux à cornes des colonnes de la nef, les riches chandeliers qui pendent de la voûte ainsi que le trône épiscopal, qui occupe l'emplacement habituellement réservé à l'autel, au fond du chœur.

Poursuivez sur la rue Girouard vers l'est.

Le **parc Casimir-Dessaulles** *(rue Girouard O., à l'angle de l'avenue du Palais)* a été aménagé en 1876 à l'emplacement des vestiges du domaine seigneurial. Il est rapidement devenu le lieu de prédilection de la bourgeoisie locale, qui y a fait construire plusieurs maisons imposantes. À l'est se trouve l'**hôtel de ville** *(700 av. de l'Hôtel-de-Ville)*, installé dans l'ancien hôtel Yamaska, remodelé et agrandi en 1923, alors qu'au nord on aperçoit le nouveau **palais de justice.**

Descendez dans la basse ville par l'avenue Mondor. Tournez à droite sur la rue des Cascades Ouest.

La **rue des Cascades** ★ est la principale artère commerciale de Saint-Hyacinthe.

Elle a été la proie des flammes en 1876, mais fut reconstruite aussitôt. On y découvre aujourd'hui plusieurs boutiques et cafés fort agréables. Au numéro 1555 se trouve la **place du Marché**, délimitée dès 1796 par le seigneur de Maska. L'édifice du marché (1877) représente le cœur de cette cité, dont la vocation agricole ne s'est jamais démentie malgré la diversification du dernier siècle.

L'**allée du Marché**, à l'ouest de la place du même nom, est une intervention heureuse de reconstruction à la suite d'un incendie dévastateur survenu en 1970, qui a détruit plusieurs dizaines de bâtiments entre les rues Saint-François et Sainte-Anne. Les architectes Courchesne et Bergeron ont créé un ensemble multifonctionnel relié par une rue piétonne, aidant ainsi à revitaliser le centre-ville.

Témoin du siècle dernier, le **marché de Saint-Hyacinthe** *(1555 rue des Cascades O.)* est le plus ancien au Québec à avoir conservé son affectation. Il est le symbole de la vocation agroalimentaire de la ville.

Expression *(toute l'année, mar-ven 10h à 17h, sam-dim 13h à 17h; 495 rue St-Simon, 2e étage, ☎773-4209)*, un organisme qui a pour mission de promouvoir et diffuser l'art contemporain, s'est installé dans les locaux situés à l'étage du marché central de Saint-Hyacinthe. La salle d'exposition, considérée comme l'une des plus belles du Québec, accueille une dizaine d'expositions chaque année.

D'abord créé pour remplir une mission pédagogique (lieu de pratique pour les étudiants en aménagement paysager de l'Institut agroalimentaire, situé juste en face), le **jardin Daniel-A.-Séguin** ★ *(5$; fin juin à début sept mar-dim 11h à 18h30; 3215 rue Sicotte, ☎778-6504)* est ouvert au public depuis 1995. Grâce à ses visites guidées, ses panneaux explicatifs et ses ateliers, les amateurs d'horticulture y trouveront de précieux conseils pour parfaire leurs connaissances et ensuite les appliquer à leur propre jardin.

Reprenez la rue Sicotte et tournez à gauche sur le boulevard Choquette. Continuez sur ce boulevard et tournez à droite sur le boulevard Casavant Ouest. Continuez et tournez à gauche sur le boulevard Laframboise (route 137) en direction de La Présentation et de Saint-Denis.

La Présentation (1 855 hab.)

L'**église de La Présentation** ★★ *(551 ch. de l'Église)* se démarque des autres temples érigés en Montérégie à la même époque par sa façade en pierre de taille finement sculptée, achevée en 1819. On y remarquera les inscriptions rédigées en ancien français au-dessus des entrées. Le vaste presbytère dissimulé dans la verdure ainsi que la maison du sacristain, plus modeste, complètent ce paysage typique des paroisses rurales du Québec.

L'intérieur de l'église en blanc et or a été réalisé entre 1823 et 1847 par le sculpteur François Dugal et ses associés. On y retrouve quelques toiles intéressantes provenant d'églises parisiennes, acquises à la suite des Ventes révolutionnaires, entre autres *La Présentation de la Vierge au temple*, *L'Annonciation* et *L'Assomption d'Antoine Renou* (vers 1775), ainsi que *La communion de sainte Claire*, au-dessus de l'autel latéral gauche, attribuée au frère Luc (vers 1665).

Poursuivez sur la route 137 Nord jusqu'à Saint-Denis. Tournez à gauche sur le chemin des Patriotes, qui longe le Richelieu (route 133 Sud).

★ Saint-Denis (2 110 hab.)

Au cours des années 1830, Saint-Denis fut le lieu de grands rassemblements politiques et le siège des Fils de la Liberté, ces jeunes Canadiens français qui voulaient faire du Bas-Canada (le Québec d'aujourd'hui) un pays indépendant. Plus important encore, Saint-Denis a été le théâtre de l'unique victoire des Patriotes sur les Britanniques lors de la rébellion de 1837-1838. En effet, le 23 novembre 1837, les troupes du général Gore durent se replier sur Sorel après une lutte acharnée contre les Patriotes, mal équipés mais bien décidés à l'emporter sur l'ennemi.

Toutefois, les troupes britanniques se vengèrent quelques semaines plus tard. Surprenant ses citoyens endormis, ils pillèrent et brûlèrent maisons, commerces et industries de Saint-Denis.

Le bourg de Saint-Denis, fondé en 1758, a connu une intense période d'industrialisation au début du XIXe siècle. On y trouvait, entre autres, la plus importante chapellerie au Canada, où l'on confectionnait les fameux hauts-de-forme en peau de castor, portés par les hommes d'Europe et d'Amérique, de même que plusieurs poteries et faïenceries. La répression qui a suivi la rébellion a mis un terme à cette expansion économique et, dès lors, Saint-Denis a retrouvé sa vocation de simple village agricole.

Le **parc des Patriotes**. Un monument dévoilé en 1913 honore la mémoire des Patriotes de Saint-Denis au centre de cet agréable square, qui fut autrefois la place Royale, avant de devenir la place du Marché, puis un parc public au début du XXe siècle.

La **Maison nationale des Patriotes** ★ *(4$; mai à sept tlj 10h à 17h, nov mar-ven, 10h à 17h; 610 ch. des Patriotes, ☎787-3623)*. Au sud du parc s'élève une ancienne auberge en pierre construite en 1810. Le bâtiment de forme irrégulière a les caractéristiques des maisons urbaines de la fin du XVIIIe siècle (murs coupe-feu dotés de corbeaux, étage sur rez-de-chaussée, occupation maximale du terrain), dont c'est l'un des rares exemples en dehors de Montréal et Québec.

Depuis 1988, le bâtiment abrite un intéressant centre d'interprétation portant sur la rébellion de 1837-1838 et sur l'histoire des Patriotes. On y décrit les principales batailles de la rébellion et les causes de cette insurrection qui a profondément marqué la région du Richelieu et le Québec tout entier.

Deux intéressantes festivités y ont lieu : la **fête du Vieux Marché** *(mi-août, ☎787-2401 ou 787-3229)*, une reconstitution d'un marché public d'autrefois avec une centaine d'artisans en costumes d'époque qu'on a même le plaisir d'observer à l'œuvre, et la **fête des Patriotes** *(21 novembre, (450) 787-3623)*, un rassemblement populaire commémorant le jour de 1837 où près de 800 Patriotes peu armés ont mis en déroute les troupes du général Gore.

L'**église Saint-Denis** ★ *(636 ch. des Patriotes)*, érigée de 1793 à 1796 selon les plans de François Cherrier, curé de la paroisse, est plus imposante que la plupart de ses contemporaines villageoises, comme en témoigne la double rangée de fenêtres des longs pans servant à éclairer les galeries latérales, une idée nouvelle à l'époque. Elle a malheureusement été considérablement remaniée en 1922, notamment par l'ajout de l'actuelle façade surmontée de hautes flèches de cuivre.

Quoique fort modifié lui-aussi, l'intérieur conserve davantage d'éléments susceptibles d'intéresser le visiteur, comme le retable de Louis-Amable Quévillon (1804) et la chaire d'Urbain Desrochers (1818). L'église Saint-Denis renferme plusieurs tableaux importants provenant de la collection «Desjardins», parmi lesquels figurent des œuvres confisquées aux églises de Paris à la Révolution, comme *La Nativité* d'Antoine Coypel, *L'éducation de la Vierge d'Otto Van Veen* et *Le Martyre de saint Barthélemy* de Jacques-Antoine Delaistre, qui ornait autrefois l'église Saint-Eustache à Paris.

En face de l'église s'élève la **maison Cherrier** *(639 ch. des Patriotes)*, cette confortable demeure que François Cherrier, curé de Saint-Denis de 1763 à 1809, se fit construire au moment de sa retraite.

Reprenez la route 133 Nord ou chemin des Patriotes, en direction de Saint-Ours.

À la sortie du village, aux environs de la rue Phaneuf, on se trouve à l'emplacement du champ de bataille de 1837. La maison Pagé, au numéro 553 du chemin des Patriotes, a été le théâtre des premières escarmouches entre Patriotes et troupes britanniques. Dans la maison Dormicour *(549 ch. des Patriotes)*, six soldats britanniques ont été soignés par les demoiselles Dormicour.

Saint-Ours (1 620 hab.)

Les descendants des seigneurs de Saint-Ours habitent toujours le manoir seigneurial sur les terres qui ont été concédées par Louis XIV, en 1672, à leur ancêtre Pierre de Saint-Ours, capitaine dans le régiment de Carignan-Salières. Le petit village qui avoisine la maison du seigneur a déjà été un port très fréquenté sur le Richelieu. Seul témoin de cette effervescence, l'écluse a été reconstruite en 1933.

L'**écluse de Saint-Ours** *(2$; mi-mai à mi-oct; ☎447-4805)*. Le Richelieu a longtemps été une voie de communication vitale entre Montréal et New York, via le lac Champlain et le fleuve Hudson. Jusqu'au début du XIXe siècle, cette rivière était redoutée, car elle permettait à l'ennemi de pénétrer dans le territoire québécois. Cependant, une paix durable s'étant installée à la suite de la guerre de 1812-1814 entre la Grande-Bretagne et les États-Unis, le Richelieu devint alors un lien économique important pour l'importation de produits étasuniens et l'exportation de biens canadiens.

La première écluse de Saint-Ours, destinée à faciliter la circulation des marchandises sur le Richelieu entre le Canada et les États-Unis, a été achevée en

1849, mais elle fut reconstruite au XXe siècle.

Poursuivez sur la route 133 Nord, le chemin des Patriotes, jusqu'à Sorel, où elle prend le nom de «chemin Saint-Ours» puis de «rue de la Reine».

Sorel (24 964 hab.)

On rejoint ici l'embouchure de la rivière Richelieu, qui se jette dans le fleuve Saint-Laurent à Sorel. Cette ville, où industrie lourde et construction navale dominent encore le paysage, doit son nom à Pierre de Saurel, capitaine dans le régiment de Carignan-Salières, à qui le territoire fut concédé en 1672. L'agglomération elle-même doit sa configuration actuelle au gouverneur britannique Frederick Haldimand, qui voulut en faire une cité modèle peuplée d'Anglo-Saxons.

Son rattachement au Domaine royal en 1781, le plan en damier de 1783, les rues baptisées en l'honneur des membres de la famille royale britannique de l'époque (Augusta, Charlotte, George, etc.), de même que la mission anglicane ouverte dès 1784, avaient pour but d'attirer à Sorel, un temps rebaptisée «William-Henry», nombre de loyalistes américains. Ce fut un échec retentissant.

Au cours des années 1860, Sorel a connu une croissance phénoménale, avec l'ouverture de plusieurs chantiers navals, qui sont toujours en activité. Elle a repris son nom d'origine à la même époque, mais l'orthographe en fut modifiée.

La **maison des Gouverneurs** *(90 ch. St-Ours)*, recouverte de stuc blanc, a été érigée en 1781 pour loger le commandant du régiment de Brunswick, cantonné à Sorel pour contrer la menace d'une invasion américaine. Ce régiment, formé de mercenaires allemands et suisses, était alors sous le commandement du général von Riedesel, qui s'empressa de faire agrandir la maison pour la rendre plus confortable. C'est à l'occasion du jour de Noël 1781 que Riedesel et sa famille installent dans la maison des Gouverneurs le *premier arbre de Noël en Amérique*. Une sculpture en forme de sapin a été installée devant l'édifice pour commémorer l'événement.

De 1784 à 1860, la maison servira de résidence estivale aux gouverneurs généraux du Canada. Au cours de cette période, on y héberge divers personnages illustres dont Lord Dorchester, le duc de Kent (père de la reine Victoria) et le prince William-Henry (futur Guillaume IV).

Poursuivez en direction du centre de la ville sur la rue de la Reine.

Le **Carré Royal** *(angle Charlotte et de la Reine)* est un agréable espace de verdure au centre de Sorel, improprement désigné sous le nom de «Carré Royal», une mauvaise traduction de *Royal Square*, délimité en 1791 et aménagé par la suite sur le modèle du drapeau britannique, l'*Union Jack*.

À l'est du square, on peut voir l'**église anglicane Christ Church** *(79 rue du Prince)* et son presbytère au décor néogothique, élevés en 1842. La mission de Sorel, dont la fondation remonte à 1784, est la doyenne des églises anglicanes du Québec.

Dans les environs de la **place du Marché** *(à l'extrémité de la rue de la Reine)*, avec, en son centre, l'édifice du marché reconstruit en 1937 dans le style Art déco, on trouve quelques boutiques et cafés attrayants. Le quartier baigne dans une étrange ambiance portuaire sur fond de grues, de hangars et de navires.

La paroisse catholique de Sorel a été créée dès 1678 par Mgr Laval. L'**église Saint-Pierre** ★ *(170 rue George)* a été entreprise en 1826, mais considérablement modifiée au fil des ans. Parmi les éléments d'origine, figurent les portails en pierre de taille de la façade et, à l'intérieur, la division de la nef en trois vaisseaux soutenus par de belles colonnes corinthiennes, une solution inhabituelle pour l'époque. On remarquera également les stalles du chœur, qui proviendraient de la vieille église Notre-Dame de Montréal, détruite en 1830.

Ouvert au public depuis 1995, le **Centre d'interprétation du patrimoine de Sorel** ★ *(6 rue St-Pierre, début juin à début sept tlj 10h à 21h, le reste de l'année mar-dim 10h à 17h, ☎780-5740)* est l'endroit par excellence pour se familiariser avec l'histoire et le patrimoine de la région de Sorel. On y retrouve deux salles d'exposition (l'une permanente et l'autre temporaire), un belvédère, une boutique vendant des créations artisanales des gens du coin et un restaurant. Le volet permanent, avec son exposition «Un pays entre deux eaux», relate les 350 ans de Sorel.

Une excursion facultative permet de vous rendre à Sainte-Anne et dans les îles de Sorel afin d'explorer le «Pays du Survenant». De la rue

George, empruntez le boulevard Fiset vers le sud. Tournez à gauche sur la rue de l'Hôtel-Dieu, qui devient la rue de la Rive. Empruntez le chemin du Chenal-du-Moine, qui traverse Sainte-Anne-de-Sorel.

★ Sainte-Anne-de-Sorel (2 955 hab.)

Ce village est davantage tourné vers la chasse et la pêche que toute autre communauté de la Montérégie, grâce essentiellement à la proximité des îles de Sorel, véritable paradis pour la faune aquatique. L'écrivaine Germaine Guèvremont (1893-1968), qui habitait l'une des îles, a fait connaître cet archipel peu développé, au milieu du Saint-Laurent, dans son roman *Le Survenant*.

L'**église Sainte-Anne** ★ *(572 ch. du Chenal-du-Moine)* renferme 14 fresques magnifiques du peintre québécois Marc-Aurèle de Foy Suzor-Côté (1869-1937), dont la carrière fut influencée à la fois par le souci du détail de Fantin-Latour et par la palette impressionniste de Monet.

Le meilleur moyen d'explorer les **îles de Sorel** ★ *(deux types de croisières sont proposées : Croisière des îles de Sorel, 1665 ch. du Chenal-du-Moine, et excursions et expéditions en canot, ☎743-7227 ou 888-701-7227)* est de s'embarquer sur un des bateaux de croisière qui sillonnent l'archipel, qui compte une vingtaine d'îles. Les croisières d'une heure et demie débutent au chenal du Moine.

Les îles sont de formidables lieux d'observation d'oiseaux aquatiques, particulièrement au printemps et en automne. Seules quelques maisons sur pilotis, dotées de quais individuels, ponctuent ce paysage plutôt plat qui offre, çà et là, des percées sur les vastes étendues du lac Saint-Pierre, en aval. À l'extrémité de l'île d'Embarras, accessible en voiture, deux restaurants servent de la gibelotte, une sorte de fricassée de poisson typique de la région.

Retournez vers Sorel. Pour rentrer à Montréal, reprenez la rue de l'Hôtel-Dieu vers l'ouest. Tournez à gauche sur la rue du Roi, puis prenez à droite le chemin Saint-Ours, qui mène à l'autoroute 30, que vous emprunterez en direction de Montréal.

Circuit C : La rive du Saint-Laurent (deux jours)

En Montérégie, la rive du fleuve Saint-Laurent fait partie de la couronne de banlieues qui encercle l'île de Montréal. Toutes ces municipalités sont d'anciens villages agricoles ou de petites villes industrielles qui ont connu une croissance effrénée avec l'exode des populations urbaines vers la banlieue au cours des 40 dernières années. Dans certains cas, ces villes ont su préserver des noyaux urbains qui présentent un intérêt certain, à l'intérieur desquels on retrouve églises, musées et maisons anciennes. Tout au long de ce circuit, la vue sur Montréal, sur l'autre rive, est omniprésente, et peut être admirée sous plusieurs angles.

Sainte-Catherine (10 399 hab.)

L'**écluse de Sainte-Catherine** ★ *(entrée libre, sauf pour accéder à la plage en saison; avr à déc tlj)* de la voie maritime du Saint-Laurent permet de contourner les infranchissables rapides de Lachine, visibles à gauche. Les navires se retrouvent 9 m plus haut d'un bassin à l'autre. On s'y rend pour observer leur passage, mais également pour contempler la vue exceptionnelle sur les gratte-ciel de Montréal et le majestueux Saint-Laurent. En été, un **parc-plage** sur la presqu'île à Boquet accueille les baigneurs.

Une excursion facultative permet de se rendre à Saint-Constant, essentiellement pour y voir le Musée ferroviaire canadien, accessible en reprenant la route 132 Est puis en tournant à droite sur la rue Saint-Pierre (route 209 Sud).

Saint-Constant (19 535 hab.)

Cette municipalité recèle une institution muséale d'envergure, le Musée ferroviaire canadien, ainsi qu'un écomusée qui fait figure de précurseur dans sa catégorie.

Le **Musée ferroviaire canadien** ★★ *(6$; début mai à début sept tlj 9h à 17h, début sept à mi-oct sam-dim 9h à 17h; 120 rue St-Pierre, ☎632-2410)* présente une importante collection de matériel ferroviaire, des locomotives, des wagons et des véhicules d'entretien. On peut y admirer la fameuse locomotive *Dorchester*, mise en service en 1836 sur la première voie ferrée du pays, entre Saint-Jean-sur-Richelieu et La Prairie, plusieurs wagons luxueux du XIXe siècle ayant appartenu au Canadien Pacifique de même que des locomotives de l'étranger, comme la puissante *Chateaubriand* de la Société nationale des chemins de fer français (S.N.C.F.), mise en service en 1884.

L'**Écomusée de Saint-Constant** *(3$; début mai à début sept mar-ven 9h à 17h, sam-dim 10h à 19h; sept à mai sur réservation; 66 rue Maçon, ☎632-3656)* est davantage un lieu de sensibilisation à l'environnement naturel et bâti de la région, conçu pour la population locale, qu'un véritable musée destiné au grand public. Néanmoins, le visiteur qui s'intéresse de près aux outils et métiers traditionnels, aux coutumes locales, à la généalogie et à l'écologie de la région y trouvera quantité d'informations précieuses.

Retournez en direction de Sainte-Catherine. Empruntez le boulevard Marie-Victorin vers l'est (en sortant du site de l'écluse, tournez à gauche). Vous longerez la voie maritime du Saint-Laurent et traverserez la ville de Candiac avant d'arriver à La Prairie. Empruntez le boulevard Salaberry, puis tournez à gauche sur la rue Desjardins, qui prend le nom de Saint-Laurent dans le Vieux-La Prairie. Tournez à gauche sur le chemin de Saint-Jean.

★ La Prairie (15 839 hab.)

La seigneurie de La Prairie a été concédée aux jésuites en 1647. Ceux-ci en firent d'abord un lieu de repos pour leurs missionnaires et un village pour les Iroquois convertis. Les colons français, de plus en plus nombreux à s'installer dans les environs, forcèrent les jésuites à déplacer leur mission afin de soustraire leurs protégés à la mauvaise influence des Blancs. L'emplacement stratégique de La Prairie amena les autorités à fortifier le village à partir de 1684. Très peu de vestiges subsistent toutefois de l'enceinte de pierre et de bois démantelée par les Américains au moment de l'invasion de 1775.

Musée ferroviaire de Saint-Constant

Au début du XIXe siècle, La Prairie connaît une effervescence nouvelle lorsqu'elle devient un maillon important de la route qui permet l'acheminement des marchandises vers les États-Unis et, en particulier, vers le port américain de Portland, qui est libre de glace en hiver. On y aménage un quai en 1835, où accostent les vapeurs reliant la Rive-Sud à Montréal. L'année suivante voit l'inauguration du premier chemin de fer du Canada, qui relie Saint-Jean-sur-Richelieu et La Prairie. Malheureusement, un incendie déclenché par une locomotive dévaste le village en 1846, effaçant ainsi presque toute trace des bâtiments du Régime français et mettant du même coup un terme à un avenir prometteur. Toutefois, grâce à la prospérité des briqueteries (appelées «briquades» par les résidants), l'économie connaîtra un certain redressement, et un nouveau quartier ouvrier verra le jour vers 1880 dans les environs de la rue Sainte-Rose, le «Fort neuf», baptisé ainsi par opposition au vieux village autrefois fortifié.

L'**église de la Nativité de la Sainte Vierge** ★*(155 ch. de St-Jean)*, entreprise en 1840, comporte une haute façade néoclassique dessinée par l'architecte Victor Bourgeau et surmontée d'un élégant clocher à péristyle qui domine les environs. À l'arrière de l'église, on remarquera les élégants volumes de l'abside et de la sacristie, de même qu'un caveau doté d'une porte en fer très ancienne et une partie de l'enclos de l'ancien cimetière.

En face de l'église, le bâtiment d'angle *(120 ch. de St-Jean)* et la **maison Aubin** de 1824 *(150 ch. de St-Jean)* sont de bons exemples de la persistance de l'architecture du Régime français après la Conquête.

Le **Musée du Vieux-Marché** *(entrée libre; lun-ven 9h à 17h; 249 rue Ste-Marie, ☎659-1393)*. Un sentier d'interprétation que l'on emprunte en face de l'église conduit jusqu'à l'arrière de l'ancien édifice du marché (1863). Ce bâtiment de brique abritait à l'origine, outre un marché, le service des incendies au rez-de-chaussée et une salle de spectacle à l'étage. Un coquet musée portant sur l'histoire de La Prairie l'occupe aujourd'hui.

Les **rues du Vieux-La Prairie** ★★ revêtent un caractère urbain rarement atteint dans les villages du Québec au XIXe siècle. Plusieurs des maisons ont été soigneusement restaurées depuis que le secteur a été classé «arrondissement historique» par le gouvernement du Québec en 1975. Une promenade, le long des rues Saint-Ignace, Sainte-Marie, Saint-Jacques et Saint-Georges permet d'en apprécier les particularités.

Certaines maisons de bois rappellent les habitations des faubourgs de Montréal aujourd'hui disparues *(240 et 274 rue St-Jacques)*. D'autres maisons s'inspirent de l'architecture du Régime français (toits à deux versants, murs coupe-feu, lucarnes), à cette différence près qu'elles sont partiellement ou totalement construites en brique plutôt qu'en pierre *(234 et 237 rue St-Ignace, 166 rue St-Georges)*. Enfin, la maison en pierre revêtue de bois, au numéro 238 de la rue Saint-Ignace, serait le seul véritable témoin du Régime français qui subsiste dans le Vieux-La Prairie.

Revenez en direction du chemin de Saint-Jean.

En tournant à gauche, on aboutit sur un square doté d'un kiosque à musique et d'une plaque commémorant la bataille de La Prairie (1691), qui a opposé colons français et bandes amérindiennes à la solde des Britanniques.

Reprenez le chemin de Saint-Jean en sens inverse. Tournez à droite sur la rue Saint-Laurent puis encore à droite sur la rue Saint-Henri. Empruntez l'autoroute 15 (route 132), qui traverse Brossard, avant d'atteindre Saint-Lambert (sortie du boulevard Simard). Tournez à gauche sur le chemin Riverside (en anglais «Riverside Drive»).

Saint-Lambert (22 148 hab.)

Le développement de Saint-Lambert est intimement lié à la construction du pont Victoria au milieu du XIXe siècle. La présence ferroviaire y a attiré une importante communauté anglophone qui lui a légué une saveur vaguement britannique. On y trouve également quelques maisons de ferme plus anciennes, disséminées le long du fleuve Saint-Laurent et restaurées par une population cultivée.

Le **pont Victoria** ★ est le plus ancien des ponts qui relient l'île de Montréal à la terre ferme. Il a été construit péniblement par des centaines d'ouvriers irlandais et canadiens-français entre 1854 et 1860 pour la compagnie ferroviaire du Grand Tronc, qui y faisait passer ses trains. Il s'agissait, au départ, d'un pont tubulaire conçu par le célèbre ingénieur anglais Robert Stephenson, Seuls les piliers aux arêtes effilées, destinées à briser les glaces, sont d'origine, puisque la structure du pont Victoria a été modifiée à quelques reprises, notamment pour y permettre la circulation automobile. Sa longueur (2 742 m), exceptionnelle pour l'époque, a fait dire aux chroniqueurs du XIXe siècle qu'il s'agissait de la huitième merveille du monde...

L'**écluse de Saint-Lambert** ★ *(entrée libre; mi-avr à fin sept tlj du lever au coucher du soleil; dans l'axe du boulevard Sir-Wilfrid-Laurier)* joue le rôle de porte d'entrée de la voie maritime du Saint-Laurent, qui s'amorce ici et prend fin 3 800 km plus loin à l'ouest, à l'extrémité des Grands Lacs. La voie maritime permet aux navires de franchir les obstacles naturels du Saint-Laurent afin d'approvisionner directement le centre du continent. Son inauguration en 1959 a entraîné la fermeture du canal de Lachine et a contribué au déclin économique du sud-ouest de Montréal.

L'**avenue Victoria**. Des bâtiments, comme la **maison Dawson** *(581-585 av. Victoria)*, construite en 1891 dans le style Queen Anne, donnent à la principale artère commerciale de Saint-Lambert un cachet britannique jalousement préservé par les habitants de la municipalité. En parcourant les rues avoisinantes, on peut voir plusieurs maisons victoriennes, telle la **maison Terroux** *(15 av. Upper-Edison)*, érigée en 1890.

Le **Musée Marsil** *(2$; mar-ven 10h à 16h, sam-dim 13h à 16h; 349 ch. Riverside, ☎923-6601)* présente des expositions temporaires à caractère autant artistique qu'historique ainsi qu'une intéressante collection de costumes et de textiles. Il est installé dans la maison Marsil, dont le carré de pierres date vraisemblablement de 1750. Celui-ci a été bardé d'un cercle de fer destiné à retenir la maçonnerie à une époque ultérieure. La toiture à larmiers débordants, la galerie et les lucarnes appartiennent, quant à elles, à l'architecture rurale québécoise du début du XIXe siècle.

Le long du chemin Riverside, on peut voir d'autres maisons du même genre. Au numéro 405, la **maison Auclair** (vers 1750), moins transformée que la maison Marsil, illustre mieux l'humble architecture rurale du Régime français avec son petit carré de pierres sans galerie, ses rares ouvertures disposées irrégulièrement et sa toiture à pentes raides, dépourvue de lucarnes. Celle-ci est surmontée de deux cheminées, dont une fausse, appelée «menteuse». La **maison Mercille**, au numéro 789 (vers 1775), plus imposante que ses voisines de la même époque, comporte une laiterie attenante au corps principal, dont la fenêtre est dotée d'une grille à «étripe-chats». Chemin faisant, on jouit de belles vues sur les îles Notre-Dame et Sainte-Hélène, qui ont accueilli l'Exposition universelle de 1967, de même que sur les gratte-ciel du centre-ville de Montréal.

Une excursion facultative à l'intérieur des terres, dans la municipalité de Saint-Bruno-de-Montarville, permet de voir le mont Saint-Bruno, l'une des collines montérégiennes. Pour vous y rendre, empruntez le boulevard Sir-Wilfrid-Laurier (route 116), puis tournez à gauche sur le chemin de la Rabastalière. Sinon, poursuivez en direction de Longueuil sur le chemin Riverside, qui devient ensuite la rue Saint-Charles Ouest. Vous côtoierez alors, sur un kilomètre avant d'arriver dans le centre de la ville, un enchevêtrement de voies élevées qui mènent au pont Jacques-Cartier, ainsi qu'un quartier de tours modernes qui gravitent autour de la station de métro Longueuil.

Saint-Bruno-de-Montarville (25 259 hab.)

Adossée au mont Saint-Bruno, cette municipalité est une oasis de verdure. Elle compte en moyenne 24 m^2 d'espace vert par habitant, en excluant son parc de conservation qui s'étend sur plus de 8 km^2. La ville faisait autrefois partie de la seigneurie de Boucherville.

Le long du chemin de la Rabastalière, on trouve encore quelques vieilles maisons de ferme, mais l'ensemble de la ville présente une allure de banlieue moderne. Certains lotissements des années soixante, planifiés par l'urbaniste Jean-Claude La Haye, ont des qualités rarement présentes dans ce type de développement, comme la préservation des arbres et des ruisseaux ainsi que la construction de maisons à l'architecture soignée sur de larges parcelles.

Autrefois situé près de l'église catholique, le **Vieux-Presbytère** *(lors d'expositions : entrée libre; mer-dim 13h à 16h30, ven 19h à 22h, juin à août fermé la fin de semaine; 15 rue des Peupliers, ☎653-7872)* fut érigé vers 1851. L'architecture de cette ancienne habitation de curé ressemble aux vieilles maisons d'époque situées aux environs de Montréal. En effet, la pierre des champs mouchetée ainsi que des cheminées doubles, ancrées dans des pignons, ornent sa façade. L'intérieur est constitué presque entièrement de bois de pin.

En 1960, l'existence du Vieux-Presbytère fut menacée par l'apparition d'un deuxième presbytère rattaché à l'église, celui-là plus moderne et moins coûteux à entretenir. Pour éviter de détruire cette pittoresque demeure, Mgr Gilles Gervais, curé de la paroisse, ainsi qu'un groupe de citoyens firent pression en faveur de sa conservation. Le Vieux-Presbytère a été classé monument national le 6 décembre 1966 par la Commission des monuments historiques. Il fut donc démoli, pierre par pierre, et reconstruit dans le parc qui entoure le lac du village. On y présente aussi des expositions qui changent régulièrement.

Parc du Mont-Saint-Bruno ★, voir p 217.

★ Longueuil (137 134 hab.)

Cette agglomération, située en face de Montréal, est la plus peuplée de la Montérégie. Elle faisait autrefois partie de la seigneurie de Longueuil, concédée à Charles Le Moyne (1624-1685) en 1657. Celui-ci est à l'origine d'une dynastie ayant joué un rôle de premier plan dans le développement de la Nouvelle-France. Parmi ses 14 enfants, plusieurs seront célèbres, dont Pierre Le Moyne d'Iberville (1661-1706), premier gouverneur de la Louisiane, Jean-Baptiste Le Moyne de Bienville (1680-1768), fondateur de La Nouvelle-Orléans, et Antoine Le Moyne de Châteauguay (1683-1747), gouverneur de la Guyane.

Le fils aîné, Charles Le Moyne de Longueuil, hérita de la seigneurie. Entre 1685 et 1690, il fait construire, sur le site de l'actuelle cathédrale Saint-Antoine-de-Padoue, un véritable château fort comprenant quatre tours d'angle, une église et plusieurs corps de logis. En 1700, Longueuil est élevée au rang de baronnie par Louis XIV, un cas unique dans l'histoire de la Nouvelle-France. Le baron de Longueuil voit au développement de ses terres, dont la superficie croît sans cesse jusqu'à atteindre les berges de la rivière Richelieu.

Au XIXe siècle, Longueuil connaît une croissance continue grâce à l'implantation du chemin de fer (1846) et à la venue de nombreux estivants qui érigent de belles villas sur la rive du fleuve. Puis la ville accueille, au début du XXe siècle, une petite usine à l'origine de la puissante firme Pratt et Whitney, créant ainsi un important noyau industriel spécialisé dans la mécanique et l'avionnerie. Longueuil peut être considérée comme l'une des premières composantes de la banlieue de Montréal, grâce à la construction du pont Jacques-Cartier, entre Montréal et la Rive-Sud, inauguré dans les années trente.

La **rue Saint-Charles** est la principale artère commerciale de Longueuil. À l'est de l'**hôtel de ville** *(300 rue St-Charles O.)* se trouvent plusieurs cafés et restaurants agréables. Près de l'église catholique, l'ancien **Foyer Saint-Antoine des Sœurs Grises**, conçu en 1877 par Victor Bourgeau, abrite maintenant des organismes artistiques et sociaux.

L'**église Saint-Antoine-de-Padoue ★★** *(rue St-Charles, angle ch. Chambly)*. Le château de Longueuil occupait autrefois cet emplacement. Après avoir été assiégé par les insurgés américains lors de l'invasion de 1775, il a été réquisitionné par l'armée britannique. En 1792, alors qu'une garnison y était stationnée, un incendie éclata, détruisant une bonne partie de l'ensemble érigé au XVIIe siècle. Les ruines sont mises à profit en 1810 lors de la construction de la seconde église catholique. Quelques années plus tard, la rue Saint-Charles est percée en plein centre du site du château. Ainsi sont disparus les derniers vestiges d'un édifice unique en Amérique du Nord. Des fouilles archéologiques, effectuées au cours des années soixante-dix, ont permis de retracer l'emplacement exact du château et de mettre au jour une partie de ses fondations, visibles à l'est de l'église.

L'église de 1810 a été démolie en 1884 pour faire place à l'édifice actuel. L'église Saint-Antoine-de-Padoue, achevée en 1887 selon les plans des architectes Perrault et Mesnard de Montréal. L'extérieur s'inspire de l'art gothique flamboyant, mais demeure proche de l'éclectisme victorien.

La **maison Rollin-Brais** *(205 ch. Chambly)*, datant de la fin du XVIIIe siècle et comportant des murs de pierre irréguliers, abrite le bureau d'information touristique de Longueuil. Au cours de son histoire, elle fut notamment une auberge et une forge.

Le **couvent des sœurs des Saints-Noms-de-Jésus-et-de-Marie ★** *(visites sur rendez-vous; 80 rue St-Charles E., ☎651-8104)*, admirablement restauré, abrite toujours les sœurs des Saints-Noms-de-Jésus-et-de-Marie, une communauté religieuse fondée à Longueuil en 1843 par la bienheureuse mère Marie-Rose. Le bâtiment comprend une résidence érigée en 1769, mais les principaux travaux de construction ont été effectués entre 1844 et 1851.

À l'est du couvent, on peut voir la **maison Labadie** *(90 rue St-Charles E.)*, construite en 1812 sur un terrain qui faisait autrefois partie du domaine seigneurial. C'est dans cette maison qu'a été fondée la communauté des sœurs des Saints-Noms-de-Jésus-et-de-Marie, vouée à l'éducation des jeunes filles. La maison voisine *(100 rue St-Charles E.)* aurait été construite en 1749.

Poursuivez vers l'est en direction de Boucherville sur la rue Saint-Charles Est, qui prend ensuite le nom de «boulevard Marie-Victorin». Le long du parcours, vous bénéficierez de vues imprenables sur le pont Jacques-Cartier.

★ Boucherville (36 198 hab.)

Contrairement à nombre de seigneuries de la Nouvelle-France qui sont concédées à des militaires ou à des marchands, la seigneurie de Boucherville est remise par l'intendant Talon à un colon de Trois-Rivières, Pierre Boucher, en 1672. Plutôt que de spéculer ou d'utiliser ses terres comme réserve de chasse, Boucher fait des efforts soutenus pour développer sa seigneurie, ce qui lui vaudra d'être anobli par le roi. Dès la fin du XVIIe siècle, Boucherville comprend un bourg fortifié, des moulins et une église. Peu de bâtiments de cette époque ont survécu, du fait d'un incendie majeur qui a détruit une bonne partie de l'agglomération en 1843. La seigneurie de Boucherville demeurera entre les mains de la famille Boucher jusqu'à l'abolition du régime seigneurial en 1854.

Parc des Îles-de-Boucherville, voir p 217.

Comme ses deux voisines, la **maison Louis-Hippolyte-Lafontaine** (entrée libre; jeu-ven 19h à 21h, sam-dim 13h à 17h; 314 boul. Marie-Victo rin, ☎449-8347) a été déménagée dans le parc de la Brocquerie en 1964. Elle était précédemment située au cœur du village

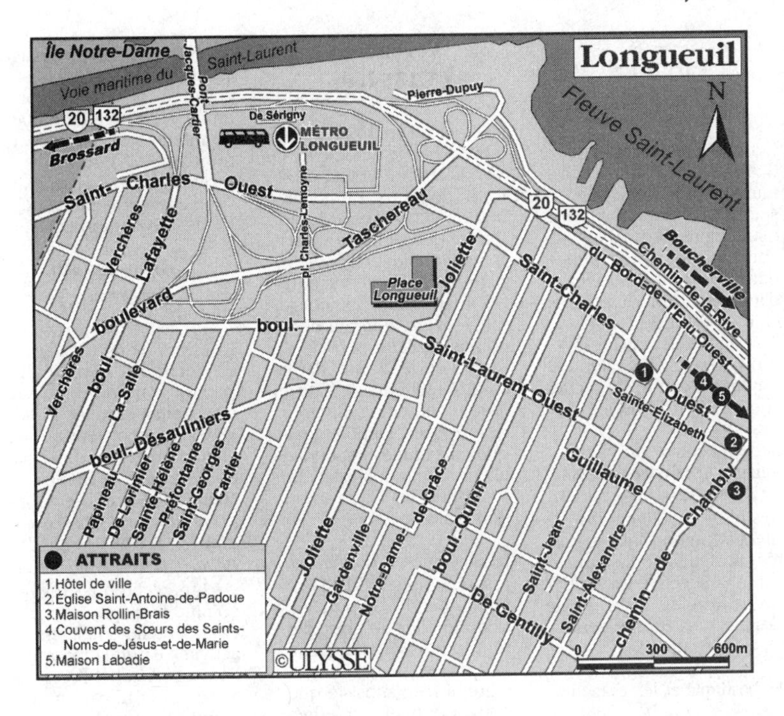

de Boucherville. Louis-Hippolyte Lafontaine, ardent défenseur des Canadiens français et premier ministre du Canada-Uni en 1842, puis de 1848 à 1850, y a habité dans sa jeunesse. La demeure, dont la construction remonte à 1766, abrite de nos jours un centre d'exposition comprenant une section sur l'histoire de la maison. Quant au parc, il faisait autrefois partie du domaine de la famille Sabrevois de Bleury, au milieu duquel on trouvait la villa La Brocquerie, érigée vers 1735 mais malheureusement incendiée en 1971.

Le **manoir de Boucherville** ★ *(468 boul. Marie-Victorin)* est l'un des rares manoirs datant du Régime français à avoir survécu dans la région de Montréal. La grande maison en pierre a été érigée pour François-Pierre Boucher de Boucherville, troisième seigneur des lieux, en 1741. La famille de Boucherville a vécu dans le manoir jusqu'à la fin du XIXe siècle.

L'**église Sainte-Famille** ★★ *(560 boul. Marie-Victorin)* de Boucherville forme, avec le couvent (1890) et le presbytère (1896), un ensemble harmonieux autour d'une place publique dont la création remonte au XVIIe siècle. L'église est une œuvre majeure de l'architecture vernaculaire du Québec. Elle a été construite en 1801 selon les plans de l'abbé Pierre Conefroy, curé de la paroisse. Ce dernier ne se contentera pas d'en esquisser les formes; il rédigera un véritable devis, repris par la suite à travers le Québec. Ainsi, l'église de Boucherville, avec ses trois portails en façade et son plan en croix latine aux dimensions importantes, servira de modèle à l'architecture religieuse des villages québécois jusqu'en 1830. Endommagée lors de la conflagration de 1843, elle sera rénovée la même année.

Le beau décor intérieur a été exécuté entre 1844 et 1850 par Louis-Thomas Berlinguet, mais il comprend aussi des œuvres plus anciennes, comme les toiles de Jean-Baptiste Roy-Audy, peintes vers 1820, et surtout le tabernacle du maître-autel (1745), véritable chef-d'œuvre de la sculpture baroque en Nouvelle-France, dû à Gilles Bolvin. On remarquera en outre le buffet d'orgue réalisé en 1847, l'un des plus anciens que l'on ait conservé au Québec.

★ Varennes (15 809 hab.)

Cette ville est longtemps demeurée une petite communauté agricole isolée, spécialisée dans la culture maraîchère. Depuis les années cinquante cependant, elle a vu s'installer d'importantes industries chimiques et pétrolières à l'est du vieux village. Hydro-Québec y a également ouvert un centre de recherche en 1967, l'IREQ.

Situé à l'entrée du vieux village, le **calvaire de bois** *(2511 rue Ste-Anne)* est l'un des plus anciens monuments du genre qui subsistent au Québec. Le calvaire actuel a succédé en 1829 à un calvaire du XVIIIe siècle dont on a récupéré certaines des statues.

La **basilique** et les **chapelles votives** ★ *(rue Ste-Anne).* Les chapelles votives servent notamment de reposoir pendant les processions de la Fête-Dieu. Autrefois nombreuses le long des routes du Québec, plusieurs d'entre elles ont disparu à la suite de la baisse de la pratique religieuse. Celles de Varennes sont cependant toujours fréquentées par les pèlerins et ouvertes au culte pendant la saison estivale. La plus ancienne, de type néoclassique, a été bâtie en 1832; la seconde a été érigée selon les plans de Victor Bourgeau en 1862 dans le style néogothique, identifiable à sa flèche et à ses ouvertures à arcs ogivaux. On y trouve une ornementation très élaborée pour ce genre d'édifice. Quant à la vaste église néoromane qui domine le village, elle comporte une haute façade à deux clochers, derrière laquelle le visiteur découvrira un intérieur richement orné.

Verchères (5 125 hab.)

C'est ici qu'en 1692 la célèbre héroïne Madeleine de Verchères prit la tête du fortin de pieux, qui tenait lieu de village, pour le défendre contre les Iroquois qui attaquaient de toutes parts. Sa brillante victoire résonna à travers la colonie, élevant le moral des colons en cette période de guerre et de disette. Par la suite, Verchères s'est développée lentement au gré des récoltes. Depuis quelques décennies cependant, elle a connu, à l'instar de Varennes, une industrialisation massive.

Le **moulin** *(rue Madeleine).* Jusqu'au milieu du XIXe siècle, Verchères pouvait s'enorgueillir de posséder sept moulins à vent pour moudre le grain. Aujourd'hui, il n'en subsiste que deux, dont celui-ci, érigé en 1730, qui a été transformé en salle d'exposition par la municipalité. Son apparence actuelle lui vient de ce qu'il a servi de poste de signalisation maritime de 1913 à 1949.

Un imposant **monument à la mémoire de Madeleine de Verchères**, coulé dans le bronze par Louis-Philippe Hébert, se dresse fièrement en face du fleuve et à côté du moulin, traduisant les sentiments des résidants de Verchères pour ce personnage presque mythique qu'est devenue avec les années la frêle mais courageuse adolescente du XVIIe siècle.

L'**église Saint-François-Xavier** *(rue Madeleine)* a été élevée en 1787 sur le site de la première église de 1724. La façade fut mise au goût du jour à la fin du XIXe siècle, lui donnant ainsi un petit air néoroman. L'intérieur, décoré par Louis-Amable Quévillon, offre davantage d'intérêt. On y retrouve un chœur à fond plat décoré en arc de triomphe (1808) de même que des tableaux français du XVIIIe siècle provenant des églises parisiennes, acquis pendant les Ventes révolutionnaires.

Calixa-Lavallée (482 hab.)

Non loin de la municipalité de Verchères, dans la ville portant le nom du musicien Calixa Lavallée (1842-1891), compositeur de l'hymne national du Canada, se trouve le **Musée-Atelier Calixa-Lavallée** ★ *(4$; début mai à mi-sept jeu, sam dim 13h à 17h; 310 ch. de la Beauce, ☎583-3191)*, consacré aux techniques textiles comme le filage, le tissage et la dentelle. Plusieurs activités d'animation ont lieu sur place, et l'on peut aussi visiter un jardin de plantes tinctoriales et textiles des plus intéressants.

Contrecœur (5 891 hab.)

Les géants de la métallurgie, comme la firme Sidbec-Dosco, hantent le paysage de cette ville située au centre de la «région de l'acier». Le noyau du village a quant à lui conservé quelques bâtiments intéressants dans un cadre champêtre.

La **maison Lenoblet-duplessis** *(entrée libre; fin juin à fin août tlj 10h à 19h; 4752 boul. Marie-Victorin, ☎587-5750).* Cette maison de 1794 a été considérablement transformée à la fin du XIXe siècle dans le but de lui donner un air victorien. Elle a longtemps appartenu au notaire Alexis Le Noblet-Duplessis (1780-1840), qui y a accueilli les Patriotes lors des nombreuses réunions secrètes ayant mené à la rébellion armée de 1837-1838. De nos jours, la maison, devenue propriété municipale, abrite un musée retraçant l'histoire de l'édifice et de la ville. Elle est située au milieu du beau **parc Cartier-Richard**, doté d'une promenade et d'un belvédère d'où l'on peut admirer le fleuve Saint-Laurent.

Pour rentrer à Montréal, empruntez l'autoroute 30. Vous pourrez alors vous diriger soit vers le pont-tunnel Louis-Hippolyte-Lafontaine, soit vers les ponts Jacques-Cartier et Champlain. Chemin faisant, vous pouvez vous arrêter à l'Électrium d'Hydro-Québec, situé à l'intérieur des limites municipales de Sainte-Julie (sortie 128).

L'**Électrium d'Hydro-Québec** ★ *(entrée libre; début juin à fin août tlj 9h30 à 16h; le reste de l'année lun-ven 9h30 à 16h, dim 13h à 16h; autoroute 30, sortie 128, ☎652-8977 ou 800-267-4558)* intéressera particulièrement les jeunes visiteurs. Il propose des jeux interactifs ainsi que différents exemples d'application de l'électricité.

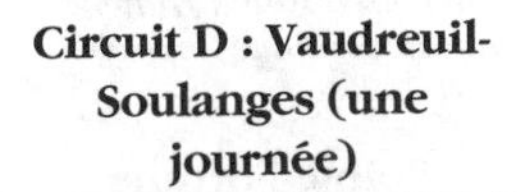

Circuit D : Vaudreuil-Soulanges (une journée)

Cette région forme une pointe triangulaire isolée du reste de la Montérégie. Elle est délimitée à l'ouest par la frontière de l'Ontario, au nord et à l'est par la rivière des Outaouais ainsi que par les très beaux lacs des Deux Montagnes et Saint-Louis, renommés pour les activités aquatiques que l'on y pratique, et enfin au sud par le fleuve Saint-Laurent, qui s'élargit à cet endroit pour former le lac Saint-François. Ne soyez pas surpris si vous entendez parler du pays du Suroît, car la région porte aussi le même nom que ce vent du sud-ouest.

Vaudreuil-Dorion (18 595 hab.)

La pointe ouest est incluse dans le réseau des vieilles seigneuries du Régime français, ce qui lui a valu d'être rattachée au Québec plutôt qu'à la province voisine, l'Ontario, lors de la création du Haut et du Bas-Canada en 1791. Les seigneuries de Vaudreuil et de Soulanges, concédées en 1702, se sont développées péniblement, étant situées en amont des infranchissables rapides de Lachine.

Ainsi, bien qu'elle soit à proximité de Montréal, on n'y retrouve qu'une faible population avant la fin du XVIIIe siècle. La ville de **Dorion** s'est développée grâce à des marchands d'origine allemande. La seigneurie de **Vaudreuil** fut concédée à François de Rigaud, marquis de Vaudreuil, au début du XVIIIe siècle. Affairé par son poste de gouverneur de Montréal, il n'aura que peu de temps à consacrer aux affaires de sa seigneurie, qu'il vend, en même temps que son château de la rue Saint-Paul, à Michel Chartier de Lotbinière, avant de rentrer en France en 1763. Ce dernier fera davantage d'efforts pour mettre en valeur son domaine. Par mariage, la seigneurie passe ensuite entre les mains de Robert Unwin Harwood, qui attirera dans la région des colons d'Angleterre. Ceux-ci s'établiront surtout dans les villages de Como et de Hudson, qui ont conservé une certaine saveur britannique.

La **maison Trestler** ★ *(3,50$; lun-ven 9h à 17h, dim 13h à 16h, concerts lun 20h, été seulement; 85 ch. de la Commune, ☎455-6290)* est magnifiquement située en bordure du lac des Deux Montagnes. Cette maison en pierre, d'une longueur inhabituelle (44 m), fut construite par étapes entre 1798 et 1806. Mercenaire dans le régiment Hesse-Hanau, son propriétaire, Jean-Joseph Trestler, est arrivé au Canada en 1776.

Dix ans plus tard, il s'installe à Dorion, alors qu'il s'implique dans la traite des fourrures tout en étant marchand général. La maison a été partiellement convertie en centre culturel par ses propriétaires actuels en 1976. Elle est le lieu de plusieurs concerts et conférences.

Revenez sur le boulevard Saint-Henri. Tournez à droite, en direction de Vaudreuil, où il devient l'avenue Saint-Charles. Pour vous rendre à la maison Valois-Génus, faites un crochet par la rue Saint-Charles.

La Ville de Dorion a acquis la **maison Valois-Génus** *(331 av. St-Charles)*, érigée en 1796 pour le capitaine de milice Joachim Génus, afin d'en faire une galerie d'art, où sont exposées des œuvres d'artistes locaux. Le bâtiment est représentatif d'un type architectural aujourd'hui presque complètement disparu de nos villes et de nos campagnes, celui de la maison en pièce sur pièce posée sur un haut solage en maçonnerie.

Érigée entre 1783 et 1789, l'**église Saint-Michel** ★★ *(14 av. St-Charles)* a été dotée d'une nouvelle façade néogothique en 1856 afin de la mettre au goût du jour. Son plan en croix latine, avec abside à pans coupés, s'apparente à celui des premières églises du Régime français. L'intérieur retient davantage l'attention pour ses caractéristiques uniques, à savoir la présence de l'ensemble le plus complet de mobilier liturgique sculpté par Philippe Liébert au XVIIIe siècle (chaire, maître-autel, chandeliers, tombeaux, statues), la préservation du banc seigneurial, alors qu'il a été éliminé de la plupart des autres églises du Québec, et la conservation du décor polychrome peint en trompe-l'œil par F.E. Meloche en 1883.

Le **Musée régional de Vaudreuil-Soulanges** ★ *(3$; mar-ven 10h à 17h, sam-dim 13h à 17h, fin juin à début sept lun-ven 10h à 17h, sam-dim 13h à 17h; 431 av. St-Charles, ☎455-2092)*, fondé en 1953, est l'un des plus anciens musées régionaux du Québec, témoin de la vitalité culturelle de Vaudreuil à cette époque. Il est installé dans l'ancien collège Saint-Michel (1857), autrefois dirigé par les clercs de Saint-Viateur. Le beau bâtiment, au toit mansardé, abrite des collections d'objets usuels et d'outils artisanaux des XVIIIe et XIXe siècles, de même que d'intéressantes pièces d'art sacré accompagnées de peintures et de gravures anciennes.

Poursuivez sur l'avenue Saint-Charles en direction de Vaudreuil-sur-le-Lac. Vous atteignez maintenant la rive du lac des Deux Montagnes, que vous suivrez jusqu'à Rigaud.

★ Hudson (5 249 hab.)

Hudson est une jolie ville à majorité anglophone, peuplée de cadres d'entreprises qui habitent de belles maisons anciennes ou modernes. En toute saison, il est très agréable d'explorer la ville avec ses nombreuses boutiques, ses charmants restaurants et ses petites rues au cachet de la Nouvelle-Angleterre.

Saint-Lazare (9 846 hab.)

Plus qu'un simple jardin, comme on aurait pu le croire, les **Jardins d'Henriette** ★ *(6$; début juin à mi-sept ven-dim 10h à 16h; 2196 ch. St-Louis ☎455-3884)* sont le résultat d'une folle aventure que Mme Miral a entrepris en 1990. Reconstituer un tableau du célèbre peintre Monet n'est pas chose simple, mais les résultats sont saisissants.

Rigaud (6 276 hab.)

Les fils du marquis de Vaudreuil reçurent en concession la seigneurie de Rigaud en 1732. Le village ne s'est toutefois développé qu'après l'arrivée des clercs de Saint-Viateur, qui ont ouvert le **collège Bourget** en 1850. En plus de sa vocation éducative, Rigaud accueille les pèlerins dans son sanctuaire aménagé à flanc de colline.

Empruntez la rue Saint-Jean-Baptiste (route 342). Tournez à gauche sur la rue Saint-Pierre. Suivez les indications pour le sanctuaire.

Le **sanctuaire Notre-Dame-de-Lourdes** ★ *(début mai à fin sept tlj 9h à 17h; 20 rue Bourget, ☎451-4631)*. Miné par la maladie, le frère Ludger Pauzé c.s.v. creusa à l'été 1874 une petite niche dans un rocher, où il plaça une statuette de la Vierge afin de témoigner sa confiance envers Marie. Dès lors débuta le culte marial à Rigaud. Une première chapelle octogonale, d'où l'on jouit d'une belle vue sur l'ensemble de la région, fut érigée en 1887. À cela s'ajoutèrent par la suite diverses installations permettant d'organiser des célébrations en plein air qui attirent encore les foules, notamment la nouvelle chapelle, où l'on célèbre la messe depuis 1954.

Non loin du sanctuaire se trouvent les Guérets, un étrange amoncellement de cailloux laissé sur place lors du retrait de la mer de Champlain à l'ère des glaciations. Une légende veut cependant que ce lit de pierres ait été autrefois un champ de pommes de terre que Dieu, ulcéré parce que son propriétaire y travaillait le dimanche, aurait changé en un champ de cailloux, surnommé le «champ du Diable».

Une excursion facultative à Pointe-Fortune , au départ de Rigaud, permet de vous rendre jusqu'à la frontière ontarienne. Il faut alors tourner à gauche sur la rue Saint-Jean-Baptiste.

Revenez sur vos pas. Empruntez l'autoroute 40 Est jusqu'à la sortie 17. Suivez la route 201 Sud en passant par Saint-Clet pour vous rendre à Coteau-du-Lac, situé sur la rive nord du Saint-Laurent. Tournez à droite sur le chemin du Fleuve.

Pointe-Fortune (446 hab.)

À proximité d'une colossale demeure palladienne en pierre, malheureusement abandonnée, se trouve le **barrage de Carillon**, aménagé sur la rivière des Outaouais. Il est situé à cheval sur la frontière. Les eaux calmes et hautes du côté de l'Ontario contrastent avec le courant plus agité de la rivière, d'ailleurs très basse, du côté québécois. Un traversier relie Pointe-

Fortune à Carillon, sur la rive nord de la rivière des Outaouais.

Revenez sur vos pas en empruntant l'autoroute 40, puis suivez la route 201 jusqu'à Coteau-du-Lac.

★

Coteau-du-Lac (4 559 hab.)

Un étranglement du fleuve à cet endroit, compliqué par la présence d'une série de rapides, empêche toute navigation. On y enregistre en outre la plus importante dénivellation sur tout le parcours du Saint-Laurent, soit 25 m pour une distance de 12,8 km. Coteau-du-Lac devint par conséquent un point de ralliement et de portage avant même l'arrivée des Européens. On y a en effet retrouvé plusieurs vestiges de la civilisation amérindienne, entre autres trois squelettes vieux de 6 000 ans. À la fin du Régime français (1759), les autorités ont aménagé un «rigolet» à l'extrémité d'une avancée de terre, simple endiguement formé de piles de roches parallèles au rivage. Dans ce premier canal, des bateliers tiraient des bateaux à fond plat remplis de fourrures. Sur cette même pointe, les Britanniques ont aménagé, en 1779, le premier canal à écluses en Amérique du Nord. Cette œuvre de l'ingénieur militaire William Twiss sera doublée d'un fort en 1812.

Le **lieu historique national de Coteau-du-Lac** ★ *(3,25$; fin mai début sept tlj 10h à 12h et 13h à 17h, mer 13h à 17h, début sept à mi-oct sam-dim 10h à 12h et 13h à 17h; fermé les jours fériés sauf le 1er juil; 308A ch. du Fleuve, ☎763-5631).* On peut y voir les vestiges des canaux français et britanniques de même que ceux du fort érigé pour défendre cet important passage. Les visiteurs franchissent d'abord le poste d'accueil, où l'on peut contempler une maquette fort instructive représentant les lieux à leur apogée. Puis un parcours du site permet de voir les ruines des installations ainsi qu'une reconstitution extérieure du blockhaus érigé par les Britanniques à l'extrémité de la pointe. On y a une belle vue sur les rapides du Saint-Laurent.

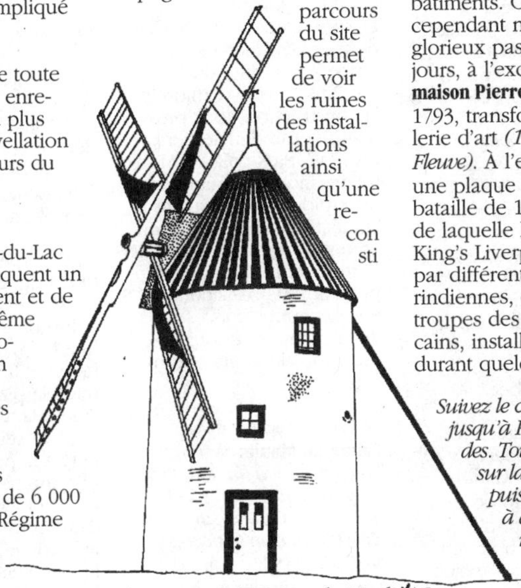

Parc historique de la Pointe-du-Moulin

Reprenez le chemin du Fleuve vers l'est (direction Les Cèdres et Pointe-des-Cascades). À 3 km de Coteau-du-Lac, on aperçoit à gauche, à l'écart de la route, une ancienne centrale hydroélectrique aux allures de château germanique, aujourd'hui transformée en résidence (on ne visite pas). Ce rare édifice, érigé en 1899, servait à approvisionner en électricité les installations du canal de Soulanges, qui s'étire sur la rive nord du fleuve entre Coteau-Landing et Pointe-des-Cascades.

Les Cèdres (4 168 hab.)

Le bourg des Cèdres a été fondé par le seigneur Pierre-Jacques de Joybert de Soulanges en 1720. Des gravures du début du XIXe siècle laissent voir un village prospère aux nombreux bâtiments. On ne trouve cependant nulle trace de ce glorieux passé de nos jours, à l'exception de la **maison Pierre-Charay** de 1793, transformée en galerie d'art *(1037 ch. du Fleuve)*. À l'est des Cèdres, une plaque commémore la bataille de 1776, au cours de laquelle le régiment King's Liverpool, secondé par différentes tribus amérindiennes, délogea les troupes des insurgés américains, installées aux Cèdres durant quelques mois.

Suivez le chemin du Fleuve jusqu'à Pointe-des-Cascades. Tournez à gauche sur la rue Centrale puis immédiatement à droite sur le chemin du Canal.

Pointe-des-Cascades (750 hab.)

L'existence de ce village, situé à l'embouchure de la rivière des Outaouais, est liée au canal de Soulanges, aujourd'hui désaffecté. L'endroit fut visité dès 1684 par le baron de La Hontan, alors que sévissait dans la région une guerre sanglante entre Français et Iroquois. Un premier rigolet fut aménagé par les Français en 1749, suivi d'un petit canal à écluses en 1805, baptisé «canal Cascades». Ce canal et que celui de Coteau-du-Lac furent remplacés par le premier canal de Beauharnois, inauguré en 1845 sur la rive sud du fleuve Saint-Laurent. Le canal de Soulanges, aménagé sur le site du canal Cascades, succéda au canal de Beauharnois en 1899; il cessa de fonctionner au moment de l'ouverture de la voie maritime du Saint-Laurent (actuel canal de Beauharnois) en 1959.

Différentes ancres et autres pièces de gréement des XVIIIe, XIXe et XXe siècles, découvertes dans les environs du canal de Soulanges, ont été disposées dans le **parc des Ancres** *(entrée libre; fin mai à début oct mar-dim 13h à 17h; 76 ch. du Canal, ☎455-3546)*. Un petit musée attenant explique l'histoire mouvementée de la navigation sur le fleuve Saint-Laurent entre les lacs Saint-Louis et Saint-François, et il éclaire le visiteur sur l'hydrographie complexe de cette portion du Québec.

La pointe des Cascades ★ *(2,75$, stationnement 1$; à l'extrémité est du chemin du Canal)*. Un terrain de camping et un théâtre d'été aménagé dans un entrepôt de bois occupent l'ancien poste de commandement du canal de Soulanges. On y voit de beaux bâtiments de brique, dessinés par l'ingénieur Thomas Monroe en 1900, deux phares ainsi que trois des cinq écluses du canal.

Revenez vers la rue Centrale. Tournez à droite sur la route 338 Est puis encore à droite sur l'autoroute 20. Traversez le pont de la rivière des Outaouais pour vous rendre à l'île Perrot (sortie du boulevard Don Quichotte). Suivez le boulevard Perrot, puis tournez à gauche sur le boulevard Don Quichotte.

Notre-Dame-de-l'Île-Perrot (5 841 hab.)

La seigneurie de l'île Perrot fut concédée à François-Marie Perrot, gouverneur de Montréal, en 1672. Celui-ci établit alors un poste de traite des fourrures au fief de Brucy. La seigneurie passe ensuite entre les mains de Charles Le Moyne, avant d'être vendue à Joseph Trottier Desruisseaux en 1703. Ce dernier fait aménager une ferme à la pointe du Moulin. Puis sa veuve amorce la construction de la première église de l'île Perrot en 1740. Plus près de Montréal et non contrainte par les rapides qui entravent la circulation sur le fleuve en amont, la seigneurie de l'île Perrot a connu un développement plus considérable que les autres concessions de la pointe ouest accordées sous le Régime français.

Le **Parc historique de la Pointe-du-Moulin ★** *(entrée libre; mi-mai à fin août tlj du lever au coucher du soleil, début sept à mi-oct sam-dim; 2500 boul. Don Quichotte, ☎453-5936)*. De l'aire d'accueil très moderne, à l'entrée du site, on gagne le parc boisé, duquel on jouit, par temps clair, de belles vues sur le centre-ville de Montréal, par-delà le lac Saint-Louis. À l'extrémité de la pointe se trouvent le moulin à vent, érigé en 1708, ainsi que la maison du meunier. Des guides expliquent le fonctionnement du moulin, qui d'ailleurs est encore fonctionnel, ainsi que l'histoire des lieux. On y trouve aussi un centre d'interprétation du patrimoine et des aires de pique-nique.

Revenez vers le boulevard Perrot. Tournez à gauche, puis encore une fois à gauche sur la rue de l'Église.

L'**église Sainte-Jeanne-de-Chantal ★★** *(rue de l'Église)* est souvent décrite comme la représentation idéale d'une église canadienne-française dans la région de Montréal. En effet, ses dimensions modestes, rappelant les premières églises du Régime français, de même que son décor intérieur exubérant d'esprit Louis XV et Louis XVI, en font un excellent exemple d'architecture québécoise traditionnelle. Le gros œuvre a été achevé en 1786, puis l'édifice fut décoré entre 1812 et 1830 sous la direction de Joseph Turcault et Louis-Xavier Leprohon.

Une chapelle commémorative, érigée en 1953 avec les pierres de la première église de la Pointe-du-Moulin (1753), tourne le dos au fleuve. Elle intègre dans ses murs la plaque de l'intendant Hocquart, accordant au seigneur de l'île Perrot la permission d'établir une paroisse sur ces terres (1740), de même que d'étranges mascarons de grès rouge, ramenés de France vers 1945 par le colonel Roger Maillet. La chapelle domine un cimetière en terrasses, unique au Québec.

Retournez vers l'autoroute 20 pour rentrer à Montréal.

★

Circuit E : Le Sud-Ouest (une journée et demie)

Ce circuit couvre l'ensemble de la portion de la Montérégie appelée le Sud-Ouest. Il serpente à travers la région afin d'inclure la rive du lac Saint-Louis, une partie de la vallée de la rivière Châteauguay ainsi que les contreforts des Appalaches, à la frontière de l'État de New York. Sujet de belles balades automnales, le Sud-Ouest est une région agricole où l'on pratique les cultures maraîchères et fruitières. On retrouve notamment de nombreux vergers le long de la frontière canado-étasunienne. Les vieilles seigneuries établies le long du lac et de la rivière Châteauguay sont de tradition française, alors que les cantons, formés à l'intérieur des terres au début du XIXe siècle, sont encore majoritairement anglophones.

Kahnawake (6 500 hab.)

Les jésuites implantent en 1667 une mission pour les Iroquois convertis à La Prairie. Après quatre déménagements, celle-ci se fixe définitivement sur le site du Sault-Saint-Louis en 1716. La mission Saint-François-Xavier est aujourd'hui devenue Kahnawake, nom qui signifie «là où il y a des rapides». Au fil des ans, des Iroquois mohawks, venus de l'État de New York, se sont joints aux premiers habitants de la mission, modifiant le paysage linguistique de l'endroit, tant et si bien que l'anglais constitue de nos jours la langue d'usage sur la réserve, cela même si ses habitants ont pour la plupart conservé les patronymes d'ascendance française donnés par les jésuites.

L'**enceinte**, l'**église Saint-François-Xavier** et le **musée** ★★ *(Main Street)*. Sous le Régime français, on obligeait les bourgs et les missions à s'entourer de fortifications. Très peu de ces murailles ont survécu, même partiellement, au temps et aux pressions du développement. L'enceinte de la mission de Kahnawake, en partie debout, représente donc un cas quasi unique au nord du Mexique. Elle a été entreprise en 1720 selon les plans de l'ingénieur du roi, Gaspard Chaussegros de Léry, afin de protéger l'église et le couvent des jésuites, érigés en 1717. On peut encore voir le corps de garde, la poudrière et le logement des officiers (1754).

L'église Saint-François-Xavier fut remaniée en 1845 selon les plans du jésuite Félix Martin, puis redécorée au fil des ans par Vincent Chartrand (entre 1845 et 1847), à qui l'on doit une partie du mobilier, et Guido Nincheri, auteur de la voûte polychrome (XXe siècle). On y trouve aussi la tombe de Kateri Tekakouitha, cette jeune Amérindienne béatifiée en 1980. Le couvent abrite le Musée de la mission Saint-François-Xavier, où l'on admire dans un joyeux fouillis quelques objets ayant appartenu aux jésuites.

Empruntez le chemin Saint-Bernard en direction de Châteauguay (à proximité de la croix de chemin métallique et de l'école). Tournez à gauche sur le chemin du Christ-Roi (après l'usine d'épuration des eaux) puis à droite sur la rue Dupont. Tournez à gauche sur le boulevard De Salaberry Nord, puis longez la rivière Châteauguay jusqu'au pont Laberge, que vous devez traverser pour accéder à l'église Saint-Joachim. Tournez à droite sur le boulevard D'Youville, derrière l'église, là où se trouve le stationnement.

Châteauguay (42 246 hab.)

La seigneurie de Châteauguay fut concédée à Charles Le Moyne en 1673. Celui-ci fait aussitôt ériger le château de Guay sur l'île Saint-Bernard, à l'embouchure de la rivière Châteauguay. Cent ans plus tard, un village se dessine autour de l'église Saint-Joachim. Les chemins et boulevards qui longent la rivière et le lac Saint-Louis sont toujours parsemés de jolies maisons de ferme construites entre 1780 et 1840, époque où la seigneurie appartenait aux Sœurs Grises.

Une première église est érigée à Châteauguay en 1735. Il s'agit alors de la paroisse la plus à l'ouest de toute la rive sud du fleuve Saint-Laurent. L'**église Saint-Joachim** ★★ *(boul. D'Youville)* est construite en 1775 afin de desservir plus facilement un nombre grandissant de paroissiens. Ses deux tours massives, coiffées de clochers argentés, et sa façade de moellons exécutée dans le style Jésuite lui confèrent une prestance rarement atteinte par les églises villageoises avant la seconde moitié du XIXe siècle. L'intérieur demeurera toutefois plutôt sobre. Sous une fausse voûte surbaissée, on découvre un élégant retable de Philippe Liébert (1802), au milieu duquel est accroché un *Saint Joachim* du même artiste. Les autres tableaux sont attribués à Joseph Légaré. L'**hôtel de ville** avoisine l'église au nord. Il occupe l'ancien couvent des sœurs de la congrégation de Notre-Dame (1886).

Poursuivez sur le boulevard D'Youville afin de longer la rivière Châteaugay jusqu'au lac Saint-Louis.

La **route de Léry** ★ *(ch. du Lac-Saint-Louis)*. À droite, on aperçoit l'**île Saint-Bernard**, qui appartient toujours aux Sœurs Grises *(on* *ne visite pas).* La grande maison en pierre, sur la rive, est le manoir seigneurial (*manoir D'Youville*), construit pour les religieuses en 1774 à l'emplacement du château de Guay. À l'arrière-plan, on entrevoit l'ancien moulin à vent, érigé par Charles Le Moyne dès 1683 et transformé depuis en oratoire (1865). L'île ayant été pendant des siècles un important lieu de sépultures amérindiennes, on y a retrouvé nombre de squelettes et d'objets en pierre dure. La route sinueuse longe ensuite le lac Saint-Louis tout en traversant le village de Léry, ancien centre de villégiature de riches Montréalais. De vieilles maisons de ferme y sont disposées en alternance avec des résidences secondaires et de belles demeures victoriennes entourées d'arbres *(36 ch. du Lac-St-Louis).*

Le chemin du Lac-Saint-Louis rejoint la route 132 Ouest à Maple Grove. Poursuivez sur cette route en direction de Beauharnois.

Beauharnois (6 665 hab.)

La seigneurie de Villechauve a été concédée au marquis de Beauharnois, quinzième gouverneur de la Nouvelle-France, en 1729. À la fin du XVIIIe siècle, le marchand Alexander Ellice s'en porte acquéreur. Il fait alors construire un moulin à scie sur la rivière Saint-Louis, dont subsistent quelques vestiges. En 1863, la famille Kilgour ouvre une importante manufacture de meubles à Beauharnois, transformant le village en une véritable petite ville industrielle. Ses vastes bâtiments de brique dominent encore la rive ouest du cours d'eau.

Vue depuis la rivière Saint-Louis, l'**église Saint-Clément** ★ *(au sommet de la côte du chemin St-Louis)* évoque des images de carte postale. Sa façade néoromane, attribuée à Victor Bourgeau, est érigée devant une nef simple achevée en 1845. L'intérieur de l'église, avec ses 14 colonnes corinthiennes, a l'allure d'un temple romain. Le sculpteur Nicolas Many, de Beauharnois, a orné le chœur d'un très beau maître-autel (1852). Une grille de bronze isole le sanctuaire d'un déambulatoire conduisant au petit **Musée Nicolas Manny** *(entrée libre; ouvert aux heures de messe, ☎429-3871)*, où sont exposées des sculptures, des toiles et des photographies d'archives racontant l'histoire de Beauharnois.

Melocheville (2 366 hab.)

C'est à Melocheville que furent construites les écluses qui permirent de dompter le canal de Beauharnois, ainsi que la centrale hydroélectrique de Beauharnois, la troisième en importance au Québec.

La **centrale hydroélectrique de Beauharnois** ★★ *(entrée libre; mi-mai à fin juin lun-ven, fin juin à début sept mer-dim 9h30, 11h15, 13h, 14h45; 80 boul Edgard-Hébert, ☎800-365-5229)* était autrefois le fleuron de la puissante entreprise d'électricité Montreal Light Heat and Power, propriété de l'intraitable Sir Herbert Holt. Construite par étapes entre 1929 et 1956, elle atteint une longueur exceptionnelle de 864 m.

L'électricité produite à Beauharnois est distribuée à travers le Québec, mais aussi aux États-Unis pendant l'été, alors que les besoins locaux se font moins importants. La centrale, devenue propriété d'Hydro-Québec, est ouverte aux visiteurs. Lors des visites guidées, on peut voir la très longue salle des turbines de même que les ordinateurs de la salle de contrôle.

La route 132 passe devant la centrale avant de s'engouffrer sous le canal de Beauharnois, inauguré en 1959. Celui-ci est le dernier d'une série de canaux aménagés sur les rives du Saint-Laurent afin de contourner les nombreux rapides à cet endroit et de résoudre le problème de navigation posé par une dénivellation de 25 m entre les lacs Saint-Louis et Saint-François.

Le **Parc archéologique de la Pointe-du-Buisson** ★ *(4$; mi-mai à début sept lun-ven 10h à 17h, sam-dim 10h à 18h; mi sept à mi-oct sam-dim 12h à 17h; 333 rue Edmond, ☎429-7857).* La pointe du Buisson a été habitée sporadiquement pendant des millénaires par les Amérindiens, ce qui en fait un site riche en vestiges autochtones (pointes de flèche, vases de cuisson, harpons, etc.). Pendant l'été, on peut y voir un chantier de fouilles, actif depuis 1977, un centre d'interprétation de même qu'un camp de pêche préhistorique reconstitué. Des sentiers écologiques et des aires de pique-nique complètent les aménagements.

Parc régional des îles de Saint-Timothée, voir p 217.

Pour vous rendre à Salaberry-de-Valleyfield, prenez l'autoroute 30 Est.

Salaberry-de-Valleyfield (28 500 hab.)

Cette ville industrielle est née vers 1845 autour d'un moulin à scie et à papier, racheté quelques années plus tard par la Montreal Cotton Company (filature). Grâce à cette industrie, Salaberry-de-Valleyfield a connu à la fin du XIXe siècle une ère de prospérité qui en fit l'une des principales villes du Québec de l'époque.

Son vieux noyau commercial et institutionnel de la rue Victoria témoigne de cette période faste, tout en lui donnant davantage l'allure d'une vraie ville que Châteauguay, pourtant plus peuplée de nos jours. L'agglomération est coupée en deux par le vieux canal de Beauharnois, en fonction de 1845 à 1900 (à ne pas confondre avec l'actuel canal de Beauharnois, qui passe au sud de la ville).

Le **parc Delpha-Sauvé** *(à proximité des rues Victoria et Ellice)* est aménagé sur une langue de terre longue de 2 km, située entre le canal et la baie Saint-François, dans laquelle il avance. Une **réplique de *La Grande Hermine***, bateau de Jacques Cartier, est amarrée à l'entrée du parc. On retrouve un restaurant-bar dans ses cales et une discothèque en plein air sur le pont. Au centre du parc se trouvent une immense piscine ainsi que l'**Écomusée des Deux-Rives** *(111 rue Ellice)*. Ce musée ethnographique raconte l'histoire de la région, en particulier la vie ouvrière au tournant du XXe siècle à Salaberry-de-Valleyfield et à Beauharnois.

Siège d'un évêché depuis 1892, Salaberry-de-Valleyfield a été dotée de l'actuelle **cathédrale Sainte-Cécile** ★ *(31 rue de la Fabrique)* en 1934, à la suite de l'incendie du temple précédent. Il s'agit d'une œuvre colossale exécutée dans le style néogothique tardif, plus élancée et plus proche des modèles historiques, à laquelle l'architecte Henri Labelle a joint des éléments d'esprit Art déco.

En façade, on remarquera une statue de sainte Cécile, patronne des musiciens, ainsi que les lourdes portes d'entrée en bronze, garnies de bas-reliefs racontant la vie de Jésus et exécutés par Albert Gilles. La plupart des fines boiseries de l'intérieur sont l'œuvre du sculpteur Villeneuve, de Saint-Romuald. Les hautes verrières des Fondateurs (côté gauche) et des Fondatrices (côté droit), sorties des ateliers de Guido Nincheri, méritent un examen attentif.

Le pont Monseigneur-Langlois, à l'ouest de Salaberry-de-Valleyfield, permet de relier le circuit du Sud-Ouest à celui de Vaudreuil-Soulanges. Afin de poursuivre le présent circuit du Sud-Ouest, retournez vers Saint-Timothée. Tournez à droite en direction du village de Saint-Louis-de-Gonzague, de l'autre côté du canal de Beauhanois; vous traverserez ensuite le village pour rejoindre les berges de la rivière Châteauguay.

Le **lieu historique national de la Bataille-de-la-Châteauguay** ★ *(3,25$; fin mai à début sept tlj 10h à 12h et 13h à 17h, début sept à fin oct sam-dim 10h à 12h et 13h à 17h, fermé les jours fériés sauf le 1er juil; 2371 ch. Rivière-Châteauguay N., ☎829-2003)*. Lors de la guerre d'Indépendance des États-Unis, en 1775-1776, les Américains avaient tenté une première fois de s'approprier le Canada, colonie britannique depuis 1759. La peur des Canadiens français d'être un peuple noyé dans une mer anglo-saxonne, à une époque où l'ensemble de la colonie canadienne était encore très majoritairement française, explique l'échec de cette première tentative.

En 1812-1813, les Américains essaient de nouveau de prendre le Canada. Cette fois, c'est la fidélité de l'élite canadienne à la couronne d'Angleterre, mais aussi la bataille décisive de la Châteauguay, qui ont fait échouer le projet. En octobre 1813, les troupes du général Hampton, fortes de 2 000 hommes, se massent à la frontière. Elles pénètrent dans le territoire canadien, à la faveur de la nuit, en longeant la rivière Châteauguay. Mais Charles Michel d'Irumberry de Salaberry, seigneur de Chambly, les y attend à la tête de 300 miliciens et de quelques dizaines d'Amérindiens.

Le 26 octobre, la bataille s'engage. La ruse qu'use de Salaberry aura raison des Américains, qui battent bientôt en retraite, mettant ainsi fin à une série de conflits et inaugurant une période d'amitié durable entre les deux pays.

Un **centre d'interprétation** a été érigé à proximité du champ de bataille. On peut y voir les uniformes des belligérants, des objets trouvés lors de fouilles de même qu'une maquette du site indiquant le positionnement des troupes.

Longez la rivière Châteauguay jusqu'à Ormstown.

★ Ormstown (1 575 hab.)

Cette localité fondée par des colons britanniques est sans contredit l'un des plus beaux villages de toute la Montérégie. On y trouve plusieurs églises de dénominations diverses, telle l'**église anglicane St. James**, construite en pierre (1837). Les maisons de la rive ouest de la Châteaugay arborent une palette de couleurs spécifique, composée du rouge de la brique, du blanc des abondantes décorations de bois et du vert (ou du noir) des persiennes. Le village d'Ormstown s'est fait une spécialité de l'élevage des chevaux. Aussi y trouve-t-on un **hippodrome**, de même que quelques petits centres équestres propriétés de vieilles familles anglo-saxonnes.

Traversez la rivière Châteauguay, et empruntez la route 201 en direction de Saint-Antoine-Abbé.

Saint-Antoine-Abbé (1 700 hab.)

En délaissant la vallée de la rivière Châteauguay, on gagne les contreforts des Appalaches, cette chaîne de montagnes qui court le long de la côte est de l'Amérique du Nord, depuis la Géorgie jusqu'à la Gaspésie. Située à l'extrême sud du Québec, la région était autrefois surtout peuplée de loyalistes. Il s'y trouve une grande concentration de vergers de pommiers. En automne, les Montréalais viennent y cueillir eux-mêmes leurs pommes dans l'une des nombreuses exploitations où on les encourage à le faire (moyennant un léger déboursé).

De plus, des fermiers, installés dans des kiosques au bord de la route, vendent divers produits de la pomme (beurre, tartes, sirop, gelée, cidres et pommes, bien sûr). Le joli village de **Franklin**, au sud-ouest de Saint-Antoine-Abbé, est aussi un important centre de pomoculture.

Suivez la route 202 Est jusqu'à Havelock. Tournez à droite en direction de Covey Hill. Du haut de cette colline, l'ensemble de la vallée du Saint-Laurent autour de Montréal est visible par temps clair. Tournez à gauche sur la route rurale qui longe la frontière canado-étasunienne (direction Hemmingford). Au bout de la route, la frontière se trouve à droite, alors que le Parc Safari de Hemmingford se trouve à gauche. Pour rentrer à Montréal, suivez les indications pour Saint-Bernard-de-Lacolle jusqu'à l'échangeur de l'autoroute 15, que vous emprunterez en direction nord.

L'autoroute 15 conduit à **Hemmingford**, située près de la frontière canado-étasunienne. Vous y trouverez le **Parc Safari** ★ *(adulte 20$, ou 68$ par voiture; fin-mai à mi-sept tlj dès 10h ; 850 rte. 202, ☎247-2727, ☎800-465-8724),* un jardin zoologique où les animaux, originaires d'Afrique, d'Europe et d'Amérique déambulent librement, alors que les visiteurs font le tour des lieux dans leur voiture.

Il est possible de synchroniser votre radio avec la station du parc pour avoir une description éducative de chacun des animaux que vous croiserez. Cette idée ajoute beaucoup à l'intérêt de la visite. De plus, on trouve aussi, attenant au zoo, un parc d'attraction avec une foule de services et d'installations, entre autres plusieurs manèges, une pataugeoire pour les petits, des restaurants et des boutiques, sans oublier les spectacles. Une activité familiale des plus appréciées.

Parcs

Circuit B : Le chemin des Patriotes

Il faut prévoir au moins trois heures pour visiter le **Centre de la nature de Mont-Saint-Hilaire** ★★ *(4$; tlj 8h jusqu'à une heure avant le coucher du soleil; 422 rue des Moulins, J3G 4S6, Mt-St-Hilaire, ☎467-1755).*

Aménagé dans la partie supérieure de la montagne, ce centre est un ancien domaine privé que le brigadier Andrew Hamilton Gault a légué à l'Université McGill de Montréal en 1958. On y fait de la recherche scientifique, et l'on y permet les activités récréatives à longueur d'année sur la moitié du domaine (randonnée pédestre, ski de fond), qui fait 11 km² au total. Celui-ci a été reconnu en tant que Réserve de la biosphère par l'Unesco en 1978, car il est constitué d'une forêt mature qui fut quasi inexploitée au cours des siècles. À l'entrée, on trouve un centre d'interprétation portant sur la formation des collines montérégiennes ainsi qu'un jardin de plantes indigènes.

Le petit lac Hertel, où viennent se reposer les oiseaux migrateurs, est situé au fond d'une vallée autour de laquelle prennent place les sommets, accessibles par un réseau de 24 km de pistes. Du sommet baptisé «Pain de sucre», on bénéficie d'un panorama exceptionnel de la vallée du Richelieu.

Circuit C : La rive du Saint-Laurent

Autrefois le mont Saint-Bruno était un lieu de villégiature prisé de la bourgeoisie montréalaise anglo-saxonne. Plusieurs familles, comme les Birks, les Drummond ou les Meredith, y ont érigé de belles résidences secondaires, aujourd'hui enclavées dans le **parc de conservation du Mont-Saint-Bruno** ★ *(entrée libre stationnement 3$ entre nov et avr, gratuit entre avr et nov; tlj 8h jusqu'au coucher du soleil; 330 ch. des 25 E., St-Bruno-de-Montarville, ☎653-7544).* Au sommet du mont se trouvent deux lacs, le lac Seigneurial et le lac du Moulin, à proximité duquel s'élève un moulin à eau du XIXe siècle. Le parc est un agréable lieu de promenade et de détente.

Des sentiers d'auto-interprétation et des promenades guidées ont pour but de le faire connaître aux visiteurs. Pendant l'hiver, on peut y faire du ski de randonnée; des pistes totalisant près de 27 km sont aménagées, le long desquelles se trouvent de petits refuges chauffés.

On accède au **parc des Îles-de-Boucherville** *(entrée libre; tlj 8h au coucher du soleil; 55 Île-Ste-Marguerite, Boucherville, J4B 5J6, ☎928-5088)* par l'autoroute 20, sortie 89, ou par le bateau-passeur partant de Longueuil *(promenade René-Lévesque).* Certaines des îles sont encore de nos jours parsemées de fermes, mais l'ensemble de l'archipel, relié par des bacs à câble, est accessible aux visiteurs. Le parc est voué aux activités de plein air.

Aussi, durant la saison estivale, le cyclisme et la randonnée sont-ils à l'honneur. Les sportifs ont alors tout le loisir de sillonner le parc, les bacs à câble les menant d'une île à l'autre.

On y trouve aussi un terrain de golf et des aires de pique-nique. Riche en oiseaux de toutes sortes, ce site s'avère très prisé des ornithologues amateurs. Pour visiter les îles sous un tout autre angle, il est possible de se promener en canot. Quatre circuits totalisant 28 km permettent aux canoteurs de découvrir maints aspects des côtes des îles. Le parc est ouvert toute l'année.

Circuit D : Vaudreuil-Soulanges

Prenez la route 132 Ouest pour ensuite suivre les panneaux indicateurs à partir de Saint-Anicet. Vous vous retrouverez ainsi au **parc de la Rivière-Saint-François** ★★ *(Chemin de la Pointe Fraser, ☎370-6954).* Situé sur la rive sud du fleuve Saint-Laurent, ce parc est un milieu humide reconnu par la convention Ramsar (liste mondiale des milieux remarquables). Il offre aux visiteurs la possibilité d'observer 220 espèces d'oiseaux, 600 plantes et plus de 40 espèces de mammifères différents. De mai à octobre, on propose des excursions guidées en canot Rabaska ainsi que des randonnées pédestres avec guide-interprète.

Circuit E : Le Sud-Ouest

Sur la rive sud du fleuve Saint-Laurent, à proximité de la ville de Salaberry-de-Valleyfield, on retrouve le complexe récréo-touristique de la plage du **parc régional des îles de Saint-Timothée** *(7$; mi-juin à début sept 10h à 17h, sam-dim 10h à 19h, juil tlj 10h à 19h; 240 rue St-Laurent, ☎377-1117).*

Populaire depuis nombre d'années, l'endroit propose un série d'activités de toutes sortes : baignade, patin à roues alignées, cours de kayak, tournois de volley-ball, location de canots, de pédalos, etc. Un endroit intéressant pour les familles et les groupes, mais moins pour les personnes qui recherchent le calme et la tranquillité.

Sur la rive nord du lac Saint-François, près de la frontière ontarienne, s'étend une autre plage très appréciée. Il s'agit de la **plage de Saint-Zotique** *(6$;mi juin à fin août tlj 9h à 20h; autoroute 20 O., sortie 6, ☎267-9335 ou 267-3003).* La baignade y est agréable, et l'on offre aussi plusieurs activités pour les petits comme pour les grands.

Activités de plein air

Randonnée pédestre

La Montérégie renferme six collines qui ont été longtemps considérées comme d'anciens volcans. En réalité, il s'agit de roches métamorphiques qui n'ont pu perforer la couche superficielle de la croûte terrestre. Au plan de la randonnée pédestre, ces collines sont idéales pour ceux et celles qui désirent pratiquer leur sport favori sans trop de difficulté, et la plupart sont facilement accessibles par la route. Voici la liste de quelques-uns des meilleurs endroits où marcher :

Parc des îles-de-Boucherville *(55 Île Ste-Marguerite, pont-tunnel Louis-Hyppolite-Lafontaine, sortie 89,* ☎ *928-5088)*, situé au milieu du fleuve Saint-Laurent, a beaucoup à offrir en termes de flore et de faune. Plus de 170 espèces de poissons et 40 espèces d'oiseaux y ont été recensées à ce jour.

Niché au centre de la charmante municipalité de Saint-Bruno, le **parc de conservation du Mont-Saint-Bruno** *(330 ch. des 25 E.,* ☎*653-7544)* dispose d'un réseau d'agréables sentiers. On y croise de nombreux lacs, et plusieurs aires de pique-nique et de détente sont aménagées pour la convenance des promeneurs.

Centre de la nature Mont-Saint-Hilaire *(422 ch. des Moulins,* ☎*467-1755)*. Avec 400 m d'altitude, le mont Saint-Hilaire offre plusieurs possibilités de randonnée grâce à ses nombreux sentiers. Et, en prime, les points de vue que l'on découvre au bout de nos peines en valent l'effort. Entre autres, le Pain de sucre permet une vue sans pareille sur la région montérégienne.

Les Étangs Garand, *(834 rte. 104,* ☎*346-8580)* à Saint-Grégoire est un lieu de randonnée tout à fait sympathique au milieu d'érablières et de vergers.

Réserve nationale de faune du Lac-Saint-François *(☎370-6954)*. La rive sud du fleuve Saint-Laurent, près de Salaberry-de-Valleyfield, abrite une réserve faunique incontournable. Le milieu marécageux, les canaux et les étangs cachent une flore et une faune uniques. Certaines espèces ne se retrouvent nulle part ailleurs au Canada.

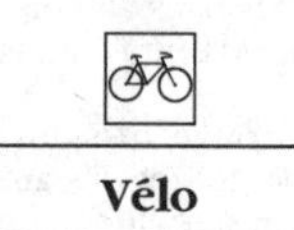

Vélo

Le vélo a gagné en popularité depuis les dernières années. C'est pourquoi la Montérégie, conjointement avec les Cantons-de-l'Est, a redoublé d'efforts pour répondre à une demande croissante d'amateurs en instaurant un réseau de pistes cyclables surprenant. La Montérégiade, inaugurée en 1993, fait la jonction entre la Montérégie et les Cantons-de-l'Est. Cela constitue la première démarche pour la création d'un vaste corridor qui permettra, une fois terminé, de rejoindre l'Appalachian Trail aux États-Unis.

Voici de plus quelques suggestions de pistes cyclables dans la région qui vous permettront de pratiquer votre activité préférée en toute sécurité tout en admirant au passage un site historique, un agréable cours d'eau et bien d'autres charmants paysages aux allures champêtres.

Circuit A : Les forts du Richelieu

Bande du canal de Chambly *(1840 rue Bourgogne;* ☎*447-4805; 39 km, de Chambly à St-Jean)*. En longeant le canal historique de Chambly et le Richelieu, vous aurez le plaisir de voir les éclusiers à l'œuvre et les plaisanciers se dorer au soleil avec un magnifique point de vue sur le Richelieu. Si la chance vous sourit, peut-être apercevrez-vous une variété d'oiseaux aquatiques comme le colvert ou le héron.

Circuits des Pommes *(☎469-0069; 49 km)*. Un circuit qui n'aurait pas pu s'appeler autrement. Ce qui fait le charme de cette piste, ce sont les nombreuses découvertes qu'elle permet tout le long du trajet et qui nous donne mille excuses pour reprendre notre souffle. Petit conseil : attention aux dégustations de vin et de cidre. N'oubliez pas que conduite et alcool ne font pas bon ménage.

Circuit de Covey Hill *(☎469-0069; 90,7 km)*. Trajet partagé avec les automobilistes qui nous fait faire une boucle à travers la jolie vallée de Covey Hill. Vous traverserez des champs et des vergers ainsi que de mignonnes petites municipalités. Les résidants racontent que l'endroit bénéficierait d'un microclimat et que le soleil y brillerait plus que dans le reste du Québec.

Circuit C : La rive du Saint-Laurent

Circuit des Riverains *(☎670-7293; 55 km)*. Îlot de nature entre le fleuve Saint-Laurent et les municipalités de la Rive-Sud. Le circuit permet un point de vue unique sur Montréal et le fleuve Saint-Laurent. Des navettes fluviales que l'on croise au passage permettent d'atteindre les îles de Boucherville et Montréal.

Circuit D : Vaudreuil-Soulanges et Circuit E : Le Sud-Ouest

Le **circuit des Deux Lacs** *(☎377-7676; 70 km)* fait le tour du pays du Suroît en longeant le lac des Deux

Montagnes, en traversant la jolie ville de Hudson et en suivant le fleuve Saint-Laurent du côté de Melocheville.

Cueillette de fruits

La cueillette de fruits! Quoi de plus plaisant comme activité pour mettre le nez dehors et se retrouver avec les êtres aimés! C'est aussi très économique puisque l'on fait ample provision de nos fruits préférés à un prix imbattable. La Montérégie, appelée aussi le «Jardin du Québec», regorge d'endroits pour la cueillette. Il est facile de se procurer une liste d'adresses où l'on peut cueillir des fruits *(☎674-5555)*, mais les villes de Saint-Hilaire, Rougemont et Saint-Grégoire sont reconnues pour leurs pommes.

Attention, en haute saison, c'est-à-dire les fins de semaine de septembre et d'octobre, sortir cueillir des pommes peut tourner au véritable cauchemar. Surtout dans la région de Saint-Hilaire, où la circulation sur les petites routes devient infernale.

Kayak

Circuit A : Les forts du Richelieu

Kayak et cetera *(56 rue Martel, Chambly, derrière la Maison culturelle, ☎658-2031)*. Location de kayaks et de canots. Cours pour les jeunes de 12 ans et plus, et pour les adultes de tous niveaux.

Toujours à Chambly, **Ça flotte Kayak** *(1731 rue Bourgogne, Derrière Vélo Chambly,☎447-4763)* fait de la location de kayak et offre aussi des cours.

Motomarine

Chambly

Pour les amateurs de sensation forte, il est possible de louer des motomarines pour se divertir sur le bassin de Chambly *(1737 av. Bourgogne, ☎(450) 4470617)*

Croisières

Circuit A : Les forts du Richelieu

Croisières Chambly
fin juin à début sept
☎592-8478Choix de deux itinéraires, Chambly—Saint-Hilaire, aller-retour avec repas, ou visite panoramique du bassin de Chambly.

Croisières Richelieu ***15,25$***
durée 1 heure 30 min
fin juin à début sept 13h30 à 15h30
départs de la rue du Quai; St-Jean-sur-Richelieu
☎346-2446 ou 800-361-6420
La croisière longe le Richelieu jusqu'à Saint-Paul-de-l'Île-aux-Noix. On peut admirer au passage les somptueuses demeures qui bordent la rivière.

Circuit D : Vaudreuil-Soulanges

Croisières Bellevue
15$ durée 1 heure 30 min
fin juin à début sept
départs 13h30 et 15h30; Sainte-Anne-de-Bellevue
☎457-5245 ou 888-455-5245
Départ du canal Sainte-Anne. Croisière sur le lac Saint-Louis et le lac des Deux Montagnes.

Croisières sur le lac Saint-François
15$
fin juin à début sept;
départs 13h30 et 15h30; quai municipal, parc Delpha-Sauvé, Salaberry-de-Valleyfield
☎346-2446 ou 800-361-6420
Croisière de 90 min sur les eaux de la baie Saint-François. Elle permet de découvrir le canal de Beauharnois et le canal de Soulanges.

Ski de fond

Bien sûr, la Montérégie, ce ne sont ni les Laurentides ni les Cantons-de-l'Est. Toutefois, il y a toujours les collines montérégiennes, qui offrent un réseau de pistes de ski de fond fort intéressant. Il peut être très agréable de skier sur des dénivellations un peu moins fortes à l'occasion. En outre, c'est plus près de la grande ville. Voici une liste d'endroits qui pourront plaire à plusieurs. Idéal pour les familles.

Centre de la nature du Mont-Saint-Hilaire
4$
4 sentiers - 7,5 km
422 ch. des Moulins ***☎467-1755***

Parc de conservation du Mont-Saint-Bruno
3,25$ par voiture
6,25$ par pers.
Location
9 sentiers - 27 km
330 ch. des 25 E.
☎653-7111

Centre de plein air les Forestiers
7$
location
9 sentiers - 33 km
1677 ch. St-Dominique
☎455-6771 ou 452-2434

Patin à glace

En hiver aussi il faut s'amuser! Et pour le plaisir des Montérégiens, les nombreux plans d'eau qui ponctuent la région deviennent des patinoires naturelles extraordinaires en hiver. On retrouve donc à travers plusieurs municipalités voisines d'un cours d'eau, comme le Richelieu, le lac des Deux Montagnes, le lac Saint-Louis, le lac Saint-Francois ou le canal de Beauharnois, des endroits où une patinoire a été aménagée, avec abri pour chausser ses patins. Voici quelques municipalités qui possèdent des patinoires extérieures :

Chambly
☎658-0321

Saint-Jean-sur-Richelieu
☎542-9090

Tracy
☎746-1522
☎800-474-944.

Naturisme

La Montérégie cache l'un des plus beaux centres naturistes du Québec, dont la réputation a d'ailleurs dépassé les frontières. **La Pommeraie** *(rte. 209, St-Antoine-Abbé, ☎826-4723)* est située au beau milieu d'un grand verger rempli de pommiers dans la très belle région de Saint-Antoine-Abbé. D'ailleurs pour nous le prouver, chacune des sections du terrain porte le nom d'une variété de pommes : secteurs Macintosh, Melba, Délicieuse, etc. On se croirait vraiment au paradis avant que Ève n'ait cueilli la pomme...

Hébergement

Circuit A : Les forts du Richelieu

Chambly

L'air du Temps
65$ pdj
124 rue Martel, J3L 1V3
☎658-1642
☎888-658-1642
⇌658-2830
L'air du Temps, cette charmante maison située juste en face du bassin de Chambly, a été rénovée avec goût, même si l'on a un peu exagéré l'usage des tons pastel. Une grande chambre est proposée au rez-de-chaussée, alors que les quatre autres ont été aménagées dans l'ancien grenier. Accueil sympathique.

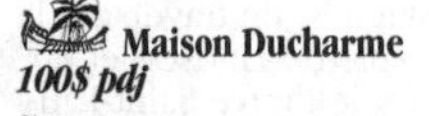
Maison Ducharme
100$ pdj
≈
10 rue De Richelieu, J3L 2B9
☎447-1220
⇌447-1018
Dans une ancienne caserne du début du XIXe siècle (voir p 188), on a aménagé à deux pas du fort Chambly cet agréable logement chez l'habitant. Décorée avec beaucoup de raffinement, la Maison Ducharme nous plonge, dans un luxe suranné, à une époque où l'on prenait, plus qu'aujourd'hui, le temps de vivre et où chaque détail intérieur était soigné. Disposant d'un vaste terrain au bord de la rivière Richelieu, tout en rapides à cet endroit, il fait bon en été se prélasser dans son jardin à l'anglaise et profiter de la piscine.

Saint-Jean-sur-Richelieu

Notez que les prix peuvent être plus élevés durant le Festival de montgolfières.

Auberge des Trois Rives
65$
ℜ
297 rue Richelieu, J3B 6Y3
☎358-8077
L'Auberge des Trois Rives est un sympathique gîte touristique aménagé dans une maison rustique. Le rez-de-chaussée renferme un restaurant, et une terrasse offre une vue agréable sur l'eau. Deux étages se partagent 10 chambres décorées de façon modeste mais chaleureuses.

Auberge Harris
83$
≡, ⊛, ℂ, ≈, ⌂, ⊙, *tv*, 🐕
576 rue Champlain, J3B 6X1
☎348-3821
☎800-668-3821
⇌348-7725
Située au bord de la rivière Richelieu, l'Auberge Harris dispose de 77 chambres

modernes réparties dans deux parties différentes, dont l'une est de type motel.

Relais Gouverneurs Saint-Jean-sur-Richelieu
120$
≡, *tv*, ≈, ℜ, ⌂
725 boul. du Séminaire N., J3B 8H1
☎*348-7376*
☎*800-667-3815*
⇄*348-9778*
Le Relais Gouverneur Saint-Jean-sur-Richelieu se dresse à l'entrée de la ville en bordure du Richelieu. Les chambres sont spacieuses et claires. Ses installations comprennent une piscine intérieure, un bar de même qu'un étage non-fumeurs. Le service est courtois.

Comfort Inn
109$
≡, *tv*, ≈
700 rue Gadbois, J3A 1V1
☎*359-4466*
☎*800-465-6116*
⇄*359-0611*
À l'entrée de la ville, on trouve un hôtel appartenant à la chaîne Comfort Inn. Ainsi établi au bord de l'autoroute, il manque certes de cachet, mais les chambres sont agréables et tranquilles.

Circuit B : Le chemin des Patriotes

Belœil

Hôtellerie Rive Gauche
110$
≡, ⊛, *tv*, ≈, ℜ, ℑ
1810 boul. Richelieu, J3G 4S4
☎*467-4477*
⇄*467-0525*
À la sortie 112 de l'autoroute 20 Est, sur le bord de la rivière Richelieu, se situe l'Hostellerie Rive Gauche. Cette hostellerie, comptant 22 chambres enjolivées de tons chauds et de toile de lin, offre une vue sur l'eau. Deux courts de tennis sont mis à la disposition de la clientèle. On y trouve une salle à manger chaleureuse (voir p 224). À la suite d'un incendie, cet établissement ouvrira ses portes à nouveau en avril 2000.

Mont-Saint-Hilaire

Auberge Montagnard
57$
≡, ⊛, ≈, ℜ
439 boul. Laurier, J3H 3P2
☎*467-0201*
☎*800-363-9109*
⇄*467-0628*
L'Auberge Montagnard est située au bord d'un boulevard bruyant en face du mont Saint-Hilaire. Elle propose des chambres au décor démodé mais confortables. Le personnel est sympathique.

Manoir Rouville-Campbell
150$
≡, ≈, ℜ
125 ch. des Patriotes
☎*446-6060*
☎*800-714-1214*
⇄*446-4878*
Le Manoir Rouville-Campbell a ce petit quelque chose qui confère à certains établissements une atmosphère unique et même, à la limite, mystique. Quand on entre dans le manoir, on a l'impression que le temps s'est arrêté il y a plus d'un siècle. Il faut dire que l'endroit, maintenant vieux de 200 ans, a vu plusieurs pages de l'histoire du Québec se tourner.

D'abord la demeure d'un seigneur au temps de la colonie, il appartint au major Campbell et à sa descendance pendant plusieurs années, pour ensuite être vendu à une entreprise de construction et finalement être racheté par le célèbre peintre Jordi Bonet afin de le sauver de la décrépitude. C'est aujourd'hui Yvon Deschamps, célèbre humoriste québécois, qui en est propriétaire. Le manoir est reconverti en hôtel de luxe depuis 1987. Pour une expérience de la vie de seigneur, c'est l'endroit tout indiqué. La salle à manger, le bar et les jardins avec vue sur le Richelieu ajoutent un plus à ce lieu d'hébergement déjà magique.

Saint-Hyacinthe

Hôtel Gouverneur Saint-Hyacinthe
160$
≡, ⊛, ≈, ⊘, ⌂, ℜ
1200 rue Daniel-Johnson Ouest, J2S 7K7
☎*774-3810*
☎*800-363-0110*
⇄*774-6955*
Aménagé dans un bâtiment qui se dresse au bord de l'autoroute, l'hôtel Gouverneur Saint-Hyacinthe offre de nombreux services afin de rendre le séjour des visiteurs le plus agréable possible. Ainsi, des courts de tennis et de squash sont mis à leur disposition. Le hall est orné de plantes et d'une fontaine créant une atmosphère paisible, et les chambres sont jolies.

Saint-Marc-sur-Richelieu

Auberge Handfield
75$
≡, ⊛, ≈, ℜ, ⌂, ⊘, *tv*, ℑ, ✪
555 rue Richelieu, J0L 2E0
☎*584-2226*
⇄*584-3650*
Installée dans une fort jolie maison construite en face de la rivière Richelieu, l'Auberge Handfield est un havre de détente. Elle met à la disposition des visiteurs des installations telles que le relais santé et le bâteau-théâtre *L'Escale*. Son jardin, aménagé avec soin, offre une superbe vue. La décoration des chambres,

quoique modeste, s'avère chaleureuse.

Hostellerie Les Trois Tilleuls
150$
≡, ⊛, ≈, *tv*, ℜ, ℑ
290 boul. Richelieu, J0L 2E0
☎856-7787
☎800-263-2230
⇄584-3146
L'Hostellerie Les Trois Tilleuls est membre de la prestigieuse association Relais et Châteaux. Construite au bord de la rivière Richelieu, elle bénéficie d'un site champêtre d'une grande tranquillité. On doit le nom de l'établissement à trois fiers arbres ombrageant la propriété. Les chambres, décorées de meubles rustiques, disposent toutes d'un balcon donnant sur la rivière. À l'extérieur, des jardins et un belvédère sont mis à la disposition de la clientèle, qui a aussi accès à la piscine chauffée.

Circuit D : Vaudreuil-Soulanges

Vaudreuil-Dorion

Château Vaudreuil
215$
ℑ, ⊛, ⊙, △, ≡, ≈, ℜ
21700 autoroute 40, J7V 8P3
☎455-0955
☎800-363-7896
⇄455-6617
Situé devant le lac des Deux Montagnes, l'hôtel moderne et d'allure grandiose qu'est le Château Vaudreuil constitue un bon choix dans la région. Les chambres offrent un bon confort.

Auberge des Gallant
120$ ½p
⊙, △, ≈, ✪
1171 ch. St-Henri, Ste-Marthe-de-Vaudreuil
☎459-4241
☎800-641-4241
⇄459-4667
Située au cœur d'un refuge d'oiseaux et de chevreuils, l'Auberge des Gallant offre un grand luxe dans un cadre champêtre des plus agréables. Les chambres sont confortables sans être extraordinaires. Toutefois, pas une minute ne passe sans qu'une attention ne soit portée à votre confort.

Hudson

Auberge Willow Place
85$ pdj
208 Main Road, J0P 1H0
☎458-7006
⇄458-4615
L'Auberge Willow Place est agréablement située sur la rive du lac des Deux Montagnes. Son cachet vieillot et son ambiance feutrée en font un bon choix dans la région.

Restaurants

Circuit A : Les forts du Richelieu

Carignan

Au Tournant de la Rivière
$$$-$$$$
fermé dim-lun
5070 rue De Salaberry
☎658-7372
Le restaurant Au Tournant de la Rivière propose un menu gastronomique reconnu par les critiques. Cela fait maintenant plus de 20 ans que cet établissement est ouvert; toutefois, il se maintient chaque année parmi les meilleures tables du Québec. On y propose de succulents plats de cuisine francaise. Un incontournable pour les amateurs de gastronomie.

Chambly

Chez Marius
$-$$
1737 rue Bourgogne
☎658-6092
Le casse-croûte Chez Marius fait partie des incontournables de la région. Tout en savourant une délicieuse combinaison hamburger-poutine, remarquez les photos illustrant l'histoire du restaurant ainsi que celle de Chambly. En été, une terrasse riveraine est mise à votre disposition.

Crêperie du Fort Chambly
$$-$$$
1717 rue Bourgogne
☎447-7474
Au bord du bassin de Chambly, cette maison de bois aux allures maritimes qu'est la Crêperie du Fort Chambly invite à profiter du beau paysage environnant. On y sert bien sûr des crêpes mais aussi des fondues au fromage. Terrasse au bord de l'eau et service sympathique. Brunch le dimanche.

La Maison Bleue
$$$-$$$$
2592 rue Bourgogne
☎447-1112
Dans ce qui était la grande maison de bois de Thomas Whitehead (voir p 190), on a aménagé un restaurant luxueux aux allures champêtres : La Maison Bleue. Grandes cheminées, planchers de bois peints qui craquent sous les pas, mobilier ancien et accueil comme chez la grand-tante décrivent très bien l'endroit. À l'étage, des salons privés peuvent être réser-

vés pour des réunions familiales ou d'affaires. Cuisine française classique.

Richelieu

Aux Chutes du Richelieu
$$$$
486 1ère rue
☎658-6689
Aux Chutes du Richelieu propose une excellente cuisine française et italienne. Ses crêpes Suzette font partie des péchés mignons incontournables. De plus, vous pourrez admirer les chutes du Richelieu.

Saint-Jean-sur-Richelieu

Manneken Pis
$
320 rue De Champlain
☎348-3254
Avec un nom comme Manneken Pis, les gaufres ne sont pas loin, et quelles délicieuses gaufres au chocolat si fin! Les cafés, torréfiés sur place s'avèrent eux aussi excellents, et c'est avec plaisir qu'on les déguste à la terrasse devant la petite marina. On propose aussi des sandwichs et salades.

Le Samuel II
$$-$$$
291 rue Richelieu
☎347-4353
Bien apprécié des gens de la région, Le Samuel II a toujours attiré une clientèle fidèle de connaisseurs appréciant son imaginative cuisine québécoise. Donnant sur le canal de la rivière Richelieu, les grandes baies vitrées permettent de voir défiler les bateaux de plaisance tout en dégustant un délicieux repas. On en ressort toujours enchanté.

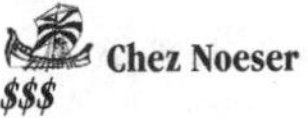
Chez Noeser
$$$
apportez votre vin
fermé lun-mar
236 rue De Champlain
☎346-0811
Il y a quelques années, Denis et Ginette Noeser ont quitté Montréal et leur restaurant de la rue Saint-Denis pour s'installer à Saint-Jean-sur-Richelieu et y ouvrir un sympathique restaurant offrant un service des plus agréables et une délicieuse cuisine française classique: Chez Noeser. Durant l'été, une terrasse est mise à la disposition de la clientèle.

Lacolle

Brochetterie Pharos
$$
7 rue de l'Église
☎246-3897
La Brochetterie Pharos ne serait qu'une brochetterie grecque comme tant d'autres si elle n'avait pas été aménagée dans une église. De plus en plus, partout au Québec, des églises sont recyclées en restaurants, en appartements de luxe, etc. Signe que les temps changent, et cette brochetterie le symbolise bien.

Circuit B : Le chemin des Patriotes

Saint-Bruno-de-Montarville

Bistro Le Béguin
$$$
1485 De Montarville
☎441-5500
Le Bistro Le Béguin propose un menu constitué de spécialités françaises. On y retrouve aussi un bon choix de poissons frais et de bières importées.

La Rabastalière
$$-$$$
fermé lun
125 de La Rabastalière
☎461-0173
La Rabastalière, aménagée dans une chaleureuse maison centenaire, prépare une savoureuse cuisine française classique et présente un menu gastronomique. Ce dernier est composé de six services et varie chaque semaine. Une verrière est également mise à la disposition des gens qui désirent manger en toute quiétude par une journée ensoleillée. Le service est sympathique et le menu, excellent.

Saint-Hyacinthe

À Saint-Hyacinthe, deux adresses sont connues de tous, et elles ont le même propriétaire. Sans être de la haute gastronomie, **Chez Pépé** *($$; 1705 rue Girouard O., ☎773-8004)* et **Grillade Rose** *($$; 494 rue St-Simon, ☎771-0069)* proposent des plats honnêtes dans un décor avec terrasse très agréable. Le concept semble s'inspirer des chaînes de restaurants de cuisine fine très répandues dans le Canada anglais. Chacun des restaurants s'est développé autour d'un thème : Pépé, c'est l'Italie avec son choix de pâtes, et Grillade Rose évoque Santa Fe avec ses grillades et ses *nachos*.

Le Bouffon Resto-Pub
$-$$
485 rue Ste-Anne
☎778-9915
Haut lieu de fréquentation maskoutaine, Le Bouffon Resto-Pub est un typique pub irlandais digne des meilleurs établissements outre-mer. Dans un décor chaleureux garni de boiseries, Le Bouffon se distingue avec plus de 150 bières importées, scotchs et portos. Repas du midi, 5 à 7 endiablés, repas du soir

et soirées animés ne sont que quelques les possibilités qu'offre ce restaurant. En été, on y trouve trois terrasses sur deux niveaux, garnies d'arbres et de fleurs. Durant la saison froide, un coin foyer avec divans vous attend au deuxième étage.

L'Auvergne
$$-$$$
fermé lun et 2 dernières semaines de juil
1475 rue des Cascades O.
☎***774-1881***
L'Auvergne figure depuis longtemps parmi les bonnes tables de la région. Aménagé dans deux petites salles, il fait une fine cuisine française. Les dimanches, sauf en été, on sert le brunch à partir de 10h.

Belœil

Petite ville sympathique quelque peu huppée au bord du Richelieu, avec vue prenante sur le mont Saint-Hilaire, Belœil est l'endroit où les jeunes et moins jeunes de la région se donnent rendez-vous pour un repas intime ou une virée entre copains.

Le Trait d'Union
$-$$
919 boul. Wilfrid-Laurier
☎***446-5740***
Rendez-vous branché des Belœillois, Le Trait d'Union, ce petit bistro sans prétention vous promet des moments agréables avec son ambiance décontractée et sa jolie terrasse. On y sert des petits plats santé à prix très abordable. Ouvert pour le petit déjeuner la fin de semaine.

Crêperie du Vieux-Belœil
$$-$$$
fermé lun
940 boul. Richelieu
☎***464-1726***
La Crêperie du Vieux-Belœil apprête, dans un décor champêtre, de généreuses crêpes maison à partir de farine blanche ou de sarrasin, servies avec fruits de mer, jambon ou fromage selon vos préférences.

L'Ostéria
$$
914 boul. Wilfrid-Laurier
☎***464-7491***
L'Ostéria, situé dans le Vieux-Belœil, est un petit restaurant coquet ou l'on sert de la fine cuisine italienne, du veau, du gibier ainsi qu'un copieux brunch le dimanche. La terrasse, attenante au restaurant, est invitante et, particularité plutôt rare pour un restaurant gastronomique, on propose un menu pour enfants.

Lian Yuan
$$
255 boul. Wilfrid-Laurier
☎***467-6767***
Le Lian Yuan fait honneur à la cuisine chinoise sichuanaise. Vous y trouverez, entre autres, de délicieuses boulettes de pâtes baignant dans une sauce piquante de même que des crevettes sautées avec légumes. Le décor est moderne, simple et accentué d'un bel éclairage.

Danvito
$$$
fermé dim
154 boul. Wilfrid-Laurier
☎***464-5166***
Dans le quartier plus commercial de Belœil se cache une bonne petite adresse qui attire la clientèle d'affaires avec sa fine cuisine italienne et son cachet méditerranéen : le Danvito. On y propose le traditionnel spaghetti *carbonara* et un succulent *manicotti fiorentina*. Le décor est simple et aéré.

Hostellerie Rive Gauche
$$$
1810 boul. Richelieu
☎***467-4477***
La très agréable salle à manger de l'Hostellerie Rive Gauche est installée sous une verrière. On y sert des spécialités françaises très bien apprétées dans un décor chaleureux. On peut tout aussi bien déguster son repas avec vue sur la montagne et la rivière ou près du foyer.

Saint-Marc-sur-Richelieu

Auberge Handfield
$$$-$$$$
555 ch. du Prince
☎***584-2226***
Le restaurant de l'Auberge Handfield abrite une vaste salle à manger ornée de poutres de bois et d'une cheminée. Tout en profitant d'une ambiance champêtre, on peut y savourer une délicieuse cuisine régionale québécoise. Au printemps, on peut aussi essayer les délices du temps des sucres.

Hostellerie Les Trois Tilleuls
$$$$
290 boul. Richelieu
☎***856-7787***
☎***800-263-2230***
Au restaurant de l'Hostellerie Les Trois Tilleuls, on peut savourer certains trésors de la gastronomie française. Le menu, composé avec art, présente des mets traditionnels qui ne manquent pas de raffinement. La salle à manger offre une agréable vue sur la rivière. En été, la terrasse s'avère des plus charmantes.

Saint-Antoine-sur-Richelieu

Le Champagne
$$$$
fermé dim-mar
1000 ch. du Rivage
☎*787-2966*
Le Champagne se présente comme un vieux château dont l'architecture serait inspirée d'une résidence marocaine. L'intérieur est magnifiquement garni de boiseries et de tables garnies d'argenterie, de verrerie fine et de vaisselle signée, disposées harmonieusement sur des nappes brodées. Vous y dégusterez une savoureuse cuisine française. Réservation nécessaire.

Circuit C : La rive du Saint-Laurent

Saint-Lambert

Café-Passion
$
476 rue Victoria
☎*671-1405*
Le Café-Passion est situé au cœur de Saint-Lambert. Ouvert depuis peu, il semble déjà attirer un lot d'habitués. Bien que l'endroit soit agréable, il n'offre rien d'exceptionnel. Le décor est au goût du jour et la nourriture, un peu fade. Peut-être parce que des établissements comme celui-là, on en retrouve de plus en plus. Toutefois, l'endroit est agréable et honnête, et il représente une bonne option pour un repas peu coûteux.

Au Vrai Chablis
$$$-$$$$
52 rue Aberdeen
☎*465-2795*
Au Vrai Chablis, des professionnels de la restauration vous convient à une expérience gastronomique plus que satisfaisante. Le menu, qui change quotidiennement, propose des spécialités francaises extrêmement bien apprêtées par un chef reconnu, soit Bernard Jacquin.

Longueuil

Charcuterie du Vieux-Longueuil
$
177 rue St-Charles O.
☎*670-0643*
Pour un bon sandwich, la Charcuterie du Vieux-Longueuil constitue un excellent choix malgré le service un peu expéditif.

L'Incrédule
$$$
288 rue St-Charles O.
☎*674-0946*
Le restaurant L'Incrédule propose un choix intéressant de repas de type bistro. De plus, vous y trouverez un excellent choix de bières importées, de scotchs et de portos.

Lou Nissart
$$
184 rue St-Charles O.
☎*442-2499*
Au cœur du Vieux-Longueuil se trouve un charmant petit restaurant. En effet, le Lou Nissart est un endroit où il fait bon se retrouver entre amis afin de savourer une cuisine provençale.

Relais Terrapin
$$
295 rue St-Charles O.
☎*677-6378*
À Longueuil, le Relais Terrapin a su conserver sa réputation au fil des ans. On y sert toujours une cuisine française de qualité.

Saint-Hubert

Bistro des bières belges
$-$$
2088 De Montcalm
☎*465-0669*
Le Bistro des bières belges, comme son nom l'indique avec poésie, dispose d'un choix d'une soixantaine de bières belges. Le menu est issu, lui aussi, de la tradition flamande. Réservation nécessaire la fin de semaine.

Circuit D : Vaudreuil-Soulanges

Rigaud

Pierre de Rigaud
$$$
ouvert ven et sam
apportez votre vin
437 Grande Ligne
☎*451-4205*
Le restaurant Pierre de Rigaud propose une fine cuisine régionale. Chaque mois, une préparation culinaire est mise en vedette pour le plus grand plaisir de votre palais, le tout dans une atmosphère chaleureuse et décontractée.

Sucrerie de la Montagne
$$$$
300 rang St-Georges
☎*451-5204*
La Sucrerie de la Montagne fait presque partie des attraits touristiques de la région. On y sert une cuisine traditionnelle du temps des sucres, avec les éternelles «oreilles de Christ» et les «œufs dans le sirop». De plus, une troupe de folklore s'occupe de l'ambiance en jouant des rigaudons et des airs de quadrilles. Ouverte toute l'année, cette cabane à sucre vous offre des soirées endiablées.

Hudson

Auberge Willow Place
$$-$$$
208 Main Road
☎*458-7006*
Sur la rive du lac des Deux Montagnes, l'Auberge Willow Place propose un menu de steaks et de grillades. L'ambiance feutrée dans laquelle baigne un décor de style anglo-saxon plaît à coup sûr. De plus, grâce au jeune personnel courtois et à la beauté du cadre environnant, votre repas dans cet établissement vous laissera le souvenir d'un moment de détente inestimable.

Clémentine
$$-$$$
398 rue Principale
☎*458-8181*
Le Clémentine est sans contredit une adresse à connaître pour ceux et celles qui recherchent les meilleures tables du Québec. Membre des Toques blanches internationales, ce petit restaurant situé au cœur du village, dans une magnifique maison aux allures champêtres, propose une cuisine québécoise évolutive. Le service y est courtois et amical.

Sorties

Bars et discothèques

Saint-Bruno-de-Montarville

12/50
1250 Roberval
Le 12/50 est un bar qui attire une clientèle jeune et sans prétention. La musique est rock'n'roll le mercredi et le jeudi, alors que, la fin de semaine, elle a une tendance plus populaire. Trois tables de billard sont à la disposition de la clientèle.

Chambly

Bistro Le Vieux Bourgogne
1718 Bourgogne
Le Bistro Le Vieux Bourgogne attire une clientèle jeune, venue écouter un chansonnier fredonner quelques airs célèbres de la musique francophone.

Richelieu

Super 9
60 ch. des Patriotes
On recommande le Super 9 pour deux raisons : très peu de discothèques sont aménagées dans une ancienne grange et il s'agit bien d'une adresse où tous les jeunes de la région se retrouvent la fin de semaine depuis plusieurs générations. Il faut s'attendre à une discothèque de village avec laser, voiture de sport et tout le tra-la-la, mais il demeure que l'ambiance n'y manque pas.

Saint-Hyacinthe

Le Bilboquet
1850 rue des Cascades O.
Le Bilboquet fait partie des endroits que l'on aime dès que l'on franchit le pas de la porte. Le Bilboquet, c'est non seulement un fabricant de bière artisanale, la Métayer blonde, brune ou rousse (toutes délicieuses, soit dit en passant), et un lieu de rencontre décontracté et intimiste où l'on sert des repas légers à l'intérieur ou à la terrasse, mais aussi l'endroit à Saint-Hyacinthe où l'on encourage la relève artistique en invitant de jeunes musiciens, en décorant avec les œuvres des gens du coin, en offrant des pièces de théâtre et des soirées de poésie, et en réunissant un cercle littéraire. Bref, c'est un endroit hyper-sympathique sans prétention avec de beaux projets «plein la tête».

Le Bouffon Resto-Pub
485 rue Ste-Anne
☎*778-9915*
Le Bouffon Resto-Pub est une autre bon endroit à fréquenter pour des soirées animées. Pour la description complète voir la section restaurants à la page 223.

Théâtres et salles de spectacle

Upton

Unique en Amérique du Nord, le concept théâtral de **La Dame de cœur** *(juin à début sept; 611 rang de la Carrière, ☎549-5828)* ne manquera pas d'émerveiller jeunes et moins jeunes. Situé dans un magnifique site historique, le Théâtre de la Dame de Cœur présente un spectacle multidisciplinaire avec des marionnettes géantes et des effets visuels saisissants. La salle de spectacle extérieure, avec son immense toiture, renferme des sièges pivotants munis de bretelles chauffantes pour éviter l'inconfort des soirées fraîches. Vous vivrez sans contredit un retour unique dans l'imaginaire de vos rêves d'enfant.

Fêtes et festivals

Saint-Jean-sur-Richelieu

Le **Festival de montgolfières** *(deuxième semaine d'août; ☎347-9555, www.montgolfieres.com)* se tient à Saint-

Jean-sur-Richelieu. Le ciel se couvre alors d'une centaine de montgolfières multicolores. Les envolées ont lieu tous les jours à 6h et à 18h, si le temps le permet. De l'animation, des expositions et des spectacles font partie des festivités pendant ces journées.

Chambly

Une très belle idée que cette **fête de Saint-Louis** *(fin août; ☎658-1585)* sur le site du fort Chambly. On a le plaisir de déambuler au milieu des campements d'époque de la milice et d'un marché à l'ancienne, ou encore d'assister aux démonstrations de la Compagnie Franche de la Marine. De plus, les restaurants de la région préparent pour l'occasion un menu inspiré de la gastronomie du temps de la colonisation.

Grâce à l'importante entreprise de bière artisanale Unibroue, dont Robert Charlebois, le célèbre chanteur, possède des parts, Chambly est de plus en plus associée à la bière. C'est la raison pour laquelle on a décidé de créer le **Festi-Bière** *(début sept; ☎447-0426)*. C'est l'occasion de déguster, toujours sur le site enchanteur du fort Chambly, une variété de bières des quatre coins du monde.

Saint-Hyacinthe

L'**Exposition régionale agricole et alimentaire de Saint-Hyacinthe** *(dernières semaines de juillet; ☎773-9307)* est l'occasion d'aller voir des manèges, des concours d'animaux, des machines agricoles, de même que des épreuves de tirs de tracteurs.

Saint-Denis

La **fête des Patriotes** *(3e dim de novembre; ☎787-3623)* est un ralliement populaire organisé à Saint-Denis dans le but de commémorer la victoire des Patriotes, qui a eu lieu le 23 novembre 1837.

Sorel

La gibelotte est un mets typique de la région fait à base de poisson. Le **Festival de la gibelotte de Sorel** *(début juil; ☎746-0283 et 877-746-0283)* ne cesse d'innover afin de maintenir l'intérêt pour ce plat.

Sallaberry-de-Valleyfield

Valleyfield est l'hôte des **Régates internationales de Valleyfield** *(première fin de semaine de juil; ☎371-6144 et 888-371-6144)*. La compétition propose diverses catégories de courses d'hydroplanes, au cours desquelles les plus rapides peuvent parfois atteindre une vitesse de près de 240 km/h.

Kahnawake

Différents événements traditionnels autochtones (danses, chants, etc.) sont organisés dans le cadre du **Pow Wow** *(deuxième fin de semaine de juil; ☎638-9699)*. La plupart des activités ont lieu sur l'île Kateri Tekakouitha.

Achats

La Montérégie est de plus en plus reconnue pour ces petites adresses que l'on se passe entre amis ou que l'on garde précieusement pour nos escapades de fin de semaine. Il est presque devenu coutume de sortir de la ville afin de se diriger en Montérégie pour la cueillette de fruits en saison, pour trouver de précieuses antiquités ou encore simplement pour faire l'achat et la dégustation de produits agricoles.

Chambly

Une Histoire d'Amour *(1878 rue Bourgogne, ☎658-9222)* est parmi les premières boutiques du genre au Québec à offrir toute sorte de trouvailles artisanales intéressantes. Mais depuis, avouons-le, ce genre de boutiques pousse aussi vite que des champignons. Reste que celle-ci a gardé un cachet bien à elle. Ça vaut la peine d'y jeter un coup d'œil.

Iberville

Spécialisée en arrangements de fleurs séchées de toute beauté, la jeune propriétaire des **jardins de Versailles** *(fin juin à fin déc tlj 9h à 17h, mi-jan à fin juin mer-dim; 399 rang Versailles, rte. 227, ☎346-6775)* se fait un plaisir de vous faire visiter son jardin ainsi que le séchoir où fleurs et légumes se côtoient pour finir en diapason dans un magnifique arrangement. Ateliers proposés.

La Maison sous les Arbres *(2024 rte. 133 S., ☎347-1639)*. Imaginez une galerie d'art aménagée dans une demeure. Vous magasinerez vos articles de salle de bain dans la salle de bain, ceux de cuisine dans la cuisine, et ainsi de suite. Pour ceux et celles qui adorent fouiner dans la maison des autres.

Victor, Christiane et leur fille Stéphanie, de chaleureux Alsaciens d'origine, sont propriétaires du **Vignoble Dietrich-Jooss** *(toute l'année 9h à 18h, mar-dim; 407 Grande Ligne, ☎347-6857)* depuis 1986. Leur vin a déjà remporté plusieurs prix d'excellence dans diverses compétitions prestigieuses, preuve qu'il est possible de faire un vin de haut calibre en pays québécois. Dégustation.

Hudson

Le **Marché Finnigan** *(boutique tlj, 9h à 16h, marché public sam seulement mai à nov; 775 rue Principale, ☎458-4377)*, ce célèbre marché en plein air où l'on propose non seulement des antiquités mais aussi une foule d'autres trouvailles, est un *must* dans la région. Quel plaisir de déambuler à travers tous ces trésors qui sont pour la plupart vendus à un prix abordable!

Saint-Antoine-Abbé

Léger et frais, l'hydromel est la boisson tout indiquée pour les belles journées d'été, et les **Vins Mustier Gerzer, Hydromel** *(ouvert à l'année; 3299 rte. 209, ☎826-4609)*, situés dans la magnifique région de Saint-Antoine-Abbé, sont passés maîtres dans sa fabrication. D'ailleurs, à cet endroit, l'abeille est à l'honneur avec une gamme variée de produits à base de miel. Dégustation.

Sainte-Marie-de-Monnoir

Semblerait-il que l'autruche soit la viande de l'avenir? En attendant, ça vaut la peine d'y goûter. Aménagée pour recevoir des visiteurs avec une aire de repos et un kiosque de souvenirs, la **Ferme l'Autruche Dorée** *(visite 3$; ouvert à l'année mer-dim 9h à 17h; 505 Ruisseau St-Louis O., ☎460-2446)* vend des produits de l'autruche.

Otterburn Park

Ce qui fait la renommée de la **Chocolaterie La Cabosse D'Or** *(ouvert toute l'année; mi-juin à fin août lun-mer 9h à 18h, jeu-dim 9h à 21h; début sept à mi-juin lun-mer 10h à 18h, jeu-ven 9h à 21h, sam 9h à 18h; 973 ch. Ozias-Leduc, ☎464-6937 et 800-784-6937)*, c'est bien sûr le chocolat belge de première qualité, mais c'est encore l'aspect enchanteur digne des contes de notre enfance, comme Hensel et Gretel. On y retrouve une splendide maison avec boutique, terrasse et salon de thé. Les hôtesses, vêtues en costume traditionnel, nous accueillent avec le sourire.

Cantons-de-l'Est

L'une des belles régions du Québec, les Cantons-de-l'Est sont situés à l'extrême sud du territoire québécois, à même les contreforts des Appalaches. Son riche patrimoine architectural et ses paysages montagneux lui confèrent un cachet particulier qui rappelle à bien des égards la Nouvelle-Angleterre.

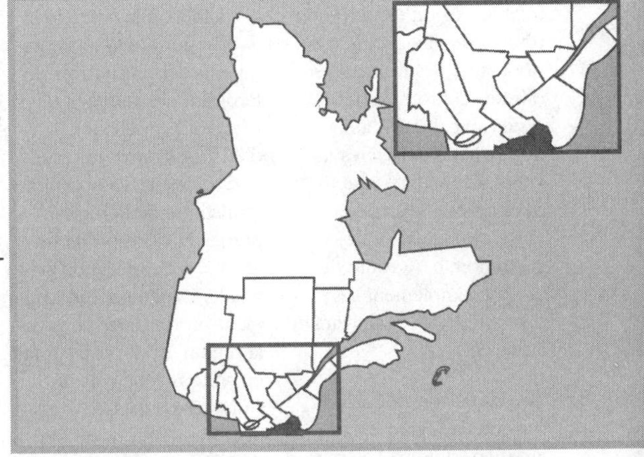

Entre de gracieux vallons et des montagnes aux sommets arrondis se cachent de petits villages fort pittoresques, caractérisés par une architecture très souvent d'inspiration anglo-saxonne.

Comme en témoignent toujours de nombreux toponymes tels que Massawippi et Coaticook, cette vaste région fut d'abord parcourue et habitée par les Abénaquis. Par la suite, lorsque la Nouvelle-France passa sous domination anglaise et que prit fin la guerre d'Indépendance des États-Unis, de nombreux colons américains restés fidèles à la Couronne britannique (les loyalistes) vinrent s'installer dans la région que l'on nommait alors «Eastern Townships».

Ils furent suivis, tout au long du XIXe siècle, de grands contingents d'immigrants provenant des îles Britanniques, surtout des Irlandais, et de colons de souche française venant des régions surpeuplées des basses terres du Saint-Laurent.

Même si aujourd'hui la population est à plus de 90% francophone, l'apport anglo-saxon reste très présent, notamment dans le patrimoine architectural. Dans plusieurs villes et villages s'élèvent de majestueuses églises anglicanes bordées de belles résidences du XIXe siècle, de style victorien ou vernaculaire américain. Restés très attachés aux Cantons-de-l'Est, les Anglo-Québécois y ont conservé de prestigieuses institutions, comme l'Université Bishop de Lennoxville.

Les fermes laitières agrémentent toujours le paysage, mais les Cantons-de-l'Est constituent aujourd'hui une région dynamique dotée de deux universités et de plusieurs industries de pointe.

Située à environ une heure de route de Montréal, la région est devenue un lieu de villégiature très populaire. Ses montagnes offrent en hiver de belles pistes aux skieurs, alors que ses lacs et rivières invitent aux activités nautiques en été. Mais on la visite également pour sa gastronomie, sa route des vins ou simplement ses divers festivals et activités familiales.

Comme son nom l'indique, la région est divisée en cantons. Les cantons sont des entités territoriales différentes des seigneuries, à la fois par leur forme plus ou moins carrée plutôt qu'allongée et par leur mode d'administration inspiré d'un modèle de développement britannique. Le canton est créé sur demande de la communauté qui désire s'y installer plutôt qu'à partir d'une concession à un seul individu.

Pour la plupart constitués au début du XIXe siècle, ils ont comblé les espaces laissés vacants par le régime seigneurial français, généralement des sites montagneux éloignés des berges déjà peuplées du Saint-Laurent et de ses affluents, lesquels constituaient à l'époque les principales voies de communication de la colonie. Les Cantons-de-l'Est forment la région où ce mode de peuplement du territoire s'est le plus répandu au Québec.

En 1966, à la suite de la division du Québec en régions administratives, le territoire des Cantons-de-l'Est prit l'appellation d'«Estrie». Trente ans plus tard toutefois, l'association touristique de la région prenait la décision de retourner à l'appellation originale. D'ailleurs, l'attachement profond des gens de la région à celle-ci avait fait en sorte qu'elle n'avait jamais été délaissée. Ainsi le terme «Cantons-de-l'Est» désigne-t-il aujourd'hui la réalité touristique de la région. L'appellation «Estrie», quant à elle, demeure utilisée pour désigner la région administrative.

Pour s'y retrouver sans mal

Situés au sud-est de Montréal, les Cantons-de-l'Est sont en concurrence avec les Laurentides, au nord-ouest, en tant que «terrain de jeu» favori des Montréalais. Trois circuits sont proposés pour découvrir les Cantons-de-l'Est : **Circuit A : Le verger ★**, **Circuit B : Les lacs ★★★** et **Circuit C : L'arrière-pays ★**.

Circuit A : Le verger

En voiture

De Montréal, traversez le pont Champlain et suivez l'autoroute 10 (autoroute des Cantons- de-l'Est) jusqu'à la sortie 29. Empruntez la route 133 Sud. À proximité de Philipsburg et de la frontière américaine, gardez la gauche pour pouvoir tourner sur la petite route qui mène à Saint-Armand-Ouest et à Frelighsburg. La route 213 prend la relève jusqu'à Dunham, où vous pourrez soit tourner à gauche sur la route 202 pour aboutir à Mystic, soit suivre en direction nord la route 202 puis la route 241 pour rejoindre Waterloo. Delà, la route 112 mène à Rougemont en passant par Granby, et la route 220 cède le pas à la route 243 pour vous conduire à Valcourt.

Gare routière

Bromont
624, rue Shefford (dépanneur Shefford)
☎*(450)534-2116*

Circuit B : Les lacs

En voiture

De Montréal, empruntez l'autoroute des Cantons-de-l'Est (autoroute 10) jusqu'à la sortie 90. Suivez ensuite la route 243 vers le sud. Assurez-vous de prendre le tournant à gauche, en direction de Knowlton, afin de longer la rive est du lac Brome. À Knowlton, la route 104 mène à l'intersection de la route 215, où vous tournerez à

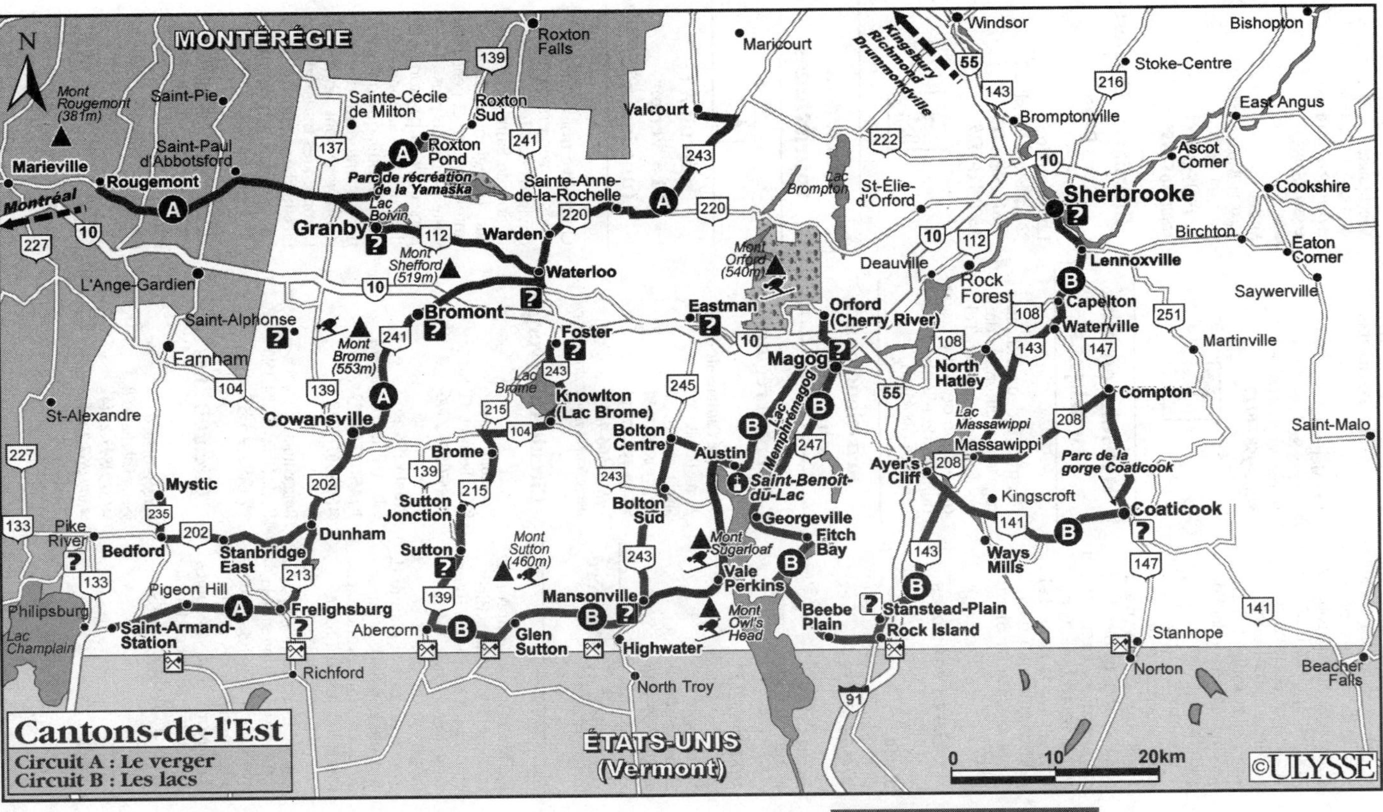

Cantons-de-l'Est

gauche vers Brome et Sutton. D'ici, en suivant la route 139 puis la route 243, vous atteindrez Bolton Sud, d'où vous pourrez vous rendre à Saint-Benoît-du-Lac par la route 245. En faisant le tour du lac Memphrémagog tout en contournant sa pointe nord pour suivre la route 247, vous vous retrouverez à Rock Island. La dernière portion de ce circuit se fait par la route 143, avec un crochet par la route 141 pour Coaticook puis par la route 208 jusqu'à Sherbrooke.

Gares routières

Sutton
28, rue Principale (station Esso)
☎(450)538-2452

Magog-Orford
67-A, rue Sherbrooke (Terminus Café)
☎(819)843-4617

Sherbrooke
20, rue King Ouest
☎(819)569-3656

Circuit C : L'arrière-pays

De Sherbrooke, empruntez la route 108 jusqu'à Birchton puis la route 210 en direction d'Eaton Corner. Le noyau du village se trouve de part et d'autre de la route 253 Sud. À partir de Cookshire, prenez la route 212 jusqu'à Saint-Augustin-de-Woburn. D'ici, grimpez vers le nord par la route 161 en longeant la rive est du lac Mégantic, puis rendez-vous jusqu'à Ham-Nord, d'où les routes 216 et 255 se succèdent à destination de Danville.

Gare routière

Lac-Mégantic
6630, rue Salaberry
(Dépanneur 6630 Fatima)
☎(819)583-0112

Renseignements pratiques

On trouve deux indicatifs régionaux différents dans les Cantons-de-l'Est. Tel qu'indiqué devant chaque numéro de téléphone, il sera **819** ou **450**.

Renseignements touristiques

Bureau régional

Tourisme Cantons-de-l'Est
20, rue Don-Bosco S.,
Sherbrooke, J1L 1W4
☎(819)820-2020
☎800-355-5755
⇄(819)566-4445
www.tourisme-cantons.qc.ca

Circuit A : Le verger

Bromont
83, bd Bromont, J0E 1L0
☎(450)534-2006

Granby
650, rue Principale, J2G 8L4
☎(450)372-7273
☎800-567-7273

Rougemont
11, ch. Marieville, J0L 1M0
☎(450)674-5555

Circuit B : Les lacs

Magog-Orford
55, rue Cabana J1X 2C4
☎(819)843-2744
☎800-267-2744

Sherbrooke
3010 King O., J1L 1Y7
☎(819)821-1919
☎800-561-8331

Sutton
1049, 11-B rue principale S.
C.P. 1049, J0E 2K0
☎(450)538-8455
☎800-565-8455

Circuit C : L'arrière-pays

Lac-Mégantic
3295, rue Laval N., G6B 1A5
☎(819)583-5515
☎800-363-5515

Attraits touristiques

★

Circuit A : Le verger (une journée)

On trouve trois concentrations de vergers dans les environs de Montréal : la région de Saint-Joseph-du-Lac, la région de Saint-Antoine-Abbé et celle, plus vaste bien que plus dispersée, de la portion occidentale des Cantons-de-l'Est. Depuis quelques années maintenant, des vignobles se sont ajoutés aux pommeraies traditionnelles, faisant d'un segment de ce circuit une sorte de «route des vins» en miniature.

En automne, les citadins viennent s'y balader le dimanche pour admirer les couleurs chatoyantes des arbres, observer les vendanges et cueillir des pommes MacIntosh dans l'un des multiples vergers où l'on est invité à le faire soi-même. De plus, des pomiculteurs proposent leurs produits au bord de la route (beurre de pomme, cidre, jus, tartes), alors que les viticulteurs privilégient les visites guidées de leur propriété, suivies d'une dégustation.

Saint-Armand-Station (1 023 hab.)

Ce village était autrefois un important carrefour ferroviaire, comme en témoigne sa gare, aujourd'hui recyclée en **hôtel de ville** *(414 ch. Luke)*. Il s'agit d'un bâtiment en brique de style néo-Renaissance érigé en 1865, ce qui en fait l'une des plus anciennes gares subsistant au Canada. De même, le pont couvert du ruisseau Groat (1845) est l'un des premiers ponts de ce type à avoir été construit au pays. La route sinueuse traverse ensuite Pigeon Hill avant d'atteindre le charmant hameau de Frelighsburg.

★

Frelighsburg (1 066 hab.)

L'architecture traditionnelle des Cantons-de-l'Est se distingue de celle du reste du Québec par ses racines anglo-américaines, qui se traduisent par l'emploi fréquent de la brique rouge et des revêtements en clin de bois peint en blanc.

Les fenêtres à guillotine dominent. Ce type de fenestration, comportant deux panneaux glissant verticalement l'un sur l'autre, est le plus souvent divisé en petits carreaux (trois ou quatre de large et de quatre à huit de haut) dans le cas des maisons antérieures à 1860, alors que les maisons victoriennes plus récentes présentent de grandes plaques de verre, libres de toute compartimentation.

Le bourg de Frelighsburg a grandi autour de son **moulin** *(privé, on ne visite pas; 12 route 237 N.)* en pierre, érigé dès 1790 par deux pionniers loyalistes. En 1839, celui-ci est agrandi par son nouveau propriétaire, Abram Freligh, originaire de l'État de New York, qui laissera son nom au village. Le moulin est visible à gauche, à travers les arbres. Il a été transformé en résidence en 1967.

L'**église anglicane** ★ de Frelighsburg occupe un emplacement de choix au sommet d'une colline dominant le village. Son plan allongé et son clocher élevé sur le côté de la nef, au pied duquel se trouve l'entrée principale, sont des éléments inusités dans les Cantons-de-l'Est. Elle a été construite en 1884 dans le style néogothique préconisé par l'Église d'Angleterre. Ses murs de brique rouge avec encadrements en brique jaune, surmontés d'une toiture d'ardoise, forment un ensemble polychrome qui n'est pas sans rappeler les églises villageoises de l'Ontario.

Suivez la route 213 Nord en direction de Dunham.

★

Dunham (3 430 hab.)

Dans les villages québécois fondés par des Canadiens français, traditionnellement catholiques, une seule église, assez imposante, est érigée au centre de l'agglomération. Dans les villages des Cantons-de-l'Est où la population est souvent répartie entre anglicans, presbytériens, méthodistes, baptistes et parfois même luthériens et unitariens, les petits temples de dénominations diverses foisonnent. Aussi la rue Principale de Dunham est-elle bordée de plusieurs clochers, entre lesquels sont érigées des demeures bourgeoises bien entretenues. Le canton de Dunham étant le plus ancien du Bas-Canada, on y trouve certaines des premières maisons bâties dans la région. L'**All Saints Anglican Church**, construite en pierre entre 1847 et 1851, s'inscrit dans l'axe de la route 202 Ouest, surnommée «la route des vins».

Tournez à gauche sur la route 202 Ouest pour parcourir la route des vins. Une excursion facultative à Stanbridge East, à Bedford et à Mystic est également proposée à partir de cette route. Reprenez ensuite la route 213 Nord en direction de Cowansville.

★

La route des vins

Le visiteur européen pourra trouver bien prétentieux d'entendre parler de **«route des vins»** *(route 202 O.)* pour décrire le parcours entre Dunham et Stanbridge East, mais l'expérience québécoise en matière de viticulture est tellement surprenante et la concentration de vignobles dans cette région, si unique au Québec que l'enthousiasme l'a emporté sur la mesure.

Pas de châteaux ni de vieux comtes distingués ici, mais plutôt des exploitants viticulteurs qui doivent parfois aller jusqu'à louer des hélicoptères pour sauver leurs vignes du gel. Les pales des hélices créent en effet une circulation d'air qui empêche le gel au sol à des moments critiques (mois de mai). La région bénéficie tout de même d'un microclimat et d'un sol propice à la culture de la vigne (ardoise). Les vins ne sont vendus qu'à la propriété.

Vous pouvez visiter le vignoble **L'Orpailleur** *(1086 route 202, J0E 1M0, Dunham, ☎450-295-2763, ≠295-3112)*, où sont, entre autres, élaborés un vin blanc sec et un apéritif rappelant le Pineau des Charentes, l'Apéridor.

Le **Domaine des côtes d'Ardoises** *(879 route 202, Dunham, J0E 1M0, ☎450-295-2020)* est l'un des rares vignobles québécois qui produit un vin rouge. Encore une fois, on a droit à l'accueil chaleureux du vigneron.

Le vignoble **Les Blancs Coteaux** *(1046 route 202, Dunham, J0E 1M0, ☎450-295-3503)*, en plus de faire un vin de qualité, dispose d'une jolie boutique d'artisanat.

Stanbridge East (860 hab.)

Ce charmant village est surtout connu pour son musée régional. Le long de ses rues ombragées, on peut aussi voir de grandes maisons entourées de jardins. On remarquera tout particulièrement l'**église anglicane St. James the Apostle**, en brique polychrome, dont le plan cruciforme est plutôt inhabituel au Québec (vers 1880).

Le **Musée Missisquoi** ★ *(3$; fin-mai à mi-oct tlj 10h à 17h; 2 rue Rivière, ☎450-248-3153)* se consacre à la conservation et à la diffusion du patrimoine régional, principalement loyaliste. Les 12 000 objets de la collection sont répartis dans trois bâtiments d'époque : le **moulin Cornell** de 1832, la **Bill's Barn** (grange à Bill), qui renferme des voitures anciennes et des instruments aratoires, et enfin le **magasin général Hodge**, qui a conservé ses comptoirs du début du XXe siècle.

Poursuivez sur la route 202 Ouest jusqu'à Bedford.

Bedford (2 788 hab.)

Cette autre petite ville aux accents anglo-saxons est renommée pour son ardoise grise et verte. On peut y voir de belles maisons de brique rouge entourées de verdure ainsi que la jolie **église anglicane St. James**, également en brique (vers 1840). Le pont des Rivières, un pont couvert, au nord-ouest, fait 41 m de longueur. Il a été érigé en 1884 et est l'un des rares exemples de pont en bois du type Howe au Québec, caractérisé par l'assemblage en croix des poutrelles.

Pour vous rendre à Mystic, tournez à droite sur la route 235 Nord. Le hameau est situé à gauche, à l'écart de la route principale.

★ Mystic

Mystic est un véritable morceau de Nouvelle-Angleterre transplanté au Québec. Sa population est encore largement anglosaxonne.

Le village déjà très attrayant de par la nature qui l'entoure, se démarque aussi grâce à un bâtiment historique des plus originaux. La **grange Walbridge** est en effet octogonale, formée de huit pans se rejoignant en un toit en pignon. Ainsi, un petit détour par Mystic vous permettra d'admirer ce beau bâtiment rouge et de faire une halte à l'ancien magasin général, toujours en activité.

Revenez vers Dunham, où l'on renoue avec le circuit principal.

Cowansville (12 500 hab.)

Cette autre communauté loyaliste regroupe de belles demeures victoriennes en bois et en brique ainsi que quelques bâtiments publics et commerciaux d'intérêt qui témoignent du passé prospère de la ville. Au numéro 225 de la rue Principale, on peut notamment voir l'ancienne **Eastern Townships Bank**, aujourd'hui transformée en centre communautaire et récréatif. L'édifice, érigé en 1889, comporte un toit mansardé, associé au style Second Empire, alors aussi populaire dans le monde anglosaxon que dans le monde francophone. Non loin de là se trouve la **Trinity Church**, petite église anglicane néogothique de 1854 entourée de son cimetière.

Empruntez la route 241 Nord à l'est de Cowansville.

Bromont (3 601 hab.)

Centre de villégiature prisé des Montréalais, Bromont s'est développée au cours des années soixante. Elle a acquis sa renommée grâce à son mont transformé en station de ski alpin, à ses installations sportives et à son titre d'hôte des compétitions de sport équestre des Jeux olympiques de 1976.

Pour les gourmands au fin palais, le **Musée du Chocolat** *(juin à oct lun-ven 10h à 18h et sam-dim 9h à 17h30, nov à mai mar-ven 10h à 18h et* *sam-dim 9h à 17h30; 679 rue Shefford,* ☎*450-534-3893)* est une occasion en or pour se familiariser avec ce péché mignon. On y découvre l'histoire du chocolat depuis l'arrivée des Espagnols en Amérique du Sud, le processus de modification des fèves en poudre de cacao et quelques œuvres d'art ayant pour support principal... le chocolat! Si vos papilles gustatives n'en peuvent plus, vous pourrez acheter toutes sortes de délicieuses confiseries faites sur place. Des repas légers y sont également servis.

Le **Jardin Marisol** *(début avr à début sept tlj 10h à 18h; 1 rue Marisol,* ☎*450-534-4515)* abrite une soixantaine de variétés de fleurs sauvages que vous pourrez redécouvrir le long de ses sentiers et de ses sous-bois. À la fin du mois de juillet, un symposium de peinture est organisé.

Centre équestre de Bromont, voir p 251.

Station de ski Bromont, voir p 252.

★

Waterloo (4 220 hab.)

Waterloo est une petite ville charmante. Les rues Western, Clark Hill, Lewis et Foster sont, encore ici, bordées de maisons cossues. Ironiquement, les maisons des familles anglo-saxonnes sont plus vastes que celles des familles canadiennes-françaises même si leurs familles étaient traditionnellement beaucoup moins nombreuses. **L'église St. Luke**, au numéro 420 de la rue Court, daterait de 1821, ce qui en ferait l'un des plus anciens exemples du style néogothique au Canada.

Une excursion facultative est proposée à Valcourt, village où Joseph-Armand Bombardier a développé puis commercialisé la motoneige. De nos jours, le Ski-Doo n'est plus que l'un des produits de la multinationale Bombardier, entre autres renommée pour son matériel de transport en commun (wagons de trains et de métro) et ses avions (Canadair, Challenger et Global Express).

Pour vous y rendre, suivez la route 241 jusqu'à Warden, puis prenez à droite la route 220 en direction de Sainte-Anne-de-la-Rochelle, pour ensuite tourner à gauche sur la route 243 et suivre les indications pour Valcourt.

Valcourt (2 349 hab.)

Bombardier n'est pas le seul mécanicien québécois à avoir développé un véhicule motorisé capable de circuler sur des surfaces enneigées. Le besoin est né du fait que, jusqu'au début des années cinquante, nombre de routes du Québec n'étaient pas déneigées en hiver. Il fallait pour se déplacer renouer avec les moyens de transport ancestraux, soit le traîneau tiré par un cheval, l'automobile étant, à toutes fins utiles, peu recommandable.

Bombardier est cependant le seul à avoir réussi à rentabiliser son invention, grâce notamment à un lucratif contrat avec l'armée au cours de la Seconde Guerre mondiale. L'entreprise s'est par la suite diversifiée et a connu une croissance considérable, sans toutefois délaisser son patelin de Valcourt, où se trouve toujours le siège social.

Le **Musée J.-Armand-Bombardier** ★ *(5$; tlj 10h à 17h, fermé lun début sept à fin avr; 1001 av. Joseph-Armand-Bombardier,* ☎*450-532-5300)* retrace l'histoire du développement de l'autoneige puis de la motoneige par Bombardier, et sa commercialisation à travers le monde. On peut y voir différents prototypes de même que les modèles de motoneiges fabriqués depuis 1960. Des visites de l'usine sont également proposées aux groupes.

De Waterloo, suivez la route 112 Ouest jusqu'à Granby.

Granby (45 194 hab.)

Se trouvant à quelques kilomètres du verdoyant parc de la Yamaska, Granby, «la princesse des Cantons-de-l'Est», respire l'air frais de la campagne environnante. Outre ses résidences témoignant de l'architecture victorienne, elle renferme de grandes avenues et de nombreux parcs ornés de fontaines et de sculptures.

Traversée par la rivière Yamaska Nord, elle se veut également le point de rencontre des pistes cyclables de la Montérégiade et de l'Estriade. Son dynamisme et sa jeunesse se reflètent à travers ses multiples festivals, notamment le célébrissisme Festival international de la chanson, grâce auquel la francophonie a découvert plusieurs excellents interprètes. Elle est aussi connue pour son zoo de type traditionnel, ouvert en 1953.

Vous pourrez observer quelque 250 espèces d'animaux provenant de divers pays, notamment d'Amérique du Nord et d'Afrique,

Grange ronde

au **Zoo de Granby** ★★ *(19,95$; début juin à fin sept tlj 10h à 18h, téléphoner pour le reste de l'année; autoroute 10, sortie 68 ou 74 et suivez les indications, ☎450-372-9113)*. On trouve sur place quelques manèges, une pateaugeoire pour les touts petits et plusieurs aires à pique-nique. La visite est intéressante surtout pour les familles avec jeunes enfants.

Parc de récréation de la Yamaska,voir p 249.

Centre d'interprétation de la nature du lac Boivin, voir p 249.

Reprenez la route 112 Ouest en direction de Rougemont.

Roxton Pond (1 024 hab.)

Devant curiosité tenace des passants, les propriétaires d'une ferme d'élevage ont aménagé un sentier de 1 km présentant 125 variétés d'oiseaux multicolores provenant de toutes les parties du monde. Sous vos yeux, les éleveurs nourrirront à la main les oiselets. Le **Zoo d'oiseaux exotiques** *(7,50$; mi-juin à mi-oct 10h à 17h; 2699 route 139, ☎450-375-6118)* est un bon endroit pour se procurer un ara au plumage en flammé!

Rougemont (1 219 hab.)

Bien que située en dehors de la zone touristique des Cantons-de-l'Est (elle appartient plutôt à la Montérégie), Rougemont s'y rattache par sa vocation de capitale de la pomme québécoise. Le village est situé en contrebas de la plus petite des collines montérégiennes, le mont Rougemont.

Le **Centre d'interprétation de la pomme du Québec** *(2,25$; juin à oct tlj 9h à 17h; 11 chemin Marieville, ☎450-469-3600)* vous en fera connaître davantage sur la pomoculture.

À la **Cidrerie artisanale Michel Jodoin** *(3$ la visite; 1130 rang de la Petite Caroline, J0L 1M0, ☎450-469-2676)* est produit un cidre de grande qualité dont le secret réside dans le vieillissement qui s'effectue dans des fûts de chêne; le résultat est convaincant. Malheureusement, on ne peut visiter la cidrerie que sur réservation. Sur place, il est possible de goûter différents cidres et, bien sûr, d'en acheter.

Ainsi se termine le circuit A : Les vergers. Pour retourner vers Montréal, suivez la route 112 Ouest jusqu'à la jonction de la route 227 Sud. Tournez à gauche afin de rejoindre l'autoroute des Cantons-de-l'Est (10). Pour accéder au circuit B : Les lacs, poursuivez vers l'est sur la route 112 jusqu'à Waterloo. De là, tournez à droite pour prendre la route 220 direction sud jusqu'à Knowlton.

Circuit B : Les lacs (deux jours)

Un trajet sinueux autour des trois lacs les plus courus des Cantons-de-l'Est, les lacs Brome, Memphrémagog et Massawippi, définit ce circuit aux multiples panoramas, aux villages plus coquets les uns que les autres et aux auberges chaleureuses dont le style n'est pas sans rappeler celui de la Nouvelle-Angleterre.

Il est idéal pour un séjour pas trop loin de Montréal, pendant lequel on pourra pratiquer différents sports nautiques et faire de l'escalade ou des randonnées en forêt pendant l'été, et du ski ou de la raquette en hiver.

★★
Knowlton (5 048 hab.)

Voilà ce que l'on entend par une impression de Nouvelle-Angleterre. Ce petit village d'estivants fortunés qui se marie admirablement au paysage recèle quelques boutiques et restaurants mignons qui viennent agrémenter la balade du visiteur. Alors que, dans les villages de tradition canadienne-française, l'accent est mis d'abord et avant tout sur l'église paroissiale catholique et le presbytère, les bâtiments civiques prennent ici davantage d'importance.

On remarquera notamment le **Bureau d'enregistrement**, au numéro 15 de la rue St. Paul. Érigé en 1857 selon les plans de l'architecte Timothy E. Chamberlain, il servait autrefois de palais de justice. L'architecture loyaliste, où le rouge de la brique se mêle au blanc du bois et au vert foncé des persiennes, est visible tout autour.

Le **lac Brome** ★, de forme circulaire, est populaire auprès des amateurs de planche à voile, qui bénéficient d'une aire de stationnement et d'une petite plage en bordure de la route à l'approche de Knowlton. Le «canard du Lac Brome» est reconnu pour sa saveur et est au menu des auberges et restaurants de la région en saison.

Le **Musée historique du comté de Brome** ★ *(3,50$; mi-mai à mi-sept lun-sam 10h à 16h30, dim 11h à 16h30; 130 rue Lakeside, ☎450-243-6782)*, réparti dans cinq bâtiments loyalistes, raconte l'histoire et la vie des gens de la région. On y trouve, outre les habituelles collections de meubles et de photographies, un magasin général reconstitué, une cour de justice du XIXe siècle et, chose plus rare, une intéressante collection militaire dont un avion de la Première Guerre mondiale.

Le village de Knowlton fait maintenant partie de la municipalité de Lac-Brome, qui ceinture le lac. Au bout du chemin Lakeside, tournez à droite sur la route 104 Ouest, puis à gauche sur la route 215 Sud en direction de Brome et de Sutton Junction pour rejoindre Sutton.

★
Sutton (1 610 hab.)

L'une des principales stations de sports d'hiver de la région, Sutton, est située en contrebas du mont du même nom. On trouve aussi dans la région quelques terrains de golf bien aménagés pour combler les sportifs pendant l'été. Parmi les églises de Sutton, on remarquera plus particulièrement la **Grace Church** anglicane, en pierre, de style néogothique et érigée en 1850. Son clocher a malheureusement perdu son ouverture en ogive.

Le **Musée Héritage-Sutton** *(2$; juin à sept tlj 10h à 17h; sept et oct sam-dim 10h à 17h; nov à mi-mai sur réservation; 30-A rue Principale Sud, ☎450-538-2544)* présente une exposition sur l'histoire locale et les communications.

Empruntez la route 139 Sud en direction du minuscule hameau d'Abercorn, situé à moins de 3 km de la frontière canado-étasunienne (État du Vermont). De là, prenez à gauche la route secondaire qui suit le creux de la très belle vallée de la rivière Missisquoi et traverse Glen Sutton et Highwater avant d'aboutir à Mansonville.

Mont Sutton ★, voir p 252.

Mansonville (1 610 hab.)

Mansonville a grandi autour d'une scierie fondée par Henry Ruiter en 1803. Après avoir porté le même nom que le comté de Potton, dans les limites duquel il est situé, le village a été rebaptisé Mansonville en l'honneur de l'un de ses citoyens. On y trouve une grange ronde (derrière l'école), un *green*, sorte de tapis de verdure de forme rectangulaire comme on en trouve fréquemment en Nouvelle-Angleterre, ainsi que plusieurs églises de dénominations diverses, parmi lesquelles il faut mentionner **l'église anglicane St. Paul's** de 1854, remaniée à la fin du XIXe siècle. Il existe même à Mansonville un temple maçonnique.

Prenez à gauche la route de Vale Perkins (elle passe devant le bureau de poste pour ensuite longer la maison Manson, à gauche). Empruntez le chemin de terre qui remonte vers les Bolton et Saint-Benoît-du-Lac. On risque toutefois de s'y embourber au printemps, pendant la fonte des neiges ou à la suite de fortes pluies, alors que la chaussée se transforme en boue. Si cela risque d'être le cas, empruntez plutôt la route 243 Nord à partir de Mansonville jusqu'à Bolton Centre.

À Vale Perkins même, on aperçoit à droite le **mont Owl's Head**, nom anglais qui se traduirait par «tête de hibou». Plus loin, on passe devant une petite chapelle ukrainienne des plus pittoresques. La route panoramique longe ensuite les **monts Sugar Loaf** (pain de sucre) et **Éléphant**, à proximité duquel on a trouvé des amoncellements de pierres appelés «cairns» ainsi qu'une grande pierre plate sur laquelle sont gravés des pétroglyphes aux origines mystérieuses.

Certains associent ces vestiges archéologiques aux colons loyalistes; certains, aux tribus amérindiennes du coin; d'autres enfin..., aux Phéniciens qui seraient venus jusqu'ici, en des temps fort reculés! Du haut de la colline qui domine **Knowlton's Landing**, on découvre avec ravissement le **lac Memphrémagog**, joyau des Cantons-de-l'Est.

★Mont Owl's Head,
voir p 252.

★★ Le lac Memphrémagog

Long de 40 km, mais d'une la largeur variant entre seulement un et deux kilomètres, le lac Memphrémagog n'est pas sans rappeler les lochs écossais. Il possède même son propre monstre marin, baptisé «Memphré», que plusieurs jurent avoir aperçu depuis 1798 (eh oui!). La portion sud du lac, non visible depuis Magog, à son extrémité nord, est située en territoire américain. Son nom vient de la langue abénaquie, tout comme celui du lac Massawippi et de la rivière Missisquoi. Les amateurs de voile y seront au paradis, puisqu'il s'agit de l'un des meilleurs endroits pour pratiquer ce sport au Québec.

Tournez à droite sur la route d'Austin et encore à droite sur le chemin Fisher, qui conduit à l'abbaye de Saint-Benoît-du-Lac.

★★ Saint-Benoît-du-Lac

Le territoire de cette municipalité correspond exclusivement au domaine de l'**abbaye de Saint-Benoît-du-Lac**, fondée en 1913 par des moines bénédictins chassés de leur abbaye de Saint-Wandrille-de-Fontenelle, en Normandie. L'ensemble comprend le monastère, l'hôtellerie, la chapelle abbatiale et les bâtiments de ferme. Seuls quelques corridors de même que la chapelle sont accessibles au public. On ne manquera pas d'écouter le chant grégorien pendant les vêpres, à 17h tous les jours de la semaine.

Les bâtiments de l'abbaye furent entrepris en 1937 selon les plans du moine bénédictin dom Paul Bellot (1876-1944). Cet éminent architecte, préoccupé par le renouveau de l'architecture religieuse au XXe siècle, a aussi dessiné les plans du dôme de l'oratoire Saint-Joseph, à Montréal, ainsi que ceux de l'abbaye de Solesme, en France, à laquelle il était rattaché. S'inspirant à la fois des formes pures et fonctionnelles du Moyen Âge et des matériaux modernes, il a créé un édifice étrange que l'on pourrait qualifier d'expérimental.

La chapelle est, quant à elle, une œuvre de l'architecte montréalais Dan Hanganu, entreprise en 1990 dans le respect du style original de l'édifice. Des portes extérieures de la chapelle, on peut goûter quelques instants la vue sur le lac, dont bénéficient les moines à longueur d'année.

L'hôtellerie accueille séparément hommes et femmes qui désirent se recueillir pendant quelque temps. De plus, les moines font l'élevage de bovins charolais et exploitent deux vergers (production de cidre) ainsi qu'une fromagerie (ses fromages sont l'Ermite et le Mont Saint-Benoît).

En revenant sur nos pas, le long du chemin Fisher, on aperçoit à gauche un petit chemin conduisant à une belle **grange ronde**, construite en 1907 par Damase Amédée Dufresne. On ne peut la visiter, mais, de l'extérieur, on constate tout de même qu'il s'agit de l'un des plus beaux spécimens québécois de ce modèle développé aux États- Unis pour contrer les vents violents, mais aussi pour empêcher le diable de se cacher dans un coin...

Au carrefour se trouvent l'**église Saint-Augustin-de-Cantorbéry**, du hameau d'Austin, autrefois église épiscopalienne, ainsi que le monument en l'honneur du plus illustre citoyen d'Austin, Reginald Aubrey Fessenden, inventeur du principe de la transmission de la voix humaine par ondes radio.

Tournez à droite sur la route qui conduit à Magog. Entre les maisons, on bénéficie de beaux points de vue sur le lac et l'abbaye. Tournez à droite sur la route 112.

★ Magog (14 669 hab.)

Principal centre de services entre Granby et Sherbrooke, Magog est une ville qui a beaucoup à offrir aux amateurs de sport. Elle occupe un site admirable à l'extrémité nord du lac Memphrémagog. Sa vocation culturelle n'est pas à dédaigner non plus, puisqu'elle possède un théâtre où sont présentées plusieurs avant-premières ainsi qu'un complexe musical en pleine nature au mont Orford. L'industrie textile, qui occupait autrefois une grande place dans la vie des habitants, a beaucoup diminué au profit du tourisme. La rue Principale, bordée de boutiques et de restaurants, est agréable à parcourir à pied.

Théâtre du Vieux-clocher, voir p 263.

★★Parc de récréation du Mont Orford, voir p 249.

★Centre d'arts Orford, voir p 263.

Empruntez la route 247 Sud, qui longe la rive est du lac Memphrémagog, en direction de Georgeville.

★

Georgeville (910 hab.)

C'est au milieu de ces paysages ondulés, synonymes de douces vacances, que fut tourné en grande partie *Le Déclin de l'Empire américain* du cinéaste Denys Arcand. Le petit village de Georgeville est depuis longtemps un lieu de villégiature où les vieilles familles anglo-saxonnes aiment se retrouver.

Les Molson, par exemple, possèdent une île dans les environs. Au XIXe siècle, les traversiers en provenance de Newport, aux États-Unis, sise à l'extrémité sud du lac, ou de Knowlton's Landing, sur sa rive ouest, aboutissaient tous à Georgeville, où étaient érigés d'importants hôtels en bois qui ont, malheureusement, tous flambé. Seule la modeste mais fort agréable **auberge Georgeville** est encore là. La **vieille école**, le **centre culturel** et l'**église St. George** (1866) sont d'autres bâtiments présentant un intérêt patrimonial certain. On ne manquera pas de se rendre jusqu'au quai, d'où l'on jouit d'une belle vue sur l'abbaye de Saint-Benoît-du-Lac.

Fitch Bay

En poursuivant sur la route 247, on atteint le vieux **pont couvert Narrows** *(prenez le chemin Merril à droite, puis tournez à gauche sur le chemin Ridgewood)*. Les ponts couverts coûtaient plus cher à construire, mais duraient beaucoup plus longtemps en raison de la protection qu'ils offraient contre le vieillissement; aussi en existe-t-il plusieurs au Québec. Franchissant la baie Fitch, ce pont d'une longueur de 28 m fut construit en 1881. Juste à côté, on aperçoit un petit parc où l'on trouve des tables de pique-nique.

Les routes environnantes sont agréables à parcourir, plus particulièrement la **Magoon Point Road**, qui offre des panoramas du lac, et la **route de Tomifobia**, que l'on croirait tout droit sortie des toiles des régionalistes américains, tel Grant Wood. On accède à **Beebe Plain** par la route 247 Sud. Cette ville est renommée pour ses carrières de granit, qui ont connu, ces dernières années, un regain de popularité avec la construction de plusieurs gratte-ciel nord-américains postmodernes revêtus de ce matériau aux teintes parfois rosées, parfois bleutées.

★

Rock Island (1 110 hab.)

Chevauchant la frontière canado-étasunienne, Rock Island est l'un des plus étranges villages qu'il soit donné de voir au Québec. En se promenant sur tel ou tel bout de rue, on est tantôt aux États-Unis, tantôt au Canada. Des affiches en français, on passe soudainement aux écriteaux en anglais. Au bout d'un mât planté sur la pelouse de M. Thériault, flotte l'unifolié canadien, alors que, chez son voisin immédiat, le *Stars and Stripes* américain se déploie dans un esprit patriotique mais pacifique. Plusieurs beaux bâtiments de pierre, de brique et de bois font de Rock Island un endroit agréable à visiter à pied.

L'édifice de l'**Opéra-bibliothèque Haskell ★** *(à l'angle des rues Church et Caswell)*, connu officiellement sous le nom de Haskell Free Library and Opera House, est à la fois une bibliothèque et une salle de spectacle. Il fut érigé à cheval sur la frontière canado-américaine afin de symboliser l'amitié entre les deux pays. L'architecte James Ball s'est inspiré de l'opéra de Boston, aujourd'hui disparu, pour concevoir ce monument inauguré en 1904. Une ligne noire traversant en diagonale l'intérieur de l'édifice indique l'emplacement exact de la frontière, qui correspond au 45e parallèle.

Remontez vers Stanstead Plain par la route 143 Nord (rue Main, puis rue Dufferin).

★ Stanstead Plain (883 hab.)

Cette communauté prospère regroupe quelques-unes des plus belles maisons des Cantons-de-l'Est. Les distilleries des années 1820 et, plus tard, l'exploitation des carrières de granit ont en effet permis à plusieurs habitants de la région d'amasser des fortunes importantes au XIXe siècle.

On remarquera plus particulièrement la **maison Butters**, de style néo-Renaissance dans le genre des villas toscanes (1866), ainsi que la maison Colby, décrite ci-dessous. Le **collège de Stanstead** (1930), le **couvent des ursulines** – institution inusitée dans la région – de même que les églises méthodistes et anglicanes méritent que l'on s'y attarde.

Le **Musée Colby-Curtis** ★ *(4$; mi-juin à mi-sept mar-dim 10h à 17h; reste de l'année mar-ven 10h à 12h et 13h à 17h, sam-dim 12h30 à 16h30; 35 rue Dufferin, ☎819-876-7322)* est en fait une maison-musée ayant conservé la totalité de son mobilier d'origine. Elle constitue un témoignage éloquent de la vie bourgeoise de la région dans la seconde moitié du XIXe siècle. La demeure, revêtue de granit gris, a été construite en 1859.

Poursuivez sur la route 143 Nord, puis tournez à gauche en direction d'Ayer's Cliff (route 141).

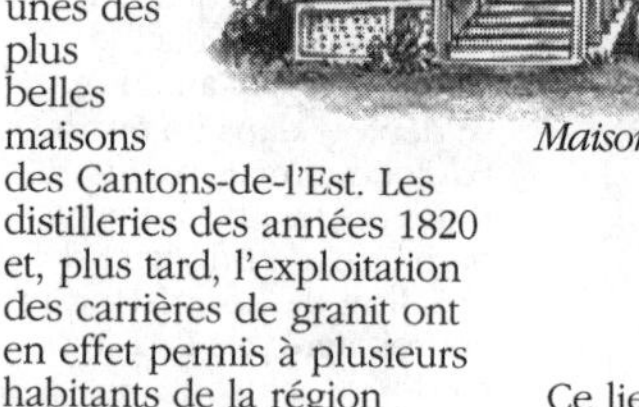

Maison de North Hatley

Ayer's Cliff (840 hab.)

Ce lieu de villégiature est un important centre équestre. On y tient également, à la fin de l'été, une foire agricole régionale qui attire de plus en plus de Montréalais. Il est recommandé de poursuivre sur la route 141 quelques kilomètres vers l'ouest afin de contempler la portion sud du **lac Massawippi**, avant de revenir sur ses pas pour reprendre la route 143 en direction de North Hatley.

Une excursion facultative en direction de Coaticook et de Compton est possible en choisissant plutôt de poursuivre sur la route 141 vers l'est.

Coaticook (6 942 hab.)

Coaticook, qui signifie «rivière de la terre aux pins» en langue abénaquie, est une petite ville industrielle. Elle est entourée de nombreuses fermes laitières qui en font le bassin laitier du Québec. Sa vieille gare présente un certain intérêt.

Au centre du quartier résidentiel de Coaticook, le **Musée Beaulne** ★ *(3,50$; mi-mai à mi-sept tlj 11h à 17h, mi-sept à mi-mai mer-dim 13h à 16h, début juil à mi-août mar 11h à 20h; 96 rue Union, ☎819-849-6560)* fait figure de château. Il s'agit en fait de l'ancienne demeure de la famille Norton construite en 1912. Certaines pièces ont conservé leur apparence bourgeoise du tournant du XXe siècle, alors que d'autres accueillent les collections de textiles et de costumes du musée Beaulne. La maison, d'allure pittoresque, se présente comme un assemblage de composantes des styles Queen Anne et Shingle américains au milieu d'un grand jardin à l'anglaise.

★Parc de la Gorge de Coaticook, voir p 249.

Remontez vers Compton par la route 147 Nord.

Compton (899 hab.)

Le principal attrait de ce village est la maison natale de Louis-Stephen Saint-Laurent, premier ministre du Canada de 1948 à 1957, surtout connu pour avoir contribué à la fondation de l'OTAN.

Le **lieu historique national Louis-S.-Saint-Laurent** *(3,25$; mi-mai à mi-oct tlj 10h à 17h, debut juil à fin août mer 10h à 20h; 6 rue Principale S., ☎819-835-5448)* ne présentera véritablement d'intérêt que pour l'amateur d'histoire politique, puisque la maison natale de Saint-Laurent et le magasin général paternel qui s'y rattache ne renferment que du mobilier et des objets usuels du début du XXe siècle, comme on en présente déjà dans tous les petits musées de la région.

Revenez au circuit principal en empruntant la route 208 jusqu'à Massawippi. Tournez à droite sur la route 143 en direction de North Hatley.

★★

North Hatley (750 hab.)

Les paysages enchanteurs de North Hatley ont eu tôt fait d'attirer les riches villégiateurs américains, qui s'y sont fait construire de luxueuses villas entre 1890 et 1930. La plupart d'entre elles bordent toujours la portion nord du lac Massawippi, qui, à l'instar du lac Memphrémagog, rappelle un loch écossais. De belles auberges et des restaurants gastronomiques contribuent au charme de l'endroit, lui assurant la réputation d'un lieu de villégiature des plus raffinés.

On notera, au centre du village, la minuscule **église Unie** de style Shingle, qui fait davantage penser à une chapelle de culte catholique qu'à un temple protestant.

Le **Manoir Hovey** ★ *(ch. Hovey)*, grande villa construite en 1900 sur le modèle de Mount Vernon, résidence de George Washington en Virginie, était autrefois la demeure estivale de l'Américain Henry Atkinson, qui recevait chez lui chaque été artistes et politiciens de son pays. La maison sert de nos jours d'auberge (voir p 257).

Reprenez la route 108 vers Lennoxville.

Ancienne mine de cuivre, la **Mine Capelton** *(17,20$, incluant tous l'équipement nécéssaire à la visite; fin juin à début sept tlj 8h30 à 18h, avr et oct sur réservation seulement; 800 route 108; visites commentée à tous les heures; ☎819-346-9545)* fut, vers les années 1880, l'un des complexes miniers les plus imposants et les plus avancés technologiquement du Canada, voire du Commonwealth. Creusée à main d'homme, elle s'enfonce jusqu'à 135 m sous la surface de la montagne Capel.

En plus de son intérêt géologique tout à fait fascinant, la visite, d'une durée d'environ deux heures, se veut un contact exceptionnel avec la vie des mineurs ainsi que la première révolution industrielle. La température oscillant autour des 9°C, des vêtements chauds sont conseillés. On retrouve aussi un joli sentier de randonnée avec belvédères et panneaux d'interprétation.

Reprenez la route 143 vers Lennoxville.

★

Lennoxville (4 209 hab.)

Cette petite ville, toujours majoritairement anglophone, se distingue par la présence des prestigieuses maisons d'éducation de langue anglaise que sont l'Université Bishop et le Bishop's College. Fondée aux abords de la route reliant Trois-Rivières à la frontière canado-étasunienne, elle prit le nom de Lennoxville en l'honneur de Charles Lennox, quatrième duc de Richmond, qui fut gouverneur du Haut et du Bas-Canada en 1818.

Il faut quitter la route principale (route 143) et parcourir les rues secondaires pour découvrir les bâtiments institutionnels, de même que les belles maisons Second Empire et Queen Anne cachées dans la verdure.

Les modifications et ajouts apportés à l'**église anglicane St. George** *(rue Queen)* entre 1847 et 1896 lui ont donné une allure pittoresque qui en fait l'une des plus coquettes églises des Cantons-de-l'Est.

Jefferson Davis, ancien président de la Confédération américaine et principal responsable de la sécession sudiste aux États-Unis (1861), aimait séjourner avec sa famille dans la **maison Cummings** *(33 rue Belvédère)*, une maison de brique construite en 1864.

La maison Speid, érigée en 1862, loge depuis 1988 le **Musée Uplands** *(2$; début juil à début sept lun-ven 10h à 12h et 13h à 17h, sam-dim 13h à 17h; sept à mai mar-dim 13h à 17h; 50 rue Park, ☎819-564-0409)*, où est raconté, par différentes expositions thématiques, le riche passé de la région.

L'une des trois universités de langue anglaise du Québec, l'**Université Bishop** ★ *(College Road)* est une petite institution offrant un enseignement personnalisé, dans un cadre enchanteur, à quelque 1 300 étudiants provenant de tous les coins du Canada. Elle a été fondée en 1843 à l'instigation du pasteur Lucius Doolittle.

À l'arrivée, on aperçoit le **McGreer Hall**, élevé en 1876 selon les plans de l'architecte James Nelson, puis modifié pour lui donner un air médiéval par les architectes Taylor et Gordon de Montréal. La **chapelle anglicane St. Mark**, érigée à sa gauche, a été reconstruite en 1891 à la suite d'un incendie. Son intérieur, long et étroit,

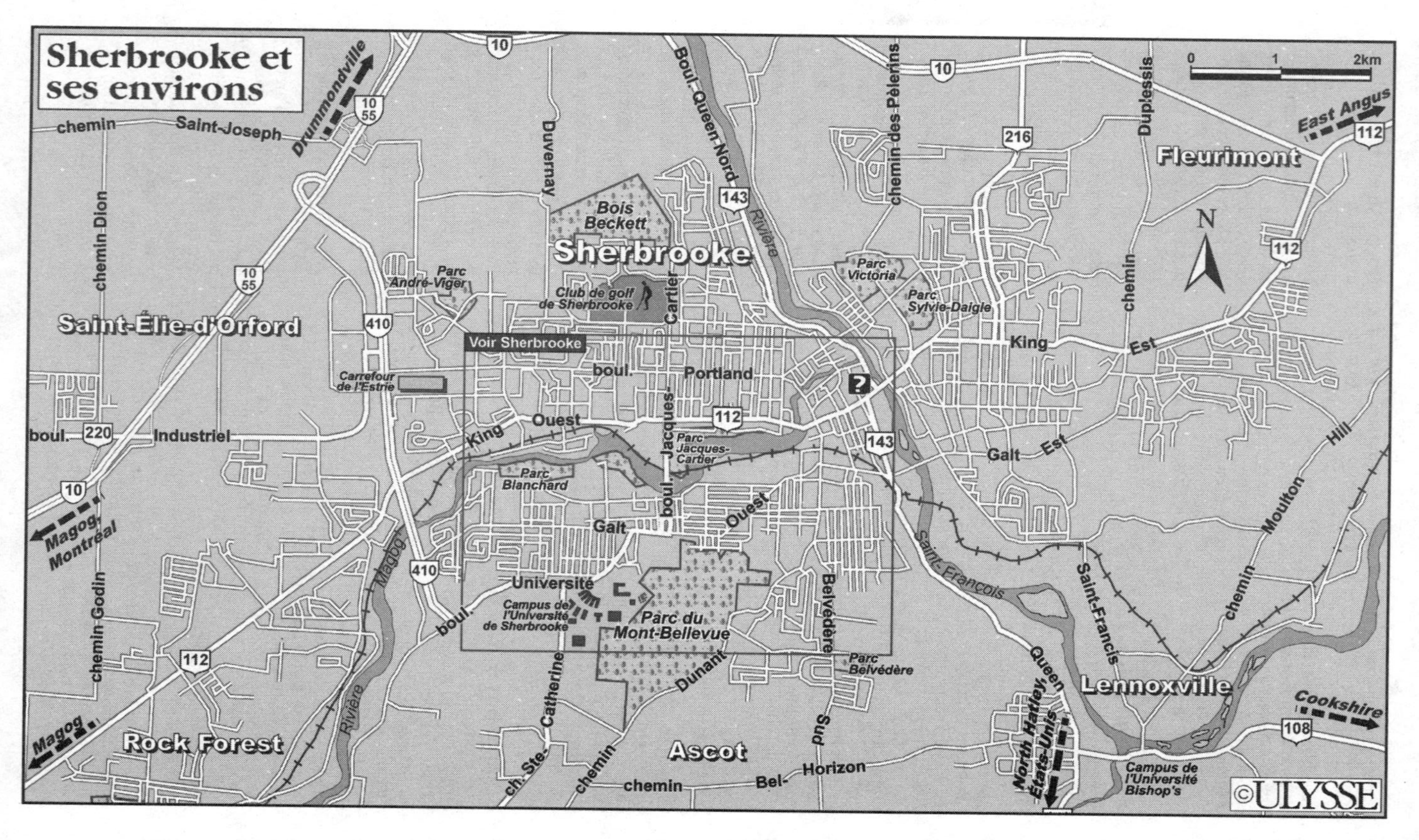
Sherbrooke et ses environs
0
1
2km
N
Sherbrooke
Fleurimont
Saint-Élie-d'Orford
Rock Forest
Ascot
Lennoxville
Belvédère
Voir Sherbrooke
Bois Beckett
Club de golf de Sherbrooke
Parc André-Viger
Parc Victoria
Parc Sylvie-Daigle
Parc Jacques-Cartier
Parc Blanchard
Parc du Mont-Bellevue
Parc Belvédère
Campus de l'Université de Sherbrooke
Campus de l'Université Bishop's
Carrefour de l'Estrie
Rivière Saint-François
Rivière Magog
Boul. Queen Nord
chemin des Pèlerins
Duplessis
chemin
Duvernay
Cartier
boul. Portland
boul. Jacques-Cartier
King Ouest
King Est
Galt Ouest
Galt Est
Université
boul.
Dunant
Sud
chemin Bel-Horizon
ch. Ste-Catherine
chemin Moulton Hill
Saint-Francis
Queen
chemin Saint-Joseph
chemin Dion
chemin Godin
boul. Industriel
Drummondville
East Angus
Cookshire
North Hatley, États-Unis
Magog, Montréal
Magog
10
55
112
143
216
220
410
108
©ULYSSE

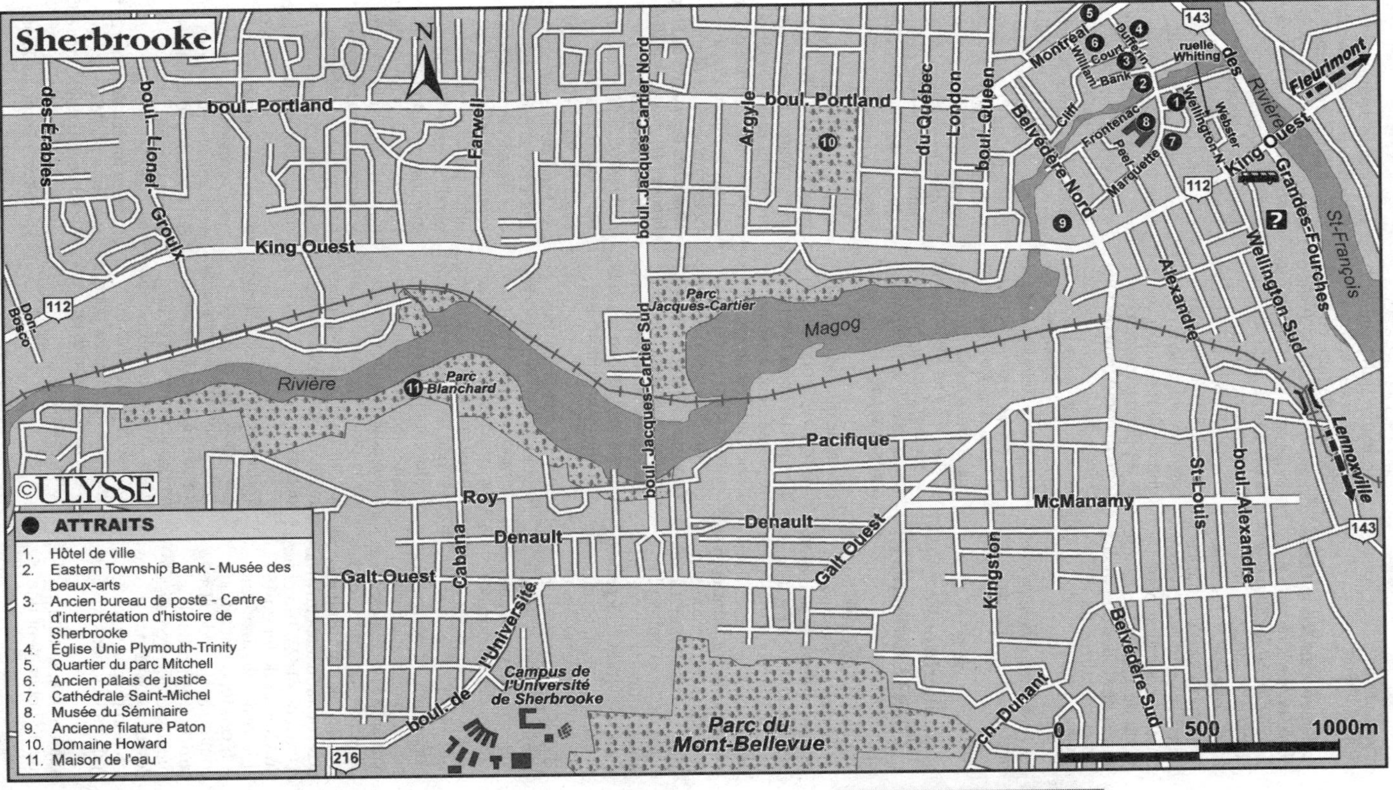
Sherbrooke
©ULYSSE
ATTRAITS
1. Hôtel de ville
2. Eastern Township Bank - Musée des beaux-arts
3. Ancien bureau de poste - Centre d'interprétation d'histoire de Sherbrooke
4. Église Unie Plymouth-Trinity
5. Quartier du parc Mitchell
6. Ancien palais de justice
7. Cathédrale Saint-Michel
8. Musée du Séminaire
9. Ancienne filature Paton
10. Domaine Howard
11. Maison de l'eau
Rivière St-François
Rivière Magog
Grandes-Fourches
Wellington-Sud
King Ouest
Belvédère Nord
Belvédère Sud
boul. Alexandre
St-Louis
Alexandre
McManamy
Kingston
Galt Ouest
Galt-Ouest
Pacifique
Denault
Roy
Cabana
boul. de l'Université
Campus de l'Université de Sherbrooke
Parc du Mont-Bellevue
Parc Jacques-Cartier
Parc Blanchard
boul. Jacques-Cartier Nord
boul. Jacques-Cartier Sud
boul. Portland
boul. Queen
London
du-Québec
Argyle
Farwell
boul. Lionel-Groulx
des Érables
Don-Bosco
Montréal
William
Court
Dufferin
Bank
Frontenac
Peel
Marquette
Cliff
Webster
Wellington-N.
ruelle Whitting
Fleurimont
Lennoxville
ch. Dunant
0 500 1000m
143
112
216

comporte de belles boiseries en chêne.

La **Galerie d'art Bishop-Champlain** (*entrée libre; mar-dim 12h à 17h; sur le campus de l'Université Bishop, ☎822-9600, poste 2687*) présente des expositions multidisciplinaires en plus de posséder une collection permanente de 150 œuvres, entre autres des toiles de paysagistes canadiens du XIXe siècle.

Revenez vers la route 143 en direction de Sherbrooke.

★★ Sherbrooke (79 432 habitants)

Principale agglomération de la région, Sherbrooke est surnommée la Reine des Cantons-de-l'Est. Elle est implantée sur une série de collines de part et d'autre de la rivière Saint-François, ce qui accentue son aspect désordonné. La ville possède néanmoins plusieurs bâtiments d'intérêt, pour la plupart concentrés sur la rive ouest. Sherbrooke est née au début du XIXe siècle autour d'un moulin et d'un petit marché, comme tant d'autres villages des Cantons-de-l'Est.

Cependant, sa désignation pour l'implantation d'un palais de justice, destiné à desservir l'ensemble de la région, allait la distinguer des communautés environnantes dès 1823. La venue du chemin de fer en 1852 et la concentration, dans son centre, d'institutions comme le siège de l'Eastern Township Bank, allaient modifier le paysage de Sherbrooke par la construction de prestigieux édifices victoriens.

Aujourd'hui, la ville accueille notamment une importante université de langue française, fondée en 1952 afin de faire contrepoids à l'Université Bishop de Lennoxville. Malgré son nom, qu'elle porte en l'honneur de Sir John Coape Sherbrooke, gouverneur de l'Amérique du Nord britannique à l'époque de sa fondation, la ville est depuis longtemps à forte majorité francophone (95%).

La route 143 débouche sur la rue Queen, dans les limites de Sherbrooke. Tournez à gauche sur la rue King Ouest, puis à droite sur la rue Wellington, où il est recommandé de garer sa voiture pour effectuer le reste de la visite de cette ville à pied.

L'**hôtel de ville** ★ (*145 rue Wellington N.*) occupe l'ancien palais de justice (le troisième), construit en 1904. L'édifice de granit, conçu par l'architecte en chef du département des Travaux publics, Elzéar Charest, témoigne de la persistance du style Second Empire au Québec grâce à sa connotation française.

On y reconnaît les arcs segmentaires, les pavillons d'angles coiffés de hautes toitures à crêtes ainsi que les œils-de-bœuf, typiques du style. Le jardin qui s'étale devant l'hôtel de ville, baptisé Square Strathcona, a été aménagé sur le site de la place du marché, qui a contribué au développement de Sherbrooke à ses débuts.

Tournez à gauche sur la rue Frontenac, puis à droite sur la rue Dufferin. Vous franchirez alors le pont qui domine les fougueux rapides de la rivière Magog, apprivoisés au XIXe siècle afin de fournir une force motrice aux nombreux moulins établis en bordure de la rivière.

Importante institution financière du siècle dernier, aujourd'hui amalgamée à la banque CIBC, l'ancienne **Eastern Townships Bank** ★★ (*241 rue Dufferin*) fut créée par la bourgeoisie des Cantons-de-l'Est, incapable d'obtenir du financement des banques montréalaises pour le développement de projets locaux. Son siège sherbrookois fut érigé en 1877 selon les plans de l'architecte James Nelson de Montréal, qui travaillait alors à l'édification des bâtiments de l'Université Bishop. On peut en parler comme de l'édifice Second Empire le plus achevé au Québec en dehors des villes de Montréal et de Québec.

À la suite d'un don de la banque CIBC et des multiples travaux de rénovation favorisant la conservation des œuvres, l'édifice abrite, depuis le milieu des années quatre-vingt dix, le **Musée des Beaux-Arts de Sherbrooke** (*4$; mar-dim 13h à 17h, mer jusqu'à 21h; fin juin à début sept 11h à 17h, mer jusqu'à 21h; 241 rue Dufferin, ☎819-821-2115*). Au fond de la salle accueillant les visiteurs, l'œuvre de Gérard Gendron représentant un trésor sur la place publique trace un parallèle entre l'institution que logeait autrefois l'édifice et sa vocation artistique d'aujourd'hui. Outre son énorme collection d'art naïf, le musée présente également des œuvres contemporaines des artistes de la région. Des bénévoles se trouvent sur place pour répondre aux questions sur les expositions qui s'y renouvellent tous les deux mois.

L'**ancien bureau de poste** (*275 rue Dufferin, ☎819-821-5406*) voisin, édifié en 1885 selon les plans de l'architecte François-Xavier

Berlinguet, forme avec la banque un ensemble d'une grande richesse architecturale. Il loge en outre le **Centre d'interprétation de l'histoire de Sherbrooke** *(3$; mar-ven 9h à 12h et 13h à 17h, sam-dim 13h à 17h, juil-août mar-ven 9h à 17h, sam-dim 10h à 17h; 275 rue Dufferin, ☎819-821-5406)*, qui, en plus de ses deux salles d'exposition, organise des circuits permettant de se familiariser avec l'architecture et l'histoire de la ville. Des cassettes audio sont également offertes en location pour effectuer des visites à pied ou en automobile *(6$)*.

L'**église Unie Plymouth-Trinity** *(380 rue Dufferin)*, que l'on dirait tout droit sortie d'un village de Nouvelle-Angleterre, tant par son gabarit que par ses matériaux (brique rouge, bois peint en blanc), a été dessinée en 1851 par William Footner. Elle était d'abord destinée à la secte congrégationaliste. À la suite de la fusion de plusieurs communautés protestantes sous l'emblème de l'Église Unie en 1925, l'église a été rebaptisée de son nom actuel.

Poursuivez en direction du parc Mitchell.

Quartier du parc Mitchell ★★. Autour du square, agrémenté d'une fontaine du sculpteur George Hill (1921), se trouvent certaines des plus belles maisons de Sherbrooke. Au numéro 428 de la rue Dufferin s'élève la **maison Morey** *(on ne visite pas)*, représentative de cette architecture victorienne bourgeoise qu'affectionnaient les marchands et les industriels originaires des îles Britanniques ou des États-Unis. Elle a été construite en 1873.

Faites le tour du parc, puis empruntez la rue Montréal. Tournez à gauche sur la rue Williams.

Situé dans l'axe de la rue Court, l'ancien **palais de justice** ★ *(rue Williams)*, le second de Sherbrooke, a été converti en manège militaire pour le régiment des Sherbrooke Hussards à la fin du XIXe siècle. L'édifice, construit en 1839 selon les plans de William Footner, comporte une belle façade néoclassique, qui n'est pas sans rappeler celle du marché Bonsecours de Montréal (voir p 102), d'ailleurs du même architecte.

Revenez vers la rue Dufferin en empruntant la rue Bank. Tournez à droite, et montez la côte de la rue Marquette en direction du Séminaire et de la cathédrale.

Vue d'une certaine distance, la **cathédrale Saint-Michel** *(rue Marquette)* présente l'aspect des églises abbatiales d'Europe juchées sur un promontoire, donnant à Sherbrooke un air médiéval qui contraste avec son passé néoclassique. De près, cependant, on constate qu'il s'agit d'un temple fort récent et incomplet.

Entreprise par l'architecte Louis-Napoléon Audet en 1917, la cathédrale néogothique ne sera finalement consacrée qu'en 1958. Son intérieur entièrement blanc renferme des œuvres modernes dont une belle statue de la Vierge par Sylvia Daoust. Le vaste palais épiscopal voisin, siège de l'archevêché de Sherbrooke, a fait pâlir d'envie plus d'un ecclésiastique.

Le Séminaire Saint-Charles de 1898 loge le **Musée du Séminaire de Sherbrooke** ★ *(4$; mar-dim 12h30 à 16h30, en été tlj 10h à 17h; 222 rue Frontenac, ☎819-564-3200)*, où sont présentées des collections d'oiseaux, de minéraux et de plantes. On y trouve également quelques huiles, aquarelles et sculptures intéressantes, de même que des objets façonnés à la main par les Amérindiens. Au musée, se rattache le centre d'exposition Léo-Marcotte, qui propose des expositions itinérantes et multidisciplinaires.

Poursuivez sur la rue Marquette en direction de la rue Belvédère Nord, où se trouve l'ancienne filature Paton.

À l'instar de plusieurs villes de Nouvelle-Angleterre, Sherbrooke possédait autrefois une importante industrie textile, mise en place dans la seconde moitié du XIXe siècle. La **filature Paton** ★ *(à l'extrémité de la rue Marquette)* était la plus importante de ces manufactures de la région. Ouverte en 1866, elle a fonctionné jusqu'en 1977. Cette année-là, on envisagea sa démolition. Cependant, après quelques visites outre-frontière, où plusieurs de ces complexes industriels ont été recyclés en habitations et en commerces, la municipalité décida de conserver plusieurs des bâtiments pour créer un ensemble multifonctionnel. La Paton est aujourd'hui un modèle de conservation du patrimoine industriel et de réaménagement de tels espaces, en plus de constituer un nouveau pôle de développement dans le centre-ville de Sherbrooke.

Pour retourner vers la rue Wellington, tournez à gauche sur la rue King. Les attraits décrits ci-dessous sont situés dans d'autres quartiers, et il est plus facile de s'y rendre en voiture ou en autobus.

On trouve au **domaine Howard** *(maisons fermées au public; 1300 bd Portland)* les serres municipales ainsi qu'un beau jardin entourant deux demeures en pierre du début du XXe siècle, aujourd'hui converties en locaux administratifs.

La **Maison de l'eau** *(entrée libre; mi-juin à début sept 11h à 19h, début sept à mi juin mer-dim, 8h30 à 16h30; 755 rue Cabana, ☎819-821-5893)*, située au bord de la rivière Magog, présente des expositions et propose un réseau riverain d'une douzaine de kilomètres de sentiers utilisés pour le vélo, la randonnée pédestre ou le ski de fond.

Une excursion facultative vous mène à deux attraits des environs de la petite ville de Stoke. Du centre-ville de Sherbrooke, prenez la rue King vers l'est. Tournez à gauche sur le boulevard Saint-François, puis empruntez le chemin Beauvoir.

Stoke (2 354 hab.)

Juché sur une montagne, le paisible **Sanctuaire de Beauvoir** *(entrée libre; 169 ch. Beauvoir, ☎819-569-2535)* offre, outre ses multiples sentiers permettant les promenades contemplatives, une très belle vue sur les environs de Sherbrooke.

Suivez le chemin Beauvoir, puis empruntez l'autoroute 10 vers l'est pour aller prendre la route 216 Nord jusqu'au rang 3.

Le centre d'interprétation de l'abeille de la **Ferme Lune de Miel** *(3,50$; tlj 10h à 17h, visites guidées à toutes les heures début mai au début nov; 252 rang 3 E., ☎819-346-2558, ≠346-9360)* révèle tous les secrets de l'apiculture. Durant la visite d'une heure, vous pourrez voir les impressionnantes créatures à l'œuvre dans la ruche géante et déguster différentes saveurs de miel.

Pour retourner vers Montréal, reprenez l'autoroute 10 vers l'ouest.

Circuit C : L'arrière-pays (deux jours)

La plus isolée des régions des Canton-de-l'Est présente une alternance de plaines et de montagnes. De longs rubans de routes désertes relient entre eux des villages loyalistes au charme suranné. Éloignées des grands centres, ces communautés ont conservé, dans bien des cas, une population à majorité anglophone.

Les environs du mont Mégantic furent colonisés au début du XIXe siècle par des Écossais originaires des îles Hébrides. La langue celtique y était encore parlée couramment il y a 100 ans. L'arrivée des Canadiens français de la vallée de la rivière Chaudière (Beauce) remonte à la fin du XIXe siècle.

★

Eaton Corner (2 744 hab.)

Eaton Corner tire son nom de son emplacement, à la croisée de deux chemins qui ont joué un rôle majeur dans la colonisation de la région, soit le chemin de Sherbrooke et celui en provenance des États- Unis. Des colons loyalistes défrichèrent les terres du canton d'Eaton à partir de 1793. Le village d'Eaton Corner connaît la prospérité jusqu'en 1850, alors qu'il est délaissé au profit des villages traversés par des cours d'eau pouvant alimenter l'industrie. Contourné par les chemins de fer des Cantons-de-l'Est, le village s'endort lentement, phénomène qui ne sera pas étranger à la préservation de son patrimoine architectural.

Le **Musée de la Société d'histoire du comté de Compton** ★ *(2$; début juin à fin août mer-dim 13h à 17h, sept sam-dim 13h à 17h; route 253, ☎819-875-5256)* est aménagé dans l'ancienne église congrégationaliste érigée en 1841. Le bel édifice néoclassique en bois renferme des meubles loyalistes de même que des documents et des photographies racontant la vie des premiers colons à l'est de Sherbrooke. L'hôtel de ville, qui lui fait face, occupe l'ancienne académie d'Eaton Corner. De 1863 à 1889, on y formait des instituteurs anglophones pour les écoles de village des Cantons-de-l'Est.

Remontez par la route 253 Nord jusqu'à Cookshire, puis suivez la route 212 Est. Vous traverserez alors les villages d'Island Brook, de West Ditton et de La Patrie. La route offre de belles vues sur le mont Mégantic. Poursuivez jusqu'à Notre-Dame- des-Bois.

Notre-Dame-des-Bois (620 hab.)

Cette petite localité, établie au cœur des Appalaches à plus de 550 m d'altitude, est en quelque sorte la porte d'entrée du mont Mégantic et de son observatoire, ainsi que du mont Saint-Joseph et de son sanctuaire, tous deux inclus dans le parc du Mont Mégantic.

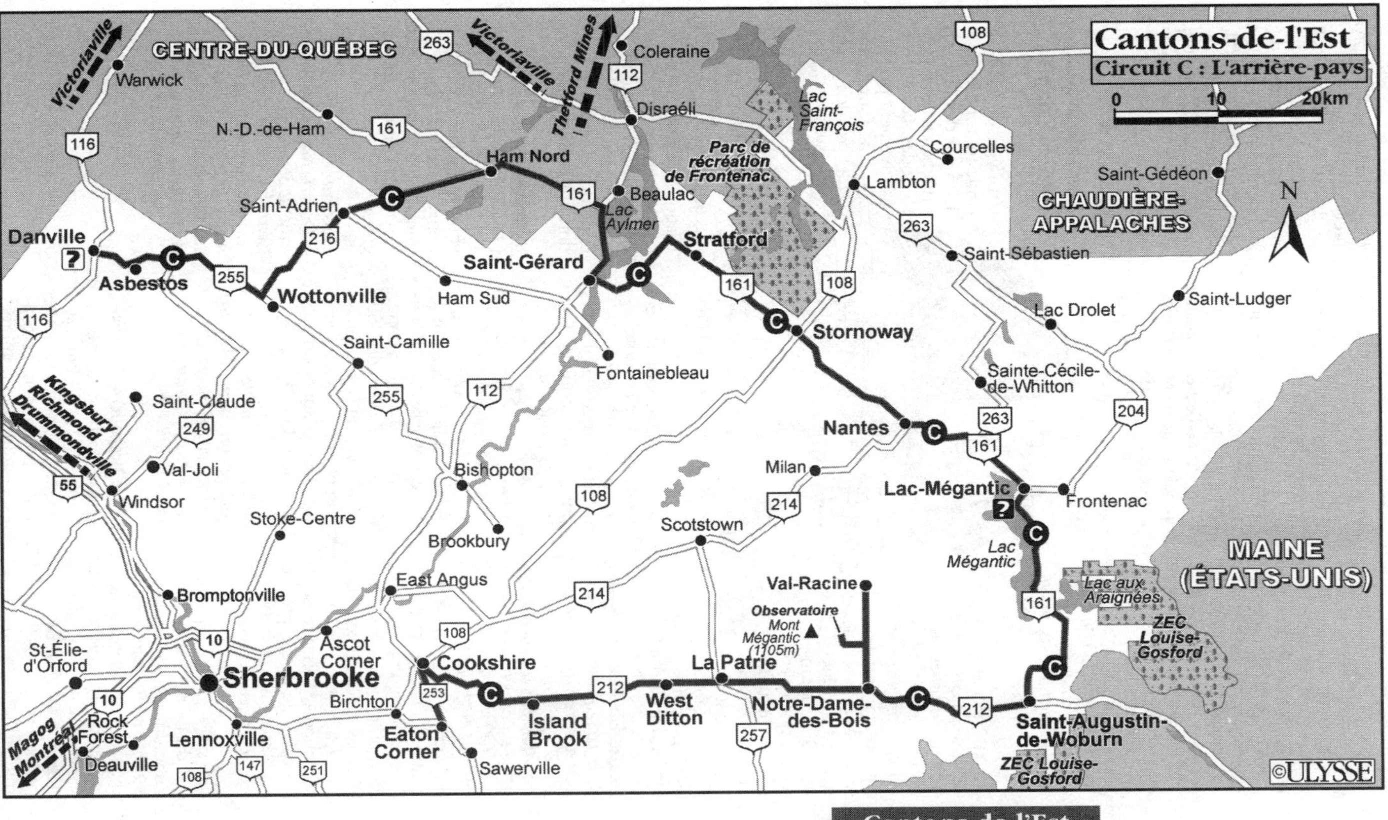

Cantons-de-l'Est

À partir de Notre-Dame-des-Bois, suivez la route en face de l'église vers Val-Racine. Après 3,3 km, prenez à gauche (après la rivière aux Saumons). Avant que la route ne commence son ascension, vous trouverez, à gauche, un comptoir d'information touristique. Au bout de quelques kilomètres, vous arriverez en face d'un embranchement : à gauche, vous trouverez la route vers l'observatoire et, à droite, la route non revêtue vers le sanctuaire du mont Saint-Joseph.

Au XIXe siècle, un modeste **sanctuaire** fut construit au sommet du mont Saint-Joseph, et il est encore possible de s'y rendre. Une antenne du gouvernement du Québec gâche maintenant quelque peu le charme de ce site, mais la vue dont on jouit au sommet est extraordinaire, surtout en fin d'après-midi.

L'**ASTROlab du Mont Mégantic** ★★ *(à partir de 10$; mi-juin à sept tlj 10h à 18h et 20h à 23h; fin-mai à mi-juin sam-dim 11h à 17h; début sept à mi-oct sam-dim 11h à 17h; 189 route du Parc, ☎819-888-2941, http://astrolab.qc. ca)* est un centre d'interprétation de l'astronomie. Vous pourrez découvrir, à travers les différentes salles de ce musée interactif et son spectacle multimédia, l'histoire de l'astronomie de ses premières heures aux technologies les plus récentes.

Une visite guidée au sommet du mont Mégantic d'une durée approximative de 1 heure 15 min présente toutes les installations de l'observatoire. Célèbre pour son observatoire, le mont Mégantic fut choisi en fonction de sa position stratégique, entre les universités de Montréal et Laval, ainsi que de son éloignement des sources lumineuses urbaines.

Deuxième sommet en importance des Cantons-de-l'Est, il s'élève à 1 105 m. Lors du **Festival d'astronomie populaire du mont Mégantic**, au cours de la deuxième semaine de juillet, les passionnés d'astronomie peuvent observer la voûte céleste à l'aide du plus puissant télescope de l'est de l'Amérique du Nord.

ASTROlab du Mont Mégantic

Autrement, ce dernier n'est accessible que pour les chercheurs. Toutefois, le grand public a accès au nouvel observatoire populaire muni d'un télescope de 60 cm. En été, des «observations-causeries» proposent une présentation sur écran géant et une observation du ciel.

Revenez à la route 212 Est. Rendez-vous jusqu'à Woburn, où vous emprunterez la route 161 Nord, qui longe le beau lac Mégantic.

Le **lac Mégantic** ★★, vaste nappe d'eau cristalline s'étendant sur 17 km, est riche en poissons de toutes sortes, notamment en truites, et attire bon nombre de vacanciers voulant profiter des plaisirs de la pêche ou tout simplement des plages. Cinq municipalités établies autour du lac, dont la plus connue est Lac-Mégantic, accueillent les visiteurs qui viennent profiter de la belle nature de cette région montagneuse.

★ Lac-Mégantic (5 941 hab.)

La ville de Lac-Mégantic fut fondée en 1885 par des Écossais originaires des îles Hébrides. Les sols relativement pauvres ne fournissant pas de revenus suffisants, les habitants se tournèrent bientôt vers l'exploitation des ressources forestières. De nos jours, la pratique de nombreux sports attire dans la région des milliers de visiteurs toute l'année. La ville occupe un beau site en bordure du lac Mégantic.

L'**église Sainte-Agnès** ★ *(4872 rue Laval)*, érigée en 1913, renferme une belle verrière conçue en 1849 pour l'église catholique Immaculate Conception de Mayfair, à Londres, en Angleterre.

Vous traverserez ensuite les villages de Nantes, de Stornoway, de Stratford et de Saint-Gérard . La route longe le parc de récréation de Frontenac (voir p 501), puis contourne le lac Aylmer avant de rejoindre les routes 216 et 255, qui conduisent à Asbestos.

Stratford (799 hab.)

Ouvert depuis 1994, le **Pavillon de la Faune** *(9$; juin à août tlj 10h à 20h, sept tlj 10h à 17h, oct à mai sur réservation; 856 ch. Stratford, ☎418-443-2300)*, situé sur les rives du lac Aylmer, offre des visites éducatives. Une centaine d'animaux naturalisés, groupés par famille, sont présentés dans leur habitat naturel. Le tout donne une impression de réel aux visiteurs grâce aux jeux d'éclairage et aux décors peints à la main.

Asbestos (6 674 hab.)

Asbestos est l'un des principaux centres d'extraction d'amiante du monde. On peut notamment y voir une impressionnante mine à ciel ouvert de 2 km de diamètre et de 350 m de profondeur. Ces dernières années, l'amiante a été bannie de plusieurs produits aux États-Unis à cause des poussières nocives qu'il dégage lorsqu'il n'est pas traité adéquatement, ce qui a ralenti de beaucoup l'activité des mines.

L'industrie de l'amiante recherche actuellement de nouveaux débouchés pour le minerai filamenteux, d'une grande utilité dans le combat des incendies et dans la fabrication de divers produits ininflammables.

Un circuit en autobus permet de découvrir la **Mine JM d'Asbestos** *(8$; mi-mai à mi-juin dim 13h; mi-juin à fin août mer-dim 13h; bd St-Luc, ☎819-839-2911 ou ☎819-879-6643)*. L'attrait le plus spectaculaire est sans aucun doute la flotte de gargantuesques camions CAT 789 de 125 tonnes, dont les roues font 2 m de diamètre.

Au **Musée minéralogique et d'histoire minière** *(8$, mi-mai à fin août mer-dim 10h à 17h; 104 rue Letendre, ☎819-879-4444)*, on peut voir des échantillons d'amiante provenant de différentes mines du Québec et de l'étranger.

★ Danville (1 858 hab.)

Ce joli village ombragé a conservé plusieurs demeures victoriennes et édouardiennes dignes d'intérêt, témoins d'une époque où Danville accueillait de riches familles montréalaises pendant l'été.

Parcs

Circuit A : Le verger

Le **parc de récréation de la Yamaska** *(5$; tlj 8h au crépuscule; CP 841, Granby, J2G 8W9; ☎450-776-7182)* a été aménagé autour du réservoir Choinière. Ce dernier, créé artificiellement, est aujourd'hui un site agréable pour la baignade. En hiver, les visiteurs peuvent emprunter ses pistes de ski de fond, qui s'étendent sur 40 km.

Situé à quelques kilomètres du centre-ville de Granby, le **Centre d'interprétation de la nature du lac Boivin** *(entrée libre; lun-ven 8h30 à 17h30, sam-dim 9h à 18h; 700 rue Drummond, ☎450-375-3861, ⇄375-3736)* propose quatre sentiers de moins de 6 km longeant le marécage du lac. On peut y observer, à partir d'une tour d'observation et d'une cache, des plantes aquatiques, des animaux et une multitude d'oiseaux provenant des milieux humides. L'observation s'avère plus fructueuse en matinée, alors que les sentiers sont plus tranquilles. En hiver, les circuits sont également accessibles en «trottinette des neiges». Des expositions temporaires sont présentées tout au long de l'année au chalet d'accueil.

Circuit B : Les lacs

Le **parc du Mont Orford** ★★ *(C.P. 146, Magog, J1X 3W7, ☎819-843-6233)* s'étend sur plus de 58 km² et comprend, en plus du mont, les abords des lacs Stukely et Fraser. En été, il dispose de deux plages, d'un magnifique terrain de golf *(comptez 30$ pour un parcours)*, d'emplacements de camping, situés au cœur de la forêt, et de quelque 50 km de sentiers de randonnée pédestre (la plus belle piste est celle menant au mont Chauve). En outre, le parc s'adapte aux besoins des amateurs de sports d'hiver et propose des parcours de ski de fond ainsi que 33 pistes de ski alpin.

Le **parc de la Gorge de Coaticook** ★ *(6$; fin juin à début sept 9h à 20h, début sept à fin juin lun-ven 10h à 17h, sam-dim 10h à 18h; 135 rue Michaud, Coaticook, ☎819-849-2331 ou ☎888-524-6743, ⇄849-2459)* protège une portion de la rivière Coaticook où elle a creusé dans le roc une gorge impressionnante qui atteint par endroits jusqu'à 50 m de profondeur. Des sentiers serpentent sur tout le territoire, permettant au visiteur d'apprécier la gorge sous tous ses aspects. La passerelle suspendue, qui a réussi à en faire frissonner plus d'un, traverse la gorge tout en la surplombant.

Circuit C : L'arrière-pays

Surtout connu du public pour son célébrissime observatoire (voir p 248), le **parc de conservation du Mont Mégantic** *(4$; tlj 9h à 17h; animaux domestiques non admis; 189 route du Parc, Notre-Dame-des-Bois, ☎819-888-2941)*, d'une superficie de 58,8 km², témoigne des différents types de végétation montagneuse des Cantons-de-l'Est et abrite en fait deux monts, le mont Mégantic et le mont Saint-Joseph.

De lourdes infrastructures ne risquent pas de venir gâcher la tranquillité de ce parc, dont la mission première est éducative. Les marcheurs et les skieurs pourront profiter de ses sentiers d'interprétation, de ses refuges et des plateformes de camping, et observer, avec un peu de chance, jusqu'à 125 espèces d'oiseaux qui y trouvent refuge. On y pratique également la raquette en hiver et le vélo de montagne en été.

Activités de plein air

Randonnée pédestre

Le **Sentier de l'Estrie** *(☎819-868-3889)* propose une longue randonnée de plus 150 km qui sillonne les zones de Chapman, Kingsbury, Brompton, Orford, Bolton, Glen, Echo et Sutton. Il est à noter que le sentier traverse principalement des terrains privés. Les propriétaires ont accordé un droit de passage exclusif aux membres de la Corporation du Sentier de l'Estrie. Vous pouvez vous procurer le topo-guide du Sentier de l'Estrie au coût de 20$, qui inclut la carte de membre vous permetant de circuler sur le sentier.

Circuit B : Les lacs

Le **parc d'environnement naturel de Sutton** *(☎450-538-4085)* est aussi une destination populaire en été. La randonnée Roundtop attire les marcheurs d'un peu partout grâce à ses magnifiques panoramas.

Le **parc du Mont Orford** *(☎819-843-6233)* est un site incontournable en fait de randonnée dans les Cantons-de-l'Est. Plusieurs sections du Sentier de l'Estrie le traversent. Il s'agit d'un excellent choix pour les marcheurs, puisqu'il possède un réseau de près de 60 km de pistes comportant différents niveaux de difficulté. Nous recommandons particulièrement les randonnées du **Mont Chauve** et du **Mont Orford**.

Circuit C : L'arrière-pays

Huit sentiers sillonnent le **parc du Mont Mégantic**, qui totalise 60 km de sentiers de randonnée. Traversant le massif du mont Mégantic et les crêtes des monts Victoria et St-Joseph, le récent sentier des trois sommets est certainement l'un des plus beaux que la région possède. De plus, ce réseau est maintenant relié à celui des **Sentiers frontaliers** *(☎819-888-2941)*, qui sillonne un territoire chevauchant la frontière avec les États-Unis.

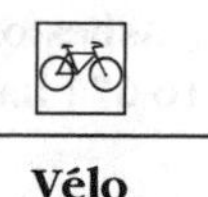

Vélo

Circuit A : Le verger

La piste cyclable **L'Estriade** a été aménagée sur une ancienne voie ferrée. Longue de 21 km, elle relie Granby, Bromont et Waterloo.

Le **Station de vélo de montagne de Bromont** *(83 bd Bromont, Bromont, ☎450-534-2006)* propose près de 100 km de pistes, pour la plupart de niveau intermédiaire et expert. Vous pourrez aussi profiter du service de télésiège *(8,50$ pour une remontée et 21,50$ pour plusieurs)*.

Circuit B : Les lacs

Un circuit de 80 km permet aux cyclistes de sillonner la région de Sutton. Pour suivre ce circuit sans ennui, une carte détaillée est vendue au coût de 4,95$. Pour plus de renseignements,composez le ☎(450) 538-8455.

Le **parc du Mont Orford** *(3,75$; Magog, ☎819-843-9855)*, quoique moins important que Bromont en ce qui a trait au vélo de montagne, propose trois sentiers pour une distance totale de près de 40 km. Les sentiers sont bien répartis entre les trois niveaux de difficulté.

Équitation

Circuit A : Le verger

Le **centre équestre de Bromont** *(100 rue Laprairie, Bromont, ☎450-534-3255)* a accueilli les compétitions de sport équestre des Jeux olympiques de 1976, pour lesquelles des écuries et des manèges (intérieurs et extérieurs) ont été construits. Depuis lors, une partie des installations est mise à la disposition des personnes qui désirent suivre des cours.

Pêche

Circuit A : Le verger

Les mordus de la pêche à la mouche peuvent désormais se faire plaisir à longueur d'année... en plein centre-ville de **Granby**! Les rapides et les sources chaudes font en sorte que cette portion de la Yamaska Nord résiste aux froids rigoureux des hivers québécois. Depuis le début des années quatre-vingt-dix, l'ensemencement et la création d'aménagement favorisent la survie de la truite. En plus du permis de pêche, un droit d'accès à la rivière de 10$ est requis. Pour joindre l'**Association des chasseurs et pêcheurs de l'Estrie**, composez le *☎375-5238.*

Baignade

Circuit B : Les lacs

Pour ceux et celles qui veulent passer une journée rafraîchissante sur le bord du très beau lac Brome, la **Plage Domaine des Érables** *(6$; 688 Bondville, route 215, Foster, ☎819-242-8888)*, située à même le site du camping du même nom, met à votre disposition un terrain avec tables de pique-nique. Possibilité également de louer une chaloupe ou un pédalo.

Croisières

Circuit B : Les lacs

Les **Croisières Memphrémagog** *(croisières régulières : 12$; mi-mai au 23 juin sam-dim 12h, 14h; 24 juin à début sept tlj 10h, 12h, 14h, 16h; croisières d'une journée : 45$ juin à sept 9h; Quai Fédéral, ☎819-843-8068, ☎843-1200)* proposent une excursion de près de deux heures sur le magnifique lac Memphrémagog, dont les rives touchent à la fois les frontières québécoise et américaine. Une deuxième croisière, d'une durée d'une journée, quitte le quai vers 9h en direction du Vermont, où elle fait une brève escale à Newport. En automne, les croisières sont encore plus spectaculaires, alors que les Appalaches arborent leurs couleurs les plus vives! Les tarifs incluent un léger goûter. Réservations nécessaires.

Golf

Circuit B : Les lacs

Entretenu rigoureusement, le golf **Venise** *(32$; 1519 ch. de la Rivière, Canton-de-Magog, ☎819-864-9891)* compte parmi les plus beaux sites de la région. Son parcours Bleu est particulièrement recommandé aux golfeurs aimant les difficultés stimulantes.

Très prisé pour son gazon de qualité, le golf **Owl's Head** *(40$; 181 ch. Owl's Head, Mansonville, ☎450-292-3666 ou 800-363-3342)* est incontestablement le plus apprécié des amateurs de golf de la région. De plus, il est doté d'une fort chic *club house* et offre une vue superbe sur la montagne qui lui a donné son nom. Les chances d'obtenir un départ sont meilleures en semaine.

Classé dans la catégorie des golfs de montagne, le golf du **Manoir des Sables** *(30$; 90 av. des Jardins, Orford, ☎819-847-4299)* propose un défi de taille moyenne. Le site, encore jeune, s'annonce toutefois très prometteur.

Le golf **Dufferin Heights** *(32$; 4115 route 143, Stanstead, ☎819-876-2113)*, qui célébrait récemment son 75e anniversaire, essouffle même les golfeurs les plus assidus. Son terrain vallonné offre une vue splendide sur la chaîne de montagnes des Appalaches ainsi que sur les lacs Massawippi et Memphrémagog.

Ski alpin

Circuit A : Le verger

Les skieurs trouveront à la **Station de ski Bromont** *(34$; 150 rue Champlain, Bromont, ☎450-534-2200)* 23 pistes dont 20 sont éclairées, permettant aux amateurs de faire du ski en soirée jusqu'à 23h30. Le mont n'offre cependant qu'un dénivelé d'au plus 400 m.

Circuit B : Les Lacs

La **Station de ski du mont Sutton** ★ *(39$; 671 ch. Maple, Sutton, ☎450-538-2545)* dispose de 53 pistes de ski alpin sur un dénivelé de 460 m. Réputée parmi les amateurs de sous-bois, cette station n'a rien à envier à ses consœurs québécoises et américaines.

Figurant parmi les plus belles stations de ski du Québec, le **Mont Orford** ★ *(33,75$; Magog, ☎819-843-6548)* propose une quarantaine de pistes qui sauront plaire à tous.

Le **Mont Owl's Head** ★ *(30$; ch du Mont Owl's Head, Mansonville, ☎450-292-3342, ☎800-363-3342)* est l'une des plus belles stations de ski des Cantons-de-l'Est en raison des panoramas qu'elle offre sur le lac Memphrémagog et les montagnes environnantes. Cette station saura surtout plaire aux amateurs de descente ainsi qu'aux skieurs de niveau intermédiaire ou débutant, puisque l'on peut y déplorer le manque de pistes de très haut calibre.

Ski de fond

Circuit B : Les lacs

Tout comme pour le ski alpin et la randonnée pédestre, la région de Sutton possède un superbe réseau de pistes de ski de fond. Le réseau de **Sutton-en-Haut** *(6,95$; 297 rue Maple, Sutton-en-Haut, J0E 2K0, ☎450-538-2271)* compte 15 sentiers qui s'entrecroisent, permettant de varier les parcours durant la journée.

Le **parc du Mont Orford** *(9$; Magog-Orford, ☎819-843-9855)*, lui aussi, abrite un centre de ski de fond ayant acquis une solide réputation. Avec ses 12 sentiers couvrant près de 55 km, ce centre saura plaire aux skieurs de tous les niveaux.

Circuit C : L'arrière-pays

Long de ses 82 km, le **Centre de ski de Fond Bellevue** *(8$; 70 ch. Lay, Melbourne, J0B 2B0, ☎819-826-3869)* constitue une agréable surprise. On y trouve 15 sentiers répartis également entre 3 niveaux de difficulté.

En plus de son célèbre observatoire et de ses conditions de neige exceptionnelles, le parc du Mont Mégantic propose huit sentiers de ski de fond. Les **Sentiers du Mont Mégantic** *(8$; ch. de l'Observatoire, rang 2, J0B 2E0, Notre-Dame-des-Bois, ☎819-888-2800)* offrent l'une des plus longues saisons de ski au Québec. Grâce à son altitude, vous pourrez même, avec de la chance, y skier au mois de mai!

Patinage

Circuit A : Le verger

Le **lac Boivin** se transforme en patinoire durant la saison froide (anneau de 1 km). En soirée, des lumières éclairent les patineurs sur fond musical. Composez le *☎450-776-8236* pour connaître l'état de la patinoire; l'entrée se trouve sur la rue Drummond.

Circuit B : Les lacs

Le **domaine Howard** *(1300 bd Portland)*, entouré de vieilles demeures sherbrookoises, offre la plus charmante patinoire que la ville possède. Les plus jeunes pourront également glisser le long des petites pentes qui bordent le parc.

Forfaits-aventure

Circuit B : Les lacs

Jeune entreprise dynamique, l'école d'aventure **Adrénaline** *(☎819-843-0045 ou 888-475-3462)* possède un personnel expérimenté et offre une multiplicité d'activités touchant le tourisme d'aventure. En hiver, des départs réguliers ont lieu pour des expéditions de traîneaux à chiens, de l'escalade de glace, de la pêche blanche ainsi que des randonnées en raquette. E

n été, les activités proposées vont de l'initiation à l'escalade de roches au kayak de rivière en passant par le rafting panoramique. Bref, une foule d'activités garantissant des sensations fortes! Les tarifs incluent la présence d'instructeurs et l'équipement requis. Sur demande, des activités personnalisées peuvent également être organisées.

Hébergement

Circuit A : Le verger

Dunham

Pom-Art B&B
65$ pdj ; bc
80$ pdj ; bc
677 ch. Hudon
☎(450) 295-3514
☎888-537-6627
Avec son 0,5 ha de terrain, le Pom-Art B&B, dont la construction date de 1820, est un véritable trésor. Denis et Lise vous réservent un accueil chaleureux, sans parler d'un petit déjeuner exceptionnel où les pommes de la région sont à l'honneur. Un endroit parfait où se réfugier après une journée essoufflante sur les pentes de ski du mont Sutton, situé à 15 km de là. La plus luxueuse des trois chambres proposées possède d'ailleurs un foyer et une fenêtre avec vue sur les montagnes de la région.

La Chanterelle
80$ pdj
3721 rue Principale route 202
J2L 1K6
☎(450) 295-3542
Située en bordure du village, La Chanterelle est un magnifique gîte touristique. Agréablement décorée, cette maison d'époque constitue un havre de tranquillité. Le service courtois et le petit déjeuner copieux vous assurent un séjour mémorable.

Bromont

Camping Bromont
20$
≈
24 rue Lafontaine
☎(450) 534-2712
☎534-2669
Le Camping Bromont possède toutes les commodités pour rendre un séjour agréable : douches, buanderie, piscine et... le traditionnel minigolf! La plupart des sections sont boisées et permettent ainsi une certaine intimité aux campeurs.

Auberge Bromont
90$
≡, ≈, ℜ
95 rue Montmorency
C.P. 510, J2L 2J1
☎534-1199
L'Auberge Bromont a été construite près des installations sportives de la ville (golf et mont Bromont), permettant aux visiteurs d'y accéder rapidement. Entourée de verdure, l'auberge bénéficie d'un fort joli cadre; malheureusement, elle propose des chambres plutôt quelconques pour le prix.

Hôtel le Menhir
89$
≈, ℂ, ≡, ⊛, ℑ
125 bd Bromont J2L 2K7
☎(450) 534-3790
☎800-461-3790
⇄534-1933
Au bord de la route menant au mont Bromont s'allonge l'Hôtel le Menhir. Quelque 40 chambres, adéquatement meublées, accueillent les visiteurs. Les personnes qui le désirent peuvent également profiter de forfaits incluant petit déjeuner et journée de ski ou de golf.

Château Bromont
160$
≡, ⊛, ℑ, ✪, ≈, ⌂, ℜ
90 Stanstead, J0E 1L0
☎(450) 534-3433
☎800-304-3433
⇄534-0514
Si vous cherchez à vous loger confortablement, vous pouvez choisir le Château Bromont, dont les chambres et les pièces principales sont élégamment garnies de meubles anciens. L'établissement se trouve sur un terrain avoisinant le mont Bromont, ce qui permet aux skieurs de s'y rendre facilement.

Granby

Le Granbyen
65$
≡, ⊛, ≈, ℜ
700 rue Principale J2G 2Y4
☎(450) 378-8406
☎800-267-8406
Tout à fait typique des motels bâtis le long de la route afin d'accommoder les voyageurs pour une nuit seulement, le motel Le Granbyen propose des chambres correctes mais sans caractère.

Le Castel de l'Estrie
90$
≡, ⊛, ≈, ℜ, ℑ
901 rue Principale, J2G 2Z5
☎(450)378-9071
☎800-363-8953
⇄378-9930
Le Castel de l'Estrie occupe un bâtiment aux allures démodées. Toutefois, les chambres sont d'une bonne grandeur et propres, quoique le décor manque de charme.

Circuit B : Les lacs

Autour du lac Brome

Camping de Brome
12$
552 Valley Road, Brome
☎*(450) 243-0196*
Dépouillée d'arbres, l'entrée du Camping de Brome est décevante. En revanche, les terrains situés au fond offrent une plus grande intimité, et la rivière qui borde le site s'avère agréable pour la baignade.

Camping Domaine des Érables
24$
688 ch. Bondville route 215
Lac Brome
☎*(819) 242-8888*
Bien entretenu et situé sur les berges du lac Brome, le Camping Domaine des Érables offre toutes les commodités de la vie avec sa laverie, ses douches, son «dépanneur», etc. Bref, ceux et celles qui ne jurent que par le camping sauvage sont tenus de s'abstenir.

Auberge Joli Vent
80$ pdj
≈
667 ch. Bondville
Foster, J0E 1R0
☎*(450) 243-4272*
⇄*243-0202*
La belle demeure de l'Auberge Joli Vent bénéficie d'un site agréable, bien que située au bord de la route. Ses chambres, modestement meublées, ont un cachet rustique.

Knowlton

Auberge Lakeview
158$ pdj ven-dim
137$ pdj lun-jeu
⊛, ≈, ℜ, *tv*, ⊗
50 rue Victoria
☎*(450)243-6183*
☎*800-661-6183*
⇄*243-0602*
L'Auberge Lakeview, bien située près des stations de ski et des terrains de golf, propose une atmosphère tout à fait victorienne. En effet, les travaux de rénovation de 1986 ont fait renaître le cachet de noble ancienneté de ce monument historique dont la construction remonte à la deuxième moitié du XIXe siècle. Le prix des chambres, confortables et spacieuses, inclut le petit déjeuner continental.

Sutton

Auberge La Paimpolaise
47,50$
≡, ⊛, ≈, ℜ
615 rue Maple
C.P. 548, J0E 2K0
☎*(450)538-3213*
☎*800-263-3213*
⇄*538-3970*
Établie près des pistes de ski, l'Auberge La Paimpolaise se compose de deux bâtiments distincts. Ainsi, l'entrée se trouve dans une petite maison de bois imitant les chalets suisses, alors qu'une longue annexe de béton renferme les chambres, d'ailleurs plutôt austères. L'endroit, bien ordinaire, attire une clientèle essentiellement constituée de skieurs.

Village d'Archimède
200$ avec animation
≈
582 rue Maple
C.P. 600, J0E 2K0
☎*(450)538-3440*
☎*800-363-1226*
⇄*538-3540*
Le Village d'Archimède regroupe plusieurs petites maisons de bois élevées sur pilotis donnant au site un aspect inusité. Les condos sont tout équipés et munis d'un lave-vaisselle.

Mansonville

La Chouette Auberge
85$ pdj
≈
560 route de Mansonville
☎/⇄*(450) 292-3020*
La Chouette Auberge est entourée d'un vaste terrain. La maison, chaleureuse à souhait, dispose d'un salon garni d'un foyer où vous pourrez vous détendre. Piscine intérieure.

Vale Perkins (Knowlton's Landing)

Aubergine Relais de campagne
75$ pdj
160 rue Cooledge,
J0E 1X0
☎*(450)292-3246*
☎*(450)671-7938*
L'Aubergine Relais de campagne est aménagée dans un ancien relais datant de 1816, tout en brique rouge et comportant une longue galerie, fort agréable durant les soirées d'été. Cette auberge est d'autant plus plaisante qu'elle offre une vue magnifique sur le lac Memphrémagog.

Eastman

Auberge du Fenil
94$ pdj
170$ ½p
ℜ, ⚙, ⌂
96 ch. Mont Bon-plaisir
J0E 1P0
☎*(450)297-3362*
Située en pleine campagne, l'Auberge du Fenil dispose de 18 chambres tranquilles, décorées avec goût. S'y rattache également un excellent restaurant *($$$)*, où l'on concocte une fine cuisine française.

Bolton Centre

L'Iris bleu
80$ pdj
ℜ
895 ch. Missisquoi J0E 1G0
☎***(450)292-3530***
Le logement chez l'habitant L'Iris bleu occupe une coquette maison. Le décor des trois chambres, composé de rideaux de dentelle, de papier peint fleuri et de meubles antiques, parvient à créer une atmosphère chaleureuse. Vous serez accueilli par les sympathiques propriétaires, qui s'affaireront à rendre votre séjour plaisant. Il est aussi possible d'y déguster, le soir, une délicieuse cuisine méditerranéenne ***($$)*** dans la coquette salle à manger.

Saint-Benoît-du-Lac

Si vous désirez vous reposer en paix loin de tout, vous pouvez vous rendre à l'**Abbaye** et demander l'hospitalité, que les moines vous accorderont s'ils ont de la place. De petites chambres, meublées d'un simple lit, seront alors mises à votre disposition. Vous payez selon votre générosité.

Magog

Motel de la Pente Douce
49$ pdj
≈, ℂ
1787 Rivière-aux-Cerises
R.R.2, J1X 3W3
☎***(819)843-1234***
☎***800-567-3530***
Le petit Motel de la Pente Douce est d'aspect quelconque, mais il a l'avantage d'être situé près du mont Orford et propose des chambres adéquates.

À tout venant
65$ pdj
624 rue Bellevue O. J1X 3H4
☎***(819)868-0419***
☎***888-611-5571***
Au cœur de Magog, sur une rue peu fréquentée, se trouve la maison aux allures vieillottes du logement chez l'habitant À tout venant. Cette demeure, assez typique des habitations de la ville, compte cinq chambres.

Aux Jardins Champêtres
70$ pdj; bc
90$ pdj; bp
1575 ch. des Pères
☎***(819)868-0665***
Entouré de fleurs sauvages et de chats, le gîte touristique Aux Jardins Champêtres rappelle les étés passés dans les maisons de nos grands-mères! Situé à quelques minutes de Magog et de l'Abbaye St-Benoît-du-Lac, le gîte offre des chambres confortables ainsi qu'une piscine. L'accueillante petite ferme doit également sa notoriété à son excellente et diversifiée table champêtre.

La Sauvagine
75$ pdj
975 rue Merry N. J1X 2G9
☎***(819)843-9779***
À l'extrémité d'un long terrain se dresse le gîte La Sauvagine, aménagé dans une belle maison et agréablement garni de boîtes à fleurs. Cinq chambres spacieuses sont mises à votre disposition.

Orford

L'Auberge La Grande Fugue
18$ par pers.
mai à oct
3166 ch. du Parc
☎***(819)843-8595***
☎***800-567-6155***
Située à même le site du Centre d'arts Orford, L'Auberge La Grande Fugue met à la disposition des visiteurs une série de petits chalets en pleine nature. Une cuisine communautaire est également accessible.

Camping Stukeley
21$
accès par l'autoroute 10 ou 55, sortie 118, en direction du parc du Mont Orford ☎***(819)843-9855***
Localisé dans le parc du Mont Orford, le Camping Stukeley, situé aux abords du lac du même nom, se trouve en plein cœur d'une végétation dense. Ainsi, les sentiers de randonnée pédestre et de vélo de montagne sont accessibles à partir du site. En soirée, durant la saison chaude, le centre communautaire se transforme en salle de cinéma. Le camping possède également une plage et fait la location d'embarcations.

Village Mont Orford
245$
≈, ℂ
3635 ch. du Parc J1X 3W8
☎***(819)847-2662***
☎***800-567-7315***
⇄***847-2487***
Le Village Mont Orford est constitué de plusieurs bâtiments, chacun comprenant quelques jolis condos (appartements) tout équipés. À environ 200 m du Village, un télésiège quadruple donne accès aux pistes du mont Orford.

Auberge Estrimont
100$
≈, ⊙, △, ℜ, ℂ, ≡, ⊛, ℑ
44 av. de l'Auberge J1X 3W7
☎***(819)843-1616***
☎***800-567-7320***
⇄***843-4180***
Construite près du mont Orford, l'Auberge Estrimont propose des chambres et de petits condos (appartements) répartis sur un terrain donnant sur la forêt. Les condos, tout en bois, sont tous pourvus d'un balcon et d'un foyer, parfaits pour tirer profit au maximum de votre séjour en ces lieux.

L'Auberge du Grand Lac
90$ pdj
≡, ⊛, ⏲, ⌂, ✪, ♿
40 Merry S., J1X 3L1
☎(819)847-4039
L'Auberge du Grand Lac est aménagée dans un bâtiment de brique et d'aluminium qui n'a rien du charme auquel on peut s'attendre d'une auberge de campagne. Vous pourrez cependant profiter de chambres bien entretenues et garnies de meubles neufs.

L'Auberge L'Étoile-sur-le-Lac
130$
≡, ⏲, ≈, ℜ
1150 rue Principale, J1X 3B8
☎(819)843-6521
☎800-567-2727
L'auberge L'Étoile-sur-le-Lac dispose de chambres mignonnes, chacune offrant une belle vue sur le lac Memphrémagog. L'auberge bénéficie d'une fort jolie terrasse donnant sur le lac où vous pourrez vous reposer.

Manoir des Sables
175$
⊛, ℂ, ≡, ℜ, ⌂, ⏲, ≈, *tv*, ℑ, ✪
90 av. des Jardins
☎(819)847-4747
☎800-567-3514
⇌847-3519
À l'ombre du mont Orford se dresse maintenant le très luxueux et moderne Manoir des Sables. On y retrouve une foule de services et installations dont des piscines extérieure et intérieure, un terrain de golf de 18 trous, des courts de tennis et un relais santé. Plusieurs des chambres possèdent un foyer, et celles du dernier étage offrent une vue splendide sur le lac et le terrain de 60 ha. Une chambre dans la section «Privilège» assure un service exemplaire et inclut le petit déjeuner continental.

Georgeville

Auberge Georgeville
120$ pdj
71 ch. Channel J0B 1T0
☎(819)843-8683
L'Auberge Georgeville, dans le charmant village du même nom, loge dans une maison victorienne de la fin du siècle dernier. Ses escaliers en bois, ses galeries et ses antiquités créent une atmosphère chaude au caractère historique indéniable. Son restaurant gastronomique a acquis une solide réputation (voir p 260).

Ayer's Cliff

Auberge Ripplecove
165$
≡, ⊛, ≈, ℜ, ℑ
700 rue Ripplecove
☎(819)838-4296
☎800-668-4296
⇌838-5541
Regardant le lac Massawippi, l'Auberge Ripplecove, avec son verdoyant terrain d'environ 6 ha, offre un cadre champêtre merveilleusement paisible permettant de pratiquer diverses activités de plein air. Son élégant salon de style victorien et ses chambres distinguées assurent le confort dans une intimité sans pareille. Aussi les chambres les plus luxueuses possèdent-elles leurs propres foyers et bagnoires à remous. L'endroit devient absolument féerique en saison hivernale. Le restaurant de l'auberge se spécialise dans une cuisine française de qualité (voir p 260).

Coaticook

La Brise des Nuits
55$ pdj
142 Cutting, J1A 2G5
☎(819)849-4667
Le gîte touristique La Brise des Nuits constitue une bonne adresse où séjourner. Les chambres sont agréablement décorées, et l'accueil est très chaleureux.

Way Mills

L'Eau Vive
155$ ½p bc
185$ ½p bp
698 ch. Madore J0B 1C0
☎(819)838-5631
Après une dizaine de minutes de route de campagne, on arrive à un tout petit village d'une vingtaine de maisons, que dominent paisiblement deux églises. On y retrouve le gîte touristique L'Eau Vive, situé au bord de la coquette rivière Niger. Ce gîte propose un bon confort, un accueil chaleureux et une table remarquable, le tout dans une superbe maison d'époque, loin des bruits et du stress de la ville.

Waterville

La Mère Veilleuse
70$ pdj
710 rue Principale S. C.P. 65, J0B 3H0
☎(819)837-3075
Il était une fois une maison abandonnée; arriva un couple charmant et enchanté, qui l'embrassa de sa patience. Naquit alors La Mère Veilleuse. Ils vécurent heureux et eurent plusieurs centaines de visiteurs. De magnifiques chambres spacieuses, garnies de meubles anciens, confèrent une grande qualité à ce gîte touristique. L'accueil personnalisé et amical rend les séjours inoubliables.

North Hatley

La Rose des Vents
105$ pdj
≡, ℜ
312 ch. de la Rivière
☎(819)842-4530
⇌842-2610
www.rosedesvents.qc.ca
La simplicité et le confort sont l'apanage de l'auberge La Rose des Vents, située en plein cœur du pittoresque village de North Hatley. Ses propriétaires marseillais ont su, par ailleurs, lui conférer un petit cachet provençal. Son restaurant se spécialise d'ailleurs dans une cuisine aux influences provençales.

La Raveaudière
115$ pdj
11 Hatley Centre
☎(819)842-2554
⇌842-1304
L'auberge La Raveaudière est aménagée dans une superbe maison qui fut rénovée de façon à lui conserver son cachet d'antan. Chaque chambre est décorée avec élégance et goût. L'accueil, à la fois discret et attentionné, vous fera sentir presque à la maison.

L'Auberge Hatley
130$
≡, ⊛, ≈, ℜ, ℑ
325 ch. Virgin J0B 2C0
☎(819)842-2451
⇌842-2907
L'Auberge Hatley occupe une superbe demeure construite en 1903. Aujourd'hui, la salle de séjour spacieuse, donnant sur le lac, et les chambres se parent de beaux meubles antiques qui créent une atmosphère chaleureuse. Entourée d'un vaste jardin, au cœur duquel a été aménagée une piscine, l'auberge est un véritable havre de détente.

Manoir Hovey
170$
≈, ⊛, ⊘, ℜ, ℑ
575 ch. Hovey, J0B 2C0
☎(819)842-2421
☎800-661-2421
⇌842-2248
Bâti en 1900, le Manoir Hovey reflète bien l'époque où de riches familles choisissaient North Hatley pour y passer leurs vacances dans de belles demeures de campagne (voir p 241). Transformé en auberge il y a plus de 40 ans, le manoir se révèle, aujourd'hui encore, d'un grand confort. Il compte 40 chambres garnies de beaux meubles anciens; et la plupart de celles-ci font face au lac Massawippi. L'aménagement paysager préserve le charme ancien et naturel du site.

Lennoxville

La Paysanne
75$
≡, ≈, 🐕
42 rue Queen J1M 1H9
☎(819)569-5585
Grâce à son joli bâtiment noir et blanc, La Paysanne fait figure de chic motel. Outre son aspect extérieur, il a l'avantage d'être situé à l'entrée de la ville et d'être facilement accessible. Ses chambres, toutes décorées avec simplicité, sont de bonnes dimensions.

Sherbrooke

La reine des Cantons-de-l'Est possède trois logements chez l'habitant.

Le Vieux Presbytère
65$ bp
1162 bd Portland
☎(819)346-1665
Le Vieux Presbytère, récemment converti en gîte touristique, abrite cinq chambres décorées avec goût. Plusieurs trouvailles des propriétaires raviront les amateurs de meubles antiques, sans parler du très beau salon accueillant les visiteurs au rez-de-chaussée. De plus, un rangement sécuritaire est prévu pour les vélos. Prenez note, toutefois, que ce gîte n'est malheureusement ouvert que durant la belle saison.

Charmes de Provence
65$ pdj
350 rue de Québec, angle bd Portland et rue Québec
☎(819)348-1147
Sur le même boulevard, quelques rues vers l'est, vous trouverez le tout aussi accueillant Charmes de Provence. Vous vous en doutez, il n'y a pas que ses volets bleus et ses murs jaunes qui arborent fièrement les couleurs de la Provence : ses petits déjeuners rappellent également les saveurs méditerranéennes. On peut d'ailleurs jouer à la pétanque dans sa cour...

Le Mitchell
110$ bc
125$ pdj; bp
219 rue Moore
☎(819)562-1517
Enfin, le fort luxueux gîte Le Mitchell est probablement celui qui se distingue le plus, quoiqu'il soit un peu plus cher. Entourée de grands arbres, cette vieille demeure aux allures nobles accueille les visiteurs comme des rois!

Motel l'Ermitage
58$
⊛, ≡, ℂ, ≈, 🐕
1888 rue King O. J1J 2E2
☎(819)569-5551
☎800-325-2525
⇌569-1446
Le bâtiment de brique et de bois du Motel l'Ermitage, qui s'allonge à l'entrée de la ville, est bien joli pour un lieu d'hébergement de cette catégorie. Les visiteurs peuvent profiter d'un stationnement et de chambres relativement

confortables mais au décor austère.

Days Inn
90$
≡, ⊛, ≈, ℜ, *tv*
3200 rue King O.
☎*(819)565-4515*
☎*800-329-7466*
⇄*565-1160*
Situé dans l'ancien complexe Le Baron, le Days Inn n'a rien de très attirant. Le bâtiment est défraîchi, quoique ses chambres soient propres. Certaines chambres du dernier étage donnent sur la rivière Magog.

Hôtel des Gouverneurs
120$
≡, ≈, ℜ
3131 rue King O. J1L 1C8
☎*(819)565-0464*
☎*888-910-1111*
⇄*565-5505*
En entrant dans la ville, vous ne manquerez pas d'apercevoir l'Hôtel des Gouverneurs. Des soins ont été portés à la décoration; aussi les longs couloirs sont-ils égayés de quelques lithographies et de fleurs, et les chambres, garnies d'un mobilier moderne et élégant.

Hôtel Delta
156$
≡, ≈, ⊛, ⏲, △, ℜ, ✪, 🐕, ♿
2685 rue King O. J1L 1C1
☎*(819)822-1989*
☎*800-268-1133*
⇄*822-8990*
L'immeuble aux teintes rosées de l'Hôtel Delta s'élève à l'entrée de la ville. Il propose une foule d'installations telles que piscine intérieure, baignoire à remous et salle d'exercices.

Circuit C : L'arrière-pays

Notre-Dame-des-Bois (Mont Mégantic)

Camping Altitude
15$
route du Parc
☎*(819)888-2206*
Situé sur la route du Parc, à moins de 2 km du mont Mégantic, le paisible Camping Altitude met à la disposition des amoureux de la nature une quinzaine d'emplacements gravelés et éloignés les uns des autres. Camping sauvage : toilette sèche et robinet d'eau de source.

Aux berges de l'aurore
85$ pdj
185$ ½p
139 route du Parc
☎*(819)888-2715*
Aux berges de l'aurore occupe une coquette maison dans un cadre paisible, en pleine nature, et propose quatre chambres simples. L'auberge est fermée durant l'hiver.

Lac-Mégantic

Eau Berge
60$
3550 bd Stearns G6B 2G9
☎*(819)583-1340*
☎*800-678-1340*
L'Eau Berge, donnant sur le lac Mégantic, plaira aux personnes qui cherchent un endroit charmant au centre de la ville. L'auberge dispose de chambres essentiellement meublées d'un lit et d'une petite commode, sans grand confort mais tout à fait adéquates pour le prix.

La maison de Philibert
75$
bc
3502 rue Agnès G8B 1L3
☎*(819)583-3515*
Le petit gîte touristique sans prétention qu'est La maison de Philibert constitue une halte différente des hôtels et motels classiques. L'accueil chaleureux et la beauté de la maison rendent le séjour fort agréable.

Restaurants

Circuit A : Le verger

Dunham

L'Orpailleur
$-$$
début juin à fin oct, fermé lun-mar
1086 route 202
☎*(450)295-2763*
Au restaurant du vignoble L'Orpailleur, on propose, en été seulement, une courte carte de qualité. Une agréable terrasse donne sur le vignoble et permet de contempler de jolis paysages tout en mangeant. Le service est des plus sympathiques. Il vaut mieux réserver.

Picolletto
$$-$$$
mer-lun soir seulement, midi sur réservation
3698-A rue Principale
☎*(450)295-2664*
Sur la route des vins vous accueille le Picolletto. On y prépare une délicieuse cuisine française dans un décor rustique et chaleureux.

Frelighsburg

Aux deux clochers
$-$$
Angle rue Principale et rue de l'Église

☎*(450)298-5086*
Le bistro Aux deux clochers est situé sur un joli site champêtre. Vous pour-

rez goûter une cuisine classique, toujours délicieuse, ou seulement prendre un repas léger. Les samedis et dimanches, le petit déjeuner y est servi.

Granby

Ben la Bédaine
$
599 rue Principale
☎*(450)378-2921*
Le nom très évocateur de Ben la Bédaine vous fera peut-être sourire, mais sachez qu'il s'agit en fait d'un véritable temple de la frite!

Casa du spaghetti
$$
781 rue Principale
☎*(450)372-3848*
La Casa du spaghetti est un bon choix pour ceux et celles qui disposent de ressources limitées et qui apprécieraient un plat de pâtes ou une pizza cuite au four à bois.

Chez Plumet
$$$-$$$$
fermé lun
1507 rue Principale
☎*(450)378-1771*
Malgré son décor un peu quelconque, le restaurant Chez Plumet, ouvert depuis plus de 40 ans, demeure un classique pour les Granbyens. Son ambiance est en effet très chaleureuse, et, quoiqu'un peu traditionne,l son menu propose une cuisine française de qualité. Le magret de canard qu'on y sert se veut particulièrement succulent!

Aubergade
$$$-$$$$
fermé dim
53 rue Drummond
☎*(450)777-5797*
L'Aubergade semble être le restaurant de l'heure dans la ville. Dans les deux salles à manger permettant d'accueillir une cinquantaine de privilégiés, règne une atmosphère détendue.

Maison de chez nous
$$$-$$$$
847 rue Mountain
☎*(450)372-2991*
Le patron de La Maison de chez nous a renoncé à sa cave à vins afin de permettre certaines économies à sa clientèle, qui peut désormais apporter son vin. Autre choix significatif de la maison, la cuisine québécoise est mise à l'honneur dans ce qu'elle a de meilleur et de plus recherché.

Cowansville

McHaffy
$$$-$$$$
351 rue Principale
☎*(450)266-7700*
Un incontournable de la région estrienne, le restaurant McHaffy, dont le menu est renouvelé tous les deux mois, propose une fine cuisine d'influence internationale créée à partir des produits de la région. Le tout peut s'accompagner de vin des Blancs Coteaux, choisi par Alain Bélanger, l'un des meilleurs sommeliers québécois. À midi, on peut aussi manger plus légerement tout en profitant d'une agréable terrasse. Il ne faut surtout pas manquer le «festival du canard», de la mi-octobre à la mi-novembre, alors que le chef Pierre Johnston crée d'excellents plats pour l'occasion.

Bromont

Les Délices de la Table
$$-$$$
641, rue Shefford
☎*534-1646*
Les Délices de la Table, un petit restaurant-traîteur aux allures champêtres avec ses murs jaune soleil, ses rideaux de dentelle et ses nappes aux motifs de fleurs et de fruits, est le genre d'endroit où l'on se sent bien dès qu'on franchit la porte.

Vous pourrez déguster, entouré d'une clientèle d'habitués, de délicieux plats à base de produits régionaux, préparés avec soin et raffinement par le chef, qui est aussi le propriétaire des lieux. Il est préférable de réserver car l'établissement, en plus d'être petit, est de plus en plus fréquenté.

L'Étrier Rest-O-Bar
$$$
fermé lun
547 rue Shefford
☎*(450)534-3562*
L'Étrier Rest-O-Bar prépare une cuisine de qualité grâce à laquelle il s'est créé une clientèle d'habitués. Le restaurant est situé un peu à l'écart de la ville et bénéficie d'un cadre peu recherché mais plaisant.

La Jardinière
$$$
Auberge Bromont
95 rue Montmorency
☎*(450)534-1199*
Le chef de La Jardinière propose une cuisine française préparée à partir de produits régionaux tels que le canard provenant des élevages du lac Brome et l'agneau de Saint-Grégoire. En été, vous pourrez profiter de la terrasse et de la magnifique vue sur le mont Bromont qu'elle offre. Le dimanche, un brunch est offert pour environ 15$.

Circuit B : Les lacs

Knowlton

Knowlton Pub
$
267 Knowlton Road
☎*(450)242-6862*
Le Knowlton Pub est sans doute l'un des lieux les plus fréquentés des Cantons-de-l'Est. On y retrouve beaucoup d'anglophones

et, pour ne pas les dépayser, semble-t-il, on y fait jouer la radio FM anglophone de Montréal, dont les publicités tapageuses ne cadrent pas avec le paysage si champêtre. En période d'affluence, le service devient d'une extrême lenteur. En période calme, son ambiance de vieux pub anglais ainsi que sa grande terrasse sont agréables.

Sutton

Mocador
$$
17 rue Principale
☎(450)538-2426
Vous remarquerez, sur la rue Principale, la charmante maison, dotée d'une jolie baie vitrée, du restaurant Mocador. L'endroit, où l'on peut prendre un repas simple, est idéal pour passer un moment de détente.

À la Fontaine
$$-$$$
30 rue Principale
☎538-3045
Vous pourrez savourer une succulente cuisine française traditionnelle À la Fontaine tout en profitant d'une très agréable terrasse.

Il Duetto
$$$-$$$$
tlj à partir de 17h
227 Académie-Élie
☎(450)538-8239
Situé dans une contrée rurale calme et bien caché parmi les collines aux alentours de Sutton, le restaurant Il Duetto propose une fine cuisine italienne. Les pâtes maison y sont fraîches, et les plats principaux s'inspirent de la gastronomie des différentes régions italiennes. On peut également savourer des vins italiens sur la terrasse, ou bien choisir le menu dégustation à cinq services pour avoir une bonne idée de la variété de la cuisine italienne.

Magog

La Merise
$$-$$$
2339 ch. du Parc, Orford, route 101 vers le nord, à 4 km au nord de Magog
☎(819)843-6288
Idéal pour prendre un repas dans une atmosphère détendue, La Merise occupe une charmante maison tout en bois. Outre sa cuisine régionale toujours délicieuse, son service est attentionné et très gentil.

La Grosse Pomme
$$
273 rue Principale O.
☎(819)843-9365
Le sympathique restaurant La Grosse Pomme sert une bonne cuisine de type bistro. Durant la soirée, l'endroit attire jeunes et moins jeunes qui viennent prendre un verre et bavarder.

Auberge Cheribourg
$$-$$$
2603 ch. du Parc
☎(819)843-3308
Le restaurant de l'Auberge Cheribourg vous fera découvrir d'excellents plats locaux. On reconnaît aisément ce centre touristique car il s'y trouve plusieurs petits chalets à toit rouge.

La Paimpolaise
$$-$$$
soir seulement, lun-mar en hiver
route 112
☎(819)843-1502
Bien que située au bord d'une route très passante, La Paimpolaise ne manque pas de cachet. Une maison coquette abrite ce chaleureux restaurant où l'on propose une bonne sélection de crêpes et autres mets français. Sans doute l'une des meilleures adresses de la ville.

Orford

Les Jardins
$$$-$$$$
90 av. des Jardins
☎(819)847-4747
☎800-567-3514
Avec son décor moderne, le restaurant Les Jardins du Manoir des Sables manque un peu de personnalité. Heureusement, ses grandes fenêtres donnent sur le mont Orford. On retrouve au menu de la cuisine gastronomique dont une «table estrienne» ***($$$$)*** permettant de se familiariser agréablement avec les saveurs de la région.

Georgeville

Auberge Georgeville
$$$-$$$$
71 ch. Channel
☎(819)843-8683
La table de l'Auberge Georgeville ne cesse de faire l'éloge des fins gourmets qui s'y attablent. Le chef crée en effet des plats savoureux à partir des produits régionaux qui débordent de saveur et de fraîcheur. S'ajoute à cela le plaisir de s'y retrouver une vieille maison plus que centenaire sise au bord du lac Memphrémagog...

Ayer's Cliff

Auberge Ripplecove
$$$$
700 rue Ripplecove
☎(819)838-4296
☎800-668-4296
Reconnu comme établissement «quatre diamants», le restaurant de l'Auberge Ripplecove propose une fine cuisine gastronomique de grande distinction. Son atmosphère victorienne et son décor élégant en font un endroit excellent pour un repas romantique. En outre, il dispose d'une excellente cave à vins.

North Hatley

Pilsen
$$
55 rue Main
☎(819)842-2971
Aménagé dans une grande maison construite au bord du lac Massawippi, le restaurant Pilsen prépare de bons petits plats, dans une atmosphère chaleureuse et sympathique. Sa jolie décoration champêtre et ses meubles antiques lui confèrent un air vieillot bien plaisant.

On retrouve au sous-sol un sympathique pub de style anglais avec une carte un peu moins élaborée et, de ce fait, moins chère. Les deux terrasses, une à l'avant avec vue sur le lac Massawippi et l'autre sur le coté donnant sur la rivière, bénéficient d'un merveilleux emplacement.

Auberge Hatley
$$$$
route 108
☎(819)842-2451
Honorée à maintes reprises, la cuisine du restaurant de l'Auberge Hatley est sans conteste l'une des meilleures que l'on puisse goûter dans les Cantons-de-l'Est. Le repas gastronomique, savamment dosé, saura plaire aux plus fins palais. La salle à manger offre en outre une décoration fort belle et une vue magnifique sur le lac Massawippi. Réservations nécessaires.

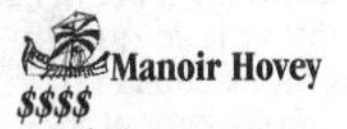**Manoir Hovey**
$$$$
575 ch. Hovey
☎(819)842-2421
Garnie de meubles anciens et d'un foyer, la salle à manger du Manoir Hovey vous promet une ambiance feutrée où vous passerez une excellente soirée. Sa cuisine, tout aussi raffinée que celle servie à l'Auberge Hatley, a elle aussi mérité bien des éloges.

Lennoxville

Pub le Lion d'Or
$
2 rue du Collège
☎(819)565-1015
Le Pub le Lion d'Or dispose d'une jolie terrasse tapageuse, surtout lorsque les étudiants sont en fête! On y propose trois bières brassées sur place, une blonde, une foncée douce et une foncée amère. La nourriture servie est simple et assez typique des pubs anglais.

Café Fine Gueule
$-$$
fermé fin juin à mi-août
170 rue Queen
☎(819)346-0031
Le Café Fine Gueule occupe une superbe maison de pierre où vous pourrez manger des plats simples dans une ambiance détendue.

Sherbrooke

Presse Boutique Café
$-$$
4 rue Wellington N.
☎(819)822-2133
Une clientèle relaxe fréquente le Presse Boutique Café. Outre les expositions d'arts visuels et les concerts de musiciens de la région et d'ailleurs, on peut y profiter d'un bon choix de bières importées, d'un menu simple (salades, croque-monsieur, sandwichs, etc.) et de plats végétariens. De plus, deux postes Internet sont également accessibles (6$/h, 1$/10 min.). Bref, ce café témoigne bien du nouveau souffle qui fait présentement revivre le vieux centre-ville de Sherbrooke.

Le Cartier
$$
255 bd Jacques-Cartier S.
☎(819)821-3311
Le restaurant Le Cartier a su acquérir une grande popularité en bien peu de temps. Donnant sur le parc Jacques-Cartier, à quelques minutes de voiture de l'université, ce petit restaurant respire aisément grâce à ses grandes baies vitrées. Ses menus santé abordables en font un endroit familial chic, cependant suffisamment intime pour les dîners entre amis. Bonne sélection de bières provenant des microbrasseries québécoises.

Café bla-bla
$$
2 rue Wellington S.
☎(819)565-1366
Le Café bla-bla affiche un menu varié et propose une bonne sélection de bières importées.

Le Kaori
$$
mer-dim à partir de 17h
3200 rue King O.
☎(819)346-5151
Le décor du restaurant japonais Le Kaori, situé dans le complexe Le Baron, est tout à fait kitsch mais fort amusant. Les cuisiniers animent et préparent les repas devant les clients. Seul endroit en ville où on peut déguster des shushis.

La rose des sables
$$
270 rue Dufferin
☎(819)346-5571
Au restaurant La rose des sables, vous pourrez savourer une bonne cuisine marocaine.

Le Sultan
$$
205 rue Dufferin
☎*(819)821-9156*
Le Sultan se spécialise, quant à lui, dans la cuisine libanaise. Les grillades y sont excellentes.

Au Four à bois
$$-$$$
3025 rue King O.
☎*(819)822-2722*
Le restaurant Au Four à bois dispose d'une mezzanine, idéale pour accueillir les groupes. On y prépare de délicieuses pizzas cuites au four et apprêtées de diverses façons. L'endroit est sympathique.

Le Petit Sabot
$$
fermé dim
1410 rue King O.
☎*(819)563-0262*
Le Petit Sabot est établi dans une maison bleue joliment décorée qui a bien du cachet. Vous pourrez savourer une cuisine agréablement différente où le gibier est à l'honneur.

La Devinière
$$$
fermé dim-lun
17 rue Peel
☎*(819)822-4177*
La Devinière est une bonne adresse à retenir si vous désirez manger de délicieux plats de cuisine internationale.

Falaise Saint-Michel
$$$$
100 rue Webster
☎*(819)346-6339*
Sur une petite rue plutôt morose, la Falaise Saint-Michel fait figure de trésor caché. Spécialisée dans la préparation d'une cuisine régionale raffinée, elle présente une variété de plats d'une grande qualité. En outre, elle a l'avantage de posséder une cave à vins particulièrement bien garnie.

Da Toni
$$$$
15 Belvédère N.
☎*(819)346-8441*
La réputation du luxueux restaurant Da Toni, situé en plein cœur du nouveau centre-ville, n'est plus à faire. En effet, depuis 25 ans, on y déguste, dans un décor classique, de la fine cuisine française ou italienne arrosée d'un vaste choix de vins. La table d'hôte propose cinq excellents services, et ce, à bon prix. Quoiqu'un peu bruyante, une terrasse permet de siroter un verre durant la période estivale.

Circuit C : L'arrière pays

Danville

Le Temps des cerises
$$-$$$
fermé dim et en hiver
petits déjeuners les dimanches
79 rue Carmel
☎*(819)839-2818*
Le Temps des cerises sert une cuisine raffinée que l'on déguste dans un cadre particulier. En effet, il est installé dans une ancienne église de confession protestante, ce qui lui confère une atmosphère distinctive.

Notre-Dame-des-Bois

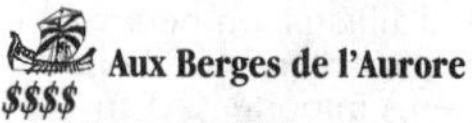
Aux Berges de l'Aurore
$$$$
mai à oct mer-dim 18h à 21h, tlj juil et août
139 route du Parc
☎*(819)888-2715*
Situé à proximité du verdoyant mont Mégantic, l'intime et fort charmant restaurant Aux Berges de l'Aurore sert une excellente cuisine québécoise. Assaisonnés d'herbes sauvages fraîchement cueillies dans la campagne environnante, ses plats sont des plus originaux. Dès la première bouchée, on comprend pourquoi sa table a reçu le prix du «Mérite de la Fine Cuisine Estrienne»!

Lac-Mégantic

L'extra
$$
fermé lun
3502, rue Aniège
☎*(819)583-2565*
De type bistro, le restaurant L'extra constitue un lieu incontournable dans la région. Reconnues parmi les gourmets et les critiques, l'ambiance amicale et la cuisine exceptionnelle plaisent à tout coup.

Sorties

Bars et discothèques

North Hatley

La Pilsen
55 rue Principale
La Pilsen accueille une clientèle de vacanciers qui viennent discuter tout en prenant une bière et en contemplant le lac Massawippi.

Lac Brome

Knowlton Pub
267 Knowlton Road
☎*(819)242-6862*
Le Knowlton Pub a acquis une réputation telle que même les Montréalais en quête de dépaysement s'y rendent pour passer une soirée entre amis.

Magog

Café St-Michel
50 rue Principale O.
Le Café St-Michel est un petit «restaurant-bar» aux airs de boîte à chansons fort convivial. Outre son choix non négligeable de bières importées, on peut y entendre, du vendredi au dimanche, des musiciens au style musical diversifié. Deux ordinateurs sont également mis à la disposition des inconditionnels de la «grande toile» moyennant des frais de 4$ la demi-heure.

La Grosse Pomme
270 rue Principale O.
☎*(819)843-9365*
À la fois bistro et pub, La Grosse Pomme est, chaque soir, envahie par une foule animée.

Sherbrooke

Au Vieux Quartier
252 rue Dufferin
☎*(819)346-9552*
Établi dans l'ancien centre-ville, le pub Au Vieux Quartier, à l'ambiance décontractée, demeure fidèle au rock classique, comme en témoignent les photos des divers artistes rock qui tapissent les murs. De plus, tous les dimanches soir, on peut venir voir et entendre différents artistes de la région.

Café du palais
184 ruelle Whiting
☎*(819)566-8977*
On va au Café du palais pour danser. Certains soirs, des spectacles sont présentés.

King Hall
286 rue King O.
Le sympathique bar King Hall propose une intéressante sélection de bières provenant de diverses contrées.

Théâtres et salles de spectacle

Sherbrooke

Deux mensuels sont distribués gratuitement : Visages et Fusions. On y trouve le calendrier complet des activités culturelles et un point de vue moins conventionnel sur la région.

Salle Maurice-O'Bready
2500 bd Université
☎*(819)820-1000*
Le centre culturel de l'Université de Sherbrooke abrite la Salle Maurice-O'Bready, où vous pourrez assister à des concerts de musique, tant classique que rock, à des pièces de théâtre et à d'autres spectacles.

Vieux Clocher de Sherbrooke
1590 Galt O.
☎*(819)822-2102*
Ancienne église convertie en salle de spectacle, le Vieux Clocher de Sherbrooke accueille maintenant les mélomanes et les fidèles du divertissement. Se donnant la même vocation que son prédécesseur de Magog, la nouvelle salle offre des «spectacles-découvertes» de jeunes artistes québécois ainsi que d'artistes bien établis. Vous trouverez aussi la liste des représentations qui animent cette salle d'environ 500 places dans le quotidien sherbrookois *La Tribune*.

Orford

Centre d'arts Orford
3165 ch. du Parc
☎*843-3981*
☎*800-567-6155*
Le Centre d'arts Orford propose des stages de perfectionnement aux jeunes musiciens pendant l'été. Un festival annuel (voir ci-dessous) est également présenté sur le site, qui regroupe plusieurs bâtiments modernes des années soixante conçus par l'architecte Paul-Marie Côté. La salle d'exposition qui complète l'ensemble est l'ancien pavillon «L'Homme et la Musique» d'Expo 67, conçu par les architectes Desgagné et Côté.

Magog

Théâtre du Vieux-clocher
64 rue Merry N.
☎*(819)847-0470*
Aménagé dans une vieille église protestante de 1887, le Théâtre du Vieux-clocher a servi au rodage de maints spectacles qui ont, par la suite, connu un très grand succès au Québec et en France. Vous pouvez assister aux spectacles en réservant vos places à l'avance. L'endroit est sympathique mais petit.

Fêtes et festivals

Granby

Durant les deux premières semaines de juillet, le **Symposium international de sculpture** (*place de la Gare, rue Denison E.*) réunit des sculpteurs québécois et internationaux qui réaliseront des oeuvres sous les yeux des visiteurs. Les pièces sont ensuite exposées le long de deux pistes cyclables: soit l'Estriade qui relie Granby et Waterloo et la Granbyenne, au centre de la ville de Granby. Véritable musée extérieur, les cyclistes ont la possibilité d'y contempler pas loin d'une trentaine d'œuvres.

Le **Festival de la chanson de Granby** (*mi-sept; ☎450-375-7555*) a déjà couronné le talent de jeunes artistes québécois dans le domaine de la chanson francophone. Des auteurs-compositeurs et interprètes aussi connus que Luc de La Rochelière, Jean Leloup et Fabienne Thibault s'y sont fait connaître.

Magog

Quelques journées de festivités sont organisées dans le cadre de la **Traversée internationale du lac Memphrémagog** (*5$; mi-juil; ☎819-843-5000 ≠843-5621*). Animation ambulante, spectacles d'artistes québécois, expositions de toutes sortes et chansonniers sont alors de la partie. Le couronnement des célébrations a lieu avec l'arrivée des nageurs en provenance de Newport (USA). Le périple de 42 km est entrepris par des athlètes considérés parmi les meilleurs au niveau international. Cet événement a célébré, à l'été 1998, sa 20e édition.

Orford

Pendant les mois de juillet et août, le **Festival Orford** (*3165 ch. du Parc, ☎819-843-3981 ou 888-310-3665*) propose une série de concerts présentant des ensembles musicaux formés de virtuoses connus internationalement. Plusieurs excellents concerts sont également présentés gratuitement par de jeunes musiciens venus perfectionner leur art au Centre d'arts Orford durant l'été. Du plus haut calibre, le festival se veut un délice absolu pour les mélomanes et autres amoureux de la musique.

Achats

Circuit A : Le verger

Rougemont

Cidrerie Michel Jodoin
tlj
1130 rang de la Petite-Caroline
☎(450)469-2676
☎888-469-2676
Michel Jodoin, aidé de toute sa famille, produit sans contredit un des meilleurs cidres du Québec. Des études l'ayant mené jusqu'en Champagne, en Bretagne et en Normandie, et le goût unique des variétés de pommes québécoises, lui ont permis de créer un cidre délicieux. Une visite guidée des installations vous permetra de découvrir que le cidre met un minimum de deux ans à vieillir en fût de chêne pour acquérir le maximum de ses qualités. Dégustation sur place.

Vinaigrerie Pierre Gingras
sam-dim 10h à 17h
lun-ven 9h à 17h
1132 rang de la Grande-Caroline
☎(450)469-4954
Il semblerait que le vinaigre de cidre a un effet thérapeutique miraculeux. Un peu chaque jour dans votre eau, et adieu les problèmes d'articulation. Chose certaine, celui de la Vinaigrerie Pierre Gingras, aromatisé de diverses façons, reste un indispensable dans la cuisine, ne serait-ce que pour réussir de sublimes vinaigrettes maison. Dégustation, vente de produits de la pomme et visite guidée.

Circuit B : Les lacs

Sherbrooke

La ville de Sherbrooke possède plusieurs centres commerciaux, le plus apprécié des gens de la région étant incontestablement le Carrefour de l'Estrie, situé sur le boulevard Portland dans l'ouest de la ville. À la suite de sa construction, la promenade de la rue Wellington fut en quelque sorte boudée, voire désertée par les consommateurs.

Dernièrement, toutefois, une série de réaménagements visent à réanimer la «Well», comme se plaisent à l'appeler les Sherbrookois. Ainsi, depuis le retrait des marquises, on peut désormais y admirer les façades des bâtiments (notamment celle du Théâtre du Granada, construit en 1929).

Le Juke Box
87 rue Wellington Nord
☎(819)564-2070
C'est entre quelques boutiques de vêtements et papeteries que vous trouverez Le Juke Box, un disquaire d'occasion offrant un bon choix de musique alternative et de *comic-books* américains.

La Randonnée
292 rue King O.
☎(819)566-8882
Tout au haut de la rue King, la boutique La Randonnée se spécialise dans les articles de sports de plein air. Il s'agit d'un bon endroit pour compléter votre équipement avant d'entreprendre un périple dans la région!

Lanaudière

La région de Lanaudière s'étend juste au nord-est de Montréal, de la plaine du Saint-Laurent jusqu'au début du plateau laurentien. Sauf pour la zone englobée dans la région métropolitaine de Montréal, Lanaudière constitue une région paisible de lacs et de rivières, de terres cultivées, de forêts sauvages et de grands espaces.

On explore donc Lanaudière pour s'y détendre et y pratiquer des activités sportives telles que le ski, la motoneige, le canot, la marche, la chasse et la pêche. Ayant été l'une des premières zones de colonisation de la Nouvelle-France, on s'y rend également pour découvrir son héritage architectural.

Depuis maintenant quelques années, Lanaudière est l'hôte, chaque été, d'un événement d'envergure : le Festival international de Lanaudière. Les mélomanes du Québec s'y donnent rendez-vous pour assister à des concerts de musique classique et populaire d'artistes du monde entier. En plus de spectacles dans les salles et les églises de la région, on peut aussi assister à des concerts sous les étoiles, dans un amphithéâtre à ciel ouvert pouvant contenir 2 000 personnes et dont l'acoustique est remarquable. La ville de Joliette possède également l'un des plus intéressants musées régionaux du Québec, riche d'une collection d'art québécois et d'art religieux.

Pour s'y retrouver sans mal

La région s'étend des rives du Saint-Laurent, contrée d'anciennes seigneuries aujourd'hui intégrées à la couronne de banlieues de la grande région montréalaise, jusqu'en pays amérindien, sauvage et montagneux. En conséquence, deux circuits très contrastés sont proposés à partir de Montréal : **Circuit A : La plaine ★★** et **Circuit B : La Matawinie ★**.

Circuit A : La plaine

En voiture

L'autoroute 25, dans le prolongement du boulevard Pie-IX, permet de se diriger vers Terrebonne, premier arrêt sur ce circuit. Par la suite, il vous faudra emprunter la route 344 Est pour atteindre L'Assomption. Le circuit dévie alors vers Joliette par la route 343 Nord, puis revient vers Berthierville par la route 158 Est.

Le retour vers Montréal se fait par l'adorable route 138 Ouest, ou chemin du Roy, qui longe le fleuve Saint-Laurent et permet de s'arrêter à Lanoraie, Saint-Sulpice et Repentigny.

Gares routières

Terrebonne
Galeries de Terrebonne

Joliette
250 rue Richard
(restaurant Point d'Arrêt)
☎***(450)759-1524***

Repentigny
435 boul. Iberville
(à l'hôtel de ville)
☎***(450)654-2315***

Gare ferroviaire

Joliette
380 rue Champlain
☎***800-363-5390***

Circuit B : La Matawinie

En voiture

L'autoroute 25 Nord, dans le prolongement du boulevard Pie-IX, rejoint la route 125 Nord, qui mène vers Rawdon, Chertsey, Notre-Dame-de-la-Merci et Saint-Donat.

Un circuit facultatif, au départ de Rawdon, vous conduira à la découverte de Saint-Alphonse-Rodriguez et de Saint-Jean-de-Matha par la route 337.

Enfin, au départ de Notre-Dame-de-la-Merci, un autre itinéraire optionnel vous permet la découverte de Saint-Côme, Sainte-Émélie-de-l'Énergie et Saint-Gabriel-de-Brandon par la route 347. De même, une excursion jusqu'à Saint-Michel-des-Saints vous est proposée au départ de Saint-Émélie-de-l'Énergie par la route 131.

Gares routières

Rawdon
3168 1re Av.
(à la Patate à gogo)
☎***(450)834-2000***

Saint-Donat
751 rue Principale (Dépanneur Boni-Soir)
☎***(819)424-1361***

Renseignements pratiques

Sauf indication contraire, l'**indicatif régional** de Lanaudière est le **450**.

Renseignements touristiques

Bureau régional

Tourisme Lanaudière
3643 rue Queen, C.P. 1210, Rawdon, J0K 1S0,
☎***843-2535 ou 800-363-2788***
≠***843-8100***
http://tourisme-lanaudiere.qc.ca

Circuit A : La plaine

Berthierville
760 rue Gadoury
☎***836-1621***

Joliette
500 rue Dollard
☎***759-5013 ou 800-363-1775***

Terrebonne
1091 boul. Moody
☎***964-0681***

Circuit B : La Matawinie

Rawdon
3588 rue Metcalfe
☎***834-2282***

Saint-Donat
536 rue Principale
☎***424-2833***

Attraits touristiques

Circuit A : La plaine (deux jours)

Marie-Charlotte Tarieu Taillant de Lanaudière, fille du seigneur de Lavaltrie, épouse en 1813 Barthélemy Joliette. Ces deux personnages, beaucoup plus

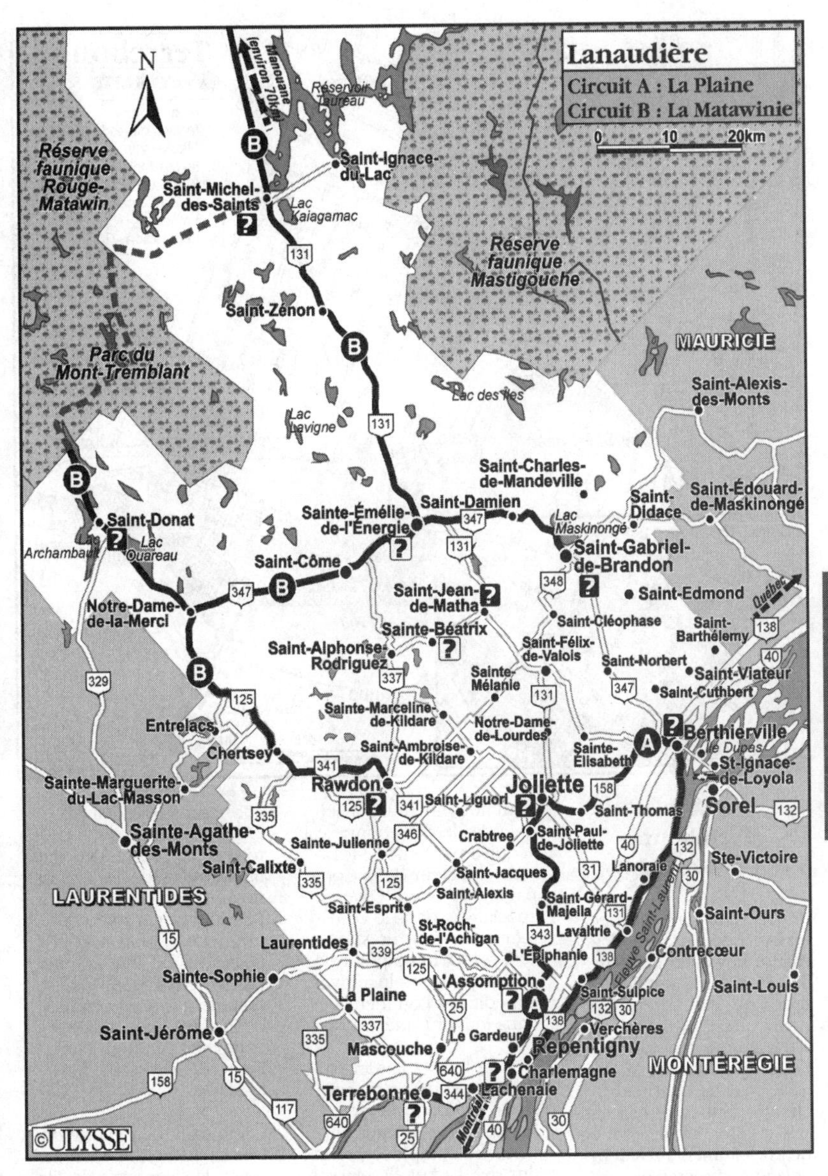

qu'un simple couple de jeunes mariés, légueront un héritage précieux aux habitants de la région. Son nom d'abord, ainsi que celui de sa principale agglomération, Joliette, mais également un esprit d'entreprise peu commun à l'époque chez les Canadiens français, qui stimulera la création de manufactures et de banques contrôlées localement, à laquelle il faut aussi ajouter le développement d'une agriculture spécialisée.

Empruntez l'autoroute 25, dans le prolongement du boulevard Pie-IX. Prenez à droite la sortie de «Terrebonne-centre-ville» (sortie 22). Tournez immédiatement à droite sur le boulevard Moody, puis à gauche sur la rue Saint- Louis. Vous pourrez garer votre voiture le long de la rue des Braves (à droite), en face de l'île des Moulins.

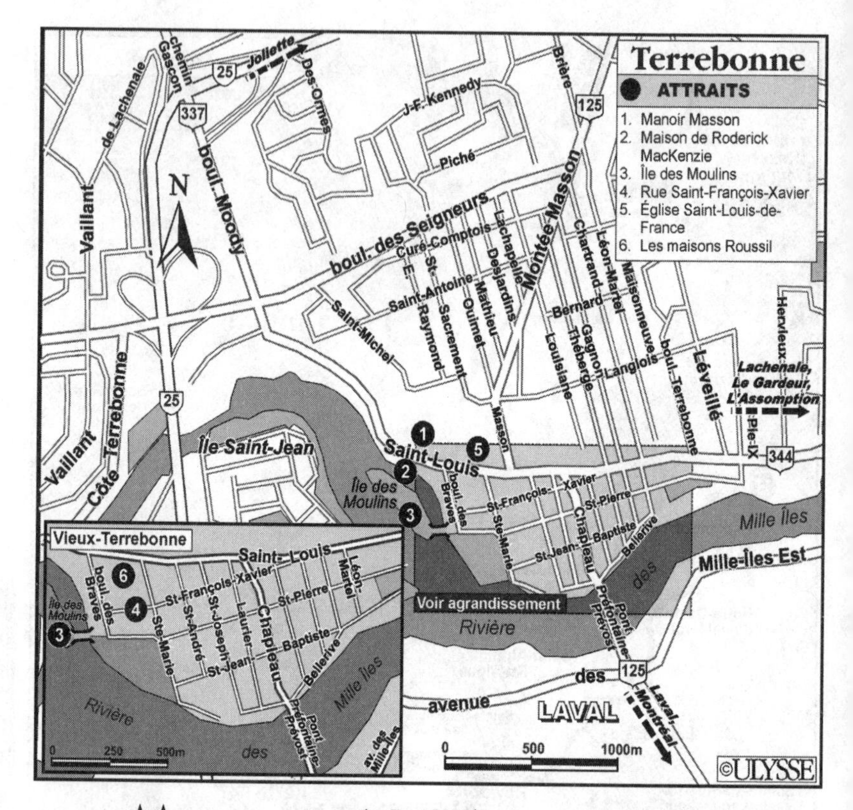

★★

Terrebonne
(44 425 hab.)

Cette municipalité, située en bordure de la bouillante rivière des Mille-Îles, tire son nom de la fertilité des terres qui l'entourent. De nos jours, elle est incluse dans la couronne de banlieues qui ceinture Montréal, mais le quartier ancien, réparti entre haute et basse villes, a conservé de beaux bâtiments résidentiels et commerciaux. Terrebonne est certainement le meilleur endroit au Québec pour apprécier ce qu'était une seigneurie prospère au XIXe siècle.

La ville a été fondée en 1707 et a très tôt vu s'ériger les premières minoteries et scieries qui feront sa renommée. En 1802, la seigneurie de Terrebonne est acquise par Simon McTavish, directeur de la Compagnie du Nord- Ouest, spécialisée dans le commerce des fourrures, qui s'en sert comme point de départ pour ses lucratives expéditions commerciales dans le Nord québécois.

Des moulins à carder et à fouler la laine s'ajoutent alors à ceux du Régime français pour former un véritable complexe pré-industriel. La famille Masson poursuit le développement de la seigneurie à partir de 1832 en reconstruisant la plupart des moulins.

Dès le milieu du XIXe siècle, on trouve à Terrebonne un collège qui dispense un enseignement commercial en français, chose rarissime dans le Québec d'alors, où la prêtrise et les professions dites libérales (médecin, avocat, notaire) sont à l'honneur. Le XXe siècle s'annonce prometteur, mais, le 1er décembre 1922, une grande partie de la basse ville est détruite par un incendie, ne laissant debout que les bâtiments des rues Saint-François- Xavier et Sainte-Marie.

Le puissant banquier montréalais Joseph Masson acquiert la seigneurie de Terrebonne lors d'une vente aux enchères en 1832, mais les années de trouble qui suivront ne lui permettront pas de la développer comme il l'aurait souhaité.

Sa veuve, Sophie Raymond, procédera à des travaux majeurs à partir de

1848. Elle fait alors ériger sur la rue Saint- Louis l'imposant **manoir Masson** ★ *(901 rue StLouis)* selon les plans de l'architecte français Pierre-Louis Morin (1811-1886). Ce bel édifice néoclassique revêtu de calcaire gris est la plus vaste résidence seigneuriale du Québec. En 1903, une chapelle vient s'ajouter au manoir, devenu entre-temps propriété d'une communauté religieuse.

Le manoir abrite aujourd'hui l'école secondaire Saint-Sacrement. La rue Saint-Louis constitue l'épine dorsale de la haute ville bourgeoise. On y trouve plusieurs demeures imposantes outre le manoir Masson, dont la **maison de Roderick MacKenzie** *(906 rue St-Louis)*, l'un des principaux actionnaires de la Compagnie du Nord- Ouest, laquelle maison a aussi servi de siège social à l'entreprise.

Le bâtiment de pierre revêtu de stuc, érigé en 1807, est doté d'un élégant portique dorique en bois. Un peu plus loin sur la rue Saint-Louis, on peut voir de bons exemples d'architecture victorienne en bois (au numéro 938) et en brique (au numéro 939).

Retournez sur la rue des Braves, qui mène à l'île des Moulins.

Sur l'**île des Moulins** ★★ *(entrée libre; fin juin à début sept tlj 13h à 21h; au bas de la rue des Braves, ☎471-0619)* est concentré l'ensemble exceptionnel de moulins et autres installations pré-industrielles de la seigneurie de Terrebonne. La plupart de ces bâtiments, intégrés à un grand parc de promenade, sont aujourd'hui recyclés à des fins communautaires et publiques.

À l'entrée du site, on longe d'abord les anciennes minoterie (1846) et à scierie (reconstruit en 1986), qui renferment la Bibliothèque municipale, puis on arrive au Centre d'accueil et d'interprétation de l'île des Moulins, logé dans l'ancien bureau seigneurial. Ce bâtiment revêtu de pierre de taille aurait été construit en 1848 selon les plans de Pierre-Louis Morin.

Le bâtiment de trois étages que l'on aperçoit ensuite à gauche est la vieille boulangerie, élevée en 1803 pour la Compagnie du Nord- Ouest, qui y fabriquait les biscuits et les galettes destinés aux voyageurs qui amassaient les fourrures dans le nord et l'ouest du Canada.

Cette installation compte parmi les premières boulangeries à grande échelle d'Amérique du Nord et constitue le bâtiment le plus ancien de l'île. Au bout de la promenade, on accède au grand moulin, érigé en 1850 pour Sophie Raymond. On y produisait des étoffes de laine, vendues dans toute la région. Il abrite maintenant le Centre culturel de Terrebonne.

Au retour, empruntez la petite rue Saint-François-Xavier, à l'est de la rue des Braves.

Sur la **rue Saint- François-Xavier**, on trouve plusieurs restaurants et galeries d'art aménagés dans de pittoresques maisons qui ont échappé aux flammes lors de la conflagration de 1922. Certaines d'entre elles, construites dans la seconde moitié du XVIIIe siècle, ont été restaurées avec soin. Elles présentent les traits des maisons de faubourg, très basses, dont la structure de bois est érigée directement en bordure d'un étroit trottoir.

Remontez la rue Sainte- Marie, d'où vous bénéficierez d'une perspective intéressante sur l'église Saint-Louis-de-France.

L'**église Saint-Louis-de- France** *(825 rue St-Louis)*. La belle façade en pierre grise de cette église catholique (1878) est dominée par un clocher et deux tours argentées, teintes typiques des églises québécoises. Elle cache cependant un intérieur quelque peu décevant, refait au goût du jour en 1955.

Tournez à gauche sur la rue Saint-Louis.

Les **maisons Roussil** *(870 et 886 rue St-Louis)*, jumelles, ont été construites vers 1825 par le maître menuisier Théodore Roussil.

Quittez Terrebonne par la route 344 Est (dans le prolongement de la rue Saint-Louis), en direction de Lachenaie puis de Le Gardeur, pour atteindre L'Assomption.

★

L'Assomption (12 341 hab.)

Cette petite ville a grandi de part et d'autre d'un portage établi en 1717 par le sulpicien Pierre Le Sueur dans un méandre de la rivière L'Assomption. Le sentier, parcouru par les voyageurs portant leur embarcation d'une rive à l'autre, permettait d'éviter un détour de 5 km par voie d'eau. D'abord baptisée simplement «Le Portage», l'agglomération constituait un carrefour sur la route du Nord, fréquentée par les trappeurs et les commerçants de fourrures.

Île des Moulins

Elle était alors incluse dans la seigneurie de Saint-Sulpice, concédée aux Messieurs de Saint- Sulpice de Paris en 1647.

La proximité des moulins à carder de Terrebonne et les fréquentes visites des coureurs des bois amenèrent les femmes de L'Assomption à confectionner une ceinture en laine portée par les Canadiens français pour se distinguer des Écossais, nombreux au sein de la Compagnie du Nord-Ouest. Ainsi est née la célèbre ceinture fléchée, l'un des symboles du Québec dont L'Assomption a détenu le monopole de 1805 à 1825.

On entre à L'Assomption par la rue Saint-Étienne. Il est possible de garer sa voiture en face de l'église.

L'**église de L'Assomption-de-la-Sainte-Vierge** ★ *(153 rue du Portage)*. Derrière la monumentale façade de Victor Bourgeau (1863) se trouvent la nef et le chœur, entrepris en 1819, où prennent place le tabernacle, le retable et la belle chaire baroque exécutée par Urbain Brien dit Desrochers en 1834. Le décor de la voûte a été repris par Bourgeau dans l'esprit de celui de La Prairie.

Empruntez la rue du Portage, qui longe le presbytère. Cette rue correspond au portage original de Pierre Le Sueur. À l'angle du boulevard L'Ange-Gardien, on aperçoit l'ancien bureau seigneurial des Sulpiciens (402 boul. L'Ange-Gardien) et le bâtiment qui a longtemps abrité le magasin Le Roux, spécialisé dans la vente de ceintures fléchées (195 rue du Portage). Tournez à droite sur le boulevard L'Ange-Gardien.

La **maison Archambault** *(351 boul. L'Ange-Gardien)*. Il subsiste peu d'exemples autour de Montréal de ces maisons dont le rez-de-chaussée servait d'atelier, alors que l'étage, accessible par un long escalier, était consacré à l'habitation. Celle-ci, érigée vers 1780, a vu naître Francis Archambault (1880-1915), vedette de l'opéra à Londres, à New York et à Boston au tournant du siècle.

Le **collège de L'Assomption** ★ *(270 boul. L'Ange-Gardien)* pour garçons a été fondé en 1832 par les notables de L'Assomption. Le bâtiment de moellons (1869) au toit mansardé et couronné d'une superbe coupole argentée datant de 1882 est un bon exemple de l'architecture institutionnelle du XIXe siècle au Québec. Le pavillon éclectique, à l'est, a été ajouté en 1892.

Tournez à droite sur la rue Sainte-Anne, puis à gauche sur la rue Saint- Étienne.

L'**Oasis du vieux palais de justice** *(2$; fin juin à début sept tlj 9h à 17h; 255 rue St-Étienne, ☎589-3266)*. À l'origine composé de trois maisons séparées construites entre 1811 et 1822, ce long bâtiment a longtemps abrité une cour de justice et un bureau d'enregistrement. Victor Bourgeau, qui a dessiné la Cour, à l'étage de la portion centrale, ne s'est pas contenté de modifier la forme des ouvertures; il a aussi dessiné l'ensemble du mobilier et des boiseries. À noter que cette salle est toujours intacte, même si la Cour n'y siège plus depuis 1929.

En face du vieux Palais, on peut voir le site de la première église de L'Assomption (1724), les restes du manoir seigneurial et la **maison Seguin** *(284 rue St-Étienne)*, intéressante demeure bourgeoise de style Second Empire érigée en 1880.

Reprenez la rue Saint-Étienne vers l'ouest (en direction de l'église). En passant, on peut admirer la **maison Le Sanche** (1812) *(349 rue St-Étienne)*, de type urbain, avec ses murs coupe-feu et son implantation en bordure du trottoir.

Empruntez le boulevard L'Ange-Gardien puis la route 343 Nord, qui longe la rivière L'Assomption. Chemin faisant, on remarquera plusieurs maisons au toit en mansarde, disposées perpendiculairement à la route afin de se protéger des vents dominants.

Saint-Paul-de-Joliette (3 388 hab.)

Ce minuscule village possède quelques maisons charmantes dominées par une église, dont la sobriété n'a d'égale que son importance sur le plan architectural. La fondation de Saint-Paul en 1786 est redevable à l'effort de colonisation de l'intérieur des terres à la fin du XVIIIe siècle. Depuis ce temps, la petite communauté agricole vit au rythme des saisons.

L'extérieur de l'**église Saint-Paul** ★ *(entrée libre; tlj 9h à 17h sur réservation; 8 boul. Brassard, ☎756-4602)* est, à quelques détails près, comme au premier jour de son inauguration en 1804. Réalisée selon les plans de l'abbé Pierre Conefroy de Boucherville, auteur du célèbre devis qui allait influencer les bâtisseurs d'églises pendant 30 ans, cette église est représentative de l'architecture religieuse traditionnelle du Québec, sobre mais élégante.

Par contre, le décor intérieur a connu plusieurs périodes de travaux qui en ont modifié l'apparence au fil des ans, jusqu'à lui donner une configuration des plus originales. Ses composantes les plus anciennes sont le retable et le maître-autel (1821) de Chrysostome Perrault, artisan originaire de Saint-Jean-Port-Joli.

Victor Bourgeau a refait la chaire et la voûte après 1850, dans le goût néoclassique, caractérisé notamment par des surfaces compartimentées en larges caissons. L'utilisation de piliers dans la nef ainsi que la combinaison des surfaces blanches et dorées confèrent à ce temple la légèreté d'une salle de bal.

Poursuivez sur la route 343 Nord, qui prend le nom de boulevard Manseau à Joliette, le long duquel on aperçoit quelques belles demeures victoriennes. Vous pouvez garer votre voiture autour de la vaste place Bourget afin d'explorer à pied les rues de Joliette. Le centre-ville s'étend autour du boulevard Manseau.

★ Joliette (18 308 hab.)

Au début du XIXe siècle, le notaire Barthélemy Joliette (1789-1850) ouvre de grands chantiers d'exploitation forestière dans la portion nord de la seigneurie de Lavaltrie, encore vierge. En 1823, il fonde autour de ses scieries «sa» ville, qu'il nomme «L'Industrie», nom synonyme de progrès et de prospérité.

L'agglomération croît si rapidement qu'en quelques années elle éclipse ses rivales, Berthier et L'Assomption. En 1864, elle est rebaptisée Joliette en l'honneur de son fondateur. Parmi les autres projets ambitieux menés à bien par le notaire Joliette, il faut mentionner la fondation d'une banque où était imprimé un papier- monnaie portant la marque des Joliette-Lanaudière.

De nos jours, Joliette est un important centre de services pour l'ensemble de Lanaudière. On y trouve un évêché ainsi que deux institutions culturelles de renom, le Musée d'art de Joliette et l'Amphithéâtre, où se tient en partie le célèbre Festival international de Lanaudière, un festival de musique classique et populaire.

Au centre de la **place Bourget,** on trouvait autrefois l'édifice du marché et l'hôtel de ville, dons de M. Joliette. Depuis leur démolition s'y trouve une esplanade entourée de commerces. Au fond, le **palais de justice**, dont la construction en 1862 allait confirmer le statut de Joliette comme capitale régionale, adopte le plan du modèle néoclassique propagé par le ministère des Travaux publics à l'époque.

Empruntez le boulevard Manseau en direction de la cathédrale.

Au numéro 400 se trouve un étrange bâtiment blanc de 1858 qui logeait autrefois «**l'Institut**», premier centre culturel du Québec, dans lequel étaient réunies bibliothèque municipale et salle de spectacle. Le style néogrec américain de la façade aurait été choisi en guise de contestation de la puissance coloniale britannique.

La **cathédrale Saint-Charles-Borromée** *(2 rue St-Charles-Borromée N.)*, quant à elle, était à l'origine une simple église paroissiale, ce qui explique sa façade modeste à un seul clocher. À l'intérieur, on peut voir quelques belles toiles, dont *Saint Charles au milieu des pestiférés de Milan*, un tableau d'Antoine Plamondon d'après Mignard, donné à la paroisse par M. Joliette en 1847; huit fresques d'Ozias Leduc tapissent la voûte du transept.

À l'arrière de la cathédrale, on remarquera le **palais épiscopal**, témoin éloquent de la toute-puissance de l'Église au Québec avant la Révolution tranquille. Au numéro 20 de la rue Saint-Charles-Borromée Sud se trouve l'ancien séminaire, aujourd'hui transformé en cégep.

La **maison provinciale des clercs de Saint-Viateur** ★ *(132 rue St-Charles-Borromée N.)*. Joliette doit son dynamisme culturel aux clercs de Saint-Viateur, qui s'y sont installés au milieu du XIXe siècle. En 1939, ils entreprennent la construction de leur nouvelle maison d'après des croquis du père Wilfrid Corbeil, dont s'inspirera l'architecte montréalais René Charbonneau. L'édifice n'est pas sans rappeler les monastères allemands du Moyen Âge, avec ses massives arches néoromanes et sa lourde tour en pierre. La chapelle, au centre, est souvent décrite comme une adaptation moderne de l'église allemande de Frielingsdorff. Ses magnifiques vitraux, dessinés par Marius Plamondon, tout comme les sculptures des bancs et le chemin de croix, plongent le visiteur dans une atmosphère de mystère et de recueillement.

Le **Musée d'art de Joliette** ★★ *(4$; fin juin à début sept mar-dim 12h à 17h, le reste de l'année mer-dim 12h à 17h; 145 rue Wilfrid-Corbeil, ☎756-0311)*. Le père Wilfrid Corbeil a fondé ce musée exceptionnel à partir de la collection des clercs de Saint-Viateur, amassée au cours des années quarante pour illustrer l'évolution des arts au Québec et dans le monde.

Le plus important musée régional du Québec loge dans le bâtiment quelque peu rébarbatif de la rue Wilfrid-Corbeil depuis 1976. On peut y voir des œuvres majeures de peintres québécois et canadiens tels que Marc-Aurèle de Foy Suzor-Côté, Jean-Paul Riopelle et Emily Carr, mais aussi des œuvres d'artistes européens et américains comme Henry Moore et Karel Appel. Une section est consacrée à l'art religieux québécois et une autre, plus surprenante encore, à l'art religieux du Moyen Âge et de la Renaissance, époques représentées par de belles pièces allemandes, françaises et italiennes.

L'Amphithéâtre de Lanaudière se trouve en périphérie de la ville. Pour vous y rendre, empruntez la rue Saint-Charles- Borromée Sud puis la rue Saint-Antoine. Tournez à gauche sur le boulevard Base-de-Roc.

L'**Amphithéâtre de Lanaudière** *(1575 boul. Base-de-Roc, ☎759-2999 ou 800-561-4343)*. On doit la création du Festival international de Lanaudière au père Fernand Lindsay c.s.v. Le festival présente chaque année, en juillet et en août, les vedettes de l'art lyrique et du concert. En 1989, un amphithéâtre en plein air de 2 000 places a été érigé afin d'augmenter la capacité d'accueil de l'événement, jusque-là confiné aux églises des environs. Le sculpteur Georges Dyens a complété l'aménagement du site par des allées et des sculptures raffinées.

À proximité du site de l'amphithéâtre se trouve l'accès à la route 158 Est, que l'on emprunte en direction de Saint-Thomas et de Berthierville.

Autour de Saint-Thomas, on remarquera les fermes spécialisées dans la culture du tabac. Les terres sablonneuses de la région ont favorisé cette forme d'agriculture, mais le déclin de l'industrie du tabac en Amérique du Nord a durement affecté plusieurs fermiers qui tentent aujourd'hui de se recycler. Certaines exploitations ont conservé les traditionnels séchoirs à tabac, ces petites structures cubiques en bois coiffées d'un toit pentu qui ponctuent le paysage.

★ Berthierville (4 183 hab.)

La seigneurie d'Autray, a été concédée à Jean Bourdon, ingénieur du roi en 1637. Ce territoire correspond au secteur de Berthierville, située le long de la rive du fleuve Saint-Laurent. La seigneurie de Berthier, beaucoup plus vaste, a été concédée au sieur de Berthier en 1672 avant de passer entre plusieurs mains. Elle correspond en

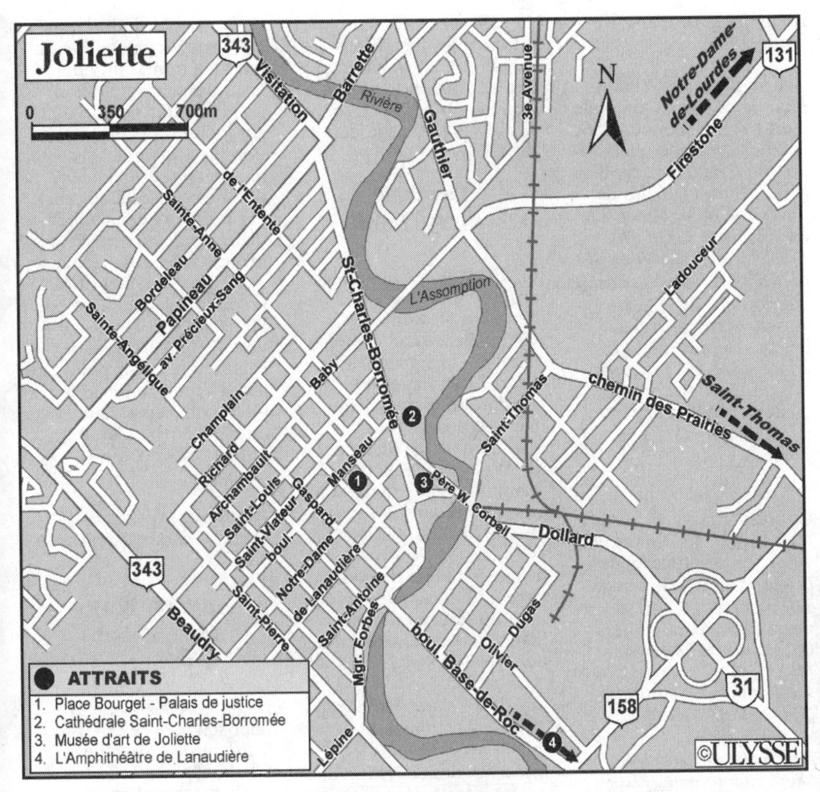

partie à Berthier. L'ensemble de ces terres ont été acquises en 1765 par James Cuthbert, aide de camp du général Wolfe lors de la bataille des plaines d'Abraham, qui les a surtout exploitées comme lieu de détente et de loisirs.

Le **pont couvert Grandchamps** *(à droite, à proximité de la rte. 158)*, en bois, de type Town, qui traverse la rivière Bayonne, a été construit en 1883, ce qui en fait l'un des doyens de ce genre de structure popularisé aux États-Unis à la fin du XIXe siècle. On couvrait ces ponts de bois, réalisés à peu de frais par les populations locales, afin d'éviter le pourrissement de la structure du tablier.

L'**église Sainte- Geneviève** ★★ *(780 av. Montcalm)* constitue l'un des trésors de Lanaudière. Sa construction en 1781 en fait l'une des plus anciennes de la région. Mais c'est le décor intérieur de style Louis XVI, réalisé par Amable Gauthier et Alexis Millette entre 1821 et 1830, qui en fait vraiment un édifice exceptionnel.

D'une richesse peu commune pour l'époque, il comprend le beau maître-autel de la première église, réalisé par Gilles Bolvin en 1759, le retable en coquille et la voûte ornée de fins losanges, ainsi que plusieurs tableaux parmi lesquels figurent une Sainte - Geneviève, toile française du XVIIIe siècle disposée au-dessus du maître-autel, et six toiles de Louis Dulongré peintes en 1797.

La **chapelle des Cuthbert** *(tlj début juin à début sept 10hà 18h; accès par la rue de Bienville; ☎836-7336)*. La chapelle seigneuriale de la famille Cuthbert (1786), connue officiellement sous le vocable de Saint Andrew, est le premier temple protestant à avoir été érigé au Québec. Dans les années qui ont suivi la conquête britannique de 1759, l'architecture d'inspiration française était encore la seule à régner, faute d'architectes et de main-d'œuvre d'origine britannique, ce qui explique la configuration catholique de ce bâtiment conçu et élevé par le maçon Antoine Selton et le menuisier Vadeboncœur. Depuis 1978, le bâtiment sert de centre culturel aux résidants de Berthierville.

Gilles Villeneuve, champion de course automobile mort tragiquement en 1982 lors des essais de qualification du Grand Prix de Belgique, était originaire de Berthierville. Le **Musée Gilles-Villeneuve** *(6$; tlj 9h à 17h; 960 av. Gilles-Villeneuve, ☎836-2714)* est consacré à la carrière de l'illustre pilote de Formule 1 chez Ferrari. Depuis quelques années, son fils Jacques a pris la relève. Le musée consacre donc maintenant un nouveau volet à Sa carrière.

Plus loin, vous pouvez emprunter la route 158 afin d'atteindre l'île Dupras et le village de **Saint-Ignace-de-Loyola**, d'où part le traversier menant à Sorel, sur la rive sud du Saint-Laurent *(en été, départ toutes les 30 min le jour et toutes les heures le soir; durée de la traversée 10 min; ☎836-4600)*.

Empruntez la route 138 Ouest en direction de Lanoraie, de Lavaltrie et de Saint-Sulpice.

Lanoraie (1 942 hab.)

La route 138 correspond au premier chemin du Roy, aménagé à partir de 1734 entre Montréal et Québec. Auparavant, les voyageurs étaient contraints de parcourir la distance en canot sur le fleuve Saint-Laurent. On peut apercevoir plusieurs maisons anciennes le long de cette route entre Berthierville et Lavaltrie.

Au **Coteau-du-Sable**, situé au nord-est du village de Lanoraie, se trouve un important site archéologique amérindien. Les Iroquois sédentaires y ont bâti une «maison longue» au XIVe siècle, dont on a retrouvé les fondations. De nombreux objets fabriqués par les Amérindiens ont également été découverts sur le site depuis le début du XXe siècle.

Lavaltrie (4 736 hab.)

En 1672, l'intendant Talon accorde une seigneurie à Séraphin Margane de Lavaltrie, lieutenant du régiment de Carignan-Salières, auquel ce village situé en bordure du fleuve Saint-Laurent doit aujourd'hui son nom. Louis Riel, chef de la résistance métisse au Manitoba, y fait quant à lui ses études dans la seconde moitié du XIXe siècle.

Dans une belle demeure face au fleuve, sur le chemin du Roy, a été aménagée la **Galerie Archambault** *(entrée libre; mer 14h à 18h, jeu-ven 14h à 21h, dim 13h à 17h; 1303 rue Notre-Dame, ☎586-2202)*. Ouverte depuis plus de 20 ans, elle présente des œuvres d'une cinquantaine de peintres et sculpteurs québécois.

Saint-Sulpice (2 900 hab.)

À l'instar de l'ensemble du Québec, le développement de Lanaudière s'est effectué graduellement du fleuve vers l'intérieur des terres. Ainsi, les Messieurs de Saint-Sulpice, qui héritent d'une seigneurie en 1647, commenceront par s'établir en bordure du Saint-Laurent avant d'aller fonder L'Assomption. Il ne subsiste malheureusement plus de traces de ces premiers établissements.

L'**église Saint-Sulpice ★** *(1095 rue Notre-Dame)*. L'église actuelle, la troisième du lieu, a été construite en 1832, mais a été mise au goût du jour en 1873 par Victor Bourgeau, qui lui a donné un nouveau décor d'inspiration gothique anglais. La voûte comporte un plafond à poutres apparentes, comme on en retrouve alors dans les églises anglicanes et presbytériennes. On remarquera le tabernacle du maître- autel, une œuvre majeure provenant de la seconde église, réalisé par François-Noël Levasseur vers 1750. À l'arrière de l'église, on a transporté une jolie chapelle en bois (1830) qui servait autrefois de reposoir pendant les processions de la Fête-Dieu.

Poursuivez sur la route 138 Ouest en direction de Repentigny.

Repentigny (56 555 hab)

La ville de Repentigny porte le nom de son premier seigneur, Pierre Le Gardeur de Repentigny. Elle bénéficie d'un site agréable entre l'embouchure de la rivière L'Assomption et le majestueux fleuve Saint-Laurent.

L'**église de la Purification-de-la-Bienheureuse-Vierge-Marie ★** *(445 rue Notre-Dame E.)* est la plus ancienne église du diocèse de Montréal puisqu'elle a été entreprise dès 1723. On y retrouve certaines caractéristiques des temples de la Nouvelle-France, comme l'abside à pans coupés et l'orientation générale de l'édifice, son profil étant parallèle au fleuve. La façade, refaite en 1850, arbore maintenant deux tours au lieu de l'unique clocher, autrefois planté au sommet de la toiture.

L'intérieur, gravement endommagé lors d'un incendie en 1984, a retrouvé sa simplicité du Régime français lors de la restauration qui a suivi. On remarquera le beau maître-autel de style Louis XV, sculpté par Philippe Liébert en 1761.

Les **moulins à vent** *(460 et 861 rue Notre-Dame Est)*. Il est pour le moins surprenant d'apercevoir ces deux structures d'un autre âge au milieu des stations-service et des cottages de l'après- guerre. Le moulin du sieur Antoine Jetté, au numéro 861, a été érigé en 1823. Il a servi à moudre le grain jusqu'en 1915 et est maintenant utilisé comme remise. Quant au moulin de François Grenier, bâti en 1819, il est aujourd'hui abandonné. Les deux bâtiment ont perdu leurs mécanismes et leurs ailes...

Pour rentrer à Montréal, poursuivez sur la rue Notre-Dame, à Repentigny, qui n'est en fait que le prolongement de la rue du même nom à Montréal.

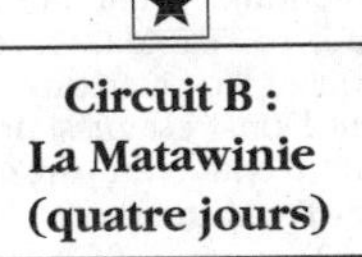

Circuit B : La Matawinie (quatre jours)

La colonisation de l'arrière-pays de Lanaudière a été entreprise vers 1860 par des missionnaires catholiques soucieux de contrer l'exode des fermiers canadiens-français vers les filatures de coton de la Nouvelle-Angleterre. Toutefois, en raison de la pauvreté des sols, les nouveaux habitants de la région se tourneront bientôt vers l'industrie du bois et le tourisme.

La Matawinie est en effet bien pourvue en forêts, mais aussi en lacs et montagnes qui attirent chasseurs, pêcheurs et vacanciers. L'extrême nord de la région est habité depuis longtemps par la nation atikamekw, petite tribu amérindienne autrefois nomade, groupée autour du village de Manouane.

Ce circuit comporte l'un des parcours les plus longs et les plus sauvages de ce guide du Québec. Il est recommandé de disposer d'un véhicule en bon état pour affronter les routes de gravier et les zones reculées, où il est parfois impossible de trouver hôtels et stations-service.

Empruntez l'autoroute 25 Nord, dans le prolongement du boulevard Pie-IX. Celle-ci rejoint par la suite la route 125 Nord. Tournez à droite sur la route 337 Nord en direction de Rawdon.

Laurentides (2 627 hab.)

La route 339 Ouest permet de faire un léger détour vers Laurentides, un hameau autrefois appelé Saint-Lin. C'est dans ce modeste village que Parcs Canada a aménagé le **lieu historique national Sir-Wilfrid-Laurier** *(droit d'entrée; mi-mai à fin juin lun-ven 9h à 17h, début juil à fin août mer-dim 10h à 18h; 205 12e Avenue, ☎439-3702)*, dans la maison natale du premier Canadien français à devenir premier ministre du Canada (de 1896 à 1911). Ce centre d'interprétation raconte la vie du célèbre homme politique et rend compte de la vie rurale québécoise du milieu du XIXe siècle.

Revenez sur la route 125 Nord. Tournez à droite sur la route 337 Nord en direction de Rawdon.

★ Rawdon (3 820 hab.)

Les Britanniques ont établi, à la suite de la conquête de 1759, un nouveau mode de peuplement qui leur était plus familier : le canton. Régis par leurs habitants, les cantons ont été créés pour accueillir les loyalistes américains et les immigrants britanniques. La plupart d'entre eux sont situés sur le pourtour des territoires déjà concédés en seigneurie sous le Régime français. Les cantons de Lanaudière ont été implantés à proximité du piedmont laurentien, entre les seigneuries du XVIIe siècle et les nouvelles terres ouvertes par le clergé après 1860. Le canton de Rawdon, au centre duquel se trouve la ville du même nom, a été créé en 1799.

On apprendra avec étonnement que la petite ville de Rawdon présente une des plus grandes diversités ethniques de tout le Québec. En effet, aux premiers habitants anglais, écossais et irlandais, se joignent bientôt de nombreux Canadiens français de souche acadienne, et, après 1929, des Russes, des Ukrainiens, des Allemands, des Polonais, des Hongrois, des Tchèques et des Slovaques.

Le **Centre d'interprétation multiethnique de Rawdon** *(entrée libre, dons appréciés; sam-dim 13h à 16h; 3588 rue Metcalfe, ☎834-3334)* raconte la petite histoire de l'ensemble des communautés ethniques venues s'établir à Rawdon depuis la création du canton. Le centre occupe une maison en bois peint, typique de la région. En plus de la visite du centre, il est intéressant de se promener dans les rues environnantes pour voir les églises des différentes communautés. L'église anglicane et l'église russe orthodoxe sont les plus intéressantes.

Dans les environs de Rawdon, deux beaux sites naturels, aménagés de façon à recevoir les visiteurs, sont à signaler. Il y a tout d'abord le **parc des Chutes-Dorwin** ★ *(6$ par voiture; tlj 9h à 19h; ☎834-2282)*, accessible par la route 337 peu avant le village. Grâce à deux belvédères, il est possible d'admirer ces impressionnantes chutes de la rivière Ouareau, hautes de 30 m. Aire de pique-nique boisée à proximité.

L'autre site naturel digne d'intérêt dans les parages est le **parc des Cascades** ★ *(6$ par voiture; tlj mi-mai à mi-oct; ☎834-4149)*, que l'on atteint en empruntant la route 341 dans le prolongement du boulevard Pontbriand. Encore là, une aire de pique-nique borde la rivière Ouareau, dont les eaux forment de jolies cascades en caressant les nombreux rochers que l'on trouve à cette hauteur, où les amateurs de bain de soleil s'étendent au cours de la belle saison.

Au départ de Rawdon, un circuit facultatif permet de se diriger vers le joli centre de villégiature de **Saint-Alphonse-Rodriguez** par la route 337 Nord.

Au-delà de Saint-Alphonse-Rodriguez, la route 337 permet de poursuivre son chemin jusqu'à **Saint-Jean-de-Matha.** C'est ici que Louis Cyr (1863-1912) se retira après avoir parcouru l'Amérique et l'Europe, et s'être vu attribuer le titre d'homme le plus fort du monde. Le petit **Musée-halte Louis-Cyr** *(droit d'entrée; 21 juin à début sept tlj 10h à 18h; 185 rue Laurent, ☎886-2777)* rend d'ailleurs hommage à ce personnage légendaire.

Saint-Jean-de-Matha est aussi connue pour son exceptionnelle Auberge de la Montagne Coupée (voir p 280).

À votre retour sur le circuit principal, la prochaine étape que permet d'atteindre la route 125 est Chertsey.

Chertsey (3 133 hab.)

Chertsey est connue des pèlerins qui y viennent depuis 1931 pour se recueillir au **sanctuaire Marie-Reine-des-Cœurs** *(tlj 9h à 21h; 1060 ch. du Lac-Beaulne, ☎882-3065, ⇄882-3759)*. Il s'agit d'un endroit idéal pour recevoir les gens en quête de paix et de tranquillité. Le site disposant de sentiers pédestres et de chapelles, plusieurs personnes viennent y entreprendre une démarche spirituelle ou écologique.

Peu après Chertsey, une route secondaire permet de faire un saut à **Entrelacs**. Vous pourrez y visiter un authentique élevage de chiens de traîneau au centre d'interprétation **Évasion. Aventure-Nature et Chiens de traîneau** *(6,50$; tlj 9h à 16h; 790 Ch. Montcalm, ☎228-8923)* et faire connaissance avec ces magnifiques bêtes. Musée et présentation vidéo.

★ Saint-Donat (3 176 hab.)

Bordée par des montagnes pouvant atteindre 900 m d'altitude, à quelques minutes du mont Tremblant et sur le bord du lac Archambault, se trouve cette petite municipalité de Lanaudière s'étendant à l'est jusqu'au lac Ouareau. Saint-Donat est aussi une porte d'entrée du **parc du Mont-Tremblant** (voir p 302).

Bien que l'on puisse rejoindre Saint-Michel-des-Saints par un long trajet à l'intérieur du parc du Mont-Tremblant, il est préférable de le faire en revenant sur nos pas par la route 125 jusqu'à Notre-Dame-de-la-Merci. Une fois arrivé là, empruntez la route secondaire en direction de Saint-Côme et de Saint-Émélie-de-l'Énergie.

Saint-Côme (1 845 hab.)

Cette route secondaire, en partie non revêtue, serpente en pleine forêt. Par moments, on s'y croit perdu au bout du monde. Un peu avant le petit village tout blanc de Saint-Côme, vous apercevrez sur la gauche l'entrée de la **Station touristique Val Saint-Côme** (voir p 279).

Sainte-Émélie-de-l'Énergie (1 392 hab.)

Ce petit bourg, y compris son église que l'on surnommait alors la «cathédrale du Nord», fut en grande partie détruit par un incendie en 1924. À la mairie, une impressionnante **exposition de photographies anciennes** fait revivre le village d'avant la catastrophe. À proximité, un **herbier** présente les espèces florales de la Matawinie.

Il est possible de poursuivre cette excursion vers l'est jusqu'à Saint-Gabriel-de-Brandon, toujours par la route 347.

Saint-Gabriel-de-Brandon (2 338 hab.)

La ville de Saint-Gabriel-de-Brandon borde le magnifique lac Maskinongé. De fait, c'est principalement pour cette étendue d'eau de 10 km², seule véritable attraction de la ville, que s'y rendent les visiteurs. La belle **plage municipale**, qui peut accueillir dit-on jusqu'à 5 000 baigneurs, est en saison estivale le lieu de rencontre des amateurs de sports nautiques (voir p 278).

De l'autre côté du lac, à **Saint-Charles-de-Mandeville**, on peut admirer l'art topiaire de Denis Lefrançois au **Jardin forestier** *(6$; fin juin à début sept tlj 10h à 16h; 35e Avenue, ☎835-1377)*. Ce sympathique bonhomme «sculpte» les arbres en forme d'animaux entre autres. On peut ainsi voir sur place près de 500 de ses œuvres.

De retour à Sainte-Émélie-de-l'Énergie, prenez la route 131 Nord en direction de Saint-Michel-des-Saints.

Saint-Zénon (1 149 hab.)

En chemin, vous pourrez faire halte au **Parc régional Sept-Chutes** *(3,25$; mai à nov tlj 9h à 17h; rte. 131, ☎ 884-0484, ☎833-1334)* de Saint-Zénon. Des sentiers de randonnée pédestre, organisés de façon à permettre des points de vue spectaculaires, sillonnent les abords de jolies cascades (voir ci-dessous).

Saint-Michel-des-Saints (2 455 hab.)

Saint-Michel-des-Saints s'est développé au bord du lac Kaiagamac, et de part et d'autre s'étendent les réserves fauniques **Rouge-Matawin** (voir ci-dessous) et **Mastigouche** (voir p 371).

★ Manouane (1 605 hab.)

Manouane est un des trois centres de la nation atikamekw. On y pratique encore certaines activités traditionnelles comme la fabrication de canots, de raquettes, de mocassins et de paniers en écorce de bouleau.

Parcs

Circuit B : La Matawinie

La **réserve faunique Rouge-Matawin** *(à 26 km à l'ouest de St-Michel-des-Saints, ☎ 833-5530)* s'étale sur 1 394 km² de verdure et dissimule quelque 450 lacs et cours d'eau tout en abritant une faune luxuriante. On peut s'adonner à maintes activités telles que la randonnée, la chasse, la pêche, le canot-camping et la cueillette de fruits sauvages, ainsi que la motoneige en hiver.

Saint-Donat est l'une des portes d'entrée au **parc du Mont-Tremblant** (voir p 302), que l'on associe généralement à la région des Laurentides.

Il en est de même de Saint-Michel-des-Saints pour la **réserve faunique Mastigouche** (voir p ?), habituellement associée à la région de la Mauricie–Centre-du-Québec.

Activités de plein air

Randonnée pédestre

Circuit B : La Matawinie

Des sentiers de randonnée sillonnant 5,8 km de paysages exceptionnels aboutissent à l'**Aménagement panoramique des Sept-Chutes** *(3,25$; mai à nov 9h à 17h; rte. 131, St-Zénon, ☎ 884-0484 ☎833-1334)* et offrent l'occasion de découvrir la diversité de la faune et de la flore locale. Les sept chutes sont accessibles au public, mais sont asséchées durant l'été. Toutefois, lors de la crue des eaux, elles peuvent atteindre une hauteur de 60 m et constituent alors un spectacle assez impressionnant.

Le **sentier de la Matawinie** *(Ste-Émélie-de-l'Énergie, à environ 5 km du village, sur la rte. 131 N., ☎886-3823)* permet d'observer les sept chutes de la rivière Noire ainsi que plusieurs autres points de vue de la région. Il serpente à travers de nombreux panoramas, allant jusqu'à 565 m d'altitude, et vous mène, le long d'un parcours accidenté, aux Sept-Chutes de Saint-Zénon.

Le **parc régional des Chutes-Monte-à-Peine-et-des-Dalles** *(droit d'entrée; accessible par les rtes. 131, 337 et 343, ☎883-2245)* est géré conjointement par les municipalités de Saint-Jean-de-Matha, Sainte-Béatrix et Sainte-Mélanie. Plusieurs sentiers de randonnée, totalisant quelque 12 km, ont été aménagés dans ce parc de 300 ha créé en 1987. Ils permettent entre autres de contempler trois belles chutes situées sur la rivière L'Assomption.

Baignade

Circuit B : La Matawinie

La **plage municipale de Rawdon** *(droit d'entrée; ☎834-8121)*, donnant sur le lac du même nom, est fort populaire au cours de la belle saison. Aire de pique-nique, casse-croûte, stationnement payant, location de planches à voile.

Aménagée aux abords du superbe lac Maskinongé, la **plage municipale de Saint-Gabriel-de-Brandon** *(entrée libre; ☎835-2105)* constitue la principale attraction de cette petite ville. Cette belle grande plage peut accueillir jusqu'à 5 000 baigneurs. Aire de pique-nique; casse-croûte; stationnement payant; location de pédalos, canots, planches à voile et motomarines.

Le **parc des Pionniers** *(entrée libre; ☎819-424-2833)*, à Saint-Donat, possède une jolie plage donnant sur le lac Archambault. Aire de pique-nique, stationnement, location de planches à voile.

Saint-Michel-des-Saints dispose aussi d'une **plage municipale** *(☎833-6941)*. Celle-ci se trouve aux abords du lac Taureau.

Croisières

Circuit B : La Matawinie

Au départ du Manoir des Laurentides (voir p 281) de Saint-Donat, il est possible de s'embarquer pour une croisière de 90 min sur le lac Archambault. Contactez **Les Belles Croisières du lac Archambault** *(droit d'entrée; juin à oct départ à 10h30, 13h30, 15h30, 19h30, ☎819-424-1710)*.

Équitation

Circuit B : La Matawinie

À Saint-Jean-de-Matha, on peut louer des chevaux au **Centre touristique de la Montagne Coupée** *(mai à nov tlj; 204 rue de la Montagne-Coupée, ☎885-3845)*. Guides disponibles pour vous accompagner sur de beaux sentiers en montagne.

Le **Ranch Quatre Saisons** *(Hiver, 8h au crépuscule, reste de l'année 8h à 20h, 651 rang 4, ☎883-0933)* de Saint-Alphonse-Rodriguez est un véritable ranch possédant une trentaine de chevaux disponibles pour la location.

Golf

Circuit A : La Plaine

Le **Centre de golf Le Versant** *(50$; 2075 Côte Terrebonne, ☎964-2251)* de Terrebonne possède 3 parcours de 18 trous (normales 54, 71 et 72).

À Joliette, le **Club de golf Base-de-Roc** *(36$; 2870 boul. Base-de-Roc, ☎759-1818)* propose quant à lui un 18 trous à normale 72.

Circuit B : La Matawinie

Parmi les nombreux terrains de golf de la région, il faut signaler le **Club de golf de Rawdon** *(37,45$; 3999 Lakeshore Dr., ☎834-2320)* (18 trous; normale 73) et le **Club de golf Saint-Jean-de-Matha** *(37$; 945 ch. Pain de Sucre, ☎886-9321)* (18 trous, normale 72).

Ski de fond

Circuit B : La Matawinie

La **Station touristique de la Montagne Coupée** *(204 rue de la Montagne-Coupée, St-Jean-de-Matha, ☎886-3845)* propose des activités de plein air tout au long de l'année. En hiver, on y trouve quelque 80 km de pistes de ski de fond, dont 43 km pour pratiquer le «pas du patineur». Sur place, un centre fait la location d'équipement. En été, divers sentiers peuvent être empruntés par les amateurs de sport équestre.

Dans la région de Saint-Donat, on trouve plusieurs endroits pour pratiquer le ski de fond. Ainsi, il y a des pistes dans le **secteur La Donatienne du parc des Pionniers** *(ch. Hector-Bilodeau)*, dans la **Montagne Noire** et au **parc du Mont-Tremblant** (secteur La Pimbina).

Ski alpin

Circuit B : La Matawinie

La **Station touristique de Val Saint-Côme** *(32$; lun-jeu 9h à 16h, ven-dim 9h à 22h30; 501 ch. Val St-Côme, ☎883-0701)* est la plus importante station de ski alpin dans la région de Lanaudière. On y dénombre 21 pistes dont certaines éclairées pour le ski de soirée. Dénivelé : 300 m. Hébergement sur place (voir p 281).

À la **Station de ski Mont-Garceau** *(30$; lun-ven 8h30 à 16h, sam-dim 8h à 16h; 190 ch. du Lac Blanc, ☎819-424-2784)*, près de Saint-Donat, 16 pistes attendent les skieurs. L'une d'entre elles est réservée aux amateurs de planche à neige. Dénivelé : 305 m.

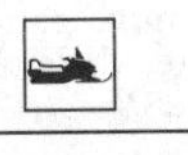

Motoneige

Circuit B : La Matawinie

À Saint-Donat, l'auberge **La Cuillère à Pot** *(tlj 8h30 à 17h; 67 rte. 329, ☎424-2252 ou 800-567-6704)*, halte fort appréciée des motoneigistes, propose plusieurs forfaits et loue même des motoneiges.

À Saint-Michel-des-Saints, on peut s'adresser à **Location de Motoneiges Haute-Matawinie** *(lun-mer 8h30 à 18h, jeu-ven 8h30 à 20h, sam-dim 8h30 à 15h; 180 rue Brassard, ☎833-1355)*, qui possède un parc de de quelque 125 véhicules.

Traîneau à chiens

Circuit B : La Matawinie

Il est possible de participer à une excursion en traîneau à chiens en faisant appel à l'organisme **Entrelacs, Évasion, Aventure-Nature et chiens de traîneau** *(6,50$, tlj 9h à 16h; 790 boul. Montcalm, Entrelacs, ☎228-8944)*. On trouve aussi sur place un petit centre d'interprétation (voir p 276).

Patin à glace

Circuit A : La Plaine

Durant l'hiver, une patinoire longue de 9 km est aménagée sur la **rivière L'Assomption**, à Joliette. Il s'agit de la plus longue du Québec.

Hébergement

Circuit A : La plaine

Joliette

L'escale du voyageur
52$
310 rue de la Visitation, J6E 4N7
☎756-0588
Le motel L'escale du voyageur occupe un bâtiment blanc au toit orangé, d'aspect très quelconque. Il propose des chambres correctes, mais qui manquent résolument de charme.

Château Joliette
90$
ℜ
450 rue St-Thomas, J6E 3R1
☎752-2525 ou 800-361-0572
⇄752-2520
Logeant dans un vaste bâtiment de brique rouge construit au bord de la rivière, le Château Joliette se présente comme le plus grand hôtel de la ville. Il comporte de longs couloirs froids, dépourvus d'ornements. Les chambres, au décor moderne, sont grandes et confortables.

Repentigny

La Villa des Fleurs
40$ pdj
45 rue Gaudreault, J6A 1M3
☎654-9209
Située en banlieue de Montréal, La Villa des Fleurs se trouve sur le site d'une ancienne érablière. Ce logement chez l'habitant dispose de quatre jolies chambres agréablement décorées. L'accueil chaleureux et le petit déjeuner copieux vous sont offerts dans une ambiance détendue et familiale.

Circuit B : La Matawinie

Rawdon

Le Gîte du Catalpa
50$ pdj
3730 rue Queen, C.P. 1639, J0K 1S0
☎834-5253
Les propriétaires d'une belle maison victorienne de la rue Queen ont transformé leur demeure en logement chez l'habitant : Le Gîte du Catalpa. Cinq chambres sont ainsi disponibles. Par beau temps, le petit déjeuner de cinq services est servi sur la terrasse ou dans le jardin.

Saint-Alphonse-Rodriguez

Auberge sur la Falaise
118$ pdj
≡, ≈, ℑ, ✪, ⊛, ⊘, ℜ, ⌂
324 av. du Lac Long S., J0K 1W0
☎883-2269 ou 888-325-2473
⇄883-0143
À 10 km du village de Saint-Alphonse-Rodriguez, on découvre enfin la merveilleuse Auberge sur la Falaise après avoir emprunté une longue montée, pénétré dans un univers de tranquillité et passé devant le paisible lac Long. L'auberge, perchée sur un promontoire, domine ce paysage empreint de sérénité, réservant du même coup une vue exceptionnelle à ses invités. Dans ce bâtiment moderne, on trouve 25 chambres de grand luxe, certaines étant même équipées d'une baignoire à remous et d'un foyer. L'hôtel se double d'un relais santé et offre la possibilité de pratiquer de nombreux sports. Enfin, sa table compte parmi les meilleures de la région (voir p 283).

Saint-Jean-de-Matha

Auberge de la Montagne Coupée
115$
131$ pdj
≡, ≈, ⊘, ⊛, ℑ, ℜ, ⌂, ✪
1000 ch. de la Montagne-Coupée, J0K 2S0
☎886-3891 ou 800-363-8614
⇄886-5401
www.montagne.coupée.com
Autre établissement exceptionnel, l'Auberge de la Montagne Coupée ne se laisse repérer qu'après une montée qui semble interminable. L'excursion en vaut toutefois le coup, ce qui est immédiatement évident lorsque apparaît enfin ce bâtiment tout blanc doté d'immenses baies vitrées. L'établissement compte une cinquantaine de chambres confortables au décor moderne baigné de lumière naturelle. Certaines sont munies d'un foyer. Depuis le salon et la salle à manger, les grandes fenêtres dévoilent un panorama saisissant. Centre équestre et théâtre d'été au bas du domaine. Restaurant remarquable (voir p 283).

Saint-Donat

Parc du Mont-Tremblant
17$
2951 rte. 125 N., C.P. 1169, J0T 2C0
☎819-424-7012
⇄424-2086
Le secteur Pimbina du parc du Mont-Tremblant, accessible par la route 125, non loin de Saint-Donat, possède 340 emplacements de camping.

La Cuillère à Pot
55$
≈, ℜ, ≡, ⊛, ℝ
41 rte. 329, J0T 2C0
☎819-424-2252
☎800-567-6704
⇄424-1436
L'auberge La Cuillère à Pot, située sur la route 329, menant à Sainte-Agathe, non loin de la route 125, ressemble davantage à un vaste motel. En hiver, l'endroit est devenu une halte fort appréciée des motoneigistes. Les chambres, assez vastes et confortables, possèdent toutes une baignoire à remous. La piscine extérieure est quant à elle chauffée.

Le Fleuron
70$
266 rue Principale, J0T 2C0
☎819-424-1717
Le motel Le Fleuron constitue un bon choix dans la région. L'accueil est chaleureux, et les précieux conseils de la propriétaire s'avèrent très efficaces.

Manoir des Laurentides
80$
𝔍, ⊛, ≈, ≡, ℂ, ℜ
290 rue Principale, C.P. 100, J0T 2C0
☎819-424-2121
☎800-567-6717
⇄424-2621
Le Manoir des Laurentides, bien situé sur la rive du lac Archambault, propose un bon rapport qualité/prix. Les chambres du bâtiment principal, qui fait trois étages, sont petites et quelque peu défraîchies. Chacune possède en contrepartie son propre balcon et s'avère somme toute confortable. Il y a aussi deux rangées de chambres de type motel qui s'allongent jusqu'au bord du lac et une quarantaine de chalets équipés d'une cuisinette. Comme l'endroit est souvent fort animé, ceux et celles qui recherchent paix et tranquillité opteront pour une chambre de motel ou un chalet. Au bord du lac, on a aménagé une plage, voisine d'une petite marina.

Auberge Havre du Parc
59$
2788 rte. 125 N., St-Donat, J0T 2C0
☎819-424-7686
⇄424-3432
Située à près de 10 km au nord du village, l'Auberge Havre du Parc est une oasis de tranquillité. Le site magnifique, sur les pourtours du lac Provost, et le confort offert permettent de s'évader paisiblement du quotidien. À 5 min des pistes de ski de fond du mont Tremblant.

Saint-Côme

Auberge Val Saint-Côme
109$
≡, ≈, ℜ
200 rue de l'Auberge, J0K 2B0
☎883-0655
⇄883-0131
www.valsaintcome.qc.ca
En venant de Notre-Dame-de-la-Merci, vous apercevrez l'Auberge Val Saint-Côme sur la gauche avant d'atteindre le village du même nom. Cet établissement de 30 chambres se trouve sur le site même de la Station touristique Val Saint-Côme, dotée d'une vingtaine de pistes de ski alpin (voir p 279). Fréquenté par les familles en hiver, l'endroit est fermé en été.

Saint-Gabriel-de-Brandon

Auberge Aile-En-Ciel
45$
⊛, ≡, ≈, ℂ, 𝔍
376 rue Maskinongé, rte. 347
C.P. 1807, J0K 2N0
☎835-3775
⇄835-1115
L'Auberge Aile-En-Ciel n'a d'auberge que le nom. Il s'agit plutôt d'un «condotel» proposant une vingtaine d'appartements pouvant chacun accueillir de deux à six personnes. Quelques appartements possèdent un foyer et une baignoire à remous. Chambres assez grandes, sobrement décorées dans certains cas, mais bien équipées (cuisinette avec vaisselle). Piscine à l'extérieur; accès à une petite plage sur le lac Maskinongé; terrasse avec gril de plein air.

Saint-Michel-des-Saints

Petites Plaisances
55$ pdj
bc
7451 ch. Brassard, rte. 131, J0K 3B0
☎833-6342
Un logement chez l'habitant, chaleureux et confortable, est à signaler à Saint-Michel-des-Saints : Petites Plaisances.

Centre Nouvel-Air Matawinie
90$ pc
≈, ℜ, ✪
1260 ch. au Nouvel Air, Lac à la Truite, J0K 3B0
☎833-6371 ou 800-714-1214
⇄833-6061
Les étranges pavillons gris-bleu du Centre Nouvel-Air Matawinie s'étendent aux abords du lac à la Truite, en pleine nature. Il s'agit en fait d'un ancien camp de vacances des frères des Écoles chrétiennes transformé en base de plein air puis en auberge. On retrouve 79 chambres réparties dans des pavillons ou aménagées à l'intérieur de petits chalets. Toutes les chambres offrent un haut niveau de confort. Le prix d'un séjour au centre comprend trois repas par jour et l'accès à une foule d'activités de plein air (canot, voile, tennis, randonnée pédestre, ski de fond, etc.). Théâtre d'été.

Restaurants

Circuit A : La plaine

Terrebonne

Le jardin des fondues
$$$-$$$$
186 rue Ste-Marie
☎492-2048
Il existe une bonne adresse pour manger de la fondue à Terrebonne : Le jardin des fondues, qui propose, dans un chic décor, des fondues de toutes sortes ainsi que des plats issus des traditions culinaires françaises.

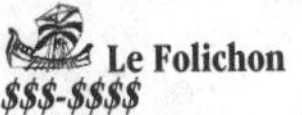 **Le Folichon**
$$$-$$$$
fermé lun
804 rue St-François-Xavier
☎492-1863
L'arrondissement historique de Terrebonne, avec son parc, ses jolies boutiques et ses belles demeures, constitue un lieu de promenade fort apprécié. D'aucuns en profiteront d'ailleurs pour

couronner une aussi agréable excursion par une halte à l'une de ses nombreuses bonnes tables. À cet égard, Le Folichon ne déçoit pas. Aménagé dans une sympathique maison en bois de deux étages, ce restaurant arrive, grâce à son atmosphère chaleureuse, à faire oublier les plus froides journées d'hiver. En été toutefois, plusieurs opteront plutôt pour sa terrasse ombragée. La table d'hôte, composée de cinq services, laisse habituellement un bon souvenir. On y remarquera tout particulièrement le feuilleté d'escargot à la tombée de tomate et de poireau, le magret de canard sauce aux framboises et le contre-filet de chevreuil sauce miel et thym. Qui plus est, la carte des vins impressionne par sa variété.

L'Étang des Moulins
$$$
fermé lun
888 rue St-Louis
☎471-4018
L'Étang des Moulins occupe une superbe maison de pierre qui domine l'arrondissement historique. Une première salle, à l'entrée, baigne dans une ambiance chaleureuse et romantique. On y remarque un petit bar sur la gauche et un bel escalier menant à l'étage.

À l'arrière, une seconde pièce possède de grandes fenêtres offrant une splendide vue sur l'île des Moulins. Cette seconde partie de l'établissement donne aussi accès à une terrasse protégée par une jolie verrière. Le raffinement de l'endroit se remarque jusque sur les tables, élégamment nappées de dentelle, et c'est bercé de chansons françaises que l'on y savoure son repas. Le service s'avère quant à lui discret et attentionné.

Sur le menu, on a tôt fait de remarquer des mets français que l'on croyait connaître et qu'on réussit ici à réinventer : feuilleté de cuisses de grenouille, thermidore de homard, caille farcie à la chair de daim. Les gourmets n'hésiteront pas quant à eux à délier les cordons de leur bourse et ainsi succomber aux charmes du «menu inspiration» de sept services. À n'en point douter, l'une des meilleures tables de Lanaudière.

L'Assomption

Le Prieuré
$$$-$$$$
402 boul. L'Ange-Gardien
☎589-6739
Le Prieuré a acquis une bonne réputation au cours des ans. Dans un bâtiment historique datant du XVIIIe siècle, le chef concocte une savoureuse cuisine française en y incorporant des produits du Québec. Ainsi se laissera-t-on tenter volontiers par un filet de truite mariné aux pommes et à l'érable ou par un magret de canard au vin de bleuets.

Joliette

Chez Henri le Kentucky
$
30 rue de La Visitation
St-Charles-Borromée
☎759-1113
Le restaurant Chez Henri le Kentucky propose tout ce que l'on pourrait s'attendre d'une cantine ouverte contre vents et marées 24 heures sur 24. Il s'agit d'un bon endroit pour qui ne dispose que d'un petit budget.

L'Antre Jean
$$$
mer-dim
385 boul. St-Viateur
☎450-756-0412
Au nombre des bonnes tables, L'Antre Jean semble faire l'unanimité au sein de la population locale. On y sert une cuisine française qui ne dépare certainement pas le genre, à partir d'un menu basé sur des tables d'hôte variées. Le décor est chaleureux et l'ambiance, pas trop guindée.

Le Gardeur

La Gentilhommière
$$-$$$
208 rue Notre-Dame
☎585-0284
Pour une cuisine française classique, c'est du côté de La Gentilhommière qu'il faut se tourner. Aux traditionnels bisques de homard, chateaubriand bouquetière et lapin à la dijonnaise, le chef ajoute à l'occasion quelques plats inspirés de la gastronomie italienne. Une valeur sûre.

Circuit B : La Matawinie

Rawdon

Auberge Steward
$$$
tlj
4333 ch. du lac Brennen
☎834-8210
C'est dans un bâtiment rustique en rondins que loge l'Auberge Steward, où l'on sert une succulente cuisine d'inspiration française et québécoise. S'y alignent au menu escargots, coquille Saint-Jacques, cuisses de grenouille, tarte aux pommes et autres classiques.

Saint-Alphonse-Rodriguez

Auberge sur la Falaise
$$$-$$$$
324 av. du Lac Long S.
☎883-2269
À l'extraordinaire Auberge sur la Falaise, c'est dans un cadre d'une rare tranquillité que vous prendrez votre repas. Perdu en pleine forêt et surplombant un beau lac paisible, cet établissement constitue une fameuse retraite pour quiconque cherche à fuir, ne serait-ce que le temps d'un dîner, le rythme trépidant de la vie moderne. Avec beaucoup d'habileté, le chef adapte ici la gastronomie française à la sauce québécoise. Ainsi découvrirez-vous sur la carte médaillon de caribou aux bleuets du Lac, carré d'agneau, mousseline de brochet, crème renversée à l'érable, etc. Pour les gourmets, le menu gastronomique de cinq services est un choix éclairé et a toutes les chances de devenir une expérience mémorable.

Saint-Jean-de- Matha

Auberge de la Montagne Coupée
$$$$
tlj
1000 ch. de la Montagne-Coupée
☎886-3891
L'Auberge de la Montagne Coupée, une autre adresse réputée pour le calme de son site, propose quant à elle un étonnant menu de cuisine évolutive québécoise. Grâce à de hautes baies vitrées (deux étages), la salle à manger, située au rez-de-chaussée d'un beau bâtiment blanc moderne, planté au bord d'une falaise, offre aux convives une vue à couper le souffle sur la nature environnante. Et ce n'est là qu'une entrée en matière, le meilleur (le repas!) restant encore à venir. Aux plats de gibier présentés avec une rare imagination, s'ajoutent quelques succulentes trouvailles comme la volaille de grains aux poireaux et au fromage oka sauce dijonnaise et le croustillant d'agneau au chèvre. Service des plus attentionnés. Belle carte des vins. Petits déjeuners très copieux.

Saint-Donat

La petite Michèle
$
327 rue St-Donat
☎819-424-3131
Pour les voyageurs à la recherche d'une bonne table familiale, La petite Michèle est le restaurant tout indiqué. Une ambiance décontractée, un service amical et un menu composé de plats québécois, voilà ce que vous y retrouverez.

Maison Blanche
$$
515 rue Principale
☎819-424-2222
Les plats de la Maison Blanche sont toujours délicieux. On y sert une spécialité de viande rouge dont la réputation n'est plus à faire.

Cuisto du Nord
$$
436 rue Principale, C.P. 59, J0T 2C0
☎819-424-2483
Quant à lui, le Cuisto du Nord constitue un choix intéressant pour qui désire un menu de spécialités québécoises.

Auberge Havre du Parc $$$-$$$$
2788 rte. 125 N., Lac-Provost
☎819-424-7686
L'Auberge Havre du Parc, en plus d'offrir un site d'une exceptionnelle tranquillité, propose aussi un excellent menu de spécialités françaises.

Sorties

Théâtres et salles de spectacle

Terrebonne

Le minuscule mais chaleureux **Théâtre du Vieux-Terrebonne** *(867 St-Pierre, ☎492-4777)* a gagné au fil des ans le respect de la communauté artistique québécoise. Ainsi, les plus grands noms de la chanson et de l'humour s'y arrêtent systématiquement pour y roder leur spectacle avant d'affronter le public montréalais. Des troupes de théâtre en tournée y font aussi fréquemment halte.

Joliette

Rien de plus agréable que d'assister à un concert en plein air à l'**Amphithéâtre de Lanaudière** *(1575 boul. Base-de-Roc, ☎759-2999 ou 800-561-4343)*, brillamment installé dans une sorte de petite vallée ceinturée d'arbres. C'est au cours de l'été, lors du Festival international de Lanaudière, que ce site à l'acoustique remarquable propose le meilleur de sa programmation.

Saint-Jean-de-Matha

L'Auberge de la Montagne Coupée (voir p 280) possède son propre théâtre d'été de 250 places : le **Cabaret-Théâtre de la Montagne Coupée** *(204 rue de la*

Montagne-Coupée, ☎886-3845 ou 886-3847).

Fêtes et festivals

Joliette

Le **Festival international de Lanaudière** *(☎759-7636 ou 800-561-4343)* constitue l'événement le plus important de la région. Et pour cause : pendant les plus belles semaines de l'été, des dizaines de concerts de musique classique, contemporaine et, plus rarement, populaire sont présentés dans les églises de la région ou encore, en plein air, au superbe Amphithéâtre de Lanaudière.

Repentigny

Le tournoi annuel des **Internationaux de Tennis Junior du Canada** *(fin août; ☎654-2411)* est l'occasion de découvrir avant tout le monde les Monica Seles et John McEnroe de demain.

Saint-Gabriel-de-Brandon

Les adeptes de la course à pied, mais aussi de la marche et du patin à roues alignées, se donnent rendez-vous chaque année au **Maski-Courons** *(juin; ☎581-0319)* de Saint-Gabriel-de-Brandon.

Saint-Donat

Une fois l'automne venu, la nature de la région de Saint-Donat se pare de ses couleurs les plus variées. Pour célébrer cette explosion spectaculaire, de nombreuses activités familiales sont organisées dans le cadre des **Week-ends des Couleurs** *(☎819-424-2833 ou 888-783-6628).*

Achats

Circuit A : La plaine

La région compte plusieurs bonnes librairies. Parmi celles-ci, mentionnons la sympathique **Librairie Lincourt** *(191 rue St-André, Terrebonne, ☎471-3142)*, située en plein cœur du Vieux-Terrebonne, la **Librairie Lu-lu** *(1681 ch. Gascon, Terrebonne, ☎471-2060)*, la **Librairie Raffin** *(100 boul. Brien, Galeries de la Rive Nord, Repentigny, ☎581-9892)*, la **Librairie René-Martin** *(598 rue St-Viateur, Joliette, ☎759-2822)* et la **Librairie Villeneuve** *(364 rue Notre-Dame, Joliette, ☎759-2833).*

Les Laurentides

Sans doute la plus réputée contrée de villégiature du Québec, la belle région des Laurentides attire toujours de nombreux visiteurs en toute saison. Depuis longtemps, on «monte dans le Nord» pour s'y détendre et apprécier la beauté de ses paysages.

Ses lacs, montagnes et forêts sont particulièrement propices à la pratique d'activités sportives diverses et aux balades.

Comme les Laurentides possèdent la plus grande concentration de stations de ski en Amérique du Nord, lorsque l'hiver se pointe, ce sport y devient roi. Ses quelques villages, au pied des montagnes, sont très souvent coquets et agréables.

Le sud de la région, nommé les Basses-Laurentides, fut très tôt occupé par des colons français, venus en cultiver les riches terres arables. Plusieurs localités des Basses-Laurentides rappellent toujours l'histoire du pays par leur patrimoine architectural ou simplement par l'évocation d'événements s'y étant déroulés.

Inspirée par un personnage désormais légendaire, le curé Labelle, l'occupation des terres du plateau laurentien commença beaucoup plus tard, vers le milieu du XIXe siècle. La mise en valeur des «Pays-d'en-Haut» faisait alors partie d'un vaste plan de colonisation des régions périphériques du Québec visant à contrer l'exode des Canadiens français vers les villes industrielles du Nord-Est américain.

Malgré le peu de rentabilité des fermes, en raison de la pauvreté du sol, le curé Labelle parvint à y fonder une vingtaine de villages et à y attirer un bon nombre de colons canadiens-français.

Pour s'y retrouver sans mal

Depuis le début du siècle, l'arrivée toujours plus grande de plaisanciers a fait du tourisme la principale activité de cette région. Pour découvrir ce vaste territoire, trois circuits sont proposés : **Circuit A : Le lac des Deux Montagnes ★**, **Circuit B : Le royaume des vacanciers ★★** et **Circuit C : Le pays du curé Labelle ★**.

Circuit A : Le lac des Deux Montagnes

En voiture

De Montréal, suivez l'autoroute 13 Nord. Prenez ensuite la sortie de la route 344 Ouest en direction de Saint-Eustache. La route 344 permet ensuite de poursuivre jusqu'à Deux-Montagnes, Sainte-Marthe-sur-le-Lac, Pointe-Calumet, Oka, Saint-André-Est et Carillon. On peut aussi explorer la région de Lachute en empruntant la route 327 à partir de Saint-André-Est.

Gare routière

Saint-Eustache
550 Arthur-Sauvé
☎ ***(450) 472-9911***

Circuit B : Le royaume des vacanciers

En voiture

De Montréal, empruntez l'autoroute 15 Nord (l'autoroute des Laurentides) jusqu'à Saint-Jérôme (sortie 43). Au passage, on aperçoit, à droite, l'église et l'imposant collège de Sainte-Thérèse (1881), alors qu'à gauche se trouve l'usine d'assemblage d'automobiles de General Motors, la seule filiale de cette multinationale américaine au Québec.

Un peu plus loin, avant de parvenir à Saint-Jérôme, on traverse la zone de l'aéroport de Mirabel. L'autoroute 15 Nord puis la route 117 Nord permettent ensuite de poursuivre l'exploration jusqu'au mont Tremblant.

Gares routières

Boisbriand
4115 rue Lavoisier
☎ ***(450)435-6767***

Piedmont
760 boul. des Laurentides
☎ ***(450)227-4847***

Sainte-Adèle
1208 rue Valiquette (Pharmacie Brunet)
☎ ***(450)229-6609***

Lac-Mercier
1950 ch. Principal
☎ ***(819)425-8315***

Circuit C : Le pays du curé Labelle

En voiture

Au départ de Montréal, empruntez l'autoroute 15, qui se fond avec la route 117 à la hauteur de Sainte-Agathe-des-Monts.

Renseignements pratiques

Deux indicatifs régionaux sont employés dans les Laurentides, soit le **450**, jusqu'à la hauteur de Sainte-Adèle, et le **819**.

Renseignements touristiques

Bureau régional

Maison du tourisme des Laurentides
14142 rue de la Chapelle, Mirabel, J7J 2C8
☎ ***436-8532***
☎ ***800-561-6673***
≠ ***436-5309***

Circuit A : Le lac des Deux Montagnes

Saint-Eustache
600 rue Dubois
☎ ***(450) 491-4444***

Circuit B : Le royaume des vacanciers

Saint-Sauveur-des-Monts
605 ch. Des Frênes
☎ ***(450)229-3729***

Sainte-Adèle
1490 rue Saint-Joseph
☎ ***(450)229-3729***

Mont-Tremblant
1001 Montée Ryan
☎ ***(819)425-2434***

Circuit C : Le pays du curé Labelle

Labelle
7404 boul. du Curé-Labelle
☎ ***686-2606***

Mont-Laurier
177 boul. Paquette
☎ ***(819)623-4544***

Attraits touristiques

★

Circuit A : Le lac des Deux Montagnes (une journée)

Les Messieurs de Saint-Sulpice ont largement contribué au développement de cette portion des Laurentides dès le Régime français. On y retrouve quelques témoins de l'époque

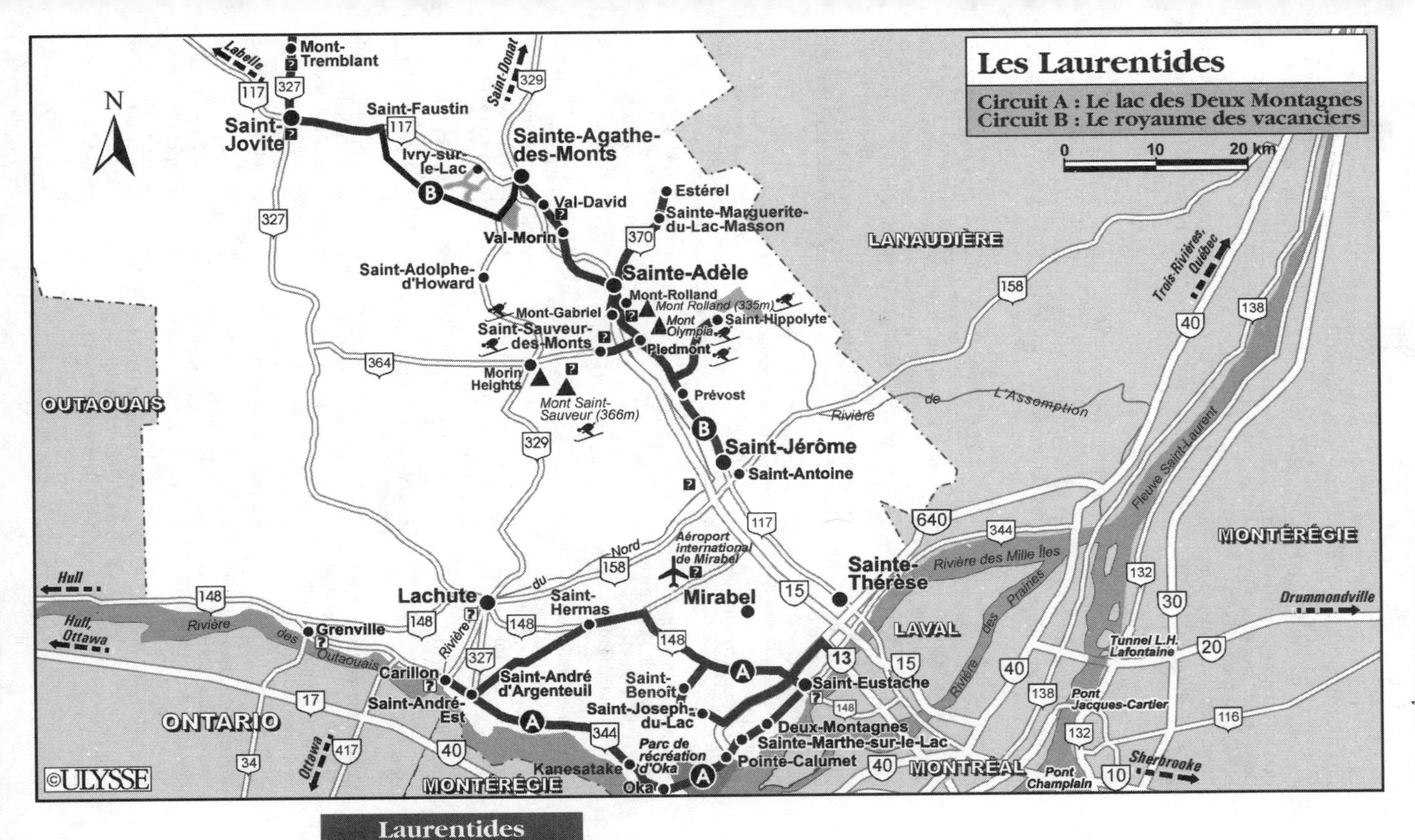

Laurentides

seigneuriale en bordure du lac des Deux Montagnes, que longe près de la moitié du parcours. Les belles vues sur le lac, de même que les nombreux produits de la ferme proposés au bord de la route, constituent les principaux attraits de ce circuit, qui représente une excursion d'une journée en zone agricole, à une demi-heure seulement de Montréal.

Saint-Eustache (41 409 hab.)

Saint-Eustache était au début du XIXe siècle une communauté agricole prospère ayant donné naissance à une certaine élite intellectuelle et politique canadienne-française. Cette élite a joué un grand rôle lors de la rébellion des Patriotes de 1837-1838, faisant de Saint-Eustache un des principaux théâtres de ces événements tragiques.

Le village constituait autrefois le centre de la seigneurie des Mille-Îles, concédée à Michel-Sidrac Du Gué de Boisbriand en 1683. C'est toutefois la famille Lambert-Dumont qui procédera au développement de la seigneurie à partir du milieu du XVIIIe siècle. Saint-Eustache est devenue, après 1960, une des composantes de la banlieue de Montréal.

L'**église Saint-Eustache** ★★ *(123 rue St-Louis)* est surtout remarquable par sa haute façade palladienne en pierre de taille, réalisée entre 1831 et 1836. La présence de deux clochers (tout comme à Saint-Denis) témoigne de la prospérité de l'endroit dans les années précédant la rébellion.

L'église porte encore les traces des durs combats qui eurent lieu en ses murs le 19 décembre 1837, alors que Jean-Olivier Chénier et 150 patriotes s'enfermèrent dans l'édifice afin de résister aux troupes britanniques du général Colborne. Celui-ci fit bombarder l'église, dont il ne restera que les murs à la fin de la bataille. Il fit ensuite incendier la plupart des maisons du village.

Saint-Eustache mettra plus de 30 ans à se relever de ce saccage. On l'aura deviné, l'église Saint-Eustache occupe une place privilégiée dans le cœur des Québécois d'origine française. C'est dans ce temple, qui bénéficie d'une acoustique exceptionnelle, que l'Orchestre symphonique de Montréal procède à l'enregistrement de ses disques.

Un **monument aux Patriotes**, le **presbytère** et le **couvent** (1898) avoisinent l'église.

Empruntez la rue Saint-Eustache, qui s'inscrit dans l'axe de la façade de l'église, jusqu'au moulin Légaré.

Le **manoir Globensky** *(entrée libre; à l'année; 235 rue St-Eustache, ☎(450) 974-5055).* Cette grande maison blanche était autrefois la propriété de Charles-Auguste-Maximilien Globensky, époux de l'héritière de la seigneurie de Saint-Eustache, Virginie Lambert-Dumont. Même si sa construction en 1862 est postérieure à l'abolition de la tenure seigneuriale (1854), les habitants de la région l'ont toujours désignée sous l'appellation de «manoir».

Les plans originaux de Henri-Maurice Perrault ont été considérablement altérés lors de la transformation du bâtiment dans le goût colonial américain en 1930. Depuis cette date, elle rappelle davantage une maison de plantation de la Caroline du Sud qu'un manoir canadien- français. La maison Globensky abrite l'Hôtel de Ville et le Centre culturel de Saint-Eustache.

Le carré de pierres du **moulin Légaré** *(3$; à l'année; 236 rue St-Eustache, ☎(450) 472-9529)* date de 1762. Des modifications apportées au début du XXe siècle ont cependant enlevé un peu de caractère à ce bâtiment. Ce moulin à farine n'a jamais cessé de fonctionner, ce qui en ferait le plus ancien moulin mû par la force de l'eau encore en activité au Canada. Il est possible de visiter le moulin et de se procurer sur place farines de blé et de sarrasin. Un parc linéaire borde la rivière du Chêne à l'ouest.

L'Exotarium *(5,50$; ven-dim 12h à 17h, juil et août jeu-mar, fermé janvier; 846 ch. Fresnière, ☎478-1827)* présente une petite collection de quelque 200 reptiles parmi lesquels figurent pythons, cobras et iguanes.

Reprenez la route 344 Ouest. Le circuit traverse **Deux-Montagnes**, **Sainte-Marthe-sur-le-Lac** *et* **Pointe-Calumet** *avant d'arriver à Oka.*

★

Oka (3 836 hab.)

Les sulpiciens, tout comme les jésuites, ont établi des missions d'évangélisation des Amérindiens autour de Montréal. Les disciples d'Ignace de Loyola s'étant fixés définitivement à Kahnawake en 1716 (voir p 213), ceux de Jean- Jacques Olier firent de même en 1721 dans un très beau site en bordure du lac des Deux Montagnes appelé Oka, nom qui signifie «poisson doré».

Les sulpiciens y accueillirent des Algonquins, des Hurons et des Agniers, qui représentaient autant de nations alliées des Français. À la différence de la mission de Kahnawake, que l'on voulait isoler des habitants d'origine européenne, un village de colons français se développa simultanément autour de l'église des Messieurs de Saint-Sulpice.

À la fin du XVIIIe siècle, des Iroquois venus de l'État de New York se sont substitués aux premiers habitants amérindiens de la mission, donnant un visage anglais et, plus récemment, un nouveau nom (Kanesatake) à toute une portion du territoire situé en amont du village.

Oka est de nos jours un centre récréo-touristique et une banlieue éloignée de Montréal. En 1990, lors de ce qu'il est convenu d'appeler la «crise d'Oka», la Société des guerriers (Warriors) de Kanesatake a bloqué la route 344, à la sortie du village d'Oka, pendant de longs mois, afin de revendiquer des droits territoriaux et d'empêcher la transformation d'une partie de la pinède d'Oka en terrain de golf. La crise a malheureusement coûté la vie à un policier lors d'un affrontement.

L'**abbaye cistercienne d'Oka** ★ *(1600 ch. d'Oka, ☎(450)479-8361)*. En 1881, quelques moines cisterciens quittent l'abbaye de Bellefontaine en France pour fonder une nouvelle abbaye en terre canadienne. Les sulpiciens, qui avaient déjà donné plusieurs morceaux de leurs vastes propriétés de Montréal à différentes communautés religieuses, concèdent un flanc de colline de leur seigneurie des Deux-Montagnes aux nouveaux arrivants. En quelques années, les moines font ériger l'abbaye d'Oka, aussi connue sous le nom de «la Trappe». On y prépare toujours le fameux fromage Oka, vendu à la fromagerie attenante au monastère. La chapelle néoromane, au centre de l'abbaye, mérite aussi une petite visite.

Parc d'Oka et son calvaire ★, voir p 302.

Une fois parvenu au centre d'Oka, tournez à gauche sur la rue L'Annonciation, qui mène à l'église et au quai, d'où vous bénéficierez d'une belle vue sur le lac des Deux Montagnes. Le quai est le point d'arrivée du frêle traversier privé qui relie le présent circuit à celui de Vaudreuil-Soulanges, en Montérégie (voir p 209).

L'**église d'Oka** ★ *(181 rue des Anges)*, érigée en 1878 dans le style néoroman, a succédé à l'église de la mission des sulpiciens (1733), autrefois située sur le même emplacement, en face du lac. On peut y voir les toiles de l'École française du XVIIIe siècle commandées à Paris par les Messieurs de Saint-Sulpice pour orner les stations du calvaire d'Oka (1742) (voir p 302).

Ces peintures à l'huile furent remplacées dès 1776 par des bas-reliefs en bois exécutés par François Guernon, davantage capables de résister au climat rigoureux du Canada. Les bas-reliefs furent lourdement endommagés par des vandales en 1970, avant d'être retirés pour être accrochés dans la chapelle Kateri Tekakouitha, attenante à l'église d'Oka. Sur la rue des Anges, non loin du quai et de l'église, se trouve le vieux manoir d'Argenteuil (fin du XVIIe siècle), résidence du seigneur Pierre d'Ailleboust de la seigneurie d'Argenteuil, voisine à l'ouest de celle des Deux-Montagnes.

Poursuivez sur la rue des Anges, puis tournez à droite sur la rue Sainte-Anne avant de reprendre la route 344, à gauche, en direction de Saint-André-d'Argenteuil.

On traverse alors la **pinède d'Oka**, plantée en 1886 afin de contrer l'érosion du sol sablonneux. C'est dans cette forêt de 50 000 pins que la tension fut la plus vive lors de la crise d'Oka en 1990, alors que la Sûreté du Québec puis l'Armée canadienne se sont frottées à la Société des guerriers (Warriors) de Kanesatake. En marge du village de Saint-Placide, plus à l'ouest, on aperçoit la **maison Routhier** *(3320 rte. 344)*, où a vécu, dans sa jeunesse, l'auteur des paroles de l'hymne national canadien, Basile Routhier.

Saint-André-Est (1 437 hab.)

John Johnson, originaire de l'État de New York, fit l'acquisition de la seigneurie d'Argenteuil au début du XIXe siècle, attirant à Saint-André plusieurs compatriotes partageant une même fidélité à la couronne d'Angleterre. Les résidences cossues de ce village rappellent d'ailleurs le vocabulaire architectural américain. Elles côtoient une série de petites églises de dénominations diverses, dont l'**église anglicane Christ Church** *(12 rue St-André)*, soutenue par le seigneur Johnson, qui pourrait bien être le premier édifice d'inspiration néogothique à avoir été érigé au Québec (1819-1822). Le charmant village loyaliste de Saint-André-d'Argenteuil s'inscrit dans un cadre bucolique, en bordure de la rivière du Nord.

Tournez à gauche sur la rue Saint-André en direction de Carillon (rte. 344).

Carillon (300 hab.)

Chargés de défendre la colonie contre les attaques des tribus amérindiennes alliées des Hollandais puis des Anglais, Dollard des Ormeaux et 17 compagnons d'infortune périrent à Carillon dans une embuscade iroquoise en 1660. Ce sacrifice évitera toutefois que Montréal ne tombe aux mains des Iroquois. Une plaque et un monument commémorent cet épisode sanglant des débuts de la Nouvelle-France. Longtemps appelé le Long-Sault, Carillon est un paisible village qui s'est peuplé de loyalistes au début du XIXe siècle. On y trouve un barrage hydroélectrique, de même qu'un vaste parc pourvu d'une agréable aire de pique-nique.

Le **lieu historique national du Canal de Carillon** *(2,50$; mi-mai à mi-juin et mi-août à mi-oct 8h30 à 16h, mi-juin à mi-août 8h30 à 20h)*. Sur le canal de Carillon, une écluse permet à des milliers d'embarcations de plaisance de franchir une dénivellation de près de 24 m en 45 min seulement. À elle seule, cette gigantesque écluse remplace un ancien système de navigation qui comptait 3 canaux et 11 écluses. À la maison du collecteur, les visiteurs retrouvent une exposition traitant de l'histoire de la canalisation en Outaouais et du commerce du bois. De plus, les vestiges des anciens systèmes de canalisation sont toujours présents aux abords de cette ancienne maison.

Le **Musée régional d'Argenteuil** *(2,50$; mai à début oct sam-dim 11h à 17h; 50 rue Principale, ☎(450) 537-3861)* expose des antiquités de la région, de même qu'une collection de costumes du XIXe siècle. Le musée est installé dans un bel édifice en pierre de tradition géorgienne, construit en 1836 pour servir d'auberge. Dès l'année suivante, il fut cependant converti en caserne militaire pour héberger les troupes britanniques, venues mater la rébellion des Patriotes dans la région de Saint-Eustache.

Revenez vers Saint-André-d'Argenteuil. Tournez à droite pour suivre la route 344 Est, puis, presque immédiatement à gauche, sur la petite route qui longe la rivière Saint-André, jusqu'à Saint-Hermas. Vous accéderez ainsi à une vallée fertile comprise entre les contreforts des Laurentides au nord, et les collines bordant le lac des Deux Montagnes au sud. Toute cette région gravitant autour de l'aéroport de Mirabel, formée de 14 villages et paroisses, fut regroupée sous le nom de Ville de Mirabel, en faisant la plus étendue des municipalités du Québec. De Saint-Hermas, gagnez Saint-Benoît par les routes de campagne (rangs).

Saint-Benoît (Mirabel) (1 835 hab.)

Un des principaux foyers de contestation lors de la rébellion de 1837, Saint-Benoît fut complètement détruit par les troupes britanniques du général Colborne l'année suivante. L'église, dotée d'une magnifique façade baroque en pierre de taille, fut anéantie, et toutes les maisons furent incendiées. Saint-Benoît s'est reconstruit lentement, mais n'a jamais retrouvé la prospérité d'antan. C'est de nos jours un village agricole typique de la région de Montréal.

Quittez Saint-Benoît par les rangs en direction de Saint-Joseph-du-Lac.

Cette portion du circuit se trouve au cœur de l'une des principales régions de pomiculture du Québec. En automne, les Montréa-

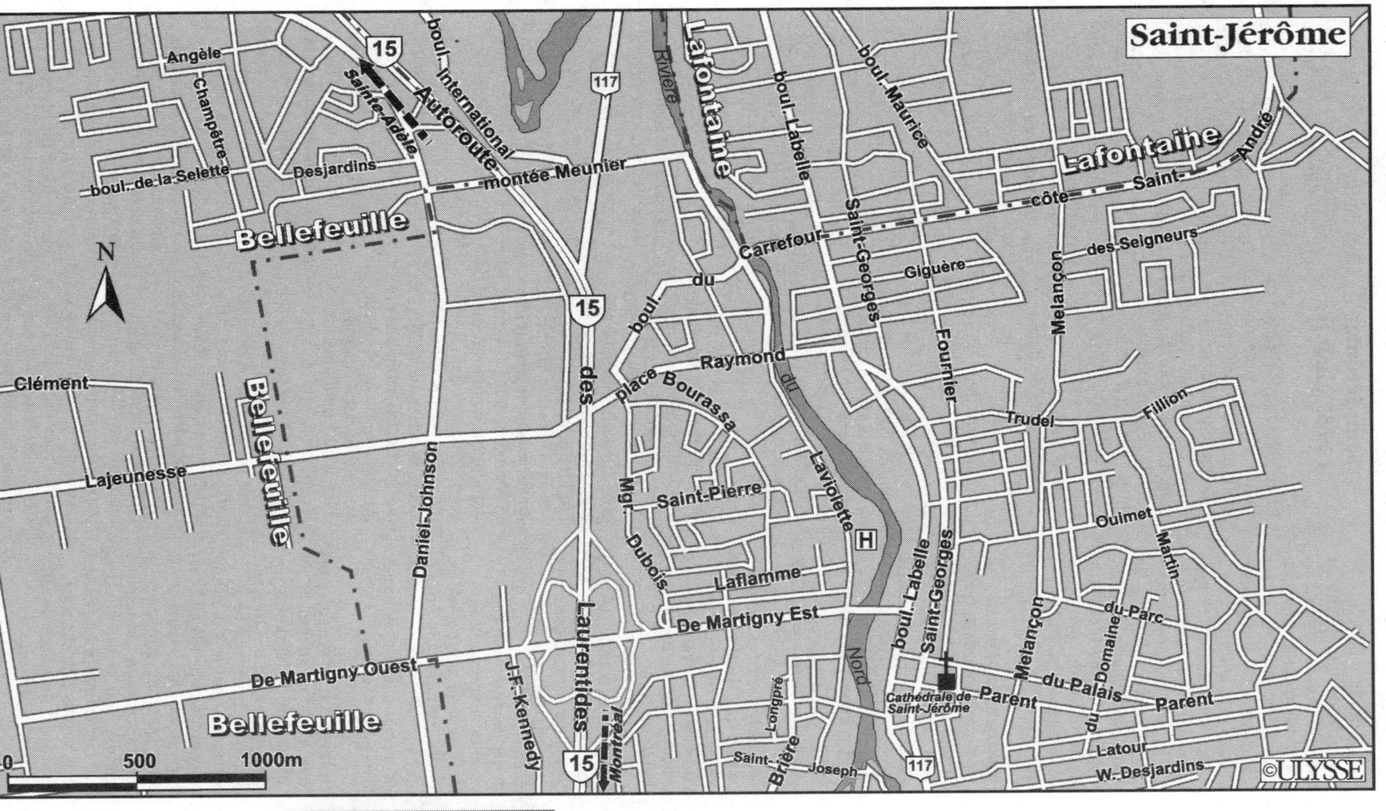

Laurentides

lais viennent y cueillir eux-mêmes leurs pommes dans un des nombreux endroits où on les invite à le faire, moyennant de légers frais. De multiples produits de la ferme et autres sont également proposés en toute saison (canards, faisans, lapins, tartes, sucre d'érable, etc). Du parvis de l'église de Saint-Joseph-du-Lac, on aperçoit le mât du Stade olympique de Montréal par temps clair.

Pour regagner Montréal, empruntez l'autoroute 640 Est, puis l'autoroute 13 Sud et enfin l'autoroute 20 Est.

Circuit B : Le royaume des vacanciers

Depuis les années trente, cette partie des Laurentides constitue le «terrain de jeu» préféré des Montréalais. À moins d'une heure et demie de route de la grande ville, on trouve en effet une multitude de lacs, de montagnes boisées et de villages aménagés de façon à permettre aux visiteurs de séjourner plusieurs jours durant. On «monte» simplement au chalet en été pour se détendre, se rafraîchir, faire du canot, en somme profiter d'une nature généreuse mais sans excès.

En hiver, on se rend depuis New York ou Atlanta, autant que de Montréal, dans les coquettes auberges et les hôtels de luxe, pour pratiquer le ski alpin, mais aussi pour les randonnées en raquette dans la neige blanche, qui se terminent toujours par une agréable soirée au coin du feu. Les Laurentides possèdent la plus grande concentration de pistes de ski alpin en Amérique du Nord.

Saint-Jérôme (25 574 hab.)

Cette ville administrative et industrielle est surnommée «La Porte du Nord» puisque, à la hauteur de Saint-Jérôme, on quitte la vallée du Saint-Laurent pour pénétrer dans la région montagneuse qui s'étend au nord de Montréal et de Québec, les Laurentides. Celles-ci forment la plus vieille chaîne de montagnes de la planète.

La douce rondeur de ses monts, leur faible hauteur et le sol sablonneux trahissent le grand âge des Laurentides, comprimées par les glaciations successives. Saint-Jérôme fut le point de départ de la colonisation de ces territoires dans la seconde moitié du XIXe siècle.

Dans les années qui suivent la rébellion mâtée de 1837-1838, les Canadiens français étouffent sur leurs vieilles seigneuries surpeuplées. L'absence quasi totale d'industries oblige les familles à subdiviser les terres agricoles afin de procurer du travail aux nouvelles générations. Mais cet effort demeurera nettement insuffisant. Dès lors s'amorce une saignée qui verra plusieurs dizaines de milliers de Québécois émigrer vers les filatures de la Nouvelle-Angleterre dans l'espoir d'un avenir meilleur.

Aujourd'hui encore, ces régions comptent une importante population d'origine canadienne-française. Afin de stopper cette hémorragie vers les États-Unis, le clergé tout-puissant du Québec tentera diverses manœuvres, dont la plus importante demeure la colonisation des Hautes-Laurentides entre 1880 et 1895, pilotée par le curé Antoine Labelle de Saint-Jérôme. Ces terres ingrates, peu propices à l'agriculture, causeront bien des maux de tête aux colons, qui devront chercher un revenu d'appoint dans la coupe du bois. Ainsi les fermiers de l'été se transformeront-ils en bûcherons l'hiver venu. Seul le tourisme sportif apportera une certaine prospérité à la région des Hautes-Laurentides après 1945.

La **cathédrale de Saint-Jérôme** ★ *(entrée libre; tlj 7h30 à 16h30; 355 rue St-Georges, en face du parc Labelle, ☎432-9741)*, simple église paroissiale au moment de sa construction en 1899, est un vaste édifice de style romano-byzantin. Elle reflète le statut prestigieux de «siège» de la colonisation des Laurentides de Saint--Jérôme. Devant la cathédrale se dresse une statue en bronze du curé Labelle, œuvre d'Alfred Laliberté.

Le **Centre d'exposition du Vieux-Palais** *(entrée libre; mer-dim 12h à 17h, mar 12h à 20h; 185 rue du Palais, ☎(450) 432-7171)*, consacré à l'art contemporain, est installé dans l'ancien Palais de justice de Saint-Jérôme. Celui-ci fut construit en 1922.

En face de l'église, dans le parc Labelle, on a procédé en 1997 à l'inauguration d'un **amphithéâtre à ciel ouvert**. Derrière celui-ci, on trouve la **promenade de la Rivière du Nord**, un sentier d'interprétation de l'histoire de Saint-Jérôme longeant agréablement la rivière.

C'est par ailleurs à Saint-Jérôme que débute le tracé du **parc linéaire le P'tit Train du Nord** ★★. Cette extraordinaire piste cyclable, qui se transforme en sentier de ski de fond en hiver, s'étire sur 200 km entre Saint-Jérôme et Mont-Laurier en suivant le corridor autrefois utilisé par le chemin de fer des Laurentides.

C'est entre 1891 et 1909, sous l'impulsion du légendaire curé de Saint-Jérôme, Antoine Labelle, que fut construite cette ligne de chemin de fer qui devait jouer un rôle prépondérant dans la colonisation des Laurentides. Plus tard, et ce jusque dans les années quarante, le P'tit Train du Nord, comme on le surnommait et comme le chantera Félix Leclerc, contribua au développement de l'industrie touristique des Laurentides en favorisant l'ouverture de nombreuses stations de villégiature et de sports d'hiver.

L'aménagement de routes, puis d'autoroutes facilitant de plus en plus l'accès aux Laurentides, viendra toutefois à bout du P'tit Train du Nord dans les années quatre-vingt. Les rails seront démantelés en 1991, et l'aménagement du parc linéaire débutera quelques années plus tard. Celui-ci est devenu l'une des attractions majeures de la région.

Tout le long du parcours, des panneaux d'interprétation du patrimoine permettent d'en savoir davantage sur la riche histoire des Laurentides, notamment aux abords des gares originales (Saint-Jérôme, Prévost, Mont-Rolland, Val-Morin, Sainte-Agathe-des-Monts, Saint-Faustin–Lac-Carré, Mont-Tremblant, Labelle, L'Annonciation et Mont-Laurier), toujours présentes, et dont certaines ont même fait l'objet de travaux de rénovation. C'est par exemple le cas de la **gare de Saint-Jérôme**, remise en état à l'automne 1997, et à côté de laquelle on a aménagé la jolie **place de la Gare**.

Jack Rabbit

Né en Norvège en 1875, Herman Smith-Johannsen émigre au Canada en 1901. Ingénieur de profession, il se fait vendeur de matériel ferroviaire, ce qui lui permet de visiter plusieurs régions éloignées des centres urbains. Il se rend dans ces régions à skis, rencontrant nombre d'Amérindiens, qui le surnomment *Wapoos*, le lièvre. Ce surnom, qui se traduit par *jackrabbit* en anglais, sera repris par ses compères du Montréal Ski Club.

Il explore les Laurentides tout au long des années vingt et trente. Il en vient même à s'y installer et réussit à développer un superbe réseau de pistes de ski de fond. Il ouvre, après quatre années d'effort, une piste longue de 128 km, la Maple Leaf, qui relie les villes de Prévost et de Labelle. Malheureusement, l'autoroute des Laurentides (15) a sectionné cette belle piste.

Il a fait figure de pionnier en contribuant à la fondation de plusieurs centres de ski fond et en ouvrant une grande quantité de pistes. Il remisa ses skis à l'âge de 106 ans, et cette légende vivante mourut en 1987, âgé de 111 ans, laissant derrière lui l'histoire québécoise du ski de fond.

Parc régional de la Rivière-du-Nord, voir p 302.

Reprenez l'autoroute 15 Nord vers Saint-Sauveur-des-Monts. En chemin, vous longerez le village de Prévost, qui a vu apparaître les premières pistes de ski alpin des Laurentides en 1932. L'année suivante, on y installait la première remontée mécanique d'Amérique du Nord. Prenez la sortie de Piedmont (sortie 58). Une courte promenade dans ce village permet de se familiariser avec les premières phases du développement du ski dans les Laurentides.

Poursuivez ensuite votre chemin jusqu'à Saint-Hippolyte.

Piedmont (1 624 hab.)

Cette petite localité, encore relativement peu touchée par le développement touristique que connaissent les villages des alentours, conserve des allures rustiques. L'essentiel de son centre est constitué de maisons construites près de la route, au bord de la rivière et, bien sûr, au pied des monts.

Glissades desPays-d'en- Haut, voir p 306;
Station de ski du Mont- Olympia, voir p 306
Station de ski du Mont- Avila, voir p 306.

Suivez les indications pour la route 364 et Saint-Sauveur-des-Monts, situé tout près, à l'ouest de l'autoroute 15.

★

Saint-Sauveur-des-Monts (5 864 hab.)

Trop rapproché de Montréal, Saint-Sauveur-des-Monts a souffert, ces dernières années, d'un développement excessif qui a fait pousser comme des champignons les condominiums (appartements), les restaurants et les galeries d'art.

Sa rue principale, très fréquentée, reste cependant le meilleur endroit où prendre un bain de foule dans les Laurentides. Cette station de sports d'hiver est un des lieux de prédilection des artistes de variétés, qui y possèdent de luxueuses résidences secondaires à flanc de montagne.

Station de ski du Mont-Saint-Sauveur, voir p 306.

Le **Pavillon 70**, situé au bas de la pente de la station de ski du Mont-Saint-Sauveur portant ce numéro, est considéré à juste titre comme la première réalisation postmoderne au Canada (1977). L'architecte Peter Rose, bien connu pour son Centre Canadien d'Architecture, à Montréal (voir p 114), en est l'auteur. Rappelons que le postmodernisme est issu d'un mouvement visant à renouveler l'architecture moderne des années soixante-dix, perçue comme répétitive et ennuyeuse, en lui adjoignant des éléments décoratifs tirés des styles du passé. Ainsi, le Pavillon 70 arbore de belles façades de bois teint présentant des détails victoriens et de massives cheminées stylisées rappelant celles de nos maisons traditionnelles.

Station de ski du Mont- Habitant,
voir p 306
Parc aquatique du Mont-Saint-Sauveur, voir p 306.

À partir de Saint-Sauveur-des-Monts, on peut choisir de faire une boucle qui permet de découvrir les villages de Morin-Heights et de Saint-Adolphe-d'Howard, et de rejoindre directement Sainte-Agathe-des-Monts. Pour ce faire, il faut emprunter la route 364 vers l'ouest jusqu'à Morin-Heights, puis la route 329 Nord jusqu'à Sainte-Agathe en passant par Saint-Adolphe-d'Howard.

Morin-Heights (2 117 hab.)

C'est autour de deux petites églises blanches, l'une catholique et l'autre anglicane, que s'est développé le minuscule mais charmant village de Morin-Heights.

L'endroit est particulièrement apprécié des amateurs de sports (ski de fond, vélo, etc.)

Saint-Adolphe-d'Howard (2 446 hab.)

Une belle route panoramique (n° 329) mène ensuite à Saint-Adolphe-d'Howard, un beau village fleuri qui s'étire joliment aux abords du lac Saint-Joseph. C'est dans cette localité de villégiature que se trouve le **Camp musical des Laurentides**, qui reçoit chaque année plusieurs jeunes musiciens.

Reprenez l'autoroute 15 Nord, que vous suivrez jusqu'à la sortie 69 pour Sainte-Adèle et Sainte-Marguerite-du-Lac-Masson.

★

Sainte-Adèle (5 314 hab.)

Les Laurentides ont été surnommées «Les Pays-d'en-Haut» par les colons qui, au XIXe siècle, se dirigeaient vers ces terres septentrionales éloignées de la vallée du Saint-Laurent. L'écrivain et journaliste Claude-Henri Grignon, né à Sainte- Adèle en 1894, en a fait le théâtre de son œuvre. Son célèbre roman, *Un homme et son péché*, raconte la vie de misère dans les Laurentides à cette époque.

C'est Grignon qui a demandé à l'architecte Lucien Parent de dessiner l'église de Sainte-Adèle, que l'on peut encore admirer de nos jours en bordure de la rue Principale.

Au Pays des Merveilles *(8$; mi-juin à fin août tlj 10h à 18h, fin mai à mi-juin fin de semaine seulement; 3595 ch. de la Savane, ☎229-3141)* est un petit parc d'attractions sans prétention qui plaira surtout aux jeunes enfants. Dans un décor rappelant les aventures rocambolesques d'Alice, on a aménagé toboggans, pataugeuse, mini-golf, labyrinthe, etc. À 8$ par personne, même pour les enfants, c'est toutefois un peu cher.

Station de ski du Chanteclerc, voir p 307;
Station de ski du Mont-Gabriel, voir p 307.

Empruntez la route 370 en direction de Sainte-Marguerite-du-Lac-Masson. Vous apercevrez au passage le délicieux Pavillon des Arts de Sainte-Adèle (voir p 320).

Sainte-Marguerite-du-Lac-Masson (1 701 hab.)

La belle région vallonnée du lac Masson attire en toute saison des vacanciers cherchant à se reposer loin de l'animation montréalaise. Sur ses berges, deux localités se sont développées, l'élégante Ville d'Estérel et la plus modeste, mais plus peuplée, Sainte-Marguerite-du-Lac-Masson, à l'extrémité ouest du lac.

Par la route 370, vous arrivez en face du **lac Masson**, à Sainte-Marguerite. Une petite place, à côté de l'église et en face du réputé Bistro à Champlain (voir p 316), permet de l'admirer. La route tourne alors vers la droite pour contourner le lac jusqu'à Ville d'Estérel.

Poursuivez sur la route 370, et prenez l'intersection à gauche, en direction de Ville d'Estérel, jusqu'au boulevard Baron-Louis-Empain.

★

Ville d'Estérel (95 hab.)

En Belgique, le nom «Empain» est synonyme de réussite financière. Le baron Louis Empain, héritier de la fortune familiale au début du XXe siècle, était, tout comme son père qui a fait construire le quartier neuf d'Héliopolis, au Caire (Égypte), un grand bâtisseur.

Lors d'un voyage au Canada en 1935, il acquiert la Pointe Bleue, une langue de terre qui avance paresseusement dans le lac Masson. En deux ans, de 1936 à 1938, il fait construire une vingtaine de bâtiments sur le site, selon les plans de l'architecte belge Antoine Courtens. Empain baptise l'ensemble «**Domaine de l'Estérel**». La Seconde Guerre mondiale viendra cependant contrecarrer ses plans.

Chevreuil

À la suite du conflit, le domaine est morcelé. Il est en partie racheté par l'homme d'affaires québécois Fridolin Simard en 1958, qui fait construire l'actuel **Hôtel L'Estérel** (voir p 310) en bordure de la route 370, puis procède à des lotissements successifs. On retrouve, sur ces derniers terrains, de belles maisons modernes en pierre et en bois, œuvres de l'architecte Roger D'Astou.

À mi-chemin entre le Streamlined Deco et le mouvement moderne de Le Corbusier, le domaine du baron Empain est un hommage éloquent à la modernité raffinée de l'entre-deux-guerres. Il comprend notamment l'**ancien hôtel de la Pointe Bleue**, long rectangle de béton et de stuc blanc où ont été hébergées de nombreuses célébrités, dont Georges Simenon, qui y écrira trois romans, un club sportif entièrement vitré, maintenant intégré à l'Hôtel L'Estérel, et un centre commercial posé sur pilotis (entouré d'un stationnement).

Celui-ci comprenait une station-service, des boutiques, un cinéma et un *dancing* animé par l'orchestre de Benny Goodman. Ce bâtiment de 1936, aujourd'hui en piteux état, peut être considéré comme le premier véritable centre commercial d'Amérique du Nord. L'**Hôtel de Ville** de Sainte-Marguerite-du-Lac-Masson y est maintenant installé.

Revenez vers l'autoroute 15 Nord, que vous empruntez jusqu'à la sortie 76 afin de rejoindre Val-Morin et ensuite Val-David.

Val-Morin (1 400 hab.)

Val-Morin est un modeste village autour duquel se sont établis des vacanciers désirant s'éloigner des centres trop touristiques. Il est situé dans une région montagneuse sillonnée de pistes de ski de fond où vous pourrez vous adonner à de multiples activités de plein air.

Revenez sur la route 117 Nord jusqu'à Val-David.

Val-David (3 225 hab.)

Val-David s'est fait connaître grâce à sa situation géographique, près des stations de ski alpin des Laurentides, mais aussi en raison des boutiques des artisans qui y présentent leur travail. Le village, composé de jolies maisons, a su conserver un charme bien à lui.

Dans les années soixante-dix, alors que le gouvernement expropria une partie de son terrain afin de surélever la route, Claude Parent commença un aménagement floral, histoire de redonner du lustre à son petit domaine. Vingt ans plus tard, il nous présente **Les jardins de Rocailles** *(3$; mi-juin à sept tlj 9h à 18h30; 1319 rue Lavoie, ☎(819) 322-6193)*. On y retrouve plus de 250 variétés d'arbres et arbustes sur un site plutôt restreint mais toutefois très charmant. Un endroit idéal pour lire ou prendre un café en après-midi. On retrouve sur place un petit café-terrasse servant des repas légers.

Le **Village du Père-Noël** *(9$; début juin à fin août tlj 10h à 18h; 987 rue Morin, ☎(819)322-2146 ou 800-287-NOEL, www.noel.qc.ca)* attire chaque année des enfants désireux de rencontrer ce célèbre personnage dans sa retraite d'été. Tout est prévu pour faire de cette journée un bon souvenir, diverses activités étant organisées.

De l'autoroute 15 (sortie 86), tournez à droite sur la route 117 Nord. Gardez la gauche afin de pouvoir tourner dans cette direction sur la route 329 Sud (rue Principale).

★

Sainte-Agathe-des-Monts (5 908 hab.)

Cette ville de commerce et de services, au cœur des Laurentides, est née autour d'une scierie en 1849. Elle est devenue, grâce à l'ouverture du chemin de fer du Nord en 1892, le premier centre de villégiature des Laurentides. Située au point de rencontre de deux mouvements de colonisation, celui des Anglo-Saxons du comté d'Argenteuil et celui des Canadiens français de Saint-Jérôme, Sainte-Agathe-des-Monts a su attirer les vacanciers fortunés, séduits par son **lac des Sables**.

Ceux-ci ont fait construire quelques belles villas sur le pourtour du lac et dans les parages de l'église anglicane. La région était autrefois considérée comme une destination de choix par les grandes familles juives de Montréal et de New York. En 1909, la communauté juive fonde le sanatorium du Mont- Sinaï (le bâtiment actuel fut érigé en 1930), et, dans les années qui suivent, elle fait construire des synagogues à Sainte-Agathe-des-Monts et à Val-Morin.

Le tour du lac et la croisière ★. Il existe deux façons de découvrir les divers points de vue sur le lac des Sables et ses environs. La première consiste à en faire le tour en voiture ou à bicyclette *(11 km)*, en empruntant le chemin du Lac. La seconde permet de profiter des plaisirs de l'eau en s'embarquant pour une courte croisière sur un des **Bateaux Alouettes** *(12$; mi-mai à fin juin tlj 10h30, 11h30, 13h30, 14h30 et 15h30, en été aussi 10h30 à 19h30; Quai de la rue Principale, ☎(819) 326-3656)*. On verra alors certaines des maisons qui bordent le lac, dont l'ancienne demeure du millionnaire américain Lorne McGibbon, malheureusement défigurée par les missionnaires oblats, qui ont ajouté trois étages à la partie centrale de la maison.

Poursuivez sur la route 117 en direction de Saint-Faustin.

Saint-Faustin (2 395 hab.)

La région de villégiature de Saint-Faustin–Lac-Carré est aussi connue pour son **Centre éducatif de la faune aquatique des Laurentides**, communément appelé la **Pisciculture Saint-Faustin** *(4$; mai à mi-oct tlj 9h à 18h; 747 ch. de la Pisciculture, ☎(819) 688-2076)*. Des visites guidées sont organisées dans ce centre où l'on pratique l'élevage de plusieurs espèces de salmonidés.

Il faut aussi mentionner la présence dans les environs du **Centre touristique et éducatif des Laurentides** *(4$; avr à fin oct tlj 8h à 20h; Lac du Cordon, ☎(819) 326-1606)*, où des pistes de randonnée permettent de découvrir la flore et la faune des Laurentides.

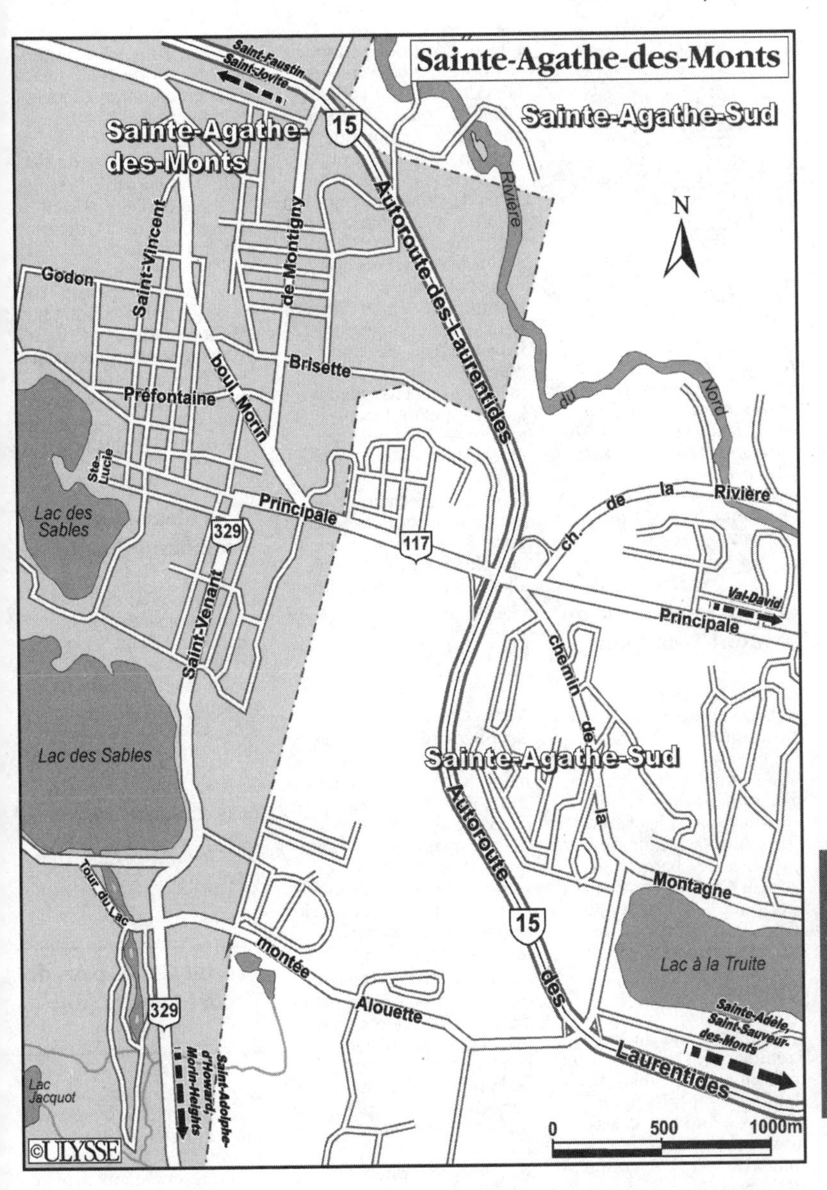

Saint-Jovite (5 536 hab.)

La rue Ouimet, bordée de restaurants, de salons de thé, d'antiquaires et de boutiques de mode, invite à la promenade. On peut notamment y voir un joli petit centre commercial d'inspiration victorienne ainsi que l'authentique gare de Saint-Jovite, déplacée en bordure de la rue et transformée en restaurant. Au bout d'une route de campagne, à l'est de Saint-Jovite, se trouve le vaste **monastère des Apôtres de l'Amour Infini**, dominé par une statue du Sacré-Cœur. Cette importante secte schismatique a nommé son propre pape, qui a son siège à Saint-Jovite.

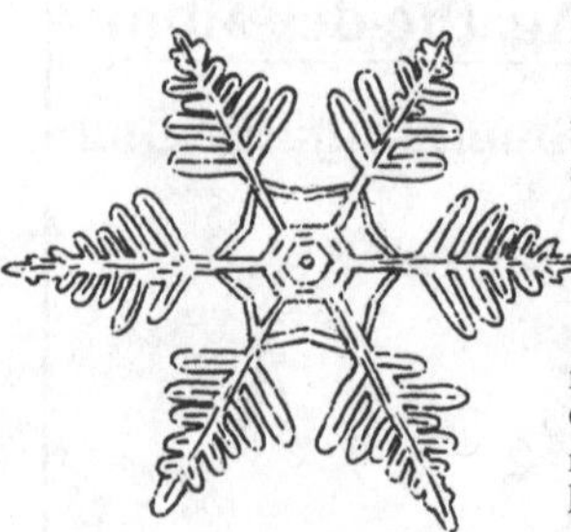

Tournez sur la rue Limoges (rte. 327 N.), près de l'église, en direction du mont Tremblant, déjà à l'horizon. Vous traverserez Mont-Tremblant Village avant de parvenir à la station touristique du Mont-Tremblant, ouverte toute l'année.

★★★

Station touristique du Mont-Tremblant

Certains des plus importants complexes sportifs et touristiques des Laurentides ont été créés par de richissimes familles américaines passionnées de ski alpin. Elles ont choisi les Laurentides pour la beauté des paysages, le charme français du Québec, mais surtout pour le climat septentrional qui permet de prolonger la saison de ski au-delà de celle des États-Unis.

La station de ski du Mont-Tremblant fut fondée par le millionnaire de Philadelphie Joseph Ryan en 1938. Aujourd'hui, la station appartient au groupe Intrawest, propriétaire de stations comme Whistler, en Colombie-Britanique. Intrawest a investi des sommes considérables pour élever la station du Mont-Tremblant au niveau de ses concurents de l'Ouest américain et canadien. Elle a ouvert de nombreuses pistes additionnelles, fait construire un véritable village au pied du mont, ainsi qu'un magnifique terrain de golf. Au plus fort de la saison, 92 pistes de ski alpin sont ouvertes sur les flancs du mont Tremblant (914 m). On trouve à cet endroit non seulement les plus longues et les plus difficiles dénivelées de la région, mais aussi un vaste complexe hôtelier de même qu'un charmant «village» rappelant l'architecture traditionnelle du Québec.

Le nouveau village de la station touristique se compose de plusieurs éléments des plus colorés, dont les allures à la Disneyland ne plaisent pas à tous. Mais au fond, à quoi bon bouder son plaisir...

Ainsi, autour de la **place Saint-Bernard**, s'étendent des complexes d'hébergement de construction récente dont le rez-de-chaussée est occupé par une cinquantaine de boutiques, 15 restos et une dizaine de bars. Ces complexes portent les noms de **Saint-Bernard**, **Deslauriers** et **Johannsen**. À cela, il faut ajouter le **Vieux-Tremblant**, où l'on s'efforce de rénover d'anciens bâtiments en respectant davantage l'architecture traditionnelle de la région. Partout, on ne peut circuler qu'à pied, à skis ou en raquettes.

Mais le développement de cette station touristique quatre saisons ne s'arrêtera pas là. Déjà, l'aménagement de **La Source**, un parc aquatique accessible toute l'année, a été complété à la fin de 1997, et Intrawest a annoncé près d'un demi-milliard de dollars d'investissements supplémentaires d'ici l'an 2001, entre autres pour l'ajout de 1 200 unités d'hébergement et centres de conférences.

À l'arrivée, la coquette **chapelle Saint-Bernard** (1942), réplique de l'église Saint-Laurent de l'île d'Orléans aujourd'hui disparue, accueille le visiteur en bordure du lac Tremblant. Une route, à droite, conduit au stationnement des visiteurs, au **téléphérique panoramique** de même qu'au **parc du Mont-Tremblant** ★★ (voir p 302), dont l'entrée se trouve 10 km plus au nord.

★

Village Mont-Tremblant (764 hab.)

De l'autre côté du lac Tremblant se trouve le charmant Village Mont-Tremblant, à ne pas confondre avec la Station touristique développée depuis 1993 par Intrawest. Dans un cadre plus authentique, on y trouve de sympathiques boutiques et restaurants, ainsi que d'autres possibilités d'hébergement dont le fameux Club Tremblant (voir p 313).

Circuit C : Le pays du curé Labelle (une journée)

La portion septentrionale des Laurentides, communément appelée «Hautes-Laurentides», est en grande partie réservée aux activités de plein air de toutes sortes, en milieu densément boisé (observation de la faune et de la flore, chasse, pêche, camping, ski de randonnée, etc.).

Son industrie traditionnelle, la coupe du bois, est

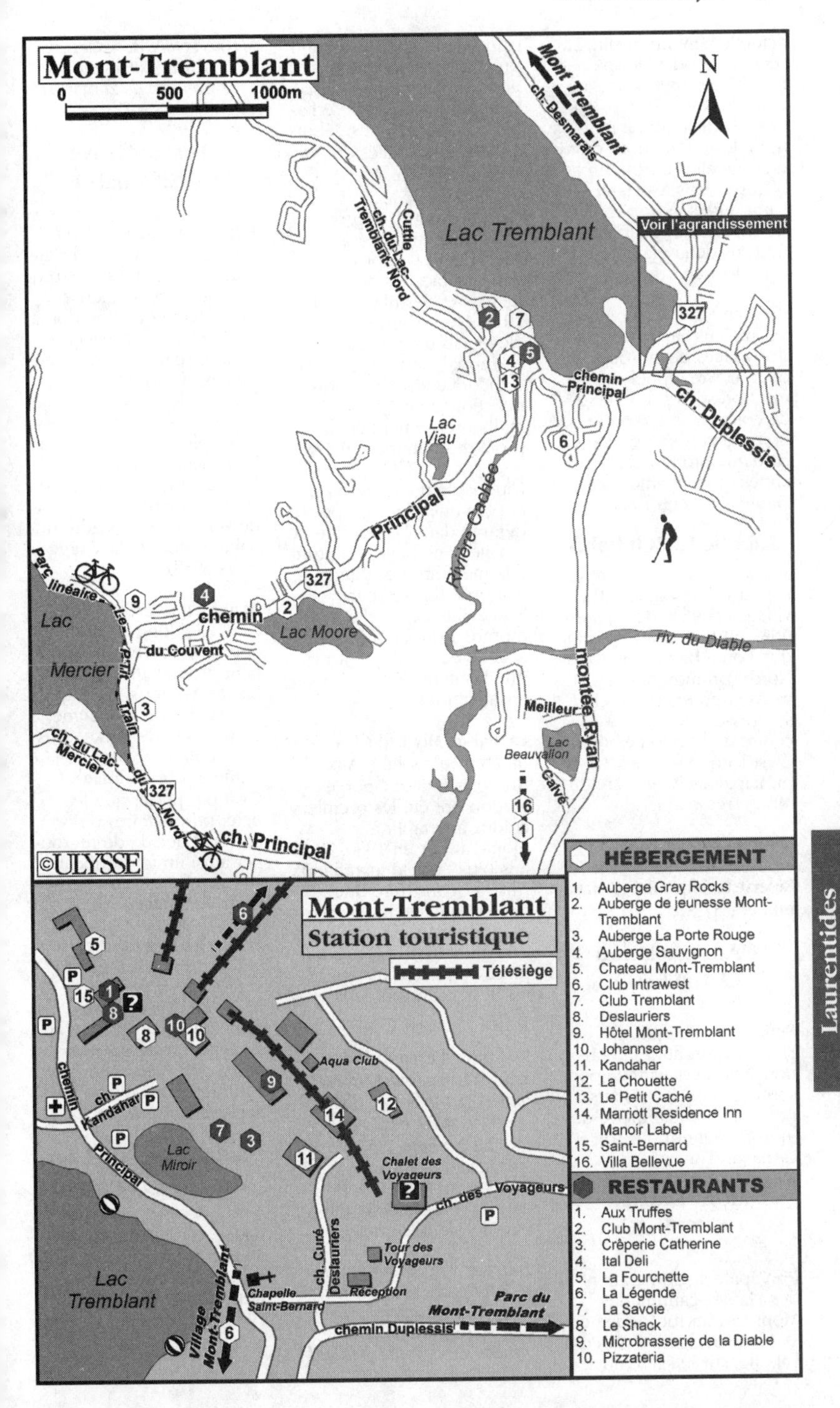

Mont-Tremblant
0 500 1000m
N
Mont Tremblant
ch. Desmarais
Lac Tremblant
Cuttle
ch. du Lac-Tremblant-Nord
Voir l'agrandissement
327
chemin Principal
ch. Duplessis
Lac Viau
Principal
Rivière Cachée
327
Parc linéaire Le P'tit Train du Nord
Lac Mercier
chemin du Couvent
Lac Moore
riv. du Diable
montée Ryan
Meilleur
Lac Beauvallon
Calvé
ch. du Lac-Mercier
327
ch. Principal
©ULYSSE
Mont-Tremblant
Station touristique
Télésiège
Aqua Club
chemin Principal
ch. Kandahar
Lac Miroir
Chalet des Voyageurs
ch. des Voyageurs
ch. Curé Deslauriers
Tour des Voyageurs
Réception
Chapelle Saint-Bernard
Lac Tremblant
Village Mont-Tremblant
Parc du Mont-Tremblant
chemin Duplessis
HÉBERGEMENT
1. Auberge Gray Rocks
2. Auberge de jeunesse Mont-Tremblant
3. Auberge La Porte Rouge
4. Auberge Sauvignon
5. Chateau Mont-Tremblant
6. Club Intrawest
7. Club Tremblant
8. Deslauriers
9. Hôtel Mont-Tremblant
10. Johannsen
11. Kandahar
12. La Chouette
13. Le Petit Caché
14. Marriott Residence Inn Manoir Label
15. Saint-Bernard
16. Villa Bellevue
RESTAURANTS
1. Aux Truffes
2. Club Mont-Tremblant
3. Crêperie Catherine
4. Ital Deli
5. La Fourchette
6. La Légende
7. La Savoie
8. Le Shack
9. Microbrasserie de la Diable
10. Pizzateria

actuellement en déclin. La région s'est développée entre 1870 et 1890 grâce au curé de Saint-Jérôme, Antoine Labelle, qui a multiplié les efforts pour ouvrir de nouvelles terres afin d'attirer dans les Hautes-Laurentides le trop- plein d'agriculteurs canadiens-français de la plaine du Saint-Laurent.

Pour ce faire, il a converti les anciens camps forestiers des vallées de la Rouge et de la Lièvre, appelés fermes forestières, en villages de colonisation, d'où le nom de «ferme» porté encore aujourd'hui par certaines municipalités des Hautes-Laurentides.

Labelle (2 200 hab.)

Il était normal qu'un des villages des Hautes-Laurentides porte le nom de celui que l'on a baptisé «le roi du Nord». Un monument à la mémoire du curé Labelle se dresse d'ailleurs au centre de l'agglomération. C'est ici que se trouve le principal accès au parc du Mont-Tremblant.

Réserve faunique Papineau-Labelle, voir p 325.
Réserve faunique Rouge-Matawin, voir p 302.

L'Annonciation (2 160 hab.)

Petite communauté des Hautes-Laurentides, L'Annonciation est connue pour son écomusée, mais aussi pour sa fête champêtre du mois d'août et pour son carnaval d'hiver.

Mont-Laurier (8 177 hab.)

Principale agglomération des Hautes-Laurentides, Mont-Laurier fut fondée en 1886, à l'instigation du curé Labelle, sur le site d'un camp de bûcherons connu précédemment sous le nom de Rapide-à-l'Orignal. Cette ville a été une véritable *boom town* à ses débuts, à l'image des villes du *Far West* américain.

On y ressent d'ailleurs toujours cette impression de précarité et d'improvisation dans les façades des commerces et des maisons. Dès 1913, Mont-Laurier a été élevée au rang de siège épiscopal. Son imposante cathédrale aux fines boiseries, érigée en 1917, a malheureusement été la proie des flammes en 1982.

L'industrie du bois occupe encore une place prépondérante dans l'économie de la ville. Une belle sculpture à la mémoire des draveurs, disposée dans le parc Toussaint-Lachapelle, nous montre à quel point cette activité économique a marqué les gens de Mont-Laurier.

La **maison Alix-Bail** *(434 rue du Portage)*. Solime Alix, Adolphe Bail et Georges Hudon ont été les premiers colons à s'établir à Mont-Laurier en 1886. Trois ans plus tard, le marchand Alix fait construire une maison qui servira également de magasin général. Ce bâtiment en pièce sur pièce subsiste toujours. Il est le plus ancien de la ville.

Le **Centre d'exposition de Mont-Laurier** *(entrée libre; mar-dim 13h à 17h; 385 rue du Pont, ☎(819) 623-2441)*, qui fait à peine 115 m^2, se spécialise dans l'art contemporain. Il est installé dans la Maison de la culture de Mont-Laurier.

Tournez à droite sur la route 309 Nord si vous désirez vous rendre jusqu'à Ferme-Neuve. Tournez plutôt à gauche sur la route 309 Sud si vous voulez accéder aux multiples lacs situés dans le prolongement de la rivière du Lièvre.

Ferme-Neuve (2 267 hab.)

L'**église** du village mérite que l'on s'y attarde. Il s'agit d'un essai de renouveau de l'architecture religieuse québécoise que l'on doit à Lucien Parent. À cette occasion, celui-ci tenta, avec succès, de combiner l'architecture traditionnelle des églises du Québec à celle, plus audacieuse, du bénédictin dom Paul Bellot. Remarquez la verrière compartimentée au-dessus de l'entrée qui encadre une haute statue de la Vierge (vers 1939).

Avant d'arriver à Ferme-Neuve, le long de la route, vous apercevrez un surprenant troupeau composé de bisons, de cerfs, de wapitis, de chèvres de montagne, de lamas et de yacks, tous dans un même parc dénommé **parc des bisons**. C'est par plaisir que les deux propriétaires de ce parc ont décidé de regrouper ainsi un tel troupeau.

Chute du Windigo, voir p 306.

Si vous revenez sur vos pas puis poursuivez sur la route 117, vous atteindrez la région de l'Abitibi-Témiscamingue (voir p 341). Il est également possible de descendre vers l'Outaouais (voir p 321) et de suivre cette portion facultative du circuit.

Saint-Aimé-du-Lac-des-Îles (724 hab.)

Tout près de Saint-Aimé-du-Lac-des-Îles, en un lieu baptisé «Ferme-Rouge», situé sur les rives de la

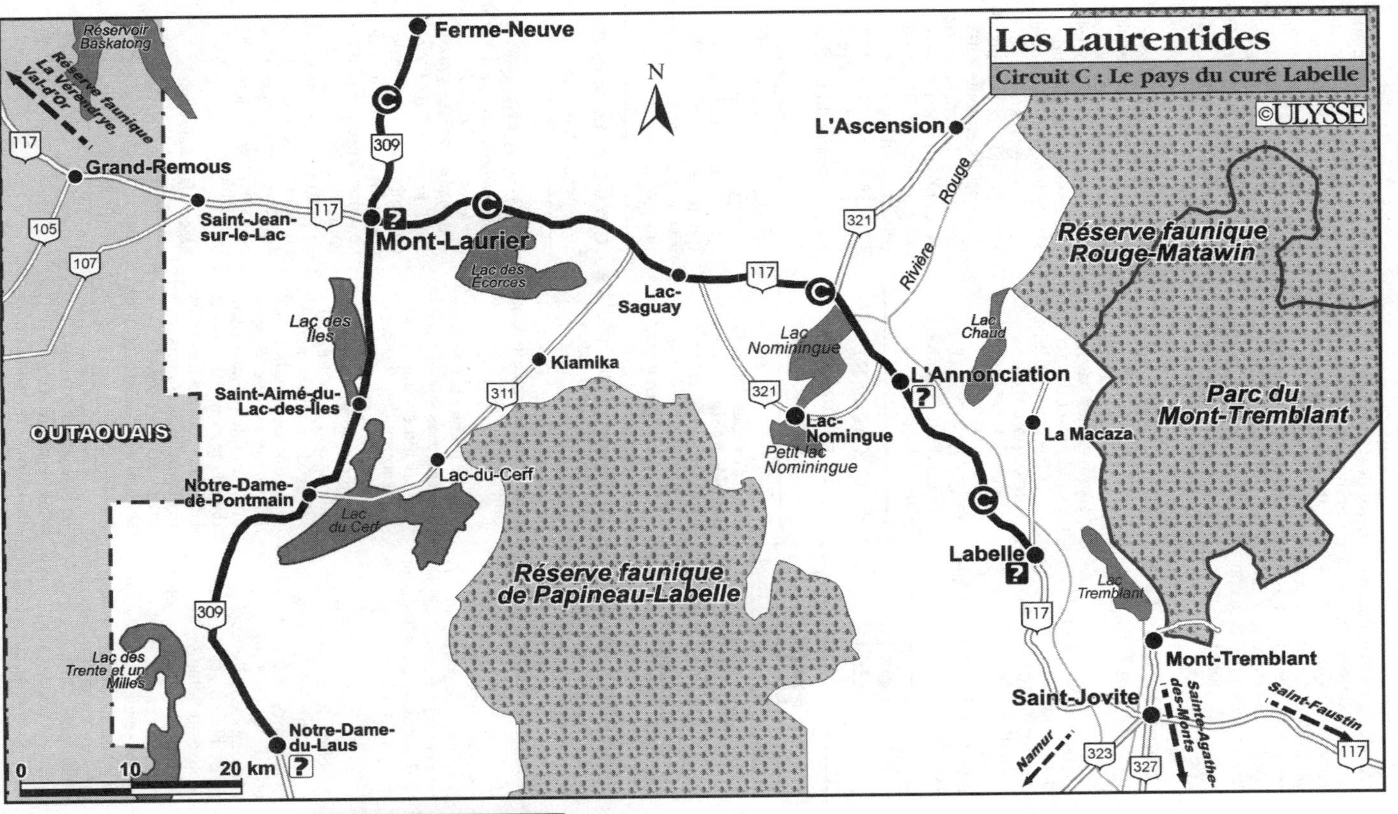

Laurentides

Lièvre, on trouve le seul exemple de ponts couverts jumelés du Québec. Ces ponts de 1903 ont été réalisés selon le modèle breveté par l'architecte américain Ithiel Town en 1820, d'où le nom de pont de type Town.

Notre-Dame-du-Laus (1 244 hab.)

Ce petit village est issu d'un mouvement de colonisation marginal provenant de la région de l'Outaouais. On y verra le long **barrage hydroélectrique des Cèdres**.

Parcs

Circuit A : Le lac des Deux Montagnes

Le **parc d'Oka et son calvaire** ★ *(2020 ch. Oka, Oka, ☎(450) 479-8337)* proposent des sentiers de randonnée pédestre en été, et de ski de fond en hiver, totalisant environ 45 km. Au sud de la route 344, vous découvrirez la majorité des pistes, qui sillonnent un terrain relativement plat.

Au nord de la route 344, deux autres sentiers mènent au sommet de la colline d'Oka (168 m), d'où l'on embrasse du regard l'ensemble de la région. Le sentier du Sommet, long de 7,5 km, aboutit à un belvédère panoramique, alors que le sentier du Calvaire (5,5 km) longe les stations du plus ancien calvaire des Amériques. Celui-ci fut aménagé par les sulpiciens en 1740 afin de stimuler la foi des Amérindiens nouvellement convertis au catholicisme. Humble et digne tout à la fois, le calvaire d'Oka se compose de quatre oratoires trapézoïdaux et de trois chapelles rectangulaires en pierre blanchie à la chaux.

Ces petits bâtiments, aujourd'hui vidés de leur contenu, servaient à l'origine d'écrins à des bas-reliefs en bois illustrant des scènes de la Passion du Christ. Le parc dispose d'emplacements de camping *(16$ par jour; ☎(450)479-8337)*, d'un centre d'interprétation et d'une plage.

Circuit B : Le royaume des vacanciers

Au **parc régional de la Rivière-du-Nord** *(5$/voiture; mi-mai à mi-oct 9h à 19h, mi-oct à mi-mai 9h à 17h; 1051 boul. International, St-Jérôme, ☎(450) 431-1676)*, vous pourrez vous initier aux secrets de la nature grâce aux expositions qui y sont présentées. Des sentiers de randonnée y sont aménagés.

Le **parc linéaire le P'tit Train du Nord** ★★ suit le tracé de l'ancien chemin de fer des Laurentides. Il s'étend sur 200 km entre Saint-Jérôme et Mont-Laurier. Depuis son ouverture au milieu des années quatre-vingt-dix, ce parc hors de l'ordinaire est devenu une attraction de premier plan dans la région. Au cours de l'été, des milliers de cyclistes l'envahissent alors qu'en hiver ce sont les skieurs de fond qui en font autant.

Le **parc du Mont-Tremblant** ★★ *(ch. du Lac-Tremblant, Mt-Tremblant, ☎(819) 688-2281)* fut inauguré en 1894 sous le nom de «Parc de la Montagne tremblante», en hommage à une légende algonquine. Il couvre un territoire de 1 250 km² qui englobe le mont, sept rivières et quelque 500 lacs.

En 1938, la station de ski alpin était créée, et depuis, elle n'a cessé d'accueillir les skieurs. Le parc compte également neuf pistes de ski de fond qui s'étendent sur plus de 50 km. La station répond aux besoins des sportifs en toute saison. Ainsi, les amateurs de randonnée pédestre peuvent profiter de 100 km de sentiers. D'ailleurs, les sentiers «La Roche» et «La Corniche» ont été classés parmi les plus beaux du Québec.

Le parc dispose de pistes cyclables et de circuits de vélo de montagne. Des activités nautiques telles que le canot et la planche à voile peuvent aussi y être pratiquées.

Circuit C : Le pays du curé Labelle

Dans la **réserve faunique Rouge-Matawin** *(on y accède par les rtes. 117 et 321, L'Ascention, ☎(819) 424-2981 ou 800-665-6527)*, on dénombre plusieurs espèces animales; on y retrouve, entre autres, la plus haute densité d'orignaux au Québec. Des sentiers de randonnée pédestre et équestre y sont aménagés, et les rivières du parc sont canotables.

Réserve faunique Papineau-Labelle, voir p 334.

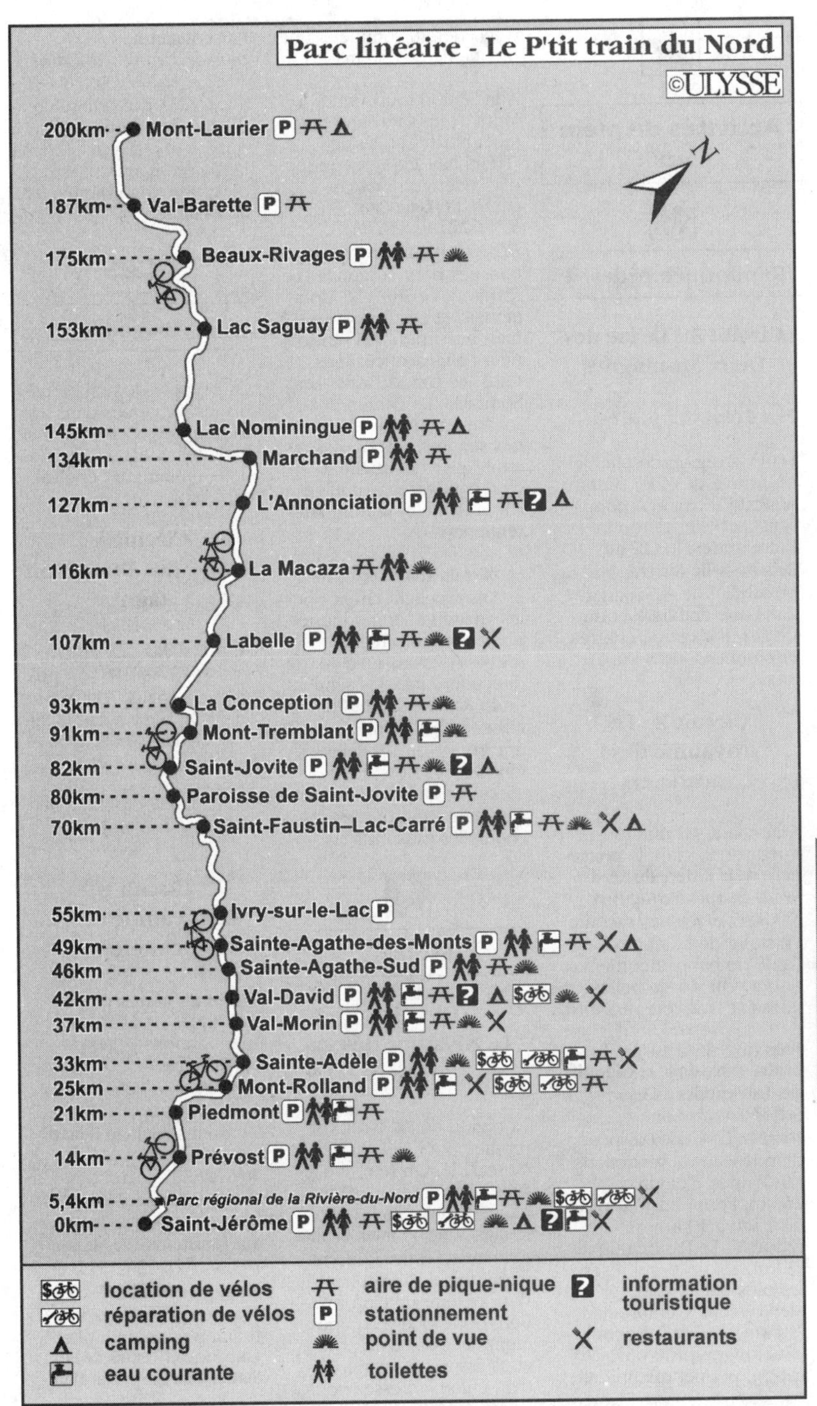

Laurentides

Activités de plein air

Randonnée pédestre

Circuit A : Le lac des Deux Montagnes

Parc d'Oka, voir p 302.

Dans la région de Mirabel, on trouve des CEF (Centre éducatif forestier) proposant de belles randonnées. Entre autres, le **CEF du Bois-De-Belle-Rivière** offre la possibilité de se balader dans une érablière et un verger. Il s'agit de courtes randonnées, de 8 km au total.

Circuit B : Le royaume des vacanciers

S'étendant sur une longueur de 0,4 km, la **promenade de la Rivière du Nord** *(entre les rues Martigny et St-Joseph, St-Jérôme)* raconte l'histoire de la région à l'aide de panneaux thématiques. On y a de belles vues sur la rivière du Nord.

Près de Saint-Faustin, le **Centre touristique et éducatif des Laurentides** *(4$; avr à fin oct, tlj; Lac du Cordon, ☎(819) 326-1606)* dispose d'un réseau de sentiers de randonnée d'environ 25 km. Parmi les huit pistes de 1 km à 10 km qu'on y retrouve, Le Panoramique (3 km) est celle qui réserve les plus belles vues sur les alentours. L'Aventurier (10 km), qui représente la plus longue piste du centre, permet quant à elle d'accéder au sommet d'une montagne de 530 m.

À la Station touristique du Mont-Tremblant, une montée à bord du télésiège «Tremblant Express» permet d'accéder au nouveau centre **ÉcoZone** *(☎877-873-6252 ou 88-TREM-BLANT)*. Il y a des pistes conçues pour la famille (Le Manitou, Le 360°, Le Montagnard et Les Ruisseaux), mais aussi pour les randonneurs plus avancés (Les Caps, Le Grand Brûlé, Les Sommets, Le Parben et Le Johannsen). Tout au long des sentiers, des bornes explicatives permettent d'en connaître davantage sur la faune et la flore laurentiennes.

Le **parc du Mont-Tremblant** est un excellent choix pour les amateurs de randonnée, puisqu'on y trouve des sentiers de tous niveaux de difficulté. Ainsi, les sentiers de **La Roche** et de **La Corniche** (8 km) permettent une courte et délicieuse randonnée, alors que les 45 km de **La Diable** sauront sûrement satisfaire les marcheurs les plus mordus.

Escalade

Circuit B : Le royaume des vacanciers

La région de **Val-David** est réputée pour ses parois d'escalade. On retrouve plusieurs montagnes aménagées pour cette activité : le **mont King**, le **mont Condor** et le **mont Césaire** figurent parmi les plus populaires. Pour obtenir de l'information, pour louer l'équipement nécessaire ou pour vous assurer les services d'un guide, adressez-vous à **Passe Montagne** *(1760 montée 2e rang, Val-David, ☎(819) 322-2123 ou 800-465-2123)*, qui œuvre en qualité de pionnier en ce qui à trait à l'escalade dans la région. Son équipe d'experts saura bien vous conseiller.

Baignade

On compte de nombreuses plages publiques dans les Laurentides. Celles-ci sont habituellement accessibles de la mi-juin au début de septembre.

Circuit A : Le lac des Deux Montagnes

Le **parc d'Oka** *(2$; juin à sept; ☎(450) 479-8337)* possède une plage fort populaire. On peut notamment y louer des canots, des planches à voile et des pédalos. Aire de pique-nique, casse-croûte, toilettes.

Circuit B : Le royaume des vacanciers

Parmi les autres plages publiques de la région, mentionnons celles de **Sainte-Adèle** *(4$; ch. Chantecler, ☎(450) 229-2921)*, petite mais sympathique, de **Saint-Adolphe-d'Howard** *(ch. du Village, ☎(819) 327-2626)*, de **Sainte-Agathe-des-Monts** *(4$; lac des Sables)*, de **Sainte-Marguerite-du-Lac-Masson** *(4$; ☎(450) 228-2545)* et de **Mont-Tremblant** *(4$; ch. Principal, ☎(819) 425-8671)*. Il faut aussi mentionner le **Club Page et Tennis de la Station touristique du Mont-**

Tremblant *(☎(819) 681-5634)*, où il est possible de louer canots, kayaks, chaloupes, planches à voile et pédalos.

Vélo

Circuit B : Le royaume des vacanciers

L'ancienne voie ferrée du **P'tit Train du Nord** *(300 rue Longpré, bureau 110, St-Jérôme, ☎(450) 436-4051, ⇄436-2277)*, qui permit longtemps aux Montréalais de «monter dans le Nord», a été transformée en une superbe piste cyclable. De Saint-Jérôme à Mont-Laurier, 200 km de pistes aménagées s'ouvrent à vous. De plus, le parcours traverse plusieurs petits villages où il est possible de trouver hébergement et restauration pour toutes les bourses.

La **Station touristique du Mont-Tremblant** *(☎877-TREMBLANT)* compte une vingtaine de pistes de vélo de montagne. On accède aux pistes en empruntant un télésiège dessiné de façon à pouvoir accueillir sans difficulté les cyclistes et leur vélo. Les sentiers portent des noms évocateurs : La Cachée (niveau débutant); Le Labyrinthe (intermédiaire); La Nord-Sud, La Chouette et La Grand Nord (avancé); La Sasquatch (expert).

Le **parc du Mont-Tremblant** *(☎(819) 688-2281)* entretient quant à lui quelque 100 km de pistes cyclables.

Il est possible de louer des bicyclettes aux endroits suivants :

CKC Sports
1592 ch. Pierre-Péladeau, Ste-Adèle
☎(450)229-7272

Boutique Phénix
2444 rue de l'Église, Val-David
☎(819)322-1118

Parc du Mont-Tremblant
☎(819)688-2281

Station touristique du Mont-Tremblant
☎(819)681-3000, poste 45564

Rafting

La région des Laurentides offre, grâce à l'excitante rivière Rouge, de très bonnes conditions d'eau vive, parmi les meilleures au Canada diront même certains experts. Évidemment, c'est au printemps, avec la fonte des neiges, que l'on retrouve les conditions optimales pour cette activité.

Cette période peut s'avérer très difficile, et il est conseillé d'avoir déjà fait un peu de descente de rivières au préalable. Pour les débutants, la saison idéale est l'été, alors que la rivière n'est pas trop haute et que la température est plus clémente. Adressez-vous à **Nouveau monde, expéditions en Rivière** *(89$; 100 ch. Rivière-Rouge, Calumet, ☎(819) 242-7238 ou 800-361-5033, ⇄242-0207)*, qui organise des groupes avec des départs tous les jours.

Golf

Circuit A : Le lac des Deux Montagnes

Le **Club de golf Carling Lake** *(63$; rte. 327 N., 2235 Pine Hill, ☎(450) 476-1212 ou 533-5333)*, fondé près de Lachute en 1961, se classe parmi les plus beaux parcours publics au Canada, du moins selon le magazine *Golf Digest U.S.* À proximité du terrain de golf, on trouve de plus l'élégant Hôtel du Lac Carling (voir p 308).

Circuit B : Le royaume des vacanciers

Parmi les dizaines de terrains de golf disséminés aux quatre coins des Laurentides, citons le réputé **Club de golf L'Estérel** *(42$; boul. Fridolin-Simard, Ville d'Estérel, ☎(450) 228-2571)*.

Il y a aussi ceux de la **Station touristique du Mont-Tremblant** *(3005 ch. Principal, Mt-Tremblant, ☎681-2000)*. L'un baptisé Le Géant, que les experts classent parmi les 10 meilleurs au Canada, et le tout nouveau Diable. La station propose des forfaits golf avec hébergement; pour y jouer seulement, vous ne pouvez réserver plus d'une semaine à l'avance.

Le **Club de golf Gray Rocks** *(45$; 525 ch. Principal, Mt-Tremblant, ☎(819) 425-2771 ou 800-567-6744)*, situé non loin de là, connaît le même sort depuis 1998 alors qu'un nouveau terrain a été ajouté au «18 trous».

Croisières

Circuit B : Le royaume des vacanciers

À Sainte-Agathe-des-Monts, **Les Bateaux Alouette** *(12$; quai de la rue Principale, ☎(819) 326-3656)* permettent d'explorer le lac des Sables depuis 1944. Les excursions durent 50 min et sont offertes de la mi-mai à la fin octobre.

Pour admirer les beautés du lac Tremblant, embarquez-vous sur le *Grand Manitou* des **Croisières Mont-Tremblant** *(12$; départs au quai Fédéral, ☎(819) 425-1045)*.

Glissade

Circuit A : Le lac des Deux Montagnes

Le **Super Aqua Club** *(12-21; mi-juin à fin août 10h à 19h; 322 montée de la Baie, ☎450-473-1013)* de Pointe-Calumet possède pas moins de 45 glissoires d'eau! On y trouve aussi, entre autres installations, une piscine à vagues et des rivières à chambres à air. Le centre donne par ailleurs sur le lac des Deux Montagnes et possède une jolie plage de sable. On peut y louer pédalos et canots.

Circuit B : Le royaume des vacanciers

Vous pouvez opter pour les **Cascades d'eau** *(19,25$; mi-juin à fin août 10h à 19h; sortie 58 de l'autoroute 15, Piedmont, ☎(450) 227-3353)* et essayer 17 toboggans.

Le **Parc aquatique du Mont-Saint-Sauveur** *(25$ pour les 1,40 m et plus, 10$ pour les 1,39 m et moins; mi-juin à début sept 10h à 19h; sortie 58 de l'autoroute 15, St-Sauveur-des-Monts, ☎450-227- 671 ou 350 rue St-Denis, ☎514-871-0101)* propose, pour les amateurs d'activités nautiques, une piscine à vagues et six toboggans nautiques, dont quatre en spirale, auxquelles il faut en ajouter trois autres spécialement conçus pour les enfants.

En hiver, si vous désirez passer une agréable journée en plein air mais ne voulez pas skier, vous pouvez aller aux **Glissades des Pays-d'en-Haut** *(24$; mi-déc à fin mars lun-jeu 9h à 16h, ven-sam 9h à 22h, dim 9h à 20h; 440 ch. Avila, Piedmont, ☎(450) 224-4014)*, qui proposent 19 descentes différentes.

Circuit C : Le pays du curé Labelle

La chute du Windigo, située à 24 km au nord-ouest du village de **Ferme-Neuve**, vous apparaîtra comme un toboggan nautique naturel, qu'avec un peu d'audace vous pourrez essayer de descendre. Si vous comptez le faire, il vous faudra une paire de chaussures car le fond du bassin est rempli de petits cailloux pointus.

Ski alpin

Circuit B : Le royaume des vacanciers

Deux stations de ski ont été aménagées sur les monts entourant Piedmont, la **Station de ski du Mont-Olympia** *(30$; rue de la Montagne, Piedmont, ☎(450) 227-3523 ou 800-363-3696)*, avec 21 pentes d'une dénivellation totale de 200 m, et la **Station de ski du Mont-Avila** *(29$; ch. Avila, Piedmont, ☎(450) 227-4671 ou 800-363-2426)*, proposant une dizaine de pentes, dont la plus longue fait 1 050 m.

Avec sa petite montagne n'ayant qu'un dénivelé de 210 m, la **Station touristique Mont-Saint-Sauveur** *(38$; 350 rue St-Denis, St-Sauveur-des-Monts, ☎450-227-4671)* accueille une clientèle nombreuse en raison de sa proximité de Montréal. Cette station possède tout de même 26 pistes de ski alpin. Quelques pistes étant éclairées, il est possible de skier en soirée.

La Station de ski du Mont-Saint-Sauveur étant fréquemment envahie, certaines personnes préféreront les pentes des monts voisins, qui possèdent moins de pistes, mais où elles pourront skier sans trop attendre. La **Station de ski du Mont-Habitant** *(29$; 12 boul. des Skieurs, ☎450-227-2637)*, avec ses huit pistes, en fait partie. Et il y a aussi le **Mont-Christie** *(22$; Côte St-Gabriel E., ☎450-226-2412)*, qui compte 12 pistes partagées entre les skieurs et les planchistes.

Également situées dans les environs, mentionnons la

Station de ski Morin-Heights *(31$; ch. Bennett, ☎450-227-2020)*, qui compte 22 pistes dont 16 éclairées, ainsi que la modeste (huit pistes) station **L'Avalanche** *(22$; 1657 ch. de l'Avalanche, ☎819-327-3232)*, près de Saint-Adolphe-d'Howard.

La région de Sainte-Adèle attire, elle aussi, les skieurs grâce à deux stations de ski d'une bonne envergure. La **Station de ski du Mont-Gabriel** *(30$; 1501 montée Gabriel, Ste-Adèle, ☎(450) 227-1100)* offre 12 pistes (9 sont éclairées en soirée) destinées aux skieurs de tout niveau. De plus, on retrouve au Mont-Gabriel la célèbre piste nommée «Tomahawk», qui accueille le championnat mondial de ski acrobatique. La **Station de ski du Chanteclerc** *(25$; 1474 ch. Chanteclerc, ☎(450) 229-3555)*, près de laquelle le beau complexe touristique Chanteclerc a été bâti, propose 22 pistes, dont 13 sont ouvertes pour le ski de soirée.

À Val-Morin, on peut skier au mont **Belle Neige** *(26$; rte. 117, ☎(819) 322-3311)*. On y trouve 14 pistes toutes catégories. Puis, aux environs de Val-David, il y a le **Mont-Alta** *(20$; rte. 117, ☎(819) 322-3206)* et la **Station de ski Vallée-Bleue** *(23$; 1418 ch. Vallée-Bleue, ☎819-322-3427)*, qui comptent respectivement 22 et 16 pistes.

À Saint-Faustin, la **Station de ski Mont-Blanc** *(32$; rte. 117, ☎(819) 688-2444 ou 800-567-6715)* possède le second dénivelé en importance dans les Laurentides (300 m). Trente-cinq pistes y sont aménagées.

Encensée depuis quelques années par des magazines spécialisés comme le centre de villégiature no 1 dans l'est de l'Amérique du Nord, la **Station de ski Mont Tremblant** *(3005 chemin Principal, Mont-Tremblant, ☎1-88-TREMBLANT, www.tremblant.ca)* se pavane aujourd'hui sous de nouveaux attraits en dévoilant un versant fraîchement défriché : le Versant Soleil, avec 15 nouvelles pistes orientées franc sud et à l'abri des vents dominants. Ce versant forme avec les autres faces de la montagne un domaine skiable de 92 pistes, avec parcs à neige et demi-lunes pour combler tous les adeptes des sports de glisse.

D'un dénivelé de 649 m, Tremblant épuisera les débutants qui parcourront les 6 km de la Nansen, fera frissonner les experts qui défieront la Zig Zag ou la Vertige et désorientera les aventuriers avec ses 49 ha de sous-bois. Bon ski!

Non loin de la Station de ski Mont-Tremblant, vous découvrirez une autre belle station de ski de la région, **Gray Rocks** *(25$; 525 ch. Principal, Mt-Tremblant, ☎(819) 425-2771 ou 800-567-6767)*, qui présente une vingtaine de pistes sur un dénivelé (bien inférieur à sa voisine) de 191 m.

Ski de fond

Circuit A : Le lac des Deux Montagnes

Le **parc d'Oka** *(7,25$; ch. d'Oka, ☎(450) 479-8337)* possède huit pistes totalisant quelque 70 km. Ainsi, on y trouvera trois pistes classées «faciles», trois «difficiles» et deux «très difficiles». Par ailleurs, les amateurs de raquette seront heureux d'apprendre que le parc leur réserve deux sentiers totalisant 5 km.

Circuit B : Le royaume des vacanciers

Le **parc linéaire du P'tit Train du Nord** *(3$; 300 rue Longpré, bureau 110, St-Jérôme, ☎(450) 436-4051, ⇄436-2277)*, long de quelque 200 km, se transforme, l'hiver venu, en une merveilleuse piste de ski de fond et de motoneige. La piste de ski de fond s'étend de Saint-Jérôme à Sainte-Agathe et devient ensuite le royaume de la motoneige jusqu'à Mont-Laurier.

Le **Centre de ski de fond Morin-Heights** *(3$; 612 rue du Village, Morin-Heights, ☎(450) 226-2417 ou (450) 226-1868)* est un des plus anciens du Canada. Ce centre est un endroit idéal pour pratiquer le ski «aventure», c'est-à-dire de très longues randonnées sur des pistes moins fréquentées et non entretenues mécaniquement.

Le **Centre de ski de fond L'Estérel** *(6$; 39 boul. Fridolin-Simard, Ville d'Estérel, ☎(450) 228-2571)* s'avère un des mieux organisés de la région. Grâce à

ses 330 m d'altitude, il bénéficie d'excellentes conditions de neige. À L'Estérel, on mise sur un centre pour tous les niveaux d'expérience. Les pistes sont généralement de peu de longueur, sans pour autant être faciles. Le centre compte 14 sentiers, dont 6 faciles, 4 difficiles et 4 très difficiles.

Durant l'hiver, au **Centre Far Hills** *(10$; ch. du Lac LaSalle, Val-Morin, ☎(819) 322-2014) ou (514) 990-4409, ☎800-567-6636)*, plus de 125 km de pistes de ski de fond sont entretenues. Ces sentiers, s'étendant sur une région de forêts et de collines, permettent aux skieurs d'apprécier de beaux paysages. On y trouve, entre autres, la célèbre **piste Maple Leaf**, ouverte par nul autre que Jack Rabbit.

Un autre lieu de rendez-vous fort prisé des amateurs de ski de fond est la **Base de Plein Air Le P'tit Bonheur** *(8$; 1400 ch. du Lac-Quenouille, Lac-Supérieur, ☎(819) 326-4281 ou 800-567-6788)*, qui gère un réseau de 45 km. On peut aussi y pratiquer la raquette (deux pistes).

Avec ses 35 sentiers totalisant 100 km, le **Centre de ski de fond Mont-Tremblant** *(6$; 140 rue du Couvent, ☎(819) 425-5588)* est l'un des plus imposants des Laurentides. Il compte 5 pistes faciles, 20 difficiles et 11 très difficiles.

Motoneige

Circuit B : Le royaume des vacanciers

La région des Laurentides est sillonnée de nombreuses pistes de motoneige. On peut louer des motoneiges dans les établissements suivants :

Sport Action 2000 *(717 ch. du Village, St-Adolphe-d'Howard, ☎(450) 226-2000).*

Randonneige *(25 rue Brissette, Ste-Agathe-des-Monts, ☎(819) 326-0642 ou 800-326-0642, ⇄(819) 326-7310, www.randonneige.com).*

Location Constantineau *(1117 boul. Albiny-Paquette, Mt-Laurier, ☎(819) 623-1724, ⇄(819) 623-7105).*

Hôtel L'Estérel *(ch. Fridolin-Simard, ☎(450) 866-8224).*

Traîneau à chiens

Circuit B : Le royaume des vacanciers

À côté de l'**Hôtel L'Estérel** *(☎(450) 228-2571)*, vous pouvez aller admirer quelque 115 magnifiques bêtes dressées pour les excursions en traîneau à chiens. Les enfants adorent...

Hébergement

Circuit A : Le lac des Deux Montagnes

Oka

Parc d'Oka
20$
mi-mai à mi-sept
☎(450)479-8365
Le Parc d'Oka possède un magnifique terrain de camping comptant environ 881 emplacements aménagés en pleine forêt.

La maison Dumoulin
50$ pdj
bc
53 rue St-Sulpice, C.P. 1072, J0N 1E0
☎(450)479-6753
Le logement chez l'habitant La maison Dumoulin est très bien situé, en bordure du lac des Deux- Montagnes. L'accueil est chaleureux, et les chambres sont confortables.

Pine Hill

Hôtel du Lac Carling
150$/ pers. ½p
tv, ≡, ⊛, ≈, ⊘, ⌂, ℜ
2255 rte. 327 N., Pine Hill, J0V 1A0
☎(450)533-9211
☎(514)990-7733 sans frais
⇄(450)533-4495
Un peu au nord-ouest de Lachute se cache un hôtel remarquable mais peu connu : l'hôtel du Lac Carling. Aménagé au bord d'un lac, dans un longiligne bâtiment de pierre taillée et de bois clair percé de hautes fenêtres, cet établissement de luxe a vraiment fière allure. À l'intérieur, c'est un décor somptueux rehaussé par de nombreuses œuvres d'art et antiquités qui vous at-

tend. Les immenses chambres sont pour leur part baignées de lumière naturelle. Certaines sont pourvues d'une baignoire à remous, d'une terasse ou d'un foyer. Cet hôtel de luxe abrite de plus un centre sportif comprenant entre autres courts de tennis intérieur, salle d'exercice, piscine intérieure et sauna. Le réputé Club de golf Carling Lake complète les installations (voir p 305).

Saint-Colomban

La Maison du Sourire
55$ pdj
396 Tour du Lac Légaré St-Colomban, J0R 1N0
☎ *(450)569-0109*
⇄ *(450)476-3322*
fsoulie@laurentides.net
Situé non loin de l'aéroport de Mirabel, le logement chez l'habitant La Maison du Sourire constitue une belle surprise. Cette maison douillette compte deux chambres, se trouve en pleine nature et est entourée d'un beau jardin fleuri.

Circuit B : Le royaume des vacanciers

Saint-Hippolyte

Auberge des Cèdres
95$ pdj
tv
26 305e av., J8A 3P5
☎ *(450)563-2083*
☎ *877-563-2083*
⇄ *(450)563-1663*
L'Auberge des Cèdres est plaisamment construite au bord du lac Achigan. Aménagée dans une maison qui a bien du cachet, elle dispose de chambres coquettes.

Saint-Sauveur-des-Monts

Motel Joli-Bourg
85$
≈, *tv*, ≡, ℑ
60 rue Principale, J0R 1R0
☎ *(450) 227-4651*
Le Motel Joli-Bourg présente un aspect assez caractéristique des motels de cette catégorie, le stationnement occupant une place de choix. Un effort a cependant été apporté au confort des chambres, chacune disposant d'un foyer. On remarquera la piscine, qui peut accueillir un maximum de 23 baigneurs (avis aux groupes...).

Auberge Sous l'Édredon
75$ pdj
bc/bp, ℑ
777 rue Principale, J0R 1R2
☎ *(450)227-3131*
L'Auberge Sous l'Édredon est construite à flanc de colline, offrant une belle vue sur la montagne. De type «logement chez l'habitant», elle compte sept chambres seulement, toutes joliment décorées, dont cinq sont pourvues d'une salle de bain privée. Tout est mis en œuvre pour que vous passiez un séjour agréable; même l'accueil, des plus courtois, contribuera à vous faire sentir un peu chez vous.

Hôtel Châteaumont
85$
≡, *tv*, ⊙, ℑ, ≈
50 rue Principale, J0R 1R6
☎ *(450)227-1821*
⇄ *227-1483*
Une belle rangée de sapins égaye le jardin de l'hôtel Châteaumont. Il propose des chambres au mobilier moderne, toutes dotées (sauf deux d'entre elles) d'un foyer, un plaisir appréciable après une journée de ski.

Relais Saint-Denis
145$
≈, ⊛, ≡, *tv*, ℜ, ℑ
61 rue St-Denis, J0R 1R4
☎ *(450) 227-4766*
☎ *888-997-4766*
⇄ *227-8504*
Le long bâtiment blanc et vert du Relais Saint-Denis est d'allure trop moderne pour une auberge de campagne. Heureusement, les chambres sont plus chaleureuses et disposent d'une jolie décoration. À l'arrière du bâtiment s'étend un agréable jardin.

Manoir Saint-Sauveur
209$
≈, ≡, *tv*, ♿, ⊙, △, ℜ
246 ch. du lac Millette, J0R 1R3
☎ *(450) 227-1811*
☎ *800-361-0505*
⇄ *227-8512*
Le Manoir Saint-Sauveur, comptant quelque 220 chambres, a mis l'accent sur les activités sportives. On y propose, en hiver ou en été, une foule de forfaits ski alpin, golf ou équitation, ainsi qu'une grande variété d'installations sportives (terrains de tennis et de squash). Il a l'avantage d'être construit en bordure du village de Saint-Sauveur, où vous pourrez vous rendre à pied.

Morin-Heights

Auberge Clos Joli
75$ pdj
⊛, ≈, ℜ
19 ch. Clos-Joli, J0R 1H0
☎/⇄ *(450) 226-5401*
Situé en retrait du village dans un site enchanteur, l'Auberge Clos Joli est un endroit agréable où séjourner. L'accueil y est personnalisé, les chambres sont confortables, et la table est fort savoureuse. Comme l'auberge ne dispose que de neuf chambres, il est conseillé de réserver.

Sainte-Adèle

Motel Chantolac
59$
≈, ≡, ℝ
156 rue Morin, J8B 2P7
☎(450) 229-3593
☎800-561-8875
⇄229-4393
Le Motel Chantolac est un endroit confortable, bien situé et à prix abordable. Les chambres ne sont pas spectaculaires, mais offrent un excellent rapport qualité/prix. De plus, l'endroit jouit d'un bel emplacement, en face de la rue menant au Chanteclerc, à proximité de nombreux restos sympathiques et à deux pas du lac Rond et de sa petite plage.

Auberge Bonne Nuit-Bonjour
75$ pdj
≈
1980 boul. Ste-Adèle, J8B 2N5
☎/⇄(450)229-7500
☎800-229-7500
L'Auberge Bonne Nuit-Bonjour dispose de six chambres agréablement décorées. L'accueil est très chaleureux et le site, enchanteur. Les visiteurs peuvent profiter d'un grand solarium où il fait bon prendre le café au réveil.

Complexe Hôtelier Harfang des Neiges
85$ pdj
ℑ, ⊛, tv, ℜ
2010 ch. Pierre-Péladeau, J8B 1Z5
☎(450)228-4645
☎800-363-5624
⇄228-3047
Sur la route reliant Sainte-Adèle à Sainte-Marguerite-du-Lac-Masson, vous trouverez, dans un coin remarquablement tranquille, le Motel Harfang des Neiges. Il s'agit d'un petit établissement de 14 chambres, propret et sans prétention, établi en pleine nature. Chaque chambre est équipée d'un foyer, et certaines disposent d'une baignoire à remous. Idéal pour une escapade d'amoureux...

Le Chanteclerc
100$
≈, ≡, *tv*, ⌂, ⊙
1474 ch. du Chanteclerc, J8B 1A2
☎(450)229-3555
☎800-223-0883
⇄229-5593
Nommé en référence à l'œuvre d'Edmond Rostand, dont on a aussi emprunté le coq pour emblème, Le Chanteclerc propose une foule d'activités dans un cadre très naturel, au bord du lac et au pied du mont Chanteclerc. Le terrain de golf se trouve dans un site enchanteur, entre les montagnes. Le beau bâtiment en pierre, renfermant environ 300 chambres, et l'importance du complexe sportif créent une affluence considérable aux alentours de l'hôtel.

L'Eau à la Bouche
195$
≈, ≡, *tv*, ℜ
3003 boul. Ste-Adèle, J0R 1L0
☎(450) 229-2991
☎888-828-2991
⇄229-7573
Faisant partie de la prestigieuse association des Relais et Châteaux, l'hôtel L'Eau à la Bouche est connu pour son excellent restaurant gastronomique (voir p 316) et pour ses chambres compactes et simples mais d'un grand confort. Ne vous laissez pas influencer par l'aspect très rustique du bâtiment, car les chambres sont garnies d'un mobilier sobre mais élégant. Quelques-unes sont mêmes dotées d'un foyer.

Le bâtiment de l'hôtel même a été construit en retrait de la route au milieu des années quatre-vingt. Il offre une vue splendide sur les pistes de ski du Mont Chanteclerc. Le restaurant, quant à lui, a été aménagé dans une maison séparée. L'ensemble se trouve sur la route 117, assez loin au nord du village de Sainte-Adèle.

Ville d'Estérel

Hôtel l'Estérel
120$
≈, ⊙, ⌂, ℜ
39 boul. Fridolin-Simard, J0T 1E0
☎(450) 228-2571
☎888-378-3735
⇄228-4977
Le vaste complexe de l'hôtel l'Estérel, agréablement établi au bord du lac Masson, offre l'occasion de s'adonner à bon nombre d'activités nautiques ainsi qu'à des sports aussi divers que le tennis, le golf et le ski de fond. L'accent est surtout mis sur les activités; les chambres, quoique confortables, offrent un décor aux couleurs démodées.

Val-Morin

Hôtel Far Hills
238$
≈, ⌂, ℜ
Far Hills
☎(819) 322-2014
☎(514) 990-4409
⇄322-1995
Profitant d'un immense terrain, l'Hôtel Far Hills constitue un site champêtre d'une grande tranquillité. On y vient, entre autres, pour pratiquer le ski de fond, car il dispose de plus d'une centaine de kilomètres de pistes. En été, il fait bon s'y reposer tout en profitant des activités proposées par l'hôtel. Les chambres sont bien décorées, et l'accueil est chaleureux. De plus, l'hôtel dispose d'une des meilleures tables de la région (voir p 316).

Val-David

Chalet Beaumont
19$
ℂ
1451 Beaumont, J0T 2N0
☎(819) 322-1972
☎800-461-8585
⇄(819) 322-3793
de la gare d'autocar, empruntez la rue de l'Église et traversez le village jusqu'à la rue Beaumont, sur laquelle vous tournerez à gauche; comptez 2 km
Le Chalet Beaumont abrite une des deux seules Auberges de Jeunesse des Laurentides. Faite de rondins et disposant de deux foyers, elle est fort sympathique et confortable. L'auberge est située en montagne, dans une région paisible. Il s'agit d'un très bon choix pour les amateurs de plein air préoccupés par leur budget. Avant de louer, il est conseillé de s'enquérir des personnes susceptibles de partager votre chambre, car l'auberge est souvent occupée par des groupes de jeunes étudiants en excursion à Val-David.

Le Temps des Cerises
53$
1347 ch. de la Sapinière, J0T 2N0
☎(819)322-1751
Le gîte touristique Le Temps des Cerises est un choix intéressant pour les voyageurs. Il est tenu par des gens fort sympathiques qui rendent le séjour chez eux très plaisant. Les chambres sont décorées de belle façon, chacune dégageant un charme particulier.

La Maison de Bavière
75$ pdj
1472 ch. de la Rivière, J0T 2N0
☎(819)322-3528
Un séjour à La Maison de Bavière s'avère une bien belle expérience. Les propriétaires ont pris le temps de bien décorer chacune des chambres, en plus de les baptiser de noms de compositeurs célèbres : Mozart, Strauss, Haydn et Beethoven. L'accueil est particulièrement chaleureux, et le site, près d'une cascade, est enchanteur. Comme pour tout endroit de cette qualité, il est préférable de réserver.

Hôtel Le Rouet
80$
≈
1288 rue Lavoie, J0T 2N0
☎(819) 322-3221
☎800-537-6838
⇄(819) 322-5703
Les propriétaires de l'**hôtel** Le Rouet ont opté pour une formule familiale proposant des chambres confortables sans être luxueuses, selon laquelle vous aurez accès à une foule de services. Toutes les chambres sont sommairement meublées, et aucune ne dispose d'une salle de bain privée, mais une sympathique atmosphère de vacances se dégage de cet endroit.

Auberge du Vieux Foyer
164$
⊛, ℂ, ℑ, ℜ, ≈
3167 R.R. 1, J0T 2N0
☎(819) 322-2686
☎800-567-8327
⇄322-2687
L'Auberge du Vieux Foyer est un endroit confortable qui saura satisfaire les gens recherchant une escapade de tranquillité. Le service est impeccable, et les chambres offrent un bon confort. La table est aussi très appréciée. Des vélos sont mis à la disposition de la clientèle.

Hôtel La Sapinière
270$
≈, ≡, *tv*, ℑ, ℜ
1244 ch. de la Sapinière, J0T 2N0
☎(819)322-2020
☎800-567-6635
⇄322-6510
Le bâtiment en rondins de l'hôtel La Sapinière a un cachet campagnard qui n'a rien de luxueux. Les chambres ont toutefois été entièrement redécorées récemment. Ainsi, l'hôtel constitue-t-il une halte confortable pour qui séjourne dans cette région, d'autant plus qu'il est situé dans un cadre enchanteur.

Sainte-Agathe-des-Monts

Auberge La Caravelle
75$ pdj
⊛, *tv*, ≈
92 rue Major, J8C 1G1
☎(819)326-4272
☎800-661-4272
⇄(819)326-0818
Aménagée dans une jolie maison bleue et rouge, l'Auberge La Caravelle se définit comme une «petite auberge romantique». Ainsi l'endroit est-il entouré d'un beau jardin fleuri. De plus, la moitié de ses 16 chambres sont dotées d'une baignoire à remous et, parmi celles-ci, il faut compter la «suite nuptiale»... Des vélos sont par ailleurs mis à la disposition des invités.

Auberge du Lac des Sables
92$ pdj
≡, ⊛, *tv*
230 rue St-Venant, J8C 2Z7
☎(819)326-3994
☎800-567-8329
⇄(819)326-9159
Ce grand bâtiment blanc agrippé à la colline face au lac, c'est l'Auberge du Lac des Sables. On y trouve 19 chambres, toutes équipées d'une baignoire à remous. Le petit déjeuner, fort copieux, est le seul repas servi dans cette auberge qui, de ce fait, n'en est pas vraiment une... L'accueil y est des plus chaleureux.

Auberge Le Saint-Venant
86$ pdj
ℂ
234 rue St-Venant, J8C 2Z7
☎(819)326-7937
☎800-697-7937
⇄(819)326-4848
L'Auberge Le Saint-Venant constitue l'un des secrets bien gardés de Sainte-Agathe. Dans une belle grande maison jaune juchée sur une colline, on a aménagé avec beaucoup de raffinement ce bel établissement de neuf chambres. Celles-ci se révèlent vastes, décorées avec goût et baignées de lumière grâce à de grandes fenêtres. Accueil à la fois chaleureux et discret.

Auberge Girard
90$
tv, ℜ, ℂ, ⊛, ℑ
18 rue Principale O., J8C 1A3
☎(819)326-0922
☎800-663-0922
⇄(819)326-3386
L'Auberge Girard est un endroit charmant offrant une très bonne ambiance. On y retrouve une clientèle d'habitués revenant année après année, toujours aussi satisfaits.

La Sauvagine
75$
ℑ, ℂ, ℜ
1592 rte. 329 N., J8C 2Z8
☎(819)326-7673
☎800-787-7172
⇄326-9351
Le restaurant français La Sauvagine, qui est aussi une petite auberge, dispose de neuf chambres coquettes.

Lac-Supérieur

Chez Nor-Lou
55$ pdj
début mai à fin nov
803 ch. du Lac à L'Équerre, J0T 1J0
☎(819)688-3128
Un logement chez l'habitant est à signaler au Lac-Supérieur : Chez Nor-Lou. Dans cette belle maison posée sur un domaine où serpente une jolie rivière, trois chambres sont offertes en location. Tranquillité et accueil chaleureux assurés.

Base de Plein Air le P'tit Bonheur
153$/ pers. 2 nuitées, 5 repas, activités, animation
bc, ℜ
1400 ch. du Lac Quenouille, Lac-Supérieur, J0T 1P0
☎(819)326-4281
⇄326-9516
La Base de Plein Air le P'tit Bonheur n'est rien de moins qu'une institution dans les Laurentides. Ce qui autrefois n'était qu'un camp de vacances pour les jeunes est aujourd'hui devenu un établissement s'adressant aux familles désireuses de prendre des «vacances plein air».

C'est donc sur un vaste domaine au bord d'un lac et en pleine forêt que l'on accède aux quatre pavillons de la base, abritant au total près de 450 lits, la plupart en dortoir. Une vingtaine de lits se trouvent toutefois dans des chambres séparées, avec salle de bain privée, pouvant accueillir jusqu'à quatre personnes. L'endroit est bien sûr idéal pour la pratique de nombreux sports : voile, randonnée pédestre, ski de fond, patin, etc.

Station touristique du Mont-Tremblant

Manoir Labelle-Marriott
195$
≡, *tv,* ℂ, ⊘, ≈, ℜ
170 ch. Curé-Deslauriers, J0T 1Z0
☎(819)681-4000
☎800-228-9290
⇄681-4099
La prestigieuse chaîne internationale Marriott s'est également installée à la station touristique du Mont-Tremblant, dans un grand bâtiment situé au tout début du village piétonnier. Ainsi, au Marriott Residence Inn, il est possible de louer un studio ou un appartement d'une ou deux chambres. Chaque unité est équipée d'une cuisinette, et certaines ont même un foyer.

Château Mont Tremblant
129$
⊛, ℂ, ℑ, ≡, *tv,* ⊘, △, ≈, ℜ
3045 ch. Principal, J0T 1Z0
☎(819)681-7000
☎800-441-1414
⇄681-7097
Dominant le village piétonnier de la station touristique du Mont-Tremblant, le Château Mont Tremblant est un des deux seuls ajouts faits à la prestigieuse chaîne hôtelière Canadien Pacifique depuis un siècle, l'autre se trouvant à Whistler, en Colombie-Britannique. Cet imposant hôtel de 316 chambres arrive à combiner habilement chaleur rustique de bon aloi dans les environs et haut confort propre aux établissements de grand prestige. L'endroit abrite de plus un important centre de congrès et possède de nombreuses salles de réunion d'affaires.

Station touristique du Mont-Tremblant
3005 ch. Principal, J0T 1Z0
☎(819)681-3000
☎800-461-8711
⇄681-5999
La Station touristique du Mont-Tremblant gère, de plus, directement toute une gamme d'unités d'hébergement. Ainsi peut-on choisir une chambre ou un appartement à l'intérieur d'un complexe comme le **Kandahar** *(225$; bp,* ≡, *tv,* △, ≈, ℂ*)*, situé près d'un étang dans le secteur «Vieux Tremblant» de la station, ou comme les luxueux **Deslauriers**, **Saint-Bernard** et **Johannsen** *(225$; bp,* ≡, *tv,* ℂ*)*, tous construits autour de la place Saint-Bernard.

Les familles devraient quant à elles opter pour les condos individuels du domaine **La Chouette** *(260$)*. Ceux-ci, entièrement équipés, ont des dimensions modestes mais sont magnifiquement baignés de lumière naturelle. Ils offrent en outre un excellent rapport qualité/ prix, devenant ainsi une alternative appréciable dans le secteur.

Village Mont-Tremblant

Parc du Mont-Tremblant
17$
☎(819)688-2281
Le parc du Mont-Tremblant, secteur de la Diable, propose près de 600 emplacements de camping. Installations sanitaires et douches.

Auberge de jeunesse Mont-Tremblant
20$
ℜ
2213 ch. Principal, C.P. 1001, J0T 1Z0
☎(819)425-6008
☎800-461-8585
⇄425-3760
L'auberge de jeunesse Mont-Tremblant a vu le jour à l'automne 1997. Aménagé dans l'ancien hôtel L'Escapade, ce nouveau venu dispose de 84 lits, certains en dortoir, d'autres en chambres fermées. Dans les aires communes, on retrouve une cuisine, un café-resto-bar et un salon avec foyer.

Hôtel Mont-Tremblant
71$ pdj
bc/bp
1900 rue Principale, J0T 1Z0
☎(819)425-3232
⇄425-9755
L'hôtel Mont-Tremblant dispose, au rez-de-chaussée, d'un bar et, à l'étage, de chambres au confort modeste, mais adéquat pour le prix et la situation géographique, au centre du village et près de la Station de ski du Mont-Tremblant.

La Petite Cachée
100$ pdj
2681 ch. Principal, Mont-Tremblant, J0T 1Z0
☎425-2654
⇄425-6892
La Petite Cachée, du nom de la rivière qui coule tout près, a ouvert ses portes depuis peu dans un bâtiment en rondins fraîchement érigé. Ce matériau dégage une chaude atmosphère et une odeur agréable. Les chambres sont propres et confortables. Certaines sont dotées d'un balcon. Mais la plus grande qualité de ce gîte réside sans contredit dans ses petits déjeuners. Vous serez impressionné par leur qualité. En fait, le propriétaire de l'auberge est une cuisinier qui a délaissé la profession pour se consacrer à l'hôtellerie, mais qui replongé dans ses anciennes amours chaque matin pour créer des petits plats raffinés. Prenez donc place dans la salle à manger, avec ses grandes fenêtres donnant sur la montagne, et laissez vos sens s'éveiller tranquillement, bouchée après bouchée!

Auberge Sauvignon
115$ pdj
⊛, ≡
2723 ch. Principal, J0T 1Z0
☎(819)425-5466
⇄425-9260
L'Auberge Sauvignon offre un petit vent de fraîcheur parmi cette succession d'hôtels gigantesques. Les sept chambres sont agréablement décorées, et le service est des plus personnalisés.

Auberge La Porte Rouge
120$
tv, ℜ, ⊛, ℑ, ≈, ≡
1874 ch. Principal, C.P. 25, J0T 1Z0
☎(819) 425-3505
☎800-665-3505
⇄425-6700
L'Auberge La Porte Rouge propose une formule similaire aux motels. Les chambres sont simples et confortables, avec une jolie vue sur le lac.

Villa Bellevue
49$, 150$ ½p
⊛, ℂ, ≈, ≡, △, ⊙, ℑ, ℜ
845 ch. Principal, Lac-Ouimet, J0T 1Z0
☎(819)425-2734
☎800-567-6763
⇄425-9360
Le vaste complexe hôtelier Villa Bellevue renferme plus de 100 chambres. Il se veut un lieu de détente agréable où les visiteurs peuvent s'adonner à des activités sportives de toutes sortes. Il dispose d'installations complètes et propose des forfaits ski ou golf. L'accent est ainsi mis sur les activités plutôt que sur la décoration, qui se révèle un peu austère.

Auberge Gray Rocks
140$
⊛, ≈, ≡, △, ℂ, ⊙, *tv*, ℜ, ℑ
525 ch. Principal, J0T 1Z0
☎(819)425-2771
☎800-567-6767
⇄425-3006
L'Auberge Gray Rocks propose toute une gamme d'activités et de services dans le but de satisfaire les moindres désirs des vacanciers.

Club Tremblant
200$
≈, ≡, △, ⊙, ℂ, *tv*, ℜ
121 av. Cuttle, J0T 1Z0
☎(819)425-2731
☎800-363-2314
⇄425-9903
Au Club Tremblant, vous louez des condos bien équipés. Le site, vaste et paisible, est idéal pour les personnes qui désirent

s'adonner à une activité sportive (le Parc du Mont-Tremblant est tout près) ou préférent se reposer loin de la ville, dans un bel environnement naturel.

Circuit C : Le pays du curé Labelle

Labelle

La Cloche de Vert
55$ pdj
1080 ch. Saindon, J0T 1H0
☎(819) 686-5850

Le logement chez l'habitant La Cloche de Vert est un excellent choix pour les voyageurs par comparaison aux motels. Situé au cœur de la campagne, il saura vous satisfaire si vous recherchez un havre de tranquillité et un service attentionné, le tout à prix abordable.

Mont-Laurier

Motel Le Riverain
45$
tv, ⊛
110 boul. A.-Paquette, J9L 1J1
☎(819)623-1622
☎888-722-1622
⇄623-5330
Le Motel Le Riverain dispose de tout le confort et des services habituels à ce genre d'établissement.

Econo Lodge
75$
⊙, ℜ
700 boul. A.-Paquette
☎(819)623-6465
☎800-267-3837
⇄623-9404
Le motel Econo Lodge propose des chambres plutôt ordinaires, mais sa situation géographique, à la sortie des sentiers de motoneige, en fait un endroit sympathique et bien vivant.

Ferme-Neuve

Château des Laurentides
19$
300 12e av., J0W 1C0
☎(819)587-3988
L'immense immeuble du Château des Laurentides possède un cachet presque *Far West*. On y loue des chambres simples, sans artifices, avec un mobilier un peu vieillot; mais, malgré tout, l'endroit a du charme. On trouve un bar au rez-de-chaussée.

Restaurants

Circuit A : Le lac des Deux Montagnes

Saint-Eustache

L'Impressionniste
$$$
245 ch. de la Grande Côte
☎(450)491-3277
Le restaurant L'Impressionniste est reconnu dans la région pour la qualité de sa table. Le menu varié et imaginatif saura vous plaire.

Deux-Montagnes

Les Petits fils d'Alice
$$$
fermé lun-mar
1506 ch. d'Oka
☎(450) 491-0653
Les Petits fils d'Alice propose une fine cuisine française dans un cadre intime et chaleureux. Vous pouvez aussi profiter de la terrasse en été.

Oka

La petite Maison d'Oka
$$$-$$$$
fermé lun-mer
apportez votre vin
85 rue Notre-Dame
☎(450)479-6882
La petite Maison d'Oka se révèle une excellente adresse pour qui désire une fine cuisine française dans une ambiance sans prétention.

Lachute

Hôtel du Lac Carling
$$$$
rte. 327 N., Pine Hill
☎(450)533-9211
☎800-661-9211
Le splendide Hôtel du Lac Carling (voir p 308) possède une salle à manger remarquable, L'If, située dans la rotonde de son bâtiment principal et faisant face au lac. Débutez votre expérience gastronomique avec une terrine de faisan en croûte et son chutney aux pommes et canneberges, puis poursuivez avec une spécialité végétarienne comme le riz au cari sauté dans l'huile d'olive ou encore la caille fermière désossée et farcie de poires et poivre vert. Décor luxueux. Ambiance romantique.

Circuit B : Le royaume des vacanciers

Saint-Jérôme

La Champenoise
$$-$$$
fermé dim-lun
444 rue du Palais
☎(450)438-2678
Blottie dans la tranquillité d'un paisible quartier résidentiel, La Champenoise loge à l'intérieur d'une belle grande maison blanche dont un grand auvent

vert couvre la promenade menant à l'entrée. On y sert une savoureuse cuisine française à prix fort raisonnable. De plus, le comptoir de pâtisseries y est particulièrement impressionnant.

Le Jardin d'Agnès
$$-$$$
401 rue Laviolette
fermé dim-mar
☎(450)431-2575
Parmi les plats au menu, mentionnons les prometteurs blanc de volaille à la moutarde ancienne et le filet d'agneau à la crème de basilic. Terrasse à l'arrière, au bord de l'eau.

Saint-Hippolyte

Auberge des Cèdres
$$$-$$$$
fermé lun
26 305e av.
☎(450)563-2083
Au restaurant de l'Auberge des Cèdres, vous pourrez apprécier l'une des meilleures tables de la région. Le menu présente une cuisine gastronomique française et, plus particulièrement, quelques trésors de la cuisine normande.

Saint-Sauveur-des-Monts

Boulangerie Pagé
$
7 rue de l'Église
☎(450) 227-2632
À la Boulangerie Pagé, vous trouverez une exceptionnelle sélection de pains, brioches et beignets.

Vieux four
$$$
252 rue Principale
☎(450)227-6060
Toujours envahi par une foule d'habitués, le Vieux four a sans doute acquis sa popularité grâce à ses délicieuses pizzas, cuites au four à bois, ainsi qu'à ses plats de pâtes. Malgré un service un peu froid, il offre un décor sympathique, agréable après une journée de ski.

Le Chrysanthème
$$
173 rue Principale
☎(450)227-8888
Le Chrysanthème possède une belle grande terrasse où il fait bon s'attabler par une belle soirée d'été. On y sert une authentique cuisine chinoise représentant une bonne alternative dans le secteur.

Crêperie La Gourmandise Bretonne
$$
396 rue Principale
☎(450)227-5434
On vient à la Crêperie La Gourmandise Bretonne pour déguster des crêpes, des fondues au fromage et des salades. Le restaurant, d'aspect rustique, est propice aux dîners tranquilles.

Moe's Deli & Bar
$$
21 rue de la Gare
☎(450)227-8803
Du genre *delicatessen*, le Moe's Deli & Bar propose un menu varié dont les portions plairont aux plus gros appétits. Quoique bruyante, l'atmosphère est des plus sympathiques, et vous y passerez de bons moments entre amis malgré le service parfois brusque.

Le restaurant des Oliviers
$$
239 rue Principale
☎(450)227-2110
Le restaurant des Oliviers sert une cuisine familiale raffinée à prix raisonnable. L'atmosphère est chaleureuse et le service, des plus courtois.

La Marmite
$$-$$$
314 rue Principale
☎(450) 227-1554
Le restaurant La Marmite sert de savoureux petits plats dans un décor fort plaisant. On peut aussi apprécier sa belle terrasse en été.

Bistro Saint-Sauveur
$$
146 rue Principale
☎(450) 227-1144
Le Bistro Saint-Sauveur prépare une délicieuse cuisine française. La jolie décoration parvenant à créer une atmosphère chaleureuse, vous vous y sentirez bien pour manger un bon repas entre amis.

Papa Luigi
$$-$$$
155 rue Principale
☎(450)227-5311
On trouve au menu de Papa Luigi des spécialités italiennes, on s'en doute, mais aussi des fruits de mer et des grillades. Installé dans une belle maison de bois peinte en bleu, cet établissement attire les foules, surtout la fin de semaine. Réservations fortement recommandées.

Le Mousqueton
$$-$$$
fermé dim
120 rue Principale
☎(450) 227-4330
Non loin de là, mais de l'autre côté de la rue, vous remarquerez la maison verte abritant Le Mousqueton. Dans une ambiance chaleureuse et sans prétention, on y sert une cuisine québécoise moderne et imaginative. Plats de gibier, de poisson et même d'autruche figurent au menu.

Mont-Rolland

Auberge La Biche au Bois
$$$$
fermé lun
1806 rte. 117
☎(450) 229-8064
Le cadre enchanteur de l'Auberge La Biche au Bois, plantée en pleine nature aux abords de la rivière

Simon, saura à coup sûr vous mettre en appétit. Au menu, des spécialités québécoises et françaises. Atmosphère romantique.

Sainte-Adèle

La Scala
$$-$$$
fermé mar-mer en hiver
1241 ch. Chanteclerc
☎(450) 229-7453
Sur la route menant au Chanteclerc s'alignent quelques petits restaurants. Parmi ceux-ci, le plus intéressant est sans doute La Scala. On peut s'installer à l'intérieur, chaleureux et accueillant, ou, en saison, sur la terrasse ombragée offrant une belle vue sur le lac Rond. On y prépare des spécialités italiennes et françaises, dont un carré d'agneau qui a gagné ses lettres de noblesse.

La Chitarra
$$-$$$
140 rue Morin
côté sud, angle Ouimet en haut de la côte
☎(450)229-6904
À La Chitarra, vous pourrez savourer des spécialités des cuisines française et italienne, comme les plats de pâtes, de viande et de poisson, qui se révèlent toujours excellents. Il est cependant dommage de constater que les desserts déçoivent à l'occasion. Il s'agit d'une bonne adresse à Sainte-Adèle.

Clef des Champs
$$$-$$$$
fermé lun en hiver
875 ch. Pierre-Péladeau
☎(450)229-2857
Au restaurant la Clef des Champs, vous dégusterez une cuisine française digne des plus fins palais. Il faut grimper au sommet d'une petite colline pour atteindre ce resto, dont la savoureuse cuisine classique est reconnue depuis maintenant de nombreuses années. La salle à manger, chaleureusement décorée, est parfaite pour les repas en tête-à-tête. Le restaurant dispose en outre d'une excellente cave à vins.

L'Eau à la Bouche
$$$$
3003 boul. Ste-Adèle
☎(450) 229-2991
L'une des meilleures tables des Laurentides, voire du Québec, se trouve à l'hôtel L'Eau à la Bouche (voir p 310). Le chef Anne Desjardins se fait ici un point d'honneur de se surpasser jour après jour, afin de servir à sa clientèle une cuisine française exceptionnelle à base de produits du Québec. Ainsi apprête-t-elle avec un rare raffinement le cochonnet du Québec, la truite de l'Abitibi, le saumon de l'Atlantique et le caribou du Grand Nord. Deux menus, l'un de trois services et l'autre de six services, sont proposés chaque soir. Très belle carte des vins. Une inoubliable expérience gastronomique!

Sainte-Marguerite-du-Lac-Masson

Bistro à Champlain
$$$$
fin juin à début sept mar-dim, début sept à fin juin jeu-dim
75 ch. Masson
☎(450)228-4988
Il ne faut pas se fier à l'allure quelconque de la maison qui abrite le Bistro à Champlain. Il s'agit en fait d'une des meilleures tables des Laurentides. On y prépare d'excellents plats issus d'une cuisine nouvelle employant des produits frais de la région. L'intérieur se révèle absolument extraordinaire. Il s'agit en fait d'une véritable galerie d'art où vous pourrez admirer plusieurs tableaux de Jean-Paul Riopelle, un ami intime du proprio, et d'autres artistes comme Joan Mitchell et Louise Prescott.

L'établissement possède de plus l'une des caves à vins les plus réputées du Québec. Il est d'ailleurs possible de visiter sur réservation. Chacun peut goûter quelques crus de cette formidable réserve, car même les plus grands vins sont vendus au verre. Il est préférable de réserver.

Morin-Heights

Clos Joli
$$$
19 ch. Clos-Joli
☎(450) 226-5401
La table de l'auberge Clos Joli est vraiment remarquable. On y sert un menu varié et créatif; on peut, en plus, profiter de la qualité des conseils des hôtesses, qui sont aussi sommelières. Après quelques bouchées, on comprend pourquoi les critiques ne cessent de l'encenser.

Val-Morin

Le Mazot Suisse
$$-$$$
mer-lun l'hiver
5320 boul. Labelle
☎(450)229-5600
Le Mazot Suisse occupe une maison semblable au typique chalet (mazot) de ce pays. Le menu propose des spécialités telles que la fondue bourguignonne (filet de bœuf) ou la raclette (préparée dans le four original). L'endroit est fort agréable.

Hôtel Far Hills
$$$$
rue Far Hills
☎(819) 322-2014
☎de Montréal 990-4409
La table de l'hôtel Far Hills compte encore aujourd'hui parmi les meilleures des Laurentides. On y propose une gastronomie digne des plus grands établissements

internationaux. Il faut essayer le saumon aux herbes folles du jardin, un pur délice.

Val-David

Le Nouveau Continent
$
2301 rue de l'Église
☎(819)322-6702
Le Nouveau Continent sert une cuisine simple à petit prix. Le local est garni d'œuvres d'art car il fait aussi office de salle d'exposition. Il s'agit d'un lieu de rendez-vous pour les artistes.

Le Petit Poucet
$$
1030 rte. 117
☎(819)322-2246
☎800-334-2246
Le sympathique restaurant le Petit Poucet propose une bonne cuisine québécoise de type familial. L'endroit est détendu, et l'on y vient pour prendre un repas entre amis. Les petits déjeuners sont copieux; les gourmands devraient essayer le spécial nommé «l'Ogre».

Le Grand Pa
$-$$
2481 rue de l'Église
☎(819)322-3104
Le restaurant français Le Grand Pa est tout de simplicité. L'ambiance y est familiale. D'ailleurs, certains soirs, le propriétaire prend le temps de jouer quelques airs sur sa guitare.

La Toupie
$$
2347 rue de l'Église
☎(819)322-7833
Le restaurant La Toupie sert un choix de crêpes-repas ou de crêpes-desserts dans une ambiance détendue et agréable.

Hôtel La Sapinière
$$$$
1244 ch. La Sapinière
☎(819) 322-2020
Au restaurant de l'hôtel La Sapinière (voir p 311), on s'efforce depuis maintenant plus de 60 ans de développer une cuisine créative d'inspiration québécoise et française. Parmi les spécialités de la maison, notons les plats de lapereau et de porcelet, de même que le pain d'épices. La tarte au sucre à la crème est pour sa part un *must* absolu. Très bonne sélection de vins.

Sainte-Agathe-des-Monts

Resto Bar Les Deux Richard
$-$$
92 rue Principale
☎(819)326-0266
Pour un plantureux petit déjeuner à moins de 5$, c'est au Resto Bar Les Deux Richard qu'il faut s'arrêter. Le soir, l'endroit se transforme et devient une sorte de bar sportif où l'on peut assister, tout en mangeant, aux matchs diffusés sur grand écran. Petite terrasse à l'avant.

Le Havre des Poètes
$$
lun-sam
55 rue St-Vincent
☎(819) 326-8731
Le restaurant Le Havre des Poètes présente des spectacles de chansonniers interprétant les classiques de la musique francophone. La cuisine est appréciée, mais on s'y rend surtout pour l'ambiance.

La Quimperlaise
$$-$$$
début nov à début juin mar-dim
11 Tour du Lac
☎(819)326-1776
Aménagée dans un petit local, La Quimperlaise se spécialise dans les mets bretons, en particulier les crêpes fourrées de mille façons. Le décor est mignon et l'atmosphère, détendue.

Chatel Vienna
$$-$$$
fermé mar
6 rue Ste-Lucie
☎(819)326-1485
Sur une petite colline, en face du lac des Sables, une belle maison d'époque abrite le restaurant Chatel Vienna. Tout en jouissant d'une belle vue, vous pourrez savourer des plats autrichiens nourrissants sans être lourds.

Chez Girard
$$-$$$
18 rue Principale O.
☎(819)326-0922
Au restaurant Chez Girard, situé non loin du lac des Sables, un peu en retrait de la route, vous profiterez d'un cadre tout à fait agréable et d'une délicieuse cuisine française. Le restaurant est aménagé sur deux étages, le premier étant le plus bruyant. L'endroit est fort agréable après les journées de plein air.

La Sauvagine
$$$$
1592 rte. 329 N.
☎(819)326-7673
Le restaurant français La Sauvagine est judicieusement installé dans ce qui fut jadis la chapelle d'un couvent. L'aménagement est des plus réussis; d'énormes meubles d'époque composent le décor.

Saint-Jovite

Le Brunch Café
$
816 rue Ouimet
☎(819)425-8233
Le Brunch Café sert une cuisine simple, surtout constituée de pizzas fines fort savoureuses et de déserts très appétissants. L'atmosphère est détendue et amicale.

Le Montagnard
$
833 rue Ouimet, Le Petit Hameau
☎(819)425-8987
Pour une bonne petite pâtisserie accompagnée d'un thé sélectionné, Le Montagnard s'avère un choix intéressant. Le service est courtois et l'ambiance, charmante.

Le Bruxelles
$$
866 rue Ouimet
Un restaurant de cuisine belge au cœur des Laurentides, pourquoi pas? C'est exactement ce que vous réserve Le Bruxelles. Avis aux amateurs de moules, de frites... et de bonnes bières.

Bagatelle Saloon
$$
mer-dim
852 rue Ouimet
☎(819)425-5323
Pour un bon steak ou des fruits de mer, le Bagatelle Saloon est l'adresse tout indiquée à Saint-Jovite. Le décor de l'endroit, comme son nom en fait foi, vous transporte en plein *Far West.*

Antipasto
$$-$$$
855 rue Ouimet
☎(819)425-7580
Situé dans une ancienne gare, le restaurant Antipasto constitue une halte très intéressante. Les murs sont garnis de cadres et d'affiches rappelant la fonction première de l'édifice. Le menu, principalement de pâtes, de pizzas et de veau, est savoureux.

La Table Enchantée
$$$-$$$$
mar-dim
600 rte. 117 N.
☎(819)425-7113
La Table Enchantée propose un menu de spécialités québécoises savoureuses. Entre autres, le cipaille et le chevreuil y sont apprêtés à merveille, le tout dans un décor sobre et chaleureux.

Station touristique du Mont-Tremblant

Crêperie Catherine
$-$$
3005 ch. Principal, Vieux-Tremblant
☎(819)681-4888
À la Crêperie Catherine, vous pourrez savourer un excellent choix de crêpes préparées sous vos yeux par le chef. En été, vous pourrez en outre profiter d'une jolie terrasse.

Microbrasserie de la Diable
$
3005 ch. Principal
☎(819) 681-4546
En été, on peut s'attabler sur la belle terrasse de la Microbrasserie de la Diable afin de profiter du spectacle de la rue piétonne. Sinon, la salle intérieure, répartie sur deux étages, réserve beaucoup plus d'espace que l'on serait porté à le croire de prime abord. Ici, on s'envoie derrière la cravate côtes levées, saucisses et viandes fumées en accompagnant le tout d'une des bières brassées sur place, comme l'Extrême Onction, une bière forte à 8,5% d'alcool.

Shack
$-$$
3035 ch. Principal
☎(819)681-4700
Le décor surchargé du Shack, qui parodie la traditionnelle cabane à sucre avec ses meubles rustiques, ses faux érables garnis de feuilles rouges comme à l'été indien (sic) et ses oies sauvages suspendues au plafond, a de quoi faire sourire. On le trouve en haut du village de la station touristique, près du Château Mont-Tremblant.

Sa grande terrasse, fort populaire en saison estivale, donne sur la place Saint-Bernard. On y sert une cuisine des plus simples : steaks, poulet rôti, hamburgers. Un buffet permet par ailleurs de concocter un copieux petit déjeuner.

Pizzateria
$$
☎681-4522
Dans le dédale de petites rues du village, au pied des pentes, vous trouverez un chaleureux petit restaurant italien. Au-dessus du long bar, une série de gros rondins donne le ton à l'ambiance! On s'y régale des classiques pizzas, *calzones* et *focaccias*. L'excellente croûte maison est recouverte d'huile et d'assaisonnements délicieux.

La Savoie
$-$$$
Vieux-Tremblant
☎(819)681-4573
Dans une ancienne maison en forme de *U* du Vieux-Tremblant, un peu à l'écart du brouhaha, La Savoie propose raclettes, «pierrades», fondues et autres spécialités alpines. Petite terrasse. Ambiance simple et sympathique, sans extravagance.

Aux Truffes
$$$$
3035 ch. Principal
☎(819)681-4544
Dans un décor à la fois moderne et chaleureux, Aux Truffes constitue la meilleure adresse de la Station Touristique du Mont-Tremblant. On y prépare une succulente nouvelle cuisine française dans laquelle figurent en bonne place truffes, foie gras et plats de viande sauvage.

La Légende
$$$$
fermé en mai et de la fin sept à la fin déc
mont Tremblant
☎*(819) 681-3000*
☎*800-461-8711, poste 5500*
La Légende est un restaurant gastronomique situé au sommet du mont Tremblant, dans le complexe Le Grand-Manitou, à l'intérieur duquel on trouve aussi une cafétéria. Évidemment, la vue spectaculaire sur les environs prend ici la vedette. Mais il ne faut toutefois pas sous-estimer la cuisine québécoise préparée en ces lieux. Ainsi, les plats de gibier, de poisson, de veau, de bœuf et de porc sont ici apprêtés avec beaucoup de finesse. Terrasse. Réservation nécessaire.

Village Mont-Tremblant

Ital Deli
$$-$$$
1920 ch. Principal
☎*425-3040*
Un restaurant italien, Ital Deli, offre, au cœur du village de Mont-Tremblant, une belle alternative. Son décor est un peu froid, mais son menu varié est apprécié autant par les visiteurs que par les gens du coin.

Club Tremblant
$$$-$$$$
av. Cuttle
☎*(819) 425-2731*
La magnifique salle à manger du Club Tremblant (voir p 313) offre une vue panoramique sur le lac et le mont Tremblant. Le chef y prépare une cuisine gastronomique française traditionnelle. Les jeudis et samedis soirs, on y sert un fastueux buffet. Le brunch du dimanche est aussi très couru. Réservations fortement recommandées.

La Fourchette
$$$$
2713 ch. Principal
☎*425-7666*
Le village de Mont-Tremblant s'est récemment enrichi d'un restaurant de fine cuisine. La Fourchette vous prédit, de par son nom et son menu de cuisine créative, une soirée entièrement consacrée aux plaisirs de la table!

Circuit C : Le pays du curé Labelle

Labelle

L'étoile de Labelle
$-$$$
6673 boul. Curé-Labelle, par la rte. 117
☎*(819)686-2655*
Le restaurant L'étoile de Labelle prépare une délicieuse cuisine familiale. Le service est simple et décontracté.

Sorties

Bars et discothèques

Prévost

Le Secret
292 boul. Labelle
Le Secret est le bar gay des Laurentides. On y retrouve une clientèle mixte venue surtout pour danser.

Saint-Sauveur-des-Monts

Les Vieilles Portes
rue Principale
Le bar Les Vieilles Portes est un endroit agréable pour prendre un verre avec des amis. En été, il bénéficie d'une terrasse extérieure fort plaisante.

Bentley's
235 rue Principale
Le Bentley's est souvent rempli de jeunes venus prendre un verre avant d'aller danser.

Piedmont

Les Nuits blanches
rue Principale
Le bar Les Nuits blanches comprend plusieurs étages; le dernier, plus tranquille, est propice aux discussions entre amis, tandis que les autres attirent plutôt les danseurs.

Mont-Rolland

Bourbon Street
rte. 117
Le Bourbon Street reçoit de bons groupes de musiciens. Il est fréquenté par une clientèle relativement jeune.

Station touristique du Mont-Tremblant

Le **Petit Caribou** est un bar jeune et énergique qui décolle vraiment lorsqu'il est rempli à pleine capacité, ce qui arrive surtout après une bonne journée de ski.

Mont-Laurier

Bistro
495 boul. Paquette
Le Bistro est un endroit fort populaire. Les fins de semaine, une jeune clientèle s'y entasse pour boire un verre entre amis.

Théâtres et salles de spectacle

Les Laurentides possèdent une véritable tradition en matière de théâtre d'été. Plusieurs salles bien connues et appréciées présentent des pièces de qualité tout au long de la belle saison. Parmi celles-ci, figurent le **Théâtre Saint-Sauveur** *(22 rue Claude, ☎(450) 227-8466)*, le **Théâtre le Chanteclerc** *(1474 ch. du Chanteclerc, Ste-Adèle, ☎(450) 229-3591)*, Le Patriote de Sainte-Agathe *(rue St-Venant, ☎(819) 326-3655)* et le **Théâtre Sainte-Adèle** *(1069 boul. Ste-Adèle, ☎(450) 227-1389)*.

Sainte-Adèle

En 1989, l'homme d'affaires québécois Pierre Péladeau, décédé à la fin de 1997, a converti une ancienne chapelle en une délicieuse salle de concerts : le **Pavillon des Arts de Sainte-Adèle** *(1364 ch. Ste-Marguerite, ☎(450)229-2586)*. On présente annuellement quelque 25 concerts de musique classique dans cette agréable salle de 210 places. Après chaque concert, un «vin et fromage» est servi aux mélomanes dans la galerie attenante.

Fêtes et festivals

De la mi-septembre au début octobre, c'est le **Festival des Couleurs** *(☎(450) 436-8532)*. D'innombrables activités familiales sont organisées à Saint-Sauveur, Sainte-Adèle, Sainte-Marguerite-du-Lac-Masson, Saint-Adolphe-d'Howard, Sainte-Agathe et Mont-Tremblant pour célébrer les couleurs flamboyantes qui embrasent le paysage en cette saison.

Val-Morin

Chaque année, par un beau dimanche de septembre (le 3e du mois), le village de Val-Morin se voit fermé à la circulation automobile, et les amateurs de vélo envahissent les environs. L'événement en question, baptisé **Les couleurs à vélo** *(notez que les droits d'entrée augmentent trois semaines avant l'événement; à Val-Morin ☎(819)322-2150, à Montréal ☎(450) 279-0060)*, permet de bien prendre le temps de découvrir cette superbe région, à une époque de l'année où elle se pare de ses plus beaux atours.

Cinq parcours de 25 à 40 km sont élaborés à l'intention des cyclistes, des circuits plats, destinés aux débutants et aux familles, aux excursions en montagne, représentant un beau défi pour les plus sportifs. Le départ a lieu à 12h30, mais une foule d'activités meublent la journée entière.

Station touristique du Mont-Tremblant

Au début du mois d'août, les plus grands musiciens de blues se donnent rendez-vous à la Station touristique du Mont-Tremblant pour le **Festival de Blues de Tremblant** *(☎800-461-8711)*. Spectacles à l'extérieur, ainsi que dans les bars et restos de la station.

La **Fête de la Musique** *(☎800-461-8711)*, un festival de musique classique dirigé par Angèle Dubeau (violoniste de renom), se tient à la fin du mois d'août à la Station touristique du Mont-Tremblant. Des concerts sont présentés en plein air de même qu'à la chapelle Saint-Bernard (voir p 298).

Achats

Circuit B : Le royaume des vacanciers

Saint-Sauveur-des-Monts

La rue Principale de Saint-Sauveur est bordée d'une foule de commerces variés que vous prendrez sans doute plaisir à découvrir. Outre de belles boutiques de mode, vous trouverez des spécialistes des reproductions de meubles québécois d'époque.

La Petite École
153 rue Principale
Vous pourrez vous procurer, à la boutique La Petite École, des trésors de toutes sortes, allant des décorations de Noël aux fleurs séchées en passant par les articles de cuisine et les produits de beauté.

L'art du souvenir
191A rue Principale, St-Sauveur-des-Monts
Pour les amateurs de souvenirs en tout genre, la boutique L'art du souvenir constitue un fort bon endroit où les y cueillir.

Saint-Jovite

Le Hameau
816 rue Ouimet
Le Hameau est un ensemble de boutiques toutes plus mignonnes les unes que les autres.

L'Outaouais

Bien que très tôt connue des explorateurs et coureurs des bois, l'Outaouais ne fut colonisée qu'au début du XIXe siècle grâce à l'initiative de loyalistes arrivant des États-Unis.

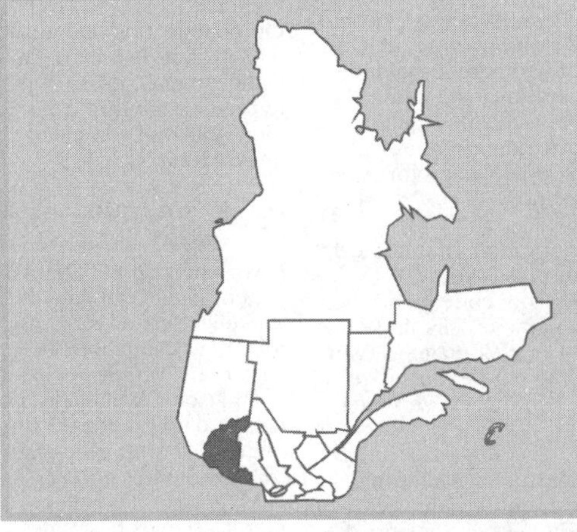

L'exploitation des forêts, et tout particulièrement des essences de pin blanc et de pin rouge, idéales pour les constructions navales, fut longtemps la principale vocation économique de la région. Une fois ces arbres coupés en rondins, on les laissait descendre la rivière des Outaouais, puis le fleuve Saint-Laurent jusqu'à Québec, où ils étaient chargés sur des navires en partance pour la Grande-Bretagne.

Le secteur forestier conserve toujours une importance appréciable, mais des industries tertiaires et une importante administration publique générée par la proximité de la capitale canadienne s'y sont ajoutées.

Tout juste au nord des villes de Hull, Gatineau et Aylmer s'ouvre une région vallonnée riche en lacs et en cours d'eaux. On y retrouve notamment le magnifique parc de la Gatineau, abritant la résidence d'été du premier ministre canadien et s'avérant tout désigné pour de charmantes balades à bicyclette, en canot ou en ski de fond.

La ville de Hull, qui fait face à la capitale du Canada, possède entre autres l'un des plus intéressants musées du pays : le Musée canadien des civilisations. À partir de Hull et du sud de l'Outaouais, on peut aisément se rendre à Ottawa, où se trouvent le parlement canadien, de superbes bâtiments administratifs et une pléiade de musées exceptionnels.

Pour s'y retrouver sans mal

Deux circuits linéaires, bordant respectivement la rivière des Outaouais et la rivière Gatineau, sont proposés pour explorer cette région : **Circuit A : La vallée des Outaouais ★** et **Circuit B : La vallée de la Gatineau ★**.

Circuit A : La vallée des Outaouais

En voiture

De Montréal, deux possibilités s'offrent au visiteur pour rejoindre le point de départ du circuit, l'une (1) par la vallée des Outaouais directement et l'autre (2), plus rapide, par le biais de l'Ontario.

1. Empruntez l'autoroute 13 Nord puis la route 344 Ouest, qui correspond à une partie du circuit «Le lac des Deux Montagnes» (voir p 280), pour enfin suivre la route 148 Ouest vers Ottawa.

2. Empruntez l'autoroute 40 Ouest, qui devient la route 17 Ouest en Ontario. À Hawkesbury, franchissez la rivière des Outaouais pour revenir au Québec. Tournez à gauche sur la route 148 Ouest en direction de Montebello et d'Ottawa.

Gares routières

Montebello
570 rue Notre-Dame
☎ ***(819)423-6900***

Hull
238 boul.Saint-Joseph
☎ ***(819)771-2442.***

Ottawa (Ontario)
265 rue Catherine
☎ ***(613)238-5900***

Gare ferrovaire

Ottawa (Ontario)
200 Tremblay Rd.
☎ ***800-361-5390***

Circuit B : La vallée de la Gatineau

En voiture

La voiture et la bicyclette demeurent les meilleurs moyens pour explorer l'ensemble de la vallée. Empruntez la promenade de la Gatineau à partir du boulevard Taché, à Hull. On pénètre alors immédiatement dans le parc de la Gatineau, créé en 1938 par le premier ministre canadien William Lyon Mackenzie King.

En train

L'excursion du petit train à vapeur Hull–Chelsea–Wakefield est un moyen tout à fait charmant de visiter la vallée de la Gatineau jusqu'à Wakefield. La balade d'une durée de cinq heures (32 km), avec arrêt de deux heures à Wakefield, permet de contempler les scènes pastorales de la Gatineau (voir p 329).

Renseignements pratiques

Renseignements touristiques

Indicatif régional : 819.

Bureau régional

Association touristique de l'Outaouais
103 rue Laurier, Hull, J8X 3V8
☎ ***778-2222 ou 800-265-7822***
≠ ***778-7758***
www.tourisme-outaouais.org

Circuit A : La vallée des Outaouais

Montebello
502-A, rue Notre-Dame
☎ ***423-5602***

Hull
103 rue Laurier
☎ ***778-2222***

Ottawa (Ontario)
90 rue Wellington
☎ ***(613)239-5000***
☎ ***800-465-1867***

Circuit B : La vallée de la Gatineau

Maniwaki
156, rue Principale S.
☎ ***449-6627***

Attraits touristiques

★

Circuit A : La vallée des Outaouais (de un à trois jours)

La tribu amérindienne des Outaouais (Ottawa, en anglais), décimée par les Iroquois au XVIIe siècle, a laissé son nom en héritage à une belle rivière à la frontière du Québec et de l'Ontario, à une vaste région de lacs et de forêts ainsi qu'à la capitale du Canada.

La rivière des Outaouais constituait autrefois la principale route vers les fourrures du Bouclier canadien. Les «voyageurs» des grandes compagnies de traite l'empruntaient chaque printemps, puis revenaient à l'automne avec

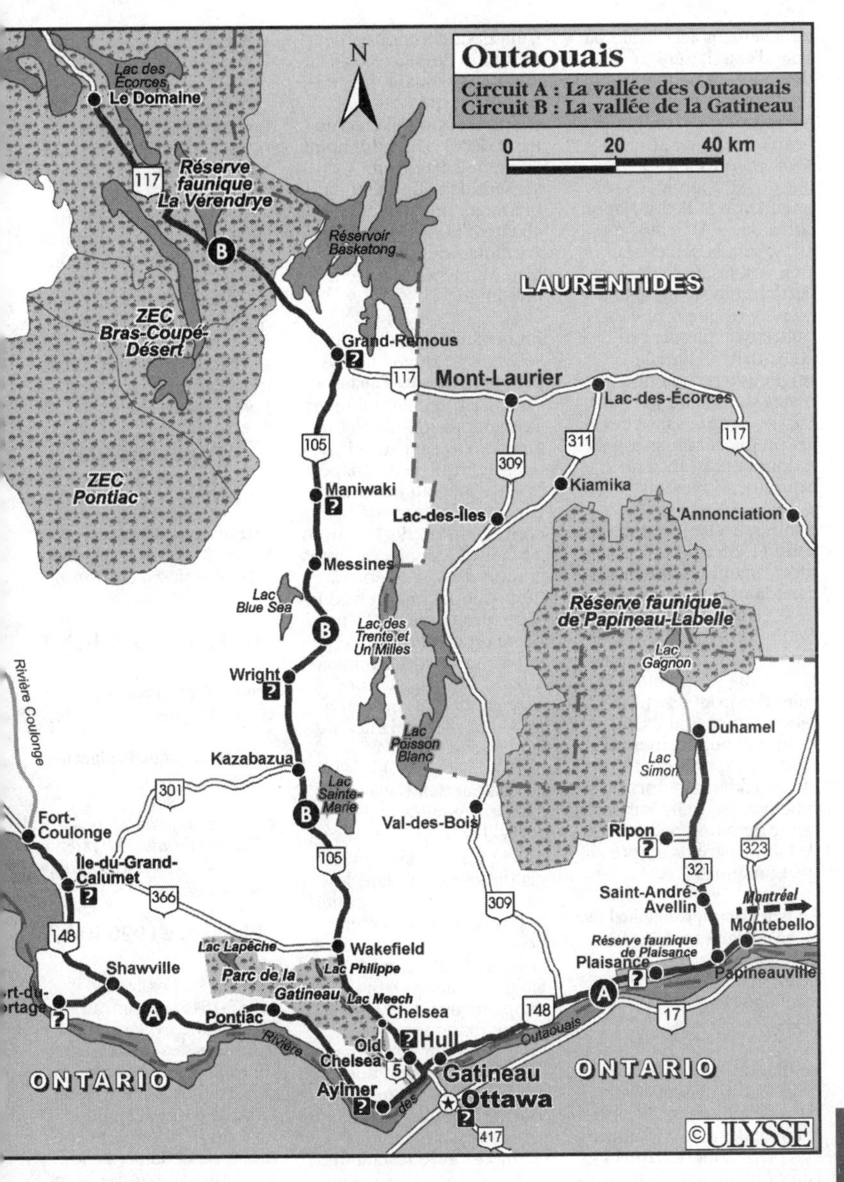

les précieuses cargaisons de peaux (castor, loutre, vison) qui transitaient par Montréal avant de prendre le chemin de Londres et de Paris. Le circuit de la vallée des Outaouais permet d'explorer à mi-parcours la «région de la capitale nationale», dont la majeure partie est constituée par la ville d'Ottawa, en Ontario.

★ Montebello (1 050 hab.)

Sous le Régime français, l'Outaouais ne connaît pas de véritable développement. Située en amont des rapides de Lachine, donc difficilement accessible par voie d'eau, la région demeure un riche territoire de chasse et de trappe, jusqu'à ce que l'on amorce l'exploitation de ses ressources forestières au début du XIXe siècle. La seigneurie de la Petite-Nation, concédée à Mgr Laval en 1674, sera la seule incursion colonisatrice dans ce vaste territoire. Incursion bien théorique toutefois, puisque ce n'est qu'en 1801, date à laquelle la seigneurie passe entre les mains du notaire Joseph Papineau, que s'installent les premiers colons appelés à donner naissance au bourg de Montebello.

Son fils, Louis-Joseph Papineau (1786-1871), chef des mouvements nationalistes canadiens-français à Montréal, hérite de la Petite-Nation en 1817. De retour d'un exil de huit ans aux États-Unis et en France à la suite des troubles de 1837-1838, Papineau, désillusionné et franchement déçu du comportement du clergé catholique lors de sa rébellion, se retire sur ses terrer de montebello, où il se fait construire un prestigieux manoir.

Le **lieu historique national du Manoir-Papineau** ★★ *(contribution volontaire; fin mai à début sept tlj 10h à 17h; 500 rue Notre-Dame, ☎423-6955)*.

Le manoir Papineau a été érigé entre 1846 et 1849 dans l'esprit des villas monumentales néoclassiques. Les plans sont de Louis Aubertin, architecte français de passage. L'adjonction de tours, au cours de la décennie suivante, a cependant donné une allure médiévale à l'ensemble. L'une de ces tours renferme la précieuse bibliothèque que Papineau voudra ainsi mettre à l'abri du feu. L'intérieur comporte une vingtaine de pièces d'apparat, maintenant ouvertes au public, qui peut ainsi déambuler au milieu d'un riche décor Second Empire. Le manoir Papineau s'inscrit dans un beau parc ombragé, propriété de la chaîne d'hôtels Canadien Pacifique, qui gère le Château Montebello, érigé à proximité.

En bordure de l'allée du seigneur se dresse la **chapelle funéraire des Papineau** (1853), où ont été inhumés 11 membres de la célèbre famille. On sera surpris de constater que cette chapelle est vouée au culte anglican, conséquence de la conversion du fils Papineau à l'Église d'Angleterre après la mort de son célèbre père, auquel on a refusé la sépulture religieuse. Un buste de ce dernier, exécuté par Napoléon Bourassa à partir du masque funéraire du défunt, figure parmi les éléments d'intérêt de la chapelle.

Le **Château Montebello** ★★ *(392 rue Notre-Dame, ☎423-6341)* est un vaste hôtel (voir p 336) de villégiature construit dans le parc du manoir; il constitue le plus grand édifice en bois rond du monde. Il fut érigé en 1929 (Lawson et Little, architectes) en un temps record de 90 jours. On ne manquera pas de visiter son impressionnant hall central, doté d'une cheminée à six âtres, autour de laquelle rayonnent les six ailes abritant les chambres et le restaurant.

Le **Centre d'interprétation de la gare de Montebello** *(entrée libre; toute l'année; 502 rue Notre-Dame, ☎423-5602)* est installé dans l'ancienne gare de Montebello (1930). On y présente une exposition sur le rôle du chemin de fer dans le développement de la seigneurie de la Petite-Nation.

Constitué de 600 ha, le **Parc Oméga** ★ *(9$; tlj 10h à 1h avant le crépuscule; rte. 323, ☎423-5487 ou 888-423-5487)* abrite plusieurs espèces d'animaux; les bisons, les mouflons de Corse, les wapitis, les sangliers, les cerfs et les bouquetins des Alpes n'en sont que quelques exemples.

Poursuivez vers l'ouest sur la route 148 en direction de Papineauville.

Papineauville (1 775 hab.)

De Papineauville, prenez la route 321 vers le nord pour une excursion à Duhamel.

Duhamel (429 hab.)

Sentier d'interprétation du cerf de Virginie, voir p 334.

Réserve faunique Papineau-Labelle,voir p 334.

Revenez jusqu'à Papineauville par la route 321, puis prenez la route 148 en direction de Plaisance.

Plaisance (990 hab.)

Lors de son exil (1837-1845), Papineau s'est lié d'amitié avec quelques-uns des ex-généraux de Napoléon. Au moment de nommer les nouveaux villages de sa seigneurie, il a voulu honorer la mémoire de certains d'entre eux. Ainsi, il baptise Montebello en l'honneur du duc de Montebello.

Réserve faunique de Plaisance ★, voir p 334.

Chutes de Plaisance *(rang Malo)*, voir p 334.

À mesure que l'on se rapproche d'Ottawa, la campagne cède graduellement sa place à la banlieue.

Gatineau (99 971 hab.)

On pénètre maintenant dans la «région de la capitale nationale», baptisée Ottawa-Hull afin qu'un petit morceau du Québec puisse y être associé. Gatineau fait partie de la grande couronne de banlieues de la capitale fédérale. Si les fonctionnaires anglophones habitent surtout les banlieues sud de la ville, situées en Ontario (Nepean, Uplands, Kanata), les francophones sont, pour leur part, concentrés sur la rive québécoise de la vallée des Outaouais, dans l'agglomération hulloise, qui comprend Hull, Aylmer et Gatineau.

L'**église Saint-François-de-Sales** ★ *(1 rue Jacques-Cartier)*, cette église néogothique de 1886, présente un bel intérieur en bois doré. La cloche de l'église a été offerte par Lady Aberdeen, épouse de Lord Aberdeen, gouverneur général du Canada à la fin du XIXe siècle, en guise de remerciement pour avoir été sauvée de la noyade par des résidants de Gatineau. Du parvis de l'église, on bénéficie d'un beau point de vue sur la rivière des Outaouais et sur la Colline parlementaire d'Ottawa, en Ontario.

Reprenez à gauche le boulevard Gréber, qui devient par la suite le boulevard Fournier, puis le boulevard Maisonneuve.

Hull (65 764 hab.)

Bien que l'on pénètre dans cette ville par un boulevard portant le nom d'un des grands urbanistes de l'après-guerre, Hull n'est certes pas un modèle d'aménagement urbain. C'est un peu l'envers du décor d'Ottawa, qui lui fait face sur l'autre rive. Il s'agit d'une ville traditionnellement ouvrière, recyclée depuis 20 ans dans les tours de bureaux pour les services gouvernementaux fédéraux.

On y trouve donc un mélange d'usines désuètes, d'habitations ouvrières typiques, d'édifices en hauteur et de terrains vagues en attente d'une expansion future du fonctionnariat. Hull a été fondée en 1800 par le loyaliste américain Philemon Wright, qui se consacrera à l'exploitation des riches forêts vierges de la vallée des Outaouais.

Le bois ramené de l'arrière-pays était équarri puis assemblé en radeaux (les cages), acheminés jusqu'à Québec pour la construction des navires de la marine britannique. Après 1850, Hull devient un important centre de transformation du bois. La firme Eddy y fabrique depuis plusieurs générations des allumettes vendues dans le monde entier.

Les rues de Hull sont bordées de maisons ouvrières particulières à cette ville. Ces habitations individuelles en bois coiffées d'un toit pointu, très étroites et très profondes, sont surnommées «boîtes d'allumettes» parce qu'elles logaient autrefois des employés des usines Eddy et qu'elles ont été plus souvent qu'à leur tour la proie des flammes.

Hull fut, en fait, affligée par tant d'incendies majeurs tout au long de son histoire qu'elle conserve peu de monuments importants. Son ancien hôtel de ville et sa belle église catholique ont respectivement brûlé en 1971 et 1972. Si Ottawa a la réputation d'être une ville sage, Hull est plutôt considérée comme une ville où l'on s'amuse, les lois du Québec étant plus libérales que celles de l'Ontario. Il ne faut donc pas se surprendre de voir accourir sur la **promenade du Portage** (qui est en réalité une simple rue) une foule d'anglophones d'Ottawa, les samedis soir.

Manoir Papineau

Outaouais

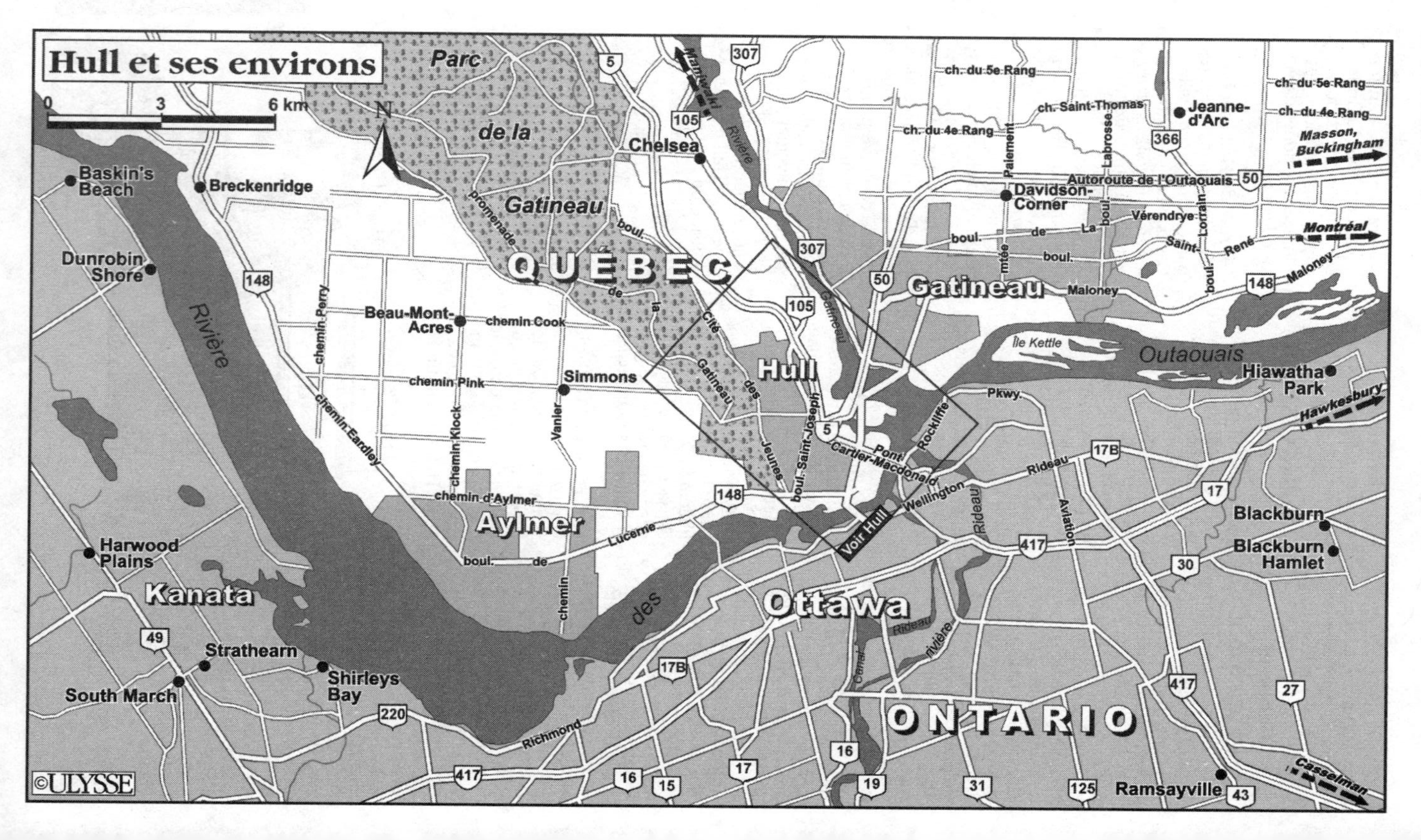
Hull et ses environs
0
3
6 km
N
Parc
de la
Gatineau
promenade
de
la
Gatineau
QUÉBEC
ONTARIO
Baskin's Beach
Breckenridge
Dunrobin Shore
Chelsea
Maniwaki
Beau-Mont-Acres
Simmons
Aylmer
Hull
Gatineau
Ottawa
Kanata
Harwood Plains
South March
Strathearn
Shirleys Bay
Ramsayville
Blackburn
Blackburn Hamlet
Hiawatha Park
Jeanne-d'Arc
Davidson-Corner
Rivière
des
Outaouais
Rivière
Gatineau
Île Kettle
chemin Perry
chemin Eardley
chemin Pink
chemin Klock
chemin Cook
chemin d'Aylmer
chemin
Vanier
boul.
de
Lucerne
boul.
de
la
Cité
des
Jeunes
boul. Saint-Joseph
Pont
Cartier-Macdonald
Rockliffe
Pkwy.
Wellington
Rideau
Aviation
rivière
Rideau
Canal
Richmond
Voir Hull
ch. du 5e Rang
ch. du 4e Rang
ch. Saint-Thomas
Paiement
Labrosse
boul.
de
La
Vérendrye
boul.
mtée
boul.
Maloney
boul.
Saint-
René
Lorrain
Autoroute de l'Outaouais
Masson, Buckingham
Montréal
Hawkesbury
Casselman
148
105
5
307
366
50
17
17B
417
30
27
43
125
31
19
16
15
220
49
©ULYSSE

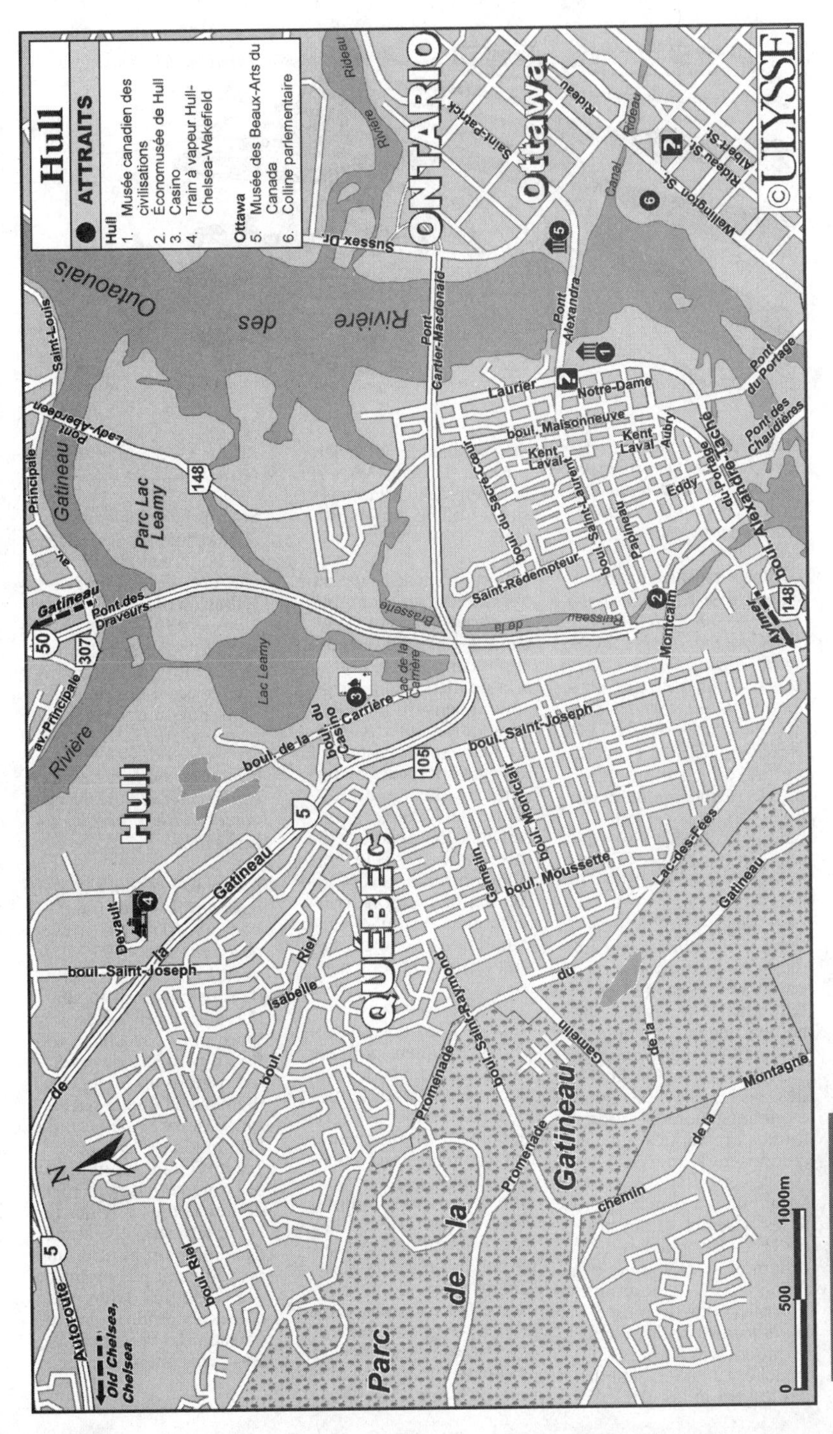
Hull
ATTRAITS
Hull
1. Musée canadien des civilisations
2. Écomusée de Hull
3. Casino
4. Train à vapeur Hull-Chelsea-Wakefield
Ottawa
5. Musée des Beaux-Arts du Canada
6. Colline parlementaire
ONTARIO
QUÉBEC
Ottawa
Hull
Rivière des Outaouais
Rivière Gatineau
Parc de la Gatineau
Parc Lac Leamy
Lac Leamy
Lac de la Carrière
Pont Cartier-Macdonald
Pont Alexandra
Pont du Portage
Pont des Chaudières
Pont des Draveurs
Pont Lady-Aberdeen
Sussex Dr.
Wellington St.
Rideau St.
Albert St.
Canal Rideau
boul. Saint-Joseph
boul. de la Carrière
boul. du Casino
boul. Alexandre-Taché
boul. Maisonneuve
boul. du Sacré-Cœur
boul. Saint-Laurent
boul. Moussette
boul. Montclair
boul. Saint-Raymond
boul. Riel
Autoroute de la Gatineau
Old Chelsea, Chelsea
Aylmer
Gatineau
©ULYSSE
0 500 1000m
Outaouais

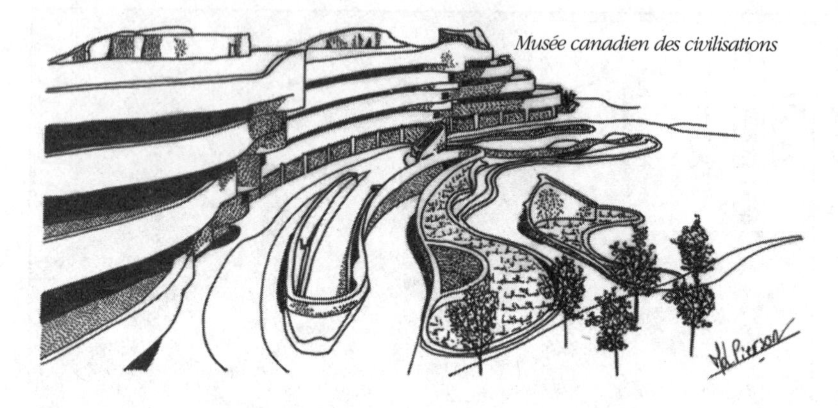

Musée canadien des civilisations

Tournez à gauche sur la rue Papineau. Le stationnement du Musée canadien des civilisations se trouve à l'extrémité de la rue.

Le **Musée canadien des civilisations** ★★★ *(début mai à mi-oct 8$, mi-oct à fin avr 5$; début mai à mi oct tlj 9h à 18h, début juil à début sept jeu-ven jusqu'à 21h, mi-oct à fin avr mar-dim 9h à 17h; 100 rue Laurier, ☎776-7000 ou 800-555-5621).* Dans le cadre d'un vaste programme de réaménagement de la région de la capitale nationale (1983-1989), des parcs et des musées ont vu le jour de part et d'autre de la frontière Québec-Ontario. Hull a hérité du magnifique Musée canadien des civilisations, consacré à l'histoire des différentes ethnies qui ont fait le Canada. L'architecte albertain d'origine amérindienne Douglas Cardinal a dessiné les plans des deux étonnants bâtiments aux formes organiques qui composent le musée.

Le premier, à gauche, abrite les bureaux administratifs et les laboratoires de restauration, alors que le second, à droite, regroupe les collections du musée. Leurs formes ondoyantes évoquent des rochers du Bouclier canadien sculptés par le vent et les glaciers. De l'esplanade, à l'arrière, on jouit de belles vues sur la rivière des Outaouais et sur la Colline parlementaire.

S'il est un musée qu'il faut absolument voir au Canada, c'est bien celui-là. Sa Grande Galerie rassemble la plus importante collection de mâts totémiques amérindiens du monde. L'institution fait aussi revivre de façon magistrale différentes époques de l'histoire canadienne, de la venue des Vikings, vers l'an 1000, à l'Acadie française du XVIIe siècle et à l'Ontario rural du XIXe siècle. L'art autochtone contemporain ainsi que les arts et traditions populaires y sont également représentés.

Le Musée des enfants, conçu expressément pour les plus jeunes, invite le visiteur à sélectionner le thème de son choix avant de lui faire vivre une aventure extraordinaire. Aux salles d'exposition s'ajoute la salle de cinéma Omniplus, dotée du procédé Omnimax, un système développé par les créateurs du Cinéma Imax, dont on retrouve des exemples dans le Vieux-Port de Montréal et à la Cité des sciences de la Villette à Paris. Les films présentés portent en général sur les paysages du Canada.

Si vous poursuivez votre promenade sur la rue Laurier en direction sud, vous croiserez le bâtiment de la **Maison du citoyen** *(25 rue Laurier, ☎595-7175)*, qui est en fait l'hôtel de ville de Hull. Outre une bibliothèque et des salles de réunion, il renferme une petite galerie d'art.

Continuez sur la rue Laurier en direction sud. À l'intersection de la rue Montcalm, prenez à droite.

L'**Écomusée de Hull** *(5$; mai à oct tlj 10h à 18h, nov à avr mar-dim 10h à 16h; ruisseau de la brasserie, ☎595-7790)* s'est donné pour mission de sensibiliser la population aux questions écologiques; pour parvenir à ses fins, il présente diverses expositions abordant des thèmes tels que la naissance du système solaire et l'évolution de la planète Terre. Cette institution ne se contente pas seulement de retracer les origines de la vie terrestre, elle abrite également un insectarium ne comptant pas moins de 4 000 espèces différentes d'insectes. Enfin, si le cœur vous en dit, vous pourrez aussi voir une petite exposition traitant de l'histoire industrielle de la ville.

Suivez l'autoroute 50 puis l'autoroute 5 en direction nord jusqu'à la sortie «Boulevard du Casino». Prenez ensuite la rue Saint-Raymond, qui devient le boulevard du Casino.

Le **Casino de Hull** ★★*(11h à 3h; 1 boul. du Casino, ☎772-2100 ou 800-665-2274)* occupe un site impressionnant entre deux lacs, le lac Leamy, dans le parc du même nom, et le lac de la Carrière, qui prend place dans la cuvette d'une ancienne carrière de pierre calcaire. Le thème de l'eau est omniprésent autour du superbe bâtiment inauguré en 1996, que ce soit au milieu de l'allée grandiose conduisant à l'entrée principale, ponctuée de hautes fontaines, ou à travers le port de plaisance de 20 places permettant aux joueurs venus de Montréal ou Toronto d'accéder directement au casino par voie d'eau.

L'aire de jeux, d'une superficie totale de 2 741 m^2, comprend 1 300 machines à sous et 58 tables de jeux réparties autour d'une forêt tropicale. Elle est dominée par la célèbre toile, longue de 40 m, du peintre québécois Jean-Paul Riopelle: ***Hommage à Rosa Luxembourg*** ★★★. L'artiste avait créé cet immense triptyque en hommage à Joan Mitchell, qui fut sa compagne pendant plusieurs années. L'ouverture du casino a également été à l'origine d'un festival de feux d'artifice, **Les grands feux du Casino** *(☎819-771-FEUX ou 800-771-FEUX)*, qui se déroule pendant le mois d'août chaque année. À cela, il faut ajouter d'excellents restaurants dont le Baccara (voir p 338) et deux bars (voir p 339).

Si vous désirez vous rendre à Ottawa, revenez sur vos pas, puis empruntez la rue Laurier à droite en direction du pont Alexandra, visible depuis l'esplanade du Musée canadien des civilisations.

En traversant la rivière des Outaouais, on passe du Québec à l'Ontario. Cette province est la plus peuplée du Canada avec ses dix millions d'habitants. Le contraste est frappant, car le visiteur se transporte soudainement d'une société de tradition française à une société anglaise, avec tout ce que cela comporte de changements dans l'affichage, dans les menus des restaurants comme dans les habitudes de vie des habitants.

Vous pouvez aussi poursuivre votre route au sud de la rivière des Outaouais. Empruntez le boulevard de la Carrière jusqu'à la rue Deveault.

Imaginez que vous contemplez les paysages magnifiques du parc de la Gatineau tout en étant confortablement installé à bord d'un train à vapeur datant de 1907... c'est cette balade mémorable que vous propose le **Train à vapeur Hull-Chelsea-Wakefield** ★ *(nombreux forfaits sur réservation, 165 rue Deveault, ☎778-7246 ou 800-871-7246)*. Outre l'occasion de contempler de splendides tableaux naturels, l'excursion d'une demi-journée vous entraîne jusqu'à Wakefield (voir p 333), une charmante petite ville anglo-saxonne où vous aurez deux heures pour visiter ses jolies boutiques.

Si la promenade vous tente mais que vous ne désirez pas faire l'aller-retour en train, sachez qu'il est possible de traverser le parc de la Gatineau à vélo et de revenir en train. Des forfaits croisière et repas gastronomique sont également proposés.

★★★ Ottawa (Ontario)

Le Canada étant une confédération de 10 provinces et de 3 territoires, on y dénombre 13 capitales provinciales ou territoriales, chapeautées d'une capitale fédérale, Ottawa. Cette ville fut fondée en 1827 par le colonel By, qui lui donna d'abord le nom de Bytown. À la suite des émeutes de Montréal en 1849 et de l'absence de consensus sur la localisation d'une capitale permanente pour la colonie britannique, la reine Victoria décidera en 1857 d'installer le siège du gouvernement à la frontière des deux peuples fondateurs du pays, les Anglo-Saxons et les Canadiens français.

Elle portera alors son choix sur la petite ville ontarienne d'Ottawa, en bordure de la rivière des Outaouais. Dix ans plus tard, la confédération créant le Dominion du Canada est finalement signée, et la Chambre des communes siège pour la première fois dans le nouveau parlement.

Ottawa possède de nombreux musées intéressants dont le riche **Musée des Beaux-Arts du Canada**, situé à gauche à la sortie du pont Alexandra. On ne manquera pas de visiter les édifices néogothiques de la **Colline parlementaire** *(rue Wellington)*, dont le **parlement** lui-même, dominé par la tour de la Paix. Pour de plus amples renseignements, consultez le *Guide Ulysse Ontario* ou le *Guide Ulysse Ottawa*.

Casino de Hull

Revenez au Québec par le pont du Portage, situé dans le prolongement de la rue Wellington. Tournez à gauche sur le boulevard Alexandre-Taché en direction d'Aylmer (route 148 Ouest). À gauche, on aperçoit les usines Eddy. Un peu plus loin, à droite, se trouve la promenade de la Gatineau, point de départ du circuit de la vallée de la Gatineau (voir p ?).

★ Aylmer (34 927 hab.)

Cette ville fut pendant longtemps le centre administratif de l'Outaouais. Elle a été fondée par Charles Symmes, un Américain de Boston arrivé au Canada en 1814. La Compagnie de la Baie d'Hudson, alors spécialisée dans la traite des fourrures, en fit le centre de ses activités dans la région. De nos jours, cette ville aux belles rues résidentielles, bordées de plusieurs demeures bourgeoises, est intégrée à la banlieue d'Ottawa.

Le **Musée d'Aylmer** *(entrée libre; mar-dim 11h à 16h; 161 rue Principale, ☎682-0291)*. En 1832, un premier bateau à vapeur remonte la rivière des Outaouais à partir d'Aylmer. Ce sera le début d'un âge d'or pour la petite ville, qui verra se dresser de nombreuses demeures néoclassiques en pierre. Le musée est installé dans une de ces demeures, celle de John McLean, construite en 1840. Il présente une exposition sur l'histoire d'Aylmer et sur son architecture.

L'**ancienne auberge Symmes** ★. Charles Symmes s'installe dans la région d'Aylmer en 1824 à l'instigation de son oncle Philemon Wright. En 1830, il fait construire une auberge qui connaîtra un grand succès auprès des «voyageurs» en quête des fourrures du Bouclier canadien. L'édifice, entièrement restauré, illustre la grande diffusion des modèles d'architecture urbaine du Régime français, même auprès d'un Américain.

Ainsi, on retrouve, dans l'auberge Symmes, le rez-de-chaussée surélevé, la galerie couverte, le toit à larmiers débordant, les souches de cheminée imposantes, les murs de moellon et les fenêtres à vantaux des maisons québécoises traditionnelles. Peut-être s'agissait-il là d'une décision purement commerciale pour plaire à une clientèle majoritairement canadienne-française...

Une excursion facultative, au-delà d'Aylmer, conduit dans le canton de Pontiac, le seul à être toujours majoritairement anglophone dans l'Outaouais. Poursuivez sur la route 148 Ouest. Pour parcourir le circuit de la vallée de la Gatineau, revenez vers Hull, et prenez à gauche la promenade de la Gatineau.

Shawville (1 640 hab.)

À Shawville, on ressent une atmosphère particulière, comparable à celle émanant de certains villages des Cantons-de-l'Est ou de la région du canal Rideau, en Ontario. Les belles maisons de pierre et de brique rouge sont toujours habitées par les familles anglo-saxonnes qui ont colonisé la région au milieu du XIXe siècle.

La route traverse ensuite plusieurs villages typiques du Québec anglo-saxon, avec leurs minuscules églises de dénominations variées, leurs belles demeures et leurs rangées d'arbres au bord de la route. Le point d'arrivée est Fort-Coulonge.

Fort-Coulonge (1 640 hab.)

Dès le XVIIe siècle, les explorateurs et les chasseurs de fourrures empruntent la rivière des Outaouais, son affluent, la rivière Mattawa, le lac Nipissing et enfin le portage principal conduisant aux Grands Lacs pour se rendre dans l'ouest du Canada. On peut donc parler de ce parcours tortueux comme de la première route transcanadienne.

La rivière des Outaouais permettait en outre aux travailleurs forestiers et aux commerçants de se rendre de Montréal au Témiscamingue puis à la baie d'Hudson. Il était essentiel que l'on jalonne le trajet de postes de traite des fourrures doublés de lieux de repos pour les voyageurs. Fort-Coulonge était l'un d'entre eux. Aujourd'hui, il ne subsiste que quelques vestiges archéologiques de ce poste, très actif au début du XIXe siècle. Il périclitera au profit des postes septentrionaux, et il fermera finalement ses portes en 1857.

Le **pont Marchand** *(rte. 148).* Ce pont couvert en bois de type Town enjambe la rivière Coulonge depuis 1898. D'une longueur totale de 150 m, il figure parmi les plus importantes structures du genre conservées au Québec.

Les **maisons Bryson** *(rte. 148)* se trouvent dans les limites de la municipalité rurale des cantons unis de Mansfield-et-Pontefract. La première maison comporte un carré de pierres maçonnées et a été érigée en 1845 pour l'entrepreneur forestier George Bryson, originaire de Paisley en Écosse. Sa fortune et sa famille ayant grandi, Bryson se fait construire une seconde maison en 1854, à environ 100 m de la première. Cette structure de bois à deux niveaux, couronnée d'une terrasse faîtière, est apparentée à l'architecture néoclassique de l'Ontario. Les deux maisons sont reliées par les magasins et les bâtiments de ferme de Bryson.

Circuit B : La vallée de la Gatineau (une journée)

La vallée de la Gatineau est perpendiculaire à celle des Outaouais. Elle était autrefois habitée par les Algonquins, qui ont longtemps pratiqué la traite des fourrures avec les Français, puis avec les Anglais de la Compagnie de la Baie d'Hudson, avant d'être refoulés par la colonisation au XIXe siècle. C'est de nos jours une contrée rurale paisible ponctuée de villages fondés par des loyalistes américains ou par des colons écossais.

Leur architecture est influencée par celle de l'Ontario, tout proche. Ainsi, on retrouve dans la région une concentration exceptionnelle de bâtiments néoclassiques très simples érigés au cours de la période 1830-1860. L'industrie forestière occupe une place croissante dans l'économie de la vallée à mesure que l'on «monte dans le nord». Le bois coupé était autrefois acheminé à Hull par flottage sur la rivière Gatineau.

★★ Parc de la Gatineau

Le parc de la Gatineau (voir p 334) est le point de départ de ce circuit. Fondé en 1934, ce parc vallonné, riche en lacs et rivières, couvre une superficie de plus de 35 000 ha.

Pour vous rendre au centre d'accueil du parc de la Gatineau à partir de Hull, prenez l'autoroute 5 vers le nord jusqu'à la sortie 12. Tournez à gauche, puis suivez les indications. Pour le domaine Mackenzie-King, prenez le chemin Kingsmere vers l'ouest, puis à gauche sur la rue Barnes.

Le **domaine Mackenzie-King** ★★ *(entrée libre, 6$ pour le stationnement; mi-mai à mi-oct lun-ven 11h à 17h, sam-dim 10h à 18h; rue Barnes, Kingsmere, parc de la Gatineau, ☎613-239-5000 à Ottawa ou ☎827-2020 en Outaouais).* William Lyon Mackenzie King fut premier ministre du Canada de 1921 à 1930 puis de 1935 à 1948. Il s'intéressa aux arts et à l'horticulture presque autant qu'à la politique. King aimait se retirer dans sa résidence d'été, près du lac Kingsmere, aujourd'hui intégrée au parc de la Gatineau.

Le domaine, ouvert au public, comprend deux maisons (l'une d'entre elles a été transformée en un charmant salon de thé), un jardin à l'anglaise et surtout des *follies*, ces fausses ruines que les esprits romantiques affectionnent tant. Cependant, contrairement à la plupart de ces structures, qui sont érigées de toutes pièces, les ruines du domaine Mackenzie-King sont d'authentiques fragments de bâtiments provenant principalement du premier parlement canadien, incendié en

Coureurs des bois

Le coureur des bois est une figure mythique de la culture québécoise. Dès le début de la colonie, Champlain laisse derrière lui un jeune homme, Étienne Brûlé, qui apprendra la langue algonquine et fera le voyage vers l'intérieur des terres. On appelle alors «truchement» les gens comme Étienne Brûlé, qui seront en quelque sorte un test pour mesurer l'impact français, bon ou mauvais, sur les Amérindiens. À son retour, Champlain retrouve Brûlé vêtu comme les indigènes et ravi par ce mode de vie. Les truchements adoptèrent d'abord le mode de vie amérindien pour des raisons économiques, ne voulant pas offenser leurs hôtes et ainsi mettre en péril le commerce des fourrures. Mais avec les mois, ils découvrirent que les habitudes de vie amérindiennes étaient directement influencées par l'environnement. Ainsi, ils ont appris à manger du blé d'Inde (maïs), à chausser les raquettes et à voyager en canot d'écorce. Ils se sont aussi mis à utiliser les toboggans comme chariots à bagages. Cependant, ces truchements ont eu tendance à se laisser aller, une fois loin de l'Église et de l'État, à une véritable liberté sans contrainte avec des tendances «peu catholiques». D'ailleurs, la mort d'Étienne Brûlé – il fut tué et mangé par les Hurons, avec lesquels il avait vécu longtemps – illustre cet aspect de leur vie.

Avec le temps, la réputation des truchements s'est améliorée, surtout grâce à la sagesse de certains hommes qui ont profondément contribué à la nouvelle colonie. Le truchement est devenu le coureur des bois. Les deux plus illustres personnages de cette nouvelle vague sont Médard Chouart, des Groseilliers et Pierre-Esprit Radisson. Ces deux hommes, grâce à leur ingéniosité et à leur bravoure, ont su créer des liens avec les indigènes. Radisson a d'ailleurs acquis son adresse après avoir été capturé, torturé et finalement adopté par les Iroquois. Il ira même jusqu'à participer à une expédition au tomahawk, en revenant avec scalps et prisonniers, dans la plus pure tradition iroquoise.

Des Groseilliers et Radisson poussèrent les expéditions du commerce des fourrures jusqu'au lac Michigan et au lac Supérieur. Ils y établirent des postes de traite. En 1654, le gouverneur avait créé le système de permis de traite, ce qui mit fin à leur projet d'aller au-delà des Grands Lacs, à même les territoires de chasse amérindiens. En 1661, des Groseilliers et Radisson ne purent s'entendre avec le gouverneur et s'enfuirent sans permis officiel. Ils furent de retour deux ans plus tard avec une considérable cargaison de fourrures, ayant pris connaissance d'une route terrestre vers la baie d'Hudson.

Ils s'attendaient à être reçus comme des pionniers, mais furent condamnés à l'amende. Plutôt que de baisser la tête, ces deux fiers gaillards sont passés du côté des Anglais pour aider à la fondation de la Compagnie de la Baie d'Hudson. Ce dernier événement changea de nouveau l'image des coureurs des bois, qui redevint négative.

Malgré tout, ces hommes, d'abord truchements puis coureurs des bois, furent les premiers Européens à adopter et à comprendre la vie traditionnelle amérindienne. Ils choisiront ce mode de vie dans le respect des conditions géographiques, climatiques, économiques et sociologiques du Nouveau Monde. Leur conduite n'a certes pas toujours été ce qu'elle aurait dû être, et plusieurs furent de véritables bêtes sexuelles. Mais ils jouèrent un rôle crucial dans le développement du Canada, en étant le véritable fil conducteur entre deux grandes cultures.

1916, et du palais de Westminster, endommagé par les bombes allemandes en 1941.

Reprenez le chemin Kingsmere vers l'est jusqu'à Old Chelsea, où se trouve le centre d'accueil du parc de la Gatineau.

Chelsea (5 451 hab.)

La ville de Chelsea, sur la route 105, a vu le jour en 1819 grâce à deux marchands originaires du Vermont (États-Unis) qui y ont acquis des terres après avoir refusé d'acheter pour 40$ le terrain où s'élève de nos jours le parlement canadien.

Du village de Chelsea, empruntez le chemin du lac Meech (ou Meach). La route longe le lac pour finalement aboutir à l'extrémité du lac Mousseau, aussi appelé lac Harrington.

La résidence d'été officielle du premier ministre canadien se trouve dans les environs. Prenez à droite le chemin non revêtu pour rejoindre la route 105 Nord.

★ Wakefield (5 500 hab.)

Wakefield est une jolie petite ville anglo-saxonne située à l'embouchure de la rivière La Pêche. Elle fut fondée vers 1830 par des colons écossais, anglais et irlandais. Il fait bon se promener dans sa rue principale, bordée de boutiques d'antiquaires et de restaurants. Wakefield est le point d'arrivée des excursions du petit train à vapeur Hull-Wakefield (voir p 329).

Au-delà du parc de la Gatineau, la route 105 se fraye un chemin entre les montagnes jusqu'à la jonction de la route 117. Une excursion facultative conduit en pays forestier au départ de Wakefield. La principale agglomération de cette portion isolée et sauvage de l'Outaouais est la petite ville de Maniwaki.

Maniwaki (4 853 hab.)

Au début du XIXe siècle, Maniwaki est encore au cœur des territoires algonquins. La Compagnie de la Baie d'Hudson y ouvre alors un poste de traite des fourrures afin de faciliter les échanges entre chasseurs de peaux amérindiens et marchands blancs. Lorsque la coupe du bois a succédé au commerce des pelleteries, Maniwaki est devenue un important centre de ravitaillement pour les bûcherons, qui venaient s'y équiper avant de monter au chantier pour la durée de l'hiver.

Plusieurs des habitants de Maniwaki étaient à l'époque passés maîtres dans l'art de la drave (flottage du bois) sur la rivière Gatineau. Le **parc Le Draveur** les fait revivre à travers une sculpture de Donald Doiron entourée de panneaux d'interprétation.

Le **Château Logue** *(2,50$; mai à oct tlj 10h à 17h; 8 rue Comeau, ☎449-7999, ≠449-*

5102). Cette ancienne demeure en pierre de style Second Empire a été construite en 1887 pour le marchand d'origine irlandaise Charles Logue. Elle abrite de nos jours la Bibliothèque municipale ainsi que le Centre d'interprétation de l'historique de la protection de la forêt contre le feu. Ce centre raconte l'évolution des différents moyens mis en œuvre pour protéger des incendies la précieuse ressource qu'est la forêt québécoise.

La route traverse ensuite plusieurs villages forestiers avant Grand-Remous, où se trouve la jonction de la route 117 Nord. Cette dernière permet plus loin d'atteindre la réserve faunique La Vérendrye (voir p 351) et la région de l'Abitibi-Témiscamingue (voir p 341).

Parcs

Circuit A : La vallée des Outaouais

Le **Sentier d'interprétation du cerf de Virginie** *(R.R.1, Duhamel, ☎428-7089)*, long de 26 km, traverse le territoire où se réfugient les chevreuils durant l'hiver (les «ravages»). On peut l'emprunter à pied, en raquettes ou en ski de fond afin d'observer ces gracieux animaux. Nourris par les habitants de Duhamel, les chevreuils reviennent tous les ans. On estime que le troupeau est composé de près de 3 000 têtes.

Située à la fois dans la région des Laurentides et de l'Outaouais, la **réserve faunique Papineau-Labelle** ★ *(mi-mai à nov; 443 rte. 309, Val-des-Bois; on y accède par la route 311 en venant de Kiamika, par la route 321 en arrivant du lac-Nominingue, ou par la route 117 à partir de La Minerve; hors saison ☎454-2013, en saison ☎454-2306)* s'étend sur près de 1 600 km².

On peut y apercevoir une multitude d'animaux à fourrure ainsi que des cervidés. La chasse et la pêche y sont d'ailleurs permises. Des pistes de randonnée pédestre sont entretenues. Les amateurs de canot-camping y trouveront de longs circuits qui, toutefois, nécessitent de nombreux portages. Des sentiers de longue randonnée de ski de fond (100 km) sont aménagés sur le site. Les skieurs ont alors la possibilité de loger dans les refuges mis à leur disposition *(il faut compter 17,50$ par pers. et par jour)*. En outre, quelque 120 km de routes de motoneige traversent la réserve.

La **réserve faunique de Plaisance** ★ *(entrée libre; fin avr à mi-oct tlj; rte. 148, Plaisance, ☎772-3434)* constitue l'une des plus petites réserves du Québec. Elle longe la rivière des Outaouais sur près de 27 km et a pour but de mettre en valeur la vie animale et végétale de cette région. Afin de permettre l'observation d'oiseaux et de plantes aquatiques, des passerelles de bois ont été construites audessus des marais occupant les berges de la rivière. On peut aussi explorer ces marais en canot. Des routes et des pistes cyclabes sillonnent la réserve et permettent de découvrir les espèces animales qui habitent ces lieux. En outre, il est possible de prendre part aux excursions organisées par les naturalistes.

Site de fouilles archéologiques au cours des années quatre-vingt, le village de North Nation Mills est aujourd'hui disparu; on y retrouve cependant, tout près, les magnifiques **chutes de Plaisance** *(2,50$; en été 10h à 18h, fin juin à début sept tlj 10h à 18h, horaire variable hors saison; rang Malo, ☎427-6400)*. Le site dispose d'espaces de verdure qui conviennent à merveille aux pique-niques et à la randonnée.

Circuit B : La vallée de la Gatineau

Le **parc de la Gatineau** ★★ *(entrée libre, stationnement 6$ pour le domaine Mackenzie-King et pour les plages; le centre d'accueil se trouve à Chelsea, aussi accessible par le boulevard Taché, à Hull; ☎827-2020)* est situé à proximité du centre-ville de Hull. Il fut fondé en 1934, durant la Dépression, afin de protéger cette forêt de plus de 35 000 ha des gens à la recherche de bois de chauffage bon marché.

Chacun peut aujourd'hui profiter de ce superbe parc composé de collines et de rivières. Il est traversé par une route longue de 34 km et ponctuée de belvédères dont le **belvédère Champlain**, qui offre une magnifique vue sur la région. Des activités de plein air peuvent y être pratiquées tout au long de l'année. En été, des sentiers de randonnée pédestre et de vélo de montagne sont aménagés.

Le parc compte plusieurs lacs dont le célèbre lac Meech, qui donna son nom à une entente constitutionnelle finalement non ratifiée. Les activités nautiques telles que la planche à voile, le canot et la baignade y sont fort populaires. Il met en outre à la disposition des visiteurs un service de location d'embarcations ainsi que des emplacements de camping. On y trouve également la **caverne Lusk**, qu'il est possible d'explorer. Creusée dans le marbre, elle fut formée par l'action de l'eau issue de la fonte de glaciers il y a 12 500 ans. En hiver, quelque 190 km de pistes de ski de fond sont entretenues *(comptez 7$ par jour)*. On peut aussi s'adonner au ski alpin au **camp Fortune** *(☎827-1717)*, qui possède 17 pistes, dont 13 sont ouvertes en soirée. Il en coûte 30$ par jour ou 20$ pour la soirée.

Activités de plein air

Randonnée pédestre

Le **parc de la Gatineau** *(☎827-2020)* possède une foule de sentiers de randonnée ne totalisant pas moins de 125 km, autant d'occasions d'en découvrir les beautés. Vous pourrez ainsi partir à la découverte du lac Pink, fort beau mais à l'équilibre fragile (on ne peut s'y baigner), par le sentier (1,4 km) qui le longe.

Si vous préférez les splendides panoramas, optez plutôt pour le sentier du Mont-King, d'une longueur de 2,5 km, qui vous amènera au sommet, d'où vous aurez une vue splendide sur la vallée de la rivière des Outaouais. Enfin, les personnes disposant d'un peu plus de temps, et qui désirent entreprendre une excursion fascinante, devraient suivre le sentier de la caverne Lusk, long de 10,5 km, qui se rend à une véritable caverne de marbre, vieille de 12 500 ans.

Vaste territoire de 1 628 km², la **réserve faunique Papineau-Labelle** *(rte. 309, Val-des-Bois, en saison ☎454-2306, hors saison ☎454-2013)* est un véritable petit paradis pour l'amateur de grand air et de calme. Pour vous permettre de profiter un peu des beautés que vous réserve ce jardin encore sauvage, des sentiers de randonnée y sont aménagés, vous entraînant au plus profond de la forêt.

Des promenades à travers les zones marécageuses ont été aménagées à la **réserve faunique de Plaisance** *(☎772-3434)* (voir p 334) afin de mieux faire comprendre le rôle majeur que jouent ces terres humides dans l'équilibre écologique. Le sentier «La zizanie des marais», long d'environ 1 km et accessible à tous, est particulièrement captivant. Il entraîne les visiteurs au cœur des marais grâce à l'aménagement de passerelles de bois qui survolent la baie de la Petite Presqu'île.

En plus d'offrir l'occasion de contempler de fort jolis paysages, le parcours, ponctué d'écriteaux fournissant une foule de renseignements sur divers aspects de la faune, est instructif. Enfin, au cours de la balade, vous pourrez y observer plusieurs espèces d'oiseaux, notamment la bernache, qui s'y arrête en grand nombre au printemps lors de son périple migratoire, ainsi que la sauvagine. Plusieurs mammifères peuplent également cette zone, comme le castor et le rat musqué.

Vélo

Que vous décidiez de suivre une des routes cyclables de la région de Hull ou que vous préfériez rouler sur les sentiers de vélo tout-terrain du parc de la Gatineau, il y a une adresse à retenir à Hull : la **Maison du vélo** *(mai à oct lun-ven 9h à 20h, sam-dim 9h à 17h; 350 rue Laurier, ☎997-4356)*. Il s'agit de l'endroit par excellence à connaître avant d'entreprendre une excursion car on y loue et répare les vélos. En outre, vous pourrez obtenir une foule de renseignements sur le réseau cyclable.

Canot

Le canot constitue une façon à la fois différente et plaisante de contempler les magnifiques paysages de l'Outaouais. **Trailhead** *(1960 rue Scott, ☎613-722-4229 ou 800-574-8375)*, une entreprise située à Ottawa, organise des excursions en canot d'une ou de plusieurs journées dans le parc de la Gatineau. Ainsi accompagné, vous aurez tout le loisir de vous enfoncer dans la forêt en toute sécurité.

Pour les personnes rêvant d'une expédition de canot, mais qui n'ont jamais pagayé, **Expédition Eau Vive LAQS inc.** *(Hull ☎819-827-4467, ⇌819-827-4422, www.orbit.qc.ca/canoe)* propose des excursions d'une demi-journée sur les rivières de l'Outaouais. Les sportifs plus aguerris peuvent plutôt opter pour la «vraie» aventure, soit des excursions de 7 à 15 jours.

Ski de fond

En hiver, alors que le **parc de la Gatineau** *(8$; ☎827-2020)* se couvre d'un épais tapis de neige, pas moins de 200 km de pistes de ski de fond sont entretenues. Ces pistes, au nombre de 47, sont destinées aux skieurs de tous niveaux qui y trouveront à coup sûr leur bonheur.

Les skieurs plus intrépides rêvant de s'enfoncer dans les bois, loin de tout développement urbain, trouveront à la **réserve faunique Papineau-Labelle** *(5,25$ par jour, 20$ nuitée en refuge; ☎454-2013)* de quoi combler leurs attentes : une piste de ski de fond longue de 100 km. Tout le long des parcours, les skieurs peuvent loger dans des refuges chauffés. Il s'agit certes d'une aventure mémorable, mais réservée exclusivement aux skieurs expérimentés.

Ski alpin

La région de Hull compte peu de montagnes élevées, mais si l'envie de dévaler quelques pistes de ski vous prend, il faut vous rendre à Wakefield. Vous y trouverez deux stations de ski alpin : la station **Vallée Edelweiss** *(30$; lun-ven 10h à 22h, sam 8h à 22h, dim 8h à 16h; ☎459-2328)*, qui comprend 18 pentes, dont 14 éclairées, ainsi que la station **Vorlage** *(28$; lun-ven 9h30 à 22h, sam 9h à 22h, dim 9h à 17h; 65 ch. Burnside ☎459-2301 ou 877-867-5243, ≠819-459-3336, www.skivorlage.com)*, un peu plus petite, mais qui dispose tout de même de 15 pistes, dont 7 adaptées au ski de soirée.

Hébergement

Circuit A : La vallée des Outaouais

Montebello

Au fil des ans
55 $ bc
65$ bp, pdj
228 rue Duquette Papineauville J0V 1R0
☎427-5167

Si le charme d'une maison ancestrale (1853) vous séduit, le logement chez l'habitant Au fil des ans est le meilleur choix. Et votre portefeuille sera entièrement d'accord! Cette maison de bois, rénovée en respectant le style d'antan, propose cinq chambres, dont une avec salle de bain privée. De plus, les invités disposent d'une salle de séjour avec télé, seul endroit, par ailleurs, accessible aux fumeurs. L'aire réservée au copieux petit déjeuner, un solarium, est admirablement éclairée.

Auberge Suisse Montevilla
130$ pdj
ℑ, ℂ
970 ch. Montevilla J0V 1L0
☎423-6692 ou 800-363-0061
≠423-5420
montevilla@orbit.qc.ca

Située en retrait du village, l'Auberge Suisse Montevilla constitue un choix intéressant pour les voyageurs qui désirent prendre quelques jours de repos dans la nature sans toutefois trop perdre en confort. L'auberge propose en plus une série d'activités de plein air comme la pêche et le tennis. Une piscine et deux lacs naturels se trouvent à proximité. On y loue aussi des chalets.

Château Montebello
250$
≡, ⊛, ℜ, ≈, ⊙, ⌂, ✪
392 rue Notre-Dame, J0V 1L0
☎423-6341 ou 800-441-1414
≠423-5283
www.cphotel.ca

Baptisée Château Montebello, cette superbe structure construite en bois de pin et de cèdre s'élève sur le bord de la rivière des Outaouais. Elle détient le titre de la plus importante structure en bois rond du monde. C'est aujourd'hui un centre de villégiature qui dispose de plusieurs installations, notamment une piscine intérieure et extérieure, des terrains de squash et une salle de conditionnement physique.

Hull

Auberge de la gare
98$ pdj
≡, ⊛
205 boul. St-Joseph, J8Y 3X3
☎778-8085 ou 800-361-6162
≠595-2021

L'Auberge de la gare est un hôtel simple et conventionnel. Le service est courtois et aimable. Les chambres sont propres, bien tenues, mais sans surprise. Il s'agit d'un établissement offrant un bon rapport qualité/prix.

Best Western Hôtel Jacques-Cartier
165$
≡, ⊛, ≈, ℜ, ℂ
131 rue Laurier J8X 3W3
☎770-8550 ou 800-265-8550
≠770-9705

Le hall austère et petit du Best Western Hôtel Jacques-Cartier est peu invitant. Toutefois, cet hôtel dispose de chambres aux meubles modernes; sans offrir un décor luxueux ou chaleureux, elles se révèlent confortables.

Hôtel Ramada Plaza
149$
ℜ, ≈, ≡
35 rue Laurier J8Y 4E9
☎778-6111 ou 800-272-6232
≠778-8548
L'hôtel Ramada Plaza est situé en face du Musée canadien des civilisations. Le bâtiment qui l'abrite, d'aspect simple, est typique des chaînes hôtelières. Il dispose de chambres au mobilier fonctionnel mais sans charme particulier. En basse saison, il propose des forfaits intéressants.

Aylmer

Château Cartier
199$
≡, ⊛, ℑ, ≈, ⊙, △, ♿, ℜ, ✪
1170 ch. Aylmer J9H 5E1
☎777-1088 ou 800-807-1088
≠777-2518
www.chateaucartier.com
L'immeuble rose et vert du Château Cartier est de construction récente. Ses chambres au décor moderne se révèlent confortables.

Circuit B : La vallée de la Gatineau

Parc de la Gatineau

Parc de la Gatineau
19$
camping du lac Philippe
15$
rte. 366
☎456-3016
camping du lac La Pêche
rte. 366
☎456-3016
Sans doute un des plus beaux sites de la région pour camper, le parc de la Gatineau a, avec plus de 350 emplacements, vraiment de quoi plaire aux personnes désirant dormir en pleine nature. Des emplacements sont aménagés pour recevoir les véhicules récréatifs.

Wakefield

Les Trois Érables
65$ pdj
801 Riverside Dr. J0X 3G0
☎459-1118
La petite auberge Les Trois Érables est l'une des surprises que vous réserve l'Outaouais. Remarquez le travail investi dans la rénovation de cette maison datant de 1896. Un séjour dans cette auberge s'avère toujours merveilleux.

Messines

Maison de la crémaillère
65$ pdj
24 ch. de la Montagne
J0X 2J0
☎465-2202 ou 888-465-2220
≠465-5368
La Maison de la crémaillère est un petit gîte touristique très accueillant. Dans cette petite localité tranquille, vous pourrez vous reposer en profitant de la vie douce et paisible de la campagne outaouaise.

Maniwaki

Auberge du Draveur
69$
≡, ⊛, ℜ
85 rue Principale N., J9E 2B5
☎449-7022
≠449-2081
L'Auberge du Draveur n'a d'auberge que le nom. Presque neuf, ce motel est très propre et confortable. Pour le prix, il s'agit d'un excellent choix.

Restaurants

Circuit A : La vallée des Outaouais

Hull

Aux Quatre Jeudis
$
44 rue Laval
☎771-9557
Le sympathique «café-resto-bar-galerie-ciné-terrasse» Aux Quatre Jeudis accueille une clientèle jeune et un peu bohème. Il dispose d'un écran sur lequel sont présentés des films. Sa jolie terrasse se révèle très populaire durant l'été. L'atmosphère y est très détendue.

Piz-za'za
$
36 rue Laval
☎771-0565
Chez Piz-za'za, vous pourrez déguster un excellent choix de pizzas fines dans une ambiance décontractée et sympathique.

Fou du Roi
$$
253 boul. St-Joseph
☎778-0516
Au Fou du Roi, on peut savourer une cuisine simple, toujours bonne. L'endroit est populaire au déjeuner. En été, il bénéficie d'une agréable terrasse.

Le Twist
$$
88 rue Montcalm
☎777-8886
Dans un cadre très sympathique, Le Twist comblera vos envies d'un bon hamburger et de frites maison. Bien sûr, le menu comporte d'autres excellents choix. En été, une grande

terrasse, complètement privée, vous accueille. Bref, un lieu plein d'ambiance qui attire des gens amusants.

Le Panaché
$$$
fermé dim-lun
201 rue Eddy
☎777-7771
Le Panaché est un petit restaurant se spécialisant dans la cuisine française. L'ambiance est intime et détendue.

Le Pied Cochon
$$$
fermé dim-lun
248 rue Montcalm
☎777-5808
Si vous cherchez une bonne table sans prétention, optez pour Le Pied Cochon. Le menu est aussi varié que savoureux, et le service est impeccable.

La Soupière
$$$
fermé dim-lun
53 rue Kent
☎771-6256
Installée dans une maison ancienne, La Soupière propose une excellente cuisine régionale servie en copieuses portions. Le restaurant est petit, ne pouvant accueillir qu'une quarantaine de personnes, aussi est-il conseillé de réserver.

Le Tartuffe
$$$
fermé dim
133 rue Notre Dame
☎776-6424
À deux pas du Musée canadien des civilisations se trouve un merveilleux petit restaurant de gastronomie française : Le Tartuffe. Cette petite maison saura vous plaire par la gentillesse et la courtoisie de son service, ou grâce à son ambiance intime et délicieuse.

Le Casino de Hull possède décidément toutes les ressources pour que vous y passiez d'excellents moments, car, outre les tables de jeux, il renferme deux restaurants où vous pourrez faire un excellent repas loin du tapage.

Le **Banco** (***$$***) propose une formule buffet, à bon prix, ainsi que divers plats à la carte. Plus chic et plus cher, le **Baccara** (***$$$$***; *fermé le midi; 1 boul. du Casino, ☎ 772-6210*) a su se tailler une place parmi les meilleurs restos de la région. La table d'hôte affiche tous les jours des plats raffinés, que vous dégusterez tout en profitant d'une vue spectaculaire sur le lac. La cave à vins, bien garnie, et le service toujours impeccable concourent également à faire de votre repas une expérience culinaire mémorable.

Le Sans-Pareil
$$$-$$$$
fermé dim
71 boul. St-Raymond
☎771-1471
Le Sans-Pareil est situé à 5 min du Casino de Hull, et tout près des centres commerciaux. Ici, l'addition est belge. Il est donc normal que le chef Luc Gielen propose des moules (12 choix), à «2 pour 1» le mardi soir. Mais ce serait un péché que de s'arrêter là, car la carte présente beaucoup d'autres choses délicieuses, et meilleures encore!

La carte change normalement toutes les trois semaines et favorise les produits frais que l'on retrouve dans les différentes régions du Québec. Le chef a du flair pour innover dans la combinaison des ingrédients. Il faut donc se laisser tenter, sans aucune crainte, par le menu gourmand à plusieurs services, qui inclut également les vins appropriés. C'est un endroit petit mais fort charmant. À découvrir!

Café Henry Burger
$$$$
69 rue Laurier
☎777-5646
Le chic Café Henry Burger se spécialise dans la préparation d'une cuisine française raffinée. Le menu se modifie au gré des arrivages et réussit chaque fois à ravir les palais les plus délicats. Établi à Hull depuis belle lurette, il a su conserver une excellente réputation malgré le service un peu froid.

Chelsea

L'Orée du bois
$$$-$$$$
ouvert dès 17h
fermé lun
en hiver fermé dim-lun
15 Kingsmere Rd.
Old Chelsea
☎827-0332
Visiter l'Outaouais sans se rendre dans le parc de la Gatineau est une hérésie. Ne serait-ce que pour y prendre un repas. L'Orée du bois vous accueille dans une maison rustique en plein cœur de la nature. Le bois, la brique et les rideaux crochetés que l'on retrouve à l'intérieur ajoutent à l'harmonie. Voilà une entreprise familiale du genre que l'on retrouve partout dans les différentes régions de la France.

Manon, souriante, vous reçoit et supervise les salles, tandis que Guy concentre son expertise sur la cuisine. La formule ne peut qu'être gagnante pour le client. Guy tente d'établir une cuisine française qui mettrait en valeur les excellents produits régionaux que l'on retrouve au Québec. La carte propose ainsi des plats préparés à base de champignons des bois, de fromage de chèvre frais, de canard du Lac Brome, de cerf et de poissons fumés sur place au bois d'érable. Les prix sont très raisonnables et les portions, généreuses.

Les Fougères
$$$$
783 rte. 105
☎827-8942
Le restaurant Les Fougères propose une cuisine inventive et raffinée dans un environnement très sympathique. La seule frustration, c'est qu'on ne peut pas tout goûter.

Aylmer

À l'échelle de Jacob
$$$
fermé lun-mar
27 boul. Lucerne
☎684-1040
Aménagé dans une jolie maison en pierre, À l'échelle de Jacob est fort agréable. Ce restaurant à l'ambiance chaleureuse convient bien aux dîners en tête-à-tête. On y concocte une délicieuse cuisine française.

Papineauville

La Table de Pierre Delahaye
$$$
fermé lun-mar
247 Papineau
☎427-5027
La Table de Pierre Delahaye mérite une escale. Oubliez le Château Montebello! Ce restaurant n'évoque que des souvenirs mémorables. Une histoire de couple : Madame à l'entrée et Monsieur à la cuisine. Un accueil toujours cordial et chaleureux, une cuisine exquise d'inspiration normande : le chef est un vrai Normand! Si l'évocation du ris de veau vous fait saliver, pas besoin d'aller plus loin. Cette maison de village historique (1880) abrite des pièces empreintes d'ambiance. Lorsqu'on est à plusieurs (huit et plus), on peut même entièrement disposer d'une des pièces.

Circuit B : La vallée de la Gatineau

Messines

Maison la Crémaillère
$$$$
fermé lun
24 ch. de la Montagne J0X 2J0
☎465-2202
La Maison la Crémaillère figure parmi les plus illustres restaurants de la région. Située dans un coin reculée de l'Outaouais, cette magnifique maison d'époque dispose d'à peine 30 places et vous propose un service personnalisé et courtois. La table d'hôte affiche des mets aussi artistiques que délicieux. Les réservations sont obligatoires.

Sorties

Bars et discothèques

Hull

La promenade du Portage est connue de tous, y compris des Ontariens qui viennent y terminer la fête. Clientèle plutôt jeune.

Le Bop
5 rue Aubry
Le Bop est un petit établissement sympathique du vieux Hull. On peut commencer la soirée en y mangeant. On y entend non seulement de la musique techno et disco, mais aussi du *softrock* et même un peu de *hardrock*.

Aux Quatre Jeudis
44 rue Laval
Depuis de très nombreuses années, le café Aux Quatre Jeudis est l'endroit privilégié par les habitués des cafés. Belle grande terrasse en été. Fort sympathique. Beaucoup d'ambiance à l'intérieur.

Le Fou du Roi
253 boul. St-Joseph
Le Fou du Roi est le lieu de rencontre des gens qui ont dépassé la trentaine. Les vitrines s'ouvrent sur une petite terrasse en été. Également très fréquenté après les heures de bureau.

Le Casino de Hull abrite deux très beaux bars : le **777** et le **Marina** *(1 boul. du Casino)*, où l'on ne sert pas moins de 70 sortes de bières produites par les microbrasseries canadiennes.

Théâtres et salles de spectacle

Gatineau

Tout au long de l'année, la **Maison de la Culture de Gatineau** *(855 boul. de la Gappe, ☎243-2325)* présente des spectacles de bonne qualité.

Hull

Pour assister à une pièce de théâtre, rendez-vous au **Théâtre de l'île** *(1 rue Wellington, ☎595-7455)*. En été, des forfaits souper-théâtre sont proposés.

Fêtes et festivals

Hull - Ottawa

Le **Festival international de jazz d'Ottawa et de Hull** *(fin juil; ☎613-291-2633)* offre plusieurs spectacles à Hull et la possibilité d'entendre diverses tendances du jazz contemporain à un coût très abordable (un laissez-passer au coût de moins de 30$ donne accès à tous les concerts).

Le **Bal de neige** est le plus gros festival d'hiver en Amérique du Nord. Diverses activités sont organisées sur la plus grande patinoire du monde, le canal Rideau, à Ottawa, de même que dans certains autres endroits de la région. Pour information : ☎(613) 239-5000 ou 800-465-1867.

Gatineau

Le **Festival des montgolfières** *(☎243-2330 ou 800-668-8383)* se déroule à Gatineau pendant la fin de semaine de la fête du Travail, début septembre. Une féerie de couleurs inonde alors le ciel. En peu d'années, ce festival a acquis une réputation enviable. Très bien organisé, il attire plusieurs grands artistes de la chanson en soirée.

Aylmer

La **Fête de l'été d'Aylmer** *(☎684-9406)* (anciennement le Festi-voile) se déroule principalement à la marina d'Aylmer. Pendant quelques jours en août, on peut assister ou participer à des compétitions et à des activités nautiques. En soirée, chanteurs et chanteuses québécois de renom se relayent sur scène.

Casino

Les personnes désirant s'amuser tout en ayant la possibilité de gagner de bons montants d'argent peuvent se rendre au **Casino de Hull** *(11h à 3h; 1 boul. du Casino, ☎819-772-2100 ou 800-665-2274)*. Vaste, il renferme notamment des machines à sous, des tables de Keno, de blackjack et de roulette ainsi que deux restaurants (voir p 338).

Achats

Circuit A : La vallée des Outaouais

Hull

La **boutique du Musée canadien des civilisations** *(100 rue Laurier)* est en quelque sorte une autre salle de cette institution. Bien que les pièces d'artisanat autochtone et canadien qui y sont vendues n'aient pas la même qualité artistique que celles exposées dans le musée, vous y dénicherez toutes sortes de trésors à prix accessible. En plus de l'artisanat, on y vend une foule de chouettes petits bibelots. Le **Musée canadien des civilisations** renferme également une librairie disposant d'une fort belle collection d'ouvrages traitant de l'histoire et de l'artisanat de nombre d'ethnies.

Circuit B : La vallée de la Gatineau

Wakefield

Une petite boutique, **Jamboree** *(817 Riverside Rd, ☎459-3453)* propose des produits maison faits sur place : confitures, chutneys et achards (*relish*) (aux bleuets sauvages ou aux courgettes, s'il faut choisir). Lorsqu'on y pénètre, les odeurs embaument le petit espace. On y vend également des articles de cuisine et de l'artisanat.

Abitibi–Témiscamingue

En excluant le Grand Nord québécois et la Baie-James, l'Abitibi–Témiscamingue, avec ses 150 000 habitants et ses 100 000 lacs, peut sans doute être considérée comme la dernière frontière du Québec.

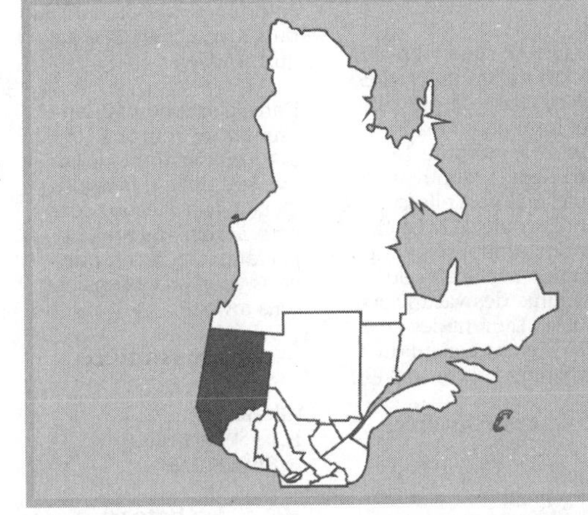

Quoique les riches terres bordant le lac Témiscamingue et la rivière des Outaouais aient été occupées dès le siècle dernier, la colonisation de la majeure partie de la région ne commença qu'au début du XXe siècle, avec l'arrivée de femmes et d'hommes déterminés à y vivre de l'agriculture malgré la pauvreté du sol.

Après de dures années de défrichage et de maigres récoltes, la découverte de gisements d'or au cours des années vingt provoqua une seconde vague migratoire ayant l'allure d'une véritable ruée vers l'or. Des villes y poussèrent comme des champignons en quelques années, avec l'exploitation naissante des gisements d'or, mais aussi de cuivre et d'argent, dans ce que l'on nomme la «faille de Cadillac».

La région conserve encore aujourd'hui une atmosphère de *boom town*, et le secteur minier emploie toujours un cinquième de la main-d'œuvre locale, les autres piliers de l'économie régionale étant l'agriculture et, surtout, le secteur forestier.

À l'époque des premiers balbutiements de l'Abitibi, une vague de colons s'y est rendue, espérant y trouver la richesse promise par le clergé catholique. La réalité s'est avérée différente. Ils ont été confrontés à un territoire vierge. Ils se voyaient octroyer des terres vers lesquelles ils devaient même ouvrir la route. Mais au prix de la sueur de leur front et de dur labeur, ces pionniers ont défriché un coin de pays bien à eux.

Aujourd'hui, on y vient pour revivre la grande aventure de la ruée vers l'or, mais surtout pour profiter de ses grands espaces et des fabuleuses possibilités de chasse, de pêche et de motoneige qu'offrent ses vastes forêts et ses innombrables lacs.

Pour s'y retrouver sans mal

Même si l'Abitibi et le Témiscamingue font partie de la même région touristique, ces deux entités territoriales propres couvrent respectivement un vaste territoire. En conséquence, deux circuits distincts sont proposés : **Circuit A : L'Abitibi** ★ et **Circuit B : Le Témiscamingue** ★.

Circuit A : L'Abitibi

En voiture

L'Abitibi se situe à environ 500 km de Montréal. Il est recommandé de prévoir un arrêt à mi-parcours. Empruntez l'autoroute 15 Nord depuis Montréal. À Sainte-Agathe, celle-ci devient la route 117. Le circuit de l'Abitibi peut être combiné avec celui du «Royaume des vacanciers», dans les Laurentides (voir p 292), et avec celui du Témiscamingue (voir p 349).

Gares routières

Val-d'Or
1420, 4e Av.
☎(819)874-2200

Amos
132, 10e Av. O.
☎(819)732-2821

Rouyn-Noranda
52, rue Horne
☎(819)762-2200

Gares ferroviaires

Amos
100, av. de la Gare
☎(819)727-2510

Senneterre
☎(819)737-2979

Circuit B : Le Témiscamingue

En voiture

Le Témiscamingue est accessible soit par l'Abitibi, soit par l'Ontario. Dans le premier cas, suivez la route 391 Sud à partir de Rouyn-Noranda. À Rollet, empruntez la route 101 Sud puis la route 391 Sud jusqu'à Angliers.

Dans le second cas, empruntez les routes 17, 533 et 63 en Ontario (sur la rive sud de la rivière des Outaouais). Puis rendez-vous à Témiscaming, et parcourez le circuit que nous vous proposons en sens inverse.

Gare routière

Ville-Marie
19, rue Ste-Anne (au Cagibi)
☎(819)629-2166

En bateau

Il est aussi possible de se rendre au Témiscamingue par **La voie navigable du Témiscamingue** et de l'Outaouais. Cette voie emprunte la rivière des Outaouais et se termine au lac Témiscamingue.

Cet itinéraire retrace la voie de flottaison utilisée à l'époque pour faire descendre le bois vers les scieries et les usines de pâtes et papiers à Hull. Pour information, contactez les bureaux de renseignements touristiques régionaux.

Renseignements pratiques

Indicatif régional : 819

Renseignements touristiques

Bureau régional

Association touristique régionale de l'Abitibi– Témiscamingue
170, av. Principale, bureau 103, Rouyn-Noranda, J9X 4P7
☎762-8181
☎800-808-0706
⇄762-5212
www.48nord.qc.ca

Circuit A : L'Abitibi

Val-d'Or
20, 3e Av. E., J9P 5Y8
☎824-9646

Amos
892, rue 111 E., J9T 2K4
☎727-1242
☎800-670-0499
⇄727-3437

Rouyn-Noranda
191, av. du Lac, J9X 5C3
☎797-3195
⇄797-7134

Circuit B : Le Témiscamingue

Ville-Marie
21, rue Notre-Dame-de-Lourdes, J0Z 3W0
☎629-3355

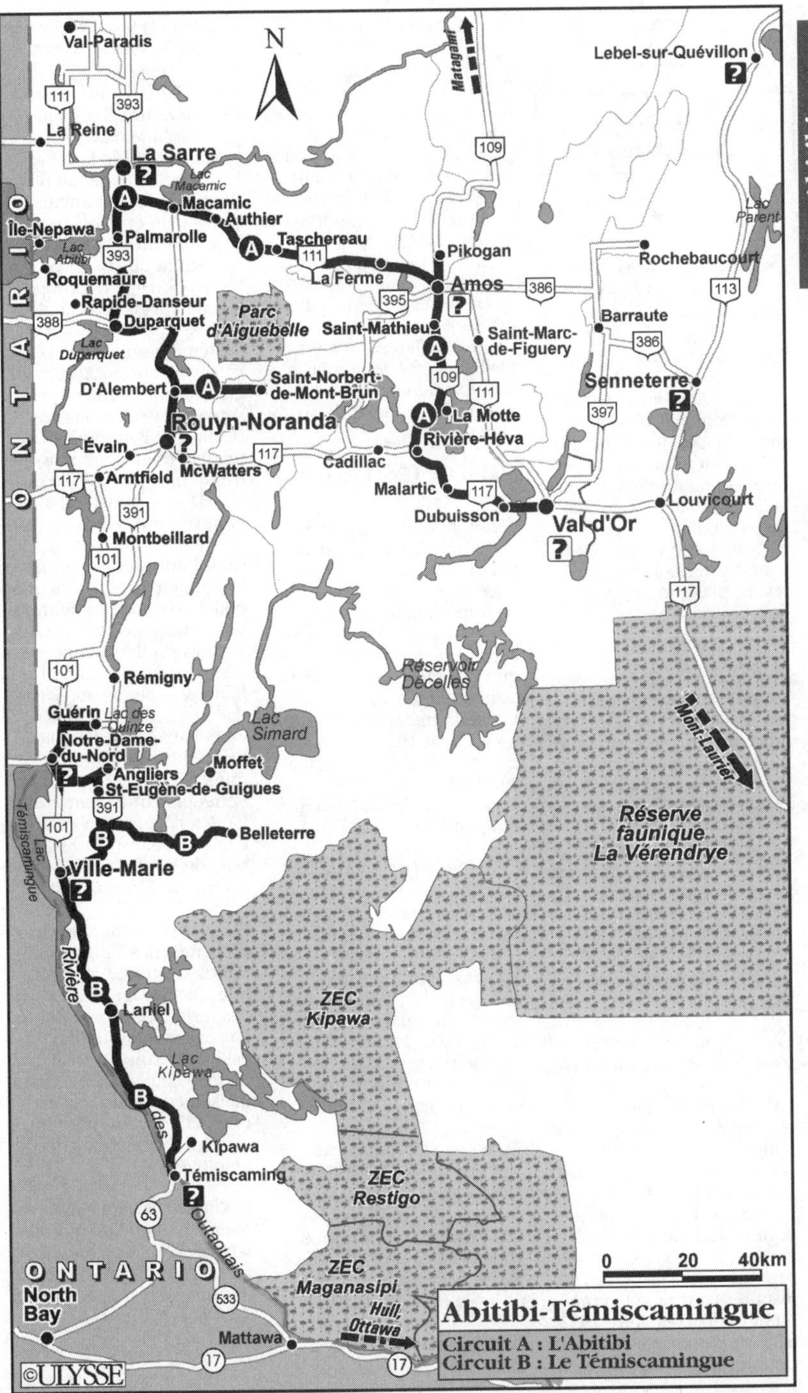

N
Val-Paradis
La Reine
La Sarre
Lac Macamic
Macamic
Authier
Taschereau
La Ferme
Pikogan
Amos
Île-Nepawa
Lac Abitibi
Palmaroile
Roquemaure
Rapide-Danseur
Duparquet
Lac Duparquet
Parc d'Aiguebelle
Saint-Mathieu
Saint-Marc-de-Figuery
D'Alembert
Saint-Norbert-de-Mont-Brun
Rouyn-Noranda
La Motte
Rivière-Héva
Évain
Arntfield
McWatters
Cadillac
Malartic
Dubuisson
Val-d'Or
Louvicourt
Montbeillard
Matagami
Lebel-sur-Quévillon
Lac Parent
Rochebaucourt
Barraute
Senneterre
Rémigny
Guérin
Lac des Quinze
Notre-Dame-du-Nord
Angliers
St-Eugène-de-Guigues
Moffet
Lac Simard
Réservoir Décelles
Mont-Laurier
Réserve faunique La Vérendrye
Belleterre
Ville-Marie
Lac Témiscamingue
Rivière des Outaouais
Laniel
Lac Kipawa
ZEC Kipawa
Kipawa
Témiscaming
ZEC Restigo
ZEC Maganasipi
ONTARIO
North Bay
Mattawa
Hull, Ottawa
0 20 40km
©ULYSSE
Abitibi-Témiscamingue
Circuit A : L'Abitibi
Circuit B : Le Témiscamingue

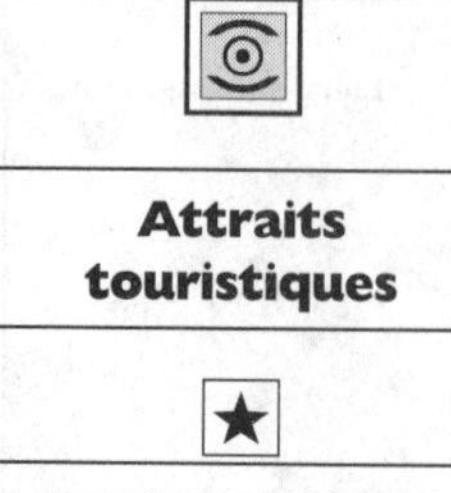

Circuit A : L'Abitibi (deux jours)

Nous sommes ici en pays neuf, puisque la colonisation de l'Abitibi ne débute véritablement qu'avec l'arrivée du chemin de fer en 1912. La région étant isolée du reste du Québec par la faille minéralisée de Cadillac, qui délimite le bassin hydrographique du Saint-Laurent, il était auparavant presque impossible de s'y rendre par voie d'eau.

L'Abitibi est alors présentée comme la «terre promise» par le clergé catholique, qui veut y déverser le trop plein d'agriculteurs de la vallée du Saint- Laurent et enrayer l'émigration vers les États-Unis. La découverte de gisements de cuivre et d'or, au début des années vingt, précipite le développement de quelques villes, comme Val-d'Or, mais le reste du territoire demeure jusque-là peu peuplé.

Cependant, lorsque survient la crise économique de 1929, la colonisation de l'Abitibi est perçue comme un moyen de réduire le chômage grâce aux terres offertes aux miséreux des grandes villes. Dans les années trente, l'élite politique voit donc l'Abitibi comme l'exutoire de la misère urbaine. Les mesures instituées par le gouvernement québécois entre 1932 et 1939 permettront de doubler la population de la région en sept ans et de créer 40 nouveaux villages.

Des centaines de lacs et de rivières, la forêt à perte de vue et un relief de hauts plateaux relativement peu prononcé font de l'Abitibi un lieu idéal pour la chasse, la pêche et le camping sauvage. L'Abitibi–Témiscamingue est traversée par la ligne démarquant les eaux de la vallée du Saint-Laurent de celles de la Baie-James, et c'est d'ailleurs ce que le mot «Abitibi» signifie en langue algonquine : «ligne de partage des eaux».

Val-d'Or (24 476 hab.)

Qui aurait cru, sous le Régime français, qu'il y avait bel et bien de l'or au Québec? Après s'être fourvoyés en apportant à François 1er de la vulgaire chalcopyrite, les explorateurs de l'Amérique française avaient abandonné la recherche du précieux métal doré. Ce n'est qu'en 1922 que des prospecteurs découvrent aux limites de la faille minéralisée de Cadillac un formidable gisement d'or.

Une ville champignon verra bientôt le jour dans cette vallée de l'or. Elle portera un nom qui lui convient à merveille : Val-d'Or. Au cours des années trente, Val-d'Or fut le plus important site d'extraction d'or au monde. Elle demeure encore de nos jours un important centre minier.

Vous pouvez monter au sommet de la **Tour d'observation Rotary** (18 m), située à l'angle des boulevards des Pins et Sabourin, pour vous donner une idée des vastes horizons qui caractérisent le nord du Québec.

Le **Village minier de Bourlamaque** ★ *(2,50$; fin juin à début sept tlj 9h à 18h; le reste de l'année sur réservation; 90 av. Perreault, C.P. 212, ☎825-7616)*. La firme canado-américaine Teck-Hughes Gold Mines amorce l'exploitation de la mine Lamaque en 1932, attirant de nombreux chômeurs en quête d'un emploi. Le village minier de Bourlamaque surgit du sol au printemps de 1935 pour loger les mineurs et leur famille.

Ce témoin unique de la ruée vers l'or en Abitibi a été miraculeusement préservé dans ses moindres détails par l'entreprise Lamaque, qui l'a fait construire, puis par la Ville de Val-d'Or, à laquelle il a été annexé en 1965.

Classé arrondissement historique en 1978, ce quartier entier comporte 65 authentiques maisons de mineurs en bois rond, chacune pouvant se définir comme la fameuse «cabane au Canada». Les maisons sont toujours habitées et parfaitement entretenues. Au numéro 123 de l'avenue Perreault, l'une d'entre elles a été aménagée en centre d'interprétation sur les débuts de Val-d'Or et de l'industrie minière en Abitibi.

Il faut aussi remarquer les demeures des dirigeants. Bâties selon une architecture de style anglo-saxon, ces résidences abritaient les patrons et leur famille. Il est intéressant de noter que même l'emplacement des maisons des patrons (sur une petite colline) dominait celui des habitations des employés.

La Cité de l'Or ★★ *(18$, famille 50$; mi-juin à début sept 9h à 18h; sept à mai lun-mer 10h à 17h, jeu-ven fermé, sam 9h à 18h, dim 13h à 18h; 123 av. Perreault,*

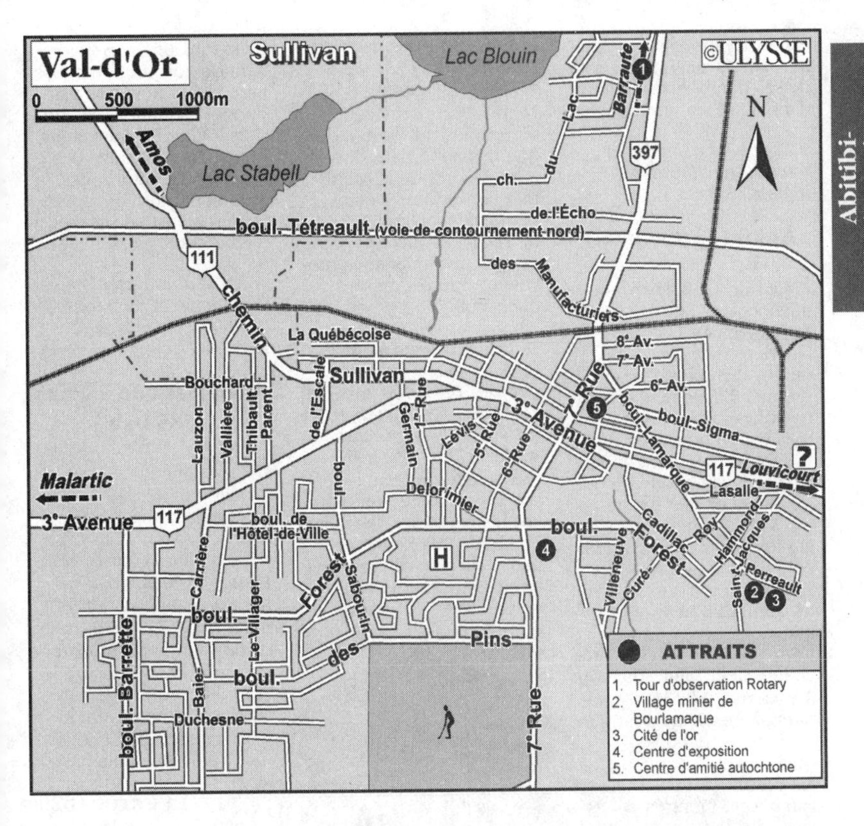

☎825-7616) vous donne la chance de descendre 90 m sous terre dans une ancienne mine. On y explique les différentes techniques d'extraction de l'or. Cette expérience permet de voir les incroyables conditions de travail des hommes-taupes. Pour la visite d'une durée de presque deux heures, portez un bon lainage car la température, au fond d'une mine, n'a rien à voir avec celle de l'extérieur. Après la visite de la mine, vous pouvez vous rendre aux installations de surface de l'ancienne mine Lamaque.

À Val-d'Or, les œuvres des artistes de la région et d'ailleurs sont présentées au **Centre Culturel de Val d'Or** *(visites gratuites; toute l'année, lun-ven 13h à 17h et 19h à 21h, sam-dim 13h à 17h; 600, 7e Rue, ☎825-0942).*

La culture autochtone est importante à Val-d'Or, et le **Centre d'amitié autochtone** *(entrée libre; toute l'année lun-sam aux heures de bureau; 1272 7e rue, ☎825-6857)* vous ouvre un accès privilégié à l'histoire, aux légendes et aux traditions des nations amérindiennes de la région. Dans la boutique, vous pourrez voir les œuvres d'artisans amérindiens.

Poursuivez sur la route 117 en direction de Malartic.

Malartic (4 394 hab.)

Cette communauté minière n'est guère active dans l'exploitation des gisements aurifères, mais des bâtiments de la ruée vers l'or ont subsisté, donnant à Malartic un air de *Far West* amusant.

Le **Musée régional des mines** ★ *(4$; juin à mi-sept tlj 9h à 17h, mi-sept à fin-mai lun-ven 9h à 12h et 13h à 17h; 650 rue de la Paix, ☎757-4677)* a été fondé par un groupe de mineurs désireux de partager leur expérience avec le public. L'allure rébarbative du bâtiment du musée ne doit pas décourager le visiteur, car le parcours des trois salles d'exposition est fort instructif. On y expose les étapes de formation de notre planète ainsi que le rôle de ses nombreux minéraux dans notre vie quotidienne.

À Rivière-Héva, prenez la route 109 en direction d'Amos.

Amos (13 996 hab.)

À l'été de 1912, les premiers colons de l'Abitibi s'installent sur les bords de la rivière Harricana après un voyage épuisant. Le premier village de cabanes rustiques, bâties avec le bois coupé pour défricher le site, fait rapidement place à une ville moderne qui n'a rien à envier aux autres villes du Québec. Amos a été le point de départ de la colonisation de l'Abitibi. Elle en est toujours le centre administratif et religieux.

La **cathédrale Sainte-Thérèse-d'Avila** ★ *(11 bd Mgr-Dudemaine)*, élevée à ce rang en 1939, a été construite en 1923 selon les dessins de l'architecte montréalais Aristide Beaugrand- Champagne. Sa structure circulaire inusitée, coiffée d'un large dôme, et son vocabulaire romano-byzantin ne sont pas sans rappeler l'église Saint-Michel-Archange de Montréal, du même auteur. L'intérieur est orné de marbres d'Italie, de belles mosaïques et de verrières françaises.

Vous désirez voir ce qu'Amos propose sur la scène artistique? Rendez-vous au **Centre d'exposition de la Maison de la culture** *(entrée libre; lun-ven 8h30 à 12h et 13h30 à 16h30, sam-dim fermé; visites commentées et réservations possibles; 222, 1re Av. E., ☎732-6070)*. Outre l'exposition permanente «Pour tout l'art du monde», une incursion dans l'histoire de l'art, de la préhistoire à nos jours, vous y verrez des travaux d'artistes de la région ainsi que des expositions itinérantes provenant d'autres musées québécois.

Le **Refuge Pageau** ★ ★ *(10$; fin juin à fin août mar-ven 13h à 17h, sam-dim 13h à 20h; sept sam-dim 13h à 16h; 3991 rang Croteau, ☎732-6875 ou 732-8999)* recueille les animaux blessés, les soigne et, une fois ces bêtes guéries, les remet en liberté. Malheureusement, elles ne peuvent pas toutes retourner dans la nature sans risques; alors elles restent au refuge et amusent les visiteurs. En automne, vous pourrez être témoin du magnifique spectacle des oiseaux migrateurs qui s'arrêtent au refuge. Vous y verrez même une bernache qui protège une vache.

Cathédrale Sainte-Thérèse-d'Avila

Si vous avez un peu de chance, vous apercevrez Michel Pageau en train de jouer avec ces animaux sauvages, dans leur cage respective, que personne d'autre ne peut approcher. Il est toujours impressionnant de voir un homme se faire lécher le visage par un loup ou lutter avec un ours. Outre les ours et les loups, on y retrouve des renards, des ratons, des hiboux et plusieurs autres représentants de la faune québécoise.

À 10 km au sud-est d'Amos, sur la route 111 Est, vous attend le village de Saint-Marc-de-Figuery.

Saint-Marc-de-Figuery (585 hab.)

Les habitants de cette petite localité ont décidé de partager leur héritage culturel avec les passants. Ils ont donc ouvert **Le Musée de La Poste** *(3$; fin juin à début sept lun-dim, 9h à 17h; 449 route 111, ☎732-8501)*, une reconstitution du bureau de poste de 1922. Vous pouvez aussi profiter du **parc Héritage**, situé devant le musée, et qui constitue une jolie halte.

La Corne (620 hab.)

À La Corne, un peu au sud de Saint-Marc-de-Figuery, on trouve un attrait intéressant : le **Dispensaire de la garde** ★★ *(5$; début juin à fin sept tlj 9h à 17h; 339 route 111, ☎799-2181)*. Il s'agit d'un dispensaire ayant appartenu à une infirmière de colonie, ces femmes qui travaillaient aussi comme sages-femmes et même vétérinaires dans les coins les plus reculés du territoire en pleine colonisation. Le site nous rappelle leur vie et leur travail.

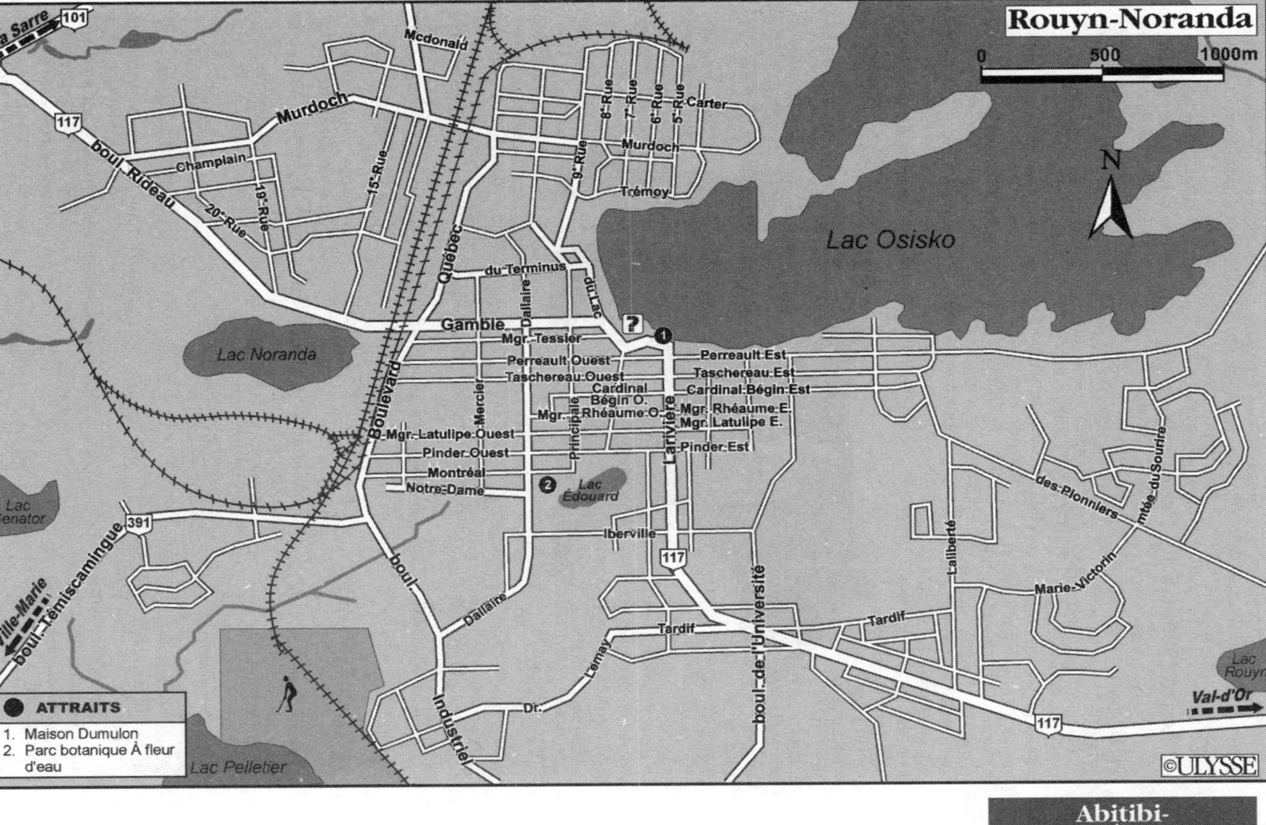
Rouyn-Noranda
0
500
1000m
N
Lac Osisko
Lac Noranda
Lac Édouard
Lac Senator
Lac Rouyn
Lac Pelletier
La Sarre
101
117
391
Mcdonald
Murdoch
Champlain
boul. Rideau
20e Rue
19e Rue
15e Rue
Québec
9e Rue
8e Rue
7e Rue
6e Rue
5e Rue
Carter
Trémoy
du Terminus
du Lac
Gamble
Dallaire
Mgr. Tessier
Perreault Ouest
Taschereau Ouest
Cardinal
Bégin O.
Mgr. Rhéaume O.
Mgr. Latulipe Ouest
Pinder Ouest
Montréal
Notre-Dame
Mercier
Principale
Boulevard
Larivière
Perreault Est
Taschereau Est
Cardinal Bégin Est
Mgr. Rhéaume E.
Mgr. Latulipe E.
Pinder Est
Iberville
boul. de l'Université
Laliberté
des Pionniers
mtée du Sourire
Marie-Victorin
Tardif
Lemay
Dr.
boul. Industriel
boul. Témiscamingue
Ville-Marie
Val-d'Or
ATTRAITS
1. Maison Dumulon
2. Parc botanique À fleur d'eau
©ULYSSE

À 3 km au nord d'Amos se trouve le village algonquin de Pikogan.

Pikogan (385 hab.)

Les Algonquins de l'Harricana ont préservé leur nomadisme jusqu'en 1954, année où ils s'installent sur un site qu'ils baptisent Pikogan, ce qui signifie «tente de peaux» en langue algonquine. La chapelle du village retient l'attention par sa forme conique héritée du tipi. L'intérieur, aménagé par les Algonquins, comprend notamment un Chemin de croix disposé sur des peaux de castor.

La route 109 Nord, en direction de Matagami et du Nunavik, permet d'atteindre, au bout de 620 km, la Baie-James et ses installations hydroélectriques titanesques (voir le Nouveau-Québec, p 643). Afin de poursuivre le circuit de l'Abitibi, empruntez la route 111 Ouest depuis Amos.

Poursuivez sur la route 111.

Authier (360 hab.)

L'**école du rang II** ★ *(3$; fin juin à début sept tlj 9h30 à 17h30; 269 route 111, ☎782-3289)*. Au Québec, les villages sont parfois fort éloignés les uns des autres. Jusqu'au début des années soixante, les écoles de rang apporteront pour les plus jeunes une solution aux longs déplacements nécessaires pour se rendre dans les principales agglomérations.

Ces établissements étaient construits en rase campagne et étaient administrés par le gouvernement québécois. Une «maîtresse d'école» enseignait aux enfants des différents niveaux, réunis dans une seule et même salle de classe. L'institutrice demeurait sur place, dans un logement attenant à la salle principale. L'école du rang II, construite en 1937, a été transformée en centre d'interprétation des écoles de rang au Québec. L'intérieur, demeuré intact, fait voir les pupitres, les manuels scolaires et le logement de l'institutrice.

Ours noir

La route 111 traverse ensuite Macamic, située au bord du lac du même nom. Tournez à droite sur la route 393 Nord pour atteindre La Sarre.

La Sarre (8 660 hab.)

Nous sommes au pays des terres ingrates et des routes sans fin, où acheter un litre de lait entraîne souvent une balade de 20 km en voiture! La forêt constitue encore la principale source de revenus pour les habitants de la région. La Sarre, petite ville dominée par ses scieries, est née de la crise des années trente.

Le **Centre d'interprétation de la foresterie** *(entrée libre; début juin à début sept tlj 9h à 21h; 600 rue Principale, ☎333-3318)*, au bureau de tourisme local, illustre le développement de l'industrie forestière à La Sarre.

La Sarre ne vit pas que de bois. La culture s'y exprime à la **Maison de la culture** *(visites toute l'année, lun-ven 8h30 à 12h, 13h à 17h et 19h à 21h, sam-dim 13h à 17h; 195 rue Principale, ☎333-2294)*, qui abrite également la bibliothèque municipale Richelieu et le Centre d'art Rotary, où sont présentées des expositions d'artistes de l'Abitibi-Témiscamingue et de l'extérieur ainsi que des expositions itinérantes.

Remarquez la **fresque** qui habille le hall d'entrée de la Maison; en y regardant de plus près, vous pourrez y lire 70 ans d'histoire locale!

Reprenez la route 393 en sens inverse jusqu'à Duparquet, site d'une mine d'or abandonnée. Tournez à gauche sur la route 388 Est, puis à droite sur la route 101 Sud, que vous suivrez jusqu'à D'Alembert. Ensuite, prenez à gauche en direction de Saint-Norbert-de-Mont-Brun, où se trouve l'entrée du **parc d'Aiguebelle** ★★ (voir p 351).

Reprenez la route 101 Sud en direction de Rouyn-Noranda.

Rouyn-Noranda (29 774 hab.)

Autrefois formée des deux municipalités autonomes de Rouyn et de Noranda, implantées respectivement sur les rives sud et nord du lac Osisko, cette ville minière a vu le jour à la suite de la découverte dans la région d'importants gisements d'or et de cuivre. En 1921, il n'y avait encore là que forêt et rochers. Cinq ans plus tard, une ville complète, avec églises, usines et résidences, était visible au même endroit.

Si le secteur de Rouyn se veut davantage commerçant, en revanche, le secteur de Noranda, surtout résidentiel et institutionnel, a été bien planifié par la compagnie minière Noranda dès le milieu des années vingt. Même si les mines de Rouyn-Noranda sont aujourd'hui épuisées, la ville demeure un important centre de transformation du minerai.

Le site de la **maison Dumulon** *(2,50$; fin juin à début sept tlj 9h à 20h, début sept à fin juin lun-ven 9h à 12h et 13h à 17h; 191 av. du Lac, ☎797-7125)* comprend la maison en bois rond, construite par le marchand Joseph Dumulon en 1924, et le magasin général attenant. La famille Dumulon a été au centre de la formation de la ville de Rouyn, car elle a regroupé sur ses terrains un commerce, une auberge ainsi que le bureau de poste local. Le bâtiment, fait de billots d'épinettes, abrite de nos jours le bureau d'information touristique ainsi qu'un petit centre d'interprétation de l'histoire de Rouyn-Noranda.

Le **Musée religieux** *(1$; fin juin à début sept tlj 9h à 17h; 201 rue Taschereau O., ☎797-7125)*, installé dans une ancienne église orthodoxe russe, nous rappelle que les villes minières de l'Abitibi ont attiré un fort contingent d'immigrants d'Europe de l'Est au cours des années trente et quarante. Le musée dresse le portrait de chacune de ces communautés qui ont joué un rôle important dans le développement de la ville. Nombre d'entre elles sont cependant en régression de nos jours. On notera, au hasard des rues, la présence de synagogues et autres temples de dénominations variées, la plupart reconvertis à d'autres usages.

Il est possible de visiter la **Noranda Inc., Fonderie Horne** ★ *(entrée libre; début juin à début sept tlj 8h30 à 16h; 101 av. Portelance, ☎762-7764 Poste 2402)*. Découvrez ce complexe ouvert en 1927 et toujours en activité. Il est considéré comme l'un des plus importants producteurs mondiaux de cuivre et de métaux précieux.

Si vous avez envie d'une belle balade, le **Parc botanique «À fleur d'Eau»** *(entrée libre; 380 rue Richard, ☎762-3178)* constitue un bon choix.

La **maison Roscoe** *(sur rendez-vous seulement; 14 av. Murdoch, ☎764-9439)* est l'ancienne résidence du directeur de la mine Noranda. D'inspiration Tudor, cette demeure, située au bord du lac, abrite aujourd'hui le Centre musical en Sol mineur.

Circuit B : Le Témiscamingue (un jour et demi)

La rivière des Outaouais prend sa source dans le beau lac Témiscamingue, qui a laissé son nom à toute une région du Québec située à la frontière de l'Ontario. Le Témiscamingue, mot qui signifie «l'endroit des eaux profondes» en langue amérindienne, constituait autrefois le cœur des territoires algonquins.

Après avoir été le royaume des coureurs des bois pendant deux siècles, le Témiscamingue s'est tourné vers l'exploitation forestière à partir de 1850. L'hiver venu, les bûcherons de l'Outaouais «montaient dans le bois» pour couper la matière ligneuse que l'on croyait alors inépuisable. En 1863, les pères oblats s'installent dans la région. Ils fondent Ville- Marie en 1888, ce qui fait de cette ville la doyenne de toute l'Abitibi–Témiscamingue.

Guérin (275 hab.)

Le **Musée de Guérin** ★ *(4$; fin juin à début sept 11h à 18h; 919 rue Principale, ☎784-7014)* présente une intéressante collection d'objets religieux et agricoles dans une quinzaine de pavillons (lire «granges usées par le temps») retraçant l'histoire locale. Entre autres, on retrouve un camp de bûcherons, la maison d'un cultivateur et l'église du village. Cependant, la collection est menacée par le manque de temps, d'argent et surtout d'expertise. Il s'agit malgré tout d'une halte à ne pas manquer, ne serait-ce que pour voir ce qu'une poignée de gens peuvent faire lorsqu'ils sont fiers de leur culture.

Continuez sur la route de Nédélic-Guérin jusqu'à la route 101, où vous prendrez la direction sud jusqu'à Notre-Dame-du-Nord.

Notre-Dame-du-Nord (1 281 hab.)

Située en bordure du majestueux lac Témiscamingue, cette petite municipalité vit maintenant surtout des revenus des secteurs agroalimentaires et manufacturiers.

Le **Centre thématique fossilifère** *(4$; fin juin à début sept tlj 10h à 18h; 5 rue Principale, ☎723-2500)* expose une série de fossiles d'animaux marins retrouvés dans la région. Certains de ces fossiles datent de près de 400 millions d'années.

À partir de Notre-Dame du Nord, continuez sur la route 101 jusqu'à la Montée Gamache, que vous suivrez jusqu'à Angliers.

Angliers (310 hab.)

Jusqu'en 1975, le bois coupé sur les terres du Témiscamingue était acheminé vers les scieries des villes par flottage sur les nombreuses rivières de la région. Le village d'Angliers, sur le bord du lac des Quinze, a d'ailleurs longtemps vécu du flottage du bois. Au cours des dernières années, Angliers a misé sur sa vocation touristique, le site étant idéal pour la chasse et la pêche.

Le remorqueur **T.E. Draper/Chantier de Gédéon** *(fin juin à début sept tlj 10h à 18h; 11 rue T.E. Draper, ☎949-4431)* a été mis en service en 1929. On s'en servait pour tirer les radeaux de bois. Lors de l'abandon des opérations de flottage, il a été remisé avant d'être acquis par des citoyens d'Angliers, qui l'ont amarré à proximité de l'ancien entrepôt de la Canadian International Paper Company (C.I.P).

L'ensemble fait maintenant partie d'un centre d'interprétation sur le flottage du bois. Durant la visite de l'ancien entrepôt de la C.I.P., remarquez la façon dont les travailleurs ont francisé plusieurs mots anglais, formant ainsi une partie du «joual».

Prenez la route 391 Sud jusqu'à Ville-Marie.

Ville-Marie (2 655 hab.)

Lieu stratégique sur la route de la baie d'Hudson, le lac Témiscamingue est connu depuis le XVIIe siècle. Déjà en 1686, le chevalier de Troyes s'y arrête brièvement lors d'une expédition pour déloger les Anglais de la baie.

Un poste de traite est aménagé sur le bord du lac la même année. Au XIXe siècle, l'ouverture de chantiers au Témiscamingue amène une population saisonnière, bientôt remplacée par des colons qui s'établiront à proximité de la mission des oblats, donnant ainsi naissance à Ville-Marie. La ville occupe un bel emplacement au bord du lac, mis en valeur par l'aménagement d'un parc riverain.

La **Maison du colon** *(2,50$; mi-juin à début sept tlj 10h à 18h; 7 rue Notre-Dame-de-Lourdes, ☎629-3533)*, un bâtiment en pièce sur pièce de 1881, est la première maison de Ville-Marie. Plusieurs des colons y ont résidé temporairement à leur arrivée dans la région. On comprend donc qu'elle revêt un caractère particulier pour les gens du Témiscamingue.

Après avoir été déménagée à quelques reprises, elle fut transportée sur son site actuel en 1978. Elle abrite depuis un centre d'interprétation de l'histoire du Témiscamingue. La maison offre de belles vues sur le lac. L'édifice en pierre (1939), à l'arrière, logeait autrefois l'École d'agriculture du Témiscamingue.

Le **lieu historique national du Fort-Témiscamingue ★** *(3,50$; mi-juin à mi-sept, horaire variable, route 101, ☎629-3222)*. Trois postes de traite des fourrures ont été aménagés à différentes époques sur le pourtour du lac Témiscamingue. Ils ont tous porté le nom de Fort-Témiscamingue. L'emplacement désigné lieu historique national par le gouvernement canadien est celui du dernier poste occupé à la fin du XVIIIe siècle par la Compagnie du Nord-Ouest.

Le site, abandonné en 1902, est d'avantage un beau parc de verdure au bord du lac qu'un site bâti, la plupart des structures du poste ayant complètement disparu. Tout près, on peut voir la «forêt enchantée», boisée de thuyas au tronc étrangement contorsionné.

Suivez la route 101 Sud jusqu'à Témiscaming.

Témiscaming (2 930 hab.)

Cette ville monoindustrielle a été fondée en 1917 par la compagnie papetière Riordon. Le service d'aménagement de la compagnie a créé de toutes pièces une «ville nouvelle» à flanc de colline. Celle-ci reprend à son compte le modèle des cités-jardins britanniques.

Les architectes Ross et Macdonald de Montréal concevront les plans des jolies maisons Arts & Crafts, ainsi que la plupart des édifices publics que l'on peut encore admirer de nos jours. On notera la présence d'une fontaine en marbre florentin et d'un puits vénitien en bronze en plein quartier résidentiel, apport charmant quoique anachronique à l'aménagement des lieux.

Pêche sur glace

Les visiteurs ont l'occasion, dans l'usine **Tembec** ★ *(entrée libre; lun-ven 9h à 15h, réservation obligatoire; route Georges Petty, ☎627-3321)*, de découvrir tout le processus de la fabrication du papier et du carton.

Parcs

Circuit A : L'Abitibi

Le **parc d'Aiguebelle** ★★ *(St-Norbert-de-Mt-Brun, ☎637-7322 ou 762-3333)* couvre un territoire de 243 km². En plus des multiples lacs et rivières, on y retrouve les plus hautes collines de la région. Les visiteurs peuvent y pratiquer plusieurs activités de plein air tout au long de l'année, dont les plus populaires sont le canot, la pêche, la randonnée à bicyclette et à pied (32 km) durant la saison estivale, et le ski de fond (32 km) ainsi que la raquette durant l'hiver. On peut aussi y séjourner en refuge ou en camping.

La **réserve faunique La Vérendrye** ★★ *(accueil entrée Nord, ☎736-7431; vous pouvez aussi obtenir des renseignements auprès de la Société des établissements de plein air du Québec, C.P. 1330, 42 Place Hammond, bureau 102, Val-d'Or, J9P 4P8 ☎825-2392)* compte 13 615 km², ce qui représente le deuxième territoire naturel en importance du Québec.

Vous pourrez y accéder à partir de trois postes d'accueil : l'entrée Nord, qui est située à 60 km au sud de Val-d'Or; le Domaine, que vous verrez annoncé sur la route transcanadienne, et une entrée au sud. Le Domaine est par ailleurs l'endroit où l'on trouve de l'essence, un garage, un «dépanneur», un restaurant, et où l'on peut louer une embarcation ou un chalet. Des tables de pique-nique sont dressées au bord de la route.

De nombreux curieux profitent de cet arrêt puisqu'il n'y a pas de stationnement. La réserve est devenue, au fil des années, le paradis des amateurs de plein air de tout acabit. Ainsi chaque été, de nombreux adeptes du canot, du canot-camping, de la pêche, et même des cyclistes et des vacanciers de villégiature (qui y garent leur véhicule motorisé ou y plantent leur tente), y affluent.

Activités de plein air

Du point de vue touristique, l'Abitibi–Témiscamingue est encore un territoire à défricher! L'explorateur moderne qui s'y aventure découvrira une richesse inouïe, des espaces vierges à profusion et des cours d'eau aux possibilités quasi infinies! Fréquentée depuis plusieurs années par les chasseurs et les pêcheurs qui reconnaissent la générosité des cours d'eau et des forêts, la région offre beaucoup plus que du gibier et du poisson. Ses espaces sauvages, ses lacs et ses rivières se prêtent à une multitude d'aventures, douces ou extrêmes.

Vélo

Toute les régions du Québec s'y sont mises, et l'Abitibi-Témiscamingue n'échappe pas à la vague de popularité déclenchée par le vélo. En fait, la région a été précurseur de cette vague en présentant depuis 29 ans Le Tour cycliste de l'Abitibi, une compétition d'envergure qui met en présence les meilleurs coureurs juniors du Québec.

Circuit A : L'Abitibi

Une piste de 5 km relie Amos à La Ferme, une station d'activités de plein air pour toute la famille. La piste sillonnant la forêt est jalonnée de haltes, et un belvédère offre une vue magnifique sur la région environnante.

Le départ s'effectue au croisement du chemin du vieux cimetière et de la route 111 Ouest. La balade se fait également en sens inverse à partir du camping municipal. La piste est ouverte du 15 mai au 30 août, de 9h à 21h.

Val-d'Or représente la ville où le cyclisme figure parmi les activités de loisir les plus pratiquées. Tous les ans, une populaire randonnée de 70 km, «Cyclo-Titour», attire plusieurs centaines de cyclistes de l'Abitibi–Témiscamingue au profit du Tour cycliste de l'Abitibi, puisqu'une participation exige une compensation monétaire.

Le Service de sports et plein air de Val-d'Or tient annuellement l'activité «Roulons vers l'Or». Celle-ci vise la participation familiale dans les limites même de la ville. Enfin, il y a le grand Tour cycliste de l'Abitibi. Cette épreuve est sanctionnée par la Fédération cycliste internationale amateur et regroupe une vingtaine d'équipes de niveau junior des quatre coins du monde. La France, les États-Unis et la Hollande demeurent les plus fidèles visiteurs, de même que les délégations des provinces canadiennes.

Pour effectuer de belles randonnées à bicyclette à Rouyn-Noranda, une piste cyclable à deux voies, asphaltée et sécuritaire, se situe sur l'avenue Perreault. La piste débute à l'angle de la rue Larivière et de l'avenue Perreault, et se poursuit jusqu'au bout de celle-ci.

Une autre piste cyclable est également accessible depuis la mi-juillet 1998. D'une longueur de 3,8 km, cette piste reliera le parc des Érables à la montée Laframboise. Les adeptes du vélo pourront donc exercer leur activité préférée tout en découvrant ce coin de pays.

Location de vélos

Automax Les P'tits Roberge
67, rue Ste-Anne, Ville-Marie
☎629-2548
⇄629-2626
Tarifs bicyclettes : 15$ par jour; remorques pour enfant : 15$ par jour.

Randonnée pédestre

Le **parc d'Aiguebelle** *(☎763-3333 ou ☎ 6377322)* constitue l'un des sites préférés des Abitibi-Témiscamiens pour la pratique de la randonnée pédestre. Des sentiers qui vous invitent à fouler le sol le plus âgé du Bouclier canadien.

Circuit A : L'Abitibi

Pour pratiquer la randonnée dans le secteur de Rouyn-Noranda, rendez-vous au pied des Kekeko, à 11 km de la ville, où une aire de stationnement est accessible à partir de la route 391. Huit sentiers vous proposent des découvertes naturelles et des points de vue extraordinaires, des abris sous roches et de splendides cascades. Un guide des sentiers est disponible à la maison Dumulon et en librairie au coût de 5$.

En Abitibi, le Centre d'Observation est situé près d'un des plus beaux sentiers pédestres de la région, celui du **secteur des Côteaux**. Bordant la rivière Laflamme sur une longueur de 2 km, il est accessible par les rangs 9 et 10 de Rochebaucourt. Des tables de pique-nique, des haltes et des points de vue magnifiques (entre autres sur le pont couvert Les Chutes) se trouvent tout le long de ce sentier pédestre. Pour information, composez le ☎734-6551.

Ski de fond

Circuit A : L'Abitibi

Le **camp Dudemaine** *(6$; tlj 10h à 17h; route 395, Amos, ☎732-8453)* propose 22 km de pistes. On y trouve une salle de fartage et un comptoir de location de skis et de restauration; vous pourrez effectuer le pas de patin et le pas classique. En été, les pistes deviennent des sentiers pédestres ou de vélo de montagne.

Le **Centre quatre-saisons Mont Vidéo** *(tlj 9h30 à 17h; ch. Mont-Vidéo, Barraute, ☎734-3193)* offre, outre ses pentes de ski alpin, une dizaine de kilomètres pour le ski de randonnée. Vous y trouverez une salle de fartage et un restaurant.

Le **Club de ski de fond de Val-d'Or** *(7$; lun-ven 12h à 21h, sam-dim 10h à 21 h; ch. de l'Aéroport, Val-d'Or, ☎825-4398)* propose 50 km de tracés, dont une piste internationale éclairée! Vous y trouverez une salle de fartage, une boutique de location, un refuge chauffé et un casse-croûte.

Motoneige

En hiver, la région est un véritable paradis pour les motoneigistes. Ses 3 000 km de sentiers accessibles à la motoneige se partagent en circuits qui sillonnent les plus beaux coins de l'Abitibi– Témiscamingue. La neige abondante, la température clémente, froide mais toujours sans humidité, et l'accueil chaleureux des Abitibi-Témiscamiens comblent les amateurs de beaux paysages et d'aventure nordique.

Les itinéraires abitibiens rejoignent plusieurs régions touristiques du Québec. Vous pouvez donc y accéder par les sentiers Trans-Québec des villes de Senneterre, Lebel- sur- Quévillon ou Belleterre. En venant de l'Ontario, vous passerez par Témiscaming, Notre-Dame-du-Nord, Arntfield ou La Reine.

Plusieurs entreprises effectuent la location des véhicules et des vêtements nécessaires au motoneigisme. Notez toutefois que certaines entreprises imposent certaines restrictions, notamment un âge minimum et un permis de conduire valide.

Excursion Québec/Canada HarricanaClément Girard
911, 4e av. C.P. 1076,Val-d'Or, J9P 1J8
☎***825-4360***
Circuits de cinq jours comprenent des visites de plusieurs points d'intérêt de la région. Propose également des circuits en VTT.

Location Blais
280, av. Larivière
Rouyn-Noranda,
J9X 4H4
☎***797-9292***

Moto Sport du Cuivre
175, bd Évain
Évain, C.P. 360, J0Z 1Y0
☎***768-5611***

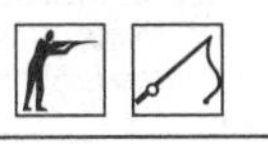

Chasse et pêche

Circuit A : L'Abitibi

Dans ce royaume de lacs et de rivières, de grands espaces et de forêts sans fin, la chasse et la pêche dominent. La **Pourvoirie du Domaine Balbuzard Sauvage** *(CP. 1387 Senneterre, J0Y 2M0, ☎737-8681)* a mérité un prix d'excellence du tourisme québécois grâce à la qualité de sa table et de son confort. La tarification dépend toujours de la saison que l'on choisit pour s'y rendre et de l'acti-vité qu'on désire pratiquer.

La **Pourvoirie Lac Faillon** *(C.P. 95, Senneterre, J0Y 2M0, ☎737-4429)* figure, elle aussi, parmi les plus populaires. En plus, vous y trouverez une jolie plage.

Circuit B : Le Témiscamingue

De réputation internationale, la **Réserve Beauchêne** *(C.P. 910, Témiscaming, J0Z 3R0, ☎627-3865, ☎ 888-627-3855)* propose une formule de pêche sportive selon laquelle les poissons doivent être remis à l'eau. De cette façon, on vous assure une qualité de pêche supérieure. De plus, les chambres sont très confortables, et la table est renommée.

Forfaits aventure

Quelques organismes proposent plusieurs genres d'expéditions en Abitibi–Témiscamingue, des défis à la mesure des explorateurs, amateurs ou néophytes, qui désirent prendre contact avec la nature dans ce qu'elle offre de plus sauvage.

Circuit A : L'Abitibi

Les conquérants du Nord *(46, 5e Avenue E., J9Z 1K9, ☎339-3300)*. Promoteur des forfaits de la Traversée à ski du lac Abitibi, de la Baie James et, nouvellement cette année, «Skier avec les Cris» ainsi que du Raid des conquérants (à vélo de montagne), l'Ordre des conquérants participe, par ses activités, à la promotion du capital naturel du Nord. Il est possible de louer l'équipement nécessaire à la pratique des activités hivernales. On doit réserver à l'avance car les places partent vite.

La Traversée de la Baie James
Prix : 2500$
durée : 11 jours
fin mars
distance : 160 Km

La Traversée du lac Abitibi
Prix : 279$
Durée : 5 jours
Fin mars
Distance : 100 km

Skier avec les Cris
Prix : 950$
Durée : 7 jours
Fin février
Distance : 125 km

Dans les mêmes locaux que les conquérants du Nord, **Lune Hiver Abitibi** *(46 5e Av. E., La Sarre, J9Z 1K9, ☎ 339-3300)* propose des forfaits d'aventure dans les territoires de la Baie- James et de l'Abitibi- Ouest.

Croissance Plein air *(125 ch. Lac Sauvage, C.P. 303, La Sarre, J9Z 3H8, ☎333-1199)* propose l'initiation au kayak de mer, des expéditions en kayak, du vélo de montagne, de la randonnée pédestre, de l'*orienteering* et du ski de randonnée.

AMIK
10, rue Tom Rankin, Pekogan, J9T 3A3
☎732-6591
⇄739-1569
Pour des randonnées en traîneau à chiens, et des activités nautiques, l'entreprise propose des circuits sur mesure dans la région.

Aventure chez les Autochtones

Afin de découvrir le mode de vie ancestral des premiers habitants du territoire, les rendez-vous avec les Autochtones sont de plus en plus nombreux dans la région, entraînant les visiteurs sur les traces des Amérindiens en canot, en raquettes, en traîneau à chiens ou à motoneige. Les excursions sont guidées par des Autochtones.

Circuit A : L'Abitibi

Wawatè (*C.P. 118, Val-d'Or, J9P 4N9; Dominique Gay-Spriet, ☎824-7652)* signifie en algonquin «aurore boréale». L'entreprise loge dans l'Orpailleur, une auberge construite dans les années trente près de la mine Lamaque, au milieu du village minier historique Bourlamaque.

Wawatè favorise le contact avec la nature et les Autochtones. Quel que soit le forfait choisi, Dominique Gay-Spriet, la propriétaire et fondatrice de Wawatè, ne lésine pas : *«Ceux qui s'attendent aux plumes et à tout le bazar folklorique ont un choc à l'arrivée. Je me fais un point d'honneur d'offrir la vérité non déguisée : une rencontre avec les Indiens oui, mais des Indiens qui sont aussi devenus des Nord- Américains.»*

La **Corporation de développement Kitcisakik** *(C.P. 206, via Louvicourt, J0Y 1Y0; Marie-Claude Audet ou Hector Pénosway, ☎824-1914)* vous invite en séjour de canot ou de canot-camping en compagnie d'Autochtones. Visite d'un village et festin algonquin sont également au menu.

Hébergement

Circuit A : L'Abitibi

Amos

L'Aubergine
50$
≈
mai à oct
762 10e Avenue, J9T 1X7
☎732-4418
À Amos, L'Aubergine est une grande résidence qui accueille les visiteurs avec, entre autres, une piscine intérieure, une salle de séjour munie d'un foyer et une belle terrasse.

Hôtel-Motel Amosphère ***63$***
≡, ⊛, *tv*, ℜ
1031 route 111 E., J9T 1N2
☎732-7777
☎800-567-7777
⇄732-5555
L'Hôtel-Motel Amosphère est un complexe hôtelier qui offre un hébergement de catégorie supérieure; en soirée, la salle à manger propose des spécialités de grillades et de fruits de mer.

L'Amosphère fait aussi relais de motoneigistes en hiver; on y trouve notamment des garages chauffés pour les motoneiges. Le complexe abrite également une discothèque animée et fréquentée par les oiseaux de nuit abitibi-témiscamiens.

Barraute

Centre quatre saisons Mont-Vidéo
78$
≈, ⊛, *tv*, ℂ
43 ch. Mont Vidéo, J0Y 1A0
☎734-3193
Au Centre quatre saisons Mont-Vidéo, vous pourrez installer vos pénates dans l'une des chambres de la station, été ou hiver, en plein cœur de la pessière abitibienne. Plusieurs activités sont possibles dans les environs.

La Sarre

Motel Le Bivouac
50$
tv, ⊛
637 2e Rue E., J9Z 3M2
☎333-2241
À l'entrée de La Sarre, le Motel Le Bivouac cache une ambiance bien particulière : chacune des chambres de ce petit motel rappelle les soldats de l'armée de Montcalm qui ont donné leur nom aux cantons et à certaines municipalités abitibi-témiscamiennes. Sympathique comme tout.

Motel Villa Mon Repos
52$
≡, *tv*, ⊛
32 route 111 E., J9Z 1R7
☎333-2224
☎888-417-3767
⇄333-9106
Le plus gros hôtel de la région de La Sarre, le Motel

Villa Mon Repos propose des chambres de toutes catégories à proximité du centre-ville.

Rémigny

Auberge du Presbytère
50$ pdj
bc
775 rue Principale, J0Z 3H0
☎***761-2411***
L'Auberge du Presbytère loge dans le presbytère de la paroisse. Dans cette grande maison, on a préservé les chambres telles qu'elles étaient à l'époque; la cuisine et la salle commune sont également authentiques. Plusieurs photos des curés de la paroisse et des évêques du diocèse trônent en évidence dans la maison. L'auberge est située en face de la rivière et du parc municipal.

Rouyn-Noranda

L'autre chez-soi
45$ pdj
bc, ℂ
784 av. Murdoch, J9X 1H8
☎***762-3187***
L'autre chez-soi est un gîte touristique agréable où les hôtes vous accueillent comme des membres de la famille.

Journey's End
81$
≡, ♿, 🐕
1295 av. Larivière
☎***797-1313***
☎***800-668-4200***
Sur l'avenue Larivière, vous trouverez quelques motels, dont un Journey's End .

Hôtel Albert
85$
≡, ⊛, *tv*
84 av. Principale, J9X 4P2
☎***762-3545 et 762-7157***
☎***888-725-2378***
Situé au centre-ville, l'hôtel Albert offre un excellent rapport qualité/prix. Grâce à une bonne situation géographique, à un service à la clientèle sans reproche et à des chambres simples mais confortables, cet établissement est une valeur sûre à Rouyn.

Val-d'Or

À Val-d'Or, vous trouverez deux terrains de camping offrant tous les services : **le Camping du lac Lemoyne** *(20$; 451 ch. plage Lemoyne, ☎874-3066)*, qui compte une centaine d'emplacements, et le **Centre de plein air Arc-en-ciel** *(12$; 600 ch. des Scouts, J9P 4N7, ☎/≠824-4152)*, avec quelque 70 emplacements. Établi dans une forêt de pins gris et blancs, d'épinettes, de bouleaux et de peupliers, ce dernier possède un étang ensemencé où il est possible de taquiner la truite arc-en-ciel, un zoo domestique (poules, lapins, vaches, poneys) et offre, parmi ses services, la location de tentes de 4 à 12 places (sur réservation), à la journée, à la semaine ou au mois.

Auberge de l'Orpailleur
52$ pdj
🐕
104 av. Perreault, J9P 2G3
☎***825-9518***
≠***825-8275***
L'Auberge de l'Orpailleur , située dans le village minier de Bourlamaque, occupe l'ancien Bunk House qui accueillait les mineurs célibataires. En plus de l'attrait historique, les chambres sont agréablement décorées, chacune d'elles ayant un cachet particulier. L'accueil et le petit déjeuner copieux rendent les séjours inoubliables. La propriétaire de l'auberge gère aussi une entreprise proposant des forfaits aventure et utilise l'auberge pour ses groupes; il faut donc réserver.

Hôtel Confortel Val-d'Or
75$
≡, ⊛, ≈, *tv*, ℜ, ♿
1001 3e Av. E., J9P 1T3
☎***825-5660***
☎***800-567-6599***
Situé à l'entrée est de la ville, l'hôtel Confortel Val-d'Or est un hôtel de catégorie trois étoiles. Les murs du Confortel abritent le Centre des congrès de Val-d'Or. Le restaurant de l'hôtel propose une cuisine régionale et française, des bières québécoises et importées, ainsi qu'une carte des vins élaborée.

L'Escale
88$
≡, ⊛, *tv*
1100 rue de l'Escale, J9P 4G8
☎***824-2711***
☎***800-567-6572***
≠***825-2145***
Le complexe hôtelier l'Escale offre un confort et une ambiance des plus appréciables. Louez l'une des chambres rénovées, car elles sont nettement plus belles.

Circuit B : Le Témiscamingue

Ville-Marie

Motel Louise
69$
tv, ≡, ℜ, 🐕
25 ch. de Guigues, J0Z 3W0
☎***629-2770***
Le Motel Louise propose tout le confort de ce type d'établissement. Les chambres sont confortables sans toutefois être exceptionnelles.

Motel Caroline
45$
tv, ≡, ℜ, 🐕
2 Chemin de Fabre, J0Z 3W0
☎***629-2965***
Les 16 chambres du Motel Caroline sont simples et sans luxe excessif. Le rapport qualité/prix est intéressant, et certaines cham-

bres offrent une belle vue sur le lac Témiscamingue.

Laniel

Chalets Pointe-aux-Pins ***215$ pour 2 jours pour 2 pers. 450$ pour la semaine***
3 chalets de 2 à 4 chambres
ℂ, *barbecue à gaz, literie fournie*
1955 ch. du Ski, J0Z 2K0
☎/⇄ ***634-5211***
Les Chalets Pointe-aux-Pins surplombent le lac Kipawa. Le site abritait autrefois une station entomologique où travaillait le père de la romancière canadienne Margaret Atwood. L'actuelle propriétaire, Mme Perreault, accueille les vacanciers en quête de paix et de bonne bouffe.

Ses chalets joliment décorés offrent la possibilité de pratiquer plusieurs activités de plein air dans les environs. Des kayaks, vélos, canots et pédalos sont mis à la disposition des clients. Près du lac, Mme Perreault a installé tout ce qu'il vous faut pour lézarder.

S'il est possible de cuisiner dans son chalet, Mme Perreault invite également ses hôtes à sa table, sur réservation. Sa cuisine évolutive et créative, dont les menus se composent de produits locaux et régionaux, se classe parmi les grandes cuisines de la région.

Témiscamingue

Auberge Témiscamingue
53$
≡, *tv*, ⊛, ℜ
1431 ch. Kipawa, J0Z 3R0
☎***627-3476***
☎***800-304-9469***
Situé le long du chemin Kipawa, le motel l'Auberge Témiscamingue a acquis une solide réputation dans la région. Son décor moderne et son service des plus courtois lui ont d'ailleurs valu des prix à l'échelle régionale. Attention toutefois, les chambres situées près des escaliers peuvent être plus bruyantes en raison des travailleurs qui se lèvent tôt (ou se couchent tard), et qui les empruntent.

Restaurants

Circuit A : L'Abitibi

Amos

Restaurant Rossy
$$
fermé lun
414 6e Rue O.
☎***732-8271***
Le plus étonnant de tous les restos abitibi-témiscamiens, le Restaurant Rossy dissimule, sous un façade anonyme et peu attrayante, une fine cuisine française et régionale à faire se rouler par terre les plus fins gourmets. C'est l'un des secrets bien gardés de la région.

Rouyn-Noranda

La Renaissance
$$-$$$
199 av. Principale
☎***764-4422***
La Renaissance propose une cuisine régionale savoureuse, innovatrice et créative, et une intéressante sélection de vins. L'entreprise familiale, sous la baguette du chef Gino Côté, accueille ses invités dans un décor qui s'inspire des caractéristiques régionales; l'une des salles du restaurant s'appelle d'ailleurs L'Anode, du nom de la plaquette de cuivre moulée selon une forme très particulière.

La Renaissance est également l'unique restaurant en région à proposer à sa clientèle un*lounge*, ce salon de dégustation d'alcool (14 choix de scotchs, plusieurs grands cognacs, Porto et autres) et de cigares (Montecristo, cigares de Cuba, du Honduras et de la République dominicaine)... Une halte branchée dans la région.

Hôtel Antique
$$
84 av. Principale
☎***762-3545***
L'hôtel Antique, malgré une ambiance un peu froide, sert une cuisine raffinée et délicieuse.

Val-d'Or

L'Amadeus
$$-$$$
166 av. Perreault
☎***825-7204***
L'Amadeus prépare une excellente cuisine française. Le service est impeccable et le décor, des plus agréables.

L'Avantage
$$
576 3e Av.
☎***825-6331***
Au restaurant L'Avantage, vous retrouverez une chic clientèle de professionnels venant déguster de la fine cuisine régionale dans un cadre détendu. De plus, après le repas, vous pourrez descendre prendre un verre au bar.

L'invitation
$$-$$$
1100 rue de l'Escale
☎***824-2711***
Le restaurant L'invitation, du Motel l'Escale, est le rendez-vous des gens d'affaires.

La Grilladerie des Diplômés
$$-$$$
1097 rue de L'Escale
☎*824-2771*
Au restaurant La Grilladerie des Diplômés, vous serez accueilli par un personnel chaleureux et aurez le privilège de savourer une excellente cuisine dans une ambiance détendue.

Circuit B : Le Témiscamingue

Ville-Marie

La Bannik
$$
862 ch. du Vieux-Fort
☎*622-0922*
Le restaurant-bar La Bannik est situé sur une colline qui surplombe le lieu historique de Fort-Témiscamingue. La vue depuis la terrasse est tout à fait exceptionnelle. Malheureusement, la cuisine n'est pas très étoffée. On y sert surtout des grillades, des pizzas et des repas légers. Cependant, vous pourrez aussi profiter d'une table d'hôte qui propose des plats plus élaborés.

Laniel

Chalets Pointe-aux-Pins
$$$-$$$$
mi-mai à mi-oct
1955 ch. du Ski
☎*634-5211*
Au bout du chemin du Ski, plantés dans une forêt qui donne son nom au site, se dressent les trois coquets Chalets Pointe-aux- Pins. Le chalet principal, qui fait office de restaurant, s'ouvre sur le lac Kipawa. L'hôte des lieux, Mme Perreault, propose un concept des plus originaux : elle sert une fine cuisine (blinis au caviar et vodka, noisettes de sanglier à la gelée de sapin, médaillons de porcelet sauce piquante aux bleuets, grenadins de veau de grain aux citrons confits) dans un environnement empreint de calme et de sérénité. Sa cuisine évolutive et créative, utilisant les produits régionaux, se classe parmi les meilleures de la région.

Sorties

Rouyn-Noranda

Cabaret de la dernière chance
146 8e Avenue
☎*762-9222*
Le Cabaret de la dernière chance se prête bien à la détente entre amis.

Val-d'Or

Super Club Le Vegas
784 3e Avenue
☎*825-9417*
Au Super Club Le Vegas, le plaisir est garanti si vous êtes amateur de billard ou de quilles. Une grande piste de danse invite les gens à danser sur une musique populaire.

Bar Le Dundee/La Cabane du Mineur
992 3e Avenue
☎*824-2155*
Au Bar Le Dundee/La Cabane du Mineur, on joue une musique diversifiée.

Fêtes et festivals

Rouyn-Noranda

Festival du cinéma international en Abitibi–Témiscamingue

fin octobre
☎*762-6212*
Le Festival du cinéma international en Abitibi–Témiscamingue, à caractère non compétitif, présente des films provenant de divers pays, diffusés pour la première fois en Amérique, et parfois même au monde. Contrairement aux événements de ce genre à Montréal ou à Toronto, le festival de l'Abitibi offre une ambiance unique.

Ville-Marie

Régates internationales de Ville-Marie
juillet
☎*629-2918*
Les Régates internationales de Ville-Marie rassemblent les meilleurs pilotes et attirent nombre de visiteurs.

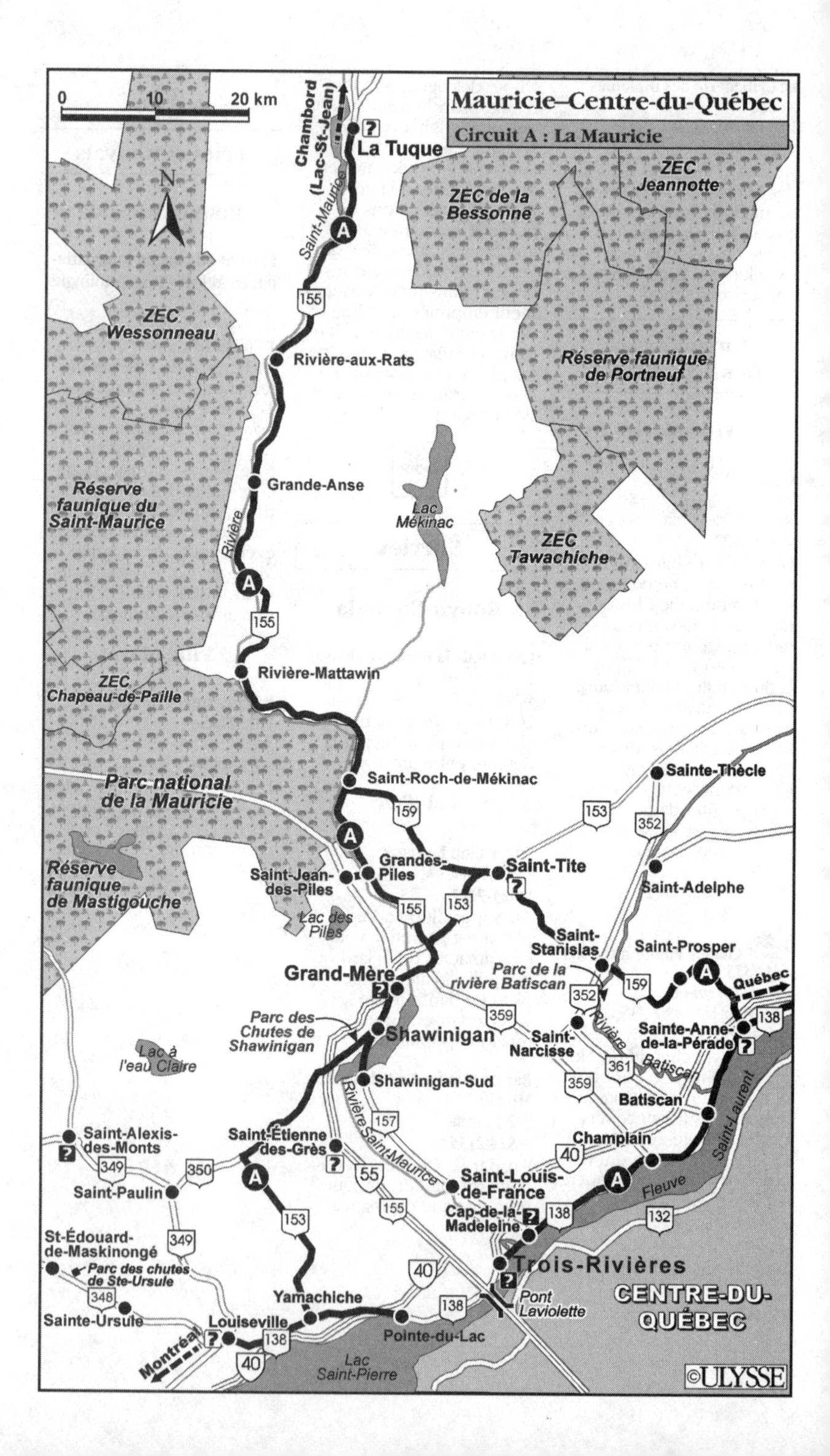

Mauricie–Centre-du-Québec
Circuit A : La Mauricie
0 10 20 km
N
Chambord (Lac-St-Jean)
La Tuque
ZEC de la Bessonne
ZEC Jeannotte
Rivière Saint-Maurice
155
ZEC Wessonneau
Rivière-aux-Rats
Réserve faunique de Portneuf
Grande-Anse
Réserve faunique du Saint-Maurice
Lac Mékinac
ZEC Tawachiche
Rivière-Mattawin
ZEC Chapeau-de-Paille
Parc national de la Mauricie
Saint-Roch-de-Mékinac
159
153
352
Sainte-Thècle
Réserve faunique de Mastigouche
Grandes-Piles
Saint-Jean-des-Piles
Saint-Tite
Saint-Adelphe
Lac des Piles
Saint-Stanislas
Saint-Prosper
Parc de la rivière Batiscan
Québec
Grand-Mère
Parc des Chutes de Shawinigan
Shawinigan
359
Saint-Narcisse
Sainte-Anne-de-la-Pérade
138
Lac à l'eau Claire
Shawinigan-Sud
Rivière Batiscan
361
Batiscan
157
Saint-Alexis-des-Monts
Saint-Étienne-des-Grès
Champlain
349
350
55
40
Saint-Paulin
Saint-Louis-de-France
Fleuve Saint-Laurent
Cap-de-la-Madeleine
132
St-Édouard-de-Maskinongé
Parc des chutes de Ste-Ursule
Trois-Rivières
348
Yamachiche
Pont Laviolette
CENTRE-DU-QUÉBEC
Sainte-Ursule
Louiseville
Pointe-du-Lac
Montréal
Lac Saint-Pierre
©ULYSSE

Mauricie–Centre-du-Québec

La région Mauricie–Centre-du-Québec constitue un amalgame de régions diverses, réparties sur les deux rives du Saint-Laurent.

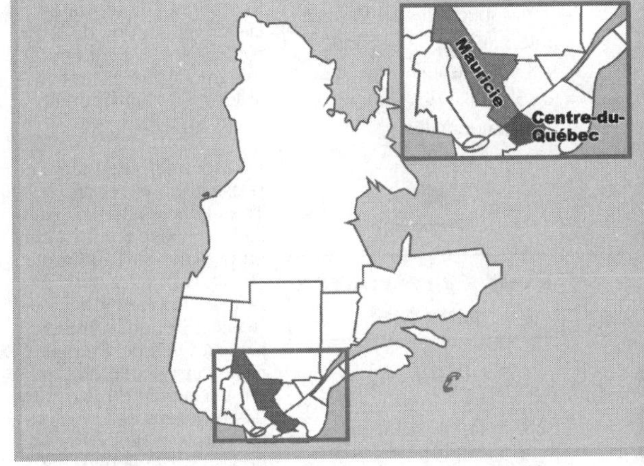

Située à mi-chemin environ entre Québec et Montréal, cette grande région forme un axe nord-sud embrassant les trois formations morphologiques du territoire québécois : le Bouclier canadien, la plaine du Saint-Laurent et une parcelle de la chaîne des Appalaches.

En fait, depuis le début de l'an 2000, la région qui portait le nom de Mauricie–Bois-Francs, s'est scindée en deux en suivant la division naturelle du fleuve Saint-Laurent. La région située sur la rive sud se nomme désormais Centre-du-Québec et est gérée indépendamment.

On considère généralement la ville de Trois-Rivières comme le pivot central de la Mauricie–Centre-du-Québec. Seconde ville à être fondée en Nouvelle-France (1634), Trois-Rivières fut d'abord un poste de traite des fourrures avant de devenir, avec l'inauguration en 1730 des Forges du Saint-Maurice, une ville à vocation industrielle.

Aujourd'hui, et ce, depuis la fin du XIXe siècle, l'exploitation des richesses forestières de son arrière-pays en a fait le plus important centre québécois de l'industrie des pâtes et papiers.

En amont sur la rivière Saint-Maurice, les villes de Shawinigan et de Grand-Mère, également d'importants centres industriels, sont dotées de centrales hydroélectriques et d'industries de transformation.

Plus au nord s'ouvre une vaste région sauvage de lacs, de rivières et de forêts, royaume de la chasse et de la pêche. On y découvre notamment le magnifique parc national de la Mauricie, qui offre des activités de plein air, particulièrement le canot-camping.

De retour au sud, dans les régions bordant les deux rives du fleuve Saint-Laurent, s'étendent des zones rurales, ouvertes très tôt à la colonisation et dont le territoire conserve toujours le lotissement hérité de l'époque seigneuriale.

Enfin, le Centre-du-Québec présente des paysage légèrement vallonnés qui annoncent le début de la chaîne des Appalaches. Depuis quelque temps, grâce à de belles initiatives locales, on peut chaque année assister à d'intéressants spectacles au Festival international de musique actuelle de Victoriaville et au Mondial des Cultures de Drummondville.

Pour s'y retrouver sans mal

Deux circuits, l'un sur la rive nord et l'autre sur la rive sud du fleuve Saint-Laurent, sont proposés pour découvrir cette région : **Circuit A : La Mauricie ★★** et **Circuit B : Le Centre-du-Québec ★**.

Circuit A : La Mauricie

En voiture

De Montréal, empruntez l'autoroute Félix-Leclerc (40) puis l'autouroute 55 Sud, sur une très courte distance, avant de bifurquer sur la route 138 Est jusqu'à Trois-Rivières. Suivez le boulevard Royal puis la rue Notre-Dame jusqu'au centre de la ville, à visiter préférablement à pied.

Le circuit s'enfonce alors à l'intérieur des terres par le biais de la route 159 jusqu'à Saint-Tite, puis dévie vers Grand-Mère par la route 153. À partir de Grand-Mère, un circuit alternatif, suivant la route 155, mène à la découverte de la Haute-Mauricie, et ce, jusqu'à La Tuque. Le circuit principal, de son côté, se poursuit par la route 153, qui permet, entre autres, de découvrir la région de Shawinigan. La portion du circuit comprise entre Trois-Rivières et Sainte-Anne-de-la-Pérade, le long de la route 138 Est, peut être intégrée à une excursion, le long du Saint-Laurent, jusqu'à Québec.

De Montréal, il est aussi possible de se rendre à Trois-Rivières par la rive sud du fleuve Saint-Laurent en passant par l'autoroute 20. Vous pouvez aussi empruntez le Chemin du Roy (route 138), qui se rend jusqu'à Québec. Première route carrossable du Canada, le Chemin du Roy offre des paysages des plus pittoresques et de jolis points de vue sur le fleuve. Il a toutefois l'inconvénient d'être beaucoup moins rapide. Votre choix dépendra du temps dont vous disposerez.

Gares routières

Trois-Rivières
275 rue St-Georges
☎*(819)374-2944*

Grand-Mère
800 6ᵉ Av.
☎*(819)533-5565*

Shawinigan
1563 boul. St-Sacrement
☎*(819)539-5144*

Gares ferroviaires

La Tuque
550 rue St-Louis
☎*(819)523-3257*

Shawinigan
1560 ch. du CN
☎*(819)537-9007*

Circuit B : Le Centre-du-Québec

En voiture

Le circuit proposé se concentre dans la plaine du Saint-Laurent, où se trouvent les principales villes du Centre-du-Québec. De Montréal ou de Québec, empruntez l'autoroute Félix-Leclerc (40) puis l'autoroute 55 Sud. Traversez le pont Laviolette à Trois-Rivières.

Ce pont, inauguré en 1967, est le seul à relier les rives sud et nord du Saint-Laurent entre Montréal et Québec. Au-delà du pont, empruntez la route 132 Est jusqu'à Deschaillons. De là, vous vous dirigerez vers Plessisville par la route 265, puis vers Victoriaville par la route 116. Par la suite, la route 122 Ouest vous conduira jusqu'à Drummondville. Vous compléterez la boucle en empruntant les routes 255, 226 et finalement 132 Est.

Gares routières

Victoriaville
64 boul. Carignan
☎*(819)752-5400*

Drummondville
330 rue Hériot
☎*(819)477-2111 ou 472-5252*

Gare ferroviaire

Drummondville
263 rue Lindsay
☎*(819)472-5383*

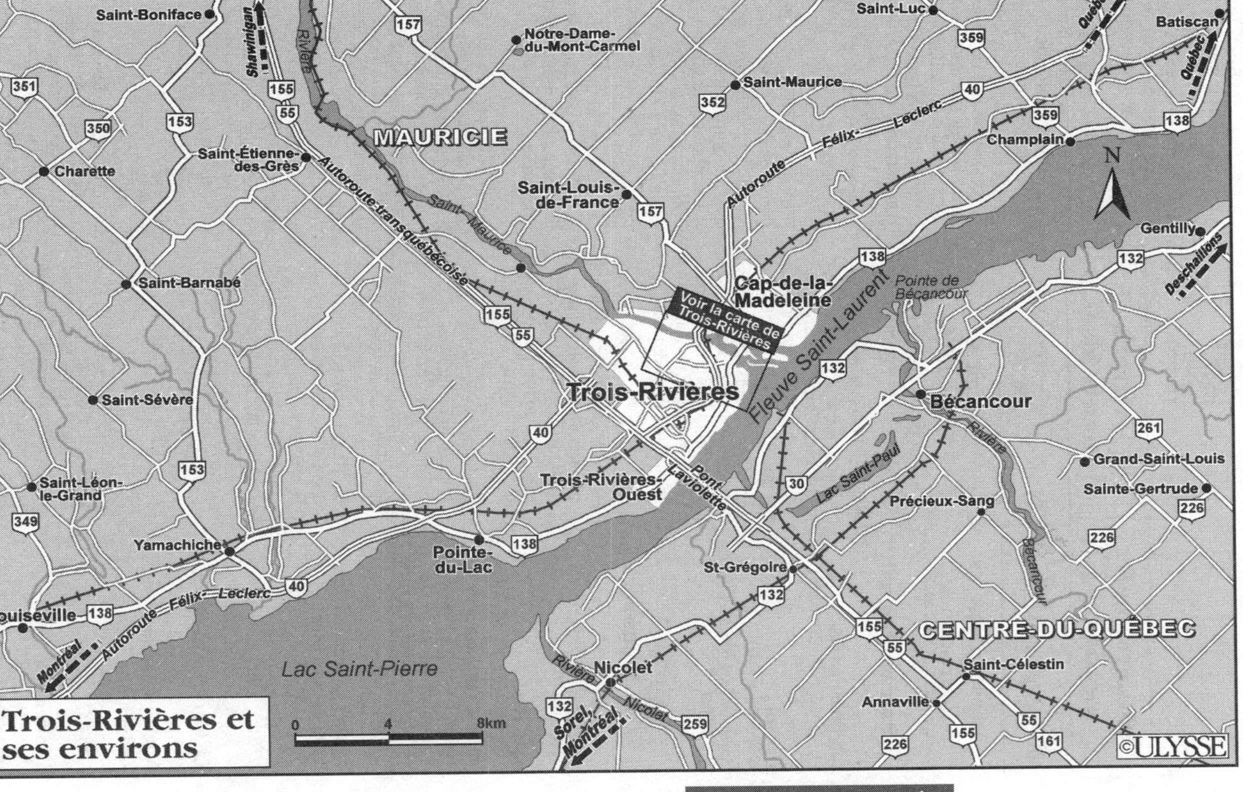
Trois-Rivières et ses environs
MAURICIE
CENTRE-DU-QUÉBEC
Trois-Rivières
Trois-Rivières-Ouest
Cap-de-la-Madeleine
Voir la carte de Trois-Rivières
Bécancour
Pointe de Bécancour
Fleuve Saint-Laurent
Lac Saint-Pierre
Lac Saint-Paul
Pont Laviolette
Autoroute Félix-Leclerc
Autoroute-transquébécoise
Rivière Saint-Maurice
Rivière Bécancour
Rivière Nicolet
Batiscan
Champlain
Saint-Luc
Saint-Maurice
Notre-Dame-du-Mont-Carmel
Saint-Louis-de-France
Saint-Étienne-des-Grès
Saint-Boniface
Saint-Barnabé
Charette
Saint-Sévère
Saint-Léon-le-Grand
Yamachiche
Louiseville
Pointe-du-Lac
Gentilly
Grand-Saint-Louis
Sainte-Gertrude
Précieux-Sang
Saint-Célestin
Annaville
St-Grégoire
Nicolet
Québec
Deschaillons
Shawinigan
Montréal
Sorel, Montréal
N
0 4 8km
©ULYSSE

Renseignements pratiques

Indicatif régional : 819.

Renseignements touristiques

Bureau régional

Tourisme Mauricie
lun-ven 8h30 à midi et 13h à 16h30
5775 boul. Jean-XXIII, Trois-Rivières-Ouest, G8Z 4J2
☎***375-1222 ou 800-567-7603***
⇄***375-0301***

Circuit A : La Mauricie

Chambre de Commerce de Trois-Rivières
168 rue Bonaventure, G9A 2B1
☎***375-9628***

Office de Tourisme et de Congrès de Trois-Rivières
1457 rue Notre-Dame, G9A 4X4
☎***375-1122 ou 800-313-1123***
⇄***375-0022***

Chambre de Commerce du Cap-de-la-Madeleine
170 rue des Chenaux
☎***375-5346***

Circuit B : Le Centre-du-Québec

Chambre de Commerce de Victoriaville
122 rue Aqueduc
☎***758-6371***

Drummondville
1350 rue Michaud
☎***477-5529***

Chambre de Commerce de Nicolet
30 rue Notre-Dame
☎***293-4537***

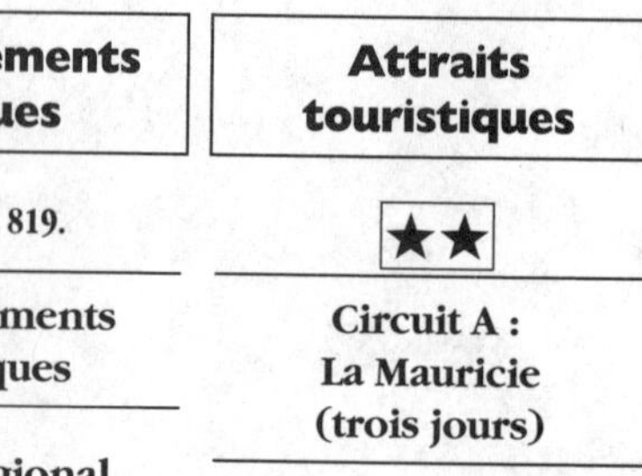

Attraits touristiques

★★

Circuit A : La Mauricie (trois jours)

La vallée de la rivière Saint-Maurice est située à égale distance entre Montréal et Québec, sur la rive nord du fleuve Saint-Laurent. Elle a vu naître la première industrie d'envergure au Canada et a toujours conservé une vocation largement industrielle au cours de son histoire.

Ses villes recèlent d'ailleurs plusieurs exemples d'une architecture ouvrière de qualité, conçue par des architectes à l'emploi des entreprises qui ont su tirer profit des ressources de la région. Mais ne vous y trompez pas, la Mauricie est tout de même surtout constituée de zones sauvages aux montagnes couvertes d'une épaisse forêt, où il est possible de pratiquer la chasse ou la pêche sportive, de faire du camping, de la randonnée, etc.

★★ Trois-Rivières (51 412 hab.)

L'incendie qui a détruit en bonne partie la ville de Trois-Rivières en juin 1908 a considérablement modifié son apparence, qui faisait autrefois penser au Vieux-Québec, mais qui s'apparente maintenant davantage aux agglomérations du Midwest américain.

Cependant, trop souvent perçu comme un simple arrêt entre Montréal et Québec, Trois-Rivières n'est malheureusement pas considérée à sa juste valeur. La ville dégage un certain charme, avec une âme européenne grâce à ses multiples cafés, restaurants et bars de la rue des Forges, ainsi qu'à sa terrasse dominant le Saint-Laurent. La ville et sa banlieue forment de nos jours une zone urbaine de plus de 100 000 habitants située à mi-chemin entre Montréal et Québec.

Implantée au confluent du fleuve et de la rivière Saint-Maurice, qui se divise en trois embranchements à son embouchure (d'où le nom donné à la ville), Trois-Rivières fut fondée par le sieur de Laviolette en 1634. Dès ses débuts, elle était entourée d'une palissade de pieux correspondant à l'arrondissement historique actuel.

À cette époque, on retrouve au Canada, outre le gouverneur de la Nouvelle-France, trois gouvernements régionaux dans la vallée du Saint-Laurent : celui de Québec, celui de Montréal et celui dit des Trois-Rivières. Cette dernière agglomération était cependant beaucoup plus modeste que ses consœurs, puisqu'à la fin du Régime français on ne dénombrait que quelque 600 habitants et environ 110 maisons sur les lieux.

La véritable expansion de la ville survient au milieu du XIXe siècle, lorsqu'on y implante l'industrie papetière, ce qui a valu à Trois-Rivières le statut de capitale mondiale du papier pendant quelque temps.

Garez votre voiture aux environs de l'intersection des rues Notre-Dame et Laviolette.

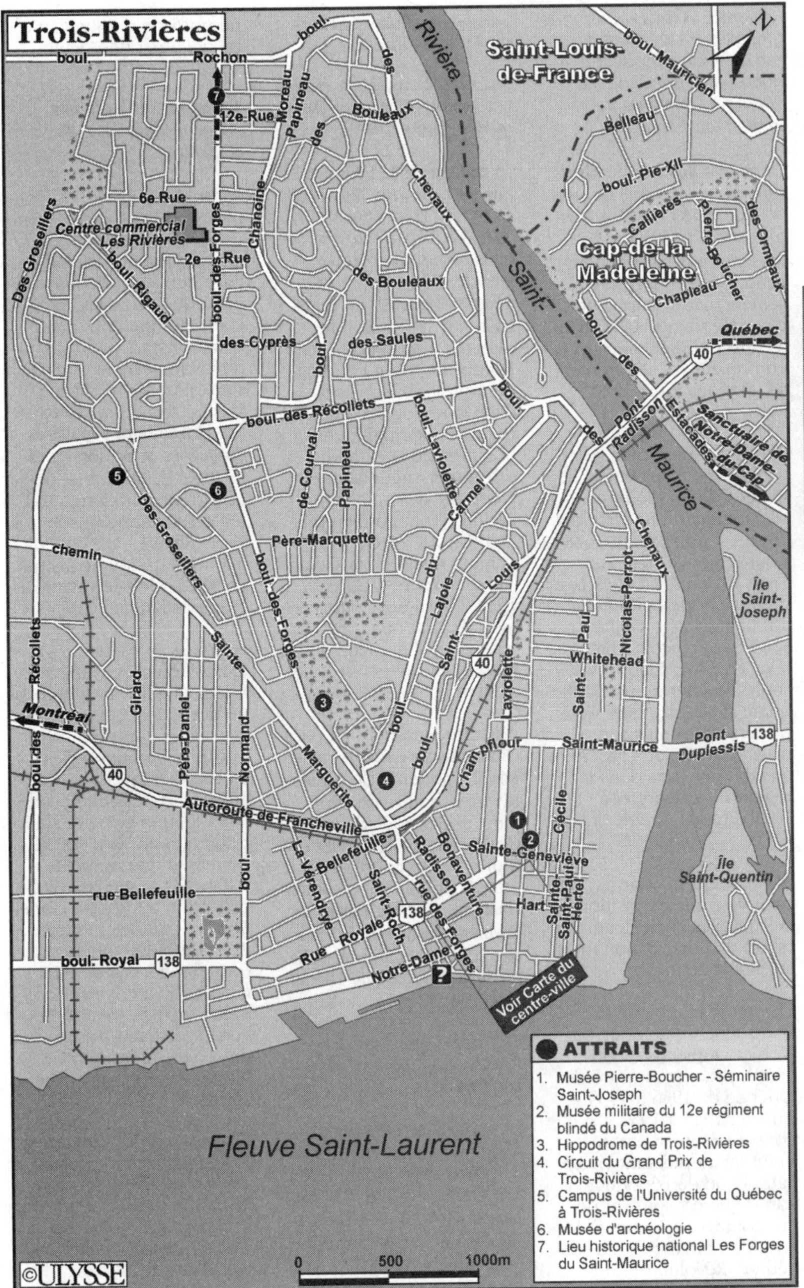
Trois-Rivières
Saint-Louis-de-France
Cap-de-la-Madeleine
Rivière Saint-Maurice
Fleuve Saint-Laurent
Île Saint-Joseph
Île Saint-Quentin
Québec
Montréal
Sanctuaire de Notre-Dame-du-Cap
Centre commercial Les Rivières
Voir Carte du centre-ville
ATTRAITS
1. Musée Pierre-Boucher - Séminaire Saint-Joseph
2. Musée militaire du 12e régiment blindé du Canada
3. Hippodrome de Trois-Rivières
4. Circuit du Grand Prix de Trois-Rivières
5. Campus de l'Université du Québec à Trois-Rivières
6. Musée d'archéologie
7. Lieu historique national Les Forges du Saint-Maurice
0 500 1000m
©ULYSSE

Remontez la rue Bonaventure (première rue à l'ouest de la rue Laviolette) jusqu'au manoir Boucher-de-Niverville, qui sert de bureau d'information touristique.

Le **manoir Boucher-de-Niverville** ★ *(entrée libre; lun-ven 9h à 17h; 168 rue Bonaventure, ☎375-9628)* a miraculeusement échappé à l'incendie de 1908. Heureusement, car il s'agit d'un exemple unique de l'architecture du XVIIe siècle qui en précède les différentes adaptations au contexte local.

On remarquera plus particulièrement ses rares cheminées de brique françaises dominant une toiture à croupes. Érigé avant 1668 pour le gouverneur des Trois-Rivières, Jacques Leneuf, sieur de la Potherie, il a toutefois été modifié en 1729 par François Châtelain. En 1761, Claude-Joseph Boucher de Niverville hérite de la propriété qui portera désormais son nom. Militaire de carrière, il a établi des forts dans la région de Calgary et a combattu les Américains en 1776.

À l'intérieur du manoir, on peut voir une exposition de meubles anciens ainsi qu'un diaporama portant sur l'histoire locale.

Devant le manoir se dresse une statue de Maurice Le Noblet Duplessis (1890-1959), premier ministre du Québec de 1936 à 1939 puis de 1944 à 1959. Ce conservateur est étroitement lié au puissant clergé catholique de l'époque, et son règne est souvent décrit comme l'époque de la «grande noirceur» qui a précédé la Révolution tranquille. On peut encore voir sa maison au 240 de la rue Bonaventure, l'une des artères les plus élégantes de Trois-Rivières.

Traversez la rue Hart, et longez le parc Champlain jusqu'à la cathédrale.

La **cathédrale de L'Assomption** ★ *(lun-sam 7h à 11h30 et 14h à 17h30, dim 8h30 à 11h30 et 14h à 17h, réservations nécessaires pour les groupes; 362 rue Bonaventure, ☎374-2409)* fut construite en 1858 selon les plans de l'architecte Victor Bourgeau, à qui l'on doit de nombreuses églises dans la région de Montréal. Les traits néogothiques gras et trapus de la cathédrale s'inspirent vaguement du palais de Westminster, à Londres, inauguré au milieu du XIXe siècle. Les vitraux, réalisés par Guido Nincheri entre 1923 et 1934, constituent sans contredit l'élément le plus intéressant de l'intérieur, autrement quelque peu froid et austère.

À l'autre extrémité du parc Champlain s'élèvent l'**hôtel de ville** moderne de Trois-Rivières, réalisé en 1965 par des disciples de Le Corbusier (Leclerc, Villemure, Denoncourt, architectes), la **Bibliothèque municipale**, le **Centre d'exposition Raymond-Lasnier** *(1425 place de l'Hôtel-de-Ville)* et la **salle de concerts J.-Antonio-Thompson** (1986).

Tournez à droite sur la rue Royale puis à gauche sur la rue Laviolette.

Le **Musée Pierre-Boucher** *(entrée libre; mar-dim 13h30 à 16h30 et 19h à 21h, ouvert lun sur réservations; 858 rue Laviolette, ☎376-4459)* est situé dans l'imposant édifice du Séminaire de Trois-Rivières, réalisé par Louis-Napoléon Audet en 1929. Il présente des collections de peintures, de meubles et d'art sacré. La chapelle néoromane du Séminaire mérite aussi une petite visite.

Empruntez la rue Saint-François-Xavier en direction du fleuve.

À l'angle de la rue de Tonnancour, on aperçoit l'ancien cimetière anglican, aujourd'hui transformé en parc public, qui nous rappelle que Trois-Rivières comptait une importante communauté anglo-saxonne jusqu'au milieu du XIXe siècle. Au sud de la rue Hart se trouve le **Musée des arts et traditions populaires du Québec** ★★, inauguré en 1996. L'ensemble, de facture postmoderne, intègre l'ancienne prison des Trois-Rivières, un bel édifice néoclassique construit en 1822 selon les plans de François Baillairgé.

Le musée présente des expositions liées aux coutumes et à la vie quotidienne des Québécois à travers les siècles. On peut y voir, outre les traditionnelles courtepointes, des jouets anciens, des ossements de baleine, une pirogue amérindienne du XVIIe siècle de même que de petits bâtiments provenant de la collection de Robert-Lionel Séguin, l'un des pionniers de l'ethnologie québécoise (porcherie à toit de chaume, écurie à encorbellement, «marche-à-terre» provenant de Saint-Irénée). Le musée est présentement fermé, et ce, jusqu'à l'été 2001.

Tournez à droite sur la rue Saint-Pierre puis à gauche sur la place Pierre-Boucher avant d'emprunter la rue des Ursulines, seule artère du Vieux-Trois-Rivières épargnée par l'incendie de 1908.

Sur la place Pierre-Boucher se dresse le **monument du Flambeau**, érigé en 1934 à

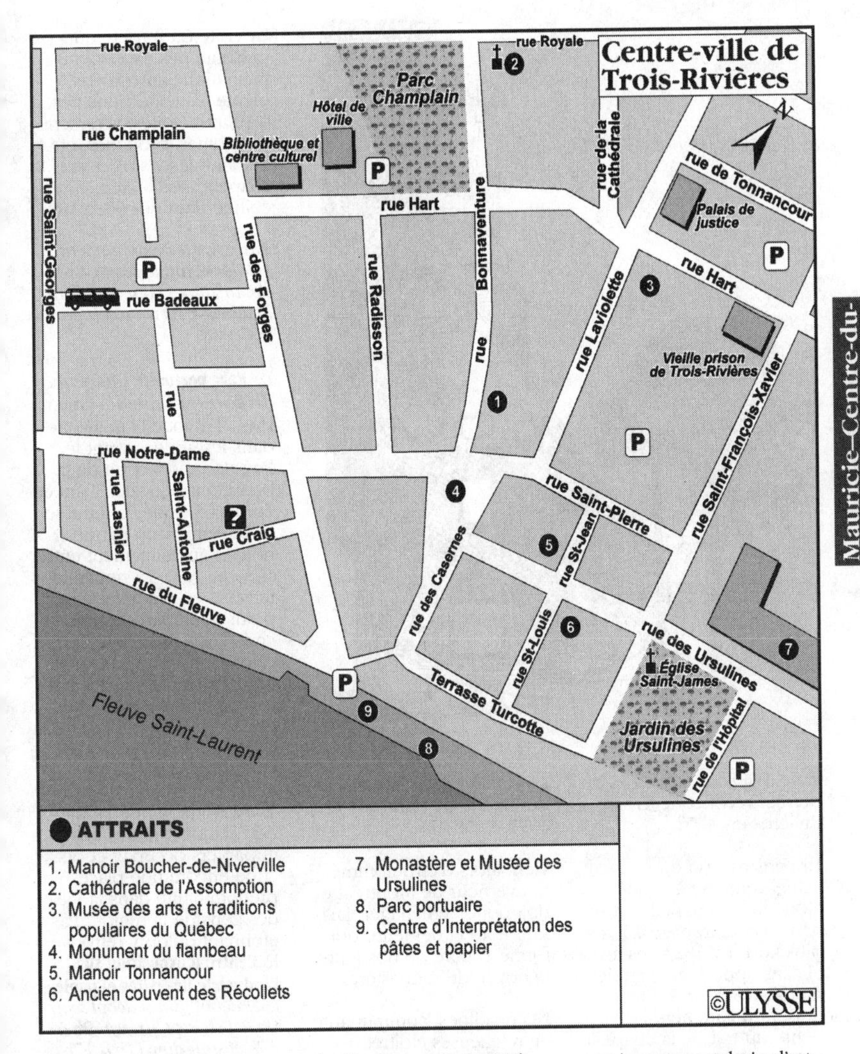

l'occasion des célébrations du tricentenaire de la ville. Remarquez au passage le panneau d'interprétation sur lequel figure une vue ancienne du splendide chœur de l'église paroissiale de Trois-Rivières (1716), détruite par le grand incendie.

Le **manoir de Tonnancour** *(entrée libre; mar-ven 10h à 12h et 13h30 à 17h, sam-dim 13h à 17h, visites guidées sur réservation, 2$/pers.; 864 rue des Ursulines, ☎374-2355)* a été érigé en 1725 pour René Godefroy de Tonnancour, seigneur de Pointe-du-Lac et procureur du roi. Remodelé à la suite d'un incendie survenu en 1784, il sera alors doté d'un toit mansardé à terrasson débordant, comme on en retrouve à l'époque en Nouvelle-Angleterre. Après avoir été transformé successivement en caserne, en presbytère et en école au XIXe siècle, il accueille de nos jours une galerie d'art, la **Galerie d'art du Parc.** Sur la place d'Armes, en face, on peut voir un canon ayant servi lors de la guerre de Crimée.

L'ancien **couvent des récollets** ★ *(811 rue des Ursulines)* est le seul ensemble conventuel des récollets encore debout au Québec; le complexe doit probablement sa survie à sa transformation en église angli-

Sanctuaire du Cap-de-la-Madeleine

cane à la suite du décès du dernier récollet de Trois-Rivières en 1776.

La construction du couvent actuel remonte à 1742, alors que la chapelle attenante est entreprise 10 ans plus tard. En 1823, les anglicans apportent certaines modifications à l'édifice, réduisant notamment la pente du toit de la chapelle pour lui donner des proportions davantage en accord avec le vocabulaire architectural néoclassique. L'intérieur fut également refait en entier à cette occasion.

Le **monastère** et le **musée des ursulines** ★ *(2,50$; mars à avr mer-dim 13h30 à 17h; mai à début nov mar-ven 9h à 17h et sam-dim 13h30 à 17h, nov à fév sur réservation; 734 rue des Ursulines, ☎375-7922)*. Les ursulines s'installent dans la maison de Claude de Ramezay en 1697. Celui-ci vient alors d'être nommé gouverneur de Montréal et doit donc déménager, laissant libre la demeure qui forme encore de nos jours le noyau du monastère.

Les ursulines, communauté de religieuses cloîtrées vouée à l'éducation des jeunes filles, y ouvrent également un hôpital connu sous le nom d'Hôtel-Dieu de Trois-Rivières. Si l'école et le couvent subsistent toujours, l'hôpital a, quant à lui, fermé ses portes en 1883. En 1717, les ursulines font ériger une chapelle, puis agrandissent régulièrement leur complexe conventuel en lui donnant des proportions considérables. La visite du musée, qui présente des expositions thématiques préparées à même les collections des ursulines (toiles, vêtements liturgiques, broderies, etc.), entraîne les visiteurs vers la chapelle, redécorée et coiffée d'un dôme en 1897.

Traversez le beau parc qui s'étale devant le monastère des ursulines pour rejoindre la terrasse Turcotte et le parc portuaire.

Le **Parc portuaire** *(au bord du fleuve St-Laurent)*. La terrasse Turcotte était jusque dans les années vingt le lieu de prédilection de la bourgeoisie locale. Tombée en décrépitude, la terrasse a été remplacée par un nouvel aménagement entre 1986 et 1990. La nouvelle terrasse en gradins est le point de départ des mini-croisières sur le fleuve. Un café et un centre d'exposition sur l'industrie des pâtes et papiers y sont intégrés.

Longtemps considérée comme la principale activité économique de la Mauricie, l'industrie des pâtes et papiers occupait et occupe encore une place prédominante dans la vie des gens de la région. Pas étonnant qu'on y retrouve le **Centre d'exposition sur l'industrie des pâtes et papiers** *(3$; début juin à début sept 9h à 18h, sept lun-ven 9h à 17h et sam-dim 11h à 17h; 800 Parc portuaire, vis-à-vis du boul. Des Forges;☎372-4633, ⇄374-1900)*. Situé dans l'agréable parc portuaire, le centre offre une exposition permanente expliquant toutes les facettes de l'industrie des pâtes et du papier ainsi que la façon dont elle a influencé le développement de la région. Il est suggéré de vous joindre à une visite guidé si vous souhaitez retirer le maximum de votre passage, car les maquettes, sans explication, peuvent sembler dépourvues d'intérêt.

Descendez l'escalier qui mène au boulevard des Forges, où se termine la balade dans le Vieux-Trois-Rivières. Empruntez la rue des Forges jusqu'à la rue des Arts, au nord de la rue Notre-Dame, équivalent trifluvien de la rue du Trésor, à Québec.

En route vers les Forges du Saint-Maurice, situées dans le prolongement du boulevard des Forges, à 10 km du centre de la ville, on croisera l'**hippodrome de Trois-Rivières**, le **circuit du Grand prix**, le **moulin Day** (fin XVIIIe siècle) et le **campus de l'Université du Québec à Trois-Rivières (UQTR).**

Le **Musée d'archéologie** *(2750 boul. des Forges)* présente des collections de fossiles mais aussi des vestiges de la préhistoire.

Le **lieu historique national Les Forges-du-Saint-Maurice ★★** *(4$; visites commentées avec guides-interprètes, mi-mai à mi-oct tlj 9h à 17h, réservations pour groupes; 10000 boul. des Forges, ☎378-5116, ⇄378-0887).* En 1730, François Poulin de Francheville fut autorisé par Louis XV à exploiter les gisements de minerai de fer de sa seigneurie. La présence de bois denses, avec lesquels il était possible de faire du charbon de bois, de pierre calcaire et d'un cours d'eau au débit rapide allait favoriser les opérations de la fonte.

Originaires pour la plupart de Bourgogne et de Franche-Comté, les ouvriers de ce premier complexe sidérurgique canadien s'affairaient à couler des canons pour les vaisseaux du roi et à confectionner des poêles pour chauffer les maisons de Nouvelle-France.

À la Conquête, le complexe passe entre les mains du gouvernement colonial britannique, puis est cédé à des industriels qui l'exploitent jusqu'à sa fermeture définitive en 1883. Il comprend alors la forge haute, la forge basse ainsi que la «grande maison» de 1737, qui loge le contremaître et autour de laquelle gravite tout un village ouvrier.

À la suite de l'incendie de Trois-Rivières en 1908, les Trifluviens viennent y glaner des matériaux nécessaires à la reconstruction de leur ville, ne laissant en place que les fondations de la plupart des bâtiments. En 1973, le Service canadien des parcs acquiert le site, reconstruit la «grande maison» pour y créer un centre d'interprétation et en aménage un autre, très intéressant, à l'emplacement du haut fourneau.

La visite débute à la «grande maison», vaste bâtiment tout blanc que l'on dit d'inspiration bourguignonne. On y présente différentes facettes de la vie aux Forges ainsi que les divers produits de l'entreprise. À l'étage, on peut voir une belle maquette représentant les Forges en 1845. Le spectacle son et lumière utilise cette maquette pour toile de fond. Après avoir contemplé la maquette, on peut partir à la découverte du site en empruntant les multiples sentiers qui le traversent.

Trois-Rivières accueille le Festival mondial de la poésie tous les automnes depuis maintenant 16 ans (voir p 387) ce qui lui a valu le titre de Capitale de la poésie du Québec. C'est la raison pour laquelle, la ville a eu l'excellente idée d'instaurer un circuit pédestre qu'elle a baptisé "**Promenade de la poésie**", avec ses 300 plaques affichant des extraits de poèmes puisés à travers le répertoire de poètes provenant de tout le Québec.

Revenez en direction de Trois-Rivières par le boulevard des Forges. Tournez à gauche sur le boulevard des Récollets, qui devient par la suite le boulevard des Chenaux. Tournez à gauche sur la route 138 Est, traversez la rivière Saint-Maurice, puis prenez à droite la rue Notre-Dame, à Cap-de-la-Madeleine, une importante composante de la banlieue de Trois-Rivières.

Cap-de-la-Madeleine (35 070 hab.)

Le Québec, terre catholique par excellence au nord du Mexique, compte plusieurs lieux de pèlerinage importants qui attirent chaque année des milliers de pèlerins du monde chrétien. Le **sanctuaire Notre-Dame-du-Cap ★★** *(entrée libre; visites guidées pour groupes sur réservation; 626 rue Notre-Dame, ☎374-2441, www.sanctuaire-ncd.ca)*, placé sous la responsabilité des missionnaires oblats de Marie-Immaculée, est consacré à la dévotion mariale. De mai à octobre, par beau temps les visiteurs peuvent participer à la marche symbolique aux flambeaux.

L'histoire de ce sanctuaire débute en 1879, lorsque l'on décide d'ériger une nouvelle église paroissiale à Cap-de-la-Madeleine. Nous sommes en mars et il faut transporter des pierres depuis la rive sud du fleuve. Mais, cet hiver-là, contrairement à son habitude, le fleuve n'a pas encore gelé. À la suite des prières et des chapelets récités devant la statue de la Vierge offerte à la paroisse en 1854, un pont de glace se forme «miraculeusement» en travers du fleuve, permettant de transporter en une semaine les pierres nécessaires à la construction du nouvel édifice.

Le curé Désilet décide alors de conserver la vieille église et de la transformer en un sanctuaire dédié à la Vierge Marie. Ce vieux sanctuaire, construit entre 1714 et 1717, est considéré comme l'une des plus anciennes églises du Canada.

On raconte aussi qu'un deuxième prodige y aurait eu lieu le 22 juin 1888 quand la statue de la Vierge Marie aurait ouvert les yeux devant trois témoins, juste après une cérémonie religieuse.

Le pont de glace est aujourd'hui symbolisé par le **pont des Chapelets** (1924), visible dans le jardin du sanctuaire. Un chemin de croix, un calvaire, un Saint Sépulcre et un petit lac complètent ce jardin situé en bordure du fleuve.

Au fond d'une mer d'asphalte se trouve la vaste **basilique Notre-Dame-du-Rosaire**, que l'on dirait tout droit sortie d'un film à grand déploiement de Cecil B. DeMille. Elle fut entreprise en 1955 selon les plans de l'architecte Adrien Dufresne, disciple de dom Bellot. Ses vitraux, réalisés en trois groupes par le maître verrier hollandais Jan Tillemans, représentent l'histoire du sanctuaire, celle du Canada et enfin les mystères du Rosaire.

Empruntez la rue Notre-Dame vers l'est pour rejoindre la route 138 (boulevard Sainte-Madeleine). Traversez les villages de Sainte-Marthe et de Champlain, puis celui de Batiscan, où vous pourrez voir un vieux presbytère.

Batiscan (905 hab.)

Le **vieux presbytère de Batiscan** *(3$; juin à oct tlj 10h à 17h; 340 rue Principale, ☎362-2051)* fut construit en 1816 avec les pierres du presbytère de 1696. Son isolement est imputable au fait que le noyau du village s'est déplacé plus à l'est après l'incendie de l'ancienne église en 1874. Il a été transformé en musée où sont exposés des meubles québécois des XVIIIe et XIXe siècles particulièrement bien conservés.

★ Sainte-Anne-de-la-Pérade (2 299 hab.)

En hiver, ce joli village agricole se double d'un second village planté au milieu de la rivière Sainte-Anne, qui le traverse. Des centaines de cabanes multicolores, chauffées et éclairées à l'électricité, abritent des familles venues pêcher le «poulamon», communément appelé «petit poisson des chenaux», sous les glaces de la rivière.

Cette pêche est devenue au fil des ans, à l'instar des parties de sucre et des épluchettes de blé d'Inde, l'une des principales activités du folklore vivant du Québec. Le village est dominé par une imposante **église** néogothique (1855) inspirée de la basilique Notre-Dame de Montréal.

Empruntez la route 159, qui s'enfonce à l'intérieur des terres en direction de Saint-Prosper et de Saint-Stanislas.

Saint-Stanislas (1 320 hab.)

La romancière québécoise Arlette Cousture est originaire de ce village, d'où elle a d'ailleurs puisé son inspiration pour le roman *Les Filles de Caleb*, qui l'a rendue célèbre. La vie de ses ancêtres, les Pronovost et les Bordeleau, a servi de toile de fond pour l'élaboration du roman.

Grand-Mère (14 841 hab.)

Un rocher dont le profil est semblable à celui d'une vieille femme est à l'origine du nom de la ville. Autrefois situé sur un îlot au milieu de la rivière Saint-Maurice, il a été déplacé, morceau par morceau, dans un parc au centre de Grand-Mère, lors de la construction du barrage et de la centrale hydroélectrique en 1913.

Cette ville et sa voisine Shawinigan sont de bons exemples de «villes de compagnies», qui se définissent par l'omniprésence d'une ou plusieurs usines entourées de deux quartiers distincts, celui des cadres, à l'origine le plus souvent anglophones, et celui des ouvriers, presque exclusivement francophones. On remarquera également les nombreux bâtiments à l'architecture soignée, réalisés pour ces entreprises par des architectes de talent venus de l'extérieur.

L'industrie du bois a donné naissance à Grand-Mère à la fin du XIXe siècle. Des usines de pulpe, de pâte et de papier transforment le bois acheminé depuis les camps forestiers de la Haute-Mauricie. La Laurentide Pulp and Paper, propriété de John Foreman, de Sir William Van Horne et de

Russell Alger, héros de la guerre de Sécession américaine, prend en main le développement de la ville en 1897. À la suite de la crise de 1929, l'économie se diversifie et la ville gagne une certaine autonomie par rapport à l'entreprise qui lui a donné naissance.

On franchit la tumultueuse rivière Saint-Maurice en empruntant le **pont de Grand-Mère** ★, réalisé en 1928 selon les plans des ingénieurs américains Robinson et Steinman. Ils se rendront célèbres dans les années cinquante par la reconstruction du pont de Brooklyn, à New York. À gauche, on aperçoit les installations de la compagnie Stone Consolidated, descendante de la Laurentide Pulp and Paper.

La centrale hydroélectrique du vaste complexe industriel enjambe la rivière Saint-Maurice. Elle a été construite en 1914 selon les plans de l'architecte George F. Hardy de New York, qui se serait inspiré de la cathédrale d'Albi, en France. Du côté droit du pont, on aperçoit l'**Auberge Grand-Mère** (voir p 382), ancienne pension conçue par Edward Maxwell en 1897. L'auberge abrite une partie du splendide mobilier Art nouveau provenant du château Menier de l'île d'Anticosti.

Le **Centre culturel** *(15 6e Av., en face du pont)* est installé dans l'ancien club Laurentide, club social privé des cadres de la Laurentide Pulp and Paper (1912). Son architecture rappelle celle des maisons du Régime français. La salle d'assemblée abrite de nos jours un théâtre d'été, alors que le club lui-même accueille différentes expositions toute l'année.

Le chemin Riverside, en face, donne accès à un secteur résidentiel exclusif ainsi qu'au beau terrain de golf municipal aménagé par Frederick de Peyster Townsend en 1912. Son gazon provient du fameux golf de St. Andrews, en Écosse. Empruntez la 3e Avenue à gauche. Elle est bordée de jolies maisons construites au début du XXe siècle pour les dirigeants de la compagnie papetière. À l'angle de la 4e Avenue et de la 1re Rue se trouve la pittoresque église anglicane St. Stephen, des architectes Le Boutillier et Ripley de Boston (1924). En face (entre la 5e Avenue et la 6e Avenue) se dresse le rocher de Grand-Mère, au célèbre profil de vieille dame.

L'**église catholique Saint-Paul de Grand-Mère** ★ *(angle 6e Av. et 4e Rue)* présente une façade-écran à l'italienne érigée en 1908. L'intérieur, très coloré, est orné à la fois de toiles marouflées, exécutées par le peintre montréalais Monty au cours des années vingt, et d'une fresque de Guido Nincheri, *L'Apothéose de saint Paul*. Le maître-autel ainsi que les autels latéraux sont en marbre. Derrière l'église s'élève le couvent des ursulines, succursale de celui de Trois-Rivières.

Grand-Mère constitue le point de départ idéal pour explorer la Haute-Mauricie en suivant la vallée de la rivière Saint-Maurice. Pour cette longue excursion facultative, empruntez la route 155 Nord vers Grandes-Piles et son Village du Bûcheron, ou encore la route de Saint-Jean-des-Piles, sur la rive ouest du Saint-Maurice, qui mène au parc national de la Mauricie. Afin de poursuivre sur le circuit principal, suivez la route 153 en direction de Shawinigan.

Parc national de la Mauricie ★, voir p 379.

Réserve faunique du Saint-Maurice ★, voir p 379.

Grandes-Piles (386 hab.)

Petite municipalité juchée sur une falaise dominant la rivière, elle servait autrefois de port de transbordement pour les bateaux chargés de bois. Grandes-Piles doit son nom aux rochers en forme de piliers.

Le **Village du Bûcheron** ★ *(8$; mi-mai à mi-oct tlj 10h à 17h; 780 5e Av., ☎/⇌538-7895)* est la reconstitution d'un authentique campement de bûcherons du début du siècle. L'«office», la «cookerie», la «cache» et le «campe» font partie des 25 bâtiments traditionnels en bois rond du camp.

La Tuque (13 211 hab.)

Lieu d'origine de Félix Leclerc, cet ancien poste de traite des fourrures doit son existence, comme Shawinigan et Grand-Mère, à sa chute d'eau et à ses grands territoires boisés, qui accueillirent bientôt une centrale hydroélectrique et une usine de pâte à papier. Une colline en forme de bonnet est à l'origine de son nom.

Fin de l'excursion facultative.

Shawinigan (20 723 hab.)

Première ville du Québec dotée d'un plan d'aménagement urbain dès sa fondation en 1899, Shawinigan est une création de la puissante compagnie d'électricité Shawinigan Water and Power Company, qui fournissait en énergie élec-

Cité de l'Énergie

Vaste parc thématique, la Cité de l'Énergie regroupe plusieurs attraits : deux centrales hydroélectiques, dont une encore en activité, la centrale Shawinigan 2, le Centre des sciences et une tour d'observation haute de 115 m qui offre, il va sans dire, une vue imprenable sur les environs, entre autres sur les bouillonnantes chutes de Shawinigan.

La visite de ces attraits, facilitée par le transport en trolley-bus et en bateau, ainsi que le visionnement d'un spectacle multimédia permettent de voyager à travers les 100 ans d'histoire des diverses industries de la région (hydroélectricité, pâtes et papiers, aluminium, etc.) Suivez pas à pas l'ébauche des innovations qui ont fait avancer la science dans ces domaines. Dans le Centre des sciences, où sont regroupés divers services tels que restaurant et boutique, vous pouvez en outre voir des expositions interactives.

trique l'ensemble de la ville de Montréal.
L'agglomération au relief accidenté, dont le nom signifie «le portage sur la crête» dans la langue des Amérindiens de la nation algonquine, a beaucoup souffert du ralentissement économique des années 1989-1993, qui a laissé des traces indélébiles dans la trame urbaine (usines abandonnées, bâtiments incendiés, terrains vagues, etc.)

Il n'en demeure pas moins que Shawinigan recèle de multiples édifices du premier tiers du XXe siècle à l'architecture fort intéressante. Certaines artères résidentielles présentent un aspect proche de celui des banlieues anglaises de l'entre-deux-guerres.

Inaugurée au printemps 1997, la **Cité de l'Énergie** ★★ *(12$; juin mar-dim 10h à 17h, fin juin à début sept lun-dim 10h à 20h, début sept à mi-oct mar-dim 10h à 17h; 1000 av. Melville, G9N 6T9, ☎536-4992 ou 800-383-2483, ≠536-2982)* promet d'en initier plus d'un, petits et grands, à l'histoire du développement industriel de la Mauricie et du Québec. La ville de Shawinigan se trouve au cœur de ce développement car elle a été choisie, dès le début du siècle, par des alumineries et des compagnies productrices d'électricité à cause de la présence d'un fort courant sur la rivière Saint-Maurice et de la proximité de chutes hautes de 50 m.

Parc des Chutes de Shawinigan ★, voir p 379.

Une excursion facultative à **Shawinigan-Sud** permet de visiter l'**église Notre-Dame-de-la-Présentation**, décorée d'œuvres du peintre Ozias Leduc. Ces toiles décrivent l'histoire de la région dans un style proche de celui de Puvis de Chavannes.

Réserve faunique Mastigouche, voir p 371.

Reprenez la route 153 en direction de Yamachiche.

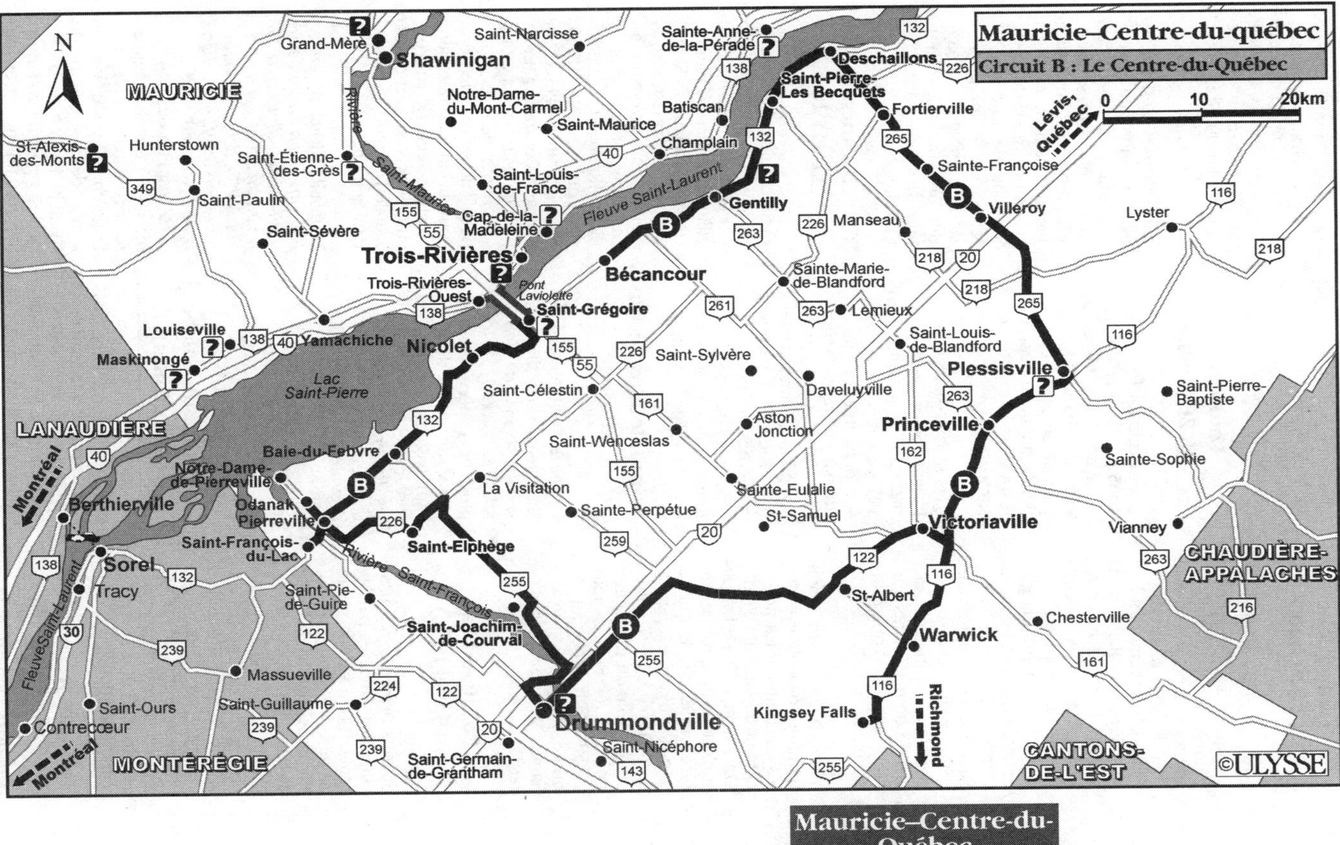

Mauricie–Centre-du-Québec

Yamachiche (2 820 hab.)

Nous sommes maintenant de retour dans la plaine du Saint-Laurent, ce fertile territoire agricole colonisé sous le Régime français. Mais, contrairement à la tradition, les villages de la région de Yamachiche ne bordent pas directement le fleuve, car, celui-ci s'étant considérablement élargi entre Berthier et Pointe-du-Lac pour former le lac Saint-Pierre, il représente à cet endroit une vaste étendue d'eau capricieuse entourée de marécages que l'on n'approche que difficilement.

Yamachiche est une communauté paisible qui attire les chasseurs et les pêcheurs du lac Saint-Pierre. On y trouve de belles maisons de brique rouge d'inspiration Second Empire et néo-Renaissance, érigées entre 1865 et 1890, entre autres celle du médecin-poète Nérée Beauchemin (1850-1931), située au numéro 711 de la rue Sainte-Anne *(on ne visite pas)*.

Pointe-du-Lac (5 950 hab.)

Si vous prévoyez retourner vers Trois-Rivières par la route 138, il vaut la peine de faire un court arrêt au **Moulin seigneurial de Pointe-du-Lac** *(2930 rue Notre-Dame, ☎377-1396)*, d'où vous jouirez d'une belle vue sur le lac Saint-Pierre. Construit vers 1780, ce pittoresque moulin à eau, tout en pierre, abrite une galerie d'art et un centre d'interprétation.

Si vous prévoyez par contre vous diriger vers Montréal, ou encore lier le présent circuit à celui de La Plaine dans la région touristique de Lanaudière (voir p 266), alors une visite de Louiseville est tout indiquée. À Yamachiche, empruntez la route 138 Ouest.

Louiseville (8 200 hab.)

Louiseville fut fondée en 1665 par Charles du Jay, sieur de Manereuil, originaire du Grand Rozoy, près de Soissons. On y tient, chaque année, un festival de la galette de sarrazin.

L'**église Saint-Antoine-de-Padoue** *(50 av. St-Laurent, ☎228-2739)*, inaugurée en 1917, est reconnue pour son riche intérieur revêtu de marbres rares, réalisé entre 1950 et 1960 par le sculpteur-décorateur Sebastiano Aïello. Les verrières modernes, formées d'épaisses bulles de verre multicolores, représentent les litanies de la Vierge.

Saint-Édouard-de-Maskinongé

Le **Zoo de Saint-Édouard-de-Maskinongé** *(10$; fin mai à début sept; 3381 rte. 348 O. J0K 2H0, ☎268-5150)* loge plusieurs espèces d'animaux sur un site dont l'aménagement vise à préserver les beautés naturelles de l'endroit. Installations et animation sont prévues pour divertir les enfants.

Circuit B : Le Centre-du-Québec (deux jours)

Peuplés d'un mélange de colons français, acadiens, loyalistes américains et britanniques, le Centre-du-Québec a connu un développement lent avant le milieu du XIXe siècle, alors que s'est amorcée une phase d'industrialisation qui n'a jamais connu de ralentissement depuis, à la suite de l'établissement du chemin de fer du Grand Tronc.

Au cours des 20 dernières années, on y a en effet construit certaines des usines les plus vastes et les plus modernes du Canada. Paradoxalement, on remarquera qu'il ne reste aujourd'hui de cette voie ferrée que l'emprise sur laquelle on veut aménager une piste cyclable reliant la ville de Québec aux Cantons-de-l'Est.

Bécancour (11 411 hab.)

Cette municipalité très étendue fut créée en 1965 par le regroupement de six villages beaucoup plus anciens s'étendant de Saint-Grégoire, à l'ouest, jusqu'à Gentilly inclusivement, à l'est. Son nom rappelle Pierre Robineau de Bécancour, qui, de 1684 à 1755, fut seigneur des lieux. On trouve à Bécancour un parc industriel réputé où sont notamment regroupées l'aluminerie de Bécancour, la centrale nucléaire Gentilly, seule de ce type au Québec, et l'usine d'eau lourde La Prade, avec ses hautes tours.

Le **moulin Michel** ★ *(entrée libre; mi-mai à fin juin et sept à mi-oct sam-dim 12h à 17h, fin juin à début sept mar-dim 10h à 17h, début sept à fin juin sam-dim 12h à 17h; 675 boul. Bécancour, ☎298-2882)* est l'un des très rares moulins à eau du Régime français à avoir survécu. Érigé en 1739 pour les censitaires de la seigneurie de Gentilly, il a fonctionné pendant plus de 200 ans. Son mécanisme est encore en place et expliqué pendant les visites guidées organisées par la municipalité. Le moulin sert aujourd'hui de centre culturel et de centre d'interprétation portant sur les us et coutumes des gens de la région.

Construite entre 1845 et 1857, l'**église Saint-Édouard** ★ *(1920 boul. Bécancour)* illustre la persistance des modes de construction et de décoration développés au début du XIXe siècle par la famille Baillairgé de Québec. Hormis la façade, refaite en 1907, le reste de l'édifice a conservé son aspect premier. Le décor intérieur est rehaussé de bas-reliefs en bois et de toiles du peintre Eugène Hamel.

La **centrale nucléaire Gentilly 2** *(entrée libre; fin juin à fin août tlj 10h à 17h; carte d'identité obligatoire; les femmes enceintes et les enfants de moins de 14 ans ne sont pas admis; 4900 boul. Bécancour, ☎298-5205)* est la seule centrale nucléaire en exploitation au Québec. Elle est équipée d'un réacteur utilisant de l'eau lourde comme modérateur et de l'uranium naturel comme combustible.

★ Saint-Pierre-les-Becquets (1 396 hab.)

Ce charmant village, juché sur une falaise dominant le fleuve Saint-Laurent, était autrefois le chef-lieu de la seigneurie Levrard-Becquet, concédée en 1672. Le **manoir seigneurial** (*on ne visite pas)* subsiste au numéro 171 de la rue Marie-Victorin. Il a été construit en 1792 pour Charles-François Tarieu La Pérade de Lanaudière.

La route va ensuite à Deschaillons. Tournez à droite sur la route 265 Sud, qui pénètre à l'intérieur des terres, afin de poursuivre le circuit du Centre-du-Québec. Il est toutefois possible de lier les deux portions du circuit situées entre Odanak et Deschaillons à une promenade le long du fleuve Saint-Laurent jusqu'à Québec, et même au-delà, en les greffant au circuit des Seigneuries de la Côte-du-Sud de la région touristique Chaudière-Appalaches (voir p 479).

Plessisville (2 768 hab.)

En quittant le territoire des anciennes seigneuries, on pénètre dans celui des premiers «cantons de l'Est», qui ont constitué la nouvelle façon d'octroyer les terres après la Conquête. C'est une région à la fois agricole (laitière) et industrielle où les petites et moyennes entreprises (PME) sont reines.

Plessisville, entourée d'érablières, est surtout reconnue pour ses produits de l'érable et dispute d'ailleurs à la Beauce son statut de capitale mondiale de l'érable. On y tient chaque année, pendant le mois d'avril, un délicieux festival de l'érable, le plus ancien après le carnaval de Québec. Au numéro 1353 de la rue Saint-Calixte, on remarquera une imposante demeure de style Second Empire érigée en 1885 pour le commerçant Charles Cormier, ami de Sir Wilfrid Laurier, devenu sénateur et conseiller législatif.

La route 116 contourne Plessisville. Empruntez-la vers l'ouest en direction de Princeville et de Victoriaville.

Victoriaville (38 191 hab.)

Cœur de l'économie du Centre-du-Québec, Victoriaville doit son développement à l'essor des industries du bois et du métal.

Arthabaska ★ constitue la partie sud du nouveau Victoriaville. Son nom signifie, en langue amérindienne, «là où il y a des joncs et des roseaux». Plusieurs personnalités québécoises qui se sont illustrées en politique ou dans le monde des arts sont originaires d'Arthabaska, ou y ont vécu, donnant le ton au secteur qui a toujours arboré une architecture soignée, marquée par les modes américaines et européennes. Arthabaska est en effet renommée pour ses belles demeures victoriennes, plus particulièrement celles qui bordent la rue Laurier Ouest.

En 1859, Arthabaska se voit propulsée au rang de district judiciaire du canton. On y érige le palais de justice, la prison et le bureau d'enregistrement qui feront sa fortune (ces édifices ont depuis été démolis). Supplantée par Victoriaville au début du XXe siècle, Arthabaska a su conserver en partie son charme de la Belle Époque.

La **maison Suzor-Côté** *(on ne visite pas; 846 boul. des Bois-Francs S.)*. Le peintre paysagiste Marc-Aurèle de Foy Suzor-Côté (1869-1937) est né dans cette humble maison, bâtie par son père 10 ans plus tôt. L'artiste, qui figure parmi les principaux peintres canadiens, a amorcé sa carrière par la décoration d'églises, entre autres celle d'Arthabaska. En 1891, il part pour Paris, où il étudie à l'École des beaux-arts. Premier Prix des académies Julian et Colarossi, il travaille à Paris avant de s'installer à Montréal en 1907.

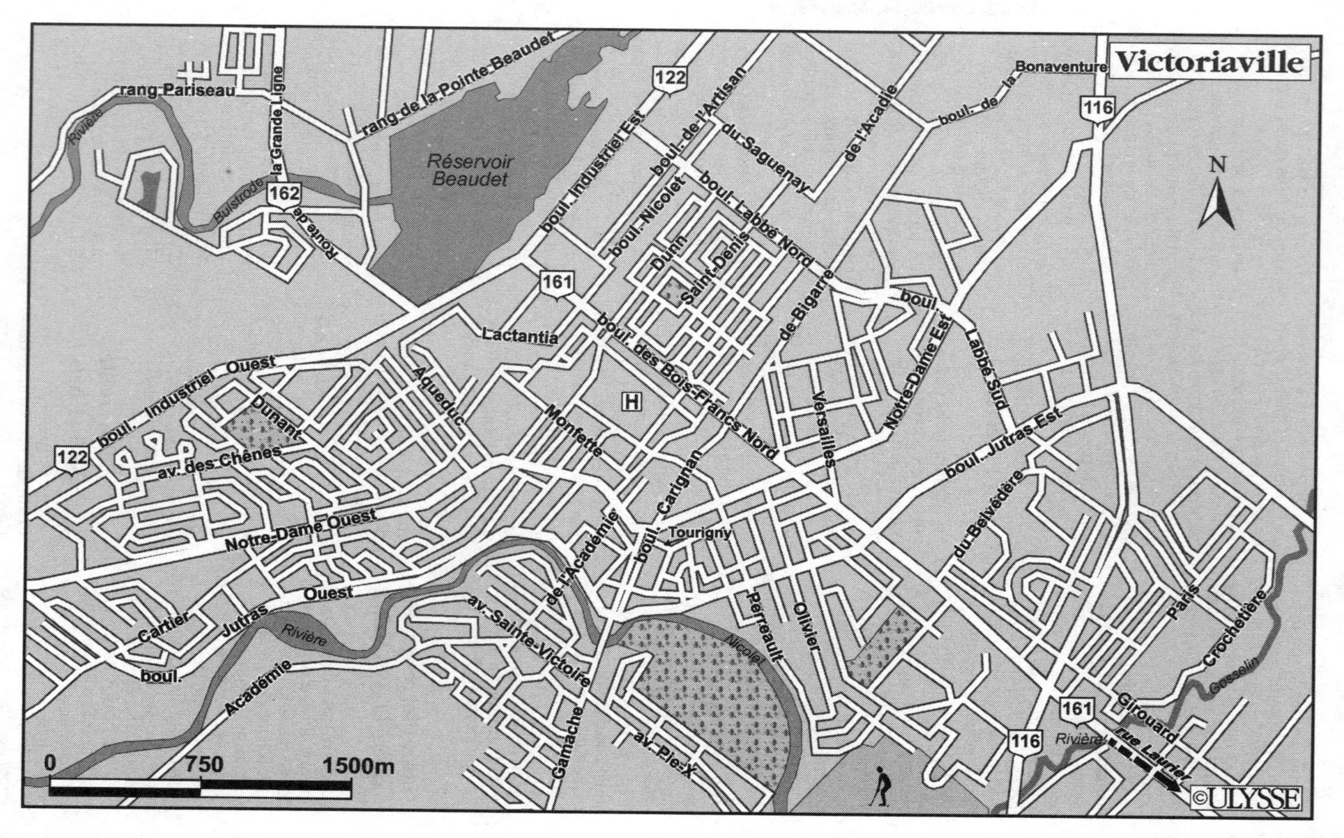

Victoriaville
N
Bonaventure
boul. de la
116
de l'Acadie
du Saguenay
boul. de l'Artisan
122
rang de la Pointe-Beaudet
rang Pariseau
la Grande Ligne
Réservoir Beaudet
Bulstrode
162
Route de
boul. Industriel Est
boul. Nicolet
boul. Labbé Nord
Dunn
Saint-Denis
de Bigarre
boul. Labbé Sud
Notre-Dame Est
161
Lactantia
boul. des Bois-Francs Nord
H
Versailles
boul. Jutras Est
du Belvédère
boul. Industriel Ouest
Aqueduc
Monfette
Dunant
av. des Chênes
boul. Carignan
Tourigny
Notre-Dame Ouest
de l'Académie
Jutras Ouest
Cartier
boul.
Rivière
Académie
av. Sainte-Victoire
Nicolet
Perreault
Olivier
Paris
Crochetière
Gosselin
Girouard
rue Laurier
Rivière
Gamache
av. Pie-X
0
750
1500m
©ULYSSE

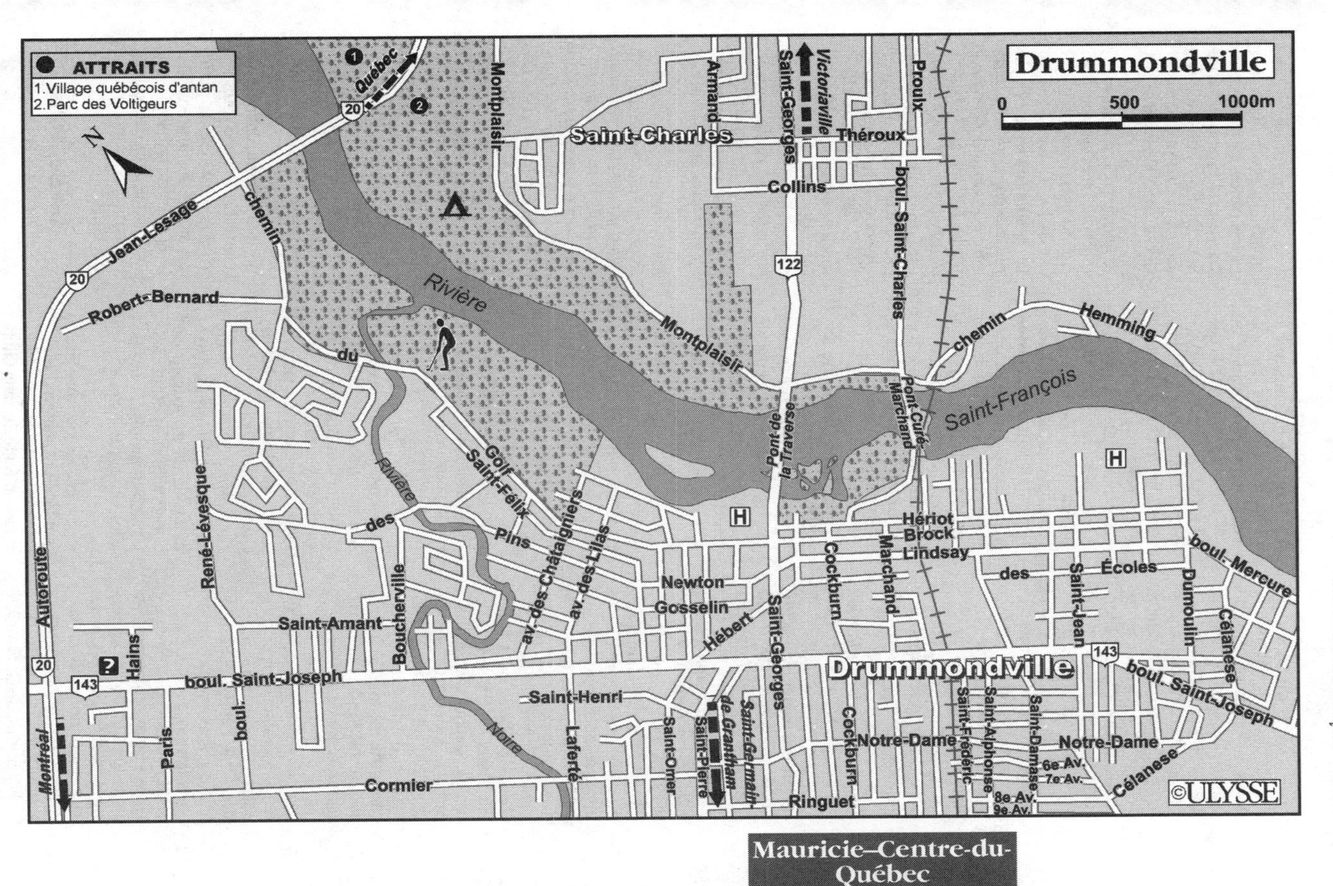
Drummondville
0
500
1000m
ATTRAITS
1. Village québécois d'antan
2. Parc des Voltigeurs
©ULYSSE
Rivière Saint-François
Victoriaville
Québec
Montréal
Saint-Germain-de Grantham
Pont de la Traverse
Pont Curé-Marchand
boul. Saint-Charles
Saint-Charles
Saint-Georges
Drummondville
boul. Saint-Joseph
boul. Mercure
boul. René-Lévesque
Autoroute
chemin du Golf
chemin Hemming
Rivière Noire
Montplaisir
Jean-Lesage
Robert-Bernard
Proulx
Théroux
Collins
Armand
Célanese
Dumoulin
des Écoles
Saint-Jean
Saint-Damase
Saint-Alphonse
Saint-Frédéric
Notre-Dame
Cockburn
Ringuet
Marchand
Hériot
Brock
Lindsay
Newton
Gosselin
Hébert
Saint-Pierre
Saint-Omer
Saint-Henri
Laferté
av. des Lilas
av. des Châtaigniers
Saint-Félix
des Pins
Boucherville
Saint-Amant
Cormier
Paris
Hains
6e Av.
7e Av.
8e Av.
9e Av.

Mais à partir de cette date, il revient chaque année à Arthabaska, dans la maison paternelle, qu'il transforme graduellement en studio. Ses scènes d'hiver impressionnistes et ses couchers de soleil rouges par temps chaud de juillet sont bien connus. La maison est toujours une résidence privée.

L'imposant édifice que l'on aperçoit ensuite au numéro 905 est le **collège d'Arthabaska** des frères du Sacré-Cœur, qui se compose de trois sections disparates.

Tournez à droite sur la rue Laurier Ouest (route 161).

Le **Musée Laurier** ★ *(3,50$; juil à août lun-ven 9h à 17h et sam-dim 13h à 17h; sept à juin mar-ven 9h à midi et 13h à 17h, sam-dim 13h à 17h; 16 rue Laurier O., ☎357-8655)* est installé dans l'ancienne demeure de celui qui fut premier ministre du Canada de 1896 à 1911. Premier Canadien français à occuper ce poste, Sir Wilfrid Laurier (1841-1919) est né à Saint-Lin, dans les Basses-Laurentides, mais s'est établi à Arthabaska aussitôt ses études de droit terminées. Sa maison d'Arthabaska fut convertie en musée à caractère politique par deux admirateurs dès 1929.

Les pièces du rez-de-chaussée ont conservé leur mobilier victorien d'origine, alors que l'étage est en partie réservé à des expositions temporaires, en général fort intéressantes. Des toiles et des sculptures d'artistes québécois encouragés par le couple Laurier sont disséminées dans la maison. On remarquera notamment le portrait de Lady Laurier de Suzor-Côté et le buste de Sir Wilfrid Laurier par Alfred Laliberté. La demeure italianisante, entourée d'un joli parc de verdure, a été dessinée en 1876 par l'architecte Louis Caron à qui l'on doit plusieurs des maisons de la rue Laurier Ouest. Caron, ayant séjourné quelques années aux États-Unis, s'était imprégné des modes américaines. De lui, on remarquera plus particulièrement la **maison Poisson**, au numéro 55, qui adopte les formes des villas toscanes du style néo-Renaissance, caractérisées par un plan asymétrique, une tour-observatoire et d'épaisses corniches.

L'**église Saint-Christophe** ★ *(40 rue Laurier O., ☎357-2376)* fut construite en 1871 selon les plans de l'architecte Joseph-Ferdinand Peachy de Québec. Elle est surtout appréciée pour son intérieur polychrome, complété par les architectes Perrault et Mesnard en 1887, et décoré par les peintres Marc-Aurèle de Foy Suzor-Côté et J. O. Rousseau de Saint-Hyacinthe.

Revenez sur le boulevard des Bois-Francs Sud. Tournez à droite pour accéder au mont Saint-Michel.

L'observatoire aménagé au sommet de cette colline permet d'embrasser du regard l'ensemble de la région, au relief peu prononcé. Le **mont Saint-Michel** *(à l'extrémité du boulevard des Bois-Francs Sud)* est dominé par une croix lumineuse haute de 24 m. Autour de l'observatoire partent des sentiers conduisant à des aires de pique-nique.

Peu d'écoles de rang du Québec ont survécu en aussi bon état. La **maison d'école du rang Cinq-Chicots** *(416 av. Pie-X, ☎752-9412)* a été rachetée par l'Association québécoise des amateurs d'antiquités. La visite de l'école et ses objets permettent de comprendre ce que représentait l'apprentissage scolaire à la campagne au début du XXe siècle.

Retournez à la rue Laurier, que vous prendrez vers l'est sur environ 6 km.

Le **moulin La Pierre** *(4$; fin juil à début sept dim 11h à 17h, lun-sam sur réservation; 99 ch. Laurier, St-Norbert-d'Arthabaska, ☎369-9639)* est l'un des rares moulins à eau encore en fonction au Québec. Il fut érigé en 1845. Les samedis et dimanches après-midi, on offre des visites guidées de ce moulin qui utilise encore des méthodes artisanales pour fabriquer la farine. On peut d'ailleurs s'y procurer cette farine.

Remontez vers Victoriaville. Empruntez la route 122 Ouest en direction de Drummondville. Une excursion facultative permet cependant de vous rapprocher des Cantons-de-l'Est. Empruntez alors la route 116 en direction de Warwick et de Kingsey Falls.

Warwick (2 140 hab.)

On trouve à Warwick certaines maisons rappelant l'architecture de la classe moyenne américaine du début du siècle, notamment la **maison Alphonse-Letarte** *(151 rue St-Louis)*, érigée en 1908, et la maison située au numéro 33 de la rue Saint-Joseph, qui serait tirée d'un catalogue de plans des grands magasins Eaton.

Kingsey Falls (1 239 hab.)

Le nom de la municipalité révèle la présence, à cet endroit, d'une chute de la rivière Nicolet. Cette cataracte a permis aux premiers colons britanniques, arrivés peu après 1800, d'y exploiter des moulins à farine et à papier. De nos jours, le village est le siège de l'empire Cascades, un géant du papier qui possède plusieurs usines, maintenant à travers le monde. Kingsey Falls, tout comme Warwick sa voisine, se targue d'être la ville la plus fleurie du Québec, prenant modèle sur un de ses plus illustres citoyens, Conrad Kirouac, mieux connu sous le nom de frère Marie-Victorin. L'auteur de *La flore laurentienne* et fondateur du Jardin botanique de Montréal est en effet né dans la maison située au numéro 405 de la rue Marie-Victorin en 1885 *(on ne visite pas)*.

Le **parc Marie-Victorin** *(3,95$ à 7,50$ selon le forfait; mi-juin à mi-sept dim-mar 9h30 à 17h30, mer-sam 9h30 à 19h30; 385 rue Marie-Victorin, ☎363-2528 ou 888-753-7272, ⇌363-2855)* est constitué de 12 ha. Il fut créé en 1985 par l'entreprise des papiers Cascades afin d'honorer la mémoire du frère Marie-Victorin. Il comprend un pavillon d'accueil où sont présentées trois expositions thématiques (les insectes, les oiseaux, l'environnement) ainsi que le jardin des Cascades, où l'on peut voir une collection d'éricacées, le jardin des oiseaux, l'étang et la prairie des Bois-Francs.

Le parc Marie-Victorin présentera certes davantage d'intérêt dans quelques années, lorsque les aménagements auront été complétés et que les arbres et arbustes seront parvenus à maturité. Une visite de l'**usine Cascades** de Kingsey Falls boucle la promenade au parc Marie-Victorin.

Reprenez la route 116 jusqu'à Richmond. Tournez à droite sur la route 143 Nord pour rejoindre Drummondville, sur le circuit principal.

Drummondville (45 554 hab.)

Drummondville a été fondée à la suite de la guerre canado-américaine de 1812 par Frederick George Heriot. D'abord poste militaire sur la rivière Saint-François, la colonie devient rapidement un centre industriel important grâce à l'implantation de moulins et de manufactures dans ses environs.

Tournez à droite sur la rue Montplaisir.

Le **Village québécois d'antan** ★★ *(11$; début juin à début sept tlj 10h à 18h, sept tlj 11h à 16h; 1425 rue Montplaisir, ☎478-1441)* retrace 100 ans d'histoire. Quelque 70 bâtiments de l'époque de la colonisation ont été reconstitués dans le but de recréer une atmosphère digne des années 1810-1910. Des artisans en costume d'époque s'affairent à la fabrication de chandelles et de ceintures fléchées ou à la cuisson du pain. Plusieurs productions historiques y ont été tournées.

Poursuivez sur la rue Montplaisir en suivant les indications menant au parc des Voltigeurs.

Le **parc des Voltigeurs** ★ fait, depuis quelque temps, l'objet de divers projets d'aménagement et d'entretien qui visent à améliorer cet espace vert laissé trop longtemps à l'abandon. Dans la partie sud du parc se dresse le **manoir Trent**, érigé en 1848 pour un officier de la Marine anglaise à la retraite, George Norris Trent. Le manoir est le seul bâtiment patrimonial visible en bordure de l'autoroute 20 entre Montréal et Québec. Désigné erronément comme un manoir, alors qu'il s'agit en réalité d'une grande maison de ferme, l'édifice a été acquis par les Compagnons de l'École hôtelière, qui en ont fait un centre de documentation et une école de formation et dégustation.

Longez la rive est de la rivière Saint-François en direction de Saint-Joachim-de-Courval. Traversez d'abord la partie est du Centre éducatif forestier de La Plaine avant d'accéder au village lui-même. Poursuivez en direction de Pierreville, à proximité de laquelle se trouve la réserve amérindienne d'Odanak.

Odanak (300 hab.)

Marguerite Hertel, propriétaire de la seigneurie de Saint-François au début du XVIIIe siècle, cède au gouvernement de Trois-Rivières une bande de terre sur la rive est de la rivière Saint-François afin qu'un village amérindien y soit aménagé. On désire y concentrer les Abénaquis du Maine, alliés indéfectibles des Français, ce qui sera fait en l'an 1700. Puis au moment de la Conquête, en 1759, le village amérindien d'Odanak est saccagé par les troupes britanniques en guise de représailles. Odanak est encore aujourd'hui une réserve amérindienne.

Le **Musée des Abénaquis** ★ *(4$; lun-ven 10h à 17h et sam-dim 13h à 17h, nov à avr sam-dim sur réservation; rte. 132, ☎450-568-2600)*, fondé en 1962, permet de découvrir la culture des Abénaquis. Une exposition permanente relate la vie ancestrale des Abénaquis et leurs relations avec les colons français. Les animateurs du musée s'efforcent de faire revivre les objets exposés à l'aide de chants, de danses et de légendes traditionnelles. Il faut aussi voir l'**église du village**, décorée de sculptures autochtones.

Saint-François-du-Lac (1 060 hab.)

Premier noyau de peuplement de la rive sud du lac Saint-Pierre, Saint-François-du-Lac est situé en face d'Odanak sur la rive ouest de la rivière Saint-François. En 1849, on entreprend la construction de l'**église Saint-François-Xavier** *(440 rue Notre-Dame)* selon les plans de Thomas Baillairgé. On remarquera, à l'intérieur, de belles toiles anonymes du XVIIIe siècle provenant de France.

Revenez sur la rive est de la rivière Saint-François.

Une excursion au nord-ouest d'Odanak, à **Notre-Dame-de-Pierreville**, fait voir un véritable village de pêcheurs en plein centre du Québec. C'est que le lac Saint-Pierre, dont on se rapproche sans vraiment le voir, est suffisamment vaste pour justifier une pêche de type commercial. Cet élargissement soudain du fleuve Saint-Laurent fait donc vivre une communauté de pêcheurs qui y a ouvert des poissonneries.

Revenez vers Pierreville, où vous emprunterez la route 132 Est, en direction de Baie-du-Febvre puis de Nicolet.

Les **aires de repos de la sauvagine** ★ *(ch. de la Commune, à Baie-du-Febvre)* comptent parmi les plus importantes au Québec. Au printemps et en automne, profitez de la tour d'observation pour admirer les spectaculaires volées d'oiseaux.

Nicolet (5 100 hab.)

On trouve, dans la vallée du fleuve Saint-Laurent, quelques villes et villages fondés par des Acadiens réfugiés au Québec à la suite de la déportation des colons français de l'Acadie par l'armée britannique en 1755. Rappelons que le territoire de l'Acadie correspond aux actuelles Provinces maritimes.

Nicolet a constitué l'un de ces refuges. Siège d'un évêché depuis 1877, la ville a connu un glissement de terrain majeur en 1955 ayant provoqué l'affaissement d'une partie du centre de la ville. Cette tragédie est imputable au sol glaiseux et marécageux qui borde le lac Saint-Pierre, interdisant l'aménagement d'agglomérations directement sur ses rives.

La **cathédrale de Nicolet** ★ *(tlj 9h à 16h, fin juin à début sept visites guidées 9h à 16h; 671 boul. Louis-Fréchette, ☎293-5492)* remplace la cathédrale détruite lors du glissement de terrain de 1955. L'édifice a été dessiné par l'architecte Gérard Malouin en 1962. Ses formes ondoyantes, faites de béton armé, évoquent la voilure d'un navire. De l'intérieur, on peut mieux contempler l'immense verrière de Jean-Paul Charland qui recouvre la façade (21 m sur 50 m).

Plusieurs religions sont représentées à Nicolet, ce qui a sûrement influencé les fondateurs de son **Musée des religions** ★ *(4,50$; tlj 10h à 17h; 900 boul. Louis-Fréchette, ☎293-6148)*. Aménagé dans un bâtiment neuf, cet intéressant musée présente des expositions thématiques sur les différentes traditions religieuses à travers le monde.

L'**ancien séminaire** ★ *(350 rue D'Youville)* fut fondé dès 1803 à l'instigation de l'évêque de Québec, qui désirait que les futurs prêtres puissent être formés loin des tentations de la grande ville. Le séminaire de Nicolet occupait le troisième rang au Québec par son ancienneté. Ce fut également pendant longtemps l'un des plus prestigieux collèges d'enseignement supérieur.

L'imposant édifice a été érigé selon les plans de Thomas Baillairgé entre 1827 et 1836. Fermé pendant la Révolution tranquille, il abrite de nos jours l'Institut de police du Québec. Le bâtiment a malheureusement été endommagé par un incendie en 1973 et attend toujours sa restauration.

La **maison Rodolphe-Duguay** *(3,50$; mi-mai à mi-oct mar-dim 10h à 17h; 195 rang St-Alexis, Nicolet-Sud, ☎293-4103, www.cam-.org/~bour)*. Le peintre québécois Rodolphe Duguay (1891-1973) affectionnait les paysages des Bois-Francs et les scènes du terroir, maintes fois représentés dans son œuvre, qui s'étale sur une période de 60 ans. D'abord inscrit aux cours d'art du Monument National, à Montréal, il traverse ensuite l'Atlantique pour se fixer à Paris, où il passera sept ans de sa vie.

À son retour au Québec, il s'installe dans la demeure paternelle, qu'il habitera jusqu'à sa mort. En 1929, il érige un atelier attenant à la maison, dont l'intérieur rappelle étrangement son atelier parisien. Dans cette vaste pièce maintenant ouverte aux visiteurs, on présente une rétrospective de son œuvre.

Poursuivez sur la route 132 Est afin de compléter la boucle qui vous ramènera à Saint-Grégoire, aujourd'hui intégré à Bécancour.

Saint-Grégoire

L'**église Saint-Grégoire** ★★ *(4200 boul. Port-Royal)* se trouve au centre de l'ancien village de Saint-Grégoire-de-Nicolet, fondé en 1757 par un groupe d'Acadiens originaires de Beaubassin. Il fait aujourd'hui partie intégrante de Bécancour. En 1803, les paroissiens entreprennent la construction de l'église actuelle. Deux architectes québécois célèbres laisseront par la suite leur marque sur l'édifice, Thomas Baillairgé d'abord, à qui l'on attribue la façade néoclassique ajoutée en 1851, et Victor Bourgeau, qui a refait les clochers avant de décorer la voûte de la nef.

En 1811, la fabrique acquiert le précieux retable ainsi que le somptueux tabernacle de l'église des récollets de Montréal, autrefois située à l'angle des rues Sainte-Hélène et Notre-Dame. Le retable, réinstallé avec bonheur à Saint-Grégoire, est le plus ancien qui subsiste au Québec puisqu'il a été réalisé dès 1713 par Jean-Jacques Blœm dit Le Blond.

Quant au tabernacle de style Louis XIII, il s'agit d'une œuvre majeure de l'ébéniste Charles Chaboulié, exécutée en 1703. Les toiles du peintre parisien Joseph Uberti accrochées dans l'église sont toutefois beaucoup plus récentes (vers 1910).

Parcs

Circuit A : La Mauricie

À l'embouchure de la rivière Saint-Maurice, à Trois-Rivières, se trouve le **parc de l'île Saint-Quentin** *(2,50$; mai à oct 9h à 22h, nov à avr 9h à 17h; ☎373-8151)*. Sur cet îlot de nature et de tranquillité, on peut s'adonner à la promenade et à la baignade. On y trouve également des aires de pique-nique.

Le **parc de la Rivière-Batiscan** ★ *(3,50$ par pers. jusqu'à concurrence de 12$ par voiture, gratuit pour les enfants; début mai à fin oct 9h à 21h; 200 rte. du Barrage, St-Narcisse, ☎418-328-3599)* est réservé à la préservation de la faune et de ses habitats. Il demeure toutefois un endroit fort agréable pour pratiquer maintes activités de plein air, comme la randonnée pédestre, la pêche, le vélo de montagne et le camping, qui n'en sont que quelques exemples.

Le parc dispose également de circuits d'interprétation écologique et historique. Au milieu du parc se trouve un des premiers ouvrages hydroélectriques du Québec : la centrale Saint-Narcisse. Cette centrale, qui produit toujours de l'électricité, fut bâtie en 1897. D'ailleurs, la Mauricie recèle plusieurs centrales hydroélectriques d'intérêt construites pour tirer profit des puissants courants des rivières de la région.

Le **parc national de la Mauricie** ★ *(3,50$/pers./jour, 8$/famille; Shawinigan, ☎538-3232)* a été créé en 1970 afin de préserver un exemple de forêt boréale. Il constitue un site parfait pour s'adonner à diverses activités de plein air, comme le canot, la randonnée pédestre, le vélo de montagne, la raquette et le ski de fond. Ses forêts dissimulent plusieurs lacs et rivières de même que diverses richesses naturelles. Les visiteurs peuvent loger dans des gîtes de type dortoir tout au long de l'année, au coût de 21$ par personne. Les réservations se font au ☎537-4555.

On accède à la **réserve faunique du Saint-Maurice** ★ *(3843 rte. 155, Mattawin, ☎646-5680)* par un bac qui traverse la rivière Saint-Maurice. S'étendant sur plus de 750 km², elle compte plusieurs sentiers de randonnée pédestre le long desquels des refuges ont été aménagés. En automne, la chasse à l'orignal et au petit gibier est permise. Pour réservation de gîtes et camping : ☎646-5687.

Le **parc des chutes de Shawinigan et Shawinigan-Sud** ★ *(entrée libre; Île Melville, rte. 157, Shawinigan, ☎536-0222)* est bien aménagé pour recevoir les amateurs de ski de fond et de raquette au cours de l'hiver. Durant l'été, il est agréable de se balader tranquillement en bateau sur la rivière Saint-Maurice. De plus, une quinzaine de cerfs de Virginie peuvent être observés en enclos. Par ailleurs, les chutes sont superbes tout au long de l'année, mais elles sont notamment spectaculaires au printemps lors du dégel.

La **réserve faunique Mastigouche** *(rte. 349, St-Alexis-des-Monts, ☎265-2098)* couvre un territoire de 1 600 km². Parsemée de multiples lacs et rivières, elle est un véritable paradis pour l'amateur de canot-camping. La chasse et la pêche y sont également permises. En hiver, les sportifs ont à leur disposition 180 km de pistes de ski de fond et 130 km de routes de motoneige. Il est alors possible de dormir dans les refuges, au coût de 17$ par personne *(réservation au ☎265-3925)*. Les visiteurs peuvent également louer, au coût de 25$ par personne et par jour, un petit chalet qui abrite de quatre à huit personnes *(réservation au ☎800-665-6527)*.

Le **parc des chutes Sainte-Ursule** *(2,75 à 5$; 9h à 18h; rte. 348, 2575 rang des Chutes, Ste-Ursule, ☎228-3555 ou 800-660-6160)* dispose d'aires de pique-nique et de jeux. Ses chutes, qui atteignent une hauteur de 70 m, constituent son attrait majeur. Durant l'hiver, on peut y pratiquer le ski de randonnée.

Activités de plein air

Pêche aux petits poissons des chenaux

Circuit A : La Mauricie

En hiver, la rivière Sainte-Anne, riche en «poulamons» (mieux connus sous le nom de «petits poissons des chenaux»), attire des milliers d'amateurs. Du mois de décembre au mois de février, elle se couvre de cabanes de pêcheurs. Il est possible de louer une cabane et le matériel de pêche au **Comité de gestion de la rivière Sainte-Anne** *(Ste-Anne-de-la-Pérade, ☎418-325-2475)*. Il en coûte environ 15$ par personne et par jour (18$ la fin de semaine); chaque cabane accueille un maximum de quatre personnes.

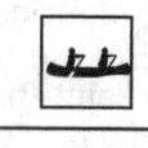

Canot

Circuit A : La Mauricie

Le **parc national de la Mauricie** se prête particulièrement bien aux excursions en canot. Sillonné de lacs, de tout petits et de très grands, ainsi que de rivières, il est reconnu depuis longtemps par les amateurs de canot-camping. Laissez-vous glisser dans d'étroits chenaux qui vous entraînent d'un lac à l'autre sous une végétation luxuriante en compagnie d'oiseaux aquatiques peu farouches! Vous pouvez y faire la location d'embarcations et vous tracer un itinéraire à votre mesure.

Les deux réserves de la région, la **réserve faunique du Saint-Maurice** et la **réserve faunique Mastigouche** offrent elles aussi plusieurs possibilités aux amateurs de canotage.

Croisières

Croisières M/V Le Draveur
11$
Départs au Parc portuaire à 13h et 20h
☎819-375-3000
☎800-567-3737
Prenez place à bord d'un luxueux catamaran d'une capacité de 92 passagers pour une croisière commentée vous permettant de découvrir les principaux points d'intérêt de Trois-Rivières : le port, le pont Laviolette, la pointe des Ormes, la rivière Saint-Maurice et l'archipel des îles Saint-Quentin. Plusieurs autres croisières d'une plus longue durée vous sont aussi suggérées.

Vélo

Circuit B : Le Centre-du-Québec

Le **parc linéaire des Bois-Francs** *(33 Pie-X, Victoriaville, ☎ 758-6414)* est en fait une piste cyclable aménagée sur le tracé d'une ancienne voie ferrée, comme on en trouve de plus en plus au Québec. Celle-ci, longue de 60 km, permet de contempler les paysages de la belle région du Centre-Québec depuis Warwick jusqu'à Lyster.

Ski de fond

Circuit A : La Mauricie

La **réserve faunique Mastigouche** compte, en hiver, 200 km de sentiers de ski de fond bien entretenus. La **réserve faunique du Saint-Maurice** et le **parc national** de la Mauricie sont également agréables à parcourir en ski de randonnée.

Motoneige

Circuit A : La Mauricie

En hiver, la **réserve faunique Mastigouche** fait le bonheur des amateurs de motoneigisme avec ses 130 km de pistes balisées et les multiples refuges chauffés que l'on retrouve tout au long du parcours.

Traîneau à chiens

Circuit A : La Mauricie

Parcourir un sentier enneigé en guidant un attelage de chiens lancé à vive allure est une expérience des plus enivrantes. Il est possible de s'y adonner dans la **réserve faunique du Saint-Maurice** puisqu'on y entretient, tout au long de l'hiver, près de 270 km de pistes balisées spécialement aménagées pour cette activité.

Hébergement

Circuit A : La Mauricie

Trois-Rivières

Une bonne option pour ceux qui désirent séjourner près du centre-ville de Trois-Rivières et qui ne veulent pas dépenser une fortune : les nombreux petits motels que qui bordent la route 138 à la hauteur du Cap-de-la- Madeleine n'offrent pas pour la plupart un grand luxe mais vous pourrez loger dans de petit chalet avec cuisinette pour un prix raisonnable. La plupart offrent aussi un beau point de vue sur le fleuve Saint-Laurent et disposent d'une piscine extérieure. Une possibilité à envisager pour les familles.

Auberge de jeunesse la Flottille
19$/pers. au dortoir, 16,50$ membres
36$/pers. pour une chambre privée, 33$ membres
497 rue Radisson, G9A 2C7
☎ 378-8010
L'auberge de jeunesse la Flottille est une jolie petite auberge près de la vie nocturne de Trois-Rivières. Elle dispose d'une quarantaine de places durant la saison estivale. En hiver, elle reste ouverte, mais ne dispose alors que d'une trentaine de lits.

Les suites de Laviolette
70$, 90$ suite
7201 Notre-Dame,
Trois-Rivières-Ouest, G9B 1W2
☎ 377-4747
⇄ 377-2331
Les suites de Laviolette sont situées à l'entrée de la ville, dans un joli bâtiment de brique rouge aux fenêtres blanches. Elles disposent de grandes chambres décorées avec soin. Il s'agit d'une bonne adresse à retenir.

Hôtel Best Western
69$
≈
3600 boul. Royal, G9A 4M3
☎ 379-3232
⇄ 379-8045
Construit le long d'une route passante en face d'une énorme usine, l'hôtel Le Baron n'a rien d'enchanteur. Les chambres y sont toutefois correctes.

Hôtel Delta
93$
≈, ⊙, ⌂, ℜ
1620 Notre-Dame, G9A 6E5
☎ 376-1991
⇄ 372-5975
Haute tour se dressant à côté du centre-ville, l'hôtel Delta est facilement identifiable. Il dispose de chambres spacieuses, prévues pour loger confortablement les voyageurs, et de nombreuses installations sporti-

ves afin d'agrémenter leur séjour. Centre des congrès.

Grand-Mère

Auberge Le Florès
70-90
bc, tv, ≈, ✪, ≡, ℜ
4291 50e Av., G9T 6S5
☎538-9340
⇄538-1884
www.leflores.com
L'Auberge Le Florès occupe une superbe maison d'époque à laquelle on a ajouté une partie moderne. Les chambres ne sont pas spectaculaires mais offrent un bon confort.

Auberge St-Exupéry
60$ pdj
3520 50e Av., G9T 1A7
☎538-2505
L'Auberge St-Exupéry est un joli petit gîte touristique accueillant. Les chambres sont spacieuses et confortables.

Auberge Grand-Mère
65-95 mai à oct
55-85 oct à avr
tv, ℜ
10 6e Av., G9T 2E8
☎538-8651 ou 800-361-8651
⇄538-1349
www.aubergegm.com
L'Auberge Grand-Mère a acquis une réputation quelque peu surfaite. La décoration désuète et le mobilier suranné brillent de leur gloire passé. Les chambres offrent un confort modeste (voir p 369).

Saint-Jean-des-Piles

Maison Cadorette
55-65 pdj
1701 rue Principale, G0X 2V0
☎538-9883
À quelques minutes de l'entrée du parc national de la Mauricie, la Maison Cadorette accueille les visiteurs. Les chambres d'hôte sont agréablement décorées et le service est impeccable.

Grandes-Piles

Auberge Le Bôme
75-110
720 2e Av., G0X 1H0
☎538-2805 ou 800-538-2805
⇄538-5879
www.auberge-le-bome.qc.ca
L'Auberge Le Bôme est un excellent choix dans la région. Les chambres sont admirablement décorées et le service amical rend cette auberge très chaleureuse. Vous pourrez aussi profiter d'un superbe salon qui devient la scène de passionnantes discussions avec les autres voyageurs.

Shawinigan

Auberge l'Escapade
49-145
⊛, ♿, ℜ
3383 rue Garnier, G9N 6R4
☎539-6911
⇄539-7669
L'Auberge l'Escapade possède plusieurs personnalités. Ainsi peut-on y louer une chambre toute simple, mais à prix économique *(53$)*, autant qu'une chambre de luxe *(145$)*, garnie de meubles de style.

Entre les deux, les «intermédiaires» *(63-80)*, jolies et confortables, présentent un bon rapport qualité/prix. Voilà un établissement bien tenu se trouvant près de l'entrée de la ville. Au restaurant, qui plus est, on sert de bons petits plats.

Saint-Alexis–des-Monts

Hôtel Sacacomie
139$
4000 rang Sacacomie, J0K 1V0
☎265-4444 ou 888-265-4414
⇄265-4445
L'Hôtel Sacacomie est un magnifique établissement en rondins niché au cœur de la forêt près de la réserve Mastigouche. Surplombant le majestueux lac Sacacomie, l'endroit bénéficie d'un emplacement sans pareil avec une plage à proximité. On peut y pratiquer une foule d'activités, hiver comme été.

Pointe-du-Lac

Auberge du Lac Saint-Pierre
85-154
≡, ⊛, ≈, ⊙, ⌂, ℜ
1911 rue Notre-Dame, C.P. 10, G0X 1Z0
☎377-5971 ou 888-377-5971
⇄377-5579
www.auberge.lacst-pierre.com
L'Auberge du Lac Saint-Pierre est située à Pointe-de-Lac, un petit village qui, comme son nom l'indique, annonce la fin du lac Saint-Pierre. Ce «lac» est en fait un élargissement du fleuve Saint-Laurent qui, par ses caractéristiques propres aux marais, attire une faune et une flore particulières. Juchée sur un promontoire qui dévale sur la grève, l'auberge occupe un site idéal.

Ce grand établissement abrite des chambres modernes et confortables. Certaines sont munies d'une mezzanine pour les lits, laissant ainsi tout l'espace voulu au salon, dans la pièce principale. La salle à manger sert une fine cuisine (voir p 385). Si vous vous sentez l'âme à la découverte, vous pouvez emprunter un vélo pour explorer les alentours; vous ne le regretterez pas!

Saint-Paulin

Le Baluchon
99-154$
⊛, ≈, ⊙, ⌂, ℜ, ✪
350 ch. des Trembles, J0K 2J0
☎268-2555 ou 800-789-5968
⇄268-5234
www.baluchon.com
Construit sur une propriété irriguée par une rivière, Le Baluchon s'impose dans la

région comme un relais santé-plein air incontournable. Ce vaste domaine où a eu lieu le tournage de la série télévisée *Marguerite Volant*, bénéficie de divers aménagements qui ont pour but de faire profiter les visiteurs des beautés de son environnement.

Baladez-vous le long de la rivière ou dans les bois, à pied ou en ski de fond, ou encore descendez la rivière en kayak ou en canot : les activités ne sauraient ici vous manquer. Les deux bâtiments qui servent à l'hébergement abritent près de 40 chambres grand confort au décor moderne et agréable. Vous pouvez aussi vous relaxer au relais santé, bien équipé, ou déguster une fine cuisine dans la salle à manger (voir p 385).

Circuit B : Le Centre-du-Québec

Bécancour

Auberge Godefroy
115$
≡, ⊛, ℂ, ⏲, ≈, △, ⚙, ℜ
17575 boul. Bécancour, G0X 2T0
☎***233-2200 ou 800-361-1620***
⇌***233-2288***
www.aubergegodefroy.com
L'Auberge Godefroy est un imposant édifice aux multiples fenêtres. Son hall d'entrée, tout aussi important, vous accueille en saison avec un bon feu de foyer. Les quelque 70 chambres sont spacieuses et offrent tout le confort qu'on attend d'un tel établissement. Équipé d'un relais santé, l'hôtel propose différents forfaits pour vous faire dorloter. Laissez-vous aussi gâter dans la salle à manger (voir p 385)!

Victoriaville

Hôtel Le Suzor
58$-153 suite
1000 boul. Jutras, G6S 1E4
☎***357-1000***
⇌***357-5000***
www.hotelsuzor.com
Installé dans un bâtiment de construction moderne, l'hôtel Le Suzor est situé dans un quartier tranquille. Les chambres sont garnies de meubles neufs. Elles offrent beaucoup d'espace et s'avèrent agréables.

Kingsey Falls

Auberge Kingsey
55$
2141 rte. 116, J0A 1B0
☎***839-2362***
⇌***839-3800***
L'Auberge Kingsey est située à la limite des Bois-Francs et des Cantons-de-l'Est. Les chambres sont confortables et l'atmosphère conviviale rend le séjour agréable.

Drummondville

Motel Blanchette
50$
⊛
225 boul. St-Joseph O., J2E 1A9
☎***477-0222 ou 800-567-3823***
⇌***478-8706***
Le Motel Blanchette bénéficie d'une bonne situation géographique et propose de jolies chambres à prix raisonnable.

Comfort Inn
68-90
1055 Hains, J2C 5L3
☎***477-4000***
Le Motel Journey's End propose aux visiteurs des chambres paisibles et confortables. Celles-ci, sans être luxueuses, sont chaleureuses.

Hôtel Le Dauphin
83-145
tv, ≈, ℜ
600 boul. St-Joseph, J2C 2C1
☎***478-4141 ou 800-567-0995***
⇌***478-7549***
www.le-dauphin.com
L'Hôtellerie Le Dauphin a été construite sur un boulevard très passant où se trouvent plusieurs centres commerciaux. Elle dispose de grandes chambres bien entretenues, au décor moderne.

Auberge Universel
90$
≈
915 rue Hains, J2C 3A1
☎***478-4971 ou 800-668-3521***
⇌***474-6604***
À l'entrée de la ville, on trouve l'Auberge Universel. Les chambres sont modernesest pourvues de grandes salles de bain.

Restaurants

Circuit A : La Mauricie

Trois-Rivières

Bolvert
$
1556 rue Royale
☎***373-6161***
Le Bolvert est un petit restaurant de la chaîne du même nom où l'on peut manger de délicieux plats santé. La cuisine est simple et bonne mais le décor, un peu froid.

Maison des cafés, Le Torréfacteur
$
1465 rue Notre-Dame
☎***694-4484***
Véritable vogue depuis quelques années, le café a remplacé l'alcool dans les rencontres sociales. Pas

étonnant que les lieux spécialisés dans la torréfaction de café poussent comme des champignons. Trois-Rivières n'a pas échappé à l'engouement et la Maison des cafés fait parties des endroits favoris des trifluviens. L'établissement, en plus d'offrir une large gamme de boissons chaudes, propose aussi de légers repas et des desserts.

Resto Bar le Faste Fou
$-$$
30 rue des Forges
378-5871
Le Resto Bar le Faste Fou est un endroit sans prétention et son succès réside essentiellement dans la nourriture qu'on y sert. Le secret : un menu simple qui s'inspire des cuisines du monde (californienne, italienne, mexicaine, allemande, belge) basé sur un concept santé et des produits de qualité. Tous les types de personnalités, de l'amateur de grande bouffe à celui qui surveille son alimentation, y trouveront leur compte.

Au four à bois
$$
329 Laviolette
☎373-3686
Ouvert depuis plusieurs années, le restaurant Au four à bois fait partie des classiques de la région. Le menu varié, qui a su évoluer avec le temps, propose des pâtes, des fruits de mer, des grillades et de fines pizzas à des prix raisonnables. Aménagé dans une grande maison de deux niveaux avec un four à bois au centre du rez-de-chaussée. L'atmosphère a l'avantage d'être à la fois distinguée et décontractée.

La Becquée
$$
4970 boul. des Forges
☎372-0255
Présentant un décor chaleureux avec de belles boiseries, le restaurant La Becquée propose à ses clients une table d'hôte de fine cuisine québécoise et un brunch le dimanche; sa cave à vins en fera saliver plus d'un. Il est à noter que les groupes peuvent réserver un salon privé afin de se retrouver en toute intimité.

Resto-Pub près du Quai #2
$$
10 rue des Forges
☎376-2202
Ce resto-pub est surtout apprécié pour sa situation et son ambiance animée. On y sert une cuisine simple mais convenable composée, entre autres, de hamburgers, de poisson et de plats d'inspiration mexicaine. On y trouve en outre une belle terrasse avec vue sur le fleuve. L'endroit est aussi réputé pour ses petits déjeuners.

Angéline
$$-$$$
313 rue des Forges
☎372-0468
On retrouve plusieurs restaurants intéressants sur la rue des Forges près du Parc portuaire. Angéline, un restaurant fréquenté par une clientèle hétéroclite, s'inspire de l'Italie autant pour son menu que pour son décor audacieux. On y découvre de succulents plats de pâtes, une variété de pizzas et d'autres bonnes spécialités du pays. Il ne s'agit pas de haute gastronomie, mais l'endroit est honnête et apprécié par une large clientèle.

Chez Gambrinus
$$-$$$
3160 boul des Forges
☎691-3371
Ouvert récemment un peu à l'écart du centre de la ville, près de l'université, le restaurant microbrasserie Chez Gambrinus arrive quand même à attirer une clientèle d'habitués qui ne se gênent pas pour vanter l'endroit. Il faut dire qu'il s'agit d'un des rares établissements ou bières et huîtres sont à l'honneur. On y sert aussi des plats à base de gibier et des hamburgers. L'établissement loge dans une vieille maison entourée d'une terrasse. L'atmosphère et l'accueil y sont chaleureux, mais le service gagnerait à être plus efficace.

Gaspard
$$-$$$
475 boul. des Forges
☎691-0680
Le restaurant Gaspard propose de bons plats de fruits de mer et de bœuf. Le décor aux couleurs chaudes et le mobilier de bois créent une atmosphère chaleureuse, propice aux dîners tranquilles.

Auberge Castel des Prés
5800 boul. Royal
☎375-4921
L'Auberge Castel des Prés est en fait constituée de deux restaurants différents : le **restaurant-bar l'Étiquette** *($$)*, où l'on sert une cuisine bistro, et le populaire **Chez Claude** *($$-$$$)*, qui propose une cuisine de tradition française. C'est l'une des bonnes tables de la région. Le chef a d'ailleurs remporté plusieurs prix pour la qualité de sa cuisine. Son menu propose pâtes, viandes et poissons servis avec des sauces riches et savoureuses. En été, une terrasse abritée vous laisse aussi goûter la fraîcheur de la brise.

Le Lupin
$$$
376 rue St-Georges
☎370-4740
Installé dans une coquette maison ancestrale, le restaurant Le Lupin sert sans doute l'une des meilleures cuisines des environs. En plus de faire d'excellentes crêpes bretonnes, il nous

propose des plats de gibier et de perchaude, considérés comme de grandes spécialités de la région.

Troquet
$$-$$$
1620 Notre-Dame
☎*376-1991#*
Le Troquet figure parmi les meilleures tables de la région. On y sert une cuisine régionale et internationale inventive.

Grand-Mère

Auberge Le Florès
$$
4291 50e av.
☎*538-9340*
Le restaurant de l'Auberge Le Florès affiche un menu classique sans surprise. Cependant, la décoration intimiste et la magnifique verrière agrémentent le plaisir du repas.

Auberge Grand-Mère
$$-$$$
10 6e Av
☎*538-8651*
La réputation de l'Auberge Grand-Mère n'est plus à faire dans la région. Malgré un décor désuet, les plats sont savoureux.

Crêperie de Flore
$$-$$$
3580 50e Av.
☎*533-2020*
La Crêperie de Flore propose une spécialité de crêpes bretonnes et de veau dans une ambiance simple et informelle.

Grandes-Piles

Auberge Le Bôme ***$$$$***
720 2e Av.
☎*538-2805*
En plus du confort et du charme, l'Auberge Le Bôme sert une cuisine française assortie de spécialités régionales, comme du cerf ou de la truite de l'Arctique, tout à fait sensationnelle. Un lieu incontournable!

Saint-Jean-des-Piles

Maison Cadorette
$-$$$
1701 rue Principale
☎*538-9883*
La Maison Cadorette propose un menu de spécialités québécoises raffinées dans un cadre simple et convenable.

Shawinigan

Au Cénacle
$$-$$$
2722 boul. Royal
☎*539-5959*
De style dom Bellot, le restaurant Au Cénacle loge dans l'ancienne église du Christ-Roi à Shawinigan. Il peut recevoir jusqu'à 550 personnes à la Terrasse, dans la salle à manger, à l'intérieur d'une des cinq salles de réunion et au bar-café Au Confessionnal. Il faut surtout dîner au Cénacle, d'où, à compter de 17h, émanent une ambiance magique, des instants sublimes et d'exquises tentations. Tous les vendredis, samedis et dimanches soirs : buffet de rosbif, brochettes et fruits de mer dans une atmosphère de douceur et de calme.

Champlain

Manoir Antic
$$
fermé lun-mar
1073 rue Notre-Dame
☎*295-3954*
Sur la route 138, on trouve peu de bons restaurants. Aussi le Manoir Antic est-il une bonne adresse à retenir. On y sert des spécialités suisses, telles les fondues. Le restaurant est joliment décoré et l'atmosphère, sympathique. Pour le dîner, on propose des plats à petit prix.

Pointe-du-Lac

Auberge du Lac Saint-Pierre
$$$-$$$$
1911 rte. 138
☎*377-5971 ou 888-377-5971*
Si vous allez manger à l'Auberge du Lac Saint-Pierre (voir p 382), vous pouvez, pour vous mettre en appétit, vous offrir une petite promenade sur la grève ou un apéro à la terrasse avec vue sur le fleuve. La salle à manger présente un décor moderne quelque peu froid. Mais la présentation des plats, quant à elle, n'a rien de fade, et leur goût encore moins. Le menu de cuisine française et québécoise propose truite, saumon, agneau, faisan... tous finement apprêtés. Réservations nécessaires.

Saint-Paulin

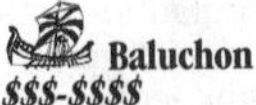
Baluchon
$$$-$$$$
350 ch. des Trembles
☎*268-2555 ou 800-789-5968*
La table du Baluchon (voir p 382) propose une fine cuisine française et québécoise ainsi qu'un menu santé qui saura vous régaler. Le tout dans une salle à manger au décor apaisant, avec vue sur la rivière, et située sur un magnifique domaine.

Circuit B : Le Centre-du-Québec

Bécancour

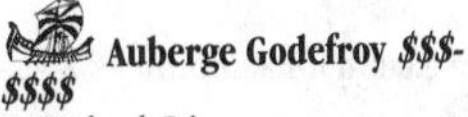
Auberge Godefroy ***$$$-$$$$***
17575 boul. Bécancour
☎*233-2200 ou 800-361-1620*
La salle à manger de l'Auberge Godefroy (voir p 383) est spacieuse et offre une vue sur le fleuve. On y sert une délicieuse

cuisine française qui oscille entre les classiques et les créations originales à base de produits de la région. Les desserts y sont succulents!

Plessisville

À la claire fontaine
$$$-$$$$
2165 rue St-Calixte
☎362-6388 ou 877-362-6388
www.quebecweb.com/clairefontaine
Le restaurant À la claire fontaine est attenant à un motel du même nom et prépare une cuisine raffinée qui saura satisfaire les plus exigeants gourmets.

Victoriaville

Plus Bar
$-$$
192 boul. des Bois- Francs S.
☎758-9927
Le restaurant Plus Bar sert une glorieuse poutine qui a une solide réputation. Vous pouvez déguster ce grandiose amalgame «culinaire» tout en appréciant les exploits sportifs de l'heure sur écran géant. Attention, le format «plus» est peut-être «plus» que vous ne le pensez.

Le Perroquet
$$-$$$
304 rue Notre-Dame E.
☎751-0314
Le Perroquet propose une bonne cuisine de bistro. Des reproductions de perroquets de toutes sortes ornent les murs, et l'ambiance du restaurant est fort sympathique. On peut également s'y rendre pour prendre un verre.

Le jardin du Samuraï
$$
182 rue Notre-Dame E.
☎758-8288
Au restaurant Le jardin du Samuraï, on sert une savoureuse cuisine japonaise. On peut voir le chef travailler car il vient aux tables pour préparer le repas. Les salons tatami, isolés de la salle bruyante, sont quant à eux plus intimes.

Village Mykonos
$$
apportez votre vin
6 rue Tourigny
☎752-5863
Le Village Mykonos prépare une cuisine grecque fort appréciée. Les prix sont abordables et le décor est simple.

Drummondville

Le Globe-Trotter
$$
600 boul. St-Joseph
☎478-4141 ou 800-567-0995
Le restaurant de l'Hôtellerie Le Dauphin apprête un bon buffet de fruits de mer. Les portions sont copieuses; on propose même la formule «à volonté». Le restaurant offre un décor un peu froid, mais l'atmosphère est détendue.

Sorties

Bars et discothèques

Trois-Rivières

Café Galerie l'Embuscade
1571 Badeaux
☎374-0652
Le Café Galerie l'Embuscade est un lieu de rencontre très populaire où artistes, étudiants et autres se donnent rendez-vous avec plaisir pour siroter une bière ou déguster un léger repas. L'endroit sert aussi de galerie d'art pour permettre à de nombreux créateurs de faire connaître leur talents. On présente sur la terrasse extérieure, surtout en période estivale, des événements artistiques tels que de la «peinture en direct».

Nord Ouest Café
1441 rue Notre-Dame
☎693-1151
Le Nord Ouest Café est un endroit décontracté, réparti sur plusieurs niveaux avec un bar au rez-de-chaussée, un petit salon privé, des tables de billard et des jeux. On y sert une grande variété de bières importés ainsi que des repas légers.

Victoriaville

Le Café
32 rue Notre-Dame E.
☎758-4943
Le Café porte bien son nom; c'est en effet un endroit sans prétention pour prendre un café ou une bière en fin d'après-midi ou en soirée.

Théâtres et salles de spectacles

Trois-Rivières

Le Maquisart
323 rue des Forges
379-0235
Aménagé dans un ancien cinéma, Le Maquisart est une salle de spectacle qui a la particularité d'offrir des événements presque tous les soirs. Percussionnistes, chansonniers, danseurs, musiciens de la région mais aussi de partout au Québec y présentent leurs talents. Les soirées d'improvisation et les soirées «hommage» occupent aussi une importante place dans la programmation.

St-Mathieu

Amphithéâtre du Parc récréo-forestier de St-Mathieu
C.P. 881, Shawinigan, G9N 6W2
☎632-2600
L'Amphithéâtre Au cœur de la forêt est un magnifique théâtre en plein air avec scène en pierre, le tout érigé au cœur de la forêt mauricienne tout près du parc de la Mauricie. Ce théâtre de 300 places rappelle singulièrement les amphithéâtres grecs de l'Antiquité. C'est sans doute pour cette raison que la production grandiose *Les Troyennes d'Euripide*, soutenue par un cadre exceptionnel, a tant été louangée par la critique en 1999. On a choisi de la présenter de nouveau en 2000 en plus de diverses autres manifestations culturelles.

Fêtes et festivals

Trois-Rivières

Chaque année, Trois-Rivières est le site d'un festival aussi original que populaire. Le **Festival international de la poésie** *(début oct; C.P. 335, Trois-Rivières, G9A 5G4, ☎379-9813)*, par ses multiples activités, aide à faire connaître cet art qui reste trop souvent l'apanage de groupes restreints. Lectures publiques dans les restaurants et les bars de la ville, entrevues et ateliers de création sont parmi les activités de ce festival qui attire autant les poètes que les amateurs de partout.

C'est à la fin du mois de juillet que se tient habituellement le **Grand Prix Player's de Trois-Rivières** *(☎373-9912, billeterie ☎380-9797 ou 800-363-5051)* dans les rues de la ville. Il s'agit d'une course automobile de formule Atlantique. Des pilotes aujourd'hui réputés, notamment Jacques Villeneuve, y ont déjà participé.

Saint-Tite

Le **Festival western de Saint-Tite** *(☎418-365-7524, www.festival.western.com)* donne l'occasion de découvrir l'attraction western la plus populaire de l'est du Canada. Chaque année, pendant la deuxième semaine de septembre, plusieurs activités sont proposées afin de satisfaire les amateurs de western, telles qu'un rodéo et une parade mettant en vedette plusieurs espèces animales.

Plessisville

Le **Festival de l'érable de Plessisville** se tient tous les ans en avril ou au début de mai. Il est l'occasion de se sucrer le bec et de vérifier que les produits de l'érable sont une véritable industrie (concours de qualité de sirop).

Drummondville

Pendant la deuxième semaine de juillet se déroule le **Mondial des Cultures** *(☎472-1184 ou 800-265-5412, www.mondialdescultures.qc.ca)*, anciennement connu sous le nom de Festival mondial du folklore de Drummondville. Cet événement est organisé dans le but de favoriser un échange entre les différentes traditions et cultures du monde.

Victoriaville

Le **Festival de musique actuelle de Victoriaville** *(☎758-9451, www.fimav.qc.ca)* a lieu chaque année en mai. Vous pourrez y entendre les ténors de la musique contemporaine. En fait, ce festival commence là où les autres se terminent, c'est-à-dire au seuil de l'exploration des nouvelles formes musicales. Évidemment, cet événement ne plaira pas à tout le monde, mais il est toujours intéressant d'aller explorer les nouvelles avenues vers lesquelles la musique actuelle se dirige. Enfin, ce festival est une grande aventure, autant pour les musiciens que pour les spectateurs, et plusieurs surprises vous y attendent.

Achats

Bécancour

Chèvrerie l'Angélaine
12275 boul. Bécancour (rte 132)
☎222-5702
⇌222-5690
Spécialisée dans l'élevage de chèvres angoras, la chèvrerie l'Angélaine fabrique une ligne de vêtements appelée la «Molaire du Québec». La collection se compose d'une vaste gamme de chandails, de vestes, de châles, de manteaux et d'accessoires de mode.

Fromagerie L'Ancêtre
1615 boul Port-Royal (secteur Saint-Grégoire).
☎233-9157
⇌233-9158
La Fromagerie L'Ancêtre, à la fois boutique et restaurant, vous propose de délicieux produits laitiers maison, entre autres trois sortes de fromages, du beurre et de la crème glacée. Tous fabriqués selon des procédés biologiques, les produits vous sont servis en dégustation accompagnés de vins ou de bières artisanales.

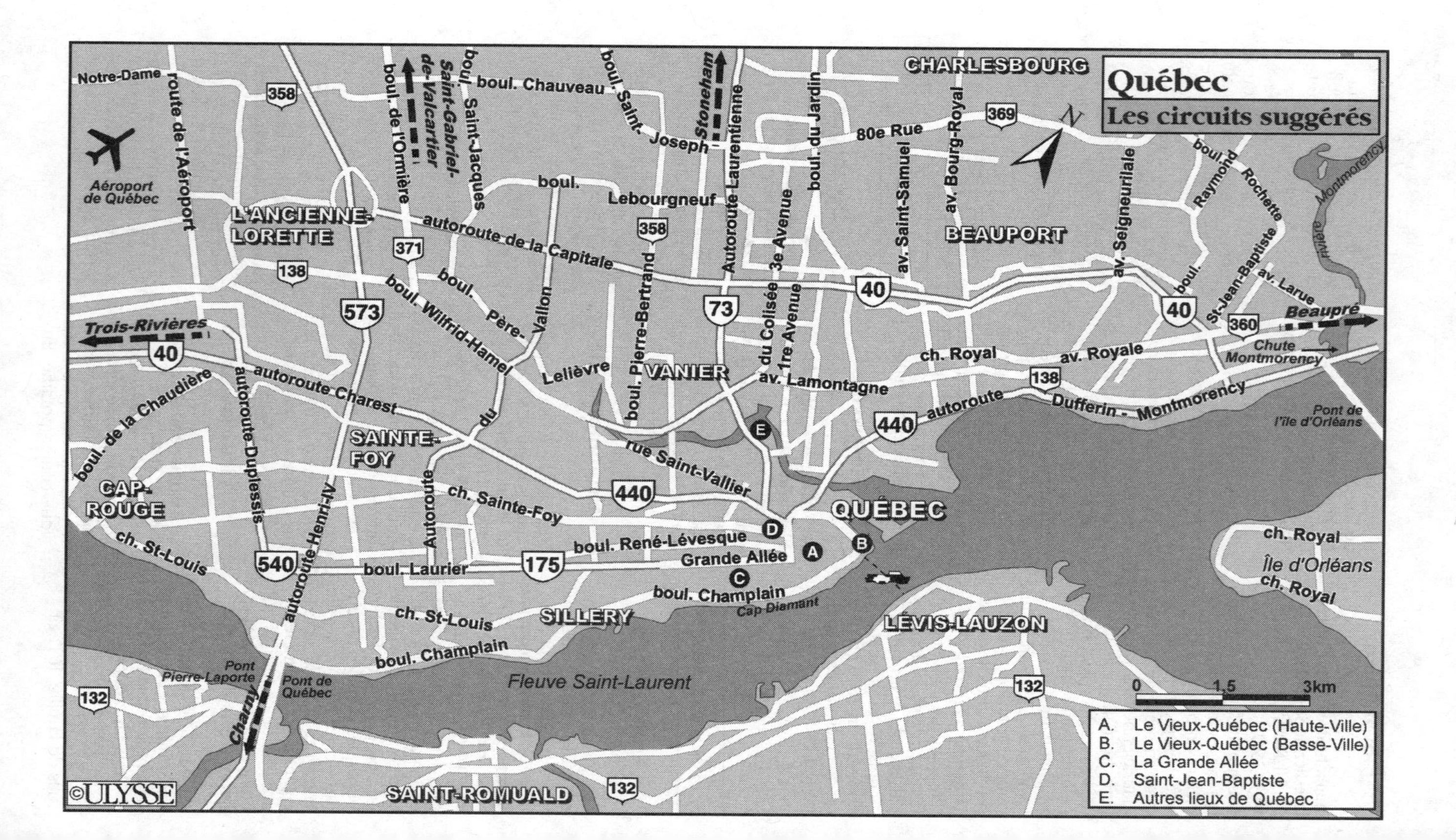
Québec
Les circuits suggérés
CHARLESBOURG
BEAUPORT
L'ANCIENNE-LORETTE
VANIER
SAINTE-FOY
CAP-ROUGE
QUÉBEC
SILLERY
LÉVIS-LAUZON
SAINT-ROMUALD
Île d'Orléans
Fleuve Saint-Laurent
Aéroport de Québec
Notre-Dame
route de l'Aéroport
boul. Chauveau
boul. Saint-Joseph
80e Rue
boul. de l'Ormière
Saint-Gabriel-de-Valcartier
boul. Saint-Jacques
boul. Lebourgneuf
Stoneham
Autoroute Laurentienne
boul. du Jardin
av. Saint-Samuel
av. Bourg-Royal
av. Seigneuriale
boul. Raymond
Rochette
av. Larue
boul. St-Jean-Baptiste
Beaupré
rivière Montmorency
autoroute de la Capitale
3e Avenue
du Colisée
1re Avenue
boul. Père-Lelièvre
Vallon
boul. Wilfrid-Hamel
boul. Pierre-Bertrand
Trois-Rivières
autoroute Charest
av. Lamontagne
ch. Royal
av. Royale
Chute Montmorency
autoroute Dufferin - Montmorency
Pont de l'île d'Orléans
boul. de la Chaudière
autoroute Duplessis
Autoroute du Vallon
rue Saint-Vallier
ch. Sainte-Foy
boul. René-Lévesque
Grande Allée
boul. Laurier
boul. Champlain
Cap Diamant
ch. St-Louis
autoroute Henri-IV
Pont Pierre-Laporte
Pont de Québec
Charny
ch. Royal
358
371
138
573
40
358
73
369
360
138
440
540
175
132
0
1,5
3km
A. Le Vieux-Québec (Haute-Ville)
B. Le Vieux-Québec (Basse-Ville)
C. La Grande Allée
D. Saint-Jean-Baptiste
E. Autres lieux de Québec
©ULYSSE

La ville de Québec

La ville de Québec★★★ est un lieu magique en toute saison. Une balade dans ses rues sinueuses par une belle soirée d'hiver, alors que la neige scintille sous l'éclairage des réverbères et que la ville semble sortie tout droit d'un conte de Noël, est une aventure féerique.

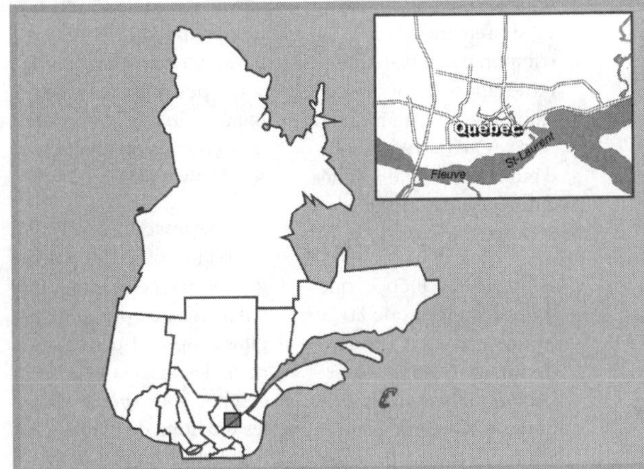

À travers les carreaux des fenêtres d'un restaurant, on aperçoit des visiteurs venus participer au Carnaval ou qui, demain, feront une excursion de ski au mont Sainte-Anne, dégustant des mets copieux, confortablement installés devant l'âtre dans lequel valse un bon feu.

Au printemps et en été, les terrasses de la Grande Allée accueillent leur clientèle assoiffée sous d'innombrables parasols colorés, pendant que, sur les plaines d'Abraham, une vieille dame aux allures de comtesse pratique son taï chi au milieu d'une vaste étendue d'herbe rase et toute verte. En automne, le spectacle des feuilles, le vent frais qui les soulève, les étudiants qui se dépêchent pour ne pas manquer le début d'un cours de géométrie à la faculté d'architecture, pendant que les députés et les fonctionnaires discutent ferme devant un dernier café avant de rentrer à l'Hôtel du Parlement, sont autant de petits moments privilégiés qu'il est possible de partager avec les habitants du joyau de l'Amérique française.

La ville de Québec est exceptionnelle tant par l'éblouissante richesse de son patrimoine architectural que par la beauté de son site. Sa Haute-Ville occupe un promontoire de plus de 98 m, le cap Diamant, et surplombe le fleuve Saint-Laurent, qui, à cet endroit, ne fait qu'un kilomètre de large. Cet étranglement du fleuve est d'ailleurs à l'origine du nom de la ville, puisque *kebec* signifie en langue algonquine «là où la rivière se rétrécit». Offrant une vue imprenable, les hauteurs du cap Diamant dominent le fleuve et la campagne avoisinante. Ce haut piton rocheux joua, dès les origines de la Nouvelle-France, un rôle stratégique majeur et se prêta très tôt à d'importants travaux de fortification. Surnommée le «Gibraltar de l'Amérique du Nord», Québec est aujourd'hui la seule ville fortifiée d'Amérique au nord de México.

La ville de Québec, qui fut le berceau de la Nouvelle-France, évoque davantage l'Europe que l'Amérique par son atmosphère et son architecture. Ses rues étroites, flanquées de belles résidences en pierre, tout comme ses multiples clochers d'église et d'institutions religieuses, rappellent la France de l'Ancien Régime.

D'autre part, les vieilles fortifications de sa Haute-Ville, le parlement et les somptueux bâtiments administratifs démontrent avec éclat l'importance que revêt Québec dans l'histoire du Canada. Sa richesse patrimoniale et architecturale fut d'ailleurs reconnue en 1985 par l'Unesco, lorsque son arrondissement historique fut classé «Joyau du patrimoine mondial», une première en Amérique du Nord.

Avec une population à plus de 95% de souche française, la capitale québécoise compte un nombre impressionnant d'excellents restaurants et cafés. C'est aujourd'hui un centre urbain très animé tout au long de l'année, caractérisé en automne par sa grande variété de couleurs, en hiver par son célèbre carnaval, au printemps par la sortie des musiciens, de même que par l'ouverture des terrasses et, en été, par son festival d'été.

À proximité de la ville, la région offre des paysages montagneux tout à fait charmants. Le présent chapitre propose quatre promenades dans la ville de Québec. Des circuits dans les environs de Québec feront l'objet du prochain chapitre.

Bref historique de Québec

C'est au cours de sa deuxième expédition, en 1535, que Jacques Cartier s'arrêta à Stadaconé, un village amérindien occupant l'emplacement qui deviendra par la suite Québec. Il pensait y trouver des pierres précieuses et baptisa le haut piton rocheux faisant face au fleuve du nom de «cap Diamant». Jacques Cartier était alors mandaté par François Ier, roi de France, pour trouver de l'or et un passage vers l'Asie. Mais devant l'échec des trois expéditions de Cartier, le roi de France cessa de financer ses voyages en Amérique du Nord.

Quelques décennies plus tard, le commerce des fourrures et les importants bénéfices que l'on pouvait en tirer relancèrent l'intérêt de la France pour cette contrée inhospitalière. Après maintes tentatives infructueuses sur les côtes et à l'intérieur du continent, on choisit l'emplacement de Québec pour l'installation d'un comptoir permanent.

En 1608, Samuel de Champlain et ses hommes érigèrent, au pied du cap Diamant, des bâtiments fortifiés que l'on nomma l'«Abitation». Quoique le premier hiver y fut très pénible, alors que 20 des 28 hommes moururent du scorbut ou de sous-alimentation, cette date marque néanmoins le début d'une présence française permanente en Amérique du Nord. Fondée pour la traite des fourrures, Québec intéressa surtout des marchands français à ses débuts.

Puis, peu à peu, quelques familles paysannes vinrent également s'y installer. La Basse-Ville devint le centre des activités commerciales et le lieu de résidence des colons. Elle resta d'ailleurs le centre urbain et commercial de Québec jusqu'au milieu du XIXe siècle, puisque les institutions religieuses occupant la Haute-Ville empêchaient son développement. Très tôt, la capitale de la Nouvelle-France devint la proie des rivalités qui opposaient à l'époque la France à l'Angleterre.

En 1629, la ville de Québec fut conquise par les frères Kirke, avant d'être redonnée à la France en 1632. Elle résista en 1690 au siège des forces britanniques conduites par l'amiral Phipps. La pression britannique ne cessa toutefois de croître tout au long du XVIIIe siècle. Elle se solda, en 1759, par la célèbre bataille des Plaines d'Abraham, où les troupes britanniques du général Wolfe vainquirent celles du marquis de Montcalm. En 1763, lorsque, par le traité de Paris, la Nouvelle-France fut officiellement cédée aux Britanniques, la population de la ville de Québec s'élevait à près de 9 000 personnes.

Grâce à sa situation géographique, Québec servait de porte d'entrée à la colonie et de principal pôle économique. C'est dans son port que se transbordaient les marchandises impliquées dans un commerce triangulaire entre le Canada, les Antilles et la métropole, Paris. Importante ville portuaire, elle devint tout naturellement un grand centre de construction navale.

Québec fut toutefois rapidement marginalisée, à la faveur de Montréal, au cours du XIXe siècle. À la suite de la drague du fleuve Saint-Laurent jusqu'à Montréal et de la construction d'un système ferroviaire ayant pour pôle cette dernière, Montréal supplanta Québec comme plaque tournante du commerce et premier centre économique du Canada.

Si Montréal devenait la métropole canadienne, Québec conservait néanmoins un rôle appréciable en tant que capitale de la province et base militaire stratégique. Elle connut même une certaine prospérité dans les années vingt, essentiellement générée par l'industrie de la chaussure.

La croissance de la ville de Québec, dans les années soixante, se fit parallèlement à l'accroissement de l'intervention et des pouvoirs de l'État québécois. Aujourd'hui, la majeure partie de l'économie de l'unique capitale francophone d'Amérique gravite autour de l'administration publique et des services.

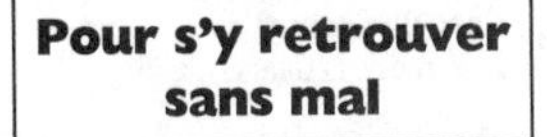

Pour s'y retrouver sans mal

Cinq circuits sont proposés pour découvrir Québec : **Circuit A : Le Vieux-Québec ★★★**, **Circuit B : Du Petit-Champlain au Vieux-Port ★★★**, **Circuit C : La Grande Allée ★★**, **Circuit D : Saint-Jean-Baptiste ★** et **Circuit E : Autres lieux de Québec**. Pour de l'information supplémentaire sur la ville de Québec, consultez le *Guide Ulysse Ville de Québec*.

En voiture

De Montréal, on peut accéder à Québec par les deux rives du fleuve Saint-Laurent. Par la rive nord, on doit emprunter l'autoroute 40 Est. Aux abords de Québec, elle devient l'autoroute 440, qui se prolonge jusqu'au centre de la ville et porte alors le nom de «boulevard Charest». Par la rive sud, on s'y rend en prenant l'autoroute 20 Est jusqu'au pont Pierre-Laporte, qui permet de traverser le fleuve. Il faut par la suite emprunter le boulevard Laurier, qui change de nom pour «Grande Allée Est», laquelle se rend jusqu'au centre de la ville. Pour louer une voiture :

Budget

Aéroport de Québec
☎872-9885

Vieux-Québec
29 côte du Palais
☎692-3660

Sainte-Foy
2481 ch. Sainte-Foy
☎651-6518

Discount

Sainte-Foy
(Centre Innovation)
2360 ch. Sainte-Foy
☎652-7289

Hertz

Aéroport de Québec
☎871-1571

Québec
580 Grande Allée
☎647-4949

Vieux-Québec
44 côte du Palais
☎694-1224
⇄692-3713

National

Aéroport de Québec
☎871-1224

Québec
295 rue St-Paul
☎694-1727
⇄694-2174

En avion

L'**aéroport Jean-Lesage** (voir p 53), bien que plus petit que les aéroports de Montréal, reçoit des vols internationaux.

En traversier

Le **traversier** *(adulte 1,75$; voiture 4,75$; 10 rue des Traversiers, ☎644-3704)* quittant Lévis pour se rendre à Québec permet d'arriver à destination en 20 min. L'horaire des traversées varie grandement d'une saison à l'autre; renseignez-vous avant de planifier un voyage.

Société des traversiers du Québec
10 rue des Traversiers
☎*644-3704*

En autobus

Il existe un parc d'autobus qui dessert l'ensemble du territoire de la ville de Québec. Un laissez-passer mensuel permettant de circuler librement sur le réseau est en vente au coût de 53$. Pour un seul voyage, il en coûte 2$ (monnaie exacte) ou 1,70$ (valeur d'un ticket vendu chez les marchands de journaux).

On vend des laissez-passer au coût de 4,60$ donnant accès au réseau pendant une journée pour un nombre illimité de passages. Lorsqu'un trajet nécessite une correspondance, le passager doit demander un billet à cet effet au conducteur. Notez que la plupart des autobus sont en fonction de 6h à minuit et demi. Les vendredis et samedis, on ajoute des autobus «couche-tard» : les n°s 800, 801, 7, 11 et 25, qui partent de la place D'Youville à 3h. Pour information : ☎627-2511.

En taxi

Taxi Coop
☎*525-5191*

Taxi Québec
☎*525-8123*

Taxi Co-op Sillery-Sainte-Foy
☎*653-7777*

En stop

On peut se rendre à Québec en stop organisé avec **Allo Stop Québec** *(carte de membre obligatoire: passager 6$ par an, chauffeur 7$ par an; 655 rue Saint-Jean, 1P7;* ☎*522-3430)* (voir p 59).

Gare ferroviaire

Gare du Palais
450 rue de la Gare-du-Palais
☎*800-835-3037*

Gare de Charny
2326 rue de la Gare E.

Gare de Sainte-Foy
3255 ch. de la Gare
☎*800-835-3037*
www.viarail.ca

Gare routière

Terminus d'autocars de Québec
320 rue Abraham-Martin (gare du Palais)
☎*525-3000*

Terminus d'autocars de Sainte-Foy
3001 ch. des Quatre-Bourgeois
☎*650-0087*

Renseignements pratiques

Indicatif régional : 418

Renseignements touristiques

Le centre d'information de l'**Office du tourisme et des congrès de la Communauté urbaine de Québec**, anciennement situé sur la rue D'Auteuil, loge maintenant près du manège militaire et des plaines d'Abraham dans la maison de la Découverte.

Office du tourisme et des congrès de la Communauté urbaine de Québec
835 av. Wilfrid-Laurier, G1R 2L3
☎*692-2471*
⇄*692-1481*
www.quebec-region.cuq.qc.ca
fin juin à mi-oct tlj 8h30 à 19h, mi-oct à fin avril lun-sam 9h à 17h30, ven 9h à 18h, dim 10h à 16h, 1er mai au 23 juin lun-dim 9h à 17h30, ven 9h à 18h

Maison du tourisme de Québec
mi-juin àla fête du travail tlj 8h30 à 19h30, le reste de l'année 9h à 17h
12 rue Sainte-Anne
(en face du Château Frontenac)
Québec, G1R 3X2

Il est à noter également que, dans le Vieux-Québec, un service d'information touristique à mobylette est offert durant l'été. On reconnaît ces mobylettes à leur couleur verte et au «?» qu'elles aborent.

Tourisme Québec
Case postale 979
Montréal, H3C 2W3
☎*(514)873-2015*
☎*800-363-7777*

Bureaux de poste

300 rue St-Paul
☎*694-6176*

59 rue Dalhousie
☎*694-6190*

3 rue De Buade
☎*694-6102*

Banques

Banque Royale
700 place D'Youville
☎*692-6800*

Caisse populaire Desjardins du Vieux-Québec
19 rue Desjardins
☎*694-1774*

Banque Nationale
1199 rue Saint-Jean
☎*647-6273*

Visites guidées

Installé dans le bureau d'information touristique de la rue Sainte-Anne, **CD Tour** *(10$, 15$ pour 2 pers.; 12 rue Ste-Anne, ☎990-8687)* loue des «audio-guides» portatifs avec lesquels on peut effectuer des visites guidées de différents secteurs de la ville, tel le Vieux-Québec, la Colline parlementaire ou les Plaines d'Abraham.

Ces visites sont enregistrées sur disque laser, ce qui vous permet de faire la visite à votre rythme et de la manière qui vous convient. Il s'agit d'un enregistrement animé qui met en scène des personnages historiques racontant les événements importants qui façonnèrent Québec.

La **Société historique de Québec** *(12$; 72 côte de la Montagne, ☎692-0556, ≠692-0614)*, propose des visites guidées du Vieux-Québec sous différents thèmes. Ces visites qui se font à pied durent en général de deux à trois heures et vous font découvrir différents aspects de l'histoire de Québec.

On peut aussi participer aux visites guidées «Québec, ville fortifiée» organisées par le **Centre d'initiation aux fortifications de Québec** *(10$; durée 90 min; fin juin à début sept tlj 9h à 17h, le reste de l'année tlj 10h à 17h; ☎648-7016)* (voir p 394). Les départs de ces randonnées pédestres se font du kiosque de la terrasse Dufferin.

Attraits touristiques

L'arrivée à Québec en voiture se fait généralement par la Grande Allée. On traverse d'abord une banlieue nord-américaine pour ensuite aborder un secteur très *british*, aux rues bordées de grands arbres, puis on longe les édifices gouvernementaux de la capitale du Québec pour enfin pénétrer dans la vieille ville, fortifiée par de belles portes d'allure moyenâgeuse.

Circuit A : Le Vieux-Québec (deux à trois jours)

La Haute-Ville occupe le plateau du cap Diamant. Cité administrative et institutionnelle, elle se pare de couvents, de chapelles et de bâtiments publics dont la construction remonte parfois au XVIIe siècle.

Elle est enserrée dans ses murailles, dominées par la Citadelle, qui lui confèrent le statut de place forte et qui, pendant longtemps, ont contenu son développement, favorisant une densité élevée de l'habitat bourgeois et aristocratique. Enfin, l'urbanisme pittoresque du XIXe siècle a contribué à lui donner son image actuelle par la construction d'édifices, comme le Château Frontenac, ou par l'aménagement d'espaces publics, telle la terrasse Dufferin, de style Belle Époque.

Le circuit de la Haute-Ville débute à la porte Saint-Louis, non loin de l'Hôtel du Parlement.

La **porte Saint-Louis** *(à l'entrée de la rue du même nom)*. Entre 1870 et 1875, les marchands de Québec multiplient les pressions afin que le gouvernement procède à la démolition des fortifications entourant la ville. Lord Dufferin, alors gouverneur général du Canada, s'oppose à l'idée et soumet plutôt un projet d'embellissement, préparé par l'Irlandais William H. Lynn, qui mettra en valeur les murs de la ville tout en facilitant la circulation.

Conçu dans l'esprit romantique de l'ère victorienne, il comprend l'érection de nouvelles portes plus larges, évocatrices de châteaux forts et de chevaliers. La porte Saint-Louis, construite en 1878, constitue, avec sa tourelle en poivrière, une merveilleuse introduction à la visite de la Haute-Ville.

À droite, passé la porte Saint-Louis, on aperçoit le chemin qui mène à la Citadelle ainsi que le **Club de la Garnison** *(97 rue St-Louis)*, réservé aux officiers de l'Armée canadienne. Comme la visite de la Citadelle peut prendre deux ou trois heures à elle seule, il est recommandé de lui réserver un avant-midi et de l'effectuer à part (voir p 405).

Le **lieu historique national des Fortifications-de-Québec** ★. Une première enceinte faite de terre et de pieux, suffisante pour repousser les attaques des Iroquois, est érigée sur la face ouest de Québec en 1693, d'après les plans de l'ingénieur Dubois Berthelot de Beaucours. Ce mur

ATTRAITS

1. La porte Saint-Louis
2. Centre d'initiation aux Fortifications et à la Poudrière de l'Esplanade
3. L'église Unie Chalmers-Wesley
4. Le sanctuaire Notre-Dame-du-Sacré-Cœur
5. Cavalier du Moulin
6. La maison Cirice-Têtu
7. Le Jardin des Gouverneurs
8. La Terrasse Dufferin
9. Le Château Frontenac
10. La place d'Armes
11. La Maison du tourisme
12. Musée du Fort
13. Musée de cire de Québec
14. L'ancien palais de justice
15. La maison Maillou
16. La maison Kent
17. La maison Jacquet
18. Le monastère des Ursulines
19. La cathédrale anglicane Holy Trinity
20. L'Hôtel Clarendon
21. L'édifice Price
22. La place de l'Hôtel-de-Ville
23. L'hôtel de ville - Centre d'interprétation de la vie urbaine de la ville de Québec
24. La cathédrale catholique Notre-Dame-de-Québec
25. Le Séminaire
26. Musée d'Amérique française
27. Rue du Trésor
28. Québec Expérience
29. Bureau de poste - Salle d'exposition de Parcs Canada
30. Le Palais archiépiscopal
31. Le parc Montmorency
32. L'Université Laval
33. La maison Montcalm
34. Le musée du Bon-Pasteur
35. Le musée des Augustines de l'Hôtel-Dieu
36. Le Conservatoire d'art dramatique
37. Lieu historique national du Parc-de-l'Artillerie
38. La porte Saint-Jean
39. L'église des Jésuites
40. La porte Kent
41. La Citadelle
42. Musée d'art inuit Brousseau

HÉBERGEMENT

1. Au Jardin du Gouverneur
2. Auberge de la Paix
3. Auberge du Trésor
4. Auberge Saint-Louis
5. Centre international de séjour
6. Château Bellevue
7. Château de Léry
8. Château de Pierre
9. Château Frontenac
10. Clos Saint-Louis
11. Hôtel Clarendon
12. Maison Acadienne
13. Maison du Fort
14. Manoir LaSalle
15. Manoir Victoria
16. Marquise de Bassano

RESTAURANTS

1. À la Bastille Chez Bahüaud
2. Au Petit Coin Latin
3. Aux Anciens Canadiens
4. Café d'Europe
5. Café de la Paix
6. Café de la Terrasse
7. Casse-Crêpe Breton
8. Charles Baillargé
9. Chez Livernois
10. Chez Temporel
11. Élysée-Mandarin
12. Entrecôte Saint-Jean
13. Frères de la Côte
14. Guido Le Gourmet
15. La Crémaillère
16. La Grande Table
17. Le Champlain
18. Le Continental
19. Le Saint-Amour
20. Le Vendôme
21. Portofino

primitif est remplacé par une enceinte de pierre, au moment où s'annoncent de nouveaux conflits entre la France et l'Angleterre. Les plans de l'ingénieur Chaussegros de Léry sont mis à exécution en 1745, mais les travaux ne sont toujours pas terminés au moment de la prise de Québec en 1759.

Ce sont les Britanniques qui achèveront l'ouvrage à la fin du XVIIIe siècle. Quant à la Citadelle, entreprise timidement en 1693, on peut dire qu'elle a véritablement été érigée entre 1820 et 1832. L'ensemble adopte cependant les principes mis de l'avant par le Français Vauban au XVIIe siècle, principes qui conviennent parfaitement au site de Québec.

Au **Centre d'initiation aux fortifications et à la Poudrière de l'Esplanade** *(2,75$; fin juin à début sept tlj 9h à 17h, le reste de l'année 10h à 17h; 100 rue St-Louis, ☎648-7016)*, on peut voir des maquettes et des cartes révélatrices qui retracent l'évolution du système défensif de Québec. On peut même s'y procurer un guide permettant d'effectuer une visite complète des murs de la ville ou participer à une visite guidée *(10$; 90 min)*. Il est en effet possible de se balader sur le haut des murs, où sont disposés des panneaux d'interprétation relatant l'histoire des fortifications. On y accède par les escaliers attenants aux portes de la ville.

Poursuivez sur la rue Saint-Louis, puis tournez à droite sur l'avenue Saint-Denis, à gauche sur l'avenue Sainte-Geneviève et à gauche sur la rue Sainte-Ursule.

L'**église unie Chalmers-Wesley** *(78 rue Ste-Ursule)*. Jusqu'à la fin du XIXe siècle, on retrouvait à Québec une petite mais influente communauté écossaise presbytérienne, composée surtout d'armateurs et de commerçants de bois. Sa belle église néogothique, aujourd'hui fréquentée par divers groupes, témoigne de sa vitalité passée. Elle a été construite en 1852 selon les plans de John Wells, à qui l'on doit de célèbres bâtiments, comme

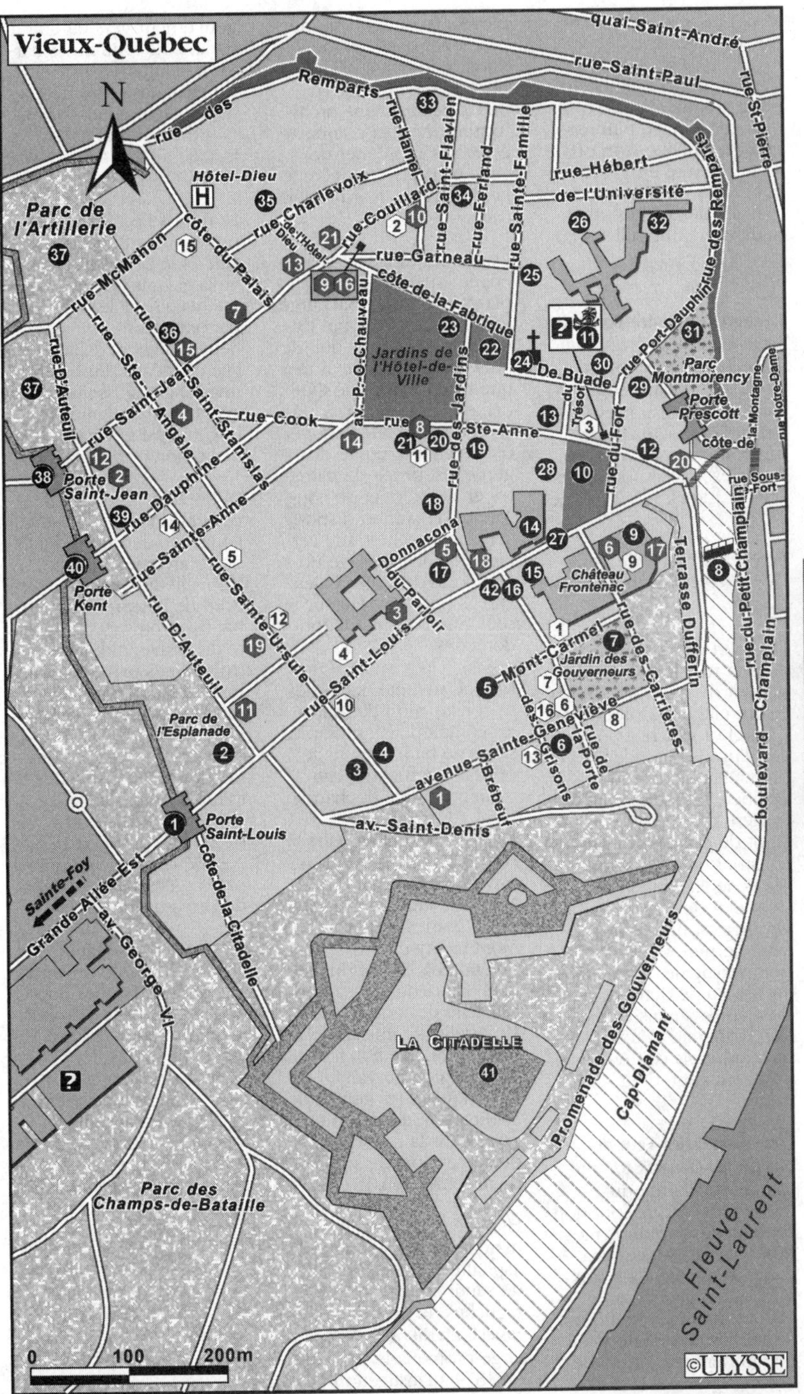

Ville de Québec

le siège social de la Banque de Montréal.

L'église arbore une flèche néogothique élancée qui renforce l'image pittoresque de Québec. Son orgue a été restauré en 1985. Des concerts y sont présentés tous les dimanches après-midi, du début juillet à la mi-août. Les dons sont appréciés.

Le **sanctuaire Notre-Dame-du-Sacré-Cœur** *(entrée libre; tlj 7h à 20h; 71 rue Ste-Ursule, ☎692-3787)*. Faisant face à l'ancienne église presbytérienne, le sanctuaire des missionnaires du Sacré-Cœur est un lieu de prière ouvert à tous. Il a été érigé en 1910.

Revenez sur l'avenue Sainte-Geneviève, puis tournez à gauche.

Un court détour à gauche, dans la rue des Grisons, permet de se rendre à l'extrémité de la rue Mont-Carmel (à gauche) pour voir l'un des vestiges des premières défenses de Québec, bien dissimulé à l'arrière des maisons. Il s'agit du **cavalier du Moulin**, construit en 1693 selon les plans de l'ingénieur Dubois Berthelot de Beaucours. Un cavalier est un ouvrage situé derrière une fortification principale, permettant au besoin de détruire cette dernière si jamais l'ennemi s'en emparait. Ce cavalier était autrefois coiffé d'un moulin à vent, d'où son nom.

La **maison Cirice-Têtu** ★ *(25 av. Ste-Geneviève)*. Ce qui fait le charme du Vieux-Québec, ce sont non seulement ses grands monuments, mais aussi chacune de ses maisons, auxquelles se rattache une histoire particulière et pour lesquelles tant d'efforts et de raffinement ont été déployés. Il est agréable de se promener dans les rues étroites, le nez en l'air, pour observer les nombreux détails d'une architecture dense et compacte, et pour s'imprégner de cette urbanité étrangère à la plupart des Nord-Américains.

La maison Cirice-Têtu a été érigée en 1852 selon les plans de Charles Baillairgé, membre de la célèbre dynastie d'architectes qui, depuis le XVIIIe siècle, a marqué l'architecture de Québec et de sa région. Sa façade de style néogrec, véritable chef-d'œuvre du genre, est ornée de palmettes en acrotère et de couronnes de laurier, disposées avec goût et une certaine retenue. L'étage noble comporte de larges baies vitrées qui s'ouvrent sur un seul grand salon à la londonienne.

La maison a été dotée dès sa construction de toutes les commodités : multiples salles de bain, chauffage central à air chaud, eau courante froide et chaude.

Le **jardin des Gouverneurs** ★ était, à l'origine, le jardin privé du gouverneur de la Nouvelle-France. Aménagé pour Charles Huaut de Montmagny en 1647, il s'étendait à l'ouest du château Saint-Louis, résidence officielle des gouverneurs. Un obélisque inusité, rendant hommage à la fois au vainqueur et au vaincu de la Conquête, les généraux Wolfe et Montcalm, fut érigé dans la portion sud du square lors de son réaménagement en 1827.

Habitués que l'on est de marcher sur des surfaces asphaltées, il est amusant de sentir sous ses pas les planches de bois de la **terrasse Dufferin** ★★★. Cette large promenade fut créée en 1879 à l'instigation du gouverneur général du Canada, Lord Dufferin. Charles Baillairgé en a dessiné les kiosques et les lampadaires de fonte en s'inspirant du mobilier urbain installé à Paris sous Napoléon III.

La terrasse est l'une des principales attractions de la ville et le lieu des rendez-vous galants de la jeunesse québécoise. Elle offre un panorama superbe du fleuve, de la rive sud et de l'île d'Orléans. En hiver, une longue glissoire, réservée aux amateurs de toboggan, est aménagée dans sa portion occidentale.

La terrasse occupe l'emplacement du château Saint-Louis, fabuleuse résidence des gouverneurs de la Nouvelle-France. Situé au bord de l'escarpement, le bâtiment présentait, du côté du fleuve, une façade de trois étages précédée d'une longue terrasse privée en pierre, cependant que sa façade fortifiée, donnant sur la place d'Armes, arborait des pavillons coiffés de toitures à l'impériale. Le château, construit au XVIIe siècle par l'architecte François de la Joüe, fut agrandi par l'ingénieur Chaussegros de Léry en 1719.

Ses pièces en enfilade étaient le lieu de brillantes réceptions données pour la noblesse française et aussi le quartier général d'où l'on a planifié le développement de tout un continent. Gravement endommagé par les bombardements lors de la Conquête, il sera remodelé dans le goût anglais avant de disparaître dans les flammes en 1834.

À l'extrémité est de la terrasse Dufferin se dressent deux monuments. Le premier fut élevé en 1898 à la mémoire de Samuel de Champlain, fondateur de Québec et père de la Nouvelle-France. Il est l'œuvre du sculpteur parisien Paul Chevré. Le second rappelle que le Vieux-Québec a été classé «Joyau du patrimoine mondial» par l'Unesco en 1985. Notons qu'il s'agit de la première ville nord-américaine à paraître sur cette prestigieuse liste. Un escalier, du côté gauche, conduit au quartier de Place-Royale (circuit B).

Château Frontenac

Le **Château Frontenac★★★** *(1 rue des Carrières)*. La vocation touristique de Québec s'affirme dès la première moitié du XIXe siècle. Ville romantique par excellence, elle attire très tôt de nombreux visiteurs américains désireux d'y retrouver un peu de l'Europe. En 1890, la compagnie ferroviaire Canadien Pacifique, dirigée par William Cornelius Van Horne, décide d'implanter un ensemble d'hôtels prestigieux à travers le Canada. Le premier de ces établissements voit le jour à Québec. On le nomme Château Frontenac en l'honneur de l'un des plus célèbres gouverneurs de la Nouvelle-France, Louis de Buade, comte de Frontenac (1622-1698).

Ce magnifique hôtel est l'ambassadeur du Québec le plus connu à l'étranger et le symbole de sa capitale. Ironiquement, il a été conçu par un architecte américain, Bruce Price (1845-1903), célèbre pour ses gratte-ciel new-yorkais. Plus étonnant encore, il est devenu le modèle du style «national» du Canada, baptisé style Château. Il s'agit d'un croisement à grande échelle entre les manoirs écossais et les châteaux de la Loire. Bruce Price, à qui l'on doit la gare Windsor, à Montréal, fut inspiré dans son projet par le site pittoresque et par le mélange des cultures française et britannique au Canada.

Le Château Frontenac a été construit par étapes. À l'aile initiale de Price, donnant sur la terrasse Dufferin et que l'on a inaugurée en 1893, trois autres sections furent ajoutées, la plus importante étant la tour centrale édifiée en 1923. Pour mieux apprécier le Château, il faut y pénétrer et parcourir l'allée centrale, décorée dans le goût des hôtels particuliers parisiens du XVIIIe siècle, jusqu'au bar maritime, situé dans la grosse tour ronde qui donne sur le fleuve Saint-Laurent.

Au fil des ans, le Château Frontenac fut le théâtre de nombreux événements prestigieux, dont la Conférence de Québec de 1944, où le président américain Roosevelt, le premier ministre britannique Sir Winston Churchill et son homologue canadien Mackenzie King définirent la configuration de l'Europe de l'après-guerre. On remarquera au sortir de la cour intérieure une pierre gravée de l'ordre de Malte datée de 1647, seul morceau rescapé du vieux château Saint-Louis. Des **visites** *(6$; mai à mi-oct tlj 10h à 18h, mi oct à fin avr sam-dim 13h à 17h; ☎691-2166)* du Château Frontenac sont animées par des guides en beaux habits d'époque.

Terrain d'exercice pour les militaires jusqu'à la construction de la Citadelle, la **place d'Armes ★** devient un square d'agrément en 1832. En 1916, on y élève le monument de la Foi pour commémorer le tricentenaire de l'arrivée des récollets à Québec. David Ouellet est l'auteur de la base néogothique soutenant la statue dessinée par l'abbé Adolphe Garneau.

À l'autre extrémité de la place se trouvent la Maison du tourisme ainsi que deux musées. Vous pouvez également apercevoir l'arrière de la cathédrale anglicane Holy Trinity (voir p 399).

La **Maison du tourisme** *(12 rue Ste-Anne)* occupe l'édifice blanc au toit de cuivre qui abritait autrefois l'hôtel Union. Celui-ci fut construit en 1803 pour un groupe de notables qui désiraient doter la ville d'un établissement hôtelier de grande classe.

De part et d'autre de la Maison du tourisme se trouvent deux institutions touristiques traditionnelles :

le Musée du Fort et le Musée de cire. Le **Musée du Fort** *(6,25$; juil à mi-sept tlj 10h à 19h; mi-sept à fin oct et avr à fin juin tlj 10h à 17h; fév et mars jeu-dim 12h à 16h; 10 rue Ste-Anne, ☎692-1759, ≠ 692-4161)* recrée, par des effets de son et de lumière autour d'une maquette représentant la ville vers 1750, les six sièges de Québec, de la prise de la ville par les frères Kirke, en 1629, à l'invasion américaine de 1775.

Le **Musée de cire de Québec** *(3$; mai à oct tlj 9h à 22h, reste de l'année tlj 10h à 17h; 22 rue Ste-Anne, ☎692-2289)* présente, quant à lui, 75 personnages sur 15 tableaux qui racontent l'histoire du Québec ou l'actualité récente. Ainsi, Lara Fabian et Roch Voisine côtoient Churchill, Champlain et Wolfe.

Remontez vers la rue Saint-Louis.

L'**ancien palais de justice** ★ *(12 rue St-Louis)* a été érigé en 1883 selon les plans d'Eugène-Étienne Taché, auteur de l'Hôtel du Parlement, avec lequel le Palais a plusieurs ressemblances. Son style néo-Renaissance française précède le style Château en tant qu'architecture «officielle» des grands édifices de la ville. L'intérieur, réaménagé entre 1922 et 1930, est constitué de plusieurs salles dotées de belles boiseries. L'ancien Palais loge le ministère des Finances depuis 1987.

La **maison Maillou** *(17 rue St-Louis)*. Le siège de la Chambre de commerce de Québec est situé dans cette belle maison du Régime français, bâtie en 1736. Elle a été épargnée de la démolition par la crise de 1929, qui a fait avorter un projet d'agrandissement du Château Frontenac sur le site.

La **maison Kent** *(25 rue St-Louis)*. L'histoire se fait nébuleuse autour de cette maison où aurait séjourné le duc de Kent, père de la reine Victoria. On ne connaît pas sa date de construction exacte, fixée au XVIIe siècle selon certains ou au siècle suivant selon d'autres. Elle a certainement été considérablement modifiée au XIXe siècle, comme en témoignent ses fenêtres à guillotine de type anglais et sa toiture dont la pente est peu prononcée. Quoi qu'il en soit, c'est sur ce site qu'a été signée la capitulation de Québec aux mains des Britanniques en 1759. Ironiquement, la maison accueille aujourd'hui le consulat général de France.

Bien connue à Québec pour la qualité de ses œuvres, la Galerie d'art inuit Brousseau compte désormais sur un petit musée pour abriter la collection privée du propriétaire. Le **Musée d'art inuit Brousseau** ★ (6$; tlj 9h30 à 17h30; 39 rue St-Louis, tél*694-1828) loge donc dans un bâtiment nouvellement aménagé de la rue Saint-Louis. Chacune de ses cinq salles d'exposition porte sur un thème particulier, comme l'histoire, les matériaux utilisés, etc. Les œuvres sont bien réparties et la visite se fait agréablement dans des salles modernes, aérées et bien éclairées. Les notes historiques et culturelles sont intéressantes et assez complètes. À la fin de la visite, vous pourrez visionner un documentaire portant sur les artistes dont vous aurez vu les œuvres, ou encore passer dans la boutique attenante pour vous en procurer!

La **maison Jacquet** ★ *(34 rue St-Louis)*. Ce petit bâtiment au toit rouge, revêtu de crépi blanc, est la plus ancienne maison de la Haute-Ville et la seule du Vieux-Québec qui ait conservé son apparence du XVIIe siècle. Elle se différencie des habitations du siècle suivant par son haut toit pentu qui recouvre une petite surface habitable sous des plafonds très bas. En 1815, elle est acquise par Philippe Aubert de Gaspé, auteur du célèbre roman *Les Anciens Canadiens*, nom qui inspira les propriétaires du restaurant qui l'occupe actuellement (voir p 432).

Tournez à droite sur la petite rue du Parloir, puis encore à droite sur la rue Donnacona.

Le **monastère des ursulines** ★★★ *(18 rue Donnacona)*. En 1535, sainte Angèle Merici fonde à Brescia, en Italie, la communauté des ursulines. Après son installation en France, celle-ci devient un ordre cloîtré, voué à l'enseignement (1620). Grâce à une bienfaitrice, Madame de la Peltrie, les ursulines débarquent à Québec en 1639 et fondent dès 1641 leur monastère et leur couvent, où des générations de jeunes filles recevront une éducation exemplaire. Le couvent des ursulines est aujourd'hui la plus ancienne maison d'enseignement pour filles en Amérique du Nord toujours en activité. On ne peut voir qu'une partie des vastes installations, où vivent encore quelques dizaines de religieuses. Ainsi, seuls le musée et la chapelle sont accessibles au public en temps normal.

La chapelle Sainte-Ursule a été reconstruite en 1901 sur le site de celle de 1722. On a cependant conservé le décor intérieur du XVIIIe siècle, le plus ancien qui subsiste au Québec. L'œuvre magistrale de Pierre-Noël Levasseur, sculptée entre 1726 et 1736, comprend notamment une chaire surmontée d'un ange à trompette et un beau retable en arc de triomphe de style Louis XIV. Le tabernacle du maître-autel, entièrement doré par les ursulines, est un chef-d'œuvre de dextérité. Quant au tabernacle du Sacré-Cœur, il est attribué à Jacques Leblond dit Latour (vers 1710).

Aux murs de la chapelle sont accrochés quelques tableaux provenant de la collection de l'abbé Desjardins, ancien chapelain des ursulines. En 1820, ce dernier achète chez un marchand d'art parisien plusieurs dizaines de tableaux religieux autrefois suspendus dans les églises de Paris, puis dispersés à la Révolution française. De nos jours, on retrouve ces œuvres dans plusieurs églises à travers le Québec. On remarquera, au-dessus de l'entrée, *Jésus chez Simon le Pharisien* de Philippe de Champaigne et, du côté droit de la nef, *La parabole des dix vierges* de Pierre de Cortone.

La chapelle est le lieu de sépulture du marquis de Montcalm, commandant des troupes françaises lors de la décisive bataille des plaines d'Abraham. Il fut, comme son rival le général Wolfe, blessé mortellement lors de l'affrontement. Dans une chapelle attenante se trouve la tombe de la bienheureuse mère Marie de l'Incarnation, fondatrice du monastère des ursulines en terre canadienne. Une ouverture permet de contempler le chœur des religieuses, reconstruit en 1902 par David Ouellet, qui l'a doté de puits de lumière en forme de coupole. Un intéressant tableau anonyme, intitulé *La France apportant la Foi aux Indiens de la Nouvelle-France*, y est accroché.

L'entrée du **Musée des ursulines** *(4$; mai à sept mar-sam 10h à 12h et 13h à 17h, dim 13h à 17h, oct à avr mar-dim 13h à 16h30, 12 rue Donnacona, ☎694-0694, ⇄ 694-2136)* fait face à celle de la chapelle. On y présente près de quatre siècles d'histoire de ces moniales à travers des meubles Louis - XIII, des toiles, d'admirables travaux de broderie au fil d'or, des parements d'autel et des vêtements d'église des XVIIe et XVIIIe siècles. On peut même y voir le crâne de Montcalm!

La **cathédrale anglicane Holy Trinity** ★★ *(31 rue des Jardins)*. À la suite de la Conquête, un petit groupe d'administrateurs et de militaires britanniques s'installe à Québec. Les conquérants désirent marquer leur présence par la construction de bâtiments prestigieux à l'image de l'Angleterre, mais leur nombre insuffisant retardera la réalisation de projets majeurs jusqu'au début du XIXe siècle, alors que l'on entreprend l'édification de la cathédrale anglicane selon les plans des majors Robe et Hall, deux ingénieurs militaires. L'édifice palladien, achevé en 1804, modifiera la silhouette de la ville, dont l'image française était jusque-là demeurée intacte. Il s'agit de la première cathédrale anglicane érigée hors des îles Britanniques ainsi que d'un bel exemple d'architecture coloniale anglaise, à la fois gracieuse et simple. La pente du toit fut exhaussée en 1815 afin de permettre un meilleur écoulement de la neige.

L'intérieur, plus sobre que ceux des églises catholiques, fut gratifié de nombreux trésors par le roi George III. Celui-ci a notamment fait don de plusieurs pièces d'orfèvrerie ainsi que de bois de chêne provenant de la forêt de Windsor pour la fabrication des bancs. Quant au trône épiscopal, il est, selon la légende, fait de l'orme sous lequel aimait s'asseoir Samuel de Champlain. Des vitraux et des plaques commémoratives sont venus s'ajouter à l'ensemble au fil des ans.

Poursuivez sur la rue des Jardins, d'où vous pourrez admirer la portion piétonne de la rue Sainte-Anne, à droite, et l'hôtel Clarendon puis l'édifice Price, à gauche.

L'**Hôtel Clarendon** *(57 rue Ste-Anne)* est le plus vieil hôtel de Québec encore en activité (voir p 428). Il a ouvert ses portes en 1870 dans l'ancienne imprimerie Desbarats (1858). Le restaurant Charles Baillairgé, au rez-de-chaussée, est le plus ancien restaurant du Canada (voir p 431). Avec ses boiseries sombres au charme victorien, il constitue un lieu évocateur de la Belle Époque. L'hôtel a été augmenté en 1929 par l'aménagement d'une tour en brique brune avec un gracieux hall de style Art déco, réalisé par l'architecte Raoul Chênevert.

L'**édifice Price** ★ *(65 rue Ste-Anne)*. Tout en s'inscrivant avec sensibilité dans le cadre du Vieux-Québec, l'édifice Price tient de la tradition du gratte-ciel nord-américain. Les architectes Ross et Macdonald de Montréal, qui l'ont conçu en 1929, ont modelé une silhouette discrète et élancée, surmontée d'un toit de cuivre rappelant le style Château. Le hall intérieur, autre belle réalisation de style Art déco, est recouvert de travertin poli et de bas-reliefs en bronze illustrant les différentes activités de la compagnie Price, spécialisée dans la fabrication du papier.

Revenez sur la rue des Jardins.

Au numéro 17 se dresse la coquette **maison Antoine-Vanfelson**, construite en 1780. L'orfèvre Laurent Amiot y a eu son atelier au début du XIXe siècle. Les pièces de l'étage sont revêtues de remarquables boiseries d'époque Louis XV.

La **place de l'Hôtel-de-Ville ★** occupe depuis 1900 l'emplacement du marché Notre-Dame, créé au XVIIIe siècle. Un monument en l'honneur du cardinal Taschereau, œuvre du Français André Vermare (1923), en agrémente le flanc ouest.

La composition de l'**hôtel de ville** *(2 rue des Jardins)*, influencée par le courant néoroman américain, surprend dans une ville où les traditions françaises et britanniques ont toujours prévalu dans la construction d'édifices publics. George-Émile Tanguay en a réalisé les plans en 1895, à la suite d'un difficile concours où aucun des projets primés ne reçut un appui majoritaire des conseillers et du maire. On ne peut que regretter la disparition du collège des jésuites de 1666, qui occupait auparavant le même emplacement. Les agréables jardins qui entourent l'hôtel de ville recouvrent un stationnement souterrain et sont le lieu de maints événements populaires pendant la saison estivale.

Au sous-sol de l'hôtel de ville se trouve le **Centre d'interprétation de la vie urbaine de la Ville de Québec** *(2$; fin juin à la fête du Travail tlj 10h à 17h, reste de l'année mar-dim 10h à 17h; 43 côte de la Fabrique, ☎691-4606, ≠691-7759)*, qui traite des questions de développement et d'aménagement urbain à Québec. Une intéressante maquette de la ville permet d'avoir une bonne idée de la configuration des lieux.

La **Basilique-Cathédrale Notre-Dame-de-Québec ★★★** *(à l'autre extrémité de la place de l'Hôtel-de-Ville)* est un livre ouvert sur les difficultés que rencontrèrent les bâtisseurs de la Nouvelle-France et sur la détermination des Québécois à travers les pires épreuves. On pourrait presque parler d'architecture organique, tant la forme définitive du bâtiment est le résultat de multiples campagnes de construction et de tragédies, qui laissèrent l'édifice en ruine à deux reprises.

La première église à occuper le site fut érigée en 1632 à l'instigation de Samuel de Champlain, lui-même inhumé à proximité quatre ans plus tard. Ce temple de bois est remplacé en 1647 par l'église Notre-Dame-de-la-Paix, bâtiment de pierre en forme de croix latine qui servira de modèle aux paroisses rurales des alentours. Puis en 1674, Québec accueille l'évêché de la Nouvelle-France.

Mgr François de Montmorency-Laval (1623-1708), premier évêque, choisit la petite église comme siège épiscopal tout en souhaitant une reconstruction digne du vaste territoire couvert par son ministère. L'architecte Claude Baillif élabore un projet grandiose qui devra cependant être ramené à des proportions plus modestes, même avec la contribution financière personnelle de Louis XIV.

Seule la base de la tour ouest subsiste de cette époque. En 1742, l'évêché fait reconstruire le temple selon les dessins de l'ingénieur Gaspard Chaussegros de Léry, lui donnant son plan actuel composé d'une longue nef éclairée par le haut et encadrée de bas-côtés à arcades. La cathédrale de Québec se rapproche alors des églises urbaines érigées à travers la France à la même époque.

Lors du siège de Québec, en septembre 1759, la cathédrale est bombardée sans ménagement. Réduite à l'état de ruine, elle ne sera réparée que lorsque le statut des catholiques sera régularisé par la Couronne britannique. Les membres de la plus ancienne paroisse catholique au nord de México entreprennent finalement de relever leur église en 1770 selon les plans de 1742. Jean Baillargé (1726-1805), à l'origine de la célèbre dynastie d'architectes, inaugure une longue histoire d'amour entre sa famille et la cathédrale en acceptant de se charger des travaux.

En 1786, la décoration de l'intérieur est confiée à son fils François (1759-1830), de retour d'un séjour de trois ans à Paris, où il s'est consacré à l'étude de l'architecture à l'Académie Royale. Quatre ans plus tard, il livre le superbe baldaquin doré à cariatides ailées du chœur. Le maître-autel, premier au Québec à être conçu comme une façade de basilique, est installé en 1797. Suivent le banc d'œuvre baroque et la voûte en plâtre, offrant un intéressant contraste de sobriété. L'intérieur ainsi parachevé est éclatant et exprime une tradition typiquement québécoise qui privilégie la dorure, le bois et le plâtre.

En 1843, Thomas Baillargé (1791-1859), fils de François, installe l'actuelle façade néoclassique, puis tente de faire élever un clocher à l'est, mais les travaux doivent être interrompus à mi-hauteur, les fondations du XVIIe siècle ne reposant pas sur un sol ayant une capacité portante suffisante.

Enfin, Charles Baillargé (1826-1906), cousin de Thomas, dessine l'enclos de fonte du parvis en 1858. Entre 1920 et 1922, l'église est restaurée avec soin, mais, quelques semaines seulement après la fin des travaux, un incendie éclate, endommageant gravement l'édifice. Raoul Chênevert et Maxime Roisin, de Paris, déjà occupés à la reconstruction de la basilique Sainte-Anne-de-Beaupré, se chargent de restaurer une nouvelle fois l'édifice et de reconstituer les parties détruites.

En 1959, une crypte est aménagée au sous-sol pour recevoir les sépultures des évêques et des gouverneurs (Frontenac, Vaudreuil, de Callière). Il y a quelques années, plusieurs toiles de maîtres suspendues dans la cathédrale furent subtilisées, laissant les murs nus et forçant la mise en sûreté des chefs-d'œuvre restants, tel le beau *Saint Jérôme* de Jacques-Louis David (1780).

D'autre part, à l'intérieur de la cathédrale, un spectacle son et lumière, ***Feux sacrés*** *(7,50$; début mai à mi-oct lun-ven, représentations à 15h30, 17h, 18h30 et 20h, sam-dim 18h30 et 20h; juil-août supplémentaire à 21h tlj; 20 rue De Buade, ☎694-0665, ≠692-5860)*, retrace une page de l'histoire québécoise à l'aide d'effets spectaculaires projetés en trois dimensions sur trois écrans, le tout présenté de façon simultanée en français et en anglais.

Le **Séminaire de Québec** ★★★ *(fin juin à fin août, communiquez avec le musée pour l'horaire des visites guidées; 1 côte de la Fabrique, ☎692-3981)*. Avant de pénétrer dans le centre d'accueil du Séminaire, il est recommandé d'accéder à la cour intérieure par la porte cochère (décorée aux armes de l'institution), qui fait face à la grille d'entrée, afin de mieux percevoir ce complexe religieux qui constituait au XVIIe siècle un havre de civilisation au milieu d'une contrée rude et hostile.

Le Séminaire fut fondé en 1663 par Mgr Laval à l'instigation du Séminaire des Missions étrangères de Paris, auquel il a été affilié jusqu'en 1763. On en fit le centre névralgique du clergé dans toute la colonie, puisqu'en plus d'y former les futurs prêtres on y administrait les fonds des paroisses et y répartissait les cures. Colbert, ministre de Louis XIV, obligea en outre la direction du Séminaire à fonder un petit séminaire voué à l'évangélisation et à l'éducation des Amérindiens. Après la Conquête, le Séminaire devient aussi collège classique, à la suite de l'interdiction qui frappe les jésuites, et loge pendant quelque temps l'évêque dépourvu de son palais, détruit par les bombardements.

En 1852, le Séminaire met sur pied l'Université Laval, aujourd'hui établie à Sainte-Foy, faisant de cet établissement la première université de langue française en Amérique. Le vaste ensemble de bâtiments comprend actuellement la résidence des prêtres du côté du fleuve, un collège privé pour garçons et filles, de même que la faculté d'architecture de l'Université Laval, de retour dans les vieux murs du Séminaire depuis 1987.

Affligé par les incendies et les bombardements, le Séminaire que l'on peut contempler de nos jours est le résultat de multiples chantiers. En face de la porte cochère, on aperçoit l'aile de la Procure, avec son cadran solaire, dont les caves voûtées ont servi de refuge à la population de Québec lors de l'attaque de l'amiral Phipps en 1690. On y trouve également la chapelle personnelle de Mgr Briand (1785), que Pierre Émond a décorée de branches d'olivier sculptées.

La belle aile des Parloirs de 1696 fait équerre avec la précédente, à droite. L'emploi de la fenêtre à arc segmentaire autour de cette cour carrée, extrêmement rare sous le Régime français, traduit une architecture directement empruntée aux modèles français, avant que ne survienne une nécessaire adaptation au contexte québécois.

Retournez vers le centre d'accueil, au 2, côte de la Fabrique, d'où partent les visites guidées permettant de voir les appartements du Séminaire, les voûtes, la chapelle de Mgr Briand ainsi que la chapelle extérieure de 1890. Cette dernière remplace la chapelle de 1752, incendiée en 1888. Pour éviter un nouveau sinistre, l'intérieur, semblable à celui de l'église de la Trinité, à Paris, fut recouvert de zinc et de fer blanc, peints en trompe-l'œil, selon un plan de Paul Alexandre de Cardonnel et de Joseph-Ferdinand Peachy.

On y trouve la plus importante collection de reliques en Amérique du Nord, au sein de laquelle figurent des reliques de saint Anselme et de saint Augustin, des martyrs du Tonkin, de saint Charles Borromée et de saint Ignace de Loyola. Certaines sont authentiques et d'une taille appréciable, d'autres sont incertaines et minuscules. Une chapelle funéraire, au milieu de laquelle prend place un gisant contenant les restes de Mgr Laval, premier évêque de l'Amérique du Nord, donne sur le bas-côté gauche.

Pour vous rendre directement au musée du Séminaire, empruntez la rue Sainte-Famille, qui longe le Séminaire, puis tournez à droite sur la rue de l'Université.

Le **Musée de l'Amérique française** ★★ *(3$; fin juin à début sept tlj 10h à 17h, début sept à fin juin mar-dim 10h à 17h; 9 rue de l'Université, ☎692-2843)*, réservé à l'histoire de l'Amérique française, réunit une collection riche de 450 000 pièces, constituée au cours des trois derniers siècles par les prêtres du Séminaire à des fins éducatives. Dans l'ancien pensionnat de l'Université Laval, ses salles d'exposition sont réparties sur cinq étages, où sont présentés des trésors d'orfèvrerie, de peinture, d'art oriental, de numismatique, de même que des instruments scientifiques. On peut y voir la première momie égyptienne transportée en Amérique ainsi que plusieurs objets ayant appartenu à Mgr Laval. Cette prestigieuse collection fait d'ailleurs partie du domaine des archives.

De retour sur la place de l'Hôtel-de-Ville, tournez à gauche sur la rue De Buade.

Faisant face à la cathédrale, s'élève l'ancien **magasin Holt-Renfrew** *(43 rue De Buade)*, ouvert dès 1837. D'abord spécialisé dans la vente des fourrures, dont il est le fournisseur attitré auprès de Sa Majesté britannique, le magasin détiendra pendant longtemps l'exclusivité de la distribution canadienne des créations de Dior et de Saint-Laurent. Il est maintenant fermé et fait place aux boutiques **Les Promenades du Vieux-Québec**.

Un peu plus loin se trouve l'entrée de la pittoresque **rue du Trésor**, qui débouche aussi sur la place d'Armes et sur la rue Sainte-Anne. Des artistes y vendent peintures, dessins et sérigraphies, dont plusieurs représentent des vues de Québec.

Québec Expérience *(6,75$; mi-mai à mi-oct tlj 10h à 22h; mi-oct à mi-mai dim-jeu 10h à 17h, ven-sam 10h à 22h; 8 rue du Trésor, Bureau 200, ☎694-4000)* est un spectacle à grand déploiement sur l'histoire de la ville de Québec. Projeté en trois dimensions, ce spectacle multimédia animé vous entraînera à travers le temps pour vous faire revivre les grands moments qui ont marqué la ville en compagnie des personnages qui l'ont sillonnée. Une belle façon d'en apprendre plus, particulièrement appréciée des jeunes. Les spectacles, en français ou en anglais, sont d'une durée de 30 min.

Le **bureau de poste** ★ *(3 rue De Buade)*. Le premier bureau de poste canadien fut ouvert à Québec en 1837. Il occupa longtemps l'ancien Hôtel du Chien d'Or, une solide demeure construite vers 1753 pour un riche marchand de Bordeaux, qui fit placer un bas-relief représentant un chien rongeant son os au-dessus de l'entrée. L'inscription suivante apparaît sous le bas-relief, réinstallé au fronton du bureau de poste actuel en 1872 : *«Je suis un chien qui ronge l'os; en le rongeant, je prends mon repos. Un temps viendra qui n'est pas venu, où je mordrai qui m'aura mordu.»*

Le bureau de poste reçut son dôme et sa façade sur le fleuve au cours d'un agrandissement au début du XXe siècle. Rebaptisé **édifice Louis-Saint-Laurent** en l'honneur du premier ministre canadien, il comprend, en plus du traditionnel bureau de la poste et d'un comptoir philatélique, une **salle d'exposition de Parcs Canada** *(entrée libre; lun-ven 8h à 16h30, sam-dim 10h à 17h; 3 rue De Buade, ☎648-4177)*, où l'on fait état de la mise en valeur du patrimoine canadien tant historique que naturel.

Le **palais archiépiscopal** *(2 rue Port-Dauphin)*. En face du bureau de poste se dresse le monument en l'honneur de Mgr François de Montmorency-Laval (1623-1708), premier évêque de Québec, dont le diocèse couvrait les deux tiers du continent nord-américain. L'œuvre de Philippe Hébert, mise en place en 1908, comprend un bel escalier donnant accès à la côte de la Montagne, qui mène à la Basse-Ville.

Le monument fait face au palais archiépiscopal, reconstruit par Thomas Baillargé en 1844. Le premier palais épiscopal était situé dans l'actuel parc Montmorency.

Érigé entre 1692 et 1700, il était, selon les commentateurs de l'époque, l'un des plus beaux du royaume français. Les dessins nous montrent en effet un bâtiment impressionnant comportant une chapelle à niches, dont l'intérieur rappelait celui du Val-de-Grâce, à Paris. Les bombardements de 1759 entraînèrent la perte de la chapelle. Le reste de l'édifice fut rétabli et logea l'Assemblée législative du Bas-Canada de 1792 à 1840. Il fut démoli en 1848 pour faire place au nouveau parlement, rasé par les flammes quatre ans plus tard.

Le **parc Montmorency** ★. Lors du rabaissement des murs de la ville, le long de la rue des Remparts, le gouverneur général du Canada, Lord Dufferin, découvrit les superbes vues dont on bénéficiait depuis ce promontoire et décida, en 1875, d'y aménager un parc. Par la suite, deux monuments y furent érigés, le premier en l'honneur de George-Étienne Cartier, premier ministre du Canada-Uni et l'un des pères de la Confédération canadienne, le second à la mémoire de Louis Hébert, de Guillaume Couillard et de Marie Rollet, premiers agriculteurs de la Nouvelle-France, arrivés en 1617, à qui le fief du Sault-au-Matelot, situé à l'emplacement du Séminaire, fut concédé dès 1623. Le sculpteur montréalais Alfred Laliberté est l'auteur des belles statues de bronze.

Poursuivez par la rue des Remparts.

L'**Université Laval** ★. Une ouverture dans la muraille de la rue des Remparts laisse voir les anciens pavillons de l'Université Laval, élevés en 1856 dans les jardins du Séminaire et complétés en 1875 par l'ajout d'une formidable toiture mansardée, coiffée de trois lanternes argentées. Le soir, sous l'éclairage des projecteurs, elles font penser à un décor de fête royale.

Suivez la rue des Remparts, d'où vous pourrez contempler la Basse-Ville. Les belles demeures patriciennes qui bordent cette rue font écran au vieux quartier latin, qui s'étend derrière. Ses rues étroites, bordées de maisons du XVIIIe siècle, valent bien un petit détour.

La **maison Montcalm** *(45 à 51 rue des Remparts)*. Cet ensemble de trois maisons formait à l'origine une seule grande habitation, construite en 1727. Elle fut habitée par le marquis de Montcalm, commandant des troupes françaises lors de la célèbre bataille des plaines d'Abraham. Le bâtiment a ensuite abrité des officiers de l'armée britannique avant d'être divisé en trois logements distincts en vue d'un usage privé.

De nombreuses maisons de Québec étaient autrefois recouvertes de planches imitant la pierre de taille, à l'instar de la maison Montcalm. Cette tradition, répandue dans la première moitié du XIXe siècle, avait pour but de protéger la maçonnerie et de donner aux maisons une apparence plus riche et plus soignée.

À l'angle des rues Saint-Flavien et Couillard se trouve le petit musée des sœurs du Bon-Pasteur.

Le **Musée Bon-Pasteur** ★ *(entrée libre; à l'année mar-dim 13h à 17h; 14 rue Couillard, ☎694-0243, ⇄694-6233)*, inauguré en 1993, raconte l'histoire de la communauté des religieuses du Bon-Pasteur, au service des démunis de Québec depuis 1850. Il est installé dans la maison Béthanie, un édifice éclectique en brique érigé vers 1878 pour héberger les filles-mères et leur progéniture. Le musée occupe les trois étages d'une annexe de 1887. Le visiteur y verra des pièces de mobilier et des objets d'art sacré, amassés ou fabriqués par les religieuses.

Tournez à droite sur la rue Hamel, puis à gauche sur la rue Charlevoix.

Chapelle et musée de l'Hôtel-Dieu ★★ *(32 rue Charlevoix)*. Les augustines hospitalières s'installent d'abord à Sillery, où elles fondent un premier couvent. Inquiétées par les Iroquois, elles s'établissent à Québec en 1642 et entament la construction de l'institution actuelle, avec couvent, hôpital et chapelle. Les bâtiments, refaits à plusieurs reprises, datent pour la plupart du XXe siècle. Subsiste le couvent de 1756, avec ses caves voûtées remontant à 1695, dissimulé derrière la chapelle de 1800, construite avec des matériaux provenant de divers édifices du Régime français ruinés par la guerre.

Sa pierre proviendrait du palais de l'Intendant, alors que ses premiers ornements avaient été récupérés de l'église des jésuites (XVIIe siècle). Seule la balustrade en fer forgé du clocher en témoigne de nos jours.

Thomas Baillargé conçoit l'actuelle façade néoclassique en 1839, après avoir achevé le nouveau décor intérieur en 1835. Le chœur des religieuses est visible à droite. La chapelle a été utilisée comme salle des ventes en 1817, puis en 1821 par l'abbé Louis-Joseph Desjardins, qui venait d'acheter une collection de tableaux d'un banquier français en faillite. Celle-ci était constituée d'œuvres confisquées aux églises de Paris à la Révolution française. *La Vision de sainte Thérèse d'Avila*, œuvre de François-Guillaume Ménageot placée au-dessus d'un des autels latéraux, provient du Carmel de Saint-Denis, près de Paris.

Le **Musée des augustines de l'Hôtel-Dieu** *(entrée libre; mar-sam 9h30 à 12h et 13h30 à 17h, dim 13h30 à 17h, lun fermé; 32 rue Charlevoix, ☎692-2492, ⇄692-2668)* retrace l'histoire de cette communauté en Nouvelle-France à travers des pièces de mobilier, des toiles et des instruments médicaux. On peut y voir le coffre qui contenait les maigres bagages des fondatrices (avant 1639) ainsi que des pièces provenant du château Saint-Louis, demeure des gouverneurs sous le Régime français (portraits de Louis XIV et du cardinal de Richelieu).

La visite du musée permet d'accéder sur demande à la chapelle et aux caves voûtées. La dépouille de la bienheureuse Marie-Catherine de Saint-Augustin, fondatrice de la communauté en Nouvelle-France, repose dans une chapelle attenante où se trouve également un beau reliquaire doré de style Louis XIV, sculpté en 1717 par Noël Levasseur.

Empruntez la petite rue Collins, qui fait face à la chapelle. À l'angle de la rue Saint-Jean, vous jouirez d'une belle vue sur la côte de la Fabrique donnant sur l'hôtel de ville, à droite, et sur la cathédrale Notre-Dame, au fond de la perspective. Tournez à droite sur la rue Saint-Jean, agréable artère commerciale du Vieux-Québec.

Un détour à gauche, sur la rue Saint-Stanislas, permet de voir l'ancienne église méthodiste, belle réalisation néogothique de 1850. Elle abrite de nos jours l'**Institut canadien** *(42 rue St-Stanislas)*, centre des arts et des lettres qui eut bien des démêlés avec le clergé avant la Révolution tranquille des années soixante à cause de ses choix littéraires jugés trop audacieux. On y trouve une salle de spectacle ainsi qu'une succursale de la Bibliothèque municipale.

L'édifice voisin, au numéro 44, est l'**ancienne prison de Québec**, érigée en 1808 d'après les plans de François Baillargé. En 1868, il est réaménagé pour accueillir le Morrin College, affilié à l'Université McGill de Montréal. Cette vénérable institution de la communauté anglophone de Québec abrite aussi la précieuse bibliothèque de la **Quebec Literary and Historical Society**, société savante fondée en 1824. L'édifice coiffé d'un clocher palladien, à l'angle de la rue Cook et de la rue Dauphine, est l'**église presbytérienne St. Andrew,** terminée en 1811.

Revenez vers la rue Saint-Jean, que vous traverserez en direction du Conservatoire d'art dramatique.

Le **Conservatoire d'art dramatique** *(9 rue St-Stanislas)* est aménagé dans l'ancienne chapelle Holy Trinity, édifiée en 1824 selon les plans de Georges Blaiklock. Sa belle architecture néoclassique, très dépouillée, sert de cadre au Conservatoire d'art dramatique depuis 1970.

Tournez à gauche sur la rue McMahon, puis rendez-vous au centre d'accueil et d'interprétation du Parc-de-l'Artillerie.

Le **lieu historique national du Parc-de-l'Artillerie ★★** *(3,25$; l'horaire varie selon les saisons; 2 rue D'Auteuil, ☎648-4205, ⇄648-2506)*. Le parc de l'Artillerie occupe une partie d'un vaste site à vocation militaire situé en bordure des murs de la ville. Le centre d'accueil et d'interprétation occupe l'ancienne fonderie où l'on a fabriqué des munitions jusqu'en 1964. On peut y voir une fascinante maquette de Québec, exécutée de 1795 à 1810 par l'ingénieur militaire Jean-Baptiste Duberger aux fins de planification tactique.

Expédiée en Angleterre en 1813, elle n'est de retour à Québec que depuis quelques années. La maquette est une source d'information sans pareille sur l'état de la ville dans les années qui ont suivi la Conquête.

La visite se poursuit à la redoute Dauphine, beau bâtiment fortifié revêtu d'un crépi blanc et situé à proximité de la rue McMahon. En 1712, l'ingénieur militaire Dubois Berthelot de Beaucours trace les plans de la redoute, qui sera achevée par Chaussegros de Léry en 1747. Une redoute est un ouvrage de fortification autonome qui sert en cas de repli des troupes. Jamais véritablement utilisée à cette fin, elle sera plutôt à l'origine de l'affectation de casernement du secteur. En effet, on retrouve derrière la redoute un ensemble de casernes érigées par l'armée britannique au XIXe siècle, complété par une cartoucherie, aujourd'hui fermée. La visite du logis des officiers (1820), converti en centre d'initiation au patrimoine pour les enfants, termine le parcours.

Remontez la rue D'Auteuil.

La plus récente des portes de Québec, la **porte Saint-Jean**, a pourtant les origines les plus anciennes. Dès 1693, on trouve à cet endroit une des trois seules entrées de la ville. Elle sera renforcée par Chaussegros de Léry en 1757 puis reconstruite par les Anglais. En 1867, on aménage une porte «moderne» à deux tunnels carrossables, jouxtés de passages piétonniers pour faire taire les marchands qui réclament la démolition pure et simple des fortifications. Cette porte, non conforme au projet romantique de Lord Dufferin, est supprimée en 1898. Elle ne sera remplacée par la porte actuelle qu'en 1936.

À gauche, au numéro 29, un **ancien orphelinat anglican**, construit pour la Society for Promoting Christian Knowledge en 1824, est le premier édifice néogothique de Québec. Son architecture est lourde de symbolisme, puisqu'elle introduit le courant romantique dans une ville dont ce sera par la suite le véritable leitmotiv.

L'**église des jésuites** ★ *(rue D'Auteuil, à l'angle de la rue Dauphine)*. Le dernier des jésuites de Québec meurt en 1800, sa communauté ayant été frappée d'interdit, d'abord par le gouvernement britannique, à qui sa puissance politique fait peur, ensuite par le pape lui-même (1774). Mais elle ressuscite en 1814, et elle est de retour en force à Québec en 1840.

Son collège et son église de la place de l'Hôtel-de-Ville n'étant plus disponibles, la communauté trouve un havre accueillant chez les congréganistes. Ces paroissiens, membres d'une confrérie fondée par le jésuite Ponert en 1657 et regroupant de jeunes laïcs désireux de propager la dévotion mariale, ont pu ériger un temple sur la rue D'auteuil.

François Baillargé trace les plans de l'église, qui sera terminée en 1818. En 1930, la façade est complètement refaite à l'image de la cathédrale. L'ornementation de l'intérieur débute en 1841 par la construction de la fausse voûte. L'autel de Pierre-Noël Levasseur (1770) en constitue la pièce maîtresse.

La **porte Kent**, tout comme la porte Saint-Louis, est le fruit des efforts déployés par Lord Dufferin pour donner à Québec une allure romantique. Les plans de la plus jolie des portes du Vieux-Québec ont été élaborés en 1878 par Charles Baillargé, d'après les propositions de l'Irlandais William H. Lynn.

Gravissez l'escalier qui conduit au sommet de la porte Kent, puis marchez sur le mur d'enceinte en direction de la porte Saint-Louis.

On aperçoit l'Hôtel du Parlement, hors les murs (voir p 413), ainsi que plusieurs maisons patriciennes le long de la rue D'auteuil. Au numéro 69, la **maison McGreevy** *(on ne visite pas)* se démarque par sa monumentalité. Derrière la façade de grès jaune de Nepean se déploie un décor victorien somptueux et absolument intact.

Redescendez du mur à la porte Saint-Louis. La côte de la Citadelle se trouve de l'autre côté de la rue Saint-Louis.

La **Citadelle** ★★★ *(à l'extrémité de la côte de la Citadelle)*. Toujours en pleine activité, la Citadelle représente trois siècles d'histoire militaire en Amérique du Nord. Depuis 1920, elle est le siège du Royal 22e Régiment de l'Armée canadienne, qui s'est distingué par sa bravoure au cours de la Seconde Guerre mondiale.

On y trouve quelque 25 bâtiments distribués sur le pourtour de l'enceinte, dont le mess des officiers, l'hôpital, la prison et la résidence officielle du gouverneur général du Canada, sans oublier le premier observatoire astronomique du pays. L'histoire de la Citadelle débute en 1693, alors que l'ingénieur Dubois Berthelot de Beaucours fait ériger la redoute du cap Diamant au point culminant du système défensif de Québec, à quelque 100 m au-dessus du niveau du fleuve. Cet ouvrage solide se trouve de nos jours contenu à l'intérieur du bastion du Roi.

Tout au long du XVIIIe siècle, les ingénieurs français, puis britanniques, élaboreront des projets de citadelle qui demeureront sans suite. L'aménagement d'une poudrière par Chaussegros de Léry en 1750, bâtiment qui abrite maintenant le Musée du Royal 22e Régiment, et le terrassement temporaire à l'ouest (1783) sont les seuls travaux d'envergure effectués pendant cette période. La Citadelle telle qu'elle apparaît au visiteur fut édifiée entre 1820 et 1832. Surnommé «le Gibraltar de l'Amérique», l'ouvrage, conçu selon les principes élaborés par Vauban au XVIIe siècle, n'a jamais eu à essuyer le tir d'un seul canon, mais fut pendant longtemps un élément dissuasif important.

Le **Musée du Royal 22e Régiment** *(5,50$; mi-mars et avr tlj 10h à 16h, mi-mai à mi-juin tlj 9h à 17h, mi-juin à début sept tlj 9h à 18h, sept 9h à 16h, oct 10h à 15h; à la Citadelle. Côte de la Citadelle; ☎694-2815, ⇌694-2853)* présente une intéressante collection d'armes, d'uniformes, de décorations et de documents officiels du XVIIe siècle à nos jours. Il est aussi possible de se joindre à une visite commentée de l'ensemble des installations, d'assister à la relève de la garde, à la retraite et aux tirs de canon.

La relève de la garde, d'une durée de 35 min, s'effectue tous les jours à 10h, de la mi-juin au début septembre, sauf en cas de pluie. La retraite, d'une durée de 30 min, se fait à 19h les mardis, jeudis, samedis et dimanches de juillet et d'août, sauf en cas de pluie. Les tirs de canon ont lieu tous les jours à midi et à 21h30 depuis le bastion du Prince-de-Galles.

★★★

Circuit B : Du Petit-Champlain au Vieux-Port (deux jours)

La Basse-Ville commerçante et portuaire du Vieux-Québec est une étroite bande de terre en forme de *U* coincée entre les eaux du fleuve Saint-Laurent et l'escarpement du cap Diamant. Elle constitue le berceau de la Nouvelle-France puisque c'est sur le site de la Place Royale que Samuel de Champlain (1567-1635) choisit en 1608 d'ériger son «Abitation», à l'origine de la ville de Québec. À l'été de 1759, elle est aux trois quarts détruite par les bombardements anglais. Il faudra 20 ans pour réparer et reconstruire les maisons.

Au XIXe siècle, de multiples remblais élargissent la Basse-Ville, permettant de relier par des rues les secteurs de la place Royale et du palais de l'Intendant. Le déclin des activités portuaires, au début du XXe siècle, a provoqué l'abandon graduel de Place-Royale, que l'on a entrepris de restaurer en 1959. Le quartier du Petit-Champlain, avec sa rue du même nom, a quant à lui été récupéré par des artisans qui y ouvrirent leur ateliers. Aujourd'hui à vocation plus touristique, le quartier abrite encore nombre de ces ateliers dans lesquels les artisans fabriquent et vendent leurs ouvrages.

Le circuit de la Basse-Ville débute à la porte Prescott, qui enjambe la côte de la Montagne. Les personnes qui ont de la difficulté à marcher devraient plutôt prendre le funiculaire, dont l'accès se situe sur la terrasse Dufferin, afin de débuter le circuit au pied de la rue du Petit-Champlain.

Le **funiculaire** *(1$ par personne; ☎692-1132)* fut mis en marche dès novembre 1879 par l'entrepreneur W.A. Griffith afin de faciliter les déplacements entre la Haute-Ville et la Basse-Ville. Aussi appelé «ascenseur» ou «élévateur», il évite d'avoir à emprunter l'escalier Casse-Cou ou de faire le détour par la côte de la Montagne.

La **porte Prescott** *(côte de la Montagne)* est accessible par la côte de la Montagne ou, depuis la terrasse Dufferin, par un escalier et une charmante passerelle situés à la gauche du pavillon d'entrée du funiculaire. La structure discrètement postmoderne a été réalisée en 1983 selon les plans des architectes Gauthier, Guité, Roy, en souvenir de la première porte érigée à cet endroit en 1797 par Gother Mann. Elle permet aux piétons de passer directement de la terrasse Dufferin au parc Montmorency.

Descendez la côte de la Montagne jusqu'à l'escalier Casse-Cou, à droite.

L'**escalier Casse-Cou** *(côte de la Montagne)*. Il existe un escalier à cet endroit depuis 1682. Jusqu'au début du XXe siècle, il était fait de planches de bois qu'il fallait constamment réparer ou remplacer. Il relie à différents niveaux les commerces qui le bordent. À son pied s'allonge la rue du Petit-Champlain, étroite voie piétonne bordée de jolies boutiques d'artisans et d'agréables cafés installés dans des maisons des XVIIe et XVIIIe siècles. Certains bâtiments, au pied du cap, ont été détruits par des éboulis, avant que la falaise ne soit stabilisée au XIXe siècle.

Au pied de l'escalier Casse-Cou, on trouve un petit économusée qui nous dévoile les secrets des souffleurs de verre. À l'**Atelier Verrerie La Mailloche** *(entrée libre; fin juin au début oct tlj 9h à 22h, le reste de l'année 9h30 à 17h30; 58 rue Sous-le-Fort, G1K 3G8, ☎694-0445, ⇌694-1571)*, observez le spectacle fascinant des artisans qui travaillent, devant vous, le verre chauffé suivant des techniques ancestrales de soufflage du verre. À l'étage, une boutique (voir p 440) propose les objets créés par ces artistes.

La **maison Louis-Jolliet** ★ *(16 rue du Petit-Champlain)*

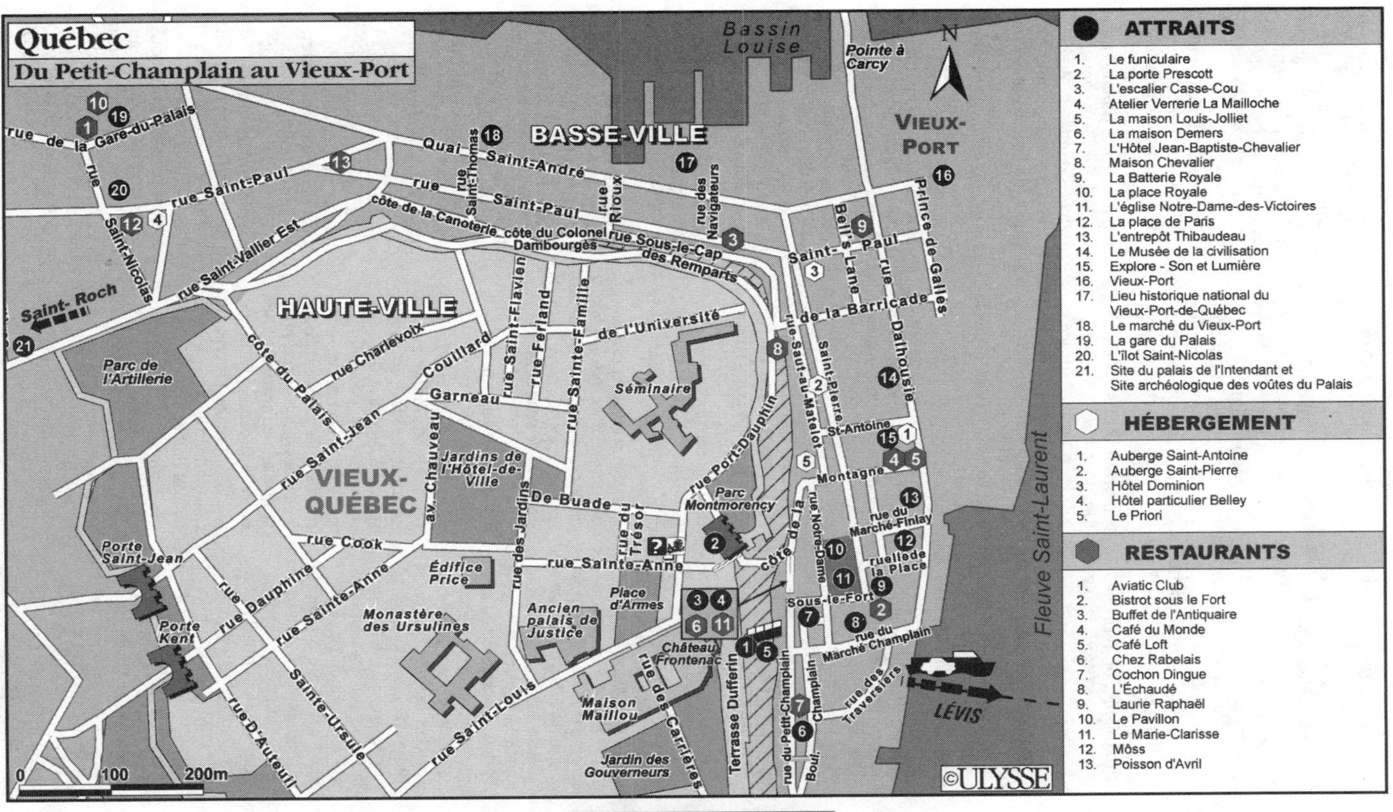

Ville de Québec

est l'une des plus anciennes demeures du Vieux-Québec (1683) et l'une des rares œuvres de Claude Baillif encore debout. Elle fut construite après le grand incendie de 1682 qui détruisit la Basse-Ville. La tragédie incita les autorités à imposer la pierre comme matériau pour bâtir et permit, dans un effort d'urbanisme, de redresser les rues et de créer la place Royale.

La maison fut habitée par Louis Jolliet (1645-1700), qui, avec le père Marquette, découvrit le Mississippi et explora la baie d'Hudson. Pendant les dernières années de sa vie, Jolliet enseigna l'hydrographie au Séminaire de Québec. L'intérieur du bâtiment a été complètement chambardé, puisque l'on y retrouve maintenant la gare inférieure du funiculaire.

Suivez la rue du Petit-Champlain jusqu'à l'escalier à gauche, qui permet d'accéder au boulevard Champlain. Au bas de l'escalier, retournez-vous, et remarquez l'exceptionnelle vue en contre-plongée sur le Château Frontenac.

La **maison Demers ★** *(28 boul. Champlain)*. Cette imposante maison de marchand, érigée en 1689 par le maçon Jean Lerouge, est typique des habitations bourgeoises de la Basse-Ville. Elle présente une façade résidentielle à deux étages sur la rue du Petit-Champlain, dont seul le rez-de-chaussée n'est pas d'origine, alors que l'arrière, haut de quatre étages, permettait d'emmagasiner les biens dans les voûtes des niveaux inférieurs, qui donnaient directement sur l'anse du Cul-de-Sac. Ce havre naturel est aujourd'hui remblayé et construit. Cependant, il est encore possible d'en percevoir le pourtour en observant le tissu urbain ancien.

L'anse du Cul-de-Sac, aussi appelée «anse aux Barques», fut le premier port de Québec. En 1745, l'intendant Gilles Hocquart fait aménager dans sa partie ouest un important chantier naval où seront construits plusieurs vaisseaux de guerre français avec du bois canadien. Au XIXe siècle, on érige, sur les remblais, le terminus ferroviaire du Grand Tronc (1854) et le marché Champlain (1858), détruit par le feu en 1899.

Le site comprend actuellement des bâtiments administratifs et le terminus du traversier Québec-Lévis. Il est recommandé d'effectuer le bref aller-retour sur le traversier afin de jouir d'une magnifique vue d'ensemble sur le Vieux-Québec. En hiver, la traversée est une rare occasion de se confronter aux glaces du Saint-Laurent (voir p 391).

Suivez le boulevard Champlain jusqu'à la rue du Marché-Champlain, à l'est. L'accès au traversier se situe à l'extrémité sud de cette large artère.

L'**Hôtel Jean-Baptiste-Chevalier ★★** *(60 rue du Marché-Champlain)*. Premier des bâtiments du quartier de Place-Royale à retenir l'attention des restaurateurs, cet hôtel particulier comprend en réalité trois maisons érigées à des époques différentes : la **maison de l'armateur Chevalier**, en forme d'équerre (1752), la **maison Frérot**, au toit mansardé (1683), et la **maison Dolbec** (1713). Tous ces bâtiments seront réparés ou en partie reconstruits après la Conquête. L'ensemble est tiré de l'oubli en 1955 par Gérard Morisset, directeur de l'Inventaire des œuvres d'art, qui suggère alors son rachat et sa restauration par le gouvernement du Québec. Cette démarche aura un effet d'entraînement bénéfique et évitera que Place-Royale ne soit rasée.

La **maison Chevalier** *(entrée libre; fin juin à début sept tlj 10h à 18h, mai à fin juin et début sept à fin oct mar-dim 10h à 18h; nov à mai sam-dim 10h à 17h; 60 rue du Marché-Champlain, ☎643-2158)* abrite une annexe du Musée de la civilisation où est présentée une intéressante exposition, «Habiter au passé», portant sur la vie quotidienne des familles de marchands en Nouvelle-France. Elle renferme des meubles ainsi que des objets d'usage courant. Les boiseries originales de l'Hôtel Chevalier, belle réalisation d'ébénisterie de style Louis XV (vers 1764), sont également visibles.

Empruntez la rue Notre-Dame, puis tournez à droite sur la rue Sous-le-Fort.

La **Batterie royale ★** *(à l'extrémité de la rue Sous-le-Fort)*. La Basse-Ville n'étant pas emmurée, il fallut trouver d'autres solutions pour la protéger des tirs provenant de navires sur le fleuve. Au lendemain de l'attaque de William Phipps en 1690, on décida d'aménager la Batterie royale selon un plan de Claude Baillif. Son emplacement stratégique permettait en outre de mener une offensive sur la flotte ennemie, si jamais elle s'aventurait dans l'étranglement du fleuve Saint-Laurent en face de Québec. En 1974, les vestiges de la batterie, longtemps camouflés sous des entrepôts, sont mis au jour. On doit alors reconstituer les créneaux supprimés au XIXe siècle ainsi que le portail de bois, visible sur un dessin de 1699.

Les deux maisons crépies de la rue Saint-Pierre, qui avoisinent la Batterie royale, ont été érigées pour Charles Guillemin au début du XVIIIe siècle. La forme étriquée de celle à gauche démontre à quel point l'espace était précieux dans la Basse-Ville sous le Régime français, chaque parcelle, même irrégulière, devant être construite. Un peu plus loin, au numéro 25 de la rue Saint-Pierre, se trouve la maison Louis-Fornel, aménagée au XVIIe siècle à même les ruines du château fort de Champlain. Il est à noter que ses voûtes s'étendent jusque sous la place elle-même.

Longez la rue Saint-Pierre, puis grimpez à gauche la petite rue de la Place, menant à la place Royale.

Le secteur de **Place-Royale** ★★★, le plus européen de tous les quartiers d'Amérique du Nord, rappelle un village du nord-ouest de la France. Le lieu est lourd de symboles puisque c'est sur cet emplacement même que Québec a été fondée en 1608. Après de multiples tentatives infructueuses, ce fut le véritable point de départ de l'aventure française en Amérique.

Sous le Régime français, Place-Royale représentait le seul secteur densément peuplé d'une colonie vaste et sauvage, et c'est aujourd'hui la plus importante concentration de bâtiments des XVIIe et XVIIIe siècles en Amérique, au nord du Mexique.

La place elle-même est inaugurée en 1673 par le gouverneur Frontenac, qui en fait une place de marché. Celle-ci occupe l'emplacement du jardin de l'«Abitation» de Champlain, sorte de château fort incendié en 1682, au même moment que toute la Basse-Ville. En 1686, l'intendant Jean Bochart de Champigny fait ériger, au centre de la place, un buste en bronze de Louis XIV, conférant de la sorte au lieu le titre de place Royale.

Le buste disparaît sans laisser de traces après 1700. En 1928, François Bokanowski, ministre français du Commerce et des Communications, offre au Québécois Athanase David une réplique en bronze du buste en marbre de Louis - XIV se trouvant dans la Galerie de Diane, à Versailles, afin de remplacer la statue disparue. L'œuvre du fondeur Alexis Rudier ne fut installée qu'en 1931, car on craignait par ce geste d'insulter l'Angleterre!

Sous le Régime français, la place Royale attire de nombreux marchands et armateurs qui s'y font construire de belles demeures. La haute maison formant l'angle sud-ouest de la place Royale et de la rue de la Place fut érigée en 1754 pour la redoutable femme d'affaires Anne-Marie Barbel, veuve de Louis Fornel.

Elle était, à l'époque, propriétaire d'une manufacture de poteries sur la rivière Saint-Charles et détenait le bail du lucratif poste de traite de Tadoussac. Quant à la **maison Dumont** *(1 place Royale)*, elle fut construite en 1689 selon les plans de l'indispensable Claude Baillif pour le marchand de vins Eustache Lambert Dumont en incorporant les vestiges du magasin de la Compagnie des Habitants (1647). Elle comporte de vastes caves voûtées, accessibles aux visiteurs, où sont conservées maintenant, comme à l'origine, les barriques et les bouteilles de vin. Transformée en auberge au XIXe siècle, la maison était l'étape choisie par le président américain Howard Taft (1857-1930) lors de son passage annuel à Québec, en route pour La Malbaie, où il passait ses vacances estivales.

Au numéro 3-A se trouve la **maison Bruneau-Rageot-Drapeau**, reconstruite en 1763 sur les fondations de la demeure de Nicolas Jérémie, interprète en langue montagnaise, puis commis aux postes de traite de la baie d'Hudson.

La maison Paradis, sur la rue Notre-Dame, abrite l'**Atelier du patrimoine vivant** *(entrée libre; début sept à mi-oct mer-dim 10h à 17h, fin juin à mi-oct tlj 10h à 17h; 42 rue Notre-Dame, ☎647-1598)*. Ces ateliers présentent plusieurs artisans travaillant selon les méthodes traditionnelles.

L'**église Notre-Dame-des-Victoires** ★★ *(entrée libre; début mai à mi-oct tlj 9h30 à 16h30, le reste de l'année 10h à 16h30 en tout temps: fermée lors des mariages, baptêmes et funérailles, 32, rue Sous-le-fort, ☎692-1650)*. Cette petite église sans prétention est la plus ancienne qui subsiste au Canada. Sa construction a été entreprise en 1688 selon les plans de Claude Baillif sur l'emplacement de l'«Abitation» de Champlain, dont elle a intégré une partie des murs.

D'abord placée sous le vocable de l'Enfant-Jésus, elle est rebaptisée Notre-Dame-de-la-Victoire à la suite de l'attaque infructueuse de l'amiral Phipps en face de Québec (1690), puis Notre-Dame-des-Victoires en rappel de la déconfiture de l'amiral Walker, dont la flotte fit naufrage à l'île aux Œufs pendant une tempête en 1711.

Les bombardements de la Conquête ne laisseront debout que les murs, ruinant du coup le beau décor intérieur des Levasseur. L'église est rétablie en 1766, mais ne sera achevée qu'avec la pose du clocher actuel en 1861.

Raphaël Giroux exécute la majeure partie du décor intérieur actuel entre 1854 et 1857, mais l'étrange tabernacle «forteresse» du maître-autel est une œuvre plus tardive de David Ouellet (1878). Enfin, en 1888, Jean Tardivel peint les scènes historiques sur la voûte et sur le mur du chœur.

Mais ce sont les pièces autonomes qui retiennent davantage l'attention : on remarque d'abord l'ex-voto suspendu au centre de la voûte et représentant le *Brézé*, navire venu au Canada en 1664 avec, à son bord, les soldats du régiment de Carignan-Salières, puis le beau tabernacle déposé dans la chapelle Sainte-Geneviève et attribué à Pierre-Noël Levasseur (vers 1730). Parmi les tableaux accrochés aux murs, il faut signaler la présence d'œuvres de Boyermans et de Van Loo provenant de la collection de l'abbé Desjardins.

Descendez la rue de la Place, qui débouche sur la place de Paris.

La **place de Paris** ★ *(en bordure de la rue du Marché-Finlay)*. Cette place raffinée, belle réussite d'intégration de l'art contemporain à un contexte ancien, a été aménagée en 1987 par l'architecte québécois Jean Jobin. Au centre trône une œuvre de l'artiste français Jean-Pierre Raynault, offerte par la Ville de Paris à l'occasion du passage à Québec de son maire. Le monolithe de marbre blanc et de granit noir, baptisé *Dialogue avec l'histoire*, évoque l'émergence de la première forme humaine en ces lieux et fait pendant au buste de Louis XIV, visible dans la perspective. Les Québécois l'ont surnommé le «Colosse de Québec» en raison de sa masse imposante. De la place, autrefois occupée par un marché public, on jouit d'une vue magnifique sur la Batterie royale, le Château Frontenac et le fleuve Saint-Laurent.

L'**entrepôt Thibaudeau** *(215 rue du Marché-Finlay)* se présente comme un vaste immeuble dont la façade principale en pierre donne sur la rue Dalhousie. Il représente la dernière étape de développement du secteur, avant qu'il ne sombre dans l'oubli à la fin du XIXe siècle. L'entrepôt de style Second Empire (version nord-américaine du style Napoléon III), caractérisé par un toit mansardé et par des ouvertures à arcs segmentaires, a été érigé en 1880, selon les plans de Joseph-Ferdinand Peachy, pour Isidore Thibaudeau, président fondateur de la Banque Nationale.

L'édifice a été recyclé pour accueillir le **Centre d'information de Place-Royale** *(entrée libre; début juin à fin sept tlj 10h à 18h; 215 rue du Marché-Finlay ☎643-6631)*, où l'on expose divers objets trouvés lors des fouilles archéologiques autour de la place, ainsi que **Place-Royale, 400 ans d'histoire** *(entrée libre; début juin à fin sept tlj 10h à 18h; ☎643-6631)*, où l'on présente une exposition retraçant les étapes marquantes du développement urbain de la Basse-Ville et de Place-Royale. On y donne également des renseignements aux visiteurs sur les multiples activités qui ont lieu sur la place Royale. C'est aussi le point de départ des visites commentées du quartier ainsi que des visites autonomes avec «audioguide».

Remontez vers la rue Saint-Pierre, que vous emprunterez à droite.

Plus loin, au numéro 92, se dresse une autre imposante demeure de marchand, la **maison Estèbe** de 1752, aujourd'hui intégrée au Musée de la civilisation, dont on aperçoit les murs de pierre lisse en bordure de la rue Saint-Pierre. Guillaume Estèbe était directeur des forges du Saint-Maurice, à Trois-Rivières, et négociant. Ayant conduit plusieurs affaires louches avec l'intendant Bigot pendant la guerre de Sept Ans, il fut emprisonné pendant quelques mois à la Bastille pour malversations.

Sa maison, où il vécut cinq ans avec sa femme et ses 14 enfants, est érigée sur un remblai qui donnait autrefois sur un large quai privé correspondant à la cour du Musée. Cette cour est accessible par la porte cochère, à gauche. L'intérieur, épargné par les bombardements de 1759, comprend 21 pièces, dont certaines sont revêtues de belles boiseries de style Louis XV. À l'angle de la rue Saint-Jacques se trouvent l'ancien édifice de la **Banque de Québec** (Edward Staveley, architecte, 1861) et, en face, l'ancienne **Banque Molson**, installée dans une maison du XVIIIe siècle.

Tournez à droite sur la rue Saint-Jacques. L'entrée du Musée de la civilisation se trouve rue Dalhousie, à droite.

Le **Musée de la civilisation** ★★ *(7$; mar, sauf en été, entrée libre; fin juin à début sept tlj 10h à 19h, début sept à fin juin mar-dim 10h à 17h; 85 rue Dalhousie, ☎643-2158)*, inauguré en 1988, représente une interprétation de l'architecture traditionnelle de Québec, à travers ses toitures et lucarnes stylisées et son campanile rappelant les clochers des environs.

L'architecte Moshe Safdie, à qui l'on doit également le révolutionnaire Habitat 67 de Montréal et le Musée des Beaux-Arts du Canada à Ottawa (voir le Guide Ulysse *Ontario* ou *Ottawa*), a créé là un édifice sculptural au milieu duquel prend place un escalier extérieur, véritable monument en soi. Le hall central révèle une vue charmante sur la maison Estèbe et son quai tout en conservant une apparence contemporaine, renforcée par la sculpture d'Astri Reuch, intitulée *La Débâcle*.

Ce musée de «société» présente dans 10 salles un ensemble d'objets reliés à la culture et à la vie quotidienne dans le Québec d'autrefois comme dans celui d'aujourd'hui. Les présentoirs hétéroclites et la quantité d'objets exposés pêle-mêle peuvent devenir rapidement étourdissants. Aussi est-il recommandé de sélectionner deux ou trois salles, dont l'intérêt paraît plus grand au visiteur, plutôt que d'essayer de tout voir d'un coup. Parmi les objets les plus intéressants, on notera la présence de vestiges amérindiens, d'une grande barque du Régime français dégagée lors des fouilles sur le chantier du musée, de corbillards à chevaux très ornés qui datent du XIXe siècle et d'objets d'art et d'ébénisterie chinois qui proviennent de la collection des jésuites, incluant un beau lit impérial.

Explore – Son et Lumière *(6,25$; fin juin à début sept tlj 10h à 17h; 63 rue Dalhousie, ☎692-2063)* raconte, avec l'aide des technologies multimédias, les périples des grands explorateurs tels que Cartier et Champlain à l'époque où les Européens s'aventurent vers l'Amérique.

Empruntez la rue Dalhousie vers le nord-est en direction du Vieux-Port. À gauche, vous apercevrez une exubérante caserne de pompiers de style Beaux-Arts, érigée en 1912, dont la tour s'inspire de celle de l'Hôtel du Parlement et qui abrite aujourd'hui **Ex Machina**, le centre de production artistique multidisciplinaire dirigé par Robert Lepage. Poursuivez jusqu'à la rue Saint-André afin d'atteindre les installations du Vieux-Port.

Souvent critiqué pour son caractère trop nord-américain dans une ville à sensibilité tout européenne, le **Vieux-Port** ★ *(160 rue Dalhousie)* a été réaménagé par le gouvernement du Canada à l'occasion de l'événement maritime «Québec 1534-1984». On y retrouve diverses structures métalliques destinées à agrémenter la promenade, devant laquelle se dresse le bel **édifice de la Douane** (1856), œuvre de l'architecte William Thomas de Toronto. Toute la portion du Vieux-Port comprise entre Place-Royale et l'entrée du **bassin Louise** porte le nom de **Pointe-à-Carcy**.

Dans un bar installé depuis plusieurs années dans le Vieux-Port de québec, on a aménagé **L'inox, économusée de la bière** *(entrée libre; tlj 12h à 3h; visites guidées avec dégustation 5$, 37 quai Saint-André, ☎692-2877)*. Vous pourrez donc, en parcourant les panneaux d'interprétation affichés sur les murs, en apprendre plus sur l'histoire de cette boisson qui n'est pas née d'hier! Vous découvrirez aussi tous les secrets de sa fabrication en prenant part à une visite guidée. L'Inox étant une microbrasserie, le maître brasseur peut, sur demande, vous entraîner dans son antre, d'ailleurs visible depuis le bar grâce à un mur vitré, tout en vous abreuvant d'explications et en vous faisant déguster le fruit de son travail.

Au rond-point formé par les rues Saint-Pierre, Saint-Paul et Sault-au-Matelor, on aborde la **place de la FAO**. Cette place rend hommage à l'Organisation des Nations unies pour l'agriculture et l'alimentation (FAO), dont la premi;ere assemblée eut lieu en 1945 au Château Frontenac. Au centre de la place se dresse une sculpture représentant la proue d'un navire semblant émerger des flots. Sa figure de proue féminine, *La Vivrière*, tient à bras le corps des fruits, des légumes et des céréales de toutes sortes.

Longez la jolie **rue Saint-Paul**, bordée de cafés à la mode et de boutiques d'antiquaires. À l'angle de la rue Saint-Pierre s'élève l'imposant édifice de la **Banque Canadienne Impériale de Commerce**, qui abrite aujourd'hui une galerie d'art. Un peu plus loin à gauche se trouve l'entrée de la rue du Sault-au-Matelot, qui mène à la rue Sous-le-Cap, étroit passage autrefois coincé entre les eaux du Saint-Laurent et l'escarpement du cap Diamant. Ce fut pendant longtemps le seul chemin pour rejoindre le quartier du palais de l'Intendant. Les habitants de la rue, disposant de trop peu d'espace, ont aménagé des passerelles pour circuler d'un bâtiment à l'autre.

Pour atteindre le Centre d'interprétation du Vieux-Port-de-Québec, rejoignez la rue Saint-André par la rue Rioux, à droite.

Le **Centre d'interprétation du Vieux-Port-de-Québec** *(3$; pour les horaires, il faut téléphoner; 100 rue St-André, ☎648-3300).* À l'époque de la navigation à voile, Québec était l'une des principales portes d'entrée de l'Amérique, plusieurs navires ne pouvant affronter les courants contraires du fleuve, plus à l'ouest. Son port, très fréquenté, était entouré de chantiers navals importants dont l'existence était justifiée par l'abondance et la qualité du bois canadien.

Les premiers chantiers royaux apparaissent sous le Régime français à l'anse du Cul-de-Sac. Le blocus napoléonien de 1806 force les Britanniques à se tourner vers leur colonie du Canada pour l'approvisionnement en bois et pour la construction de vaisseaux de guerre, donnant le coup d'envoi à de multiples chantiers qui feront la fortune de leurs propriétaires. Ce centre d'interprétation traite plus particulièrement de cette période florissante de la navigation à Québec.

Le **marché du Vieux-Port** ★ *(angle rue St-Thomas et rue St-André).* La plupart des marchés publics du Québec ont fermé leurs portes au début des années soixante, car ils étaient perçus comme des services obsolètes à l'âge des supermarchés climatisés et des aliments surgelés. Mais l'attrait des produits frais de la ferme et celui du contact avec le producteur sont demeurés, de même que la volonté de vivre en société dans des lieux publics non aseptisés. Aussi les marchés publics sont-ils réapparus timidement au début des années quatre-vingt. Le marché du Vieux-Port, érigé en 1987, succède à deux marchés de la Basse-Ville, aujourd'hui disparus (marchés Finlay et Champlain). Il est agréable d'y flâner en été et de jouir des vues sur la marina du bassin Louise, accolée au marché.

Revenez vers la rue Saint-Paul, que vous suivrez jusqu'à l'angle de la rue Saint-Nicolas, au cœur du quartier du Palais, ainsi nommé parce qu'il s'étend de part et d'autre du site du palais de l'Intendant.

La **gare du Palais** ★ *(rue de la Gare-du-Palais).* Pendant plus de 50 ans, les citoyens de Québec ont réclamé qu'une gare prestigieuse soit construite pour desservir leur ville. Leur souhait sera finalement exaucé par le Canadien Pacifique en 1915. Érigée selon les plans de l'architecte new-yorkais Harry Edward Prindle dans le même style que le Château Frontenac, la gare donne au passager qui arrive à Québec un avant-goût de la ville romantique et pittoresque qui l'attend.

Le hall, haut de 18 m, qui s'étire derrière la grande verrière de la façade, est baigné de lumière grâce aux puits en verre plombé de sa toiture. Ses murs sont recouverts de carreaux de faïence et de briques multicolores, donnant un aspect éclatant à l'ensemble.

La gare fut fermée pendant près de 10 ans (de 1976 à 1985), à une époque où les compagnies ferroviaires tentaient d'imiter les compagnies aériennes en déplaçant leurs infrastructures dans les lointaines banlieues. Elle fut heureusement rouverte en grande pompe et tient lieu aujourd'hui de gare ferroviaire et de gare routière. L'édifice voisin, à droite, est l'ancien bureau de poste, construit en 1938 selon les plans de Raoul Chênevert. Il illustre la persistance du style Château comme emblème de la ville.

L'**îlot Saint-Nicolas** *(rue St-Paul, à l'angle de la rue St-Nicolas).* Les architectes De Blois, Côté, Leahy ont restauré avec brio, au milieu des années quatre-vingt, l'ensemble de ce quadrilatère connu sous le nom d'îlot Saint-Nicolas et délimité par la ruelle de l'Ancien-Chantier, la rue De Saint-Vallier Est, la rue Saint-Paul et la rue Saint-Nicolas.

Le beau bâtiment d'angle en pierre, de même que les deux autres situés derrière, sur la rue Saint-Nicolas, ont abrité de 1938 à 1978 le célèbre **Cabaret Chez Gérard**, où se produisaient régulièrement Charles Trenet et Rina Ketty ainsi que plusieurs autres vedettes de la chanson française, et où Charles Aznavour a fait ses débuts. Il y a chanté tous les soirs pendant deux ans contre un maigre cachet dans les années cinquante. C'était ça, la bohème!

Le grand bâtiment revêtu de brique d'Écosse, coiffé d'un clocheton et appelé «**Les maisons Lecourt**», a été érigé en face de l'îlot Saint-Nicolas à même les vestiges du magasin du Roi de l'intendant Bigot (1750).

Surnommé «La Friponne» en raison de la surenchère

des prix pratiquée par Bigot et ses acolytes au détriment de la population affamée, le site était, avec l'anse du Cul-de-Sac, un des deux seuls points d'accostage à Québec sous le Régime français. Dès le XVIIe siècle, on érige dans l'estuaire de la rivière Saint-Charles des entrepôts, des quais ainsi qu'un chantier naval avec cale sèche, qui a donné son nom à la rue de l'Ancien-Chantier.

Remontez la rue Saint-Nicolas. Tournez à droite sur la rue De Saint-Vallier Est. Empruntez la voie piétonne à droite.

Le **Site du palais de l'Intendant** ★ *(entrée libre; fin juin à début sept tlj 10h à 17h, le reste de l'année sur réservation; 8 rue Vallières, ☎691-6092,⇒691-7759)* ainsi que le **Centre d'interprétation archéologique** font partie de l'**îlot des Palais** et du **Site archéologique des voûtes du Palais**. L'intendant voyait aux affaires courantes de la colonie. C'est pourquoi on retrouvait, à proximité de son palais, les magasins royaux, les quelques industries d'État de même que la prison.

L'intendant ayant maintes occasions de s'enrichir, il était normal que sa demeure soit la plus luxueuse des résidences construites en Nouvelle-France. Devant apparaissent les vestiges d'une aile du palais, constituée par le mur de fondation de la structure en brique brune qui s'élève maintenant au-dessus. Le site fut d'abord occupé par la brasserie créée en 1671 par Jean Talon (1625-1694), premier intendant. Talon fit de grands efforts pour peupler et stimuler le développement économique de la colonie. À son retour en France, il fut nommé secrétaire du cabinet du roi. Sa brasserie sera remplacée par le palais conçu selon les dessins de l'ingénieur La Guer Morville en 1716. Le bel édifice comportait notamment un portail classique en pierre de taille s'ouvrant sur un escalier en fer à cheval. Une vingtaine de pièces d'apparat, disposées en enfilade, accueillaient réceptions et réunions officielles du Conseil supérieur.

Épargné par les bombardements de la Conquête, le palais sera malheureusement incendié lors de l'invasion américaine de 1775-1776. Ses voûtes serviront de fondation à la brasserie Boswell, érigée en 1872. L'endroit effectue ainsi un retour aux sources inattendu. Les visiteurs ont accès aux voûtes, où se trouve un centre d'interprétation archéologique présentant les vestiges et les ruines découvertes sur le site.

Pour retourner vers la Haute-Ville, grimpez la côte du Palais dans le prolongement de la rue Saint-Nicolas.

Circuit C : La Grande Allée (une journée)

La Grande Allée apparaît déjà sur les cartes du XVIIe siècle, mais son urbanisation survient dans la première moitié du XIXe siècle, alors que Québec s'étend en dehors de ses murs. D'abord route de campagne reliant Québec au chemin du Roy, qui conduit vers Montréal, la voie était à l'origine bordée par de grandes propriétés agricoles appartenant à la noblesse et aux communautés religieuses du Régime français.

À la suite de la Conquête, de nombreux terrains sont aménagés en domaines champêtres, au milieu desquels sont érigées des villas pour les marchands anglophones. Puis la ville néoclassique s'approprie le territoire, avant que la ville victorienne ne lui donne son cachet particulier.

La Grande Allée est de nos jours la plus agréable des voies d'accès au centre-ville de Québec et constitue l'épine dorsale de la Haute-Ville hors les murs. Elle relie les différents ministères de la capitale, ce qui ne l'empêche pas d'avoir la mine joyeuse, car plusieurs des demeures bourgeoises qui la bordent ont été converties en restaurants ou en discothèques.

Le circuit débute à la porte Saint-Louis et s'éloigne graduellement de la ville fortifiée.

À droite s'élève le **monument à l'historien François-Xavier Garneau** du sculpteur Paul Chevré. À l'arrière-plan, contre les remparts et en face de l'Hôtel du Parlement, se trouve le site où est érigé, en hiver, le château de glace du Carnaval et, en été, l'une des scènes extérieures du Festival d'été. À gauche, on aperçoit la **croix du Sacrifice**, en face de laquelle se tient tous les ans la cérémonie du Souvenir, qui a lieu le jour de l'Armistice (11 novembre).

L'**Hôtel du Parlement** ★★★ *(entrée libre; visites guidées fin juin à début sept lun-ven entre 9h et 16h30, sam-dim 10h à 16h30, début sept à juin lun-ven 9h à 16h30, fin juin à début sept tlj 9h à 16h30; angle av. Honoré-Mercier et Grande Allée E., ☎643-7239, ⇒646-4271)* est mieux connu des habitants de Québec sous le nom d'Assemblée nationale; ce

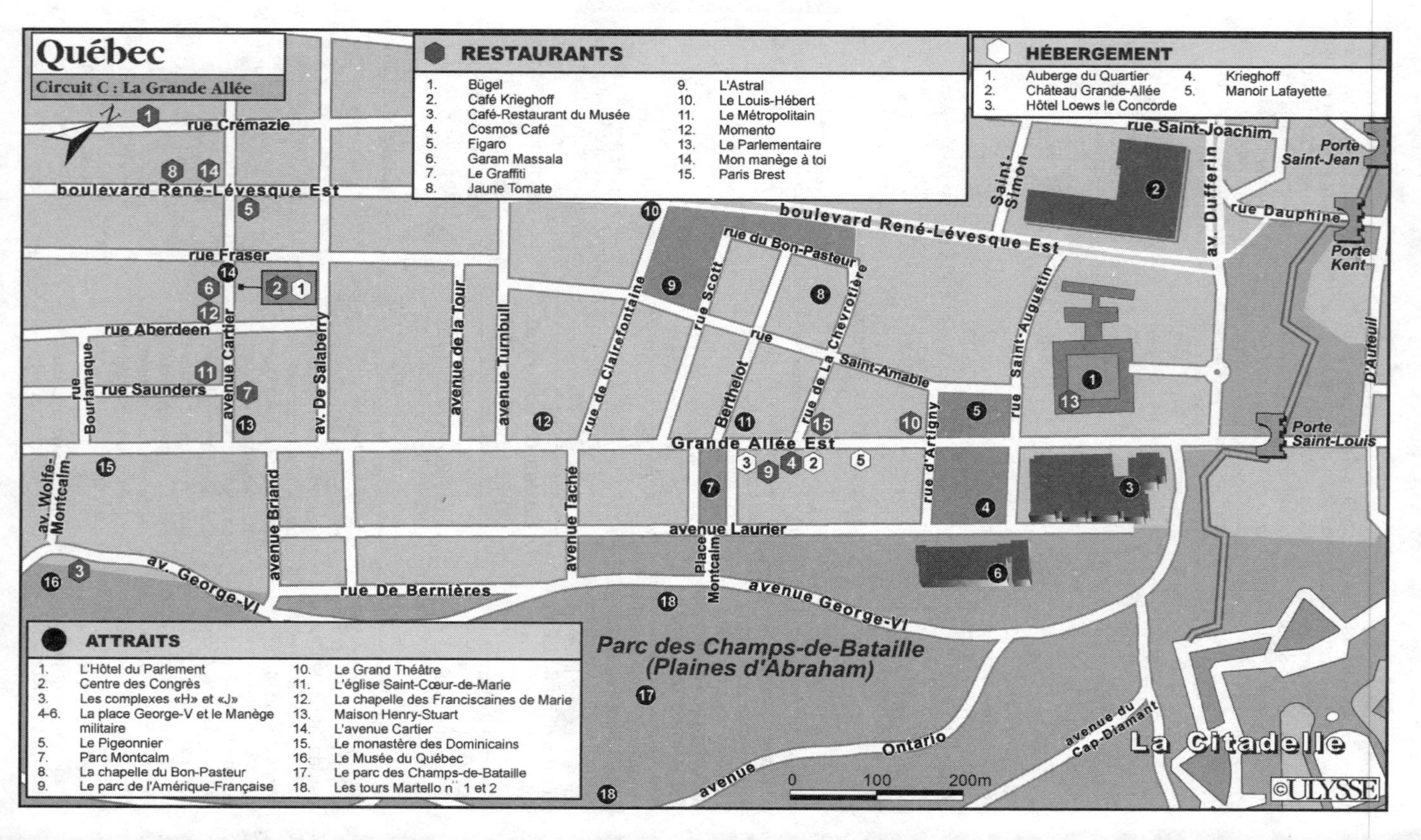
Québec
Circuit C : La Grande Allée
RESTAURANTS
1. Bügel
2. Café Krieghoff
3. Café-Restaurant du Musée
4. Cosmos Café
5. Figaro
6. Garam Massala
7. Le Graffiti
8. Jaune Tomate
9. L'Astral
10. Le Louis-Hébert
11. Le Métropolitain
12. Momento
13. Le Parlementaire
14. Mon manège à toi
15. Paris Brest
HÉBERGEMENT
1. Auberge du Quartier
2. Château Grande-Allée
3. Hôtel Loews le Concorde
4. Krieghoff
5. Manoir Lafayette
ATTRAITS
1. L'Hôtel du Parlement
2. Centre des Congrès
3. Les complexes «H» et «J»
4-6. La place George-V et le Manège militaire
5. Le Pigeonnier
7. Parc Montcalm
8. La chapelle du Bon-Pasteur
9. Le parc de l'Amérique-Française
10. Le Grand Théâtre
11. L'église Saint-Cœur-de-Marie
12. La chapelle des Franciscaines de Marie
13. Maison Henry-Stuart
14. L'avenue Cartier
15. Le monastère des Dominicains
16. Le Musée du Québec
17. Le parc des Champs-de-Bataille
18. Les tours Martello n 1 et 2
rue Crémazie
boulevard René-Lévesque Est
rue Fraser
rue Aberdeen
rue Saunders
rue Bourlamaque
avenue Cartier
av. De Salaberry
avenue de la Tour
avenue Turnbull
rue de Clairefontaine
rue Scott
rue du Bon-Pasteur
rue Berthelot
rue Saint-Amable
rue de La Chevrotière
rue d'Artigny
rue Saint-Augustin
Saint-Simon
rue Saint-Joachim
av. Dufferin
rue Dauphine
Porte Saint-Jean
Porte Kent
D'Auteuil
Porte Saint-Louis
Grande Allée Est
av. Wolfe-Montcalm
avenue Briand
avenue Taché
Place Montcalm
avenue Laurier
av. George-VI
rue De Bernières
avenue George-VI
Parc des Champs-de-Bataille (Plaines d'Abraham)
avenue du Cap-Diamant
La Citadelle
Ontario
avenue
0 100 200m
©ULYSSE

L'Hôtel du Parlement

vaste édifice construit entre 1877 et 1886 est en effet le siège du Gouvernement.

Il arbore un fastueux décor néo-Renaissance française, reflet de la particularité ethnique du Québec dans le contexte nord-américain. Eugène-Étienne Taché (1836-1912), son architecte, s'est inspiré du palais du Louvre, à la fois pour le décor et pour le plan, développé autour d'une cour carrée. Conçu à l'origine pour loger l'ensemble des ministères ainsi que les deux chambres d'assemblée calquées sur le modèle du système parlementaire britannique, il s'inscrit de nos jours en tête d'un groupe d'immeubles gouvernementaux s'étirant de part et d'autre de la Grande Allée.

La façade principale aux nombreuses statues constitue une sorte de panthéon québécois. Les 22 bronzes de personnages marquants de la nation qui occupent les niches et les piédestaux ont été réalisés par des sculpteurs réputés tels que Louis-Philippe Hébert et Alfred Laliberté. Une élévation annotée de la façade, placée à proximité de l'allée centrale, permet d'identifier ces figures.

Devant l'entrée principale, un bronze d'Hébert, intitulé *La halte dans la forêt* et représentant une famille amérindienne, honore la mémoire des premiers habitants du Québec. L'œuvre a été présentée à l'Exposition universelle de Paris en 1889. *Le pêcheur à la Nigog*, du même auteur, est disposé dans la niche de la fontaine.

L'intérieur, véritable recueil iconographique de l'histoire du Québec, recèle de belles boiseries dorées, dans la tradition de l'architecture religieuse. Les députés siègent dans la salle de l'Assemblée nationale, ou Salon Bleu, où l'on peut voir *La première séance de l'Assemblée législative du Bas-Canada en 1792*, du peintre Charles Huot, au-dessus du trône du président de l'Assemblée.

La grande composition du même artiste, au plafond, évoque la devise du Québec, *Je me souviens*. Le Salon Rouge, aménagé à l'origine pour le Conseil législatif, seconde chambre non élue supprimée en 1968, fait pendant au Salon Bleu. Il est maintenant utilisé lors des commissions parlementaires. Une toile intitulée *Le Conseil souverain*, rappelant le mode de gouvernement en Nouvelle-France, y est accrochée.

Des verrières magnifiques aux accents Art nouveau, dues pour la plupart au maître verrier Henri Perdriau, originaire de Saint-Pierre de Montélimar (Vendée), ornent plusieurs fenêtres de l'Hôtel du Parlement. La plus spectaculaire est sans contredit celle de l'entrée du très beau restaurant Le Parlementaire (voir p 434), conçue en forme de porte cochère lumineuse par l'architecte Omer Marchand en 1917. Il est possible d'assister aux débats de l'Assemblée nationale en obtenant préalablement un laissez-passer.

Suivez la Grande Allée vers la rue de La Chevrotière.

Dans le parc de l'Hôtel du Parlement, il faut encore signaler la présence de deux monuments importants : celui à la mémoire d'Honoré Mercier, premier ministre de 1887 à 1891, et celui de Maurice Duplessis, premier ministre à l'époque de la «grande noirceur» (1936-1939 et 1944-1959), longtemps remisé pour des raisons politiques.

Les **complexes «H» et «J»** *(sur la Grande Allée, en face de l'Hôtel du Parlement)*. La croissance fulgurante de la fonction publique dans le contexte de la Révolution tranquille des années soixante va obliger le gouvernement à construire plusieurs immeubles modernes pour abriter les différents ministères. Une belle rangée de demeures Second Empire a dû être sacrifiée pour faire place à cet ensemble, réalisé en 1970 selon les plans de Pierre Saint-Gelais. Le complexe «J», surnommé «le bunker» par les Québécois, abrite le bureau du premier ministre.

La **place George-V** et le **manège militaire** ★ *(en face du parc de la Francophonie)*. Cet espace de verdure sert de terrain d'exercice et de parade aux soldats du manège militaire. Les quelques canons ainsi que le monument Short-Wallick, érigé à la mémoire des deux militaires britanniques qui ont péri en tentant de combattre l'incendie du faubourg Saint-Sauveur en 1889, sont les seuls éléments de décor de ce lieu destiné à mettre en valeur l'amusante façade de style Château du manège militaire, construit en 1888 selon les plans de l'architecte de l'Hôtel du Parlement, Eugène-Étienne Taché.

Sur l'avenue Wilfrid-Laurier, derrière les complexes "H" et "J", à l'orée des plaines d'Abraham, se trouve un centre d'interprétation du parc des Champs-de-Bataille. Aménagée dans un bâtiment de la Citadelle, la **Maison de la découverte** *(835 av. Wilfris-Laurier, G1R 2L3, ☎649-6157)* est une nouveauté qui saura plaire autant aux visiteurs qu'aux gens de Québec. À l'étage, on touve l'Office du tourisme de la Communauté urbaine de Québec, qui offre plusieurs services pour orienter les voyageurs.

Au rez-de-chaussée, doté d'une entrée sur les plaines, en plus de vous offrir quelques services, on pourra répondre à vos questions concernant le parc des Champs-de-Bataille, son histoire ainsi que les activités multiples qui s'y déroulent. De là partent les visites guidées, et l'on y tient de petites expositions sur des thèmes reliés aux plaines.

Retournez vers la Grande-Allée.

Le **parc de la Francophonie** *(entre la rue des Parlementaires et la rue D'Artigny)* et le complexe «G», qui se profile en arrière-plan, occupent l'emplacement du quartier Saint-Louis, aujourd'hui presque entièrement détruit. Ce parc est aménagé pour la présentation de spectacles en plein air. Il est aussi connu sous le nom de «Pigeonnier» à cause de l'intéressante structure de béton érigée en son centre (1973), d'après une idée des architectes paysagistes Schreiber et Williams.

Un peu plus loin à l'ouest, le tissu urbain traditionnel se reforme. Sur la droite, la **Terrasse Stadacona** *(numéros 640 à 664)* correspond à la première phase d'urbanisation de la Grande Allée. L'ensemble néoclassique, construit en 1847, se définit comme une «terrasse», type d'habitat emprunté à l'Angleterre qui est formé d'un groupe de maisons unifamiliales mitoyennes, aménagées derrière une façade unique.

Les maisons ont depuis été converties en restaurants et en bars, devant lesquels sont déployéss des terrasses aux multiples parasols. En face *(numéros 661 à 695)*, un groupe de maisons Second Empire, érigées en 1882, à l'époque où la Grande Allée était l'artère à la mode auprès de la bourgeoisie de Québec, dénotent l'influence du parlement sur l'architecture résidentielle du quartier.

Trois autres demeures de la Grande Allée retiennent l'attention par l'éclectisme de leur façade : la **maison du manufacturier de chaussures W.A. Marsh** *(au numéro 625)*, érigée en 1899 selon les plans de l'architecte torontois Charles John Gibson, la **maison Garneau-Meredith** *(numéros 600 à 614)*, construite la même année que la précédente, et enfin la **maison William Price**, véritable petit palais à la manière de Roméo et Juliette, malheureusement écrasée par la masse de l'**Hôtel Loews Le Concorde** (voir p 429). Du restaurant panoramique L'Astral (voir p 435) de cet établissement, on a cependant une vue magnifique sur la Haute-Ville et les plaines d'Abraham.

À côté de l'hôtel se trouve le petit **parc Montcalm**, où

une statue commémore la mort du général survenue lors de la bataille des plaines d'Abraham le 13 septembre 1759. Tournant le dos à Montcalm, est érigée une **statue du général français Charles de Gaulle** (1890-1970), qui a soulevé une vive controverse lors de son installation au printemps 1997. Plus loin, à l'entrée des plaines d'Abraham, le **jardin Jeanne-d'Arc** dévoile aux yeux des promeneurs de magnifiques parterres de même qu'une statue de la pucelle d'Orléans montée sur un fougueux destrier.

Tournez à droite sur la rue de La Chevrotière.

La **chapelle du Bon-Pasteur** ★★ *(entrée libre; juil et août mar-sam 13h30 à 16h30; 1080 rue de La Chevrotière, ☎648-9710, ≠641-1070).* Derrière l'austère façade de la maison mère des sœurs du Bon-Pasteur, communauté vouée à l'éducation des jeunes filles abandonnées ou délinquantes, se cache une souriante chapelle néobaroque conçue par Charles Baillargé en 1866. Haute et étroite, elle sert de cadre à un authentique tabernacle baroque de 1730 réalisé par Pierre-Noël Levasseur. Cette pièce maîtresse de la sculpture sur bois en Nouvelle-France est entourée de petits tableaux peints par les religieuses et disposés sur les pilastres.

Au dernier des 31 étages de l'**édifice Marie-Guyart du complexe «G»**, surnommé «le calorifère» par les Québécois, se trouve l'**observatoire de la capitale** *(entrée libre; juin à sept tlj10h à 19h, juil et août tlj 10h à 22h, oct à mai tlj 10h à 17h; 1037 rue de La Chevrotière, ☎644-9841, ≠644-2879)*, d'où l'on bénéficie d'une vue exceptionnelle sur Québec et les environs.

Revenez vers la rue Saint-Amable, que vous emprunterez à droite jusqu'au parc de l'Amérique française.

Le **parc de l'Amérique-Française** est de création relativement récente; il fait face au siège social de la compagnie d'assurances La Laurentienne et voit flotter en son centre les drapeaux des différentes communautés francophones d'Amérique du Nord.

Le **Grand Théâtre** *(269 boul. René-Lévesque E., ☎643-8131, ≠646-8835)*, situé à l'autre extrémité du parc de l'Amérique-Française, constituait au moment de son inauguration, en 1971, le fleuron de la haute société de Québec. Aussi le scandale fut-il grand lorsqu'une murale du sculpteur Jordi Bonet arborant un poème de Claude Péloquin, où l'on peut encore lire *«Vous êtes pas tannés de mourir, bande de caves»*, fut dévoilée pour orner le hall.

Le théâtre, œuvre de Victor Prus, architecte d'origine polonaise, comprend en réalité deux salles (Louis-Fréchette et Octave-Crémazie), où l'on présente les concerts de l'orchestre symphonique, des spectacles de variétés, du théâtre et de la danse.

Revenez jusqu'à la rue Scott, où vous tournerez à droite pour rejoindre la Grande Allée.

L'**église Saint-Cœur-de-Marie** *(530 Grande Allée E.)* a été construite pour les eudistes en 1919 selon les plans de Ludger Robitaille. Elle fait davantage référence à un ouvrage militaire, à cause de ses tourelles, de ses échauguettes et de ses mâchicoulis, qu'à un édifice à vocation religieuse. On dirait une forteresse méditerranéenne percée de grands arcs. Lui fait face la plus extraordinaire rangée de maisons Second Empire qui subsiste à Québec *(numéros 455 à 555 Grande Allée E.)*, baptisée à l'origine **terrasse Frontenac**. Ses toitures fantaisistes et élancées, qui pourraient être celles d'un conte illustré pour enfants, sont issues de l'imagination de Joseph-Ferdinand Peachy (1895).

Les sœurs franciscaines de Marie sont membres d'une communauté de religieuses à demi cloîtrées qui se consacrent à l'adoration du Seigneur. En 1901, elles font ériger le sanctuaire de l'Adoration perpétuelle, qui accueille les fidèles en prière. L'exubérante **chapelle des franciscaines de Marie** ★ néobaroque célèbre la présence permanente de Dieu. On y voit une coupole à colonnes, soutenue par des anges, et un somptueux baldaquin en marbre.

En face, on aperçoit plusieurs belles demeures bourgeoises, construites au début du XXe siècle, dont la **maison de John Holt**, propriétaire des magasins Holt-Renfrew, aux numéros 433-435, et la maison voisine, au numéro 425, toutes deux érigées dans le style des manoirs écossais. La plus raffinée est sans contredit la **maison du juge P.A. Choquette**, conçue par l'architecte Georges-Émile Tanguay, qui fait appel à un doux éclectisme, à la fois flamand et oriental.

La **maison Henry-Stuart** *(5$; fin juin à début sept tlj 11h à 17h; sept à juin 13h à 17h; 82 Grande-Allée O., ☎647-4347, ≠647-6483)*, qui fait l'angle de l'avenue Cartier et de la Grande Allée, est l'un des rares exemples de cottage anglo-normand Regency, entouré de son jardin, encore debout à Québec. Cette architecture de type colonial britannique se caractérise par une large toiture en pavillon recouvrant une galerie basse qui court sur le pourtour du bâtiment. La maison, élevée en 1849, marquait autrefois la limite entre la ville et la campagne.

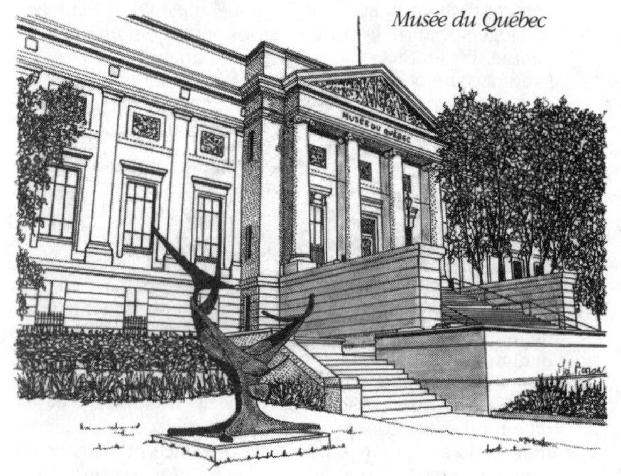

Musée du Québec

Son intérieur, qui comprend plusieurs pièces de mobilier provenant d'un manoir de Saint-Jean-Port-Joli, n'a pratiquement pas été modifié depuis 1914. Après avoir été plus ou moins inaccessible pendant quelques années, la maison Henry-Stuart et son joli jardin, qui fait d'ailleurs partie de l'association «Les Jardins du Québec», sont maintenant ouverts aux visiteurs. La maison loge le Conseil des monuments et sites du Québec, qui propose des visites guidées. On y sert même le thé les après-midi d'été.

L'**avenue Cartier**, que l'on aperçoit à droite, regroupe un nombre important de restaurants et de bars fréquentés par les Québécois.

On remarquera, dans les environs, la **maison Pollack** *(1 Grande Allée O.)*, d'inspiration américaine, le **Foyer néo-Renaissance des dames protestantes** *(111 Grande Allée O.)*, élevé en 1862 par l'architecte Michel Lecourt, et la **maison Krieghoff** *(115 Grande Allée O.)*, habitée en 1859 par le peintre d'origine hollandaise Cornelius Krieghoff.

Le **monastère des dominicains** ★ *(on ne visite pas; 175 rue Grande Allée O.)* et son église sont des réalisations relativement récentes qui témoignent à la fois de la persistance et de la tendance à l'exactitude historique de l'architecture néogothique au XXe siècle. L'ensemble, au cachet britannique, est d'une sobriété qui incite à la méditation et au recueillement.

Tournez à gauche sur l'avenue Wolfe-Montcalm, qui constitue à la fois l'entrée du parc des Champs-de-Bataille et l'accès au Musée du Québec.

Au rond-point se dresse le **monument à la mémoire du général Wolfe**, vainqueur de la décisive bataille des plaines d'Abraham. C'est, dit-on, le lieu exact où il s'écroula mortellement. Le monument élevé en 1832 fut maintes fois la cible des manifestants et des vandales. Renversé de nouveau en 1963, il sera reconstruit l'année suivante et muni pour la première fois d'une inscription en français...

Le **Musée du Québec** ★★★ *(5,75$; début juin à début sept tlj 10h à 17h45, mer jusqu'à 21h45; début sept à fin mai mar-dim 11h à 17h45, mer jusqu'à 20h45; Parc des Champs-de-Bataille; ☎644-6460, ⇄646-3330)*. À la suite d'une rénovation d'envergure achevée en 1992, le Musée du Québec a été doté de nouveaux espaces. On aperçoit le bâtiment original, à droite, dont la façade est tournée vers l'ouest.

La nouvelle entrée, dominée par une tour de verre qui n'est pas sans rappeler celle du Musée de la civilisation, est disposée dans l'axe de l'avenue Wolfe-Montcalm. Elle relie en souterrain l'édifice Renouveau classique de 1933 à l'ancienne prison de Québec du côté gauche (1860), habilement restaurée pour recevoir des salles d'exposition et rebaptisée édifice Baillargé, du nom de son architecte. Certaines des cellules ont même été conservées.

La visite de cet important musée permet de se familiariser avec la peinture, la sculpture et l'orfèvrerie québécoise, depuis l'époque de la Nouvelle-France jusqu'à nos jours. Les collections d'art religieux provenant de plusieurs paroisses rurales du Québec sont particulièrement intéressantes. On y retrouve égalementment des documents officiels, dont l'original de la capitulation de Québec (1759). Le musée accueille fréquemment des expositions temporaires en provenance des États-Unis ou de l'Europe.

Au rez-de-chaussée de l'édifice Baillargé du Musée du Québec se trouve le **Centre d'interprétation du parc des Champs-de-Bataille** *(2$; mi-mai à début sept tlj 10h à 17h30, début sept à mi-mai mar-dim 11h à 17h30; Parc des Champs-de-Bataille, Pavillon Baillargé niveau 1, ☎648-5641)*, où l'on présente une reconstitution de la bataille des plaines d'Abraham ainsi que l'évolution des lieux par la suite. On y offre des visites guidées du parc.

Prenez l'avenue Georges-VI à gauche puis l'avenue Garneau à droite.

Le **parc des Champs-de-Bataille ★★**. Juillet 1759 : la flotte britannique, commandée par le général Wolfe, arrive devant Québec. L'attaque débute presque aussitôt. Au total, 40 000 boulets de canon s'abattront sur la ville assiégée qui résiste à l'envahisseur. La saison avance, et les Britanniques doivent bientôt prendre une décision, avant que des renforts, venus de France, ne les surprennent ou que leurs vaisseaux ne restent pris dans les glaces de décembre. Le 13 septembre, à la faveur de la nuit, les troupes britanniques gravissent le cap Diamant à l'ouest de l'enceinte fortifiée.

Pour ce faire, elles empruntent les ravins qui tranchent, çà et là, la masse uniforme du cap, et permettent de dissimuler leur arrivée tout en facilitant leur escalade. Au matin, elles occupent les anciennes terres d'Abraham Martin, d'où le nom de **plaines d'Abraham**, également donné au parc des Champs-de-Bataille.

La surprise est grande en ville, où l'on attendait plutôt une attaque directe sur la Citadelle. Les troupes françaises, aidées de quelques centaines d'Autochtones, se précipitent sur l'occupant. Les généraux français et britannique sont tués. La bataille se termine dans le chaos et dans le sang. La Nouvelle-France est perdue!

Le parc des Champs-de-Bataille, créé en 1908, commémore cet événement en plus de donner aux Québécois un espace de verdure incomparable. Il couvre une superficie de 101 ha, jusque-là occupés par un terrain d'exercice militaire, par les terres des ursulines ainsi que par quelques domaines champêtres. L'aménagement définitif du parc, selon les plans de l'architecte-paysagiste Frederick Todd, s'est poursuivi pendant la crise (1929-1939), procurant ainsi de l'emploi à des milliers de chômeurs de Québec. La statue de Jeanne d'Arc, entourée d'un beau jardin, honore la mémoire des soldats tués en Nouvelle-France au cours de la guerre de Sept Ans.

Les **tours Martello n°s 1 et 2 ★** *(2$; juin et sept sam-dim 12h à 17h, fin juin à début sept tlj 10h à 17h30, ☎648-4071)*, inventées par l'ingénieur du même nom, sont des ouvrages caractéristiques du système défensif britannique au début du XIXe siècle. La tour n° 1 (1808) est visible en bordure de l'avenue Ontario, et la tour n° 2 (1815) s'inscrit dans le tissu urbain à l'angle des avenues Laurier et Taché.

Ainsi s'achève ce circuit de la Grande Allée. Pour retourner vers la ville fortifiée, suivez l'avenue Ontario, qui mène à l'avenue George-VI, à l'est, ou encore empruntez l'avenue du Cap-Diamant (dans le secteur vallonné du parc), qui permet d'accéder à la **promenade des Gouverneurs**. *Celle-ci longe la Citadelle et surplombe l'escarpement du cap Diamant pour aboutir à la terrasse Dufferin. Elle offre des points de vue panoramiques exceptionnels sur Québec, le Saint-Laurent et la Rive-Sud.*

Circuit D : Saint-Jean-Baptiste (deux heures)

Rendez-vous de la jeunesse avec ses bars, ses théâtres et ses petites boutiques, le quartier Saint-Jean-Baptiste est juché sur un coteau entre la Haute-Ville et la Basse-Ville. Si l'habitat rappelle celui de la vieille ville par l'abondance des toitures mansardées ou pentues, la trame orthogonale des rues est en revanche on ne peut plus nord-américaine. Malgré un ter

tour Martello

rible incendie en 1845, cet ancien faubourg de Québec a conservé plusieurs exemples de l'architecture de bois, interdite à l'intérieur des murs de la ville.

Le circuit du quartier Saint-Jean-Baptiste débute à la porte Saint-Jean, près de la place D'Youville. Il suit la rue Saint-Jean, véritable épine dorsale du quartier.

Le **Capitole de Québec** ★ *(972 rue St-Jean, ☎694-4444).* Au début du XXe siècle, Québec avait désespérément besoin d'une nouvelle salle de spectacle d'envergure, l'Académie de musique ayant été détruite par un incendie en mars 1900. Le maire, secondé par l'entreprise privée, entreprit des démarches afin de trouver un terrain.

Le gouvernement canadien, propriétaire des fortifications, offrit une étroite bande de terre, en bordure des murs de la ville, qui s'élargissait toutefois vers l'arrière, rendant possible l'érection d'une salle convenable. L'ingénieux architecte W.S. Painter de Detroit, déjà occupé à l'agrandissement du Château Frontenac, imagina alors un plan incurvé qui permettrait, malgré l'exiguïté des lieux, de doter l'édifice d'une façade monumentale. Inauguré en 1903 sous le nom d'Auditorium de Québec, ce théâtre constitue l'une des plus étonnantes réalisations de style Beaux-Arts au Canada.

En 1927, le célèbre architecte de cinémas américain, Thomas W. Lamb, fit du théâtre un luxueux cinéma de 1 700 places. Rebaptisé Théâtre Capitole, il continua tout de même à présenter des spectacles jusqu'à l'ouverture du Grand Théâtre en 1971. Délaissé, le Théâtre Capitole fut abandonné quelques années avant d'être entièrement restauré en 1992 selon les plans de l'architecte Denis Saint-Louis.

L'édifice comprend, de nos jours, la grande salle transformée en un vaste café-concert ainsi qu'un luxueux hôtel, aménagé dans sa portion courbe (voir p 430), et un restaurant (voir p 423).

La place d'Youville est cet espace public à l'entrée de la vieille ville qui était autrefois la plus importante place du marché de Québec. Elle constitue de nos jours un carrefour très fréquenté et un pôle culturel majeur. Un réaménagement (1987) lui a donné une large surface piétonne, agrémentée d'arbres et de bancs. L'emplacement du mur de contrescarpe, ouvrage avancé des fortifications nivelé au XIXe siècle, a été souligné par l'intégration de blocs de granit noir au revêtement de la place.

Le **Palais Montcalm** *(995 place D'Youville).* Le pavillon du marché Montcalm fut rasé en 1932 pour la construction de cette salle multifonctionnelle, aussi connue sous le nom de Monument National. Lieu privilégié des assemblées politiques et des manifestations en tout genre, le Palais Montcalm adopte une architecture dépouillée qui s'inspire à la fois du Renouveau classique et de l'Art déco.

En quittant les abords de la place D'Youville, vous apercevrez, dans l'axe de la rue du même nom, la délicate façade néogothique de la chapelle du couvent des sœurs de la Charité (1856), écrasée par deux immeubles massifs.

Traversez l'avenue Dufferin, et poursuivez sur la rue Saint-Jean.

Le **Centre des congrès de Québec** *(900 boul. René-Lévesque E., 2e étage, C.P. 37060, ☎644-4000, ≠644-6455)*, s'élevant au nord de l'Hôtel du Parlement, a été inauguré en 1996. Ce grand bâtiment est pourvu de murs vitrés qui laissent pénétrer toute la lumière à l'intérieur. Il s'agit d'un complexe moderne qui dispose d'une salle d'exposition, de plusieurs salles de réunion et même d'une salle de bal.

Il est relié au centre commercial Place Québec ainsi qu'aux hôtels Hilton et Radisson Hôtel Gouverneur (voir p. 430 et 430). Sa construction a permis la réfection de toute cette partie du boulevard René-Lévesque (autrefois boulevard Saint-Cyrille), qui avait auparavant triste mine. Le boulevard a été libéré du mur qui le scindait et enjolivé d'arbres.

Du côté du parlement se trouve la **promenade des Premiers-Ministres**, qui, à l'aide de panneaux d'interprétation, nous informe sur les premiers ministres qui ont marqué le Québec depuis 1867. De l'autre côté du boulevard, on a érigé la **promenade Desjardins**, dédiée, quant à elle, à un seul homme, soit Alphonse Desjardins, fondateur des caisses populaires Desjardins. À l'entrée du Centre des Congrès se dresse une sculpture tout en mouvement, *Le quatuor d'airain.*

L'**église** et le **cimetière St. Matthew** ★ *(755 rue St-Jean).* Il existe un cimetière à cet endroit depuis 1771, alors que les protestants

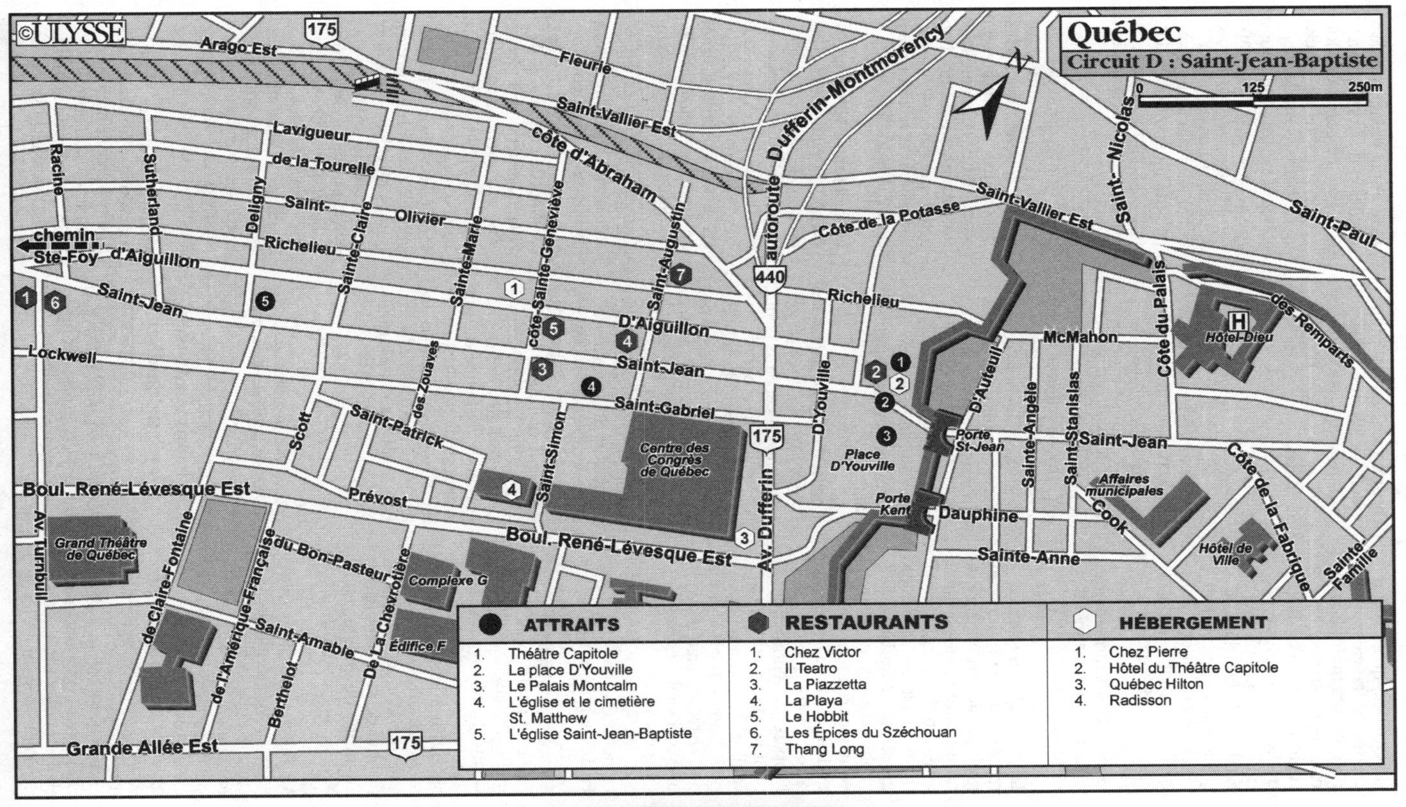
©ULYSSE
Québec
Circuit D : Saint-Jean-Baptiste
0
125
250m
N
ATTRAITS
1. Théâtre Capitole
2. La place D'Youville
3. Le Palais Montcalm
4. L'église et le cimetière St. Matthew
5. L'église Saint-Jean-Baptiste
RESTAURANTS
1. Chez Victor
2. Il Teatro
3. La Piazzetta
4. La Playa
5. Le Hobbit
6. Les Épices du Széchouan
7. Thang Long
HÉBERGEMENT
1. Chez Pierre
2. Hôtel du Théâtre Capitole
3. Québec Hilton
4. Radisson
Arago Est
175
Fleurie
Dufferin-Montmorency
Saint-Vallier Est
Lavigueur
de-la-Tourelle
côte d'Abraham
Racine
Sutherland
Deligny
Saint-
Olivier
Sainte-Claire
Sainte-Marie
côte-Sainte-Geneviève
Saint-Augustin
autoroute
440
Côte de la Potasse
Saint-Vallier Est
Saint-Nicolas
Saint-Paul
chemin Ste-Foy
d'Aiguillon
Richelieu
Saint-Jean
D'Aiguillon
Richelieu
Côte du Palais
des Remparts
Hôtel-Dieu
McMahon
Lockwell
Saint-Jean
des Zouaves
Saint-Gabriel
D'Youville
D'Auteuil
Sainte-Angèle
Saint-Stanislas
Saint-Patrick
Scott
Saint-Simon
Centre des Congrès de Québec
175
Porte St-Jean
Saint-Jean
Côte-de-la-Fabrique
Place D'Youville
Affaires municipales
Boul. René-Lévesque Est
Prévost
Porte Kent
Dauphine
Cook
Av. Turnbull
Grand Théâtre de Québec
de-Claire-Fontaine
du-Bon-Pasteur
Boul. René-Lévesque Est
Av. Dufferin
Sainte-Anne
Hôtel de Ville
Sainte-Famille
Complexe G
de-l'Amérique-Française
Saint-Amable
De La Chevrotière
Édifice F
Berthelot
Grande Allée Est
Ville de Québec

de Québec, qu'ils soient d'origines française huguenote ou britannique anglicane et presbytérienne, se regroupent afin de trouver un lieu de sépulture adéquat. Plusieurs pierres tombales du début du XIXe siècle subsistent, faisant de ce cimetière un des seuls de cette époque qui n'ait pas été rasé. Le cimetière a été transformé en jardin public, et ses monuments ont été soigneusement restaurés.

La jolie église anglicane, qui occupe la portion congrue du site en bordure de la rue Saint-Jean, est une œuvre néogothique influencée par les «ecclésiologistes», ces mandarins de l'Église d'Angleterre qui voulaient renouer avec les traditions moyenâgeuses. Aussi, plutôt que d'avoir l'apparence d'un bâtiment neuf au décor gothique, l'église St. Matthew rappelle dans son plan, et jusque dans ses matériaux, une très vieille église de village anglais.

La nef a d'abord été érigée en 1848; puis, en 1870, l'architecte William Tutin Thomas de Montréal, à qui l'on doit notamment la maison Shaughnessy du Centre canadien d'architecture, dessine un agrandissement qui donnera au temple son clocher et son intérieur actuels. L'atrophie de la communauté anglicane de Québec au XXe siècle a entraîné l'abandon de l'église St. Matthew, qui a été habilement recyclée en une succursale de la Bibliothèque municipale en 1980. Plusieurs éléments décoratifs, exécutés par des artistes britanniques, ont été conservés à l'intérieur, dont la très belle clôture du chœur, sculptée dans le chêne par Percy Bacon, la chaire en albâtre, exécutée par Felix Morgan, et les beaux vitraux de Clutterbuck. La sombre voûte à poutres apparentes présente également beaucoup d'intérêt.

Poursuivez sur la rue Saint-Jean.

Au numéro 699 se trouve l'**Épicerie J.-A.-Moisan** *(699 rue St-Jean)*, fondée en 1871, et qui se proclame «la plus vieille épicerie en Amérique du Nord». Elle a en effet des allures de magasin général d'autrefois avec ses planchers et ses étagères tout en bois, ses anciennes publicités et ses multiples boîtes en fer blanc. Profitez-en pour faire ample provision de produits frais et appétissants.

L'**église Saint-Jean-Baptiste** ★ *(rue St-Jean, à l'angle de la rue Deligny)* est sans contredit le chef-d'œuvre de Joseph Ferdinand Peachy. Fidèle à l'éclectisme français, Peachy est un admirateur inconditionnel de l'église parisienne de la Trinité, qui lui servira plus d'une fois de modèle. Ici, la ressemblance est frappante tant dans le portique extérieur que dans la disposition de l'intérieur. L'édifice, achevé en 1885, entraînera la faillite de son auteur, malencontreusement tenu responsable des fissures apparues dans la façade au cours des travaux.

Une balade dans les rues environnantes, à flanc de colline, permet de croquer des scènes de la vie quotidienne des Québécois.

Circuit E : Autres lieux de Québec

Méduse *(541 rue De St-Vallier E., ☎640-9218)* est un regroupement de divers ateliers d'artistes qui soutiennent la création et la diffusion de la culture à Québec. Le complexe formé de maisons restaurées et de bâtisses modernes intégrées à l'architecture de la ville s'accroche au cap et fait un lien entre la Haute-Ville et la Basse-Ville. Y cohabitent plusieurs groupes qui agissent dans différents domaines comme la photographie, l'estampe, la vidéo, etc.

On y trouve donc des salles d'exposition et des ateliers. Y logent aussi Radio Basse-Ville, une radio communautaire, et le café-bistro L'Abraham-Martin. Longeant son côté est, un escalier relie la côte d'Abraham et la rue Saint-Vallier.

Le **mail Centre-Ville** *(rue St-Joseph)* est également connu sous le nom de «mail Saint-Roch». Cette ancienne rue du quartier Saint-Roch a été recouverte d'une paroi de verre et transformée en artère piétonne, bordée de boutiques, afin de retenir au cœur de la cité une clientèle de plus en plus attirée par les centres commerciaux de banlieue.

La **chapelle** et le **musée de l'Hôpital général** ★★ *(entrée libre; tlj sur rendez-vous 9h30 à 11h30 et 14h à 16h30; 260 boul. Langelier, ☎529-0931)*. Le site de l'Hôpital général est d'abord occupé par les récollets, qui y font construire la première église en pierre de la Nouvelle-France, achevée en 1621, en prévision de la venue de 300 familles que l'on veut établir sur les bords de la rivière Saint-Charles, dans un bourg baptisé Ludovica.

Même si ce projet ne se concrétisera jamais, l'institution prendra racine et grandira lentement. En 1673, la chapelle actuelle est construite; puis, en

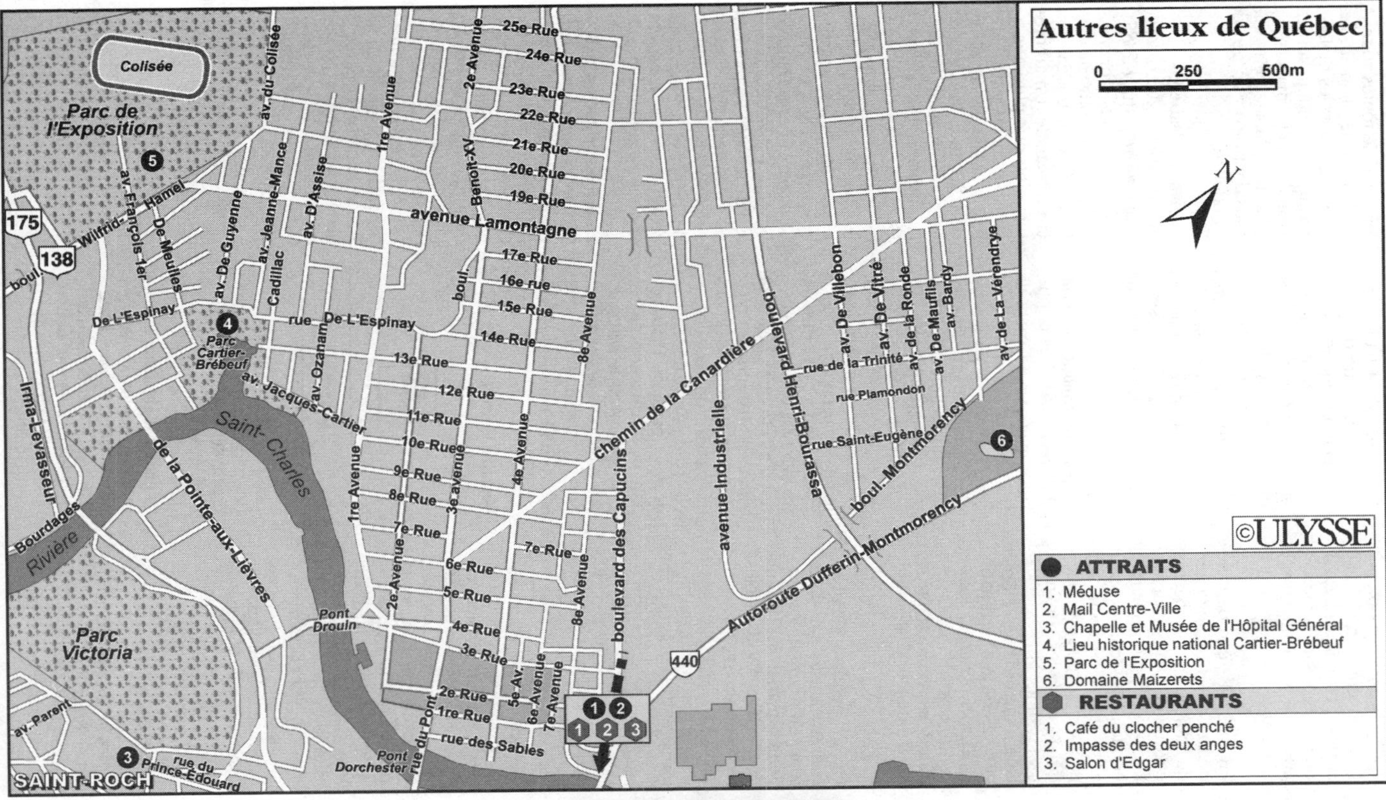

Autres lieux de Québec
0
250
500m
N
©ULYSSE
ATTRAITS
1. Méduse
2. Mail Centre-Ville
3. Chapelle et Musée de l'Hôpital Général
4. Lieu historique national Cartier-Brébeuf
5. Parc de l'Exposition
6. Domaine Maizerets
RESTAURANTS
1. Café du clocher penché
2. Impasse des deux anges
3. Salon d'Edgar
Colisée
Parc de l'Exposition
Parc Cartier-Brébeuf
Parc Victoria
SAINT-ROCH
Rivière Saint-Charles
avenue Lamontagne
chemin de la Canardière
boulevard Henri-Bourassa
boulevard des Capucins
avenue Industrielle
Autoroute Dufferin-Montmorency
boul. Montmorency
de la Pointe-aux-Lièvres
Irma-Levasseur
Bourdages
boul. Wilfrid-Hamel
av. du Colisée
av. François 1er
De Meulles
av. De Guyenne
av. Jeanne-Mance
av. D'Assise
Cadillac
rue De L'Espinay
av. Ozanam
av. Jacques-Cartier
boul. Benoît-XV
1re Avenue
2e Avenue
3e avenue
4e Avenue
8e Avenue
25e Rue
24e Rue
23e Rue
22e Rue
21e Rue
20e Rue
19e Rue
17e Rue
16e rue
15e Rue
14e Rue
13e Rue
12e Rue
11e Rue
10e Rue
9e Rue
8e Rue
7e Rue
6e Rue
5e Rue
4e Rue
3e Rue
2e Rue
1re Rue
rue des Sables
rue du Pont
Pont Drouin
Pont Dorchester
rue du Prince-Édouard
av. Parent
av. De Villebon
av. De Vitré
av. de la Ronde
av. De Maufils
av. Bardy
av. de La Vérendrye
rue de la Trinité
rue Plamondon
rue Saint-Eugène
175
138
440

1682, les récollets dotent leur couvent d'un cloître à arcades, dont il reste quelques composantes intégrées à des aménagements ultérieurs.

En 1693, Mgr Jean-Baptiste de La Croix de Chevrières de Saint-Vallier, deuxième évêque de Québec, achète le couvent pour en faire un hôpital. Les sœurs hospitalières de l'Hôtel-Dieu prennent en charge l'institution, qui accueille les pauvres, les invalides et les vieillards. Aujourd'hui, l'Hôpital général est une institution moderne, ouverte à tous et équipée de toutes les commodités (salles d'urgence, de chirurgie, etc.).

On a cependant réussi à conserver, plus que dans toute autre institution du genre, quantité d'éléments des XVIIe et XVIIIe siècles tels que certaines des cellules des récollets, des boiseries, des armoires de pharmacie et des lambris peints. Fait rarissime au Québec, l'hôpital n'a jamais été touché par les flammes, et très peu par les bombardements de la Conquête.

Ces vestiges demeurent toutefois peu accessibles. Il est cependant possible de visiter le **Musée des augustines** *(entrée libre; sur rendez-vous et pour visite commentée seulement)* ainsi que la chapelle, redécorée par Pierre Émond en 1770 tout en conservant le tabernacle de François-Noël Levasseur, fabriqué en 1722. On peut y voir de belles toiles, dont *L'Assomption de la Vierge du frère Luc*, peinte sur place en 1670, et quelques tableaux de Joseph Légaré, acquis en 1824.

Le **lieu historique national Cartier-Brébeuf** *(175 rue De L'Espinay, ☎648-4038).* Ce parc situé sur les berges de la rivière Saint-Charles regroupe un centre d'interprétation, une reconstitution d'une «maison longue» de type iroquois ainsi qu'une réplique de la *Grande Hermine,* navire principal de Jacques Cartier lors de son second voyage d'exploration du Canada en 1535, alors qu'il passa l'hiver dans les environs de la rivière.

Le **parc de l'Exposition** *(boul. Wilfrid-Hamel).* Très populaires avant l'avènement de la télévision, les expositions provinciales, présentées annuellement dans les villes du continent, permettaient à chacun de se familiariser avec les découvertes récentes et de voir un coin du monde qui ne lui était pas familier. Ces foires offraient en outre un moment de détente aux ouvriers et une occasion de s'amuser aux enfants. Conçues sur le modèle des expositions universelles, elles ont connu un lent déclin à partir de 1950. Le parc de l'Exposition de Québec regroupe certains des pavillons de l'exposition provinciale de même que l'hippodrome et le Colisée.

Domaine Maizerets, voir ci-dessous.

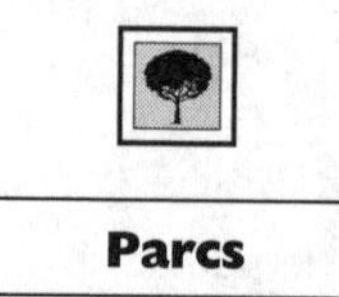

Parcs

«Le» parc de la ville de Québec est sans contredit le **parc des Champs-de-Bataille** ★★(voir p 419), mieux connu sous le nom de **plaines d'Abraham**. Cet immense espace de verdure d'une centaine d'hectares, qui s'étend jusqu'au cap dévalant vers le fleuve, offre aux Québécois un lieu magnifique pour la pratique de toutes sortes d'activités de plein air. Les promeneurs et les pique-niqueurs abondent sur les plaines en été, mais la grandeur du site permet à tous d'y trouver un peu de tranquillité.

Le **domaine Maizerets** ★*(entrée libre; 2000 boul. Montmorency, ☎691-2385)*, avec ses grands arbres et ses pelouses, offre aux badauds un lieu idéal pour la promenade. Un arboretum ainsi que plusieurs aménagements paysagers feront la joie des amateurs d'horticulture. Le domaine est d'ailleurs membre de l'association «Les Jardins du Québec». On y trouve aussi des bâtiments historiques tels que le château, dans lequel une petite exposition retrace l'histoire de l'endroit. Hiver comme été, on peut y pratiquer plusieurs activités de plein air ou y assister à des concerts en plein air, à des pièces de théâtre ou encore à des conférences sur des sujets comme l'ornithologie.

Le **lieu historique national Cartier-Brébeuf** (voir p 424) est un petit parc au bord de la rivière Saint-Charles. On l'a récemment réaménagé pour en faire un endroit plus agréable pour les promeneurs. Autrefois endiguée dans des murs de béton, la rivière a été libérée de ce joug, du moins à cette hauteur, et parée de plantes aquatiques. Le parc, quant à lui, est embelli de fleurs et d'arbres décoratifs.

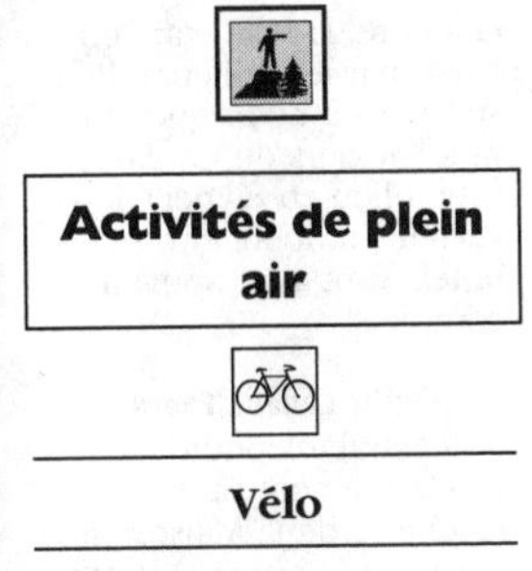

Activités de plein air

Vélo

La communauté urbaine de Québec travaille actuellement au développement de son réseau cyclable. Le circuits des cheminots, nouvellement inauguré en fait foi. Dignes de mention aussi, la piste cyclable qui part du Vieux-Port pour se rendre jusqu'à Beauport et celle qui longe une partie de la rivière Saint-Charles. Des voies ont aussi été réservées : les automobilistes doivent y partager l'espace avec les cyclistes. De plus, les parcs comme les plaines d'Abraham se prêtent bien à la promenade en vélo et possèdent même des sentiers propices au vélo de montagne.

On peut louer les vélos de **Cyclo Services Voyages** *(18$/jour, 84 rue Dalhousie, ☎692-4052, ⇛692-4146)* ou **Vélo Passe-Sport Plein air** *(24$/jour, 77A rue Ste-Anne, 100 rue St-André, ☎692-3643, ⇛692-3643)*. Ces deux entreprises organisent aussi des excursions à vélo dans la ville et dans ses environs.

Croisières

Le ***Louis-Jolliet*** *(départs 11h30, 14h, 15h, 19h30; ☎692-1159)*, amarré au port de Québec, propose tout l'été des croisières qui vous feront voir Québec et ses environs sous un autre angle. Les croisières de jour durent 1 heure 30 min et vous mènent jusqu'au pied de la chute Montmorency. Le soir, on vous propose des croisières jusqu'à la pointe de l'île d'Orléans, durant lesquelles vous pouvez dîner dans l'une des deux salles à manger du bateau. Ces croisières nocturnes, d'une durée de quelques heures, sont toujours animées par des musiciens, et l'on peut danser sur le pont du navire!

Au départ de Québec, les **Croisières de la Famille Dufour** *(85-140; ☎692-0222 ou 800-463-5250, ⇛827-1115)* vous proposent de naviguer sur un grand catamaran moderne jusque dans la belle région de Charlevoix, à Pointe-au-Pic ou à l'île aux Coudres, ou encore jusqu'au cœur de l'époustouflant fjord du Saguenay.

Patin à roues alignées

Sur les **plaines d'Abraham**, en face du Musée du Québec, un grand anneau revêtu est réservé à la pratique du patin à roues alignées. Petits et grands juchés sur leurs patins et munis d'un casque de protection défilent en grand nombre pendant les beaux jours d'été. Un petit kiosque y fait la location d'équipement.

Vélo Passe-Sport Plein air *(25$ par jour, 77A rue Ste-Anne, 100 rue St-André, ☎692-3643)* et **Cyclo Services Voyages** *(20$ par jour, 84 rue Dalhousie, ☎692-4052)* font la location de patins à roues alignées.

Jogging

Toujours sur les **plaines d'Abraham**, en face du Musée du Québec, un grand anneau plat se prête bien à la pratique du jogging. De même, les rues revêtues et les sentiers du parc des Champs-de-Bataille sont parcourus par les joggeurs.

Patin à glace

La **place D'Youville** accueille les patineurs dès l'automne et jusque tard le printemps sur une petite patinoire ronde que l'on érige en son centre et qui est, de surcroît, animée par une musique d'ambiance diffusée par des haut-parleurs. Un local, où l'on trouve des toilettes, est ouvert aux patineurs *(tlj 12h à 22h; ☎691-4685)*. Ainsi, au cœur de l'hiver, la place D'Youville enneigée offre un spectacle féerique avec, pour toile de fond, la porte Saint-Jean recouverte de givre, le Capitole tout illuminé, les décorations de Noël suspendues aux lampadaires et les patineurs qui y tournoient.

La **rivière Saint-Charles**, une fois coincée dans les glaces, est entretenue pour permettre aux amoureux du patinage d'en profiter. Ainsi, quand la température le permet, une agréable patinoire de quelques kilomètres serpente entre les quartiers Limoilou et Saint-Roch, dans la Basse-Ville de Québec. La marina Saint-Roch *(lun-ven 12h à 21h, sam-dim 10h à 21h; 230 rue du Pont, ☎691-7188)* met à la disposition des patineurs ses locaux chauffés.

Sur la **terrasse Dufferin**, chaque hiver, on érige une patinoire qui vous permet de tournoyer au pied du Château Frontenac, avec vue sur le fleuve et ses glaces. On peut chausser ses patins au kiosque de la terrasse *(fin déc à mi-mar, tlj 11h à 23h; ☎692-2955)*, qui fait aussi la location *(4$ pour la journée)*.

Une belle patinoire serpentant sous les arbres est aménagée au **domaine Maizerets** *(entrée libre; 2000 boul. Montmorency, ☎691-2385)* (voir p 424). On peut chausser ses patins et se réchauffer auprès du poêle à bois dans le petit chalet tout près. On y loue aussi des patins *(2$; mi-déc à mi-mars, lun-ven 13h à 16h, sam-dim 10h à 16h, certains soirs 18h à 21h)*.

Ski de fond

Les **plaines d'Abraham** enneigées offrent un site enchanteur pour le ski de fond. Plusieurs pistes les sillonnent d'un bout à l'autre, se faufilant tantôt sous les arbres, tantôt sur un promontoire avec vue sur le fleuve et ses glaces. Tout ça en plein cœur de la ville!

Le **domaine Maizerets** *(entrée libre; 2000 boul. Montmorency, ☎691-2385)* (voir p 424) est aussi traversé par de courtes pistes de ski de randonnée des plus agréables. Au début du parcours se trouve un petit chalet chauffé au poêle à bois. On y loue des skis *(2$; mi-déc à mi-mar lun-ven 13h à 16h, sam-dim 10h à 16h)*.

Glissade

Les collines des **plaines d'Abraham** se prêtent magnifiquement à la glissade l'hiver venu. Habillez-vous chaudement et suivez les enfants tirant une «traîne sauvage» pour connaître les endroits les plus hauts en couleur!

Sur la **terrasse Dufferin** est érigée, en hiver, une longue glissoire sur laquelle vous pouvez vous laisser descendre confortablement installé dans un toboggan. Vous pouvez vous procurer des billets au petit kiosque au milieu de la terrasse *(1$ la descente; fin déc à mi-mar, tlj 11h à 23h; ☎692-2955)*, avant d'attraper une «traîne» et d'entreprendre la montée jusqu'au haut de la glissoire. Une fois rendu, n'oubliez pas de jeter un coup d'œil autour de vous : la vue est magnifique!

Hébergement

La ville de Québec est pourvue d'une foule d'hôtels et d'auberges de toutes sortes. Dans le Vieux-Québec, un grand nombre de maisons anciennes ont été transformées en auberges. Elles sont souvent charmantes, mais le confort y est rudimentaire.

D'ailleurs, peu d'entre elles disposent de chambres munies d'une salle de bain privée. En hiver, il est fréquent que les hôtels proposent des réductions durant les fins de semaine. Par contre, en été, il est recommandé de réserver sa chambre, la ville étant envahie par les visiteurs. Bien sûr, il est à noter que, durant les jours du Carnaval (qui a lieu en février), les visiteurs affluent et que les hôtels sont alors souvent complets.

Hospitalité Canada Tours est un central téléphonique d'hébergement situé à l'intérieur de la Maison du tourisme *(12 rue Ste-Annne, ☎800-665-1528, ≠415-393-8942)*. Selon le type d'hébergement recherché, on vous proposera différentes adresses qui font partie du réseau, en plus de faire les réservations pour vous. Ce service est gratuit.

Circuit A : Le Vieux-Québec

Centre international de séjour
membres 16$
chambre double 48$
bc
19 rue Ste-Ursule, G1R 4E1
☎694-0755 ou 800-461-8585
Pendant la saison estivale, le Centre international de séjour met à la disposition des jeunes 250 lits. Les chambres peuvent accueillir de 2 à 8 personnes et les dortoirs, de 10 à 12 personnes.

Auberge de la Paix
19$ pdj
plus 2$ de frais de literie si vous n'avez pas la vôtre
bc, ℂ
31 rue Couillard, G1R 3T4
☎694-0735
Derrière sa belle façade blanche du Vieux-Québec, l'Auberge de la Paix dégage une atmosphère propre aux auberges de jeunesse. Convivialité et découvertes priment dans cet endroit qui porte bien son nom. On y trouve 59 lits répartis dans des chambres pouvant accueillir de 2 à 8 personnes, ainsi qu'une cuisinette et un salon. En été, une jolie cour fleurit à

l'arrière. Les enfants sont les bienvenus!

Manoir LaSalle
50$
bc/bp
18 rue Ste-Ursule, G1R 4C9
☎692-9953
Le Manoir LaSalle est un petit hôtel abritant 11 chambres, dont une seule offre une salle de bain privée. L'hôtel, qui ressemble plutôt à un logement chez l'habitant, est aménagé dans une maison en brique rouge.

Auberge Saint-Louis
85$ pdj, bc/bp
≡, ℜ
48 rue St-Louis, G1R 3Z3
☎692-2424 ou 888-692-4105
≠692-3797
Située sur la trépidante rue Saint-Louis, l'Auberge Saint-Louis se présente comme un petit hôtel convenable et bien tenu. Le prix des chambres varie, les moins chères n'ayant pas de salle de bain privée.

Marquise de Bassano
65$ pdj
bc
15 rue des Grisons G1R 4M6
☎692-0316
www.total.net/~bassano
Le Vieux-Québec a abrité, au cours de son histoire, certains personnages colorés. À l'angle de la rue des Grisons et de l'avenue Sainte-Geneviève s'élève une petite maison victorienne qui, dit-on, fut bâtie pour l'un d'entre eux. Les boiseries foncées qui ornent l'intérieur préservent encore, pour sûr, les secrets de la Marquise de Bassano. Aujourd'hui transformée en logement chez l'habitant, la maison est des plus accueillantes avec ses chambres coquettes et son salon égayé d'un piano et d'un foyer. Au petit déjeuner, qui s'étire parfois jusqu'en après-midi, vos jeunes hôtes se feront un plaisir d'animer la discussion!

B&B des Grisons
65-75
1 rue des Grisons, Québec, G1R 4M6
☎418-694-1461
Attenant au Château Frontenac, cette belle et grande maison de notables du XVIIe siècle vous accueille avec beaucoup de chaleur grâce à Claudine et Jocelyn.

Maison Acadienne
77$
≡, ⊛, ℂ
43 rue Ste-Ursule, G1R 4E4
☎694-0280 ou 800-463-0280
≠694-0458
Sur la rue Sainte-Ursule se trouvent plusieurs anciennes maisons dans lesquelles ont été aménagés de petits hôtels. Parmi ceux-ci, la Maison Acadienne se démarque aisément grâce à sa grande façade blanche. Les chambres offrent toutefois un décor un peu fade. Heureusement, certaines d'entre elles ont été rénovées.

Maison du Fort
75$ pdj
≡
21 rue Ste-Geneviève, G1R 4B1
☎692-4375
≠692-5257
Autour du parc des Gouverneurs, dans un quartier paisible, on trouve la Maison du Fort. Cette petite résidence coquette dispose de chambres correctes. L'accueil y est fort sympathique, ce qui rend le séjour bien agréable.

Château de Léry
85$ pdj
≡
8 rue Laporte, G1R 4M9
☎692-2692 ou 800-363-0036
≠692-5231
Construit à côté du parc des Gouverneurs, en face du fleuve, le Château de Léry propose des chambres confortables. Celles qui donnent sur la rue offrent une jolie vue. L'hôtel se trouve dans un quartier tranquille du Vieux-Québec, à deux pas de l'animation du centre-ville.

Au Jardin du Gouverneur
60$ pdj
≡
16 rue Mont-Carmel, G1R 4A3
☎692-1704
≠692-1713
Au Jardin du Gouverneur est installé dans une mignonne petite maison blanche et bleue en face du tranquille parc des Gouverneurs. Ses chambres sont de dimensions appréciables, mais la décoration est très quelconque. Il s'agit d'un établissement non-fumeurs.

Auberge du Trésor
85$
ℜ
20 rue Ste-Anne, G1R 3X2
☎694-1876 ou 800-566-1876
≠694-0563
Le bâtiment abritant l'Auberge du Trésor a été érigé en 1679. Rénové à maintes reprises depuis lors, il a fière allure. En outre, ses chambres offrent un confort contemporain, chacune disposant d'une salle de bain privée et d'un téléviseur couleur.

Le Clos Saint-Louis
105$
bc/bp, ⊛ ; ≡ ; ℑ
71 rue St-Louis, G1R 3Z2
☎694-1311 ou 800-461-9411
≠694-9411
Sur la rue Saint-Louis, deux imposantes maisons victoriennes datant de 1844 loge Le Clos Saint- Louis. La cinquantaine de chambres de cet hôtel, situé au cœur des attraits du Vieux-Québec, se répartissent sur trois étages et l'on prévoit même aménager le grenier sous peu. Toutes sont aménagées afin de rendre leur côté historique encore plus chaleureux, ici un lit à baldaquin, là une vieille cheminée ou une bibliothèque. Celles du deuxième étage sont particulièrement attrayantes

avec leurs murs de pierres et leurs poutres apparentes. Les salles de bain, même si certaines sont partagées, s'avèrent modernes et bien équipées. Croissants et café sont servis au sous-sol le matin.

Château de Pierre
135$
≡
17 av. Ste-Geneviève, G1R 4A8
☎694-0429
⇄694-0153
Une ancienne maison de style colonial abrite le Château de Pierre. Le hall, orné d'un énorme lustre, est surprenant et un peu clinquant. Les chambres sont belles.

Château Bellevue
129$
16 rue Laporte, G1R 4M9
☎692-2573 ou 800-463-2617
⇄692-4876
L'hôtel Château Bellevue bénéficie d'une jolie vue sur le fleuve. Il dispose de chambres agréables, mais garnies de meubles modernes qui manquent de charme.

Manoir Victoria
79$
≈, ≡, ⊙, △, ℂ, ℜ
44 côte du Palais, G1R 4H8
☎692-1030 ou 800-463-6283
⇄692-3822
Le Manoir Victoria est un grand hôtel de 145 chambres niché dans la côte du Palais. Il présente un décor résolument de style victorien dont le chic vous assure un bon confort. Son hall, en haut d'un long escalier, est accueillant, et s'y trouvent un bar et une salle à manger. On y loue des suites bien équipées. Plusieurs forfaits culturels ou sportifs sont proposés.

Hôtel Clarendon
89$ pdj
ℜ, ≡
57 rue Ste-Anne, G1R 3X4
☎692-2480 ou 888-556-6001
⇄692-4652
Construit en 1870, l'Hôtel Clarendon (voir p 399) est le plus vieil hôtel de Québec. Quoique l'extérieur du bâtiment soit d'aspect très simple, sa décoration intérieure, de style Art déco, se révèle gracieuse. Le hall est d'ailleurs fort beau. Au cours des ans, les chambres ont été rénovées et sont aujourd'hui spacieuses et confortables. Il s'agit d'une excellente adresse dans la vieille ville.

Château Frontenac
375$
≡, ℜ, ≈, ⊙, ⊛,
1 rue des Carrières, G1R 4P5
☎692-3861 ou 800-441-1414
⇄692-1751
Se dressant fièrement dans le Vieux-Québec, près des berges du fleuve Saint-Laurent, le Château Frontenac (voir p 386) est sans doute le bâtiment le plus célèbre de la ville. Son élégant hall aux couleurs chaudes est orné de boiseries. Dommage que l'accueil soit si froid. Les chambres sont aménagées de façon à procurer aux visiteurs le meilleur confort possible. Elles offrent un décor classique et raffiné.

Circuit B : Du Petit-Champlain au Vieux-Port

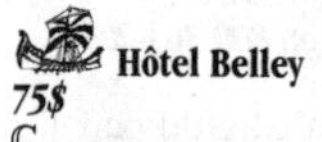
Hôtel Belley
75$
ℂ
249 rue St-Paul G1K 3W5
☎692-1694 ou 888-692-1694
⇄692-1696
Le sympathique Hôtel Belley s'est établi dans le Vieux-Port, en face du marché, dans un bel édifice qui abrite un hôtel depuis 1877. Il se présente de fait comme un petit hôtel particulier auquel on resterait attaché des années durant!

On y trouve huit chambres douillettes décorées avec simplicité et exhibant qui un mur de brique, qui des poutres en bois et des lucarnes. Elles sont situées au-dessus de la Taverne Belley (voir p 437), qui fait office de bar et qui sert, dans deux belles salles du rez-de-chaussée, des petits déjeuners et des déjeuners appréciés des gens du quartier. Dans une autre maison de l'autre côté de la rue, on a aménagé des appartements confortables à souhait et joliment décorés. Certains disposent d'une terrasse à même le cap, et l'on peut les louer à la nuitée, à la semaine ou au mois.

Le Priori
145$ pdj
⊛, ℜ
15 rue du Sault-au-Matelot, G1K 3Y7
☎692-3992 ou 800-351-3992
⇄692-0883
Dans la Basse-Ville, sur une rue paisible, se trouve Le Priori . L'hôtel est établi dans une maison ancienne qui a été rénovée avec minutie. La décoration marie harmonieusement les murs d'une autre époque au mobilier très moderne. L'aménagement est fort original, et même l'ascenseur est innovateur. Il s'agit d'une bonne adresse à retenir.

Hôtel Dominion 1912 ***219$ pdj***
126 rue Saint-Pierre, G1K 4A8
☎692-2224 ou 888-833-5253
⇄692-4403
Dans l'un des beaux édifices de la rue Saint-Pierre, celui-là datant de 1912, et tout nouvellement rénové, on a ouvert un hôtel qui saura charmer les amateurs d'endroits chics. Le luxueux Hôtel Dominion 1912 exhibe un côté mo-

derne, avec des matériaux tels que le verre et le fer forgé, tout en respectant le cachet des lieux.

Des éléments du décor, comme les teintes crème et sable, les grandes draperies ou les coussins, sofas et couvre-lits moelleux, en font un endroit confortable à souhait. Dans chaque chambre, des photographies noir et blanc du quartier donnent envie de partir à sa découverte. Les derniers étages offrent une vue magnifique, d'un côté sur le fleuve et de l'autre sur la ville.

Auberge Saint-Pierre
169$ pdj
ℂ
79 rue Saint-Pierre, G1K 4A3
☎694-7981 ou 888-268-1017
⇄694-0406
Dans un édifice ayant abrité, depuis la fin du siècle dernier, la première compagnie d'assurances au Canada, on a récemment ouvert une jolie auberge. L'Auberge Saint-Pierre a un charme particulier du fait que l'on a tenté de conserver, lors des travaux de rénovation, les atouts du vieux bâtiment. Ainsi, les chambres rappellent un peu les appartements du quartier avec leurs différents paliers et leurs petits couloirs. Chacune révèle de beaux planchers de bois foncé et des murs aux couleurs riches. Celles situées aux étages inférieurs bénéficient d'un très haut plafond qui leur donne beaucoup de caractère, tandis que celles aménagées en hauteur offrent une belle vue.

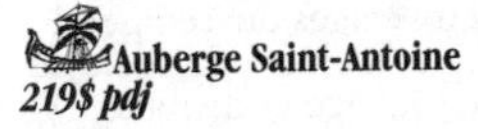**Auberge Saint-Antoine**
219$ pdj
≡, ⊛
10 rue St-Antoine, G1K 4C9
☎692-2211 ou 888-692-2211
⇄692-1177
L'Auberge Saint-Antoine est située près du Musée de la civilisation. Cette superbe auberge occupe deux bâtiments. L'entrée a été aménagée dans un ancien immeuble en pierre qui a été magnifiquement rénové. Le hall, garni de poutres de bois, de murs de pierre et d'un foyer, est des plus chaleureux. On y sert le petit déjeuner. Les chambres, quant à elles, sont toutes décorées selon un thème différent. Chacune a un charme bien à elle.

Circuit C : La Grande Allée

Café Krieghoff
65$ pdj
ℜ, ℝ, ≡
1091 av. Cartier, G1R 2A6
☎522-3711
⇄647-1429
Au Café Krieghoff, on a eu une idée originale pour accommoder les voyageurs selon la formule *bed and breakfast*. Ce qu'il y a d'original, c'est que le petit déjeuner est servi dans la salle de café même (voir p ?), ce qui vous garantit d'un coup une bonne bouffe et une bonne ambiance! Le personnel chaleureux se fera d'ailleurs un plaisir de vous accueillir dans cette atmosphère presque familiale. Les cinq chambres, nichées au-dessus du restaurant, sont simples et propres. Elles ont chacune accès à une salle de bain privée (même si elle ne communique pas avec la chambre) et partagent entre elles un petit salon et un balcon avec vue sur l'animation de l'avenue Cartier.

Auberge du Quartier
90$ pdj
170 Grande Allée O., G1R 2G9
☎525-9726 ou 800-782-9441
⇄521-4891
Vous recherchez une mignonne petite auberge de quartier? Campée face à l'imposante église Saint-Dominique, donc à 5 min des plaines et du Musée du Québec, l'Auberge du Quartier saura vous plaire. Cette grande maison blanche et lumineuse renferme une douzaine de chambres propres, coquettes et modernes, réparties sur trois étages, dont une suite sous les combles. L'accueil de la propriétaire et de son personnel est fort sympathique.

Château Grande Allée
130$
601 Grande Allée E., G1R 2K4
☎647-4433
⇄649-7553
Le Château Grande Allée a ouvert ses portes sur la trépidante Grande Allée. Les chambres, entretenues avec soin, sont vastes, si bien que le mobilier ne parvient pas à les remplir. Néanmoins, plusieurs attentions et les grandes salles de bain compensent amplement ce petit défaut.

Manoir Lafayette
104$
≡, ℜ
661 Grande Allée E., G1R 2K4
☎522-2652 ou 800-363-8203
⇄524-8758
Le beau bâtiment à corniche qui abrite le Manoir Lafayette est élégant. Ces dernières années, l'hôtel a été rénové. Désormais, les chambres, garnies de meubles aux lignes anciennes, procurent un confort moderne. L'endroit se révèle des plus agréables.

Hôtel Loews Le Concorde
125$
≡, ≈, ⊘, ⌂, ℜ,
1225 Place-Montcalm, G1R 4W6
☎647-2222 ou 800-463-5256
⇄647-4710
Se dressant aux abords du Vieux-Québec, l'Hôtel Loews Le Concorde dispose de chambres spacieuses offrant une vue magnifique sur tout Québec. Appartenant à la

chaîne d'hôtels Loews, il dispose de chambres confortables. Au sommet de la tour se trouve un restaurant tournant (voir «L'Astral», p 435).

Circuit D : Saint-Jean-Baptiste

Chez Pierre
70$ pdj
ℝ
636 rue d'Aiguillon, G1R 1M5
☎522-2173
Chez Pierre est un logement chez l'habitant comptant trois chambres. Deux d'entre elles sont situées dans le sous-sol rénové, mais la troisième, à l'étage, offre tout le charme des appartements du faubourg Saint-Jean-Baptiste. La salle de bain de cette dernière est toutefois aussi située au sous-sol. Pierre, votre hôte, est un artiste peintre dont les larges toiles colorées égaient la maison. Il vous sert, le matin venu, un copieux petit déjeuner.

Guesthouse 727
59$ pdj
bc/bp
727 rue d'Aiguillon, G1R 1M8
☎648-6766
Au coeur du quartier gay, la sympathique Guesthouse 727 accueille les gens du milieu dans une atmosphère amicale et détendue. Quelques chambres sont meublées d'antiquités, et certaines sont équipées d'un magnétoscope.

Hôtel du Théâtre Capitole
180$
≡, ⊛, ℜ
972 rue St-Jean, G1R 1R5
☎694-4040 ou 800-363-4040
⇄694-1916
Adjacent au magnifique théâtre, l'Hôtel du Théâtre Capitole est établi dans les pièces qui ceinturent le bâtiment. Sa petite entrée, cachée dans l'imposante structure, se fait fort discrète. Le décor de cet hôtel n'a rien de luxueux, mais il est amusant. Ainsi, le mobilier des chambres rappelle celui qu'on trouve sur une scène de théâtre. À l'entrée, on aperçoit le restaurant Il Teatro (voir p 436).

Radisson Gouverneurs Québec
205$
≡, ≈, ⊙, ⌂, ℜ, ♿
690 boul. René-Lévesque E., G1R 5A8
☎647-1717 ou 888-910-1111
⇄647-2146
Le Radisson Gouverneurs Québec s'élève à l'entrée du Vieux-Québec. Cette tour abrite plus de 350 chambres, toutes joliment décorées. Les chambres régulières sont garnies d'un mobilier de pin d'aspect un peu rustique mais élégant. Tout au long de l'année, les hôtes peuvent profiter d'une piscine extérieure chauffée.

Québec Hilton
149$
≈, ⊙, ⌂, ℜ, ♿
1100 Boul. René-Lévesque, G1J 1H3
☎647-2411 ou 800-447-2411
⇄647-6488
Situé dans les environs du Vieux-Québec, le Québec Hilton propose des chambres offrant un confort qui répond aux normes d'une grande chaîne d'hôtels. Au rez-de-chaussée se trouve le centre commercial Place Québec.

Restaurants

Circuit A : Le Vieux-Québec

Casse-Crêpe Breton
$
1136 rue St-Jean
Le petit Casse-Crêpe Breton attire les foules. Même depuis qu'on a agrandi ses locaux, la clientèle continue de faire la queue à sa porte pour goûter l'une de ses délicieuses crêpes-repas. Préparées sous vos yeux, elles sont garnies de vos ingrédients préférés et présentées par les serveuses qui réussissent à rester souriantes malgré ce fol achalandage. Avec ses hautes banquettes, l'endroit offre une ambiance chaleureuse.

Chez Temporel
$
25 rue Couillard
Chez Temporel, on savoure une cuisine entièrement préparée sur place. Que vous choisissiez un croissant pur beurre, un croque-monsieur, une salade ou le plat du jour, vous êtes assuré que ce sera bon et frais. On y trouve en prime le meilleur *espresso* en ville! Les serveurs et serveuses sont parfois débordés, mais, si vous savez être compréhensif, ils sauront vous le rendre au centuple. Cachés dans un détour de la petite rue Couillard depuis plus de 20 ans, les deux étages du Temporel ont vu défiler une clientèle de tout âge et de toute tendance. Ouvert tôt le matin jusqu'à tard le soir.

Au Petit Coin Latin
$
8½ rue Ste-Ursule
☎692-2022
Au Petit Coin Latin, on déguste une cuisine maison dans une ambiance de café parisien. Ses banquettes et ses miroirs trônent dans une atmosphère conviviale et détendue. Son menu propose croûtons au fromage, quiches et pâtés. Vous pouvez aussi vous rassasier de raclette sur un petit gril que l'on apporte à votre table, servie avec pommes de terre et charcuteries. Un délice! En été, une jolie terrasse entourée de pierre s'ouvre à l'arrière; on peut y accéder directement depuis la rue en passant sous la porte cochère.

L'Entrecôte Saint-Jean
$-$$
1011 rue Saint-Jean
☎694-0234
L'Entrecôte Saint-Jean propose évidemment des entrecôtes, mais apprêtées de multiples façons et accompagnées de pommes de terre allumettes. La salade aux noix et les profiteroles au chocolat terminent harmonieusement le repas. Rapport qualité/prix intéressant.

Frères de la Côte
$$
1190 rue St-Jean
☎692-5445
Les Frères de la Côte proposent une savoureuse cuisine bistro. On y mange des pizzas à pâte mince cuites au four à bois et garnies de délicieux ingrédients frais, des pâtes, des grillades, etc. Soirées spéciales de moules et frites à volonté! L'atmosphère animée est décontractée, et l'endroit est souvent bondé, reflet de la rue Saint-Jean, que l'on peut observer par ses grandes fenêtres.

Chez Livernois
$$-$$$
1200 rue St-Jean
☎694-0618
Dans la maison Serge-Bruyère, on trouve le bistro Chez Livernois. Cette grande demeure du XIXe siècle est en effet connue pour avoir abrité, à partir de 1889, le studio de photographie de Jules Livernois. On y sert une fine cuisine, composée essentiellement de pâtes et de grillades, dans une atmosphère un peu plus décontractée qu'à La Grande Table (voir p 432).

Portofino
$$-$$$
54 rue Couillard
☎692-8888
Du Portofino, on a voulu faire un bistro à l'ambiance typiquement italienne. Le long bar, les verres à eau bleus, les miroirs au mur et les drapeaux d'équipes de soccer (football) au plafond font partie de cette atmosphère chaude et animée. Ne vous surprenez pas si le patron vous embrasse pour vous souhaiter la bienvenue! À tout cela s'ajoutent les effluves de la cuisine, elle aussi fidèle à l'Italie. Pendant la saison touristique, l'endroit ne désemplit pas. Service de voiturier.

Café de la Paix
$$$
44 rue des Jardins
☎692-1430
Sur la petite rue des Jardins, dans un local tout en long, quelques marches plus bas que le trottoir, loge le Café de la Paix. Ce restaurant ouvert depuis des années jouit d'une solide réputation auprès des gens de Québec. On y sert un menu de cuisine française, classique où se côtoient cuisses de grenouille, bœuf Wellington, lapin à la moutarde et saumon grillé.

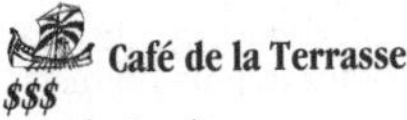
Café de la Terrasse
$$$
1 rue des Carrières
☎692-3861
Sur la terrasse Dufferin, dans l'antre du Château Frontenac, se trouve le Café de la Terrasse. Ses baies vitrées dévoilent la vue sur la terrasse. Son décor est agréable et sa cuisine française délicieuse.

Le Charles Baillairgé
$$$
57 rue Ste-Anne
☎692-2480
Le Charles Baillairgé est aménagé au rez-de-chaussée du très bel Hôtel Clarendon (voir p 428). Une clientèle distinguée vient y savourer une cuisine française classique d'une grande qualité tout en profitant d'un décor chaleureux fort agréable.

Le Continental
$$$-$$$$
fermé dim
26 rue St-Louis
☎694-9995
Le Continental, à deux pas du Château Frontenac, est l'un des plus vieux restaurants de Québec. Son menu présente une cuisine continentale où l'on retrouve des fruits de mer, de l'agneau, du canard, etc. Service au guéridon dans une grande salle confortable.

L'Élysée-Mandarin
$$$
65 rue D'auteuil
☎692-0909
L'Élysée-Mandarin propose une fine cuisine sichuanaise, cantonaise et pékinoise dans un décor rehaussé d'un petit jardin intérieur et de sculptures et vases chinois. Les plats sont toujours succulents, et le service, dans ce restaurant qui a aussi pignon sur rue à Montréal et à Paris, est des plus courtois. Si vous êtes plusieurs, essayez un menu dégustation

: il serait dommage de ne pas goûter le plus de mets possible!

À la Bastille Chez Bahüaud
$$$
fermé lun hors-saison, fermé en janvier
47 av. Sainte-Geneviève ☎***692-2544***
Le restaurant À la Bastille Chez Bahüaud, entouré de nombreux arbres, se trouve à proximité des plaines d'Abraham. Une magnifique tranquillité règne sur la terrasse, idéale pour un dîner en amoureux par un soir de pleine lune. À l'intérieur, une table de billard complète un décor à la fois raffiné et confortable, tandis qu'au sous-sol le bar, au style très charmeur, offre une ambiance intime. Une fine cuisine française vous y attend.

Aux Anciens Canadiens
$$$-$$$$
fermé Noël et jour de l'An le midi
34 rue St-Louis
☎***692-1627***
Situé dans une des plus vieilles maisons de Québec, le restaurant Aux Anciens Canadiens propose les spécialités traditionnelles du Québec. On peut y goûter le jambon au sirop d'érable, les fèves au lard et la tarte aux bleuets (voir aussi la «maison Jacquet», p 398).

Café d'Europe
$$$-$$$$
27 rue Ste-Angèle
☎***692-3835***
Le Café d'Europe présente un décor sobre et un peu vieillot. L'exiguïté des lieux et l'achalandage de certains jours peuvent rendre l'endroit assez bruyant. Le service se veut courtois et personnalisé. Fine cuisine française et italienne, traditionnelle dans sa présentation, raffinée dans ses sauces et généreuse dans ses portions. Service de flambées impeccable et sauces onctueuses au goût relevé qui rendent le tout inoubliable pour les papilles.

La Crémaillère
$$$-$$$$
fermé sam-dim midi 21 rue St-Stanislas,
angle rue St-Jean
☎***692-2216***
Un accueil sympathique et une cuisine exquise aux saveurs de l'Europe vous attendent au restaurant La Crémaillère. Ici, mille petites attentions rendent votre repas inoubliable. Le décor, fort chaleureux, ajoute au charme de l'endroit.

Guido Le Gourmet
$$$-$$$$
fermé sam midi
73 rue Ste-Anne
☎**692-3856**
Le restaurant de Guido Le Gourmet vous entraîne dans le monde de la fine gastronomie. Son menu de cuisine française et italienne propose cailles, veau, saumon et autres délices de la terre et de la mer. Son décor est chic. Brunchs les fins de semaine.

Saint-Amour
$$$
48 rue Ste-Ursule
☎***694-0667***
Le chef et copropriétaire du Saint-Amour, Jean-Luc Boulay, élabore une succulente cuisine créative qui ravit autant la vue que le goût. Dans la chocolaterie, à l'étage, on confectionne des desserts absolument divins. Une vraie expérience gastronomique! De plus, l'endroit est beau, confortable et chaleureux. Il est égayé par une verrière, ouverte à longueur d'année, et décorée de plantes et de fleurs de toutes sortes. Pendant les beaux jours d'été, on en retire le toit pour en faire une terrasse ensoleillée. Service de voiturier.

Le Champlain
$$$$
1 rue des Carrières
☎***692-3861***
Le Champlain est le restaurant du Château Frontenac. Son décor est, il va de soi, des plus luxueux et sied bien au faste de l'endroit. Sa fine cuisine française est, elle aussi, fidèle à la renommée du Château. Son chef, Jean Soular, qui a déjà publié ses recettes, tente toutefois d'ajouter une touche originale à cette cuisine classique. Service impeccable assuré par des serveurs en livrée.

La Grande Table
$$$$
fermé le midi
1200 rue St-Jean
☎***694-0618***
La Grande Table de la maison Serge-Bruyère a une solide réputation qui s'étend bien au-delà des murs qui ceinturent la vieille ville. Installée au dernier étage d'une maison historique qui s'élève entre les rues Couillard et Garneau, elle sert une cuisine française gastronomique qui réjouit l'œil autant que le palais. L'agréable décor se pare de tableaux de peintres québécois. Service de voiturier.

Circuit B : Du Petit-Champlain au Vieux-Port

Buffet de l'Antiquaire
$
95 rue St-Paul
☎***692-2661***
Le Buffet de l'Antiquaire est un sympathique casse-croûte qui fait une cuisine familiale. Comme son nom le souligne, il est situé au cœur du quartier des antiquaires et peut donc vous offrir une petite halte si vous courez les trésors! Il est un des premiers restau-

rants de la ville à ouvrir ses portes le matin, soit dès 6h.

Café Loft
$$
49 rue Dalhousie
☎692-4864
Le Café Loft ressemble effectivement à un petit loft avec ses portes de garage qu'on ouvre en été. Situé à un jet de pierre du Musée de la civilisation, il vous permet de vous reposer de votre visite en sirotant un café et en avalant une bouchée tout en contemplant l'animation du Vieux-Port.

Cochon Dingue
$$
46 boul. Champlain
☎692-2013
Le Cochon Dingue est un bistro-café fort sympathique. S'étalant entre le boulevard Champlain et la rue du Petit-Champlain, il présente un décor agréable et rigolo avec ses miroirs et son sol carrelé. Il propose une cuisine bistro avec, entre autres, ses formules steaks frites et moules frites. Ses desserts vous rendront... dingue! Il existe deux autres Cochon Dingue, l'un dans le circuit de la Grande-Allée *(46 boul. René-Lévesque O., ☎523-2013)* et l'autre à Sillery, dans les environs de Québec *(1326 av. Maguire, ☎684-2013)*.

Aviatic Club
$$-$$$
450 de la Gare-du-Palais
☎522-3555
La magnifique gare du Palais abrite deux restaurants. L'Aviatic Club vous convie au voyage grâce à son décor sorti de l'Angleterre du milieu du siècle, avec fauteuils de rotin, rideaux rouge vin et palmiers, et à son menu cosmopolite.

Bistro sous le Fort
$$-$$$
fermé lun-mar soir
48 rue Sous-le-Fort
☎694-0852
Le Bistro sous le Fort présente une décoration austère et est fréquenté par une clientèle essentiellement composée de touristes. Il propose cependant une délicieuse cuisine québécoise à prix abordable.

Café du Monde
$$-$$$
57 rue Dalhousie
☎692-4455
Dans cette grande brasserie à la parisienne qu'est le Café du Monde, on prépare des plats typiques de ce genre d'établissement tels que le magret de canard et le tartare. Les serveurs, parés d'un long tablier, sont attentionnés.

Le Môss
$$-$$$
255 rue St-Paul
☎692-0265
Le Môss est un bistro belge. Son décor est assez froid, avec tables noires, murs de brique, comptoir en inox et éclairage halogène. Mais ses moules frites, grillades et desserts au chocolat belge sont savoureux.

Poisson d'Avril
$$-$$$
115 rue St-André
☎692-1010
Le Poisson d'Avril est maintenant installé dans le Vieux-Port. L'endroit est en fait une vieille maison qui exhibe pierres et poutres de bois pour le plaisir de tous. Le décor est rehaussé d'un éclairage judicieux et du tissu à motifs de coquillages des chaises. Au menu figurent des plats de pâtes, des grillades et des fruits de mer bien apprêtés. Essayez les moules.

Le Pavillon
$$-$$$
450 de la Gare-du-Palais
☎522-0133
Le Pavillon, quant à lui, sert une bonne cuisine italienne, présentée avec originalité, dans un décor moderne avec plafond très haut. Dans les deux cas, le service et la clientèle font montre d'une certaine prétention, mais l'ambiance animée reste agréable.

Saint-Malo
$$-$$$
75 rue St-Paul
Le Saint-Malo est un petit resto qui a pignon sur la rue Saint-Paul depuis près de 20 ans. De son décor agrémenté de multiples objets hétéroclites se dégage une atmosphère chaleureuse rehaussée par le plafond bas, les banquettes et la cheminée. On s'y régale de spécialités de la cuisine française. Le cassoulet et le boudin aux pommes sont particulièrement bien réussis.

Deux bons restaurants sont accrochés au pittoresque escalier Casse-Cou, qui mène au Petit Champlain.

Chez Rabelais
$$$-$$$$
2 rue du Petit-Champlain
☎694-9460
Tout en haut, sur deux étages, Chez Rabelais affiche un menu de cuisine française avec beaucoup de fruits de mer.

Marie Clarisse
$$$$
12 rue du Petit-Champlain
☎692-0857
Un peu plus bas se trouve le Marie Clarisse. Ici, tout est bleu comme la mer sauf les murs de pierre. Et pour cause, puisqu'on s'y spécialise dans les poissons et fruits de mer! Ces mets apprêtés de divine façon vous sont servis dans une belle salle à la décoration très réussie. Le froid venu,

on réchauffe les «convives-passagers» avec un bon feu de foyer.

Le Vendôme
$$$
36 côte de la Montagne ☎**692-0557**
Planté au milieu de la côte de la Montagne, Le Vendôme est l'un des plus vieux restaurants de Québec. On y sert des classiques de la cuisine française tels que chateaubriand, coq au vin et canard à l'orange dans un décor intimiste.

L'Échaudé
$$$-$$$$
ouvert tous les soir et le midi lun-ven
73 rue Sault-au-Matelot
☎**692-1299**
L'Échaudé est un attrayant restaurant où l'on a opté pour un cadre Art déco avec sol carrelé et mur recouvert de miroir. Ambiance détendue. Fine cuisine composée au jour le jour, au gré des arrivages du marché, et délicieuse à souhait.

Laurie Raphaël
$$$-$$$$
117 rue Dalhousie
☎**692-4555**
Le chef et copropriétaire du Laurie Raphaël, Daniel Vézina, a remporté en 1997 le prix du meilleur chef-cuisinier au Québec. Il a aussi, la même année, publié un livre de recettes alléchantes. Pour composer ses délices, le chef s'inspire de toutes les cuisines du monde et apprête ris de veau, pétoncles, viande d'autruche, etc. d'une manière originale. Donc pas besoin de vous préciser qu'au Laurie Raphaël on mange bien! Emménagé depuis mai 1996 dans des locaux spacieux avec mur extérieur formant un demi-cercle entièrement vitré, il présente un décor chic, agrémenté de rideaux blanc crème, de couleurs sable et terre, ainsi que de quelques objets en fer forgé.

Circuit C : La Grande Allée

Bügel
$
164 rue Crémazie O.
☎**523-7666**
Vous avez envie d'un baguel? Sur la jolie petite rue Crémazie, la fabrique de baguels Bügel vous en propose de toutes sortes. Sur place, dans une ambiance chaleureuse qui sent bon le feu de bois, on peut en grignoter garnis de salami, de fromage à la crème ou de «végépâté»; ou bien l'on peut y faire des provisions à rapporter à la maison!

Café Krieghoff
$$
1089 av. Cartier
☎**522-3711**
Le Café Krieghoff, du nom du peintre d'origine hollandaise dont l'ancienne demeure s'élève au bout de l'avenue Cartier, loge dans une vieille maison de cette même artère. On y propose une cuisine légère (quiches, salades, etc.) de qualité ainsi qu'un bon menu du jour. Son atmosphère conviviale et détendue évoque les cafés d'Europe du Nord. En été, on y trouve deux terrasses souvent bondées.

Cosmos Café
$-$$
575 Grande Allée E.
☎**692-1316**
Le décor électrique et futuriste du Cosmos Café vous promet d'agréables moments dans une ambiance branchée. On y sert des hamburgers, des sandwichs et des salades aux saveurs cosmopolites.

Le Parlementaire
$-$$
mar-ven
angle av. Honoré-Mercier et Grande Allée
☎**643-6640**
Les visiteurs espérant côtoyer les membres de l'Assemblée nationale peuvent aller déjeuner au restaurant de l'Hôtel du Parlement, Le Parlementaire. Le menu propose des mets québécois et européens. L'endroit est souvent bondé, surtout au déjeuner, mais on y mange bien. Ouvert seulement pour le petit déjeuner et le déjeuner.

Figaro
$$-$$$
fermé dim l'automne
1019 av. Cartier
☎**524-5303**
Dans un beau local de l'avenue Cartier, le Figaro, un agréable bistro, propose une bonne cuisine... de bistro! Le décor est beau et le service, courtois. En été, on vient sur sa terrasse, qui donne sur le trottoir, pour voir et être vu. Brunchs les fins de semaine.

Jaune Tomate
$$-$$$
120 boul. René-Lévesque O.
☎**523-8777**
Presqu'au coin de l'avenue Cartier, sur le boulevard René-Lévesque, se trouve un joli restaurant jaune et rouge... le Jaune Tomate! On y savoure une bonne cuisine italienne dans un décor champêtre. Les aubergines *parmigiana*, entre autres, sont tout à fait réussies.

Café-Restaurant du Musée
$$-$$$
le midi tlj, le soir mer seulement
1 av. Wolfe-Montcalm
☎**644-6780**
Au Musée du Québec, on trouve le sympathique Café-Restaurant du Musée. Géré par une école d'hôtellerie voisine, le res-

taurant se fait un devoir de toujours proposer des mets bien apprêtés et un service hors pair. De grandes baies vitrées permettent de contempler les plaines d'Abraham et le fleuve; l'été venu, on a la même vue depuis sa terrasse.

Métropolitain
$$$
fermé sam-dim midi
1188 av. Cartier
☎649-1096
Le Métropolitain est le restaurant de sushis de Québec. Ces petits délices japonais sauront vous régaler. Vous pourrez aussi y goûter d'autres spécialités orientales, entre autres des poissons et fruits de mer. Auparavant logé dans un sous-sol à l'entrée duquel trônait une large enseigne semblable à celles qui ornent certaines bouches du métro de Paris, il occupe maintenant un deuxième étage, gagnant ainsi en luminosité.

Momento
$$-$$$
1144 av. Cartier
☎647-1313
Le Momento présente un décor moderne aux teintes chaleureuses et embelli par une fresque tirée d'une toile de Botticelli. Vous l'aurez deviné, on y sert une cuisine italienne raffinée et originale qui vous réserve d'agréables surprises. Basilic, origan, tomates séchées, câpres, olives et le reste : les sauces sont riches, sans excès, et savoureuses. Le saumon mariné est juste à point, ainsi fond-il dans la bouche.

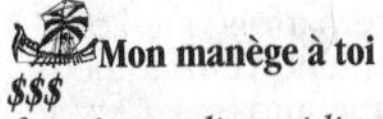
Mon manège à toi
$$$
fermé sam-dim midi
102 boul. René-Lévesque O.
angle av. Cartier
☎649-0478
Mon manège à toi est un troquet belge qui propose une cuisine exquise inspirée du plat pays et de la France. Les mets sont excellents, et le service se veut efficace et chaleureux. Le décor, mi-bistro, mi-bourgeois, crée une atmosphère raffinée. Il s'agit d'une bonne adresse!

Paris Brest
$$-$$$$
590 Grande-Allée E. angle de La Chevrotière
☎529-2243
Au Paris Brest, la cuisine française est à l'honneur. Préparés avec soin, les plats sauront ravir les palais les plus fins. En été, le restaurant ouvre sa mignonne petite terrasse donnant sur la Grande Allée.

Garam Massala
$$$
1114 av. Cartier
☎522-4979
Au Garam Massala, vous pourrez déguster caris, tandouris et autres plats épicés de la cuisine de l'Inde. Malheureusement situé dans un sous-sol, il présente toutefois un décor agréable. Une jolie musique indienne ajoute à l'ambiance.

Le Louis-Hébert
$$$
668 Grande-Allée E.
☎525-7812
Le chic restaurant qu'est Le Louis-Hébert offre un décor soigné et un confort feutré. On y sert une cuisine française et des fruits de mer exquis. À l'arrière se trouve une verrière garnie de verdure. Un service courtois et attentionné vous y attend.

L'Astral
$$$-$$$$
Hôtel Loews Le Concorde
1225 Place-Montcalm
☎647-2222
Juché au sommet d'un des plus grands hôtels de Québec, le restaurant tournant L'Astral propose, en plus d'une cuisine française raffinée, une vue imprenable sur le fleuve, les plaines d'Abraham, les Laurentides et la ville. Le tour complet s'effectue en une heure. Son brunch copieux du dimanche vaut le déplacement.

La Closerie
$$$$
fermé sam midi
966 boul. René-Lévesque O.
☎687-9975
La Closerie est un restaurant de fine cuisine française. Son chef, dont la réputation est bien établie, crée ses plats à partir d'ingrédients frais et de première qualité. De l'extérieur, cette maison de ville située à l'écart des attraits touristiques ne présage pas ce que son intérieur réserve, soit un beau décor intimiste qui promet d'agréables moments.

Graffiti
$$$-$$$$
1191 av. Cartier
☎529-4949
Le décor vieillot du Graffiti, composé de poutres de bois naturel et de murs de brique, parvient à créer une ambiance très chaleureuse. Ce restaurant sert une cuisine française de qualité supérieure.

Circuit D : Saint-Jean-Baptiste

Chez Victor
$$
145 rue St-Jean
☎529-7702
Installé dans un demi-sous-sol au décor rétro, Chez Victor propose des salades et des hamburgers. Mais pas n'importe quel hamburgers! Gros et appétissants, ils sont garnis d'ingrédients frais, et le menu en propose plusieurs variétés, tel le délicieux végétarien. Les frites maison sont parfaites! Le service est cordial.

Thang Long
$
apportez votre vin
869 côte d'Abraham
☎524-0572
Le Thang Long, accroché à la côte d'Abraham, est tout petit, mais on y trouve une cuisine venue du Vietnam, de Thaïlande, de Chine et même du Japon! Le décor de ce restaurant de quartier est simple et sans prétention; et la cuisine, vraiment à la hauteur. Le service y est empressé. Essayez l'une de ses soupes-repas; en plus d'être peu coûteuses, elles sont réconfortantes!

Le Hobbit
$$
700 rue St-Jean
☎647-2677
Le Hobbit est installé depuis des années dans une vieille maison du quartier Saint-Jean-Baptiste. Ses murs de pierre, son sol carrelé et ses grandes fenêtres qui donnent sur l'animation de la rue Saint-Jean attirent toujours autant les gens. L'endroit se divise en deux salles : la première partie, de style café, où l'on peut s'éterniser en sirotant un *espresso* et manger une bouchée; la deuxième étant la salle à manger, où l'on propose un délicieux menu qui varie chaque jour et satisfait toujours. Y sont régulièrement exposées des œuvres d'artistes locaux.

Les Épices du Széchouan
$$
215 rue St-Jean
☎648-6440
Pour une cuisine exotique aux arômes envoûtants et aux goûts savoureux, essayez Les Épices du Széchouan. Installé dans une vieille maison du quartier Saint-Jean-Baptiste, ce resto présente un joli décor relevé de mille bibelots venus de Chine. Une table, avec banquette, est agréablement disposée dans un encorbellement. La maison est un peu à l'écart de la rue : il ne faut pas la manquer!

La Piazzetta
$$
707 rue St-Jean
☎529-7489
1191 av. Cartier
☎649-8896
L'aménagement moderne de La Piazzetta laisse peu de place à l'intimité. Mais une clientèle nombreuse et animée vient y déguster de délicieuses pizzas à l'européenne, servies avec une foule de garnitures variées. Plusieurs succursales de La Piazzetta sont maintenant ouvertes partout au Québec; celle installée dans une vieille maison de la rue Saint-Jean est la première de la lignée.

La Playa
$$
780 rue St-Jean
☎522-3989
Dans un beau décor chaud, le petit restaurant La Playa propose un menu de cuisine californienne et d'autres cuisines méridionales. Les pâtes sont à l'honneur, relevées de sauces savoureuses telle celle au poulet tandouri. On y prépare aussi une table d'hôte où figurent viandes et poissons apprêtés de délicieuse façon. En été, La Playa ouvre sa mignonne terrasse arrière.

Il Teatro
$$$
972 rue St-Jean
☎694-9996
Dans l'antre du magnifique Capitole de Québec, Il Teatro sert une fine cuisine italienne. Dans une belle salle au fond de laquelle s'étale un long bar et autour de laquelle miroitent de grandes fenêtres, cette délicieuse cuisine vous sera servie avec courtoisie. En été, on aménage une terrasse protégée du va-et-vient de la place D'Youville.

Circuit E : Autres lieux de Québec

Café du clocher penché
$-$$
203 rue St-Joseph E.
☎640-0597
Dans une ancienne banque du quartier Saint-Roch, devant l'église et son clocher penché, le Café du clocher penché propose de bons petits plats préparés avec une touche d'originalité. Si vous y allez pour le petit déjeuner la fin de semaine, essayez les «voleurs de bicyclette»! Situé sur un coin de rue, il bénéficie de plusieurs fenêtres qui rachètent un peu la froideur des hauts plafonds.

Salons d'Edgar
$-$$
mer-dim
263 De St-Vallier E.
☎523-7811
Dans les attrayants Salons d'Edgar, qui font aussi office de bar (voir p 438), on sert une cuisine simple et fortifiante. Hot-dogs européens, bœuf bourguignon, etc. sont savoureux et présentés avec une touche d'originalité, comme ces bleuets coiffant la salade verte. L'ambiance feutrée crée un décor un peu théâtral, propice à la détente et aux rencontres.

Impasse des deux anges
$$
275 De St-Vallier E.
☎647-6452
Il arrive parfois que l'on soit content d'être tombé dans une impasse. C'est le cas lorsque l'on vient à l'Impasse des deux anges. Ce petit café-restaurant aux couleurs chaudes propose, à la carte ou en table d'hôte, de petits plats toujours bons. Son décor

est agréable et l'atmosphère, détendue. Vous le reconnaîtrez à sa devanture ornée de bas-reliefs.

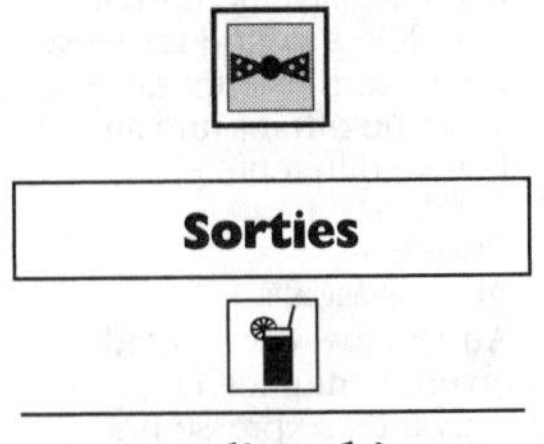

Sorties

Bars et discothèques

Les bars et discothèques de Québec ne prélèvent généralement pas de droit d'entrée. Il peut toutefois arriver qu'il y ait des frais surtout lors d'événements spéciaux ou de spectacles. En hiver, on exige la plupart du temps que vous laissiez votre manteau au vestiaire moyennant un ou deux dollars.

Circuit A : Le Vieux-Québec

Le D'Auteuil
25 rue D'Auteuil
Logé dans une ancienne chapelle dont on a conservé l'essentiel de l'architecture, Le d'Auteuil présente des spectacles de tous genres musicaux.

Le Chantauteuil
1001 rue St-Jean
Au pied de la côte de la rue D'Auteuil, Le Chantauteuil est un sympathique bistro. La clientèle y discute pendant des heures, assise sur une banquette autour d'une bouteille de vin ou d'un verre de bière.

La Fourmi Atomik
33 rue D'Auteuil
Terrée sous Le D'Auteuil (voir ci-dessus), La Fourmi Atomik est le bar *underground* de Québec. Chaque soirée a son thème musical, du *black beat* au *punk rock* en passant par l'«alterno» et le techno des années quatre-vingt jusqu'aux toutes dernières nouveautés. En été, sa terrasse extérieure ne dérougit pas.

L'Emprise
Hôtel Clarendon
57 rue Ste-Anne
Le plus vieil hôtel de Québec abrite L'Emprise. Ce bar de style classique est l'endroit de prédilection pour les jazzophiles. Calé dans ses fauteuils confortables, on peut régulièrement y écouter des spectacles intimistes.

Petit Paris
48 côte de la Fabrique
En été, à partir des fenêtres ouvertes du Petit Paris, on entend l'animation qui y règne : des chansonniers se produisent sur sa scène au grand bonheur d'une foule enthousiaste.

Saint-Alexandre
1087 rue St-Jean
Le Saint Alexandre est un pub typiquement anglais. Il propose au-delà de 175 variétés de bières, dont 19 à la pression dont les chantepleures ornent le long bar. Beau décor et ambiance agréable.

Sainte-Angèle
26 rue Ste-Angèle
Niché dans un demi-sous-sol, le Sainte-Angèle exhibe un décor de pub anglais un peu élimé mais encore confortable. Une clientèle de tout âge se presse dans ce petit local exigu fréquenté par les gens de la ville. Devant son bar cuivré, les habitués discutent avec le barman. Vous y trouverez une bonne sélection de scotchs et de cocktails à bas prix.

Circuit B : Du Petit-Champlain au Vieux-Port

L'Inox
37 rue St-André
Dans un grand local du Vieux-Port, L'Inox brasse et sert, entre autres boissons, une bonne bière maison. Maître brasseur, il fabrique une blonde, une blanche et une rousse savoureuses à souhait. On y trouve en outre un petit économusée de la bière.

Pape George
8 rue Cul-de-Sac
Le Pape George est un sympathique bar à vins. Logé sous les voûtes d'une vieille maison du quartier du Petit-Champlain, il propose un large choix de vins et des accompagnements tels que l'assiette de fromages et charcuteries. L'atmosphère est chaleureuse, surtout lorsque réchauffée par un chansonnier.

Taverne Belley
249 rue St-Paul
La Taverne Belley, en face du marché du Vieux-Port, possède quelques particularités propres aux tavernes telles que jeu de billard et petites tables rondes en métal. Le décor de ses deux salles est chaleureux et amusant avec ses murs de brique parsemés de toiles colorées. Un tout petit foyer diffuse une agréable chaleur l'hiver venu.

Troubadour
29 rue St-Pierre
Le Troubadour niche sous des voûtes non loin de la place Royale. Avec son cadre entièrement de pierre et ses longues chandelles blanches enfoncées dans des bouteilles sur les tables en bois, on se croirait revenu au Moyen Âge. En hiver, on réchauffe l'endroit avec un bon feu de foyer.

Circuit C : La Grande Allée

Chez Dagobert
600 Grande Allée E.
Installé dans une ancienne demeure, le bar est une immense discothèque très fréquentée. Au premier étage, des groupes se produisent tous les soirs.

Chez Maurice
575 Grande Allée E.
Occupant une vieille maison de la Grande Allée, Chez Maurice est une chic et grande discothèque à la mode. Pour voir et être vu ou pour danser sur les *hits* de l'heure. On y tient aussi des soirées spéciales comme ses très courues soirées disco. À l'intérieur se trouve le *cigar room* **Chez Charlotte**, se voulant, à juste titre, un bar digestif!

Jules et Jim
1060 av. Cartier
Le petit Jules et Jim est établi sur l'avenue Cartier depuis plusieurs années. Il offre une douce atmosphère avec ses banquettes et ses tables basses qui évoquent le Paris des années vingt.

Le Merlin
1175 av. Cartier
Sur l'animée avenue Cartier se trouve Le Merlin, qui fait danser une clientèle dans la trentaine. Au sous-sol, le pub anglais **Le Turf** sert des bières importées aux mêmes habitués B.C.B.G. On peut manger au Merlin.

Circuit D : Saint-Jean-Baptiste

Fou Bar
519 rue St-Jean
Au sympathique Fou Bar, une clientèle d'habitués vient siroter un verre, discuter ou encore zyeuter les œuvres qui y sont régulièrement exposées.

Circuit E : Autres lieux de Québec

Salons d'Edgar
263 rue De St-Vallier E.
Vous ne savez trop si vous avez envie de manger une bouchée, de prendre un verre entre amis ou de jouer au billard? Rendez-vous aux Salons d'Edgar, où toutes ces possibilités s'offrent à vous. Son beau décor rehaussé de paravents et de grandes tentures blanches vous donnera un peu l'impression d'être sur la scène d'un théâtre. À l'arrière, dans une salle tout en long au plafond haut, on trouve des fauteuils, des tables de billard, une table de jeu de palets et, comme dans tout salon qui se respecte, un foyer! La musique est bien choisie, et l'on y présente régulièrement des spectacles.

Le Scanner
291 rue St-Vallier E.
www.total.net/~scanner1
Vous êtes envahi par une irrépressible envie de «naviguer»? Pas de panique, Québec, époque oblige, a ses bars et cafés électroniques.

Le Scanner, au nom évocateur, met à votre disposition deux ordinateurs pour vous assouvir. Il s'agit d'un bar sur deux étages où l'on trouve, outre les jeux informatiques, des jeux sur table (soccer, billard) et des jeux de société.

Bars et discothèques gays

Amour sorcier
789 côte Ste-Geneviève
L'Amour sorcier est un petit bar du quartier Saint-Jean-Baptiste où l'ambiance est parfois des plus *hot*. En été, il dispose d'une jolie terrasse.

Le Ballon Rouge
811 rue St-Jean
La discothèque gay Le Ballon Rouge reçoit une clientèle exclusivement masculine. Elle s'étend judicieusement sur plusieurs salles, chacune offrant une ambiance différente.

Drague
804 rue St-Augustin
Au Drague, cette grande taverne enfumée et bruyante, se presse une clientèle exclusivement masculine.

Activités culturelles et sportives

Le journal *Voir*, édition de Québec, est distribué gratuitement et donne un aperçu des principaux événements qui se déroulent dans la ville.

Musique

L'**Orchestre symphonique de Québec**, le plus vieux du Canada, se produit régulièrement au Grand Théâtre de Québec *(269 boul. René-Lévesque O., ☎643-8131)*. C'est aussi là que l'on peut voir et entendre l'**Opéra de Québec**.

Théâtres

Le Périscope
2 rue Crémazie E.
☎529-2183

Théâtre de la Bordée
1143 rue St-Jean
☎694-9631

Théâtre du Trident,
Grand Théâtre de Québec, 269 boul. René-Lévesque O.
☎643-8131

Salles de spectacle

Grand Théâtre de Québec
269 boul. René-Lévesque E.
☎***643-8131***
Voir p. 417, 420

Palais Montcalm
995 place D'Youville
☎***691-2399 billetterie***
☎***670-9011***

Capitole de Québec
972 rue St-Jean
☎***694-4444***

Les cinémas

Cinéma de Paris
Place D'Youville
☎***694-0891***

Place Charest
500 rue Dupont
☎***529-9745***

Les Galeries
5401 boul. des Galeries
☎***628-2455***

Sport professionnel

Au **Colisée** *(250 boul. Wifrid-Hamel, ☎691-7211)* ont lieu les matchs de l'équipe les Rafales de la Ligue internationale de hockey, et l'on y présente parfois des spectacles.

Juste à côté se dresse l'**Hippodrome de Québec** *(parc d'ExpoCité, 250 boul. Wifrid-Hamel, ☎524-5283, ⇌524-0776)*.

Fêtes et festivals

Le **carnaval de Québec** *(☎626-3716 ou 888-737-3789)* a lieu tous les ans durant les deux premières semaines de février. Il est l'occasion pour les habitants de Québec et les visiteurs de fêter les beautés de l'hiver. Il a sans doute également pour but d'égayer cette période de l'année où l'hiver semble n'en plus finir.

Ainsi, plusieurs activités sont organisées tout au long de ces journées. Parmi les plus populaires, mentionnons le défilé de nuit, la traversée du fleuve en canot et le concours de sculptures sur glace et sur neige. En cette saison, la température est très froide, aussi pour bien profiter de ces festivités faut-il être très chaudement vêtu.

Le **Festival d'été de Québec** *(☎992-5200)* se tient généralement pendant 10 jours au début de juillet. La ville s'égaye alors de musique et de chansons, de danse et d'animation venus des quatre coins du monde. Tout est au rendez-vous pour faire de cette activité le plus important événement culturel de Québec. Les spectacles en plein air sont particulièrement appréciés.

La place du Parlement accueille l'exposition **Plein art** *(☎694-0260)*, où sont présentés une foule d'objets d'art et d'artisanat dont on peut faire l'acquisition. L'exposition se tient à partir des derniers jours de juillet jusqu'à la première semaine d'août.

À la fin du mois d'août, chaque année depuis 50 ans, **Expo-Québec** *(parc d'ExpoCité, ☎691-7110)* revient divertir les gens de la région. Devant le Colisée, cette énorme foire agricole doublée d'un parc d'attractions est très courue durant la dizaine de jours de sa tenue.

Pendant le carnaval de Québec (voir plus haut), la ville est l'hôte de plusieurs manifestations sportives, entre autres le **Tournoi international de hockey pee-wee de Québec** *(☎524-3311)*.

Achats

Librairies

La Bouquinerie de Cartier
1120 av. Cartier
☎***525-6767***

Librairie Générale Française
10 côte de la Fabrique
☎***692-2442***

Pantoute
1100 rue St-Jean
☎***697-9748***

Ulysse
(voyage)
Place de la Cité, Sainte-Foy
☎***654-9979***

Le quartier Saint-Jean-Baptiste foisonne de bonnes librairies où l'on trouve des livres de seconde main.

Disques et cassettes

Sillons Le Disquaire
1149 av. Cartier
☎***524-8352***

Archambault
1095 rue Saint-Jean
☎***694-2088***

Boutiques d'artisanat et ateliers d'artisans

Atelier La Pomme,
47 rue Sous-le-Fort
Petit-Champlain
☎***692-2875***
Articles de cuir.

Boutique Sachem
17 rue des Jardins
Vieux-Québec
☎***692-3056***

Artisanat amérindien et inuit

Galerie-boutique Métiers d'Art
29 rue Notre-Dame, Place-Royale
☎ ***694-0267***
Produits d'artisanat du Québec.

Galerie d'art amérindien Cinq Nations,
25½, rue du Petit-Champlain
☎ ***692-3329***
Artisanat amérindien.

Les Trois Colombes
46 rue Saint-Louis
Vieux-Québec
☎ ***694-1114***
Produits artisanaux et vêtements de qualité.

L'Oiseau du paradis
80 rue du Petit-Champlain
☎ ***692-2679***
Papiers et objets de papier.

Pot-en-Ciel
27 rue du Petit-Champlain
☎ ***692-1743***
Céramiques.

Verrerie d'art Réjean Burns
159 rue St-Paul
☎ ***694-0013***
Vitraux, lampes.

Verrerie La Mailloche
58 rue Sous-le-fort, Petit-Champlain
☎ ***694-0445***
Objets de verre fabriqués dans l'atelier (voir p 406).

La **jolie rue Saint-Paul** aligne plusieurs antiquaires et brocanteurs qui vous promettent de belles trouvailles.

Vêtements pour femmes

La Cache
1150 rue Saint-Jean, Vieux-Québec
☎ ***692-0398***

Les Vêteries
33½, rue du Petit-Champlain
☎ ***694-1215***

O'Clan
52 boul. Champlain
☎ ***692-1214***

Simons
20 côte de la Fabrique
☎ ***692-3630***

Vêtements pour hommes

O'Clan
67½, rue du Petit-Champlain
☎ ***692-1214***

François Côté Collection
35 rue De Buade
☎ ***692-6016***

Louis Laflamme
1192 rue St-Jean
☎ ***692-3774***

Simons
20 côte de la Fabrique
☎ ***692-3630***

Bijoux et art décoratif

Lazuli
774 rue St-Jean
☎ ***525-6528***

Origines
54 côte de la Fabrique
Vieux-Québec
☎ ***694-9257***

Pierres Vives
23½ rue du Petit-Champlain
☎ ***692-5566***

Louis Perrier Joaillier
48 rue du Petit-Champlain
☎ ***692-4633***

Plein air

L'Aventurier
710 rue Bouvier
☎ ***624-9088***
Vêtements, accessoires, bateaux.

Azimut,
1194 av. Cartier
☎ ***648-9500***
Vêtements et accessoires.

Les environs de Québec

Sous le Régime français, Québec est la principale agglomération du Canada et le siège de l'administration coloniale. Pour approvisionner la ville et ses institutions, des fermes sont aménagées dans les environs dès le milieu du XVIIe siècle.

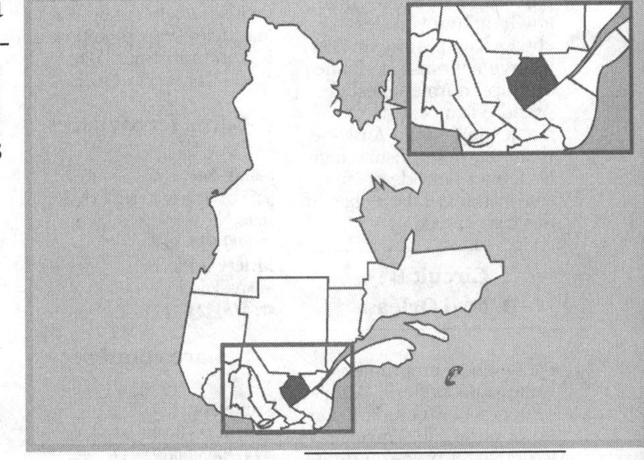

Cette région, à la périphérie de la ville, constitue aussi la première zone de peuplement rural dans la vallée du Saint-Laurent. Il est donc normal d'y retrouver les vestiges des premières seigneuries concédées en Nouvelle-France et d'y éprouver, plus que partout ailleurs dans la campagne québécoise, le sentiment de l'histoire et du passage du temps.

Ainsi, on peut voir les fermes les plus anciennes de la colonie et les maisons où vécurent les ancêtres de familles dont la nombreuse progéniture allait essaimer à travers toute l'Amérique au cours des siècles suivants.

Pour s'y retrouver sans mal

Quatre circuits sont proposés autour de Québec :**Circuit A : La côte de Beaupré ★★**,**Circuit B : L'île d'Orléans ★★**, **Circuit C : Le chemin du Roy ★★** et **Circuit D : La Jacques-Cartier ★**. À l'exception du circuit de la Jacques- Cartier, plus sauvage et plus long, les autres excursions peuvent être effectuées en une seule journée au départ de Québec.

Circuit A : La côte de Beaupré

En voiture

De Québec, empruntez l'autoroute Dufferin- Montmorency (440) en direction de Beauport (sortie 24) puis la rue d'Estimauville. Tournez à droite sur le chemin Royal (route 360), qui devient par la suite l'avenue Royale et que vous suivrez tout au long du circuit.

En autobus

L'autobus n° 53 part de la place Jacques-Cartier *(1,85$; rue du Roi, angle de la Couronne)* et emmène les visiteurs près de la chute Montmorency.

En autocar

Vous pouvez vous rendre à Sainte-Anne-de-Beaupré *(9687 boul. Ste-Anne, station-service Irving, ☎418-827-5169)* en prenant l'autocar *(320 rue Abraham-Martin, ☎418-525-3000)*.

Quand on ne se déplace pas en voiture, le seul moyen pour se rendre au parc du Mont-Sainte-Anne, au Grand Canyon des chutes Sainte-Anne ou à la réserve nationale de faune du Cap-Tourmente est de prendre l'autocar de Québec jusqu'à Sainte-Anne-de-Beaupré, pour ensuite faire le dernier bout de chemin (environ 6 km dans chacun des cas) en taxi.

Circuit B : L'île d'Orléans

De Québec, empruntez l'autoroute Dufferin- Montmorency (440) en direction du pont de l'île. Traversez le fleuve, et prenez à droite la route 368, aussi appelé chemin Royal, qui permet de faire le tour de l'île d'Orléans.

Aucun autobus public ni autocar ne dessert l'île d'Orléans. Certaines entreprises privées organisent des tours de l'île. Pour s'y promener seul et à son gré, il faut donc se déplacer en voiture ou à vélo.

Circuit C : Le chemin du Roy

En voiture

De Québec, empruntez la Grande Allée vers l'ouest, qui prend ensuite le nom de «chemin Saint-Louis». Celui- ci se détache de la route principale à gauche devant la villa Bagatelle à Sillery. Après avoir suivi le chemin Saint-Louis jusqu'à Cap-Rouge, vous prendrez la route 138, que vous suivrez pour le reste du circuit.

Il est également possible d'effectuer le circuit en sens inverse depuis Montréal (sortie 236 de l'autoroute 40) ou de le lier à une visite du village de Sainte-Anne-de-La Pérade, inclus dans le circuit «La Mauricie» (voir p 368) de la région touristique Mauricie– Centre du Québec.

Gares ferroviaires

Sainte-Foy
3255 ch. de la Gare, angle ch. St-Louis,
☎800-835-3037

Rivière-à-Pierre
470 rue Principale
☎(418)323-2117

Gare routière

Sainte-Foy
3001, ch. des Quatre-Bourgeois,
☎(418)650-0087

Circuit D : La Jacques-Cartier

En voiture

De Québec, empruntez la côte d'Abraham, tournez à droite sur la rue de la Couronne, puis suivez l'autoroute Laurentienne (73) jusqu'à la sortie 150. Prenez à droite sur la 80e Rue Ouest, qui conduit au cœur du Trait-Carré de Charlesbourg. L'autoroute 175 vous permettra de poursuivre le circuit et de vous rendre jusqu'au parc de la Jacques-Cartier.

En autobus

Pour aller à Charlesbourg à partir de Québec, il faut prendre l'autobus n° 801, le métrobus, dont les arrêts sont bien identifiés (par exemple à la place D'Youville). Du terminus Charlesbourg, on prend l'autobus n° 72, qui mène à la réserve de Wendake. Le village historique de Onhoüa Cheteke étant situé au nord de la réserve, il faut faire les derniers kilomètres en taxi.

Renseignements pratiques

Indicatif régional : 418.

Renseignements touristiques

Bureau régional

Centre d'information de l'Office du tourisme et des congrès de la Communauté urbaine de Québec
835 av. Wilfrid-Laurier, G1R 2L3, Québec
☎649-2608
≠522-0830
www.quebec-region.com

Circuit A : La côte de Beaupré

Sainte-Anne-de-Beaupré
9310 boul. Ste-Anne
☎827-5281

Circuit B : L'île d'Orléans

Île d'Orléans
490 côte du Pont, St-Pierre
☎828-9411

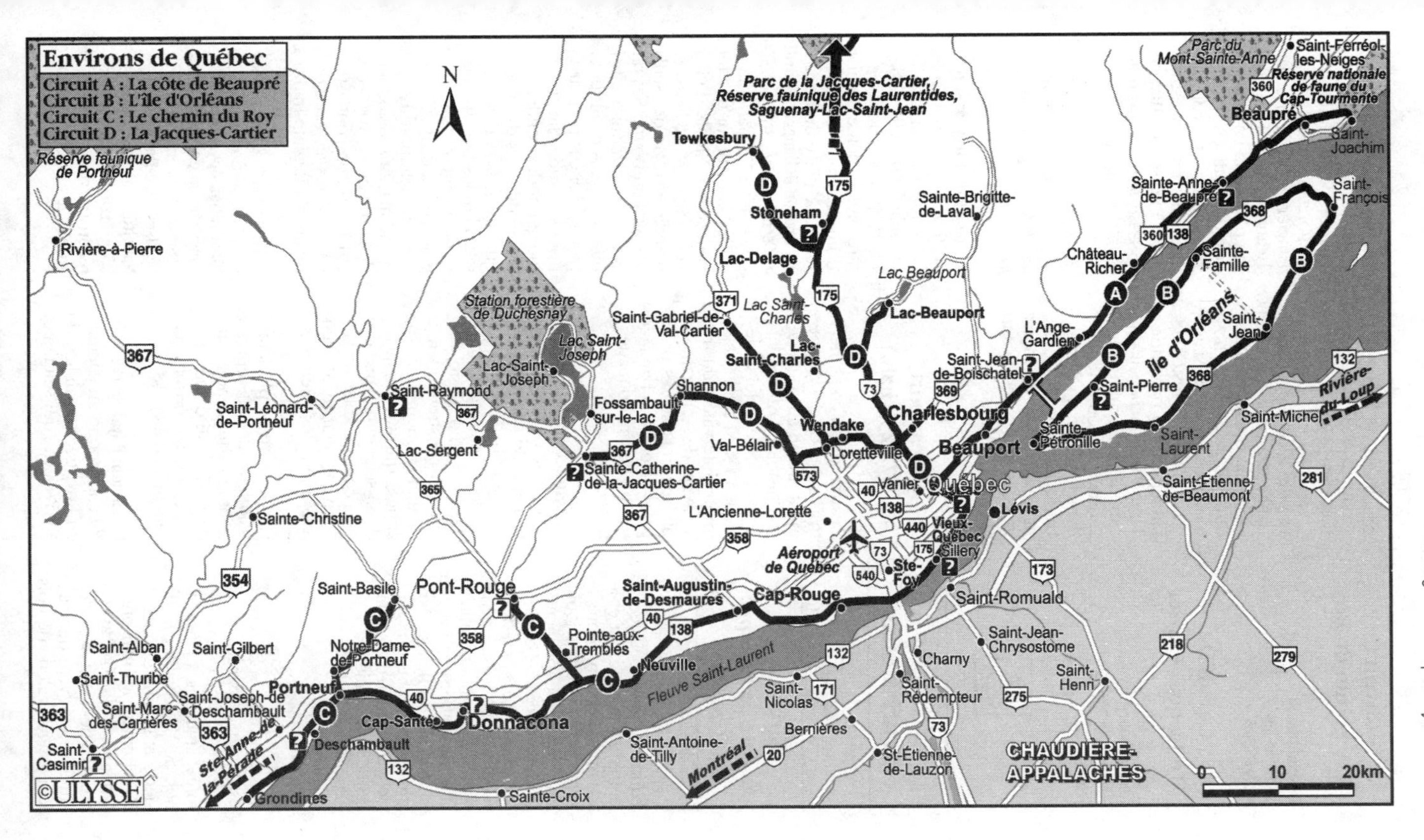
Environs de Québec
Circuit A : La côte de Beaupré
Circuit B : L'île d'Orléans
Circuit C : Le chemin du Roy
Circuit D : La Jacques-Cartier
Réserve faunique de Portneuf
Rivière-à-Pierre
Parc de la Jacques-Cartier, Réserve faunique des Laurentides, Saguenay-Lac-Saint-Jean
Tewkesbury
Stoneham
Lac-Delage
Sainte-Brigitte-de-Laval
Lac Beauport
Lac-Beauport
Lac Saint-Charles
Lac-Saint-Charles
Saint-Gabriel-de-Val-Cartier
Station forestière de Duchesnay
Lac Saint-Joseph
Lac-Saint-Joseph
Saint-Léonard-de-Portneuf
Saint-Raymond
Lac-Sergent
Fossambault-sur-le-lac
Shannon
Sainte-Catherine-de-la-Jacques-Cartier
Val-Bélair
Wendake
Loretteville
Charlesbourg
Beauport
Saint-Jean-de-Boischatel
L'Ange-Gardien
Château-Richer
Sainte-Anne-de-Beaupré
Beaupré
Parc du Mont-Sainte-Anne
Saint-Ferréol-les-Neiges
Réserve nationale de faune du Cap-Tourmente
Saint-Joachim
Saint-François
Sainte-Famille
Île d'Orléans
Saint-Jean
Saint-Pierre
Sainte-Pétronille
Saint-Laurent
Saint-Michel
Rivière-du-Loup
Saint-Étienne-de-Beaumont
Québec
Vanier
Lévis
Vieux-Québec
Sillery
Ste-Foy
L'Ancienne-Lorette
Aéroport de Québec
Sainte-Christine
Saint-Basile
Pont-Rouge
Saint-Augustin-de-Desmaures
Cap-Rouge
Pointe-aux-Trembles
Neuville
Notre-Dame-de-Portneuf
Portneuf
Saint-Alban
Saint-Gilbert
Saint-Thuribe
Saint-Marc-des-Carrières
Saint-Joseph-de-Deschambault
Saint-Casimir
Cap-Santé
Donnacona
Deschambault
Ste-Anne-de-la-Pérade
Grondines
Sainte-Croix
Fleuve Saint-Laurent
Saint-Antoine-de-Tilly
Montréal
Saint-Nicolas
Bernières
Saint-Rédempteur
St-Étienne-de-Lauzon
Charny
Saint-Romuald
Saint-Jean-Chrysostome
Saint-Henri
CHAUDIÈRE-APPALACHES
0 10 20km
©ULYSSE

Circuit C : Le chemin du Roy

Deschambault
12 rue des Pins
☎*286-3002*

Circuit D : La Jacques-Cartier

Charlesbourg
7960 boul. Henri-Bourassa,
☎*624-7722*

Attraits touristiques

Circuit A : La côte de Beaupré (un jour)

Cette longue et étroite bande de terre, coincée entre le Saint-Laurent et le massif laurentien, représente encore de nos jours un écrin de peuplement ancien, en contrebas de zones sauvages peu développées. Elle illustre de la sorte la répartition limitée des populations en bordure immédiate du fleuve, dans plusieurs régions du Québec, et rappelle la fragilité du développement à l'époque de la Nouvelle-France.

De Beauport à Saint-Joachim, la côte de Beaupré est traversée par le premier chemin du Roy de la colonie, aménagé à l'instigation de Mgr Laval au XVIIe siècle et le long duquel s'agglutinent les maisons typiques de la côte, avec leur rez-de- chaussée surélevé et revêtu de stuc, leur longue galerie de bois chantourné et leurs encadrements de fenêtres en dentelle.

Depuis 1960 cependant, la banlieue a progressivement envahi la côte, amenuisant quelque peu la belle homogénéité du lieu. Mais le chemin du Roy reste tout à fait agréable à parcourir. Tour à tour juché sur un cap, dernier soubresaut des Laurentides, ou courant dans la plaine du Saint-Laurent, il offre des vues magnifiques sur les montagnes, le fleuve, les champs et l'île d'Orléans.

★ Beauport (72 259 hab.)

Beauport a su combiner trois types de développement urbain au cours de son histoire. D'abord village agricole, celui-ci devient au XIXe siècle une importante ville industrielle, avant de se métamorphoser en l'une des principales villes de la banlieue de Québec au cours des années soixante.

La seigneurie de Beauport, à l'origine de la ville actuelle, a été concédée dès 1634 à Robert Giffard, médecin- chirurgien du Perche. Enthousiaste, Giffard fait construire manoir, moulin et bourg dans les années qui suivent, faisant de sa seigneurie l'une des plus considérables de la Nouvelle- France. Malheureusement, les guerres et les conflagrations entraîneront la perte de plusieurs bâtiments de cette époque, dont le vaste manoir fortifié de 1642, doté d'une chapelle et d'une prison, qui sera incendié en 1879.

Le **chemin Royal** ★ *(rte. 360 E.)* correspond au chemin du Roy, tracé au milieu du XVIIe siècle, qui suit tantôt la partie supérieure, tantôt la partie inférieure de la côte de Beaupré. Il traverse diagonalement les terres de l'ancienne seigneurie de Beauport, ce qui explique l'implantation en dents de scie des bâtiments limitrophes. On peut y voir plusieurs maisons ancestrales, telle la **maison des Marcoux** *(588 av. Royal)*, construite au XVIIIe siècle.

Tournez à droite sur la rue du Couvent, à proximité de laquelle vous pouvez garer votre voiture.

Le **bourg du Fargy** ★, un secteur de Beauport, a été constitué en bourg fortifié au milieu du XVIIe siècle. En 1669, le seigneur Giffard dresse même un plan d'aménagement comprenant une place du marché. La **maison Bellanger- Girardin** *(600 av. Royale, ☎666-2199)*, érigée en 1727 par la famille Marcoux sur une terre concédée à Nicolas Bellanger, originaire de Normandie, est l'un des seuls vestiges du bourg. Ses rares et petites ouvertures ainsi que son épais carré de pierres, conçus pour affronter le rude climat, témoignent des conditions de vie difficiles de l'époque. La maison loge aujourd'hui les bureaux de renseignements touristiques et le Centre d'art et d'histoire de Beauport. Le groupe de maisons victoriennes de la rue du Couvent (vers 1910) offre un contraste intéressant avec cette demeure du Régime français.

À l'extrémité de la rue du Couvent se dresse l'**Institution des sœurs de la congrégation de Notre- Dame** (1886). À gauche trône l'**église Notre-Dame-de-la-Nativité**, maintes fois rebâtie. Lors de sa dernière reconstruction, en 1916, on a omis les clochers, donnant au bâtiment une apparence trapue.

Le **manoir Montmorency** *(2490 av. Royale, ☎663-3330)*, une grande maison blanche, a été construit en 1780 pour le gouverneur britannique Sir John Haldimand. Elle est parvenue à la célébrité en devenant la résidence du duc de Kent, fils de George III et père de la reine Victoria, à la fin du XVIIIe siècle. Le manoir, qui abritait un établissement hôtelier, a été gravement endommagé lors d'un incendie en mai 1993, mais fut reconstruit selon les plans d'origine.

Aujourd'hui, on y retrouve un centre d'interprétation, quelques boutiques et un restaurant (voir p 471, 472) d'où l'on bénéficie de vues exceptionnelles sur la chute Montmorency, le fleuve et l'île d'Orléans. La petite chapelle Sainte-Marie et les jardins qui entourent l'hôtel sont ouverts au public.

Le manoir est niché dans le **parc de la Chute-Montmorency** ★★ *(entrée libre, stationnement 7$, téléphérique; aller 5$, aller-retour 7$; accessible toute l'année, vérifiez les heures d'ouverture des stationnements, ☎663-2877, ≠663-1666, www.chutemontmorency.qc.ca)*. La rivière Montmorency, qui prend sa source dans les Laurentides, coule paisiblement en direction du fleuve, jusqu'à ce qu'elle atteigne une dénivellation soudaine de 83 m qui la projette dans le vide, ce qui donne lieu à l'un des phénomènes naturels les plus impressionnants du Québec.

Une fois et demie plus élevée que celle du Niagara, la chute Montmorency a un débit qui atteint les 125 000 litres d'eau par seconde lors des crues printanières. Afin de permettre l'observation de ce spectacle grandiose, un parc a été aménagé. Depuis 1995, il est possible de faire le tour de la chute. À partir du manoir Montmorency, empruntez la charmante promenade de la falaise, où se trouve le belvédère de la Baronne, qui donne une vue en plongée sur la chute. Cette courte randonnée vous conduit au pont «Au-dessus de la chute» et au pont «Au-dessus de la faille».

Il va sans dire que les panoramas qui y sont offerts sont tout à fait extraordinaires. Arrivé à la section est du parc, vous trouverez une aire de jeux pour les enfants et des tables de pique-nique. Vous pouvez descendre par l'escalier panoramique et ses 487 marches ou par le sentier. En bas, empruntez le sentier du bas de la chute, qui vous ramènera à la gare du téléphérique.

Vous pourrez remonter tranquillement en admirant encore ce merveilleux spectacle naturel. En hiver, la vapeur d'eau cristallisée par le gel forme des cônes de glace dénommés «pains de sucre», que les plus audacieux peuvent escalader.

Samuel de Champlain, fondateur de Québec, avait été impressionné par cette chute, à laquelle il a donné le nom du vice-roi de la Nouvelle- France, Charles, duc de Montmorency. Au XIXe siècle, le site de la chute constituait un but de promenade pour les équipages, où se rencontraient les messieurs et les gentes dames en carrosse ou en traîneau.

La partie basse du parc, située en face de la chute, est accessible par un très long escalier en bois ou par le téléphérique. Pour atteindre la partie basse du parc en voiture, il est nécessaire d'effectuer un détour complexe : il faut alors poursuivre sur l'avenue Royale, tourner à droite à la côte de l'Église, puis encore à droite sur l'autoroute 40. Le stationnement est du côté droit. Pour retourner vers l'avenue Royale, il faut emprunter le boulevard Sainte-Anne vers l'ouest, puis la côte Saint-Grégoire et finalement le boulevard des Chutes à droite.

Reprenez le chemin Royal en direction est.

La **maison Laurent-dit-Lortie** ★ *(3200 ch. Royal)* aurait été en partie construite à la fin du XVIIe siècle. Les dimensions imposantes du bâtiment témoignent d'ajouts successifs, alors que la pente prononcée de la toiture rappelle l'ancienneté du carré original. La galerie de bois chantourné, typique de la région, fut probablement installée vers 1880.

Saint-Jean-de-Boischatel (3 662 hab.)

La municipalité de Saint-Jeande-Boischatel occupe le site de la terre domaniale, dite du Caput, concédée à un certain Jean Le Barbier en 1654. Celle- ci est constituée en fief en 1677 grâce à Charles Aubert de la Chesnaye, qui vient d'en faire l'acquisition. Baptisé fief de Charleville, le secteur conservera sa vocation agricole jusqu'au début des années soixante-dix, moment où la banlieue l'envahit.

Le **manoir de Charleville** ★ *(5580 av. Royale)* est l'un des plus anciens bâtiments qui subsistent au Canada. Il a été construit vers 1670 pour le fermier engagé par les propriétaires de la terre du Caput. Son profil bas, sa haute toiture à croupes coiffée d'épis et la petitesse de ses ouvertures trahissent son grand âge. Il faut cependant déplorer le voisinage récent, qui masque partiellement cette vénérable propriété. L'ancêtre des familles Trudel du Québec s'y est installé à la fin du XVIIe siècle. Au bout de 150 ans, la maison passa aux mains des Huot, qui l'occupèrent jusqu'en 1964.

L'Ange-Gardien (2 952 hab.)

L'une des plus vieilles paroisses de la côte de Beaupré, L'Ange-Gardien a conservé en partie sa vocation agricole. On peut y voir quelques maisons centenaires et jouir de belles percées sur l'île d'Orléans, au milieu du Saint-Laurent.

Les **chapelles de procession** ★, érigées de part et d'autre de l'église *(6357 av. Royale)*, sont les plus anciennes du genre au Québec, puisqu'elles sont les seules dont la construction remonte au Régime français (vers 1750). Ces petits bâtiments, qui servaient de reposoirs lors des processions de la Fête-Dieu, contribuent au charme de l'avenue Royale.

Sur la petite rue de la Mairie, on peut voir la **maison Laberge** *(24 rue de la Mairie)*, maison ancestrale de la famille Laberge, entreprise en 1674 et agrandie maintes fois par la suite. Douze générations de cette famille, dont le patronyme s'est répandu à travers le Québec au fil des siècles, ont habité la maison jusqu'en 1970.

★ Château-Richer (3 802 hab.)

Sous le Régime français, Château-Richer était le centre névralgique de l'immense seigneurie de Beaupré, qui s'étendait de Saint-Jean-de-Boischatel jusqu'à Baie-Saint-Paul, en pays de Charlevoix. Concédée par la Compagnie des Cent Associés en 1636, elle devait passer entre les mains du Séminaire de Québec 30 ans plus tard et y demeurer jusqu'à l'abolition de la tenure seigneuriale en 1854. La direction du Séminaire y fit construire au XVIIe siècle un véritable château doté d'une tour servant de prison, le château Richer. L'ensemble, qui fut bombardé par les Britanniques à la Conquête, n'était plus que ruine lors de sa démolition vers 1860.

Le village occupe un emplacement au charme pittoresque, accentué par l'implantation inusitée de l'église sur un promontoire. La campagne environnante est bucolique et procure d'agréables surprises, tels ces bois plantés de main d'homme au XVIIIe siècle, une rareté dans un pays de défricheurs. Des fours à pain en pierre et des caveaux à légumes centenaires sont visibles de la route et, parfois, encore utilisés.

Dans tout le village, on a apposé de petites pancartes de bois devant les bâtiments historiques. Ces panneaux explicatifs vous informent sur l'époque de construction de l'édifice et sur ses particularités architecturales, agrémentant ainsi votre promenade. Une brève excursion sur les hauteurs de la côte permettra d'apercevoir les montagnes, dans le lointain, et les terres en culture, qui sont la raison de vivre des habitants de Château-Richer.

Le **Centre d'interprétation de la côte de Beaupré** ★ *(2$; juin à mi-oct tlj 10h à 17h; 7007 av. Royale, ☎824-3677, ≠824-5907)* occupe le moulin du Petit-Pré, que l'on aperçoit au détour de la route. On peut y voir une intéressante exposition portant sur l'histoire et la géographie de la côte de Beaupré. Une maquette dépeignant l'évolution de la région, de l'époque pré coloniale jusqu'à nos jours, en constitue le point culminant. Quant au moulin lui-même, il a été reconstruit après la Conquête sur le modèle du moulin qu'avait fait ériger la direction du Séminaire de Québec en 1695.

Prenez le boulevard Sainte-Anne (rte. 138), qui longe le fleuve parallèlement au chemin Royal.

Le miel et les abeilles ont toujours piqué votre curiosité? Voilà tout trouvé pour vous un petit économusée des plus intéressants. Le **Musée de l'abeille** *(entrée libre, «safari-abeilles» 2$; fin juin à mi-oct tlj 9h à 18h, mi-oct à fin juin tlj 9h à 17h; 8862 boul. Ste-Anne, ☎824-4411, ≠824-4422)* vous propose une brève intrusion dans le monde de ces ouvrières infatigables.

Vous pouvez choisir d'y déambuler à votre guise en lisant les panneaux explicatifs et en observant les objets exposés, ou encore participer à un «safari-abeilles» en compagnie d'un apiculteur qui vous initiera à son art. Vous pourrez ainsi y apprendre les étapes de fabrication du miel et même de l'hydromel (vin de miel). On y trouve une pâtisserie et une boutique (voir p 474).

Reprenez le chemin Royal (rte. 360).

★

Sainte-Anne-de-Beaupré (3 298 hab.)

Ce village tout en longueur est l'un des principaux lieux de pèlerinage en Amérique. Dès 1658, une première église catholique y fut dédiée à sainte Anne, à la suite du sauvetage de marins bretons qui avaient prié la mère de Marie afin d'éviter la noyade lors d'une tempête sur le fleuve Saint- Laurent. Les pèlerins affluèrent bientôt en grand nombre.

À la seconde église, construite en pierre vers 1676, on a substitué en 1872 un vaste temple, détruit par un incendie en 1922. C'est alors que fut entreprise la construction de la basilique actuelle au centre d'un véritable complexe de chapelles, de monastères et d'équipements aussi divers qu'inusités, tel le Bureau des bénédictions ou le Cyclorama. Chaque année, Sainte-Anne-de-Beaupré accueille plus d'un million de pèlerins, qui fréquentent les hôtelleries et les nombreuses boutiques de souvenirs, au goût parfois douteux, qui bordent l'avenue Royale.

Pour en savoir davantage sur les légendes qui peuplent l'imaginaire québécois, il faut se rendre à l'**Atelier Paré** *(entrée libre; mi-mai à mi-oct tlj 9h à 17h30, mi-oct à mi-mai lun-ven 13h à 16h et sam-dim 10h à 16h; 9269 av. Royale, ☎827-3992, ≠827-3583 www.qbc.clic.-net/~legends)*. Cet atelier de sculpture sur bois fait office d'économusée des contes et légendes puisque les œuvres exposées s'inspirent toutes de ce monde fascinant.

La **basilique Sainte-Anne- de-Beaupré** ★★★ *(un comptoir d'information est ouvert à proximité de l'entrée du début mai à mi-sept tlj 8h30 à 17h; 10018 av. Royale, ☎827-3781, ≠827-8227)*, surgissant dans le paysage des petits bâtiments de bois et d'aluminium colorés qui bordent la route sinueuse, étonne par ses dimensions importantes, mais aussi par l'activité fébrile qui y règne tout l'été. L'église, dont le revêtement de granit prend des teintes variées selon la lumière ambiante, a été dessinée dans le style néo-roman français.

Ses flèches s'élèvent à 91 m dans le ciel de la côte de Beaupré, alors que sa nef s'étend sur 129 m de longueur et sur plus de 60 m de largeur aux transepts. On remarquera la statue en bois revêtue de cuivre doré, au sommet de la façade, qui provient de l'église de 1872.

L'intérieur est divisé en cinq vaisseaux, supportés par de lourdes colonnes au chapiteau abondamment sculpté. La voûte de la nef principale est décorée de mosaïques scintillantes racontant la vie de sainte Anne. Dans le transept gauche se dresse la statue miraculeuse de sainte Anne, portant Marie sur son bras droit. Son diadème nous rappelle qu'elle est la patronne des Québécois.

Maison canadienne

Dans un beau reliquaire, à l'arrière-plan, on peut admirer la Grande Relique, soit une partie de l'avant-bras de sainte Anne provenant de la basilique Saint-Paul-Hors-les-Murs, à Rome. Enfin, il faut emprunter le déambulatoire, qui contourne le chœur, pour voir les 10 chapelles rayonnantes, à l'architecture polychrome d'inspiration Art déco, qui ont été conçues au cours des années trente. La basilique est ouverte toute l'année.

On s'est servi des matériaux récupérés lors de la démolition de l'église de 1676 pour ériger, en 1878, la **chapelle commémorative** ★ *(entrée libre; mai à mi-sept tlj 8h à 20h; en bordure de l'avenue Royale, ☎827-3781)*. Le clocher (1696) est attribué à Claude Baillif, architecte dont les nombreuses réalisations en Nouvelle-France au XVIIe siècle ont presque toutes disparu du paysage, la plupart victimes de la guerre et des incendies.

À l'intérieur se trouvent le maître-autel de l'église du Régime français, œuvre de Jacques Leblond dit Latour (vers 1700), ainsi que des toiles du XVIIIe siècle. Au pied de la chapelle du Souvenir, on peut s'abreuver à la fontaine de sainte Anne, aux vertus jugées curatives.

Bernache

La **Scala Santa** ★ *(entrée libre, mai à mi-sept tlj 8h à 20h; à droite de la chapelle du Souvenir, ☎827-3781)*, étrange bâtiment en bois peint en jaune et blanc (1891), sert d'enveloppe à un escalier que les pèlerins gravissent à genoux en récitant des prières. Il s'agit d'une réplique du Saint-Escalier qu'emprunta le Christ en se rendant au prétoire de Ponce Pilate. Dans chacune des contremarches est inséré un souvenir de la Terre Sainte.

Le **chemin de la croix** *(derrière la chapelle du Souvenir)* est situé à flanc de colline et donne accès au **monastère des laïcs**, dont la chapelle de Saint-Gérard vaut une petite visite. Ses statues, grandeur nature, ont été coulées dans le bronze à Bar- le-Duc, en France.

Le **Cyclorama de Jérusalem** ★★ *(6$; fin avril à fin oct tlj 9h à 18h, juil à août tlj 9h à 20h; 8 rue Régina, à proximité du stationnement, ☎827-3101, ⇛827-8279)*. Dans cet édifice circulaire, décoré à l'orientale, on peut voir un panorama à 360° de Jérusalem, *Le jour de la Crucifixion*, immense toile en trompe-l'œil de 14 m sur 100 m peinte à Chicago vers 1880 par le Français Paul Philippoteaux et ses assistants. Ce spécialiste du panorama a exécuté là une œuvre remarquable de réalisme, qui fut d'abord exposée à Montréal, avant d'être déménagée à Sainte- Anne-de-Beaupré à la toute fin du XIXe siècle. Très peu de ces panoramas et cycloramas, populaires à la Belle Époque, ont survécu jusqu'à nos jours.

Le **Musée de sainte Anne** ★ *(5$; avr à oct tlj 10h à 17h, oct à avr sam-dim 10h à 17h; 9803 boul. Ste-Anne, ☎827-6873, ⇛827-6870)* se voue à l'art sacré qui honore la mère de la Vierge Marie. Ces œuvres, accumulées depuis des années dans la basilique mais nouvellement exposées devant le grand public, sont d'une intéressante diversité.

On y trouve des sculptures, des peintures, des mosaïques, des vitraux et des travaux d'orfèvrerie dédiés au culte de sainte Anne, ainsi que des écrits formulant une prière ou un remerciement pour une faveur obtenue. Y sont aussi expliqués des pans de l'histoire des pèlerinages à Sainte-Anne-de-Beaupré. Le tout est exposé sur deux étages d'une façon agréable et aérée.

Suivez l'avenue Royale jusqu'à Saint-Joachim (cap Tourmente). Traversez la route 138 puis la municipalité de Beaupré. Tournez à droite sur la rue de l'Église à Saint-Joachim.

Une excursion alternative conduit plutôt au **Mont-Sainte-Anne** (voir p 463) et au charmant village de Saint-Ferréol-les-Neiges par la route 360 Est, qui se sépare de l'avenue Royale à Beaupré.

Saint-Ferréol-les-Neiges (2 092 hab.)

À l'extrémité est de Saint-Ferréol-les-Neiges se trouve un complexe hydroélectrique qui fut en activité de 1916 à 1984, soit **Les Sept Chutes** *(6,50$; mi-mai à fin juin 10h à 17h, fin juin à*

L'ARCHITECTURE AU QUÉBEC

L'architecture québécoise est le résultat à la fois de l'adaptation de la population à un contexte climatique difficile et de la synthèse d'influences françaises, britanniques et américaines. Les photographies de la présente section illustrent les différentes étapes de l'histoire de l'architecture au Québec. On peut voir des bâtiments simples érigés par des paysans, mais aussi des œuvres complexes dessinées par des architectes mondialement connus.

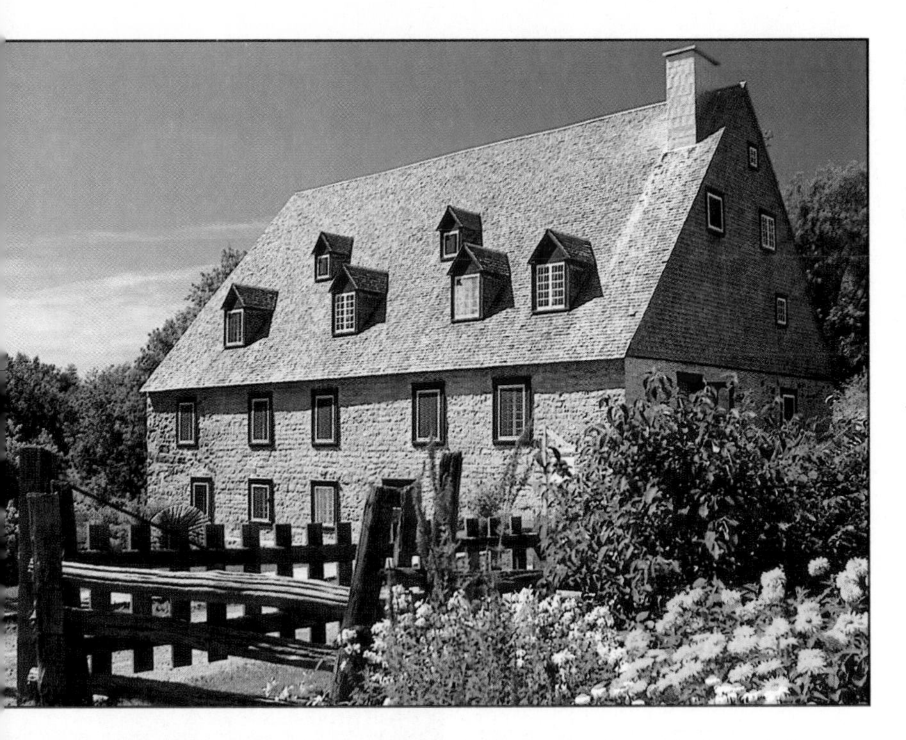

Le moulin de La Chevrotière du village de Deschambault, construit en 1802, témoigne de la persistance des modèles du Régime français au Québec, au-delà de la conquête britannique de 1760. Ses fenêtres à vantaux dotées de petits carreaux, ses épais murs de moellons et sa toiture pentue percée de lucarnes sont typiques de l'architecture de la Nouvelle-France aux XVIIe et XVIIIe siècles.

Le Québec a pendant longtemps inve
toute son énergie créatrice dans les
décors intérieurs de ses églises, donnant ainsi naissance à de véritables
chefs-d'œuvre d'ébénisterie. Le chœu
de l'église de La Visitation du Sault-au
Récollet (Montréal), réalisé par Philipp
Liébert et David-Fleury David entre
1764 et 1818, combine adroitement le
styles Louis XV et Louis XVI. Le traditionnel mélange de blanc et d'or est ic
agrémenté de couleurs vives.

Le marché Bonsecours, érigé entre
1845 et 1850, reflète les ambitions
coloniales des Britanniques à
Montréal au milieu du XIXe siècle.
Son dôme recouvert de métal, son
portique sévère, ses piliers toscans et
ses fenêtres à guillotines sont typiques de l'architecture néoclassique, fort populaire dans l'ensemble de l'Empire britannique durant la
première moitié du
XIXe siècle.

Tout au long du XIXe siècle, les Québécois tentent de s'adapter au climat extrême qui sévit dans la vallée du fleuve Saint-Laurent en développant une architecture québécoise dite traditionnelle. Par exemple, ils surélèvent le carré de leur habitation et dotent la façade d'une longue véranda afin d'éloigner la neige des fenêtres. La toiture à faible pente sert, quant à elle, à retenir la neige sur le toit afin que celle-ci puisse agir comme isolant.

L'architecture victorienne, qui correspond à la grande prospérité de la seconde moitié du XIXe siècle, marque, malgré plusieurs innovations technologiques, un retour vers les formes du passé, à travers une trentaine de styles historicisants. Ce détail de la cathédrale anglicane Christ Church de Montréal, élevée en 1859, traduit l'engouement du clergé pour les styles médiévaux, synonymes de ferveur religieuse.

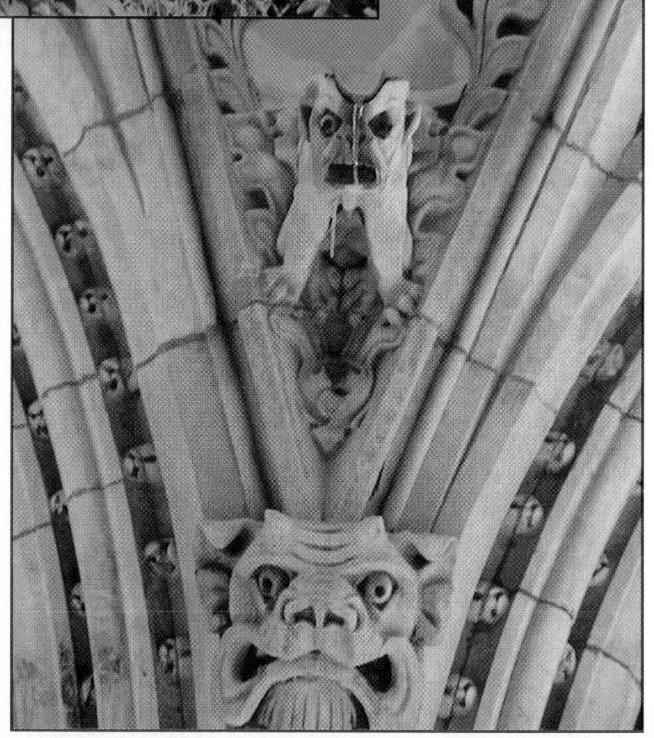

Cette belle maison de Saint-Roch-de-l'Achigan (Lanaudière) illustre l'influence grandissante qu'exerce sur le Québec l'architecture des États-Unis à la fin du XIXe siècle. Sa véranda enveloppante, décorée de bois tourné mécaniquement, et sa tour, coiffée de tôle en écaille de poisson, témoignent de l'éclectisme du style Queen Anne américain.

L'ancien siège social de la compagnie d'assurances Sun Life de Montréal a été construit par étapes entre 1913 et 1933. Ses colonnades corinthiennes et ses balustrades de couronnement appartiennent au style Beaux-Arts, exporté en Amérique au début du XXe siècle par l'École des Beaux-Arts de Paris via ses nombreux étudiants étrangers. Cette structure fut pendant longtemps le plus vaste édifice de l'Empire britannique.

L'architecture vernaculaire urbaine est le résultat d'une émigration massive des campagnes vers la ville entre 1880 et 1930. Ainsi, les nouveaux arrivants voudront retrouver à Montréal les vérandas de leur enfance, transposées en balcons, ainsi que les accès directs et individuels à la rue, rendus possibles par la présence d'escaliers extérieurs aux contorsions amusantes. Ces triplex de la rue Saint-Hubert comprennent chacun trois logements de six à huit pièces.

Perdue dans la verdure, la tour du pavillon principal de l'Université de Montréal, dessinée en 1926 par l'architecte Ernest Cormier, est un bon exemple du style Art déco, employé au Québec entre 1925 et 1940. Parmi les caractéristiques de ce style, mentionnons les nombreuses lignes verticales, les élévations en gradins et les motifs géométriques.

La tour cruciforme de la Place Ville-Marie est le symbole par excellence de la Révolution tranquille, qui a fait de Montréal l'un des principaux foyers de l'architecture moderne dans le monde au cours des années soixante. L'édifice de 47 étages, aux murs rideaux en aluminium, a été dessiné en 1959 par l'architecte sino-américain Ieoh Ming Pei, à qui l'on doit également la Pyramide du Louvre, à Paris.

Le souci grandissant d'intégration au bâti ancien est l'une des principales caractéristiques de l'architecture contemporaine au Québec. Elle a motivé l'architecte Dan Hanganu lorsqu'il a tracé les plans du Musée d'archéologie et d'histoire de Montréal à la Pointe-à-Callière (1992), dont les murs de pierre calcaire grise évoquent les entrepôts néo-classiques du Vieux-Montréal.

début sept 9h à 19h, sept à mi-oct tlj 10h à 17h; 4520 av. Royale, ☎826-3139, ☎877-724-8837, ≠826-1630), aujourd'hui transformé en centre d'interprétation. Sur ce site, vous pourrez en apprendre davantage sur les étapes de production de l'hydroélectricité ainsi que sur la vie des travailleurs dans une telle centrale. De plus, des sentiers de randonnée vous feront longer la rivière Sainte-Anne-du-Nord jusqu'aux chutes, impressionnantes du haut de leurs 130 m.

Au retour vers Québec, empruntez la route 138 Ouest, d'où vous bénéficierez d'un panorama exceptionnel de l'île d'Orléans, de la côte de Beaupré et, par temps clair, de la ville de Québec, à 25 km vers l'ouest.

Grand Canyon des chutes Sainte-Anne, voir p 463.

Saint-Joachim (1 489 hab.)

Le premier village de Saint-Joachim était situé sur la rive du fleuve à proximité de la ferme du Séminaire. Brûlé à la Conquête, il a été transféré sur son emplacement actuel dans les années qui ont suivi afin de le soustraire au tir des canons. Son isolement, en contrebas du mont Sainte-Anne, a permis de sauvegarder en partie son allure champêtre d'autrefois.

L'**église Saint-Joachim** ★★ *(165 rue de l'Église. ☎827-4020)*. La première église de Saint-Joachim (XVIIe siècle) a été incendiée par les troupes britanniques en 1759. L'église actuelle, déplacée à l'intérieur des terres au même moment que le village, fut terminée en 1779. Sa façade, refaite en 1895, n'a malheureusement aucun rapport avec le reste de l'édifice. De l'extérieur, cette église n'a en fait rien d'exceptionnel, mais il en va autrement de l'intérieur, qui constitue un véritable chef- d'œuvre d'art religieux au Québec.

La réalisation du décor intérieur, entre 1815 et 1825, introduit au Québec la notion de composition d'ensemble. Si auparavant le décor était strictement affaire d'ornement, il procède à Saint-Joachim d'un plan précis qui soumet la sculpture au cadre architectural dans le plus pur esprit néoclassique.

Ainsi, le sanctuaire offre une grande unité, une rigueur et un équilibre exceptionnels, mais aussi une richesse rarement atteinte dans une église de cette époque. François Baillairgé (1759-1830), qui a étudié à l'Académie Royale de Paris sous le règne de Louis XVI, et son fils Thomas ont réalisé cette œuvre majeure grâce au généreux legs du curé Corbin.

Lorsque l'on pénètre dans l'église, le regard est attiré vers le chœur et son retable triomphal, composé du maître-autel, antérieur au reste du décor (1785), et surmonté d'une toile de l'abbé Aide- Créquy intitulée *Saint Joachim et la Vierge* (1779). Le tout est encadré par quatre magnifiques colonnes à l'antique, entre lesquelles prennent place des statues, entièrement dorées, des quatre évangélistes : Marc, Mathieu, Jean et Luc. Ceux-ci sont représentés assis sur des socles et ornés de leurs attributs respectifs. En face de l'église, on peut voir le presbytère de 1828, avec ses deux portails néoclassiques donnant respectivement accès à la cure et à la salle des habitants.

Au-delà de l'église, prenez à gauche le chemin du Cap.

★★ Cap Tourmente

Ce cap est le dernier soubresaut de la plaine du Saint-Laurent sur la rive nord, avant que le massif laurentien n'entre directement en contact avec le fleuve Saint-Laurent. Sa colonisation, qui commence dès le début du XVIIe siècle, est liée aux premières tentatives de peuplement de la Nouvelle-France. Samuel de Champlain, fondateur de Québec, y établit une ferme en 1626, dont les vestiges ont été mis au jour.

Exploitées par la Société des sieurs de Caen, les terres du cap Tourmente sont acquises par Mgr Laval en 1662. Elles passent bientôt entre les mains du Séminaire de Québec, qui aménage au fil des ans une maison de repos pour les prêtres, une école, une colonie de vacances et, surtout, une vaste ferme qui doit subvenir aux besoins alimentaires de l'institution, en plus de lui procurer des revenus appréciables.

À la suite de la Conquête, le Séminaire déplace le siège de sa seigneurie de Beaupré au cap Tourmente, laissant derrière les ruines du château Richer. Il fait construire, entre 1777 et 1781, le **Château Bellevue** ★, superbe bâtiment doté d'un portail néoclassique en pierre de taille. La chapelle Saint-

Félix Leclerc

Félix Leclerc, l'un des plus grands chansonniers et poètes québécois, est né en août 1914 à La Tuque, en Mauricie. Mais c'est de l'île d'Orléans, près de Québec, qu'il fit sa dernière demeure. Lui qui avait commencé sa carrière à la radio a toujours été un homme de voix. Par ses chansons, ses poèmes et ses contes, il a su exprimer, de la plus belle des façons, le monde et les hommes.

Lauréat de plusieurs prix internationaux, il vécut une partie de sa vie à Paris, où il a interprété ses chansons *Le P'tit bonheur*, *Moi mes souliers*, etc. sur les plus grandes scènes. En plus de chanter, il a écrit de la poésie (*Calpin d'un flâneur*, *Chansons pour tes yeux*), des pièces de théâtre (*Qui est le père?*, *Dialogues d'hommes et de bêtes*), des contes (*Adagio*, *Allegro*, *Andante*), des romans (*Le fou de l'île*, *Pieds nus dans l'aube*). Il fonde des compagnies théâtrales, monte des séries radiophoniques, endisque, publie... Cet homme fougueux savait par-dessus tout s'émouvoir et émouvoir.

C'est en 1969, à son retour au Québec, qu'il bâtit sa maison à Saint-Pierre, sur l'île d'Orléans, où il s'installe avec sa famille. Cette île, qui l'avait ensorcelée lors d'un premier séjour en 1946, il a su l'explorer et en tirer son inspiration. Dans sa chanson *Le Tour de l'île*, il en dit : «*L'île, c'est comme Chartres, c'est haut et propre, avec des nefs, avec des arcs, des corridors et des falaises.*»

Sur cette île, il habita pendant près de 20 ans. Il s'y est éteint le 8 août 1988, entouré de sa femme, de sa fille et de son fils, leur laissant, à eux et à tous les Québécois, un important héritage à chérir.

Louis-de-Gonzague (1780) s'ajoute à l'ensemble, trop bien dissimulé dans les arbres.

Réserve nationale de faune du Cap-Tourmente ★★, voir p 463.

Pour retourner vers Québec, complétez la boucle formée par le chemin du Cap jusqu'à Saint-Joachim, puis poursuivez en direction de Beaupré avant d'emprunter la route 138 Ouest. Il est possible de lier la visite de la côte de Beaupré à celle de la région voisine, Charlevoix, dont on retrouve le circuit à la page 581. Pour ce faire, rejoignez la route 138 Est par le chemin sinueux en pente prononcée qui s'étend au nord-est du village de Saint-Joachim. Tournez à droite en direction de Baie-Saint-Paul.

★★

Circuit B : L'île d'Orléans (un jour)

Cette île de 32 km sur 5 km, située au milieu du fleuve Saint-Laurent et en aval de Québec, est synonyme de vieilles pierres. C'est en effet, de toutes les régions du Québec, l'endroit le plus évocateur de la vie rurale en Nouvelle-France. Lorsque Jacques Cartier l'aborde en 1535, elle est couverte de vignes sauvages, d'où son premier nom d'«île de Bacchus». Elle sera toutefois rebaptisée en hommage au duc d'Orléans quelque temps après. À l'exception de Sainte-Pétronille, les paroisses de l'île voient le jour au XVIIe siècle, entraînant une colonisation rapide de l'ensemble du territoire.

En 1970, le gouvernement du Québec faisait de l'île d'Orléans un arrondissement historique, afin de la soustraire au développement effréné de la banlieue et, surtout, afin de mettre en valeur ses églises et maisons anciennes, dans le cadre d'un vaste mouvement de retour aux sources des Québécois de souche française. Depuis 1936, l'île est reliée à la terre ferme par un pont suspendu. L'île d'Orléans est également connue pour être le pays de Félix Leclerc (1914-1988), le plus célèbre poète et chansonnier québécois.

De Québec, empruntez l'autoroute Dufferin-Montmorency (440) en direction du pont de l'île. Traversez le fleuve, et prenez à droite la route 368, aussi appelé chemin Royal, qui permet de faire le tour de l'île d'Orléans.

★ Sainte-Pétronille (1 170 hab.)

Paradoxalement, Sainte-Pétronille est à la fois le site du premier établissement français de l'île d'Orléans et sa plus récente paroisse. Dès 1648, François de Chavigny de Berchereau et son épouse, Éléonore de Grandmaison, y établissent une ferme, qui accueillera également une mission huronne. Mais les attaques incessantes des Iroquois inciteront les colons à s'installer plus à l'est, en face de Sainte-Anne-de-Beaupré. Ce n'est qu'au milieu du XIXe siècle que Sainte-Pétronille voit le jour, grâce à la beauté de son site, qui attire de nombreux estivants. Les marchands anglophones de Québec s'y font construire de belles résidences secondaires. Plusieurs d'entre elles ont survécu aux outrages du temps et sont visibles en bordure de la route.

Éléonore de Grandmaison aura au cours de sa vie quatre maris. Après la mort de François de Chavigny, elle épouse Jacques Gourdeau, qui donnera son nom au fief, propriété de sa femme. Le **manoir Gourdeau** *(137 ch. Royal)*, dominant le fleuve du haut d'un promontoire, porte le nom de Gourdeau, même si sa date de construction ne coïncide pas exactement avec la période de la vie du couple. Le long bâtiment aurait été vraisemblablement entrepris à la fin du XVIIe siècle, mais a été considérablement agrandi et modifié par la suite.

Tournez à droite sur la rue Horatio-Walker, qui mène à la berge et à une promenade. La **maison Horatio-Walker** ★ *(11 et 13 rue Horatio-Walker)*. Le bâtiment de brique rouge et la maison recouverte de stuc furent respectivement l'atelier et le lieu de résidence du peintre Horatio Walker de 1904 à 1938. L'artiste d'origine britannique affectionnait la culture française et le calme propice à la méditation de l'île d'Orléans. Son atelier, œuvre de Harry Staveley, demeure toutefois un bel exemple d'architecture anglaise de type Arts and Crafts.

La famille Porteous, d'origine anglaise, s'est installée à Québec dès la fin du XVIIIe siècle. En 1900, elle fait aménager le **domaine Porteous** ★ *(253 ch. Royal)*, entouré de superbes jardins qu'elle baptise «La Groisardière». La demeure est peut-être la première résidence à faire revivre certains traits de l'architecture traditionnelle québécoise, puisque l'on y retrouve des boiseries d'inspiration Louis XV, en plus de son gabarit général, proche de celui du manoir Mauvide-Genest de Saint-Jean (voir ci-dessous).

On y trouve aussi plusieurs toiles marouflées de William Brymner et de Maurice Cullen représentant des scènes champêtres de l'île d'Orléans ainsi que des détails Art nouveau. Le domaine, aujourd'hui propriété du Foyer de Charité Notre- Dame-d'Orléans, a été augmenté en 1961-1964 par l'ajout d'une aile supplémentaire et d'une chapelle dans l'axe de l'entrée.

Saint-Laurent (1 612 hab.)

Jusqu'en 1950, on fabriquait à Saint-Laurent des chaloupes (barques) et des yachts à voiles dont la renommée s'étendait aux États-Unis et à l'Europe. Quelques vestiges de cette activité, aujourd'hui totalement disparue, sont conservés en retrait de la route à proximité de la berge. Le village, fondé en 1679, recèle quelques bâtiments anciens tels que la belle **maison Gendreau** de 1720 *(2387 ch. Royal, à l'ouest du village)* et le **moulin Gosselin**, qui abrite un restaurant *(758 ch. Royal, à l'est du village)*.

Chapelle Sainte-Famille

Le tout petit économusée de la **Forge à Pique-Assaut** *(juin à oct tlj 9hà 17h, mi-oct à juin sam-dim, 2200 ch. Royal,* ☎*828-9300)* vous permet de vous familiariser avec le métier des forgerons en les observant à l'ouvrage devant le grand four ou en prenant part à une visite guidée. On trouve une boutique à l'étage (voir p 475).

Le **Parc maritime de Saint-Laurent** *(2$; mi-juin à début sept tlj 10h à 17h, reste de l'année sur réservation; 120 ch. de la Chalouperie,* ☎*828-2322 ou 828-9672,* ⇄*828-2170)* a été aménagé sur le site du chantier maritime St-Laurent. On peut y voir l'atelier de la «chalouperie» Godbout, une entreprise familiale, érigé vers 1840, de même qu'un ensemble de près de 200 outils artisanaux. Derrière le bâtiment, un sentier descend au bord du fleuve, et l'on peut y louer des chaloupes pour une petite balade.

★★ Saint-Jean (894 hab.)

Saint-Jean était, au milieu du XIXe siècle, le lieu de prédilection des pilotes du Saint- Laurent, qui guidaient les navires dans leur difficile cheminement à travers les courants et les rochers du fleuve. Certaines de leurs maisons néo-classiques ou Second Empire subsistent le long du chemin Royal, témoignant du statut privilégié de ces marins, indispensables à la bonne marche de la navigation commerciale.

On trouve à Saint-Jean le plus important manoir du Régime français encore existant, le **manoir Mauvide-Genest** ★★ Il a été construit en 1734 pour Jean Mauvide, chirurgien du roi, et son épouse, Marie- Anne Genest. Le beau bâtiment en pierre, revêtu d'un crépi blanc, adopte le style traditionnel de l'architecture normande. Le domaine devient manoir au milieu du XVIIIe siècle, lorsque Mauvide, qui s'est enrichi dans le commerce avec les Antilles, achète la moitié sud de la seigneurie de l'île d'Orléans. Le manoir est présentement en rénovation et donc fermé au public.

En 1926, Camille Pouliot, descendant de la famille Genest, se porte acquéreur du manoir, qu'il restaure et auquel il ajoute la cuisine d'été et la chapelle. Il le transforme bientôt en musée, où sont regroupées des pièces de mobilier et des objets de la vie traditionnelle. Ainsi, Pouliot devient l'un des premiers à s'intéresser activement au patrimoine québécois. Le manoir abrite toujours un musée, réservé aux meubles anciens et aux objets usuels de fabrication artisanale, cependant que le rez-de-chaussée abrite un restaurant.

L'**église Saint-Jean** ★ *(2001 ch. Royal)* a été commencée en 1734, mais a subi de multiples modifications et agrandissements par la suite, notamment en 1852, lorsque Louis-Thomas Berlinguet lui donne sa façade-écran actuelle, plus large que la nef, qui n'est pas sans rappeler celle de la cathédrale de Québec. L'influence palladienne transparaît dans la serlienne, au-dessus du portail central, et dans le gracieux clocher à la mode londonienne.

L'intérieur, maintes fois remanié, comprend un intéressant banc d'œuvre, surmonté d'un dais (1812) de Louis-Basile David, ainsi que trois tableaux d'Antoine Plamondon : *Saint François-Xavier prêchant aux Indes* (1836), *La mort de saint Joseph* (1846) et *Les Miracles de sainte Anne* (1856). Le presbytère Second Empire, la salle des habitants et le cimetière complètent l'ensemble institutionnel, fort bien situé dans la perspective du chemin Royal.

★

Saint-François (483 hab.)

Le plus petit village de l'île d'Orléans a conservé plusieurs bâtiments de son passé. Certains d'entre eux sont cependant éloignés du chemin Royal et sont donc difficilement perceptibles depuis la route 368. La campagne environnante est charmante et offre quelques points de vue agréables sur le fleuve, Charlevoix et la côte de Beaupré. On trouve encore, à Saint-François, la fameuse vigne sauvage qui avait valu à l'île son premier nom d'«île Bacchus».

L'**église Saint-François** ★ *(341 ch. Royal)*, érigée en 1734, a retrouvé sa simplicité du Régime français à la suite d'un incendie dévastateur, survenu en 1988, qui ne laissa debout que les épais murs de moellons du temple. Le décor intérieur raffiné, réalisé selon les plans de Thomas Baillairgé entre 1835 et 1840, est donc perdu à jamais. Derrière l'église, on peut voir une ancienne école en bois construite vers 1830 pour la fabrique de la paroisse.

À la sortie du village, une halte routière, avec une **tour d'observation** ★★, offre une vue remarquable vers le nord et l'est. On peut apercevoir les îles Madame et au Ruau, au milieu du Saint-Laurent, qui marquent la limite entre l'eau douce et l'eau salée du fleuve, le mont Sainte-Anne, couvert de pistes de ski, et dans le lointain, Charlevoix, sur la rive nord, ainsi que les seigneuries de la Côte-du-Sud, sur la rive sud.

★

Sainte-Famille (1 026 hab.)

La doyenne des paroisses de l'île d'Orléans a été fondée par Mgr Laval en 1666 afin de regrouper, en face de Sainte- Anne-de--Beaupré, les colons jusque-là concentrés dans les environs de Sainte-Pétronille. Sainte-Famille recèle plusieurs témoins du Régime français, dont sa célèbre église, l'une des meilleures réalisations de l'architecture religieuse en Nouvelle-France et la plus ancienne église à deux tours du Québec.

La belle **église Sainte-Famille** ★★ *(3915 ch. Royal)* a été construite, entre 1743 et 1747, en remplacement de la première église de 1669. Le curé Dufrost de Lajemmerais, s'inspirant de l'église des jésuites de Québec, aujourd'hui détruite, fait ériger deux tours coiffées de toitures à l'impériale en façade. L'unique clocher se trouve alors au faîte du pignon. Autre élément inusité : l'aménagement de cinq niches et d'un cadran solaire (détruit) autour de l'entrée, qui confèrent une grande originalité à l'édifice.

Au XIXe siècle, de nouvelles statues sont installées dans les niches, et les toits à l'impériale font place à deux nouveaux clochers, ce qui porte leur nombre à trois, un cas unique au Québec.

Bien que modifié à quelques reprises, le décor intérieur comporte plusieurs éléments d'intérêt. Sainte- Famille est au XVIIIe siècle une paroisse riche; elle peut donc se permettre d'entreprendre la décoration de son église dès le gros œuvre terminé. Ainsi, en 1748, Gabriel Gosselin installe une première chaire; puis en 1749, Pierre-Noël Levasseur réalise l'actuel tabernacle du maître- autel. C'est en 1812 que Louis-Basile David compose la belle voûte à caissons, dans l'esprit de l'école de Quévillon.

Plusieurs tableaux ornent l'église, dont *La Sainte Famille*, peint par frère Luc pendant son séjour au Canada en 1670, *La Dévotion au Sacré-Cœur de Jésus*, de Louis-Augustin Wolff (1766), et *Le Christ en Croix*, de François Baillairgé (vers 1802). Du terrain de l'église, on bénéficie de belles vues sur le fleuve et la côte de Beaupré.

La plupart des maisons de ferme du Régime français de l'île d'Orléans ont été construites à une bonne distance de la route. En outre, elles sont aujourd'hui des propriétés recherchées dont le caractère privé est jalousement gardé par leurs propriétaires, ce qui rend toute visite improbable. Heureusement, grâce à une fondation de citoyens, la **maison Drouin** ★★ *(2$; fin juin à m-oct tlj 11h à 18h; ☎829-0330)* s'ouvre chaque été aux visiteurs curieux.

Il s'agit d'une des plus vieilles maisons de l'île, et même du Québec puisqu'elle fut bâtie autour de 1675 et agrandie en 1725. Elle s'élève en bordure de la route dans une courbe du chemin Royal et a été construite avec de grosses pierres des champs et des poutres de bois. Son histoire vous sera racontée par des guides en costume d'époque mimant la vie quotidienne des anciens habitants de la demeure.

Cette maison possède toutes les caractéristiques de l'architecture rustique, encore mal adaptée au contexte climatique difficile et soumis à l'isolement par rapport à la mère patrie, loin de l'autre côté de l'Atlantique. Le carré de pierres est bas, et donc à demi enfoui sous la neige en hiver. Les ouvertures sont timides et les pignons sont recouverts de bardeaux de cèdre afin de protéger la maçonnerie. Les trois pièces du rez-de-chaussée ainsi que son deuxième étage respirent ce qui fut autrefois l'environnement des premiers colons. Des antiquités, meubles et outils, habitent aussi la maison et sauront vous illustrer encore mieux la vie des pionniers. Une belle visite!

Saint-Pierre (2 075 hab.)

La plus urbanisée des paroisses de l'île a quelque peu perdu de son charme, avant que l'ensemble du site ne soit classé. Elle demeure néanmoins un lieu important dans la mémoire collective des Québécois, car le chansonnier et poète Félix Leclerc (1914-1988) y a longtemps vécu. L'auteur du *P'tit Bonheur* a été le premier à faire connaître la chanson québécoise en Europe dans les années cinquante. Il est inhumé au cimetière local.

L'**église Saint-Pierre** ★ *(1249 ch. Royal)*, cet humble édifice érigé en 1716, est la plus ancienne église villageoise qui subsiste au Canada. Elle est aussi l'une des rares survivantes d'un modèle fort répandu en Nouvelle- France, comportant un seul portail surmonté d'un œil-de-bœuf en façade. La plupart de ces petites églises au toit pointu ont été détruites au XIXe siècle pour être remplacées par des structures plus élaborées. L'intérieur de l'église Saint-Pierre, saccagé à la Conquête, a été refait à la fin du XVIIIe siècle. On notera tout particulièrement les autels de Pierre Émond (1795), ornés des armoiries papales.

L'église a été abandonnée en 1955, au moment de l'inauguration du temple actuel, situé à proximité. Menacé de démolition, le vénérable édifice a été pris en charge par le gouvernement du Québec. Conservé intact depuis cette date, il renferme des équipements aujourd'hui disparus de la plupart des églises du Québec tels qu'un poêle central, doté d'un long tuyau de tôle, et des bancs à portes permettant d'afficher la propriété privée de ces espaces fermés et de les chauffer à l'aide de briques chaudes et de peaux.

La boucle est maintenant complétée. Tournez à droite pour regagner Québec.

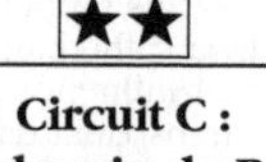

Circuit C : Le chemin du Roy (un jour)

À l'exception de Sillery, près de Québec, les villes et villages de ce circuit bordent le chemin du Roy, première route carrossable tracée entre Montréal et Québec à partir de 1734. Ce chemin, qui longe le fleuve Saint-Laurent (dont plusieurs tronçons subsistent en parallèle avec la route 138) est l'un des plus pittoresques du Canada avec ses belles maisons d'inspiration française, ses églises et ses moulins du XVIIIe siècle.

★★ Sillery (13 082 hab.)

Cette banlieue cossue de Québec conserve plusieurs témoins des épisodes contrastés de son histoire, influencée par la topographie dramatique des lieux. La ville est en effet répartie entre la base et le sommet de la haute falaise qui s'étend depuis le cap Diamant jusqu'à Cap-Rouge. En 1637, les jésuites y fondent, sur les berges du fleuve Saint-Laurent, une mission destinée à convertir les Algonquins et les Montagnais qui viennent chaque été pêcher dans les anses en amont de Québec. Ils baptisent leur domaine fortifié du nom du bienfaiteur de la mission, Noël Brulart de Sillery, aristocrate récemment converti par saint Vincent de Paul.

Au siècle suivant, Sillery est déjà un lieu recherché pour la beauté de son site. Les jésuites reconvertissent leur mission en maison de campagne, et l'évêque de Samos vient y ériger une première villa (1732). À la suite de la Conquête, Sillery devient le lieu de prédilection des administrateurs, militaires et marchands britanniques, qui se font construire de luxueuses villas sur la falaise, dans l'esprit romantique, alors en vogue en Angleterre.

Le faste de ces habitations, entourées de vastes parcs à l'anglaise, fait contraste avec les maisons ouvrières qui s'agglutinent au bas de la falaise. Les occupants de celles-ci travaillent aux chantiers navals qui, depuis le blocus de Napoléon en 1806, font fortune en fabriquant les vaisseaux de la marine britannique avec le bois acheminé de l'Outaouais. Ces chantiers, installés dans les anses protégées de Sillery, ont tous disparu avant l'aménagement du boulevard Champlain vers 1960.

Le **siège social de L'Industrielle- Alliance** *(1080 ch. St-Louis)*, cette «villa» des temps modernes construite pour une grande compagnie d'assurances, est l'une des meilleures réalisations de l'architecture de l'après-guerre à Québec. L'œuvre des architectes Pierre Rinfret et Maurice Bouchard (1950-1952) s'intègre à un beau jardin dans l'esprit des demeures du XIXe siècle.

Le **parc du Bois-de-Coulonge** ★ *(entrée libre; tlj; 1215 ch. St-Louis, ☎528-0773, ≠528-0833)* se trouve à l'est en bordure du chemin Saint- Louis. Ce beau parc à l'anglaise entourait jadis la résidence du lieutenant-gouverneur du Québec. Certaines dépendances du palais, incendié en 1966, ont survécu, comme le pavillon du gardien et les écuries. À la limite est du parc, on peut voir un ravin au fond duquel coule le ruisseau Saint-Denys.

C'est par cette ouverture dans la falaise que les troupes britanniques purent accéder aux plaines d'Abraham, où devait se jouer le sort de la Nouvelle-France. Aujourd'hui, le parc du Bois-de-Coulonge, membre des Jardins du Québec, offre aux promeneurs de magnifiques jardins ainsi qu'un petit arboretum bien aménagé.

La **villa Bagatelle** ★ *(2$; mars à déc mar-dim 12h à 17h; 1563 ch. St-Louis, ☎688-8074)* logeait autrefois un attaché du gouverneur britannique, qui habitait la propriété voisine du parc du Bois-de-Coulonge. La villa, construite en 1848, est un bon exemple de l'architecture résidentielle néogothique du XIXe siècle. La maison et son jardin victorien ont été admirablement restaurés en 1984 et sont maintenant ouverts au public. On y trouve un intéressant centre d'interprétation des villas et domaines de Sillery.

Sur l'avenue Lemoine, qui longe la villa Bagatelle au sud, on peut voir la **villa Spencer Grange** *(1321 av. Lemoine)*, érigée en 1849 pour Henry Atkinson. Elle a été habitée par l'impératrice déchue d'Autriche, Zita de Bourbon- Parme, et sa famille durant la Seconde Guerre mondiale.

L'**église St. Michael** *(1800 ch. St-Louis)* desservait autrefois l'importante communauté anglicane de Sillery. Elle a été construite en 1852 dans le style néogothique. À proximité se trouvent le **cimetière protestant Mount Hermon** et le **couvent des sœurs de Sainte- Jeanne-d'Arc** (1917), vaste édifice aux allures de château fort.

Tournez à gauche dans la côte de l'Église.

Une courte excursion facultative permet d'aller voir le **cimetière de Sillery**, *où est inhumé René Lévesque, fondateur du Parti québécois et premier ministre du Québec de 1976 à 1984. Pour vous y rendre, tournez plutôt à droite sur l'avenue Maguire, puis à gauche sur le boulevard René-Lévesque Ouest.*

L'**église Saint-Michel** ★ *(à l'angle du chemin du Foulon et de la côte de l'Église)*. L'église catholique de Sillery possède plusieurs points en commun avec sa contrepartie anglicane, dont le patronyme et le style néogothique. Les deux temples ont, en outre, été érigés au même moment (1852). L'église Saint-Michel, de l'architecte George Browne, est toutefois beaucoup plus vaste. Elle renferme cinq tableaux de la célèbre collection «Desjardins», dont des toiles autrefois suspendues dans les églises parisiennes et ensuite dispersées lors des Ventes révolutionnaires de 1792, avant d'être rachetées par l'abbé Desjardins.

De l'**observatoire de la Pointe-à-Puiseaux**, situé en face du parvis de l'église, on embrasse du regard un vaste panorama du fleuve Saint-Laurent et de la Rive-Sud. On remarquera à droite le pont de Québec, en avant-plan, et le pont Pierre-Laporte, en arrière-plan. En bas de la côte, tournez à droite sur le chemin du Foulon, qui tire son nom d'un moulin à carder et à fouler la laine, autrefois en activité dans le secteur.

La **maison des jésuites de Sillery** ★★ *(contribution*

volontaire; juin à sept 11h à 17h, oct à mai 13h à 17h, fermé lun; 2320 ch. du Foulon, ☎654-0259 ou 688-8074, ≠684-0991), faite de pierres revêtues de crépi blanc, occupe le site de la mission des jésuites, dont on peut encore voir les ruines tout autour. Au XVIIe siècle, la mission comprenait une fortification de pierre, une chapelle et une maison pour les pères, en plus des habitations des Amérindiens.

Les maladies européennes comme la variole et la rougeole ayant décimé les populations autochtones, la mission fut transformée en maison de repos en 1702. C'est à cette époque que fut construite la demeure actuelle, fier bâtiment doté d'imposantes souches de cheminée. En 1763, la maison est louée à John Brookes et à son épouse, la romancière Frances Moore Brookes, qui la rend célèbre en y situant l'action de son roman *The History of Emily Montague*, publié à Londres en 1769.

C'est aussi à ce moment que la structure est rabaissée et que les ouvertures sont rapetissées dans la tradition des *salt-box* de la Nouvelle-Angleterre. La maison présentera dorénavant deux étages sur la devanture et un seul à l'arrière, couverts par une toiture à pentes asymétriques.

En 1824, la chapelle disparaît alors que la demeure sert de brasserie. Elle abritera par la suite les bureaux de divers chantiers navals. En 1929, la maison des jésuites devient un des trois premiers édifices classés historiques par le gouvernement du Québec. Depuis 1948, s'y trouve un musée qui met en relief l'intérêt patrimonial du site, riche de plus de 350 ans d'histoire.

Poursuivez sur le chemin du Foulon, puis remontez sur la falaise, à droite, en empruntant la côte à Gignac.

Au bout de l'avenue Kilmarnock, à droite, se dresse la villa du même nom, aujourd'hui encerclée par des maisons de banlieue. Il s'agit de la plus ancienne des villas de Sillery puisque sa construction remonte à 1810. Le long de l'avenue de la Falaise, à gauche, l'urbaniste français Jacques Gréber a créé en 1948 l'une des premières banlieues de l'après-guerre. En haut de la côte, tournez à droite sur le chemin Saint-Louis.

Le **domaine Cataraqui** ★ *(5$; sept à mai mar-dim 10h à 17h; 2141 ch. St-Louis, ☎681-3010)*, le plus complet des domaines qui subsistent à Sillery, comprend une grande résidence néoclassique, dessinée en 1851, un jardin d'hiver et de nombreuses dépendances disposées dans un beau parc restauré. La maison a été commandée par le marchand de bois Henry Burstall, dont l'entreprise était établie au bas de la falaise.

En 1935, Cataraqui devient la résidence du peintre Henry Percival Tudor-Hart et de son épouse, Catherine Rhodes. Pour éviter que le domaine ne soit morcelé à l'instar de plusieurs autres, il est acheté par le gouvernement du Québec en 1975. On peut aujourd'hui visiter la maison, ses serres et ses superbes jardins, où se tiennent régulièrement des expositions et des concerts. Au début de l'automne, on peut y assister aux concerts du **Festival de musique ancienne de Sillery**.

La **villa Benmore** *(2071 ch. St-Louis)* offre un décor intérieur de style néogothique très original, réalisé en 1834 par l'architecte George Browne, alors fraîchement débarqué d'Irlande. Comme plusieurs anciennes villas, la maison est maintenant propriété d'une communauté religieuse et a subi plusieurs agrandissements.

Reprenez le chemin Saint-Louis vers l'ouest.

La **maison Hamel-Bruneau** *(entrée libre; mar-dim 12h30 à 17h, mer jusqu'à 21h; 2608 ch. St-Louis, ☎654-4325, ≠654-4151)* est un bel exemple du style Regency, tel que popularisé dans les colonies britanniques au début du XIXe siècle. Celui-ci se définit notamment par la présence de larges toitures à croupes couvrant une galerie basse et enveloppante. La maison Hamel-Bruneau, qui comporte toutefois des fenêtres françaises, a été restaurée avec soin et transformée en centre culturel par la Ville de Sainte- Foy.

Tournez à gauche sur l'avenue du Parc pour accéder à l'Aquarium du Québec.

L'**Aquarium du Québec** *(9,50$; tlj 9h à 17h; 1675 av. des Hôtels, Ste-Foy, ☎659-5264)*, abritant quelque 250 espèces de poissons, de mammifères marins et de reptiles, est d'une grande richesse. Parmi les animaux originaires du Québec, on y trouve trois espèces de phoques. Le vaste terrain qui entoure l'aquarium offre au visiteur des sentiers de promenade et des aires de pique-nique avec vue sur le fleuve.

Revenez sur le chemin Saint-Louis, que vous emprunterez vers l'ouest en direction de Cap-Rouge, où vous suivrez la rue Louis-Francoeur, à droite, avant de descendre la côte de Cap-Rouge, à gauche.

Cap-Rouge (14 738 hab.)

Jacques Cartier et le sieur de Roberval tentent d'implanter une colonie française à Cap- Rouge dès 1541. Ils baptisent leurs campements Charlesbourg-Royal et France-Roy. Les malheureux qui les accompagnent ne se doutent pas encore qu'il fait froid en janvier au Canada et construisent de frêles habitations de bois dotées de fenêtres en papier! La plupart mourront au cours de l'hiver, victimes du froid mais aussi du scorbut, maladie provoquée par une carence en vitamine C dans l'organisme. Les autres rentreront en France au printemps.

Au **Site historique de Cap-Rouge** *(à l'extrémité de la côte de Cap-Rouge)*, on peut voir une plaque signalant l'emplacement de la première colonie française en Amérique. Cartier et Roberval avaient l'intention d'en faire le camp de base d'une mission destinée à trouver un passage vers l'Orient.

Empruntez la rue Saint-Félix vers l'ouest. Tournez à gauche sur le chemin du Lac puis encore à gauche sur le rang de la Butte, qui devient la route Tessier. Tournez à gauche sur la route 138 en direction de Saint-Augustin-de-Desmaures.

Saint-Augustin-de-Desmaures (13 249 hab.)

Cette banlieue de Québec était au centre de la seigneurie «De Maure», concédée en 1647 aux pauvres de l'Hôtel- Dieu. Au XVIIIe siècle, on y fait passer le chemin du Roy, qui conduit de Québec à Montréal. La municipalité est surtout connue pour le décor intérieur de son église, un beau travail d'ébénisterie québécoise.

L'apparence extérieure de l'**église Saint-Augustin** ★ *(325 route 138)*, construite entre 1808 et 1816, a été modifiée à plusieurs reprises. La dernière réfection de la façade, qui lui a donné cette allure vaguement *pueblo* du Nouveau-Mexique, remonte à 1933. Le décor intérieur est cependant plus attrayant. Il a été réalisé, à partir de 1816, par Olivier Dugal et François-Xavier Leprohon, et constitue un bon exemple de la persistance de l'art baroque au Québec. Le retable en avancée et la magnifique voûte aux multiples caissons losangés méritent une attention particulière. Les tableaux sont d'Antoine Plamondon. Avant de repartir, on notera à l'entrée du cimetière les deux hiboux, gardiens de la nuit, et l'ange annonçant la Résurrection.

Poursuivez sur la route 138 en direction de Neuville.

★ Neuville (1 125 hab.)

La région qui s'étend de Neuville à Grondines est traversée par une veine de pierre calcaire, exploitée depuis le Régime français pour la construction d'édifices prestigieux à travers le Québec. Il n'est donc pas étonnant de retrouver un fort contingent de bâtiments en moellons et en pierre de taille dans les villages environnants. De nos jours, c'est à Saint-Marc-des-Carrières, à l'ouest de Deschambault, que sont concentrées les quelques carrières où l'on procède encore à l'extraction et à la taille de la «pierre grise».

Le village de Neuville faisait autrefois partie de la seigneurie de la Pointe-aux-Trembles, concédée à l'ingénieur royal Jean Bourdon en 1653. Neuville est aujourd'hui répartie sur différents paliers, en bordure desquels sont érigées les maisons, favorisant ainsi les vues sur le fleuve Saint-Laurent. Cette disposition confère un charme particulier à cette portion du chemin du Roy.

Le **«Château» de Neuville** *(205 rte. 138)*, à gauche, à l'entrée du village, est une demeure fantaisiste érigée entre 1964 et 1972 avec des matériaux provenant de la démolition d'une centaine de maisons de la Grande Allée, à Québec.

La **maison Darveau** *(50 rte. 138)* a été construite en 1785 pour un des principaux tailleurs de pierre de Neuville, ce qui explique la présence d'encadrements en pierre de taille autour des ouvertures. À cet élément, inhabituel dans l'architecture rurale de l'époque, s'ajoute un portail classique d'un type commun en France, mais qui, réalisé dans un contexte colonial et apposé sur une simple habitation, représente quelque chose de tout à fait exceptionnel au Québec.

Tournez à droite sur la rue des Érables, 50 m plus loin.

La **rue des Érables** ★★ *(visite guidée; ☎286-3002)* se caractérise par une des plus importantes concentrations de maisons en pierre hors des grands centres. Cela s'explique, bien sûr, par l'abondance du matériau, mais aussi par la volonté des propriétaires d'illustrer les talents de constructeurs et de tailleurs de pierre de la main-d'œuvre locale.

Au numéro 500, on peut voir le manoir érigé pour Édouard Larue, qui se porte acquéreur de la seigneurie de Neuville en 1828. Cette vaste «Québécoise» est représentative de l'architecture rurale traditionnelle avec son carré de pierres surélevé, sa galerie qui court sur toute la longueur de la façade et sa toiture à larmiers retroussés.

La **chapelle Sainte-Anne** *(666 rue des Érables)* est la plus vaste de toutes les chapelles de procession du Québec. Elle a été construite vers le milieu du XVIIIe siècle par des paroissiens qui vouaient un culte particulier à sainte Anne.

En 1696, les villageois entreprennent la construction toute simple de l'**église Saint-François- de-Sales ★★** *(visites guidées; rue des Érables)*, qui sera augmentée et modifiée au cours des siècles suivants, au point que les composantes du bâtiment initial disparaîtront presque toutes. Ainsi, un nouveau chœur est érigé en 1761, puis c'est au tour de la nef d'être élargie en 1854; enfin, une nouvelle façade est mise en place en 1915.

L'intérieur comporte une pièce remarquable de l'art baroque en Nouvelle-France. Il s'agit d'un baldaquin en bois, commandé en 1695 pour la chapelle du palais épiscopal de Québec. En 1717, l'évêché échange le baldaquin contre du blé de Neuville afin de nourrir la population de la ville, alors en pleine disette.

Le beau maître-autel doré, rappelant une basilique coiffée d'un dôme, est l'un des premiers d'un genre fort populaire au Québec dans la première moitié du XIXe siècle. Il a été réalisé par François Baillairgé vers 1802. Une vingtaine de tableaux peints par Antoine Plamondon (1804-1895), originaire de Neuville, ornent les murs de la nef et du chœur.

À l'extrémité ouest de la rue des Érables, reprenez la route 138 à droite. Poursuivez vers l'ouest sur la route 138 en direction de Donnacona.

Le secteur de Pointe-aux-Trembles correspond à la zone rurale qui s'étend à l'ouest de Neuville. On y trouve de belles maisons d'esprit français et québécois, dans un paysage doux comme la brise du fleuve en juillet.

Tournez à gauche sur la rue Notre-Dame afin d'accéder au cœur de Donnacona.

Donnacona (6 304 hab.)

Un court arrêt dans cette ville papetière, dominée par les installations de la compagnie Domtar, permet de voir le barrage de l'entreprise, à l'embouchure de la rivière Jacques-Cartier, ainsi que la passe migratoire du saumon de l'Atlantique, située à proximité.

Autrefois, lors de sa migration, le saumon de l'Atlantique remontait la rivière Jacques- Cartier. Au cours des ans, avec la construction de barrages et le flottage du bois qui furent entrepris sur cette rivière, le nombre de saumons de l'Atlantique qui y venaient diminua peu à peu, et l'espèce disparut complètement en 1910. En 1979, on tenta, avec succès, de la réintégrer dans cet environnement.

Le débit de l'eau s'étant transformé en raison des multiples constructions, on dut construire la **passe migratoire** *(1$; fin juin à début sept tlj 8h à 20h, 1 rte. 138, Cap Santé, ☎875-1120 ou 800-409-2012)* pour favoriser sa migration. Aujourd'hui, on vient sur ce site pour observer les saumons remonter la rivière. La meilleure période pour en apercevoir est le mois de juillet. On peut aussi s'essayer à la difficile pêche au saumon!

Traversez le pont qui franchit la rivière Jacques-Cartier.

★ Cap-Santé (2 857 hab.)

Ce village agricole occupe un site admirable qui surplombe le fleuve Saint-Laurent. Faisant autrefois partie de la seigneurie de Portneuf, Cap-Santé se peuple lentement à partir de la fin du XVIIe siècle. S'il existe un village québécois typique, c'est peut-être celui-là...

Le **Site du fort Jacques-Cartier** *(non loin du 15 rue Notre-Dame)* est souligné par une plaque au bord de la route. L'ouvrage, érigé à la hâte en 1759, au plus fort de la guerre de Sept Ans, doit

Maison Deschambault

servir à retarder les Anglais dans leur progression vers Montréal. Le courageux chevalier de Lévis tente désespérément par ces mesures de sauver ce qui reste de la Nouvelle-France. L'attaque du fort ne durera qu'une petite heure, avant que les Français, mal équipés, ne capitulent. Il ne subsiste du fort de bois que des vestiges archéologiques. Cependant, le **manoir seigneurial** de Cap-Santé, érigé vers 1740 sur le même site, est toujours debout, bien dissimulé derrière une forêt.

Reprenez la route 138 à gauche.

Le chantier de l'**église de la Sainte-Famille** ★★ *(visites guidées; ☎ 286-3002)* de Cap-Santé, qui s'étire de 1754 à 1764 sous la gouverne du curé Joseph Filion, est grandement perturbé par la Conquête. Ainsi, les matériaux amassés pour compléter l'édifice sont réquisitionnés pour la construction du fort Jacques-Cartier.

Néanmoins, l'église, avec ses deux clochers et sa haute nef éclairée par deux rangées superposées d'ouvertures, constitue une œuvre ambitieuse pour l'époque et peut être considérée comme la plus vaste église villageoise construite sous le Régime français. Les trois belles statues de bois, installées dans les niches de la façade en 1775, ont miraculeusement résisté au climat rigoureux. Le revêtement de bois, imitant la pierre de taille, a cependant été ajouté au XIXe siècle. On remarquera, avant de pénétrer dans l'église, le beau cimetière boisé, à l'arrière, et le **presbytère**, réalisé selon les plans de Thomas Baillairgé en 1850.

Le décor de la nef et du chœur, refait en 1859, reprend les formes développées par les Baillairgé, lesquelles sont étirées vers le haut pour les adapter aux proportions inhabituelles des lieux. Le retable «en retour», qui annonce le néobaroque, permet d'aménager une sacristie dans l'espace résiduel de l'abside. Les toiles sont d'Antoine Plamondon, à l'exception de *La Présentation de Marie* au temple de Joseph Légaré (1825). Quant aux vitraux, ils ont été réalisés et installés par la firme Hobbs en 1926.

Le **Vieux Chemin** ★, aujourd'hui une simple rue isolée devant l'église, faisait à l'origine partie du chemin du Roy entre Montréal et Québec. C'est pourquoi on peut encore voir, en face du fleuve Saint-Laurent, plusieurs **maisons du XVIIIe siècle** fort bien conservées, qui ont valu au Vieux Chemin d'être classé parmi les rues les plus pittoresques du Canada.

Traversez **Portneuf** *avant de vous arrêter à Deschambault.*

★★

Deschambault (1 353 hab.)

La tranquillité de ce charmant village agricole au bord du fleuve Saint-Laurent a été un peu troublée par la construction d'une aluminerie. Deschambault a vu le jour grâce au seigneur Fleury de la Gorgendière, qui fit construire une première église sur le cap Lauzon en 1720. Le village s'est très lentement développé au gré des saisons, ce qui a permis d'en préserver les atouts.

La **maison Deschambault** *(128 rte. 138)* est visible au fond d'une longue allée bordée d'arbres. Il s'agit d'une grande maison de pierre dotée de murs coupe-feu et probablement construite à la fin du XVIIIe siècle. En 1936, elle n'était plus que ruine. Le gouvernement du Québec, qui en était alors propriétaire, entreprit de la restaurer, démarche fort inhabituelle à cette époque, qui a vu disparaître plusieurs morceaux du patrimoine québécois. Le manoir abrite de nos jours une charmante auberge (voir p 471) ainsi qu'un restaurant de fine cuisine française (voir p 474).

Tournez sur la rue de l'Église, à gauche, qui donne accès à la place du village.

Unique en son genre au Québec, l'**église Saint--Joseph** ★ *(120 rue St-Joseph)* de Deschambault présente une large façade comportant deux tours massives disposées légèrement en retrait et qui, au lieu de l'habituel pignon, est surmontée d'un toit à croupe orné d'une statue. Cette solide construction, réalisée entre 1835 et 1841, est l'œuvre de l'architecte Thomas Baillairgé. Les clochers néoclassiques d'origine ont cependant été détruits, pour être remplacés au XXe siècle par des caricatures de l'art de la Nouvelle-France.

Dix statues (1820) de Louis- Thomas Berlinguet ornent la partie supérieure du chœur, alors qu'un retable de 1890 ajoute une note néoromane à l'ensemble. Parmi les tableaux accrochés dans l'église, il faut souligner *L'Adoration des Mages* et *L'Adoration des bergers* (vers 1820) de Jean-Baptiste Roy-Audy.

Le **vieux presbytère** *(1,50$; juin à août tlj 9h à 17h, mai, sept, oct sam-dim 10h à 17h; 117 rue St-Joseph, ☎286-6891)* occupe un emplacement privilégié d'où l'on bénéficie d'un beau panorama du fleuve Saint-Laurent et de sa rive sud. Le petit bâtiment, isolé au milieu d'une vaste pelouse, a été érigé à partir de 1815 en remplacement du premier presbytère de 1735. Les fondations de celui-ci sont d'ailleurs visibles au sol devant l'entrée. En 1955, un antiquaire sauvait le vieux presbytère; puis, en 1970, une association de résidants y installait un centre d'exposition, ce qui témoigne de la vitalité de la communauté à l'égard de son patrimoine.

Reprenez la route 138 vers l'ouest. Ce tronçon du chemin du Roy est bordé par de nombreuses demeures québécoises traditionnelles bien conservées. Tournez à droite sur la rue de Chavigny.

Le magnifique **moulin de La Chevrotière** ★ *(2$; mi-juin à début sept tlj 10h à 17h; 109 rue de Chavigny, ☎286-6862, ⇄286-3503)* abrite de nos jours un centre d'apprentissage des métiers traditionnels de la construction. Chaque été, de jeunes artisans de l'ensemble du Québec viennent s'y familiariser avec les techniques préindustrielles du travail du bois, du fer et de la pierre.

L'imposant bâtiment est situé en bordure d'un ancien tronçon du chemin du Roy, rebaptisé rue de Chavigny en l'honneur de Joseph Chavigny de La Chevrotière, détenteur du fief du même nom, qui fit construire le moulin en 1802. La structure crépie, qui renferme la forge, tout à côté, est en fait le moulin original de 1766.

Reprenez la route 138 en direction de Grondines.

★ Grondines (669 hab.)

Au XVIIIe siècle, le village de Grondines était situé directement sur la rive du fleuve Saint-Laurent. On décida de le déplacer à l'intérieur des terres en 1831 pour en faciliter l'accès et pour le soustraire aux crues du fleuve. On trouve ainsi des vestiges d'esprit français entre le fleuve et la route 138, alors que le noyau, qui gravite autour de la rue Principale, est plus volontiers victorien.

Les citoyens de Grondines ont démontré une grande sensibilité à l'égard de leur environnement au cours des années quatre-vingt, alors qu'ils ont mené une chaude lutte, en vue de contrer un projet de traversée fluviale aérienne des lignes d'Hydro-Québec. Ils ont finalement obtenu gain de cause et sont les premiers à bénéficier d'une traversée sous-fluviale qui permet de préserver intactes les beautés du paysage.

Les vestiges de la première église en pierre de Grondines (1716) sont visibles à proximité du moulin. Après le déménagement du village, il fallut, bien sûr, aménager une nouvelle église, l'**église Saint- Charles-Borromée** ★ *(490 rte. 138)*. On demanda alors à Thomas Baillairgé, qui s'était illustré dans les paroisses voisines, de tracer les plans d'un temple digne de ce nom. Mais les fonds viennent à manquer, tant et si bien que la structure entreprise en 1832 demeure inachevée. Il faut attendre 1894 pour que l'église reçoive enfin des clochers. Mais le temps n'est plus au néoclassicisme, et l'architecture victorienne domine désormais. Les tours comme les ouvertures seront donc servies à la mode néogothique.

L'intérieur comporte quelques tableaux intéressants, dont *La Madone du Rosaire* de Théophile Hamel, audessus de l'autel latéral droit, et Saint Charles Borromée de Jean- Baptiste Roy-Audy. Le tabernacle du maître- autel est une œuvre des Levasseur sculptée en 1742. Il ne faut pas oublier, en ressortant, de jeter un coup d'œil sur le **presbytère néoclassique** de 1842, avec sa belle lucarne-fronton.

Même s'il a perdu de sa prestance depuis qu'il a été transformé en phare, à l'instar de plusieurs de ses semblables, le **moulin de Grondines** *(770 rue du Moulin)* demeure important puisqu'il est le plus ancien ouvrage du genre au Québec à nous être parvenu. Le moulin a été construit dès 1672 pour les religieuses hospitalières de l'Hôtel-Dieu de Québec, à qui la seigneurie de Grondines avait été concédée en 1637.

Le circuit du chemin du Roy prend fin à Grondines, mais peut être combiné à une visite de la région de la Mauricie–Centre du Québec, que l'on aborde à Sainte-Anne-de-la-Pérade (voir p 358).

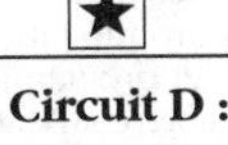

Circuit D : La Jacques-Cartier (trois jours)

Après un court passage au milieu des premières zones de peuplement de la Nouvelle-France, ce circuit aborde les secteurs de villégiature des Laurentides, pour enfin s'enfoncer dans la nature sauvage de la vallée de la rivière Jacques-Cartier et de la réserve faunique des Laurentides. Idéal pour le camping, les descentes de rivières et autres activités de plein air, le circuit de la Jacques- Cartier illustre à quel point la forêt vierge est proche de la grande ville.

★ Charlesbourg (73 962 hab.)

En Nouvelle-France, les seigneuries prennent habituellement la forme de longs rectangles quadrillés que parcourent les montées et les côtes. La plupart d'entre elles sont également implantées perpendiculairement à un cours d'eau important. Charlesbourg est la seule véritable exception à ce système, et quelle exception! En 1665, les jésuites, à la recherche de différents moyens pour peupler la colonie, tout en assurant sa prospérité et sa sécurité, développent sur leurs terres de la seigneurie de Notre-Dame- des-Anges un modèle d'urbanisme tout à fait original.

Il s'agit d'un vaste carré, à l'intérieur duquel des lopins de terre distribués en étoile convergent vers le centre, où sont regroupées les habitations. Celles-ci font face à une place délimitée par un chemin appelé le Trait-Carré où se trouvent l'église, le cimetière et le pâturage communautaire. Ce plan radioconcentrique, qui assure alors une meilleure défense contre les Iroquois, est encore perceptible de nos jours dans le Vieux-Charlesbourg. Deux autres initiatives du genre, Bourg Royal, à l'est, et Petite Auvergne, au sud, ne connaîtront pas le même succès, laissant peu de traces.

La seigneurie de Notre-Dame- des-Anges a été concédée aux jésuites dès 1626, ce qui en fait l'une des premières zones habitées en permanence par les Européens au Canada. Malgré cette présence ancienne et ce développement original, Charlesbourg conserve peu de bâtiments antérieurs au XIXe siècle. Cela s'explique par la fragilité des constructions et la volonté de se moderniser. Depuis 1950, Charlesbourg est devenue l'une des principales composantes de la banlieue de Québec et a perdu beaucoup de son unité.

Il est recommandé de garer sa voiture à proximité de l'église et de parcourir à pied le Trait-Carré.

L'**église Saint-Charles-Borromée** ★★ *(135 80e Rue O.)* a révolutionné l'art de bâtir en milieu rural au Québec. L'architecte Thomas Baillairgé, influencé par le courant palladien, innove surtout par la disposition rigoureuse des ouvertures de la façade, qu'il coiffe d'un large fronton. En outre, l'église de Charlesbourg a l'avantage d'avoir été réalisée d'un trait et d'être demeurée intacte depuis. Rien n'est donc venu contrecarrer le projet original. La construction est entreprise en 1828, et le magnifique décor intérieur de Baillairgé est mis en place à partir de 1833.

Au fond du chœur, plus étroit que la nef, se trouve le retable en arc de triomphe, au centre duquel prend place un tabernacle, rappelant la basilique Saint-Pierre de Rome, et une toile du XVIIe siècle d'après Pierre Mignard intitulée ***Saint Charles Borromée*** distribuant la communion aux pestiférés de Milan. Deux belles statues de Pierre-Noël Levasseur, datées de 1742, complètent l'ensemble. Au sortir, on aperçoit le vaste presbytère Second Empire de 1876, témoin du statut privilégié des curés de village au XIXe siècle, et la Bibliothèque municipale, installée dans l'ancien collège Saint-Charles (1904).

Prenez la 1re Avenue vers le sud, puis tournez à gauche sur la rue du Trait-Carré Est, qui conduit au chemin Samuel.

La **maison Éphraïm-Bédard** *(entrée libre; mi- juin à mi-août mer-dim 12h à 19h, début sept à fin juin mar et jeu 13h30 à 16h; 7655 ch. Samuel, ☎628-8278 ou 624-7740)*, en pièce sur pièce (fin XVIIIe siècle), est l'une des rares survivantes du Vieux- Charlesbourg. La société historique locale y est installée depuis 1986 et y présente une exposition sur l'évolution du Trait-Carré. Les cartes anciennes et les photos aériennes exposées permettent de mieux comprendre la physionomie particulière de Charlesbourg. La société organise aussi des visites guidées du secteur.

Si l'on reprend la rue du Trait-Carré Est, on peut voir, au numéro 7970, la **maison Magella-Paradis** *(mar et jeu 13h30 à 16h, mi-juin à début sept mer-dim 13h à 19h; ☎623-1877)* de 1833, qui accueille parfois des expositions. Un peu plus loin, au numéro 7985, la **maison Pierre-Lefevbre**, de 1846, abrite la **Galerie d'art du Trait-Carré** *(entrée libre; fin juin à mi-août mer-dim 12h à 19h, début sept à fin juin jeu-ven 19h à 22h, sam 13h à 22h et dim 13h à 18h, ☎623-1877)*, où sont présentées des œuvres d'artistes locaux.

Tournez à droite sur la 80e Rue Est. À l'angle du boulevard Henri-Bourassa se trouve l'ancien moulin des jésuites.

Le **moulin des jésuites** ★ *(entrée libre; mi-juin à mi-août tlj 10h à 19h, mi-août à mi-juin sam-dim 10h à 17h; 7960 boul. Henri-Bourassa, ☎624-7720, ≠624-7519)*. Ce joli moulin à eau, en moellons crépis, est le plus ancien bâtiment de Charlesbourg. Il a été érigé en 1740 pour les jésuites, alors seigneurs des lieux. Après plusieurs décennies d'abandon, le bâtiment de deux étages a enfin été restauré en 1990 et accueille maintenant le **Centre d'interprétation du Trait-Carré**. On y organise aussi des concerts et des expositions.

Pour les petits comme pour les grands, une visite au zoo c'est un émerveillement garanti. Le **Jardin zoologique du Québec** ★ *(6$; tlj 9h à 17h; 9300 rue de la Faune, ☎622-0312, ≠646-9239, www.spsnq.qc.ca)* est un beau site où les espaces verts et fleuris prédominent et où l'on peut se balader dans la détente voire même, en hiver, le parcourir en ski de fond. Les bâtiments qui abritent les animaux sont en pierre, rappelant les vieilles constructions québécoises.

On y trouve une **Maison des insectes** *(☎626-0445)*, des volières remplies de plus de 150 espèces d'oiseaux ainsi qu'un pavillon des fauves et des primates; l'on peut assister à des spectacles de phoques et, bien sûr, voir plusieurs autres mammifères. Toute cette vie se laisse découvrir le long de trois sentiers d'interprétation, à savoir du Hibou, de l'Ours et de l'Orignal. Plusieurs activités éducatives y sont organisées tout au long de l'année.

Empruntez le boulevard Saint-Joseph dans la continuité de la 80e Rue Ouest. Celui-ci prend ensuite le nom de boulevard Bastien.

★ Wendake (1 035 hab.)

Chassées de leurs terres ontariennes par les Iroquois au XVIIe siècle, 300 familles huronnes s'installent en divers lieux autour de Québec avant de se fixer définitivement, en 1700, à La Jeune-Lorette, aujourd'hui Wendake. Le visiteur sera charmé par le village aux rues sinueuses de cette réserve amérindienne sur les berges de la rivière Saint- Charles. En visitant ses musées et ses boutiques d'artisanat, il en apprendra beaucoup sur la culture des Hurons, peuple sédentaire et pacifique.

L'**église Notre-Dame-de- Lorette** ★ *(140 boul. Bastien)*, l'église des Hurons-Wendat, terminée en 1730, rappelle les premières églises de Nouvelle-France. L'humble édifice, revêtu d'un crépi blanc, recèle des trésors insoupçonnés que l'on peut voir dans le chœur et dans la sacristie. Certains de ces objets ont été donnés à la communauté huronne par les jésuites et proviennent de la première chapelle de L'Ancienne-Lorette (fin XVIIe siècle).

Parmi les œuvres exposées figurent plusieurs statues de Noël Levasseur réalisées entre 1730 et 1740, un parement d'autel représentant un village amérindien, du sculpteur huron François Vincent (1790), et une très belle *Vierge à l'enfant*, d'un orfèvre parisien (1717). À cela, il faut ajouter un reliquaire de 1676, des chasubles du XVIIIe siècle et divers objets de culte signés Paul Manis (vers 1715). L'élément le plus intéressant demeure toutefois le petit tabernacle doré, de style Louis XIII, du maître-autel, sculpté par Levasseur en 1722. La maison Aroüanne (voir ci-dessous) organise des visites guidées.

La **maison Aroüanne** *(entrée libre; début mai à fin sept tlj 9h à 17h, début oct à fin avr sur réservation; 10 rue Alexandre-Duchesneau, ☎845-1241)*, située à proximité de l'église, raconte la culture et les traditions huronnes en présentant des vêtements traditionnels et des objets usuels. On y tient également des expositions temporaires et des événements à caractère culturel.

Onhoüa Chetek8e ★ *(6$; fin-mai à début oct tlj 9h à 17h; 575 rue Stanislas-Kosca, ☎842-4308, ⇄842-3473)* est une reconstitution d'un village huron tel qu'il en existait au tout début de la colonisation. On y retrouve l'aménagement du village avec ses longues maisons de bois et ses palissades. Le site a pour but de faire découvrir aux visiteurs le mode de vie et d'organisation sociale de la nation huronne. Sur place, on peut goûter à divers mets amérindiens.

Parc de la Falaise et de la chute Kabir Kouba (voir p 464).

Le **Centre culturel Hanenharisgwa** *(465 rue Stanislas-Koska, Wendake, G0A 4V0, ☎845-5580, ⇄845-9338)*, en fait établi à Sainte-Brigitte-de-Laval, au nord-est de Wendake, propose différents forfaits de familiarisation avec la culture amérindienne. Vous pouvez y séjourner pour quelques heures ou quelques jours, en toute saison, et participer à diverses activités d'initiation aux coutumes et au monde spirituel des Hurons-Wendat dans un environnement paisible au bord d'un lac.

Reprenez la route 73, qui devient la route 175, laquelle conduit à Lac-Beauport.

Lac-Beauport (4 800 hab.)

Le lac Beauport est un lieu de villégiature fort prisé tout au long de l'année. Une station de ski alpin a été aménagée dans la région, soit **Le Relais** (voir p 468). Autour du lac, de fort belles plages sont mises à la disposition des visiteurs en été.

La route 175 passe en bordure des centres de villégiature de **Lac-Delage**, *de* **Stoneham** *et de* **Tewkesbury**. *Elle donne accès, plus loin, au* **parc de la Jacques-Cartier** *(voir p 464) et à la* **réserve faunique des Laurentides** *(voir p 464).*

Le circuit de la Jacques-Cartier se termine ici. Pour revenir à Québec, reprenez la route 175 vers le sud. Vous pouvez également poursuivre vers le nord en direction de la région touristique du Saguenay–Lac-Saint-Jean (voir p).

Parcs

Circuit A : La côte de Beaupré

Parc de la Chute-Montmorency, voir p 445.

Le **Mont-Sainte-Anne** ★ *(rte. 360, C.P. 400, Beaupré, ☎827-4561, ⇄827-3121, 2000 boul. Beaupré, www.mont-sainte-anne.com)* englobe un territoire de 77 km² et un mont d'une hauteur de 800 m qui compte parmi les plus beaux sites de ski alpin du Québec. Pour héberger les visiteurs, quelques hôtels ont été construits. Par ailleurs, plusieurs autres activités de plein air peuvent y être pratiquées; le parc possède notamment un réseau de plus de 200 km de sentiers de vélo de montagne ou de pistes de ski de fond. Sur le site, des centres de location d'équipement sportif permettent à tous de s'adonner à ces activités vivifiantes.

Le site du **Grand Canyon des chutes Sainte-Anne** *(début mai à fin juin et début sept à fin oct tlj 9h à 17h, fin juin à début sept 8h30 à 17h45; 40 côte de la Miche, ou 206 rte. 138, Beaupré, ☎827-4057)* est composé de torrents aux flots agités, d'une chute atteignant une hauteur de 74 m ainsi que d'une marmite d'un diamètre de 22 m, formée dans le roc par les tourbillons d'eau. Les visiteurs ont l'occasion de contempler cet impressionnant spectacle grâce aux belvédères et aux ponts suspendus aménagés sur les lieux, tel le pont qui conduit au fond de la gorge.

La **réserve nationale de faune du Cap-Tourmente** ★★ *(570 ch. du Cap-Tourmente St-Joachim, avr à oct ☎827-4591, nov à avr ☎827-3776, ⇄827-6225)* est un lieu pastoral et fertile dont les battures sont fréquentées chaque année par des nuées d'oies blanches (également connues sous le nom de «grandes oies des neiges»). Elles s'y arrêtent pendant quelque temps, en automne et au printemps, afin de reprendre les forces nécessaires pour continuer leur voyage migratoire.

La réserve dispose d'installations permettant l'observation de ces oiseaux. Plusieurs autres animaux y viennent : au moins 250 espèces d'oiseaux et 45 espèces de mammifères. Sur place, des naturalistes répondent à vos questions. On peut également profiter des sentiers de randonnée pédestre.

Circuit C : Le chemin du Roy

Au nord-ouest de Québec, la **réserve faunique de Portneuf** *(Comté de Portneuf)* propose des kilomètres de sentiers destinés à la pratique de maintes activités de plein air dont la motoneige, le ski de fond et la raquette. En outre, son territoire est sillonné de rivières et de lacs. On peut aussi y séjourner dans d'agréables petits chalets *(réservation ☎800-665-6527 ou 890-6527)*. Bien équipés pour deux à huit personnes, ces chalets vous permettent de profiter pleinement des beautés de la réserve faunique.

Circuit D : La Jacques-Cartier

La **réserve faunique des Laurentides** *(rte. 175 N., accueil Mercier, ☎848-2422)* couvre un territoire de 8 000 km². Vaste étendue sauvage composée de forêts et de rivières, elle abrite une faune diversifiée comprenant des espèces telles que l'ours noir et l'orignal. La chasse et la pêche (à la truite mouchetée) y sont possibles à certaines périodes de l'année. La réserve possède de belles pistes de ski de fond, de courte et de longue randonnée, et afin d'accommoder les skieurs, elle propose de petits chalets pouvant loger de 2 à 17 personnes. Il faut compter 95$ pour deux personnes en chalet. Durant la saison estivale, les canoteurs peuvent descendre les superbes rivières Métabetchouane et des Écorces.

Le **parc de la Jacques-Cartier** ★★ *(rte. 175 N., ☎848-3169, hors saison ☎644-8844)*, qui se trouve enclavé dans la réserve faunique des Laurentides, à 40 km au nord de Québec, accueille toute l'année une foule de visiteurs. Il est sillonné par la rivière du même nom, serpentant entre les collines escarpées qui lui méritent le nom de «vallée de la Jacques-Cartier». Le site, qui bénéficie d'un microclimat dû à cette encaissement de la rivière, est propice à la pratique de plusieurs activités de plein air.

On y trouve une faune et une flore abondantes et diversifiées qu'il fait bon prendre le temps d'admirer. Les détours des sentiers bien aménagés réservent parfois des surprises, comme un orignal et son petit en train de se nourrir dans un marécage. Un centre d'interprétation, à l'accueil, permet de bien s'informer avant de se lancer à la découverte de toutes ces richesses. On y loue des emplacements de camping et des chalets pour les groupes, le tout étant complété par diverses installations sportives (voir «Activités de plein air»).

Dans le parc, des spécialistes organisent des **safaris d'observation de l'orignal** de la mi-septembre à la mi-octobre ainsi que des séances d'**écoute des appels nocturnes des loups** *(☎/≠848-5099)* du début juillet jusqu'à la mi-août, en soirée, dans le but de faire connaître ces animaux. Pour participer à ces excursions instructives, il faut compter 15$ par adulte; chacune de ces activités dure au moins trois heures et implique de la marche en forêt. Les réservations sont essentielles.

À 45 km de Québec, au bord du plus grand lac de la région, le lac Saint-Joseph, la **Station forestière de Duchesnay** *(Ste-Catherine-de-la-Jacques-Cartier, 143 rte Duchesnay, ☎529-2911, ☎875-2711, ≠875-4468)* permet de se familiariser avec la forêt laurentienne. Situé sur un territoire de 90 km² géré par le ministère québécois des Ressources naturelles, ce centre de recherche sur la faune et la flore de nos forêts est idéal pour pratiquer toutes sortes d'activités de plein air. Reconnu depuis longtemps pour ses pistes de ski de fond, il comporte aussi des sentiers aménagés pour la randonnée pédestre. La piste cyclable Jacques-Cartier–Portneuf (voir ci-dessous) passe par Duchesnay. S'y trouve aussi un pavillon d'interprétation où ont lieu des activités d'éducation et de sensibilisation.

Le **parc de la Falaise et de la chute Kabir Kouba** se trouve dans le village huron-wendat de Wendake. Quelques petits sentiers nous font longer le bord de la falaise, haute de 40 m, au fond de laquelle coule la rivière Saint-Charles.

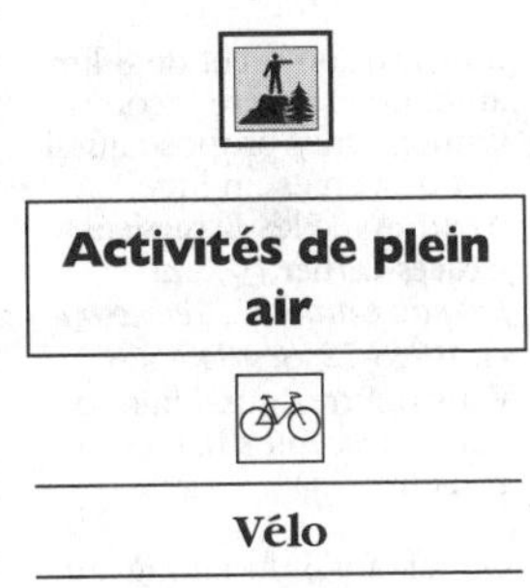

Activités de plein air

Vélo

L'entreprise **Cyclo-Services-Voyages** *(84 d'Alhousie, ☎692-4052)*, sise dans le Vieux-Port de Québec, propose une série d'excursions à vélo dans les environs de la ville. On y fait aussi la location de bicyclettes *(7$/heure)*.

Circuit A : La côte de Beaupré

Depuis le Vieux-Port de Québec, une piste cyclable se rend jusqu'au parc de la Chute-Montmorency en passant par Beauport. De plus, le chemin du Roy, sur la côte de Beaupré et sur l'île d'Orléans (location de vélos à l'auberge Le Vieux Presbytère, voir p 460), est censé être une voie partagée entre cyclistes et automobilistes. La prudence est toujours de mise, mais ces promenades valent certes l'effort qu'elles requièrent!

Pour le vélo de montagne, le **Mont-Sainte-Anne** *(5$/jour, télécabine 10$; 2000 boul. Beaupré, ☎827-4579 ou 827-4561)* offre 200 km de sentiers pour les vrais amateurs! Empruntez les pistes de ski alpin pour vous rendre au sommet du mont, ou descendez-les après être monté dans les télécabines munies de supports à vélos. En tout, on trouve plus de 20 pistes aux noms évocateurs, comme «la Grisante» ou «la Vietnam». L'endroit est reconnu; on y dispute d'ailleurs, chaque année, le Championnat du Monde de vélo de montagne.

Circuit D : La Jacques-Cartier

En juillet 1997, une nouvelle piste cyclable a été inaugurée dans la région de Québec. Utilisant le tracé des anciennes voies ferrées, traversant la réserve faunique de Portneuf et la Station forestière Duchesnay (où il est possible de garer sa voiture et de louer des vélos, voir p 464) et longeant certains lacs de la région, la **piste Jacques-Cartier–Portneuf** *(100 rue St-Jacques, C.P. 238, St-Raymond, ☎337-7525, ≠337-8017)* comptera, après l'ajout des derniers tronçons, 63 km de trajet, de Rivière-à-Pierre jusqu'à Shannon. Son environnement envoûtant et son parcours sécuritaire ont déjà attiré de nombreux cyclistes. En hiver, la piste est utilisée par les motoneigistes.

Dans le **parc de la Jacques-Cartier** *(entrée libre; rte. 175 N., ☎848-3169)*, les marcheurs partagent les sentiers qui le sillonnent avec les mordus de vélo de montagne. On y fait la location de vélos.

Près de Lac-Beauport, les **sentiers du Moulin** *(2$ randonnée , 3$/jour vélo; 99 ch. du Moulin, Lac-Beauport, ☎849-9652, ≠849-1922)* comptent 100 km de sentiers de vélo de montagne pour les adeptes de tous niveaux. On y fait aussi la location de vélos *(10,50$ la journée)*.

À la **Station touristique Stoneham** *(1420 ch. du Hibou, Stoneham, ☎848-2411)*, une station de ski alpin reconnue, on peut s'amuser au cours de l'été à vélo de montagne sur les 30 km de sentiers qui la sillonnent. On y fait la location de vélos.

Randonnée pédestre

Circuit A : La côte de Beaupré

Au **cap Tourmente** *(St-Joachim, ☎827-4591 ou 827-3776)* (voir p 463), vous pouvez, si vos jambes vous le permettent, arpenter l'un des sentiers qui gravissent le cap et qui offrent des vues magnifiques sur le fleuve et la campagne environnante. On peut aussi déambuler sur les trottoirs de bois, adaptés pour les personnes à mobilité réduite, qui sillonnent les battures tout en constituant une promenade profitable.

Le **Mont-Sainte-Anne** *(2000 boul. Beaupré, Beaupré, ☎827-4579 ou 827-4561)* dispose de plusieurs sentiers de randonnée.

Le site **Les Sept Chutes** (voir p 448) est agrémenté de sentiers de randonnée pédestre.

Circuit B : L'île d'Orléans

Sur l'île d'Orléans, la promenade à vélo est plus accessible que la randonnée pédestre. Certaines possibilités de marche s'offrent cependant, tels les **sentiers de l'Isle aux Sorciers** *(1870 ch. Royal, St-Laurent, ☎828-2163, ≠692-2528)*, qui serpentent à travers un terrain boisé. Vous pouvez aussi y pêcher la truite.

Circuit D : La Jacques-Cartier

Les sentiers du **parc de la Jacques-Cartier** *(entrée libre; rte. 175 N., ☎848-3169)* (voir p 464) figurent parmi les favoris des gens de la région. Paisibles ou abrupts, ils vous font découvrir de jolis petits coins de forêt ou vous dévoilent des vues magnifiques sur la vallée et la rivière qui y coule.

La **réserve faunique de Portneuf** (voir p 464), la **Station forestière Duchesnay** (voir p 464) et la **Station touristique Stoneham** *(1420 av. du Hibou, Stoneham, ☎848-2411)* disposent toutes de nombreux sentiers de randonnée pédestre des plus agréables.

Près du lac Beauport, les **sentiers du Moulin** *(99 ch. du Moulin, Lac-Beauport, ☎849-9652, ≠849-1922)* sillonnent un beau site ou l'on trouve, outre la nature, des aires de pique-nique, un casse-croûte et des installations récréatives pour pratiquer diverses activités.

Observation d'oiseaux

Circuit A : La côte de Beaupré

Pour observer la faune ailée, l'un des meilleurs endroits de la région est sans contredit la **réserve nationale de faune du Cap-Tourmente** *(St-Joachim, ☎827-4591 ou 827-3776)* (voir p 463). Au printemps et à l'automne, le site est envahi par des milliers d'oies blanches en migration qui offrent un spectacle fascinant. Leur proximité et leur nombre soulèveront certes plusieurs questions auxquelles vous pourrez trouver réponse sur place. La réserve abrite en outre plusieurs autres espèces d'oiseaux que vous observerez à loisir grâce aux nichoirs et aux mangeoires qui les attirent hiver comme été.

Canot

Circuit D : La Jacques-Cartier

On peut louer des canots dans la **réserve faunique de Portneuf** (voir p 464) pour y naviguer sur les lacs et rivières, ou encore dans le **parc de la Jacques-Cartier** *(36$/jour pour la location; rte. 175 N., ☎848-7272)* (voir p 464) pour y descendre la rivière. Location de kayaks de rivière.

Rafting

Circuit D : La Jacques-Cartier

La rivière Jacques-Cartier sait depuis longtemps faire sauter et sursauter les braves qui s'y aventurent au printemps et au début de l'été. Deux entreprises installées depuis longtemps dans la région proposent des expéditions de rafting bien encadrées et avec tout l'équipement nécessaire. Le **Village Vacances Valcartier** *(1860 boul. Valcartier, St-Gabriel-de-Valcartier, ☎844-2200 ou 888-384-5524, www.valcartier.com)*, affilié au Village Vacances de Valcartier, vous promet une bonne dose d'émotions fortes sur un trajet de 8 km au fil de la rivière Jacques-Cartier. On y propose aussi des descentes en luge d'eau. Avec les **Excursions Jacques-Cartier** *(978 av. Jacques-Cartier N., Tewkesbury, ☎848-7238, ≠848-5687)*, vous pourrez aussi faire de belles descentes hautes en couleur.

On fait aussi du rafting sur la rivière Batiscan, dans la **réserve faunique de Portneuf**, (voir p 464).

Équitation

Circuit A : La côte de Beaupré

Le **Ranch des Pionniers** *(2140 av. Royale, St-Ferréol-les-Neiges, ☎826-2520, ≠826-3788)* organise, depuis plus de 30 ans, des randonnées équestres au pied du mont Sainte-Anne.

Circuit D : La Jacques-Cartier

Les **Excursions Jacques-Cartier** *(978 av. Jacques-Cartier N., Tewksebury, ☎848-7238, ≠848-5687)* proposent de l'équitation dans un bel environnement au bord de la rivière Jacques-Cartier et en forêt. Avant le départ, on vous initie aux techniques de base de l'entretien de votre cheval, ce qui vous permet de faire connaissance! En hiver, les cavaliers, emmitouflés dans de longs manteaux taillés spécialement pour bien se protéger, prennent aussi la clef des champs.

La **ferme Lafrenière** *(139 rang St-Jacques, St-Basile, ☎329-3608)* propose des balades de une heure à trois jours dans la belle région de Saint-Basile. Le propriétaire peut adapter les randonnées en fonction de votre expérience et de vos attentes, ainsi qu'en fonction des conditions climatiques. Les sorties sont précédées d'une courte initiation.

Le **Village Aventure** *(1860 boul. Valcartier, St-Gabriel-de-Valcartier, ☎844-2200 ou 888-384-5524, www.valcartier.com)*, affilié au Village Vacances de Valcartier, propose des excursions équestres en forêt.

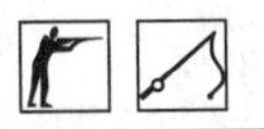

Chasse et pêche

Dans la région de Québec, on peut pratiquer la chasse et la pêche entre autres à la **réserve nationale de faune du Cap-Tourmente** *(☎827-3776)*, dans la **réserve faunique de Portneuf** *(☎323-2021)* et dans la **réserve faunique des Laurentides** *(☎848-2422)*.

Golf

Circuit A : La côte de Beaupré

Les **Terrains de golf du Mont-Sainte-Anne** *(C.P. 653, Beaupré, ☎827-3778, ⇌826-0162)* disposent d'un parcours de 18 trous situé au pied du mont Sainte-Anne : le Saint-Ferréol *(32,50$)*.

Circuit D : La Jacques-Cartier

Le **Royal Charlesbourg** *(30$ sem., 35$ fin de sem.; 2180 ch. de la Grande-Ligne, Charlesbourg, ☎841-3000)* est un golf de 18 trous situé un peu à l'écart de l'agitation de la ville.

Le terrain de golf de 18 trous du **Club Mont-Tourbillon** *(33$; 55 montée du Golf, Lac-Beauport, ☎849-4418)* est un beau site pour la pratique de ce sport.

Glissade

Circuit D : La Jacques-Cartier

L'entreprise de rafting les **Excursions Jacques-Cartier** *(12$; 978 av. Jacques-Cartier N., Tewkesbury, ☎848-7238, ⇌848-5687)* propose des glissades en chambre à air sur les plus hautes pentes de la région.

Au **Club Mont-Tourbillon** *(55 montée du Golf, Lac-Beauport, ☎849-4418)*, on propose des glissades sur chambre à air pendant la saison froide. On peut aussi y pratiquer toutes sortes d'activités telle que le ski de fond. On y trouve un restaurant et un bar.

Le spécialiste de la glissade, hiver comme été, est sans contredit le **Village des Sports** *(14,34$; début juin à mi- août tlj 10h à 17h, déc 10h à 19h jan à mars 10h à 22h; 1860 boul. Valcartier, St-Gabriel-de-Valcartier, ☎844-2200 ou 888-384-5524, www.valcartier.com; de Québec, prenez la rte. 371 Nord)*, une base de plein air qui dispose de toutes les installations pour s'amuser. En été, les toboggans nautiques et la piscine à vagues attirent les foules. En hiver, les glissoires glacées vous feront oublier le froid pendant un moment. On peut aussi y faire du rafting des neiges et du patin à glace sur la longue patinoire de 2,5 km qui serpente dans le bois. On y trouve un restaurant et un bar.

Ski de fond

Circuit A : La côte de Beaupré

Le **Mont-Sainte-Anne** *(gratuit; lun-ven 9h à 16h, sam-dim 8h30 à 16h; 2000 boul. Beau-Pré, Beaupré, ☎827-4561)* est sillonné de 250 km de sentiers de ski de fond bien entretenus et ponctués de refuges chauffés. Le Sport Expert du Rang Saint-Julien loue de l'équipement de ski *(17$/jour, ☎826-3153)*.

Circuit D : La Jacques-Cartier

Niché au cœur de la réserve faunique des Laurentides, le **Camp Mercier** *(8$; tlj 8h30 à 16h; rte. 175 N., réserve faunique des Laurentides, ☎848-2422 ou 800-665-6527)* est sillonné de 192 km de sentiers bien entretenus dans un paysage des plus apaisants. Étant donné sa situation idéale, on peut y skier depuis l'automne jusqu'au printemps. Les possibilités de longues randonnées (jusqu'à 68 km) sont intéressantes et le parcours est jalonné de refuges chauffés. De plus, des chalets à louer peuvent loger de 2 à 14 personnes (92$ pour 2 pers.).

Au centre de ski de fond **sentiers du Moulin** *(9$; tlj 8h30 à 16h; 99 ch. du Moulin, Lac-Beauport, ☎849-9652)*, plus de 130 km de pistes sont entretenus. Sur le site, quatre chalets chauffés accueillent les skieurs de tous niveaux. Il est possible de prendre une bouchée au casse-croûte.

La **Station écotouristique Duchesnay** *(7$; Ste-Catherine-de-la-Jacques-Cartier, ☎875-2711)* est très populaire, l'hiver venu, auprès des skieurs de la région. Dans une vaste et riche forêt, on parcourt 125 km de pistes bien entretenues en compagnie des petites mésanges et autres oiseaux qui n'ont pas peur du froid!

Ski alpin

Circuit A : La côte de Beaupré

Le **Mont-Sainte-Anne** *(45$/jour; lun 9h à 16h, mar-ven 9h à 22h, sam 8h30 à 22h, dim 8h30 à 16h; 200 boul. Beaupré, C.P. 400, Beaupré, ☎827-4561, ⇌827-3121, www.mont-sainte-anne.com)* est l'une des plus importantes stations de ski du Québec. Elle compte 51 pistes pouvant atteindre une dénivellation de 625 m. Il est possible d'y faire du ski de soirée car 14 pistes sont éclairées. Elle fait aussi le bonheur des amateurs de descente en planche à neige. Au lieu d'acheter un billet conventionnel, vous pouvez vous procurer un laissez-passer avec points valides pour deux ans et déduits à la remontée. Il est aussi possible d'y louer de l'équipement *(25$/jour pour le ski, 35$/jour pour la planche à neige)*.

Circuit D : La Jacques-Cartier

Le Relais *(25$/jour; 1084 boul. du Lac, Lac-Beauport, ☎849-1851)* dispose de 24 pistes, toutes éclairées pour permettre le ski en soirée.

La **Station touristique Stoneham** *(39$; Stoneham, ☎848-2411 ou 800-463-6888)* peut recevoir des visiteurs tout au long de l'année. En hiver, elle propose 25 pistes de ski alpin, dont 16 sont éclairées. Pour plaire aux skieurs de fond, la station dispose de pistes s'étendant sur une trentaine de kilomètres. Ces dernières sont aménagées durant l'été pour accueillir les amateurs de vélo de montagne et de randonnée pédestre ou équestre.

Traîneau à chiens

Circuit D : La Jacques-Cartier

La meute de **La Banquise des Chukchis** *(60$ randonnée de 10 km; 228 rang St-Georges, St-Basile, G0A 3G0, ☎329-3055 ⇌329-3065)* et ses propriétaires vous proposent différents forfaits de jour ou de soir dont un comprenant le dîner. Vous conduisez vous-même votre attelage pendant les randonnées qui se font dans une ambiance... chaleureuse!

Au **Domaine de la Truite du Parc** *(75$/½ journée; 7600 boul. Talbot, Stoneham, ☎848-6025, ⇌848-3732)*, on propose des excursions en traîneau à chiens pendant lesquelles vous conduisez vous-même votre attelage. En été, on peut aussi y pratiquer la pêche à la... truite!

Hébergement

Circuit A : La côte de Beaupré

Beauport

Journey's End
90$
≡, ♞, ♿
240 boul. Ste-Anne, G1E 3L7
☎666-1226
⇌666-5088
Appartenant à une chaîne hôtelière, le Journey's End en respecte les normes et propose aux voyageurs des chambres confortables où ils peuvent se reposer paisiblement. On y met davantage l'accent sur le prix réduit des chambres que sur la diversité des services.

Hôtel Ambassadeur
79$
≡, ℜ, ♞
321 boul. Ste-Anne, G1E 3L4
☎666-2828 ou 800-363-4619
⇌666-2775
L'hôtel Ambassadeur a été construit à l'entrée de la ville dans un secteur où les voyageurs ne font généralement halte que pour la nuit. Ses chambres sont jolies et grandes. Le rez-de-chaussée de cet immeuble renferme par ailleurs un restaurant chinois.

Château-Richer

Auberge Baker
65$ bc
89$ bp; pdj
≡, ⊛, ℑ, ℜ, ℂ
8790 av. Royale, G0A 1N0
☎666-5509
⇌824-4412
Depuis plus de 50 ans, l'Auberge Baker est installée dans une maison

centenaire de la côte de Beaupré. Ses murs de pierre, ses plafonds bas, ses planchers de bois et ses fenêtres à large encadrement charment le visiteur. Ses cinq chambres occupent des combles un peu sombres, mais, à cet étage, on trouve aussi une cuisinette, une salle de bain et une terrasse attenante. Elles ont été décorées avec soin, par souci d'authenticité, et meublées d'antiquités. Bonne table .

Auberge du Petit Pré
60$ pdj
bc
7126 av. Royale, G0A 1N0
☎824-3852
⇄824-3098
L'Auberge du Petit Pré occupe une maison du XVIIIe siècle. Ici, vous aurez droit à un accueil des plus attentionnés. Ses quatre chambres sont douillettes et décorées avec goût. On y trouve une verrière, ouverte durant les beaux jours, deux salons, l'un avec téléviseur et l'autre avec foyer, ainsi que deux salles de bain avec baignoire sur pieds. Le petit déjeuner est généreux et finement préparé. L'aubergiste-cuisinier pourra d'ailleurs, s'il est prévenu d'avance, vous concocter, pour le dîner, l'un de ses délicieux repas dont l'arôme envahira la maison, ajoutant ainsi à la chaleur de l'endroit.

Auberge du Sault-à-la-Puce
70$ pdj
bp, ⊛
8365 av. Royale, G0A 1N0
☎824-5659
⇄824-5669
Marie-Thérèse Rousseau et Michel Panis ont quitté la ville pour s'installer sur la côte de Beaupré, dans une belle demeure du XIXe siècle coiffée d'un toit mansardé. Ils ont baptisé l'endroit Auberge du Sault-à-la-Puce, car l'établissement est voisin d'une petite rivière ponctuée de minuscules rapides. Les hôtes peuvent se prélasser sur sa véranda victorienne, équipée de meubles de jardin, tout en écoutant le doux clapotis de l'eau.

Les cinq chambres que compte l'auberge sont dotées d'élégants meubles en fer qui offrent un contraste intéressant avec les boiseries rustiques des murs. Elles possèdent toutes leur propre salle de bain, mais dans certaines d'entre elles, l'habituelle baignoire a été remplacée par une simple douche, question de pouvoir composer avec l'espace disponible.

Sainte-Anne-de-Beaupré

La Bécassine
75$
≡, ℜ
9341 boul. Ste-Anne, G0A 3C0
☎827-4988
L'auberge La Bécassine a l'avantage d'être située à moins de 10 min du mont Sainte-Anne. Il s'agit en fait d'un motel puisque la plupart des chambres, au décor simple mais assez agréable, sont situées côte à côte près du bâtiment principal. Celui-ci abrite une vaste salle à manger spécialisée dans les mets de gibier.

Beaupré (mont Sainte-Anne)

Camping Mont-Sainte-Anne
20$
C.P. 400 Beaupré, G0A 1E0
☎827-4561 ou 826-2323
Le Camping Mont-Sainte-Anne, situé au Mont-Sainte-Anne, dispose de 166 emplacements dans un site boisé traversé par la rivière Jean-Larose et doté des services essentiels. Vous y êtes, bien sûr, à proximité de toutes les activités de plein air qu'offre le parc.

Hôtel Val des Neiges
90$
160$ ½p
≈, ⊙, ⌂, ℜ, ℑ, ⊛;
201 Val des Neiges, G0A 1E0
☎827-5711 ou 888-554-6005
⇄827-5997
Autour du mont Sainte-Anne, plusieurs chalets ont été construits. L'hôtel Val des Neiges est installé dans un de ces quartiers et côtoie les résidences des vacanciers. Il dispose de chambres au décor rustique qui sont assez jolies. Le centre possède également de petits condos bien équipés. On y propose des forfaits croisière.

La Camarine
105$
113$ et plus ½p
≡, ℜ, ⊛, ℑ
10947 boul. Ste-Anne, G0A 1E0
☎827-5703 ou 800-567-3939
⇄827-5430
La Camarine se dresse en face du fleuve Saint-Laurent. Cette mignonne petite auberge de qualité supérieure loue une trentaine de chambres. Le décor allie harmonieusement l'aspect rustique de la maison avec un mobilier de bois aux lignes modernes. L'endroit est charmant.

Château Mont-Sainte-Anne
119$
167$ ½p
≈, ⊙, ⌂, ℜ, ℂ, ✪
500 boul. Beau-Pré, G0A 1E0
☎827-5211 ou 800-463-4467
⇄827-3421
L'hôtel Château Mont-Sainte-Anne est situé au bas des pistes de ski; on ne pourrait être plus près du mont. Les chambres sont spacieuses, mais, du fait des meubles usés et du décor banal, elles semblent austères. Elles sont munies d'une cuisinette; toutefois, pour s'en servir, il faut

compter un supplément de 10$.

Circuit B : L'île d'Orléans

Sur l'île d'Orléans, on dénombre près d'une cinquantaine de logements chez l'habitant! On peut s'en procurer la liste au bureau d'information touristique. On y trouve aussi quelques auberges dont la réputation n'est plus à faire, de même qu'un camping. Vous avez donc toutes les possibilités de faire durer le plaisir d'un séjour dans cette île ensorceleuse.

Camping Orléans
22$
≈
357 ch. Royal, St-François, G0A 3S0
☎829-2953
⇄829-2563
Le Camping Orléans compte près de 80 emplacements, la plupart ombragés avec vue sur le fleuve. Plusieurs services sont offerts sur place. On a accès à la grève pour faire de belles promenades.

Le Vieux Presbytère
65-75 pdj
118$ -145$ ½p
bp/bc
ℜ
1247 av. Monseigneur-d'Esgly, St-Pierre, G0A 4E0
☎828-9723 ou 888-828-9723
⇄828-2189
L'auberge Le Vieux Presbytère occupe de fait un ancien presbytère juste derrière l'église du village. Ici règnent la pierre et le bois. Les plafonds bas traversés de larges poutres, les fenêtres à large encadrement, les antiquités telles que les catalognes de lit et les tapis tressés, vous transporteront à l'époque de la Nouvelle-France. La salle à manger et le salon sont invitants. Il s'agit d'un endroit tranquille au charme rustique.

Le Canard Huppé
125$ pdj
175$ ½p
≡, ℜ
2198 ch. Royal, St-Laurent, G0A 3Z0
☎828-2292 ou 800-838-2292
⇄828-0966
L'auberge Le Canard Huppé a acquis, depuis quelques années, une très bonne réputation. Ses huit chambres, propres et confortables, offrent un décor champêtre parsemé de canards de bois. La table du restaurant est tout aussi réputée et agréable (voir p 472). L'accueil est attentionné et, puisque l'établissement est situé sur l'île d'Orléans, il s'entoure de beaux paysages.

Auberge Chaumonot
149$ pdj
189$ ½p
≡, ≈, ℜ
425 ch. Royal, St-François, G0A 3S0
☎829-2735 ou 800-520-2735
L'Auberge Chaumonot dispose de huit chambres. Petite auberge construite sur le côté sud de l'île, tout près des berges du fleuve, elle accueille les visiteurs durant l'été seulement. Elle est située loin des villages et de la route dans un cadre champêtre charmant. Les chambres au décor rustique procurent un bon confort.

La Goéliche
174$ pdj
242$ ½p
ℜ, ≈, ≡, ⊛, ℂ
22 ch. du Quai, Ste-Pétronille, G0A 4C0
☎828-2248 ou 888-511-2248
⇄828-2745
En mai 1997, l'auberge La Goéliche a rouvert ses portes dans un nouveau bâtiment, après que le château Bel-Air, qui l'abritait depuis plusieurs années, eut été victime des flammes en 1996. Cette nouvelle auberge, un peu plus petite que la première, n'a, bien sûr, plus le charme antique qui avait fait sa réputation. On a su toutefois donner un certain cachet champêtre aux installations modernes. Les 18 chambres sont confortables et offrent une vue imprenable sur Québec. On y trouve aussi un petit salon avec foyer et jeux de société. Vous pouvez aussi y louer des «chalets-condos» à la nuitée ou pour de plus longs séjours. La salle à manger (voir p 473) vaut le déplacement.

Circuit C : Le chemin du Roy

Deschambault

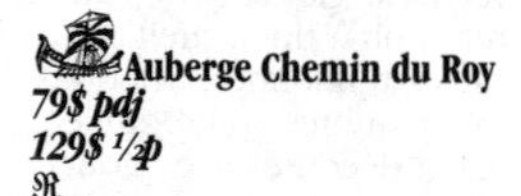

Auberge Chemin du Roy
79$ pdj
129$ ½p
ℜ
106 rue St-Laurent, G0A 1S0
☎286-6958
La vieille maison victorienne de l'Auberge Chemin du Roy s'élève sur un beau terrain où coule une chute et où poussent de bons légumes et de multiples fleurs. On y trouve huit chambres décorées de dentelles et d'antiquités, et réparties le long d'un de ces petits couloirs tortueux qu'on retrouve dans les vieilles maisons de ce type. Dans la salle à manger, où le décor est chaleureux, on sert une bonne cuisine variée. Les propriétaires prennent un grand soin du terrain, de l'auberge et de ses hôtes, et ce, dans les moindres détails.

Maison Deschambault
125$ pdj
175$ ½p
ℜ
128 ch du Roy, G0A 1S0
☎286-3386
⇄286-4064
La Maison Deschambault propose cinq chambres de grand confort, décorées de motifs fleuris dans des teintes pastel. On y trouve aussi un petit bar, une salle à manger servant une fine cuisine (voir p 459), une salle de réunion ainsi que des services de massothérapie. Le tout dans le cadre enchanteur d'une ancienne gentilhommière sur un site paisible invitant à la détente.

Cap-Santé

Gîte de Mlle Bernard
58$ bc pdj
68 bp pdj
bc
56 Vieux Chemin, G0A 1L0
☎285-3149
Le pittoresque Vieux Chemin de Cap-Santé, abrite un agréable logement chez l'habitant, le Gîte de Mlle-Bernard, est bien campé dans un décor historique chaleureux. La maison de bois, entourée de fleurs sauvages et meublée d'antiquités, est accueillante, et les chambres sont mignonnes et confortables. Il y a de quoi faire un agréable séjour parmi ces souvenirs d'antan!

Circuit D : La Jacques-Cartier

Parc de la Jacques-Cartier
17,50$
centre d'accueil et d'interprétation, Stoneham, G0A 4P0
☎848-7272
Au cœur même du parc de la Jacques-Cartier, il est possible de camper dans un environnement absolument magnifique. De nombreux emplacements réservés à la pratique du camping le long de la rivière sont soit rustiques, soit semi-aménagés. Bien entendu, vous n'y manquerez pas d'activités!

Lac-Delage

Manoir du Lac-Delage
105$
202$ ½p
≡, ≈, ⊘, ℜ, ℑ, ⌂, ❂
40 av. du Lac, G0A 4P0
☎848-2551 ou 800-463-2841
⇄848-6945
Le Manoir du Lac-Delage propose une foule d'installations qui enchanteront les amateurs de sport, tant en hiver qu'en été. Le centre dispose d'une patinoire et se trouve à proximité de pistes de ski de fond et de glissoires. En été, les rives du lac permettent la pratique de plusieurs sports nautiques. Les chambres, garnies de meubles en bois, sont confortables.

Lac-Beauport

Château du Lac-Beauport
66$
≈, ℜ, ⊛, ℂ
154 ch. Tour-du-Lac, G0A 2C0
☎849-1811 ou 800-463-2692
⇄849-1811
Semblable à un gros chalet de ski, le Château du Lac-Beauport offre un bon confort. Il dispose de multiples installations sportives. Situé en face du lac Beauport, il bénéficie d'une agréable plage et permet de s'adonner à des activités telles que la planche à voile, le kayak, le canot et la voile. En hiver, une patinoire est entretenue sur le lac. L'endroit est fort agréable pour qui aime profiter du grand air.

Sainte-Catherine-de-la-Jacques-Cartier

Chaumière Juchereau-Duchesnay
75$
ℜ, ≈
5050 rte. Fossambault, G0A 3M0
☎875-2751
⇄875-2752
Tout près de la Station forestière de Duchesnay, où l'on peut pratiquer une foule d'activités de plein air, se dresse la Chaumière Juchereau-Duchesnay, qui propose le gîte et le couvert. Ses neuf chambres, toutes décorées de façon similaire dans des teintes pastel, procurent un bon confort, même si l'on n'y retrouve pas le charme antique de la salle à manger. Le site, avec ses arbres, sa piscine et sa terrasse, profite d'une tranquillité propice à la détente.

Saint-Raymond

Teepee Hors-Piste
25$
début juin à mi-oct
1606 rang Saguenay, Saint-Raymond G0A 4G0
☎337-3599
Dans la vallée du Bras du Nord, tombez dans les bras de Morphée dans un confort.... insusité et surprenant.

Restaurants

Circuit A : La côte de Beaupré

Beauport

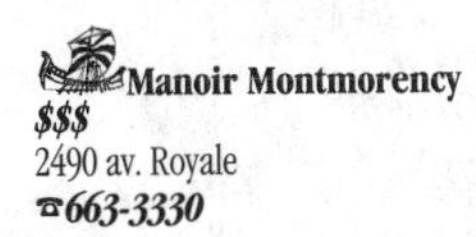

Manoir Montmorency
$$$
2490 av. Royale
☎663-3330

Planté en haut de la chute Montmorency, le Manoir Montmorency (voir p 445, 471) bénéficie d'un site superbe. Depuis la salle à manger entourée de baies vitrées, on a une vue absolument magnifique sur la chute ainsi que sur le fleuve et l'île d'Orléans, en face. Dans cette salle agréablement décorée, on sert une fine cuisine d'inspiration française, préparée avec les meilleurs produits de la région. Une belle expérience pour la vue et pour le goût! Sur présentation de votre reçu d'addition ou en mentionnant votre réservation, vous éviterez de payer les frais d'entrée et de stationnement du parc de la Chute-Montmorency, où se trouve le manoir.

Château-Richer

Auberge du Sault-à-la-Puce
$$$
8365 av. Royale
☎824-5659
Le chef de l'Auberge du Sault-à-la-Puce prépare avec soin chacun des plats qu'il concocte et y intègre les fruits et les légumes de son jardin. Il met également à l'honneur les produits locaux, comme les viandes et les volailles des villages voisins. L'établissement, qui compte aussi cinq chambres d'hôte (voir p 469), propose une carte restreinte comprenant trois ou quatre plats d'inspiration française ou italienne. Son tartare de saumon, servi en entrée, est un pur délice!

Auberge Baker
$$$-$$$$
8790 av. Royale
☎824-4852
☎824-4478
L'Auberge Baker (voir p 468, 472) possède deux salles à manger, l'une aux murs de pierre et avec foyer, et l'autre au décor un peu froid. Au menu figure une bonne cuisine traditionnelle québécoise. Gibier, viande et volaille sont bien apprêtés et présentés avec soin.

Beaupré (mont Sainte-Anne)

La Camarine
$$$$
10947 boul. Ste-Anne
☎827-5703
L'auberge La Camarine abrite également un excellent restaurant où l'on sert une nouvelle cuisine québécoise. La salle à manger est un lieu paisible au décor très simple. Toute votre attention sera portée à déguster les petits plats originaux que l'on vous présentera. Au sous-sol de l'auberge se trouve un autre petit restaurant, le **Bistro**, ouvert en hiver et servant le même menu qu'à la grande table. Pourvu d'un foyer, cet endroit chaleureux est particulièrement apprécié après une journée de ski. En fin de soirée, on peut s'y rendre pour prendre un verre.

Saint-Ferréol-les-Neiges

Aubergiste du magasin général
$$$
3470 av. Royale
☎826-3636
À Saint-Ferréol-les-Neiges, un ancien magasin général de la fin du XIXe siècle a été transformé en auberge. L'Aubergiste du magasin général fait une cuisine québécoise bien apprêtée. La salle à manger reste un peu sombre malgré les grandes fenêtres, mais son décor est joli. En été, on peut profiter d'une petite terrasse.

Circuit B : L'île d'Orléans

Café d'Art Inuit Pingasut Mukariit
$$
148 ch. du bout de l'île, Ste-Pétronille
☎828-0507
Installé dans l'ancien édifice de la plus vielle épicerie de l'île, Le Café d'Art Inuit Pingasut Mukariit est un sympathique petit restaurant qui propose une formule original selon laquelle vous pourrez déguster des spécialités inuit comme la baleine. On y expose aussi des oeuvres d'art inuit.

Café de mon village
$$
mai à oct
3963 ch. Royal, Ste-Famille
☎829-3656
Au Café de mon village, on propose un bon menu du jour en plus des baguels, croissants et salades. Le décor est simple et l'accueil, gentil. En été, la terrasse attenante offre une vue magnifique sur le fleuve.

Vieux Presbytère
$$$
1247 av. Mgr-d'Esgly, St-Pierre
☎828-9723
La table du Vieux Presbytère se spécialise dans les viandes de pintade et de caribou. Le restaurant apprête ces viandes et autres plats de délicieuse façon. La coquette salle à manger de ce bâtiment historique est accueillante et offre une belle vue sur le fleuve, particulièrement à partir de la verrière.

Canard Huppé
$$$-$$$$
2198 ch. Royal, St-Laurent
☎828-2292
La salle à manger du Canard Huppé sert une nouvelle cuisine régionale.

Apprêtés avec les produits frais qui abondent dans la région et les spécialités de l'île, comme le canard, la truite et les produits de l'érable, ses petits plats sauront ravir les plus exigeants. L'endroit est un peu sombre puisque la couleur vert forêt y prédomine, mais le décor se veut champêtre et est somme toute agréable. Réservations nécessaires.

La Goéliche
$$$-$$$$
22 ch. du Quai, Ste-Pétronille
☎828-2248
La salle à manger de La Goéliche n'a malheureusement plus l'envergure qu'offrait l'ancien édifice (voir p 470). Elle reste quand même agréable, et sa verrière continue de dévoiler l'une des plus belles vues sur la ville de Québec. Vous pourrez y déguster une fine cuisine française : cailles farcies, noisettes d'agneau, râble de lapin.

Moulin de Saint-Laurent
$$$-$$$$
mai à oct
754 ch. Royal, St-Laurent
☎829-3888
Le Moulin de Saint-Laurent propose une cuisine québécoise dans un agréable décor antique. À l'intérieur d'une vaste salle à manger qui accueille régulièrement les groupes de visiteurs, les chaises et les poutres de bois, les murs de pierre ainsi que les ustensiles de cuivre suspendus çà et là mettent en valeur ce vieil édifice. La nourriture est bien présentée et variée. Les beaux jours permettent de s'attabler sur la terrasse avec vue sur la chute qui coule juste à côté du moulin.

Circuit C : Le chemin du Roy

Sillery

Brynd
$
1360 av. Maguire
☎527-3844
On va au Brynd pour manger un *smoked meat*. Il y en a pour satisfaire tous les goûts et tous les appétits. Son menu propose aussi d'autres plats à ceux qui, tant pis pour eux, ne voudraient pas mordre dans sa spécialité. La viande est fumée et tranchée sous vos yeux comme dans les vraies delicatessens!

Paparazzi
$$-$$$
1365 av. Maguire
☎683-8111
Le Paparazzi sert une cuisine venue d'Italie. La salade de chèvre chaud avec épinards et noix de Grenoble caramélisés est, entre autres, un vrai délice. Les jolies tables, aux carreaux de céramique, sont disposées sur différents paliers dans un décor moderne et agréable.

Montego
$$$
1460 av. Maguire
☎688-7991
À Sillery, le resto-club Montego vous attend pour une «expérience ensoleillée», comme le dit si bien sa publicité. Le décor aux couleurs chaudes, les grandes assiettes colorées et la présentation des mets sauront charmer votre vue. La cuisine, quant à elle, réjouira vos papilles avec ses saveurs épicées, sucrées et piquantes inspirées de la cuisine californienne et d'autres cuisines... ensoleillées!

Sainte-Foy

Mille-Feuilles
$$
1405 ch. Ste-Foy
☎681-4520
Le Mille-Feuilles est un restaurant végétarien. On y mange de bons petits plats nourrissants et savoureux apprêtés avec soin. Situé sur une portion du chemin Sainte-Foy où se trouvent quelques boutiques et restaurants, il présente un décor peut-être un peu froid, mais l'ambiance est détendue. On y tient une toute petite librairie de livres sur la santé.

La Tanière
$$$
mer-dim
2115 rang St-Ange
☎872-4386
La Tanière se spécialise, on l'aura deviné, dans le gibïer. Le restaurant, paradoxalement logé dans un bungalow, présente un décor rappelant la chasse avec ses trophées empaillés. On peut y déguster de délicieuses spécialités au goût relevé de la forêt québécoise.

La Fenouillère
$$$-$$$$
3100 ch. St-Louis
☎653-3886
À La Fenouillère, le menu de cuisine française raffinée et créative vous promet de succulentes expériences. Qui plus est, le restaurant s'enorgueillit de posséder l'une des meilleures caves à vins de Québec. Le tout dans un décor sobre et confortable.

Galopin
$$$-$$$$
3135 ch. St-Louis
☎652-0991
La salle du Galopin est située dans un hôtel de Sainte-Foy, près des ponts. Elle est vaste et confortable. On y déguste une

fine cuisine préparée avec des produits de qualité et servie d'agréable façon.

Michelangelo
$$$-$$$$
3111 ch. St-Louis
☎651-6262
Le Michelangelo sert une fine cuisine italienne qui ravit le palais autant que l'odorat. Sa salle à manger au décor Art déco, bien qu'achalandée, reste intime et chaleureuse. Le service attentionné et courtois s'ajoute aux délices de la table.

Deschambault

Bistro Clan Destin
$$
109 rue de l'Église
☎286-6647
Dans un joli décor fleuri, juste devant l'église du village, le Bistro Clan Destin offre un beau havre pour se restaurer. Son menu est varié, et l'on y sert une bonne table d'hôte.

Maison Deschambault
$$$
128 rte. 138
☎286-3386
L'auberge de la Maison Deschambault est dotée d'un restaurant réputé pour l'excellence de son menu mettant en valeur la fine cuisine française et certaines des spécialités de la région. Ce restaurant bénéficie d'un cadre tout à fait enchanteur (voir p 459).

Circuit D : La Jacques-Cartier

Wendake

Nek8arre
$$-$$$
9h à 17h et soir sur réservation
575 rue Stanislas-Kosca
☎842-4308
⇄842-3473
Au «Village Huron» (voir p 462, 463), on trouve un agréable restaurant dont le nom signifie «le repas est prêt à servir». Nek8arre nous initie à la cuisine traditionnelle des Hurons-Wendat. De bons plats tels que truite à l'argile, brochette de caribou ou chevreuil aux champignons, accompagnés de maïs et de riz sauvage, figurent au menu. Les tables en bois ont été incrustées de petits textes expliquant les habitudes alimentaires des Amérindiens.

Plusieurs objets disséminés çà et là viennent piquer notre curiosité, mais heureusement les serveuses sont un peu «ethnologues» et peuvent aussi apaiser notre soif de savoir. Le tout dans une douce ambiance. Il est possible d'éviter de payer le droit d'entrée au «Village Huron» s'y l'on désire se rendre uniquement au restaurant.

Sorties

Théâtres et salles de spectacle

Plusieurs bons théâtres d'été animent les belles soirées de la région. Voici quelques adresses à surveiller (consultez les journaux locaux pour savoir ce qu'on y présente) : **Théâtre de la Fenière** *(1500 rue de la Fenière, L'Ancienne-Lorette, ☎872-1424)*, et **Théâtre d'été de Stoneham** *(1420 av. du Hibou, Stoneham, ☎848-2411)*.

Le **Moulin Marcoux** *(1 boul. Notre-Dame, Pont-Rouge, ☎873-2027)* accueille divers spectacles et expositions.

On présente du théâtre et des spectacles de bonne qualité tout au long de l'année à la **Salle Albert-Rousseau du cegep de Sainte-Foy** *(2410 ch. Ste-Foy, Ste-Foy, ☎659-6710)*.

Fêtes et festivals

Beauport

Tout au long de l'été, les mercredis et samedis soirs, le parc de la Chute-Montmorency s'anime des **Grands feux Loto-Québec** *(☎523-3389 ou 800-923-3389)*. Les feux d'artifice éclatent au-dessus de la chute en un spectacle féerique, tandis que, sur le fleuve, se rassemble une flottille d'embarcations de toutes sortes venues les admirer.

Achats

Circuit A : La côte de Beaupré

Château-Richer

Attenante au **Musée de l'abeille** *(8862 boul. Ste-Anne, ☎824-4411)*, une petite boutique vend une foule d'objets se rattachant au monde des abeilles, depuis les produits de beauté à base de miel jusqu'à l'hydromel, en passant par le matériel scolaire à l'effigie de l'insecte jaune et noir. Vous y trouverez, ça va de soi, toutes sortes de miel que vous pourrez goûter et vous procurer en différentes quantités.

Sainte-Anne-de-Beaupré

Les **Promenades Sainte-Anne** *(10909 boul. Ste-Anne, ☎827-3555)* alignent une série de magasins d'usines. De grands noms de la mode et du vêtement de plein air s'y côtoient.

Circuit B : L'île d'Orléans

Sur l'île d'Orléans, vous trouverez quelques boutiques d'artisanat ainsi que des antiquaires et des ateliers d'ébénisterie. On trouve entre autres, dans l'église de Saint-Pierre, la **Corporation des artisans de l'île** *(☎828-2519)*. Une demi-douzaine de galeries d'art parsèment aussi l'île, une bonne quantité se trouvant dans le village de Saint-Jean.

La boutique de la **Forge à Pique-Assaut** *(2200 ch. Royal, St-Laurent, ☎828-9300)* (voir p 452, 475) présente divers objets en fer forgé, depuis les chandeliers jusqu'aux meubles en passant par les bibelots. On y trouve aussi d'autres produits artisanaux.

La **Chocolaterie de l'île d'Orléans** *(196 ch. Royal, Ste-Pétronille, ☎828-2252)* propose toute une gamme de petites gâteries délectables. Sa crème glacée maison est tout aussi délicieuse.

À Saint-Jean, dans l'ancien presbytère *(2001 ch. Royal)* devant l'église face au fleuve, deux boutiques valent la peine qu'on s'y arrête : **Les échoueries**, qui propose une foule d'objet fabriqués par des artisans habiles, et une **boulangerie artisanale** dont les produits révèlent une fabrication de main de maître!

Circuit C : Le chemin du Roy

L'**avenue Maguire** à Sillery et la **rue du Campanile** à Sainte-Foy comportent toutes deux quelques jolies boutiques. À Sainte-Foy, sur le boulevard Laurier, on trouve aussi un ensemble de quatre centres commerciaux, à savoir **Place Laurier**, **Place Ste-Foy**, **Place de la Cité** et **Place Belle-Cour**.

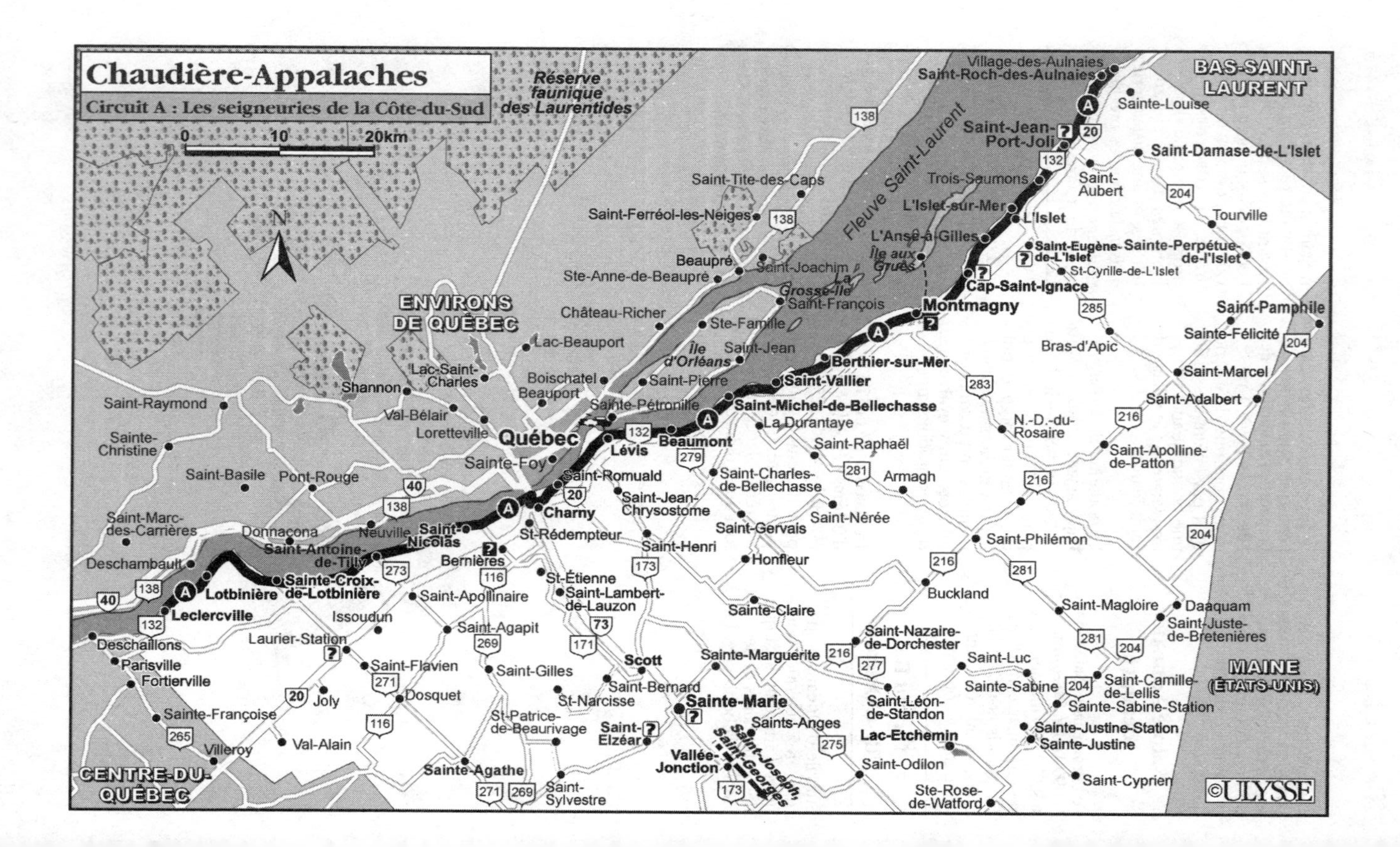
Chaudière-Appalaches
Circuit A : Les seigneuries de la Côte-du-Sud
0
10
20km
N
Réserve faunique des Laurentides
ENVIRONS DE QUÉBEC
BAS-SAINT-LAURENT
MAINE (ÉTATS-UNIS)
CENTRE-DU-QUÉBEC
Fleuve Saint-Laurent
Québec
Lévis
Village-des-Aulnaies
Saint-Roch-des-Aulnaies
Sainte-Louise
Saint-Jean-Port-Joli
Saint-Damase-de-L'Islet
Saint-Aubert
Trois-Saumons
L'Islet-sur-Mer
L'Islet
Tourville
L'Anse-à-Gilles
Île aux Grues
Saint-Eugène-de-L'Islet
Sainte-Perpétue-de-l'Islet
St-Cyrille-de-L'Islet
Cap-Saint-Ignace
Montmagny
Saint-Pamphile
Sainte-Félicité
Bras-d'Apic
Saint-Marcel
Saint-Adalbert
Berthier-sur-Mer
Saint-Vallier
Saint-Michel-de-Bellechasse
La Durantaye
Beaumont
N.-D.-du-Rosaire
Saint-Apolline-de-Patton
Saint-Raphaël
Armagh
Saint-Charles-de-Bellechasse
Saint-Nérée
Saint-Gervais
Saint-Philémon
Saint-Henri
Honfleur
Buckland
Sainte-Claire
Saint-Magloire
Daaquam
Saint-Juste-de-Bretenières
Saint-Nazaire-de-Dorchester
Sainte-Marguerite
Saint-Luc
Sainte-Sabine
Saint-Camille-de-Lellis
Sainte-Sabine-Station
Saint-Léon-de-Standon
Lac-Etchemin
Sainte-Justine-Station
Sainte-Justine
Saint-Odilon
Ste-Rose-de-Watford
Saint-Cyprien
Saint-Tite-des-Caps
Saint-Ferréol-les-Neiges
Beaupré
Saint-Joachim
Ste-Anne-de-Beaupré
La Grosse-Île
Saint-François
Château-Richer
Ste-Famille
Île d'Orléans
Saint-Jean
Saint-Pierre
Sainte-Pétronille
Lac-Beauport
Boischatel
Beauport
Lac-Saint-Charles
Shannon
Val-Bélair
Loretteville
Sainte-Foy
Saint-Romuald
Saint-Jean-Chrysostome
Charny
St-Rédempteur
Saint-Raymond
Sainte-Christine
Saint-Basile
Pont-Rouge
Saint-Marc-des-Carrières
Donnacona
Neuville
Saint-Nicolas
Bernières
Saint-Antoine-de-Tilly
Deschambault
Sainte-Croix-de-Lotbinière
Lotbinière
Leclercville
St-Étienne
Saint-Lambert-de-Lauzon
Saint-Apollinaire
Issoudun
Saint-Agapit
Laurier-Station
Scott
Saint-Flavien
Saint-Gilles
Saint-Bernard
Deschaillons
Parisville
Fortierville
Joly
Dosquet
St-Narcisse
Sainte-Marie
Saints-Anges
Sainte-Françoise
St-Patrice-de-Beaurivage
Saint-Elzéar
Vallée-Jonction
Saint-Joseph, Saint-Georges
Val-Alain
Villeroy
Sainte-Agathe
Saint-Sylvestre
©ULYSSE

Chaudière-Appalaches regroupe quelques petites municipalités au caractère géographique très distinct.

Sur la rive sud du Saint-Laurent, face à Québec, elle s'ouvre sur une vaste plaine fertile avant de lentement grimper vers les contreforts des Appalaches jusqu'à la frontière américaine. La rivière Chaudière, qui prend sa source dans le lac Mégantic, coule au centre de cette région, puis se jette dans le fleuve Saint-Laurent à la hauteur du pont de Québec.

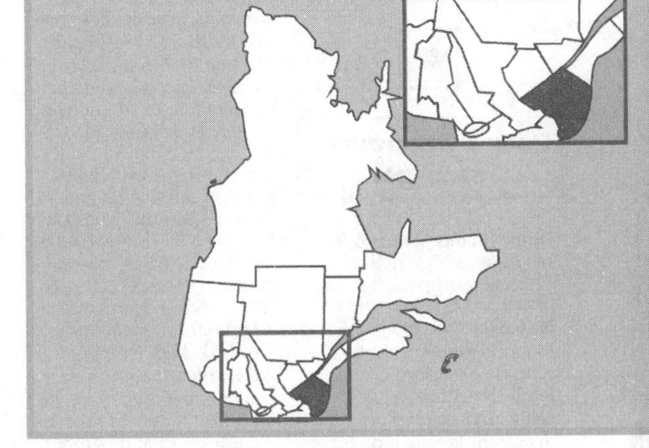

Les rives du fleuve Saint-Laurent, entre Leclercville et Saint-Roch-des-Aulnaies, invitent à de charmantes balades au fil desquelles défile un joli paysage pastoral. Plaine fertile coincée entre la chaîne des Appalaches et le fleuve, elle fut très tôt une zone d'occupation française. On peut y visiter d'agréables petites bourgades, faire une halte à Saint-Jean-Port-Joli, qui est un important centre d'artisanat québécois, ou prendre le large, à la découverte de l'archipel de L'Isle-aux-Grues.

Plus au sud se déploie, sur les berges de la rivière Chaudière, la très pittoresque région de la Beauce. Connaissant de fortes crues printanières, la rivière Chaudière inonde, presque chaque année, certains villages bordant ses rives, ce qui a valu aux gens du pays le surnom de «jarrets noirs».

Au milieu du siècle dernier, la découverte de pépites d'or dans le lit de la rivière y attira d'innombrables prospecteurs. Le paysage de la Beauce est constitué d'harmonieuses collines verdoyantes où prospèrent de nombreuses fermes depuis des siècles. Les clochers d'église annoncent de petits villages qui rythment de façon régulière la campagne beauceronne.

La Beauce possède par ailleurs la plus grande concentration d'érablières au Québec, faisant de cette région un véritable royaume de la «cabane à sucre». Le printemps venu, alors que coule la sève des érables, on y vit à l'heure des «parties de sucre». Les gens du pays, les Beaucerons, sont d'ailleurs reconnus pour leur sens des traditions et de l'accueil.

Un peu plus à l'ouest de la rivière Chaudière, dans la région aux abords de Thetford Mines, le «pays de l'amiante» présente un paysage assez diversifié, jalonné d'impres-sionnantes mines à ciel ouvert.

Pour s'y retrouver sans mal

Deux circuits sont proposés dans la région Chaudière-Appalaches, soit **Circuit A : Les seigneuries de la Côte-du- Sud ★★**, qui longe le fleuve Saint-Laurent, de Leclercville à Saint-Roch-des-Aulnaies, et **Circuit B : La Beauce ★**, qui fait découvrir la vallée de la rivière Chaudière, de même que le «pays de l'amiante».

Circuit A : Les seigneuries de la Côte-du-Sud

En voiture

Au départ de Montréal, quittez l'autoroute 20, à la sortie 253, pour prendre la route 265 Nord jusqu'à Deschaillons. Tournez ensuite à droite sur la route 132 Est.

Au départ de Québec, traversez le fleuve par le pont de Québec afin de prendre la route 132 soit vers Lotbinière vers l'ouest, soit vers Saint-Roch-des-Aulnaies à l'est.

En traversier

Le traversier *(1,75$; voiture 5$, ☎418- 644-3704)* reliant Québec à Lévis permet d'arriver à destination en seulement 15 min. L'horaire varie grandement d'une saison à l'autre, mais les liaisons sont très fréquentes.

Le traversier vers l'île aux Grues, la **Grue des îles** *(gratuit; ☎418-248-3549)*, part du quai de Montmagny et s'y rend en une vingtaine de minutes. La fréquence varie avec les marées.

Les entreprises suivantes peuvent aussi vous conduire à l'île aux Grues ou à la Grosse Île. Le **Taxi des Îles** *(île aux Grues, aller simple 10$; Grosse-Île, 32$ aller-retour, visite 4 heures et demi; 124 rue St-Louis, Montmagny, G5V 1M8, ☎418-248-2818)*, reconnaissable à ses couleurs jaune et noire, se rend fréquemment aux îles à partir du quai de Montmagny.

Les **Croisières Lachance** *(prix variables selon les forfaits; croisières vers Grosse-Île et l'archipel de Montmagny; 110 de la Marina, Berthier-sur-Mer, G0R 1E0, ☎418-259-2140 ou 888-476-7734; www.croisiereslachance.qc.ca)* offrent des croisières quotidiennes à partir de la marina de Berthier-sur-Mer.

Gares routières

Lévis
5401 boul. de la Rive-Sud,
☎(418)837-5805

Montmagny
5 boul. Taché O. (Restaurant Bel-Air)
☎(418)248-1850

Saint-Jean-Port-Joli
10 av. de Gaspé E.
(Épicerie Pelletier)
☎(418)598-6808

Gare ferroviaire

Montmagny
4 rue de la Station
☎VIA : 800-361-5390

Circuit B : La Beauce

En voiture

De Québec, empruntez l'autoroute 73 Sud (traversez le pont Pierre-Laporte). À droite apparaît bientôt la chute de la rivière Chaudière. Continuez jusqu'à la sortie 101 pour Scott, où vous emprunterez la route 173, qui va jusqu'à Saint-Georges.

Gares routières

Saint-Georges
☎(418)228-4040

Thetford Mines
127 rue St-Alphonse Ouest
☎(418)335-5120

Renseignements pratiques

Indicatif régional : 418.

Renseignements touristiques

Bureau régional

Association touristique Chaudière-Appalaches
800 autoroute Jean-Lesage, St-Nicolas G7A 1C9
☎831-4411 ou 800-831-4411
⇌831-8442
www.chaudapp.qc.ca

Circuit A : Les seigneuries de la Côte-du-Sud

Lévis
5995 rue St-Laurent
☎838-6026

Montmagny
45 av. du Quai
☎248-9196 ou 800-463-5643
⇌248-1436
www.montmagny.com

Cap-St-Ignace
9h à 16h30
24 juin jusqu'à la fête du Travail
72 rue du Manoir rte. 132
☎246-5390

Saint-Jean-Port-Joli
7 place de l'Église
☎598-3747

Circuit B : La Beauce

Saint-Georges
8585 boul. Lacroix
☎227-4642
⇌226-2255

Thetford Mines
682 rue Monfette N.
☎335-7141
⇌338-4984
www.tourisme- amiante.qc.ca

Attraits touristiques

★★

Circuit A : Les seigneuries de la Côte-du-Sud (deux jours)

De charmants villages, disposés à intervalles réguliers, ponctuent ce circuit qui longe le majestueux fleuve Saint-Laurent. Englobant à la fois la Rive-Sud de Québec et la Côte-du-Sud, il prend graduellement un caractère maritime, à mesure que le fleuve s'élargit. À plusieurs endroits, on bénéficie de points de vue saisissants sur cette vaste étendue d'eau, dont la teinte varie selon la température et l'heure, ainsi que sur l'île d'Orléans et les montagnes de Charlevoix.

Le circuit permet en outre de voir quelques-uns des plus beaux spécimens d'architecture traditionnelle du Québec, qu'il s'agisse d'églises, de manoirs seigneuriaux, de moulins ou simplement de maisons anciennes, dont les petites fenêtres s'ouvrent sur un espace qui semble démesuré. Somme toute, il s'agit peut-être de la région qui incarne le mieux le Québec rural.

Leclercville (320 hab.)

En 1755, l'armée britannique expulse les colons acadiens de leurs terres pour ensuite les déporter vers de lointaines contrées. Certains d'entre eux réussiront à gagner le Québec, où ils s'établiront dans de nouveaux villages. Ils seront bientôt rejoints par des compatriotes de retour d'exil. Leclercville est un des rares villages acadiens de la région de Québec. Son **église Sainte-Emmélie** *(tournez à gauche sur la rue de l'Église)*, érigée en 1863 sur un promontoire dominant le fleuve, est un bel exemple d'architecture néogothique réalisée avec de faibles moyens. Ses murs latéraux sont en brique peinte, alors que sa façade est revêtue de tôle imitant la pierre de taille.

Poursuivez sur la route 132 Est en direction de Lotbinière.

★ Lotbinière (1 040 hab.)

La seigneurie de Lotbinière est un des rares domaines à être demeuré entre les mains de la même famille depuis sa concession, en 1672, à René-Louis Chartier de Lotbinière. Même s'il n'habite pas les lieux, car il siège au Conseil souverain, celui-ci voit alors au développement de ses terres et du bourg de Lotbinière, qui devient vite un des plus importants villages de la région. Le cœur de Lotbinière, qui recèle plusieurs maisons anciennes en pierre et en bois, est de nos jours protégé par le gouvernement du Québec.

Tournez à droite sur la route du Vieux-Moulin pour voir le moulin du Portage.

Le **moulin du Portage** ★ *(rang St-François)*, un moulin à farine élevé en 1815 pour Michel-Eustache-Gaspard-Alain Chartier de Lotbinière, s'inscrit dans un site bucolique, en bordure de la rivière du Chêne. Le parc entourant le moulin est d'ailleurs un lieu de promenade agréable, où il est également possible de pique-niquer.

Revenez sur la route 132 Est, qui prend le nom de «rue Marie-Victorin» dans les limites de Lotbinière. Au numéro 7640 se dresse l'imposante demeure construite vers 1817 pour Ambroise Chavigny de La Chevrotière, notaire et administrateur de la seigneurie. Cette résidence, par son haut toit pentu et ses fenêtres à vantaux, perpétue les traditions architecturales de la Nouvelle-France.

Domaine Joly-De Lotbinière

Plus loin, au numéro 7482, on aperçoit la **maison Pagé** (1785) ainsi qu'une jolie **chapelle de procession** (1834) au numéro 7557.

La monumentale **église Saint-Louis** ★★ *(7510 rue Marie-Victorin)*, disposée parallèlement au Saint-Laurent, compose avec le presbytère et l'ancien couvent un site admirable offrant de belles vues sur le fleuve. L'église actuelle est le quatrième temple catholique érigé dans les limites de la seigneurie de Lotbinière.

Sa construction fut entreprise en 1818 selon les plans de François Baillairgé. Les flèches, de même que le couronnement de la façade, sont cependant le résultat de modifications apportées en 1888. La polychromie de l'édifice (blanc pour les murs, bleu pour les clochers et rouge pour la toiture) crée un effet «tricolore» étonnant.

Le décor intérieur de l'église est un chef-d'œuvre de l'art religieux québécois traditionnel, dont la pièce maîtresse est sans contredit le retable néoclassique en arc de triomphe, sculpté par Thomas Baillairgé en 1824, et au sein duquel prennent place trois toiles de 1730, attribuées au frère François Brékenmacher, récollet du couvent de Montréal. L'orgue du jubé, d'abord destiné à la cathédrale anglicane de Québec, a été construit à Londres par la Maison Elliott en 1802. Trop haut pour le temple anglican, il sera remisé avant d'être acquis par le curé Faucher en 1846. Cent ans plus tard, il sera restauré et électrifié par la Maison Casavant de Saint-Hyacinthe.

Avant d'arriver au village de Sainte-Croix, tournez à gauche sur la route de la Pointe-Platon, qui mène au domaine Joly de Lotbinière.

Sainte-Croix (1 719 hab.)

Les origines de la famille Chartier de Lotbinière remontent au XIe siècle. Au service des rois de France pendant de nombreuses générations, elle maintiendra ses contacts avec la mère patrie une fois établie au Canada, et ce, malgré la Conquête et l'éloignement. En 1828, Julie-Christine Chartier de Lotbinière épouse Pierre-Gustave Joly, un riche marchand huguenot de Montréal. En 1840, celui-ci acquiert une partie du fief Sainte-Croix des ursulines de Québec afin d'y ériger un manoir seigneurial, connu depuis sous les noms de Manoir de la Pointe-Platon ou de Domaine Joly-De Lotbinière.

Le **Domaine Joly-De Lotbinière** ★★ *(6$; mi-juin à sept tlj 10h à 19h, mi-mai à fin juin et sept à mi-oct la fin de semaine; route de la Pointe-Platon, ☎926-2462)* fait partie de l'association des Jardins du Québec. On s'y rend avant tout pour le site, superbe, en bordure du Saint-Laurent. Il faut emprunter les sentiers pédestres qui conduisent à la plage pour contempler le fleuve, les falaises d'ardoise et l'autre rive, sur laquelle on aperçoit l'église de Cap-Santé.

De nombreux arbres centenaires d'espèces rares, plusieurs aménagements floraux et un jardin d'oiseaux ainsi que divers pavillons ornent le parc du domaine. Dans un de ceux-ci, on a aménagé une boutique-café près d'une terrasse. Le manoir, érigé en 1840, présente l'aspect d'une villa entourée de galeries dominant le fleuve.

L'intérieur, décevant, accueille cependant une petite exposition qui nous renseigne sur la famille du marquis de Lotbinière. On y apprend entre autres que le fils de Pierre-Gustave Joly, Henri-Gustave, est né à Épernay (France), qu'il a été premier ministre du Québec en 1878-1879, puis ministre du Revenu au gouvernement fédéral et, enfin, lieutenant-gouverneur de la Colombie-Britannique. Le Domaine Joly-De Lotbinière fut pris en charge par le gouvernement du Québec en 1967, lorsque le dernier seigneur, Edmond Joly de Lotbinière, a dû quitter les lieux.

À la sortie du stationnement, prenez à gauche le chemin qui rejoint la route 132 Est.

L'**église Sainte-Croix** *(en bordure de la route 132 E.)*. Le centre agronomique de l'Université Laval constitue le principal moteur économique du village de Sainte-Croix, dominé par son église de granit érigée en 1911. D'allure néobaroque, elle présente un intérieur doté d'un plafond à caissons très Belle Époque.

Poursuivez sur la route 132 Est. Tournez à gauche sur le chemin de Tilly, qui mène au centre du village de Saint-Antoine-de-Tilly.

★ Saint-Antoine-de-Tilly (1 410 hab.)

La seigneurie d'Auteuil fut acquise par Noël Legardeur de Tilly en 1702, qui lui laissa son nom. Le hameau créé à l'époque est devenu le tranquille petit village surplombant le fleuve que l'on traverse aujourd'hui. On y retrouve encore de petites entreprises de construction navale.

Logés dans une vieille grange retapée, les **Ateliers ApArt** *(juin à août jeu-dim 10h à 17h, reste de l'année sam-dim 11h à 17h; 837 rue des Phares, ☎886-2733)* vous invitent à découvrir la sculpture et les arts en général. On y trouve une galerie qui sert aussi de salon de thé et même de salle de concerts. De plus, on peut visiter l'atelier des deux propriétaires, eux-mêmes sculpteurs-fondeurs, qui tentent de faire connaître leur art aux jeunes et aux moins jeunes de la région.

L'**église Saint-Antoine** ★ *(3870 ch. de Tilly)*. La façade actuelle de l'église, ajoutée en 1902, masque l'édifice érigé à la fin du XVIIIe siècle. L'intérieur, décoré par André Paquet entre 1837 et 1840, met en valeur de belles toiles provenant des Ventes révolutionnaires, parmi lesquelles figurent *La Sainte Famille* ou *Intérieur de Nazareth*, d'Aubin Vouet, qui ornait autrefois l'église abbatiale de Saint-Germain-des-Prés à Paris, et *La Visitation* de A. Oudry.

À cela, il faut ajouter *Jésus au milieu des docteurs* de Samuel Massé et *Saint François d'Assise* du frère Luc. Une balade dans le cimetière voisin permet de découvrir un beau panorama sur le fleuve Saint-Laurent et de mieux apprécier le profil de la petite église.

Le **manoir de Tilly** *(3854 ch. de Tilly)*. Quatre générations de Tilly ont habité ce manoir construit à la fin du XVIIIe siècle. Le bâtiment, transformé en auberge (voir p 504), comporte une galerie basse dotée de fins treillis de bois. Un peu plus loin, le manoir Dionne, avec sa galerie ornée de fer forgé, fut la résidence d'Henriette de Tilly, épouse du marchand Charles François Dionne, famille propriétaire de plusieurs seigneuries de la Côte-du-Sud.

Poursuivez vers l'est sur le chemin de Tilly, qui effectue un retour vers la route 132 Est.

Avant d'arriver à Saint-Nicolas, on peut voir une belle chapelle de procession néogothique en brique d'Écosse, malheureusement abandonnée. De l'autre côté du chemin, on aperçoit une maison de ferme dans laquelle est intégrée une écurie, ce qui est fort rare au Québec. On atteint ensuite des agglomérations plus importantes formant une

Alphonse Desjardins (1854-1920)

Alphonse Desjardins est né à Lévis en 1854. C'est là que, 46 ans plus tard, il fonde la caisse populaire de Lévis, première de l'important mouvement que représente aujourd'hui le Mouvement des Caisses populaires Desjardins.

L'idée d'un outil d'épargne qui serait plus près des petits épargnants lui est venue en constatant les injustices créées par le système de prêt alors en vigueur. Les banques populaires existent déjà en Europe. C'est en adaptant leur mode de fonctionnement à la réalité québécoise que Desjardins arrive à concrétiser son idée d'une coopérative où la solidarité humaine profiterait à tous les membres.

Il travaille donc trois années durant à peaufiner son projet pendant les heures de loisir que lui laisse son emploi de rapporteur des débats parlementaires à la Chambre des communes à Ottawa. Lorsque les députés ne siègent pas, il rentre chez lui à Lévis. À la fin de 1900, il réussit à convaincre quelques notables de la ville du bien-fondé de son projet et, le 6 décembre, ces hommes tiennent une première assemblée durant laquelle sont posés les fondements d'une nouvelle société d'épargne et de crédit. Pendant les premières années de cette nouvelle institution, les membres viennent déposer leur pécule directement à la maison de la famille Desjardins, rue du Mont-Marie, où Alphonse, ou en son absence sa femme Dorimène, les conseille et enregistre leur dépôt.

Le fondateur des caisses populaires insiste pour que, au départ, les activités de la société soient maintenues à l'intérieur des limites de la paroisse. Mais lorsqu'il se décide à encourager la création de nouvelles caisses, les demandes lui viennent de partout. Car, puisqu'il s'agit de coopératives, les caisses sont mises sur pied à la demande de citoyens intéressés à se regrouper et à se donner les moyens sûrs d'une meilleure épargne et d'un crédit plus juste. En mars 1906, alors que seulement six caisses sont fondées, le gouvernement du Québec adopte la Loi des syndicats coopératifs. Dès lors, Desjardins fait le tour du Québec pendant plusieurs années pour initier les volontaires à son idée. En 1909, 22 caisses populaires sont actives au Québec et, en 1912, on inaugure l'ouverture de la centième. Elles fonctionneront toutes de manière indépendante, mais toujours sous la conduite du fondateur.

À la fin de sa vie, Alphonse Desjardins est toujours aussi impliqué auprès des caisses populaires. Lui qui fondait tant d'espoir sur l'entraide humaine s'éteint au milieu des siens, laissant derrière lui un mouvement coopératif qui regroupe aujourd'hui près de 5 millions de membres répartis dans 1 200 caisses à travers le Québec.

vaste banlieue en face de la ville de Québec : **Saint-Nicolas**, **Saint-Romuald**, **Lévis-Lauzon**.

Continuez sur la route 132 Est à travers Saint-Nicolas, un ancien centre de villégiature. Suivez les indications qui permettent de poursuivre sur la route 132 Est jusqu'à Charny. Il faut être vigilant à l'approche du pont de Québec, car les entrecroisements s'y multiplient.

Charny (11 081 hab.)

Cette municipalité doit son existence au chemin de fer. Elle demeure, aujourd'hui même, un centre ferroviaire d'une grande importance. On y trouve la plus grande **rotonde** (hangar ferroviaire de forme circulaire) du Québec.

Parc de la chute de la rivière Chaudière ★, voir p 501

★★ Lévis (42 635 hab.)

Fondée par Henry Caldwell en 1826, Lévis s'est développée rapidement dans la seconde moitié du XIXe siècle, avec la venue du chemin de fer (1854) et l'implantation de chantiers navals qui s'alimentaient en bois auprès des scieries des familles Price et Hamilton. L'absence de voies ferrées sur la rive nord du fleuve Saint-Laurent à cette époque amène en outre un déplacement partiel des activités portuaires de Québec vers Lévis. D'abord baptisée Ville d'Aubigny, Lévis acquiert son nom actuel en 1861, lorsque l'on décide d'honorer la mémoire du chevalier François de Lévis, vainqueur des Britanniques lors de la bataille de Sainte-Foy en 1760.

La ville haute, institutionnelle et bourgeoise, offre des points de vue intéressants sur le Vieux-Québec, de l'autre côté du fleuve, alors que la ville basse, très étroite, accueille la gare et le traversier qui relie Lévis à la capitale québécoise. Lévis et la ville voisine, Lauzon, ont fusionné en 1990.

Tournez à gauche sur la côte du Passage pour rejoindre le secteur du Vieux-Lévis, qu'il est plus agréable de visiter à pied. Prenez à gauche la rue Desjardins, puis tournez à gauche sur la rue William-Tremblay afin d'accéder à la terrasse de Lévis.

Maison Alphonse-Desjardins

La **terrasse de Lévis ★★** *(rue William-Tremblay)*, aménagée pendant la crise de 1929, offre des points de vue spectaculaires, tant sur Québec que sur le centre de Lévis. On distingue notamment, dans le Vieux-Québec, la Place-Royale, au bord du fleuve, que surplombent le Château Frontenac et la Haute-Ville. Quelques gratte-ciel modernes se profilent à l'arrière, le plus élevé étant l'édifice Marie-Guyart de la Colline parlementaire.

Revenez vers la rue Desjardins, tournez à droite, puis à gauche sur la rue Saint-Louis. Enfin, prenez à gauche la côte du Passage avant de vous engager sur la rue Wolfe, à droite, où l'on peut voir de belles demeures victoriennes.

Le **Centre d'art de Lévis** *(entrée libre; mar-ven 9h à 17h, sam-dim 13h à 17h; 33 rue Wolfe, ☎838-6000)* regroupe sur un même site une salle de spectacle aménagée dans une ancienne église anglicane (1848), baptisée simplement **L'Anglicane** (voir p 510), ainsi qu'une demeure ayant également servi de presbytère à l'église voisine et abritant de nos jours un centre d'exposition appelé **Galerie Louise-Carrier**, du nom d'une artiste-peintre originaire de Lévis, et enfin un parc où l'on retrouve quelques sculptures.

Tournez à droite sur la rue Carrier. À l'angle de la rue du Mont-Marie et de la rue Guénette se trouve la maison Alphonse-Desjardins, où vécut le fondateur du Mouvement Desjardins.

La **maison Alphonse-Desjardins** *(entrée libre; lun-ven 10h à 12h et 13h à 16h30, sam-dim 12h à 17h; 6 rue du Mt-Marie, ☎835-2090)*. Alphonse Desjardins (1854-1920) était un homme entêté. Désireux de faire progresser le peuple canadien-français, il s'est battu pendant de nombreuses années pour que soit acceptée l'idée des caisses populaires, ces institutions financières coopératives contrôlées par leurs membres, donc par tous les petits épargnants qui y ouvrent un compte.

La maison néogothique, habitée par les Desjardins pendant près de 50 ans et dans laquelle a débuté la caisse populaire de Lévis, a été construite en 1882. Admirablement bien restaurée lors de son centenaire, elle a par la suite été transformée en un centre d'interprétation relatant la carrière et l'œuvre de Desjardins. On y présente un documentaire, de même qu'une reconstitution de certaines pièces de la maison. La société historique Alphonse-Desjardins occupe, quant à elle, le premier étage.

L'**église Notre-Dame-de-la-Victoire** ★ *(18 rue Notre-Dame)*. En 1851, le curé Joseph Déziel décide de construire un vaste temple catholique pour desservir la ville, alors en plein essor. Thomas Baillargé, l'architecte de tant d'églises dans la région de Québec, en dessine les plans. Ceux-ci sont l'expression d'une maîtrise exemplaire du vocabulaire néoclassique québécois, à la jonction des styles français et anglais. L'intérieur, divisé en trois vaisseaux, comporte de hautes galeries à colonnes. Sur le terrain de l'église, une plaque signale l'emplacement des canons anglais qui bombardèrent Québec en 1759.

Au centre du square, situé en face de l'église, trône le monument du sculpteur Philippe Hébert à la mémoire du curé de Lévis, Joseph Déziel, qui a transformé le paysage de sa ville par la fondation, non seulement de la paroisse, mais aussi du **collège de Lévis** (1853), du **couvent Notre-Dame-de-Toute-Grâce** (1858) et de l'**Hôtel-Dieu** (1877). Pour terminer votre promenade dans Lévis, revenez vers la rue Wolfe, que vous emprunterez à droite jusqu'à la rue Saint-Jean. Tournez à gauche pour voir, en surplomb, les quais du **chantier naval MIL Davie**, établi en 1827 dans la basse ville.

Si vous voulez visiter le lieu historique national du Fort-Numéro-Un, reprenez la route 132 vers l'est, puis tournez à gauche sur le chemin du Gouvernement. Sinon, empruntez la côte du Passage vers le sud (en vous éloignant du fleuve), et tournez à gauche sur la rue Saint-Geor*ges, qui devient la rue Saint-Joseph dans le Vieux-Lauzon.*

Le **lieu historique national du Fort-Numéro-Un** ★ *(3$; mi-mai à mi-juin dim-ven 9h à 16h, mi-juin à fin août tlj 10h à 17h, début sept à fin oct dim 12h à 16h; 41 ch. du Gouvernement, ☎835-5182)*. Craignant une attaque surprise des Américains à la fin de la guerre de Sécession, les gouvernements britannique puis canadien font ériger à Lévis, entre 1865 et 1872, une série de trois forts détachés, intégrés au système défensif de Québec.

Seul le Fort-Numéro-Un nous est parvenu intact. Fait de terre et de pierre, il illustre l'évolution des ouvrages fortifiés au XIXe siècle, alors que les techniques de guerre progressent rapidement. On peut y voir notamment le canon rayé, pièce d'artillerie imposante, les casemates voûtées et les caponnières, ouvrage de maçonnerie destiné à protéger le fossé extérieur. Une exposition raconte l'histoire du fort.

Du sommet de la muraille, on bénéficie d'une belle vue sur Québec et l'île d'Orléans. Un peu plus loin, on peut cependant visiter les restes du **fort de la Martinière** *(2$; mai à oct tlj 9h à 16h, nov à avr lun-ven 9h à 16h; 9805 boul. de la Rive-Sud, ☎833-6620)*, qui présente aussi une exposition sur divers équipements militaires. On peut aussi y profiter du terrain et des aires de pique-nique.

L'**église Saint-Joseph-de-Lauzon** ★ *(rue St-Joseph)*. Lauzon formait autrefois le noyau de la seigneurie du même nom, concédée dès 1636 au gouverneur de la Nouvelle-France, Jean de Lauzon. La paroisse Saint-Joseph, fondée en 1673, est la plus ancienne de toute la Rive-Sud de Québec. Elle englobait, à cette époque, l'ensemble du territoire de Lévis, de Saint-Romuald et de Saint-Nicolas. La première église, détruite par le feu en 1830, fut remplacée peu après par l'église actuelle, autre œuvre de la famille Baillargé. On remarquera les deux adorables chapelles de procession de part et d'autre de l'église. Ce sont la **chapelle Sainte-Anne** (1789) et la **chapelle Saint-François-Xavier** (1822). En face de cette dernière se trouve le chantier naval MIL Davie de Lauzon.

La rue Saint-Joseph rejoint la route 132 Est (boulevard de la Rive-Sud). Poursuivez en direction de Beaumont. Un chemin, à gauche, permet d'accéder au centre du village.

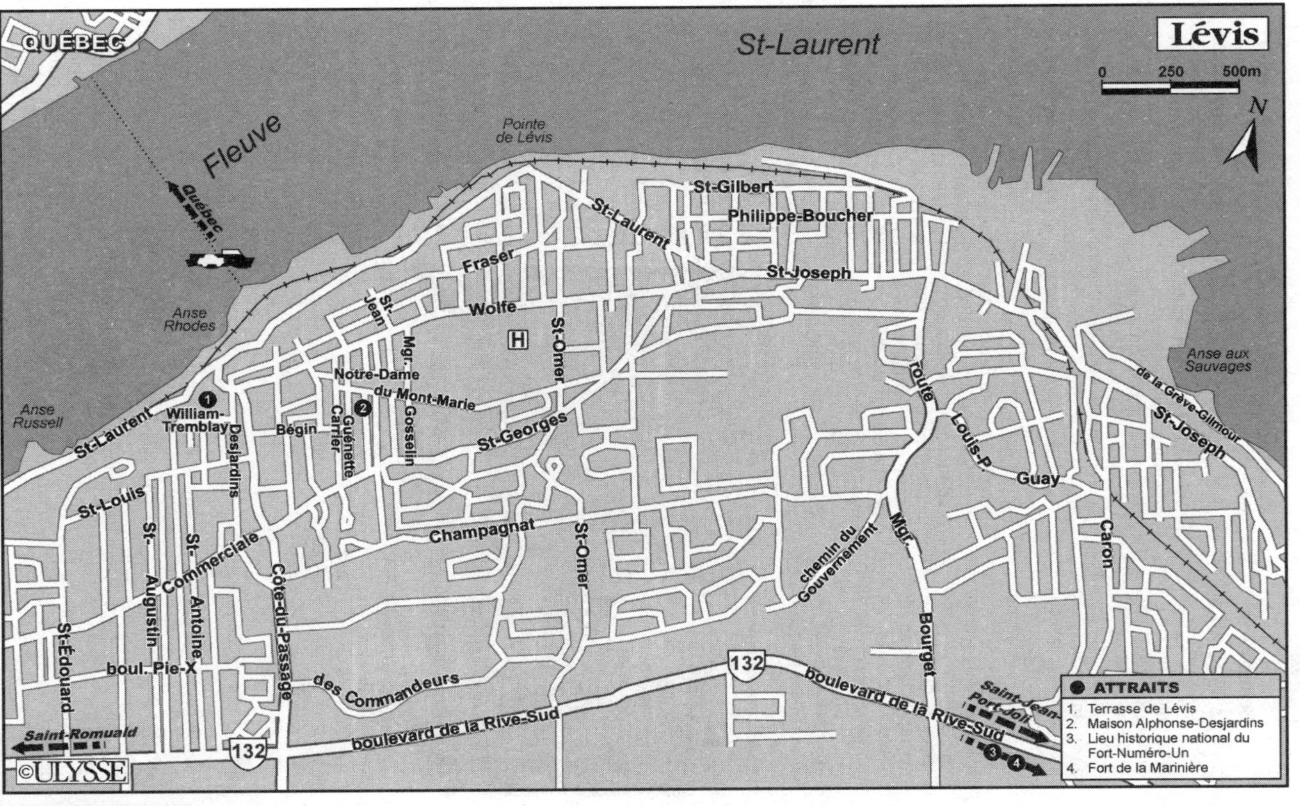
Lévis
St-Laurent
0
250
500m
N
QUÉBEC
Fleuve
Québec
Pointe de Lévis
Anse Rhodes
Anse Russell
Anse aux Sauvages
St-Gilbert
Philippe-Boucher
St-Laurent
St-Joseph
Fraser
Wolfe
St-Jean
H
St-Omer
Mgr. Gosselin
Notre-Dame du-Mont-Marie
William-Tremblay
Desjardins
Bégin
Guénette
Carrier
St-Georges
route
Louis-P.
Guay
de la Grève-Gilmour
St-Joseph
St-Louis
St-Augustin
St-Antoine
Commerciale
Champagnat
St-Omer
chemin du Gouvernement
Mgr.
Bourget
Caron
Côte-du-Passage
St-Édouard
boul. Pie-X
des Commandeurs
132
boulevard de la Rive-Sud
boulevard de la Rive-Sud
Saint-Romuald
Saint-Jean-Port-Joli
©ULYSSE
ATTRAITS
1. Terrasse de Lévis
2. Maison Alphonse-Desjardins
3. Lieu historique national du Fort-Numéro-Un
4. Fort de la Marinière

★

Beaumont (2 030 hab.)

À Beaumont débute véritablement la Côte-du-Sud, qui correspond de fait à la côte sud de l'estuaire du Saint-Laurent. Ses églises au toit argenté, ses chapelles de procession pour la Fête-Dieu et ses manoirs, disposés dans un paysage plus grand que nature, en font l'authentique terroir du Canada français. La seigneurie de Beaumont, concédée en 1672, est exemplaire à cet égard.

L'**église Saint-Étienne** ★★ *(ch. du Domaine)*. La ravissante petite église Saint-Étienne de 1733 est en fait l'une des plus anciennes églises de village subsistant au Québec. Son emplacement, dans l'axe du chemin principal, tout juste avant que celui-ci ne se recourbe vers l'intérieur des terres, formant de la sorte une placette triangulaire à l'avant du parvis, est typique de l'urbanisme classique français du XVIIIe siècle.

En 1759, lors de la Conquête, les Britanniques affichèrent sur l'église de Beaumont la proclamation du général Wolfe décrétant la chute de la Nouvelle-France. Des villageois s'empressèrent de déchirer le document. Pour les punir, le général Moncton, responsable de la déportation des Acadiens en 1755, ordonna à ses soldats de mettre le feu à l'église. Par trois fois, ils appliquèrent des torches enflammées contre ses portes, sans succès. On raconte qu'à chaque tentative une main mystérieuse éteignit les flammes «miraculeusement».

Moulin de Beaumont

À l'intérieur, le tabernacle du maître-autel, sculpté vers 1715, trône au milieu d'un fin décor de style Louis XV, réalisé par Étienne Bercier au début du XIXe siècle. Au centre du retable prend place une *Mort de saint Étienne d'Antoine Plamondon* (1826), alors qu'à gauche, derrière la chaire, on aperçoit une chapelle latérale ajoutée en 1894. En ressortant de l'église, on trouve, à droite, le presbytère actuel et le vieux presbytère-chapelle en pierre construit en 1721 et recyclé en bibliothèque.

Deux **chapelles de procession du Régime français**, l'une à l'entrée du village (de Sainte-Anne, 1734) et l'autre à sa sortie (de la Vierge, vers 1740), ajoutent au cachet ancien de Beaumont.

Suivez le chemin du Domaine vers l'est jusqu'à ce qu'il rejoigne la route 132 Est. Un peu plus loin, à gauche, se trouve le moulin de Beaumont.

Le **moulin de Beaumont** ★ *(5$; début mai à fin juin sam-dim 10h à 16h30, fin juin à début sept mar-dim 10h à 16h30, début sept à fin oct sam-dim 10h à 16h30; 2 rue du Fleuve, route 132, ☎833-1867)*. Érigés en 1821 sur un palier de la chute à Maillou, seuls ses étages supérieurs sont visibles de la route. Les terrains du moulin, sur lesquels une aire de pique-nique a été aménagée, descendent graduellement vers le Saint-Laurent, offrant de belles vues sur l'île d'Orléans et les Laurentides. Un escalier donne même accès aux battures du fleuve ainsi qu'aux ruines d'un moulin plus ancien, le moulin Péan.

Le moulin de Beaumont, coiffé d'un toit mansardé de couleur rouge, sert toujours à la mouture du grain, bien que, dans le passé, il ait aussi servi à carder la laine et à scier le bois. On y vend des muffins et du pain, faits avec la farine moulue sur place et cuits selon les méthodes ancestrales. Un vidéo retrace l'histoire du moulin et fait état des fouilles archéologiques sur le site. On y trouve aussi un petit café-terrasse (voir p 507).

Quelques kilomètres plus loin, prenez à gauche la petite route qui mène au cœur du village de Saint-Michel.

★

Saint-Michel-de-Bellechasse (1 662 hab.)

Les rues ombragées de Saint-Michel sont bordées de jolies maisons blanches au décor de bois peint. Parmi celles-ci, on découvre plusieurs exemples d'architecture marqués par le passage d'influences étrangères, qu'elles soient britanniques ou américaines.

À l'entrée du village se trouve la **chapelle votive Notre-Dame-de-Lourdes**, bâtie au début du XXe siècle. Plus loin, on aperçoit l'**église Saint-Michel**, de style néoclassique et érigée en 1858, ainsi que son presbytère, reconstruit en 1789 à la suite des bombardements de la Conquête. Saint-Michel-de-Bellechasse a en effet été complètement dévasté en 1759, alors que l'armée britannique, avançant vers Québec, brûlait et pillait les villages de la Côte-du-Sud un à un.

Derrière le presbytère, une **marina** régionale a été aménagée pour accueillir les voiliers et les amateurs de sports nautiques.

La route du village rejoint la route 132 Est. À Saint-Vallier, tournez à gauche pour traverser le centre de l'agglomération par la vieille route (rue Principale).

Saint-Vallier (1 130 hab.)

Au printemps et en automne, époques des grandes migrations, des dizaines de milliers d'oies blanches envahissent la côte entre Saint-Vallier, à l'ouest, et Cap-Saint-Ignace, à l'est, offrant un spectacle surprenant. Plusieurs sites d'observation saisonniers, parfois équipés de tables de pique-nique, parsèment cette portion du trajet.

La rue Principale de Saint-Vallier est bordée de plusieurs maisons coquettes construites au XIXe siècle, dont l'ancienne **maison du docteur Joseph Côté** (1851), au numéro 350, mélange d'architecture québécoise traditionnelle (fenêtres françaises à vantaux, larmiers incurvés) et d'architecture coloniale britannique (toiture à croupe basse et débordante).

Le **Musée des voitures à chevaux** *(3$; juin à fin août tlj 9h à 18h, sept sam-dim 9h à 18h; rte. 132, ☎884-2238)* retrace, à l'aide d'attelages, d'instruments aratoires et d'outils reliés à la vie domestique, l'histoire de l'époque des voitures à chevaux d'été et d'hiver.

Reprenez la route 132 Est jusqu'à Berthier-sur-Mer. Quittez encore une fois la route principale pour entrer dans le village.

★

Berthier-sur-Mer (1 132 hab.)

Le lieu porte bien son nom puisqu'en arrivant de l'ouest on y sent pour la première fois l'air marin. L'île d'Orléans s'étant retirée du paysage, le fleuve y prend d'ailleurs des allures de mer aux flots bleus. La vue sur les montagnes de Charlevoix, en face, est admirable par temps clair depuis la plage ou le port de plaisance tout équipé de ce petit centre de villégiature estival, fondé à l'époque seigneuriale. Le manoir du seigneur Dénéchaud, érigé au début du XIXe siècle, a cependant été détruit par les flammes en 1992, victime de l'incurie de ses propriétaires, qui l'avaient en effet laissé à l'abandon pendant près de 40 ans.

De Berthier-sur-Mer, il est possible de s'embarquer pour une croisière sur le fleuve Saint-Laurent autour de l'archipel de L'Isle-aux-Grues, aussi appelé archipel de Montmagny, au cours de laquelle on visite le lieu historique national de la Grosse-Île-et-le-Mémorial-des-Irlandais de même que l'île aux Grues elle-même (voir descriptions plus loin). Des croisières semblables sont également proposées au départ de Montmagny, 15 km plus à l'est.

Juste à côté du Motel-Restaurant de la Plage à Berthier-sur-Mer, un chemin mène à une **plage**. Pas très grande, elle offre cependant un beau sable et un site tranquille où l'on peut profiter du fleuve. En face, on aperçoit deux îles privées (l'île Madame et l'île aux Ruaux), ainsi que la Grosse-Île; la vue sur l'autre rive est magnifique. L'extrémité ouest de la plage est fermée par des roches sur lesquelles on peut grimper pour jouir encore mieux du paysage.

Montmagny (11 830 hab.)

Cette ville apparaît déprimante aux yeux de certains, et quelque peu

Joseph-Elzéar Bernier (1852-1934)

Joseph-Elzéar Bernier est l'un des marins les plus célèbres du Québec. Il est né en 1852 dans le joli village de L'Islet-sur-Mer d'une lignée de capitaines au long cours.

En 1869, à l'âge de 17 ans, Joseph-Elzéar est nommé capitaine d'un navire auparavant piloté par son père, le *Saint-Joseph*. Il devient ainsi le plus jeune capitaine du monde. Pendant les années qui suivirent, il navigua sur toutes les mers de la planète, établissant même des records de vitesse de traversée.

En 1904, il effectue un premier voyage d'exploration, financé par le gouvernement canadien, dans l'océan Arctique. Ces voyages seront couronnés par la prise de possession officielle des territoires arctiques canadiens au nom du gouvernement. Une plaque érigée sur l'île Melville commémore cet événement.

Par la suite, Bernier reprendra ses habits de marin à son propre compte pour sillonner l'Arctique, où il fait du commerce, et le golfe du Saint-Laurent, où il fait du transport de marchandises. Jusqu'à la fin de sa vie, à l'âge de 82 ans, il restera en étroite relation avec la mer qui l'a vu naître, grandir et repousser les frontières des exploits humains.

déstructurée à l'arrivée par la route 132, qui prend ici le nom de «boulevard Taché». Elle recèle heureusement quelques recoins plus intéressants et donne accès à des sites d'envergure au milieu du fleuve Saint-Laurent.

Depuis longtemps tournée vers l'industrie, Montmagny est le siège des fameuses usines Bélanger, où l'on a fabriqué pendant plusieurs générations des cuisinières en fonte, très prisées des familles québécoises. Ces poêles ont toujours concurrencé ceux fabriqués à L'Islet, plus à l'est. L'usine a depuis été modernisée pour y installer une chaîne de montage d'appareils électroménagers.

Chaque année, à l'automne, Montmagny accueille le Festival de l'oie blanche (voir p 510), qui donne lieu à diverses dégustations de mets à base d'oie. La ville est aussi renommée pour son esturgeon fumé.

Après avoir traversé la rivière du Sud, tournez à gauche sur la rue du Bassin-Nord pour accéder au stationnement du Manoir Couillard-Dupuis.

Le **Manoir Couillard-Dupuis** *(3$; 9h à midi et 13h à 17h, toute l'année); 301, Taché E., ☎248-7927)*. La seigneurie de la Rivière-du-Sud a été concédée en 1646 à Charles Huault de Montmagny. De multiples transactions et découpages de la seigneurie, survenus au cours du XVIIIe siècle, expliquent la présence de trois anciens manoirs seigneuriaux sur le territoire de la municipalité. Le manoir Couillard-Dupuis, situé près du fleuve, a été reconstruit en 1764 sur les fondations d'une demeure plus ancienne détruite lors de la Conquête.

L'ancien manoir abrite l'**Économusée de l'accordéon**, où l'on offre au visiteur la possibilité de se familiariser avec la fabrication et le fonctionnement de l'accordéon. Des expositions de photos soulignent également les faits saillants des différentes éditions du Carrefour mondial de l'accordéon (voir p 510).

Suivez la rue du Bassin-Nord en direction du fleuve Saint-Laurent.

Le **Centre éducatif des migrations ★** *(6$; fin avr à mi-nov tlj 9h30 à 17h30; 53 rue du Bassin-Nord, ☎248-4565)* est situé sur le site du camping de la Pointe-aux-Oies; ce lieu est à la fois un centre d'interprétation de la sauvagine (appelée aussi «oie blanche» ou «oie des neiges») et un auditorium où est présenté un spectacle multimédia portant sur la colonisation de la région ainsi que sur l'arrivée des immigrants à la Grosse Île. Le spectacle son et lumière est une excellente introduction à une visite sur la Grosse-Île.

Traversez le boulevard Taché pour prendre la rue du Bassin-Sud, qui rejoint bientôt la rue Saint-Ignace. Après avoir traversé un premier pont, juste avant l'église, tournez à droite sur la rue de la Fabrique. Au-delà d'un second pont, tournez à gauche sur la rue Saint-Jean-Baptiste.

On remarquera qu'à l'instar de la plupart des villes québécoises, et contrairement aux villes européennes, le centre de Montmagny tourne le dos à la rivière (du Sud) et au fleuve (Saint-Laurent), compte tenu des cours d'eau qui représentent une source de vents froids en hiver et qui causent des inondations au printemps au moment de la fonte des neiges, produisant aussi des débâcles de glace.

En outre, ces cours d'eau étaient strictement perçus dans le passé comme un élément utilitaire pour le transport, l'industrie et le déversement des déchets. Leurs berges n'étaient donc pas aménagées pour la promenade.

Les rues Saint-Jean-Baptiste et Saint-Thomas, qui se rejoignent en pointe à l'ouest de l'église, sont bordées par quelques cafés, terrasses et boutiques agréables, tous aménagés dans de vieilles maisons.

L'avenue Sainte-Marie donne, quant à elle, accès à la **maison historique Sir Étienne-Pascal-Taché** *(3$; mi-juin à fin août lun-ven 10h à 17h, sam-dim 10h à 16h; sept à fin oct sam-dim 10h à 16h; 37 av. Ste-Marie, ☎248-7927)*, dissimulée derrière des immeubles commerciaux. Le beau manoir, construit en 1759, a été habité par Sir Étienne Pascal Taché (1795-1865), premier ministre du Canada-Uni pendant quelques années. C'est lui qui a fait ajouter les deux tours pittoresques qui regardent vers le fleuve.

Revenez vers la rue de la Fabrique, que vous emprunterez à gauche en direction du boulevard Taché. Tournez à droite sur celui-ci avant de tourner à gauche sur l'avenue du Quai.

Devant cette avenue se dresse le **manoir Couillard de L'Espinay**, érigé en 1817, qui sert maintenant de cadre à un hôtel de luxe (voir p 505). La rue du Quai longe une belle promenade aménagée en bordure du bassin de Montmagny où il fait bon s'arrêter pour un pique-nique ou flâner avant le départ d'une excursion en bateau.

Le **quai de Montmagny** est un lieu d'observation privilégié des oies blanches au printemps et en automne, en plus d'être le point de départ des croisières vers la Grosse Île et l'île aux Grues. Juste avant le quai se dresse la gare fluviale où a été aménagé le comptoir de renseignements touristiques.

L'excursion au **lieu historique national de la Grosse-Île-et-le-Mémorial-des-Irlandais** ★★ *(accessible en visite libre ou guidée, mai à oct; service de restauration disponible sur place, il est conseillé de prévoir un pique-nique sur la grève. Tables de pique-nique à la disposition des visiteurs; ☎248-8888 ou 800-463-6769)* est un retour dans le passé douloureux de l'immigration en Amérique. Fuyant les épidémies et la famine, les émigrants irlandais furent particulièrement nombreux à venir au Canada au cours des années 1830-1850.

Afin de limiter la propagation du choléra et du typhus dans le Nouveau Monde, les autorités décidèrent d'obliger les passagers des transatlantiques à subir une quarantaine avant de débarquer dans le port de Québec. La Grosse Île s'impose alors comme un choix logique, étant donné sa position rapprochée et son éloignement des côtes. C'est sur cette «île de la Quarantaine» que chacun des immigrants était scruté à la loupe. Les voyageurs en bonne santé résidaient dans des «hôtels» dont le degré de luxe était lié à la classe qu'ils occupaient sur les navires. Les malades étaient aussitôt hospitalisés.

Au total, quelque quatre millions d'immigrants en provenance de 42 pays différents transitèrent par le port de Québec entre 1832 et 1937. De ce nombre, on ne sait pas exactement combien résidèrent un temps à la Grosse Île, mais près de 7 000 personnes y périrent. Durant l'année 1847, l'épidémie de typhus fut particulièrement impitoyable envers les immigrants irlandais; des 7 000 décès recensés en 105 ans, 5 434 furent comptés ce seul été.

En 1997, on a célébré le 150e anniversaire de la Grande Famine, qui fut l'une des principales causes du départ de ces immigrants. La même année, le 17 mars, fête de St-Patrick, Sheila Copps, ministre du patrimoine, souligna à sa façon cette tragédie en rebaptisant le site Grosse-Île-et-le Mémorial-des-Irlandais. En souvenir de ce triste épisode, chaque année depuis 1909, des gens d'origine irlandaise se rendent à la Grosse Île, où est érigée une croix celtique, pour honorer la mémoire de ceux et celles qui sont passés par l'île.

La visite de la Grosse Île, dont une partie se fait dans un petit train motorisé, nous entraîne donc autour de l'île, de ses beautés naturelles et de ses installations. Sur la trentaine de bâtiments encore debout, quelques-uns sont désormais ouverts aux visiteurs : le bâtiment de désinfection donne un bon aperçu de la technologie canadienne à la fin du XIXe siècle et l'intérieur du lazaret, seul témoin de l'épidémie de typhus de 1847, est en voie d'être reconstitué. Ces témoins précieux racontent on ne peut plus clairement une page de l'histoire du continent.

L'**île aux Grues** ★★, seule île de l'archipel de L'Isle-aux-Grues habitée toute l'année, offre aux visiteurs un magnifique cadre champêtre ouvert sur le fleuve. C'est le lieu idéal pour l'observation des oies blanches au printemps, pour la chasse en automne et pour la balade en été. En hiver, l'île est prisonnière des glaces et les habitants doivent alors utiliser l'avion pour avoir accès au continent. Quelques gîtes ruraux parsèment cette île longue de 10 km et vouée à l'agriculture. S'y promener à bicyclette, au milieu des champs de blé dorés et le long du fleuve, est des plus agréables.

On peut aussi s'y rendre avec la voiture au moyen du traversier baptisé *Grue des îles* (voir p 478). Au centre de l'île se dresse le hameau de **Saint-Antoine-de-l'Isle-aux-Grues**, avec sa petite église et ses jolies maisons. On y trouve une boutique d'artisanat, une fromagerie qui produit, à partir du lait des vaches de l'île, un délicieux fromage, ainsi qu'un tout petit musée où sont racontées les vieilles traditions qui animaient ou animent toujours la vie des insulaires.

À l'est, on aperçoit le **manoir seigneurial McPherson-LeMoine**, reconstruit pour Louis Liénard Villemonde de Beaujeu à la suite du saccage de l'île par l'armée britannique en 1759. L'historien James McPherson-LeMoine a fait de cette invitante demeure, précédée d'une longue galerie, sa résidence d'été à la fin du XIXe siècle. Aujourd'hui, c'est le peintre Jean-Paul Riopelle qui en a fait son havre. En haute saison, un petit kiosque d'information touristique vous accueille au bout du quai. Si vous prévoyez y passer quelques jours, n'oubliez pas de vous munir d'argent liquide, car, sur l'île, il n'y a qu'une petite caisse populaire sans guichet automatique.

Reprenez la route 132 Est en direction de Cap-Saint-Ignace. Tournez à droite sur la route du village (rue du Manoir).

Cap-Saint-Ignace (2 983 hab.)

La Côte-du-Sud, de même que Charlevoix, sur l'autre rive du fleuve, sont des régions propices aux tremblements de terre. Leurs villages ont d'ailleurs été endommagés à maintes reprises par des séismes de forte intensité. À Cap-Saint-Ignace, quatre secousses ont terrorisé les habitants du village entre 1791 et 1925. On a pu malgré tout conserver plusieurs témoins du passé, dont le manoir Gamache, seul manoir seigneurial du Régime français encore debout sur la Côte-du-Sud.

Le **manoir Gamache** ★ *(on ne visite pas; 120 rue du Manoir, à droite, à l'entrée du village)* a été construit en 1744 pour servir de presbytère-chapelle. Sauvé miraculeusement lors de la Conquête, il devient, peu après, la résidence du seigneur Gamache. Le manoir est représentatif de l'architecture rurale du Régime français, caractérisée par d'épais carrés de maçonnerie au ras du sol et par de hautes toitures percées de petites lucarnes. Seul élément peu orthodoxe, la porte principale s'ouvre du côté des terres plutôt que vers le fleuve. Un aménagement paysager récent met en valeur ce manoir fort bien restauré.

L'**église Saint-Ignace** ★ *(au centre du village)* a été reconstruite entre 1880 et 1894 en remplacement de l'église de 1772. Sa longue nef sans transepts, ses clochetons à angles et son magnifique intérieur doré, pourvu de galeries latérales à colonnes, en font certes l'une des plus intéressantes réalisations de David Ouellet, un architecte de Québec qui a beaucoup travaillé en Beauce, dans le Bas-Saint-Laurent et en Gaspésie.

Poursuivez sur la vieille route du village, puis tournez à gauche pour rejoindre la route 132.

L'Anse-à-Gilles

À l'est du village de Cap-Saint-Ignace, un panneau indique que l'on traverse le hameau de L'Anse-à-Gilles. Lieu de villégiature durant la saison estivale, celui-ci comprend quelques maisons ainsi qu'un terrain de camping au milieu duquel se dresse une curieuse tour ronde. Il s'agit d'un ancien moulin à vent, aujourd'hui dépourvu de son mécanisme, qui fut érigé pour le seigneur Amyot de Vincelotte en 1690.

★

L'Islet-sur-Mer (1 950 hab.)

L'activité de ce joli village est, comme son nom l'indique, tournée vers la mer. Depuis le XVIIIe siècle, ses habitants se transmettent de père en fils les métiers de marin et de pilote sur le Saint-Laurent. Certains sont même devenus capitaines ou explorateurs émérites sur les océans lointains. La seigneurie de L'Islet a été concédée par le gouverneur Frontenac en 1677 à deux familles, les Bélanger et les Couillard, qui ont eu tôt fait de mettre leurs terres en valeur, faisant de L'Islet-sur-Mer, au bord du fleuve Saint-Laurent, et de L'Islet, à l'intérieur de la seigneurie, deux communautés prospères qui jouent toujours un rôle important dans la région.

Du parvis de l'**église Notre-Dame-de-Bonsecours** ★★ *(15 rue des Pionniers E., rte. 132)*, on sent le vent du large, puissant et doux à la fois, et l'on peut bien mesurer l'immensité du fleuve tout proche. L'église actuelle, entreprise en 1768, est un vaste édifice en pierre sans transepts. L'intérieur, réalisé entre 1782 et 1787, est le fruit des enseignements de l'Académie royale d'architecture de Paris, d'où revenait François Baillargé, à qui l'on doit ce décor. Ainsi, contrairement aux églises antérieures, le retable épouse complètement la forme du chœur en hémicycle.

Celui-ci est entièrement recouvert de boiseries dorées de styles Louis XV et Louis XVI. Le plafond plat, découpé en caissons, est cependant un ajout du XIXe siècle, tout comme les flèches des clochers, refaites en 1882. Au-dessus du tabernacle de Noël Levasseur provenant de la première église (1728), on remarquera *L'Annonciation* de l'abbé Aide-Créquy, peint en 1776. À gauche, des portes vitrées s'ouvrent sur l'ancienne chapelle des congréganistes, rattachée à l'église en 1853, où l'on organise parfois des expositions estivales à caractère religieux.

La **salle des habitants** *(18 rue des Pionniers E.)*. Au XIXe siècle, les paroisses plus fortunées pouvaient se pourvoir d'une «salle des habitants», lieu d'échanges et d'assemblées publiques où étaient discutées les questions relatives au développement du village. Celle de L'Islet-sur-Mer, située de l'autre côté de la route des Pionniers, a été construite en 1827. Elle conserve toujours son affectation d'origine en plus d'abriter la bibliothèque.

Le **Musée maritime Bernier** ★★ *(9$ pour la visite de tout le site; mi-mai à mi-juin et sept à mi-oct tlj 10h à 17h, mi-juin à début sept tlj 9h à 18h, reste de l'année mar-ven 10h à midi et 13h à 16h; 55 rue des Pionniers E., ☎247-5001)* retrace, à l'aide d'objets fabriqués, de maquettes, d'un parc d'interprétation de la mer, mais aussi de deux véritables navires, l'histoire maritime du fleuve Saint-Laurent du XVIIe siècle à nos jours. L'institution, fondée par l'Association des marins du Saint-Laurent, est installée dans l'ancien couvent de L'Islet-sur-Mer (1877) et porte le nom d'un de ses plus illustres citoyens, le capitaine J.-E. Bernier (1852-1934), qui fut l'un des premiers à explorer l'Arctique, assurant de la sorte la souveraineté du Canada sur ces territoires septentrionaux.

La **chapelle des Marins** *(rte. des Pionniers)*. En route vers Saint-Jean-Port-Joli, on aperçoit, à gauche, la chapelle des Marins de L'Islet (1835) et la Croix de tempérance, juchée sur un monticule. Ces structures symboliques servent lors de la procession de la Fête-Dieu, tradition plus que tricentenaire ravivée il y a quelques années à la suite de la restauration de plusieurs chapelles dans les villages de la Côte-du-Sud. Les gardes paroissiaux en costume, les fanions du Vatican et du Sacré-Cœur, l'ostensoir et le Saint- Sacrement, le dais brodé d'or sous lequel se tient le prêtre dans ses plus beaux atours, suivi des fidèles portant les chandelles et s'arrêtant devant les chapelles de procession, forment le décor de cette fête qui a lieu le deuxième dimanche de juin en début de soirée. L'événement, consacré à l'adoration du Saint-Sacrement, est particulièrement spectaculaire à L'Islet-sur-Mer.

★

Saint-Jean-Port-Joli (3 414 hab.)

Saint-Jean-Port-Joli est devenu synonyme d'artisanat et de sculpture sur bois grâce à la famille Bourgault, qui, au début du XXe siècle, en a fait sa raison de vivre. La route 132 est bordée, à l'arrivée, d'une formidable concentration de boutiques où l'on peut acheter un «grand-père fumant la pipe» ou une «paysanne qui tricote». Il existe même des musées sur le sujet où sont présentées les plus belles pièces. Outre cet artisanat plus vivant que jamais, le village est connu pour son église ainsi que pour le roman *Les Anciens Canadiens*, écrit au manoir seigneurial par Philippe Aubert de Gaspé.

À l'entrée du village, le **moulin seigneurial** est visible à droite. Plus loin, la belle **maison Saint-Pierre**, érigée vers 1765, précède, à gauche, un point de vue aménagé en bordure du fleuve Saint-Laurent.

Le **site du manoir de Philippe Aubert de Gaspé** *(710 av. de Gaspé O.)*. Reconstruit en 1764 sur les fondations et selon le même plan que le premier manoir détruit lors de la Conquête, le manoir de Saint-Jean-Port-Joli a malheureusement brûlé en 1909. Seul subsiste le four à pain au bord de la route. Philippe Aubert de Gaspé (1786-1871), seigneur de Saint-Jean-Port-Joli, s'était retiré dans son manoir pour écrire *Les Anciens Canadiens*, publié en 1863. Considérée comme le premier roman canadien-français, l'œuvre, dont l'importance littéraire est aussi grande que son aspect ethnologique, décrit la vie quotidienne à la fin du régime seigneurial.

Le **Centre d'art animalier Faunart** *(4$; mai à fin juin et sept à début nov tlj 9h à 18h, juil et août tlj 9h à 21h; 377 av. de Gaspé O., ☎598-7034)* a été construit au début du siècle dans une grange octogonale abritant une salle d'exposition et une boutique de souvenirs animaliers. On y retrouve quatre grandes disciplines artistiques : la peinture, la photographie, la sculpture et la taxidermie.

Le **Musée des Anciens Canadiens** *(4$; mi-mai à fin juin tlj 9h à 17h, juil et août tlj 8h30 à 21h, sept et mi-oct 9h à 18h; 332 av. de Gaspé O., ☎598-3392 ou 598-6829)*, malheureusement installé dans un bâtiment disgracieux, véritable caricature de l'architecture traditionnelle québécoise, présente une série de sculptures sur bois figuratives qui racontent l'histoire locale.

La **maison Médard-Bourgault** ★ *(3$; mi-juin à début sept tlj 10h à 18h; 322 av. de Gaspé O., ☎598-3880)*. Médard Bourgault (1877-1967) fut le premier d'une lignée d'artisans sculpteurs renommés de Saint-Jean-Port-Joli. Ce capitaine au long cours a délaissé la navigation pour se consacrer entièrement à son art lorsqu'il a acheté cette maison en 1920. Au fil des années, il en a sculpté les murs et le mobilier pour en faire une œuvre très personnelle.

L'économusée **Les Bateaux Leclerc** *(visite guidée 4$; mi-oct à mi-mai lun-ven 9h à midi et 13h à 17h, juil et août tlj 9h à 21h; 307 av. de Gaspé O., ☎598-3273)* vous permet d'observer le travail des artisans qui, depuis des générations, fabriquent des copies miniatures des bateaux qui ont navigué sur le fleuve Saint-Laurent. En semaine, il est aussi possible d'observer les artisans à l'œuvre. Sur la devanture de la maison, on remarque une haute sculpture murale paraissant tout droit sortie d'un conte fantastique.

L'**église Saint-Jean-Baptiste** ★★ *(2 av. de Gaspé O.)*. Cette coquette église, construite entre 1779 et 1781, se reconnaît à son toit rouge vermillon, coiffé de deux clochers, dont l'emplacement, l'un à l'avant, l'autre à l'arrière, au début de l'abside, est tout à fait inusité dans l'architecture québécoise.

Autre élément particulier, les chapelles des transepts, à peine suggérés, ne sont que les timides réponses des paroissiens aux exigences d'un évêque, visiblement non partagées. L'église présente un exceptionnel intérieur en bois sculpté et doré, qui aura probablement joué un rôle dans la popularité de cette forme d'art à Saint-Jean-Port-Joli, même s'il constitue une œuvre exécutée par divers artistes du Québec, bien antérieure aux sculptures de la famille Bourgault.

Le tabernacle rocaille de Pierre Noël Levasseur, dit à baldaquin car il est couronné d'une coquille soutenue par des colonnes, provient d'une première chapelle et daterait de 1740. Il est encadré par un retable inspiré de l'église des récollets de Québec, auquel a travaillé le clan Baillargé en 1794-1797 (Jean, le père, François, le fils, et Pierre-Florent, le frère), et au centre duquel est fixée une toile de Louis Dulongpré, *Le Baptême du Sauveur*, commandée en 1798 par la fabrique, tout comme les deux autres tableaux du même auteur, *L'Immaculée Conception* et *Sainte Catherine*. La décoration est complétée, en 1817, par Chrysostome Perrault de Montréal, à qui l'on doit l'admirable fausse voûte à caissons ornée d'une multitude d'étoiles, aux angles de sarments de vigne. En 1937, Médard et Jean-Julien Bourgault sculptent une nouvelle chaire, apportant ainsi une touche locale à l'ensemble.

L'ajout de galeries latérales dans la nef, afin d'augmenter le nombre de bancs, est plutôt rare dans les églises du Québec. Celles de Saint-Jean-Port-Joli, réalisées en 1845, sont les seules à avoir survécu au vent de rénovation et de restauration des 40 dernières années, peut-être parce que leurs structures légères obstruent moins le chœur que dans d'autres temples. Avant de quitter les lieux, on remarquera le banc seigneurial de la famille Aubert de Gaspé, sous lequel sont enterrés les membres de cette illustre famille de seigneurs morts à Saint-Jean-Port-Joli.

Poursuivez sur la route 132 en direction de Saint-Roch-des-Aulnaies.

★★ Saint-Roch-des-Aulnaies (1 110 hab.)

Ce joli village, en bordure du fleuve Saint-Laurent, comprend en réalité deux regroupements de maisons. Celui où se trouve l'église est baptisé Saint-Roch-des-Aulnaies, alors que le second, près duquel se situe le manoir, est identifié comme le village des Aulnaies. Le lieu tire son nom de l'abondance d'aulnes tout le long de la rivière Ferrée, qui alimente le moulin seigneurial. Nicolas Juchereau, fils de Jean Juchereau, sieur de Maur, originaire du Perche, a reçu la seigneurie en 1656. D'abord connue sous le nom de la «Grande-Anse», elle demeurera la propriété de la famille Juchereau jusqu'en 1837, alors qu'elle passe entre les mains d'Amable Dionne, riche marchand de Kamouraska détenant déjà plusieurs autres seigneuries de la Côte-du-Sud. Le manoir qu'il a fait ériger en 1850 pour son fils, Pascal-Amable, alors que ce dernier n'était âgé que de 25 ans, a été restauré par le gouvernement du Québec et ouvert au public par la municipalité.

La plupart des demeures anciennes de Saint-Roch-des-Aulnaies sont exceptionnellement grandes, témoignant ainsi d'une certaine prospérité au XIXe siècle. À l'entrée du village, on aperçoit, à droite, la maison Roland-Létourneau (vers 1795), aux massifs murs de pierre. Plus loin, une longue maison en bois, construite pour le notaire Amable Morin (vers 1840), est coiffée d'une balustrade décorative rappelant les *Widows Walks* (promenades des veuves) des villes portuaires américaines. La maison Miville en pierre, située à gauche près de l'embouchure de la rivière Ferrée, a été érigée vers 1800 pour une autre grande famille de la Côte-du-Sud. Le manoir et son moulin se trouvent à droite après le pont enjambant la rivière Ferrée.

La **Seigneurie des Aulnaies** ★★ *(6$; fin mai à début sept tlj 9h à 18h, mi-mai à début sept à mi-oct sam-dim 10h à 16h; 525 ch. de la Seigneurie, ☎354-2800).* Le domaine des Dionne a été transformé en un captivant centre d'interprétation du régime seigneurial. Le visiteur est d'abord accueilli dans l'ancienne maison du meunier, reconvertie en boutique et en café. On y sert des galettes et des muffins produits à partir de la farine provenant du moulin voisin, vaste bâtiment en pierre reconstruit en 1842 à l'emplacement d'un moulin plus ancien. Des visites guidées du moulin en activité permettent de comprendre le fonctionnement complexe de son engrenage, qui dépend de la force motrice de la rivière Ferrée. Sa roue principale est la plus grande du Québec.

On accède au manoir, érigé sur un promontoire, par un long escalier. Tout comme le manoir de Lotbinière (voir p 479, 481), celui des Dionne s'apparente davantage à une villa pittoresque qu'à une austère résidence seigneuriale. Il a été dessiné par Charles Baillargé, membre de la célèbre dynastie de Québec, au début de l'ère victorienne. On reconnaît la marque de cet architecte dans l'ornementation néo-grecque du pourtour des ouvertures (voir maison Cirice-Têtu, Québec, p 396).

Au sous-sol, des présentoirs interactifs, expliquant de façon détaillée les principes du régime seigneurial et son impact sur le paysage rural québécois, sont disposés dans différentes pièces. L'étage, plutôt sobre, abrite les pièces de réception, meublées à la mode du XIXe siècle. On notera tout particulièrement la belle salle à manger, décorée de palmettes, et les deux tours d'angle, la tour de Madame et la tour de Monsieur, où seigneur et seigneuresse pouvaient se retirer du monde. En 1893, il fut racheté par la famille Miville-Deschênes (Miville-Dechêne selon certains) pour en faire sa résidence secondaire. Un beau jardin, faisant partie de l'association «Les Jardins du Québec», ainsi que des sentiers sauvages entourent le manoir. Des guides et des personnages en costume d'époque animent le site.

La région touristique Chaudière-Appalaches se termine ici, mais la Côte-du-Sud se poursuit jusqu'à Rivière-du-Loup; aussi est-il recommandé de jumeler le circuit qui s'achève avec le **Pays de Kamouraska** ★★, dans la région touristique du Bas-Saint-Laurent (voir p 514).

Pour retourner rapidement vers Québec ou Montréal, reprenez l'autoroute 20 vers l'ouest (sortie 430), située tout juste derrière le village de Saint-Roch-des-Aulnaies.

★

Circuit B : La Beauce (deux jours)

Après les timides tentatives de colonisation du Régime français, la Beauce, ou Nouvelle-Beauce comme on l'appelait fréquemment au XVIIIe siècle, connaît un essor important grâce à l'ouverture du chemin Kennebec (entre 1810 et 1830) puis de la voie ferrée (1870-1895), deux routes qui relieront le Québec et sa capitale à la Nouvelle-Angleterre en passant par la vallée de la rivière Chaudière. Le long du parcours, les hameaux agricoles tireront profit de ces voies de communication et deviendront dès la fin du XIXe siècle de petites villes industrielles prospères. Reconnus pour leur esprit d'entreprise et favorisés par le destin, les Beaucerons ont créé plusieurs entreprises aux noms familiers à l'oreille des Québécois, comme Vachon-Culinar et Canam-Manac.

Prenez l'autoroute 73 Sud en direction de Scott. Empruntez la sortie 101 pour rejoindre la route 173, qui longe la rivière Chaudière jusqu'à la frontière canado-étasunienne. Cette route a été baptisée «route du Président-Kennedy».

Scott (1 477 hab.)

L'un des premiers promoteurs du chemin de fer Lévis & Kennebec Railway, Charles Armstrong Scott, a laissé son nom à ce village dont la prospérité relève, en partie, de sa gare, qui servit pendant quelque temps de terminus pour la Beauce. L'**église Saint-Maxime** (1904), toute de bois, est coiffée d'un élégant clocher.

Poursuivez en direction de Sainte-Marie. Quittez momentanément la route du Président-Kennedy pour suivre la rue Notre-Dame Nord, qui mène au centre de la ville.

Sainte-Marie (10 772 hab.)

Thomas Jacques Taschereau reçoit, en 1736, la première seigneurie concédée en Beauce. Ses descendants, qui la conserveront jusqu'à la fin du régime seigneurial (1854), feront de Sainte-Marie le centre de leur domaine. La petite ville va devenir un pôle d'attraction important dans la région au cours du XIXe siècle. Les commerces et les institutions s'y multiplient le long de la rue Notre-Dame.

Deux incendies dévastateurs, l'un en 1908 et l'autre en 1926, viendront cependant effacer les traces de cette période faste. Aujourd'hui, Sainte-Marie est surtout connue pour les «petits gâteaux Vachon» de la société Vachon-Culinar, fondée sur place en 1923 par Rose-Anna Giroux et Arcade Vachon.

La **chapelle Sainte-Anne** *(rue Notre-Dame N.)*. Une première chapelle dédiée à sainte Anne fut érigée sur le domaine du seigneur en 1778. Celle-ci, construite en 1892 selon les plans de Georges-Émile Tanguay, est la troisième à occuper le même emplacement. Elle renferme une statue miraculeuse de la bonne sainte Anne, à laquelle les résidants de la Beauce, pour la plupart originaires des environs de Sainte-Anne-de-Beaupré, vouaient un culte particulier, notamment lors de la période des crues printanières, souvent dévastatrices.

La **maison J. A. Vachon** *(maison 3,50$, maison-pâtisserie 7,50$; début avr à fin oct lun-ven 9h à 16h, mi-juin à fin sept la maison est aussi ouverte sam-dim 10h à 16h30; 383 de la Coopérative, ☎387-4052)* constitue un centre d'interprétation qui retrace l'histoire des «petits gâteaux Vachon» en proposant une visite de l'usine ainsi que de la maison qu'habitait la famille Vachon lorsqu'elle mit sur pied l'entreprise. La maison est classée monument historique.

Le manoir seigneurial de Sainte-Marie a été démoli en 1956. De l'ancien domaine, seules subsistent la chapelle Sainte-Anne et l'imposante maison néoclassique construite en 1809 pour le fils du second seigneur de Sainte-Marie, Jean-Thomas Taschereau, le **Domaine du seigneur Taschereau** *(4$; mi-juin à début sept lun-ven 9h à 16h30 et sam-dim 13h à 16h30; 730 rue Notre-Dame Nord, ☎386-5949).*

C'est ici que naquit Elzéar-Alexandre Taschereau (1820-1898), qui allait devenir en 1886 le premier

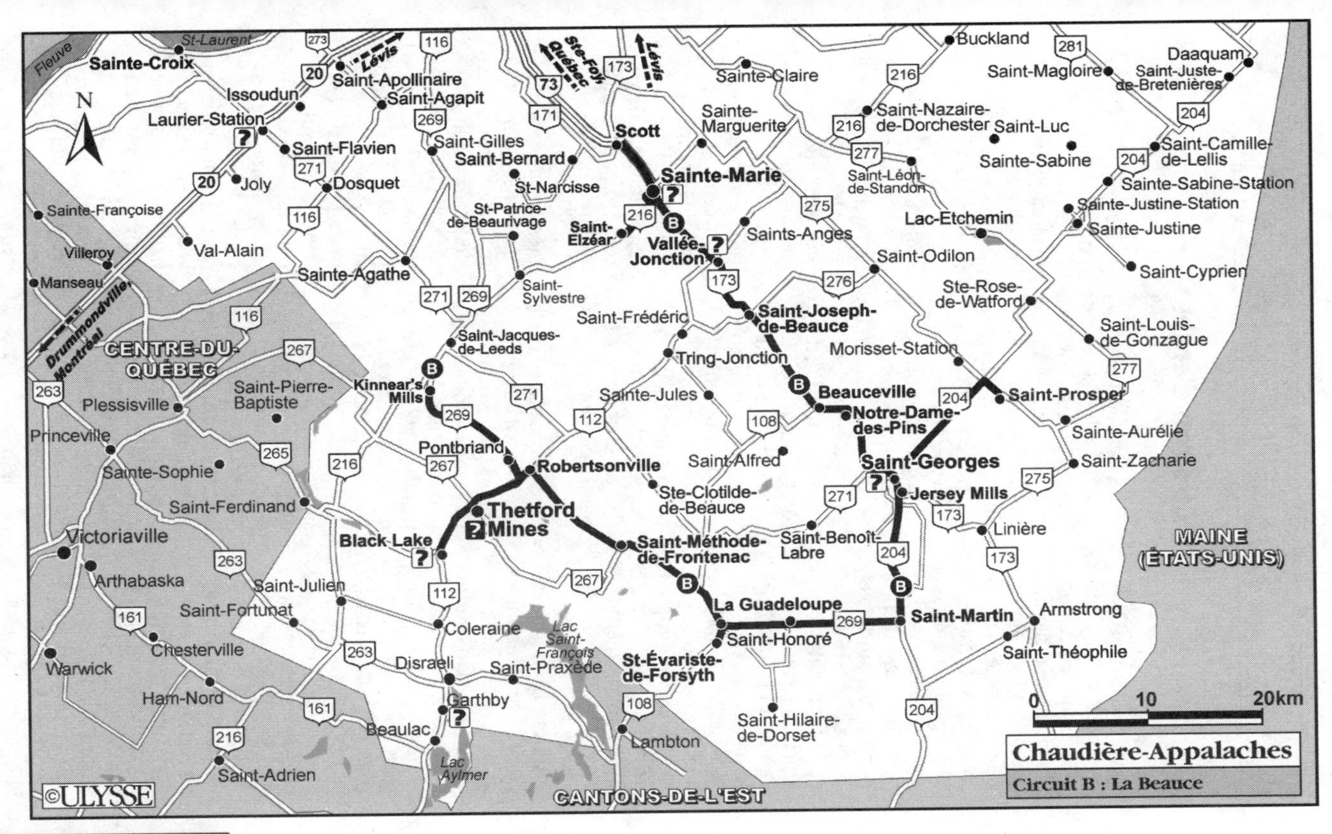

Chaudière-Appalaches

Le sirop d'érable

Lors de l'arrivée des premiers colons en Amérique, la tradition du sirop d'érable était bien établie à travers les différentes cultures indigènes. Il est en fait impossible de retracer exactement la découverte du sirop d'érable par les Amérindiens. Les Iroquois ont cependant une légende expliquant la venue du doux sirop. Ils racontent que Woksis, le Grand Chef, partait chasser un matin de printemps. Il prit donc son tomahawk à même l'arbre où il l'avait planté la veille. La nuit avait été froide, mais la journée s'annonçait douce. Ainsi, de la fente faite dans l'arbre, un érable, se mit à couler de la sève. La sève coula dans un seau qui, par hasard, se trouvait sous le trou. À l'heure de préparer le repas du soir, la squaw de Woksis eut besoin d'eau. Elle vit le seau rempli de sève et pensa que cela lui éviterait un voyage à la rivière. Elle était une femme intelligente et consciencieuse qui méprisait le gaspillage. Elle goûta l'eau et la trouva un peu sucrée, mais tout de même bonne. Elle l'utilisa pour préparer son repas. À son retour, Woksis sentit l'arôme sucré de l'érable et sut de très loin que quelque chose de spécialement bon était en train de cuire. La sève était devenue un sirop et rendit leur repas exquis. C'est ainsi, comme le dit la légende, que naquit cette douce tradition. Les Amérindiens n'avaient cependant pas les matériaux nécessaires pour chauffer un chaudron à très haute température. Ils utilisaient donc des pierres chauffées qu'ils lançaient dans l'eau pour la faire bouillir. Une autre méthode consistait à laisser l'eau d'érable geler la nuit et ensuite à enlever la couche de glace le lendemain; et ainsi de suite, jusqu'à ce qu'il ne reste qu'un épais sirop. Pour les Amérindiens, le sirop d'érable constituait un élément marquant de leur alimentation, de leur culture et de leur religion. Les méthodes de fabrication du sirop que l'on connaît aujourd'hui nous viennent des Européens qui les ont enseignées aux Amérindiens.

Aujourd'hui, la production des produits de l'érable, grâce à la technologie, se fait de façon bien différente. La saison des sucres a lieu au printemps, lorsque les températures nocturnes sont encore sous zéro et que les journées sont chaudes, ce qui permet à la sève de mieux descendre et en plus grande quantité. C'est pour-quoi la température joue un rôle clé dans la fabrication du sirop d'érable. On commence par entailler les érables en perçant un trou d'environ 2,5 cm de profondeur, à 1 m du sol. On y glisse ensuite un bec qui permet soit d'y accrocher un seau, soit d'y brancher un système de tubulure qui conduit l'eau d'érable à la sucrerie. Si l'on choisit le seau, on devra passer récolter l'eau d'érable chaque matin. Évidemment, le système de tubulure est plus répandu, et seulement les petites érablières utilisent encore la manière traditionnelle de ramassage.

Rendue à la sucrerie, l'eau d'érable est portée à ébullition dans les «bouilleuses». On fait bouillir l'eau d'érable pour en faire évaporer l'eau et la réduire en sirop. Lorsque l'eau d'érable a atteint 7°C au-dessus du point d'ébullition, elle devient du sirop d'érable. Si l'on poursuit l'évaporation jusqu'à 14,5°C, toujours au-dessus du point d'ébullition, on obtient de la tire d'érable, un régal sur la neige. Il est également possible d'obtenir d'autres produits, comme du sucre d'érable, du beurre d'érable ou des bonbons à l'érable, mais ces derniers exigent une préparation plus délicate.

Le printemps venu, les Québécois se donnent rendez-vous à la cabane à sucre pour déguster les éternelles «oreilles de Christ», les œufs dans le sirop et l'incontournable tire sur la neige.

cardinal canadien. Depuis peu, la maison est ouverte aux visiteurs, bien qu'une partie en soit toujours habitée par la famille. Des visites guidées sont animées par un guide en costume d'époque. On y trouve aussi le comptoir de renseignements touristiques de Sainte-Marie.

L'historique **maison Pierre-Lacroix** *(entrée libre; mi-juin à fin août mar-jeu 13h à 17h, ven 13h à 17h et 19h à 21h, sam-dim 13h à 18h; 552 rue Notre-Dame N., ☎386-38321)* est reconnaissable entre toutes puisqu'il s'agit de la seule habitation en moellons de Sainte-Marie et qu'elle s'impose par sa grosseur. Elle fait aujourd'hui office de centre culturel surtout axé sur l'artisanat. On y expose et vend le travail des artisans de la région. Y sont aussi organisés des ateliers de techniques artisanales qui sauront peut-être révéler vos talents!

Au numéro 640 de la rue Notre-Dame se dresse la **maison Dupuis** *(4$; lun-ven 9h à 16h30, juin à août sam-dim 13h à 16h; 640 Notre-Dame N., ☎387-7221)*, une jolie petite maison de bois blanche et noire.

À l'intérieur sont présentées deux expositions. La première nous fait revivre les débuts de l'aviation au Québec en racontant l'histoire des pionniers de l'air originaires de Saint-Marie. La seconde exposition relate, quant à elle, l'histoire du Père Gédéon, personnage mémorable créé par Doris Lussier.

L'**église Sainte-Marie** ★ *(av. Marguerite-Bourgeoys)*. Le centre de Sainte-Marie est aménagé directement en bordure de la rivière Chaudière, mettant périodiquement celui-ci à la merci des fortes crues printanières qui inondent bon an mal an maisons et commerces. Légèrement désaxée par rapport à la rue Notre-Dame, se dresse une élégante église catholique de style néogothique dessinée par Charles Baillargé en 1856. Son décor intérieur en trompe-l'œil a été réalisé par le peintre décorateur F. E. Meloche en 1887. Le plafond à nervures, soutenu par des piliers fasciculés, est particulièrement réussi. L'église renferme quelques œuvres intéressantes dont un bas-relief en bois intitulé *La Madone des Croisades*.

Suivez la rue Notre-Dame Sud jusqu'à l'embranchement avec la route du Président-Kennedy, que vous reprendrez vers le sud.

Un circuit facultatif vous mène de l'autre côté de la

Cabane à sucre

rivière Chaudière, près du petit village de Saint-Elzéar, plus exactement à l'**Observatoire Mont Cosmos** *(réservations nécessaires; mi-mai à fin oct, jeu-sam 20h à minuit; 750 rang Haut Ste-Anne, ☎882-3505, ≠882-3677)*. Un véritable observatoire muni d'un télescope moderne, pour avoir la tête dans les étoiles! Les activités d'interprétation qu'on y propose sont très instructives et vous laisseront, une fois de plus, pantois d'admiration devant le monde céleste. On peut aussi déambuler dans les sentiers d'interprétation autour de l'observatoire. Si vous y allez au mois d'août, peut-être pourrez-vous participer au festival organisé pour célébrer les perséides et vous émerveiller devant cette pluie d'étoiles filantes. N'oubliez pas de réserver et de vous habiller chaudement!

Vallée-Jonction (1 984 hab.)

En 1870, Louis-Napoléon Larochelle et Charles Armstrong Scott fondent la Lévis & Kennebec Railway, dont les voies ferrées doivent doubler le réseau routier mis en place en 1830, afin de relier par chemin de fer Québec à la Nouvelle-Angleterre. En 1881, la Quebec Central Railway acquiert ces voies et fait entreprendre un nouveau chemin de fer, destiné à relier Sherbrooke et les Cantons-de-l'Est à Québec. Les deux voies ferrées se croisent à Vallée-Jonction.

Ce village constituera, dès lors, la plaque tournante du transport par rail dans la Beauce. On y voit encore la gare en pierre (1917) qui abrite le **Centre d'interprétation ferroviaire de Vallée-Jonction** et toutes les infrastructures nécessaires à un centre de triage. À proximité, une halte routière a été aménagée, permettant de voir de plus près la rivière Chaudière. Des panneaux d'interprétation et un belvédère s'ajoutent aux installations.

À l'approche de Saint-Joseph, quittez la route 173 pour vous rendre au centre de la ville en longeant la rivière.

★ Saint-Joseph-de-Beauce (3 247 hab.)

À Saint-Joseph, une plaque *(347 av. du Palais)* commémore la «route du Président-Kennedy», rebaptisée ainsi en 1970. Cette importante voie de pénétration a connu des débuts modestes, lorsque l'on demanda en 1737 aux premiers seigneurs de la Beauce de tracer un sentier pour relier les terres nouvellement défrichées à Lévis, sur la rive sud du fleuve Saint-Laurent, en face Québec. En 1758, cette première voie fut remplacée par la route Justinienne, plus large et plus droite. Ce n'est qu'en 1830 que la route traversa la frontière pour se rendre jusqu'à Jackman, dans l'État du Maine.

Saint-Joseph est reconnue pour son ensemble institutionnel fort bien conservé de la fin du XIXe siècle. Celui-ci est aménagé sur un coteau à une bonne distance de la rivière; il est donc à l'abri des inondations. Les premières maisons, érigées directement sur les rives, ont depuis longtemps été détruites ou, dans certains cas, déménagées vers les hautes terres, ce qui explique que seuls quelques aménagements légers (terrains de jeu, aires de pique-nique) bordent aujourd'hui la rive.

L'**église Saint-Joseph** ★ *(rue Ste-Christine)*, de style néo-roman en pierre (1865), a été dessinée par les architectes François-Xavier Berlinguet et Joseph-Ferdinand Peachy, tous deux de Québec. Le **presbytère** fut, quant à lui, réalisé par George-Émile Tanguay, au retour d'un voyage en France effectué au cours des années 1880, époque qui marque l'apogée du style néo-Renaissance française dans la région parisienne. Tanguay s'est inspiré de cette mode pour le dessin du presbytère en brique et en pierre, véritable petit palais pour le curé et ses vicaires.

Le **Musée Marius-Barbeau** ★ *(4$; mar-ven 9h à 16h, sam 13h à 16h, en été lun-ven 9h à 18h, sam-dim 10h à 18h; 139 rue Ste-Christine, ☎397-4039)*. Ce centre d'interprétation de l'histoire de la Beauce relate les différentes étapes du développement de la vallée de la Chaudière, des premières seigneuries au percement des voies de communication en passant par la ruée vers l'or du XIXe siècle.

Les arts et traditions populaires étudiés par l'ethnologue et folkloriste beauceron Marius Barbeau y tiennent également une grande place. Le musée est aménagé dans l'ancien couvent des sœurs de la Charité (1887), bel édifice en brique polychrome de style Second Empire. L'ancien orphelinat, logeant aujourd'hui des organismes sociaux, avoisine le couvent au sud.

Beauceville (3 959 hab.)

En 1846, on trouva une énorme pépite d'or dans le lit d'un affluent de la Chaudière, la rivière Gilbert. Dès lors commença une ruée vers l'or qui ne prit fin qu'au début du XXe siècle, lorsque l'on réalisa que la précieuse ressource était sans doute épuisée. Beauceville se situait au cœur de cette frénésie, qui fit quelques chanceux, mais en ruina plus d'un. Plusieurs Beaucerons s'étant fait chercheurs d'or déménagèrent alors au Klondike (Yukon) afin de poursuivre leurs activités. William Chapman (1850-1917), poète, lauréat de l'Académie française et officier d'Instruction publique de France, est originaire de Beauceville. On lui doit notamment *Les Québécoises* (1876) et *Les feuilles d'érable* (1890), œuvres en vers, lyriques et patriotiques.

Parc des Rapides-du-Diable, voir p 501.

Poursuivez en direction de Notre-Dame-des-Pins.

Notre-Dame-des-Pins (904 hab.)

Point de départ de plusieurs chercheurs d'or au XIXe siècle, Notre-Dame-des-Pins est de nos jours un tranquille petit village dont le principal attrait est son **pont couvert**, érigé en 1928, sur lequel on peut se promener à pied. Il s'agit du plus long pont du genre au Québec (154 m).

Saint-Georges (20 043 hab.)

Divisée en Saint-Georges-Ouest et Saint-Georges-Est, de part et d'autre de la rivière Chaudière, la capitale industrielle de la Beauce rappelle les «villes de manufactures» de la Nouvelle-Angleterre. Le marchand d'origine allemande Johann George Pfozer (1752-1848) est considéré comme le véritable père de Saint-Georges, ayant tiré profit de l'ouverture de la route Lévis-Jackman en 1830 pour y faire naître une industrie forestière.

Au début du XXe siècle, des filatures (Dionne Spinning Mill) et des manufactures de chaussures sont installées dans la région, favorisant une augmentation importante de la population. Saint-Georges est de nos jours une ville tentaculaire dont la périphérie est quelque peu rébarbative, mais dont le centre recèle quelques trésors.

L'**église Saint-Georges** ★★ *(1re Av. St-Georges O.)* est juchée sur un promontoire dominant la rivière Chaudière. Entreprise en 1900, elle constitue sans contredit le chef-d'œuvre de l'architecte David Ouellet de Québec (réalisé en collaboration avec Pierre Lévesque). L'art de la Belle Époque y trouve ses lettres de noblesse, que ce soit à l'examen de son clocher central culminant à 75 m ou dans son magnifique intérieur à trois niveaux, abondamment sculpté et doré.

Devant l'église trône la statue de *Saint Georges terrassant le dragon*. L'original de Louis Jobin, réalisé en bois recouvert de métal (1909), est exposé au Musée du Québec, à Québec (voir p 418). La statue visible à l'extérieur est une copie en fibre de verre qui remplace le modèle devenu trop fragile.

Parc des Sept-Chutes, voir p 501.

Le **barrage Sartigan** *(à la sortie de la ville)* a été aménagé en 1967 afin de régulariser le débit de la rivière Chaudière, pour ainsi atténuer dans la mesure du possible les crues printanières.

Prenez la route 204 vers l'est puis la route 275 vers le sud pour rejoindre Saint-Prosper.

Saint-Prosper (3 646 hab.)

Le **Village des défricheurs** *(6,95$; début juin à mi-oct tlj 9h30 à 16h30; 3821 rte. 204, ☎594-6009)* constitue un centre d'interprétation relatant la vie rurale de la région au XIXe siècle de même que celle de la première partie du XXe siècle. Il compte une dizaine de vieux bâtiments rappelant les différents métiers de l'époque, dont la scierie, la forge, l'école et la fromagerie. Un impressionnant manoir se dresse sur le site, abritant des collections d'œuvres d'artistes et d'objets de la région.

De Saint-Georges, suivez la route 173 Sud jusqu'à Jersey Mills, où vous bifurquerez à droite sur la route 204 pour longer la rivière Chaudière jusqu'à Saint-Martin. Tournez à droite sur la route 269, qui conduit à La Guadeloupe et à Saint-Évariste-de-Forsyth, situé en retrait sur la route 108, au cœur de la Haute-Beauce.

Saint-Évariste-de-Forsyth (626 hab.)

La Haute-Beauce est une région isolée, constituée de hauts plateaux cultivés depuis la fin du XIXe siècle seulement. Les villages y sont récents et peu peuplés, mais les résidants en sont accueillants et chaleureux. Saint-Évariste domine ce territoire, offrant de belles vues sur les fermes et les érablières avoisinantes.

Le **Musée et centre régional d'interprétation de la Haute-Beauce ★** *(4,50$; fin-juin à début sept tlj 9h à 17h, mai à fin juin et sept à fin oct lun-ven 9h à 16h; 325 rue Principale, ☎459-3195)*, à la fois ethnographique et artistique, est installé dans l'ancien presbytère de Saint-Évariste (1906). À l'instar de plusieurs presbytères du Québec, devenus trop grands et trop coûteux à chauffer pour loger un clergé dispersé et vieillissant, il a fallu lui trouver une nouvelle affectation. On y présente une collection d'environ 1 600 objets usuels dépeignant les us et coutumes de la région (collection «Napoléon Bolduc»).

Revenez vers la route 269, que vous emprunterez vers le nord en direction de Saint-Méthode-de-Frontenac. À Robertsonville, tournez à gauche sur la route 112 pour une visite du «pays de l'amiante», minerai apprécié pour ses propriétés isolantes et sa résistance thermique mais entouré d'une vive controverse.

Thetford Mines (18 669 hab.)

La découverte d'amiante dans la région en 1876, cet étrange minerai filamenteux et blanchâtre, allait permettre le développement d'une portion du Québec jusque-là considérée comme fort éloignée. Les grandes entreprises américaines et canadiennes qui ont exploité les mines d'Asbestos, de Black Lake et de Thetford Mines, jusqu'à leur nationalisation au début des années quatre-vingt, ont érigé des empires industriels qui ont hissé le Québec au premier rang des producteurs mondiaux d'amiante.

Souvent dépeinte comme un milieu désolant, où les gens vivent misérablement entre des montagnes de débris noirs (les terrils) provenant des immenses carrières à ciel ouvert, la région a servi de cadre au film *Mon oncle Antoine* de Claude Jutra. Cette grisaille ne manque toutefois pas d'exotisme pour le visiteur qui désire explorer l'Amérique industrielle et connaître les méthodes d'extraction de même que les diverses utilisations de l'amiante dans la recherche et dans l'aérospatiale.

De superbes collections de pierres et de minéraux provenant du monde entier logent au **Musée minéralogique et minier de la région de Thedford Mines** *(5$; fin juin à début sept tlj 9h30 à 17h; début mars à fin déc tlj 13h à 17h; 711 boul. Smith Sud, ☎335-2123)*. Il présente notamment des échantillons d'amiante de plus de 25 pays. Des expositions expliquent aux visiteurs l'histoire du développement des mines ainsi que les différentes caractéristiques des minéraux et roches du Québec.

Les **visites minières ★★** *(11$; mi-juin à début sept tlj départ 13h30, juil 10h30 et 13h30; 682 rue Monfette N., ☎335-7141 ou 335-6511)* sont une occasion unique de découvrir une mine d'amiante en pleine exploitation. En plus de descendre dans un puits à ciel ouvert et de visiter les sites d'extraction, vous aurez droit à une séance d'information sur les produits à base d'amiante.

Parc de récréation de Frontenac ★, voir p 501.

Black Lake *(à 8 km vers le sud-ouest, le long de la rte. 112)*, la municipalité voisine, offre un des plus impressionnants panoramas miniers en Amérique du Nord.

Revenez vers la route 269, que vous emprunterez vers le nord en direction de Kinnear's Mills et de Saint-Jacques-de-Leeds. Isolé à l'écart de la route principale, le hameau de Kinnear's Mills mérite une petite visite.

Kinnear's Mills (380 hab.)

Entre 1810 et 1830, le gouvernement colonial britannique ouvre des cantons, aux noms à consonance anglaise, sur les terres qui n'ont pas encore été concédées aux seigneurs. Des émigrants irlandais, anglais et écossais viennent s'y fixer en petit nombre, bientôt supplantés par les Canadiens français. Ce mélange donnera parfois des noms de village qui semblent étranges aux visiteurs (Saint-Jacques-de-Leeds, Saint-Hilaire-de-Dorset, etc.).

Le village de Kinnear's Mills, sur les bords de la rivière Osgoode, a été fondé par des Écossais en 1821. On y trouve une étonnante concentration d'églises de différentes dénominations reflétant la diversité ethnique de la région : l'église presbytérienne (1873), l'église méthodiste (1876), l'église anglicane (1897) de même que l'église catholique, de construction plus récente.

Poursuivez en direction de Saint-Jacques-de-Leeds, où vous pouvez voir d'autres églises coquettes, avant de regagner Québec par la route 269 Nord, qui rejoint la route 116.

Parcs

Circuit A : Les seigneuries de la Côte-du-Sud

Le **parc de la chute de la rivière Chaudière** ★ *(autoroute 73, sortie 130, Charny)*. Quittez Québec par le pont Pierre-Laporte et, aussitôt après la traversée du fleuve, suivez les indications pour la chute.

La rivière Chaudière prend sa source dans le lac Mégantic. Longue de 185 km, elle se jette dans le fleuve Saint-Laurent juste après la chute, laquelle relève d'une formation géologique particulière : un banc de grès, très résistant, se trouve dans un ensemble de roches sédimentaires formé il y a plus de 570 millions d'années.

Le gouvernement du Québec a créé un parc qui comprend tout le site de la chute. Une passerelle aménagée au-dessus de la rivière Chaudière permet une vue impressionnante sur la chute. Au printemps, le débit atteint près de 1 700 000 l/sec, soit 15 fois plus qu'en temps normal. C'est à ce moment que la chute est la plus impressionnante.

Une centrale électrique et un barrage ont été construits au niveau de la chute à la fin du siècle dernier. Heureusement, le barrage n'a pas trop altéré la beauté sauvage du site. Depuis 1970, cette centrale électrique n'est plus en activité, des inondations l'ayant endommagée au point qu'il n'était plus financièrement intéressant de la remettre en fonction.

La rivière Chaudière a longtemps été une voie de communication importante. Les Abénakis l'empruntaient pour venir vendre leurs fourrures à Québec ou pour se réfugier auprès des Français, pourchassés qu'ils étaient par les Anglais. Les Américains du général Arnold l'ont aussi empruntée en 1775 alors qu'ils cherchaient à conquérir Québec. On peut encore imaginer le campement qu'ils établirent dans la nuit du 8 au 9 novembre 1775 aux abords de la chute.

Circuit B : La Beauce

Le **parc des Rapides-du-Diable** *(entrée libre; à l'ouest, en sortant de Beauceville)* est pourvu de sentiers aboutissant à la Chaudière ainsi qu'aux rapides du Diable. Vous aurez l'occasion d'admirer les vestiges d'un moulin datant de l'époque de la ruée vers l'or.

Le **parc des Sept-Chutes** *(entrée libre; début juin à début sept tlj 9h à 21h; 1re Av. O., St-Georges, ☎228-6070)*, à ne pas confondre avec celui de Saint-Ferréol-les-Neiges, dispose de sentiers de randonnée, d'une piscine extérieure, d'un mini-zoo, de même que de plusieurs autres installations de plein air.

Au bord du lac Saint-François se trouve le **parc de Frontenac** ★ *(9 de la Plage E., St-Daniel, ☎422-2136)*, qui comprend plusieurs aires de pique-nique, quelques plages et des sentiers d'interprétation. La plus grande partie de son territoire se trouve dans la région des Cantons-de-l'Est.

Le **parc de la Chute Sainte-Agathe** *(voiture 5$, camping 15$; 342 Gosford O., Ste-Agathe, ☎599-2294)* offre un agréable site pour la baignade et la randonnée pédestre. À certains endroits, il faut être assez dégourdi pour se rendre de pierre en pierre jusqu'à l'eau, mais on a aménagé une petite plage pour permettre à tous d'en profiter. Les cascades et les bassins de la rivière Palmer vous promettent un bon rafraîchissement. Depuis la rivière, on aperçoit un pont couvert qui enjambe la chute.

C'est au bord du lac Etchemin qu'a été aménagé l'**Éco-Parc des Etchemins** *(mai à sept tlj 11h à 18h; 213 1re Av., ☎625-7272)*. On y trouve une plage de sable, des sentiers pédestres, des terrains de volley-ball et de basket-ball, des aires de pique-nique et un casse-croûte. On peut de plus y faire la location de kayaks, pédalos et chaloupes.

Activités de plein air

Randonnée pédestre

Circuit B : La Beauce

Au **parc de la Chute Sainte-Agathe** *(342 Gosford O., Ste-Agathe, ☎599-2294)*, vous pouvez déambuler au long de la rivière Palmer ou dans les bois.

Au **parc de Frontenac** *(9 de la Plage E., St-Daniel, ☎422-2136)*, de belles randonnées en forêt ou sur le bord du lac Saint-François vous attendent.

Kayak

Circuit A : Les seigneuries de la Côte-du-Sud

Le kayak de mer est l'une des plus belles façons de découvrir la nature en pratiquant un sport. Littéralement assis sur l'eau, vous ne pouvez manquer de voir toutes les merveilles qui autrement vous seraient restées cachées. Dans la région de la Côte-du-Sud, les kayaks de mer sont de plus en plus nombreux à arpenter le fleuve.

Si vous êtes déjà un adepte et possédez votre propre embarcation, plusieurs points de mise à l'eau vous sont accessibles. Si vous désirez louer un kayak, quelques entreprises ont pris naissance dans la région et vous offrent généralement un bon service. L'une de celles-ci, Explore *(35$ initiation de 3 ou 4 heures; marina de St-Michel-de-Bellechasse, ☎/≠884-2441 ou 888-839-7567)*, est active depuis cinq ans à Saint-Michel-de-Bellechasse et vous propose différents forfaits plus attrayants les uns que les autres.

Les propriétaires de la **Maison Normand** *(30$ pour ½ journée avec guide; 3894 ch. de Tilly, St-Antoine-de-Tilly, ☎886-2218)* sont des mordus de kayak. Chaque jour, ils accompagnent les excursionnistes le long des berges du fleuve pour faire découvrir sa beauté sereine. Pour eux, ce qui prime, après le plaisir bien sûr, c'est la sécurité. L'encadrement et l'initiation se font dans les meilleures conditions possibles, à un rythme qui convient à chacun.

La baie de Montmagny est protégée des vents et des courants qui se font sentir sur le fleuve. C'est donc un bon site pour la mise à l'eau qui permet aux débutants de se familiariser tranquillement avec leur embarcation avant de se lancer au large. L'équipe de **Kayak–Eau–Fleuve** *(35$ par jour; tlj mai à oct; 22 av. des Canotiers, Montmagny, ☎248-3173 ou 888-839-7567)* débute donc ses excursions dans cette baie. Elle vous propose de visiter les berges du fleuve ou les îles de l'archipel de L'Isle-aux-Grues. On peut aussi y louer des kayaks de rivière et des canots.

Croisières

Circuit A : Les seigneuries de la Côte-du-Sud

Les **Croisières Lachance** *(32$, visite de 5 heures sur Grosse-Île et croisière; 110 rue de la Marina, Berthier-sur-Mer, ☎259-2140 ou 888-476-7734, www.croisièreslachance.qc.ca)* propose des sorties en «mer» sur un bateau confortable. Marins de pères en fils depuis trois générations, les Lachance vous feront découvrir un archipel (archipel de l'Île aux Grues) riche en histoire; leurs anecdotes vous replongent dans la vie des insulaires au début du siècle.

L'entreprise **Taxi des Îles** *(Grosse-Île croisière et visite 4½ heures; 32$ l'Île aux Grues, 10$ aller-simple; 124 rue St-Louis, Montmagny, ☎/≠ 248-2818)* possède de petits bateaux arborant fièrement les couleurs jaune et noir des taxis de certaines grandes villes. En plus de faire la navette entre l'île aux Grues et Montmagny, elle propose différentes croisières pour vous faire découvrir l'archipel et, en saison, les oies blanches. Informez-vous au petit kiosque situé sur le quai de Montmagny.

Les Écumeurs du Saint-Laurent *(début juin à fin sept; C.P. 24, St-Roch-des-Aulnaies)* quittent la marina de Saint-Jean-Port-Joli tous les jours pour faire découvrir les rives sud et nord du fleuve ainsi que les nombreuses petites îles qui le parsèment à cette hauteur. Une de leur croisière est particulièrement intéressante puisqu'elle raconte l'histoire maritime de Saint-Jean-Port-Joli.

Observation d'oiseaux

Circuit A : Les seigneuries de la Côte-du-Sud

Ornitour *(prix variables selon les forfaits, comprenant prêt de jumelles, transport et guide; sur réservation seulement, visites individuelles et en groupe; 241-5368, ornitour@globetrotter.qc.ca).* Seule entreprise privée au Québec à offir des forfaits d'observation d'oiseaux, Ornitour vous invite à différentes excursions selon les saisons. Au printemps, l'observation de l'oie blanche; de mai à novembre, des visites axées sur le patrimoine et l'observation d'oiseaux à l'île aux Grues (départs du quai de Montmagny); en hiver, des excursions en autoneige B-12 qui permettent d'aller nourrir les oiseaux en forêt (les petites mésanges iront jusque dans votre main!).

Motomarine

Circuit A : Les seigneuries de la Côte-du-Sud

Location Guy Saint-Pierre *(34$ pour 30 min; 436 rue des Pionniers E., L'Islet-sur-Mer, ☎247-3141, ⇄247-3046)* vous propose de louer des motomarines pour aller faire un tour sur le fleuve. Ces motomarines à deux places assurent une certaine stabilité. L'entreprise a un kiosque à la marina de Berthier-sur-Mer.

Canot

Circuit B : La Beauce

Le comptoir de renseignements touristiques de Sainte-Marie, situé dans le manoir Taschereau, fait la location de canots *(10$ l'heure, 20$ la ½ journée, 30$ la journée; juin à fin août).* Vous pouvez ainsi découvrir cette région sur la rivière qui la traverse, soit la Chaudière.

Au **parc de Frontenac** *(9 de la Plage E., St-Daniel, ☎422-2136)*, il est possible de faire de belles excursions en canot sur le lac Saint-François. On y loue des embarcations.

Vélo

Circuit A : Les seigneuries de la Côte-du-Sud

L'île aux Grues se prête magnifiquement à la balade à vélo. Ses petites routes plates qui longent le fleuve ou de grands champs de blé offrent des vues à couper le souffle! L'entreprise **Taxi des Îles** *(15$ par jour; ☎248-2818)* fait la location de bicyclettes au quai de Montmagny ou au quai de l'île.

Circuit B : La Beauce

À **Saint-Georges** débute une belle grande piste cyclable qui parcourt les rives ouest et est de la rivière Chaudière jusqu'à Notre-Dame-les-Pins et Saint-Jean-de-la-Lande. Cette route vous fera découvrir les beautés des petits coins cachés de la Beauce, qui valent à coup sûr le coup de pédale! Si un pépin venait à entraver votre promenade, souvenez-vous que Saint-Georges renferme l'entreprise Procycle, le plus gros fabricant de vélos au Canada!

Chasse

Circuit A : Les seigneuries de la Côte-du-Sud

La **région de Montmagny** est reconnue depuis belle lurette pour la chasse à l'oie. Si ce sport vous intéresse, vous trouverez de quoi vous satisfaire sur la Côte-du-Sud ou sur une île du Saint-Laurent, comme l'île aux Grues. En automne, les rives du fleuve sont littéralement envahies tant par les oies blanches en migration que par les chasseurs qui les attendent. Plusieurs pourvoyeurs louent des caches directement sur les berges, dans lesquelles vous pourrez vous camoufler, accompagné ou non d'un guide expérimenté.

Golf

Circuit A : Les seigneuries de la Côte-du-Sud

Le **Golf de l'Auberivière** *(32$; 777 rue Alexandre, Lévis, ☎835-0480)* est situé à quelques minutes des ponts vers Québec, dans un bel espace vert sillonné de deux rivières et de quelques petits lacs. Il a l'avantage d'être facilement et rapidement accessible.

Hébergement

Circuit A : Les seigneuries de la Côte-du-Sud

Sainte-Croix

Camping Belle-Vue
23$
≈, ℜ
6939 rte. Marie-Victorin G0S 2H0
☎926-3482
Le camping Belle-Vue offre bel et bien une vue superbe sur le Saint-Laurent. Situé on ne peut plus au bord du fleuve, au pied d'un cap, il jouit d'un très bel environnement. Tout près se trouve le Domaine Joly-De Lotbinière (voir p 479, 481). On peut y pratiquer plusieurs activités telles que baignade et tennis, et l'on y trouve tous les services.

Saint-Antoine-de-Tilly

Ce petit village se trouve à 20 min en voiture de Québec. Il peut être intéressant d'y loger, alors même qu'on visite la vieille capitale, pour le plaisir de s'éveiller dans la grande nature, avec le majestueux fleuve Saint-Laurent pour toile de fond.

Le Marquis des Phares
60$
705 place des Phares, à l'ouest du village
en descendant vers le fleuve, G0S 2C0
☎886-2319
L'auberge Le Marquis des Phares est moderne et sans cachet, mais elle offre une vue incroyable sur le fleuve. Aussi est-il recommandé de louer une des quatre chambres donnant sur le Saint-Laurent.

Manoir de Tilly
115$ pdj
⊙, ⊛, ≡, ℑ, ✪, ℜ
3854 ch. de Tilly, C.P. 28 G0S 2C0
☎886-2595 ou 888-862-6647
⇄886-2585
Le Manoir de Tilly est une ancienne résidence datant de 1788 (voir p 481). Les chambres ne sont toutefois pas aménagées dans la partie historique, mais dans une aile moderne qui offre cependant tout le confort et la tranquillité voulus. Elles sont toutes munies d'un foyer et offrent une belle vue. L'accueil est empressé, et la salle à manger propose une fine cuisine de qualité (voir p 507). L'auberge possède aussi un relais santé et des salles de réunion.

Beaumont

Manoir de Beaumont
100$ pdj
≈
485 rte. du Fleuve, G0R 1C0
☎833-5635
⇄833-7891
Perché sur le haut d'une colline et entouré d'arbres, le Manoir de Beaumont vous propose la formule «coucher et petit déjeuner» dans le confort et la tranquillité. Les cinq chambres sont joliment décorées dans un style qui respecte l'âge de la maison. Un vaste salon ensoleillé ainsi qu'une piscine sont mis à votre disposition.

Montmagny

Camping Pointe-aux-Oies
18$
≈
45 rue du Bassin N.
G5V 4E5
☎248-8710
Non loin du quai de Montmagny, près du Théâtre des Migrations et surtout au bord de l'eau, le Camping Pointe-aux-Oies possède un site remarquable en plus d'offrir tous les services et nombre d'activités.

B&B Gîte Le Migrateur
55-65
6 avenue du Quai, Montmagny G5V 2E6
Pour entrer «chez vous» et prendre plaisir à siroter un rafraîchissement ou placoter avec Mimi et Yvon sur la terrasse fleurie qui entoure la piscine. En prime: nuit avec la bise du fleuve dans des chambres redécorées pour vous. Trois chambres.

Gîte Les deux Marquises
55-65
153 rue St-Joseph, Montmagny G5V 1H9
☎248-2178
Grande maison familiale en deux parties remplie de charme et de couloirs qui accumule depuis le début du siècle les souvenirs de la famille de cette ancienne enseignante qui vous accueille. Trois chambres.

La Belle Époque
89$
ℜ, *tv*, 🐕
100 rue St-Jean-Baptiste E., G5V 1K3
☎248-3373 ou 800-490-3373
⇄248-7957
L'ambiance cossue et chaleureuse de La Belle Époque laisse un excellent souvenir au visiteur. Le mobilier fait de main de maître, allié au charme de cette maison de 1850, garantit un bon confort.

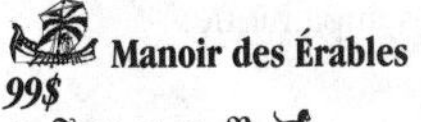 **Manoir des Érables**
99$
⊗, ℑ, ≡, ≈, ⊛, ℜ, 🐕
220 boul. Taché E.
G5V 1G5
☎248-0100 ou 800-563-0200
⇄248-9507
Le Manoir des Érables est un ancien logis seigneurial à l'anglaise. L'opulence de sa décoration d'époque et son accueil courtois et chaleureux vous assurent un séjour de roi. Les chambres sont belles et confortables, et plusieurs d'entre elles ont un foyer. Au rez-de-chaussée, on a aménagé un agréable *cigar lounge* orné de multiples trophées de chasse où l'on propose une grande variété de scotchs et de cigares.

Vous pourrez, de plus, profiter de la salle à manger (voir p 508) ou du bistro (voir p 508), qui servent tous deux une excellente cuisine. On loue aussi des chambres de motel, situées un peu à l'écart sous les érables, et quelques chambres dans un pavillon tout aussi invitant que le manoir lui-même.

Cap St-Ignace

Auberge du Petit cap
75$
R
51 rue du Manoir Est cap-st-Ignace, G0R 1H0
☎246-5329 ou 800-757-5329
aubcap@globetrotter.net.
L'ancien Hôtel Central, plaque tournante du village, revit dans l'atmosphère d'un relais, aux bonnes nouvelles d'époque. Chambres en lattes de bois. Dix chambres.

Île aux Grues

Chez Bibiane
40$ pdj
bc
G0R 1P0
☎248-6173
Sur l'île aux Grues, deux auberges, quelques emplacements de camping et quelques gîtes peuvent vous héberger et vous permettre de profiter des magnifiques couchers de soleil sur l'archipel. Au logement chez l'habitant Chez Bibiane, vous serez accueilli d'une manière chaleureuse et discrète, mais la famille ne sera pas avare de conversation si vous avez envie d'en connaître plus sur les insulaires et leur île.

Les quatre petites chambres sont décorées avec simplicité; au petit déjeuner, pris dans une pièce où vous avez vue sur le fleuve, on vous fera goûter au fromage frais de l'île. L'endroit est aussi une ferme laitière et, l'automne venu, une pourvoirie pour la chasse à l'oie blanche.

Saint-Eugène-de-L'Islet

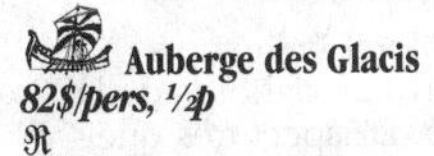 **Auberge des Glacis**
82$/pers, ½p
ℜ
46 rte. Tortue
G0R 1X0
☎247-7486 ou 877-245-2247
⇄247-7182
www.aubergedesglacis.com
Aménagée dans un ancien moulin seigneurial au bout d'une petite route bordée d'arbres, l'Auberge des Glacis a un charme bien particulier. Les chambres sont confortables et possèdent chacune un nom et une décoration bien à elle. La salle à manger sert une délicieuse cuisine française (voir p 508). Le tout a conservé les beaux atours du moulin, comme ses fenêtres de bois à large encadrement et ses murs de pierre. Le site est lui aussi des plus agréables; on y trouve un lac, des sentiers aménagés pour l'observation des oiseaux, une petite terrasse et, bien sûr, une rivière. L'endroit est exceptionnellement tranquille et invite à la détente.

L'Islet-sur-Mer

Gîte Les Pieds dans l'eau
60-75
549 rue des Pionniers Est, L'islet-sur-Mer, G0R 2B0
☎247-5575
Seul@globetrotter.net
Solange vous accueille au bord du grand fleuve qui est presque dans votre assiette, par ailleurs remplie de produits mitonnés avec amour et fantaisie.

Gîte du Docteur
90$, pdj
81 ch. des Pionniers
G0R 2B0
☎/⇄ 247-3112
Au bord de la route 132, on ne peut manquer la grosse demeure recouverte de vigne qu'est le Gîte du Docteur. Cette belle vieille maison vous offre une halte agréable avec ses quatre chambres confortables. Vous pourrez en outre y profiter d'une verrière et d'un foyer. Fermé en hiver.

Auberge La Marguerite
65$
ℜ, ≡, *tv*
88 ch. des Pionniers , G0R 2B0
☎247-5454
www.quebecweb.com/lamarguerite
Établie dans une maison rénovée mais datant de 1754, l'Auberge La Marguerite a su retrouver son charme d'antan. Les huit chambres, baptisées d'après les goélettes qui ont fait la gloire de la région, sont confortables et décorées avec goût. Ne manquez surtout pas le petit déjeuner.

Saint-Jean-Port-Joli

La Demi-lieue
17$
≈
589 av. de Gaspé E. , G0R 3G0
☎598-6108 ou 800-463-9558
⇄598-9558
Le camping de La Demi-lieue occupe une ancienne seigneurie mesurant précisément une demi-lieue de long, ce qui offre amplement d'espace pour que chacun puisse profiter de ce beau site au bord de l'eau. On y trouve tous les services nécessaires et, le terrain étant gardé, la sécurité désirée.

Maison de L'Ermitage
58$ pdj
56 rue de l'Hermitage , G0R 3G0
☎598-7553
⇄598-7667
Dans une vieille maison rouge et blanche à quatre tours d'angle et entourée d'une galerie avec vue sur le fleuve, le gîte de la Maison de L'Ermitage vous propose cinq chambres douillettes et un bon petit déjeuner. On pourra y profiter de nombreux petits coins ensoleillés, aménagés pour la lecture ou la détente, ainsi que du terrain qui descend jusqu'au fleuve. Juste à côté se tient chaque année la Fête internationale de la sculpture (voir p 510).

Auberge du Faubourg
60$
≈, ℜ
280 De Gaspé Ouest, G0R 3G0
☎598-6455 ou 800-463-7045
⇄598-3302
L'Auberge du Faubourg est établie à Saint-Jean-Port-Joli depuis plus de 50 ans. Il s'agit davantage d'un motel que d'une auberge puisqu'elle met à votre disposition des habitations situées plus ou moins près du fleuve. On y trouve une vaste salle à manger décorée de sculptures, un bar et une boutique d'artisanat.

Circuit B : La Beauce

Saint-Joseph-de-Beauce

Camping Municipal
13,80$
221 rte. 276, G0S 2V0
☎397-5953
Près de Saint-Joseph, le Camping Seigneurial compte 60 emplacements situés au bord d'une rivière et de ses cascades. Dans ce beau décor, on peut se baigner dans la rivière et profiter de plusieurs activités.

Motel Bellevue
35$
≡, ⊛, ℜ, 🐕
1150 av. du Palais , G0S 2V0
☎397-6132
⇄397-4779
Le Motel Bellevue se trouve aux abords de la ville. D'aspect très quelconque, il propose des chambres au mobilier en contreplaqué. Un petit restaurant servant de bons petits déjeuners l'avoisine.

Sainte-Marie-de-Beauce

Motel Invitation Inn
69$
ℜ, ⊛, ℂ, 🐕
889 boul. Vachon N., G6E 1M3
☎888-213-7800
☎/⇄387-7800
Le Motel Invitation se trouve à l'entrée de la ville. Le site manque de calme, cependant les chambres sont soignées et le service est sympathique.

Saint-Georges

Gîte La Sérénade
55-59
8835, 35e Av.
(par la 90e rue)
St-Georges-de-Beauce Est, G5Y 5C2
☎228-1059
Un très bel accueil dans cette maison où l'histoire de famille reste au cœur des discussions et de la décoration. Un peu à l'écart du centre, pour une douce nuit entourée d'arbres.

Auberge-Motel Benedict-Arnold
69$
≈, ⊛, ≡, ℜ, 🐕
18255 boul. Lacroix , G5Y 5B8
☎228-5558 ou 800-463-5057
⇄227-2941
Située près de la frontière canado-étasunienne, l'Auberge-Motel Benedict-Arnold est une étape reconnue depuis bien des générations. On y trouve plus de 50 chambres, mais elles sont toutes aménagées avec un souci de respecter l'intimité des gens. On y loue aussi des chambres de motel. Deux salles à manger proposent une bonne cuisine. L'accueil est des plus courtois.

Le Georgesville
99$
≡, ⊛, ℂ, ⚙, ≈, ⊘, ⌂, ♿
300 118e Rue, G5Y 3E3
☎227-3000 ou 800-463-3003
⇄228-4110
Il est facile de trouver Le Georgesville, car il est aménagé dans le plus grand bâtiment de la ville. D'ailleurs, cette construction trop moderne détonne dans Saint-Georges. Les chambres sont néanmoins confortables.

Thetford Mines

Comfort Inn par Journey's End
55$
≡, 🐕
123 boul. Smith S., G6G 7S7
☎338-0171 ou 800-465-6116
⇄338-9252
Tout près du centre-ville, l'hôtel Journey's End dispose de chambres agréables. Semblable à tous les hôtels de cette chaîne, il offre un bon confort.

Lac-Etchemin

Manoir Lac-Etchemin
68$
ℜ, ≡, ⊛
187 3e Av., G0R 1S0
☎625-2101 ou 800-463-8489
⇄625-5424
Un peu en dehors de nos circuits, mais situé au bord du beau lac Etchemin, dans un environnement agréable, se trouve le Manoir Lac-Etchemin. Il s'agit d'un hôtel moderne pourvu d'une quarantaine de chambres, d'un bar, d'une discothèque, de salles de réunion et d'une salle à manger. On peut y pratiquer une foule d'activités en hiver comme en été. Certaines chambres ont un balcon avec vue sur le lac.

Restaurants

Circuit A : Les seigneuries de la Côte-du-Sud

Lotbinière

La Romaine
$$
7406 rue Marie-Victorin
☎796-2723
Installé dans une vieille maison victorienne, le restaurant La Romaine vous propose, pour le repas de midi comme du soir, un bon petit menu qui met à l'honneur les produits frais de la région. En été, on trouve toujours du poisson ou des fruits de mer à la table d'hôte. Le service est aimable et sans prétention.

Saint-Antoine-de-Tilly

Manoir de Tilly
$$$$
3854 ch. de Tilly
☎886-2407
La table du Manoir de Tilly vous propose une cuisine française raffinée, mariée à des produits d'ici, tels l'agneau et le canard, ou à des mets plus inusités, comme l'autruche et le daim. Dans la salle à manger rénovée, il est difficile de s'imaginer qu'on se trouve dans un bâtiment historique. L'endroit est toutefois agréable, et vous pourrez y déguster des plats finement apprêtés et présentés, tout en ayant les yeux rivés sur la vue qui s'offre derrière les grandes fenêtres du mur nord.

Lévis

Piazzeta
$$
5410 boul. de la Rive-Sud
☎835-5545
On trouve à Lévis un restaurant de la populaire chaîne Piazzeta. Il est malheureusement situé dans un environnement plutôt commercial, au bord de la route 132, qui n'a pas le charme du Vieux-Lévis. Mais l'ambiance est agréable, et l'on y sert une pizza à pâte mince garnie de façon originale et délicieuse ainsi que de bons accompagnements comme la salade de *proscuitto* et melon.

Beaumont

Jardins des Muses
$
57 du Domaine
Les Jardins des Muses se présentent comme une petite «boutique-café» tout à fait sympathique. On y sert et vend des produits régionaux dans une ambiance détendue.

Moulin de Beaumont
$$
fin juin à fin août
2 rte. du Fleuve
☎833-1867
Au moulin de Beaumont, on trouve un sympathique petit café offrant une belle vue sur le fleuve et le moulin. On y mange de bons petits plats tels que croque-monsieur et pâté de viande, servis avec le délicieux pain maison fait à partir de la farine du moulin. On peut d'ailleurs faire provision de ce pain à la boulangerie attenante au café.

Saint-Vallier

Levée du jour
$
344 rue Principale
☎884-2715
Devant la boulangerie de la Levée du jour, on a installé quelques tables munies de jolis parasols. On peut y manger un sandwich ou une quiche accompagnés d'un bon café. On pourra terminer ce petit repas par une crème glacée du bar laitier voisin de la boulangerie. N'oubliez pas de faire des provisions à la boulangerie : la tarte aux tomates et le pain sont délicieux.

Berthier-sur-Mer

Café du Havre
$$
120 rue de la Marina
☎259-2364
À la marina de Berthier-sur-Mer, le Café du Havre sert des plats tels que hamburgers et pizzas, et propose des tables d'hôte affichant des plats de poisson, de fruits de mer ou de volaille. La terrasse offre une vue imprenable sur le St-Laurent.

Montmagny

L'Épi d'Or
$
117A, rue St-Jean-Baptiste Est, Montmagny G5V 1J9
☎248-3021
L'Épi d'Or est un comptoir et café sympathique pour les meilleurs croissants et les meilleures crêpes à des kilomètres à la ronde. Commandes possibles.

Bleu Cobalt
$$
lun-sam 7h à 17h
61 av. de la Gare
☎248-8158
Le petit café Bleu Cobalt sert des sandwichs et des salades dans un décor rouge, jaune et... bleu cobalt! On peut aussi y boire tranquillement un bon *espresso*.

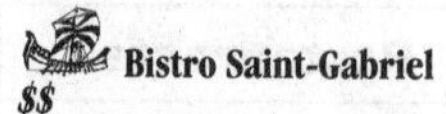
Bistro Saint-Gabriel
$$
220 boul. Taché E.
☎248-0100
Le Bistro Saint-Gabriel est installé dans le sous-sol du Manoir des Érables (voir p 505). Les vieux murs de pierre très larges et le plafond bas confèrent une atmosphère particulière à l'endroit. En été, on mange au grand air sur la terrasse, où sont grillés devant vous viandes et poissons.

Resto L'Olivier
$$$
1 rue St-Jean-Baptiste Est, Montmagny G5V 1J6
☎248-3435
Le Resto L'Olivier sert des pâtes et des fruits de mer dans une atmosphère de restaurant français de belle qualité.

La Belle Époque
$$-$$$
100 rue St-Jean-Baptiste E.
☎248-3373
L'auberge La Belle Époque (voir p 505) bénéficie d'une terrasse ombragée et d'une salle à manger joliment décorée. On y propose une table d'hôte inspirée de la cuisine française et offrant un bon rapport qualité/prix.

Manoir des Érables
$$$-$$$$
220 boul. Taché E.
☎248-0100
À la table du Manoir des Érables (voir p 505), le poisson et la viande de gibier sont à l'honneur. L'oie, l'esturgeon, la lotte, l'agneau ou le faisan sont ici mijotés selon la pure tradition française. Servis dans la magnifique salle à manger de l'auberge, ces produits de la région sauront vous enchanter. En automne et en hiver, un feu de foyer réchauffe les convives attablés. Il s'agit d'une des meilleures tables de la région.

Île aux Grues

Sur l'île aux Grues, vous pourrez vous restaurer soit au bon petit casse-croûte situé près du quai ou encore à la table de l'une des deux auberges de l'île. Du côté ouest, on trouve un grand bateau échoué dont la coque proclame : «Oh! que ma quille éclate, Oh! que j'aille à la mer.» Depuis 20 ans qu'il est là, le **Bateau Ivre** *(15$ à 18$; mai à fin oct; ☎248-0129)* restaure et divertit autant les insulaires que les visiteurs. On y sert une cuisine familiale honnête, et les soirées sont parfois animées par un petit orchestre. Le tout, à l'intérieur d'un bateau resté tel qu'il était lorsqu'il naviguait et qui offre, il va sans dire, une belle vue sur le fleuve!

Saint-Eugène-de-l'Islet

Auberge des Glacis
$$$-$$$$
46 rte. Tortue
☎247-7486
À l'Auberge des Glacis, vous avez rendez-vous avec une fine cuisine française qui risque bien de faire partie de vos meilleurs souvenirs gastronomiques! La salle à manger, logée dans un moulin historique (voir p 505), est claire et agréablement aménagée. Vous pourrez y déguster des plats de viande ou de poisson tout aussi beaux que bons. À midi, on peut aussi prendre un repas plus léger à la terrasse, au bord de la rivière.

L'Islet-sur-Mer

La Paysanne
$$$
497 rue des Pionniers E.
☎247-7276
Le restaurant La Paysanne est situé tout juste au bord du fleuve. Sa salle à manger offre donc une superbe vue sur le Saint-Laurent et sur sa rive nord. On peut y déguster une fine cuisine française jouant avec les saveurs de la région et présentée de belle façon.

St-Jean-Port-Joli

Café Bistro O.K.
$
247 rue du Quai
☎598-7087
Devant la nouvelle marina se trouve un bistro des plus agréables. Le Café Bistro O.K. est décoré de façon originale et meublé de vieux bancs d'église sculptés et colorés : après tout, on est à Saint-Jean-Port-Joli! Le menu est inscrit sur un sac en papier et affiche de bons petits plats tels que hamburgers et fines pizzas. Par les belles soirées d'été, sa «galerie-terrasse» est bondée.

La Boustifaille
$-$$
547 av. de Gaspé E.
☎598-3061
Dans la grange qui abrite aussi le théâtre d'été La Roche à Veillon (voir p 510), le restaurant La - Boustifaille sert une cuisine canadienne généreuse. Avec son décor pittoresque, cette grande salle à manger vous fera bien débuter une soirée au théâtre. Le restaurant est toutefois ouvert tous les jours, du petit matin jusqu'au soir. Un comptoir vend aussi les produits frais de la maison tels que pain, moutarde et confiture.

La Coureuse des Grèves
$$
300 rte. de l'Église
☎598-9111
Le Café La Coureuse des Grèves, jadis beaucoup plus petit, a su garder la qualité dans tous les aspects de ce qu'il a à offrir aux visiteurs. Ambiance chaleureuse de bois clair et cafés mémorables. En été c'est la terrasse fleurie qui compte. N'oubliez pas de demander qu'on vous raconte la légende de la coureuse...

Circuit B : La Beauce

Sainte-Marie

Les Pères Nature
$
590 boul. Vachon
☎387-2659
Les propriétaires du restaurant La Table du Père Nature de Saint-Georges possèdent aussi Les Pères Nature de Sainte-Marie, un marché de fruits et légumes où l'on peut prendre un repas léger fait à partir d'aliments sains.

Saint-Georges

Il Mondo
$$-$$$
11615 1re Av.
☎228-4133
Le restaurant-bar Il Mondo présente un joli décor dernier cri avec céramique, bois et fer forgé. On y mange des mets d'inspiration internationale tels que *nachos* et *panini*. On peut aussi y prendre un délicieux café, d'ailleurs torréfié dans une populaire brûlerie de Montréal. Si vous commandez un bol de café, soyez prévenu,on le sert ici garni de... guimauves!

À l'Auberge-Motel Benedict-Arnold, on trouve deux salles à manger affichant le même menu. On y propose une bonne table d'hôte où figurent bœuf, volaille et poisson. La salle de l'**Arnold et Maude** *($$$; 18255 boul. Lacroix, ☎228-5558)* est agréable et plus sophistiquée, tandis qu'à l'**Entrecôte** *($$-$$$)* on mange dans une salle aux murs de pierre et à l'ambiance bistro.

La Table du Père Nature
$$$
10735 1re Av.
☎227-0888
La Table du Père Nature est certes l'un des meilleurs restaurants de la ville. On y sert une cuisine française d'inspiration nouvelle, préparée avec art et raffinement. La simple lecture du menu saura vous mettre en appétit. On y propose à l'occasion des plats de gibier.

Sorties

Bars et discothèques

Montmagny

L'Autre Bar
fermé dim-mar
118 rue St-Jean-Baptiste
L'Autre Bar, installé dans l'ancien bureau de poste, avec son décor noir et bleu ainsi que sa terrasse, attire une clientèle de plus de 25 ans toutes les fins de semaine. L'établissement se remarque aussi par la fresque qu'on a peinte sur son mur ouest et qui égaye la terrasse.

Le Pub du Lys
135 rue St-Jean-Baptiste Est
☎*248-4088*
Le Pub du Lys est un endroit sympathique où vous pourrez siroter une bière tranquillement en discutant entre amis. Le joyeux propriétaire réchauffe chaque soir l'ambiance avec ses spéciaux surprise. La terrasse, très achalandée en période estivale, est le rendez-vous de la jeunesse magnymontoise.

Saint-Jean-Port-Joli

La Coureuse des Grèves
300 rte. de l'Église
À l'étage de la Coureuse des Grèves se trouve un petit bar sous les combles au mobilier de cuir et de bois. On peut y profiter d'un joli «balcon-terrasse» entouré d'arbres.

Saint-Georges

Le Vieux Saint-Georges
11655 1re Av.
Le Vieux Saint-Georges bénéficie d'une magnifique terrasse où il fait bon prendre un verre par les belles soirées d'été.

Théâtres et salles de spectacle

Lévis

Anglicane
33 rue Wolfe, C.P. 60033, G6V 8W9
☎*838-6000*
www.surscene.qc.ca/surscene
À Lévis, l'Anglicane est une petite salle de spectacle de 175 places logée dans une ancienne église... anglicane. Datant de la fin du XIXe siècle, elle offre une acoustique particulièrement bonne qui donne aux concerts un côté intimiste des plus agréables. On y présente des artistes de tous milieux. Devant l'église, un arbre gigantesque pousse comme une fleur en éclosion, ajoutant au pittoresque de l'endroit!

Beaumont

Théâtre d'été Beaumont-Saint-Michel
51 rte. 132
☎*884-3344*
Entre les villages de Beaumont et de Saint-Michel-de-Bellechasse, sur la route 132, se trouve le Théâtre d'été Beaumont-Saint-Michel, qui, grâce à une bonne réputation acquise au fil des années, attire non seulement les villégiateurs et les gens de la région, mais aussi les résidants de la capitale québécoise.

Saint-Jean-Port-Joli

La Roche à Veillon
547 av. de Gaspé E.
☎*598-7409*
Le théâtre d'été La Roche à Veillon présente, dans une ambiance toute campagnarde créée par la grange dans laquelle il loge depuis plus de 25 ans, des pièces de théâtre de qualité qui sauront ajouter au plaisir de vos vacances.

Fêtes et festivals

Montmagny

En automne, les oies blanches reviennent des régions nordiques où elles ont passé l'été et où elles ont donné naissance, pour se diriger vers le sud et ses températures plus clémentes. En chemin, elles font halte sur les rives du fleuve Saint-Laurent, surtout à certains endroits leur offrant une nourriture abondante, comme les battures de Montmagny.

C'est donc l'occasion pour la ville de célébrer le **Festival de l'oie blanche** *(10 jours en octobre; ☎248-3954, www.puissanceinternet.com/festival)* en offrant toutes sortes d'activités reliées à l'observation et à l'interprétation de ce bel oiseau migrateur.

Carrefour mondial de l'accordéon
☎*248-7927*
À la fin du mois d'août, Montmagny est l'hôte du Carrefour mondial de l'accordéon, où se rassemblent des accordéonistes venus de partout pour partager et faire découvrir, par des concerts et des ateliers, les secrets de leur art.

Saint-Jean-Port-Joli

Fête internationale de la sculpture
☎*598-7288*
www.cam.org/~intscul
Chaque année, à la fin du mois de juin, Saint-Jean-Port-Joli accueille un grand rassemblement de sculpteurs venus de partout dans le monde. L'internationale de la sculpture est un événement qui fait beaucoup de bruit et qui anime la ville de la plus belle des façons. Des artistes reconnus créent des œuvres sous nos yeux, dont certaines seront ensuite exposées tout l'été pour permettre à tous de les admirer.

Saint-Jean-Chrysostome

Festivent
☎*839-0285*
www.festivent.com
Le Festivent, qui se tient à la fin du mois de juillet, attire les petits et les grands qui ont un jour rêvé de planer au-dessus des nua-

ges. Parachutes et montgolfières se donnent rendez-vous pour animer le ciel du village.

Achats

Circuit A : Les seigneuries de la Côte-du-Sud

Lévis

Les chocolats Favoris Inc. / La Glacerie à l'Européenne
32 rue Bégin, Vieux-Lévis
G6V 4B9
☎*833-2287*
Confiseur-chocolatier et glacier à l'ancienne dans un décor de mise. Le vrai paradis des «becs sucrés» pour les chocolats fins ou les sorbets. À vous de choisir...Difficile!

Montmagny

Boutique Suzette-Couillard
70 rue St-Jean-Baptiste Est
☎*248-9642*
Pour trouver toutes sortes de petits objets pour la maison ou même des antiquités et des bijoux, rendez-vous à la Boutique Suzette-Couillard.

Cap-Saint-Ignace

Les Créations du Berger
1008 ch. des Pionniers O.
☎*246-3400*
Les Créations du Berger proposent toute une gamme de produits douillets. Ces articles en peau de mouton sont souvent bienvenus l'hiver venu!

Saint-Jean-Port-Joli

Saint-Jean-Port-Joli étant reconnue pour son artisanat, de nombreuses petites boutiques proposent les produits des artisans de la région. Si fouiner dans ce genre de commerce est une activité qui vous plaît, vous aurez certes ici de quoi vous amuser. On y trouve de plus quelques boutiques de brocanteurs où l'on peut dénicher des trésors. Vous verrez plusieurs de ces adresses le long de la route 132; en voici quelques-unes.

La **Boutique et Atelier Myriam** *(233 av. de Gaspé O.)* propose les sculptures d'un artiste que vous pouvez parfois voir à l'œuvre.

Entre le Musée des Anciens Canadiens et la maison Médard-Bourgaut se trouve l'atelier du fils de ce dernier. La **Boutique Jacques-Bourgault** *(326 av. de Gaspé O.)* vous propose donc ses œuvres d'art contemporain ou religieux.

Entr'Art *(812 av. de Gaspé O.)*, qui sert à la fois de galerie et de boutique, dispose d'une bonne sélection de sculptures, peintures et vitraux.Saint-Vallier

La Levée du Jour
344 rue Principale, Saint-Vallier,
G0R 4J0,
☎*844-2715*
Résultat d'une belle histoire d'amour, la boulangerie artisanale et petit café La Levée du Jour, dans une maison centenaire, vous offre toutes les sortes...de pains. Un vrai délice sympathique. **Artisanat Chamard** *(mi-mars à fin déc tlj 8h à 17h, saison estivale tlj 8h à 21h; 601 av. de Gaspé E.,* ☎*598-3425)* a une bonne réputation depuis près d'un demi-siècle. On peut s'y procurer des tricots et tissus, des produits de céramiques ainsi que des objets d'art amérindiens et inuits.

À la Bourgade «Village des Artisans» *(mi-juin à fin juin;329 av. de Gaspé O.,* ☎*598-6829)*, vous trouverez une série de boutiques proposant une très bonne sélection d'œuvres artisanales telles que poterie, jouets de bois, peintures, articles de cuir, tricots et tissus ainsi que sculptures.

LES PEUPLES AUTOCHTONES

Dès l'arrivée des explorateurs européens, les peuples autochtones habitant le Québec depuis des millénaires ont dû se plier, bien malgré eux, aux conditions des Blancs. La traite des fourrures a engendré des guerres entre autochtones, décimant une bonne partie de leur population. Sans s'être vraiment battus contre les Blancs, les autochtones sont tombés sous la dictature des Européens, aliénant presque totalement leur mode de vie ancestral. Heureusement, le XXe siècle et ses aspirations démocratiques ont aidé la cause de ces peuples : le projet de réforme de la Constitution canadienne de 1992 fait en sorte que les autochtones seront bientôt munis de gouvernements autonomes, et peut-être pourront-ils mieux vivre dans ce capharnaüm qu'est l'Amérique.

Le peuple atikamekw a malheureusement été écrasé au XVIIe siècle par les Iroquois. Les Atikamekw se sont réfugiés en Ontario, puis en Haute-Mauricie, où les traditions ancestrales sont au centre de leur vie quotidienne. Le réputé service forestier qu'ils ont instauré démontre leur attachement indéniable à la Terre-Mère.

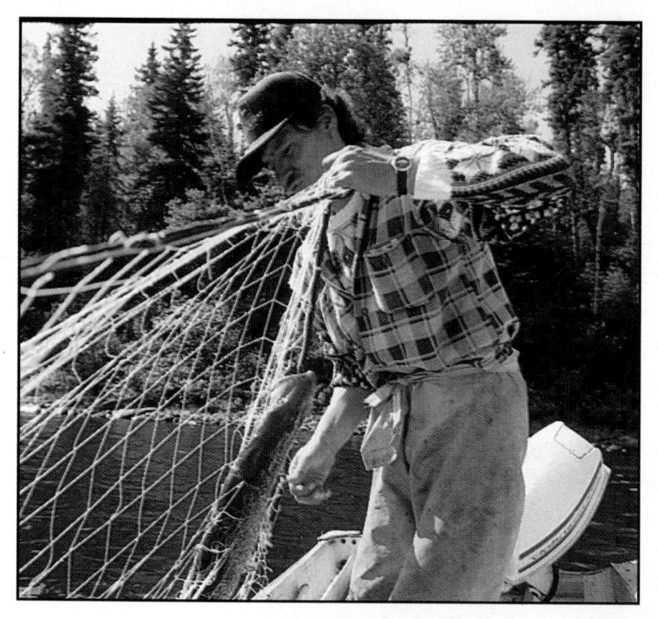

Les Ndooheenoo (Cris), qui habitent le Québec depuis plus de 5 000 ans, ont longuement vécu de la traite des fourrures lors de l'arrivée des Européens. La pêche et la chasse, qu'ils peuvent pratiquer sur un immense territoire, sont des façons traditionnelles de survie; plusieurs entreprises dynamiques émergent aujourd'hui de ce peuple.

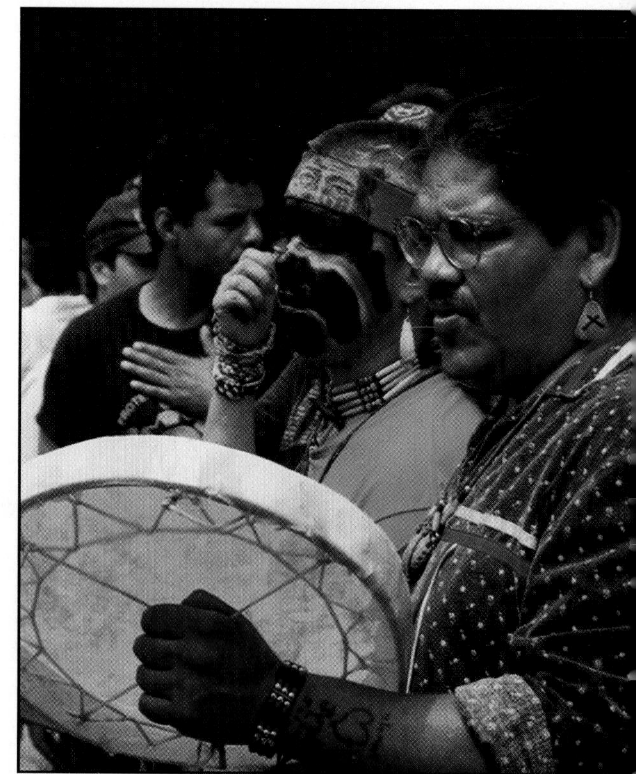

Les Kanien'kahaka (Mohawks) constituent la nation autochtone la plus peuplée avec ses 12 000 âmes. Même s'ils sont fidèles à la tradition, plusieurs d'entre eux ont choisi des métiers spécialisés. Néanmoins, cette nation iroquoise demeure très attachée à ses terres, comme en a témoigné la crise d'Oka de 1990.

Les Waban Aki (Abénakis), alliés des colons français dès le début de la conquête du Nouveau Monde, n'ont maintenant que deux villages où ils se rassemblent en plus ou moins grand nombre, soit Odanak et Wôlinak.

Malgré l'invasion européenne, les Inuits habitant depuis des millénaires l'extrême nord du Québec ont su préserver leur mode de vie ancestral. Ils habitent 14 villages, comme Kuujjuarapik, Akulivik et Inukjuak.

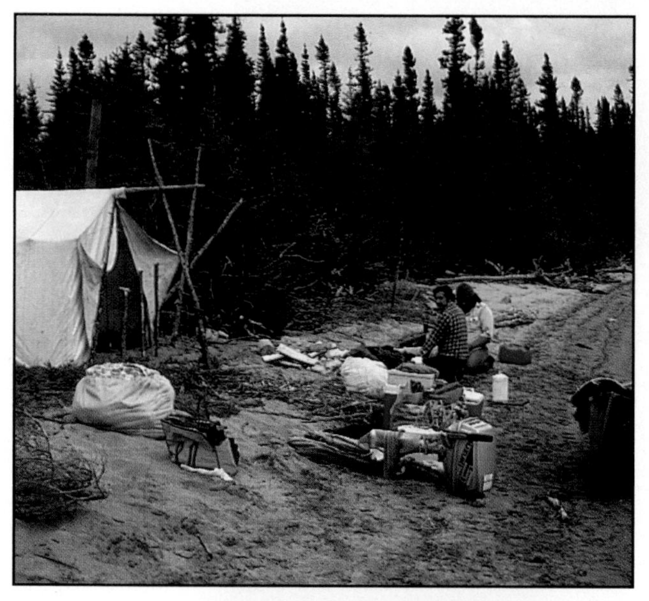

Les Innuat (Montagnais) vivaient paisiblement de chasse et de pêche jusqu'au tournant du siècle dernier. Ils se sont bien adaptés au monde moderne malgré une période de bouleversement notable.

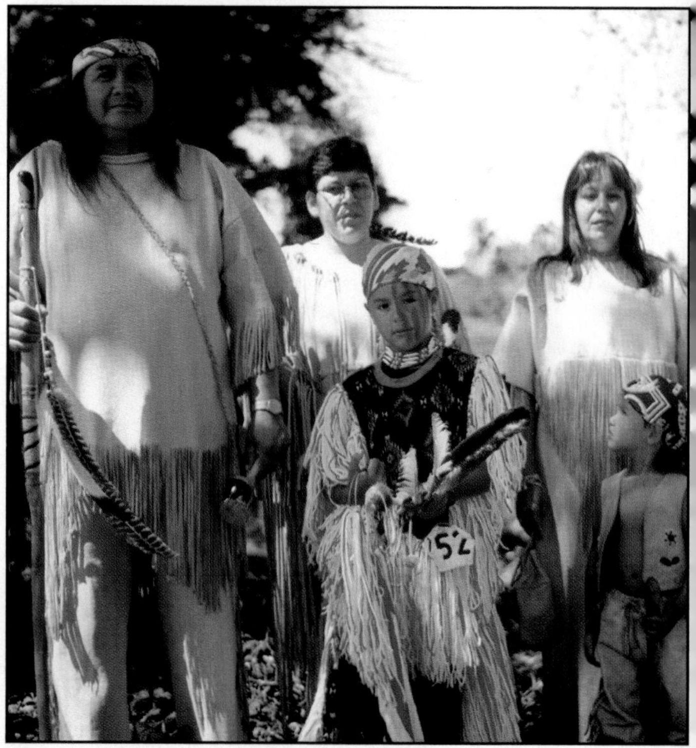

Sédentarisés dans la région de la Gaspésie, les Mi'gmaq (Micmacs) ont formé deux villages, soit Listuguj (Restigouche) et Gesgapegiag. Les traditions culturelles de ce peuple, heureusement, se perpétuent : l'enseignement de la langue micmaque est obligatoire dans les écoles de ces deux villages.

Ce n'est que très récemment que les Anishnabe (Algonquins) sont devenus sédentaires : ils allaient et venaient sur le territoire dénommé Abitibi. Puis, des prospecteurs ont en quelque sorte éliminé leur mode de vie nomade, mais ce peuple n'a pas été tellement assimilé par la culture occidentale.

Les 475 Naskapis sont réunis dans un seul village au Canada, Kawawachikamach. Grâce à la Convention du Nord-Est québécois, ils possèdent un immense territoire sur lequel ils pêchent, chassent et pratiquent le piégeage.

Rivière Caniapiscau

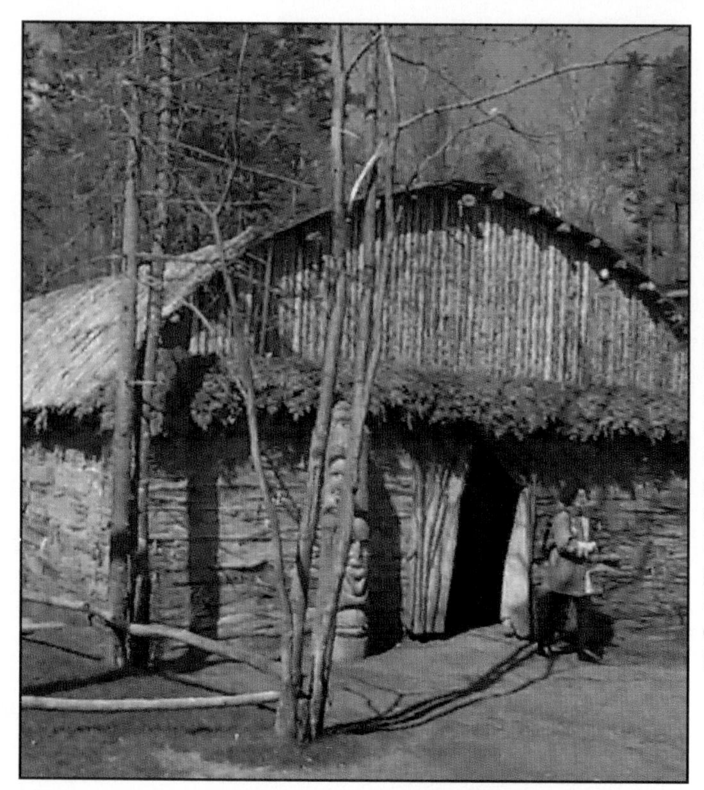

Le peuple des Hurons-Wendat, dont la langue n'est plus utilisée de nos jours, a été très chambardé dès l'arrivée des Européens, et seulement 300 Hurons-Wendat ont survécu aux épidémies (1634 et 1639) et aux guerres que leur ont livrées les Iroquois. Wendake, près de Loretteville, est le dernier village huron-wendat.

Maison longue huronne-wendat

Longtemps et fautivement appelés les Etchemins, les Welustuk (Malécites), un peuple nomade, ne sont que 270 au Québec. Ils ont refusé d'habiter la réserve constituée pour eux en 1827, afin de rester libres.

Mocassins malécites

Le Bas-Saint-Laurent

La région très pittoresque du Bas-Saint-Laurent s'étire le long du fleuve, depuis la petite ville de La Pocatière jusqu'à Sainte-Luce, et s'étend jusqu'aux frontières des États-Unis et du Nouveau-Brunswick.

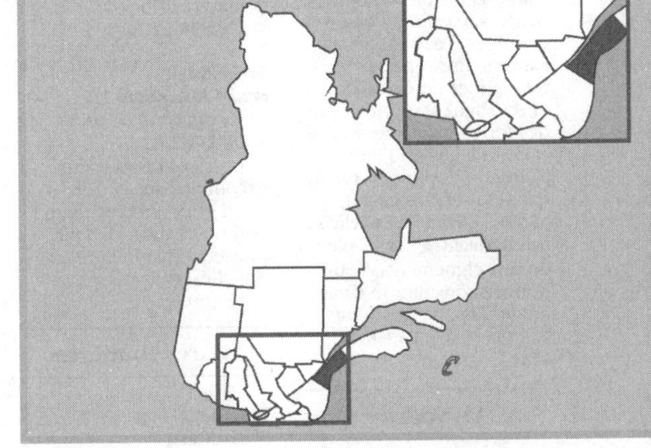

En plus de sa zone riveraine, aux terres très propices à l'agriculture, le Bas-Saint-Laurent comprend également une grande région agro-forestière, aux paysages légèrement vallonnés et riches de nombreux lacs et cours d'eau.

Le peuplement permanent des terres du Bas-Saint-Laurent débuta dès les origines de la Nouvelle-France, puis se fit par étapes selon la succession des différents modes de mise en valeur du territoire. La traite des fourrures y attira les premiers colons qui fondèrent, avant la fin du XVIIe siècle, les postes de Rivière-du-Loup, du Bic, de Cabano et de Notre-Dame-du-Lac.

Les riches terres bordant le fleuve Saint-Laurent furent défrichées puis cultivées dès le siècle suivant. Le paysage de ces plaines reste d'ailleurs structuré selon le mode de division du sol hérité de l'époque seigneuriale. Les terres de l'intérieur furent colonisées un peu plus tard, vers 1850, alors que l'exploitation des richesses forestières se faisait de pair avec la culture du sol.

Il y eut finalement une dernière vague de peuplement au cours de la crise économique des années trente, alors que la campagne devenait le refuge des ouvriers sans travail des villes. Ces différentes étapes de colonisation du Bas-Saint-Laurent se reflètent d'ailleurs dans son riche patrimoine architectural.

Cette région se trouve à l'extrémité orientale des terres de la vallée du Saint-Laurent, défrichées et cultivées sous le Régime français. Comme ailleurs en Nouvelle-France, la zone habitée formait à l'origine une étroite lisière le long du fleuve. Au XIXe siècle, le Bas-Saint-Laurent devient l'un des principaux lieux de villégiature des riches Montréalais, qui s'y font construire de luxueuses résidences victoriennes.

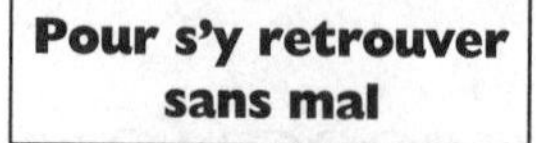

Pour s'y retrouver sans mal

Un premier circuit, intitulé **Circuit A : Le Pays de Kamouraska** ★★, longe le fleuve, de La Pocatière à Sainte-Luce, offrant de très belles vues sur les vastes étendues d'eau du Saint-Laurent ainsi que sur les montagnes de Charlevoix et du Saguenay. L'intérieur des terres, parsemé de lacs et de villages où l'industrie forestière domine, est traité dans un second circuit, baptisé **Circuit B : La Belle au bois dormant** ★. Pour plus de renseignements, vous pouvez consulter le *Guide Ulysse Gaspésie, Bas-Saint-Laurent et Îles-de-la-Madeleine*.

En voiture

Pour accéder aux deux circuits proposés dans la région, quittez l'autoroute 20 et prenez la 132 Est. Les routes 232, 185 et 289 vous permettent d'entrer à l'intérieur des terres ainsi que de voir les superbes forêts et vallées du Bas-Saint-Laurent.

En traversier

Rivière-du-Loup :
adulte 10,20$ voiture 25$
durée :1 heure
☎418-862-5094
(de Rivière-du-Loup)
☎514-849-4466 *(de Montréal)*
☎418-638-2856 *(de St-Siméon)*
relie Rivière-du-Loup et Saint-Siméon dans Charlevoix.

L'Isle-Verte
traversier *La Richardière*
mai à nov
durée : 30 min
5$, voiture 20$
☎418-898-2843
quitte L'Isle-Verte pour se rendre à Notre-Dame-des-Sept-Douleurs.

Si vous n'avez pas de voiture, vous pouvez aussi vous embarquer sur un bateau-taxi *(6,50$; ☎418-898-2199)*.

Trois-Pistoles
adulte 10$, voiture 26$
durée : environ 90 min
☎418-233-2202
Relie Trois-Pistoles aux Escoumins sur la Côte-Nord et permet, avec un peu de chance, de voir plusieurs mammifères marins. Réservez votre passage en été.

Gares routières

Rivière-du-Loup
83 boul. Cartier
☎(418)862-4884

Rimouski
90, av. Léonidas
☎(418)723-4923

Gares ferroviaires

La Pocatière
95 rue Principale
☎800-361-5390

Rimouski
57 de l'Évêché E.
☎800-361-5390

Rivière-du-Loup
615 rue Lafontaine
☎800-361-5390

Trois-Pistoles
231 rue de la Gare
☎800-361-5390

Renseignements pratiques

Indicatif régional : 418

Renseignements touristiques

Bureau régional

Maison touristique du Bas-Saint-Laurent
148 rue Fraser, Rivière-du-Loup
G5R 1C8
☎867-3015 ou 800-563-5268
⇄867-3245
www.tourismebas-st-laurent-.com

Circuit A : Le Pays de Kamouraska

Rivière-du-Loup
189 rue Hôtel-de-Ville
☎862-1981

Saint-Fabien
33 rte. 132 O.
☎869-3333

Rimouski
50, rue St-Germain O
☎723-2322 ou 800-746-6875

Attraits touristiques

★★

Circuit A : Le Pays de Kamouraska (deux jours)

La région de Kamouraska ne constitue que la porte

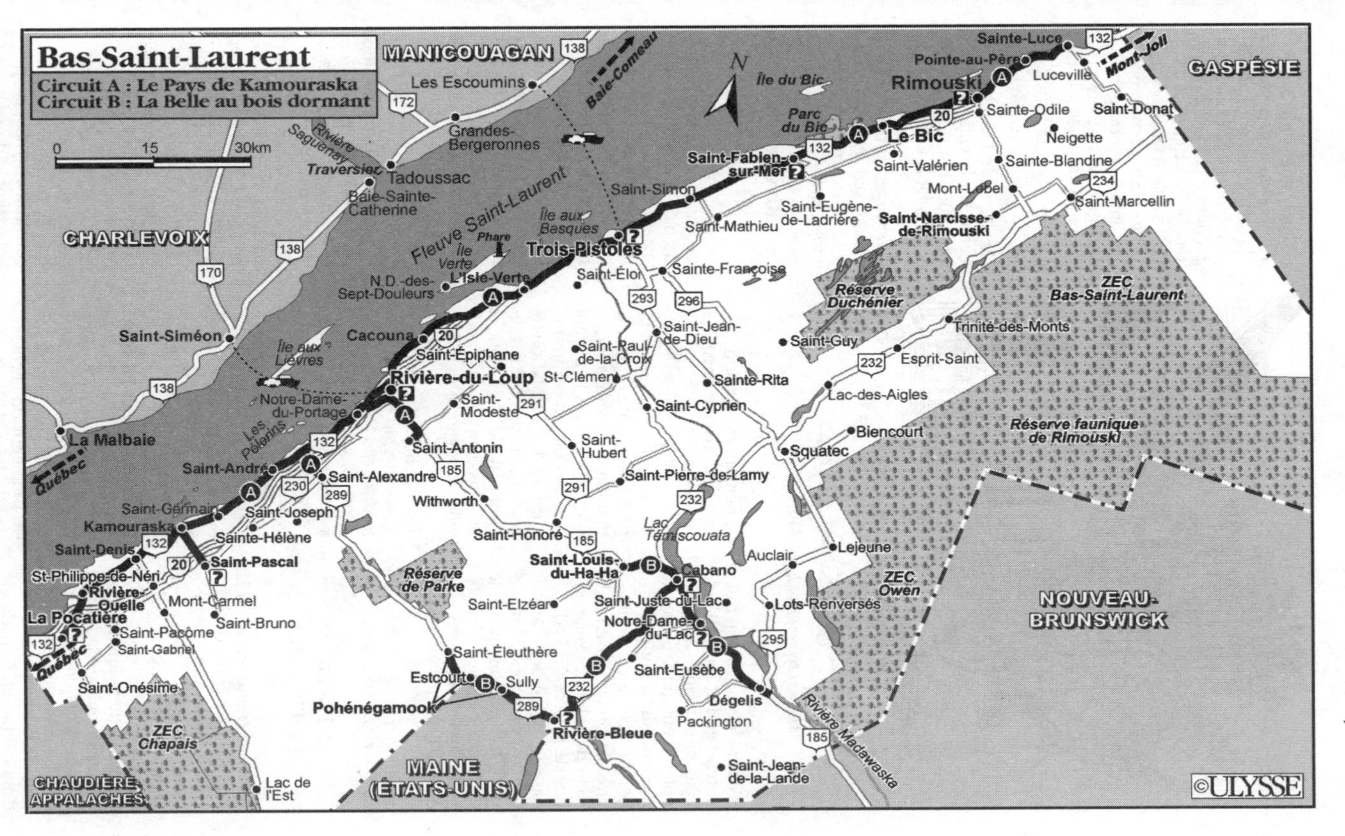
Bas-Saint-Laurent
Circuit A : Le Pays de Kamouraska
Circuit B : La Belle au bois dormant
0
15
30km
©ULYSSE
GASPÉSIE
MANICOUAGAN
CHARLEVOIX
NOUVEAU-BRUNSWICK
MAINE (ÉTATS-UNIS)
CHAUDIÈRE-APPALACHES
Fleuve Saint-Laurent
Mont-Joli
Baie-Comeau
Québec
La Malbaie
Saint-Siméon
Les Escoumins
Grandes-Bergeronnes
Tadoussac
Baie-Sainte-Catherine
Rivière Saguenay
Traversier
Île aux Lièvres
Les Pèlerins
Île aux Basques
Île Verte
Phare
Île du Bic
Parc du Bic
Sainte-Luce
Luceville
Saint-Donat
Pointe-au-Père
Sainte-Odile
Neigette
Rimouski
Le Bic
Saint-Valérien
Sainte-Blandine
Saint-Marcellin
Mont-Lebel
Saint-Narcisse-de-Rimouski
ZEC Bas-Saint-Laurent
Réserve faunique de Rimouski
Trinité-des-Monts
Esprit-Saint
Lac-des-Aigles
Biencourt
Saint-Guy
Réserve Duchénier
Saint-Eugène-de-Ladrière
Saint-Fabien-sur-Mer
Saint-Mathieu
Sainte-Françoise
Saint-Simon
Trois-Pistoles
Saint-Éloi
Sainte-Rita
Saint-Jean-de-Dieu
Saint-Cyprien
Saint-Pierre-de-Lamy
Squatec
Lejeune
ZEC Owen
Auclair
Lots-Renversés
Lac Témiscouata
Cabano
Rivière Madawaska
Saint-Jean-de-la-Lande
Dégelis
Packington
Saint-Eusèbe
Notre-Dame-du-Lac
Saint-Juste-du-Lac
Saint-Louis-du-Ha-Ha
Saint-Paul-de-la-Croix
St-Clément
Saint-Hubert
Saint-Honoré
Saint-Elzéar
Rivière-Bleue
Sully
Saint-Éleuthère
Estcourt
Pohénégamook
Réserve de Parke
Withworth
Saint-Antonin
Saint-Modeste
Saint-Épiphane
Rivière-du-Loup
L'Isle-Verte
N.D.-des-Sept-Douleurs
Cacouna
Saint-Alexandre
Notre-Dame-du-Portage
Saint-Joseph
Saint-André
Sainte-Hélène
Saint-Pascal
Saint-Germain
Kamouraska
Mont-Carmel
Saint-Bruno
Saint-Denis
St-Philippe-de-Néri
Rivière-Ouelle
Saint-Pacôme
Saint-Gabriel
La Pocatière
Saint-Onésime
ZEC Chapais
Lac de l'Est

Maison typique de la région

d'entrée de ce circuit, qui s'étend en fait bien au-delà. Mais sa notoriété, acquise notamment grâce au roman *Kamouraska* d'Anne Hébert, a dicté le choix du titre. Le circuit s'inscrit à la suite de celui des seigneuries de la Côte-du-Sud, dans la région de Chaudière-Appalaches (voir p 477). Il est donc possible de jumeler les deux trajets afin d'avoir un aperçu complet de la Côte-du-Sud.

Suivez la route 132 Est en direction de La Pocatière.

La Pocatière (4 925 hab.)

L'ancienne seigneurie de La Pocatière fut concédée en 1672 à Marie-Anne Juchereau, veuve d'un officier du régiment de Carignan-Salières. Elle passa ensuite entre les mains de la famille D'Auteuil puis de la famille Dionne. L'ouverture d'un collège classique en 1827, puis de la première école d'agriculture au Canada en 1859, devait faire de son bourg une ville d'études supérieures, vocation qu'elle conserve encore de nos jours.

On y trouve également la principale usine de la multinationale Bombardier, spécialisée dans le matériel de transport en commun. C'est ici que l'on fabrique les wagons des métros de Montréal, de New York et de plusieurs autres grandes villes à travers le monde.

Tournez à gauche sur la 4e Avenue, qui mène à la cathédrale et à l'ancien séminaire, imposant édifice Beaux-Arts de 1922 devenu le cégep de La Pocatière.

La **cathédrale Sainte-Anne** *(103 4e Av.)*. Siège d'un évêché, La Pocatière possède une cathédrale moderne, achevée en 1969.

Le **Musée François-Pilote** ★ *(4$; lun-sam 9h à 12h et 13h à 17h, dim 13h à 17h, oct à mai fermé sam; 100 4e Av., ☎856-3145)* porte le nom du fondateur de l'École d'agriculture de La Pocatière. On y présente, dans un des pavillons du collège Sainte-Anne, situé à l'arrière du cégep (au fond du stationnement à droite), différentes collections qui racontent la vie rurale au Québec au tournant du XXe siècle (bureau de médecin, instruments aratoires, intérieur bourgeois, vestiges amérindiens, instruments destinés à la fabrication du sucre d'érable, etc.).

Sur l'avenue Painchaud, au centre de la ville, on trouve quelques boutiques et cafés agréables.

Empruntez l'avenue Painchaud pour rejoindre la route 132 Est en direction de Rivière-Ouelle.

Rivière-Ouelle (1 350 hab.)

Ce charmant village, situé de part et d'autre de la rivière qui lui a donné son nom, fut fondé, dès 1672, par le seigneur François de La Bouteillerie. En 1690, un détachement de l'amiral britannique William Phipps tenta un débarquement à Rivière-Ouelle, qui fut aussitôt repoussé par l'abbé Pierre de Francheville, à la tête d'une quarantaine de colons.

L'**église Notre-Dame-de-Liesse** et le **presbytère** ★ *(mi-juin à début sept tlj 10h à 18h; 100 rue de l'Église, ☎856-2603)*. Reconstruite en 1877 sur les fondations de celle érigée en 1792, l'église de Rivière-Ouelle a été dessinée par l'architecte David Ouellet, originaire de La Pocatière. L'intérieur recèle quelques trésors dont le maître-autel importé de France (1716) et sept tableaux de Louis Dulongpré. Le presbytère voisin, construit en 1881, est un bel exemple du style Second Empire, caractérisé par une haute toiture mansardée. Il a été subdivisé en huit logements en 1978.

La **maison Jean-Charles-Chapais** *(on ne visite pas; 204 rte. 132)*, cette jolie maison de 1821 comporte une toiture à larmiers cintrés, typiques du Pays de Kamouraska. Il semble que cet élément architectural ait été emprunté à la construction navale des goélettes. Fort répandu dans la région au cours de la première moitié du XIXe siècle, le toit «Kamouraska» arrondi rappelle la carène des navires. Jean-Charles Chapais (1811-1885), l'un des pères de la Confédération canadienne, y a habité avant d'emménager dans une demeure plus luxueuse à Saint-Denis.

On retrouvait autrefois deux manoirs seigneuriaux à Rivière-Ouelle. Le manoir D'Airvault, situé en bordure de la rivière, a malencontreusement été démoli vers 1910. Seul le **manoir Casgrain** *(on ne visite pas; 13 rue Casgrain)*, construit en 1834, subsiste. Plus modeste que le premier, il présente l'aspect d'une longue maison de bois aux ouvertures symétriques dont la haute toiture recouvre une galerie. Il est visible à gauche entre les maisons.

Suivez la route 132 Est en direction de Saint-Denis.

Saint-Denis (500 hab.)

Au cœur du Pays de Kamouraska, Saint-Denis est un bourg typique, dominé par son église. En face de celle-ci se dresse le monument à l'abbé Édouard Quertier (1796-1872), fondateur de la «Croix noire de la Tempérance», qui fit campagne contre l'alcoolisme. À chaque personne qui s'engageait à ne plus boire d'alcool, il remettait solennellement une croix noire...

La **maison Chapais** ★ *(3$; fin juin à mi-oct tlj 10h à 18h; 2 rte.132 E., ☎498-2353)*. Jean-Charles Chapais a fait agrandir cette maison ancienne en 1866 afin de lui donner une prestance équivalente à sa prestigieuse carrière politique. À cette occasion, la structure fut exhaussée, et la devanture, parée de galeries et d'escaliers sinueux, dignes de l'un des pères de la Confédération.

Son fils, Sir Thomas Chapais (1858-1946), ministre dans le gouvernement Duplessis, y est né et y vécut la majeure partie de son existence. L'intérieur de la maison a conservé son apparence d'origine. On peut notamment voir les splendides meubles Second Empire de la famille Chapais.

★★ Kamouraska (760 hab.)

Le 31 janvier 1839, le jeune seigneur de Kamouraska, Achille Taché, est assassiné par un «ami», le docteur Holmes de Sorel. L'épouse du seigneur, Joséphine-Éléonore d'Estimauville, avait comploté avec son amant médecin afin de supprimer un mari devenu gênant, pour ensuite s'enfuir vers de lointaines contrées. Ce fait divers a inspiré Anne Hébert pour son roman *Kamouraska*, porté à l'écran par Claude Jutra.

Le village où s'est déroulé le drame qui devait le rendre célèbre fut pendant longtemps le poste le plus avancé de la Côte-du-Sud. Son nom, qui signifie «il y a des joncs au bord de l'eau» en langue algonquine, est depuis toujours associé au pittoresque de la campagne québécoise. À l'arrivée, une plaine côtière sert de préambule au spectacle étonnant de l'agglomération, répartie sur une série de monticules rocailleux, témoins de la force des formations géologiques dans la région.

La **maison Langlais** *(on ne visite pas; 376 rang du Cap)*, construite en 1751, fut réparée à la suite de la Conquête, ce qui en fait l'un des plus anciens bâtiments encore debout dans le Bas-Saint-Laurent. Isolée dans un champ, à droite, cette grande demeure a servi au tournage des scènes extérieures du film de Jutra.

L'**ancien palais de justice** *(3$; juin à sept tlj 9h à 12h et 13h à 17h; 111 av. Morel, ☎492-9458)* a été construit en 1888, selon les plans de l'architecte Élzéar Charest, à l'emplacement du premier palais de justice de l'est du Québec. Son architecture d'inspiration médiévale se démarque de l'habituelle tournure néo-classique de ce genre d'édifice en Amérique du Nord.

L'archipel de Kamouraska, composé de cinq îles, est visible dans le lointain depuis le parvis du Palais. Il sert aujourd'hui de centre d'art et d'histoire et présente des expositions temporaires. En été, des visites guidées permettent de se familiariser avec l'histoire du bâtiment.

Descendez la rue faisant face au Palais, puis promenez-vous sur l'étroite avenue Leblanc jusqu'au quai pour bien saisir les charmes de Kamouraska.

Le **Musée de Kamouraska** *(4$; mi-mai à fin juin mar-ven 9h à 16h30, sam-dim 13h à 16h30; fin juin à début sept tlj 9h à 17h; sept à mi-déc mar-ven 9h à 16h30, sam-dim 13h à 16h30; 69 av. Morel, ☎492-9783)* d'ethnologie, d'histoire et de traditions populaires est installé dans ce qui était autrefois le couvent de Kamouraska. Ses collections sont du même ordre que celles du Musée de La Pocatière, quoique moins élaborées. On peut y voir des objets glanés dans la région, dont un beau retable de François-Noël Levasseur (1734) qui ornait l'ancienne église de Kamouraska. À noter que l'**église** actuelle, derrière laquelle est situé le musée, fut construite en 1914.

La **maison Amable-Dionne** *(on ne visite pas; à l'est de l'église)*. Le marchand Amable Dionne a fait l'acquisition de plusieurs seigneuries de la Côte-du-Sud dans la première moitié du XIXe siècle. Son manoir de La Pocatière est aujourd'hui disparu, mais sa maison de Kamouraska est encore en place. Il s'agit d'un long bâtiment, érigé en 1802 à l'est de l'église, auquel on a ajouté un décor néoclassique vers 1850.

Une route conduit de Kamouraska à Saint-Pascal, permettant ainsi, par ce détour, de voir l'intérieur des terres.

Au numéro 154 du chemin Paradis se trouve le **moulin Paradis**, construit en 1804 au bord de la rivière aux Perles, mais considérablement remanié vers 1880. Il a fonctionné jusqu'en 1977 avant d'être loué pour de multiples tournages.

La famille Taché acquiert la seigneurie de Kamouraska en 1790. Peu de temps après, elle fait construire le **Domaine seigneurial Taché** ★ *(2,50$; mi-juin à début sept, tlj 9h à 17h; 4 av. Morel, ☎492-3768)*, qui sera le théâtre du drame décrit plus haut.

Le **Site d'interprétation de l'anguille** ★ *(4$; mi-mai à mi-oct tlj 9h à 18h; 205 av. Morel, ☎492-3935)* propose des visites guidées et des excursions de pêche. La visite dure en moyenne 30 min. La pêche à l'anguille représente une activité économique importante dans Kamouraska. On y pêche 78% des anguilles du Bas-Saint-Laurent. En fait, l'industrie de la pêche de cette région dépend à 97% de ce poisson à forme allongée. La saison de pêche s'étend de septembre à la fin d'octobre.

★ Saint-Pascal (4 130 hab.)

Cette petite ville a connu la prospérité au XIXe siècle grâce à la force des courants de la rivière aux Perles, qui a incité des entrepreneurs à construire des moulins à farine, à scie et à carder sur ses berges. On peut y voir quelques résidences bourgeoises de même qu'une église construite en 1845. Son décor intérieur, conçu par François-Xavier Berlinguet de Québec, comprend un beau baldaquin à colonnes torsadées, enjolivé de guirlandes à motifs floraux. Quatre statues d'archanges, exécutées entre 1891 et 1895 par Louis Jobin et Auguste Dionne, accueillent les visiteurs dans le vestibule.

Retournez à la route 132. Tournez à droite.

Le **berceau de Kamouraska** *(rte. 132 E., à 3 km à l'est du village)*. Une petite chapelle marque l'emplacement du premier village de Kamouraska, fondé en 1674 par le sieur Morel de La Durantaye. En 1790, un violent séisme anéantit le village, que l'on décide alors de déplacer en des lieux moins vulnérables, donnant ainsi naissance à l'agglomération actuelle. Non loin, un peu à l'écart de la route 132, se trouve Saint-Germain. On y aperçoit le manoir de la Pointe-Sèche (1835), l'un des plus anciens et des plus élégants cottages Regency du Québec, malheureusement en ruine.

★ Saint-André (1 467 hab.)

Des collines abruptes qui plonge directement dans le fleuve Saint-Laurent voisinent ici avec les champs plats, composant un paysage agréable, complété en automne par les clôtures de piquets enfoncés dans les fonds marins, à proximité du rivage, et habillés de filets et de cages pour la pêche à l'anguille. Au large, les îles Pèlerins laissent voir leurs flancs dénudés, abritant des milliers d'oiseaux (cormorans, guillemots noirs) ainsi qu'une colonie de petits pingouins. Les chanceux pourront même apercevoir un béluga ou un faucon pèlerin.

L'**église Saint-André** ★★ *(juin à sept tlj 9h à 17h; 128 rue Principale; ☎ 493-2152)*, érigée de 1805 à 1811, est l'une des plus anciennes

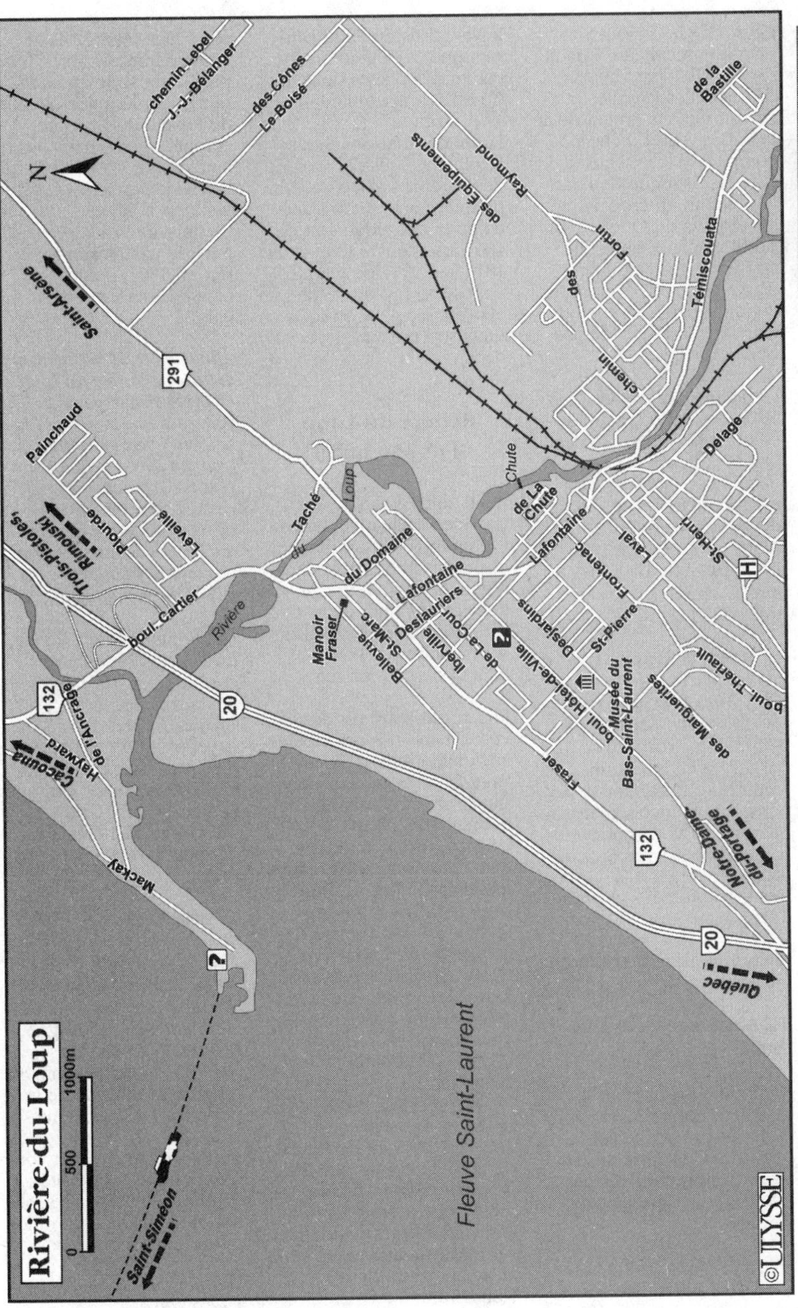
Rivière-du-Loup
0
500
1000m
Saint-Siméon
Fleuve Saint-Laurent
©ULYSSE
Québec
Cacouna
Hayward
de l'Ancrage
Mackay
132
20
291
Saint-Arsène
Trois-Pistoles,
Rimouski
Painchaud
Plourde
Léveillé
boul. Cartier
Rivière
du
Loup
Taché
chemin Lebel
J.-J.-Bélanger
des Cônes
Le Boisé
des Équipements
Raymond
chemin
des
Forton
Témiscouata
de la
Bastille
Delage
St-Henri
Laval
Frontenac
Lafontaine
de La
Chute
Chute
du Domaine
Manoir
Fraser
Bellevue
St-Marc
Deslauriers
Iberville
de-La-Cour
boul. Hôtel-de-Ville
Desjardins
St-Pierre
Musée du
Bas-Saint-Laurent
boul. Thériault
des Marguerites
Fraser
Notre-Dame
du-Portage

églises de la région. Son plan à la récollette, caractérisé à la fois par l'absence de chapelles latérales et par un rétrécissement de la nef au niveau du chœur, complété par un chevet plat, se distingue de l'habituel plan en croix latine des églises du Québec. Le profil gracieux de l'édifice, couronné d'un clocher élancé à double lanternons, en fait un élégant exemple d'architecture québécoise traditionnelle.

Le maître-autel, réalisé en 1826, est une réplique de celui de la cathédrale de Québec. Parmi les autres éléments d'intérêt, il faut mentionner l'orgue Mitchell de 1874 ainsi que trois huiles, dont *Le martyre de saint André* de Louis Triaud, réalisé en 1821 pour le fond du chœur.

La **Maison de la prune** *(entrée libre; début août à fin oct tlj 9h à 18h, visites guidées dim 10h30 à 16h; 129 rte. 132, ☎493-2616)* vous invite à visiter un verger et un centre de documentation, ainsi qu'un ancien magasin général où vous pourrez acheter de savoureux produits du verger tels que gelées, confitures et prunes en sirop.

Halte écologique des battures du Kamouraska, voir p 527.

Falaises d'escalade de Saint-André, voir p 528.

On quitte maintenant le «Pays de Kamouraska» pour aborder l'ancienne seigneurie de la Rivière-du-Loup. Le premier village traversé est **Notre-Dame-du-Portage**.

Dans la municipalité voisine de **Saint-Patrice**, on aperçoit à travers les arbres de belles résidences d'été, érigées à une époque où l'on recherchait davantage le vent frais du Saint-Laurent que la chaleur accablante des plages de la Côte Est américaine.

Parmi ces maisons figure Les Roches, résidence d'été de Sir John A. Macdonald, premier ministre du Canada de la Confédération de 1867 jusqu'en 1873 puis de 1878 à 1891. Une plaque, apposée à proximité de la maison, rappelle aux passants son prestigieux occupant.

★ Rivière-du-Loup (14 354 hab.)

On la dirait voguant sur une mer déchaînée, tant sa topographie de collines disposées à intervalles réguliers, de part et d'autre de l'embouchure de la rivière du Loup, fait valser ses habitants de bas en haut et de haut en bas.

Rivière-du-Loup est devenue l'une des principales agglomérations du Bas-Saint-Laurent grâce à une situation géographique particulière, faisant de la ville un carrefour de communications d'abord maritime, entre le fleuve Saint-Laurent et l'océan Atlantique via le lac Témiscouata et le fleuve Saint-Jean (Nouveau-Brunswick), puis ferroviaire, alors que la ville devient, pendant quelques temps, le terminus oriental du chemin de fer canadien.

De nos jours, Rivière-du-Loup est le point de départ de la route conduisant au Nouveau-Brunswick de même que le point d'ancrage du traversier qui se rend à Saint-Siméon, sur la rive nord du fleuve Saint-Laurent.

Même avec toutes ces qualités, la région se peuplera lentement sous le Régime français. En 1765, près d'un siècle après sa fondation, le poste de traite de Rivière-du-Loup ne compte que 68 habitants. Il faut attendre l'ouverture de la scierie de Henry Caldwell, en 1799, et l'acquisition de la seigneurie par Alexander Fraser, en 1802, pour que naisse véritablement la ville.

Afin d'apprécier pleinement la visite de Rivière-du-Loup, il est préférable de garer sa voiture le long de la rue Fraser pour effectuer le trajet à pied. En plus du circuit proposé ici, le bureau de tourisme local a installé une série de panneaux d'interprétation qui permettent aux visiteurs de connaître l'histoire de la ville et de ses bâtiments.

La seigneurie de la Rivière-du-Loup a d'abord été concédée en 1673 au riche négociant de Québec, Charles Aubert de La Chesnaye, avant de passer entre plusieurs mains, toutes peu intéressées par ce territoire lointain. Henry Caldwell puis Alexander Fraser lui donneront finalement son envol.

Le **manoir Fraser** ★ *(3,50$; fin juin à mi-oct tlj 10h à 17h; 32 rue Fraser, ☎867-3906)*, érigé en 1830 pour Timothy Donahue, est devenu la résidence seigneuriale de la famille Fraser à partir de 1835. Récemment restauré avec l'aide de la population locale, le manoir a rouvert ses portes au public en juin 1997 et vous offre, en plus des visites commentées, une présentation multimédia d'un dîner officiel de l'époque.

Tournez à droite sur la rue du Domaine.

L'**église St. Barthelemy** *(on ne visite pas; rue du Domaine).*

À l'époque où cette église fut érigée (1841), Rivière-du-Loup s'appelait Fraserville et comptait une importante population d'origine écossaise dont faisait partie son seigneur, Alexander Fraser. Le temple presbytérien, digne représentant de l'église officielle d'Écosse, est un édifice sobre en bois, aux traits vaguement néogothiques. Il est de nos jours le fantôme d'une communauté presque totalement disparue.

Tournez à droite sur la rue Iberville.

L'**ancien consulat américain** *(1 rue Iberville).* Cette demeure bourgeoise, aujourd'hui propriété des clercs de Saint-Viateur, a servi de consulat américain au début du XXe siècle, à l'époque où Rivière-du-Loup entretenait de nombreux liens commerciaux avec l'État du Maine. On remarquera ses larges galeries en bois chantourné, apparentées au style Queen Anne américain. L'**ancien bureau de poste**, bel édifice en pierre daté de 1888, se trouve à proximité.

Tournez à gauche sur la rue Lafontaine.

L'**église Saint-Patrice** ★ *(121 rue Lafontaine)* fut reconstruite en 1883 sur le site de l'église de 1855. L'intérieur recèle quelques trésors, dont un chemin de croix de Charles Huot, des verrières de la compagnie Castle (1901) et des statues de Louis Jobin. La rue de la Cour, en face de l'église, mène au **palais de justice** *(33 rue de la Cour),* érigé en 1882 selon les plans de l'architecte Pierre Gauvreau. Plusieurs juges et avocats se sont fait construire de belles maisons le long des rues ombragées du voisinage.

Retournez à la rue Fraser en empruntant la rue Deslauriers, située dans l'axe du Palais.

Le **Musée du Bas-Saint-Laurent** ★ *(3,50$; tlj 13h à 17h, début sept à fin juin lun et mer 18h à 21h; 300 rue St-Pierre, ☎862-7547)* présente des collections d'objets usuels, semblables à celles de La Pocatière et de Kamouraska, de même que des expositions d'art contemporain, plus intéressantes. Le bâtiment qui abrite le musée est lui-même une réalisation d'architecture moderne «brutaliste» en béton.

Parc des Chutes et de la Croix lumineuse, voir p 527.

Cacouna (2 028 hab.)

Le toponyme «Cacouna» signifie, en langue amérindienne malécite, «le pays du porc-épic». Les villas réparties sur toute la longueur du village rappellent l'âge d'or de la villégiature victorienne au Québec, alors que Cacouna était l'une des destinations estivales favorites de l'élite montréalaise. Dès 1840, on s'y presse pour profiter du paysage et des bains de mer, dont les bienfaits ont, dit-on, des vertus curatives. Même si les grands hôtels du XIXe siècle, tel le St. Lawrence Hall, ont disparu, Cacouna n'en conserve pas moins sa vocation récréotouristique.

Construite pour l'armateur Sir Hugh Montague Allan et sa famille, la **villa Montrose** ★ *(on ne visite pas; 700 rue Principale)* est aujourd'hui une maison de prière. Son architecture néo-coloniale américaine traduit l'influence des stations balnéaires de la Nouvelle-Angleterre sur leurs contreparties canadiennes.

Autre célèbre villa de Cacouna, le **Pine Cottage** *(on ne visite pas; 520 rue Principale),* mieux connu sous le nom de «Château Vert», a été érigé en 1867 pour la famille Molson, brasseurs, banquiers et entrepreneurs de Montréal. Il s'agit d'un bel exemple d'architecture résidentielle néogothique, comme il en subsiste peu au Québec.

L'**église Saint-Georges** et son **presbytère** ★ *(455 rte. de l'Église, ☎862-4338).* Le presbytère est érigé en 1838 dans le style des maisons rurales traditionnelles de la région de Montréal, soit avec des murs coupe-feu décoratifs et une toiture à pente relativement douce et sans courbures. L'église Saint-Georges suit quelques années plus tard (1845). Elle représente l'aboutissement d'une longue tradition architecturale québécoise qui disparaîtra à l'arrivée, dans les paroisses rurales, des styles historicisants.

Il faut en visiter le riche intérieur, qui contient des œuvres intéressantes, dont les autels dorés, les vitraux et les toiles des peintres romains Porta (au-dessus du maître-autel) et Pasqualoni (chapelle de droite).

Site ornithologique du marais du Gros-Cacouna, voir p 529.

★

L'Isle-Verte (1 740 hab.)

Ce village a conservé plusieurs témoins de son passé glorieux, alors qu'il était un centre de services important pour le Bas-Saint-Laurent. Le calme des environs reflète, quant à lui, un mode de vie ancestral, rythmé par les marées. En face apparaît l'île Verte, baptisée ainsi par Jacques Cartier, qui, en apercevant son tapis de verdure au milieu de l'eau, s'exclama *«Quelle île verte!»*. Seule île du Bas-Saint-Laurent habitée toute l'année, elle est plus facilement accessible que les autres îles des environs (voir p 514).

L'**Île Verte** et son **phare** ★★ *(6$; mi-mai à mi-oct tlj 10h à 17h; rte. du Phare; ☎898-2730, www.members.tripod.-com/ileverte/)*. Une quarantaine de personnes vivent sur l'île Verte, pourtant longue de 12 km. L'isolement et les vents qui la balayent constamment ont eu raison de plus d'un colon. Cependant, l'île fut abordée très tôt, d'abord par les pêcheurs basques (l'île aux Basques se trouve à proximité), puis par les missionnaires français, qui fraternisèrent avec les Malécites, lesquels s'y rendaient, chaque année, pour commercer et pour pêcher.

Vers 1920, l'île a connu un boom économique grâce à la récolte du «foin de mer», sorte de mousse marine que l'on faisait sécher pour ensuite s'en servir comme matériel de rembourrage de matelas et de sièges de voitures.

La faune et la flore de l'île attirent de nos jours les visiteurs de partout, qui peuvent alors observer le salage de l'esturgeon et du hareng dans de petits fumoirs, goûter l'agneau des prés salés, observer les bélugas blancs et les baleines bleues, et photographier les sauvagines, les canards noirs ou les hérons. Le phare (1806), situé à la pointe est de l'île, est le plus ancien du fleuve Saint-Laurent. De 1827 à 1964, sa garde fut assurée par cinq générations de la famille Lindsay. De son sommet, on ressent une impression d'espace infini.

Réserve nationale de faune de la Baie de L'Isle-Verte ★, voir p 527.

Reprenez la route 132 Est en direction de Trois-Pistoles.

Trois-Pistoles (3 995 hab.)

On raconte qu'un marin français, de passage dans la région au XVIIe siècle, échappa son gobelet d'argent, d'une valeur de trois pistoles, dans la rivière toute proche, donnant du coup un nom très pittoresque à celle-ci et, plus tard, à cette petite ville industrielle du Bas-Saint-Laurent dominée par une église colossale.

L'**église Notre-Dame-des-Neiges** ★★ *(mi-mai à fin juin et début sept à mi-oct tlj 9h à 17h, fin juin à début sept tlj 9h à 16h; 30 rue Notre-Dame E., ☎851-4949)*. En 1887, lorsqu'elle fut construite, les citoyens de Trois-Pistoles croyaient que leur église allait bientôt devenir cathédrale, ce qui explique la taille et l'opulence de l'édifice, coiffé de trois clochers recouverts de tôle argentée. Le titre échut finalement à Rimouski, au grand désarroi des paroissiens de Notre-Dame-des-Neiges.

La **Maison du notaire** *(mai tlj, mi-juin à début sept tlj 9h30 à 21h, début sept à mi-oct tlj 9h30 à 18h, mi-oct à fin déc ven-sam pm; 168 rue Notre-Dame E., ☎851-1656)*, de type Kamouraska, avec ses larmiers cintrés et sa façade symétrique, fait office de musée et de centre d'art et d'artisanat.

Le **Musée Saint-Laurent** *(3$; mi-juin à mi-sept tlj 8h30 à 18h; 552 rue Notre-Dame O., ☎851-2345)* expose une collection de voitures anciennes, d'instrument aratoires ainsi que d'autres antiquités.

Du **manoir seigneurial Rioux-Belzile**, vous aurez une vue imprenable sur l'île aux Basques, une superbe réserve ornithologique.

Au **Parc de l'aventure basque en Amérique** *(5$; juin à oct tlj 10h à 22h; 66 rue du Parc, ☎851-1556)*, on fait l'interprétation de la pêche à la baleine que pratiquaient les Basques venus dans la région en 1584.

Île aux Basques ★★, voir p 527.

Suivez la route 132 Est. Après avoir traversé Saint-Simon, prenez à gauche la route de Saint-Fabien-sur-Mer si vous désirez vous rapprocher de l'eau, ou à droite celle de Saint-Fabien si vous voulez voir le village à vocation agricole.

★★ Saint-Fabien-sur-Mer (1 910 hab.) et Le Bic (3 190 hab.)

Le paysage devient tout à coup plus tourmenté et plus rude, donnant au visiteur un avant-goût de la Gaspésie, plus à l'est. À Saint-Fabien-sur-Mer, les cottages forment une bande étroite coincée entre la plage et une falaise haute de 200 m.

Au village de Saint-Fabien, situé à l'intérieur des terres, on peut voir une grange octogonale érigée vers 1888. Ce type de bâtiment de ferme importé des

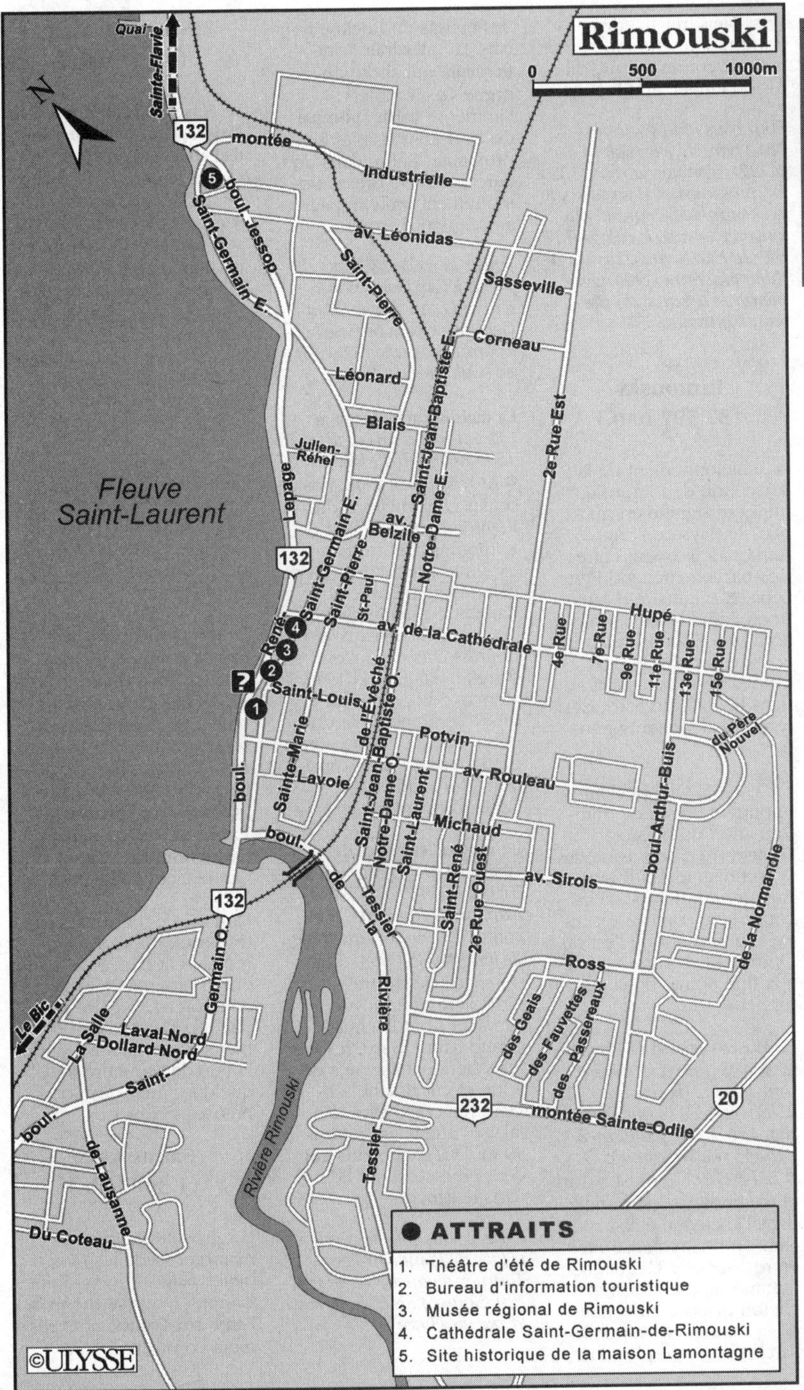
Rimouski
0
500
1000m
N
Quai
Sainte-Flavie
132
montée
Industrielle
boul. Jessop
Saint-Germain E.
av. Léonidas
Saint-Pierre
Sasseville
Corneau
Saint-Jean-Baptiste E.
Léonard
Blais
Julien-Réhel
2e Rue Est
Fleuve Saint-Laurent
Lepage
Notre-Dame E.
av. Belzile
Saint-Germain E.
Saint-Pierre
St-Paul
Hupé
av. de la Cathédrale
René
4e Rue
7e Rue
9e Rue
11e Rue
13e Rue
15e Rue
Saint-Louis
de l'Évêché
Saint-Jean-Baptiste O.
Potvin
du Père Nouvel
Sainte-Marie
Lavoie
av. Rouleau
boul.
Notre-Dame O.
Saint-Laurent
Michaud
boul. Arthur-Buis
boul. de la Rivière
av. Sirois
Saint-René
2e Rue Ouest
de la Normandie
Tessier
Germain O.
Ross
des Geais
des Fauvettes
des Passereaux
Le Bic
La Salle
Laval Nord
Dollard Nord
Saint-
boul.
232
montée Sainte-Odile
20
Rivière Rimouski
de Lausanne
Du Coteau
ATTRAITS
1. Théâtre d'été de Rimouski
2. Bureau d'information touristique
3. Musée régional de Rimouski
4. Cathédrale Saint-Germain-de-Rimouski
5. Site historique de la maison Lamontagne
©ULYSSE

États-Unis, relativement peu pratique quoique original, n'a connu qu'une diffusion limitée au Québec.

Pour vous rendre au très beau parc du Bic (voir p 527), reprenez la route 132 Est, puis tournez à gauche sur le chemin de l'Orignal. Vous longerez ensuite le village du Bic (Le Bic) avant d'arriver à Rimouski, princi pale agglomération urbaine du Bas-Saint-Laurent.

★ Rimouski (32 397 hab.)

Le développement de la seigneurie de Rimouski, nom qui signifie en micmac «le pays de l'orignal», fut laborieusement entrepris par le marchand René Lepage, originaire d'Auxerre en France, dès la fin du XVIIe siècle, constituant de la sorte le point le plus avancé de la colonisation dans le golfe du Saint-Laurent sous le Régime français.

En 1919, la ville devient un important centre de transformation du bois grâce à l'ouverture d'une usine de la compagnie Abitibi-Price. Aujourd'hui, Rimouski est considérée comme le centre administratif de l'est du Québec et se targue d'être à la fine pointe de la culture et des arts.

Le **Musée régional de Rimouski** ★ *(4$; juin à sept mer-sam 10h à 21h, dim-mar 10h à 18h; reste de l'année mer-dim 12h à 17h, jeu jusqu'à 21h; 35 rue St-Germain O., ☎724-2272)*. Ce musée d'art et d'ethnologie est installé dans l'ancienne église Saint-Germain, construite entre 1823 et 1827. Par son volume simple et son clocheton disposé au centre de la toiture, elle rappelle l'architecture de plusieurs des églises du Régime français. La **cathédrale Saint-Germain**, qui abrite un orgue Casavant, et l'immense **palais épiscopal** de 1901 sont visibles à proximité. Enfin, dans un parc voisin, se dresse un monument en hommage au seigneur Lepage.

Suivez la route 132 Est, qui prend ici différents noms, d'abord celui de rue Saint-Germain Ouest, puis de boulevard René-Lepage et enfin de boulevard du Rivage.

La **maison Lamontagne** ★ *(3$; mi-mai à mi-oct tlj 9h à 18h; 707 boul. du Rivage, ☎722-4038)* est l'une des seules constructions du Régime français à l'est de Kamouraska et un rare exemple d'architecture en colombage pierroté au Canada. Sa partie gauche, où alternent poteaux et hourdis faits de cailloux et d'argile, daterait de 1745, alors que la portion de droite serait un ajout du début du XIXe siècle. On peut y visiter une exposition sur l'architecture et l'ameublement ancien.

Le **canyon des Portes de l'Enfer** ★★ *(5$; mi-mai à fin oct, tlj 9h30 à 17h; à St-Narcisse-de-Rimouski, parcourez 5,6 km sur une route de terre, ☎735-6063)* offre un spectacle naturel fascinant, surtout en hiver. Amorcées par la chute Grand Saut (18 m), les Portes s'étendent sur près de 5 km et encaissent la rivière Rimouski avec des falaises atteignant parfois 90 m. Des excursions guidées en bateau ont lieu dans le canyon.

Dirigez-vous ensuite vers le village de Pointe-au-Père. Tournez à gauche sur la rue Père-Nouvel puis à droite sur la rue du Phare.

Pointe-au-Père (4 197 hab.)

Le **Musée de la Mer** et le **lieu historique national du phare de Pointe-au-Père** ★★ *(5,50$; mi-juin à fin août tlj 9h à 18h, sept à mi-oct tlj 10h à 17h; 1034 rue du Phare O., ☎724-6214)*. C'est en face de Pointe-au-Père que l'*Empress of Ireland* fit naufrage en 1914, faisant 1 012 victimes.

Le Musée de la Mer présente une fascinante collection d'objets récupérés de l'épave du navire et raconte la tragédie de manière détaillée. Le phare, situé à proximité, peut être visité. Il indique l'endroit précis où le fleuve devient officiellement le golfe du Saint-Laurent.

Le **monument à l'*Empress of Ireland*** *(sur la vieille route, en bord de mer)*. Dans la nuit du 23 mai 1914, plus d'un millier de personnes périrent, au milieu du fleuve Saint-Laurent, dans le naufrage du paquebot *Empress of Ireland* du Canadien Pacifique, qui assurait la liaison entre la ville de Québec et l'Angleterre.

La tragédie fut causée par les brumes épaisses qui recouvrent parfois le fleuve et qui provoquèrent la collision fatale entre le paquebot et un charbonnier. Ce monument marque le lieu de sépulture de quelques-unes des nombreuses victimes.

Sainte-Luce (1 360 hab.)

Cette petite station balnéaire possède les plus belles plages du Bas-Saint-Laurent. Les **promenades de l'Anse-aux-Coques**, nouvellement construites, vous

Île du Pot à l'eau de vie

permettent de déambuler en contemplant le fleuve. En été, on y organise un amusant concours de châteaux de sable au bord de l'eau. Quelques auberges accueillent les visiteurs pendant la saison estivale.

L'**église Sainte-Luce** ★ *(24 ch. du Fleuve, rte. 132 E.)*, érigée en 1840, se voit dotée d'une nouvelle façade en 1914. Celle-ci présente un éclectisme lourd, typique de l'œuvre des architectes David Ouellet et Pierre Lévesque, qui travailleront beaucoup en Gaspésie au début du XXe siècle. L'intérieur présente un décor intéressant, réalisé entre 1845 et 1850. On remarquera les belles verrières ajoutées en 1917, ainsi que le tableau du retable, intitulé *Sainte Luce priant pour la guérison de sa mère*, peint en 1842 par Antoine Plamondon.

Le Bas-Saint-Laurent fait ensuite place à la Gaspésie, dont le village de Sainte-Flavie constitue la porte d'entrée

★

Circuit B : La Belle au bois dormant (un ou deux jours)

L'industrie forestière règne en maître dans cet arrière-pays du Bas-Saint-Laurent situé au nord de la frontière canado-étasunienne (État du Maine), étonnamment proche du fleuve aux environs de Rivière-du-Loup. Région de collines boisées et de lacs, elle est prisée des amateurs de plein air qui apprécient particulièrement les milieux sauvages éloignés des grands centres.

Le circuit proposé décrit une boucle presque complète, partant et aboutissant à proximité du fleuve Saint-Laurent. En poursuivant son chemin sur la route transcanadienne au-delà de Dégelis, ce circuit peut également être interprété dans sa partie est comme une étape sur la route du Nouveau-Brunswick et des autres provinces de l'Est canadien *(voir Guide Ulysse Provinces Atlantiques du Canada)*.

Suivez la route transcanadienne (route 185 Sud) jusqu'à la sortie conduisant à Saint-Louis-du-Ha! Ha!

Saint-Louis-du-Ha! Ha! (1 520 hab.)

En langue amérindienne hexcuewaska, Ha! Ha! signifie «quelque chose d'inattendu». Ce terme est tout à fait à propos, lorsque, du sommet du mont Aster, on découvre soudainement le lac Témiscouata dans le lointain.

La **Station scientifique Aster** *(6$; fin juin à début sept tlj midi à minuit; 59 ch. Bellevue, ☎854-2172)* organise des soirées d'observation au télescope et présente des expositions scientifiques qui traitent de sismologie, d'énergies douces, de météorologie et de géologie.

Reprenez la route 185 Sud jusqu'à Cabano.

★
Cabano (3 280 hab.)

Ville forestière par excellence, Cabano est le siège de la cartonnerie Papiers Cascades des frères Lemaire. Seule une partie de l'agglomération du XIXe siècle, appelée Fraser Village, subsiste, le reste ayant été détruit par un terrible incendie survenu en 1950. La ville occupe cependant un très beau site en bordure du lac Témiscouata, entouré de collines et de rivières.

Le **fort Ingall** ★★ *(6$; juin à fin sept tlj 9h30 à 16h30, juil et août tlj 9h30 à 18h; 81 ch. Caldwell, ☎854-2375).* Nous sommes ici à quelques dizaines de kilomètres seulement des États-Unis. En 1839, à la suite d'un différend sur le tracé de la frontière canado-étasunienne, le gouvernement britannique fait construire une série de fortins dans les environs du lac Témiscouata afin de défendre les territoires de l'Amérique du Nord britannique et de protéger la précieuse ressource qu'est le bois de coupe.

En effet, les Américains profitent de l'isolement de la région à l'époque pour constamment reporter plus au nord la limite entre les deux pays, d'abord pour s'approprier davantage de forêts mais aussi afin de créer une ouverture éventuelle sur le fleuve Saint-Laurent.

Le fort Ingall, qui porte le nom du lieutenant qui le commandait autrefois, faisait partie du système de dissuasion mis en place par les Britanniques. Il n'a jamais connu la guerre et sera abandonné graduellement à la suite du règlement pacifique du conflit par le traité d'Ashburton en 1842, pour ensuite sombrer dans l'oubli. Ce n'est qu'en 1973 que l'on entreprend de reconstituer 6 des 11 bâtiments à partir des vestiges archéologiques.

Les structures de bois, construites selon la technique dite en pièce sur pièce, comprennent une caserne et un blockhaus de même que le logement des officiers. L'ensemble, ouvert au public, est entouré d'une palissade de bois et de terre. Une instructive exposition sur l'histoire du fort et de la région est présentée dans un bâtiment, alors que le reste du site est utilisé comme centre culturel par les habitants de la région.

Longez le lac Témiscouata par la route 185 Sud, puis tournez à droite sur la route 232 en direction de Rivière-Bleue. Si vous choisissez plutôt de poursuivre sur la route 185 Sud, vous aborderez alors Notre-Dame-du-Lac avant d'arriver à Dégelis, au bord de la rivière Madawaska. Cette excursion facultative permet en outre, à ceux et celles qui le désirent, de traverser au Nouveau-Brunswick, terre des Acadiens.

Dégelis (3 424 hab.)

La vallée de la rivière Madawaska a été au centre des disputes frontalières du milieu du XIXe siècle. Des villages autrefois québécois ou acadiens se retrouvent aujourd'hui du côté américain, formant un îlot francophone dans la partie nord de l'État du Maine. Dégelis, principale porte d'entrée du Québec dans la région, est une petite ville dominée par les scieries. «Dégelis» (en vieux français) et «Madawaska» (en langue micmaque) signifient «ne gèle pas». En effet, les forts courants qui prédominent à l'embouchure de la rivière Madawaska l'empêchent de geler pendant l'hiver.

Rivière-Bleue (1 730 hab.)

Autre agglomération née de l'exploitation forestière, Rivière-Bleue est surtout connue pour avoir été l'un des principaux points de passage à l'époque de la Prohibition aux États-Unis (1920-1933). Les *bootleggers*, ces contrebandiers d'alcool qui prenaient des risques énormes pour acheminer les bouteilles de gin, de whisky et de rhum vers les bars et cabarets clandestins de New York et de Chicago, en avaient fait en quelque sorte leur siège social.

Tournez à droite sur la route 289 en direction de Pohénégamook.

Pohénégamook (3 322 hab.)

Cette ville est née de la fusion de trois villages pourtant assez éloignés les uns des autres : Sully, Estcourt et Saint-Éleuthère. Les deux premiers ont été fondés au bord de la rivière Pohénégamook, qui délimite la frontière entre le Maine et le Québec, alors que le troisième est situé à proximité du lac du même nom, reconnu pour sa belle plage et ses activités de plein air.

À Estcourt, une borne marque l'emplacement de la ligne frontalière qui traverse le village en diagonale, faisant de certains de ses habitants des citoyens étasuniens. Quelques maisons se retrouvent même à cheval sur la frontière. On est alors aux États-Unis lorsque l'on regarde la télé dans le salon, et l'on rentre au Québec pour le dîner dans la salle à manger. Il va sans dire que le tout se fait dans l'harmonie la plus complète et que, hormis la présence de la borne et de quelques drapeaux, il est difficile de croire que l'on a véritablement changé de pays en traversant la rue.

Suivez la route 289 jusqu'à la route 132.

Avant d'arriver au bord du fleuve, on traverse **Saint-Alexandre**, village intérieur du Pays de Kamouraska, où se trouve une jolie église construite en 1851. Son beau maître-autel est une réplique de celui de la basilique-cathédrale Notre-Dame de Québec.

Parcs

Circuit A : Le Pays de Kamouraska

La **Halte écologique des battures du Kamouraska** *(2$; mi-mai à mi-nov lun-ven 10h à 18h, sam-dim 8h à 20h; 273 rte. 132 O., St-André de Kamouraska, ☎493-2604)* explique l'importance des battures filtrant l'eau du fleuve, servant ainsi d'habitat à de nombreuses espèces d'oiseaux ainsi qu'à plusieurs invertébrés. Vous pouvez parcourir le site, y pique-niquer ou tout simplement observer les marais salés de même que la faune et la flore locale. Le centre dispose de belvédères offrant une vue imprenable sur le fleuve. On propose aussi des randonnée pédestres guidées ou autoguidées.

Le **parc des Chutes et de la Croix lumineuse** ★ *(ouvert à l'année tlj; du chemin Raymond, empruntez les rues Alexandre à gauche, Bernier, à droite, et Ste-Claire à gauche; Rivière-du-Loup)* dispose d'un belvédère juché sur la falaise, donnant une vue superbe sur la ville, le fleuve et les îles, ainsi que de passerelles au-dessus des spectaculaires chutes qui alimentaient autrefois la ville en électricité.

La **réserve nationale de faune de la Baie de L'Isle-Verte** ★ *(mi-juin à mi-sept; réservation requise; 371 rte. 132, L'Isle-Verte, ☎898-2757)* possède de grandes étendues herbeuses formant un site privilégié pour la reproduction du canard noir et des marais où pullulent les invertébrés. Des sentiers aménagés permettent de profiter de ce lieu exceptionnel.

Des excursions à l'**île aux Basques** ★★ *(12$; début juin à mi-sept tlj selon les marées; marina de Trois-Pistoles, ☎851-1202)* sont proposées par la Société Provencher, qui en assure la sauvegarde en tant que réserve ornithologique. Les amateurs de faune ailée y trouveront leur compte, tout comme les fervents d'archéologie, puisqu'on a découvert, il y a quelques années, les installations des pêcheurs basques qui venaient ici chaque année au XVe siècle pour la chasse à la baleine, soit plus de 100 ans avant que Jacques Cartier n'y mette les pieds. Des vestiges des fours, destinés à faire fondre la graisse de baleine, sont d'ailleurs visibles sur la grève.

Le **parc du Bic** ★★ *(entrée libre; fermé aux voitures en hiver; pour l'horaire des activités animées durant l'été, communiquez avec l'accueil, Le Bic, ☎869-3502)* s'allonge sur une superficie de 33 km² et se compose d'un enchevêtrement d'anses, de presqu'îles, de promontoires, de collines, d'escarpements et de marais ainsi que de baies profondes dissimulant tous une faune et une flore des plus diversifiées. Ce parc côtier se prête bien à la randonnée pédestre, au ski de fond de même qu'au vélo de montagne et dispose d'un centre d'interprétation *(juin à mi-oct tlj 9h à 17h)*.

Activités de plein air

Croisières et observation de baleines

Circuit A : Le Pays de Kamouraska

Les **Excursions du littoral** *(30$; juin à oct tlj départs 9h et 13h; 518 rte. du Fleuve, Notre-Dame-du-Portage, ☎862-1366)* vous proposent d'observer les phoques gris et les oiseaux migrateurs près des îles Pèlerins. L'excursion dure trois heures.

Diverses croisières et excursions sont organisées par la société **Duvetnor** *(mi-juin à mi-sept tlj; 200 rue Hayward, Rivière-du-Loup, ☎867-1660)*. Vous pourrez visiter les îles du Bas-Saint-

Laurent et voir des guillemots à miroir, des eiders à duvet et de petits pingouins. Les départs se font de la marina de Rivière-du-Loup. Les excursions durent de 1 heure 30 min à 8 heures selon la destination choisie. Vous pouvez même séjourner dans le phare de l'île du Pot-à-l'Eau-de-Vie (voir p 530).

Les **Croisières AML** *(35$; mi-juin à fin sept 9h à 13h, jusqu'à 17h en haute saison; sortie 507 de l'autoroute 20, 200 rue Hayward, Rivière-du-Loup, ☎867-3361)* vous emmènent voir les bélugas à bord du *Cavalier des Mers*. Vous découvrirez le béluga, le petit rorqual et peut-être même la baleine bleue. N'oubliez pas d'apporter des vêtements chauds. La croisière dure environ 3 heures 30 min.

Les **Excursions ALIBI-TOURS dans les îles du Bic** *(25$; juin à oct; marina du parc du Bic, ☎736-5232)* vous permettent de découvrir les îlots, les falaises et les récifs du Bic à bord d'un bateau. Durant cette excursion de deux heures, vous aurez l'occasion d'observer de nombreux oiseaux ainsi que des phoques gris ou communs.

Les croisières **Écomertous Nord-Sud** *(606 des Ardennes, Rimouski, ☎724-6227 ou 888-724-8687)* proposent divers forfaits vous entraînant à la découverte des beautés du fleuve et des îles qui le peuplent jusqu'au golfe du Saint-Laurent et à la Basse-Côte-Nord. Ces croisières, dont la durée varie de deux à huit jours, se font à bord de l'*Écho des Mers*, un bateau pouvant accueillir 49 passagers encadrés par une quinzaine de membres d'équipage.

Pour les séjours de quelques jours, des cabines confortables sont mises à votre disposition. Ces «écotours» sont guidés par des spécialistes qui ont pour but de vous faire découvrir la flore et la faune du milieu. Si vous vous rendez jusque sur la Basse-Côte-Nord, vous pourrez aussi entrer en contact avec ses habitants. L'entreprise organise en outre des forfaits plus «sportifs» de kayak de mer ou de plongée sous-marine. Les départs se font du quai de Rimouski-Est.

Vélo

Circuit A : Le Pays de Kamouraska

Le **parc du Bic** *(rte. 132, à 21 km à l'ouest du centre-ville de Rimouski, à St-Fabien et au Bic, ☎869-3502)* est sans contredit le plus bel endroit de la région pour faire du vélo de montagne. Vous y trouverez 14 km de sentiers aménagés. Malheureusement, il n'est maintenant plus possible de gravir le pic Champlain à vélo. Vous pouvez cependant vous y rendre à pied afin d'y contempler le coucher du soleil.

Le **parc Beauséjour** *(boul. de la Rivière, rte. 132, Rimouski, ☎724-3167)* compte de nombreuses pistes cyclables. Les **sentiers du Littoral et de la rivière Rimouski** *(à moins de 2 km du centre-ville, ☎ 723-0480)* regroupent 7 km de pistes cyclables superbes (vélo de montagne) en bordure de la rivière Rimouski et à travers un marais.

Le Québec et le Nouveau-Brunswick ont récemment uni leurs efforts pour offrir aux amateurs une longue piste cyclable qui sillonne la campagne entre ces deux provinces, de Rivière-du-Loup à Edmundston. Le **Petit Témis** *(☎800-563-5268)* offre 130 km de sentiers relativement plats, donc accessibles à toute la famille. Le long du parcours, on trouve des stationnements et divers services.

Escalade

À Saint-André-de-Kamouraska, il existe un magnifique site d'escalade. Les falaises d'escalade de Saint-André, en plus d'être sécuritaires grâce à une roche particulièrement dure, offrent à ceux et celles qui relèvent le défi une vue extraordinaire sur les environs. Surveillez les panneaux indicateurs qui vous y conduiront.

Kayak

Circuit A : Le Pays de Kamouraska

Rivi-Air Aventure *(57$/jour avec guide; de la fête de Dollard à mi-oct tlj, 3 départs de 7h30 à 20h30; marina du Bic, rte. 132, ☎736-5232)* organise des excursions à bord de kayaks de mer en solo ou en tandem autour de l'archipel des îles du Bic. Vous apprendrez ainsi à découvrir les oiseaux et les mammifères marins qui peuplent le magnifique parc du Bic.

Observation d'oiseaux

Le **Site ornithologique du marais du Gros-Cacouna** propose aux amateurs un beau site pour l'observation de la faune ailée. Situé au port de Cacouna, il est né d'une tentative de concilier les activités portuaires et la richesse de l'environnement de ce marais. Pour participer à des visites guidées d'une durée de deux heures, informez-vous auprès de la Société de conservation de la Baie de l'Isle-Verte *(☎898-2757)*.

L'île Verte et ses marais constituent un site idéal pour l'ornithologie. Sa faune et sa flore d'une richesse remarquable vous réservent d'agréables surprises. La **réserve nationale de faune de la Baie de L'Isle-Verte** (voir p 527), sillonnée de sentiers de randonnée, se prête particulièrement bien à l'observation de la nature.

Le **parc du Bic** (voir p 527) est lui aussi fréquenté par plusieurs espèces d'oiseaux marins et d'oiseaux des forêts. Une randonnée dans ses sentiers vous permettra sûrement de bien les observer.

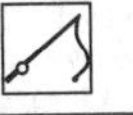

Pêche

Circuit A : Le Pays de Kamouraska

La **Société d'aménagement de la rivière Ouelle** *(rte. 230, pont de la rivière Ouelle, ☎852-3097)* compte quelque 40 fosses aménagées. La rivière Ouelle se prête tout particulièrement bien à la pêche au saumon sur une longueur de 40 km. Cette rivière a été ensemencée de milliers de tacons au cours des dernières années. Ses abords présentent des panoramas superbes. On peut louer les services de guides.

Ski de fond

Circuit A : Le Pays de Kamouraska

La **station de ski Val-Neigette** *(5$; par la rte. 232, Ste-Blandine, à 8 min du centre-ville de Rimouski, ☎735-2800)* propose 34 km de pistes de ski de fond.

Le **parc du Mont-Comi** *(4,50$; R.R. 2, St-Donat, à 31 km au sud-est du centre-ville de Rimouski, ☎739-4858)* compte 25 km de pistes de ski de fond.

Circuit B : La Belle au bois dormant

L'un des meilleurs endroits pour faire du ski de fond est **Pohénégamook Santé Plein Air**. On y trouve 43,5 km de pistes balisées traversant un «ravage» où errent quelque 750 cerfs de Virginie.

Hébergement

Circuit A : Le Pays de Kamouraska

Kamouraska

Gîte chez Jean et Nicole
50-60
81 av. Morel, rte. 132, Kamouraska
G0L 1M0
☎418-492-2921
Vous trouverez dans cette maison centenaire entretenue avec un soin amoureux des hôtes qui ont ouvert un gîte pour le plaisir de rencontrer des gens. Petits déjeuners mémorables…Tout près du village et surtout de la mer. Trois chambres.

Motel Cap Blanc
53$
ℂ, *tv*,
300 av. Morel, G0L 1M0
☎492-2919
Le Motel Cap Blanc dispose de chambres simples et confortables offrant une belle vue sur le fleuve Saint-Laurent.

Saint-André

La Solaillerie
54$ bc pdj
89$ bp pdj
ℜ
112 rue Principale, G0L 2H0
☎493-2914
Aménagée dans une grande maison de la fin du XIXe siècle, l'auberge La Solaillerie présente une magnifique façade blanche qui est cintrée, à l'étage, d'une large galerie. À l'intérieur, un riche décor évoquant l'époque d'origine de la demeure confère à l'auberge une ambiance chaleureuse. Les cinq chambres sont douillettes

et confortables, décorées avec goût dans le respect de la tradition des vieilles auberges.

Dans l'une d'entre elles, vous dormirez même dans un lit à baldaquin! Chacune comprend un lavabo ainsi qu'une baignoire sur pieds et offre une belle vue sur le fleuve. Un projet de construction d'un nouveau pavillon non loin de la maison ajoutera à l'établissement six chambres bien équipées. Sa table réserve de belles surprises aux fins gourmets (voir p 532).

Rivière-du-Loup

Auberge de Jeunesse Internationale
19$ pdj
46 boul. Hôtel-de-Ville, G5R 1L5
☎862-7566 ou 800-461-8585
L'Auberge de Jeunesse Internationale de Rivière-du-Loup se présente comme le lieu d'hébergement le moins coûteux en ville. Les chambres sont simples mais propres.

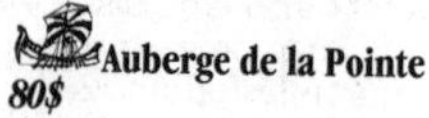**Auberge de la Pointe**
80$
fermé mi-oct au début mai
≈, ⌂, ⊘, ℜ, *tv*, ⊙
10 boul. Cartier; G5R 3Y7
☎862-3514 ou 800-463-1222
⇄862-1882
En bordure du fleuve Saint-Laurent, l'Auberge de la Pointe se dresse sur un site vraiment exceptionnel et propose, outre des chambres confortables, des soins d'hydrothérapie, d'algothérapie ainsi que de massothérapie. Depuis les belvédères, vous pourrez admirer de superbes couchers de soleil. On y trouve même un théâtre d'été.

Hôtel Universel
76-102 (haute saison)
ℜ, ≡, ≈, *tv*, ⊙, ⌂, ⊛, 🐈
311 boul. de l'Hôtel-de-Ville, G5R 4C3
☎862-9520 ou 800-265-0072
⇄862-2205
L'hôtel Universel dispose de 112 chambres décorées d'une façon simple mais agréable.

Hôtel Lévesque
78$ pdj
≡, ⊛, ⊘, ≈, ℜ, *tv*, ⌂, ⊙
171 rue Fraser, G5R 1E2
☎862-6927 ou 800-463-1236
⇄867-5827
L'hôtel Lévesque tire pleinement parti de son environnement dans un site superbement aménagé en jardin paysager. Les chambres sont spacieuses et confortables, certaines offrant une vue sur le fleuve Saint-Laurent.

Île du Pot à L'Eau-de-Vie

Phare de l'île du Pot à l'Eau-de-Vie
140$/pers. ½p et croisière
bc
200 rue Hayward, Rivière-du-Loup, G5R 3Y9
☎867-1660 ou 877-867-1660
⇄867-3639
Sur une petite île au milieu du fleuve Saint-Laurent, le Phare de l'île du Pot à l'Eau-de-Vie expose à tous vents sa façade blanche et son toit rouge. Propriété de Duvetnor, organisme sans but lucratif voué à la protection des oiseaux, l'archipel des îles du Pot à l'Eau-de-Vie fourmille d'oiseaux marins que vous pouvez admirer à loisir lors d'un séjour au phare.

Duvetnor propose des forfaits qui comprennent l'hébergement, les repas ainsi qu'une croisière sur le fleuve en compagnie d'un guide naturaliste. Le phare, plus que centenaire, a été restauré avec soin. On y trouve trois chambres douillettes dont le décor conserve l'atmosphère historique de l'endroit. Les repas sont délicieux. Si vous avez envie d'un séjour empli de sérénité, voilà l'endroit tout indiqué.

Saint-Antonin

Camping chez Jean
14$
sortie 499 de l'autoroute 20
434 rue Principale
☎862-3081
Le Camping chez Jean dispose de 73 emplacements, d'une piscine, d'une laverie et d'un casse-croûte.

Île Verte

Les maisons des Phares
55$ pdj
bc, ℂ
ch. du Phare, G0L 1K0
☎898-2730
Sur la très jolie île Verte, le gîte Les maisons des Phares donne l'occasion de séjourner dans une des deux anciennes maisons des gardiens du phare.

Trois-Pistoles

Camping Plage Trois-Pistoles
17,25$
fin mai à fin sept
≈; *laverie*
130 rte. 132 E.
☎851-2403
Le Camping Plage Trois-Pistoles est à 5 min en voiture de Trois-Pistoles. Ce site unique, directement situé au bord du fleuve, offre un des plus beaux panoramas de la région. Il est également possible d'y faire des randonnées sur la plage et dans les bois environnants. Au mois d'août, des «pêches» à anguilles sont tendues à proximité de la rive, conférant un caractère pittoresque aux environs.

Gîte Ferme le Terroir des Basques
95$
65 rang 2 O., Trois-Pistoles G0L 4K0
☎418-851-2001
Un accueil très attentionné vous attend chez Marguerite et Pierre-Paul, qui partagent leur temps entre la ferme, les voyageurs et les surprises au déjeuner… Une grande table qui n'attend que vous sur le côteau qui surplombe la mer.

La Ferme Paysagée
40$ pdj
de Trois-Pistoles, empruntez la rte. 293 S. depuis la rte. 132 E.
à 4 km de l'église de St-Jean-de-Dieu
☎963-3315
La Ferme Paysagée est un gîte à la ferme fort populaire auprès des familles, mais aussi auprès de ceux et celles qui apprécient la présence d'animaux, car on y trouve des cerfs de Virginie, des chèvres, des moutons et même des lamas.

Motel Trois-Pistoles
50$
≡, *, ℜ, *tv*
64 rte. 132 O., G0L 4K0
☎851-2563
Le Motel Trois-Pistoles compte 32 chambres confortables, dont certaines offrent une belle vue sur le fleuve Saint-Laurent; les couchers de soleil y sont tout à fait splendides.

Saint-Simon

Auberge Saint-Simon
56$ +taxe
mi-mai à mi-oct
ℜ
rte. 132, 18 rue Principale, G0L 4C0
☎738-2971
Érigée en 1830, la charmante Auberge Saint-Simon est une maison d'époque au toit mansardé, renfermant neuf chambres aménagées avec goût et desquelles émane un cachet d'antan fort agréable.

Le Bic

Camping Bic
16,68$
parc du Bic, rte. 132
☎736-4711
Le Camping Bic propose une centaine d'emplacements dans le magnifique parc du Bic, mettant ainsi à votre disposition ses beautés et ses activités. Malheureusement, de la plupart de ces emplacements, la route, même si elle n'est pas visible, reste audible. Pas de raccordement électrique.

Auberge du Mange Grenouille
55 bc, pdj
80$ bp, pdj
ℜ
148 rue Ste-Cécile, G0L 1B0
☎736-5656
La réputation de l'Auberge du Mange Grenouille n'est plus à faire, tant au Québec qu'à l'étranger. L'accueil s'avère charmant, la nourriture savoureuse (voir p 533), et ses 15 chambres sont chaleureusement garnies d'antiquités. On y organise également de célèbres soirées «meurtres et mystères».

Rimouski

Camping Le Bocage
15$
124 rte. 132 O.
☎739-3125
Vous trouverez 23 emplacements agréables, à proximité d'un plan d'eau, sur le site du Camping Le Bocage.

Logis Vacances
10$ sans literie
25$ avec literie
320 rue Potvin
☎723-4636
Les Logis Vacances du cégep de Rimouski font partie des gîtes les plus modestes de la ville. Néanmoins, ils peuvent loger jusqu'à 500 personnes pendant la saison estivale.

Résidences du cégep de Rimouski
10$ sans literie
25$ avec literie
ℝ, *tv*, ≈, ⊙
320 rue St-Louis, G5L 5R5
☎723-4636 ou 800-463-0617
⇄722-9250
Les Résidences du cégep de Rimouski sont ouvertes toute l'année aux visiteurs qui désirent se loger pour un court séjour à bon prix.

Hôtel Rimouski
85$
≈, ≡, ℜ, *tv*, ⊙, ♿
225 boul. René-Lepage E., G5L 1P2
☎725-5000 ou 800-463-0755
⇄725-5725
L'hôtel Rimouski est d'un chic assez particulier; son grand escalier et sa longue piscine dans le hall d'entrée en charmeront plus d'un. Les moins de 18 ans partageant la chambre de leurs parents peuvent y séjourner gratuitement.

Pointe-au-Père

Auberge La Marée Douce
65$
135$ ½p
ℜ
1329 boul. Ste-Anne, G5R 8X7
☎722-0822
⇄736-5167
L'Auberge La Marée Douce se dresse en bordure du fleuve, dans la municipalité de Pointe-au-Père, près du Musée de la Mer. Bâtie en 1860, elle renferme des chambres confortables, décorées chacune de façon différente. Elle dispose aussi de chambres *(85$)* installées dans un nouveau pavillon moderne.

Sainte-Luce

Auberge Sainte-Luce
60$
ℂ
46 rte. du Fleuve O., G0K 1P0
☎739-4955
⇌739-4923
L'Auberge Sainte-Luce est aménagée dans une maison centenaire abritant des chambres simples mais confortables. Elle offre un belvédère et une plage à sa clientèle.

Circuit B : La Belle au bois dormant

Saint-Louis-du-Ha-Ha!

Gîte Le doux repaire
50$
26 rte. Bossé, St-Louis-du-Ha-Ha! G0L 3S0
☎418-854-9851
Pour votre passage dans le Témiscouata, choisissez un doux endroit où vous dormirez en paix dans des chambres décorées aux couleurs des saisons. Elyse et Gilles vous accueillent avec la fougue des gens qui restent près de la nature, laquelle se déploie à perte de vue autour du gîte. Quatre chambres.

Dégelis

Motel 1212
55$
ℜ, *tv*, ≡, 🐕
1212 rte. 185, G0L 1H0
☎853-2333 ou 800-267-2334
⇌853-2055
Le Motel 1212 dispose de 24 chambres rénovées. Depuis le motel, on accède directement aux sentiers de motoneige.

Pohénégamook

Auberge La Marinière
50$ pdj
ℜ, ≈, ℂ
460 ch. de la Tête du Lac, G0L 2T0
☎859-2323
⇌859-2312
Située en bordure du lac Pohénégamook, l'Auberge La Gourmandière propose, sur un beau site, des chambres coquettes et confortables. On y loue aussi de petits chalets *(90$)*.

Pohénégamook Santé Plein Air

84$/pers, pc
⊛, ⌂, ℜ
sortie Notre-Dame-du-Portage de l'autoroute 20; 1723 ch. Guérette, G0L 1J0
☎859-2405 ou 800-463-1364
⇌859-3315
Pohénégamook Santé Plein Air est un centre de vacances qui met l'accent sur les séjours de détente et de plein air et qui dispose de chambres confortables. Parmi les nombreuses activités proposées, mentionnons, entre autres, les baignades rapides au sauna finlandais, les visites à la cabane à sucre au printemps, les balades en montagne et les randonnées à ski.

Notre-Dame-du-Lac

Auberge Marie-Blanc
70$
ℜ, ≡, ℂ, 🐕
mai à mi-oct
suivez les panneaux indicateurs pour Edmundston–Cabano et sortez à Notre-Dame-du-Lac; 1112 rue Commerciale
☎899-6747
L'Auberge Marie-Blanc compte 14 chambres de motel rénovées il y a quelques années, la maison elle-même étant exclusivement réservée à la salle à manger. Le site profite d'un promontoire en bordure du lac. Vous y avez accès à la marina et à une plage. Une piste cyclable se trouve à proximité.

Restaurants

Circuit A : Le Pays de Kamouraska

La Pocatière

Martinet Plaza
$$
sortie 444
☎856-2610
En bordure de l'autoroute 20, le Martinet Plaza est un petit restaurant ouvert 24 heures sur 24 où l'on peut manger du poulet pané, des fruits de mer ainsi que des grillades.

Saint-André

La Solaillerie
$$$-$$$$
112 rue Principale
☎493-2914
La salle à manger de l'auberge La Solaillerie est décorée avec soin pour mettre en valeur le cachet historique de la vieille demeure qui l'abrite. Vous pourrez donc vous y attabler dans un décor chaleureux pour déguster une fine cuisine préparée et servie avec soin par les propriétaires. D'inspiration française, cette cuisine est apprêtée selon l'inspiration du chef avec les produits frais de la région tels que cailles, agneau et saumon frais ou fumé. Réservation nécessaire.

Notre-Dame-du-Portage

L'Estran Auberge sur Mer
$$$-$$$$
363 rte. du Fleuve
☎862-0642 ou 800-622-0642
Depuis la salle à manger de L'Estran Auberge sur Mer, on a bel et bien une vue exceptionnelle sur le fleuve, qui commence sérieusement à ressembler à la mer. La fine cuisine qu'on y déguste saura ravir les plus exigeants. Poissons et fruits de mer sont servis avec les meilleurs accompagnements tout au long de l'été. En automne, le gibier est à l'honneur. Réservation néssaire.

Rivière-du-Loup

La Terrasse
La Distinction
$$
171 rue Fraser
☎862-6927
Les restaurants de l'Hôtel Lévesque, La Terrasse et La Distinction, proposent une gamme très variée de mets italiens délicieusement apprêtés. Aux deux tables, vous pourrez déguster du saumon préparé dans les fumoirs de l'hôtel selon une méthode ancestrale.

Saint-Patrice
$$-$$$
169 rue Fraser
☎862-9895
Le Saint-Patrice est sans doute l'une des meilleures tables du Bas-Saint-Laurent, où le poisson, les fruits de mer, le lapin et l'agneau dominent le menu. À la même adresse, **Le Novelo** ***($$)*** sert des pâtes et une fine pizza dans une ambiance bistro, et **La Romance** ***($$-$$$)*** se spécialise dans les fondues.

Trois-Pistoles

L'ensoleillé
$-$$
138 rue Notre-Dame O.
☎851-2889
Le café-resto L'ensoleillé est un restaurant végétarien qui propose un menu à la carte très simple. Les menus de trois services du midi et du soir représentent une bonne affaire.

Le Michalie
$$ 55 rue Notre-Dame E.
☎851-4011
Le Michalie, un petit restaurant coquet, propose une cuisine régionale des plus appréciées ainsi que les délices de la gastronomie italienne.

Saint-Fabien

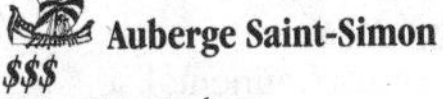

Auberge Saint-Simon
$$$
18 rue Principale
☎738-2971
L'Auberge Saint-Simon vous invite à prendre un repas dans un chaleureux décor ancestral. Elle vous offre une des expériences culinaires les plus savoureuses du Bas-Saint-Laurent, alliant lapin, agneau, flétan et fruits de mer aux légumes frais provenant du petit jardin attenant au bâtiment.

Le Bic

Auberge du Mange Grenouille
$$$-$$$$
148 rue Ste-Cécile
☎736-5656
L'Auberge du Mange Grenouille est l'une des meilleures tables du Bas-Saint-Laurent. Elle occupe un ancien magasin général, garni de vieux meubles soigneusement choisis afin d'agrémenter les lieux. Tous les jours, on propose un choix de six tables d'hôte, composées de gibier, de poisson, de volaille et d'agneau. Ces créations culinaires sont aussi appétissantes les unes que les autres et sont toujours servies avec attention.

Rimouski

Le Mix
***$** Déjeuner seulement lun-ven, Petits déjeuner seulement sam-dim 9h à 14h*
50 rue St-Germain E.
☎722-5025
Si vous cherchez un petit endroit pour casser la croûte et que vous appréciez les bières importées, rendez-vous au bar-boutique Le Mix.

Café-bistro Le Saint-Louis
$$-$$$
97 rue St-Louis
☎723-7979
Le Café-bistro Le Saint-Louis possède tous les airs et les arômes de ses cousins parisiens. Vous y trouverez une grande sélection de bières importées et microbrassées. Le menu préparé quotidiennement est délicieux et servi dans une ambiance agréable.

La Maison du spaghetti
$$
35 rue St-Germain E.
☎723-6010
La Maison du spaghetti propose un menu très varié et fort apprécié de la gent estudiantine rimouskoise, des résidants en général ainsi que des touristes.

Brochetterie chez Gréco
$$
38 rue St-Germain E.
☎724-2804
La Brochetterie chez Gréco reste fidèle à la tradition des restaurants grecs en servant de très grosses portions de fruits de mer, accompagnés de pâtes, ou en brochette.

Le lotus
$$
143 rue Belzile
☎*725-0822*
Si vous avez envie de manger thaïlandais, vietnamien ou cambodgien, rendez-vous au restaurant Le lotus. Les mets y sont délicieux, très exotiques et bien présentés. Chaque jour, en plus du menu à la carte, vous avez le choix entre le souper mandarin, le souper gastronomique et le souper super-gastronomique, chacun d'eux comprenant quatre ou cinq services. Réservation préférable.

Serge Poully
$$-$$$$
284 rue St-Germain E.
☎*723-3038*
Le restaurant Serge Poully suggère à ses convives des plats de gibier, de fruits de mer, de steaks et de spécialités de la cuisine française. L'atmosphère décontractée de ce restaurant et son service attentionné conviennent parfaitement aux repas en tête-à-tête.

Pointe-au-Père

Auberge La Marée Douce
$$$
1329 rue Ste-Anne
☎*722-0822*
L'Auberge La Marée Douce vous invite à savourer ses spécialités de fruits de mer et sa cuisine française dans sa belle salle à manger, aménagée dans une maison ancestrale.

Sainte-Luce

Café-bistro L'Anse-aux-Coques
$-$$
31 rte. du Fleuve O.
☎*739-4815*
Le Café-bistro L'Anse-aux-Coques est un petit lieu de restauration agréable, situé dans le décor charmant et bien connu de Sainte-Luce-sur-Mer, qui sert des steaks, des sous-marins, des quiches ainsi que du poisson et des fruits de mer.

Circuit B : La Belle au bois dormant

Rivière-Bleue

Transcontinental
$$
62 rue St-Joseph
☎*893-5666*
Le Transcontinental se présente comme un petit restaurant où l'on peut manger des pizzas, du poulet pané et du steak.

Notre-Dame-du-Lac

Auberge Marie-Blanc
$$
1112 rue Commerciale
☎*899-6747*
L'Auberge Marie-Blanc vous invite à déguster ses petits déjeuners et ses dîners dans une jolie maison victorienne. Ce site historique se trouve sur un promontoire surplombant le lac; une galerie de bois superbe fait office de terrasse. Vous pouvez y manger de bons plats de cuisine régionale se composant de poissons (entre autres les corégones du lac), de fruits de mer, de cerf de Virginie, de perdrix, de canard ou de lapin.

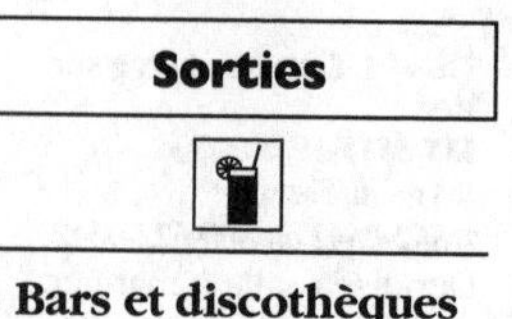

Sorties

Bars et discothèques

Rimouski

Chiffre de Nuit
204 av. de la Cathédrale
Le Chiffre de Nuit est une discothèque de deux étages. Vous y rencontrerez une clientèle plutôt jeune, des étudiants pour la plupart.

Sens Unique
160 av. de la Cathédrale
Le Sens Unique offre une des atmosphères les plus chouettes à Rimouski avec sa musique et sa terrasse. La clientèle, très variée, se compose de personnes âgées de 18 à 45 ans.

Théâtres et salles de spectacle

Le Bic

Le **Théâtre Les Gens d'en Bas** *(20-22; 50 rte. du Golf, à 16 km à l'ouest du centre-ville de Rimouski,* ☎*736-4141)* produit chaque été une ou plusieurs pièces. Les représentations ont lieu du mardi au samedi à 20h30 (*été seulement, horaire variable le reste d el'année*) à la Grange-Théâtre du Bic. Le paysage y est superbe.

Fêtes et festivals

Rimouski

Le **Festi-Jazz** *(☎ 724-7844)* présente une vingtaine de spectacles d'artistes de jazz québécois et internationaux. Les activités se tiennent tant dans les bars et les salles que dans la rue. Le Festi-Jazz dure quatre jours et a toujours lieu durant la fin de semaine de la fête du Travail (première fin de semaine de septembre).

Le **Carrousel international du film de Rimouski** *(☎ 722-0103, ≠ 724-9504)* est un festival de cinéma pour jeune public. On y fait la projection d'une quarantaine de films. Ce festival se tient la troisième semaine de septembre et dure sept jours. Les projections sont présentées au Centre civique en après-midi et en soirée.

Achats

Rivière-du-Loup

Artisanat La Tourbière *(tlj 13h30 à 17h; 299 rue Lafontaine, ☎ 867-1957)* vend des produits de tissage, des tricots, des courtepointes et des sculptures.

La Samare *(84 rue St-Germain O., ☎ 723-0242)* dispose d'un vaste choix d'articles en peau de poisson. Vous y trouverez également un grand choix de sculptures, de vases et de bibelots, tous issus de la tradition artisanale inuite.

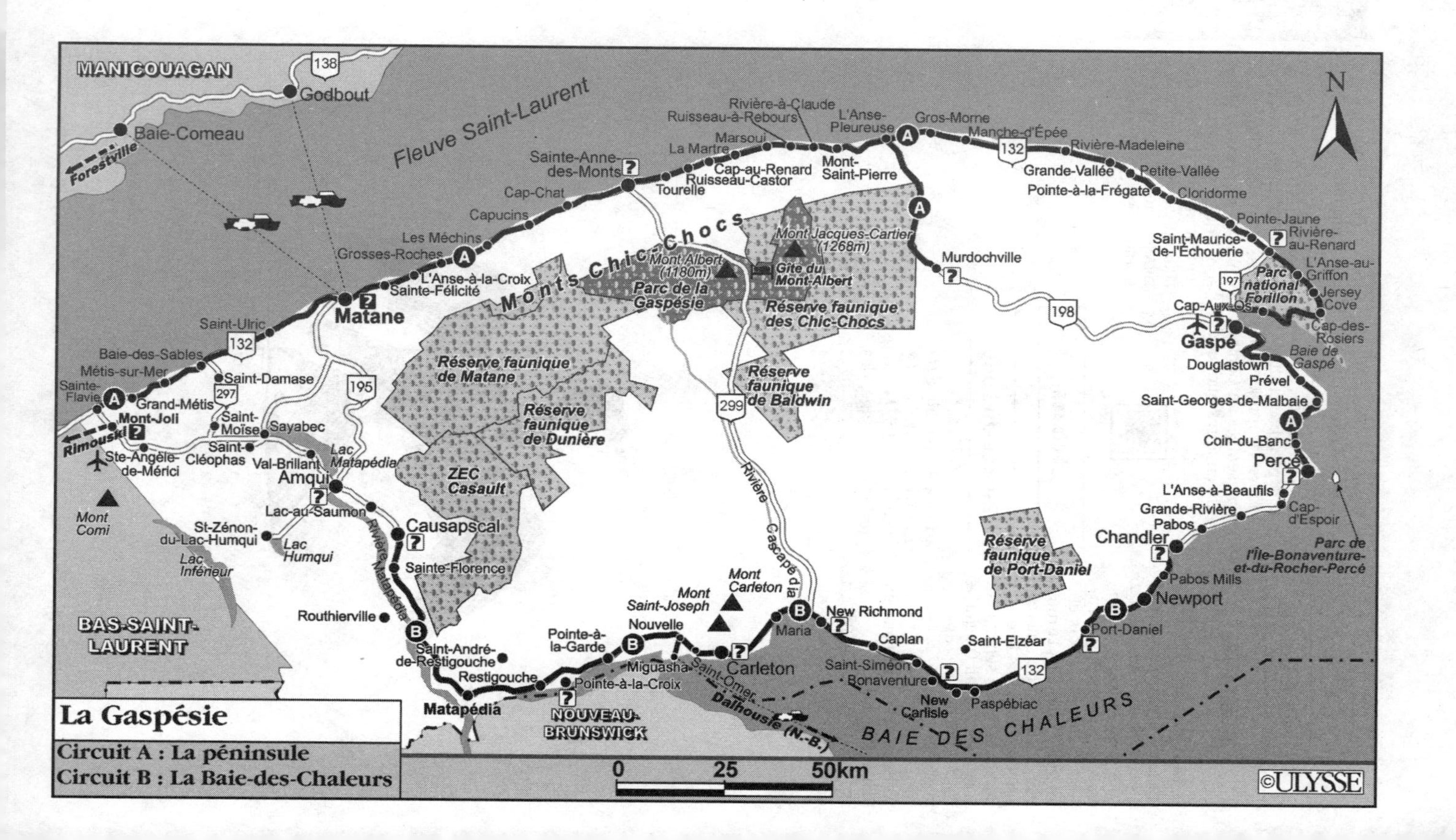
La Gaspésie
Circuit A : La péninsule
Circuit B : La Baie-des-Chaleurs
MANICOUAGAN
BAS-SAINT-LAURENT
NOUVEAU-BRUNSWICK
Fleuve Saint-Laurent
BAIE DES CHALEURS
Monts Chic-Chocs
Godbout
Baie-Comeau
Forestville
Rimouski
Mont-Joli
Sainte-Flavie
Métis-sur-Mer
Grand-Métis
Baie-des-Sables
Saint-Ulric
Saint-Damase
Saint-Moïse
Sayabec
Saint-Cléophas
Ste-Angèle-de-Mérici
Mont Comi
Val-Brillant
Lac Matapédia
Amqui
Lac-au-Saumon
St-Zénon-du-Lac-Humqui
Lac Humqui
Lac Inférieur
Causapscal
Sainte-Florence
Rivière Matapédia
Routhierville
Saint-André-de-Restigouche
Restigouche
Matapédia
Pointe-à-la-Croix
Pointe-à-la-Garde
Nouvelle
Miguasha
Saint-Omer
Carleton
Dalhousie (N.-B.)
Mont Saint-Joseph
Mont Carleton
Maria
New Richmond
Caplan
Saint-Siméon
Bonaventure
New Carlisle
Paspébiac
Saint-Elzéar
Port-Daniel
Newport
Pabos Mills
Chandler
Pabos
Grande-Rivière
L'Anse-à-Beaufils
Cap-d'Espoir
Parc de l'Île-Bonaventure-et-du-Rocher-Percé
Percé
Coin-du-Banc
Saint-Georges-de-Malbaie
Prével
Douglastown
Baie de Gaspé
Gaspé
Cap-Aux-Os
Cap-des-Rosiers
Jersey Cove
L'Anse-au-Griffon
Rivière-au-Renard
Parc national Forillon
Saint-Maurice-de-l'Échouerie
Pointe-Jaune
Cloridorme
Petite-Vallée
Pointe-à-la-Frégate
Grande-Vallée
Rivière-Madeleine
Manche-d'Épée
Gros-Morne
L'Anse-Pleureuse
Mont-Saint-Pierre
Rivière-à-Claude
Ruisseau-à-Rebours
Marsoui
La Martre
Cap-au-Renard
Ruisseau-Castor
Tourelle
Sainte-Anne-des-Monts
Cap-Chat
Capucins
Les Méchins
Grosses-Roches
L'Anse-à-la-Croix
Sainte-Félicité
Matane
Murdochville
Mont Jacques-Cartier (1268m)
Mont Albert (1180m)
Gîte du Mont-Albert
Parc de la Gaspésie
Réserve faunique des Chic-Chocs
Réserve faunique de Matane
Réserve faunique de Dunière
Réserve faunique de Baldwin
Réserve faunique de Port-Daniel
ZEC Casault
Rivière Cascapédia
132
138
195
197
198
297
299
0
25
50km
N
©ULYSSE

La Gaspésie

La vaste péninsule gaspésienne baigne dans les eaux de la baie des Chaleurs, du fleuve et du golfe du Saint-Laurent. Pour nombre de Québécois, elle évoque d'inoubliables souvenirs de voyage.

Terre un peu mythique à l'extrémité orientale du Québec, elle fait partie des rêves de ceux et celles qui caressent, souvent longtemps à l'avance, le projet d'en faire enfin le «tour», de traverser ses splendides paysages côtiers, là où les monts Chic-Chocs plongent abruptement dans les eaux froides du fleuve Saint-Laurent, de se rendre, bien sûr, jusqu'au fameux rocher Percé, de prendre le large pour l'île Bonaventure et de visiter l'extraordinaire parc national Forillon, enfin de lentement revenir en longeant la baie des Chaleurs et en sillonnant l'arrière-pays par la vallée de la rivière Matapédia.

Dans ce beau «coin» du Québec, aux paysages si pittoresques, des gens fascinants et accueillants tirent encore leur subsistance, en grande partie, des produits de la mer. La grande majorité des Gaspésiens habitent de petits villages côtiers, laissant le centre de la péninsule recouvert d'une riche forêt boréale. On y retrouve le plus haut sommet du Québec méridional, dans cette partie de la chaîne des Appalaches que l'on nomme les monts Chic-Chocs.

Le mot «Gaspé» signifie «le bout du monde» dans la langue des Micmacs, qui habitent ces terres depuis des millénaires. Malgré son isolement, cette péninsule a su attirer au cours des siècles des pêcheurs de maintes origines, particulièrement des Acadiens, chassés de leur terres par les Anglais en 1755. On y retrouve maintenant une population à forte majorité de langue française.

On se rend en Gaspésie d'abord pour ses paysages rudes et montagneux ainsi que pour le golfe du Saint-Laurent, qui vaut bien l'océan tant il est vaste. Un chapelet de villages de pêcheurs s'égrène sur la côte, laissant l'intérieur pratiquement dans le même état qu'il était au moment de la découverte du Canada par Jacques Cartier en 1534, sans villes et sans routes.

Pour s'y retrouver sans mal

Les deux circuits proposés dans la région touristique de la Gaspésie longent la côte : le **Circuit A : La péninsule ★★** et le **Circuit B : La baie des Chaleurs ★**. Pour plus de renseignements, vous pouvez consulter le *Guide Ulysse Gaspésie, Bas-Saint-Laurent et Îles-de-la-Madeleine*.

Circuit A : La péninsule

En voiture

Pour entamer cet itinéraire, rendez-vous à Sainte-Flavie par l'autoroute Jean-Lesage (20) puis par la route 132, qui mène à Percé en longeant le fleuve Saint-Laurent tout en passant par Matane, Sainte-Anne-des-Monts et Gaspé. Toutefois, rendu à L'Anse-Pleureuse, vous pourrez vous permettre un détour par Murdochville si vous le désirez.

En traversier

Baie-Comeau - Matane : le traversier *(adulte 11,50$, voiture 27,50$; ☎418-562-2500)* quittant Baie-Comeau, sur la rive nord du Saint-Laurent, en direction de Matane permet d'arriver à destination en 2 heures 30 min. L'horaire des traversiers varie grandement d'une année à l'autre; renseignez-vous avant de planifier un voyage. Réservez à l'avance en saison estivale.

Godbout - Matane : le traversier *(adulte 11,50$, voiture 27,50$; ☎418-562-2500)* de Godbout, sur la rive nord du Saint-Laurent, en direction de Matane permet d'arriver à destination en 2 heures 30 min. Réservez à l'avance en saison estivale.

Gares routières

Saint-Anne-des-Monts
90 boul. Ste-Anne
☎(418) 763-3321

Gaspé
20 rue Adams
☎368-1888.

Matane
521 av. du Phare E.
(station-service Irving)
☎(418) 562-4085

Percé
Ultramar, l'Anse au beaufils
☎(418)782-5417

Gares ferroviaires

Gaspé
3 boul. Marina
☎(418) 368-4313.

Percé
44 L'Anse au Beaufils
☎800-361-5390

Circuit B : La baie des Chaleurs

En voiture

Ce circuit succède au précédent itinéraire; il débute à Chandler sur la route 132. De fait, de Chandler à Causapscal, où le parcours se termine, vous suivrez la route 132. Vous croiserez Newport et Carleton le long de la baie des Chaleurs, puis Matapédia, porte d'entrée de la Vallée, que vous côtoierez le long de la rivière Matapédia jusqu'à Causapscal.

En traversier

Miguasha - Dalhousie : le traversier partant de Dalhousie vers Miguasha *(adulte 1$, voiture 12$; mi-juin à début sept, aux heures à partir de 8h à Dalhousie et à partir de 6h30 à Miguasha; ☎418-794-2792)* prend 15 min pour traverser la baie des Chaleurs et vous épargne quelque 70 km de route.

Gares routières

Bonaventure
118 rue Grand-Pré
Motel Grand-Pré
☎(418)534-2053

Carleton
561 boul. Perron
☎(418)364-7000.

Amqui
3 boul. St-Benoit
☎(418)629-4898.

Gares ferroviaires

☎Via : 800-361-5390

Bonaventure
217 rue de la Gare

Carleton
116 rue de la Gare

Matapédia
10 rue Mac Donnell

Renseignements pratiques

Indicatif régional : 418

Renseignements touristiques

Bureau régional

Association touristique de la Gaspésie
357 rte. de la Mer, Sainte-Flavie, G0J 2L0 ☎*775-2223* ou *800-463-0323*
⇄*775-2234*
www.tourisme.gaspesie.com

Circuit A : La péninsule

Sainte-Flavie
voir ci-dessus

Matane
968 av. du Phare O.
☎*562-1065*

Gaspé
27 boul. York E.
☎*368-6335*

Circuit B : La baie des Chaleurs

Percé
142 rte. 132 O.
☎*782-5448*

Carleton
629 boul. Perron
☎*364-3544*

Pointe-à-la-Croix
1830 rue Principale
☎*788-5670*

Attraits touristiques

Circuit A : La péninsule (deux ou trois jours)

Avant même la découverte de l'Amérique, les Européens venaient pêcher dans les eaux du golfe du Saint-Laurent. Il ne reste plus de traces aujourd'hui des campements qu'ils ont établis sur la côte, mais on se prend à imaginer leur réactions devant ce continent inconnu et leurs rencontres inévitables avec les Autochtones. Le circuit de la péninsule longe des falaises abruptes avant d'atteindre des zones plus clémentes, là même où Jacques Cartier a pris possession du Canada au nom du roi de France.

Sainte-Flavie (901 hab.)

Surnommé «la porte d'entrée de la Gaspésie», le village de Sainte-Flavie a été fondé en 1829. Il doit son appellation à la seigneuresse Angélique-Flavie Drapeau, fille du seigneur Joseph Drapeau. On y trouve des boutiques d'artisanat et plusieurs lieux d'hébergement avec vue sur le golfe du Saint-Laurent. Malheureusement, certains de ces motels et hôtels déparent le paysage car leur architecture est totalement étrangère au caractère du lieu.

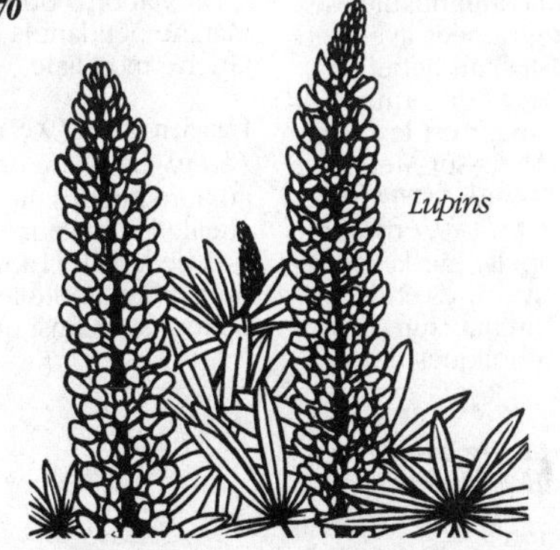

Lupins

Le **Centre d'art Marcel-Gagnon** *(entrée libre; début mai à mi-oct tlj 8h à 23h; 564 rte. de la Mer, ☎775-2829)* comprend à la fois une boutique d'artisanat, un centre d'exposition, un restaurant et une auberge. À l'arrière, une œuvre de Marcel Gagnon intitulée *Le grand rassemblement*, composée de 80 personnages de béton émergeant du fleuve Saint-Laurent, surprend le visiteur.

Le **Centre d'interprétation du saumon atlantique (CISA)** ★ *(7$; début juin à mi-oct tlj 9h à 17h; 900 rte. de la Mer, ☎775-2969, ⇄775-9466)* permet de se familiariser avec les techniques de pêche et de reproduction du saumon, ainsi que d'observer la vie de l'espèce de la naissance jusqu'au frai, au cours duquel il meurt d'épuisement après avoir remonté le courant des rivières afin d'y déposer ses œufs.

★ Grand-Métis (327 hab.)

Grand-Métis bénéficie d'un microclimat qui attirait autrefois les estivants fortunés. L'horticultrice Elsie Reford a ainsi pu y créer un jardin à l'anglaise où poussent plusieurs espèces d'arbres et de fleurs, introuvables ailleurs à cette latitude en Amérique, et qui constitue de nos jours le principal attrait de la région. Les Malécites ont baptisé l'endroit *Mitis*, qui signifie «petit peuplier», appellation qui s'est transformée en «Métis» avec les années.

Les **Jardins de Métis** ★★ *(8$; début juin à fin août tlj 8h30 à 18h30, sept et oct tlj 8h30 à 17h; 200 rte. 132, ☎775-2221, ⇄775-6201)*. En 1927, Elsie Stephen Meighen Reford hérite du domaine de son oncle, Lord Mount Stephen, qui avait fait fortune en investissant dans le chemin de fer transcontinental du Canadien Pacifique. Elle entreprend l'année suivante d'y créer un jardin à l'anglaise, qu'elle entretiendra et augmentera jusqu'à sa mort, en 1954. Sept ans plus tard, le gouvernement du Québec se porte acquéreur du domaine et l'aménage pour l'ouvrir au public.

Il se divise en huit ensembles ornementaux distincts : le massif floral, les rocailles, le jardin des rhododendrons, l'allée royale, le jardin des pommetiers, le jardin des primevères, le Muret, qui domine la baie de Mitis, et le sous-bois, où l'on peut voir un regroupement de plantes indigènes. N'oubliez pas votre insectifuge car les moustiques sont plutôt voraces!

La **Villa historique Reford** ★★ *(juin à mi-sept tlj 9h à 17h; à l'intérieur des Jardins de Métis, ☎775-3165)* occupe une villa de 37 pièces au milieu des Jardins de Métis. On y fait revivre la vie des Métissiens du début du siècle. On peut visiter, à travers différentes salles, la chambre des serviteurs, la chapelle, le magasin général, l'école et le cabinet du médecin. On peut aussi s'y restaurer (voir p 562) ou faire des achats dans la boutique d'artisanat.

Poursuivez en direction de Matane. Un arrêt à Métis-sur-Mer permet de vous rapprocher de l'eau en quittant momentanément la route 132 Est.

★ Métis-sur-Mer (250 hab.)

Ce centre de villégiature était, au tournant du XXᵉ siècle, le lieu de prédilection des professeurs de l'Université McGill de Montréal qui louaient d'élégants cottages en bord de mer pour la durée des vacances estivales. Des familles anglo-saxonnes plus fortunées s'y sont également fait construire de vastes résidences, apparentées aux styles de la Nouvelle-Angleterre.

Elles ont été attirées par la beauté du paysage, mais aussi par la présence d'une petite communauté écossaise établie dans les environs, dès 1820, par le seigneur de Métis, John McNider. Par sa cohésion et la qualité de son architecture de bois, cette municipalité, aussi connue sous le nom de «Métis Beach», se démarque des villages environnants.

La plupart des Écossais sont membres de l'Église presbytérienne, église officielle d'Écosse, bien que plusieurs communautés se soient regroupées avec les méthodistes, au début du XXᵉ siècle, pour former l'Église Unie; c'est le cas de celle de Métis-sur-Mer. Leur **chapelle presbytérienne** *(à l'entrée du village)*, érigée en 1874, rappelle par la forme de ses ouvertures et de son clocher l'architecture des églises catholiques de colonisation.

Vous traverserez ensuite Les Boules, puis le charmant village de Baie-des-Sables avant d'arriver à Saint-Ulric.

Saint-Ulric (748 hab.)

Ce village est également connu sous l'appellation de «Rivière-Blanche», du nom de la rivière qui s'y jette. Il est dominé par son imposante **église**, construite en 1912 selon les plans des architectes Ouellet et Lévesque de Québec. Toute la région qui, à partir de Saint-Ulric, s'étend vers l'est sur une distance de 200 km, jusqu'à Rivière-au-Renard, à l'entrée du parc Forillon, fut peuplée tardivement dans la seconde moitié du XIXᵉ siècle.

Matane (12 725 hab.)

Le principal attrait de Matane, nom qui signifie «vivier de castors» en langue micmaque, est sa gastronomie, fondée sur le saumon et sur ses fameuses crevettes, qui font l'objet d'un festival annuel. La ville est le centre administratif de la région et son principal moteur économique grâce à la présence d'une industrie diversifiée, axée à la fois sur la pêche, l'exploitation forestière, les cimenteries et le transport maritime. Les sous-marins allemands se rendirent jusqu'aux abords du quai de Matane pendant la Seconde Guerre mondiale.

L'**ancien phare** *(968 av. du Phare)*. Ce phare de 1911, aujourd'hui désaffecté, accueille les visiteurs à l'entrée de la ville. La maison du gardien abrite le bureau de tourisme ainsi qu'un

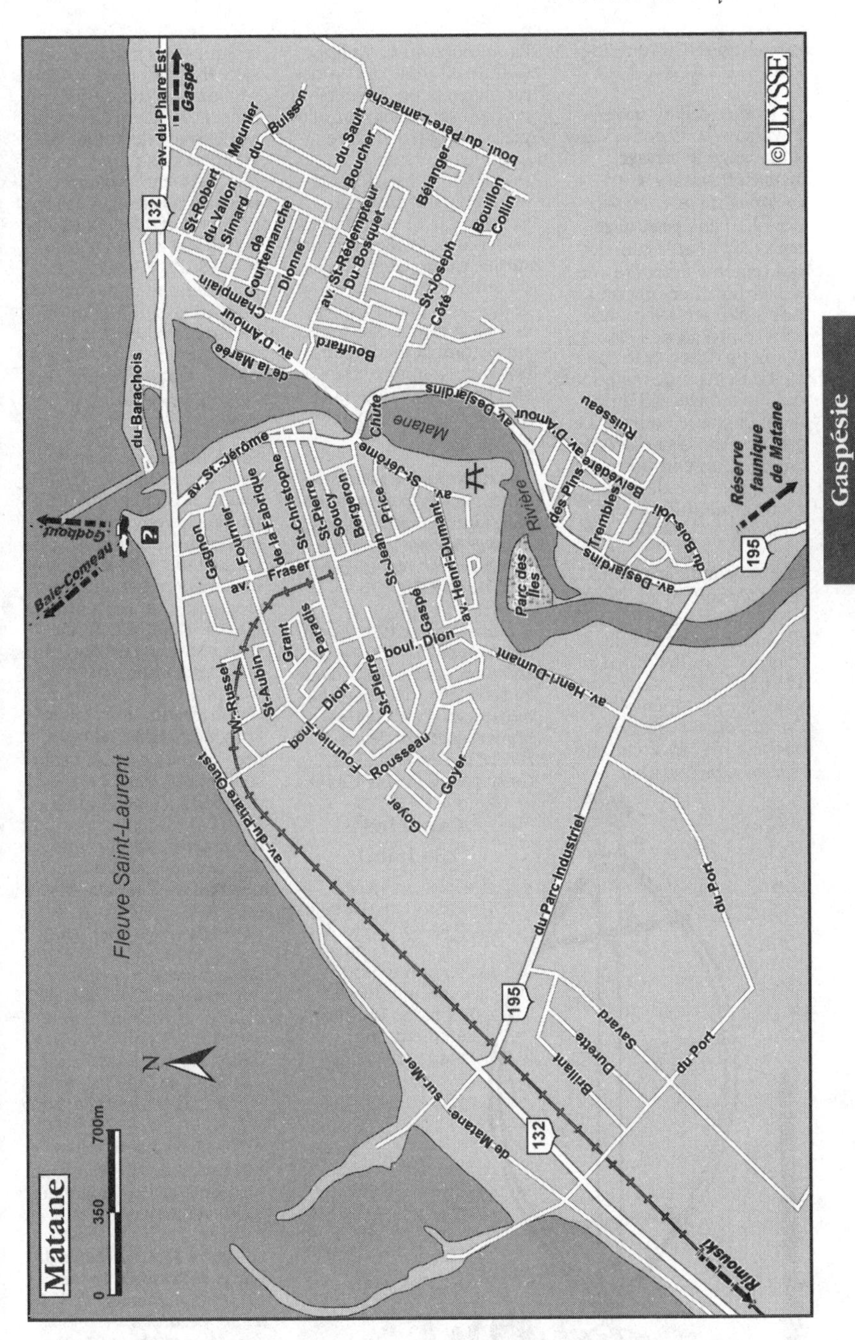
Matane
0
350
700m
N
Fleuve Saint-Laurent
Baie-Comeau
Godbout
Gaspé
Rimouski
Réserve faunique de Matane
Rivière
Matane
Parc des Îles
132
195
av.-du-Phare Est
av.-du-Phare-Ouest
de Matane-Sur-Mer
du Parc-Industriel
du Port
av. St.-Jérôme
av. D'Amour
av. Desjardins
av. Henri-Dumant
boul. Dion
boul. Fournier
boul. du Père-Lamarche
du-Barachois
de la Marée
Champlain
Chute
Gagnon
Fournier
de-la-Fabrique
St-Christophe
St-Pierre
Soucy
Bergeron
Price
St-Jean
Gaspé
Fraser
Grant
Paradis
St-Aubin
W.-Russel
Dion
Rousseau
Goyer
Savard
Durette
Brillant
St-Robert
du Vallon
Simard
de Courtemanche
Dionne
av. St-Rédempteur
Du Bosquet
Bouffard
St-Joseph
Côté
Boucher
du Sault
Bélanger
Bouillon
Collin
Meunier
du Buisson
Belvédère
des Pins
Trembles
Ruisseau
du Bois-Joli
©ULYSSE

mini-musée d'histoire locale.

La rivière Matane traverse la ville en son centre. On y a aménagé le **barrage Mathieu-D'Amours** ★ *(à proximité du parc des Îles)*, doublé d'une **passe migratoire** *(2$)* pour le saumon qui remonte la rivière afin d'aller frayer en amont. Un poste d'observation, situé sous le niveau de l'eau, permet d'observer le spectacle fascinant des saumons qui luttent avec acharnement contre le courant. Le **parc des Îles** voisine avec le barrage. On y trouve une plage, une aire de pique-nique et un théâtre en plein air.

L'**église Saint-Jérôme** ★ *(527 av. St-Jérôme)*. Avant même le premier voyage au Canada du moine-architecte français dom Bellot, en 1934, qui allait exercer une influence considérable sur l'architecture des églises québécoises, les architectes Paul Rousseau et Philippe Côté réalisèrent ici l'un des monuments précurseurs du modernisme dans l'art religieux du Québec en réutilisant les murs de l'ancienne église de Matane, incendiée en 1932. Comme on ne pouvait faire porter la nouvelle structure sur les ruines trop fragiles du temple détruit, de grands arcs paraboliques en béton furent construits, supportant la totalité du poids de la toiture. Dans le chœur, on remarquera la grande murale du peintre Lucien Martial.

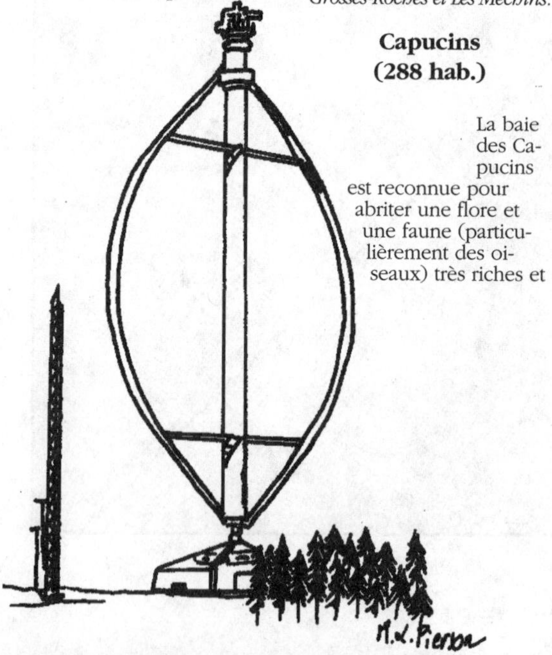

Éolienne de Cap-Chat

Une excursion facultative à l'intérieur des terres permet de se rendre à la ***réserve faunique de Matane****, à environ une heure de route de cette ville (voir p 554).*

Reprenez la route 132 Est en direction de Cap-Chat et de Sainte-Anne-des-Monts. Vous longerez alors de coquets hameaux de pêcheurs aux noms évocateurs : Sainte-Félicité, L'Anse-à-la-Croix, Grosses-Roches et Les Méchins.

Capucins (288 hab.)

La baie des Capucins est reconnue pour abriter une flore et une faune (particulièrement des oiseaux) très riches et typiques des marais d'eau salé. Il s'agit en effet du seul marais salé des environs. La promenade qui suit le tracé de la baie est vraiment des plus agréables. Le **Centre d'interprétation de la Baie-des-Capucins** *(3$; fin juin à fin août tlj 10h à 19h; 294 rue du Village, ☎786-5021, ⇄786-5517)* présente une petite exposition sur la nature particulière de la baie.

Cap-Chat (2 907 hab.)

Selon les uns, le nom de cette petite ville serait attribuable à Champlain, qui a baptisé les environs «Cap de Chatte», en l'honneur du commandeur de Chatte, lieutenant général du roi, alors que d'autres affirment que c'est plutôt la forme d'un rocher rappelant étrangement un chat accroupi, situé à proximité du phare, qui en serait à l'origine. L'**église Saint-Norbert**, érigée en 1916, est le seul monument d'importance au centre de la ville. De facture néoromane, elle est une des rares églises en maçonnerie à l'est de Matane.

L'énergie électrique peut être obtenue de différentes façons. L'une des plus originales et des moins exploitées est sans contredit celle qui utilise la force du vent grâce à l'éolienne. L'**Éolienne de Cap-Chat** ★ *(7$; fin juin à fin sept tlj 8h30 à 17h; rte. 132, ☎786-5719, ⇄786-2528)*, haute de 110 m, est la plus puissante et la plus grande éolienne à axe vertical au monde.

Le **Centre d'interprétation du vent et de la mer le Tryton** *(6$; mi-mai à mi-oct tlj 8h30 à 21h; rte. du Phare, près de Cap-Chat, ☎786-5507)*. Situé autour du **phare** construit dès 1871, le centre retrace l'histoire de Cap-Chat ainsi que de ses liens avec le vent et le golfe du Saint-Laurent. D'agréables sentiers conduisent au bord de la «mer», où l'on peut flâner à sa guise. Le petit musée Germain-Lemieux retrace l'histoire de la marine.

★ Sainte-Anne-des-Monts (5 616 hab.)

Cette municipalité possède quelques bâtiments intéressants, notamment l'**église Sainte-Anne**, réalisée par Louis-Napoléon Audet en 1939, et l'**hôtel de ville**, qui occupe l'ancien palais de justice de 1885. On y trouve également de belles demeures de capitaines et d'industriels. Sainte-Anne-des-Monts constitue le point de départ des excursions en forêt dans le parc de la Gaspésie, dans la réserve faunique des Chic-Chocs et à la rivière Sainte-Anne.

Explorama *(droit d'entrée; début juin à mi-oct tlj, 9h à 21h (été), jusqu'à 17h (automne); 1 rue du Quai, ☎763-2500)* vous propose de découvrir la péninsule gaspésienne et ses liens étroits avec la mer et la montagne grâce à des activités d'interprétation.

Une excursion facultative conduit au cœur de la péninsule gaspésienne. Empruntez la route 299, qui mène à l'entrée du parc de la Gaspésie ★★ (voir p 554).

De retour sur la route 132, vous traverserez les villages de **Tourelle**, de **Ruisseau-Castor** et de **Cap-au-Renard** avant d'arriver à La Martre.

★★ De La Martre à L'Anse-Pleureuse

Village de pêcheurs typique, avec son **église en bois** (1914) et son **phare** (1906), La Martre se situe à la limite de la plaine littorale. Au-delà, la côte devient beaucoup plus accidentée et abrupte. La route doit donc épouser le découpage en profondeur des baies et les avancées des caps aux escarpements dénudés. À plusieurs endroits, elle longe directement la mer, dont les vagues viennent lécher l'asphalte par «gros temps». Il est suggéré d'emprunter sur quelques kilomètres certaines des rares routes qui conduisent à l'intérieur des terres, à partir des villages, afin d'apprécier pleinement la rudesse des paysages et la force des rivières, notamment les routes de gravier qui longent la rivière à Claude et la rivière Mont-Saint-Pierre.

Le **Centre d'interprétation des phares et balises** ★ *(5$; fin juin à début sept tlj 9h à 17h; 10 av. du Phare, ☎288-5698, ⇄288-5144)*. On présente, dans l'ancien phare rouge de forme octogonale et dans la maison du gardien, tout aussi éclatante, une intéressante exposition sur l'histoire des phares de la Gaspésie et sur leur fonctionnement.

Vous traverserez ensuite **Marsoui**, **Ruisseau-à-Rebours**, **Rivière-à-Claude**, **Mont-Saint-Pierre**, *où se trouvent des rampes de lancement de vol libre, et enfin un village au nom que l'on croirait tiré d'un roman peuplé de fantômes,* **L'Anse-Pleureuse**. *Une excursion facultative, par la route 198, conduit à Murdochville, «capitale» québécoise du cuivre. Il s'agit de l'unique agglomération d'importance à l'intérieur de la péninsule gaspésienne.*

Murdochville (1 713 hab.)

Murdochville est une «ville nouvelle» qui fut créée en pleine forêt, à 40 km de toute civilisation. Sa fondation ne remonte qu'à 1951, alors que la Gaspésie Mines décide d'exploiter les importants gisements de cuivre de cette région isolée. L'agglomération a été aménagée par l'entreprise selon un plan plus ou moins précis. En 1957, les mineurs de Murdochville ont mené une grève difficile pour la reconnaissance de leur droit à se pourvoir d'un syndicat, écrivant ainsi l'une des pages importantes de l'histoire du syndicalisme québécois. L'unique attrait de l'endroit, autrement plutôt désolant, est la mine elle-même et son centre d'interprétation.

La visite du **Centre d'interprétation du cuivre** ★ *(6$; mi juin à mi-oct tlj 10h à 16h; 345 route 198, ☎784-3335 ou 800-487-8601, ⇄784-2853)* est une expérience inusitée puisque l'on doit revêtir une combinaison de mineur (fournie sur place) avant de s'engager dans une véritable galerie souterraine. Les objets exposés retracent l'histoire et les méthodes d'extraction du cuivre.

Revenez sur vos pas en direction de L'Anse-Pleureuse. Tournez à droite sur la route 132 Est pour atteindre d'autres hameaux aux noms savoureux tels que Gros-Morne, Manche-d'Épée, Pointe-à-la-Frégate et L'Échouerie.

À **Madeleine**, on peut voir une des plus anciennes églises de la région, dotée d'un clocher élégamment galbé (1884), alors qu'à

Grande-Vallée se trouve, outre l'**église Saint-François-Xavier**, le **pont couvert Galipeau**, long de 44 m, qui donne un air vieillot à tout le village. Il s'agit d'une construction de bois de type Town à une seule travée, installée en 1923.

À l'est de Rivière-au-Renard et jusqu'à Gaspé, vous longerez le parc national Forillon, l'un des plus beaux parcs nationaux du Canada.

Rivière-au-Renard (4 000 hab.)

Ce centre de transformation du poisson (nettoyage, préparation, mise en conserve ou en boîte) est dominé par ses usines. Quant à son port de pêche, il est le plus important du côté nord de la péninsule gaspésienne. Des programmes gouvernementaux, liés au tourisme et à la création d'emplois, permettent de faire connaître aux visiteurs toutes les étapes de la transformation du poisson.

Le **Centre d'interprétation des pêches contemporaines** *(4,35$; fin juin à fin août tlj 9h30 à 17h30; 1 boul. Renard E., à l'intersection des routes 197 et 132, ☎269-5292)*. Encore un centre d'interprétation! Cette fois, on aborde les multiples facettes de la pêche contemporaine à travers une exposition et une présentation audiovisuelle. Ce qui est davantage intéressant, c'est la visite guidée des usines et, surtout, la dégustation des produits marins.

★ L'Anse-au-Griffon (995 hab.)

À la suite à la conquête britannique de la Nouvelle-France, la pêche commerciale en Gaspésie est prise en charge par un petit groupe de marchands anglo-normands, originaires de l'île de Jersey. L'un d'entre eux, John LeBoutillier, bâtit à L'Anse-au-Griffon des entrepôts de sel, de farine et de morue séchée vers 1840. La morue est alors exportée en Espagne, en Italie et au Brésil.

La **maison LeBoutillier** ★ *(4$; début juin à début sept tlj 9h à 17h; 578 boul. Griffon, ☎892-5150)*. Cette belle maison de bois, peinte d'un jaune éclatant, fut construite en 1840 pour servir de résidence et de bureau aux gérants de l'entreprise de LeBoutillier, qui emploiera jusqu'à 2 500 personnes dans la région en 1860. Sa toiture à larmiers cintrés rappelle les maisons de Kamouraska. On y trouve un centre d'interprétation sur la maison et les marchands originaires de Jersey ainsi qu'une boutique d'artisanat et un café.

Après avoir traversé Jersey Cove, vous arrivez à Cap-des-Rosiers, porte d'entrée de la portion sud du parc national Forillon, celle où les paysages sont les plus tourmentés et où la mer est plus présente que jamais.

★ Cap-des-Rosiers (525 hab.)

Occupant un site admirable, Cap-des-Rosiers a été le théâtre de nombreux naufrages. Deux monuments rappellent un naufrage particulier, celui du voilier *Karrik*, au cours duquel 87 des quelque 200 immigrants irlandais qui prenaient place à bord périrent et furent enterrés au cimetière local. La plupart des autres s'établirent à Cap-des-Rosiers, donnant une couleur nouvelle et inattendue à cette communauté. Des noms d'origine irlandaise tels que Kavanagh et Whalen sont encore bien présents dans les environs. C'est également du haut de ce cap que les Français aperçurent la flotte du général Wolfe se dirigeant vers Québec en 1759.

Parc national Forillon ★★★, voir p 555

Après avoir contourné le cap Gaspé, on entre dans la baie du même nom. Le relief rude des falaises abruptes fait soudainement place à de doux vallons entrecoupés de rivières.

★ Gaspé (16 670 hab.)

C'est ici qu'au début de juillet 1534 Jacques Cartier prend possession du Canada au nom du roi de France, François Ier. Il faut cependant attendre le début du XVIIIe siècle avant que ne soit implanté le premier poste de pêche à Gaspé, et la fin du même siècle pour voir apparaître un véritable village à cet endroit.

Tout au long du XIXe siècle, Gaspé vit au rythme des grandes entreprises de pêche des marchands jersiais, qui règlent la vie d'une population de pêcheurs canadiens-français et acadiens démunie et peu éduquée. Au cours de la Seconde Guerre mondiale, Gaspé s'est préparée à devenir la base principale de la Royal Navy, en

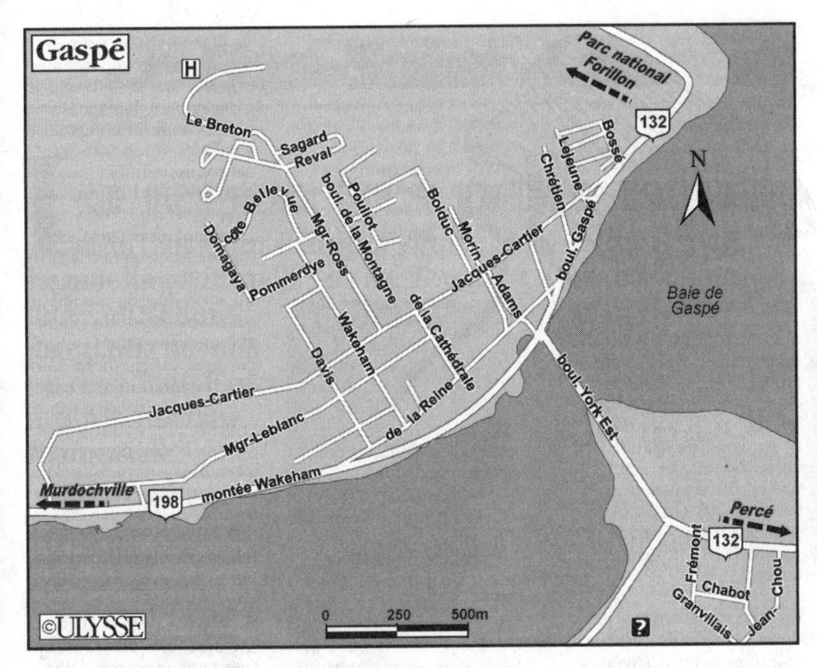

cas d'invasion de la Grande-Bretagne par les Allemands, ce qui explique la présence des quelques infrastructures militaires aménagées à cette fin sur le pourtour de la baie. La ville de Gaspé est de nos jours la principale agglomération de la péninsule gaspésienne de même que son centre administratif. Elle forme un long et étroit ruban qui épouse les contours de la baie.

L'**ancien sanatorium** *(dans les collines)*. L'édifice tout en longueur qui domine la ville n'est rien d'autre que l'ancien sanatorium de Gaspé, une structure hybride de l'après-guerre dont la volonté de modernisme est soumise aux règles de l'École des beaux-arts (symétrie, composition classique mais grandiloquente, pavillons aux extrémités).

Le **Musée de la Gaspésie** ★★ *(4$; fin juin à début sept tlj 8h30 à 20h30, début sept à fin juin mar-ven 9h à 17h et sam-dim 13h à 17h; 80 boul. Gaspé, ☎368-1534, ⇄368-1535)* fut érigé en 1977, à l'initiative de la société historique locale, sur la pointe Jacques-Cartier dominant la baie de Gaspé.

Il s'agit d'un musée d'histoire et de traditions populaires où l'on présente une exposition permanente sur la Gaspésie, des premiers occupants amérindiens de la tribu micmaque jusqu'à nos jours, intitulée «Un peuple de la mer». Des expositions temporaires complètent la vocation de l'institution. On y trouve aussi un centre d'archives et de généalogie.

Le superbe **monument à Jacques Cartier**, qui avoisine le musée, est une œuvre de la famille Bourgault de Saint-Jean-Port-Joli. Sur les six stèles en bronze rappelant des objets mythiques sortis de la nuit des temps, sont inscrits des textes relatant l'arrivée de Cartier, la prise de possession du Canada et la première rencontre avec les Amérindiens.

Suivez le boulevard Gaspé jusqu'à la rue Jacques-Cartier.

La **cathédrale du Christ-Roi** ★ *(20 rue de la Cathédrale)*, seule cathédrale en bois d'Amérique du Nord, adopte un parti contemporain, étranger cependant à la Côte Est américaine, puisqu'on peut en parler comme d'un exemple d'architecture californienne de type *shed*.

Elle a été érigée en 1968, selon les plans de l'architecte montréalais Gérard Notebaert, sur les fondations de la basilique, entreprise en 1932 pour commémorer le quatrième centenaire de l'arrivée de Jac-

ques Cartier en sol cana dien, mais jamais terminée faute de fonds. L'intérieur est baigné d'une douce lumière provenant d'un beau vitrail de Claude Théberge fait de verre ancien. On y trouve aussi une fresque illustrant la prise de possession du Canada par Jacques Cartier, donnée par la France en 1934.

En face de la cathédrale se dresse la **croix de Gaspé**, commémorant l'arrivée de Jacques Cartier au Canada. Ce navigateur breton, maître pilote du roi, a quitté Saint-Malo le 20 avril 1534 avec deux navires et 61 hommes. Lorsqu'il débarqua à Gaspé, où l'attendaient 200 Amérindiens désireux de faire commerce avec les Européens, Cartier fit planter une croix de bois que rappelle cette croix faite d'un seul morceau de granit, installée en 1934.

Le **monument à Jacques de Lesseps** *(boul. Gaspé)*. Dans le cimetière de Gaspé se trouve un monument à la mémoire de Jacques de Lesseps et de son compagnon d'infortune, Theodor Chichenko, qui périrent dans un accident d'avion en 1927. Lesseps, fils de Ferdinand de Lesseps, constructeur du canal de Suez, était un aventurier et un pilote d'avion renommé qui s'illustra à plusieurs reprises pendant la Première Guerre mondiale. Il fut le premier à survoler Montréal en avion. Un fois démobilisé, il s'installa en Gaspésie, où il effectua des relevés géographiques aériens.

L'**Ash Inn** ★ *(188 rue de la Reine)*. Cette ancienne demeure construite en 1885 pour le docteur William Wakeham, célèbre explorateur de l'Arctique, est l'une des seules maisons en pierre du XIXe siècle de toute la Gaspésie.

Le **sanctuaire Notre-Dame-des-Douleurs** *(entrée libre; début juin à mi-sept tlj 7h à 20h30; mi-sept à fin mai tlj 8h à 19h30; 765 boul. de la Pointe-Navarre, ☎368-2133)*. L'église de ce sanctuaire fondé en 1942 renferme des œuvres de Médard Bourgault de Saint-Jean-Port-Joli ainsi qu'un chemin des «Douleurs de Marie» de la céramiste Rose-Anne Monna. D'autres bâtiments, dont l'apparence laisse parfois à désirer, complètent l'ensemble.

À la **Station piscicole de Gaspé** ★ *(3,50$; mi-juin à début sept tlj 9h à 16h; 686 boul. York O., ☎368-5715, ≠368-3396)*, on voit naître annuellement près d'un million de saumons et de truites mouchetées. La Station piscicole de Gaspé a été fondée en 1875, ce qui en fait la doyenne du genre au Québec. En 1938, elle a été déplacée dans des bâtiments dont l'architecture s'inspire des traditions québécoises.

En quittant Gaspé, on reprend la route 132 en direction de Percé. On longe alors le côté sud de la baie de Gaspé, où se trouvent de charmants villages aux origines anglo-saxonnes et protestantes. Il s'agit soit de petites communautés de loyalistes américains, soit de communautés d'immigrants britanniques.

L'implantation dans ces lointaines contrées, à la fin du XVIIIe siècle, d'une population dont la fidélité au roi d'Angleterre ne faisait aucun doute était voulue par le gouvernement colonial britannique, qui espérait ainsi consolider son emprise aux quatre coins du Québec et favoriser une assimilation rapide de la population canadienne-française.

Parmi ces villages, on remarquera plus particulièrement **Barachois**, dont l'**église St. Mary** de 1895 occupe un site agréable, de même que **Cape Cove**, avec son **église néogothique St. James** de 1875. Entre ces villages se dresse le **fort Prével**, aménagé lors de la Seconde Guerre mondiale. Il fut transformé en hostellerie (voir p 546, 560) par le gouvernement du Québec à la fin du conflit, mais a conservé les énormes canons qui pointent toujours en direction du large.

Poursuivez sur la route 132 jusqu'à Percé.

★★ Percé (4 120 hab.)

Célèbre centre de tourisme, Percé occupe un site admirable, malheureusement quelque peu altéré par une industrie hôtelière débridée. Le décor naturel grandiose présente plusieurs phénomènes naturels différents dans un périmètre restreint, le principal étant le fameux rocher Percé, qui est au Québec ce que le Pain de Sucre est au Brésil.

Depuis le début du XXe siècle, les artistes, charmés par la beauté des paysages et par le pittoresque de la population, viennent nombreux à Percé chaque été.

Au XVIIe siècle, la famille Denys y a établi un camp de pêche saisonnier que fréquentaient les pêcheurs français et basques. Elle succédait ainsi aux Amérindiens pour qui Percé avait déjà été un important point de rassemblement. En 1781, le puissant marchand jersiais Charles Robin fonde un établissement de pêche dans l'anse du Sud.

Des loyalistes, des Irlandais et des immigrants de Guernesey s'ajoutent alors à la population canadienne-française. À cette époque, la population sédentaire demeure très faible par comparaison à la population saisonnière qui travaille dans les frêles bâtiments de Robin. Percé est d'ailleurs le principal port de pêche sur la côte du Québec pendant tout le XIXe siècle. L'industrie touristique prend la relève au XXe siècle, surtout après l'ouverture de la route 132 en 1929, mais le caractère saisonnier et précaire de la vie à Percé demeure.

En arrivant à Percé, l'œil est attiré par le célèbre **rocher Percé** ★★★, véritable muraille longue de 400 m et haute de 88 m à sa pointe extrême. Son nom lui vient des ouvertures cintrées, entièrement naturelles, à la base de la paroi. Une seule des deux ouvertures subsiste depuis l'effondrement de la partie est du rocher au milieu du XIXe siècle. Il est possible d'en faire le tour à marée basse, depuis la plage du mont Joli, afin d'admirer le paysage grandiose des environs et d'observer les milliers de fossiles enfermés dans le calcaire *(s'informer des heures et de la durée des marées au préalable)*.

La **maison Hétier** ★ *(27 du Mt-Joli)*. L'un des premiers artistes attirés par la beauté du paysage de Percé, Frederick James, était américain d'origine. Sa résidence d'été à Percé (vers 1900) occupe un promontoire faisant partie d'un ensemble de falaises de part et d'autre du **mont Joli**. Sur ce mont, qui est davantage un cap avançant dans la mer, aurait été située la première chapelle érigée au Canada. D'autres formations rocheuses, entre autres le **pic de l'Aurore**, les **Trois Sœurs** et le **cap Barré**, sont visibles au nord-ouest.

Fou de Bassan

L'**église Saint-Michel** ★ *(57 rue de l'Église)*. Construite avec la pierre locale d'une belle teinte rosée, l'église catholique de Percé a été dessinée en 1898 par l'architecte Joseph Venne, de Montréal, dans une manière éclectique et hautement pittoresque qu'il affectionnait. Il s'agit de l'une des seules églises en pierre de la Gaspésie et de la plus vaste d'entre elles. Le sentier du mont Sainte-Anne, qui mène à une grotte, débute juste derrière l'église.

Le **Musée Le Chafaud** ★ *(2$; juin à fin sept tlj 10h à 22h; 145 rte. 132, ☎782-5100)* est aménagé dans la plus grande des structures formant les installations de Charles Robin à Percé. Le «chafaud» était un bâtiment dans lequel on transformait et entreposait le poisson. Il présente de nos jours une exposition sur le patrimoine local de même que diverses activités liées aux arts visuels. L'entrepôt de sel et la glacière subsistent également à proximité du quai. De l'autre côté de la rue, on retrouve la «Bell House», surmontée d'une cloche qui servait autrefois à appeler les employés au travail, l'ancien magasin de la compagnie Robin avec son toit à pignon et ses ornements de bois scié, et finalement le Centre d'art de Percé, qui occupe l'ancienne grange des Robin.

Sur le quai de Percé, plusieurs bateliers proposent de vous emmener jusqu'à l'**île Bonaventure**. Les départs se font fréquemment de 8h à 17h en haute saison. La traversée comporte souvent une courte excursion autour de l'île et du Rocher pour vous permettre de bien observer les beautés de ce parc. La plupart des entreprises vous laissent passer le temps que vous voulez sur l'île et revenir avec un de leurs bateaux qui font régulièrement l'aller-retour.

Parc de l'Île-Bonaventure-et-du-Rocher-Percé ★★, voir p 555.

Le **Centre d'interprétation du parc de l'Île-Bonaventure-et-du-Rocher-Percé** *(entrée libre; début juin à mi-oct, tlj 9h à 17h; rang de l'Irlande, Percé; ☎782-2721, ≠782-2241)* présente un court métrage retraçant l'histoire de l'île Bonaventure et de ses fous de Bassan. Il dispose d'une salle d'exposition, d'aquariums d'eau salée ainsi que de deux courts sentiers de randonnée. Une boutique-nature, tenue par le club des ornithologues, vend des livres et des souvenirs.

Le circuit de la péninsule se termine à Percé. Pour effectuer une boucle complète, ce que l'on appelle familièrement «faire le tour de la Gaspésie», et ainsi revenir en direction de Québec ou Montréal sans avoir à retourner sur ses pas, il est recommandé de jumeler le circuit de la péninsule au circuit de la baie des Chaleurs.

Circuit B : La baie des Chaleurs (deux jours)

En 1604-1606, le sieur de Monts et Samuel de Champlain fondent les établissements de l'île Sainte-Croix et de Port-Royal, peuplés de colons poitevins qui seront à l'origine du développement de l'Acadie, vaste colonie correspondant aux territoires actuels de la Nouvelle-Écosse, de l'île du Prince-Édouard et du Nouveau-Brunswick. En 1755, au cours de la guerre de Sept Ans, les Britanniques traquent et capturent les Acadiens, qu'ils déportent ensuite vers de lointaines contrées. Plusieurs de ceux qui n'auront pas péri au cours du voyage tenteront de revenir sur leurs terres, malheureusement confisquées et octroyées à de nouveaux colons britanniques.

Certains s'installeront alors au Québec, plus particulièrement dans la baie des Chaleurs. Paradoxalement, des immigrants irlandais, écossais et anglais viendront bientôt les y rejoindre dans une paix relative, créant un damier de villages tantôt français, tantôt anglais.

Contrairement au circuit de la péninsule, celui de la baie des Chaleurs aborde des paysages doux et davantage de terres en culture. On y trouve, en outre, des plages de sable baignées par une eau plus calme et plus chaude que celle de Percé. La baie elle-même pénètre profondément à l'intérieur des terres, séparant le Nouveau-Brunswick, au sud, du Québec, au nord. Ce circuit peut servir de tremplin à une visite des îles-de-la-Madeleine ainsi que des provinces de l'Atlantique.

Suivez la route 132 en direction de Chandler.

Chandler (3 455 hab.)

Cette ville industrielle est dominée par les installations de la compagnie papetière Abitibi-Price. Son port de mer en eau profonde permet l'exportation du papier journal destiné à l'impression des grands quotidiens d'Europe et d'Amérique. De la grève, on peut voir l'**épave brisée du cargo péruvien** *Unisol*, qui s'est échoué à l'entrée du port en 1983.

Dirigez-vous vers la municipalité voisine de **Pabos Mills**, où l'on effectue des fouilles archéologiques au **Bourg de Pabos** *(4,50$; mi-juin à mi-sept tlj 9h à 17h; 75 ch. De la Plage, ☎689-6043, ≠689-4240)*, sur le site du poste de pêche en activité de 1729 à 1758. Il représente l'un des très rares efforts de peuplement permanent en Gaspésie sous le Régime français. Sur l'**île Beauséjour**, au centre de la baie de Pabos, se trouvent les **vestiges archéologiques du manoir de Bellefeuille**, érigé au XVIIIe siècle pour cette famille de seigneurs aventuriers, active de Terre-Neuve jusqu'au cap Breton.

Reprenez la route 132 en direction de Newport.

Newport (2 208 hab.)

Newport est un important port de pêche commerciale. C'est aussi la patrie de Mary Travers (1894-1941), auteure, compositeure et chansonnière avant la lettre, mieux connue sous le nom de «La Bolduc». Ses chansons populaires et entraînantes, décrivant le quotidien des Québécois et Québécoises, firent un malheur pendant la crise des années trente. C'était la première fois qu'un artiste d'ici connaissait le succès sans emprunter au répertoire américain ou européen.

Le **Site Mary Travers dite «La Bolduc»** *(3,50$; début juin à mi-oct tlj 9h à 17h, juil et août tlj 9h à 17h; 125 rte. 132, ☎777-2401)* vous fait découvrir la vie et l'œuvre de cette chanteuse à travers une salle d'exposition et d'animation.

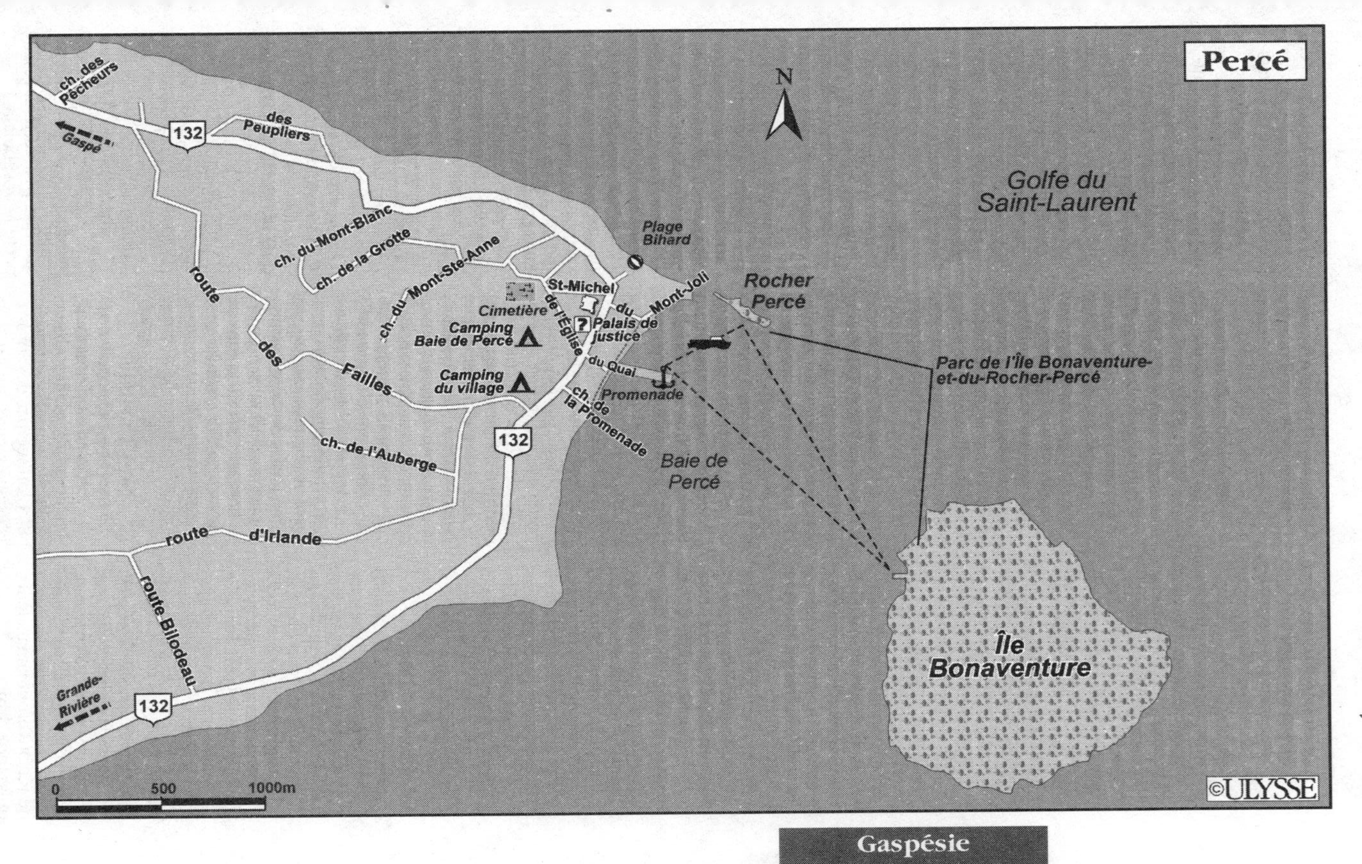
Percé
N
Golfe du Saint-Laurent
ch. des Pêcheurs
Gaspé
132
des Peupliers
ch. du Mont-Blanc
ch. de la Grotte
ch. du Mont-Ste-Anne
route des Failles
St-Michel
Cimetière
de l'Église
du Mont-Joli
Palais de justice
Plage Bihard
Rocher Percé
Camping Baie de Percé
Camping du village
du Quai
Promenade
ch. de la Promenade
Parc de l'Île Bonaventure-et-du-Rocher-Percé
ch. de l'Auberge
Baie de Percé
route d'Irlande
route Bilodeau
Île Bonaventure
Grande-Rivière
0
500
1000m
©ULYSSE

Port-Daniel (1 845 hab.)

En plus d'offrir une belle plage de sable aménagée pour recevoir les baigneurs, Port-Daniel recèle quelques bâtiments intéressants, entre autres l'**église anglicane St. James** de 1907 et son presbytère (1912), doté d'une tour octogonale et de larges galeries en bois qui rappellent l'architecture des villas de bord de mer de la Côte Est américaine. Deux attraits liés aux transports avoisinent le village : le **tunnel ferroviaire du cap de l'Enfer**, creusé sur 190 m de longueur à même le roc, et le **pont couvert en bois** de 1938, sur la route menant à la **réserve faunique de Port-Daniel** (voir p 555), située au nord du village.

Paspébiac (3 141 hab.)

Cette petite ville industrielle était autrefois le quartier général de la compagnie Robin, spécialisée dans la transformation et le commerce de la morue. Celle-ci a été fondée dès 1766 par le marchand Charles Robin, originaire de l'île de Jersey. Son entreprise essaimera par la suite en plusieurs points sur la côte gaspésienne et même sur la Côte-Nord. En 1791, Robin ajoute un chantier naval à ses installations de Paspébiac, où l'on construira les bateaux qui livreront le poisson jusqu'en Europe. Vers 1840, il est rattrapé par l'entreprise de John Le-Boutillier, l'un de ses anciens employés qui lui fait une féroce concurrence. La faillite de la banque de Jersey en 1886 affectera durement les entreprises de pêche de la Gaspésie, qui ne retrouveront jamais leur puissance d'antan.

Le **Site historique du Banc-de-Paspébiac** ★★ *(5$; fin mai à mi-juin tlj 9h à 17h, mi-juin à mi-sept tlj 9h à 18h, mi-sept à début oct tlj 9h à 17h; 3e rue, rte. du Quai; ☎752-6229)*. Un «banc» est une langue de sable et de gravier propice au séchage du poisson. Jouxté d'un port naturel profond et bien protégé, le banc de Paspébiac se prêtait admirablement bien au développement d'une véritable industrie de la pêche. En 1964, il subsistait encore sur le banc quelque 70 bâtiments des entreprises Robin et Le Boutillier. Cette année-là, un incendie en détruisit cependant la majeure partie. Seuls huit bâtiments sont parvenus jusqu'à nous; ils ont été soigneusement restaurés et ouverts au public.

La plupart des bâtiments subsistants ont été construits dans la première moitié du XIXe siècle. On peut notamment voir l'ancienne charpenterie, la forge, les cuisines, le bureau de l'entreprise Robin et une poudrière, de même que le «B.B.» de 1850, structure destinée à l'entreposage de la morue dont le haut toit pointu domine les installations. On présente, dans certains de ces bâtiments, des expositions thématiques consacrées aux constructions navales, au commerce international du poisson et à l'histoire des compagnies de Jersey. Une boutique et un restaurant où l'on sert des mets typiques s'ajoutent à l'ensemble.

★ New Carlisle (1 674 hab.)

La région de New Carlisle fut colonisée par des loyalistes américains qui s'y fixèrent à la suite de la signature du traité de Versailles, reconnaissant l'indépendance des États-Unis en 1783. Le coquet village, doté de quatre églises de diverses dénominations, n'est pas sans rappeler ceux de la Nouvelle-Angleterre. Il faut faire le tour des trois **églises protestantes** ★, qui sont la fierté des gens de New Carlisle. Elles sont distribuées le long de la route 132, qui devient la «rue Principale» au centre du village. New Carlisle est aussi connu pour être le lieu de naissance de René Lévesque, premier ministre du Québec de 1976 à 1985.

L'**église anglicane St. Andrew** fut construite dans le style néogothique vers 1890. Plus vaste que la plupart des temples de l'Église d'Angleterre érigés dans les villages de taille comparable, elle témoigne de l'importance de cette communauté à New Carlisle. La **Zion United Church**, dont il ne reste plus guère de membres, adopte une forme curieuse, alors que la **Knox Presbyterian Church**, une église de tradition écossaise, reproduit un plan typique des années 1850.

La **maison Hamilton** ★ *(2,50$; mi-juin à fin août tlj 10h à 12h et 13h à 16h30; 115 rue Principale, ☎752-6498)*. On trouve peu de demeures bourgeoises du XIXe siècle en Gaspésie, contrée de pêcheurs et de travailleurs forestiers. La maison Hamilton, érigée en 1852 pour John Robinson Hamilton, avocat et député, en est un rare exemple. Elle comporte en outre un carré de maçonnerie, ce qui ajoute à son caractère exceptionnel. La façade, quelque peu austère, respecte le vocabulaire néoclassique de l'époque. La maison est toujours habitée, mais ses propriétaires actuels ont ouvert leurs portes au public, lui permettant ainsi de découvrir un beau mobilier victorien, notamment un piano de 1840.

Beaucoup plus modeste que la précédente, la **maison natale de René Lévesque** (1922-1987) *(on ne visite pas; 16 Mount Sorel)*, premier ministre du Québec de 1976 à 1985, grand responsable de la nationalisation de l'électricité et fondateur du Parti québécois, témoigne des brassages de population dans la région au XIXe siècle, alors que New Carlisle était le centre administratif de la baie des Chaleurs.

Poursuivez sur la route 132 en direction de Bonaventure.

★ Bonaventure (3 000 hab.)

Des Acadiens réfugiés à l'embouchure de la rivière Bonaventure (l'une des meilleures rivières à saumon en Amérique) ont fondé le village du même nom à la suite de la chute de Restigouche aux mains des Britanniques en 1760. Aujourd'hui, Bonaventure est l'un des bastions de la culture acadienne dans la baie des Chaleurs, en plus d'accueillir une petite station balnéaire qui bénéficie à la fois d'une plage sablonneuse et d'un port en eau profonde. On y fabrique des produits en cuir de poisson, uniques au monde (porte-monnaie, sacs à main).

On estime qu'un million de Québécois sont d'origine acadienne. Le **Musée acadien du Québec** ★ *(5$; fin juin à début sept tlj 9h à 20h; début sept à mi-oct tlj 9h à 17h; le reste de l'année lun-ven 9h à 12h et 13h à 17h, sam-dim 13h à 17h; 97 av. Port-Royal, ☎534-4000)* retrace le périple des Acadiens du Québec et d'ailleurs en Amérique. La collection permanente comprend des meubles du XVIIIe siècle, des toiles et des photographies d'époque, ainsi qu'une présentation audiovisuelle à caractère ethnographique, ce qui donne une excellente idée du rayonnement des Acadiens. Le musée est installé dans l'ancienne salle paroissiale de Bonaventure, vaste édifice en bois peint de bleu et de blanc qui date de 1914.

La construction de l'**église Saint-Bonaventure** ★ *(100 av. Port-Royal)* a été entreprise en 1860, l'année même où le clergé catholique se tourne enfin vers la baie des Chaleurs, région alors jugée fort éloignée, pour ériger canoniquement les premières paroisses. La façade de l'édifice fut modifiée en 1919 selon les plans de l'architecte Pierre Lévesque. L'intérieur très coloré est garni de toiles marouflées du peintre Georges S. Dorval de Québec ainsi que de plusieurs ornements en bois imitant le marbre.

Le **Bioparc de la Gaspésie** *(10$; juin à mi-oct tlj 9h à 18h; 123 rue des Vieux-Ponts, ☎534-1997)* est un lieu idéal à visiter en famille. À l'aide de présentations multimédias et de guides interprètes, vous découvrirez avec ravissement les secrets des animaux vivant en Gaspésie tels que l'ours, le phoque, la loutre, le lynx et le caribou. Sur un parcours d'environ 1 km, on a recréé le milieu naturel où vivent ces animaux : la toundra, la rivière, le «barachois», la forêt et la baie. La visite dure deux heures.

Dans les environs de Bonaventure se trouvent la longue plage de Beaubassin de même que la ZEC (zone d'exploitation contrôlée) de la rivière Bonaventure. Une excursion facultative conduit au village de **Saint-Elzéar**, situé à l'intérieur des terres. On peut y voir le Musée des cavernes et la petite grotte de Saint-Elzéar.

Le **Musée des cavernes de Saint-Elzéar** *(2$; fin juin à début sept tlj 8h à 19h; 198 rue de l'Église, ☎534-4335)* présente un diaporama expliquant l'importance de la grotte de Saint-Elzéar. Le musée abrite aussi une salle d'exposition d'ossements.

Grotte de Saint-Elzéar, voir p 555.

Reprenez la route 132 à droite en direction de New Richmond. Quittez la route principale pour emprunter le boulevard Perron Ouest à gauche.

★ New Richmond (4 100 hab.)

Les premiers colons anglais de la Gaspésie s'installent ici au lendemain de la Conquête. Ils seront bientôt rejoints par des loyalistes puis par des immigrants écossais et irlandais. Cette forte présence anglo-saxonne se traduit dans l'architecture de la ville aux rues proprettes, ponctuées de petites églises protestantes de diverses dénominations.

Avant d'entrer dans la ville, on trouvera, du côté gauche, le **Centre de l'héritage britannique en Gaspésie** *(6$; début juin à début sept tlj 9h à 18h; 351 boul. Perron O., ☎392-4487)*. Celui-ci est situé sur la pointe Duthie et regroupe des bâtiments de la baie des Chaleurs, sauvés de la démolition et transportés sur le site de l'ancien domaine Carswell. Ces pièces ont été restaurés afin d'accueillir des expositions thématiques portant sur les différents arrivants de culture anglo-saxonne en Gaspésie. Les vestiges de la maison Carswell servent à illustrer l'arrivée des colons britanniques; un campement loyaliste reconstitué évoque l'arrivée de ces fidèles sujets en août 1784; une maison et un entrepôt de céréales rappellent, quant à eux, l'immigration écossaise, alors qu'une autre maison témoigne de l'arrivée des Irlandais. Enfin, on retrouve, dans une dernière clairière, la maison Willet de la fin du XIXe siècle, qui évoque le développement industriel de la région.

L'**église St. Andrew** ★ *(211 boul. Perron O.)*. Au centre de la ville se trouve une des plus anciennes églises de la baie des Chaleurs. Il s'agit de l'église presbytérienne St. Andrew, construite en 1839 selon les plans de Robert Bash. À la suite des fusions entre communautés protestantes au XXe siècle, le temple fait aujourd'hui partie de l'Église Unie du Canada.

Maria (2 610 hab.)

En reprenant la route 132 en direction de Carleton, on traverse la rivière Cascapédia, à l'embouchure de laquelle se trouvent le village de Maria et la **réserve amérindienne de Gesgapegiag**, avec son **église en forme de wigwam** (maison à toiture arrondie recouverte d'écorce de bouleau ou de branchages). On y trouve également une **coopérative d'artisanat micmaque** *(rte. 132, ☎759-3504)*, qui vend des produits fabriqués sur place. Depuis plusieurs générations, les paniers de frêne et de foin sont une spécialité des Micmacs.

★ Carleton (2 883 hab.)

Tout comme Bonaventure, Carleton est un important centre de la culture acadienne au Québec de même qu'une station balnéaire dotée d'une belle plage de sable caressée par des eaux calmes relativement plus chaudes qu'ailleurs en Gaspésie, d'où le nom donné à la baie des Chaleurs. Les montagnes qui s'élèvent derrière la ville contribuent à lui donner un cachet particulier. Carleton a été fondée dès 1756 par des réfugiés acadiens auxquels se sont joints des déportés de retour d'exil. Connue à l'origine sous le nom de «Tracadièche», la petite ville a été rebaptisée au XIXe siècle par l'élite d'origine britannique en l'honneur de Sir Guy Carleton, troisième gouverneur du Canada.

L'**église Saint-Joseph** ★ *(764 boul. Perron)* est l'un des plus anciens temples catholiques de la Gaspésie. Sa construction fut entreprise en 1849, mais ne fut véritablement terminée qu'en 1917. On y trouve un tabernacle attribué à François Baillairgé (1828), donné à la paroisse à une date indéterminée. La voûte principale est ornée de toiles marouflées du peintre Charles Huot.

Près du sommet du **mont Saint-Joseph** se trouve l'**oratoire Notre-Dame** (1924), décoré de mosaïques et de verrières.

Prenez la rue du Quai (perpendiculaire à la route 132) vers la mer; après le *Saint-Barnabé*, un bateau échoué, suivez la route de gravier jusqu'aux abords de la **tour d'observation**. Montez au haut de la tour. Un télescope est à la disposition des visiteurs pour observer les oiseaux. Un étudiant donne quelques explications ornithologiques.

À l'ouest de Carleton, dans la municipalité voisine de **Saint-Omer**, on aperçoit, au passage, une belle église néogothique érigée en 1900 selon les plans des architectes Berlinguet et Lemay de Québec. Au village de **Nouvelle**, tournez à gauche sur la route de Miguasha.

Nouvelle (2 217 hab.)

Le **parc de Miguasha** ★★ *(entrée libre; début juin à mi-oct tlj 9h à 18h; 231 Miguasha O., Nouvelle, ☎794-2475)* intéressera les amateurs de paléontologie mais aussi tous les voyageurs, car il s'agit du deuxième site fossile en importance dans le monde, d'ailleurs reconnu depuis novembre 1999 par l'Unesco comme faisant partie du patrimoine mondial. Le **Musée paléontologique**, construit dans le parc, expose les fossiles découverts dans les falaises environnantes qui constituaient le fond d'une lagune il y a 370 millions d'années. Le centre d'interprétation abrite une collection permanente de plusieurs spécimens intéressants. Les visites guidées s'avèrent passionnantes. Au laboratoire, vous découvrirez les méthodes employées pour dégager les fossiles et les identifier.

À l'ouest de Miguasha, la baie des Chaleurs se rétrécit consi-

dérablement jusqu'à l'embouchure de la rivière Ristigouche, qui se déverse dans la baie.

Pointe-à-la-Croix (1 840 hab.)

Le 10 avril 1760, une flotte française quitte Bordeaux à destination du Canada afin de libérer la Nouvelle-France, tombée aux mains des Anglais. Seuls trois navires parviennent dans la baie des Chaleurs, les autres ayant été victimes des canons anglais à la sortie de la Gironde. Ce sont *Le Machault*, *Le Bienfaisant* et *Le Marquis-de-Malauze*, des vaisseaux de 350 tonneaux en moyenne. Peine perdue, les troupes anglaises rejoignent les Français dans la baie des Chaleurs à l'embouchure de la rivière Ristigouche. La bataille s'engage. Les Anglais, beaucoup plus nombreux, déciment la flotille française en quelques heures...

Le **lieu historique national de la Bataille-de-la-Ristigouche** ★ *(3,75$; début juin à mi-oct tlj 9h à 17h; rte. 132, ☎788-5676)* présente plusieurs objets repris aux épaves de même que quelques morceaux de la frégate *Le Machault*. Une intéressante reconstitution audiovisuelle permet d'avoir une idée des différentes étapes de l'affrontement.

Au bord de la route 132, sous un abri ouvert, on aperçoit la **carène du *Marquis-de-Malauze***, tirée des sables de la rivière en 1939. Le navire a été construit à Bordeaux en 1745 et affrété par les négociants Draveman et Goudal, puis par les sieurs Lamaletie et Latuillière, avant d'être réquisitionné pour la guerre de Sept Ans. Dans ce navire long de 33 m, une centaine de personnes pouvaient prendre place. On distingue nettement la quille, la carlingue, l'étrave et les bordages qui recouvraient l'extérieur du navire.

Bordeaux House *(on ne visite pas; 101 ch. Bordeaux)*. À la fin de la guerre de Sept Ans, Thomas Busteed s'installe à Pointe-à-la-Croix. Sa maison, qui date de la fin du XVIIIe siècle, est l'une des plus anciennes de la Gaspésie. Il lui donna le nom de la ville d'où était venue la flotte française qui rendit son village célèbre.

Entre Pointe-à-la-Croix et Restigouche, un pont traversant la baie des Chaleurs relie le Québec au Nouveau-Brunswick.

Listuguj

Ce village micmac, qui constitue le noyau de la plus importante réserve amérindienne de la Gaspésie, se trouve au nord de Matapédia. Tout comme à Restigouche, on trouve plusieurs vestiges de la bataille de la Ristigouche. Les pères capucins, en charge de la mission, déformèrent légèrement le nom du village en remplaçant le premier *i* par un *e* afin de lui donner une prononciation plus gracieuse. On trouve au centre du village quelques boutiques d'artisanat.

Le **fort Listuguj** *(5$; début juin à fin oct tlj 10h à 19h; 1 Pacific Drive, C.P. 214, G0C 2R0, ☎788-1760 ou 788-9090, ⇄788-2120)* nous ramène au XVIIIe siècle, alors que les colons français, les Micmacs et les Acadiens nouvellement déportés cohabitent dans la région et se battent ensemble contre les Anglais qui veulent l'envahir. Dans ce fort entouré d'une palissade, vous pourrez revivre les coutumes qui prévalaient à cette époque du côté français et du côté amérindien.

Les rivières Patapédia et Matapédia sont des affluents de la rivière Ristigouche. La Matapédia a creusé une profonde vallée entre les montagnes, délimitant ainsi la frontière ouest de la péninsule gaspésienne. On entre dans la vallée en suivant la route 132 au nord du village de **Matapédia**. De petites communautés isolées, où l'exploitation forestière constitue la principale activité économique, jalonnent le parcours sinueux. À **Routhierville** et à **Sainte-Florence**, on peut voir des ponts couverts de type Town, aussi appelés «ponts de colonisation». Le premier fut érigé en 1931, alors que le second date de 1909.

Causapscal (2 144 hab.)

Les scieries de Causapscal dominent le village traversé en son centre par la rivière Matapédia. Celle-ci est l'une des meilleures rivières à saumon d'Amérique du Nord. Chaque année, les amateurs de pêche sportive séjournent dans la région afin de pratiquer leur sport favori. Longtemps source de conflits entre la population locale et les clubs privés qui détenaient l'exclusivité des droits de pêche sur la rivière, la pêche au saumon constitue de nos jours un apport économique régional appréciable.

Causapscal, qui signifie «pointe rocheuse» en langue micmaque, a été fondée en 1839 à la suite de l'ouverture d'un relais baptisé «La Fourche», à la jonction des rivières Matapédia et Causapscal. Au centre du village se dresse l'imposante **église Saint-Jacques-le-Majeur**, dessinée dans le style néogothique par les architectes Lévesque et Ouellet en 1910.

Le **Site historique Matamajaw** ★ *(3,75$; début juin à mi-oct tlj 9h30 à 17h30; 53C rue St-Jacques, ☎756-5999)*. Dès 1873, Donald Smith, futur Lord Mount Stephen, acquiert les droits de pêche de la rivière Matapédia. Quelques années plus tard, les droits sont rachetés par le Matamajaw Salmon Club. Les membres de ces clubs sont en général des hommes d'affaires américains ou canadiens-anglais qui viennent passer trois ou quatre jours par année au milieu des bois dans un ambiance de détente et de fête.

Ultime luxe, ils envoient leurs prises à la maison dans des wagons réfrigérés qui les attendent à la gare de Causapscal. Le club cesse ses activités vers 1950, et les bâtiments du domaine Matamajaw sont classés monuments historiques et ouverts au public après 1975. On y présente une exposition retraçant l'histoire de la pêche au saumon et la vie au club. Des sentiers mènent au **parc Les Fourches**, où se rencontrent les rivières Matapédia et Causapscal et où l'on peut voir des pêcheurs à l'œuvre.

La berge de la rivière Causapscal constitue l'endroit rêvé pour observer plus de 200 saumons dans la fosse du **Marais** *(toute la saison estivale à la mi-juin)* et aux **Fall**, où l'on peut les voir travailler pour remonter les chutes. Deux sentiers d'interprétation et d'observation s'étalant sur 25 km sont aménagés pour accueillir les amateurs de plein air. Les deux sites sont situés à environ 25 min de Causapscal et font partie de la **réserve faunique de la Rivière Causapscal** *(53-B rue St-Jacques S., ☎756-6174 ou 888-730-6174, ≠756-6067)*.

Il faut se promener dans les environs, sur les routes secondaires, afin de pouvoir apprécier pleinement le paysage constitué de chutes, de rapides et de falaises. Reprenez la route 132 en direction d'**Amqui**, où vous pourrez apercevoir un pont couvert érigé en 1931. Plus loin, à **Saint-Moïse**, s'élève l'église la plus originale de toutes les églises anciennes de la Gaspésie. Réalisée en 1914 selon les plans du chanoine Georges Bouillon, elle adopte un vocabulaire romano-byzantin exprimé à travers un plan polygonal.

Vous traverserez ensuite **Mont-Joli**, *d'où vous bénéficierez d'un beau panorama du fleuve Saint-Laurent. La boucle est bouclée et le tour de la Gaspésie, terminé.*

Parcs

Circuit A : La péninsule

La **réserve faunique de Matane** *(257 St-Jérôme, Matane, ☎562-3700)* est un ensemble de montagnes et de collines boisées s'étalant sur 1 284 km², parcouru de lacs et de rivières qui sont prisés pour la pêche au saumon.

Le **parc de la Gaspésie** ★★★ *(entrée libre; 4 juin à début sept tlj 8h à 20h, début sept à mi-sept tlj 8h à 17h; 124 1re Av. O., Ste-Anne-des-Monts, ☎763-7811)* s'étend sur une superficie de 800 km² et abrite les célèbres monts Chic-Chocs; il fut créé en 1937 afin de sensibiliser les gens à la sauvegarde du territoire naturel gaspésien. Le parc est constitué de zones de préservation réservées à la protection des éléments naturels de la région et de la zone d'ambiance, formée d'un réseau de routes, de sentiers ainsi que de lieux d'hébergement.

Les monts Chic-Chocs sont la saillie la plus septentrionale de la chaîne appalachienne. Ils s'étendent sur plus de 90 km depuis Matane jusqu'au pied du mont Albert. Les monts McGerrigle se dressent perpendiculairement aux Chic-Chocs et couvrent plus de 100 km². Les sentiers traversent trois paysages étagés en se rendant jusqu'aux sommets des quatre plus hauts monts de l'endroit, le **mont Jacques-Cartier**, le **mont Richardson**, le **mont Xalibu** et le **mont Albert**. C'est le seul endroit au Québec où l'on retrouve à la fois des cerfs de Virginie (dans la riche végétation de la première strate), des orignaux (dans la forêt boréale) et des caribous (dans la toundra, sur les sommets). Les amateurs de randonnée doivent s'enregistrer avant le départ.

Au centre du parc se trouve le **Gîte du Mont-Albert** (voir p 559 et p 563). Il n'a de gîte que le nom, puisqu'il s'agit en fait d'une auberge confortable réputée pour sa table, son architecture de bois délicate inspirée du Régime français et ses panoramas saisissants. On trouve dans le pavillon principal, érigé en 1950, la salle à manger ainsi que 17 chambres. De multiples petits chalets dans le même style sont éparpillés sur le coteau.

Le thème du **parc national Forillon** ★★★ *3,75$; toute l'année tlj 13h à 16h30; 122 boul. Gaspé, Gaspé, ☎368-5505)* est «l'harmonie entre l'homme, la terre et la mer». La succession de forêts et de montagnes, sillonnées par des sentiers de randonnée et bordées de falaises le long du littoral, fait rêver plus d'un amateur de plein air. Le parc abrite une faune assez diversifiée : renards, ours, orignaux, porcs-épics ainsi que d'autres mammifères y sont représentés en grand nombre. Plus de 200 espèces d'oiseaux y sont répertoriées, notamment le goéland argenté, le cormoran, le pinson, l'alouette et le fou de Bassan. À partir des sentiers du littoral, on peut apercevoir, selon les saisons, des baleines et des phoques. Il dissimule aussi différentes plantes rares qui aident à comprendre le passé du sol dans lequel elles poussent.

On y retrouve donc non seulement des éléments naturels mais aussi des rappels de l'activité humaine. Dans ce vaste périmètre de 245 km² se trouvaient autrefois quatre hameaux, dont les quelque 200 familles furent déplacées lors de la création du parc en 1970. Cette expropriation ne s'est d'ailleurs pas faite sans heurt. Les bâtiments les plus intéressants sur le plan ethnographique furent conservés et restaurés : une dizaine de **maisons de Grande-Grave**, le **phare de Cap-Gaspé**, l'**ancienne église protestante de Petit-Gaspé** et le **fort Péninsule**, partie du système défensif mis en place lors de la Seconde Guerre mondiale pour protéger le Canada contre les incursions des sous-marins allemands.

L'ensemble de Grande-Grave, peuplé à l'origine d'immigrants anglo-normands originaires de l'île de Jersey, dans la Manche, comprend notamment l'**ancien magasin Hyman** de 1845, dont l'intérieur a été soigneusement reconstitué afin de lui redonner son apparence du début du XXe siècle, ainsi que la **ferme Blanchette**, en bord de mer, dont les bâtiments forment avec le paysage environnant une véritable carte postale. Ceux-ci peuvent être visités en tout ou en partie.

Le **parc de l'Île-Bonaventure-et-du-Rocher-Percé** ★★ *(entrée libre pour l'île mais transport payant; juin tlj 8h15 à 16h, fin juin à fin sept tlj 8h15 à 17h, fin sept à mi-oct tlj 9h15 à 16h; 4 rue du Quai, Percé, ☎782-2240, ⇄782-2241)* abrite d'importantes colonies d'oiseaux et renferme des maisons rustiques le long de ses nombreux sentiers de randonnée. La longueur des sentiers varie de 2,8 km à 4,9 km et couvre un total de 15 km. Vu l'absence de milieu humide, il n'y a pas d'insectes piqueurs dans l'île. Toutefois, veillez à emporter votre gourde car aucun point d'eau n'est présent le long des sentiers, qui aboutissent tous à la formidable réserve ornithologique, où environ 200 000 oiseaux, dont quelque 55 000 fous de Bassan, constituent une véritable exhibition faunique.

Créée en 1953, la **réserve faunique de Port-Daniel** ★ *(à 8 km de la rte. 132 depuis Port-Daniel, ☎396-2789 en saision ou 396-2232 hors saison)* présente un intérêt certain pour quiconque s'intéresse à la nature. Vous y trouverez une faune et une flore particulièrement riches. La réserve, d'une superficie de 65 km², est sillonnée de sentiers et parsemée de lacs et de chalets. Certains belvédères offrent de très belles vues.

La **grotte de Saint-Elzéar** *(adulte 37$, enfant de moins de 8 ans non admis; début juin à fin oct, 1er départ 8h; 198 rue de l'Église, St-Elzéar, ☎534-4335)* vous fera découvrir 500 000 années d'histoire gaspésienne. À travers ce voyage spéléologique et géomorphologique, vous aurez l'occasion de visiter les deux plus grandes salles souterraines du Québec. Des vêtements chauds et une bonne paire de chaussures sont requis car la température se maintient à 4°C.

Activités de plein air

Randonnée pédestre

Circuit A : La péninsule

Le **parc de la Gaspésie** *(☎763-3301)* propose un superbe réseau de sentiers aux randonneurs. Vous pourrez, dans une même randonnée, admirer quatre types de forêts : une forêt boréale, une forêt d'où sont absents les feuillus, une forêt subalpine constituée d'arbres miniatures et enfin, sur les sommets, la toundra. Nous recommandons, entre autres, les randonnées du mont Jacques-

Cartier (difficile) et du mont Albert (très difficile). Pour les marcheurs néophytes, la randonnée du lac aux Américains constitue un choix fort intéressant.

Le **parc national Forillon** *(3,75$/pers., famille 6$; ☎368-5505)*, avec ses falaises sculptées par la mer et son paysage extraordinaire, vous assure de magnifiques randonnées. Vous y trouverez plusieurs parcours accessibles aux jeunes.

Kayak

Circuit A : La péninsule

À Mont-Saint-Pierre, **Carrefour Aventure** *(10$/heure ou 35$/jour; 106 rue Cloutier, ☎797-5033 ou 800-463-2210)* fait la location de kayaks de mer (accessoires inclus).

Circuit B : La baie des Chaleurs

À Bonaventure, **Cime Aventure** *(☎534-2333, ⇄534-3133)* organise des excursions en kayak d'une durée allant de quelques heures à six jours.

Observation d'oiseaux

Circuit A : La péninsule

Dans les **Jardins de Métis**, à Grand-Métis, on note la présence de nombreux oiseaux dans les clairières, sur les pelouses, dans les jardins, dans la zone boisée et près du fleuve.

La baie des **Capucins** (voir p 542), un marais salé, abrite une vaste faune ailée que l'on peut observer en déambulant le long du sentier qui la borde.

Le **parc de la Gaspésie** compte plus de 150 espèces d'oiseaux nichant sous différents climats. Vous pourrez facilement les observer en arpentant les sentiers. Parc Ami Chic Chocs organise, tous les lundis, une visite ornithologique; le départ a lieu à 7h de la boutique du centre d'interprétation et la visite dure quatre heures.

L'**île Bonaventure** (voir p 555), une réserve visant à préserver les lieux de nidification des cormorans et des fous de Bassan, offre un superbe site aux amateurs d'ornithologie.

Circuit B : La baie des Chaleurs

Le **barachois de Carleton** est un lieu privilégié pour l'observation de la sauvagine, de la sterne et du grand héron. Vous verrez une grande colonie de sternes à l'extrémité sud du banc de Carleton. Une petite tour d'observation, agrémentée de panneaux d'interprétation, permet de bien observer ces oiseaux.

Vol libre

Circuit A : La péninsule

Mont-Saint-Pierre est un endroit unique en Amérique pour le vol libre (voir aussi «Fête du Vol libre», p 566). Pour vous initier au vol en tandem *(fin juin à fin août tlj 8h à 20h)*, communiquez avec Yvon Ouellet *(☎797-2222)*.

Carrefour Aventure *(début juin à mi-oct tlj; 106 rue Cloutier, Mt-St-Pierre, ☎797-5033 ou 800-463-2210)* propose aux débutants des vols d'initiation en deltaplane tandem. Ce centre dispose aussi d'une boutique de sports où l'on fait la location et la vente d'articles de plein air, ainsi que d'un café «santé».

Croisières et observation de baleines

Circuit A : La Péninsule

Les agences touristiques de Gaspé inc. *(17$; mi-juin à mi-sept; au havre de Cap-des-Rosiers, parc national Forillon, ☎892-5629)* vous propose d'aller voir une colonie de phoques et les oiseaux qui nichent dans la falaise à bord du *Félix-Leclerc*. Un animateur est présent pour chaque croisière, qui dure près de deux heures. On voit des baleines à l'occasion. Il faut s'habiller chaudement car les vents sont souvent très froids. L'heure et le nombre des départs varient énormément selon les dates; il est nécessaire de téléphoner au préalable.

Des excursions d'observation des baleines sont organisées par **Observation Littoral Percé** *(31$ pour une durée de 2h30 à 3h; juin à octobre; près de l'hôtel Normandie; rte. 132, Percé, ☎782-5359.).* Pendant ces excursions, vous aurez l'occasion de voir des baleines et, avec un peu de chance, vous croiserez peut-être un banc de dauphins à flancs blancs. Il ne faut pas s'attendre à voir des queues de baleine comme sur les photographies; on ne voit généralement que le dos de la baleine, et elle est souvent très loin.

Des lois sévères régissent d'ailleurs les organisateurs d'excursions, et de lourdes amendes leur sont imposées lorsqu'ils ne tiennent pas leurs distances. Les départs se font tôt le matin; l'excursion dure la matinée (de deux à trois heures). N'oubliez pas de vous munir de vêtements chauds.

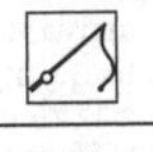

Pêche

Circuit A : La péninsule

La **réserve faunique de Port-Daniel** *(à 8 km de la rte. 132 depuis Port-Daniel, ☎396-2789 en saison ou 396-2232 hors saison)* est parsemée d'une vingtaine de lacs dans lesquels il est possible de pêcher la truite. Vous avez le choix entre la pêche d'un jour et la pêche avec hébergement dans les chalets situés au bord des lacs. Des chaloupes sont mises à la disposition des usagers. Il faut réserver 48 heures à l'avance.

Circuit B : La baie des Chaleurs

À **Causapscal**, le poste d'accueil *(☎756-6174, réservations 888-730-6174, ≠756-6067)* des rivières Matapédia et Patapédia, situé en face du Site Matamajaw, émet des permis de pêche pour ces deux rivières.

Pour la pêche au saumon, du début juin à la fin août, vous pouvez bénéficier d'un service de location d'équipement et de la présence d'un guide. On vend des droits d'accès à la journée et il y a possibilité de forfaits.

La rivière Matapédia représente un véritable trésor pour les pêcheurs de saumon. On y capture des spécimens pesant jusqu'à 20 kg! Si vous êtes patient et que vous passez quelques jours à Causapscal, peut-être aurez-vous la chance de profiter des services du **guide de pêche Richard Adams**, une légende vivante dans la région.

Traîneau à chiens

Circuit A : La péninsule

Expéditions en traîneau à chiens *(550$ et plus; 38 rang de la Coulée, St-Luc, Matane, ☎566-2176, ≠566-2176).* Ces forfaits durent de trois à cinq jours et incluent la prise en charge à l'aéroport ou à la gare de Mont-Joli, une randonnée à cheval, un guide et un attelage par personne de même que tous les repas et les couchers. Un groupe ne peut excéder six personnes. De plus, il est possible de partir en excursion pour une demi-journée ou une seule journée, au coût de 60$ et 100$ respectivement. Ces prix incluent un repas et un guide avec un attelage de 10 à 12 chiens.

Ski de fond

Circuit A : La péninsule

La **Station de ski Val-d'Irène** *(prix variables selon les forfaits; 115 rte. Val-d'Irène, ☎629-3450)* bénéficie des meilleures conditions de neige du Québec. Cependant, on n'y trouve que 7 km de pistes entretenues. De plus, vous pouvez faire le parcours n° 3, qui n'est pas entretenu.

Hébergement

Circuit A : La péninsule

Sainte-Flavie

Le village de Sainte-Flavie marque le début de la Gaspésie. Il peut être agréable de s'y attarder un peu avant d'entamer le tour de cette péninsule qui vous réserve de belles découvertes.

Motel Gaspésiana
75$
ℜ, ≡, ⊛, 🐕
460 rte. de la Mer, G0J 2L0
☎775-7233 ou 800-404-8233
⇄775-9227
Pour ce faire, le Motel Gaspésiana propose des chambres de motel bien équipées et insonorisées. Leurs larges fenêtres les rendent, somme toute, assez agréables.

Centre d'art Marcel-Gagnon
60$ pdj
ℜ, 🐕
début mai à mi-oct
564 rte. de la Mer, G0J 2L0
☎775-2829
⇄775-9548
Durant la période s'étendant de Pâques à Noël, l'auberge du Centre d'art Marcel-Gagnon, en bordure de la route 132, propose des chambres tranquilles qui offrent une vue sur les 80 statues grandeur nature baignant dans la mer.

Grand-Métis

Motel Métis
25$
≈, 🐕
mi-juin à mi-août
220 rte. 132, G0J 1Z0
☎775-6473
Le Motel Métis dispose de chambres neuves, simples et modernes.

Métis-sur-Mer

Camping Annie
14,49$
≈
1352 rte. 132, G0J 1W0
☎936-3825
⇄936-3035
Le Camping Annie est pourvu de 150 emplacements dont 58 équipés des trois raccordements pour véhicules récréatifs. Il se trouve en bordure de sentiers pédestres et cyclables. Situé à 8 km des Jardins de Métis, cet endroit est chaleureux et très sympathique.

Au coin de la baie
65$
tv, ℂ, ℜ
mi-mai à mi-sept
1140 rte. 132, G0J 1W0
☎936-3855
⇄936-3112
Le motel Au coin de la baie est surtout réputé pour son restaurant (voir p 562); il compte cependant 14 belles chambres rénovées.

Auberge du Grand Fleuve
52-80 pdj
47 rue Principale, G0J 1S0
☎936-3332
aubergedugrandfleuve.qc.ca
Avec un nom de village aussi original, il fallait s'attendre à y trouver des établissements témoingant d'une certaine créativité! C'est le cas de l'Auberge du Grand Fleuve qui se qualifie de «bouquin-couette». Tenue par un couple franco-québécois amoureux des lettres et de l'art de l'accueil, cette auberge propose le gîte et une fine cuisine dans un environnement largement inspiré de cette mer qui s'ouvre face à ses fenêtres.

Matane

Motel La Vigie
55$
≡, ℜ
1600 av. du Phare O., G4W 3M6
☎562-3664
⇄562-2930
À proximité de l'itinéraire des motoneigistes, le Motel La Vigie est pourvu de chambres simples aménagées dans un décor moderne.

Auberge La Seigneurie
70$ pdj
bc/bp
621 rue St-Jérôme, G4W 3M9
☎562-0021 ou 877-783-4466
⇄562-4455
Vous trouverez un lieu idéal pour vous reposer au confluent du fleuve et de la rivière Matane; l'Auberge de La Seigneurie, située sur l'ancien site de la seigneurie Fraser, vous propose, en effet, des chambres confortables.

Hôtel-Motel Belle Plage
64$
ℜ, 𝔍
1310 rue Matane-sur-Mer, G4W 3M6
☎562-2323 ou 800-361-6162
⇄562-2562
Situé en bordure de la plage, l'hôtel-Motel Belle Plage propose des chambres simples
dans un décor un peu vieillot. Louez l'une des chambres de l'hôtel plutôt que du motel car elles sont plus jolies.

Quality Inn Inter Rives
99$
ℜ, ≈, ⌂, ⊙, ⊛, 𝔍
1550 av. du Phare O., G4W 3M6
☎562-6433 ou 800-463-2466
⇄562-9214
Les élégantes chambres du Quality Inn Inter Rives sont garnies de beaux meubles en bois.

Riotel Matane
120$
ℜ, ≈, ⌂, ⊙, ≡, ⊛
250 av. du Phare E., G4W 3N4
☎566-2651 ou 800-463-7468
⇄562-7365
Le Riotel Matane vous charmera au premier coup d'œil. En arrivant sur place, on constate qu'un effort a été porté à la décoration et au confort. L'escalier de bois en colimaçon et les fauteuils en cuir ne sont qu'un aperçu de ce qui vous attend plus loin. En traversant le restaurant et le bar, vous aurez droit à une superbe vue sur le fleuve. Les chambres du deuxième étage sont parmi les plus récentes. De plus, un court de tennis et un terrain de golf sont également mis à la disposition des clients de l'hôtel.

Parc de la Gaspésie

Dans le parc de la Gaspésie, différents emplacements de **camping** *(17$; mi-juin à fin sept)* sont mis à votre disposition. On y trouve aussi 19 **chalets** *(69$)* pouvant accueillir 2, 4, 6 ou 8 personnes *(☎763-2288 ou 888-270-4483, ⇌763-7803).*

Gîte du Mont-Albert
115$
≈, ⌂, ℑ, ℂ
☎763-2288 ou 888-270-4483
⇌763-7803
Situé dans le parc de la Gaspésie (voir p 554), le Gîte du Mont-Albert offre un panorama splendide. Comme ce gîte est construit en forme de fer à cheval, chaque chambre vous donne, en plus d'un bon confort, une vue imprenable sur les monts Albert et McGerrigle.

Mont-Saint-Pierre

Les vagues
19$/pers.
ℜ
84 rue Cloutier, G0E 1V0
☎797-2851
⇌797-2851
L'auberge de jeunesse Les vagues propose un hébergement très simple, mais surtout très bon marché; on y organise des excursions au mont Jacques-Cartier ainsi que dans le parc de la Gaspésie.

Parc national Forillon

Vous trouverez quatre campings dans le parc. Pour réserver un emplacement, composez le ***☎368-6050*** *(tous les campings début juin à mi-oct 122; boul. de Gaspé, G4X 1A9, Parc national Forillon, Gaspé).* Pour tout le parc, on dénombre 368 emplacements de camping. Notez que seulement 50% de ces emplacements sont disponibles sur réservation; le reste suit la politique du «premier arrivé, premier servi».

Camping Des-Rosiers
16$
secteur Nord
Le Camping Des-Rosiers est doté de 155 emplacements pour tentes et véhicules récréatifs *(42 d'entre eux avec électricité : 18$).* Il est situé sur un terrain semi-boisé en face de la mer.

Camping Bon-Ami
16$
secteur Nord
Le Camping Bon-Ami compte 42 emplacements, pour tentes seulement, situés sur un terrain semi-boisé.

Camping Petit-Gaspé
16$
Le Camping Petit-Gaspé propose 135 emplacements pour tentes et véhicules récréatifs sur un terrain boisé recouvert de gravier fin.

Cap-aux-Os

Auberge de jeunesse de Cap-aux-Os
19$, chambre privée
17$ chambre partagée
2095 boul. Grande-Grève, G4X 6L7
☎892-5153
Si vous ne recherchez pas le grand luxe et que vous surveillez vos dépenses, l'auberge de jeunesse de Cap-aux-Os vous conviendra parfaitement. D'ambiance vraiment conviviale, tant à la cafétéria qu'au grand salon, l'auberge est située aux portes du parc national Forillon et propose plusieurs activités.

Gaspé

Résidence du cégep de la Gaspésie et des Îles
22$
ℂ
94 rue Jacques-Cartier G4X 2P6
☎368-2749
www.cgaspesie.qc.ca
La résidence du cégep de la Gaspésie et des Îles loue ses chambres entre le 15 juin et le 15 août. Une cuisinette équipée, la literie, les serviettes et la vaisselle sont fournies.

Motel Fort Ramsay
45$
ℂ, ℝ, ℜ, 🐕
254 boul. Gaspé, G4X 1B1
☎368-5094
Établi entre le parc national Forillon et le centre-ville de Gaspé, le Motel Fort Ramsay dispose de chambres simples mais un peu bruyantes, la route se trouvant à proximité.

Motel Adams
49$
ℜ, ≡
2 rue Adams, G4X 2R8
☎368-2244 ou 800-463-4242
⇌368-6963
Situé au centre-ville, le Motel Adams propose des chambres agréables, spacieuses et très propres.

Les Petits matins
50$ pdj
129 rue de la Reine, C.P. 331, G4X 1T5
☎368-1370
Ce «logement chez l'habitant» situé à deux pas du café Le Brise Bise (voir p 563), vous accueille dans une de ses trois chambres, fort jolies et très bien éclairées, et ce, au cœur du centre-ville. Les petits déjeuners sont copieux. Strictement réservé aux non-fumeurs.

Quality Inn
105$
≡, ⊛, ℜ
178 rue de la Reine, G4X 1T6
☎***368-3355 ou 800-462-3355***
⇄ ***368-1702***
Le Quality Inn se dresse au centre-ville à côté d'un centre commercial. Les chambres sont agréables et confortables.

Fort Prével

Auberge Fort-Prével
90$
≈, ℜ
début mai à début nov
2053 boul. Douglas, St-Georges-Malbaie, G0C 2X0
☎***368-2281 ou 888-377-3835***
⇄***368-1364***
Tout comme le Gîte du Mont-Albert, l'Auberge Fort-Prével est administrée par la Société des établissements de plein air du Québec. La batterie de Fort-Prével servit pendant la Deuxième Guerre mondiale; un circuit d'interprétation nous rappelle son rôle. On y trouve 54 chambres et 13 chalets tout équipés *(135$)*. On y a une très belle vue sur la mer.

Percé

Camping du Gargantua
16$
222 rte. des Failles
☎***782-2852***
Le Camping du Gargantua est sans contredit le plus beau camping de Percé et de ses environs. Il offre une vue non seulement sur le rocher Percé et sur la mer mais aussi sur les montagnes verdoyantes environnantes.

Auberge du Gargantua
50$
ℜ
juin à mi-oct
222 rte. des Failles, G0C 2L0
☎***782-2852***
⇄***782-5229***
Depuis 30 ans qu'elle domine Percé du haut de son promontoire, l'Auberge du Gargantua n'a plus besoin d'introduction pour les habitués de la péninsule gaspésienne. Sa table (voir p 564) fait partie des meilleures de la région. Le site et la vue qu'elle offre laisseront dans votre mémoire un souvenir impérissable. Le décor des petites chambres de motel est simple, mais elles sont confortables.

Auberge de la Montagne
99$
10 ch. de l'Auberge, G0C 2L0
☎/⇄***782-5535***
Juchée sur une colline surplombant la ville, l'Auberge de la Montagne dispose de chambres spacieuses et bien éclairées.

Hôtel-Motel La Normandie
60$
ℜ, ⌂
221 rte. 132 O., G0C 2L0
☎***782-2112 ou 888-463-0820***
⇄***782-2337***
L'Hôtel-Motel La Normandie a acquis une excellente réputation à Percé. Cet établissement de luxe est complet plus souvent qu'à son tour durant la haute saison; du restaurant et des chambres, vous pouvez admirer le célèbre rocher Percé.

Chalets au Pic de l'Aurore
78$ à 109$
ℂ, ℑ
début mai à mi-oct
1 rte. 132, G0C 2L0
☎***782-2166 ou 800-463-4212***
⇄***782-5353***
Les Chalets au Pic de l'Aurore sont situés en haut de la côte, au nord de Percé, et surplombent toute la ville. Chaque chalet bénéficie d'une jolie terrasse et dispose d'une cuisinette, d'une chambre et d'un salon avec foyer. 16 chalets.

Motel Mirage du Rocher
65$
≈, ≡
288 rte. 132, G0C 2L0
☎***782-5151 ou 800-361-6162***
⇄***782-5536***
Le Motel Mirage du Rocher dispose de courts de tennis et de chambres confortables offrant une vue superbe.

Circuit B : La baie des Chaleurs

Chandler

Motel Fraser
46$ pdj
ℜ, ≈
à 40 km de Percé à l'extrémité ouest de Chandler, sortie Pabos Mills
325 rte. 132, G0C 1K0
☎***689-2281 ou 800-463-1404***
⇄***689-6628***
Le Motel Fraser offre un bon rapport qualité/prix.

Paspébiac

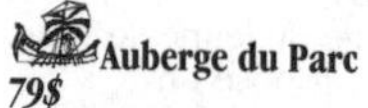
Auberge du Parc
79$
⌂, ℜ, ≈, ⊛
début fév à fin nov
68 boul. Gérard-D.-Lévesque, G0C 2K0
☎***752-3355 ou 800-463-0890***
⇄***752-6406***
L'Auberge du Parc est installée dans un manoir qui fut érigé par l'entreprise Robin au XIXe siècle, au centre d'un bois, dans un cadre parfait pour la détente. Bains thermomasseurs, enveloppements d'algues, massages thérapeutiques, pressothérapie, ainsi qu'une piscine emplie d'eau de mer, agrémenteront votre séjour.

New Carlisle

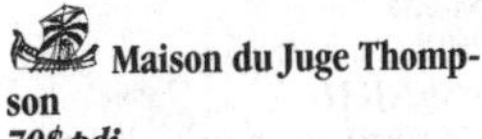 **Maison du Juge Thompson**
70$ pdj
bc/bp
juil et août
105 boul. Gérard-D.-Lévesque
☎752-6308
La Maison du Juge Thompson vous propose de séjourner dans une jolie chambre car elle occupe une très belle villa d'antan (1844). Vous y trouverez des sentiers et un beau jardin anglais d'époque. Vous pourrez vous détendre à votre aise et admirer la mer sur la véranda. On y sert de bons petits déjeuners à l'anglaise.

Bonaventure

Camping Plage Beaubassin
16$
début juin à mi-sept
154 rue Beaubassin
☎534-3246
En bordure de la baie des Chaleurs, sur une petite presqu'île, le Camping Plage Beaubassin est pourvu de 160 emplacements ainsi que d'une plage surveillée. Une laverie, une salle communautaire et un petit magasin font partie de ses installations.

New Richmond

Camping Parc de la rivière Cascapédia
ℜ
410 boul. Perron
☎392-5631
Le Camping Parc de la rivière Cascapédia offre une vue superbe sur la rivière et dispose d'une laverie.

Maria

Auberge Honguedo
82$
ℜ, ≈, ≡
rte. 132, G0C 1Y0
☎759-3488 ou 800-463-0833
⇄759-5849
Avec ses 60 chambres propres offrant un bon confort, l'Auberge Honguedo est le lieu d'hébergement d'importance de Maria.

Carleton

Camping Carleton
18$
mi-juin à fin sept
banc de Larocque
☎364-3992
Tout près de la mer et de la plage, le Camping Carleton a peu d'emplacements ombragés, mais il demeure un lieu fort agréable et calme.

Hôtel-Motel Baie Bleue
72$
ℜ, ⊛, ≈, 🐕
482 boul. Perron, G0C 1J0
☎364-3355 ou 800-463-9099
⇄364-6165
L'Hôtel-Motel Baie Bleue compte une centaine de chambres, toutes bien tenues, et à la décoration moderne.

Chalets de la Baie
95$
ℂ
début mai à fin sept
209 rue du Quai G0C 1J0
☎364-7810
⇄759-5516
Construits non loin de la plage de Carleton, les Chalets de la Baie conviendront tout à fait aux personnes qui recherchent l'essentiel du confort et une situation très centrale.

Aqua-Mer Thalasso
1 295$/pers. pour sept jours incluant l'hébergement, les repas et les traitements
⚙, ≈
début mai à fin oct
868 boul. Perron, G0C 1J0
☎364-7055 ou 800-463-0867
⇄364-7351
Aqua-Mer Thalasso, situé dans un cadre enchanteur, est un centre de thalassothérapie. On y propose plusieurs forfaits-traitements d'une semaine, dont une cure de remise en forme qui comprend cinq traitements par jour.

Pointe-à-la-Garde

Auberge de jeunesse Château Bahia de Pointe-à-la-Garde
36$ pdj
ℜ
été seulement
152 boul. Perron, G0C 2M0
☎/⇄788-2048
L'auberge de jeunesse et le Château Bahia de Pointe-à-la-Garde se trouvent en retrait de la route, à mi-chemin entre Carleton et Matapédia; il s'agit d'un lieu de détente par excellence. En haute saison, l'endroit est surtout fréquenté par des Européens. Des mets régionaux de qualité sont servis, tels que saumon frais et jambon à l'érable, tous à prix modique. Vous avez le choix de dormir à l'auberge de jeunesse ou au «château» situé derrière celle-ci.

Causapscal

Camping municipal Saint-Jacques
14$
≈
601 rue St-Jacques N.
☎756-5621
⇄756-3344
Le Camping municipal Saint-Jacques a aménagé 48 emplacements pour tentes et véhicules récréa-

tifs. On peut y séjourner entre juin et septembre.

Motel du Vallon
48$
ℂ, 🐕
609 rte. 132 Ouest
☎**756-3433**
⇄**629-5058**
Seize chambres situées dans un site luxuriant composent le Motel du Vallon.

Auberge la Coulée Douce
56$
bc/bp; ℜ
21 rue Boudreau, G0J 1J0
☎***756-5270 ou 888-756-5270***
⇄***756-5271***
La Coulée Douce est ouverte de juin à septembre, de même qu'en hiver selon l'affluence. Cette ancienne demeure de curé a été transformée en une sympathique petite auberge familiale au centre de la vallée de la Matapédia, et elle propose des chambres chaleureusement garnies de vieux meubles.

Restaurants

Circuit A : La péninsule

Sainte-Flavie

Centre d'art Marcel Gagnon
$$
☎***775-2829***
En bordure de la route 132, le restaurant du Centre d'art Marcel Gagnon propose un menu fort simple à prix abordable.

Le Gaspésiana
$$
☎***775-7233***
Le Gaspésiana sert de plats; il est surtout réputé pour son fameux brunch du dimanche. Le menu, très varié, est composé autant de plats de fruits de mer et de poisson que de plats de viande.

Grand-Métis

Les Ateliers Plein Soleil
$-$$
Jardins de Métis
Le restaurant Les Ateliers Plein Soleil se fait un point d'honneur de veiller à ce que tout soit parfait; le service en costume d'époque est attentionné et le décor, pittoresque; les plats métissiens et québécois s'avèrent copieux. On trouve aussi un casse-croûte dans la Villa Reford.

Métis-sur-Mer

Le Métis-sur-Mer
$$-$$$
fin juin à fin oct
rte. 132
☎***936-3563***
Si vous avez envie d'excellents plats de fruits de mer, optez pour le restaurant Le Métis-sur-Mer.

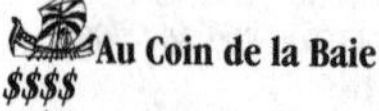**Au Coin de la Baie**
$$$$
1140 rte. 132
☎***936-3855***
Entre mai et septembre, le restaurant Au Coin de la Baie ouvre ses portes. Vous pourrez vous y régaler de saumon fumé à la royale, de betteraves «illusion» et de sorbets de «cèdre». Le choix des vins est excellent.

Matane

Pizzeria Italia
$-$$
vers le centre-ville
angle rue St-Pierre et rue St-Jérôme
☎***562-3646***
La Pizzeria Italia propose des pizzas à base d'aliments frais de première qualité, avec un choix intéressant de garnitures.

La Table du Capitaine Gourmand
$$-$$$
260 du Barachois
☎***562-3131***
Ce resto attire une clientèle friande de poissons et de fruits de mer frais, toujours servis en grosses portions. Il dispose d'un vivier à homards. L'endroit est parsemé d'objets hétéroclites tels qu'un coffre au trésor et un casier à homards. La pizza aux fruits de mer est très prisée et le service est sympathique.

Riotel Matane
$$-$$$
250 av. du Phare E.
☎***566-2651***
Le restaurant du Riotel Matane propose un menu de cuisine régionale spécialisée dans les plats de fruits de mer, mais sert aussi de délicieuses grillades d'agneau, de cerf et de volaille. La table d'hôte est composée de trois services avec 10 choix de plats principaux.

Le Vieux Rafiot
$$-$$$
1415 av. du Phare, en bordure de la rte. 132
☎***562-8080***
Le restaurant Le Vieux Rafiot attire énormément de visiteurs grâce à son étonnante salle à manger, divisée en trois parties par des cloisons percées de hublots et ornée de tableaux d'artistes locaux. Outre sa décoration originale, il propose des plats variés et délicieux.

Cap-Chat

Fleur de Lys
$$-$$$
184 rte. 132 E.
☎***786-5518***
La Fleur de Lys vous invite à savourer des mets frais du jour et savoureux. L'accueil est chaleureux.

Parc de la Gaspésie

Gîte du Mont-Albert
$$$$
☎763-2288
Au Gîte du Mont-Albert, il faut absolument vous laisser tenter par les fruits de mer, préparés de façon inventive. Durant le mois de septembre, on y célèbre le Festival du gibier. Vous aurez alors l'occasion de goûter des viandes aussi peu communes que celles de pintade, de bison et de perdrix.

Gaspé

Brise Bise
$-$$
2 côte Cartier, place Jacques-Cartier
☎368-1456
Le bistrot-bar Brise Bise est probablement le café le plus sympathique de Gaspé. On y sert des saucisses, des fruits de mer, des salades et des sandwichs. Le choix de bières et de cafés est varié, le «5 à 7» est agréable, des spectacles y sont présentés tout l'été et l'on y danse en fin de soirée.

Bourlingueur
$-$$
207 rue de la Reine
☎368-4323
Des tables et des chaises en bois verni donnent au Bourlingueur des allures de vieux pub anglais. Il s'agit d'un endroit vaste et chaleureux où l'on peut manger des plats canadiens ou chinois en toute quiétude. Goûtez le homard à la cantonaise.

Café des Artistes
$-$$
249 boul. de Gaspé
☎368-2255
Les propriétaires du Café des Artistes, eux-mêmes artistes il va de soi, proposent un concept tout à fait original et sympa. Dans ce centre d'art, vous pourrez, à votre aise, prendre le temps de vous offrir une bonne table d'hôte pour ensuite aller admirer les œuvres de divers artistes. Après trois ans de rénovation, on a ouvert cette magnifique demeure aux poutres apparentes. Les glaces maison (celle à l'avocat plus particulièrement) et les sorbets sont excellents.

Restaurant Bar Latini
$-$$
35 du Ruisseaux Dean
☎368-7447
Si vous comptez visiter le parc national Forillon pendant la journée, le Latini ouvre ses portes à partir de 7h pour le petit déjeuner et prépare des plats pour emporter. Des pâtes fraîches, des salades et de la soupe maison figurent au menu.

L'Ancêtre
$$-$$$
55 boul.. York
☎368-4358
Le restaurant L'Ancêtre vous propose ses spécialités de steaks sur gril et de fruits de mer, le tout servi dans une très belle maison de style anglo-normand avec vue imprenable sur la ville. On y sert le meilleur brunch du dimanche en ville. Seul fausse note, le service manque un peu de coordination.

Fort Prével

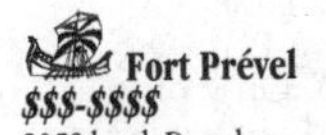
Fort Prével
$$$-$$$$
2053 boul. Douglas
☎368-2281 ou 888-377-3835
Au Fort Prével (voir p 560), en plus d'être plongé dans une ambiance historique, on peut savourer une délicieuse cuisine française et québécoise. Dans une vaste salle à manger, vous dégusterez de petits plats apprêtés et présentés avec raffinement. Au menu figurent des plats de poisson et de fruits de mer, bien sûr, mais aussi toutes sortes de spécialités à faire pâlir d'envie tous les gourmets.

Percé

La Maison du Pêcheur
$$-$$$
☎782-5331
La Maison du Pêcheur se trouve en plein centre du village. Elle regroupe deux restaurants en un. Le premier étage abrite une crêperie donnant sur la mer, qui sert aussi le petit déjeuner, tandis que le deuxième est aménagé pour recevoir les gens à dîner. Les prix sont un peu élevés, mais tout y est de première qualité.

Riotel Percé
$$-$$$
10 ch. de l'Auberge
☎782-5535
Le Riotel Percé propose des menus déjeuner et des tables d'hôte. La carte se compose de plats de fruits de mer, de salades et de brochettes.

Auberge Au Pirate
$$$-$$$$
1 promenade du Bord-de-Mer
☎782-5055
Ancien chef-lieu de la compagnie Robin, l'Auberge Au Pirate est aménagée dans l'une des plus vieilles maisons de la Gaspésie (1775) sur un site de choix près de la plage. Les cuisines sont ouvertes du matin au soir. On y sert et vend un excellent pain de ménage.

La Normandie
$$$-$$$$
221 rte. 132 O.
☎782-2112
Considéré par plusieurs comme l'une des meilleures tables de Percé, La Normandie propose des mets savoureux dans un lieu tout à fait charmant.

Avalanches

Les monts Chic-Chocs et les versants abrupts des montagnes de la Gaspésie offrent aux amateurs de ski alpin hors-piste des conditions de neige des plus intéressantes. D'ailleurs, d'année en année, on enregistre une augmentation de la fréquentation des endroits facilement accessibles aux sportifs avides de la sensation de liberté qu'offrent ces pentes naturelles.

Les skieurs avertis savent toutefois que les risques d'avalanche sont présents même au Québec. On entend peu parler de ces avalanches, généralement de faible à moyenne intensité, puisque les versants affectés sont peu ou pas fréquentés. Toutefois, il est facile de reconnaître les endroits où les avalanches se produisent. Les bandes sans végétation formant des trouées dans la forêt sont caractéristiques d'un déboisement par des avalanches. La neige est l'élément destructeur le plus rapide. Les sites les plus fréquemment soumis aux avalanches sont situés aux endroits où le plateau surmontant le versant est déboisé. La neige peut ainsi être soufflée et s'accumuler en surplomb, formant des corniches au-dessus des pentes. Ces corniches peuvent se décrocher au contact ou par gravité. La neige descend alors la pente et, selon le type de neige déjà présent sur la pente, le volume transporté est plus ou moins grand.

Dans le secteur du mont-Albert, un site est soumis à un type d'avalanche de neige mouillée qu'on appelle aussi *slush flow*. Ce type d'avalanche se produit toutefois lorsqu'il y a un redoux à la suite d'une forte chute de neige, et les sites affectés sont en pente faible. La plupart des sites soumis aux avalanches de neige sèche sont situés sur des terres publiques, et les conditions de pente et d'enneigement sont considérées idéales par les skieurs alpins.

Il en revient donc aux skieurs d'être attentifs à la présence de corniches pour éviter des incidents déplorables. Un programme de recherche pour déterminer les impacts écologiques et la fréquence des avalanches dans différents secteurs de la Gaspésie est en cours. On entendra donc de plus en plus parler des ces avalanches québécoises encore peu connues de la majorité des gens.

On dit grand bien du feuilleté de homard au champagne et des pétoncles à l'ail, au miel et aux poireaux. Un grand choix de vins est proposé.

Auberge à Percé
$$$-$$$$
1 promenade du Bord de Mer
☎ ***782-5055***
La ville de Percé compte un grand nombre de restaurants. Parmi eux cependant, peu méritent le titre de «grande table». L'Auberge à Percé est l'un de ceux-là. On y propose un menu de fine cuisine; on y retrouve pétoncles, homard, poissons et viandes rouges divinement apprêtés. Le bel environnement, souligné par sa jolie adresse, ajoute aux plaisirs de la table.

Auberge du Gargantua
$$$$
222 rue des Failles
☎ ***782-2852***
L'Auberge du Gargantua offre un décor qui rappelle la vieille France campagnarde, d'où sont issus les propriétaires. De la salle à manger, on a une vue superbe sur les montagnes environnantes et il est sage d'arriver assez tôt pour en bénéficier. Les plats sont tous gargantuesques et savoureux, incluant générale-

ment une entrée de bigorneaux, une assiette de crudités puis un potage. Enfin, le plat principal est choisi à partir d'une longue liste allant du saumon au crabe des neiges en passant par le gibier.

Circuit B : La baie des Chaleurs

Bonaventure

Café Acadien
$$-$$$
168 rue Beaubassin
☎534-4276
Le Café Acadien sert de bons petits plats dans un cadre charmant. Cet établissement, ouvert durant toute la saison estivale, est très populaire, tant auprès des gens de l'endroit que des touristes, ce qui explique peut-être les prix un peu élevés. début juin à mi-sept

New Richmond

Les têtes heureuses
$-$$
104 ch. Cyr
☎392-6733
Ce café-bistro vous charmera tant par son atmosphère que par son menu. Vous y trouverez une foule d'entrées, de croissants, de baguels, de sandwichs chauds, de pâtes, de quiches et de riz, tout aussi exquis les uns que les autres. Le pain de ménage et les desserts maison sont délicieux. On y propose un très grand choix de bières importées et de bières de microbrasseries.

Carleton

Café l'Indépendant'e
$$$-$$$$
rue du Quai, à 200 m de la rte. 132
☎364-7602
Le Café l'Indépendant'e se trouve tout près des bateaux de pêcheurs; il s'agit d'un sympathique petit café avec des tables sur la véranda.

La Seigneurie
$$-$$$
482 boul. Perron
☎364-3355
La Seigneurie, le restaurant de l'Hôtel-Motel Baie Bleue, apprête une grande variété de mets délicieux à base de gibier, de poisson et de fruits de mer. La vue depuis la salle à manger est superbe.

La Maison Monti
$$$-$$$$
840 boul. Perron
☎364-6181
La Maison Monti est l'ancienne demeure d'Honoré Bernard, dit Monti, un riche prospecteur qui revint s'installer à Carleton, après avoir séjourné dans l'Ouest du pays. La salle à manger, agrémentée d'une verrière, est confortable. Le menu est constitué de gibier, de poisson et de fruits de mer. Le service est sympathique, attentionné et empressé.

Causapscal

La Cantine Linda
$
391 rue St-Jacques N.
☎756-5022
La Cantine Linda sert des plats simples qui sauront satisfaire vos petits creux.

Auberge La Coulée Douce
$$-$$$
21 rue Boudreau
☎756-5270
Le restaurant de l'Auberge La Coulée Douce propose un menu de mets délicieux tels que la bouillabaisse gaspésienne et de nombreux plats à base de saumon frais. Le service est sympathique.

Sorties

Bars et discothèques

Matane

Billbard
366 St-Jérôme
☎562-3227
Au Billbard, le bar à la mode de Matane, vous entendrez des airs de jazz et de blues. On y sert de l'*espresso*, des bières de microbrasseries et quelques plats de saucisses européennes.

Vieux Loup de Mer
389 St-Jérôme
☎562-2577
Le Vieux Loup de Mer est le bar le plus couru à Matane. Vous y verrez une clientèle très diverse. On y reçoit des chansonniers les fins de semaine.

Gaspé

La Voûte
114 rue de la Reine
Le bar La Voûte reçoit surtout une clientèle étudiante. Les heures d'affluence sont de 18h à minuit. On y accueille des chansonniers régulièrement. À l'étage, vous trouverez un lieu de rencontre pour les 25 ans et plus.

Percé

Percé-Brasse
162 rte. 132
☎782-2974
De plus en plus populaire auprès des touristes et des résidants de Percé, le bar-terrasse Percé-Brasse vous offre une atmosphère des plus animées.

Théâtres et salles de spectacle

Petite-Vallée

Théâtre du Café de la Vieille Forge
juin à fin août
à côté de la Maison LeBreux
4 Longue-Pointe
☎*393-2222*
⇄*393-3060*
Le Théâtre du Café de la Vieille Forge vous propose des pièces à saveur gaspésienne ou québécoise interprétées par des comédiens locaux. De plus, les humoristes et les chanteurs professionnels en tournée y donnent des spectacles tout l'été.

Carleton

Théâtre La Moluque
mi-juil à fin août mar-sam 20h30
rte. 132, centre-ville, 586 boul. Perron
☎*364-7151*
⇄*364-7314*
Le Théâtre La Moluque présente du théâtre professionnel de création ou de répertoire.

Fêtes et festivals

Matane

Festival de la crevette
☎*562-0404*
La crevette de Matane est bien connue et fait le délice des amateurs bien audelà de la Gaspésie. On la célèbre donc par une fête conviviale, le Festival de la crevette, chaque année à la fin juin.

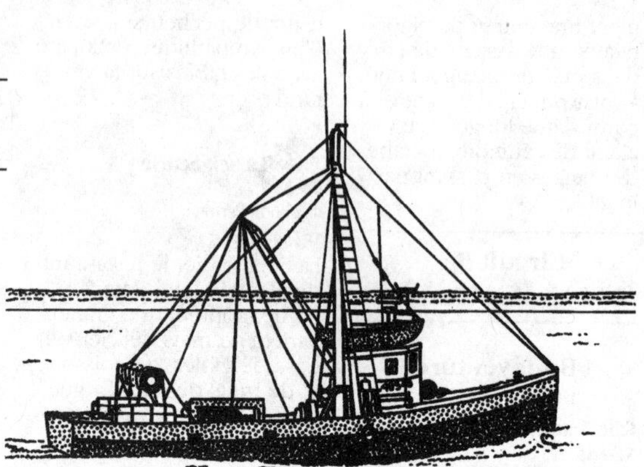

Mont-Saint-Pierre

Fête du Vol libre
☎*797-2222*
La fête du Vol libre de Mont-Saint-Pierre souligne la vocation sportive de ce hameau. Tout l'été, les amateurs de vol libre accourent de partout pour se lancer au-dessus de la baie, mais à la fin de juillet, lors de cet événement, leur nombre est particulièrement élevé et les activités ne manquent pas.

Achats

Circuit A : La péninsule

Grand-Métis

Les Ateliers Plein Soleil *(Jardins de Métis,* ☎*775-3165).* Les artisans fabriquent et proposent dans leur boutique tout un assortiment de nappes et serviettes de table tissés à la main, des herbes salées et même du ketchup maison.

Percé

En raison de la situation très centrale de la Place du Quai, vous ne pourrez pas a manquer. Regroupement de plus de 30 commerces, elle compte de nombreux restaurants, des boutiques, une laverie et un comptoir de la Société des Alcools du Québec.

Vous trouverez nombre de boutiques au centre-ville. En voici quelques-unes : La boutique **Cormoran** *(mai à oct; 153 rue Principale,* ☎*782-2397)* dispose d'une énorme sélection d'idées cadeaux et de souvenirs de toutes sortes reflétant l'artisanat gaspésien.

Le Macareux *(début mai à début nov tlj 8h à 22h; 262 rue Principale,* ☎*782-2414)* vous propose des souvenirs très variés tels que sculptures sur bois, agates, t-shirts ainsi que gravures sur verre.

Les Îles-de-la-Madeleine

Les îles de la Madeleine émergent au cœur du golfe du Saint-Laurent, à plus de 200 km des côtes de la péninsule gaspésienne. Elles constituent un archipel d'environ 65 km de long, composé d'une douzaine d'îles, dont plusieurs sont reliées par de longues bandes de sable qui souvent forment des dunes.

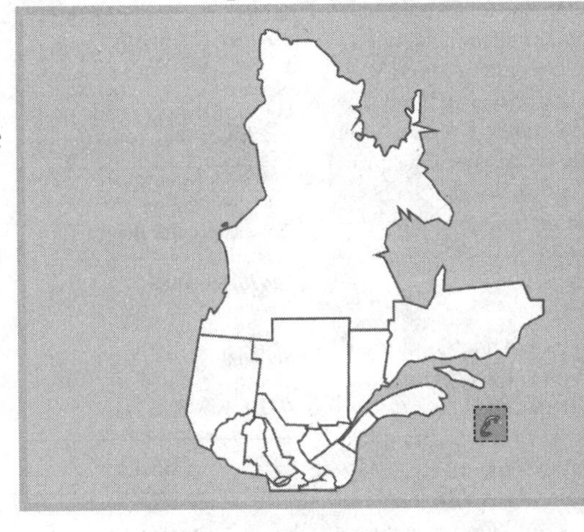

Balayées par les vents du large, ces quelques îles ne manquent pas d'attraits ni de superbes paysages aux multiples coloris. Le blond des dunes et des longues plages sauvages s'y marie au rouge des falaises de grès et au bleu de la mer. Quelques jolies bourgades, aux maisons souvent peintes de vives couleurs, ainsi que des phares et des installations portuaires complètent agréablement les charmants paysages des îles.

Les 15 000 Madelinots, depuis toujours tournés vers la mer, vivent encore principalement de la pêche au crabe, aux mollusques, au maquereau et surtout au homard. En grande majorité de souche française, la population se regroupe sur sept îles de l'archipel : l'île de la Grande Entrée, Grosse-Île, l'île aux Loups, l'île du Havre aux Maisons, l'île du Cap aux Meules, l'île du Havre Aubert et l'île d'Entrée. Parmi celles-ci, seule l'île d'Entrée, où vivent quelques familles d'origine écossaise, n'est pas reliée par voie terrestre au reste de l'archipel.

L'archipel des îles-de-la-Madeleine fut d'abord habité sporadiquement par les Micmacs, surnommés les «Indiens de la mer». Dès le XVe siècle, les îles étaient régulièrement visitées par des chasseurs de morses et de phoques ainsi que par des pêcheurs et des baleiniers principalement d'origine bretonne ou basque.

En 1534, Jacques Cartier y fit escale lors de sa première expédition en Amérique du Nord. L'occupation permanente de l'archipel ne débuta toutefois qu'après 1755, lorsque des familles acadiennes vinrent s'y réfugier après avoir échappé au «Grand Dérangement». À la suite de la Conquête, les îles-de-la-Madeleine furent annexées à la province de Terre-Neuve avant d'être intégrées au territoire québécois en 1774.

Quelques années plus tard, en 1798, le roi Georges III accorda le titre de seigneur des Îles-de-la-Madeleine à l'amiral Isaac Coffin, initiant ainsi une période sombre pour les habitants de l'archipel. Lui et sa famille y régnèrent en effet en despotes, jusqu'à ce qu'une loi du Québec permît aux Madelinots de racheter leurs terres en 1895.

Aujourd'hui, de plus en plus, les visiteurs viennent essentiellement découvrir les magnifiques paysages marins de l'archipel. Ils y sont d'ailleurs très bien reçus par des gens au sens de l'accueil proverbial.

Pour s'y retrouver sans mal

En voiture

Des sept îles habitées qui composent les îles de-la-Madeleine, six sont reliées par la route 199, qui les traverse toutes.

Le circuit que nous vous proposons vous entraîne à la découverte de chacune de ces îles. Pour plus de renseignements, vous pouvez consulter le *Guide Ulysse Gaspésie, Bas-Saint-Laurent et Îles-de-la-Madeleine.*

La septième île, l'île d'Entrée, n'est quant à elle accessible que par bateau et constitue une destination en soi. Le **S.P. Bonaventure** *(16$ ☎418-986-5705 ou 986-8452)* fait le triangle Havre-Aubert–Cap-aux-Meules–Île-d'Entrée du lundi au samedi. La traversée dure environ une heure.

Si vous désirez vous déplacer rapidement, vous pouvez louer une voiture aux îles-de-la-Madeleine aux adresses suivantes :

Cap-aux-Meules Honda
199 rue La Vernière
☎(418)986-4085
Loue aussi des motocyclettes.

National
Aéroport
☎(418)969-2590

En bateau

Traversier le Madeleine
35$,
voiture 67$
Moto 23.50$
vélo 8.25$
☎418-986-3278
☎888-986-3278
≠418-986-5101
www.ilesdelamadeleine.-com/ctma
Le traversier le Madeleine, partant de Souris (Île-du-Prince-Édouard) et se rendant à Cap-aux-Meules, permet d'atteindre les Îles en cinq heures. Si vous n'avez pas réussi à réserver votre place à l'avance, arrivez au quai quelques heures avant le départ ou, pour être plus sûr, rendez-vous à Souris la veille de votre départ, et réservez dès lors votre place; renseignez-vous bien au sujet de l'horaire des traversées, car il varie grandement d'une saison à l'autre.

CTMA Voyageur
500$ pour un aller simple en haute saison, incluant les repas
avr à déc
☎418-986-6600
Le cargo mixte *CTMA Voyageur* quitte le port de Montréal tous les dimanches, descend le fleuve Saint-Laurent et se rend jusqu'aux îles de la Madeleine; il peut prendre à son bord une quinzaine de personnes et quelques voitures. Le voyage dure 48 heures.

En avion

Air Alliance *(☎418-969-2888 ou 800-361-8620)* et **Inter-Canadien** *(☎800-665-1177)* proposent toutes deux des vols quotidiens vers les îles-de-la-Madeleine. La plupart des vols faisant une escale à Québec, à Mont-Joli ou à Gaspé, il faut compter environ quatre -heures pour le voyage. Si vous réservez longtemps à l'avance, vous pourrez bénéficier de réductions parfois considérables.

À vélo

Le vélo est sans conteste la façon la plus agréable de visiter les Îles. Pour louer un vélo :

Le Pédalier
365 ch. Principal, Cap-aux-Meules
☎(418) 986-2965

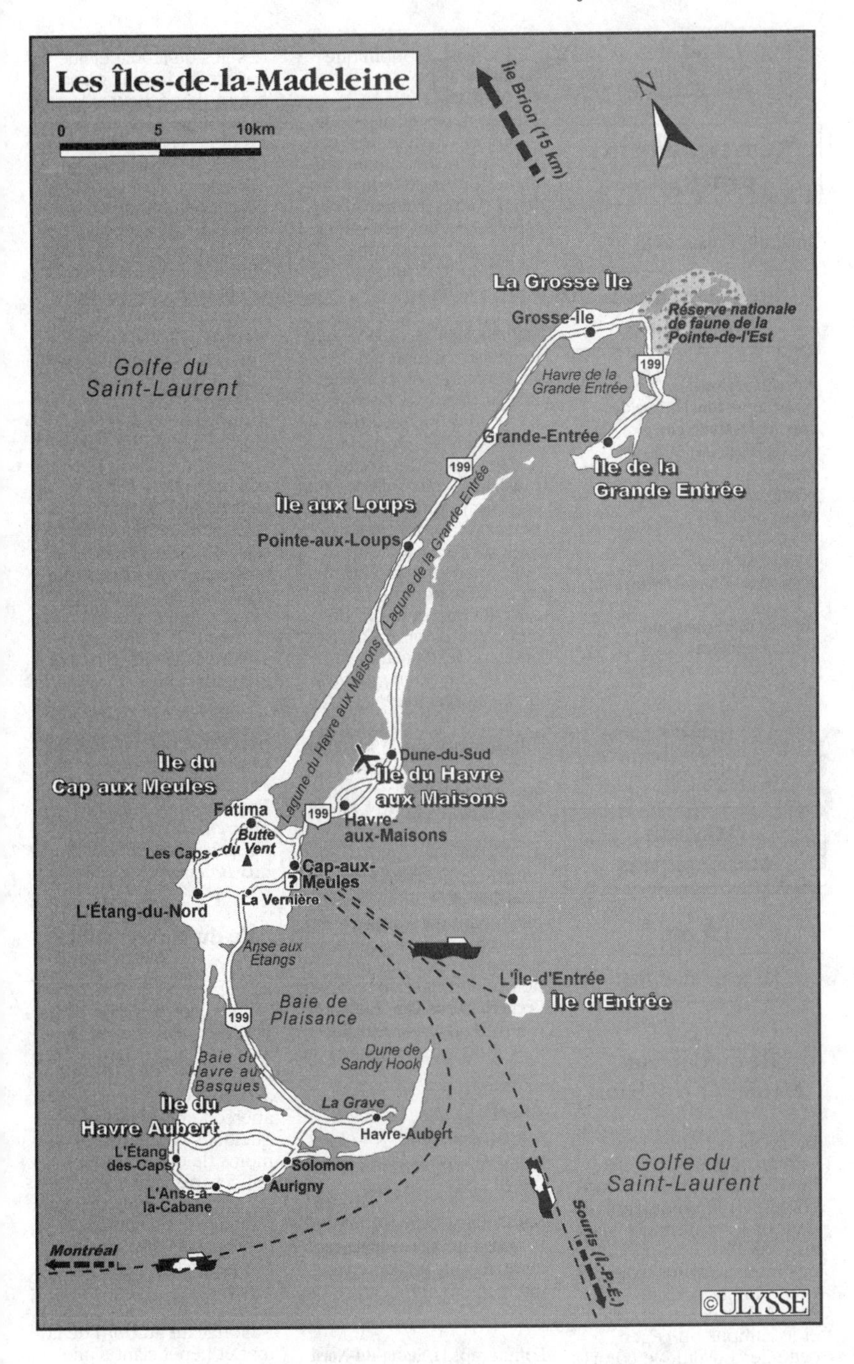
Les Îles-de-la-Madeleine
0
5
10km
île Brion (15 km)
N
La Grosse Île
Grosse-Île
Réserve nationale de faune de la Pointe-de-l'Est
199
Havre de la Grande Entrée
Golfe du Saint-Laurent
Grande-Entrée
Île de la Grande Entrée
199
Île aux Loups
Pointe-aux-Loups
Lagune de la Grande Entrée
Lagune du Havre aux Maisons
Dune-du-Sud
Île du Cap aux Meules
Île du Havre aux Maisons
Fatima
199
Havre-aux-Maisons
Butte du Vent
Les Caps
Cap-aux-Meules
L'Étang-du-Nord
La Vernière
Anse aux Étangs
L'Île-d'Entrée
Île d'Entrée
Baie de Plaisance
199
Dune de Sandy Hook
Baie du Havre aux Basques
Île du Havre Aubert
La Grave
Havre-Aubert
L'Étang-des-Caps
Solomon
Golfe du Saint-Laurent
L'Anse-à-la-Cabane
Aurigny
Souris (Î.-P.-É.)
Montréal
©ULYSSE

Renseignements pratiques

Indicatif régional : 418

Renseignements touristiques

Bureau régional
Association touristique des Îles-de-la-Madeleine
128 ch. Débarcadère, Cap-aux-Meules,
Adresse postale : C.P. 1028, Cap-aux-Meules, G0B 1B0.
☎986-2245
≠986-2327
www.ilesdelamadeleine.com

Service de réservation d'hébergement
début fév à début sept
☎986-2245

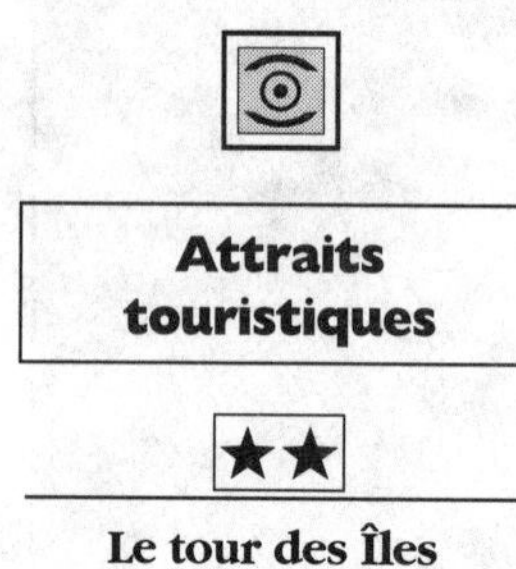

Attraits touristiques

★★

Le tour des Îles

★
Île du Cap aux Meules (1 648 hab.)

Le circuit débute à l'île du Cap aux Meules, car cette île, la plus peuplée de l'archipel, est le point d'arrivée de tous les traversiers (Cap-aux-Meules). Comprenant des infrastructures majeures pour la région, dont l'hôpital, l'école secondaire et le campus du cégep, cette île constitue le cœur de l'activité économique locale.

Elle ne manque pas pour autant de charme, les maisons qui y sont bâties affichant toutes de belles couleurs vives. D'ailleurs, certains racontent que, grâce à ces coloris, les marins pouvaient apercevoir leur maison de la mer.

Cap-aux-Meules, seule agglomération urbaine des Îles (la seule aussi à posséder un feu de circulation), a connu depuis quelques années un développement majeur, au cours duquel plusieurs bâtiments ont été érigés rapidement, laissant peu de place à l'esthétisme. Par-ci, par-là, quelques belles maisons traditionnelles se démarquent, ce qui est notamment le cas du complexe d'entrepôts et de boucaneries **Sumarah** *(au bord de la mer, en face de la Banque Nationale).*

En grimpant sur la **butte du Vent** ★★, vous pourrez admirer le superbe panorama des Îles et du golfe.

Au sud de Cap-aux-Meules, en suivant le **chemin de Gros-Cap** ★★, vous longerez la baie de Plaisance et découvrirez des paysages splendides. Si vous avez un peu de temps, arrêtez aux **Pêcheries Gros-Cap**, où vous pourrez observer tout le travail de transformation du poisson.

Revenez sur vos pas, et empruntez le chemin de L'Étang-du-Nord jusqu'à L'Étang-du-Nord.

Sur la route, remarquez l'imposante **église de La Vernière** ★, qui présente une intéressante architecture de bois.

Longtemps, **L'Étang-du-Nord** comptait plus de la moitié des habitants de l'ensemble des îles-de-la-Madeleine et constituait le plus grand bourg de pêcheurs. Avec la création de Cap-aux-Meules (1959) et de Fatima (1954), il perdit une part importante de sa population et ne compte aujourd'hui qu'un peu plus de 3 000 habitants. La municipalité, pourvue d'un fort joli port, accueille bon nombre de visiteurs qui viennent profiter de la tranquillité et des beautés naturelles de cette région.

Au nord de L'Étang-du-Nord, vous pouvez aller vous promener au bord des magnifiques falaises de **La Belle Anse** ★★, d'où la vue est magnifique. Du haut de cet escarpement rocheux, vous contemplerez l'impressionnant spectacle de la mer, violente et tourmentée, se fracassant sans relâche sur les côtes madeliniennes.

Revenez à L'Étang-du-Nord, et reprenez le chemin de L'Étang-du-Nord jusqu'à la jonction de la route 199. Prenez ensuite cette route en direction de Havre-Aubert; elle traverse la dune du Havre aux Basques.

★★★
Île du Havre Aubert

La mignonne île du Havre Aubert, ponctuée de plages, de collines et de bois, a su garder un charme bien pittoresque. Très tôt, elle accueillit des colons, et l'on aperçoit encore, ici et là, quelques bâtiments témoins de ces premières années. Auparavant, elle fut même peuplée de communautés micmaques, et des vestiges découverts sur l'île rappellent cette présence.

S'allongeant au bord de la mer et bénéficiant d'une grande baie idéale pour la pêche, **Havre-Aubert** est le

Les blanchons

Symbole de l'écotourisme aux îles de la Madeleine, le blanchon est le petit du phoque du Groenland, le «loup marin» pour les gens des Îles. En effet, le phoque du Groenland vient mettre bas sur les banquises des îles de la Madeleine durant les premières semaines de mars, après un long périple le long des côtes du Labrador et dans le golfe du Saint-Laurent. Près de trois millions de phoques font ce voyage chaque année et remontent, après le sevrage, dans l'Arctique, où ils passent la majeure partie de leur vie.

Les phoques arrivent aux Îles en janvier après avoir suivi les côtes du Labrador pendant environ quatre mois. Ils demeurent dans le golfe deux ou trois mois, au cours desquels ils augmentent leur masse en matières grasses. Le mois de mars voit naître par milliers ces petites boules de fourrure, qui attendrirent le monde entier dans les années soixante-dix, alors que les groupes écologiques manifestaient contre leur chasse. Les blanchons doivent attendre un mois et demi avant leur premier plongeon, ce qui nous permet de les observer facilement. Durant cette période, les blanchons connaissent une croissance hors du commun. Au cours des 12 jours d'allaitement, ils triplent leur poids, leur lait maternel étant cinq fois plus riche que le lait de vache.

Les blanchons ne sont plus menacés par la chasse, mais les phoques sont toujours chassés. Ceux-ci constituent de redoutables prédateurs pour les bancs de poissons et les filets de pêche. D'ailleurs, plusieurs pêcheurs les tiennent même responsables de la diminution des stocks de poissons. Ainsi, les Madelinots et les Terre-Neuviens en tuent presque 50 000 annuellement. Malgré tout, le phoque du Groenland est loin d'être en voie de disparition. À la suite des pressions des pêcheurs, le gouvernement fédéral a relancé la chasse au phoque en établissant les quotas à 200 000 prises par année.

La viande de «loup marin» est une viande brune fort appréciée. Vous en trouverez en conserve dans plusieurs coopératives d'alimentation des Îles.

premier arrêt sur cette île. Bien qu'elle dispose de paysages magnifiques, son attrait majeur est sans conteste **La Grave ★★★**, ce quartier des plus typiques qui s'est développé au bord d'une plage de galets.

La Grave tire son charme de ses maisons traditionnelles revêtues de bardeaux de cèdre, composant le cœur d'un centre animé où se déroulent plusieurs manifestations culturelles. Boutiques et cafés se succèdent, et vous y passerez, même pendant les jours de pluie, d'excellents moments. Au bord de la mer, vous apercevrez quelques bâtiments qui, à l'origine, abritaient des magasins et des entrepôts dont l'utilité était de recevoir les fruits de la pêche des habitants.

Sur la **colline des Demoiselles**, qui s'élève au loin, vous pouvez observer un bel exemple de maisons caractéristiques des Îles : construction en bois, parements de bardeaux et fenêtres à guillotine.

Si vous désirez explorer le monde fascinant de la vie marine, une visite à **l'Aquarium des Îles ★** *(4$; début juin à fin août tlj 10h à 18h, début sept à mi-oct tlj 10h à 17h; C.P.146, 982 rte. 199, La Grave, ☎937-2277)* s'impose. Vous aurez alors

Phoque et blanchon

tout le loisir d'observer (voire de toucher, car cer tains bassins sont ouverts) un grand nombre d'espèces marines, notamment des homards, des crabes, des oursins, des anguilles, des raies, ainsi qu'une multitude de poissons et de coquillages. Le premier étage a une vocation plus éducative, et des expositions expliquent les diverses techniques de pêche utilisées au cours des ans par les pêcheurs des Îles.

Le **Musée de la Mer** ★ *(3,50$; fin juin à fin août lun-ven 9h à 18h, sam-dim 10h à 18h; fin août à fin juin lun-ven 9h à 12h et 13h à 17h, sam-dim 13h à 17h; Pointe Shea, à l'extrémité de la rte. 199, ☎937-5711)* retrace l'histoire du peuplement des Îles et de la relation unissant le destin des Madelinots à la mer. Les visiteurs ont, en outre, l'occasion d'explorer le monde de la pêche et de la navigation, et de découvrir quelques-uns des mythes et légendes entourant la mer.

En quittant Havre-Aubert, suivez le chemin du Sable jusqu'à la dune Sandy Hook.

Dune Sandy Hook ★★★, voir p 574

Revenez sur vos pas par le chemin du Sable, et prenez le chemin du Bassin jusqu'à L'Étang-des-Caps.

En suivant la route qui longe la mer, entre la pointe à Marichite et L'Étang-des-Caps, vous jouirez d'une vue magnifique ★★ sur le golfe du Saint-Laurent. Du petit village de **L'Étang-des-Caps**, vous pourrez apercevoir, par temps clair, la petite île dénommée Corps Mort, qui flotte au large.

Revenez sur vos pas par le chemin de la Montagne, poursuivez sur le chemin du Bassin, puis retournez vers l'île du Cap aux Meules en reprenant la route 199, qui se rend jusqu'à l'île du Havre aux Maisons.

★★ Île du Havre aux Maisons (2 259 hab.)

L'île du Havre aux Maisons, très dénudée, comprend des bourgs fort mignons composés de jolies maisonnettes dispersées le long des routes sinueuses.

Au sud de l'île apparaissent d'abruptes falaises, du haut desquelles vous surplomberez le golfe et contemplerez le fascinant spectacle de cet immense bassin.

À chaque extrémité de l'île s'étendent de longues bandes de sable, la dune du Nord et la dune du Sud, où se trouvent de belles plages. Portant le même nom que l'île, la ville de **Havre-aux-Maisons**, au centre de laquelle se dressent le vieux couvent et le presbytère, est la principale agglomération de l'île.

Le centre de fabrication de verre soufflé **La Méduse** ★ *(35 ch. de la Carrière, ☎969-4245)* ouvre ses portes aux visiteurs, leur permettant de regarder les souffleurs de verre à l'œuvre. Attenante à l'atelier, une petite boutique présente diverses pièces fabriquées sur place.

Le chemin de la Pointe-Basse, qui traverse le sud de l'île en longeant la baie de Plaisance, révèle de fort beaux points de vue. Sur la route, vous croiserez également un petit chemin qui descend vers la mer entre le cap à Adrien et le cap à

Alfred, dévoilant le charmant havre naturel de Pointe-Basse.

Continuez sur la route 199, qui se rend jusqu'à Grosse-Île en traversant l'île aux Loups.

Grosse-Île (575 hab.)

Les côtes particulièrement accidentées de Grosse-Île furent la cause de bien des naufrages, et nombre de rescapés durent s'y arrêter. C'est ainsi que des individus de descendance écossaise s'y établirent et qu'environ 500 d'entre eux l'habitent encore aujourd'hui. La plupart tirent leurs revenus de la pêche et de l'agriculture; quelques-uns travaillent à la mine de sel Seleine, dont la production débuta en 1983.

La route 199 continue jusqu'à la **Réserve nationale de faune de la Pointe-de-l'Est** ★ (voir p 573, 574).

Poursuivez sur la route 199 jusqu'à l'île de la Grande Entrée.

★ Île de la Grande Entrée (733 hab.)

L'île de la Grande Entrée, colonisée à partir de 1870, fut la dernière des îles-de-la-Madeleine à être habitée. En y arrivant, vous croiserez d'abord la pointe Old Harry, d'où vous aurez une vue saisissante sur le golfe du Saint-Laurent.

Le bourg principal de l'île, **Grande-Entrée,** possède un port très fréquenté d'où partent quantité de belles barques multicolores dont les équipages se spécialisent dans la pêche au homard.

Le petit musée **Old Harry School** *(juin à août lun-ven 8h à 12h et 13h à 16h; 787 ch. Principal, Old Harry, ☎985-2116)* présente une reproduction d'une école anglophone d'autrefois. Quelques objets d'usage courant, trois pupitres et des photographies d'époque composent l'essentiel de la collection de ce musée dont vous aurez vite fait le tour.

Pour en connaître davantage sur la vie du phoque, vous pouvez vous rendre au **Centre d'interprétation du phoque** ★ *(juin à août tlj 11h à 18h; 377 rte. 199, ☎985-2833),* où diverses expositions tentent de vous faire comprendre les habitudes de vie de ce mammifère.

Pour vous rendre à l'île d'Entrée, prenez le traversier à partir du quai de Cap-aux-Meules.

★★ Île d'Entrée

L'île d'Entrée semble faire bande à part, d'abord en raison de sa situation géographique, qui en fait la seule île habitée non rattachée aux autres, mais aussi par sa population, qui compte quelque 200 résidants, tous de descendance écossaise.

Cette petite communauté, vivant presque exclusivement de la pêche, est parvenue à s'établir sur cette terre bercée par les vagues et le vent, et possède aujourd'hui une infrastructure suffisant à ses besoins (électricité, routes et téléphone). Vous ne pourrez que goûter l'incroyable sérénité qui règne sur cet îlot vallonné. Ce sont d'ailleurs ses paysages champêtres qui lui donnent tout son charme.

Parcs

Grosse-Île

La pointe de l'Est, constituée de dunes et de plages, est riche d'une faune aviaire typique des Îles; aussi toute cette zone est-elle protégée par la **Réserve nationale de faune de la Pointe-de-l'Est** ★. Si vous vous y rendez pour observer différentes espèces, comme le rare pluvier siffleur (qui niche aux îles-de-la-Madeleine), le canard pilet, le martin-pêcheur d'Amérique, le macareux moine et l'alouette cornue, prenez garde de ne pas endommager les sites de nidification (ils sont généralement clairement indiqués). On y trouve la plage de la Grande Échouerie (voir plus bas).

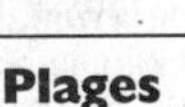

Plages

Île du Cap aux Meules

La **plage de l'Hôpital**, située le long de la dune du Nord, est un bon endroit pour observer des phoques tout en se baignant. On peut également y voir une épave. Il est à noter que les courants deviennent dangereux du côté de Pointe-aux-Loups.

L'anse de l'Hôpital, le cap de l'Hôpital, la plage de l'Hôpital et L'Étang-de-l'Hôpital tirent tous leur nom du bateau qui entra à l'intérieur de l'anse avec, à son bord, des occupants affligés d'une maladie contagieuse (le typhus). Le bateau fut mis en quarantaine, et seuls les médecins et les infirmières eurent le droit de monter à bord.

Île du Havre Aubert

Telle une longue bande de sable s'allongeant dans le golfe du Saint-Laurent, la **dune Sandy Hook** ★★★ est longue de plusieurs kilomètres, et sa plage compte parmi les plus belles des Îles. L'endroit est prisé des amateurs de naturisme qui vont s'y baigner en toute tranquillité.

La **plage de l'Ouest** ★ s'étend du nord-ouest de l'île du Havre Aubert jusqu'au sud-ouest de l'île du Cap aux Meules. Parfaite pour la baignade et la cueillette de coquillages, elle est réputée pour ses magnifiques couchers de soleil.

Île du Havre aux Maisons

La **plage de la dune du Sud** ★ offre des kilomètres de plages, idéales pour la baignade.

Grosse-Île

À la Réserve nationale de faune de la Pointe-de-l'Est, vous trouverez l'une des plus belles plages des Îles, la **plage de la Grande Échouerie** ★★, qui s'étend sur une dizaine de kilomètres.

Activités de plein air

Observation d'oiseaux

Lors de la randonnée de «L'échouerie» *(2 jours semaine en matinée, vérifier)* organisée par le **Club Vacances «Les Îles»** (*Grande-Entrée, ☎985-2833),* vous aurez l'occasion d'observer des nids de pluviers siffleurs, une espèce menacée. Il ne faut pas s'approcher des nids pendant plus de 10 ou 15 min afin de ne pas perturber la nidification. Arrivé sur la plage, vous pouvez observer les guillemots en vol.

La **pointe de la Cormorandière**, du côté nord de Big Hill sur l'île d'Entrée, réserve de belles surprises à ceux et celles qui aiment les oiseaux.

Les visiteurs peuvent prendre part au voyage de pêche organisé par l'entreprise **Excursions de pêche des Îles** *(début juin à mi-sept; quai de Cap-aux-Meules; ☎986-4745)*, qui propose aussi des balades en mer jusqu'à l'île d'Entrée et l'île du Havre Aubert. Sur le bateau, tout l'équipement pour la pêche et les conseils sont fournis.

Pêche

La **pourvoirie Mako** *(Grande-Entrée; ☎985-2895)* propose des excursions de pêche au requin autour des Îles-de-la-Madeleine.

Voile et planche à voile

L'**Istorlet** *(location possible à la semaine; 100, ch. L'Istorlet, C.P. 249, Havre Aubert, G0B 1J0, ☎937-5266)* propose des cours de voile et de planche à voile, et loue des embarcations. Comptez 30$ l'heure pour louer un voilier et 20$ l'heure pour une planche à voile. Installé près de Bassin, L'Istorlet bénéficie d'un site idéal pour les débutants désirant s'initier aux sports nautiques dans un environnement sécuritaire et peu agité.

Croisières

À bord du bateau *Le Ponton III* de l'entreprise **Excursions de la Lagune** *(20$; en été départs tlj à 11h, 14h et 18h; île du Havre aux Maisons, ☎969-2088)*, vous partirez en balade sur les flots et, deux heures durant, vous pourrez, grâce à son fond vitré, observer les fonds marins et peut-être même apercevoir des crustacés.

La Gaspésienne 26 *(40$; en saison lun-sam; marina de La Grave, île du Havre Aubert, ☎937-2213)*, une goélette, est une des seules parmi les 50 *Gaspésiennes* à avoir été rénovée. Véritable œuvre d'art flottante, cette goélette vous emmène contempler les flots dans le silence le plus complet. Le voyage dure quatre heures. Il y a deux départs par jour.

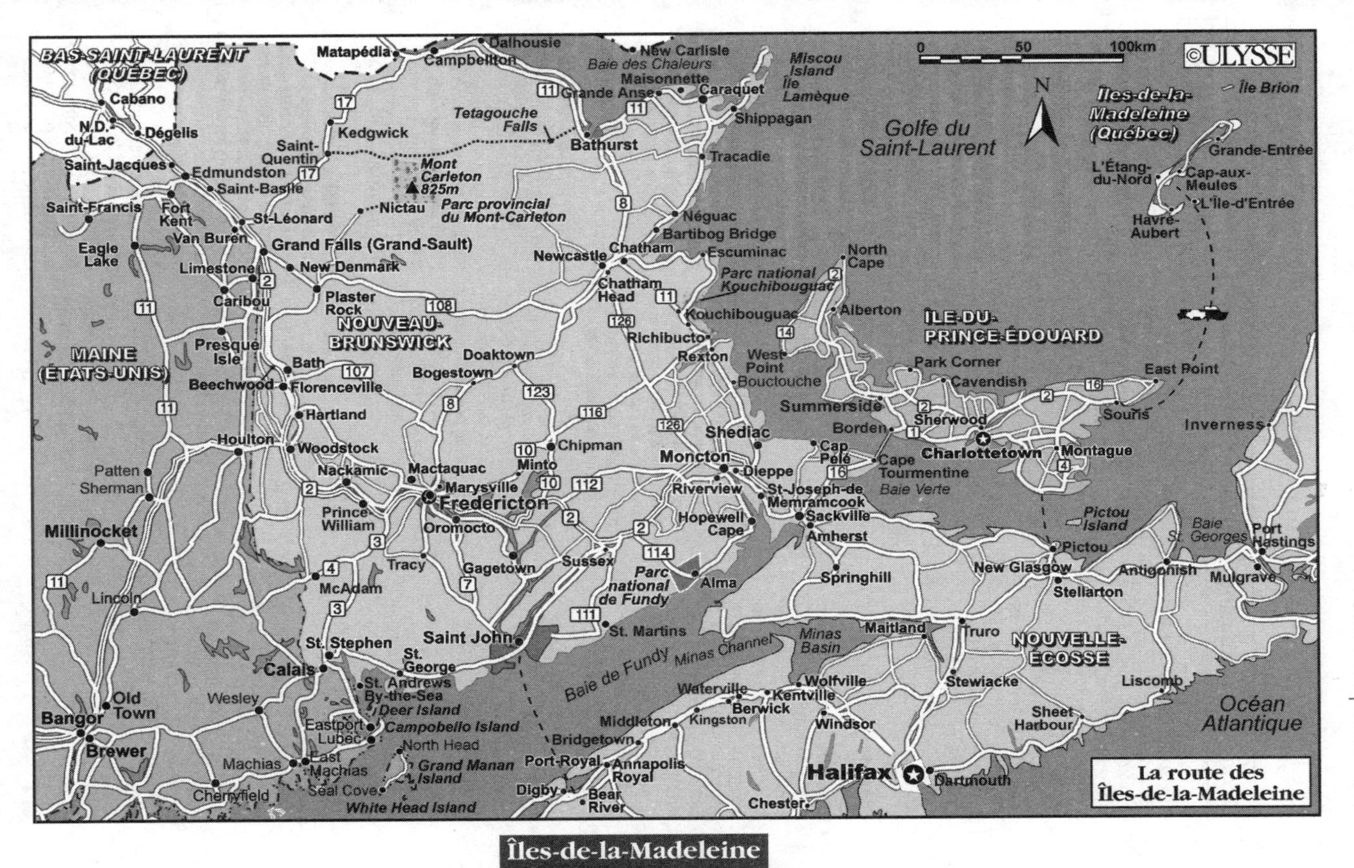
BAS-SAINT-LAURENT (QUÉBEC)
Matapédia
Dalhousie
Campbellton
New Carlisle
Baie des Chaleurs
Maisonnette
Grande Anse
Caraquet
Miscou Island
Île Lamèque
Shippagan
0 50 100km
©ULYSSE
N
Îles-de-la-Madeleine (Québec)
Île Brion
Grande-Entrée
L'Étang-du-Nord
Cap-aux-Meules
L'Île-d'Entrée
Havre-Aubert
Golfe du Saint-Laurent
Cabano
N.D.-du-Lac
Dégelis
Kedgwick
Tetagouche Falls
Bathurst
Saint-Quentin
Tracadie
Saint-Jacques
Edmundston
Saint-Basile
Mont Carleton 825m
Parc provincial du Mont-Carleton
Nictau
Saint-Francis
Fort Kent
St-Léonard
Van Buren
Néguac
Bartibog Bridge
Eagle Lake
Grand Falls (Grand-Sault)
Newcastle
Chatham
Escuminac
North Cape
Limestone
New Denmark
Parc national Kouchibouguac
Chatham Head
Caribou
Plaster Rock
Kouchibouguac
Alberton
NOUVEAU-BRUNSWICK
ÎLE-DU-PRINCE-ÉDOUARD
Presque Isle
Richibucto
MAINE (ÉTATS-UNIS)
Doaktown
Rexton
West Point
Bath
Bogestown
Park Corner
East Point
Beechwood
Florenceville
Bouctouche
Cavendish
Hartland
Summerside
Souris
Inverness
Sherwood
Borden
Shediac
Houlton
Woodstock
Chipman
Cap Pelé
Charlottetown
Montague
Patten
Moncton
Minto
Mactaquac
Nackamic
Cape Tourmentine
Dieppe
Sherman
Marysville
Riverview
St-Joseph-de-Memramcook
Baie Verte
Fredericton
Prince William
Hopewell Cape
Sackville
Pictou Island
Millinocket
Oromocto
Amherst
Baie St. Georges
Port Hastings
Pictou
Tracy
Sussex
Parc national de Fundy
Alma
Springhill
New Glasgow
Antigonish
Mulgrave
Gagetown
McAdam
Stellarton
Lincoln
Saint John
St. Martins
Maitland
Truro
NOUVELLE-ÉCOSSE
St. Stephen
Minas Basin
Minas Channel
St. George
Calais
Baie de Fundy
Wolfville
Stewiacke
Liscomb
St. Andrews By-the-Sea
Waterville
Kentville
Wesley
Berwick
Old Town
Deer Island
Océan Atlantique
Bangor
Kingston
Windsor
Sheet Harbour
Eastport
Campobello Island
Middleton
Brewer
Lubec
Bridgetown
North Head
Machias
East Machias
Grand Manan Island
Port-Royal
Annapolis Royal
Halifax
Dartmouth
Seal Cove
Cherryfield
Digby
Bear River
White Head Island
Chester
La route des Îles-de-la-Madeleine

Plongée sous-marine

Si vous avez plutôt l'âme à l'aventure, essayez la plongée sous-marine. C'est une expérience hors du commun, car les Îles ont beaucoup à offrir à ce chapitre. Les fonds marins sont très riches en faune et en flore, car ils sont situés à un véritable carrefour pour les planctons, les poissons, les mollusques et les crustacés.

Pendant ces plongées sous la mer, vous traverserez des bancs de poissons et, une fois arrivé au fond, vous pourrez visiter des épaves tout en explorant les trous qui abritent, presque chaque fois, un homard. Les coraux sont omniprésents.

Équitation

La Chevauchée des Îles *(25$ pour une heure et demie, 30$ pour deux heures; ouvert à l'année de 9h au crépuscule; L'Étang-des-Caps, île du Havre Aubert, ☎937-2368)* organise des randonnées équestres dans la forêt et sur la plage (excursion de deux heures seulement). Les tours de poney pour les enfants coûtent 15$ le quart d'heure. Il faut réserver. On a aménagé un jardin d'animaux réunissant des espèces exotiques telles que le nandou et la chèvre pygmée.

Randonnée pédestre

Le **Club Vacances «Les Îles»** *(Grande-Entrée, ☎985-2833)* organise des randonnées qui ont pour but de vous faire découvrir les divers écosystèmes des îles-de la-Madeleine.

Kayak

L'entreprise **Aventure Plein Air** *(lun-sam 9h à 17h, 1252 rte. 199, L'Étang-du-Nord, île du Cap aux Meules, ☎986-4505)* loue des kayaks *(40$/jour)*. On y organise également des sorties guidées et des forfaits. Il y a des visites guidées des grottes et des falaises d'une durée de deux heures *(25$ par pers)*. Les départs ont lieu à 9h, 12h, 15h et 18h.

L'**Istorlet** *(100 ch. L'Istorlet, C.P. 249, Havre Aubert, G0B 1J0, ☎937-5266, ≠937-9028)* offre aussi la possibilité de faire des excursions en kayak près des grottes et des falaises. Plusieurs autres activités nautiques sont proposeés. Renseignez-vous.

L'entreprise **Cime Aventure** *(1000$; île du Cap aux Meules, ☎800-790-2463)* propose une excursion de six jours en kayak autour des Îles. Les départs ont lieu à dates fixes.

Hébergement

Île du Cap aux Meules

Camping Le Barachois
15$
Fatima
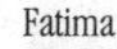
☎986-6065 ou 986-5678
Le Camping Le Barachois compte environ 80 emplacements bien abrités du vent. Au cœur d'un petit bois sur la mer, il bénéficie d'une bonne tranquillité.

Auberge chez Sam
45$ pdj
bc
1767 ch. de L'Étang-du-Nord
L'Étang-du-Nord, G0B 1E0
☎986-5780
En entrant dans la jolie maison de bois de l'Auberge chez Sam, on est tout de suite frappé par la gentillesse de l'accueil. On est ensuite ravi de découvrir les chambres, cinq au total, toutes mignonnes et bien tenues, et l'on se sent vite à l'aise.

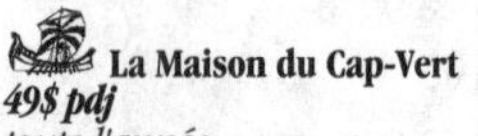
La Maison du Cap-Vert
49$ pdj
toute l'année
202 ch. L.-Aucoin, C.P. 521, Fatima, G0B 1K0
☎986-5331
L'auberge familiale La Maison du Cap-Vert vous propose quatre chambres tout à fait charmantes dotées de lits douillets dans une ambiance marine. Cette auberge a vite su se tailler une place très enviable parmi les auberges des Îles. Avec le délicieux petit déjeuner servi à volonté tous les matins, cet établissement représente sans contredit une valeur sûre.

Madeli
99$
ℜ, ⊕
485 ch. Principal, Cap-aux-Meules
☎986-2211 ou 800-661-4537
L'auberge Madeli se trouve juste après la pharmacie et la Banque Nationale. Les 63 chambres, construites en 1990, se situent sous le même toit que le bar, le bowling et le restaurant. La clientèle est en majorité québécoise. L'auberge propose des forfaits.

Château Madelinot
109$
ℜ, ℝ, ⌂, ⊗, ≈
323 rte. 199, C.P. 44, G0B 1B0
☎986-3695 ou 800-661-4537
⇄986-6437
Vous serez peut-être d'abord surpris d'apercevoir cette grosse maison qui tient lieu de Château Madelinot. Mais le confort des chambres et la vue superbe sur la mer tendent à faire oublier cette première image. Offrant une foule de services, le Château Madelinot est sans conteste le plus connu des lieux d'hébergement des Îles.

Île du Havre Aubert

Camping Plage du Golfe
16$
535 ch. du Bassin, G0B 1A0
☎937-5115 ou 937-5224
⇄937-5115
Le Camping Plage du Golfe met plus de 70 emplacements à la disposition des campeurs dont quelques-uns aménagés pour recevoir les véhicules récréatifs.

B&B l'Aquarelle
49$
66 ch. des Fumoirs, Havre-Aubert
☎937-5908
Au B&B l'Aquarelle, Miche et Louis vous proposent l'atmosphère chaleureuse d'une maison d'artistes passionnés des Îles et on ne peut plus recevants.

Auberge Chez Denis à François
50-80
⊗, ℜ
toute l'année, sauf de Noël à la St-Valentin
404 ch. d'en Haut, Havre-Aubert
☎937-2371
⇄937-2148
L'Auberge Chez Denis à François a été construite avec la cargaison de bois d'un bateau qui fit naufrage non loin de là dans les années 1860. Sa clientèle a accès à une laverie, et l'on y prête des vélos.

La Marée Haute
75$ pdj
bc/bp, ℜ
25 ch. des Fumoirs, G0B 1J0
☎/⇄937-2492
Près de La Grave se trouve La Marée Haute, une jolie petite auberge dans laquelle vous recevrez un accueil des plus chaleureux. Les chambres sont douillettes et offrent un beau décor. Le copropriétaire de l'auberge est aussi cuisinier, donc vous pourrez vous laisser tenter par ses petits plats mijotés avec soin sans le regretter. La vue depuis l'auberge est belle à ravir!

Auberge Havre sur Mer
105$ pdj
ℜ
1197 ch. du Bassin,
L'Ile-du-Havre-Aubert, G0B 1A0
☎937-5675
⇄937-2540
L'Auberge Havre sur Mer, au bord de la falaise, bénéficie d'un site magnifique, et les chambres, donnant sur une terrasse commune d'où chacun peut profiter de cette belle vue, attirent bon nombre de visiteurs amoureux des Îles. L'endroit est garni de beaux meubles anciens.

Île du Havre aux Maisons

Hôtel Au Vieux Couvent
55$
ℜ
292 rte. 199, Havre-aux-Maisons, G0B 1K0
☎969-2233
⇄969-4693
Le bâtiment de l'Hôtel Au Vieux Couvent fut érigé durant la Première Guerre mondiale et abrita d'abord un couvent puis une école. Aujourd'hui transformé en hôtel aux allures vieillottes, il renferme une dizaine de chambres dont quelques-unes (les chambres d'angle) ont une fort belle vue sur la mer.

Auberge de la Petite Baie
55-70
187 rte. 199, Havre-aux-Maisons, G0B 1K0
auberge.petitebaie@sympatico
Rendez-vous à l'Auberge de la Petite Baie, pour une atmosphère chaude, où le comptoir de poste vous raconte encore ses souvenirs et où la table, ornée de vaisselle anglaise, vous ravit les papilles à coup de loup-marin et de pot-en-pot des Îles. Réjeanne Langford vous accueille avec soin et avec fierté. Cinq chambres.

Île de la Grande Entrée

Camping Grande-Entrée du Club Vacances «Les Îles»
12$
Grande-Entrée, G0B 1H0
☎985-2833 ou 888-537-4537
⇄985-2226
Le Camping Grande-Entrée du Club Vacances «Les Îles» compte une quarantaine d'emplacements, dont huit pour véhicules récréatifs. Un dortoir est en outre mis à la disposition des visiteurs pour les jours de pluie.

B&B L'Émergence
45$
du 1e mai au 15 octobre
122 ch. des Pealey
C.P. 52 Grande-Entrée G0B 1H0
☎985-2801
Dans un décor renouvelé, des chambres avec une âme d'autrefois vous attendent au B&B L'Émergence pour vivre au rythme de l'île de la Grande Entrée. Trois chambres.

Club Vacances Les Îles
150-165 (tout compris)
377 rte. 199, C.P. 59, Grande-Entrée, G0B 1H0
☎985-2833 ou 888-537-4537
www.clubiles.qc.ca
Le Club Vacances les Îles est à la fois un camp de vacances familial, un club de détente et un club écologique, tout sous un même toit avec le plaisir et la créativité en plus. L'expérience des îles! Grandes chambres simples et spacieuses pour laisser entrer le vent. Nourriture maison variée et savoureuse.

Île d'Entrée

Les lieux d'hébergement de l'île sont fort peu nombreux. Vous pouvez cependant opter pour le charmant logement chez l'habitant **Chez McLean** *(45$ pdj; G0B 1C0, ☎986-4541)*, installé dans une maison bâtie il y a plus de 60 ans qui a su garder son cachet d'antan.

Restaurants

Île du Cap aux Meules

P'tit Café
$$
☎986-2130
Le P'tit Café du Château Madelinot (voir p 577) sert un brunch le dimanche de 10h à 13h30. La cuisson sur pierre de fruits de mer, de viande rouge et de poulet est une particularité de ce restaurant. Au menu figure un grand choix d'entrées, de potages et de grillades sur charbons de bois. En plus de la vue sur la mer, le décor est agrémenté d'expositions temporaires de peintres locaux et québécois.

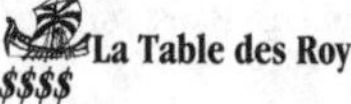

La Table des Roy
$$$$
fermé dim
juin à mi-sept à partir de 18h
La Vernière
☎986-3004
Depuis 1978, le restaurant La Table des Roy propose une cuisine raffinée qui ne cesse de combler les papilles gustatives des visiteurs. Bien sûr, les fruits de mer, apprêtés de multiples façons, telle cette grillade de pétoncles et de homard sauce coralline, font bonne figure sur ce menu des plus alléchants où l'on propose aussi des plats agrémentés de fleurs et de plantes comestibles des Îles. La salle à manger, tout à fait charmante, confère un cachet particulier à cet établissement.

Île du Havre Aubert

Le Petit Mondrin
$
La Grave, Havre-Aubert
☎937-2499
Le café Le Petit Mondrin est un établissement garni de vieilles bouées. Les fruits de mer, apprêtés d'une façon très simple (bouillis), composent l'essentiel du menu.

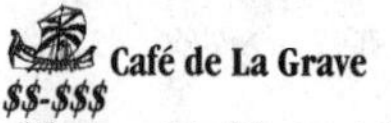

Café de La Grave
$$-$$$
début mai à début oct 8h30 à 3h
Havre-Aubert
☎937-5765
Avec son joli décor d'ancien magasin général, le Café de La Grave offre une atmosphère des plus sympathiques, et l'on y passe des heures à discuter pendant les jours de mauvais temps. Outre les muffins, les croissants et la sélection de cafés, le menu propose des plats santé, parfois inusités, tel ce pâté de «loup marin», qui sont toujours bons. L'endroit, chaleureux à souhait, vous laissera un souvenir durable.

Auberge Chez Denis à François

$$-$$$
toute l'année
apportez votre vin
☎937-2371
Le restaurant de l'Auberge Chez Denis à François (voir p 577) propose un choix de tables d'hôte sept jours sur sept pendant la haute saison. Le «spécial» du midi n'est vraiment pas cher. Le restaurant se spécialise dans la viande braisée et le pâté de foie. On sert de l'*espresso*. Les desserts, les cretons, les baguels ainsi que les fèves au lard sont

tous faits maison. C'est l'un des seuls restaurants où vous pourrez manger du loup marin. L'ambiance est décontractée. En été, le restaurant propose les moules et les frites à volonté.

La Saline
$$-$$$
1009 rte. 199
☎937-2230
Ancien hangar à salaison de La Grave, La Saline propose une fine cuisine régionale. On y a une superbe vue sur la mer. Loup marin, morue, moules, crevettes... tous ces noms aux consonances océaniques égayent son menu.

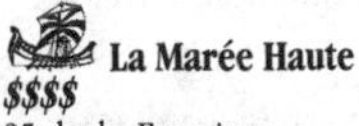 **La Marée Haute**
$$$$
25 ch. des Fumoirs
☎937-2492
Au restaurant La Marée Haute, le chef et co-propriétaire sait apprêter les poissons et fruits de mer de la meilleure des façons. Dans cette jolie auberge d'où l'on a une vue superbe, vous pourrez goûter au loup marin, au requin ou encore au maquereau en vous laissant envoûter par ces saveurs de la mer divinement relevées. On trouve aussi au menu quelques plats de viande aussi bien préparés et de succulents desserts.

Île du Havre aux Maisons

La P'tite baie
$$$
toute l'année
187 rte. 199
☎969-4073
La P'tite baie sert des mets bien apprêtés tels que grillades, fruits de mer et poissons. Certains plats de bœuf, de porc et de poulet figurent également au menu. En saison, on cuisine du loup marin. En plus du menu à la carte, on trouve une table qui propose deux choix de plats principaux. Le service est courtois et le décor, très soigné.

La Moulière
$$$
8h à 22h
292 rte. 199
☎969-2233
L'Hôtel Au Vieux Couvent (voir p 577) dispose de deux restaurants. La Moulière, située au rez-de-chaussée, occupe une grande salle qui servait jadis de chapelle. Vous pourrez y savourer de bons plats dans une ambiance animée. Toujours sur le même étage, dans l'ancien parloir prolongée d'une terrasse donnant sur la mer, vous trouverez le Rest-O-Bar *($$)*; l'endroit, servant des plats comme les hamburgers et les moules, est tout aussi fréquenté et sympathique que La Moulière.

Grosse-Île

Chez B&J
$$
toute l'année
243 rte. 199
☎985-2926
Le restaurant Chez B&J sert des pétoncles frais, du flétan, de la salade de homard et du poisson frais.

Île de la Grande Entrée

Délice de la mer
$$
début juin à sept 9h à 20h
907 rte. 199, quai de Grande-Entrée
☎985-2364
Le Délice de la mer se spécialise dans les mollusques et les fruits de mer apprêtés simplement. Les prix sont très abordables et les desserts, maison. Le homard y est délicieux.

Sorties

Bars et discothèques

Île du Cap aux Meules

Barachois
Fatima
☎986-3130
Le Barachois est une discothèque dotée d'une grande piste de danse; il dispose également d'une grande terrasse vitrée. L'endroit est très populaire auprès des jeunes et de la clientèle gay, qui y viennent pour s'amuser et se rencontrer.

Île du Havre Aubert

À La Grave, le **pub Brophy** sert de la bière de microbrasseries dans un cadre agréable pour gens décontractés.

Île du Havre aux Maisons

Le bar **Chez Gaspard** de l'Hôtel Au Vieux Couvent (voir p 577) est installé dans l'ancien réfectoire du couvent. Certains soirs, des musiciens s'y produisent; l'endroit est alors animé et bruyant. Également, on y présente des soirées d'improvisation.

Théâtres et salles de spectacle

Île du Cap aux Meules

Théâtre de la Parlure
17$
juil à sept mer-sam 20h30
Château Madelinot, Cap-aux-Meules
☎986-4040
Le Théâtre de la Parlure produit tout l'été des pièces à saveur madelinienne. On y présente du théâtre de création, des variétés, des humoristes ainsi que des pionniers de la chanson québécoise.

Havre-Aubert

Le Centre culturel de Havre-Aubert
☎937-2588
⇄937-5950
Présente un spectacle nommé *Mes îles, mon pays*, soit une reconstitution historique des îles-de-la-Madeleine avec 50 comédiens sur scène.

Pour les jours de pluie, le **Cinéma Primeur** *(633 ch. des Caps, Fatima;* ☎986-5777) constitue une bonne option.

Fêtes et festivals

Île du Havre Aubert

Vieux Treuil
juil et août
☎937-5138
Situé sur le site de La Grave, le Vieux Treuil est une salle de spectacle où vous pourrez voir du théâtre ou encore entendre du jazz et de la musique classique. On y présente des expositions temporaires.

Le **Concours des châteaux de sable** a lieu au mois d'août de chaque année sur la plage de Havre-Aubert. Tous les participants s'évertuent pendant des heures à construire le plus beau château de sable. Si vous voulez mettre vos talents à l'épreuve, vous pouvez vous inscrire en appelant Les Artisans du sable, ***☎937-2917.***

Achats

Boulangerie Madelon
353 ch. Petitpas, Cap-aux-Meules
☎986-3409
En plus des pains et des pâtisseries, vous trouverez, à la Boulangerie Madelon, des plats cuisinés, des fromages et du café torréfié. Le commerce à visiter si vous planifiez pique-niques et gourmandises.

Les Artisans du sable
C.P. 336, La Grave, Havre-Aubert
☎937-2917
⇄937-2129
Les Artisans du sable présentent une foule d'objets en sable fabriqués selon une technique particulière par des artisans madelinots. Ces objets, allant des bibelots aux abat-jour, constituent des idées cadeaux typiques des Îles. À visiter aussi pour en apprendre plus sur le sable.

La Chocolaterie Diane
2026 Étang-des-Caps, G0B 1A0
☎937-5757
Une histoire de cuisine qui passionnera les gourmets comme les gourmands. La Chocolaterie Diane vous propose des chocolats faits main à l'orange, aux fraises, aux pralines...

Madelipierre
70 Ch. Principal, Cap-aux-Meules
☎986-6949
Vous pourrez acheter de jolis objets de pierre, notamment en albâtre, à la boutique Madelipierre.

La Méduse
37 ch. de la Carrière, Havre-aux-Maisons, G0B 1K0
☎969-4245
La Méduse est un atelier boutique spécilaisé en verrerie d'art. (Voir p 572)

Pluvier siffleur

Charlevoix

De nombreux artistes ont été séduits par la singulière beauté des paysages de Charlevoix. Depuis Saint-Joachim jusqu'à l'embouchure de la rivière Saguenay, la rencontre du fleuve et des montagnes a su y sculpter des paysages envoûtants et poétiques.

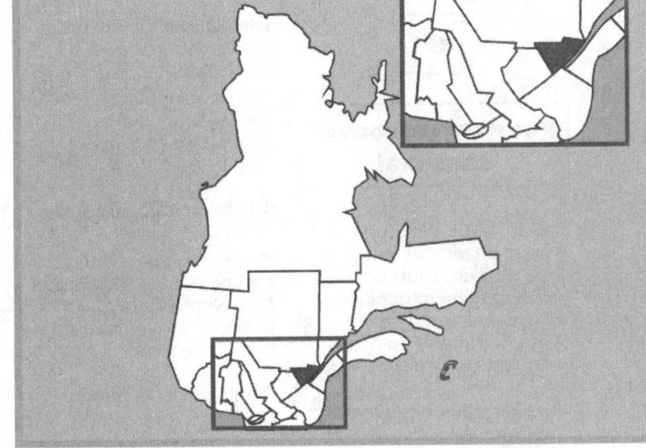

Tout au long de cette rive, qu'agrémente un chapelet de vieux villages, se succèdent étroites vallées et montagnes tombant abruptement dans les eaux salées du Saint-Laurent. En quittant les berges, on pénètre alors dans un territoire sauvage et montagneux où la taïga se substitue parfois à la forêt boréale.

Les vieilles habitations et églises qui jalonnent le pays, tout comme le lotissement du territoire, hérité de l'époque seigneuriale, rappellent que Charlevoix fut l'une des premières régions de colonisation française.

À la richesse du patrimoine architectural et aux paysages exceptionnels, s'allient une faune et une flore d'une éblouissante variété. Déclarée «Réserve mondiale de la biosphère» par l'Unesco en 1988, la région de Charlevoix abrite des espèces animales et végétales uniques. Près des berges, à l'embouchure de la rivière Saguenay, des baleines de différentes espèces viennent se nourrir tout au long de l'été.

Plus à l'ouest, aux abords du cap Tourmente, des centaines de milliers de grandes oies des neiges font escale en automne et au printemps, offrant un étonnant spectacle. Profondément dans l'hinterland, une partie du territoire est constituée d'un environnement ayant les propriétés de la taïga, ce qui est tout à fait remarquable à cette latitude, et abrite différentes espèces animales, entre autres le caribou et le grand loup d'Arctique. En ce qui a trait à la flore, mentionnons que Charlevoix est riche d'innombrables espèces inconnues des autres régions de l'est du Canada.

Charlevoix est, sans aucun doute, un lieu de séjour fort apprécié au Québec. Dès la fin du XVIIIe siècle, la beauté de ses paysages y attirait déjà de nombreux visiteurs. Un peu plus tard, au début du XXe siècle, la belle société québécoise, canadienne et américaine se donnait rendez-vous, après une agréable croisière sur le fleuve Saint-Laurent, au manoir Richelieu de Pointe-au-Pic.

Cette longue tradition d'hospitalité s'est perpétuée, et l'on retrouve désormais un peu partout dans cette belle région de charmantes auberges et d'excellents restaurants.

Pour s'y retrouver sans mal

Le circuit proposé pour visiter Charlevoix longe la rive du Saint-Laurent, mais offre également quelques excursions vers l'arrière-pays. Il s'intitule tout simplement **Charlevoix** ★★★.

Assurez-vous avant le départ que le moteur de votre voiture ne risque pas de surchauffer dans les ascensions et que les freins sont en bon état, car les côtes de Charlevoix sont parfois abruptes et sinueuses. Pour plus de renseignements sur cette région, consultez le *Guide Ulysse Charlevoix, Saguenay–Lac-Saint-Jean*.

En voiture

De Québec, empruntez la route 138, qui constitue le principal axe routier de Charlevoix. Il est cependant possible, et même souhaitable, de joindre ce circuit à celui de la côte de Beaupré (voir p 441) des «Environs de Québec», qui suit plutôt la route 360 jusqu'à Beaupré. A

près avoir traversé les étendues horizontales des battures du fleuve Saint-Laurent, la route 138 grimpe soudainement dans les montagnes de Charlevoix à l'endroit précis où les Laurentides rejoignent le fleuve, refermant ainsi la vallée du Saint-Laurent à l'est. Si l'on jette un regard derrière soi, on aperçoit alors, par temps clair, l'île d'Orléans à gauche et la ville de Québec dans le lointain.

En traversier

Saint-Siméon : le traversier *(adulte 10$, voiture 25$; ☎418-638-5530)* quittant Rivière-du-Loup et se rendant à Saint-Siméon arrive à destination en 1 heure 5 min.

Baie-Sainte-Catherine : un traversier *(gratuit; ☎418-235-4395)* fait la navette entre Tadoussac et Baie-Sainte-Catherine, et permet d'arriver à destination en 10 min.

Pour accéder à l'**île aux Coudres**, il faut prendre le traversier *(gratuit; ☎418-438-2743)* au quai de Saint-Joseph-de-la-Rive. Il faut prévoir une attente d'environ une demi-heure pendant les mois d'été. La traversée elle-même prend une quinzaine de minutes. Les voitures sont admises.

Gares routières

Baie-Saint-Paul
2 rte. de l'Équerre (Centre commercial Le Village)
☎(418)435-6569

Saint-Hilarion
354 rte. 138
☎(418)457-3855

Clermont
83 boul. Notre-Dame
☎(418)439-3404

La Malbaie–Pointe-au-Pic 46 Ste-Catherine
☎(418)665-7193

Renseignements pratiques

Indicatif régional : 418.

Renseignements touristiques

Bureau régional

Association touristique de Charlevoix
630 boul. de Comporté, C.P. 275, La Malbaie, G5A 1T8
☎665-4454 ou 800-667-2276
≠665-3811

Baie-Saint-Paul

Bureau de tourisme de charlevoix
444 boul. Mgr-De-Laval (Belvédère Baie-Saint-Paul)
☎435-4160

Attraits touristiques

★★★

Charlevoix (deux jours)

Dans ce pays que l'on dirait conçu pour les géants, les villages au creux des baies ou au sommet des caps ont l'apparence de jouets oubliés là par un enfant. À flanc de colline, les humbles maisons des fermiers se mêlent aux luxueuses résidences secondaires des villégiateurs, parfois transformées en auberges.

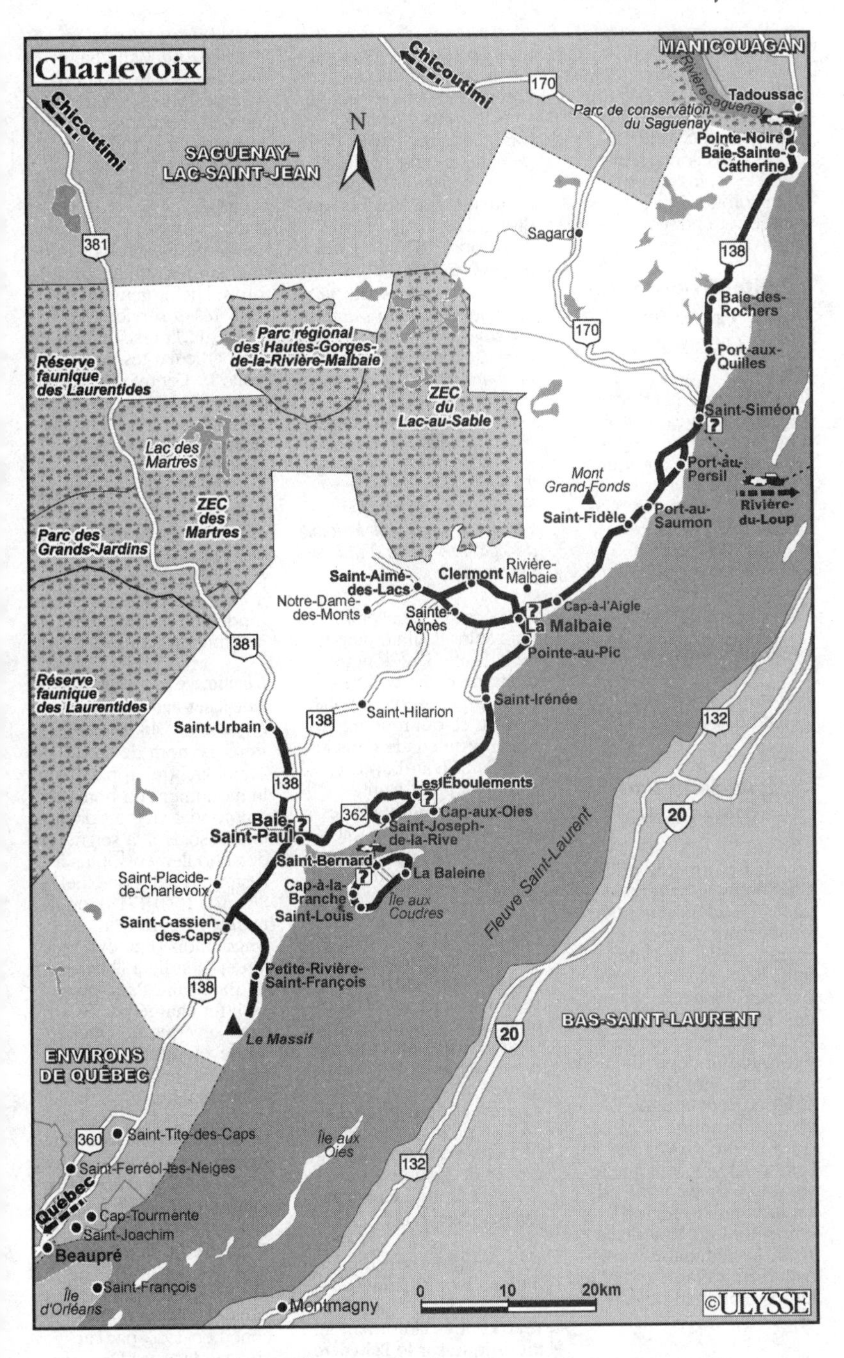
Charlevoix
Chicoutimi
Chicoutimi
MANICOUAGAN
SAGUENAY-LAC-SAINT-JEAN
N
170
Parc de conservation du Saguenay
Rivière Saguenay
Tadoussac
Pointe-Noire
Baie-Sainte-Catherine
Sagard
381
138
Baie-des-Rochers
Port-aux-Quilles
170
Parc régional des Hautes-Gorges-de-la-Rivière-Malbaie
Réserve faunique des Laurentides
ZEC du Lac-au-Sable
Saint-Siméon
Lac des Martres
Port-au-Persil
Mont Grand-Fonds
Rivière-du-Loup
ZEC des Martres
Saint-Fidèle
Port-au-Saumon
Parc des Grands-Jardins
Saint-Aimé-des-Lacs
Clermont
Rivière-Malbaie
Notre-Dame-des-Monts
Sainte-Agnès
Cap-à-l'Aigle
La Malbaie
381
Pointe-au-Pic
Réserve faunique des Laurentides
Saint-Irénée
Saint-Hilarion
138
132
Saint-Urbain
138
Les Éboulements
Cap-aux-Oies
Baie-Saint-Paul
362
Saint-Joseph-de-la-Rive
20
Saint-Bernard
La Baleine
Saint-Placide-de-Charlevoix
Cap-à-la-Branche
Île aux Coudres
Saint-Louis
Fleuve Saint-Laurent
Saint-Cassien-des-Caps
Petite-Rivière-Saint-François
138
Le Massif
BAS-SAINT-LAURENT
20
ENVIRONS DE QUÉBEC
360
Saint-Tite-des-Caps
Île aux Oies
Saint-Ferréol-les-Neiges
132
Québec
Cap-Tourmente
Saint-Joachim
Beaupré
Île d'Orléans
Saint-François
Montmagny
0 10 20km
©ULYSSE

Même si Charlevoix est l'une des premières régions où s'est développé le tourisme en Amérique du Nord, elle recèle néanmoins dans son arrière-pays des coins sauvages aux profondes vallées escarpées et entrecoupées de lacs.

Petite-Rivière-Saint-François (802 hab.)

Jolis paysages charlevoisiens et cottages de bois sont au menu de ce paisible village linéaire qui s'étire entre mer et montagne. La romancière Gabrielle Roy (1909-1983) y avait sa maison d'été, où elle se retirait pour écrire. Du quai, on jouit de belles vues sur les environs.

Le Massif, voir p 596.

Poursuivez sur la route 138 jusqu'à Baie-Saint-Paul.

★★ Baie-Saint-Paul (7 335 hab.)

Le relief tourmenté de Charlevoix ne favorisera pas le développement de l'agriculture dans cette région sous le Régime français. Seules quelques percées colonisatrices sont effectuées aux XVIIe et XVIIIe siècles sur ce vaste territoire qui dépend en partie du Séminaire de Québec, tout comme la côte de Beaupré. La vallée de la rivière du Gouffre, à l'embouchure de laquelle se trouve Baie-Saint-Paul, est la première région à être colonisée à partir de 1678. Le Séminaire y aménage une métairie et en fait le poste oriental de son domaine.

Plusieurs tremblements de terre viendront cependant troubler le calme pastoral des lieux. En effet, même si l'on trouve dans les environs les plus anciennes formations rocheuses de la planète, la terre continue, malgré tout, de bouger fréquemment. Voici ce que disait, dans l'édition du 22 octobre 1870 du *Journal de Québec*, Jean-Baptiste Plamondon, alors vicaire de Baie-Saint-Paul : *«Environ une demi-heure avant midi [...], une énorme détonation a jeté tout le monde dans la stupeur, et la terre s'est mise, non pas à trembler, mais à bouillonner de manière à donner le vertige [...] Toutes les habitations semblaient être sur un volcan, et la terre, se fendillant, lançait des colonnes d'eau à quinze pieds en l'air [...]»*

On découvre l'ensemble de Baie-Saint-Paul au détour de la route. Une longue pente mène au cœur de la ville, qui conserve un air vieillot, ce qui rend agréable la promenade dans les rues Saint-Jean-Baptiste, Saint-Joseph et Sainte-Anne, bordées de petites maisons de bois au toit mansardé qui abritent de nos jours des boutiques et des cafés.

L'endroit attire depuis plus de 100 ans des artistes paysagistes nord-américains séduits par les montagnes et la lumière particulière de Charlevoix. Aussi trouve-t-on à Baie-Saint-Paul une grande concentration de galeries et de centres d'art, où l'on peut voir et acheter de bons exemples de peinture et de gravure canadiennes. Voir le **Circuit des galeries d'art**, p 602.

L'Association touristique régionale de Charlevoix a inauguré en 1997 un nouveau centre d'information touristique sur le **Belvédère Baie- Saint-Paul** *(444 boul. Mgr- De-Laval, route 138, ☎435-4160)*. Cette halte routière, sur un point de vue des plus spectaculaires, permet d'embrasser en un coup d'œil la vallée de la rivière du Gouffre, Baie-Saint-Paul et l'île aux Coudres.

Vous pouvez vous y informer sur les attraits touristiques, l'hébergement, les activités et services de plein air, la restauration et les particularités de Charlevoix. Le Centre d'histoire naturelle de Charlevoix y présente l'exposition **Charlevoix, un destin venu du ciel** ★★ *(contribution volontaire; fin juin à début sept tlj 9h à 19h, sept à fin juin tlj 10h à 16h)*, qui relate l'histoire géologique de la région et l'extraordinaire impact météoritique qui en modela le paysage il y a 350 millions d'années.

L'hommage aux fondateurs de Baie-Saint-Paul *(angle rue Forget et rue Ambroise-Fafard)*. Le nom de Pierre Tremblay, qui apparaît sur le monument en hommage aux fondateurs, est davantage associé à la seigneurie des Éboulements, plus à l'est; mais celui de Noël Simard (1640-1715), originaire de Puymoyen, en Angoumois (France), est bel et bien lié à l'histoire de Baie-Saint-Paul, puisqu'il fut chargé par Mgr Laval, évêque de Québec, de développer la portion orientale de la seigneurie du Séminaire.

Le **Centre d'art de Baie-Saint-Paul** ★ *(entrée libre; fin juin à fin août tlj 9h à 19h, début sept à fin juin tlj 9h à 17h; 4 rue Ambroise-Fafard, ☎435-3681)*. Une sélection de toiles des artistes de Charlevoix est présentée dans ce bâtiment moderne conçu en 1967 par l'architecte Jacques De

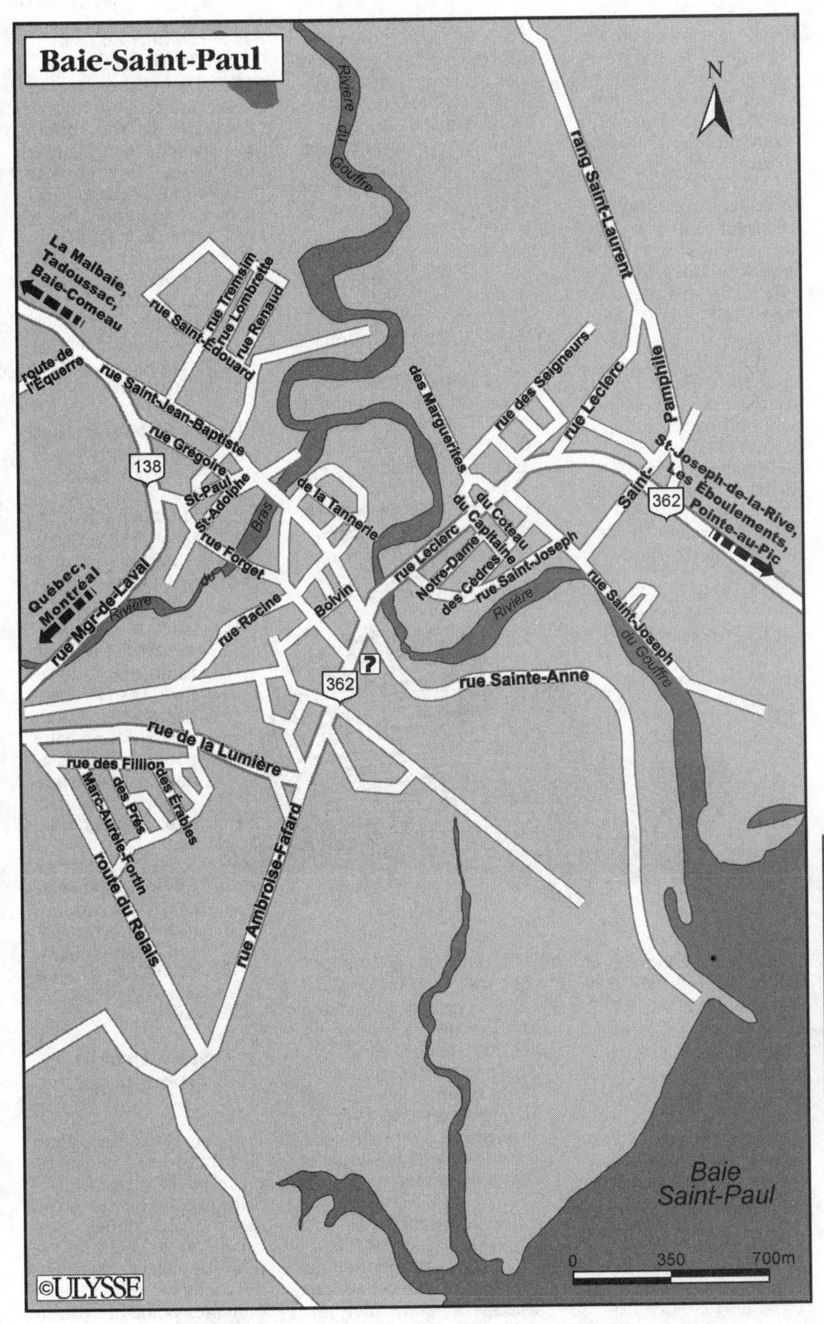
Baie-Saint-Paul
N
Rivière du Gouffre
La Malbaie, Tadoussac, Baie-Comeau
rue Tremsim
rue Lombrette
rue Renaud
rue Saint-Édouard
route de l'Équerre
rue Saint-Jean-Baptiste
rue Grégoire
138
St-Paul
St-Adolphe
rue Forget
Bras
de la Tannerie
des Marguerites
rue des Seigneurs
rue Leclerc
rang Saint-Laurent
Pamphile
St-Joseph-de-la-Rive, Les Éboulements, Pointe-au-Pic
362
Saint-
du Coteau
du Capitaine
Notre-Dame
des Cèdres
rue Saint-Joseph
Rivière du Gouffre
rue Leclerc
Québec, Montréal
rue Mgr-de-Laval
Rivière
rue Racine
Boivin
rue Sainte-Anne
rue de la Lumière
rue des Fillion
des Érables
des Prés
Marc-Aurèle-Fortin
route du Relais
rue Ambroise-Fafard
Baie Saint-Paul
0 350 700m
©ULYSSE

Blois. Un symposium de peinture et de sculpture, au cours duquel on peut voir à l'œuvre de jeunes artistes, est organisé par le centre au mois d'août de chaque année.

Le **Centre d'exposition de Baie-Saint-Paul** ★★ *(3$; fin juin à fin août tlj 9h à 19h, début sept à fin juin tlj 9h à 17h; 23 rue Ambroise-Fafard, ☎435-3681).* Ce musée-galerie, achevé en 1992 selon les plans de l'architecte Pierre Thibault, accueille des expositions temporaires provenant du monde entier. Il est complété par la galerie René-Richard, où sont exposés plusieurs tableaux du peintre d'origine suisse René Richard (voir ci-dessous).

Goélette

La **maison René-Richard** ★ *(2,50$; tlj 10h à 18h; 58 rue St-Jean-Baptiste, ☎435-5571).* Au début du XXe siècle, François-Xavier Cimon hérite de cette maison entourée d'un parc menant à la rivière du Gouffre. Le portraitiste Frederick Porter Vinton, qui se lie d'amitié avec la famille Cimon, fait aménager un atelier de peinture à proximité de la maison.

Celui-ci sera plus tard utilisé par les Clarence Gagnon, A.Y. Jackson, Frank Johnston, Marc-Aurèle Fortin et Arthur Lismer, dont on peut aujourd'hui voir les œuvres dans les principaux musées canadiens. Enfin, en 1942, le peintre René Richard obtient le domaine par son mariage avec la fille Cimon. Depuis la mort de Richard en 1983, la propriété est ouverte au public et fait office de musée et de galerie d'art. La visite des lieux plonge le promeneur dans l'ambiance qui prévalait dans Charlevoix au tournant des années quarante, alors qu'artistes et collectionneurs avertis, venus de New York ou de Chicago, fraternisaient pendant les vacances estivales.

Le **Centre d'histoire naturelle de Charlevoix** ★ *(contribution volontaire; fin juin à début sept tlj 9h à 19h, début sept à fin juin tlj 10h à 16h; 444 boul. Mgr-De-Laval/rte. 138, ☎435-6275)* s'inspire de cinq grands thèmes traitant des merveilles naturelles de la région. Ainsi, l'histoire géologique, la flore, la faune, les climats, de même que l'histoire humaine, y sont expliqués à l'aide de présentations et d'un diaporama.

La Laiterie Charlevoix accueille depuis 1997 le quatrième économusée de Charlevoix, l'**Économusée du fromage** ★ *(entrée libre; fin juin à début sept tlj 8h à 19h; sept à juin lun-ven 9h à 17h30, sam-dim 12h à 16h; 1151 boul. Mgr-De-Laval, ☎435-2184).* Fondée en 1948, l'entreprise a conservé le caractère artisanal des méthodes de fabrication du fromage cheddar. Chaque jour, avant 11h, vous pouvez voir les fromagers en action et apprendre les rudiments de la fabrication du fromage ainsi que de son processus de maturation. Depuis 1994, la Laiterie Charlevoix est également associée à la fabrication du savoureux «Migneron de Charlevoix».

Une balade dans les rangs environnants permet d'apercevoir les quatre moulins à eau de Baie-Saint-Paul, notamment le **moulin César**, classé monument historique *(730 rang St-Laurent).* Quittez Baie-Saint-Paul par la route 362 *(rue Leclerc)* pour rejoindre Saint-Joseph-de-la-Rive, Les Éboulements et La Malbaie. Une halte panoramique, à flanc de montagne, permet d'apprécier le paysage grandiose.

Une excursion facultative à partir de Baie-Saint-Paul suit plutôt les routes 138 et 381, en direction de Saint-Urbain et de l'arrière-pays de Charlevoix.

Saint-Urbain (1 599 hab.)

Plusieurs activités de plein air sont proposées dans les environs du village de Saint-Urbain, qu'il s'agisse de ski de randonnée, d'escalade ou de pêche au saumon. Le village et les rangs des alentours offrent de multiples points de vue sur les montagnes de l'arrière-pays de Charlevoix.

Le **Musée Renaissance** *(3$; début juin à mi-sept tlj 9h à 16h; 133 rte. 381 N., ☎639-2210 ou 639-2454)*. Le nom est trompeur puisque l'on pourrait croire qu'il s'agit d'une collection d'œuvres de la Renaissance, égarée là par un collectionneur excentrique. Il n'en est rien. Il s'agit plutôt d'un regroupement d'objets racontant l'histoire du village de Saint-Urbain.

Parc des Grands-Jardins ★★, voir p 595.

Retournez vers Baie-Saint-Paul et empruntez la route 362 vers l'est. Plus loin, à droite de la route, une pente abrupte mène au village de Saint-Joseph-de-la-Rive, situé en contrebas des Éboulements.

★ Saint-Joseph-de-la-Rive (225 hab.)

Situé en bordure du fleuve Saint-Laurent, ce village a longtemps vécu au rythme de la mer. Les goélettes échouées sur le rivage en témoignent avec éloquence. Depuis quelques décennies toutefois, la villégiature et l'artisanat ont remplacé la pêche et les constructions navales. À l'est du quai, où s'amarre le traversier menant à l'île aux Coudres, une plage de sable fin invite à la baignade en eau salée (mais souvent très froide). Un petit kiosque de bois, devant l'église, illustre à merveille la fragilité du bâti face à l'immensité du paysage marin de Charlevoix.

L'**église catholique Saint-Joseph ★** *(ch. de l'Église)* rappelle, par son gabarit et son revêtement de bois peint blanc, les églises anglicanes des Cantons-de-l'Est. Son intérieur, très original, est orné de différents éléments d'inspiration marine. Par exemple, l'autel est soutenu par des ancres et le baptistère est formé d'une immense coquille pêchée au large de la Floride. Une bande magnétique décrivant les ornements liturgiques de l'église se met en marche lorsque l'on appuie sur un bouton placé à la droite de la porte d'entrée.

La **Papeterie Saint-Gilles ★** *(entrée libre; mai à déc tlj 8h à 17h, jan à mai tlj 13h à 17h; 304 rue Félix-Antoine-Savard, ☎635-2430)*. Cet atelier de fabrication de papier artisanal a été fondé en 1966 par le prêtre-poète Félix-Antoine Savard (1896-1982), auteur de *Menaud maître-draveur*, avec l'aide de Mark Donohue, membre d'une célèbre dynastie de l'industrie papetière canadienne.

Pendant la visite de cet économusée du papier, des guides expliquent les différentes étapes de la fabrication du papier selon les techniques du XVIIe siècle (défibrage, encuvage, tamisage, pressage, séchage et calandrage). Le papier de Saint-Gilles est reconnaissable à son grain épais et à ses fleurs ou feuilles d'arbre insérées dans chaque pièce. Il est possible de se procurer sur place divers ensembles de papier à lettres de grande qualité.

L'**Exposition Maritime ★★** *(2$; mi-mai à mi-juin et début sept à mi-oct lun-ven 9h à 17h, sam-dim 11h à 17h; mi-juin à début sept tlj 9h à 17h; 305 place de l'Église, ☎635-1131 ou 635-2803)*. Situé sur le site d'un chantier naval, cet économusée de la goélette raconte la grande époque de ces fameux navires. On peut visiter les bateaux sur place.

Les Santons de Charlevoix *(fin juin à début sept tlj 10h à 17h30, mi-mai à fin juin et début sept à mi-oct sam-dim 10h à 17h; ☎635-2759 ou 635-2521)*. Depuis quelques années, Saint-Joseph-de-la-Rive s'est mis à la confection des santons, ces figurines en terre cuite représentant non seulement la Sainte Famille de la crèche de Noël, mais aussi tous les personnages d'un village pouvant graviter autour de la crèche. Cette tradition provençale a été transposée ici, à la différence que nos personnages sont costumés à la manière des Québécois d'antan et que les maisons qui les abritent sont des représentations en miniature des maisons traditionnelles de Charlevoix et de l'île aux Coudres.

★★ Île aux Coudres (1 114 hab.)

Certains visiteurs seront peut-être surpris d'apprendre que l'on trouve quantité de baleines dans le fleuve Saint-Laurent. La vie économique de l'île aux Coudres a gravité autour de la chasse faite à ces cétacés pendant plusieurs générations, plus particulièrement la chasse au béluga (marsouin). On extrayait la graisse des baleines pour ensuite la faire fondre afin de produire une huile destinée aux lampes d'éclairage. Les constructions navales, principalement les goélettes, appelées «voitures d'eau» dans Charlevoix, constituaient également une industrie importante. Ces navires, d'abord à voiles, et plus récemment à moteur, servaient non seulement à la chasse aux baleines, mais aussi au cabotage. Cette époque est aujourd'hui révolue, mais des souvenirs impérissables y sont rattachés. Seuls les photographes sont autorisés à chasser les baleines avec leur appareil de nos jours, les dernières vraies chasses de l'île ayant été tenues au début des années soixante.

C'est Jacques Cartier qui, ayant remarqué les nombreux coudriers (noisetiers) s'y trouvant, lui a donné le nom d'île aux Coudres en 1535. La colonisation de l'île s'est amorcée vers 1710 sous la direction du Séminaire de Québec. Au fil des ans, la population des deux villages distribués sur son pourtour (L'Île-aux-Coudres et La Baleine) a acquis une certaine autonomie du fait de son isolement, ce qui lui a permis ainsi de conserver vivantes certaines traditions ancestrales disparues depuis bien longtemps dans les autres régions du Québec. La récolte de la sphaigne dans les tourbières du centre de l'île, la pêche à l'anguille ainsi que le tourisme constituent de nos jours la raison d'être des habitants de l'île aux Coudres, qui a néanmoins su conserver son cachet et sa tranquillité.

L'Île-aux-Coudres constitue la municipalité formée par la fusion des villages Saint-Bernard et Saint-Louis *(point d'arrivée et de départ dans l'île aux Coudres)*. Le traversier s'amarre au quai de Saint-Bernard, où débute la visite de l'île. C'est le meilleur endroit pour contempler les montagnes de Charlevoix. On remarquera sur la grève un des derniers chantiers navals de l'île encore en activité.

Suivez le chemin Royal, qui devient le chemin des Coudriers. Le long du parcours, vous pourrez voir plusieurs goélettes échouées sur les berges, doux souvenirs d'une époque révolue. Au cap à Labranche, vous apercevrez Baie-Saint-Paul par temps clair.

Le **Musée Les Voitures d'eau** ★ *(4$; mi-juin à mi-sept tlj 9h30 à 18h, mi-mai à mi-juin et mi-sept à mi-oct sam-dim 9h30 à 17h; 203 ch. des Coudriers, St-Louis ☎438-2208)* raconte l'aventure des goélettes, de leurs constructeurs et de leurs équipages. Il a été fondé en 1973 par le capitaine Éloi Perron, qui a récupéré la goélette *Mont-Saint-Louis*, laquelle peut d'ailleurs être visitée de la cale à la timonerie.

Les **chapelles de procession** *(à l'entrée et à la sortie du village de St-Louis)*, construites en 1836, servaient pendant la procession de la Fête-Dieu, qui se tient encore dans certaines paroisses de la Côte-du-Sud (voir p 479). La chapelle Saint-Pierre, à l'entrée du village, a été restaurée en 1953. Quant à la chapelle Saint-Isidore, située à l'autre extrémité de l'agglomération, elle abrite l'ancien tabernacle de l'église paroissiale Saint-Louis, réalisé en 1771. Ces chapelles démontrent la persistance du vocabulaire architectural du Régime français bien au-delà du XVIIIe siècle. Elles sont d'ailleurs souvent citées en exemple lorsque l'on veut dépeindre l'architecture traditionnelle du Québec.

Le **Musée de l'Isle-aux-Coudres** *(3,50$; mai, juin, sept et oct tlj 8h30 à 18h30; juil et août tlj 8h à 19h; 231 ch. des Coudriers, St-Louis, ☎438-2753)*. On découvre, dans une ambiance fort peu muséologique, les us et coutumes fascinants des habitants de l'île aux Coudres. Une exposition sur la faune et la flore de Charlevoix complète la visite.

Tournez à gauche sur le chemin du Moulin.

Les **Moulins Desgagné** ★★ ou **Moulins de l'Île-aux-Coudres** *(2,50$; mi-mai à mi-juin et début sept à mi-oct tlj 10h à 17h, mi-juin à début sept tlj 9h à 18h30; 247 ch. du Moulin, St-Louis, ☎438-2184)*. Il est extrêmement rare de retrouver moulin à eau et moulin à vent dans un même voisinage. Les moulins de Saint-Louis forment, en fait, un ensemble unique au Québec. Le moulin à eau, érigé en 1825, et le moulin à vent de 1836 se complètent, l'un prenant la relève de l'autre selon les conditions climatiques du moment.

L'ensemble, comprenant en outre une forge et une maison de meunier, a été restauré par le gouvernement du Québec, qui a profité du fait que les mécanismes étaient encore en parfait état de marche pour remettre les moulins au travail et en faire des centres d'interprétation des moulins à vent et à eau ainsi qu'un **économusée de la farine**. De plus, un meunier moud de nouveau le blé et le sarrasin, et du pain est cuit sur place dans un antique four à bois.

Revenez vers le chemin des Coudriers, que vous suivrez vers l'est jusqu'à La Baleine. Un second chemin parallèle longe le haut du cap. Vous pouvez cependant accéder à la maison Leclerc par le chemin des Coudriers.

La **maison Leclerc** *(126 rte. Principale)*, construite vers 1750 à l'aide de galets, est depuis toujours propriété de la famille Leclerc. Son profil, très bas, s'inscrit dans la tradition des premières habitations paysannes du Régime français, conçues pour offrir une résistance minimale aux vents violents du Saint-Laurent.

En poursuivant votre route pour boucler le tour de l'île, vous passerez devant d'étranges piquets plantés dans l'eau à proximité de la plage, utilisés pendant la saison de la pêche à l'anguille (pêche à la fascine).

Reprenez le traversier pour Saint-Joseph-de-la-Rive, et remontez vers Les Éboulements.

★

Les Éboulements (1 013 hab.)

En 1663, un violent tremblement de terre entraîna un gigantesque glissement de terrain. On raconte que la moitié d'une petite montagne s'affaissa alors dans le fleuve, ce qui valut à la région le nom des Éboulements (éboulis). La terre s'étant stabilisée, l'endroit fut concédé à Pierre Tremblay en 1710 et mis en valeur par le seigneur de Sales-Laterrière un siècle plus tard, au moment de la construction de la route des caps, reliant Québec à La Malbaie.

Le moulin et le manoir de la seigneurie des Éboulements se situent à l'ouest du village et de la route conduisant à Saint-Joseph-de-la-Rive. Il faut donc revenir sur ses pas sur quelques centaines de mètres pour accéder au site (à gauche).

Le **manoir de Sales-Laterrière** *(tlj 9h à 11h et 14h à 16h; 159 rue Principale, ☎635-2666)* et son **moulin banal ★★** *(2$; fin juin à début sept tlj 10h à 17h; 157 rue Principale, ☎635-2239).* Une chapelle de procession en bois (vers 1840), autrefois située à Saint-Nicolas, sur la rive sud du fleuve Saint-Laurent, accueille le visiteur à l'entrée du site. Elle a été reconstruite là en 1968 sous les auspices d'un organisme de préservation du patrimoine, à qui appartient également le moulin seigneurial. Celui-ci a été érigé en 1790 au sommet d'une chute haute de 30 m lui conférant un aspect pittoresque qui inspire peintres et autres esprits romantiques. Son mécanisme est encore en place et fait l'objet de visites guidées en été, qui se terminent par une petite exposition des plus instructives, accompagnée de maquettes. Il est à noter que la moitié gauche du bâtiment est encore occupée par le logement du meunier.

Le manoir lui-même, lambrissé de bois et décoré de volets rouges (vers 1810), ne peut être visité, puisqu'il sert maintenant d'école aux frères du Sacré-Cœur. Il est toutefois visible depuis l'agréable sentier d'interprétation aménagé sur le domaine seigneurial, à l'est du moulin. On remarquera à droite l'étrange appentis cubique qui servait autrefois de prison. Le sentier longe la rivière jusqu'au fond du ravin, d'où l'on jouit de belles vues sur la chute et le moulin.

Dirigez-vous vers le centre du village, 1 km plus à l'est.

Le **Centre d'interprétation de la forge Tremblay** *(fin juin à début sept tlj 10h à 17h; 194 rue Principale, ☎635-2520).* On retrouve certainement aux Éboulements la plus importante concentration de patronymes Tremblay au Québec, et fort probablement au monde. Le prolifique seigneur des Éboulements, Pierre Tremblay, a eu une descendance tellement nombreuse que le nom Tremblay est devenu au Québec ce que Dupont est à la France, ou Smith en Grande-Bretagne, sauf qu'il émane ici d'un seul et même ancêtre, arrivé de Randonnai, au Perche, vers 1650.

De la région de Charlevoix, les Tremblay allaient plus particulièrement essaimer au XIXe siècle dans le Saguenay et au Lac-Saint-Jean, auquel ils sont étroitement associés. Les Tremblay sont tellement nombreux aux Éboulements que le prénom ne suffit même plus à les distinguer les uns des autres. Il faut bien souvent y ajouter le nom d'un père ou d'un grand-père pour savoir à qui l'on a affaire. On dira, par exemple, «Gérard Tremblay à Arthur à Pierre-Paul» pour identifier clairement quelqu'un.

La forge Tremblay (1891), située au cœur du village, a été conservée telle quelle depuis la belle époque des chevaux et des carrioles. Un guide explique la fonction des différents instruments, toujours utilisés par un forgeron. Des galeries, des boutiques et un salon de thé avoisinent la forge.

Cap-aux-Oies

À partir de la route 362, il faut prendre vers le sud une route mal indiquée et non revêtue. Il faut y faire 2 km, puis prendre à gauche sur 1,3 km. On atteint alors la plage, assez étendue, qui permet un coup d'œil différent sur le fleuve.

Revenez vers la route 132. La route mène ensuite à Saint-

Manoir Richelieu

Irénée, que vous atteindrez après une descente spectaculaire en face du fleuve. Une fois rendu au niveau de l'eau, surveillez l'entrée du Domaine Forget à gauche.

★

Saint-Irénée (745 hab.)

Saint-Irénée, ou Saint-Irénée-les-Bains, comme on l'appelait à la Belle Époque, constitue la porte d'entrée de la portion de Charlevoix traditionnellement reconnue comme étant la première région de villégiature en Amérique du Nord. Les *sportsmen* britanniques furent les premiers, à la fin du XVIIIe siècle, à goûter les plaisirs de la vie simple et sauvage de la région, suivis de riches Américains désireux de fuir la chaleur suffocante qui sévissait, pendant l'été, aux États-Unis. Les membres de la bourgeoisie canadienne-anglaise et canadienne-française ont aussi adopté Charlevoix, où ils ont fait construire des villas entourées de jardins. Saint-Irénée est renommée pour ses paysages de carte postale et son festival de musique classique (voir ci-dessous).

Le **Domaine Forget** ★ *(le prix et l'horaire varient selon l'activité choisie; 398 ch. Les Bains, ☎452-8111, ⇌452-3503, www.cite.net/~dforget/).* Sir Rodolphe Forget (1861-1919) fut l'un des grands hommes d'affaires canadiens-français du tournant du XXe siècle. En plus de diriger les destinées d'une dizaine d'entreprises et d'occuper son poste de président de la Bourse de Montréal, il se fait élire député de Charlevoix (1904-1917), qu'il relie à Québec par un chemin de fer.

À partir de 1901, il passe ses étés à Gil'Mont, son domaine distribué sur trois plateaux au-dessus du fleuve et du village de Saint-Irénée. La vaste propriété possède sa propre centrale électrique, de même qu'une dizaine de bâtiments secondaires des plus intéressants. La résidence principale, surnommée «le château» par les habitants du village, a malheureusement disparu dans les flammes en 1961. La salle de concerts du Domaine Forget, la Salle Françoys-Bernier, inaugurée à l'été 1996, peut accueillir 600 mélomanes qui découvriront avec plaisir ses qualités acoustiques. Le Domaine Forget publie le calendrier de ses concerts et brunchs musicaux. On peut le demander par téléphone ou se le procurer dans les bureaux d'information touristique.

L'endroit accueille depuis 1977 l'**Académie de musique et de danse de Saint-Irénée**, où maîtres et élèves viennent se perfectionner pendant la saison estivale. Le Domaine Forget, d'où l'on jouit de vues magnifiques sur le fleuve et la campagne environnante, est l'hôte d'un festival annuel de musique classique qui tient un rôle primordial dans la vie sociale des estivants de Charlevoix.

Les visiteurs peuvent s'y promener librement, à condition de ne pas troubler la concentration des artistes, disséminés sur la propriété, que l'on entend parfois au détour d'un sentier. Des panneaux d'interprétation expliquent en détail l'histoire du domaine, qui à vu naître, à l'été 1996, un amphithéâtre de 600 places permettant de prolonger et de diversifier la programmation.

Avant d'arriver à Pointe-au-Pic, la route longe le **Club de golf du Manoir Richelieu**, certainement l'un des plus beaux en Amérique. Ce 18 trous, avec chalet et restaurants, est classé parmi les meilleurs *Golf Resorts* du monde. Au bas de la côte Bellevue, tournez à droite sur la rue Principale.

★

La Malbaie–Pointe- au-Pic (5 009 hab.)

Par un beau jour de 1608, Samuel de Champlain, en route pour Québec, mouille dans une baie de Charlevoix pour la nuit. Quelle ne fut pas sa surprise de constater en se réveillant au matin que sa flotte reposait sur la terre et non dans l'eau. En effet, à chaque marée basse, l'eau s'en retire complètement, prenant au piège les navires qui s'y trouvent. Il se serait alors exclamé *«Ah! La malle baye!»*, ce qui veut dire «mauvaise baie». Les municipalités de Pointe-au-Pic, La Malbaie et Cap-à-l'Aigle forment, de nos jours, un tissu continu de rues et de maisons, distribué sur le pourtour de cette fameuse baie.

La seigneurie de la Malbaie dut être concédée par trois fois avant que l'on ne se décide à la développer sérieusement. Jean Bourdon la reçut une première fois pour service rendu en 1653. Trop occupé par son poste de procureur du roi au Conseil souverain, il n'y touche pas. Elle sera ensuite concédée à Philippe Gaultier de Comporté en 1672. À la suite du décès de ce dernier, elle est vendue par sa famille aux marchands Hazeur et Soumande, qui exploitent son bois pour la construction de vaisseaux en France. La seigneurie est rattachée au domaine royal en 1724. Elle sera concédée de nouveau sous l'occupation anglaise, un cas exceptionnel, en 1762. Le capitaine John Nairne et l'officier Malcolm Fraser se partagent alors le territoire, s'y établissent et entreprennent de le coloniser.

Les seigneurs Nairne et Fraser ont inauguré une tradition d'hospitalité qui ne s'est jamais démentie par la suite, hébergeant dans leur manoir respectif amis ou simples étrangers venus d'Écosse et d'Angleterre. Prenant modèle sur ses seigneurs, l'habitant canadien-français se met lui aussi à recevoir chez lui des visiteurs de Montréal ou de Québec pendant l'été.

Puis des auberges de plus en plus vastes sont érigées pour accueillir les citadins qui débarquent, en nombre toujours croissant, des vapeurs venus de la «grande ville» qui s'amarrent au quai de Pointe-au-Pic. Parmi ces visiteurs fortunés du XIXe siècle, il faut signaler le président américain Howard Taft et sa famille, qui affectionnent les paysages de Charlevoix.

Au début du XXe siècle, de riches Américains et Canadiens anglais se font construire des villas dans les environs du chemin des Falaises, qu'il faut parcourir d'un bout à l'autre. Ces résidences secondaires adoptent les styles à la mode à l'époque, à savoir le Shingle Style des stations balnéaires de la Côte Est des États-Unis, architecture aux formes pittoresques caractérisée par l'emploi du bardeau de cèdre comme revêtement des murs extérieurs, et le style des manoirs français du XVIIe siècle, dont les exemples charlevoisiens présentent généralement l'aspect de petits châteaux, recouverts de crépi blanc et dotés de tourelles percées de fenêtres à vantaux décorées de volets. Un style plus proche de l'architecture vernaculaire québécoise s'est aussi développé à partir de 1920.

Quant à l'architecte de La Malbaie, Jean Charles Warren (1869-1929), il s'est surtout fait remarquer par ses créations de mobilier rustique, inspirées à la fois des traditions locales et du mouvement Arts and Crafts anglais, qui sont devenues un *must* auprès des estivants. Situé à l'extrémité ouest du chemin des Falaises, le Manoir Richelieu en constitue un élément marquant.

La Malbaie est aujourd'hui devenue le centre administratif régional et a confirmé sa position de force dans l'industrie touristique de la région depuis la fusion avec la municipalité voisine de Pointe- au-Pic en 1995. On doit donc maintenant dire officiellement «La Malbaie–Pointe-au-Pic».

Seul parmi les grands hôtels de Charlevoix à avoir survécu, le **Manoir Richelieu** ★★ *(181 av. Richelieu)* a vu le jour en 1899. Au premier hôtel de bois, a succédé l'hôtel actuel en béton, à l'épreuve du feu et des tremblements de terre, dessiné dans le style Château par l'architecte John Smith Archibald en 1929.

Nombre de personnalités y ont séjourné, de Charlie Chaplin au roi de Siam, en passant par les Vanderbilt de New York. Même si l'on ne réside pas au Manoir, il est permis de parcourir discrètement son

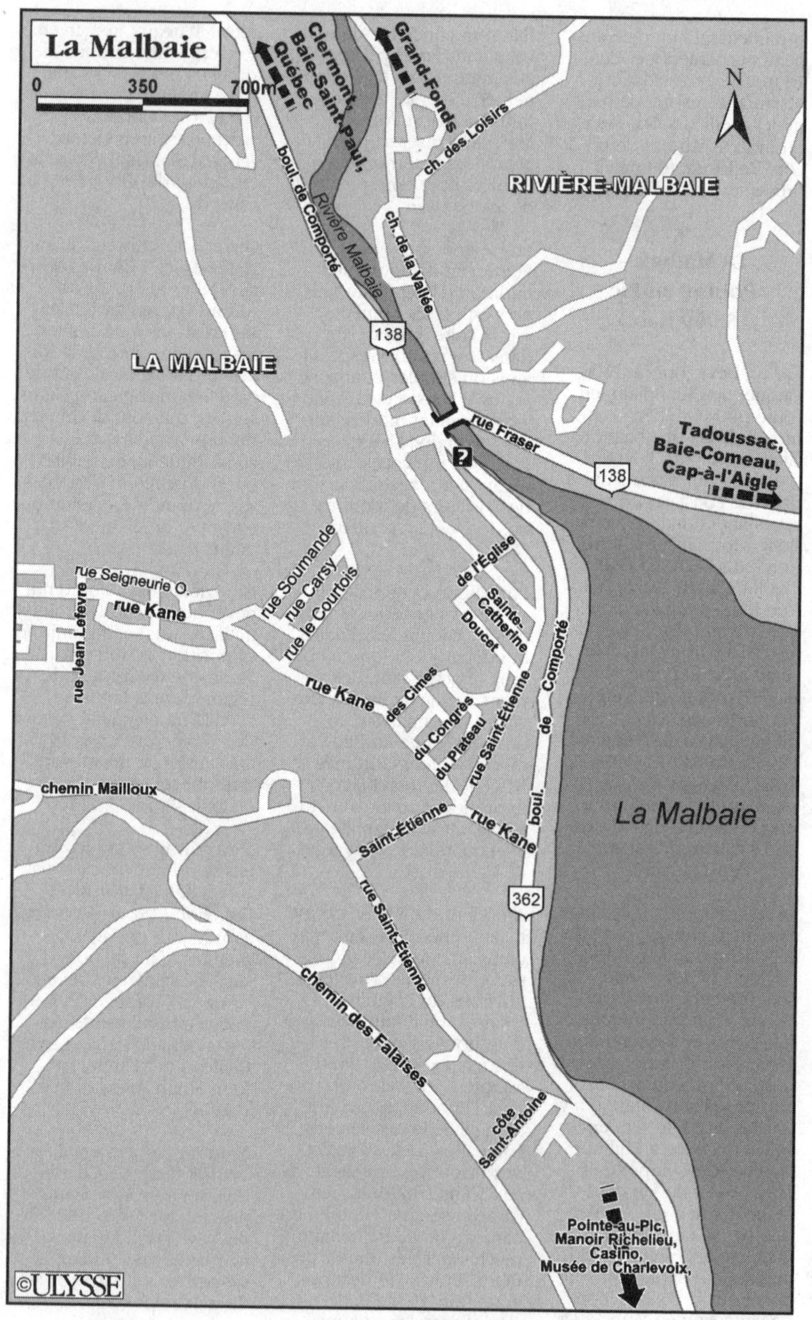
La Malbaie
0
350
700m
Clermont, Baie-Saint-Paul, Québec
Grand-Fonds
N
ch. des Loisirs
RIVIÈRE-MALBAIE
boul. de Comporté
Rivière Malbaie
ch. de la Vallée
138
LA MALBAIE
rue Fraser
Tadoussac, Baie-Comeau, Cap-à-l'Aigle
138
de l'Église
Sainte-Catherine
Doucet
rue Seigneurie O.
rue Kane
rue Soumande
rue Carsy
rue le Courtois
rue Jean Lefevre
rue Kane
des Cimes
du Congrès
du Plateau
rue Saint-Étienne
boul. de Comporté
chemin Mailloux
Saint-Étienne
rue Kane
La Malbaie
362
rue Saint-Étienne
chemin des Falaises
côte Saint-Antoine
Pointe-au-Pic, Manoir Richelieu, Casino, Musée de Charlevoix,
©ULYSSE

allée intérieure, bordée d'élégants salons, et de flâner dans ses jardins surplombant le fleuve Saint-Laurent.

Attrait numéro un dans le région, le **Casino de Charlevoix** *(183 av. Richelieu, ☎665-5300 ou 800-665-2274)* est un casino à l'européenne, voisin du Manoir Richelieu, agréablement aménagé et très fréquenté. Une tenue vestimentaire appropriée est de rigueur.

Depuis déjà quelques années, la ville de La Malbaie–Pointe- au-Pic a entrepris d'importants travaux de réfection et de réaménagement du secteur du **quai de Pointe-au-Pic**. On y a développé des installations pour accueillir les bateaux de croisière et de plaisance en même temps qu'ont été construits plusieurs infrastructures, un parc et des équipements récréotouristiques, afin que les visiteurs puissent circuler plus facilement, et ce, dans un environnement plus agréable. On accède directement au Manoir Richelieu et au casino à partir du secteur du quai.

Revenez en direction de la côte Bellevue. Tournez à droite pour rejoindre le boulevard de Comporté, qui longe la baie. L'accès au stationnement du Musée de Charlevoix se trouve à droite.

Le **Musée de Charlevoix** *(4$; fin juin à début sept tlj 10h à 18h; début sept à fin juin mar-ven 10h à 17h, sam-dim 13h à 17h; 1 ch. du Havre, ☎665-4411)* occupe un bâtiment relativement neuf (1990), beau à regarder et à l'intérieur duquel il est agréable de déambuler. Le musée est réservé à l'histoire et l'ethnologie des gens de la région ainsi qu'à l'art populaire.

L'écrivain William Hume Blake, connu pour sa traduction du roman *Maria Chapdelaine* de Louis Hémon, est enterré dans le cimetière de l'**église protestante** *(boul. de Comporté)* datant de 1867. Il est à noter que l'église est ouverte au culte (anglicain et présbytérien) pendant l'été seulement.

En plus du trajet principal, deux excursions facultatives sont proposées à partir de La Malbaie. Ainsi, si l'on poursuit son chemin sur le boulevard de Comporté, on rejoint la route 138 Ouest en direction des villages de **Clermont**, de **Sainte-Agnès** et surtout de **Saint-Aimé-des-Lacs**, qui donne accès au très beau parc régional des Hautes- Gorges-de- la-rivière-Malbaie.

En revanche, si l'on traverse le pont reliant La Malbaie et Cap-à-l'Aigle, puis que l'on tourne à gauche sur le chemin de la Vallée, on rejoindra Rivière-Malbaie, ses **chutes Fraser** et son chemin des Loisirs, qui mène au mont Grand-Fonds. Afin de poursuivre la découverte de Charlevoix sur le circuit principal, il faut emprunter le même pont, mais tourner plutôt à droite en direction de Cap-à-l'Aigle.

La première excursion suit donc la route 138 Ouest, qui pénètre profondément à l'intérieur des terres. Le paysage de cet arrière-pays est montagneux, mais offre aussi de larges percées visuelles sur des vallées et des plateaux boisés.

L'**église Sainte-Agnès** ★ *(au centre du village de Ste-Agnès)* est un bon exemple des églises de colonisation en bois du XIXe siècle, construites dans les villages isolés, loin à l'intérieur des terres. Thomas Baillairgé a conçu en 1839 les plans du modeste temple, dérivé de l'architecture du Régime français. À l'intérieur, on peut voir un joli décor sculpté ainsi que trois toiles d'Antoine Plamondon. Élément inusité, l'église sert encore de lieu de sépulture. Ainsi, les morts sont enterrés dans une crypte sous l'église, à un emplacement qui correspond à leur banc. L'église Sainte-Agnès a tenu lieu de décor lors du tournage du feuilleton *Le Temps d'une paix*.

L'histoire de la **Maison du Bootlegger** *(5$; mi-juin à mi-oct mer-dim 14h à 20h, mi-juil à fin août tlj 14h à 20h; 10 Ruisseau des Frênes, G0T 1R0, ☎439-3711)* a de quoi étonner. Construite en 1860 au bord de la rivière Malbaie dans le plus pur style traditionnel québécois, elle a été démantelée puis déménagée en 1933 par un Américain de Pennsylvanie, un dénommé Stellar, qui en fit un château fort de la contrebande d'alcool au temps de la Prohibition. Il y aménagea un dédale de couloirs et de cachettes qui dissimulaient de luxueux bars, un restaurant de grande classe ainsi que des salles de jeux.

Parc régional des Hautes-Gorges-de-la-rivière-Malbaie ★★, voir p 595.

La seconde excursion suit d'abord le chemin de la Vallée, qui longe la rivière Malbaie. Ce site pastoral est connu des anciens sous le nom de «Vallée Saint-Étienne». Après qu'elle eut été défrichée à la fin du XVIIIe siècle, les colons découvrirent que les terres agricoles de la vallée étaient les meilleures de Charlevoix.

La Malbaie est le centre administratif et judiciaire de

Charlevoix. Son **palais de justice** *(30 ch. de la Vallée)* néoclassique fut érigé en 1863 selon le plan standard du gouvernement du Canada-Uni, développé par l'architecte des Travaux publics F.P. Rubidge. Il comprend aussi une prison.

La **Forge-menuiserie Cauchon** *(328 ch. de la Vallée, Rivière-Malbaie)*. La forge et la menuiserie occupent le même bâtiment en bordure de la route. La rapidité des changements technologiques au XXe siècle donne à cette entreprise artisanale de 1882 des allures d'ancêtre précambrien. Les forges de ce type disparaissant rapidement; le gouvernement du Québec a décidé de classer l'édifice, avec tout son contenu, afin de le préserver pour la postérité. L'endroit n'a cependant pas encore été mis en valeur.

Mont Grand-Fonds, voir p 596.

Reprenez le circuit principal à Cap-à-l'Aigle.

Cap-à-l'Aigle (761 hab.)

Depuis le boulevard de Comporté, à La Malbaie, on aperçoit déjà au loin une noble maison de pierre, élevée sur les escarpements du cap à l'Aigle. Il s'agit de l'ancien manoir de la seigneurie de Malcolm Fraser, baptisée Mount Murray. Celle-ci faisait pendant, à l'est de la rivière Malbaie, à la seigneurie de John Nairne, établie à l'ouest du cours d'eau et baptisée simplement Murray Bay en l'honneur du gouverneur britannique de l'époque, James Murray. Le village de Cap-à-l'Aigle, dont la vocation touristique remonte au XVIIIe siècle, forme le cœur de la seigneurie de Mount Murray.

Malcolm Fraser, tout comme son compatriote John Nairne, faisait partie des Fraser Highlanders, ce régiment écossais envoyé au Canada pour participer à la prise de Louisbourg. Après la signature du traité de Paris en 1763, qui mettra un terme à la guerre de Sept Ans, Nairne et Fraser s'installent sur leur seigneurie. Tous deux connaissent déjà le français; la famille du premier vit alors en exil à Sens (France) à cause de ses sympathies pour les Stuart, alors que celle du second est d'origine française, puisqu'elle descend de Jules de Berry, qui aurait servi des... fraises exquises à Charles-III. Le **manoir Fraser ★** *(propriété privée; rte. 138)* a été construit pour le fils de Malcolm Fraser en 1827 d'après les plans de l'architecte Jean-Baptiste Duléger. Endommagé par un incendie en 1975, il a été restauré par la famille Cabot, propriétaire des titres de la seigneurie de Cap-à-l'Aigle depuis 1902.

Sur le domaine de la famille Cabot s'étalent les **Jardins aux Quatre Vents ★★** *(sur rendez-vous à compter de mars; à gauche sur la rte. 138 ☎434-2209)*, parmi les plus beaux jardins privés du Québec. Son propriétaire, qui l'entretient avec minutie et l'augmente chaque été, l'ouvre au public pendant quelques jours chaque année. En espérant que vous serez parmi les quelques chanceux à pouvoir le visiter, en voici une description : le jardin se compose en réalité de 22 jardins individuels, chacun développant un thème particulier.

Citons, par exemple, le potager en terrasses, le jardin du Ravin, les Cascades et le lac des Libellules, que franchit un pont chinois. L'aménagement des Jardins aux Quatre Vents a débuté en 1928, avec la plantation du jardin Blanc, dans lequel toutes les fleurs sont, bien entendu, blanches comme neige.

Tournez à droite sur le chemin Saint-Raphaël.

La **grange Bhérer** *(on ne visite pas; 215 ch. St-Raphaël)*. Dans un pays où le climat est si rigoureux, les exemples de granges en bois équarri à toiture de chaume ne sont pas légion. La plupart de celles construites aux XVIIIe et XIXe siècles ont disparu depuis longtemps, s'étant affaissées sous le poids de la neige ou ayant tout simplement brûlé au cours d'un des multiples incendies dont le Québec a été affligé. Aussi la grange Bhérer, érigée en 1840, constitue-t-elle un phénomène de conservation exceptionnel en Charlevoix. Le bâtiment en pièce sur pièce possède, de plus, un étage en encorbellement, un mode de construction remontant au Moyen Âge.

L'**église St. Peter on the Rock** *(ch. St-Raphaël)*. Un peu plus loin à gauche, on remarquera la coquette église anglicane de Cap-à-l'Aigle, reconstruite en 1922 selon les mêmes plans que l'église précédente, érigée en 1872. Elle n'est ouverte que pendant la saison touristique.

Poursuivez sur le chemin Saint-Raphaël jusqu'à la jonction avec la route 138 Est. Celle-ci traverse Saint-Fidèle puis Port-au-Saumon.

Saint-Fidèle (1 014 hab.)

À l'est de Cap-à-l'Aigle, les montagnes se resserrent encore davantage contre la mer, offrant peu de percées vers l'intérieur des terres.

Le **Centre écologique de Port-au-Saumon** ★ *(fin juin à fin août tlj 10h à 17h; 337 rte. 138, ☎434-2209)* est voué à la préservation de l'environnement et cherche à sensibiliser les gens sur les différents sujets touchant l'écologie. Il organise des activités éducatives concernant les sciences de la nature et l'environnement dans le cadre du **Festival des sciences de la nature.**

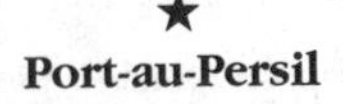

★ Port-au-Persil

Ce charmant petit port doit sa notoriété à sa chute d'eau, à sa chapelle anglicane ainsi qu'à la route qui sillonne la montagne, offrant des paysages pittoresques d'une grande beauté.

Fondée en 1976 par Pierre Legault, **La Poterie de Port-au-Persil/Atelier Guy Simoneau** *(mi-mai à fin sept tlj 9h à 18h; 1001 rue St-Laurent, ☎638-2349)* propose des stages pour les jeunes et les adultes. L'atelier libre vous offre la possibilité de créer une pièce d'argile. La boutique présente les pièces des meilleurs artisans du Québec.

Saint-Siméon (1 040 hab.)

Cette petite municipalité constitue la jonction des routes du Saguenay, de la Côte-Nord et de Québec. Il est possible de rejoindre la rive sud du Saint-Laurent en prenant le traversier Saint-Siméon–Rivière-du-Loup.

★ Baie-Sainte-Catherine (312 hab.)

Cette petite municipalité de la rive nord du Saint-Laurent est bornée par une baie à l'estuaire du Saguenay et dispose d'une jolie plage sablonneuse.

Parcs

Établi à côté de Baie-Saint-Paul, le **Domaine Charlevoix** *(rte. 362, C.P. 1796, Baie-St-Paul, ☎435-2626)* offre l'occasion de pratiquer diverses activités de plein air telles que le ski de fond, la randonnée pédestre et le vélo de montagne. Malheureusement, les sentiers aménagés ne sont guère longs. Ses belvédères surplombant le fleuve Saint-Laurent, ainsi que la terrasse Félix-Antoine-Savard d'où l'on peut contempler l'île aux Coudres, constituent des haltes ravigotantes. On y trouve de bons restaurants ainsi qu'une agréable maison de thé en bordure d'un lac habité par des cygnes, bucolique à souhait!

Situé à l'extrémité est de la réserve faunique des Laurentides, le **parc des Grands-Jardins** ★★ *(166 boul. de Comporté, Baie-St-Paul, ☎846-2057 ou 457-3945)* est riche d'une faune et d'une flore de taïga et de toundra, tout à fait inusitées pour la région. Des randonnées pédestres, commentées par des naturalistes et visant à faire découvrir ces beautés naturelles, sont organisées tout au long de l'été. Parmi les promenades proposées, certaines permettent l'observation de caribous. En outre, le sentier Mont du lac des Cygnes est classé parmi les plus beaux du Québec. On peut également emprunter des circuits de canot-camping.

Le **parc régional des Hautes-Gorges-de-la-rivière-Malbaie** ★★ *(de Baie-Saint-Paul, prenez la rte. 138 jusqu'à St-Aimé-des-Lacs, ☎439-4402)*, qui s'étend sur 233 km², fut créé afin de protéger ce site de l'exploitation commerciale. Il y a 800 millions d'années, une cassure terrestre forma ces magnifiques gorges qui furent, par la suite, modelées par les glaciers. Aujourd'hui, ce site est d'une grande richesse écologique. Les types de forêts couvrant cette région sont d'une incroyable diversité, allant des érablières à la toundra alpine. Les parois rocheuses, parfois hautes de 800 m, entre lesquelles serpente la rivière offrent plusieurs voies propices à l'escalade. La plus connue est certes la voie nommée «Pomme d'or», de niveau expert et haute de 350 m. Dans ce parc, on peut également s'adonner à la motoneige, à la randonnée pédestre (le sentier «L'acropole» est particulièrement apprécié) et au canot-camping. Le centre de location propose des vélos de montagne (15$/jour) et des canots (18$/jour). Des **croisières en bateau-mouche** *(20,50$; durée 1 heure 30 min; ☎635-1027, ⇌635-1028)* sont également proposées. Pour pleinement admirer le site, il faut emprunter la rivière.

Le long de la route d'accès, il faut surveiller, du côté droit, un panneau marqué «ZEC des Martres, secteur 7, lac des Américains». En marchant vers la rivière à cet endroit, on atteint un pont suspendu pour piétons qui enjambe la rivière Malbaie. L'endroit est assez désert, et l'on se retrouve à jouer les explorateurs de la forêt boréale.

Activités de plein air

Kayak

Dans les Hautes-Gorges-de-la-rivière-Malbaie, les **Découvreurs Québec-Amérique** *(☎439-37557, ≠439-4402)* vous font explorer ces magnifiques paysages en kayak.

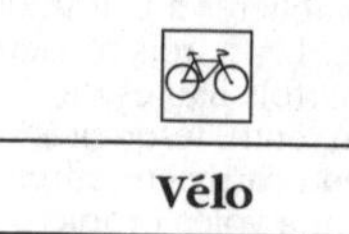

Vélo

L'île aux Coudres est l'un de ces endroits que l'on a avantage à visiter à bicyclette. Le terrain est assez plat, et la vitesse du vélo permet de savourer la beauté de son superbe paysage et de profiter du fleuve, envoûtant et omniprésent. La pointe de l'Islet, à l'extrémité ouest, offre un paysage grandiose sur le fleuve Saint-Laurent, avec ses rochers qui ne sont pas sans rappeler la Bretagne.

À La Baleine, du côté est de l'île, **Vel-O-Coudre** *(☎438-2146)* loue des vélos pour tous les goûts, alors que **Roland Harvey Bicyclettes et Motels** *(☎438-2343)* propose un choix plus restreint mais des tarifs plus bas.

Ski alpin

Le Massif *(32,75$; 1350 rue Principale, C.P. 47, Petite-Rivière-St-François, ☎632-5876, www.lemassif.-com)* est l'une des stations de ski les plus intéressantes du Québec. D'abord parce que Le Massif offre le dénivelé le plus haut de l'est du Canada, soit 770 m, ensuite parce qu'il reçoit chaque hiver des chutes de neige abondantes qui, aidées par la neige artificielle, créent des conditions idéales.

Bien qu'en constante modernisation, cette station de ski a choisi de suivre un développement respectant la nature environnante. Et quelle nature! La montagne, qui se jette presque dans le fleuve, offre depuis son sommet une vue époustouflante! Trois remontées mécaniques accommodent maintenant les skieurs, qui peuvent jouir de 20 pentes de niveaux intermédiaires et avancés. Au pied des pistes, on trouve un bar ainsi qu'un restaurant-cafétéria qui sert une bonne cuisine à prix raisonnable.

Le **parc régional du Mont-Grand-Fonds** *(25$; 1000 ch. des Loisirs, La Malbaie, ☎665-0095)* propose 13 pistes de ski alpin d'une dénivellation de 335 m. La plus longue piste descend sur 2 500 m.

Ski de fond

Le **parc régional du Mont-Grand-Fonds** *(8$; 1000 ch. des Loisirs, La Malbaie, ☎665-0095)* compte quelque 160 km de magnifiques pistes de ski de fond.

Le centre d'activités **Le Genévrier** *(4,25$; 1175 boul. Mgr-De-Laval, Baie-St-Paul, ☎435-6520)* se trouve à quelques kilomètres au nord de Baie-Saint-Paul. Il dispose d'une quarantaine de kilomètres de pistes de ski de fond et de raquette. Il compte 6 pistes : 4 faciles, 1 intermédiaire et 1 très difficile. En outre, il dispose d'installations pour le patin et la glissade.

Le **parc des Grands-Jardins** *(3$; 166 boul. de Comporté, Baie-St-Paul, ☎435-3101)*. Un réseau d'une soixantaine de kilomètres a été aménagé en pistes de ski de fond et de raquette. Il est possible de louer de petits chalets ou des refuges. Pour ce faire, il faut réserver auprès du ministère de l'Environnement et de la Faune au ☎800-665-6527. Par ailleurs, le parc est réputé pour la pêche.

Traîneau à chiens

Le **Chenil du Sportif** *(120$/jour/pers., 70$/½ jour/pers.; 65 rang Ste-Marie, Les Éboulements, ☎635-2592, ≠635-2256)* organise des excursions qui peuvent s'étendre d'une demi-journée à trois jours et être agrémentées d'une expérience de pêche sous la glace ou de balades en raquette.

Le Chenil du Sportif permet vraiment aux amateurs de traîneau à chiens de conduire eux-mêmes leur attelage dans une nature magnifique entre Les Éboulements et Saint-Hilarion. Les guides sont expérimentés et affables. Les forfaits d'un jour comprennent le déjeuner, qu'on déguste dans une sympathique maison en bois rond. Des couchers en refuge et en roulotte font partie des séjours plus longs.

Randonnée pédestre

Outre les magnifiques parcs de la région (voir plus haut), Charlevoix attire les randonneurs avec son magnifique **Sentier des caps** (☎*435-4163*). De Saint-Tite-des-Caps à Petite-Rivière-Saint-François, le sentier étire ses 37 km sur des sommets de 500 à 800 m de haut se jetant dans le fleuve.

Des refuges et des terrains de camping parsèment le parcours et permettent de prendre le temps qu'on veut pour y déambuler. Ses dénivelés importants conviennent surtout aux marcheurs aguerris. Les vues qui s'ouvrent sur le fleuve tout au long du tracé, et particulièrement depuis les belvédères aménagés, sont littéralement époustouflantes.

Hébergement

Petite-Rivière-Saint-François

La Courtepointe
130$ ½p
ℜ
8 rue Racine, G0A 2L0
☎632-5858 ou 888-788-5858
La Courtepointe est située tout près du Massif. L'aménagement général est très bien, et les enfants adorent les chambres installées sous les contreforts. La table est bonne, et le petit déjeuner, en particulier, délicieux. Belle collection de tableaux et vue sur le fleuve.

Baie-Saint-Paul

Parc des Grands-Jardins
14-20
166 boul. de Comporté, Baie-St-Paul

Le parc des Grands-Jardins a de petits chalets et des refuges à louer. Pour ce faire, il faut réserver auprès du ministère de l'Environnement et de la Faune au ☎800-665-6527. Par ailleurs, le parc est réputé pour la pêche; donc, si vous voulez louer durant la période estivale, il faut réserver tôt.

Le Genévrier
20$
rte. 138, à la sortie de Baie-Saint-Paul, G0A 1B0
☎435-6520
Le camping Le Genévrier est un vaste complexe récréotouristique qui s'intègre magnifiquement à son milieu naturel. Les campeurs de toute tendance sont assurés d'y trouver chaussure à leur pied. On y dénombre 450 emplacements, principalement en terrain boisé, pour tous types de logis et d'abris, des plus grosses autocaravanes jusqu'aux tentes des amateurs de camping sauvage. Plusieurs chalets tout équipés, modernes et confortables, sont situés au bord du lac ou de la rivière. En été, on offre en location deux chalets plus rustiques en bois rond, tout équipés, avec literie et douche. Un programme étoffé d'activités sportives et de loisirs est proposé chaque jour. Sentiers de randonnée pédestre et de vélo de montagne le long de la rivière.

Le Balcon Vert
15$/pers.
rte. 362, G0A 1B0
☎435-5587
L'adresse la plus économique de la ville est sans doute l'auberge de jeunesse Le Balcon Vert. Elle dispose, en plus de petits chalets pouvant recevoir quatre personnes, d'emplacements pour les campeurs. Elle ouvre en été seulement.

Camping du Gouffre
20$
≈
439 rang Saint-Laurent, G0A 1B0
☎435-2143
Dans un environnement naturel intéressant, le Camping du Gouffre bénéficie d'un bel emplacement au bord de la rivière. On y trouve une piscine, des courts de tennis et tous les services. On y accède par les routes 362 ou 138.

Auberge Cormoran et Domaine Belle Plage
65$ pdj
bc/bp
192 rue Ste-Anne, G0A 1B0
☎435-6030 ou 888-463-6030
L'Auberge Cormoran et Domaine Belle Plage est aménagée dans une vaste maison faisant face au fleuve aux limites de la ville. Elle propose des chambres

tranquilles et relativement confortables; certaines d'entre elles n'ont pas de salle de bain privée.

Auberge La Muse
85$ pdj
125$ ½p
ℜ
39 rue St-Jean-Baptiste, G0A 1B0
☎435-6839 ou 800-841-6839
L'Auberge La Muse se trouve au centre de Baie-Saint-Paul. Elle est installée dans une maison d'époque avec un joli balcon. Les petits déjeuners permettent de goûter les spécialités maison.

Auberge La Maison Otis
180$ ½p
≈, ⌂, ℜ
23 rue St-Jean-Baptiste, G0A 1B0
☎435-2255 ou 800-267-2254
L'Auberge La Maison Otis conjugue une ambiance suave et un décor de bon goût à une table divine. L'ancienne section a de petites chambres douillettes, avec le lit au second palier, alors que, dans la nouvelle section, les chambres sont grandes et chaudes. D'une architecture québécoise classique, cette ancienne banque est située au cœur de la ville.

Auberge La Pignoronde
184$ ½p
≈, ℜ
750 boul. Mgr-De-Laval, G0A 1B0
☎435-5505 ou 888-554-6004
L'étrange bâtiment circulaire de l'Auberge La Pignoronde est d'aspect plutôt quelconque. Heureusement, le décor intérieur est des plus charmants. Ainsi, le hall pourvu d'un foyer s'avère fort accueillant. On y jouit d'une vue superbe en plongée sur la baie.

Saint-Hilarion

L'Aubergine
55$ pdj
179 rang 6, G0A 3V0
☎457-3018
En plus de son joli nom, L'Aubergine propose une formule tout à fait intéressante si vous êtes à la recherche de tranquillité et de grand air. Le grand air, vous le retrouverez dans la nature qui l'entoure et dans les multiples activités qui s'offrent à vous dans la région. Quant à la tranquillité, chacune des six chambres de l'établissement étant dotée d'une entrée privée et d'une salle de bain, vous vous y sentirez sûrement à votre aise. Les hôtes préparent, sur réservation, un bon repas du soir végétarien. Les petits déjeuners sont copieux.

Saint-Joseph-de-la-Rive

Auberge Beauséjour et Motels
90$
569 ch. du Quai, G0A 3Y0
☎635-2895 ou 800-265-2895
⇄635-1195
Aménagée dans une vaste demeure pourvue d'une superbe terrasse, l'Auberge Beauséjour et Motels bénéficie d'un site à faire rêver. Les chambres, quoique un peu austères, sont correctes.

Île aux Coudres

Notez que tous les lieux d'hébergement de l'île sont fermés durant la saison hivernale.

Hôtel-Motel Cap-aux-Pierres
190$ ½p
≈, ℜ
246 rte. Principale, La Baleine, G0A 2A0
☎438-2711 ou 800-463-5250
Un long bâtiment, orné d'une multitude de lucarnes, abrite l'Hôtel-Motel Cap-aux-Pierres. Les chambres, au décor rustique, sont agréables.

Auberge La Coudrière et Motels
158$ ½p
≈, ℜ
280 rte. Principale, La Baleine, G0A 2A0
☎438-2838 ou 888-438-2882
L'Auberge La Coudrière et Motels propose des chambres confortables. Elle se trouve près du fleuve, offrant aux visiteurs l'occasion de faire de belles promenades.

Saint-Irénée

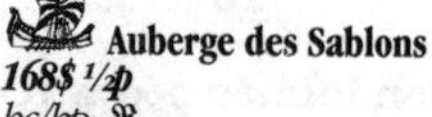

Auberge des Sablons
168$ ½p
bc/bp, ℜ
223 ch. Les Bains, G0T 1V0
☎452-3594
⇄452-3240
La jolie maison blanche aux volets bleus abritant l'Auberge des Sablons est tout à fait charmante. Elle se trouve sur un site d'une grande tranquillité voisin du Domaine Forget. Les chambres, au décor vieillot, sont agréables.

La Malbaie–Pointe-au-Pic

Chalets La Remontée
75$
≈, ℂ
15 côte Bellevue,
à droite en descendant la côte vers le village de Pointe-au-Pic,
G0T 1M0
☎665-3757
⇄665-3103
On peut louer de jolis petits chalets rustiques aux Chalets La Remontée. Chacun a l'avantage d'être pourvu d'une cuisinette et peut accueillr jusqu'à quatre personnes.

Auberge Aux Douceurs Belges
80$
ℜ
121 ch. des Falaises, G0T 1M0
☎665-7480 ou 800-363-7480
L'Auberge Aux Douceurs Belges est installée dans une vieille demeure de bois, malheureusement mal insonorisée. Néanmoins, les chambres qui donnent sur le fleuve, avec leur balcon, font passer des moments très agréables. L'endroit est idéal pour prendre une bière belge tout en contemplant tranquillement le paysage!

Petit Manoir du Casino ***90$ pdj***
ℜ, ≡
169 ch. des Falaises, G0T 1M0
☎665-0000 ou 800-618-2112
⇄665-4092
À proximité du casino, le Petit Manoir du Casino est le dernier-né des complexes hôteliers de Pointe-au-Pic. On y retrouve une ambiance familiale. Les 76 chambres sont munies d'un foyer et d'un balcon. La vue sur la baie est superbe.

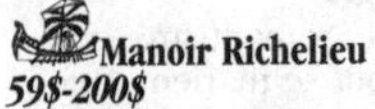**Manoir Richelieu**
59-200
≡, ⊛, ⌂, ⊙, ≈, ℂ, ℜ
181 av. Richelieu, G0T 1M0
☎665-3703 ou 888-270-0111
⇄665-3093
Véritable institution hôtelière au Québec, le Manoir Richelieu (voir p 591) demeure un des lieux de villégiature les plus recherchés et les plus appréciés du Québec. Qui plus est, 140 millions de dollars ont été consacrés à sa rénovation et à son agrandissement en 1999. Le bâtiment centenaire, est juché sur un cap surplombant le fleuve. Ce joyau architectural d'inspiration normande dispose de 405 chambres dont 35 suites. Plusieurs boutiques sont aménagées au rez-de-chaussée, de même qu'un lien souterrain avec le casino. On a fait appel à des artisans pour le nouveau décor des chambres, des restaurants (voir p 601), du relais santé et des salles de conférences.

Auberge Les Trois Canards et Motels
99-225
ℜ, ⊛, ≈
49 côte Bellevue, G0T 1M0
☎665-3761 ou 800-461-3761
⇄675-4727
L'Auberge Les Trois Canards et Motels offre une vue superbe sur toute la région et abrite neuf chambres chaleureusement décorées et munies de foyer, de tapis douillets et d'une baignoire à remous. Son motel est pourvu de chambres moins bien aménagées, mais permettant néanmoins une belle vue sur l'eau.

Cap-à-l'Aigle

Auberge des Peupliers
172$ ½p
ℜ, ⌂
381 rue St-Raphaël, G0T 1B0
☎665-4423 ou 888-282-3743
⇄665-3179
L'Auberge des Peupliers est construite à flanc de colline et surplombe le fleuve Saint-Laurent. Les chambres sont garnies de meubles en bois qui leur donnent un charmant air vieillot. L'auberge dispose de salons paisibles, bien agréables pour se détendre.

La Pinsonnière
275$ ½p
≈, ⌂, ℜ
124 rue St-Raphaël, G0T 1B0
☎665-4431 ou 800-387-4431
⇄665-7156
Le luxueux hôtel La Pinsonnière repose dans un site enchanteur près du fleuve. Les chambres sont décorées avec goût; chacune est différente des autres. L'endroit est paisible et sa table est courue (voir p 601).

Restaurants

Baie-Saint-Paul

L'Oasis
$
1 rue Ambroise-Fafard
☎435-6518
L'Oasis est décoré simplement. On y sert une petite restauration économique.

Café des Artistes
$
25 rue St-Jean-Baptiste
☎435-5585
Le Café des Artistes, un café arborant un beau bar acajou et des fauteuils en osier, sert des pizzas européennes et des paninis garnis de succulente façon. Les grandes fenêtres de sa devanture ainsi que les quelques tables de sa galerie vous feront passer, lors des belles journées chaudes, d'agréables moments.

La Pâtisserie Les 2 sœurs
$
fermé en hiver
48 rue St-Jean-Baptiste
☎435-6591
La Pâtisserie Les 2 sœurs se présente comme un endroit calme et agréable. Au repas de midi et les soirs de fin de semaine, on propose un menu santé.

Saint-Pub
$
37 rue St-Jean-Baptiste
☎240-2332
Le Saint-Pub est un sympathique restaurant qui sert une bonne cuisine de bistro. Il est surtout le fleuron de la microbrasserie Charlevoix, qui brasse sur place de bonnes bières pour tous les goûts. Sur la belle rue Saint-Jean-Baptiste, vous reconnaîtrez son architecture originale et colorée,

égayée d'une terrasse en été.

Mouton Noir
$$$
43 rue Ste-Anne
☎435-3075
Le Mouton Noir est l'une des révélations de Baie-Saint-Paul. Sa cuisine épouse les saisons et les nouveaux arrivages de produits régionaux frais. Le menu est inventif, et les plats sont aussi raffinés que bons. En été, une grande terrasse permet de manger à l'extérieur à proximité de la rivière.

Auberge La Pignoronde
$$$-$$$$
750 boul. Mgr-De-Laval
☎435-5505
Dans un décor exceptionnel qui donne sur la vallée du Gouffre et sur l'île aux Coudres, la salle à manger de l'Auberge La Pignoronde sert une cuisine absolument délicieuse où viandes, poissons et fruits de mer se partagent la scène avec brio. Le service est particulièrement attentionné.

L'Auberge la Maison Otis
$$$-$$$$
23 rue St-Jean-Baptiste
☎435-2255
Les qualificatifs les plus fins et les plus suaves s'appliquent à la cuisine de L'Auberge la Maison Otis, qui a développé un menu gastronomique évolué où les saveurs régionales prennent de nouveaux accents et suscitent de nouvelles compositions.

Dans le décor invitant de la plus ancienne section de l'auberge, où se trouvait une banque auparavant, le client est invité à une expérience culinaire réjouissante ainsi qu'à une soirée apaisante. Le service est impeccable, et plusieurs éléments du menu sont réalisés sur place. Bonne sélection de vins.

Saint-Joseph-de-la- Rive

Le Loup Phoque
$-$$
ouvert en été
188 rue Félix-Antoine-Savard
☎635-2848
Le Loup Phoque, qui fait aussi office de bar, accueille une clientèle branchée qui vient y déguster une bonne cuisine apprêtée avec soin tout en contemplant le magnifique paysage. Il est installé dans une vieille maison disposant d'une grande terrasse fort agréable, et son décor est joyeux et original.

Auberge L'Été
$$$
589 ch. du Quai
☎635-2873
L'Auberge L'Été ajoute au divin plaisir de son environnement boisé et calme la volupté d'une bonne table. En soirée, une délectable cuisine d'inspiration française et de tendance régionale est servie dans une salle intime ou, lorsque la température le permet, dans un pavillon du jardin.

La Maison sous les Pins
$$$
352 rue F.-A.-Savard
☎635-2583
Dans ses salons intimes et chauds, l'auberge La Maison sous les Pins offre une vingtaine de places à une clientèle venue découvrir les fumets raffinés d'un alliage de cuisine régionale et de cuisine française qui met toutefois en valeur les produits charlevoisiens. Ambiance romantique et accueil sympathique. Non-fumeurs.

Île aux Coudres

La Mer Veille
$
pointe de l'Islet, du côté ouest de l'île
☎438-2149
La Mer Veille est un restaurant très couru où l'on propose de la petite restauration et des tables d'hôte attrayantes.

Auberge La Coudrière et Motels
$$-$$$
280 rte. Principale, La Baleine
☎438-2838
Le restaurant de l'Auberge La Coudrière et Motels prépare une excellente cuisine, mais on doit parfois déplorer la présence de groupes imposants et bruyants. De la salle à manger, on peut profiter d'une jolie vue sur la côte de Charlevoix.

Saint-Irénée

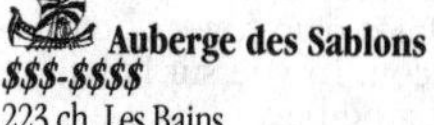

Auberge des Sablons
$$$-$$$$
223 ch. Les Bains
☎452-3594
Charme, romantisme et bon goût se marient merveilleusement à la qualité de la table de l'Auberge des Sablons pour assurer une soirée dont toutes les composantes contribuent à une agréable réussite. Vous pourrez y savourer une excellente cuisine française tout en admirant la mer à partir de la terrasse ou du salon.

La Malbaie–Pointe-au-Pic

Pub Winston Resto-Bar
$$
181 av. Richelieu
☎665-3703 ou 888-294-0111
Au Manoir Richelieu, vous trouverez le Pub Winston Resto-Bar, qui propose une formule beaucoup plus décontractée que Le Saint-Laurent (voir plus bas),

avec une restauration rapide et simple : sandwichs, salades, viande fumée et autres.

Le Passe Temps
$$-$$$
34 côte Bellevue, rte. 362
☎665-7660
La crêperie Le Passe Temps constitue un choix judicieux pour un excellent repas du midi ou du soir dans une ambiance des plus plaisantes. On propose au menu une grande diversité de crêpes- repas et de crêpes-desserts de farine de sarrasin ou de blé. Les pâtes fraîches sont exquises, en particulier le spaghetti aux tomates fraîches et au fromage Migneron. La terrasse est très appréciée.

Aux Douceurs Belges
$$$
121 ch. des Falaises
☎665-7480
La cuisine du restaurant Aux Douceurs Belges se veut des plus authentiquement belges, et tout un assortiment de bières du plat pays est proposé pour l'accompagner. Le résultat est exquis, et le service se fait chaleureusement par les propriétaires, une famille bien... québécoise!

Auberge des Falaises
$$$-$$$$
18 ch. des Falaises
☎665-3731
Établie dans une grande maison pourvue d'un beau jardin, l'Auberge des Falaises se spécialise dans la préparation d'une cuisine raffinée. Sa table compte parmi les plus réputées de la région et fut d'ailleurs couronnée par le Prix québécois de la gastronomie.

Auberge des Trois Canards
$$$$
49 côte Bellevue
☎665-3761 ou 800-461-3761
Les maîtres queux de l'Auberge des Trois Canards ont toujours fait preuve d'audace et d'invention pour intégrer à leur cuisine raffinée des éléments du terroir ou des gibiers. Ils y ont toujours réussi avec brio, dotant «Les Trois Canards» d'une réputation nationale enviable. Le service s'y démarque par sa cordialité de bon aloi et l'information qu'on y offre sur les plats servis. Bonne carte des vins.

Depuis les travaux de rénovation qui l'ont considérablement transformé, le Manoir Richelieu (*181 av. Richelieu, ☎665-3703 ou 888-294-0111*), (voir p 599) compte plusieurs restaurants et bistros. Parmi eux, deux grandes tables sont dignes de mention. **Le Saint-Laurent** (***$$$$***) propose, toute la journée, une délicieuse table d'hôte et un buffet. Ne manquez pas son brunch du dimanche. Dans la même magnifique verrière qui offre une vue imprenable sur le fleuve, dans une partie agrandie qui forme une rotonde, **Le Charlevoix** (***$$$$***) est un nouveau venu. On y sert une fine cuisine créative inspirée des produits régionaux.

Cap-à-l'Aigle

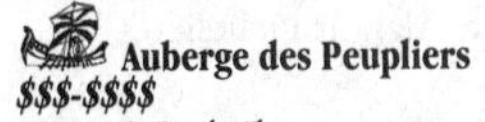

Auberge des Peupliers
$$$-$$$$
381 rue St-Raphaël
☎665-4423 ou 888-282-3743
La table de l'Auberge des Peupliers réserve de nombreuses et belles surprises à ses convives, fruits des audaces et de l'imagination fertile de son chef. On n'a qu'à s'abandonner à ces découvertes excitantes de saveurs françaises et locales qui ne risquent pas de décevoir.

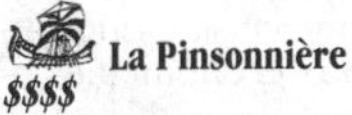

La Pinsonnière
$$$$
124 rue St-Raphaël
☎665-4431 ou 800-387-4431
La table de La Pinsonnière a très longtemps été considérée comme le summum du raffinement gastronomique dans Charlevoix et, malgré une concurrence de plus en plus féroce, elle mérite encore le titre sous plusieurs aspects. La Pinsonnière offre une carte gastronomique classique de très haut niveau, et les repas y sont une véritable expérience gustative qui demande qu'on y consacre la soirée. La cave à vins demeure la plus riche de la région et l'une des meilleures du Québec.

Sorties

Bars et discothèques

Baie-Saint-Paul

Saint-Pub
37 rue St-Jean-Baptiste
☎240-2332
On peut goûter les bières de la microbrasserie Charlevoix au Saint-Pub (voir p 599).

La Malbaie–Pointe-au-Pic

Le Bar à Jazz
av. du Quai
Le Bar à Jazz reçoit à l'occasion de bonnes formations.

Resto Bar Le Bambochard
220 av. du Quai
Au Resto Bar Le Bambochard, le service est des plus sympathiques. En été, on peut aussi y manger une bonne cuisine originale à prix économique.

Théâtre et salles de spectacle

Saint-Irénée

Salle Françoys-Bernier du Domaine Forget
398 ch. Les Bains
☎452-3535, poste 820 ou 888-DFORGET, poste 820
(voir p 590).

Fêtes et festivals

Baie-Saint-Paul

Le **Symposium de la nouvelle peinture au Canada** *(☎435-3681)* se tient annuellement à Baie-Saint-Paul durant tout le mois d'août. On peut y admirer les talents d'une quinzaine d'artistes du Québec, du Canada et d'ailleurs qui viennent créer sur place des œuvres de grande dimension à partir du thème suggéré.

Rêves d'automne Baie-Saint-Paul *(☎800-761- 5150)* remporte un succès de plus en plus considérable chaque automne durant la dernière semaine de septembre et la première d'octobre. Ce festival multidisplinaire met tout en œuvre pour permettre au public d'apprécier pleinement les beautés de l'été indien dans Charlevoix avec toute une série de spectacles musicaux et théâtraux en plus de suggestions gastronomiques irrésistibles.

Saint-Irénée

Chaque été, de la mi-juin à la fin août, le **Festival international du Domaine Forget** *(☎452-3535 ou ☎888- DFORGET)* amène à Saint-Irénée de nombreux musiciens et chanteurs classiques de réputation nationale et internationale. Ils viennent présenter leur spectacle sur la scène de la Salle Françoys-Bernier ou pendant les brunchs-musicaux qui se déroulent en plein air tous les dimanches. Vous pouvez demander le calendrier par téléphone. Abonnements disponibles.

Casino

Casino de Charlevoix
183 av. Richelieu
☎665-5300 ou 800-665-2274
Le Casino de Charlevoix, situé à Pointe-au-Pic, à côté du Manoir Richelieu, est un casino à l'européenne qui attire les foules. Une tenue vestimentaire appropriée est de rigueur.

Achats

Baie-Saint-Paul

Baie-Saint-Paul est particulièrement intéressante pour son **Circuit des galeries d'art.** On y retrouve de tout, chaque boutique ayant sa spécialité. Huiles, pastels, aquarelles, eaux-fortes..., tableaux de grands noms et artistes à la mode, originaux et reproductions, sculptures et poésie..., l'idéal quoi! C'est un plaisir de chaque instant que de flâner sur les rues Saint-Jean-Baptiste, Sainte-Anne ou ailleurs, et de s'arrêter dans toutes cesgaleries où le personnel ne demande pas mieux que de parler art.

Saint-Joseph-de-la-Rive

Papeterie Saint-Gilles
304 rue Félix-Antoine-Savard
☎635-2430
Les magnifiques papiers fabriqués à la Papeterie Saint- Gilles sont vendus sur place. Vous y trouverez un papier de coton d'une qualité remarquable. Certains de ces papiers chinés sont incrustés de feuilles d'érable ou de fougères. On y vend aussi une collection de récits, de contes et de chansons québécoises imprimés sur ce précieux papier.

Le Saguenay–Lac-Saint-Jean

Occupant le fjord le plus méridional du monde, la rivière Saguenay prend sa source dans le lac Saint-Jean, une véritable mer intérieure de plus de 35 km de diamètre. Ces deux formidables plans d'eau constituent en quelque sorte le pivot de cette superbe région touristique.

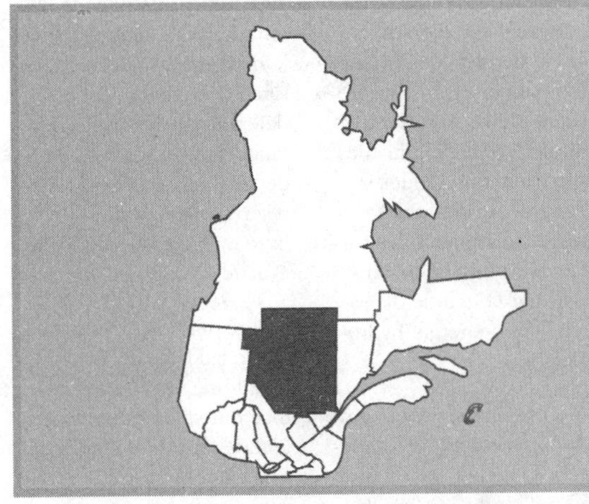

Gagnant rapidement le fleuve Saint-Laurent, la rivière Saguenay traverse un paysage très accidenté où se dressent falaises et montagnes. En croisière ou à partir des rives, on peut y admirer un défilé de splendides panoramas à la beauté sauvage. Jusqu'à Chicoutimi, le Saguenay est navigable et subit le rythme perpétuel des marées. Sa riche faune marine comprend, en été, des mammifères marins de différentes espèces.

Au cœur de cette région, la ville de Chicoutimi est un endroit très animé et le principal centre urbain. Plus au nord, le lac Saint-Jean, qui alimente la rivière Saguenay, impressionne par sa superficie et la couleur de ses eaux. Les jolies plaines, aux abords du lac, sont très propices à l'agriculture et attirèrent les premiers colons au siècle dernier. La vie rude de ses défricheurs, paysans en été et bûcherons en hiver, fut d'ailleurs immortalisée dans le roman *Maria Chapdelaine* de Louis Hémon.

Le bleuet, un fruit tout à fait savoureux que l'on trouve en grande quantité dans la région, fait la renommée du lac Saint-Jean. Le bleuet est à ce point identifié à cette région que, partout au Québec, on ment les gens de ce pays. Tout comme ceux de la région du Saguenay, les habitants du Lac-Saint-Jean sont reconnus pour être accueillants et fort colorés.

L'exploitation forestière dans la région du Saguenay et l'agriculture aux abords du lac Saint-Jean (les activités économiques ayant été à l'origine de l'arrivée des premiers colons vers le milieu du siècle dernier) emploient toujours une partie appréciable de la main-d'œuvre locale. D'autres industries sont toutefois venues s'y joindre au cours du XXe siècle, notamment des fonderies d'aluminium, attirées par la grande disponibilité en énergie hydroélectrique.

Des colons, venus principalement de Charlevoix et de la Côte-du-Sud au milieu du XIXe siècle, ont peuplé les régions jumelles du Saguenay et du Lac-Saint- Jean, jusque-là fréquentées sporadiquement par des tribus montagnaises nomades, des missionnaires jésuites et des chasseurs de fourrures. Ces derniers étaient rattachés à de petits postes de traite fondés au XVIIe siècle et étaient disséminés sur ce territoire densément boisé. Quelques-unes des familles québécoises établies au Saguenay–Lac-Saint-Jean se sont illustrées par leur fertilité exceptionnelle, dont les Tremblay, tellement nombreux que leur patronyme est aujourd'hui étroitement associé à ces régions.

Le Saguenay–Lac-Saint-Jean est le «pays» du gigantisme : gigantisme de ses rivières, de ses lacs, mais aussi de ses complexes industriels, qu'il est souvent possible de visiter. Gigantisme illustré aussi par le cataclysme de juillet 1996, alors que plus de 200 mm de pluie déferlent sur le nord-est du Québec. Les torrents commencent à déferler par-dessus les barrages, bien au-delà du lit des rivières. Les lacs et les réservoirs débordent. La base militaire de Bagotville évacue 15 000 personnes.

Une digue se rompt sur le lac Ha! Ha!, provoquant une vague dévastatrice qui va emporter une grande part des villages de Boilleau et Ferland, les submerger de boue puis ravager deux secteurs de La Baie. À Chicoutimi, le plus ancien quartier de la ville, le Bassin, est peu à peu emporté par les eaux. À L'Anse- Saint-Jean, la rupture en domino de barrages de castors transforme les ruisseaux en torrents qui détruisent tout sur leur passage.

Ce drame a profondément marqué la société saguenéenne. Cinq municipalités touchées par ses inondations ont aménagé des sites d'interprétation en différents lieux stratégiques. Ce circuit, qui regroupe La Baie, Chicoutimi, Jonquière, L'Anse-Saint-Jean et Ferland-et-Boilleau, comporte des présentations photographiques, des cartes et de nombreuses explications sur les particularités de chacun des endroits.

Pour s'y retrouver sans mal

Deux circuits sont proposés : **Circuit A : Le Saguenay ★★** et **Circuit B : Le tour du lac Saint- Jean ★★**. Pour plus de renseignements sur ces deux régions, consultez le *Guide Ulysse Charlevoix, Saguenay– Lac-Saint-Jean*.

Circuit A : Le Saguenay

En voiture

De Québec, empruntez la route 138 Est jusqu'à Saint-Siméon. Prenez à gauche la route 170, qui traverse le village de Sagard avant de parvenir au parc du Saguenay. Cette même route vous permet de continuer jusqu'à Chicoutimi, où, après avoir traversé la rivière, vous pourrez vous rendre à Sainte-Rose-du-Nord par la route 172. Il est possible et même souhaitable de faire précéder le circuit du Saguenay de celui de Charlevoix, plus au sud (voir p 582).

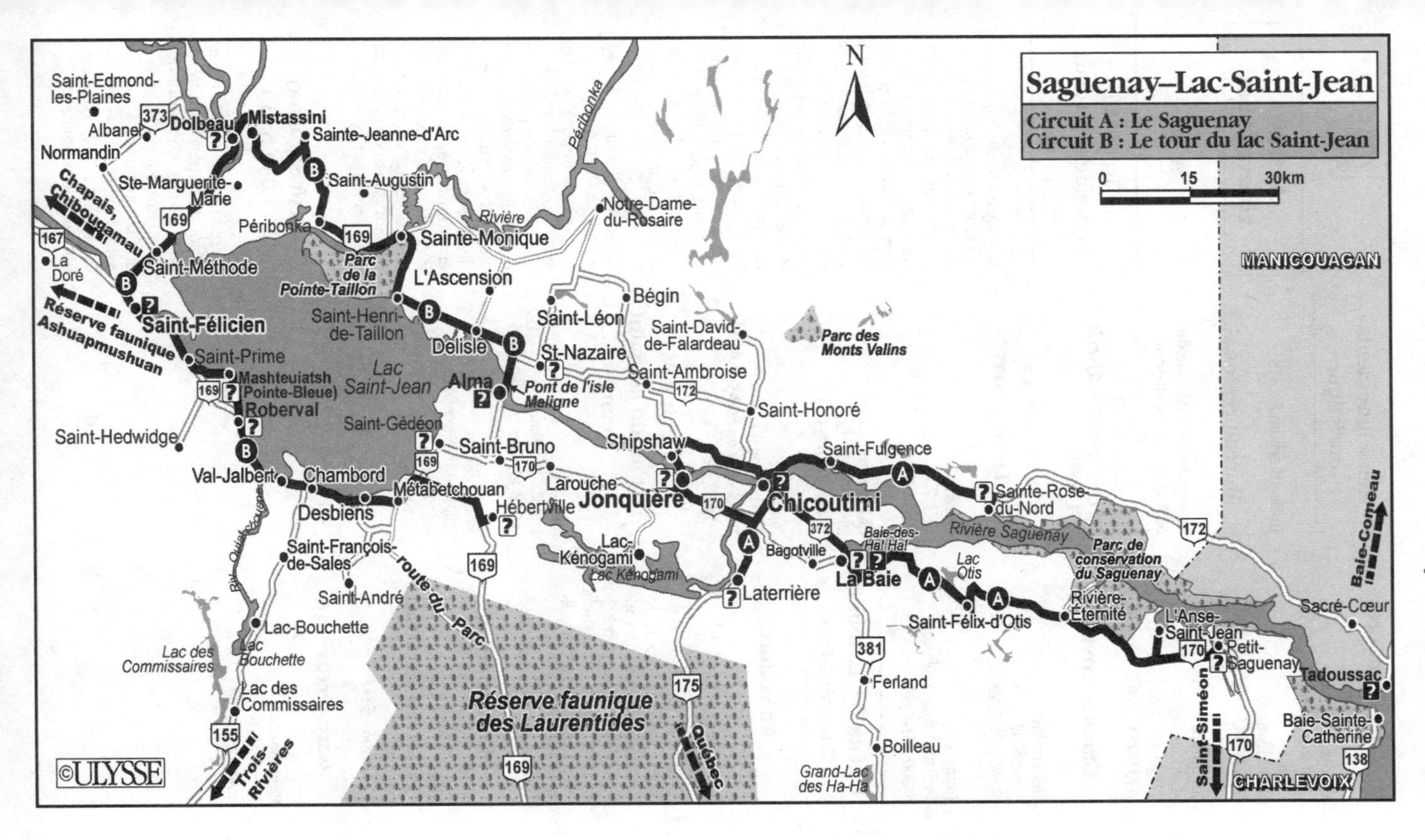

Saguenay–Lac-Saint-Jean
Circuit A : Le Saguenay
Circuit B : Le tour du lac Saint-Jean
N
0 15 30km
MANICOUAGAN
Saint-Edmond-les-Plaines
Albanel
Normandin
Dolbeau
Mistassini
Sainte-Jeanne-d'Arc
Saint-Augustin
Ste-Marguerite-Marie
Chapais, Chibougamau
La Doré
Péribonka
Rivière Péribonka
Notre-Dame-du-Rosaire
Sainte-Monique
Parc de la Pointe-Taillon
Saint-Méthode
L'Ascension
Bégin
Saint-Léon
Saint-David-de-Falardeau
Parc des Monts Valins
Réserve faunique Ashuapmushuan
Saint-Félicien
Saint-Henri-de-Taillon
Delisle
St-Nazaire
Saint-Prime
Mashteuiatsh (Pointe-Bleue)
Lac Saint-Jean
Alma
Pont de l'isle Maligne
Saint-Ambroise
Saint-Honoré
Roberval
Saint-Gédéon
Saint-Hedwidge
Saint-Bruno
Shipshaw
Saint-Fulgence
Val-Jalbert
Chambord
Larouche
Métabetchouan
Jonquière
Chicoutimi
Sainte-Rose-du-Nord
Desbiens
Hébertville
Rivière Saguenay
Baie-des-Ha! Ha!
Parc de conservation du Saguenay
Saint-François-de-Sales
Lac-Kénogami
Lac Kénogami
Bagotville
La Baie
Lac Otis
Saint-André
route du Parc
Laterrière
Saint-Félix-d'Otis
Rivière-Éternité
L'Anse-Saint-Jean
Petit-Saguenay
Sacré-Cœur
Baie-Comeau
Lac-Bouchette
Lac des Commissaires
Lac Bouchette
Lac des Commissaires
Ferland
Tadoussac
Réserve faunique des Laurentides
Baie-Sainte-Catherine
Boilleau
Grand-Lac des Ha-Ha
Québec
Trois-Rivières
Saint-Siméon
CHARLEVOIX
©ULYSSE

Gares routières

Chicoutimi
Autobus Tremblay et Tremblay
55 rue Racine E.
☎*(418)543-1403*

Jonquière
Autocar Jasmin
2249 rue St-Hubert
☎*(418)547-2167*

Gares ferroviaires

Hébertville
15 rue Saint-Louis
☎*800-361-5390*

Jonquière
2439 rue Sainte-Dominique
☎*800-361-5390*

Circuit B : Le tour du lac Saint-Jean

En voiture

Le tour du lac Saint-Jean peut très bien s'effectuer à la suite d'une visite du Saguenay. Au départ de Jonquière, suivez la route 170 Ouest jusqu'à Saint-Bruno. Tournez à gauche sur la route d'Hébertville, et poursuivez sur la route 169, qui fait le tour du lac.

Gare routière

Alma
430 rue du Sacré-Cœur (restaurant Coq-Rôti)
☎*(418)662-5441*

Gare ferroviaire

Chambord
78 rue de la Gare
☎*800-361-5390*

Renseignements touristiques

Indicatif régional : 418.

Bureau régional

Association tourisitique du Saguenay–Lac-Saint-Jean
198, rue Racine E., bureau 210, Chicoutimi, G7H 1R9
☎*543-9778 ou 800-463-9651*
⇄*543-1805*

Circuit A : Le Saguenay

La Baie
1171 7e Av.
☎*697-5050*

Chicoutimi
295 rue Racine Est
☎*800-463-6565*

Jonquière
2665 boul. du Royaume
☎*548-4004 ou 800-561-9196*
⇄*548-7348*

Circuit B : Le tour du lac Saint-Jean

Alma
1385 ch. de la Marina
☎*668-3016 ou 888-289-3016*

Saint-Félicien
1209 boul. du Sacré-Cœur
☎*679-9888*
⇄*679-0562*

Attraits touristiques

★★

Circuit A : Le Saguenay (deux jours)

Le «royaume du Saguenay», comme ses habitants le désignent souvent avec fierté, sans une once de modestie, est réparti de part et d'autre de la rivière Saguenay et de son fjord cyclopéen. Le Saguenay se compose avant tout de paysages grandioses, riches d'une faune et d'une flore exceptionnelles. La région fut d'abord exploitée pour ses fourrures, ensuite pour son bois, avant d'être colonisée par des sociétés créées à cette fin.

Depuis le début du XXe siècle, l'industrie de l'aluminium est implantée massivement aux abords de ses villes afin de profiter à la fois de l'abondante énergie hydroélectrique, que dispensent les rivières environnantes, et des ports en eaux profondes, où accostent les bateaux transportant la bauxite, minerai dont on extrait ce métal léger.

Petit-Saguenay (1 030 hab.)

Le quai de ce village est le point de départ d'un très beau sentier de randonnée de 10 km, longeant le Saguenay jusqu'à L'Anse-Saint-Jean (sentier des Caps). Petit- Saguenay est entouré de montagnes couvertes d'une épaisse forêt.

Reprenez la route 170. Tournez à droite sur la route de L'Anse-Saint-Jean.

★

L'Anse-Saint-Jean (1 340 hab.)

Au printemps de 1838, une première goélette affrétée par la Société des Vingt-et-Un quitte la région de Charlevoix dans le but de débarquer des colons en divers endroits sur les rives du Saguenay. Le premier site visité fut L'Anse-Saint-Jean, ce qui fait de ce charmant village, aux nombreux fours à pain artisanaux, la plus ancienne municipalité du Saguenay–Lac-Saint-Jean.

On peut y voir une **église** en pierre de l'architecte David Ouellet (1890), ainsi qu'un pont couvert, baptisé **pont du Faubourg** et érigé en 1929. Le village et son pont ont été reproduits à l'endos du billet canadien de 1 000 dollars. Il faut ensuite se rendre au **belvédère de l'anse de Tabatière**, qui offre un point de vue spectaculaire sur les falaises abruptes du fjord. Le village s'enorgueillit d'une rivière à saumon, d'un club nautique et de sentiers de randonnée pédestre et équestre. Il constitue en outre un des multiples points de départ pour les croisières sur le Saguenay.

Reprenez la route 170 en direction de Rivière-Éternité.

★

Rivière-Éternité (602 hab.)

Avec un nom pareil, comment ne pas se laisser emporter par la poésie du Saguenay, d'autant plus que Rivière-Éternité constitue la porte d'entrée du **parc du Saguenay** ★★★ (voir p 620) et du merveilleux **parc marin du Saguenay–Saint-Laurent** ★★★ (voir chapitre «Manicouagan», p 640), où l'on peut observer les baleines dans leur habitat naturel.

Béluga

Sur la première des trois corniches formant le cap Trinité se trouve une statue de la Vierge, baptisée **Notre-Dame- du-Saguenay**. Cette œuvre en bois de pin, sculptée par Louis Jobin, fut installée là en 1881, en guise de remerciement pour faveur obtenue par un commis voyageur sauvé in extremis d'une mort certaine après que la glace eut cédé sous son poids. La statue a une taille suffisamment importante (8,5 m de hauteur) pour la rendre nettement visible depuis le pont des navires remontant la rivière.

Revenez vers la route 170. Vous traverserez Saint-Félix-d'Otis, situé au bord du lac du même nom, avant d'atteindre la ville de La Baie.

★

La Baie (21 647 hab.)

Cette ville à vocation industrielle occupe un site admirable au creux de la baie des Ha! Ha! Ce terme savoureux, désignant une «impasse» en vieux français, aurait été employé par les premiers explorateurs de la région qui, s'étant engagés dans la baie, croyaient avoir affaire à une rivière. La ville de La Baie est le résultat de la fusion, en 1976, de trois municipalités limitrophes, Bagotville, Port-Alfred et Grande-Baie. Cette dernière est la plus ancienne, ayant été fondée en 1838 par la Société des Vingt-et-Un. Jusqu'à La Baie, le Saguenay est sous l'emprise des marées d'eau salée, ce qui confère à l'agglomération un caractère maritime. Elle possède d'ailleurs un important **port de mer** qu'il est possible de visiter.

Le **Musée du Fjord** ★ *(4$; fin juin à début sept lun-ven 9h à 18h, sam-dim 10h à 18h; début sept à fin juin lun-ven 8h30 à 12h et 13h30 à 17h, sam-dim 13 h à 17 h; 3346 boul. de la Grande-Baie S., ☎697-5077, ≠697-5079).* La Société des Vingt-et-Un fut fondée à La Malbaie (Charlevoix) en 1837, dans le but secret de trouver de nouvelles terres agricoles pour déplacer le trop-plein de colons canadiens-français des rives du fleuve Saint-Laurent. Sous le prétexte d'effectuer la coupe de bois pour le compte de la Compagnie de La Baie d'Hudson, elle fit défricher différentes anses du Saguenay, y installant hommes, femmes et enfants.

Le 11 juin 1838, la goélette de Thomas Simard, transportant les premiers colons, mouilla dans la baie des Ha! Ha! Les hommes débarquèrent et construisirent, sous la gouverne d'Alexis Tremblay, une première cabane en bois de 4 m sur 6, donnant ainsi naissance à l'actuelle ville de La Baie. Le Musée du Fjord raconte l'aventure de la colonisation du Saguenay dans une intéressante exposition permanente à caractère ethnographique. Des expositions temporaires sont également mises sur pied chaque année.

Au **Palais municipal** ★ *(28,50$; début juil à mi-août 20h; 591 5e Rue, ☎697-5151 ou 888-873-3333)*, on présente ***La fabuleuse histoire d'un royaume***, un spectacle historique à grand déploiement comme on en retrouve dans certaines villes de province française. Plus de 200 comédiens, 1 400 costumes, des animaux, des voitures, des jeux de lumière et des décors donnent vie à cette fresque haute en couleur.

L'**église Saint-Alphonse- de-Liguori** *(290 rue de la Fabrique)* dessert la paroisse de Bagotville, nommée ainsi en souvenir du gouverneur britannique du Canada Uni de 1841 à 1843, Charles Bagot; une belle façon d'amadouer les marchands anglo-saxons, qui ne pouvaient exiger que l'on rase une agglomération baptisée ainsi. L'église Saint-Alphonse, construite entre 1860 et 1862, est la plus ancienne de tout le Saguenay. Sa façade n'est pas sans rappeler l'église de Cacouna, dans le Bas-Saint-Laurent.

L'**église Saint-Marc** ★ *(260 rue Sirois)*. Région neuve et relativement prospère, le Saguenay–Lac-Saint-Jean a vu s'élever de nombreuses églises modernes aux lignes audacieuses au cours des années quarante et cinquante. La série des «églises blanches» est particulièrement remarquable. L'une d'entre elles est l'église Saint-Marc, construite en 1955 selon les plans de l'architecte Paul-Marie Côté. On s'assurera de pénétrer à l'intérieur pour admirer sa haute voûte de béton.

La **passe migratoire de la Rivière-à-Mars** ★ *(2$; mi-juin à mi-sept; 3232 ch. St-Louis, ☎697-5093)*, installée sur une portion de la rivière qui coule au cœur même de la ville, a pour but d'aider le saumon à remonter la rivière au moment de sa migration. Autour, un agréable parc a été aménagé, d'où l'on peut observer le saumon et parfois le pêcher *(30$/pers.)*.

À l'ouest de La Baie, empruntez la route 372, qui conduit au centre de Chicoutimi. Comme il est plus agréable de visiter cette partie de la ville à pied, il est recommandé de garer sa voiture aux environs de la cathédrale, rue Racine.

★ Chicoutimi (64 616 hab.)

Chicoutimi signifie, en langue montagnaise, «là jusqu'où c'est profond», allusion aux eaux du Saguenay, navigables jusqu'à la hauteur de cette ville, la plus importante agglomération de tout le Saguenay–Lac-Saint-Jean. Lieu de rassemblements, de fêtes et d'échanges pour les tribus amérindiennes nomades pendant plus de 1 000 ans, Chicoutimi deviendra l'un des plus importants postes de traite des fourrures en Nouvelle-France à partir de 1676.

Celui-ci demeurera en activité jusqu'au milieu du XIXe siècle, alors que les industriels Peter McLeod et William Price ouvrent une scierie à proximité (1842), permettant enfin l'aménagement d'une véritable ville à cet endroit, favorisé par la présence de trois rivières au fort débit : les rivières du Moulin, Chicoutimi et Saguenay. Le centre de Chicoutimi est dominé par des édifices religieux et institutionnels. La rue Racine en est la principale artère commerciale. De la ville victorienne du XIXe siècle, il ne subsiste que bien peu de choses, la majeure partie de Chicoutimi ayant été détruite lors d'un violent incendie en 1912, le reste ayant été «modernisé» ou banalisé au cours des 30 dernières années.

Le long des rues, on retrouvera, sur les enseignes des magasins, des noms typiques du Saguenay, comme Tremblay ou Claveau, mais aussi des noms à consonance anglaise, comme Harvey et Blackburn, symboles d'un phénomène unique au Canada : l'assimilation de familles anglophones aux francophones.

La **cathédrale Saint-François-Xavier** ★ *(514 rue Racine E.)* fut reconstruite à deux reprises à la suite d'incendies. L'édifice actuel, érigé entre 1919 et 1922, est l'œuvre de l'architecte Alfred Lamontagne. Il est surtout remarquable pour sa haute façade à deux tours coiffées de clochers métalliques qui dominent le Vieux- Port. En face de

Pulperie de Chicoutimi

la cathédrale, on remar quera l'ancien bureau de poste en granit rose, de style Second Empire (1905).

Remontez la rue du Séminaire, à l'est de la cathédrale, pour vous rendre au Musée du Saguenay–Lac-Saint-Jean, installé dans l'ancien Petit Séminaire de Chicoutimi, derrière lequel se dresse le campus de l'Université du Québec à Chicoutimi (UQAC).

Le **Musée du Saguenay– Lac-Saint-Jean** *(en déménagement, pour info ☎698-3100)* propose une incursion dans l'histoire du Saguenay–Lac- Saint-Jean et plus particulièrement à travers ses personnages légendaires, tel «Alexis le Trotteur».

Le **Vieux-Port de Chicoutimi** *(en bordure du boul. du Saguenay)*. On y trouve le quai d'embarquement pour les croisières sur le Saguenay de même qu'un agréable marché public.

Reprenez votre voiture afin de visiter les attraits plus éloignés du noyau commercial de la ville. Remontez la rue Bégin, à l'ouest de la cathédrale, puis tournez à droite sur la rue Price Est. Tournez à gauche sur le boulevard Saint-Paul puis à droite sur la rue Dubuc.

La **Pulperie de Chicoutimi** ★★ *(7$; mi-juin à début sept tlj 9h à 18h, juil tlj 9h à 20h; 300 rue Dubuc, ☎698-3100, ≠698-3158)*. Au tournant du XXe siècle naissent quelques entreprises canadiennes-françaises d'envergure dans le Saguenay–Lac-Saint- Jean, les plus grosses étant les usines de pâte à papier de Val-Jalbert et de Chicoutimi. La pulperie de Chicoutimi fut fondée en 1896 par Dominique Guay et agrandie à plusieurs reprises par la puissante North American Pulp and Paper Company, présidée par Alfred Dubuc.

L'entreprise fut pendant 20 ans le plus important fabricant de pâte à papier mécanique au Canada, fournissant les marchés français, américain et britannique. Le vaste complexe industriel, aménagé en bordure de la bouillonnante rivière Chicoutimi, comprenait quatre usines de pâte dotées de turbines et de défibreurs, deux centrales hydroélectriques, une fonderie, un atelier de réparation et un centre ferroviaire.

L'effondrement du prix de la pâte en 1921 et le krach de 1929 ont entraîné la fermeture de la pulperie, laissée à l'abandon jusqu'en 1980. Entre-temps, des incendies ont laissé la plupart des bâtiments en ruine, mettant cependant en valeur leurs épaisses murailles de pierre.

Depuis 1996, l'ensemble a été transformé en musée de site. Autrement dit, tout le complexe devient un

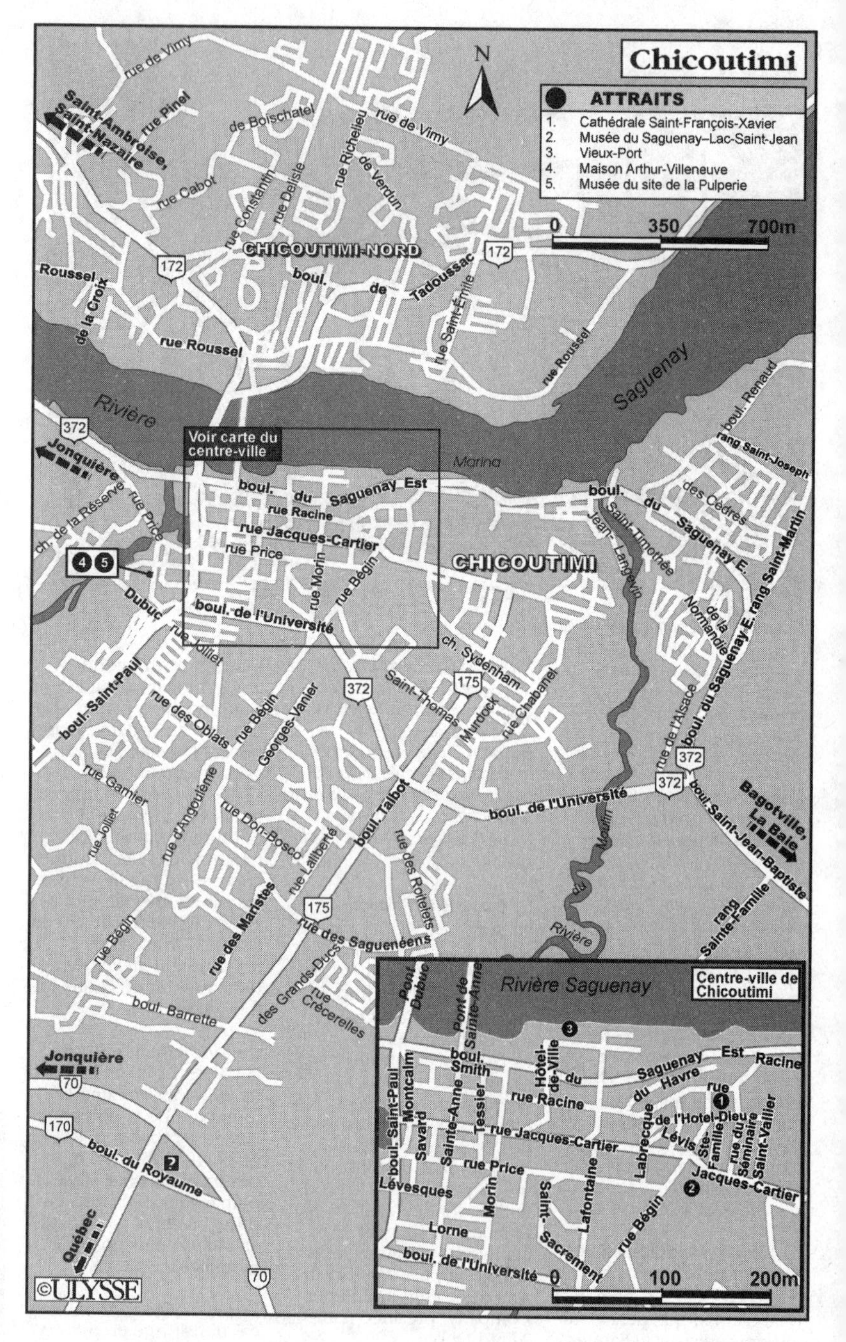
Chicoutimi
ATTRAITS
1. Cathédrale Saint-François-Xavier
2. Musée du Saguenay–Lac-Saint-Jean
3. Vieux-Port
4. Maison Arthur-Villeneuve
5. Musée du site de la Pulperie
0 350 700m
CHICOUTIMI-NORD
CHICOUTIMI
Rivière Saguenay
Voir carte du centre-ville
Marina
Saint-Ambroise, Saint-Nazaire
Jonquière
Bagotville, La Baie
Québec
boul. de Tadoussac
boul. du Saguenay Est
boul. de l'Université
boul. Talbot
boul. Saint-Paul
boul. Barrette
boul. du Royaume
rue des Maristes
rue des Saguenéens
©ULYSSE
Centre-ville de Chicoutimi
0 100 200m

gigantesque musée de plus de 1 ha de superficie. On y retrouve un circuit d'interprétation ponctu. De 12 stations illustrant le site ains qu'une exposition thématique et la **maison Arthur-Villeneuve** *(300 rue Dubuc, à l'intérieur de la Pulperie, ☎698-3100)*. Cette humble maison ouvrière serait le plus important exemple d'art populaire du Québec, sinon du Canada.

Elle fut habitée jusqu'en 1990 par le peintre-barbier Arthur Villeneuve, qui en fit une véritable œuvre d'art en recouvrant ses murs, autant extérieurs qu'intérieurs, de fresques naïves racontant la petite histoire du Saguenay. On y trouve un circuit d'interprétation ponctué de 12 stations illustrant le site ainsi qu'une exposition thématique.

Une excursion facultative à Laterrière est proposée au départ de Chicoutimi. De la rue Dubuc, prenez à gauche le boulevard Saint-Paul puis immédiatement à droite le boulevard de l'Université, que vous suivrez jusqu'au boulevard Talbot (rte. 175). Tournez à droite en direction de Laterrière. Si vous optez plutôt pour la poursuite immédiate du circuit principal, empruntez à gauche le boulevard Saint-Paul, puis tournez à gauche sur la rue Price Ouest (rte. 372), le long de laquelle se trouvent l'ancien bureau de la Price Brothers ainsi que le Site archéologique du poste de traite de Chicoutimi.

L'**ancien bureau de la Price Brothers** *(110 rue Price O.)*. William Price, le magnat de l'industrie du bois, est considéré à juste titre comme le père de Chicoutimi. Né à Hornsey (Angleterre) en 1789, il étudie au Hammersmith College de Londres avant d'immigrer au Québec en 1810. À sa mort, en 1867, ses 14 enfants prennent la relève et rationalisent les effectifs de la compagnie. Ils font construire ce bureau, sorte de siège social de la Price Brothers, dont l'apparence ne diffère toutefois en rien des maisons québécoises traditionnelles. À preuve, le bâtiment fut facilement transformé en trois logements au cours des années trente.

Le **Site archéologique du poste de traite** *(entre le boul. Saguenay et la rue Price)*. Le poste de traite des fourrures de Chicoutimi était situé en plein cœur du domaine du Roi, vaste espace de forêts giboyeuses concédé par bail à des marchands ou à des compagnies de fourrures pour une période prédéterminée.

Les fonctions d'entreposage, de triage et d'emballage, de même que celles liées à la vie quotidienne des Blancs habitant au poste, s'accomplissaient dans une quinzaine de bâtiments en bois dont il ne subsiste plus de nos jours que quelques vestiges archéologiques, qui attendent toujours d'être mis en valeur.

Laterrière (4 836 hab.)

Cette banlieue éloignée de Chicoutimi, à environ 5 km au sud de la ville, recèle quelques-uns des plus intéressants vestiges de la colonisation du Saguenay. L'ancien village forestier, autrefois baptisé «Grand-Brûlé», a été fondé par le père Jean-Baptiste Honorat, missionnaire oblat arrivé de France en 1841. Celui-ci voulut en faire une «colonie libre», comme on en retrouvait déjà de rares exemples en France.

Le père Honorat se charge alors de l'aménagement du hameau, procédant même à la construction d'un moulin à scie, ce qui amènera William Price à exiger son départ en 1849. Ce dernier détient alors le monopole sur toute l'activité économique de la région et voit d'un mauvais œil la concurrence de ce prêtre qui bafoue l'autorité.

La coquette **église Notre-Dame ★** *(rue Notre-Dame)* fut érigée en 1863-1865 d'après les dessins de l'architecte Félix Langlais, qui s'est largement inspiré de son église de Bagotville. Il s'agit d'un exemple tardif de ces églises québécoises mêlant architectures vernaculaire et palladienne à la manière des Baillairgé de Québec. À l'intérieur, on peut voir un beau baldaquin, trois tableaux du peintre Édouard Martineau et un autre, de Charles Gill, intitulé La Pietà.

Le **moulin du Père-Honorat** *(741 rue du Père-Honorat)* n'a du père Honorat que le nom puisque le moulin en bois que ce dernier avait fait construire a été détruit pour être remplacé par celui-ci en 1863. Le beau bâtiment de pierre a depuis été transformé en résidence. Il illustre la persistance des modèles de construction traditionnelle en milieu rural.

Revenez vers le boulevard Saint-Paul. Tournez à gauche sur la rue Price, qui rejoint le boulevard du Saguenay (rte. 372 O.). Tournez à droite sur la route du Pont à Jonquière.

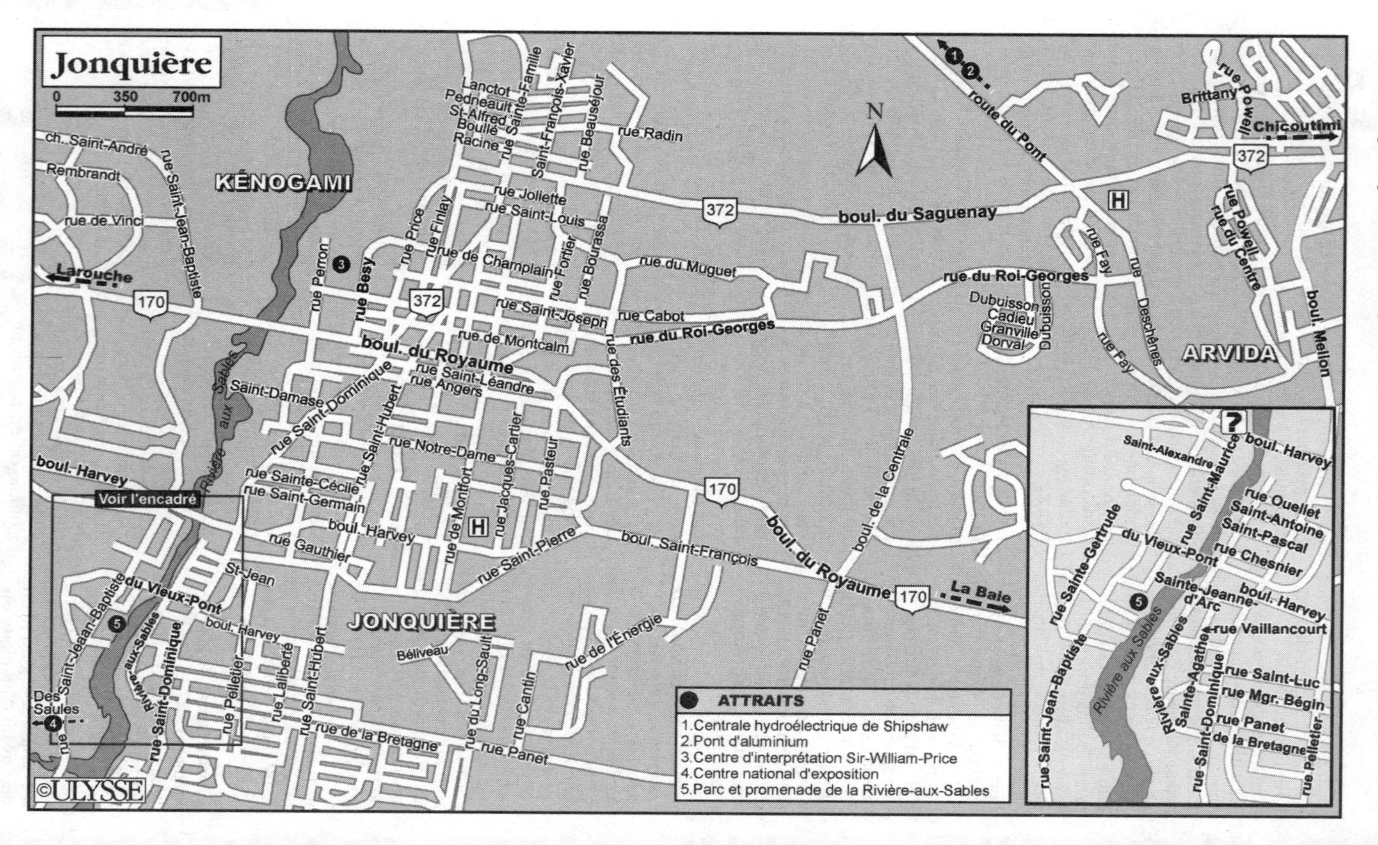
Jonquière
0 350 700m
KÉNOGAMI
ARVIDA
JONQUIÈRE
N
ATTRAITS
1.Centrale hydroélectrique de Shipshaw
2.Pont d'aluminium
3.Centre d'interprétation Sir-William-Price
4.Centre national d'exposition
5.Parc et promenade de la Rivière-aux-Sables
Voir l'encadré
Chicoutimi
La Baie
Larouche
route du Pont
boul. du Saguenay
boul. du Royaume
boul. de la Centrale
rue du Roi-Georges
boul. Saint-François
boul. Mellon
boul. Harvey
rue Saint-Jean-Baptiste
Rivière aux Sables
Rivière-aux-Sables
rue Saint-Dominique
rue Saint-Hubert
rue des Étudiants
rue Panet
rue de la Bretagne
rue Pelletier
du Vieux-Pont
rue Sainte-Gertrude
rue Saint-Maurice
Saint-Alexandre
rue Ouellet
Saint-Antoine
Saint-Pascal
rue Chesnier
Sainte-Jeanne-d'Arc
rue Vaillancourt
rue Saint-Luc
rue Mgr. Bégin
Sainte-Agathe
rue Deschênes
rue Fay
Brittany
rue Powell
rue du Centre
rue Radin
rue Beauséjour
rue Bourassa
rue Fortier
rue Saint-Joseph
rue de Montcalm
rue du Muguet
rue Cabot
rue Pasteur
rue Jacques-Cartier
rue de Montfort
rue Notre-Dame
rue Price
rue Finlay
rue Besy
rue Perron
rue Saint-Léandre
rue Angers
Saint-Damase
rue Sainte-Cécile
rue Saint-Germain
rue Gauthier
St-Jean
rue Laliberté
rue du Long-Sault
rue Cantin
rue de l'Énergie
rue Saint-Pierre
Béliveau
rue Jolliette
rue Saint-Louis
rue de Champlain
Saint-François-Xavier
rue Sainte-Famille
Lanctot
Pedneault
St-Alfred
Boullé
Racine
Dubuisson
Cadieu
Granville
Dorval
ch. Saint-André
Rembrandt
rue de Vinci
rue Des Saules
©ULYSSE

Jonquière (58 734 hab.)

En 1847, la Société des défricheurs du Saguenay obtient l'autorisation de s'implanter en bordure de la rivière aux Sables. Le nom de Jonquière est choisi en souvenir de l'un des gouverneurs de la Nouvelle-France, le marquis de Jonquière. Les débuts de cette ville ont été marqués par l'histoire de Marguerite Belley, de La Malbaie, qui alla reconduire à dos de cheval trois de ses fils à Jonquière, pour éviter qu'ils ne soient tentés d'émigrer aux États- Unis.

En 1870, tout le territoire compris entre Jonquière et Saint-Félicien, au Lac-Saint-Jean, fut détruit lors une conflagration majeure. La région prendra plus de 40 ans à s'en remettre. De nos jours, Jonquière est considérée comme une ville essentiellement moderne, dominée par son usine d'aluminium Alcan.

Cette entreprise multinationale possède plusieurs usines au Saguenay–Lac-Saint-Jean, remplaçant les fils Price et leur empire du bois comme principal employeur de la région. Les villes d'Arvida et de Kénogami ont fusionné avec Jonquière en 1975, formant une agglomération suffisamment importante pour rivaliser avec Chicoutimi, toute proche. Jonquière est reconnue pour ses visites industrielles.

Ouverte en 1931, la **centrale hydroélectrique de Shipshaw ★★** *(visite gratuite; juin à août lun-ven 13h30 et 15h; 1471 rte. du Pont, ☎699-1547)* est un bel exemple d'Art déco. Elle dessert les usines d'aluminium de la région.

Franchissez le pont d'aluminium et tournez à gauche sur la rue Price.

Le **pont d'aluminium**, inauguré en 1948, pèse le tiers du poids d'un pont identique en acier, soit 164 tonnes. Il fut érigé dans le but de promouvoir l'utilisation de l'aluminium, encore peu répandue dans la construction de structures à cette époque.

Le **Centre d'interprétation Sir-William-Price** *(5$; mi-juin à début sept tlj 10h à 20h, hors saison lun-ven 8h à 17h; 1994 rue Price, ☎695-7278)* est consacré à l'histoire de l'ancienne ville de Kénogami, fondée en 1912 par Sir William Price III, propriétaire de la compagnie papetière Abitibi-Price et descendant de William Price. L'institution occupe l'ancienne église anglicane St. James de Jonquière, située au centre du parc Ball.

Au sud du boulevard du Royaume, la rue Price devient la rue Saint-Dominique. Il s'agit, avec la rue de la Rivière-aux-Sables, de la plus ancienne artère de Jonquière.

L'**église Saint-Dominique** *(2551 rue St-Dominique)*, la plus ancienne église de Jonquière, est l'œuvre de l'architecte René Lemay (1911). Sa façade néoromane à deux clochers est ornée de cinq statues de Louis Jobin en bois recouvert de cuivre doré.

L'**église Notre-Dame-de-Fatima ★** *(3635 rue Notre-Dame)*, de facture contemporaine, est reconnue comme l'une des plus célèbres «églises blanches» du Saguenay. Elle fut érigée en 1963 selon les plans des architectes Paul-Marie Côté et Léonce Gagné. De l'intérieur, on pourra admirer l'effet de lumière des verrières de l'artiste Guy Barbeau sur le béton brut.

De la rue Saint-Dominique, empruntez la rue du Vieux-Pont afin de traverser la rivière aux Sables et de gravir la colline, appelée mont Jacob, au sommet de laquelle se trouve le Centre national d'exposition.

Le **Centre national d'exposition** *(entrée libre; juil et août tlj 10h à 20h, sept à juin tlj 10 à 17h; 4160 rue du Vieux-Pont, ☎546-2177)*. Derrière ce nom pompeux se cache un centre culturel régional où l'on présente des expositions temporaires à caractères artistique, scientifique et historique.

Le **parc et promenade de la Rivière-aux-Sables** *(2230 rue de la Rivière-aux-Sables, ☎546-2177)* est né d'une restauration environnementale majeure qu'a subie la rivière aux Sables le long du plus important secteur historique de la ville. Il relie la place des Nations de la Francité et la place Nikitoutagan au secteur immédiat du pont du boulevard Harvey. On y retrouve Les Halles, qui abritent les étals de plusieurs producteurs machaîchers de la région en plus de quelques établissements de restauration dont une excellente crêperie bretonne. La promenade le long de la rivière est accessible aux marcheurs et aux cyclistes.

L'**usine Alcan d'Arvida**. Si les villes de Jonquière et de Kénogami ont respectivement été aménagées pour l'installation de colons et pour l'industrie du bois, Arvida est, quant à elle, une création de l'industrie de l'aluminium. L'Alcoa (Aluminium Company of America), qui deviendra plus tard l'Alcan (Aluminium Company of Canada), y entreprend en 1925 la construction de la plus grande aluminerie du monde, attirant de nombreux émigrants d'Europe de l'Est qui modifieront à jamais le paysage ethnique du Saguenay–Lac-Saint-Jean. Arvida deviendra donc le principal producteur d'aluminium à l'échelle mondiale et le demeurera pendant des décennies. Son nom étrange est le résultat de la contraction du nom du président fondateur de la compagnie, Arthur Vinning Davis.

Si vous désirez effectuer le Circuit B : Le tour du lac Saint-Jean, prenez à gauche le boulevard du Royaume (rte. 170 O.) depuis la rue Saint-Dominique, puis dirigez-vous vers Larouche et Alma. Si vous désirez plutôt explorer la rive nord du Saguenay et visiter la région de Tadoussac (voir p 632), empruntez le pont de la rue Price en direction de Shipshaw. Tournez à droite sur la route 172 Est, qui conduit à Sainte-Rose-du-Nord.

★

Sainte-Rose-du-Nord (408 hab.)

Ce charmant hameau, fondé il y a plus de 50 ans, a pourtant l'apparence d'un village plus ancien. Il est adossé aux escarpements rocheux du Saguenay, ce qui lui donne l'air irréel des villages de carton que l'on dispose au pied des arbres de Noël. On s'assurera d'entrer dans ses boutiques d'artisanat et de visiter l'**église Sainte-Rose-de-Lima**, dont l'intérieur est décoré sous le thème de la forêt, avec des branches, des racines et de l'écorce de bouleau.

Les Croisières La Marjolaine (voir p 621) organisent des excursions entre Sainte-Rose-du-Nord et Chicoutimi.

Le **Musée de la nature** *(3$; toute l'année tlj 8h30 à 21h; 199 rue de la Montagne, ☎675-2348)* présente différents animaux empaillés et des spécimens de la flore de la région regroupés dans six salles aménagées avec originalité.

Circuit B : Le tour du lac Saint-Jean (deux jours)

Différentes tribus montagnaises, dont la nation du Porc-Épic, gravitaient autrefois autour du vaste lac Saint-Jean (1 350 km²). L'existence de ce lac fut longtemps cachée aux Blancs, puisqu'il faut attendre l'année 1647 pour que le missionnaire jésuite Jean de Quen le découvre en se rendant soigner des malades. Longtemps considérée comme un réservoir inépuisable de fourrures, cette contrée aux terres agricoles riches, aux plages sablonneuses et au climat relativement doux ne fut véritablement colonisée qu'à une date beaucoup plus récente, soit dans la seconde moitié du XIXe siècle.

En 1926, le niveau d'eau du lac Saint-Jean fut augmenté de façon significative lors de la construction des barrages sur le Saguenay, entraînant la perte de plusieurs kilomètres carrés de terres agricoles. Le circuit proposé fait le tour du lac dans l'ordre chronologique de sa colonisation, puis revient finalement tout près du point de départ.

Hébertville (2 480 hab.)

Ce village est considéré comme le berceau du Lac-Saint- Jean. Il fut fondé en 1849 par une société de colons originaires des seigneuries de la Côte-du-Sud, dirigée par le curé Hébert. On y retrouve la seule concentration de demeures québécoises traditionnelles de toute la région. Un bref arrêt sur le parvis de l'**église Notre-Dame** (1879) permet de voir l'ensemble de l'agglomération. On remarquera notamment le **moulin à scie** de 1851, raison d'être du village, qui trône toujours près de la rivière des Aulnaies.

Remontez par la route 169 Nord jusqu'à la route de Métabetchouan et tournez à gauche.

Métabetchouan (3 390 hab.)

À l'arrivée, on est saisi par l'immensité du lac Saint-Jean, auréolé d'une belle plage de sable beige où la baignade est possible pendant les trop courts mois d'été. Métabetchouan signifie «lieu de rencontre» en langue montagnaise. C'est en effet à l'embouchure de la rivière qui porte ce nom (auquel a cependant été ajouté un e) que se regroupaient les tribus amérindiennes, venant du sud et du nord, lors des célébrations et des échanges commerciaux.

Le **Camp musical du Lac-Saint-Jean** *(108 rang Caron, ☎349-2085 ou 888-349-2085, ≠349-8719)* réunit professeurs et étudiants qui viennent pratiquer et donner quelques concerts.

Suivez la route 169, qui fait le tour du lac Saint-Jean.

Desbiens (1 380 hab.)

Situé de part et d'autre de la rivière Métabetchouane, ce lieu empreint d'histoire fut habité dès 1652 par une mission d'évangélisation des Amérindiens établie par les jésuites, à laquelle se joindra un poste de traite des fourrures en 1676. Le poste, qui comprenait un magasin, une chapelle et des bâtiments de ferme, va prospérer jusqu'en 1880, alors que ses bâtiments sont démontés et transportés à la Pointe-Bleue.

Le **Centre d'histoire et d'archéologie de la Métabetchouane** ★ *(4$; fin juin à début sept tlj 9h à 18h, début sept à fin juin lun-ven sur réservations seulement; 243 rue Hébert, ☎346-5341).* De multiples chantiers de fouilles ont été conduits autour de l'embouchure de la rivière Métabetchouane, permettant de mettre au jour divers vestiges archéologiques de l'occupation millénaire du site par les Amérindiens ainsi que ceux de la mission des jésuites et du poste de traite des fourrures.

Plusieurs des objets découverts au cours de ces fouilles sont exposés au Centre d'interprétation de la Métatbetchouane, ouvert en 1983. À proximité du centre, on peut voir une petite poudrière en pierre, seul vestige du poste de traite aménagé par le marchand Pierre Bécart de Granville au XVIIe siècle.

Non loin de là, un monument rend hommage au père Jean de Quen, découvreur du lac Saint-Jean. Ce jésuite originaire d'Amiens, qui parlait couramment le montagnais, fut l'un des principaux rédacteurs des fameuses Relations des Jésuites, considérées aujourd'hui encore comme l'ouvrage le plus solide sur les mœurs et coutumes des Amérindiens sous le Régime français.

Des guides entraînent les visiteurs à la découverte de la grotte de granit, appelée le **Trou de la Fée** *(7$; mi-juin à fin août tlj 8h à 17h30, fin août à début sept 10h à 16h ; ch. du Trou de la Fée, 7e ave. C.P 50, G0W 1N0, ☎346-1242 ou 346-5436).*

Poursuivez sur la route 169 en direction de Chambord puis de Val-Jalbert. Une excursion facultative à l'Ermitage Saint-Antoine de Lac-Bouchette est proposée au départ de Chambord. Dans ce dernier village se trouve une croix à la mémoire des victimes de l'incendie dévastateur de 1870, qui a détruit l'ensemble des maisons, des cultures et des forêts entre Jonquière et Saint-Félicien.

Lac-Bouchette

L'**Ermitage Saint-Antoine-de-Padoue** ★ *(mi-mars à mi-jan tlj 7h à 23h; 250 rte. de l'Ermitage, ☎348-6344 ou 800-868-6344, www.destination.ca/ermitage),* situé à la frontière du Lac-Saint-Jean et de la Haute-Mauricie, est dédié d'abord à saint-Antoine-de-Padoue et ensuite à Notre-Dame-de-Lourdes. Ce populaire centre de retraite et de pèlerinage, placé sous la gouverne des pères capucins, a été aménagé au bord du lac Bouchette, situé en pleine forêt, à l'instigation du supérieur du Séminaire de Chicoutimi, le père Elzéar Delamarre.

On y trouve, regroupés autour de la première chapelle de 1908, le monastère, une hostellerie, une chapelle mariale à l'architecture audacieuse (1950) et une grotte de Lourdes, conçue à même une anfractuosité naturelle. On s'y rend pour se recueillir, mais également pour voir l'intérieur de la chapelle Saint-Antoine-de-Padoue, décoré de 23 toiles marouflées du peintre Charles Huot, connu pour ses grands tableaux historiques accrochés aux cimaises de l'Assemblée nationale de Québec.

Les toiles de Huot, réalisées sur une période de 12 ans, lors de séjours de repos au Lac-Saint-Jean, racontent la vie de saint-Antoine. On notera également la présence d'un calvaire de Louis Jobin et d'un chemin de croix en

pierre dans les collines environnantes.

Val-Jalbert

Le **Village historique de Val-Jalbert** ★★ *(10$; début avr à mi-juin et fin août à fin déc tlj 9h à 17h, mi-juin à fin août tlj 9h à 19h; rte. 169, C.P. 307, ☎275-3132 ou 888-675-3132, ⇄275-5875).* En 1901, l'industriel Damase Jalbert construit une usine de pulpe au pied de la chute de la rivière Ouiatchouane. L'entreprise prospère rapidement, au point de devenir la plus importante société industrielle entièrement placée sous contrôle canadien- français. En quelques années, une ville modèle voit le jour autour de l'usine.

On y trouve un couvent, un moulin, un magasin général, un hôtel, des maisons, le tout réalisé selon un plan d'urbanisme précis. La chute du prix de la pulpe en 1921 et son remplacement par la pâte synthétique dans la fabrication du papier entraînent la fermeture de l'usine en 1927. Le village est alors complètement déserté par ses habitants. Le site demeure abandonné, jusqu'à ce que le gouvernement du Québec en fasse une base de plein air, au milieu des années soixante.

Val-Jalbert est un riche morceau du patrimoine industriel nord-américain figé dans le temps. Le site a conservé en partie son aspect de village fantôme, alors que le reste a été soigneusement restauré pour loger certains services d'hébergement de même qu'un centre d'interprétation fort instructif.

Il s'inscrit en outre dans un cadre naturel d'une grande beauté. Les visiteurs sont accueillis au stationnement par un guide qui leur fait faire le tour du village en autobus avant de les laisser flâner à leur guise entre les maisons en bois de type boom town. Différents points d'observation, reliés par un téléphérique *(3,75$)*, ont été aménagés pour profiter pleinement du paysage. Un terrain de camping avoisine le village, et il est même possible de séjourner dans des maisons restaurées (voir p 624).

Reprenez la route 169 en direction de Roberval.

Roberval (11 929 hab.)

Cette ville industrielle était autrefois le carrefour du chemin de fer et de la navigation sur le lac Saint-Jean. Elle est, de nos jours, le point d'arrivée de la fameuse Traversée internationale du lac Saint-Jean, épreuve de natation tenue chaque année en juillet. La région de Roberval est reconnue pour son granit, utilisé pour le parement des gratte-ciel nord-américains. La ville fut baptisée en l'honneur du premier vice-roi de la Nouvelle-France, Jean-François La Rocque de Roberval, qui tenta sans succès de pénétrer au Saguenay dès le XVIe siècle.

Elle s'est développée au tournant du XXe siècle, alors que le millionnaire Horace Beemer, de Philadelphie, en fit le terminus d'une voie de chemin de fer reliant Québec au Lac-Saint-Jean. Beemer y construira également un immense hôtel en bois, aujourd'hui disparu, où il attirera une clientèle d'Américains intéressée par la pêche sportive et les excursions en pleine nature. En 1920, les gouvernements provincial et fédéral choisissent Roberval comme camp de base pour effectuer l'exploration et le relevé cartographique des montagnes et des milliers de lacs de la partie nord du Québec.

Prenez à droite l'avenue Lizotte, qui mène au boulevard Saint-Joseph, que vous suivrez vers l'ouest.

Le long du boulevard Saint-Joseph, on voit certains des principaux édifices de la ville, entre autres la **maison Donaldson** *(464 boul. St-Joseph)* de 1873, qui a servi de magasin général. Elle abrite aujourd'hui le bureau d'information touristique. En face se trouve l'**église Notre-Dame**, œuvre moderne typique de la période des églises-tentes des architectes Saint-Gelais, Tremblay et Tremblay (1966).

Arrivées de Trois-Rivières en 1881, mère Saint-Raphaël et ses compagnes ursulines fondent à Roberval la première école ménagère au Canada (cours de cuisine et de couture). L'actuel **couvent des ursulines** *(720 boul. St-Joseph)* fut réalisé par étapes, dans le premier quart du XXe siècle selon les plans des architectes Joseph-Pierre et David Ouellet. Il est possible de visiter la chapelle (1909) sous le dôme argenté. À l'ouest du couvent se trouve le **palais de justice** en granit local *(750 boul. Saint-Joseph)*, dont la tour s'inspire de celle de l'Assemblée nationale de Québec.

Poursuivez sur le boulevard Saint-Joseph.

Le **Centre historique et aquatique de Roberval** ★ *(5,50$; début juin à mi-juin et fin août à mi-sept 12h à 17h, mi-juin à fin août 10h à 20h; 700 boul. de la Traversée, ☎275-5550)* permet de se familiariser avec l'histoire, la faune et la flore du Lac-Saint-Jean. On peut notamment y voir un aquarium où sont regroupées les différentes espèces de poissons de la région, dont la fameuse ouananiche, sorte de saumon d'eau douce. La colonisation du pourtour du lac et les grands moments de la Traversée internationale du lac Saint-Jean y sont évoqués dans un immeuble à l'architecture étonnante.

Empruntez à droite la petite route qui borde le lac en direction de Mashteuiatsh (Pointe-Bleue).

★

Mashteuiatsh (Pointe-Bleue) (1 505 hab.)

Durant plus de 1 000 ans, les Montagnais ont vécu en bandes nomades tout autour du lac Saint-Jean. L'avancée de la colonisation et l'exploitation forestière auront cependant raison de ce mode de vie. En 1856, une réserve sédentaire est créée à Pointe-Bleue, sur la rive ouest du lac, où vivent aujourd'hui 1 500 des quelque 10 000 Montagnais du Québec.

Le visiteur ne doit toutefois pas s'attendre à y retrouver les villages de wigwams dépeints dans les livres d'histoire car il sera déçu. Pointe-Bleue ressemble davantage à une banlieue pavillonnaire où l'aluminium coloré prédomine. Le site offre cependant de beaux points de vue sur le lac Saint-Jean. Depuis quelques années, les Montagnais tentent de faire revivre leurs traditions à travers un musée qui captivera les visiteurs, mais aussi à travers des événements (*pow wow*) et des formes d'hébergement (*kukum*) particuliers qui peuvent rendre le séjour à Pointe-Bleue tout simplement inoubliable.

Le **Musée amérindien** ★ *(5,50$; mi-mai à fin oct tlj 10h à 18h, nov à mai lun-ven 9h à 12h et 13h à 16h; 1787 rue Amishk, ☎275-4842, ⇄275-7494, museilnu@destination.ca)* évoque les us et coutumes des premiers habitants du Saguenay– Lac-Saint-Jean. Des expositions temporaires font également découvrir aux visiteurs certaines autres nations autochtones du Canada.

Parmi les objets exposés en permanence, on notera les chaises et la table du Conseil de bande, des raquettes aux formes variées et des vêtements traditionnels. Il arrive parfois que des artisans, travaillant selon des techniques anciennes, se regroupent sur les terrains du musée pour communiquer leur savoir-faire.

Panier d'écorce montagnais

La route qui longe le lac Saint-Jean à l'ouest de Pointe-Bleue rejoint bientôt la route 169, que vous emprunterez en direction de Saint-Prime, où l'on fabrique un excellent fromage cheddar très prisé des Britanniques, puis vers Saint-Félicien et son célèbre jardin zoologique.

Saint-Félicien (10 656 hab.)

Les terres de la portion sud- ouest du Lac-Saint-Jean furent habitées graduellement entre 1850 et 1870. Saint-Félicien se situait alors à la limite septentrionale du peuplement de la région. C'est ici que débuta le grand feu de 1870, qui détruisit tout sur son passage, jusqu'à Jonquière. On remarquera, au centre de la ville, l'imposante **église néoromane Saint-Félicien** *(boul. du Sacré-Cœur)*, construite en 1913 d'après les dessins de l'architecte Joseph-Pierre Ouellet. Sous ses clochers, hauts de 55 m, se déploie un intérieur éclectique aux multiples galeries et balustrades.

Le **Zoo sauvage de Saint-Félicien** ★★ *(17$; mi oct à fin oct et début mai à mi-mai: sur réservation, mi-mai à fin mai 9h à 17h, début juin à fin août 9h à 18h, début sept à mi-oct 9h à 17h, début nov à fin avr accessibilité pédestre lun-ven, horaire spécifique (balade en train) pour l'hiver; 2230 boul. du Jardin, ☎679-0543 ou 800-667-5687, ⇄679-3647, www.d4m.com/zoosauvage)* abrite plusieurs espèces de la faune du Québec que vous pourrez observer dans leur habitat naturel. En effet, il tient sa particularité du fait que les animaux ne sont pas en cage; ils circulent librement; ce sont plutôt les visiteurs qui font le tour du zoo dans un petit autobus grillagé.

La reconstitution d'un camp de bûcherons, d'un campement montagnais, d'un poste de traite des fourrures et d'une ferme coloniale, avec des bâtiments authentiques regroupés sur le site, ajoute un élément historique à la visite de ce zoo non traditionnel.

Une excursion facultative vers Chibougamau, les réserves fauniques et les territoires de chasse amérindiens du lac Mistassini, à n'entreprendre que si l'on s'est bien préparé, est proposée au départ de Saint-Félicien (route 167 Nord). Ainsi, on devra être équipé d'un véhicule tout-terrain, de bidons d'essence bien remplis, d'une tente, de vêtements chauds et de nourriture pour parcourir les 280 km de route en forêt qui séparent le lac Saint-Jean du lac Mistassini.

Cette région forestière, parsemée de lacs et de rivières, est propice aux activités de plein air, à la chasse et à la pêche.

Chibougamau (8 664 hab.)

Chibougamau? Un nom amérindien chargé de rêve qui conserve encore tout son mystère, d'autant plus que l'on ne s'accorde pas sur sa signification. Située à 250 km au nord-ouest du lac Saint-Jean, Chibougamau est la plus importante ville nordique au Québec, regroupant 25% de l'ensemble de la population du nord du Québec.

Orignal

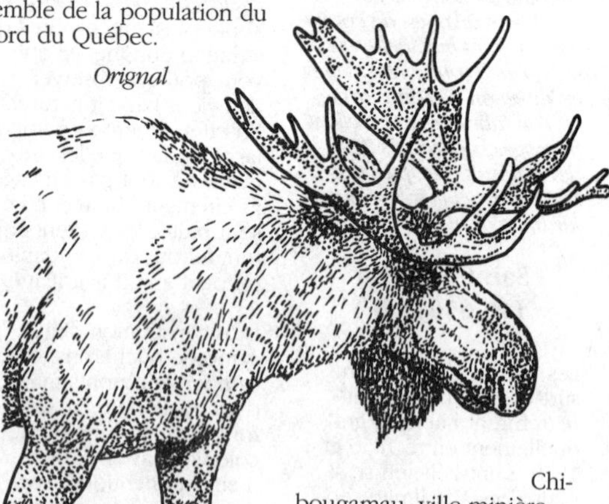

Elle joue un rôle phare dans la région puisqu'elle se trouve au carrefour des routes importantes entre l'Abitibi–Témiscamingue et le Saguenay– Lac-Saint-Jean et que, depuis l'ouverture de la route du Nord en 1993, elle se veut la porte d'entrée du Grand Nord. Ville jeune, elle vit le jour grâce à la découverte, au début du siècle, de minerais sur son territoire.

Plusieurs compagnies minières s'y sont succédées au cours des ans, avec plus ou moins de succès. Aujourd'hui, sa vocation forestière et minière est bel et bien assurée; une nouvelle mine à ciel ouvert a d'ailleurs été mise en exploitation en janvier 1997. De plus en plus ouverte au tourisme et disposant de plusieurs installations touristiques, Chibougamau a certes beaucoup à offrir.

Au centre de la ville se dressent les restes du **moulin à Fleury**, qui rappelle l'œuvre des premiers défricheurs de la région. Construit dans les années trente par Gabriel Fleury, ce moulin servait à concasser la roche pour en séparer les minerais utiles.

Chibougamau, ville minière, propose d'en apprendre plus sur la géologie. Trois sites géomorphologiques, à savoir le **parc Allard**, le **parc Leblanc** et le **parc du Souvenir**, montrent chacun un type de roche différent qui raconte l'histoire de la formation et de la composition du sol de la planète. Dans les deux premiers, on découvre de la roche volcanique et, dans le dernier, des fossiles vieux de 2 millions d'années.

Le **Centre d'intérêt minier** *(9$; mi-mai à mi-juin et sept tlj 10h à 17h, mi-juin à la fête du Travail tlj 10h à 20h; à 10 km du centre-ville, rte. 167 N., ☎748-4209)* vous propose une visite à l'intérieur des galeries de la mine Bruneau, qui fut exploitée dans les années soixante. À flanc de montagne, l'entrée de la mine est reconnaissable au large mur de cuivre qui la borde. Suivez les rails qui guidaient autrefois les chariots remplis de minerais et embarquez-vous pour une exploration des plus insolites.

À l'intérieur, on présente une exposition qui relate l'histoire de l'exploitation minière en remontant jusqu'aux premiers humains et un spectacle son et lumière qui chante les mérites de ce sol si riche. Pour la visite, enfilez l'habit du mineur et pénétrez dans les galeries obscures, éclairées seulement par le faisceau de votre lampe frontale. Au cours de ce périple, vous vous familiariserez avec la vie quotidienne des hommes qui consacrent leur vie au dur labeur dans la mine. N'oubliez pas que la température moyenne dans les galeries est de seulement 5°C!

De Saint-Félicien, suivez la route 169 en direction de Saint-Méthode et de Dolbeau.

Dolbeau-Mistassini (15 214 hab.)

Dolbeau fait partie de la seconde vague de colonisation du Lac-Saint-Jean, celle qui verra se développer le croissant nord-ouest du lac entre 1875 et 1900. C'est le pays de *Maria Chapdelaine*, du dur labeur et d'une vie faite de choses simples qui a marqué les gens d'ici. La ville, dont l'économie est dominée par la papeterie Domtar, porte le nom du récollet-Jean Dolbeau (duché d'Anjou 1586 - Orléans 1652), qui fut responsable de la mission de Tadoussac. Dolbeau est renommée pour ses produits à base de bleuets, dont des vins apéritifs, ainsi que pour ses 10 jours «western» qui gravitent autour du village factice construit pour ce festival.

Il ne faut surtout pas confondre ce village avec celui portant le même nom (Mistassini) et situé au bord du lac Mistassini, car plus de 300 km séparent ces deux communautés. La ville de Dolbeau-Mistassini, décrite ici, est implantée sur les bords de la rivière Mistassini le long de la route 169. Elle se définit comme la «capitale mondiale» du bleuet. Chaque année, au mois d'août, on y tient en effet le **Festival du bleuet**, qui constitue autant une manifestation culinaire qu'une fête de retrouvailles entre les «Bleuets», qui ont essaimé à travers l'Amérique.

Mistassini a été fondée en 1892 par des moines cisterciens venus d'Oka (voir p 288) qui y ont construit une grande abbaye (1909-1935), malheureusement abandonnée depuis quelques années. Les moines de Mistassini continuent cependant à fabriquer des gâteries, notamment de délicieux bleuets enrobés de chocolat (en saison seulement).

Le **Centre Astro** *(6$; fin juin à début sept tlj 13h à 21h, mai, juin et sept à minuit par ciel dégagé sur réservation; 1208 rte. de la Friche, ☎276-0919)* met un observatoire astronomique à la disposition des visiteurs, qui peuvent ainsi observer les étoiles et le soleil.

Poursuivez sur la route 169 en direction de Sainte-Jeanne-d'Arc et de Péribonka.

★ Péribonka (653 hab.)

Louis Hémon naît à Brest (France) en 1880. Après des études au lycée Louis-LeGrand à Paris, il obtient une licence en droit de la Sorbonne. En 1903, il s'installe à Londres, où il entame sa carrière d'écrivain. L'esprit aventurier d'Hémon le conduit au Canada. Il vit à Québec puis à Montréal, où il rencontre des investisseurs désireux de construire un chemin de fer dans la partie nord du Lac- Saint-Jean.

Il se rend sur place pour faire du repérage, mais c'est davantage la vie quotidienne du pays qui l'intéresse. En juin 1912, il rencontre Samuel Bédard, qui l'invite chez lui, à Péribonka. Hémon participe alors aux travaux de la ferme et recueille secrètement dans un cahier ses impressions de voyage, qui donneront naissance à son chef-d'œuvre, le roman *Maria Chapdelaine*.

Hémon n'aura cependant pas le loisir de goûter à l'immense succès du roman. Le 8 juillet 1913, alors qu'il marche sur une voie ferrée près de Chapleau, en Ontario, il est frappé par un train. L'écrivain décède, quelques minutes plus tard, dans les bras de ses compagnons de voyage. *Maria Chapdelaine* fut d'abord publié en feuilleton dans *Le Temps* de Paris, puis sous forme de roman chez Grasset, en 1916, avant d'être traduit dans plusieurs langues. Nul autre ouvrage ne fit autant connaître le Québec à l'étranger. Le roman fut même porté à l'écran à trois reprises, par Jean Duvivier en 1934 (avec Madeleine Renaud et Jean Gabin), par Marc Allégret en 1949 (avec Michèle Morgan dans le rôle-titre) et par Gilles Carle en 1983 (avec Carole Laure dans le rôle-titre). Péribonka est un coquet village qui sert de point de départ à la Traversée internationale du lac Saint-Jean.

Le **Musée Louis-Hémon** ★★ *(5,50$; juin à sept tlj 9h à 17h, sept à juin lun-ven 9h à 16h; 700 rte. 169, ☎374-2177, ≠374-2516)*. La maison de Samuel Bédard et de son épouse, Eva née Bouchard, où a séjourné Louis Hémon durant l'été 1912, subsiste toujours en bordure de la route 169. Il s'agit d'un des trop rares exemples d'habitation de colons du Lac-Saint-Jean ayant survécu à l'amélioration du niveau de vie dans la région.

La maison au confort minimal, qui a inspiré Hémon tout en donnant naissance au mythe de la «cabane au Canada», a été construite en 1903. Elle devient un musée dès 1938, ce qui permettra de conserver intact son mobilier, voire la disposition initiale de celui-ci à travers les humbles pièces d'habitation. Un grand bâtiment postmoderne a été érigé à proximité pour abriter les objets personnels de Louis Hémon, différents souvenirs liés aux villageois ayant inspiré l'œuvre d'Hémon, de même que des rappels du succès du roman *Maria Chapdelaine*.

La route traverse ensuite les villages de Sainte-Monique, de Saint-Henri-de-Taillon (où se trouve l'accès au parc de la Pointe-Taillon) et de Delisle. En route pour Alma, vous franchirez le Saguenay au pont de l'Isle Maligne, qui domine le barrage hydroélectrique de l'Alcan.

Alma (26 467 hab.)

Cette ville industrielle se situe à l'entrée de la région du Lac- Saint-Jean. On y trouve une vaste aluminerie et un moulin à papier entourés par les quartiers ouvriers et bourgeois. Le parc Falaise nous rappelle qu'Alma est jumelée, depuis 1969, à la ville de Falaise, en Normandie.

Le **Musée d'histoire du Lac-Saint-Jean** *(3$; fin juin à début sept lun-ven 9h à 18h, sam-dim 13h à 17h, début sept à fin juin lun-ven 9h à 12h et 13h30 à 16h30; 54 rue St-Joseph S., ☎668-2606, ≠668-5851)* présente une exposition permanente sur l'histoire d'Alma de même que des expositions temporaires d'art et d'histoire.

Les personnes qui le désirent peuvent visiter les installations de la **papeterie Alma** ★ *(22 juin au début sept mar-jeu 9h30 à 13h30; 1100 rue Melançon, ☎668-9400, poste 9348)*. Elles sont conduites au département des pâtes et à la salle des machines; des explications leur sont données sur tout le processus de fabrication.

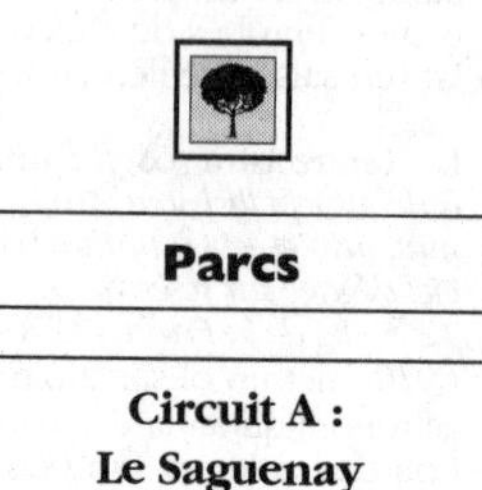

Parcs

Circuit A : Le Saguenay

Le **parc du Saguenay** ★★★ *(3415 boul. de la Grande-Baie S., La Baie, G7B 1G3, accès par la rte. 170, ☎544-7388. ≠697-1550)* couvre une partie des berges de la rivière Saguenay. Il s'étend des rives de l'estuaire (situé dans la région touristique de Manicouagan) jusqu'à Sainte-Rose-du-Nord. À cet endroit, d'abruptes falaises se jettent dans la rivière, créant de magnifiques paysages. Des sentiers de randonnée pédestre, s'étendant sur une centaine de kilomètres, permettent de découvrir cette fascinante région.

Parmi eux, mentionnons le petit sentier de 1,7 km, situé au bord du Saguenay, qui s'avère assez facile, le sentier de la Statue, d'une longueur de 3,5 km, qui offre une ascension difficile, et le superbe sentier des Caps, long de 25 km, pour lequel il faut compter trois jours de marche. Le réseau de sentiers du parc s'étend désormais, sur la rive sud, de Rivière-Éternité jusqu'aux limites de Petit-Saguenay (100 km), soit l'anse aux Petites-Îles.

Sur la rive nord, de récents aménagements permettent de relier Tadoussac au nouveau point d'accueil de la baie Sainte-Marguerite en trois jours environ, avec campings rustiques et refuges. L'enregistrement est obligatoire pour ce dernier. En hiver, ces sentiers se transforment en pistes de ski de fond. Pour loger les visiteurs, des emplacements de camping et des refuges sont aménagés.

Le **parc des Monts-Valin** ★ *(accessible par la rte. 172, à 27 km de Chicoutimi et à 17 km de St-Fulgence, ≠695-7897; accueil Petit-Séjour : ☎674-1200)*, avec ses hauts sommets, offre une foule d'activités quatre saisons. Randonnée pédestre, vélo de montagne, canotage, villégiature en chalet et pêche sportive sont les vedettes estivales.

En hiver, l'accumulation de neige égale des niveaux records pouvant atteindre 5 m. Toute cette neige transforme les arbres en fantômes immaculés qui ont engendré les légendes de la Vallée des Fantômes ou des Champs de Momies. Ce territoire sauvage et spectaculaire, dominant la région, devient alors un haut lieu du ski hors-piste, du ski de fond, de la raquette et de l'escalade de glace.

Circuit B : Le tour du lac Saint-Jean

La **réserve faunique Ashuapmushuan** *(accès par la rte. 167, ☎256-3806)*, vaste territoire de près de 3 400 km², est un site privilégié pour la chasse (orignaux et lièvres). Elle offre l'avantage de mettre à la disposition des visiteurs des chalets confortables. Un superbe forfait d'une journée combine la découverte du spectaculaire secteur des chutes de la Chaudière, une randonnée dans des portages millénaires et une descente des rapides dans des *rabaskas*, ces grand canots amérindiens.

La **réserve faunique des lacs Albanels, Mistassini, Waconichi** *(Rupert, rte. 167, ☎748-7748)* ainsi que la **réserve faunique Assinica** *(rte. L-231, ☎748-7748)* disposent de bons sites pour la pêche.

Le **parc de la Pointe-Taillon** ★ *(coût selon les activités ou services; 825 3e Rang S., St-Henri-de-Taillon, ☎347-5371)* se trouve sur la bande de terre formée par la rivière Péribonka et qui avance dans le lac Saint-Jean. Le site est un endroit privilégié pour pratiquer divers sports nautiques tels que le canot et la voile. En outre, le parc possède de magnifiques plages de sable. Des pistes cyclables et des sentiers de randonnée pédestre permettent de se promener tout en découvrant les beautés de ce parc.

Le centre récréo-touristique **Le Rigolet** *(3 rue Caron, Métabetchouan, ☎349-2060)* profite d'une des plus belles plages publiques et d'une des rares zones de baignade surveillées autour du lac Saint-Jean. La proximité du marais permet de courtes randonnées pédestres et l'observation d'oiseaux.

Activités de plein air

Randonnée pédestre

Circuit A : Le Saguenay

Le **sentier des Caps** *(après le pont du Faubourg, prenez le chemin Thomas Nord vers la droite sur 3 km; L'Anse-St-Jean)* mène au pied d'un pylône soutenant la première ligne de 735 kW d'Hydro-Québec. Deux observatoires y ont été aménagés, offrant une vue extraordinaire sur le fjord.

Croisières

Circuit A : Le Saguenay

Les **Croisières La Marjolaine** *(30$; boul. Saguenay Est, C.P. 203, Port de Chicoutimi, ☎543-7630 ou 800-363-7248, ≠693-1701)* organisent des croisières sur le Saguenay. La promenade s'avère des plus agréables pour découvrir le spectacle fascinant du fjord. L'excursion part de Chicoutimi et va jusqu'à Sainte-Rose-du-Nord. Le retour se fait en autocar, sauf aux mois de juin et de septembre (l'aller et le retour se font alors en bateau). La croisière dure toute la journée. On peut également partir de Sainte-Rose-du-Nord pour se rendre à Chicoutimi.

Voir le chapitre «Manicouagan», p 641, pour d'autres croisières sur la rivière Saguenay.

Pêche blanche

Circuit A : Le Saguenay

Le **parc du Saguenay** *(accès par la rte. 170, ☎544-7388)* et la rivière Saguenay attirent une foule d'amateurs de pêche blanche. De décembre à la mi-mars, lorsque la rivière est gelée, elle se couvre de petites cabanes en bois colorées qui accueillent les pêcheurs. La rivière recèle plusieurs espèces de poissons, entre autres le sébaste, la morue, le flétan du Groenland et l'éperlan. Vous pouvez louer du matériel de pêche à Rivière-Éternité *(seulement pêche blanche, pêche estivale : l'équipement est offert à la location d'une cabane)*, à La Baie *(1352 Anse-à-Benjamin, ☎544-4176)* et à Saint-Fulgence *(953 boul. Tadousac, Chicoutimi, ☎543-2062)*.

Vélo

Le Lac-Saint-Jean est maintenant doté d'une des plus importantes infrastructures cyclistes du Québec avec la **Véloroute des Bleuets** (*Corporation du circuit cyclable Tour du Lac-Saint-Jean, 414 rue Collard, Alma, G8B 1N2, ☎668-4541*). Ce réseau ceinture tout le lac Saint-Jean sur 256 km de pistes cyclables et de voies partagées. La plus belle section va de Saint-Gédéon à Roberval où les cyclistes longent le lac de près. Le secteur de la Pointe-Taillon est également très agréable. La traversée de la décharge du lac, à Alma, se fait par navette fluviale.

Ski alpin

Circuit A : Le Saguenay

La **Station touristique du Mont-Édouard** *(26$; L'Anse-St-Jean ☎272-2927)* propose le plus haut dénivelé de la région, soit 450 m. Vingt pistes de ski alpin, destinées aux skieurs de tous les niveaux, y sont aménagées.

Les monts Valin, où s'étend le parc du même nom, abritent aussi une station de ski alpin. **Le Valinouët** *(26$; ☎673-6455 ou 800-260-8254)* propose 25 pistes sur une dénivellation de 350 m. Reconnu pour la qualité de sa neige.

Ski de fond

Circuit A : Le Saguenay

Situé à 7 km de La Baie et en bordure de la rivière à Mars, le **Centre de Plein air Bec-Scie** *(5,50$; 7400 ch. des Chutes, C.P. 305, ☎697-5132)* propose un réseau de 10 sentiers, dont 4 faciles, 4 difficiles et 2 très difficiles.

Le **Club de Ski le Norvégien** *(5$; 4885 ch. St-Benoît, C.P. 661, Jonquière, ☎546-2344)* propose un grand réseau de 60 km de sentiers pour les skieurs de tous les niveaux.

Hébergement

Circuit A : Le Saguenay

Petit-Saguenay

Réserve faunique de la Rivière Petit-Saguenay
à quelques minutes du village
☎272-1169
La réserve faunique de la rivière Petit-Saguenay est dotée de chalets rustiques extrêmement agréables et d'un petit camping aménagé au bord ou non loin de la rivière. Randonnée pédestre. Pêche au saumon.

Les 2 Pignons
60$ pdj
117 rte. 170, G0V 1N0
ℜ
☎272-3091
Une hôtelerie accueillante, chaleureuse, sobre et économique au cœur du village. Bonne table.

L'auberge du Jardin
69$
71 boul. Dumas, G0V 1N0
☎272-3444 ou 888-272-3444
⇄272-3174
L'auberge du Jardin est bâtie au pied d'une falaise, dans un cadre enchanteur. Son joli bâtiment blanc renferme des chambres chaleureuses et confortables.

L'Anse-Saint-Jean

Camping de L'Anse
22$
☎272-2554
☎272-2633
Le Camping de L'Anse, en plus de donner directement sur le fjord, présente l'avantage de disposer d'emplacements très bien équipés.

Les Gîtes du Fjord
104$
ℂ, ≈, tv
344 rue St-Jean Baptiste, G0V 1J0
☎272-3430 ou 800-561-8060
⇄272-3480
Juchés sur une falaise du fjord, Les Gîtes du Fjord disposent de chalets et de condos, parfaits pour les vacances en famille.

Rivière-Éternité

Centre d'hébergement de la Rivière-Éternité
84$
pour un chalet pouvant recevoir 4 personnes
24 rue Notre-Dame, G0V 1P0
☎272-3008 ou 888-272-3436
⇄272-3438
Le Centre d'hébergement touristique de Rivière-Éternité propose différents chalets situés à 2 km du Saguenay. Des sentiers de randonnée sont aménagés près du centre.

La Baie

Auberge de la Grande-Baie
80$
tv, ℜ, ♿
4715 boul. de la Grande-Baie S., G7B 3P6
☎544-9334 ou 800-463-6567
⇄544-5115
Aux abords de la baie des Ha! Ha!, l'Auberge de la Grande-Baie propose des chambres petites mais coquettes, au prix des plus abordables. En fait, les moins chères se trouvent dans la section «motel» de l'établissement. Toutefois, si votre budget vous le permet, vous opterez plutôt pour les chambres aménagées dans la partie avant de l'auberge car elles offrent une splendide vue sur la baie. Salle à manger agréable.

La Maison de la Rivière
70$
⊛, ℜ
9122 ch. de la Batture, G7B 3P6
☎544-2912 ou 800-363-2078
⇄544-2912
La Maison de la Rivière bénéficie d'un site enchanteur, entouré d'une belle nature verdoyante, et d'une tranquillité à faire rêver. Elle propose des forfaits spécialisés originaux axés sur la gastronomie régionale et amérindienne, les plantes sauvages, le plein air, les activités culturelles, le romantisme et les médecines douces. Ses chambres confortables et décorées avec goût sont désignées par des noms puisés dans la nature plutôt que par des numéros. Dix d'entre elles ont un balcon privé qui offre une vue extraordinaire sur le fjord. L'accueil est amical.

Auberge des Battures
90 $-120 $
6295 boul. de la Grande-Baie Sud, G7B 3P6
☎544-8234 ou 800-668-8234
⇄544-4351
L'Auberge des Battures n'offre pas seulement un point de vue extraordinaire sur la baie des Ha! Ha!. On y trouve aussi une excellente qualité d'hébergement et une cuisine raffinée.

Auberge des 21
110$
⊛, ≈, tv, ℜ, ✪
621 rue Mars, G7B 4N1
☎697-2121 ou 800-363-7298
⇄544-3360
La coquette Auberge des 21 dispose, en plus d'une vue magnifique sur la baie des Ha! Ha!, de chambres confortables et d'un relais santé qui vous aidera à profiter au maximum de vos moments de détente.

Chicoutimi

Hôtel du Fjord
69-125 pdj
241 Morin, G7H 4X8
☎543-1538 ou 888-543-1538
Situé en dehors du regroupement des grands hôtels de la ville, l'Hôtel du Fjord se trouve à deux pas du parc du Vieux-Port, de la rivière Saguenay et du centre-ville. Récemment rénové.

Le Montagnais Saguenay–Lac-St-Jean Hôtel et Centre de Congrès
90$
⊛, ≡, *tv*, ≈, ⌂, ℜ
1080 boul. Talbot, G7H 4B6
☎543-1521 ou 800-463-9160
☎543-2149
Le Montagnais Saguenay–Lac-St-Jean Hôtel et Centre de Congrès, installé dans un vaste bâtiment, est bien situé pour les personnes qui désirent magasiner car il se trouve à côté des centres commerciaux.

Hôtel Gouverneur
110$
≈, ℜ, ≡, tv
1303 boul. Talbot, G7H 4C1
☎549-6244 ou 888-910-1111
⇄549-5527
Construit au cœur de la ville, l'Hôtel des Gouverneurs est le rendez-vous des gens d'affaires qui recherchent des chambres au confort moderne.

Jonquière

Camping de Jonquière
22$
☎542-0176
Au Camping de Jonquière, grâce à sa situation géographique avantageuse au bord du lac Kénogami, on peut s'adonner à une foule d'activités nautiques et disposer d'une petite marina.

Hôtel Jean Dequen
50$
tv, ℜ
2841 boul. du Royaume, G7X 7V3
☎548-7173
⇄548-9126
Une bonne adresse économique à retenir à Jonquière, l'hôtel Jean Dequen propose des chambres rénovées offrant un bon rapport qualité/prix.

Hôtel Holiday Inn Saguenay
120$
⊘, ≈, ≡, *tv*, ℜ
2675 boul. du Royaume, G7S 5B8
☎548-3124 ou 800-363-3124
⇄548-1638
L'Hôtel Holiday Inn Saguenay, bâti en retrait de la ville, est tout de même très bien situé sur la route de Chicoutimi. Il dispose de chambres de qualité.

Auberge Villa Pachon
125$ pdj
ℜ
1904 rue Perron, G7X 9P3
☎542-3568 ou 888-922-3568
⇄542-9667
Le restaurant Chez Pachon (voir p 626) est également devenu l'adresse, depuis son déménagement à Jonquière, de l'Auberge Villa Pachon en ajoutant le volet hébergement à la restauration. On y trouve cinq chambres et une suite, aménagée dans une des plus belles résidences historiques de tout le Saguenay–Lac-Saint-Jean : la villa patrimoniale de Price Brothers.

Sainte-Rose-du-Nord

Auberge du Presbytère
55$
ℜ
136 rue du Quai, G0V 1T0
☎/⇄675-2503
Grâce à ses chambres toujours impeccables, l'Auberge du Presbytère a su combler les attentes de plus d'un visiteur et a ainsi acquis une réputation enviable.

Circuit B : Le tour du lac Saint-Jean

Hébertville

Gîte de la Lucarne
50$ pdj
612 rue Labarre, G8N 1C9
☎344-1513
Au charmant logement chez l'habitant le Gîte de la Lucarne, établi dans une grande et ancienne maison du village, vous serez bien accueilli et passerez un excellent séjour.

Auberge Presbytère Mont-Lac-Vert
65$ pdj
ℜ
335 rang 3 (mont-Lac-Vert)
G8N 1M1
☎344-1548
⇄344-1013
L'Auberge Presbytère Mont-Lac-Vert est située dans un très beau cadre, et il y règne une atmosphère chaleureuse propice à la détente. Sa table en a ravi plus d'un.

Métabetchouan

Maison Lamy
60 $ pdj
56 rue St-André
☎349-3686
Dans une magnifique résidence bourgeoise au cœur d'un village très pittoresque, la Maison Lamy possède un charme tout à fait irrésistible. Accueil chaleureux. Décoration soignée. Près du lac Saint-Jean et de la Véloroute des Bleuets.

Val-Jalbert

Le **camping** *(17,50$; ☎275-3132)* de ce village fantôme est exceptionnel. Son vaste terrain offre de beaux emplacements naturels qui raviront les amateurs de camping rustique.

Des **logements** et des **chambres d'hôtel** *(70,77$; ☎275-3132)* sont disponibles sur le site du village historique de Val-Jalbert.

Mashteuiatsh (Pointe-Bleue)

Ceux et celles qui veulent en connaître davantage sur la culture montagnaise et rencontrer des gens peuvent **loger chez l'habitant**. Le bureau de renseignements touristiques de Mashteuiatsh *(1516 rue Ouiatchouan, G0W 2H0 ☎275-7200, hiver ☎275-2473)* peut les aider en ce sens.

Saint-Félicien

Camping de Saint-Félicien ***20$***
≈
☎679-1719
Le Camping de Saint-Félicien est, comme son nom le laisse supposer, situé à côté du zoo de Saint-Félicien; aussi, durant la nuit, pourrez-vous entendre les animaux. Il dispose d'un vaste terrain et d'installations complètes pour recevoir les campeurs.

Hôtel du jardin
99$
⊛, ≈, △, ≡, *tv*, ℜ
1400 boul. du Jardin, G8K 2N8
☎679-8422 ou 800-463-4927
⇄679-4459
L'Hôtel du jardin accueille les personnes qui désirent loger près du zoo, mais qui ne font pas de camping.

Chibougamau

Camping municipal
6$-13 $
juin à début sept
☎748-6060
Le Camping municipal de Chibougamau est situé tout près de la ville au bord du lac Sauvage. On y trouve une quarantaine d'emplacements pour tentes et véhicules récréatifs ainsi que plusieurs services et installations sportives.

Hôtel Chibougamau
60$
ℜ, ⊛, ℝ
473 3e Rue
☎748-2669
⇄748-2107
Au centre de la ville s'élève l'hôtel Chibougamau, avec sa tourelle et sa façade de pierre. Ouvert depuis près de 40 ans, il offre plusieurs services. Forfaits motoneige.

Hôtel Motel Harricana
60$
ℜ, ⊛, ℝ
1000 3e Rue
☎748-7771
⇄748-2887
L'Hôtel Motel Harricana propose une centaine de chambres modernes décorées dans des teintes pastel. Les gens d'affaires y trouveront des salles de réunion. Possibilité de forfaits motoneige et de forfaits traîneau à chiens.

Péribonka

Auberge de l'Île-du-Repos
18$/pers. en dortoir
ℜ
115 rte. Île-du-Repos, G0W 2G0
☎347-5649 ou 800-461-8585
⇄347-4810
L'Auberge de l'Île-du-Repos a acquis, au fil des ans, une belle réputation. Il s'agit d'une grande auberge de jeunesse qui se dresse, seule sur son île au milieu de la rivière, dans un décor enchanteur. Elle offre une belle ambiance et un milieu propice aux échanges et aux activités de plein air. On y présente régulièrement des spectacles en tout genre. Emplacements de camping disponibles.

Alma

Hôtel-Motel Universel
87$
ℜ, *tv*
1000 boul. des Cascades, G8B 3G4
☎668-5261 ou 800-263-5261
⇄668-9161
En plein cœur de la ville, l'Hôtel-Motel Universel propose 75 chambres tout confort.

Complexe Touristique de la Dam-en-Terre
***118$** pour 4 pers.*
1385 ch. de la Marina, G8B 5W1
☎668-4599 ou 888-289-3016
Le Complexe Touristique de la Dam-en-Terre loue des chalets bien aménagés offrant une belle vue sur le lac Saint-Jean. Les personnes disposant d'une tente peuvent opter pour le camping, qui s'avère plus économique que la location de chalets.

Restaurants

Circuit A : Le Saguenay

Petit-Saguenay

L'auberge du Jardin
$$$$
72 rue Dumas
☎272-3444
Bâtie au pied d'une falaise, dans un cadre enchanteur, L'auberge du Jardin dispose d'une bonne table et d'une chaude ambiance.

L'Anse-Saint-Jean

La Maison des Cévennes
$$-$$$
294 rue St-Jean-Baptiste
☎272-3180
À La Maison des Cévennes, on peut goûter une cuisine française classique avec quelques accents modernes. Son menu comporte plusieurs fruits de mer.

Maringouinfre
$$-$$$
212 rue St-Jean-Baptiste
☎272-2385
Le restaurant Maringouinfre propose un menu de grillades et de fruits de mer. L'accent est mis sur l'intimité et la fraîcheur des aliments.

La Baie

Auberge des Battures
$$$$
6295 boul. de la Grande-Baie S.
☎544-8234 ou 800-668-8234
La salle à manger de l'Auberge des Battures bénéficie d'une vue panoramique sur la baie des Ha! Ha!. On y savoure une délicieuse cuisine d'inspiration française. Bar, terrasses, salon avec foyer et piano.

Le Doyen
$$$$
Auberge des 21
621 rue Mars
☎544-9316
Le restaurant Le Doyen propose un des meilleurs menus de la région, où figurent de savoureux plats de gibier. La salle à manger bénéficie d'une vue exceptionnelle s'étendant sur toute la baie des Ha! Ha!. Le brunch du dimanche est excellent. Dirigé par un chef de renom, Marcel Bouchard, qui a remporté plusieurs prix régionaux, nationaux et internationaux, Le Doyen contribue tangiblement à l'évolution de la cuisine régionale et à son raffinement, jusqu'à lui valoir ses lettres de noblesse.

La Maison de la Rivière
$$$$
9122 ch. de la Batture
☎544-2912
Le chef cuisinier de la superbe auberge La Maison de la Rivière a développé un menu axé sur les traditions autochtones, les mets régionaux et la cuisine internationale. Profitant d'une belle vue sur le fjord, cette auberge offre un site fort agréable.

Chicoutimi

Salon de thé Jalousie
460 rue Racine E.
☎693-8745
Le Salon de thé Jalousie est un petit restaurant bien sympathique. On peut y prendre de bons repas légers.

La Bougresse
$$$
260 rue Riverin
☎543-3178
La Bougresse se distingue par la variété et la qualité de sa cuisine, toujours bonne. La confiance et la fidélité de la clientèle chicoutimienne sont la meilleure assurance de qualité en ce qui a trait à La Bougresse, qui organise régulièrement des soirées «moules à volonté» très courues.

Georges Steak House
$$
433 rue Racine E.
☎543-2875
À prime abord, vous serez peut-être surpris par le décor du Georges Steak House, qui n'a rien d'extraordinaire. Mais sa réputation repose avant tout sur ses grillades, parmi les meilleures qui soient.

La Cuisine
$$-$$$$
387 rue Racine E.
☎*698-2822*
Ça sent le bon café fraîchement moulu à La Cuisine. Nous recommandons particulièrement le tartare, les moules, le lapin, le ris de veau et le «steak-frites».

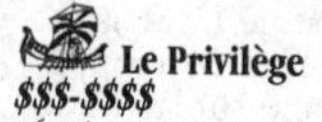
Le Privilège
$$$-$$$$
1623 boul. St-Jean-Baptiste
☎*698-6262*
Le Privilège fait partie des meilleures tables de la région. Dans le décor pittoresque d'une maison centenaire, tous vos sens sont mis à contribution. On sert une cuisine intuitive qui s'inspire des étalage du marché, pour quelques personnes à la fois seulement. L'ambiance et le service sont décontractés et amicaux. Réservation obligatoire.

Jonquière

Chez Pachon
$$$
1904 rue Perron
☎*542-3568*
Le restaurant Chez Pachon, une «institution» bien connue de la ville de Chicoutimi, a déménagé à Jonquière en août 1999. Il occupe désormais la magnifique villa patrimoniale de Price Brothers dans un environnement champêtre vraiment exceptionnel. Son chef, déjà renommé dans toute la région, présente une gastronomie teintée de traditions culinaires françaises et influencée par les saveurs régionales. Spécialités de cassoulet de Carcassonne, confit de magret et foie de canard, filet et carré d'agneau, ris de veau, poissons et fruits de mer. Le soir seulement, sur réservation.

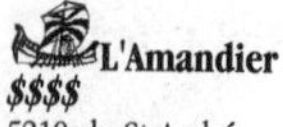
L'Amandier
$$$$
5219 ch. St-André
☎*542-5395*
L'Amandier abrite une étonnante salle ornée de plâtre sculpté et de boiseries surchargées. On y sert une cuisine régionale préparée à partir de produits frais. À la qualité de la table s'ajoute ici une ambiance unique qu'il fait bon partager en groupe puisque la chaleur des matériaux, l'originalité de l'aménagement et l'accueil des hôtes favorisent l'esprit à la fête et les soirées amicales. Un peu en retrait de la ville, le restaurant n'est pas facile à trouver. Réservation obligatoire.

Le Bergerac
$$$-$$$$
fermé dim-lun
3919 rue St-Jean
☎*542-6263*
L'une des meilleures tables de Jonquière, le restaurant Le Bergerac a développé une excellente carte de fine cuisine qu'elle propose en menu du jour pour le repas de midi ou en table d'hôte en soirée.

Sainte-Rose-du-Nord

Café de la Poste
$
163 rue des Pionniers
☎*675-1053*
Situé à deux pas du quai d'où il est possible de contempler le fjord, le chaleureux Café de la Poste offre un décor intérieur avec boiseries, une terrasse enchanteresse ainsi qu'une ambiance familiale unique. En plus d'une cuisine hors pair, cet ancien bureau de poste offre la possibilité de déguster un savoureux pain artisanal, des boissons alcoolisées fruitées (cassis ou framboises) ainsi que de délicieuses pâtisseries. Le tout fait à la maison par les propriétaires.

Auberge du Presbytère
$$-$$$
136 rue du Quai
☎*675-2503*
L'Auberge du Presbytère propose une cuisine française succulente et soigneusement présentée. À midi, il est possible d'y prendre une bouchée rapide.

Circuit B : Le tour du lac Saint-Jean

Hébertville

Auberge Presbytère Mont-Lac-Vert
$$$
335 rang Lac-Vert
☎*344-1548 ou 800-818-1548*
≠*344-1013*
L'Auberge Presbytère Mont-Lac-Vert dispose de deux salles à manger. Au sous-sol, on dresse des buffets à prix économiques aux sportifs qui veulent prendre un repas copieux. L'auberge propose, quant à elle, une excellente table d'hôte. L'endroit a gardé tout le cachet de l'ancien presbytère.

Desbiens

Desbiens-Venue
$$
1290 rue Hébert
☎*346-1106*
Aux aventuriers avides de découvertes de cuisine régionale, on recommande de passer par le restaurant Desbiens-Venue afin de savourer une succulente soupe aux gourganes, l'épaisse tourtière du Lac-St-Jean ainsi que sa fameuse tarte aux bleuets. En plus de dresser un brunch tous les dimanches, les propriétaires souriants et courtois fabriquent un excellent pain maison tous

les matins au petit déjeuner.

Saint-Félicien

Hôtel du Jardin
$$-$$$$
1400 boul. du Jardin
☎ ***679-8422***
L'Hôtel du Jardin propose un menu de fine cuisine régionale qui plaît à tout coup.

Chibougamau

Hôtel Chibougamau
$-$$$
17h30 à 21h30
473 3e Rue
☎ ***748-2669***
La salle à manger de l'Hôtel Chibougamau est très fréquentée par la clientèle locale et par les gens d'affaires qui en apprécient principalement les grillades.

Les Captures
$$-$$$
1000 3e Rue
☎ ***748-7880***
Le restaurant de l'Hôtel-Motel Harricana Les Captures, à l'entrée de la ville, est l'une des tables les plus raffinées de Chibougamau, avec d'excellentes suggestions de fruits de mer, de poissons et de grillades.

Roberval

Château Roberval
$$-$$$
ouvert dès 17h
1225 boul. St-Dominique
☎ ***275-7511***
Le Château Roberval figure aussi parmi les tables renommées. Le menu de spécialités régionales est rempli d'agréables surprises.

Alma

Bar restaurant chez Mario Tremblay
$$-$$$
534 Collard O.
☎ ***668-7231***
On ne va pas au Bar restaurant chez Mario Tremblay pour y prendre le repas de sa vie, mais à cause de la réputation de cet ex-hockeyeur et entraîneur, surnommé «le Bleuet bionique». Cet endroit, de type brasserie, est un temple populaire à la gloire du hockey.

Sorties

Bars et discothèques

Chicoutimi

Sur la rue Racine, vous trouverez nombre de bars et discothèques pour passer une agréable soirée. Vous y rencontrerez sûrement des gens de la région avec qui échanger, puisque avec leur convivialité légendaire les gens du Saguenay sont toujours près à discuter avec les visiteurs. Essayez entre autres l'**International**, ouvert depuis des années. Vous pourrez y prendre une bière sur des airs blues et rock. Ou encore le **Loft**, où vous irez plutôt, comme la clientèle jeune qui s'y presse, pour danser.

Jonquière

À Jonquière, c'est sur la rue Saint-Dominique entre le boulevard Harvey et la rue Dupont que ça se passe! Vous n'aurez pas non plus de mal à trouver un établissement à votre mesure. Essayez **L'Envol**, un bar des plus populaires.

Fêtes et festivals

Chicoutimi

Le **Carnaval-Souvenir de Chicoutimi** *(mi-fév; ☎ 543-4438)*, c'est une grande célébration pendant laquelle les habitants, en costume d'époque, revivent les us et coutumes qui avaient cours durant les hivers d'antan.

Roberval

Depuis 1955, la dernière semaine de juillet (neuf jours) est consacrée à la **Traversée internationale du Lac Saint-Jean** *(☎ 275-2851)*. Les nageurs font 40 km en 8 heures entre Péribonka et Roberval, et les plus vaillants, toujours inscrits au marathon, s'offrent l'aller-retour en 18 heures.

Achats

Circuit A : Le Saguenay

L'Anse-Saint-Jean

On peut s'arrêter faire des provisions à la **Pâtisserie Louise** *(332 rue St-Jean-Baptiste)*, où l'on remarque des fours à pain en pierre à l'extérieur.

Chicoutimi

Pour ceux et celles qui s'ennuient de l'alimentation saine et naturelle, **Le garde-manger** *(angle Ste-Famille et Hôtel-Dieu, derrière l'église)* est l'endroit idéal pour préparer son pique-nique.

La boutique de **L'Aventurier** *(250 rue Racine E., ☎545-2251)* propose un vaste choix d'articles de plein air de qualité. On y trouve entres autres l'excellente marque québécoise de vêtements et accessoires Chlorophylle, d'ailleurs originaire de Chicoutimi.

Chicoutimi compte quelques excellentes librairies où l'on pourra vous conseiller les meilleures œuvres d'auteurs régionaux ou de superbes ouvrages sur la région : **Librairie Les Bouquinistes** *(392 Racine E., ☎543-7026)*, **Archambault** *(1130 boul. Talbot, ☎698-1586)*; et, si vous collectionnez les livres anciens, ne manquez pas d'aller fouiller dans les étagères de la **Bouquinerie Jacques-Cartier** *(366 Savard, ☎696-1534)*.

Bleuetières

Évidemment, au pays où il ne suffit que de trois bleuets pour faire une tarte, nous vous recommandons quelques adresses :

Bleuetière Au Gros Bleuet
226 rang 2, à 3 km de St-David-de-Falardeau
☎673-4558

Bleuetière de Saint-François-de-Sales
ch. du Moulin, à 15 km à l'ouest du village de St-François-de-Sales
☎348-6548

Manicouagan

La région de Manicouagan longe le fleuve sur 300 km et s'enfonce dans le plateau laurentien jusqu'au nord des monts Groulx et du réservoir Manicouagan.

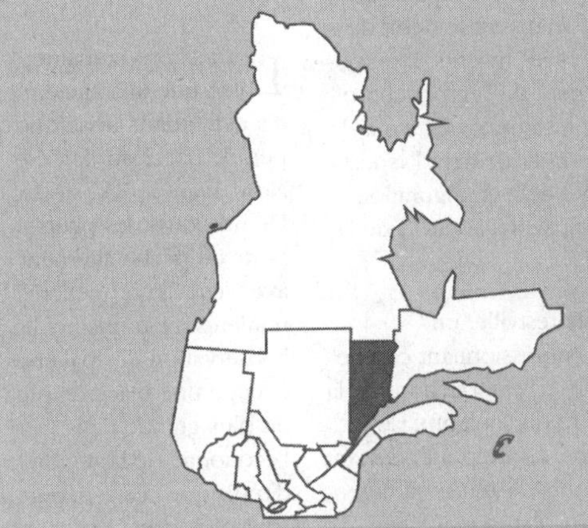

Jumelée à la région de Duplessis (voir chapitre suivant), elle forme ce que l'on appelle la «Côte-Nord». Couverte d'une riche forêt boréale, Manicouagan est aussi dotée d'un fabuleux réseau hydrographique servant à alimenter les huit centrales électriques du complexe Manic-Outardes.

Longeant le littoral depuis l'embouchure de la rivière Saguenay jusqu'à Baie-Trinité, la route 138 permet d'admirer de beaux panoramas, constitués de falaises escarpées et de plages sauvages. Pour les amants de la nature et du plein air, le parc régional de Pointe-aux-Outardes rend possible l'observation d'une multitude d'espèces d'oiseaux, alors que les monts Groulx, loin dans l'hinterland, offrent de belles occasions d'expédition aux plus aventureux.

L'une des principales attractions de la région demeure incontestablement le parc marin du Saguenay– Saint-Laurent, où l'on peut aisément voir, en saison estivale, de nombreuses baleines de différentes espèces.

Son histoire a toujours été intimement liée à l'exploitation des richesses naturelles du territoire. Avant même la fondation de la ville de Québec, les Européens y établirent de nombreux postes afin d'y traiter avec les Amérindiens. Par la suite, au cours du XIXe siècle, l'industrie de la coupe et de la transformation du bois devint le principal créateur d'emplois de la région de la Manicouagan.

Enfin, depuis 1959, le fort débit des rivières aux Outardes et Manicouagan a été mis à profit pour y aménager huit grandes centrales hydroélectriques. Terminé en 1989, le complexe Manic-Outardes est maintenant doté d'une puissance de plus de 6 500 mégawatts et a permis au Québec de devenir un des leaders en technologie hydroélectrique. On peut maintenant visiter ce complexe, dont fait partie notamment le plus grand barrage à voûtes et à contreforts du monde (Manic 5).

Ces importantes réserves d'eau peuvent toutefois se faire menaçantes. En juillet 1996 par exemple, une très forte pluie tombe inlassablement durant deux jours sur le nord-est du Québec et provoque des crues aussi subites que puissantes. Les ruisseaux deviennent des torrents et arrachent tout sur leur passage. Les réservoirs créés par les nombreux barrages s'emplissent à une vitesse folle et débordent ou provoquent des coups d'eau qui décuplent le débit de toutes les rivières. L'ensablement de l'embouchure de plusieurs rivières modifie radicalement l'aspect visuel et la configuration de plusieurs sections de la côte.

À Forestville, un impressionnant cap de sable, à l'embouchure de la rivière du Sault aux Cochons, est emporté, déviant le cours d'eau du barrage hydroélectrique. Le lien routier est recréé en quelques jours, surtout dans les secteurs de Ragueneau et de Baie-Trinité, qui ont été rudement touchés, mais ces événements marqueront pour toujours la mémoire collective de la Côte-Nord.

Point de convergence des Inuits et d'autres nations amérindiennes depuis des temps immémoriaux, grâce notamment à son réseau hydrographique tentaculaire et à ses importants territoires de chasse aux mammifères marins, la Côte-Nord était également connue des Européens avant même la «découverte» du Canada par Jacques Cartier en 1534. Au XVIe siècle, elle était fréquentée par les pêcheurs basques et bretons qui y faisaient, eux aussi, la chasse aux cétacés : la précieuse graisse de baleine, fondue sur place dans de grands fours, servait à la fabrication de chandelles et de pommades.

La présence humaine, bien que très ancienne, n'a cependant laissé que peu de traces sur la Côte-Nord avant le XXe siècle. De nos jours, les petits ports de pêche alternent avec les villes papetières et minières. Le tourisme, lié à l'observation des baleines, occupe une place de plus en plus grande dans l'économie de la région depuis que ces espèces sont protégées. La Côte-Nord est faite sur mesure pour les amateurs de grands espaces et de nature sauvage.

Pour s'y retrouver sans mal

Il est possible de relier le circuit de Manicouagan à celui de **Charlevoix** ★★★ (voir p 582) ou à celui du **Saguenay** ★★ (voir p 606) à partir de Tadoussac. Pour rejoindre le point de départ du circuit de Manicouagan, empruntez le traversier qui relie Baie-Sainte-Catherine à Tadoussac, à l'embouchure du Saguenay.

En raison de la présence de nombreux sentiers et de la faible étendue de l'agglomération, il est recommandé de visiter Tadoussac à pied. Vous pouvez garer votre voiture dans le stationnement du parc du Saguenay, situé à proximité du quai du traversier. Pour plus de renseignements sur cette région, consultez le *Guide Ulysse Côte-Nord, Manicouagan–Duplessis*.

En voiture

Depuis Beauport, dans les environs de Québec, empruntez la route 138, qui longe la rive nord du fleuve Saint-Laurent jusqu'à Natashquan, dans la région de Duplessis. À Baie-Sainte-Catherine, un bateau vous fera traverser la rivière Saguenay pour vous déposer à Tadoussac. Afin de suivre le circuit de la Côte-Nord, continuez toujours sur la route 138. Vous ne pouvez pas vous tromper : il n'y a qu'une seule route!

En traversier

Sauf pour le traversier Baie-Sainte-Catherine–Tadoussac, il vaut mieux réserver votre passage quelques jours à l'avance en été.

Tadoussac
Le traversier *(gratuit, ☎418-235-4395)* partant de Baie-Sainte-Catherine et se rendant à Tadoussac permet d'arriver à destination en seulement 10 min. L'horaire des traversées varie grandement d'une saison à l'autre; renseignez-vous avant de planifier un voyage.

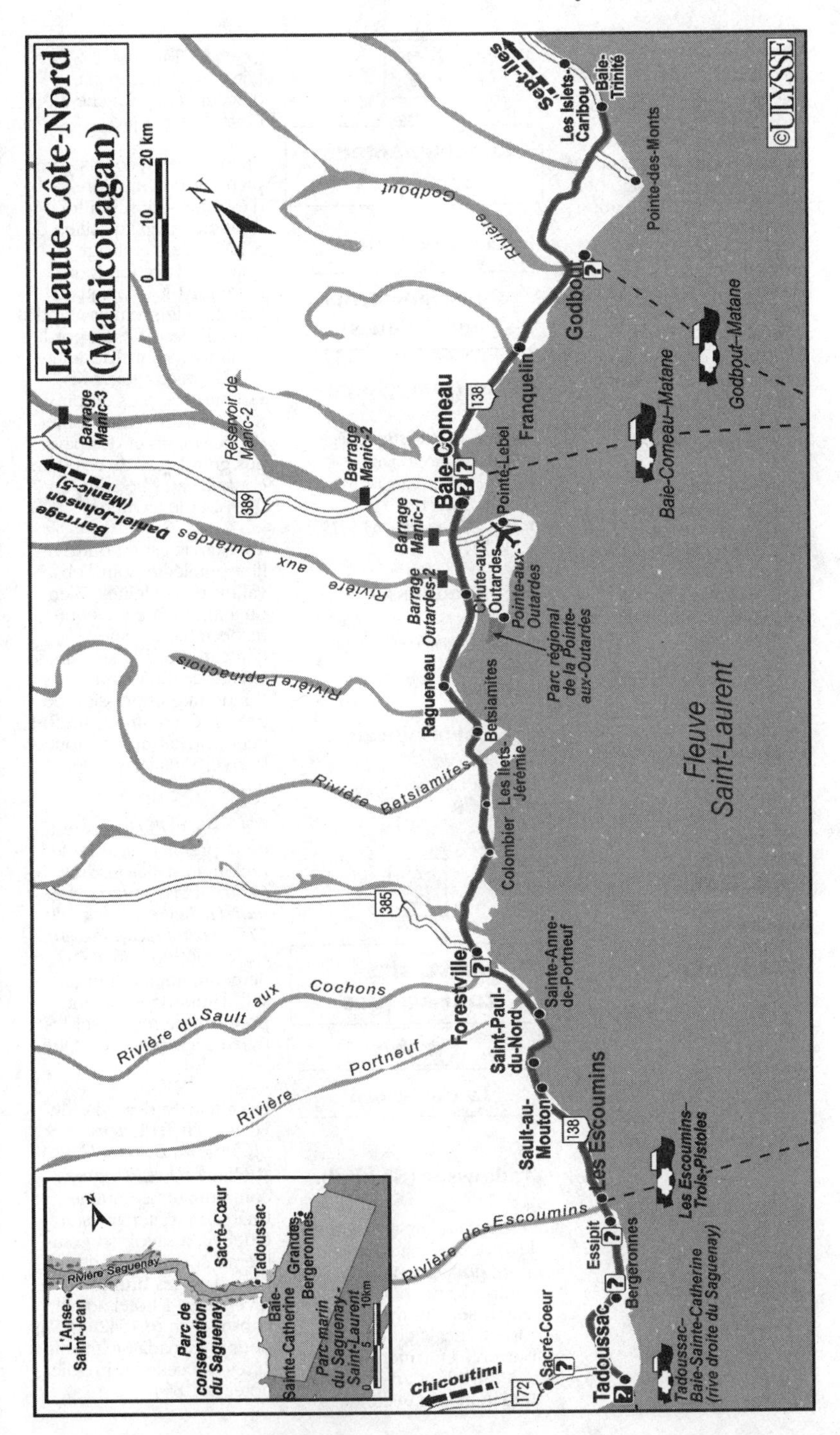
La Haute-Côte-Nord
(Manicouagan)
0 10 20 km
N
Barrage Manic-3
Réservoir de Manic-2
Barrage Manic-2
Barrage Daniel-Johnson (Manic-5)
389
Rivière aux Outardes
Barrage Manic-1
Barrage Outardes-2
Baie-Comeau
138
Pointe-Lebel
Franquelin
Godbout
Rivière Godbout
Pointe-des-Monts
Les Islets-Caribou
Baie-Trinité
Sept-Îles
©ULYSSE
Godbout–Matane
Baie-Comeau–Matane
Chute-aux-Outardes
Pointe-aux-Outardes
Parc régional de la Pointe-aux-Outardes
Ragueneau
Rivière Papinachois
Betsiamites
Rivière Betsiamites
Les Ilets-Jérémie
Colombier
Fleuve Saint-Laurent
385
Forestville
Rivière du Sault aux Cochons
Sainte-Anne-de-Portneuf
Saint-Paul-du-Nord
Rivière Portneuf
Sault-au-Mouton
Les Escoumins
Les Escoumins–Trois-Pistoles
Rivière des Escoumins
Essipit
Bergeronnes
Tadoussac
Sacré-Coeur
172
Chicoutimi
Tadoussac–Baie-Sainte-Catherine (rive droite du Saguenay)
L'Anse-Saint-Jean
Rivière Saguenay
Parc de conservation du Saguenay
Tadoussac
Sacré-Cœur
Baie-Sainte-Catherine
Grandes-Bergeronnes
Parc marin du Saguenay-Saint-Laurent
0 5 10km

Baie-Comeau
Le traversier *(adulte 11,50$, voiture 27,50$, moto 20.65$; ☎562-2500, ☎877-562-6560, ⇄560-8013)* partant de Baie-Comeau et se rendant à Matane en Gaspésie permet d'arriver à destination en 2 heures 30 min.

Godbout
Le traversier *(adulte 11,50$, voiture 27,50$, moto 20,65$; ☎562-2500, ☎877-562-6560, ⇄560-8013)* partant de Godbout et se rendant à Matane en Gaspésie permet d'arriver à destination en 2 heures 30 min.

Les Escoumins
Il existe un traversier *(adulte 26$, voiture 25$; ☎233-2202 des Escoumins, 851-4676 de Trois Pistoles)* quittant Trois-Pistoles et se rendant aux Escoumins en 1 heure 30 min.

Gares routières

Tadoussac
443 rue du Bateau-Passeur, (Pétro-Canada)
☎(418)235-4653

Bergeronnes
138 rte. 138 (Irving)
☎(418) 232-6330

Baie-Comeau
212 boul. LaSalle
☎(418) 296-6921

Renseignements pratiques

Indicatif régional : 418.

Renseignements touristiques

Bureau régional

Association touristique régionale de Manicouagan
337 boul. Lasalle, bur. 304, Baie-Comeau, G4Z 2Z1
☎294-2876 ou 888-463-5319
⇄294-2345

Tadoussac

197 rue des Pionniers, G0T 2A0
☎235-4744
⇄235-4984

Baie-Comeau

2630 boul. Laflèche
☎589-3610

Attraits touristiques

★★

La Côte-Nord

★★
Tadoussac (832 hab.)

L'emplacement stratégique de Tadoussac, à l'embouchure du Saguenay, lui vaudra d'être choisi pour l'établissement du premier poste français de traite des fourrures en Amérique dès 1600, soit huit ans avant la fondation de la ville de Québec. Tadoussac est en fait le plus ancien site d'occupation blanche au nord du Mexique.

En 1615, les récollets y implantent une mission d'évangélisation qui fonctionnera jusqu'au milieu du XIXe siècle. Le village acquiert sa vocation touristique en 1864, lorsqu'on inaugure le premier grand hôtel Tadoussac, au bord du fleuve Saint- Laurent, afin de mieux loger les visiteurs, de plus en plus nombreux à venir profiter de l'air marin et des paysages grandioses de ces deux cours d'eau que sont le fleuve et le Saguenay.

Tadoussac est en outre un lieu privilégié pour l'observation des baleines. Bien qu'il ait un âge plus que respectable dans le contexte nord-américain, le village de Tadoussac donne une impression de précarité, comme si un fort vent pouvait un jour tout balayer sans laisser de traces...

Bâtie en 1875 sur les restes de la première scierie de la région, la **station piscicole** *(4,50$; visites guidées mi-mai à début sept 10h à 18h; 115 rue du Bateau-Passeur, ☎235-4569 ou 236-4604)* demeure aujourd'hui un site d'importance ayant pour but de repeupler les rivières à saumon du Québec.

Dominant le désordre du village, l'**Hôtel Tadoussac** ★ *(165 rue du Bord-de-l'Eau, ☎235-4421)* est à cette communauté ce que le Château Frontenac est à Québec, à savoir son emblème et son point de repère dans les brumes hivernales. L'hôtel actuel, construit entre 1942 et 1949 pour la Canada Steamship Lines, succède au premier hôtel de 1864.

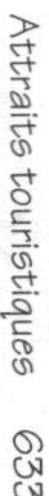

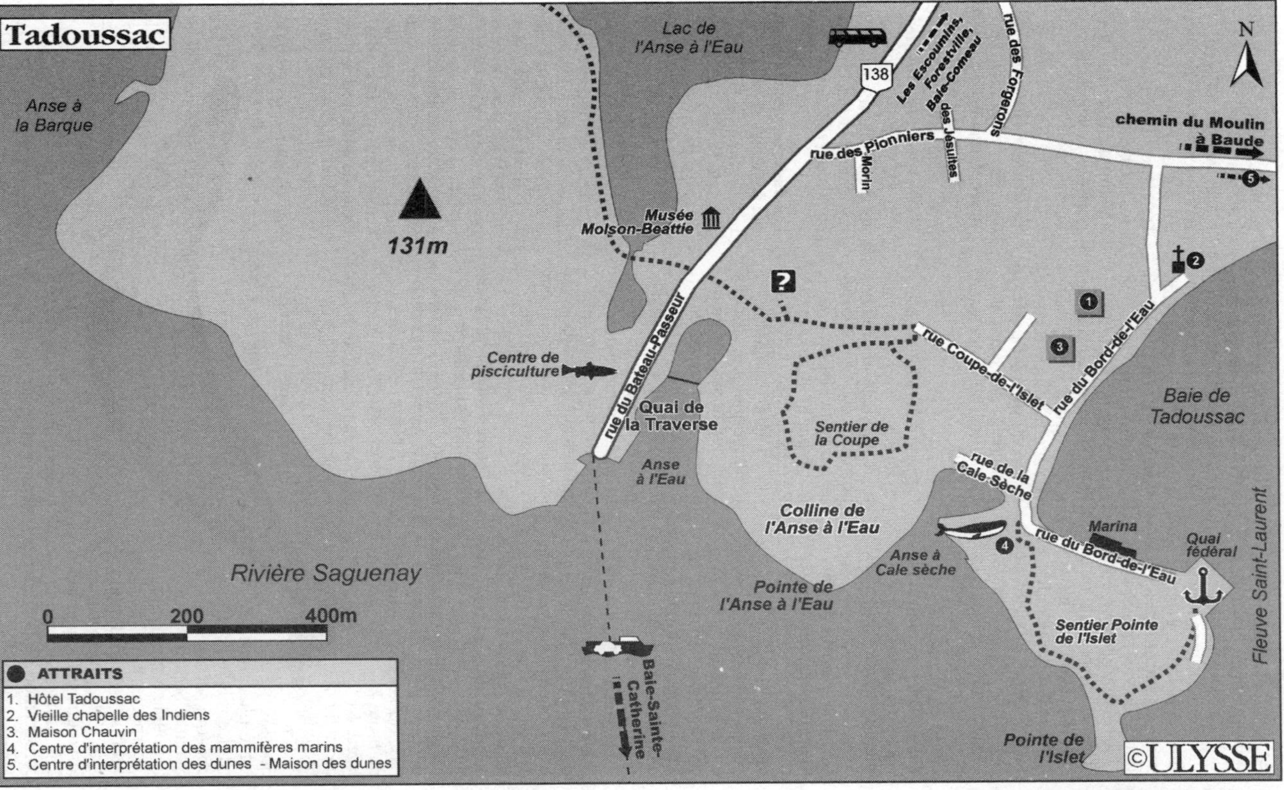
Tadoussac
N
Anse à la Barque
131m
Lac de l'Anse à l'Eau
Musée Molson-Beattie
Centre de pisciculture
rue du Bateau-Passeur
Quai de la Traverse
Anse à l'Eau
Baie-Sainte-Catherine
Rivière Saguenay
Pointe de l'Anse à l'Eau
Colline de l'Anse à l'Eau
Sentier de la Coupe
Anse à Cale sèche
rue Coupe-de-l'Islet
rue de la Cale-Sèche
rue du Bord-de-l'Eau
Marina
Quai fédéral
Sentier Pointe de l'Islet
Pointe de l'Islet
Fleuve Saint-Laurent
Baie de Tadoussac
chemin du Moulin à Baude
rue des Forgerons
des Jésuites
Les Escoumins, Forestville, Baie-Comeau
rue des Pionniers
Morin
138
©ULYSSE
0
200
400m
ATTRAITS
1. Hôtel Tadoussac
2. Vieille chapelle des Indiens
3. Maison Chauvin
4. Centre d'interprétation des mammifères marins
5. Centre d'interprétation des dunes - Maison des dunes

Sa forme allongée et son revêtement à clin de bois, dont la blancheur contraste violemment avec sa toiture de tôle peinte en rouge, ne sont pas sans rappeler les hôtels de villégiature de la Nouvelle-Angleterre érigés dans la seconde moitié du XIXe siècle. D'ailleurs, cet hôtel servit de toile de fond au long métrage américain *Hotel New Hampshire*. Cependant, le décor intérieur, composé de boiseries cirées et de meubles anciens, s'inspire davantage du terroir canadien-français.

La vieille **chapelle des Indiens** *(2$; mi juin à mi-oct tlj 9h à 21h; rue du Bord-de-l'Eau, ☎235-4324)*. Les jésuites succèdent aux récollets à la tête de la mission de Tadoussac en 1640. Ils feront construire plusieurs chapelles, qui brûleront ou pourriront, avant de faire élever en 1747 celle qui nous est finalement parvenue. Le père Claude-Godefroy Coquart, originaire de Melun, en France, fut chargé de sa construction. Il assumait alors un très vaste ministère, car il était à la fois responsable de la cure de Tadoussac, du Saguenay, du Lac-Saint-Jean et de toute la Côte-Nord. La chapelle des Indiens de Tadoussac est le plus ancien édifice religieux en bois qui subsiste au Canada. Son intérieur dépouillé renferme un tabernacle du XVIIIe siècle attribué à Pierre Émond. À l'été 1997, diverses manifestations ont souligné le 250e anniversaire de la construction de la chapelle.

Le **Poste de traite Chauvin** ★ *(2,75$; début mai à mi-juin tlj 9h à 12h et 15h à 18h, mi-juin à mi-sept 9h à 21h; 157 rue du Bord-de-l'Eau, ☎235-4657)*. L'Américain William Hugh Coverdale, président de la Canada Steamship Lines au cours des années quarante, était un homme féru d'histoire. En plus de reconstruire l'hôtel Tadoussac dans le goût du XIXe siècle, il fit entreprendre une reconstitution du premier poste de traite de Tadoussac par l'architecte Sylvio Brassard (1942).

Ce petit bâtiment de billots équarries, ouvert aux visiteurs, rappelle le premier poste de traite des fourrures de Nouvelle-France, établi par le huguenot Pierre Chauvin de Tonnetuit en 1600. Imaginons pendant quelques instants que, durant ses premières années, l'ancêtre de ce bâtiment était la seule structure érigée et habitée par des Européens sur tout le continent nord-américain! On y présente une intéressante exposition sur la traite des fourrures entre Français et Montagnais.

Le **Centre d'interprétation des mammifères marins** ★ *(5$; mi-mai à fin oct tlj 12h à 17h, fin juin à fin sept tlj 9h à 20h; 108 rue de la Cale-Sèche, ☎235-4701)* fut créé afin de faire connaître les mammifères marins qui viennent tous les ans se nourrir dans l'estuaire du Saint-Laurent. La majeure partie de l'exposition traite des baleines et tente de démythifier divers aspects de leur comportement. Le centre s'avère fort instructif. D'ailleurs, sur place, des naturalistes répondent à vos questions. En outre, on y trouve des squelettes d'animaux marins, des vidéos et un aquarium contenant divers poissons vivant dans le fleuve.

Baleine à bosse

Tadoussac a toujours été tournée vers la mer. Le **Musée Molson-Beattie** *(2$; tlj fin juin à début sept 13h à 18h, début sept à fin juin 10h à 18h; rue du Bateau-Passeur, ☎235-4657)* évoque les grands moments de la navigation et des chantiers navals du village.

Les **dunes de sable** et la **Maison des dunes** ★ sont situées à environ 5 km au nord de la ville. Les dunes de sable furent formées, il y plusieurs milliers d'années, lors de la fonte des glaces. Quoique désormais il les protège contre toute forme d'exploitation, le gouvernement tolère que certaines personnes viennent skier sur ces hautes dunes. Pour plus de renseignements et pour louer le matériel, on peut se rendre à l'auberge de jeunesse. Sur le site, on trouve une petite maison logeant un **Centre d'interprétation des dunes de sable** *(entrée libre; mai à oct tlj 9h à 19h; ch. du Moulin-à-Baude, ☎235-4238)*. Pour vous y rendre, prenez la rue des Pionniers, à droite de la route 138. Au bout de 3,5 km, vous apercevrez des dunes de chaque côté de la route. À 5,8 km se trouve le stationnement de la Maison des dunes.

★
Bergeronnes (212 hab.)

Cette municipalité est formée des hameaux de Petites-Bergeronnes et de Grandes-Bergeronnes, où se trouve un chantier de fouilles archéologiques. Sur ce site de dépeçage amérindien ont été découverts des couteaux datant du sylvicole supérieur (de 200 à 1100 de notre ère) qui servaient à découper la peau des phoques et des baleines. Bergeronnes est, par ailleurs, le meilleur endroit pour observer certaines espèces de cétacés depuis la terre ferme, car c'est précisément ici que les baleines bleues s'approchent le plus de la côte.

Le nouveau **Centre d'interprétation Archéo-Topo** ★ *(5$; fin mai à mi-oct tlj 9h à 17h; 498 rue de la Mer, ☎232-6286)* présente de façon moderne et vivante toute la richesse archéologique de ce secteur de la Côte-Nord.

Le **Centre d'interprétation et d'observation de Cap-de-Bon-Désir** ★ *(4$; mi-juin à mi-oct tlj 8h à 20h; 13 ch. Du Cap-Bon-Désir, ☎232-6751)* est installé autour du phare du cap Bon-Désir, encore en activité. On y présente une intéressante exposition sur la vie des cétacés en plus d'y trouver un point d'observation des baleines.

★
Les Escoumins (2 212 hab.)

On trouve aux abords des Escoumins d'agréables sentiers permettant d'observer les oiseaux et les poissons. Le site est également reconnu pour la plongée sous-marine.

La croix métallique des Escoumins, plantée sur une pointe avançant dans le fleuve, commémore la croix de bois érigée par les Montagnais en 1664 à l'arrivée du père missionnaire Henri Nouvel. Au cours de la Seconde Guerre mondiale, des soldats allemands seraient débarqués de leur sous-marin à la faveur de la nuit pour participer à une fête foraine.

Le **quai des pilotes** est l'un des endroits les plus fréquentés aux Escoumins. Situé à l'entrée ouest de la municipalité, il constitue l'endroit de prédilection des plongeurs, mais, surtout, il est le point de départ des pilotes qui vont rejoindre les bateaux marchands au large. Ces navires de transport sont obligés de faire monter à bord un pilote; il les guide à travers les très nombreux périls du fleuve qui, contrairement à ce qu'on pourrait penser, est très peu profond pour ces bateaux ayant généralement un fort tirant d'eau. Vous remarquerez que tous ces navires s'arrêtent devant Les Escoumins en attendant le pilote, lequel sera transporté par un des bateaux rapides accostés au quai.

Le **Centre des loisirs marins** *(droit d'entrée; mi-mai à mi-oct, tlj 8h à 19h; 41 rue des Pilotes, ☎233-2860)* dessert surtout la clientèle nombreuse des plongeurs, mais on peut également s'y rendre pour observer les préparatifs de ces mêmes plongeurs ou le transport des pilotes qui se rendent sur les navires marchands. Des passerelles vous permettent d'accéder aux sites de plongée et aux aires de pique-nique. On y présente aussi une exposition sur les grands fonds sous-marins. Un belvédère pour l'observation des mammifères marins y a été construit.

La **réserve amérindienne des Escoumins (Essipit)**. La Côte-Nord est habitée depuis longtemps par la nation montagnaise. Les tribus nomades, dispersées sur le rivage, vivaient autrefois exclusivement de la chasse et de la pêche. Au milieu du XIXe siècle, l'arrivée de nombreuses familles blanches des îles-de-la-Madeleine et de la Gaspésie a entraîné leur sédentarisation.

La réserve Essipit a été créée en 1903. On y trouve des sentiers pédestres pour l'observation de la faune et de la flore, des boutiques d'artisanat et une tour d'observation des baleines.

La route 138 traverse ensuite les villages de pêcheurs de **Sault-au-Mouton**, de **Saint-Paul-du-Nord** et de **Sainte-Anne-de-Portneuf** avant de parvenir à **Forestville.** Entre Forestville et **Colombier**, on trouve les accès à trois zones d'exploitation contrôlée (ZEC), dotées de réseaux de sentiers, de même qu'aux barrages **Bersimis 1** et **Bersimis 2** d'Hydro-Québec.

Poursuivez sur la route 138 Est en direction des Îlets-Jérémie, de Betsiamites, de Chute-aux-Outardes et de Baie-Comeau.

Les Îlets-Jérémie (40 hab.)

Un poste de traite français y fut installé dès le XVIIe siècle. La chapelle des Îlets-Jérémie, semblable à celle de Tadoussac, est une reconstitution de la chapelle des récollets érigée vers 1720. Elle est considérée comme un lieu de pèlerinage par les gens de la Côte-Nord.

Betsiamites (1 650 hab.)

Betsiamites est la principale agglomération montagnaise du Québec. Son nom signifie «là où il y a des lamproies». Elle fut désignée réserve amérindienne dès 1861. L'année suivante, le père Charles Arnaud de la communauté des oblats de Marie-Immaculée y ouvre une mission. Ce prêtre, originaire de Visan, en France, s'y dévouera jusqu'en 1911. Un monument s'élevant en face de l'église de la mission honore sa mémoire.

Traversez le village de Chute-aux-Outardes, puis tournez à droite en direction de Pointe-aux-Outardes.

Pointe-aux-Outardes (1 070 hab.)

La municipalité de Pointe-aux-Outardes possède la plus importante usine de bois de sciage de l'est du Canada, la Scierie des Outardes.

Au bout de la pointe se trouve le beau **parc régional de Pointe-aux-Outardes** (voir p 640).

Reprenez la route 138 Est vers Baie-Comeau.

Baie-Comeau (26 905 hab.)

Le colonel Robert McCormick, éditeur et rédacteur en chef du quotidien américain *The Chicago Tribune*, en avait assez de dépendre des compagnies papetières étrangères pour son approvisionnement en papier journal. Il a donc choisi de bâtir sa propre usine à papier à Baie-Comeau en 1936, donnant du coup naissance à la ville industrielle que l'on connaît aujourd'hui.

Au fil des ans, d'autres entreprises tout aussi importantes ont été attirées par l'abondance et le faible coût de l'énergie électrique, du fait du harnachement des rivières aux puissants courants qui se jettent dans le fleuve aux environs de Baie-Comeau. La ville, encore toute jeune, a été baptisée en l'honneur de Napoléon Comeau (1845-1923), célèbre trappeur, géologue et naturaliste de la Côte-Nord. Cette petite ville de la Côte-Nord vit aussi grandir Brian Mulroney, premier ministre canadien de 1984 à 1993.

Baie-Comeau se divise en deux secteurs distincts, séparés l'un de l'autre par une zone rocailleuse longue de 4 km. Le secteur Mingan (anciennement Hauterive), à l'ouest, correspond aux quartiers commercial et ouvrier, dominés par la **cathédrale Saint-Jean-Eudes** *(987 boul. Joliet)*, seul siège épiscopal de la Côte-Nord. Le secteur Marquette, à l'est, est un quartier à la fois résidentiel aisé et industriel lourd, où habitaient traditionnellement les cadres des entreprises érigées à proximité. Un traversier fait la navette régulièrement entre Baie-Comeau et Matane, sur l'autre rive du fleuve Saint-Laurent. La traversée, d'une durée de 2 heures 30 min, est une bonne façon de mesurer la largeur incroyable du fleuve à cet endroit (environ 50 km).

Barrage Daniel-Johnson (Manic 5)

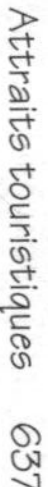

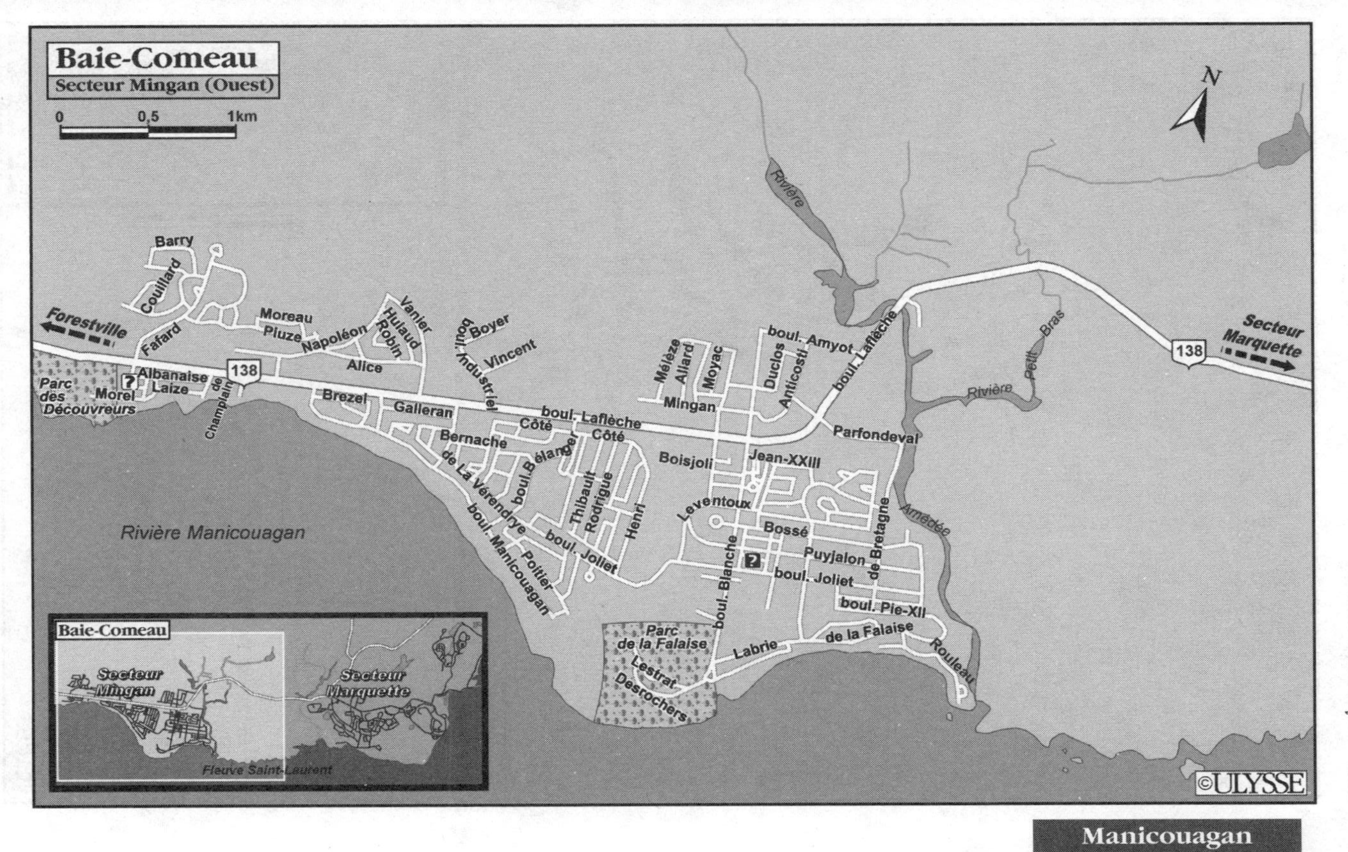
Baie-Comeau
Secteur Mingan (Ouest)
0
0,5
1km
N
Forestville
Secteur Marquette
138
Rivière Manicouagan
Rivière
Rivière Petit Bras
Amédée
Parc des Découvreurs
Parc de la Falaise
boul. Laflèche
boul. Amyot
boul. Blanche
boul. Joliet
boul. Pie-XII
boul. Industriel
boul. Bélanger
boul. Manicouagan
de La Vérendrye
de la Falaise
de Bretagne
de Champlain
Parfondeval
Anticosti
Duclos
Moyac
Allard
Mélèze
Mingan
Jean-XXIII
Bossé
Puyjalon
Leventoux
Boisjoli
Labrie
Rouleau
Lestrat
Desrochers
Henri
Rodrigue
Thibault
Côté
Poitier
Bernache
Galleran
Brezel
Vincent
Boyer
Vanier
Hulaud
Robin
Alice
Napoléon
Moreau
Pluze
Albanaise
Laize
Morel
Fafard
Couillard
Barry
©ULYSSE
Baie-Comeau
Secteur Mingan
Secteur Marquette
Fleuve Saint-Laurent

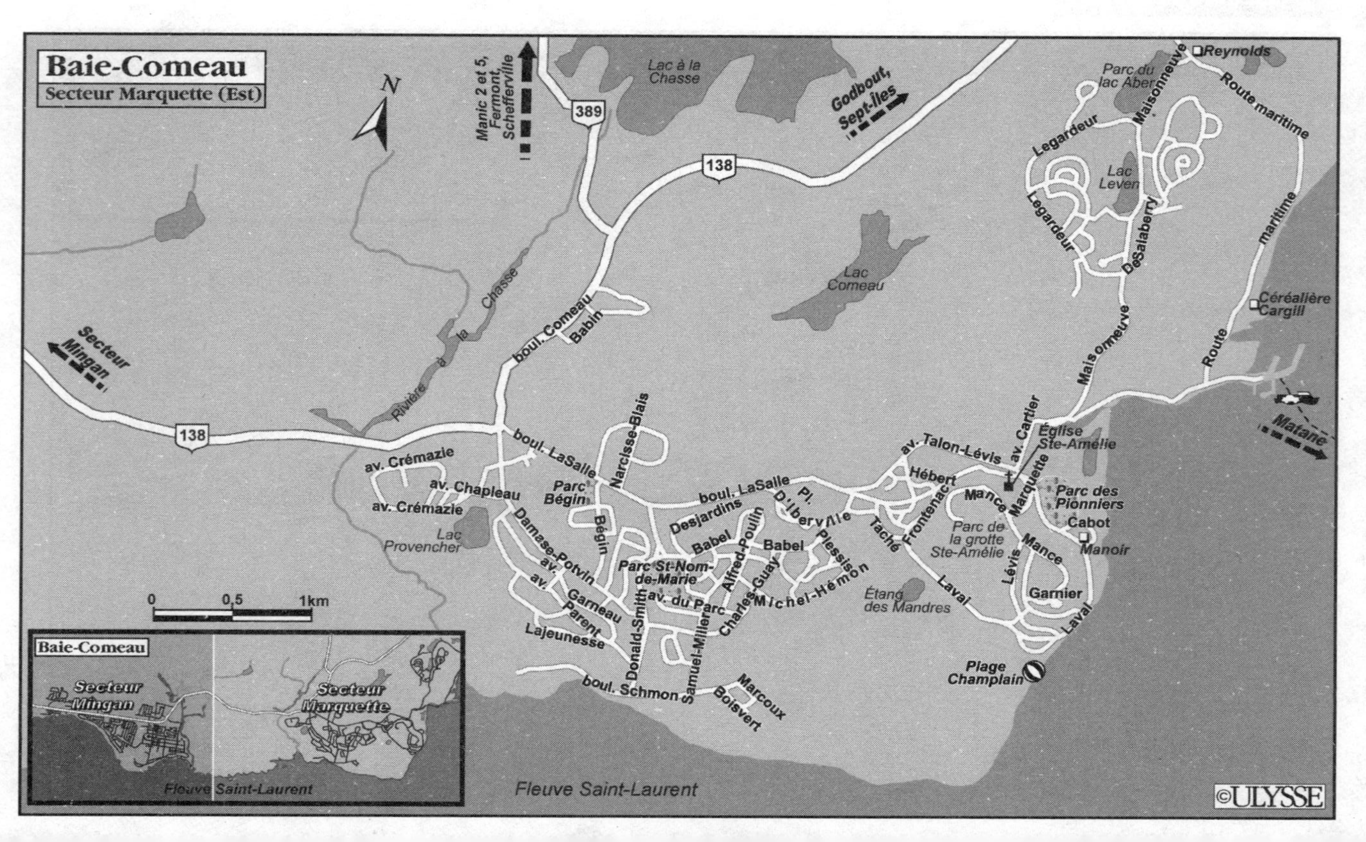
Baie-Comeau
Secteur Marquette (Est)
N
Manic 2 et 5, Fermont, Schefferville
Lac à la Chasse
389
138
Godbout, Sept-Îles
Reynolds
Parc du lac Aber
Maisonneuve
Route maritime
Legardeur
Lac Leven
DeSalaberry
Lac Comeau
Céréalière Cargill
Mais onneuve
Route
maritime
Secteur Mingan
Rivière à la Chasse
boul. Comeau
Babin
Narcisse-Blais
Matane
av. Cartier
Église Ste-Amélie
av. Talon-Lévis
Hébert
Marquette
Parc des Pionniers
Cabot
Manoir
Mance
Parc de la grotte Ste-Amélie
Lévis
Garnier
Laval
Frontenac
Taché
Pl. D'Iberville
Plessis
Michel-Hémon
Étang des Mandres
boul. LaSalle
av. Crémazie
av. Chapleau
Parc Bégin
Bégin
Desjardins
Babel
Alfred-Poulin
Charles-Guay
Parc St-Nom-de-Marie
av. du Parc
Samuel-Millier
Donald-Smith
Damase-Potvin
av. Garneau
av. Parent
Lajeunesse
Lac Provencher
0
0,5
1km
boul. Schmon
Marcoux
Boisvert
Plage Champlain
Fleuve Saint-Laurent
Secteur Marquette
©ULYSSE

Situé dans le secteur Marquette, le **quartier résidentiel Sainte-Amélie**, aux coquettes maisons néogeorgiennes, rappelle les banlieues américaines de l'entre-deux-guerres et témoigne du fort contingent de cadres américains à Baie-Comeau au cours des années trente et quarante. Cette omniprésence avait provoqué un certain ressentiment dans la population canadienne-française, qui n'avait pas accès aux postes supérieurs des entreprises étrangères, ce qui fut par ailleurs un des éléments déclencheurs de la Révolution tranquille des années soixante. L'**église Sainte-Amélie** *(37 av. Marquette)* est décorée de fresques et de vitraux de l'artiste montréalais d'origine italienne Guido Nincheri.

Les premiers barrages hydroélectriques du Québec furent construits par des entreprises privées, que ce soit pour l'usage de l'industrie ou pour l'éclairage des maisons. Certaines de ces entreprises détenaient le monopole de l'énergie électrique sur des régions entières, ce qui a amené le gouvernement québécois à nationaliser la plupart des compagnies d'électricité en 1964.

Dès lors, Hydro-Québec a pris la relève et a entrepris un formidable programme d'expansion destiné à attirer les industries énergivores et à exporter une partie de la production d'électricité vers les États-Unis.

Le **Centre d'information d'Hydro-Québec ★** *(135 boul. Comeau, ☎294-3923)* constitue un bon point de départ pour la visite des centrales de la rivière Manicouagan. Il permet de bien se préparer à la visite des sites. On peut ainsi mieux se représenter le trajet à parcourir pour atteindre les centrales et l'envergure des infrastructures, tellement énormes que leur ampleur est parfois difficile à évaluer sur place.

Les **centrales Manic 2 et Manic 5 (barrage Daniel-Johnson)** ★★★ *(entrée libre; tlj; Manic 2 : 9h, 11h, 13h30 et 15h30; Manic 5 : 9h, 11h, 13h30 et 15h30; 135 boul. Comeau, ☎294-3923)* se dressent sur la rivière Manicouagan. Un parcours de 30 min de route, à travers des panoramas saisissants du rocheux Bouclier canadien, aboutit au premier barrage du complexe, soit Manic 2. Il s'agit du plus grand barrage-poids à joints évidés du monde.

Une visite guidée du barrage vous entraînera à l'intérieur de l'imposante structure, mais sachez qu'un spectacle encore plus surprenant vous attend à trois heures de route plus au nord : Manic 5 et le barrage Daniel-Johnson. Érigé en 1968, ce barrage porte le nom du premier ministre québécois qui mourut sur les lieux le matin de la cérémonie d'inauguration. Doté d'une arche centrale de 214 m, il constitue, avec ses 1 314 m de long, la plus importante structure à voûtes multiples du monde. Il a pour but de régulariser l'alimentation en eau de toutes les centrales du complexe Manic-Outardes. La visite mène les visiteurs au pied du barrage ainsi qu'au sommet de sa crête, d'où l'on a une vue panoramique sur la vallée de la Manicouagan et sur le réservoir de 2 000 km^2.

La route 389, achevée depuis 1987, permet d'atteindre Fermont et Schefferville en voiture à partir de Baie-Comeau. Ces villes sont très éloignées du circuit principal.

★ Godbout (430 hab.)

Le village de Godbout occupe un site pittoresque au fond d'une baie. Il est reconnu pour ses activités liées à la pêche sportive, que ce soit en haute mer ou le long de la rivière Godbout, aux tumultueux rapides. La pêche, à cet endroit, peut même parfois être qualifiée de miraculeuse.

Pas étonnant que Napoléon Comeau ait choisi de s'y installer pour mener à bien ses activités de garde-pêche, de guide et de naturaliste. Il connaissait la médecine tradi-tionnelle des Amérindiens et fit découvrir plusieurs nouvelles espèces de poissons aux scientifiques canadiens et américains. Une plaque à sa mémoire, réalisée par le sculpteur Jean Bailleul, a été érigée près de l'église du village.

Le **Musée amérindien et inuit** ★ *(2,50$; à l'année tlj 9h à 22h; 134 rue Pascal-Comeau, ☎568-7724)*. Contrairement à ce que l'on pourrait croire, la majorité des objets exposés dans ce petit musée privé proviennent non pas de la Côte-Nord, mais plutôt du Grand Nord canadien (Yukon, Territoires du Nord- Ouest). Il n'en demeure pas moins que ses collections d'art inuit, amassées par le fondateur de l'institution, Claude Grenier, sont fort intéressantes. On peut notamment y voir de bons exemples de sculptures inuites en «pierre à savon» (stéatite).

Tournez à droite sur la petite route menant à Pointe-des-Monts.

★
Pointe-des-Monts

Ici, le fleuve s'élargit soudainement pour atteindre les proportions d'une véritable mer (près de 100 km de largeur en face de Sept-Îles). Le long de la côte, les vents soufflent en permanence sur les villages de plus en plus dispersés. Même si le secteur fut fréquenté régulièrement par les Européens dès le XVIe siècle, ses conditions climatiques rébarbatives n'ont pas suscité l'enthousiasme des colons.

Mis à part quelques postes de traite des fourrures et quelques fragiles missions établies sous le Régime français, il faut attendre le début du XIXe siècle pour voir arriver une autre forme d'occupation permanente du sol, celle des phares et de leur gardien.

Le **phare de Pointe-des-Monts** ★ (*2,50$; fin juin à mi-sept tlj 9h à 19h; ☎939-2332 ou 584-8408*). De nombreux vaisseaux se sont abîmés sur les côtes aux environs de Pointe-des-Monts. En 1805, les autorités du port de Québec décident de baliser le fleuve afin de réduire les risques de naufrages.

Le phare de Pointe-des-Monts est l'un des premiers construits (1829). Ses sept étages comportent des pièces d'habitation circulaires dotées de cheminées et d'armoires encastrées. Ils accueillent de nos jours un gîte (voir p 645) et un centre d'interprétation portant sur la vie de gardien de phare, pas aussi solitaire qu'on pourrait le croire...

Reprenez la route 138 vers l'est.

On quitte maintenant la région touristique de Manicouagan pour pénétrer dans celle encore plus sauvage de Duplessis, où le paysage prend parfois des allures de taïga.

Parcs

Le **parc du Saguenay** ★★★ *(section Tadoussac)* s'étend le long de la rivière du même nom, de Tadoussac jusqu'à la baie des Ha!Ha! (voir aussi p 596). Des sentiers de randonnée pédestre permettent de découvrir la végétation recouvrant ces abruptes falaises.

D'ailleurs, au haut des falaises, il est intéressant de constater la présence d'une végétation rabougrie. On y dénombre trois sentiers : le sentier du Fjord, le sentier de la colline de l'Anse à l'Eau et le sentier de la pointe de l'Islet. Ce dernier offre une vue magnifique sur le fleuve Saint-Laurent.

Le **parc marin du Saguenay–Saint-Laurent** ★★★ *(182 rue de l'Église, Tadoussac, ☎235-4703 ou 800-463-6769)* comprend le fjord du Saguenay ainsi qu'une partie de l'estuaire du Saint-Laurent. Il a été créé afin de protéger l'exceptionnelle vie aquatique qui y habite. Ce merveilleux fjord est le plus méridional de l'hémisphère Nord. Creusé par les glaciers, il a une profondeur de 276 m près du cap Éternité et de 10 m à peine à son embouchure. Cette configuration particulière, créée par l'amoncellement de matériaux charriés par les glaciers, a laissé un bassin où l'on retrouve la faune et la flore marines de l'Arctique.

En effet, l'eau à la surface du Saguenay, dans les premiers 20 m, est douce et se trouve à une température variant entre 15 et 18°C, alors que l'eau en profondeur est salée et se maintient autour de 1,5°C. Ce milieu, reliquat de la mer de Goldthwait, a conservé ses habitants, comme le requin arctique ou le béluga, qu'on retrouve aussi beaucoup plus au nord dans l'Arctique.

En outre, grâce à une oxygénation constante, y prolifèrent une multitude d'organismes vivants dont se nourrissent plusieurs mammifères marins, comme le petit rorqual, le rorqual commun et le rorqual bleu. Ce dernier pouvant atteindre 30 m, il constitue le plus grand mammifère du monde. Dans le parc, on peut également apercevoir des phoques et parfois des dauphins.

Très tôt, les pêcheurs venus d'Europe tirèrent parti de ces richesses marines. Certaines espèces telles que la baleine franche furent malheureusement trop chassées. Aujourd'hui, on peut s'aventurer sur le fleuve pour contempler de plus près ces impressionnants animaux. Toutefois, afin de les protéger de certains abus, des règles strictes ont été édictées et les bateaux ne peuvent les approcher de trop près.

Le **parc régional de Pointe-aux-Outardes** ★ *(4$; début juin à mi-oct tlj 8h à 18h; 4 rue Labrie Ouest, Pointe-aux-Outardes, ☎567-4226)* donne sur le fleuve. Les visiteurs peuvent s'y rendre pour profiter de ses belles plages. Cependant, il est surtout connu comme un des plus importants sites de migration et de nidification du Québec. D'ailleurs, plus de 175 espèces d'oiseaux y ont déjà été observées. Le parc abrite des sentiers de randonnée, un marais salé, des dunes de sable ainsi qu'une plantation de pins rouges.

Activités de plein air

Croisières et observation de baleines

Au quai de la ville de Tadoussac, plusieurs entreprises organisent des excursions sur le fleuve.

On peut observer les baleines à partir de grands bateaux confortables pouvant accueillir jusqu'à 300 personnes ou d'embarcations pneumatiques très sécuritaire. **Croisières AML** *(34$; mi-mai à fin oct, 3 départs par jour, 175 rue des Pionniers, Tadoussac, départ au quai de Tadoussac et de Baie Sainte-Catherine, ☎235-4642)* proposent ce genre d'excursion qui dure en moyenne trois heures.

La **Famille Dufour** *(35$, mai à oct, 3 départ, 165 rue du Bord-de-l'Eau, Tadoussac, ☎235-4421 ou 800-463-5250)* propose des excursions tout confort sur de grands bateaux, notamment le superbe catamaran *Famille-Dufour II*. L'entreprise possède aussi quelques embarcations pneumatiques de grande dimension, performantes et pouvant se rendre plus proches de l'action. Interprétation par des naturalistes.Les croisières peuvent se rendre jusqu'à Québec par le fleuve Saint-Laurent et sur la rivière Saguenay jusqu'à Chicoutimi. Différent forfaits sont offerts.

À bord de canots pneumatiques de 8 m bien équipés, **Les Croisières Neptune** *(30$; mi-mai à mi-oct, départs 9h, 11h30, 14h et 16h30; 507 rue du boisé, durée 2h; C.P. 194, Bergeronnes, ☎232-6716 ou 232-6768)* transportent rapidement les amateurs de sensations fortes au cœur de la fosse marine où s'ébattent les mammifères marins.

Le capitaine **Gérard Morneau** *(25$; 1er juin au 15 oct, tlj départ à 11h et sur demande; durée 3 heures; 539 rte. 138, C.P. 435, Les Escoumins, ☎233-2771 ou 800-921-2771)* privilégie une approche sympathique et détendue sur son bateau de 10 m, l'*Aiglefin*. Comptant plus de 20 ans d'expérience, il repère le rorqual commun et la grande baleine bleue sur son territoire d'alimentation, à l'est des Escoumins.

Les Pionniers des Baleines *(adulte 27$, mi-mai à mi-oct; 3 départs par jour, durée 2 heures 30 min; 42 rue des Pilotes, Les Escoumins, ☎233-3274 ou 233-2727, ⇄233-3338)*. Personne ne peut ravir ce titre à la famille Ross, qui dispose aujourd'hui de deux canots pneumatiques accueillant chacun 12 passagers.

Pour découvrir le fleuve et son littoral avec des gens fort sympathiques, pensez aux **Croisières du Grand Héron** *(35$; mi-avr à fin oct, 4 départ, durée 2 heures 30 min, rue du Quai, Ste-Anne-de-Portneuf, ☎587-6006 ou 888-463-6006)*. Les activités suggérées ont pour thèmes la découverte de la mer, l'interprétation du littoral, l'observation des oiseaux et des mammifères marins. On peut y contempler la faune, par exemple les baleines bleues, à différentes heures du jour et de la nuit. On peut également assister aux couchers et aux levers de soleil sur le fleuve.

Les sorties nocturnes permettent notamment d'observer un phénomène naturel unique, la bioluminescence du plancton, soit son émission naturelle de lumière. Chaque mouvement de l'eau fait réagir les millions de planctons qui émettent une lumière presque phosphorescente. On assiste alors à un spectacle incroyable, distinguant même les bancs de poissons qui fuient devant le bateau!

Le Gîte du Phare de Pointe-des-Monts *(20$; mi-mai à mi-oct, 2 départs, durée 2 heures, 1684 boul. Joliet, Baie-Comeau, G5C 1P8, ☎939-2332 ou 589-8408 hors saison)* organise quelques excursions fort intéressantes. En canot pneumatique ou en petit bateau de pêche, on observe les mammifères marins ainsi que l'environnement marin de la région à partir de l'endroit même où le golfe du Saint-Laurent prend naissance.

Kayak

Le kayak vous donne la liberté, seul ou à deux, d'approcher les baleines et les phoques de très près. Évidemment, vous aurez aussi besoin de chance!

Les entreprises **Azimut Aventure** *(148 rue du Bord-de-l'Eau, Tadoussac, ☎235-4128, 233-2860 ou 800-441-*

4831), **Mer et Monde** *(53 rue Principale, Bergeronnes, ☎232-6779)* et **Explo-Mer** (*Centre des loisirs marins, 41 rue des Pilotes, Les Escoumins, ☎674-1044)* proposent des excursions de un à cinq jours accompagnées de guides. Elles sont en activité entre mai et octobre. Les tarifs varient selon le forfait demandé.

Plongée sous-marine

Situé sur le territoire du parc marin du Saguenay–Saint-Laurent, le secteur des Escoumins est fréquenté 12 mois par année par les plongeurs. Quatre sites sont accessibles par voie terrestre, alors qu'une vingtaine d'autres le sont par bateau.

Les plongeurs qui vont plus au large doivent prendre garde à la force des courants qui, conjuguée au mouvement des marées, peuvent les emporter rapidement. Au quai même des Pilotes (voir p 635), le paysage marin est surprenant. Anémones, étoiles de mer et oursins sont présents en quantité phénoménale tout le long de la paroi très raide.

Un réseau de passerelles vous permet l'accès aux sites et services, alors que le **Centre des loisirs marins des Escoumins** *(mi-mai à mi-oct; 41 rue des Pilotes, Les Escoumins, ☎233-2860, ⇌233-2727)* propose des vestiaires, des douches de rinçage pour l'équipement, des chariots, de l'information et une boutique.

Le secteur sous-marin de Pointe-des-Monts est reconnu pour son cimetière d'épaves, puisqu'une foule de bateaux se sont échoués dans ce lieu stratégique à l'entrée du golfe, et ce, depuis l'arrivée des Européens au Nouveau Monde. Une grande partie de la flotte de l'amiral Walker s'est effectivement échouée sur les récifs de l'île aux Œufs en 1711 et plusieurs vestiges en subsistent encore. Ces épaves ne reposent parfois que sous quelques mètres d'eau, ce qui les rend accessibles aux débutants ou aux plongeurs intermédiaires.

Randonnée pédestre

Les nombreux sentiers de courte et moyenne randonnée qui sillonnent le territoire de Tadoussac ont quelque chose de fantastique : ils traversent des écosystèmes radicalement différents les uns des autres.

Tadoussac est aussi le point de départ de l'un des sentiers de longue randonnée les plus remarquables au Québec : le **sentier du Fjord**, d'une beauté prenante. D'une longueur de 12 km et de difficulté intermédiaire, il débute près du poste d'accueil du parc du Saguenay *(☎235-4238)*, à côté de la pisciculture.

Ce sentier spectaculaire offre une vue presque constante sur l'embouchure du Saguenay, les falaises, les caps, le fleuve et le village. On trouve un terrain de camping sauvage vers le neuvième kilomètre. Il est également possible de poursuivre la marche au-delà des 12 km vers la Passe-Pierre, où est situé un autre terrain de camping, merveilleusement aménagé dans un lieu idyllique.

Tout près de Baie-Comeau, le **Camping de la Mer** *(72 rue Chouinard, Pointe-Lebel, ☎589-6576)* a aménagé - 5 km de sentiers agréables et larges, puis en a dressé la carte. On peut également faire 30 km sur la divine plage de la pointe Manicouagan jusqu'à Pointe-aux-Outardes et au parc régional. La péninsule Manicouagan s'étend sur un territoire de 150 km^2 de sable fin recouverts de forêt, de champs en friche, de marais, de dunes et de plages.

Véritable paradis naturel, le **parc régional de Pointe-aux-Outardes** *(4 rue labrie O., ☎567-4226,* (voir p 640) protège et met en valeur un milieu naturel fascinant qui regroupe huit écosystèmes sur 1 km^2. Un circuit de randonnée pédestre de 6 km vous permet de découvrir cet environnement extraordinaire.

Observation d'oiseaux

Le secteur de Tadoussac est l'un des plus propices au Québec en ce qui a trait à l'observation des oiseaux rapaces. Les spécialistes en dénombrent des quantités phénoménales sur ce qui pourrait être un couloir migratoire. Ouvrez l'œil!

En entrant dans le village de Bergeronnes par la voie d'accès de gauche, avant le viaduc, on passe derrière l'église pour emprunter la rue de la Mer jusqu'au petit parc aménagé à la **pointe à John**. De ce lieu d'observation privilégié, on verra, en plus des baleines, nombre d'oiseaux marins et d'oiseaux de rivage rassemblés sur les battures. L'hiver y est une saison particulièrement active.

Au parc du **Cap-de-Bon-Désir** *(Bergeronnes)*, les visiteurs sont surtout attirés par l'observation des baleines à partir du rivage, mais les ornithologues remarqueront un sentier qui mène à un point de vue superbe sur la baie de Bon-Désir, située à l'ouest du cap.

Si vous avez l'intention de vous rendre le long du grand **marais de Saint-Paul-du-Nord** pour y observer la faune ailée particulièrement abondante, arrêtez-vous d'abord au **Centre d'interprétation des marais salés** *(435 rte. 138, ☎231-1077)* afin de bien entreprendre toute activité d'ordre ornithologique dans le secteur. On a aménagé un sentier d'interprétation autoguidé qui facilite la visite du marais salé et qui contribue à mieux faire connaître cet écosystème captivant.

Un peu plus en aval, la route 138 croise, côté mer, le chemin Boivert, qui mène à une zone de marais délimitée par la **pointe au Boivert**. Un sentier pénètre dans la zone marécageuse, à 1,4 km de la route 138.

On trouve à Sainte-Anne-de-Portneuf l'un des sites ornithologiques les plus recherchés au Québec : la **barre de Portneuf**, aussi appelée le «banc de Portneuf». Il s'agit d'une longue pointe sablonneuse de 4 km, très facilement accessible et visible de la terre ferme.

On y a déjà dénombré jusqu'à 15 000 oiseaux en une journée durant la migration. La meilleure période d'observation s'étend entre la fin de juillet et la fin de septembre. Il faut choisir, de préférence, la marée montante pour s'y promener, alors que les oiseaux sont plutôt regroupés sur le rivage intérieur. On accède au banc de sable par son extrémité nord à partir du stationnement.

La péninsule de Manicouagan, cette large avancée de sable et de forêt, regroupe plusieurs pôles d'intérêt que sont la baie Henri-Grenier, la pointe Lebel, la pointe aux Outardes et la plage de la pointe Paradis, toutes fréquentées par de nombreux oiseaux de rivage. Le territoire vous permet de faire des observations intéressantes de la mi-avril à la fin de septembre.

Les environs du **phare de Pointe-des-Monts** ont la réputation de constituer un endroit exceptionnel pour l'observation de nombreuses espèces d'oiseaux marins. À cause de sa situation géographique très avancée dans le fleuve ainsi que de son isolement, Pointe-des-Monts, avec le vieux phare, est fréquentée par une multitude de canards plongeurs ainsi que par le huart à queue rousse.

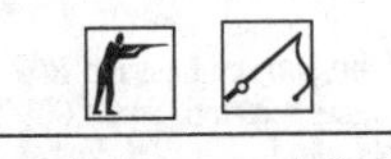

Chasse et pêche

Deux pourvoiries organisent des excursions de chasse et de pêche dans la région de Manicouagan : la **Pourvoirie La Rocheuse** *(214 9e Rue, Forestville, ☎587-4520)* et **Le Chenail du Nord** *(178 rue Bell, Forestville, ☎418-766-8742)*.

Traîneau à chiens

L'auberge de jeunesse de Tadoussac, la **Maison Majorique** *(50$ pour 2 heures 30 min; ☎235-4372)* (voir p 643) organise des sorties en traîneau à chiens. Les clients sont accompagnés d'un guide et peuvent conduire les attelages.

Hébergement

Tadoussac

Camping Tadoussac
18$
428 rue du Bateau-Passeur, G0T 1A0
☎235-4501
Aucun panorama ne surpasse celui du Camping Tadoussac, qui surplombe la baie et le village.

Maison Majorique
16$/pers.
158 rue du Bateau-Passeur, G0T 2A0
☎235-4372 ou 800-461-8585
⇄235-4608
La Maison Majorique est l'auberge de jeunesse de Tadoussac. On y loue des lits en dortoir ou en chambre privée ainsi que des emplacements de camping en été. Vous pourrez profiter des repas communautaires à très bas prix. De plus, en hiver comme en été, une foule d'activités de plein air y sont organisées.

La Mer Veilleuse
60$ pdj
ℜ
113 de la Coupe-de-L'Islet, G0T 2A0
☎235-4396
Petit gîte touristique décoré avec goût, La Mer Veilleuse offre une belle vue sur le

fleuve. On y prépare d'excellents petits déjeuners. Le service est efficace et sympathique.

Gîte aux sentiers du Fjord
60$ pdj
début déc à fin oct
148 de la Coupe-de-L'Islet, G0T 2A0
☎235-4252
Au Gîte des sentiers du Fjord, vous trouverez une belle ambiance comme en famille! Le service est excellent.

Maison Clauphi
69$pdj
début mai à fin oct
188 rue des Pionniers, G0T 2A0
☎235-4303
La Maison Clauphi possède une auberge, un motel avec petites chambres et quelques petits chalets. La maison est très bien située dans le village et propose de nombreuses activités de plein air. Location de vélos.

Gîte Vue du Perron
ℂ
261 rue Champlain G0T 2A0
☎235-4929
Dans les escarpements du village, le Gîte Vue du Perron intéressera tout spécialement les familles ou les groupes formés de couples puisqu'il compte un appartement de deux chambres.

Maison Gauthier
70$ pdj
mi-mai à fin oct
159 du Bateau-Passeur, G0T 2A0
☎235-4525
⇄235-4897
Les chambres de la Maison Gauthier sont décorées avec simplicité et avec goût. La pièce la plus jolie est sans doute la salle de séjour, où l'on vous sert le petit déjeuner, avec vue splendide sur le fleuve.

Maison Hovington
55$ pdj
mi-mai à fin oct
285 des Pionniers
☎235-4466
Une jolie maison ancienne, construite en face du fleuve, la Maison Hovington offre une vue superbe. Ce logement chez l'habitant dispose de chambres fort bien entretenues.

Le Béluga
55$ à 90$
ℜ
191 rue des Pionniers G0T 2A0
☎235-4525
Bien situé dans le village, l'hôtel-motel Le Béluga a été complètement rénové et dispose maintenant de chambres spacieuses et confortables.

Hôtel Tadoussac
80$
ℜ
mi-avr à fin oct
165 rue du Bord-de-l'Eau, G0T 2A0
fermé en hiver
☎235-4421 ou 800-561-0718
⇄235-4607
Faisant face au fleuve, dans un long bâtiment blanc évoquant vaguement un manoir de la fin du XIXe siècle, l'hôtel Tadoussac (voir p 632) se distingue aisément par son toit rouge vif. Cet hôtel, célèbre pour avoir servi de toile de fond au film Hotel New Hampshire, dispose de chambres moins confortables qu'on pourrait l'espérer.

Maison Harvey-Lessard *80$*
19 rue des Forgerons Nord G0T 2A0
☎235-4802
Indiscutablement, la Maison Harvey-Lessard profite du point de vue le plus spectaculaire de Tadoussac avec ses balcons. Chambres agréables décorées avec goût.

Bergeronnes

Camping Bon Désir
22$
198 rte. 138, G0T 1G0
☎232-6297
☎232-6326 (hors saison)
Situé sur le fleuve, le Camping Bon Désir bénéficie d'un panorama exceptionnel et permet aux kayakistes d'accéder directement à la mer. On peut aussi y pratiquer l'observation de baleines.

Auberge La Rosepierre
75$ pdj
bp/bc, ℜ, ⊛
66 rue Principale, G0T 1G0
☎232-6543 ou 888-264-6543
⇄232-6215
L'Auberge La Rosepierre est une superbe auberge dont les chambres confortables ont été décorées avec raffinement. Une véritable collection de granits du Québec a été intégrée à l'auberge : les propriétaires en parlent avec passion. Le granit ne dépouille pas les lieux de leur chaleur, bien au contraire, et l'on s'y sent à l'aise dès l'entrée. Location de vélos.

Forestville

Auberge de la Baie Verte
35$ pdj
bp/bc, ℜ, ⊛
75 1re Avenue, G0T 1E0
☎587-6469
⇄587-6468
Magnifiquement située, l'Auberge de la Baie Verte bénéficie d'une vue impressionnante sur la baie et du calme que lui procure son emplacement, un peu en retrait de la ville.

Pointe-Lebel

Le Camping de la Mer
18$
≈, ℜ
72 rue Chouinard, G0H 1N0
☎589-6576 en été
☎589-2060 en hiver
La péninsule de Manicouagan abrite un site paradisiaque où les amateurs de plage de sable fin en auront à satiété. Le Camping de la Mer est aménagé pour ceux et celles qui veulent vivre pleinement la mer et son environnement. Sentiers de randonnée pédestre, équitation, observation d'oiseaux marins et, en prime, l'une des plus longues plages au Québec.

Les Tourne-Pierres
55$ pdj, 90$ ½p
18 rue Chouinard, G0H 1N0
☎589-5432
⇄589-1430
Voici un gîte exceptionnellement intéressant : Les Tourne-Pierres. Les hôtes sont passionnés par leur coin de pays et offrent un accueil chaleureux et amical dans une maison agréable à l'ambiance familiale. À proximité d'un environnement naturel unique, on y a la possibilité de pratiquer une foule d'activités.

Baie-Comeau

La Caravelle
56$
≈, ℜ, ℑ
202 boul. LaSalle, G4Z 1S6
☎296-4986 ou 800-469-4986
⇄296-4622
Tous les voyageurs qui ont régulièrement l'occasion de s'arrêter à Baie-Comeau connaissent l'hôtel-motel La Caravelle, qui domine toute la ville du haut d'une colline. On y trouve 70 chambres rénovées, dont certaines à prix économique et d'autres équipées de lit d'eau. Chambres avec foyer.

Motel Le Comte
54$
tv, ℜ, ⊛
285 boul. LaSalle, G4Z 2L5
☎296-9686 ou 800-563-9686
⇄296-4749
Le Motel Le Comte est installé dans un long bâtiment de brique qui compte plus de 100 chambres au décor moderne.

Le Petit Château
85$ pdj
ℜ
2370 boul. Laflèche, G5C 1E4
☎295-3100
⇄295-3225
Quelle grande et magnifique résidence, que cette auberge installée dans une oasis en pleine ville! Le Petit Château est un gîte accueillant même s'il privilégie une atmosphère simple et champêtre.

Comfort Inn
104$
≡, *tv*
745 boul. Laflèche, G5C 1C6
☎589-8252 ou 800-465-6116
⇄589-8752
On trouve également un hôtel Comfort Inn, qui dispose de chambres confortables, fidèles aux normes de cette chaîne.

Hôtel le Manoir
73$
ℜ
8 rue Cabot, G4Z 1L8
☎296-3391 ou 800-463-8567
⇄296-1435
En bordure de l'eau s'allonge le beau bâtiment en pierre de l'hôtel le Manoir, qui propose des chambres spacieuses et éclairées. Louez l'une des chambres donnant sur le fleuve, car elles offrent une belle vue.

Godbout

Gîte Aux Berges
45$ bc, 55$ bp; pdj
ℂ; ℜ
180 rue Pascal-Comeau, G0H 1G0
☎568-7748
⇄568-7833
L'auberge Aux Berges demeure, à tout point de vue, l'un des meilleurs gîtes de la Côte-Nord. Les chambres sont pourtant aménagées sans prétention et l'endroit est loin d'être luxueux, mais la qualité et la chaleur de l'accueil, les services touristiques proposés ainsi qu'une cuisine régionale raffinée font toute la différence. Vous trouverez ici un lieu de détente et de repos au cœur d'un village fascinant. On y fait aussi la location de chalets en bois rond situés près de l'auberge.

Pointe-des-Monts

Gîtes du Phare de Pointe-des-Monts
48$ pdj
bc
rte. du Vieux Fort, G0H 1A0
☎939-2332
Les Gîtes du Phare de Pointe-des-Monts vous proposent cinq chambres confortables dans un site classé monument historique. Sa situation, sur les rives du fleuve Saint-Laurent, en fait une halte inoubliable.

Restaurants

Tadoussac

Restaurant la Bolée
$$-$$$
164 rue Morin
☎*235-4750*
On va au Restaurant la Bolée pour manger de bons plats simples, comme les crêpes fourrées. En soirée, l'endroit est parfait pour prendre un verre. Juste au-dessous du restaurant se trouve une boulangerie.

Le Gibard
$
début mai à fin oct
137 rue du Bord-de-l'Eau
☎*235-4534*
Le Gibard est un petit café-bar où il fait bon prendre son temps en sirotant un bon bol de café au lait le matin ou une bière fraîche l'après-midi. On peut aussi s'y offrir une cuisine simple. L'endroit est joli et ses grandes fenêtres donnent sur le port et le fleuve...

Au Père Coquart Café
$-$$
mai à octobre
115 rue de la Coupe-de-l'Islet
☎*235-4342*
Sur une petite rue perpendiculaire à la rue du Bord-de-l'Eau, on trouve un sympathique café nommé en l'honneur du père jésuite qui fit bâtir la vieille chapelle de Tadoussac. Au Père Coquart Café sert des mets simples ainsi que des spécialités régionales, dans la même ambiance détendue que l'on retrouve un peu partout dans le village. Sa jolie terrasse est bondée durant les beaux jours. Le matin, on y propose de bons petits déjeuners.

Café du Fjord
$$
152 rue du Bateau-Passeur
☎*235-4626*
Le Café du Fjord est très populaire. À l'heure du dîner, on y propose un buffet de fruits de mer. Plus tard dans la soirée, l'endroit est animé par un spectacle ou par la musique de la discothèque.

Bergeronnes

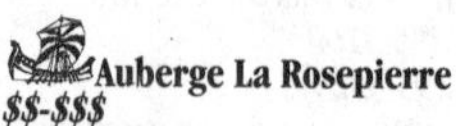
Auberge La Rosepierre
$$-$$$
66 rue Principale
☎*232-6543*
Endroit au charme singulier, l'Auberge La Rosepierre (voir p 644) abrite une salle à manger aménagée avec beaucoup de goût et propose une table d'hôte où les saveurs et la façon de faire régionales sont à l'honneur. Naturellement, les plats de poisson et de fruits de mer sont au menu et toujours apprêtés avec une touche particulière.

Les Escoumins

Complexe hôtelier Pelchat
$$$
445 rte. 138
☎*233-2401*
En plus d'une vue spectaculaire, le Complexe hôtelier Pelchat propose toute la gamme de fruits de mer locaux, très bien apprêtés.

Forestville

Le P'tit Café
$
25 rte. 138
☎*587-4242*
Endroit fort sympathique, le restaurant Le P'tit Café propose une cuisine variée, santé et sans prétention, telle que plats de fruits de mer et desserts maison accompagnés d'un bon café. Situé dans le centre commercial Les Galeries Forestville.

Baie-Comeau

Les 3 Barils
$$
200 boul. LaSalle
☎*296-3681*
Pour un repas entre amis, dans une atmosphère détendue, on peut opter pour la brasserie Les 3 Barils, qui sert une cuisine simple.

La Cache d'Amélie
$$$$
37 av. Marquette
☎*296-3722*
La Cache d'Amélie est le relais gastronomique par excellence à Baie-Comeau. Dans le pittoresque ancien presbytère de la plus belle paroisse de la ville, vous aurez droit à une intimité heureuse qui prédispose admirablement aux fins plaisirs de la table.

Le Manoir
$$-$$$
8 rue Cabot
☎*296-3391*
La renommée de la salle à manger de l'hôtel Le Manoir n'est plus à faire. Dans un décor extrêmement chaleureux et luxueux, on y fait une fine cuisine élaborée, à laquelle on peut attribuer les qualificatifs les plus élogieux. Ce rendez-vous des gens

d'affaires et des industriels peut également plaire à la clientèle touristique, qui appréciera le point de vue unique sur la baie et l'ambiance de vacances qui règne sur la terrasse extérieure. Remarquable choix de vins.

Pointe-des-Monts

Phare de Pointe-des-Monts
$$$
rte. du Vieux Fort
☎939-2332
Le restaurant du Phare de Pointe-des-Monts, situé dans une petite baie tranquille, propose un menu constitué essentiellement de fruits de mer frais. La cuisine est excellente et le service, impeccable.

Sorties

Bars et discothèques

Tadoussac

Café du Fjord
154 rue du Bateau-Passeur
☎235-4626
Surveillez la programmation du Café du Fjord. Des noms importants du rock, du jazz et du blues y passent de juin à la fin août. Les événements spéciaux s'y succèdent. On peut aussi y danser et y prendre un verre.

Baie-Comeau

Discothèque Le Broadway
1850 boul. Laflèche
Pour danser sur les derniers succès rock ou *dance*, les 18-30 ans fréquentent la Discothèque Le Broadway.

Pub en ville
1850 boul. Laflèche
Un chansonnier égaie les soirées de fin de semaine du Pub en ville, qui propose aussi son «5 à 7» quotidien et fait jouer une musique d'ambiance. Écran géant.

Fêtes et festivals

Tadoussac

Au début juin, le Festival de la chanson de Tadoussac (*☎235-4108*) se tient dans plusieurs bars du village. Dans un feu roulant de spectacles, des grands noms de la chanson partagent la vedette avec des artistes de la relève.

Baie-Comeau

Au mois de juillet, Baie-Comeau vibre au son du Festival international de jazz et blues *(☎589-7309)*.

Achats

Tadoussac

Dans un village où l'on trouve absolument de tout comme souvenirs, la **Boutique Nima** *(231 rue des Pionniers, ☎235-4858)* propose des objets de qualité. Elle présente de superbes pièces d'art inuit et amérindien.

Betsiamites

À l'entrée de la réserve amérindienne de Betsiamites, vous remarquerez sur la gauche un bâtiment qui abrite le **centre d'Artisanat Opessamo** *(59 Ashini, ☎567-8903)*, où l'on vend les créations des artisans locaux.

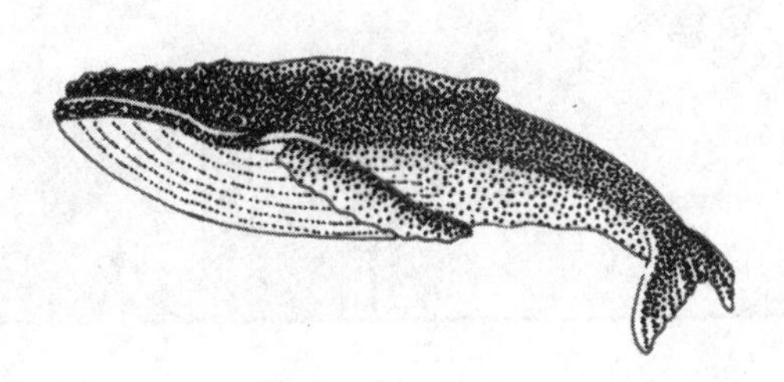

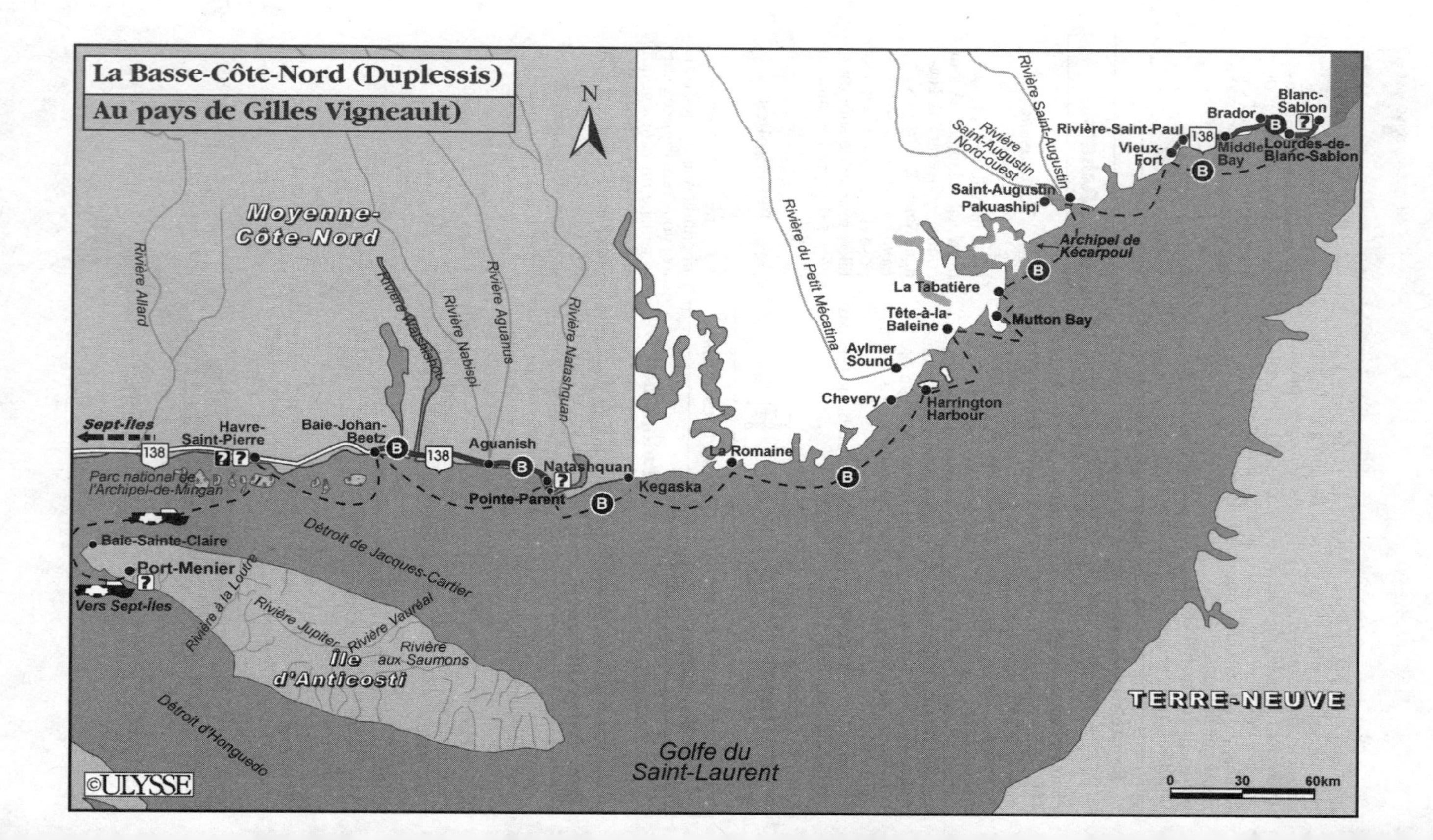
La Basse-Côte-Nord (Duplessis)
Au pays de Gilles Vigneault)
N
Moyenne-Côte-Nord
Rivière Allard
Rivière Watshishou
Rivière Nabispi
Rivière Aguanus
Rivière Natashquan
Sept-Îles
138
Havre-Saint-Pierre
Baie-Johan-Beetz
Aguanish
Natashquan
Pointe-Parent
Kegaska
Parc national de l'Archipel-de-Mingan
Baie-Sainte-Claire
Port-Menier
Vers Sept-Îles
Détroit de Jacques-Cartier
Rivière à la Loutre
Rivière Jupiter
Rivière Vauréal
Rivière aux Saumons
Île d'Anticosti
Détroit d'Honguedo
Golfe du Saint-Laurent
La Romaine
Rivière du Petit Mécatina
Chevery
Aylmer Sound
Harrington Harbour
Tête-à-la-Baleine
Mutton Bay
La Tabatière
Archipel de Kécarpoul
Saint-Augustin
Pakuashipi
Rivière Saint-Augustin Nord-ouest
Rivière Saint-Augustin
Rivière-Saint-Paul
Vieux-Fort
Middle Bay
Brador
Blanc-Sablon
Lourdes-de-Blanc-Sablon
TERRE-NEUVE
0
30
60km
©ULYSSE

Duplessis

La région de Duplessis couvre un immense territoire sauvage qui, jusqu'au Labrador, longe le golfe du Saint-Laurent sur près d'un millier de kilomètres. Sa population, composée à la fois de francophones, d'anglophones et de Montagnais (Innuat), vit dispersée sur le littoral du golfe du Saint-Laurent et dans quelques villes minières de l'arrière-pays.

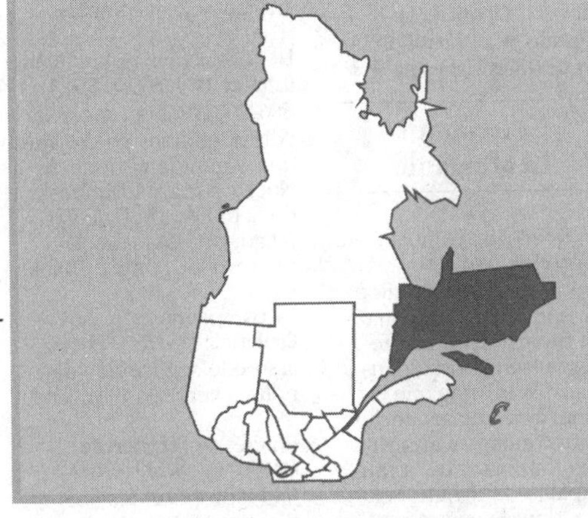

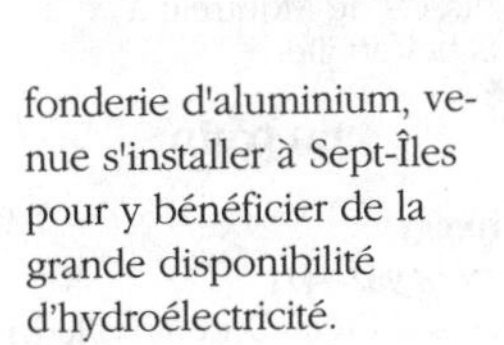

Cette région étant éloignée des grands centres, son moteur économique est l'exploitation des richesses naturelles. Pendant des milliers d'années, les Amérindiens et les Inuits y vécurent essentiellement de la chasse et de la pêche. Vinrent ensuite les Basques et les Bretons, pêcheurs ou baleiniers, qui, dès le XVIe siècle, y érigèrent des postes saisonniers.

Aujourd'hui, les gens du pays vivent surtout de la pêche, de l'industrie forestière, de l'exploitation des mines de fer ou de titane et d'une importante fonderie d'aluminium, venue s'installer à Sept-Îles pour y bénéficier de la grande disponibilité d'hydroélectricité.

Le plus réputé fils de cette région, le poète Gilles Vigneault, raconte souvent dans son œuvre la vie des gens de ce «coin» du Québec. Le long de la côte, quelques dizaines de milliers de Québécois vivent dans une série de petites agglomérations qui, à partir de Natashquan, ne sont plus reliées au reste du Québec par le réseau routier.

Pays de grands espaces et de nature sauvage, Duplessis offre au visiteur la jouissance de son calme, la richesse de sa faune et de sa flore, ou la pratique de la chasse et de la pêche. On y vient aussi, et avec raison, pour s'émerveiller devant les splendeurs de l'île d'Anticosti et de l'étonnant archipel de Mingan.

Pour s'y retrouver sans mal

La région de Duplessis englobe la moyenne et la basse Côte-Nord. Deux circuits sont proposés pour découvrir ce coin isolé du Québec : **Circuit A : La Minganie ★** et **Circuit B : Au pays de Gilles Vigneault ★★**.

Circuit A : La Minganie

Ce circuit s'inscrit à la suite de celui de la **Côte-Nord ★★**, dans la région touristique de Manicouagan (voir p 629). Le premier village abordé dans le circuit de la Minganie est Pointe-aux-Anglais, inclus depuis quelques années dans les limites de la municipalité de Rivière-Pentecôte, dont le centre est situé 12 km plus au nord. Ce circuit se termine à Havre-Saint-Pierre.

En voiture

On accède à cette région en empruntant la route 138. C'est d'ailleurs la seule route!

En bateau

Le cargo **Relais Nordik** *(le prix est déterminé selon la destination; 205 rue Léonidas, Rimouski, ☎418-723-8787 ou 800-463-0680)* quitte Sept-Îles pour atteindre Port-Menier (île d'Anticosti), Havre-Saint-Pierre, Baie-Johan-Beetz, Natashquan, Kegaska, La Romaine, Harrington Harbour, Tête-à-la-Baleine, La Tabatière, Saint-Augustin, Vieux-Fort et Blanc-Sablon. Comme il n'y a qu'un seul départ par semaine, renseignez-vous avant de planifier votre voyage.

En avion

Inter-Canadien *(☎800-363-7530)* dessert l'île d'Anticosti. Les vols ont généralement lieu trois fois par semaine depuis Montréal, via Québec. Les vols arrivent à Port-Menier.

La compagnie aérienne **Air Satellite** *(☎418-589-8923 ou 800-463-8512)* propose des vols quotidiens en été ainsi que durant la période de Noël à partir de Rimouski, de Sept-îles, de Baie-Comeau, de Havre-Saint-Pierre et de Longue-Pointe.

La compagnie aérienne **Confortair** *(☎418-968-4660)* assure le service de vols nolisés vers l'île d'Anticosti.

En été, **Air Scheffervile** *(☎800-361-8620 et 393-3333)* propose des vols directs de Montréal à Schefferville.

En train

QNS&L
☎418-962-9411
Le train relie Schefferville à Sept-Îles, et ce, trois fois par semaine l'été et deux fois par semaine l'hiver. Le voyage, d'une durée de 10 à 12 heures, vous fera traverser le Bouclier canadien jusqu'aux abords de la toundra.

Gares routières

Sept-Îles
126 rue Monseigneur Blanche,
☎(418)962-2126

Havre-Saint-Pierre
1130 rue de l'Escale
☎(418)538-2033

Circuit B : Au pays de Gilles Vigneault

Depuis 1996, la route 138 a été rallongée jusqu'à Natashquan. Mais, au-delà, seuls l'hydravion et le bateau de ravitaillement hebdomadaire (au départ de Havre-Saint- Pierre) relient au reste du Québec, pendant l'été, les habitants des villages qui jalonnent la côte. En hiver, les glaces et la neige tracent une route naturelle pour les motoneiges; aussi est-il paradoxalement plus simple de se déplacer d'un village à l'autre pendant la saison froide. «Au pays de Gilles Vigneault» est un véritable circuit pour les aventuriers qui recherchent le dépaysement complet.

Gare routière

Natashquan
183 ch. d'En-Haut (Auberge La Cache)
☎(418)726-3347

Renseignements pratiques

Indicatif régional : 418

Renseignements touristiques

Bureau régional

Association touristique régionale de Duplessis
312 av. Brochu, Sept-Îles, G4R 2W6
☎962-0808 ou 888-463-0808
⇄962-6518
www.tourismecote-nord.com

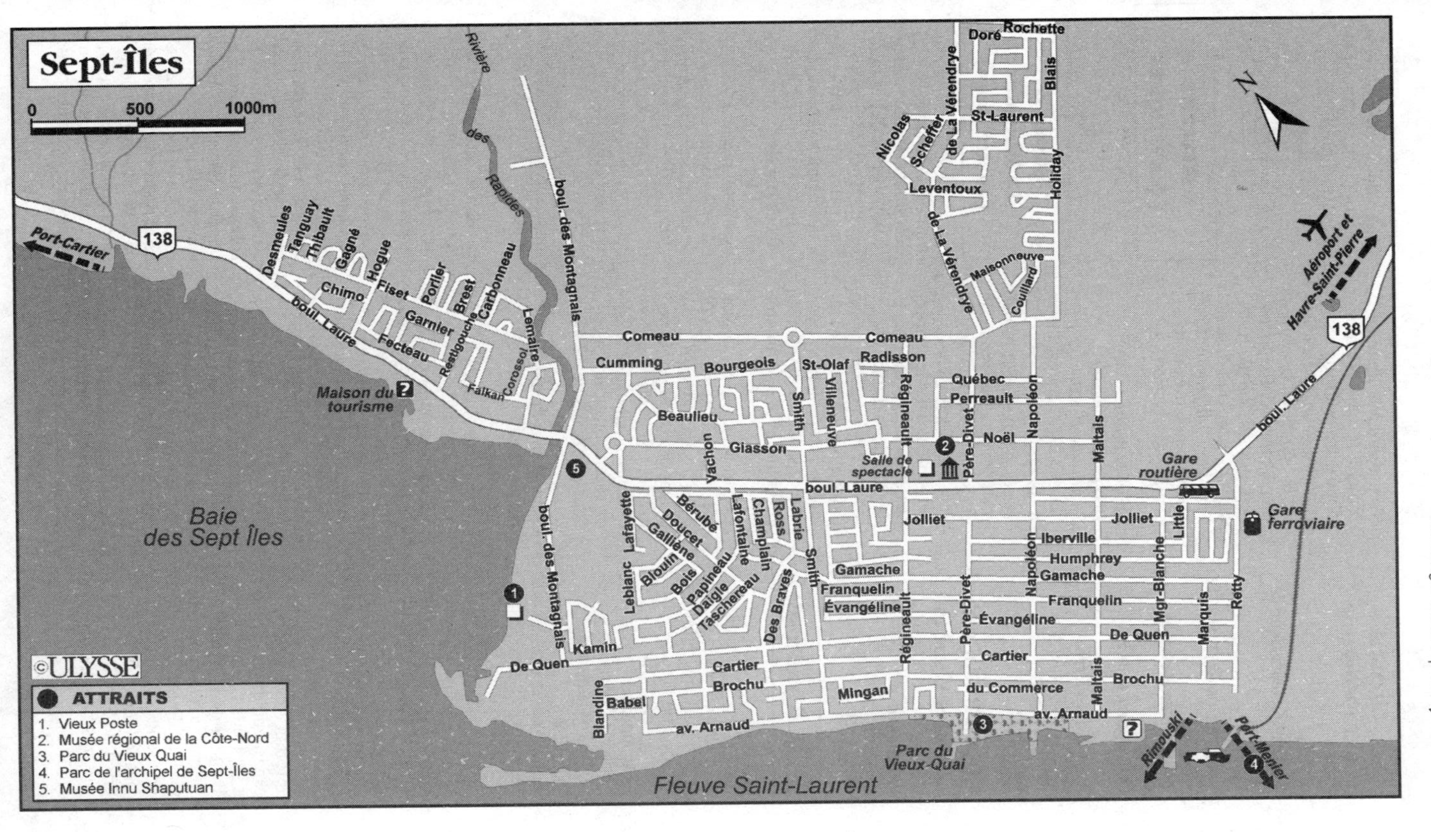
Sept-Îles
0 500 1000m
© ULYSSE
ATTRAITS
1. Vieux Poste
2. Musée régional de la Côte-Nord
3. Parc du Vieux Quai
4. Parc de l'archipel de Sept-Îles
5. Musée Innu Shaputuan
Baie des Sept Îles
Fleuve Saint-Laurent
Parc du Vieux-Quai
Maison du tourisme
Salle de spectacle
Gare routière
Gare ferroviaire
Aéroport et Havre-Saint-Pierre
Port-Cartier
Port-Menier
Rimouski
Rivière des Rapides
138
boul. Laure
boul. des Montagnais
Comeau
Régineault
Napoléon
Père-Divet
Smith
Maltais
Holiday
Blais
de La Vérendrye
Nicolas
Scheffer
Leventoux
St-Laurent
Doré
Rochette
Maisonneuve
Couillard
Québec
Perreault
Noël
Radisson
Villeneuve
St-Olaf
Bourgeois
Giasson
Beaulieu
Vachon
Cumming
Labrie
Ross
Champlain
Lafontaine
Des Braves
Taschereau
Daigle
Papineau
Bérubé
Doucet
Bois
Galliène
Blouin
Leblanc
Lafayette
Kamin
De Quen
Cartier
Brochu
Mingan
av. Arnaud
du Commerce
Évangéline
Franquelin
Gamache
Humphrey
Iberville
Jolliet
Mgr-Blanche
Little
Marquis
Retty
Babel
Blandine
Lemaire
Corossol
Carbonneau
Restigouche
Brest
Falkan
Garnier
Poirier
Fecteau
Fiset
Hogue
Chimo
Gagné
Thibault
Tanguay
Desmeules

Circuit A : La Minganie

Sept-Îles
Corporation touristique de Sept-Îles
1401 boul. Laure O., G4R 4K1
☎***962-1238 ou 888-880-1238***
⇌***968-0022***
www.vitrine.net/ctsi/index.html
CTSI@globetrotter.net

Havre-Saint-Pierre
bureau saisonnier
957 rue de la Berge
☎***538-2512***

Circuit B : Au pays de Gilles Vigneault

Natashquan
33 allée des Galets
☎***726-3756***

Île d'Anticosti

Pour visiter Anticosti, nous vous proposons trois types de forfaits dans différentes sections de l'île.

Sépaq Anticosti
3 juillet au 21 août
C.P. 179, Port-Menier G0G 2Y0
☎***535-0156***
Sépaq Anticosti a mis de l'avant trois types de forfaits abordables, pour toutes les clientèles. Le forfait Chalet comprend un pavillon en bord de mer ou de rivière pour sept jours et sept nuits avec un véhicule tout-terrain et le transport aérien de Sept-Îles.

Le forfait Auberge conduit les visiteurs pour sept jours et sept nuits au site enchanteur de la pointe Carleton avec son phare en bordure de mer. Chambre avec salle de bain à l'étage. Tous les repas. Transport aérien de Sept-Îles. Pied-à-terre très bien localisé.

Très abordable financièrement, le forfait Camping donne accès à tous les campings sur le territoire de la Sépaq, en bordure de mer. Durée sept jours et sept nuits. Véhicule tout-terrain. Transport aérien de Sept-Îles. Minimum de quatre personnes pour chaque réservation.

Safari-Anticosti
199$ pers. occ. double
24 juin au 1er sept
1024 de la Digue Havre-Saint-Pierre
☎***538-1414***
La pourvoirie Safari Anticosti propose un forfait de deux jours incluant le transport aérien, l'hébergement dans les superbes installations du phare de Cap-de-la-Table, les repas, les visites des principaux attraits naturels et du musée Henri-Menier, des sites fossilifères d'Anticosti et du Jardin des sculptures.

Départ tous les jours entre 10h30 et 12h30. Forfaits de deux à sept jours sur demande. Location de véhicules utilitaires. Transport en autocar climatisé et 50% de réduction pour les enfants de moins de 12 ans.

Auberge de la Pointe-Ouest
20$ pers./jour
☎***535-0155***
gymnase.le-village.-com/manchette/
À l'extrême ouest de l'île, à environ 15 min de route de Port-Menier et des services, l'Auberge de la Pointe-Ouest occupe les maisons des gardiens de l'ancien phare de la Pointe-Ouest.

Dans un décor enchanteur au possible, au bord de la mer, l'auberge propose de l'hébergement tout confort et à très bas prix. Cuisine complète à la disposition des clients. Nombreuses possibilités d'activités aux alentours et assistance logistique offerte par les responsables de l'endroit. Camping au coût de 10$ par jour. Parfait pour petits ou grands groupes.

Attraits touristiques

★

Circuit A : La Minganie (quatre jours)

Au-delà de Pointe-des-Monts (Manicouagan), le paysage se désertifie. Les forêts et les falaises font place en maint endroit à des plaines septentrionales de bord de mer, balayées par des vents incessants. L'intérieur des terres demeure, quant à lui, exclusivement une région de nature sauvage. Ainsi, à quelques mètres seulement de la chaussée carrossable, débute une zone pratiquement inhabitée, ininterrompue jusqu'au pôle Nord et même jusqu'à la Russie, de l'autre côté du globe.

La Minganie, qui tient son nom de l'étrange archipel de Mingan, situé à la fin du présent circuit, est reconnue pour ses tumultueuses rivières à saumon, perpendiculaires au fleuve Saint-Laurent. La chasse à la baleine, à la base du peuplement de la Côte- Nord, a maintenant fait place à l'observation des cétacés, possible depuis le quai de chaque village.

La Minganie est parsemée de rêves d'empires dont les morceaux ne sont plus que de fragiles souvenirs. Qu'il s'agisse de la présence des

Îles Mingan

Basques, des colons de Nouvelle- France ou du domaine d'Henri Menier, seule l'archéologie peut aujourd'hui nous révéler leurs efforts, balayés par les vents.

Au cours de la Seconde Guerre mondiale, des sous-marins allemands se sont aventurés près des côtes de la Minganie, coulant, au passage, des navires de ravitaillement du front européen, mais aussi de simples cargos circulant dans le golfe du Saint- Laurent. Des villageois racontent avoir vu des sous-marins émerger des eaux du fleuve devant leur maison. Des soldats seraient même descendus à terre secrètement pour se procurer des victuailles et de l'alcool.

Rivière-Pentecôte (790 hab.)

L'armée britannique a tenté, à plusieurs reprises, de s'approprier le Canada par la force. En 1711, au cours de la guerre de Sécession d'Espagne, elle envoie une flotte importante, commandée par l'amiral Walker, dans le but de prendre Québec. Mais le brouillard sur le fleuve Saint- Laurent entraîne les vaisseaux de guerre britanniques vers les récifs de l'île aux Œufs, où ils s'abîment les uns après les autres. Pointe-aux- Anglais, en face de l'île aux Œufs, venait d'être baptisée. Celle-ci fait maintenant partie de Rivière-Pentecôte.

Musée Louis Langlois ★ *(2$; fin juin à début sept tlj 9h à 17h; 2088 rte. Mgr Labrie, Pointe-aux-Anglais, ☎799-2262 et 799-2212)* présente une exposition sur le naufrage de la flotte de Walker en 1711. Quelques vestiges ramenés à la surface témoignent de cette catastrophe maritime, qui aura tout de même donné un sursis à la Nouvelle- France, marqué par une période de paix durable au cours des décennies suivantes.

Port-Cartier (7 633 hab.)

La coupe de bois et l'extraction du minerai de fer constituent les principales activités économiques de cette ville industrielle dotée d'un important port en eaux profondes, principalement utilisé pour le transbordement des céréales et l'expédition du minerai de la compagnie Québec-Cartier. La ville est divisée en deux par la rivière aux Rochers, à l'embouchure de laquelle se trouvent les îles Patterson et McCormick, sillonnées de sentiers panoramiques.

Réserve faunique de Sept-Îles–Port-Cartier ★, voir p 661.

Poursuivez sur la route 138 en direction de Sept-Îles.

Sept-Îles (25 683 hab.)

Cette ville est répartie dans différents quartiers entourant la vaste baie de Sept-Îles (45 km²). Ancien poste de traite des fourrures sous le Régime français, elle connaît un âge d'or industriel au début du XXe siècle grâce à l'exploitation des forêts de l'arrière- pays. Vers 1950, Sept-Îles devient la plaque tournante du transport du fer et du charbon, extraits des mines de Schefferville et de Fermont, auxquelles elle est reliée par un chemin de fer. Son port en eaux profondes, libre de glaces en hiver, est le second en importance au Canada, après Montréal, pour le tonnage manutentionné.

L'archipel, formé de sept îles à l'embouchure de la baie, a donné son nom à cette ville qui agit en outre comme le centre administratif de l'ensemble de la Côte-Nord. Sept-Îles constitue un bon point de départ pour l'exploration des régions septentrionales du Labrador et du Nouveau-Québec.

Le **Vieux-Poste** ★ *(3,25$; fin juin à fin août tlj 9h à 17h; boul. des Montagnais, ☎968-2070)* nous rappelle que Sept-Îles a été un important poste de traite des fourrures sous le Régime français. L'ensemble est une reconstitution, à partir de fouilles archéologiques et de documents d'époque, du poste tel qu'il était au milieu du XVIIIe siècle, avec sa chapelle, son magasin et ses maisons entourées d'une palissade de bois. La culture montagnaise y est racontée à travers les expositions et les activités saisonnières se déroulant à l'extérieur.

Le **Musée régional de la Côte-Nord** ★ *(3,25$; fin juin à début sept tlj 9h à 17h; reste de l'année lun-ven 9h à 12h et 13h à 17h, sam-dim 13h à 17h; 500 boul. Laure, ☎968-2070)*, construit en 1986, vise à la fois des objectifs anthropologiques et artistiques. Il présente certaines des 40 000 pièces provenant des fouilles archéologiques réalisées sur la Côte-Nord, quelques animaux naturalisés, des objets amérindiens ainsi que des œuvres d'artistes contemporains (peintures, sculptures, photographies) provenant de différentes régions du Québec.

En bordure de la baie des Sept-Îles, le **parc du Vieux-Quai** occupe le cœur de l'activité estivale. On y trouve, entre autres, des sites remarquables d'où l'on peut admirer les îles dispersées à l'horizon, ainsi que plusieurs artisans locaux venus exposer leurs créations.

Le **Musée Innu Shaputuan** *(290 boul. des Montagnais, ☎418-962-4000)*, présente de façon captivante l'histoire et la culture des montagnais de la Côte-Nord. Le musée est jumelé à un restaurant des plus agréables dont la carte présente de savoureux mets locaux avec un service tout à fait impeccable. Une initiative remarquable et prometteuse.

Parc régional de l'Archipel des Sept Îles ★★, voir p 661.

Reprenez la route 138 Est. Après De Grasse, tournez à droite en direction de Maliotenam et de Moisie.

Maliotenam

Cette réserve montagnaise est l'hôte, au mois d'août, du **Festival Innu Nikamu**, célébration intimiste de la musique autochtone traditionnelle et contemporaine de tout le Canada.

Moisie (806 hab.)

Les berges marécageuses et humides de la rivière Moisie ont servi de prétexte à la dénomination de ce village qui fut le site d'importantes forges au XIXe siècle, mais dont il ne subsiste plus que quelques vestiges. Au nord-est du village se trouve l'embouchure de la rivière, considérée par les spécialistes comme la meilleure rivière à saumon du Québec!

Revenez vers la route 138. Tournez à droite vers Sheldrake, Rivière-au- Tonnerre, Magpie et Longue-Pointe. Entre Sept-Îles et Longue-Pointe, les distances à parcourir entre les villages augmentent et les services offerts diminuent. Aussi faut-il vous assurer d'avoir fait le plein d'essence et d'avoir bien mangé avant de quitter la région de Sept-Îles.

Longue-Pointe (580 hab.)

Située sur une pointe de sable avançant dans le fleuve Saint-Laurent, Longue-Pointe fut une importante base aérienne de l'Armée américaine pendant la Seconde Guerre mondiale. La station de recherche des îles de Mingan, spécialisée dans l'étude des mammifères marins du Saint-Laurent, y est située.

Au **Centre de recherche et d'interprétation de la Minganie** *(mi-juin à fin sept tlj 9h à 18h; 625 rue du Centre, ☎949-2126, 538-3331 ou 800-463-6769)*, vous aurez certainement réponses à toutes vos questions, qu'elles soient d'ordre touristique ou scientifique. Des documents audiovisuels et des expositions vous y attendent. Vous y trouverez de plus des spécialistes de la **Station de recherche des îles Mingan** *(☎949-2845)* qui proposent des activités d'animation.

L'**île aux Perroquets** ★ *(île dominée par son phare au large de Longue-Pointe)*. Au XIXe siècle, quelques aristocrates et bourgeois excentriques élirent domicile sur la Côte-Nord, soit pour s'isoler du monde, soit pour tirer profit des énormes ressources de la région.

Le comte Henri de Puyjalon, né au château de l'Ort, près de Bordeaux, en 1840, est l'un d'entre eux. En 1888, il devient le gardien du phare de l'île aux Perroquets, nouvellement construit, puis de celui de l'île de la Chasse, où il demeura jusqu'à sa mort en 1905.

Mingan (400 hab.)

Des Montagnais et des Blancs cohabitent dans ce village situé en face des îles de Mingan, nom d'origine celtique (*Maen Cam*) qui signifie «pierre courbe», en rapport avec la courbure des formations rocheuses des îles de Mingan. Ces rochers auraient impressionné les premiers visiteurs bretons, à qui ils rappelaient les menhirs et les dolmens des temps anciens. On trouve à Min gan un important site de pêche au saumon.

Le **Centre culturel montagnais** *(fin juin à fin août 9h à 18h; 34 rue Mistamehkanau, ☎949-2234 ou 888-949-2406)* présente une petite exposition relatant la vie traditionnelle des Montagnais. Il s'agit aussi d'un centre d'information touristique.

L'**église de Mingan** *(au centre du village)* fut construite en 1918 par John Maloney, qui a inspiré à Gilles Vigneault le personnage de Jack Monoloy dans sa célèbre chanson *Jack Monoloy*. L'église a été entièrement décorée par des artisans locaux.

Les Cayens

Comment appelle-t-on les habitants de Havre-Saint-Pierre? Les Cayens. Voici comment leur est venue cette appellation. Havre-Saint-Pierre a été fondée par des immigrants venus de l'Acadie, lors de la Déportation de 1755. Ainsi, le mot «Acadien», avec le temps et l'accent, est devenu «Acayen» et finalement «Cayen».

★ Havre-Saint-Pierre (3 520 hab.)

Cette petite ville pittoresque a été fondée en 1857 par des pêcheurs madelinots (originaires des îles de la Madeleine, dans le golfe du Saint- Laurent). En 1948, à la suite de la découverte d'importants gisements d'ilménite (titane), à 43 km à l'intérieur des terres, son économie se voit transformée du jour au lendemain par la firme QIT-Fer-et- Titane.

Elle devient, dès lors, un centre industriel et portuaire très fréquenté. Depuis l'ouverture du parc national de l'Archipel-de-Mingan en 1983, elle a également acquis une vocation touristique non négligeable. Havre-Saint-Pierre est un excellent point de départ pour l'exploration des îles de Mingan et de la grande île d'Anticosti.

Le **Centre culturel et d'interprétation de Havre-Saint-Pierre** ★ *(2$; fin-juin à début sept tlj 10h à 22h; 957 rue de la Berge, ☎538-2512 ou 538-2512)* est installé dans l'ancien magasin général de la famille Clarke, restauré avec talent. On y raconte l'histoire locale à travers une exposition et un diaporama.

Au **Centre d'accueil et d'interprétation de la réserve de parc national de l'Archipel-de-Mingan** *(mi-juin à fin août tlj 10h à 17h30; 975 rue de l'Escale, ☎538-3285)*, vous trouverez une exposition photographique ainsi que tous les renseignements voulus sur la faune, la flore et la géologie des îles. **Réserve de parc national de l'Archipel-de-Mingan** ★★, voir p 661.

Nous vous proposons un circuit facultatif sur l'île d'Anticosti. Il faut compter au moins quatre jours pour en profiter pleinement.

★★ Île d'Anticosti (340 hab.)

La présence amérindienne à l'île d'Anticosti remonte à la nuit des temps. Les Montagnais l'ont fréquentée de façon sporadique, le climat rigoureux de l'île ne leur permettant pas de s'y établir en permanence.

Ce sont des pêcheurs basques de passage qui l'ont baptisée «Anti Costa» en 1542, ce qui signifie en quelque sorte «anti-côte», ou «Non! Après tout ce chemin parcouru à travers l'Atlantique, ce n'est pas encore la terre ferme!»

En 1679, Louis Jolliet obtient l'île en concession du roi de France, en guise de remerciement pour ses expéditions révélatrices au centre du continent nord-américain. Bien que quelques colons s'installent alors sur l'île, son isolement et ses terres pauvres battues par les vents donnèrent un air de modestie à l'entreprise de Jolliet. Ses gens furent décimés par les troupes de l'amiral Phipps, au retour de l'attaque ratée sur Québec en 1690. La rage de la défaite fut augmentée lorsque la flotte britannique fit naufrage aux abords de l'île. Anticosti est crainte par les marins, car, depuis le XVIIe siècle, plus de 400 navires s'y sont échoués.

En 1895, l'île d'Anticosti devient le domaine exclusif d'Henri Menier, magnat du chocolat en France au XIXe siècle. Le «baron Cacao» fait transporter sur l'île des cerfs de Virginie et des renards roux afin de se constituer une réserve de chasse personnelle. Il voit, en outre, au développe

Phare de Port-Menier

ment de l'île en aménageant un premier village modèle à Baie- Sainte-Claire (aujourd'hui abandonné), puis un second à Port-Menier, qui constitue encore la principale agglomération de l'île.

Menier gouvernait l'île comme un monarque absolu régnant sur ses sujets. Il dota l'île d'une entreprise d'exploitation forestière de même que d'une flotte de pêche à la morue. En 1926, après une dizaine d'années difficiles dans l'industrie chocolatière, ses héritiers vendent Anticosti à un consortium de compagnies forestières canadiennes, appelé Wayagamack, qui y poursuivront leurs opérations de coupe de bois jusqu'en 1974, date à laquelle l'île est cédée au gouvernement du Québec pour en faire une réserve faunique.

C'est seulement depuis 1983 que les résidants de l'île ont le droit d'acheter des terrains et des maisons. L'île, encore en partie inexplorée, recèle bien des surprises, dont cette **caverne de la rivière à la Patate** (voir p 662), découverte en 1981!

Port-Menier (340 hab.)

Il s'agit du seul village habité de l'île. C'est ici qu'accoste le traversier de Havre-Saint- Pierre. La plupart des maisons ont été construites sous l'ère Menier, ce qui donne au village une certaine homogénéité architecturale.

Le long de la route de Baie-Sainte-Claire, on aperçoit les fondations du **château Menier** (1899), extravagante villa de bois apparentée au Shingle Style américain. Bâti à la fin du XIXe siècle pour assurer un grand confort à son entourage, le château renferme un vitrail en forme de fleur de lys, des antiquités norvégiennes, des tapis orientaux et de la fine porcelaine. Avec la vente de l'île en 1926, le mobilier est réparti entre les nouveaux propriétaires, ou tout simplement vendu.

Malheureusement, en 1954, faute de pouvoir l'entretenir adéquatement, les villageois mettent le feu à la superbe demeure de Menier, réduisant en cendres ce morceau de patrimoine irremplaçable. À **Baie-Sainte-Claire,** on peut voir les restes d'un four à chaux, érigé en 1897, seul vestige de ce village à l'existence éphémère.

À l'**Écomusée d'Anticosti** ★ *(entrée gratuite; fin juin à fin août tlj 10h à 20h, ☎535-0250)*, on peut admirer des photographies prises à l'époque où Menier était propriétaire de l'île d'Anticosti.

Réserve faunique de l'île d'Anticosti ★★, voir p 661.

Circuit B : Au pays de Gilles Vigneault (de trois à cinq jours)

«Mon pays, ce n'est pas un pays, c'est l'hiver», voilà comment Gilles Vigneault, fier fils de la Basse-Côte--Nord, décrit son coin de pays subarctique, où l'on voit flotter des icebergs en plein mois de juillet. Les animaux (ours, orignaux,

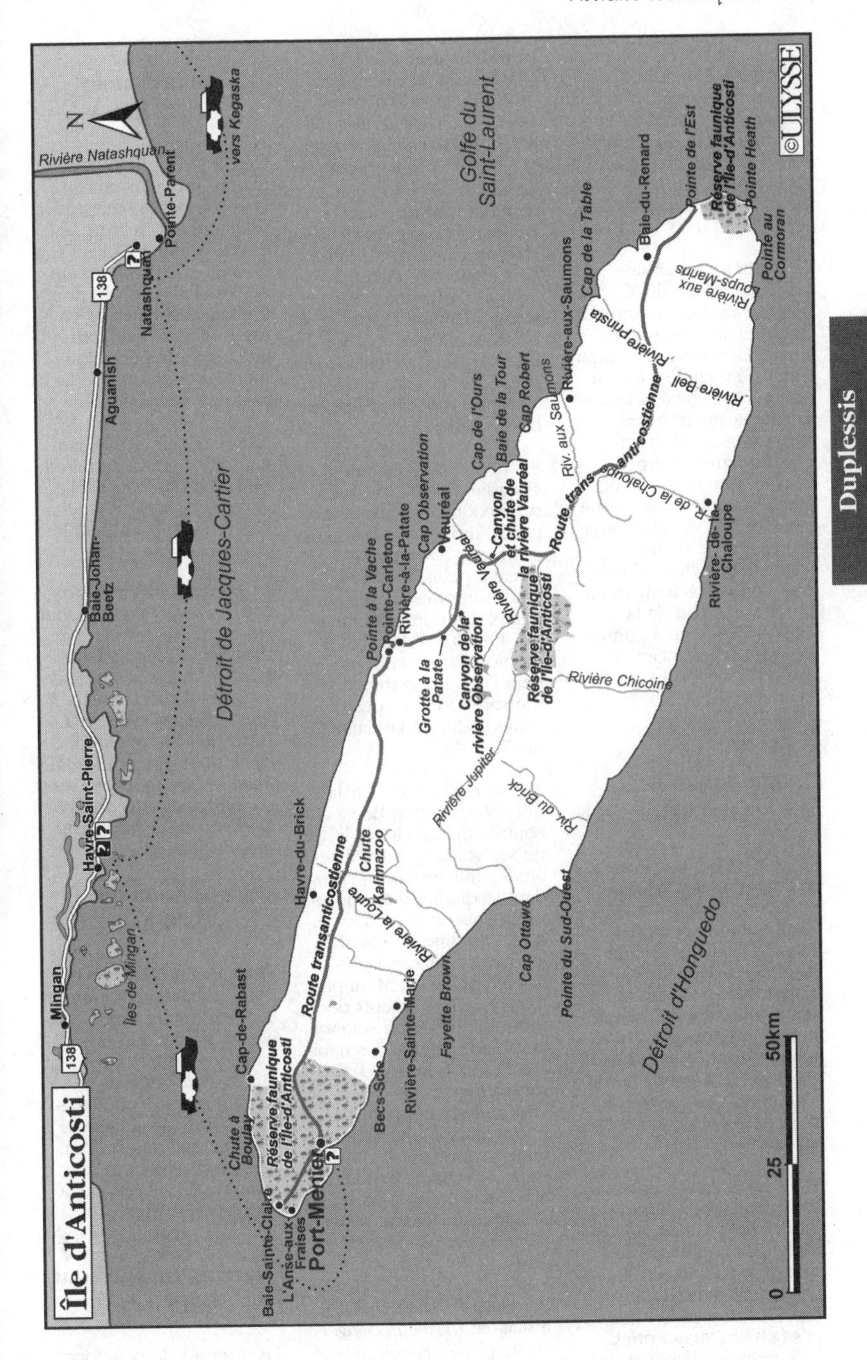
Île d'Anticosti
Rivière Natashquan
N
vers Kegaska
Pointe-Parent
Natashquan
138
Aguanish
Baie-Johan-Beetz
Havre-Saint-Pierre
Mingan
138
Îles de Mingan
Détroit de Jacques-Cartier
Golfe du Saint-Laurent
Chute à Boulay
Baie-Sainte-Claire
L'Anse-aux-Fraises
Port-Menier
Réserve faunique de l'Île-d'Anticosti
Cap-de-Rabast
Route transanticostienne
Becs-Scie
Rivière-Sainte-Marie
Havre-du-Brick
Chute Kalimazoo
Rivière la Loutre
Fayette Brown
Cap Ottawa
Pointe du Sud-Ouest
Détroit d'Honguedo
Riv. du Brick
Rivière Jupiter
Canyon de la rivière Observation
Grotte à la Patate
Pointe à la Vache
Pointe-Carleton
Rivière-à-la-Patate
Cap Observation
Vauréal
Rivière Vauréal
Canyon et chute de la rivière Vauréal
Réserve faunique de l'Île-d'Anticosti
Rivière Chicoine
Cap de l'Ours
Baie de la Tour
Cap Robert
Route trans-anticostienne
R. de la Chaloupe
Rivière-de-la-Chaloupe
Riv. aux Saumons
Rivière-aux-Saumons
Rivière Bell
Rivière Prinsta
Cap de la Table
Baie-du-Renard
Rivière aux Loups-Marins
Pointe au Cormoran
Pointe de l'Est
Réserve faunique de l'Île-d'Anticosti
Pointe Heath
©ULYSSE
0
25
50km

Duplessis

morses, phoques, baleines) peuvent y être admirés à plusieurs endroits, non pas derrière les barreaux d'un zoo, mais dans la vie de tous les jours, aux abords des villages, sur les rochers dénudés, sur les plages de sable fin et dans l'eau.

Le territoire fut colonisé à partir du milieu du XIXe siècle, car, auparavant, ces zones étaient exclusivement réservées aux compagnies de traite des fourrures et de pêche à la morue. Les hameaux francophones, montagnais et anglo-normands alternent sur la côte. Certains des villages à majorité anglophone, peuplés de pêcheurs originaires de l'île de Jersey (dans la Manche), n'ont que peu d'attachement au Québec. Le bâti de la Basse-Côte-Nord a conservé son cachet ancien à travers ses cabanes de pêcheurs en bois et ses vieux quais.

★ Baie-Johan-Beetz (100 hab.)

Appelé à l'origine «Piastrebaie» en raison de sa situation géographique, à l'embouchure de la rivière Piashti, le village sera renommé en 1918 Baie-Johan-Beetz en l'honneur du savant naturaliste belge, Johan Beetz. Piastrebaie fut fondée vers 1860 par Joseph Tanguay. Avec sa femme, Marguerite Murduck, il vécut de la pêche au saumon.

Dans les années qui suivirent arrivèrent des immigrants des îles-de-la-Madeleine : les familles Bourque, Loyseau, Desjardins et Devost. Aujourd'hui encore, les descendants de ces familles vivent principalement de chasse et de pêche.

La **maison Johan-Beetz** ★ *(3$; tlj début mai à mi-juin 9h à 18h, mi-juin à mi-juil 9h à 17h, mi-juil à mi-oct 9h à 18h, réservation préférable; ☎539-0137).* Johan Beetz est né en 1874 au château d'Oudenhouven, dans le Brabant (Belgique). Le chagrin causé par le décès de sa fiancée l'amène à vouloir partir pour le Congo. Un ami l'incite plutôt à émigrer au Canada. Passionné de chasse et de pêche, il visite la Côte-Nord, où il décide bientôt de s'installer.

En 1898, il épouse une Canadienne et construit cette coquette maison Second Empire, que l'on peut visiter sur réservation. Beetz a peint de belles natures mortes sur les panneaux des portes intérieures. En 1903, il fait figure de pionnier en entreprenant l'élevage d'animaux à fourrure, dont les peaux sont vendues à la Maison Revillon de Paris.

Au cours de sa vie sur la Côte-Nord, Johan Beetz a contribué à améliorer la vie de ses voisins. Grâce à ses études universitaires, pendant lesquelles il apprit les rudiments de la médecine, il fut l'homme de science auquel les villageois faisaient confiance. Muni de livres et d'instruments de fortune, il réussit à soigner, tant bien que mal, les habitants de la Côte-Nord. Il réussit même à préserver le village de la grippe espagnole grâce à une quarantaine savamment contrôlée. Ainsi, si vous demandez aux aînés de vous parler de monsieur Beetz, vous n'entendrez que des éloges.

Le **refuge d'oiseaux de Watshishou** ★ *(à l'est du village)* abrite plusieurs colonies d'oiseaux aquatiques.

★ Natashquan (392 hab.)

Ce petit village de pêcheurs, aux maisons de bois usé par le vent salé, a vu naître le célèbre poète et chansonnier Gilles Vigneault en 1928. Plusieurs de ses chansons ont pour thème les gens et les paysages de la Côte- Nord. Vigneault vient périodiquement se ressourcer à Natashquan, où il possède toujours une maison. Natashquan signifie, en langue montagnaise, «endroit où l'on chasse l'ours». Le village voisin de Pointe-Parent est surtout peuplé de Montagnais.

Les municipalités situées à l'est de Pointe-Parent ne sont pas accessibles par la route. Aussi faut-il prendre le bateau ou l'avion afin de visiter les lieux décrits ci-dessous. Il faut également noter qu'à l'est de Kegaska, première escale du navire de ravitaillement, on change de fuseau horaire (une heure de décalage en plus par rapport au reste du Québec).

La Romaine (900 hab.)

Montagnais, Naskapis et Inuits cohabitaient autrefois sur ce territoire aux paysages rocailleux. De nos jours, les Blancs et les Montagnais y vivent en harmonie. La pêche constitue la principale activité économique de l'endroit, comme d'ailleurs de la plupart des villages de la Basse-Côte-Nord.

★ Harrington Harbour (315 hab.)

Les trottoirs de bois font la renommée de ce village de pêcheurs anglo-saxons

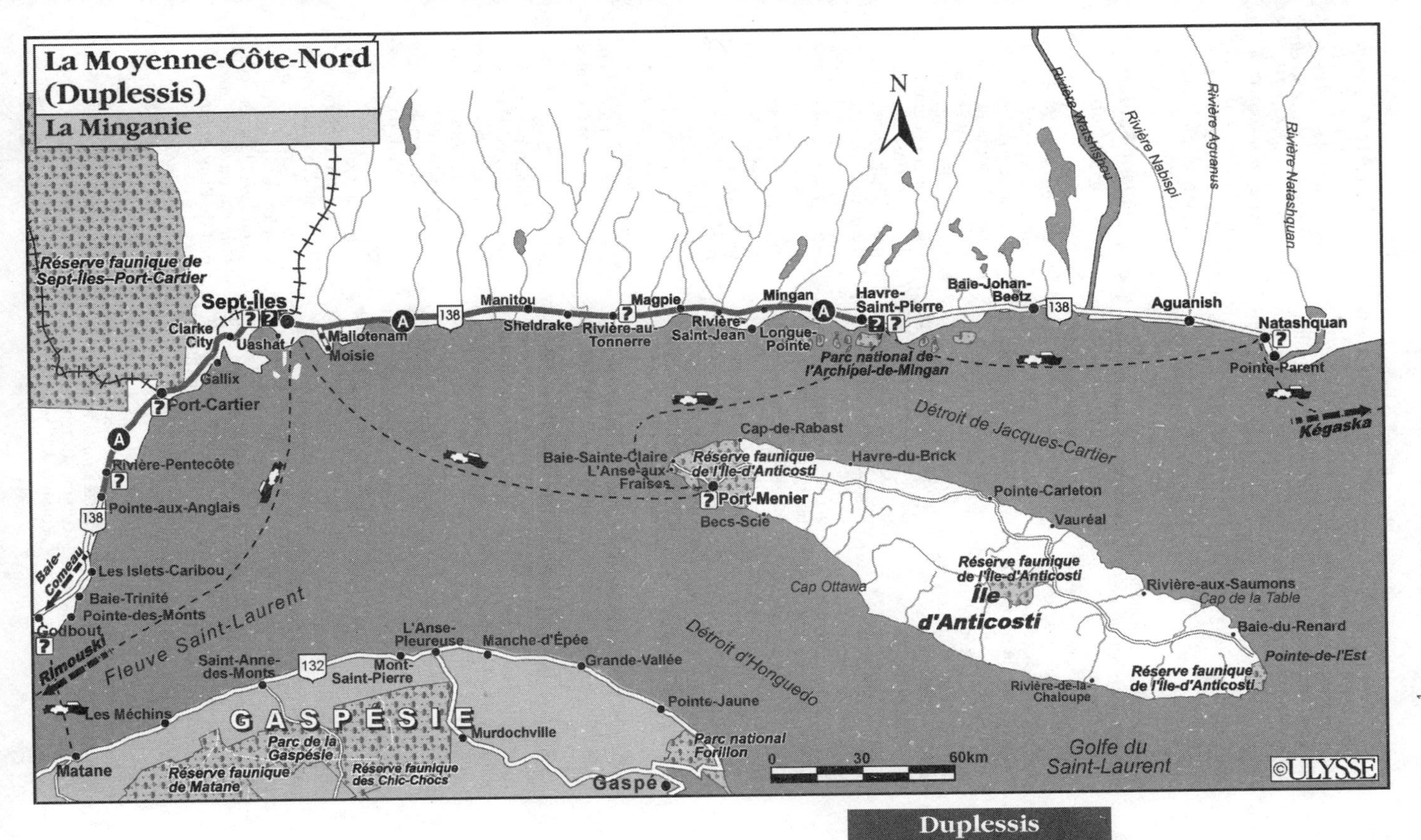

La Moyenne-Côte-Nord (Duplessis)
La Minganie
Réserve faunique de Sept-Îles–Port-Cartier
Sept-Îles
Clarke City
Uashat
Maliotenam
Moisie
Gallix
Port-Cartier
Rivière-Pentecôte
Pointe-aux-Anglais
Baie-Comeau
Les Islets-Caribou
Baie-Trinité
Pointe-des-Monts
Godbout
Rimouski
Manitou
Sheldrake
Magpie
Rivière-au-Tonnerre
Mingan
Rivière-Saint-Jean
Longue-Pointe
Havre-Saint-Pierre
Parc national de l'Archipel-de-Mingan
Baie-Johan-Beetz
Aguanish
Natashquan
Pointe-Parent
Kégaska
Rivière Watshishou
Rivière Nabisipi
Rivière Aguanus
Rivière Natashquan
Détroit de Jacques-Cartier
Cap-de-Rabast
Baie-Sainte-Claire
L'Anse-aux-Fraises
Réserve faunique de l'Île-d'Anticosti
Port-Menier
Becs-Scie
Havre-du-Brick
Pointe-Carleton
Vauréal
Cap Ottawa
Île d'Anticosti
Rivière-aux-Saumons
Cap de la Table
Baie-du-Renard
Pointe-de-l'Est
Rivière-de-la-Chaloupe
Détroit d'Honguedo
Fleuve Saint-Laurent
Golfe du Saint-Laurent
Saint-Anne-des-Monts
L'Anse-Pleureuse
Mont-Saint-Pierre
Manche-d'Épée
Grande-Vallée
Pointe-Jaune
Les Méchins
Matane
GASPÉSIE
Parc de la Gaspésie
Murdochville
Réserve faunique de Matane
Réserve faunique des Chic-Chocs
Parc national Forillon
Gaspé
138
132
0 30 60km
N
©ULYSSE

Duplessis

isolés sur une petite île. Le sol, composé de gros rochers inégaux, rendait difficile l'aménagement d'une agglomération conventionnelle : les habitants ont donc relié les maisons entre elles par des passerelles de bois légèrement surélevées.

Près du village de **Chevery**, accessible en bateau-taxi depuis Harrington Harbour, se trouvent les vestiges archéologiques du poste de traite des fourrures et du site de pêche au loup-marin de Nantagamiou, tous deux implantés en 1733 par le commerçant Jacques Bellecourt, sieur de Lafontaine.

Le bateau de ravitaillement se faufile ensuite entre une multitude d'îles dénudées aux parois rocheuses. Ce paysage extraordinaire pourrait être celui d'une autre planète.

★

Tête-à-la-Baleine (350 hab.)

Sixième escale du bateau de ravitaillement, Tête-à-la-Baleine est un village pittoresque où l'on pratique toujours la chasse au «loup marin». On peut y observer un phénomène particulier à la Basse-Côte-Nord : la migration saisonnière des habitants. En effet, les pêcheurs possèdent deux maisons, l'une sur la terre ferme et l'autre, plus modeste, érigée sur une île au large et habitée par toute la famille durant la saison de la pêche. Cette dernière porte le nom de «maison de mer». Ainsi, les pêcheurs de Tête-à-la-Baleine se rendent sur l'**île Providence**, pendant l'été, pour se rapprocher des bancs de pêche. Cette tradition est en perte de vitesse, ce qui a entraîné l'abandon de plusieurs maisons insulaires ces dernières années.

Certaines de ces habitations recouvertes de bardeaux de cèdre peuvent maintenant être louées par les visiteurs. On notera, sur l'île Providence, la présence d'une jolie chapelle érigée en 1895.

Le bateau s'arrête à Baie-des-Moutons et à La Tabatière avant de parvenir à Saint-Augustin.

Saint-Augustin (1 010 hab.)

Ce village, le plus peuplé de la Basse-Côte-Nord, se trouve à une dizaine de kilomètres en amont sur la rivière Saint-Augustin. On y accède en passant par un havre, très impressionnant, protégé à l'ouest par l'archipel Kécarpoui et à l'est par l'archipel Saint-Augustin. En face du village se trouve la communauté montagnaise Pakuashipi.

Le bateau fait escale à Vieux- Fort avant de terminer son périple à Blanc-Sablon.

Lourdes-de-Blanc-Sablon (1 252 hab.)

Ce petit village de pêcheurs dispose de plusieurs bureaux administratifs et d'un centre hospitalier qui desservent tous cette partie de la Basse-Côte-Nord. Tout près du littoral, sur l'île Verte, se trouve un avion allemand, *Le Bremen*, qui effectua l'une des premières traversées aériennes de l'Atlantique en 1928.

La Basse-Côte-Nord est encore desservie par des prêtres missionnaires, comme au temps de la colonie. Mgr Scheffer fut nommé en 1946 premier vicaire apostolique de la région de Schefferville-Labrador. Le **Musée Scheffer** *(entrée libre; tlj 8h à 21h; dans l'église de Lourdes-de-Blanc-Sablon)* raconte la vie de Mgr Scheffer ainsi que l'histoire de la région de Blanc-Sablon.

Blanc-Sablon (330 hab.)

Cette région isolée a pourtant été fréquentée, dès le XVIe siècle, par les pêcheurs basques et portugais, qui y ont établi des sites de pêche, où l'on faisait fondre la graisse des «loups marins» et où la morue était salée avant d'être expédiée en Europe. Les Vikings, dont le principal établissement a été retrouvé sur l'île de Terre-Neuve, toute proche, auraient peut-être implanté un village dans les environs de Blanc-Sablon vers l'an 1000. Les fouilles archéologiques ne font toutefois que commencer. À Brador, le site de pêche français de Courtemanche (XVIIIe siècle) a été mis au jour.

Blanc-Sablon n'est qu'à environ 4 km de la frontière du Labrador, territoire subarctique dont une large portion est constituée de terres amputées au Québec et, aujourd'hui, partie intégrante de la province de Terre-Neuve. Une route y conduit directement. L'ancienne colonie britannique de Terre-Neuve ne s'est jointe au Canada qu'en 1949. Elle est accessible par traversier au départ de Blanc-Sablon.

Parcs

Circuit A : La Minganie

La **réserve faunique de Sept-Îles–Port-Cartier** ★ *(24 boul. des Îles, Port-Cartier, ☎766-2524)* s'étale sur 2 422 km² et est surtout fréquentée par les chasseurs, les pêcheurs à la ligne ainsi que les canoteurs d'expérience qui aiment chevaucher les rapides de la rivière aux Rochers.

Le **parc régional de l'Archipel des Sept Îles** ★★ est composé des îles Petite et Grande Boule, Dequen, Manowin, Corossol, Grande et Petite Basque. La morue étant abondante dans cette région, la pêche demeure une activité populaire. Sur l'île Grande Basque, des sentiers d'interprétation de la nature et des emplacements de camping ont été aménagés. Pour participer à une croisière dans l'archipel, voir p ?.

Composée d'une série d'îles et d'îlots s'étendant sur 95 km, la **réserve de parc national de l'Archipel-de-Mingan** ★★ *(Havre-St-Pierre, ☎538-3331 ou 538-3285)* recèle de formidables richesses naturelles. Sa particularité vient des falaises composées de calcaire stratifié fort tendre qui ont été façonnées par les vagues.

Ces formations proviennent de sédiments marins qui, aux environs de l'équateur, il y a de cela 250 millions d'années, furent propulsés au-dessus du niveau de la mer, avant d'être recouverts d'un manteau de glace de plusieurs kilomètres d'épaisseur; en fondant, les glaces dérivèrent, et c'est ainsi que les îles émergèrent de nouveau à leur emplacement actuel, il y a 7 000 ans, formant d'impressionnants monolithes de pierre. Outre cet aspect fascinant, le climat et la mer ont favorisé le développement d'une flore rare et variée. De plus, environ 200 espèces d'oiseaux y nichent. Parmi les espèces qu'on peut apercevoir, mentionnons le joli macareux moine, le fou de Bassan et la sterne arctique. Dans le fleuve, on note la présence de baleines telles que le petit rorqual et le rorqual bleu.

On trouve deux **centres d'accueil et d'interprétation**, un premier à Longue-Pointe Centre d'Interprétation de l'Archipel-de-Mingan *(625 rue du Centre, ☎949-2126)* et un second à Havre-Saint-Pierre *(975 rue de l'Escale, ☎538-3285)*. Ils sont ouverts en été seulement. Il est possible de séjourner sur les îles (voir p 664). Il existe également des sentiers de randonnée pédestre sur certaines îles.

En plus d'offrir des attraits naturels considérables, le parc recèle quelques vestiges d'une occupation humaine très ancienne, remontant à plus de 4 000 ans. Les ancêtres des Montagnais du village de Mingan furent les premiers à visiter régulièrement cet endroit pour y faire la chasse aux baleines et pour y cueillir de petits fruits.

Mis à part les explorateurs vikings, dont les traces d'occupation ont été mises en valeur sur l'île de Terre-Neuve, les premiers Européens connus à mettre les pieds sur le sol canadien sont les baleiniers basques et bretons, qui ont laissé des témoignages de leur passage aux îles de Mingan.

Les archéologues ont notamment retrouvé les vestiges de leurs fours circulaires en pierre et en tuile rouge (XVIe siècle), destinés à faire fondre la graisse des cétacés avant de l'exporter vers l'Europe où elle servait principalement à la fabrication de chandelles.

En 1679, les Français Louis Jolliet et Jacques de Lalande se portent acquéreurs de l'archipel, qu'ils transforment en un poste de traite des fourrures doublé d'un site de pêche à la morue. Ces installations, détruites par les Anglais à la Conquête, n'ont jamais été reconstruites.

Mesurant 222 km de long sur 56 km de large, la **réserve faunique de l'île d'Anticosti** ★★ permet à chaque personne une utilisation rationnelle du territoire afin de s'adonner à son activité préférée. Plusieurs kilomètres de pistes de randonnée sillonnent ce havre de verdure qui se prête bien à la chasse, à la marche, à la baignade ou à la pêche. L'île appartient au gouvernement du Québec depuis 1974, mais la randonnée pédestre récréative n'y est pratiquée que depuis 1986. La réserve est surtout populaire auprès des chasseurs. Réputée pour ses cerfs de Virginie, elle offre également des panoramas à couper le souffle. En effet, plages immenses, chutes, grottes, escarpements et rivières composent son magnifique décor.

Il est possible de visiter la réserve et ses multiples sites naturels en voiture si vous êtes sûr de la fiabilité de votre véhicule. Il faut alors compter quelques jours pour cette visite. À 65 km de Port-Menier, vous trouverez la **chute Kalimazoo**. Un peu plus loin, vous arriverez à **Baie-MacDonald**, nommée en mémoire d'un pêcheur de la Nouvelle-Écosse, Peter McDonald, qui y vécut en ermite plusieurs années. On raconte même qu'après avoir été malade, puis soigné à Baie-Sainte-Catherine, il fit près de 120 km en raquettes pour retourner chez lui.

La baie constitue un superbe site entouré d'une longue plage de sable fin. Continuez sur la route qui longe ces magnifiques plages et vous croiserez la **pointe Carleton**, avec son phare datant de 1918. Non loin de la pointe Carleton, vous pourrez voir l'épave de cet ancien dragueur de mines que fut le ***M.V. Wilcox***, échoué depuis juin 1954.

À quelque 12 km de la pointe Carleton, vous trouverez le chemin pour accéder à la **caverne de la rivière à la Patate.** Si vous disposez d'un véhicule à quatre roues motrices, vous pourrez parcourir les 2 km suivants, mais vous devrez en faire deux autres à pied. Cette grotte, dont les galeries font près de 625 m de long, fut découverte en 1981 puis visitée par une équipe de géographes en 1982.
La **chute et le canyon de la Vauréal** ★★ sont parmi les sites naturels les plus importants de l'île d'Anticosti. La chute, qui se jette dans le canyon du haut d'une paroi de 70 m, offre un spectacle saisissant. Il est possible de faire une courte randonnée (1 heure) le long de la rivière, au creux du canyon, jusqu'à la base de la chute. Vous y découvrirez de magnifiques falaises de calcaire gris striées de schistes rouge et vert. En faisant encore 10 km sur la route principale, vous arriverez à l'embranchement donnat accès à la **baie de la Tour** ★★, qui se trouve 14 km plus loin. Il s'agit d'une longue plage adossée à de superbes parois de calcaire.

Activités de plein air

Croisières et observation de baleines

Circuit A : La Minganie

La **Tournée des îles** *(20$; 140 boul. Laure O., Sept-Îles, ☎968-1818 ou 962-1238)* organise des excursions en bateau d'une durée de trois heures dans l'archipel des Sept-Îles. La croisière donne aussi l'occasion de prendre connaissance de la richesse marine du fleuve Saint-Laurent, qui compte plusieurs variétés de mammifères marins, en particulier des baleines. Elle se rend jusqu'à l'île Corossol, une importante réserve ornithologique.

Sur toute la Côte-Nord, la plus belle expérience que puisse vivre quiconque aime les baleines, c'est d'aller à la rencontre des rorquals à bosse en compagnie des biologistes de la **Station de recherche des îles de Mingan** *(70$/pers.; 124 rue du Bord-de-la-Mer, Longue-Pointe, ☎949-2845, ≠ 948-1131)*. À bord de canots pneumatiques à coque rigide de 7 m, les observateurs participent à une journée de recherche qui consiste à identifier les animaux par les marques que l'on distingue sous la queue.

On assiste parfois à des biopsies et l'on receuille des données qui serviront aux chercheurs. Il faut avoir le cœur solide toutefois, puisque les sorties, qui débutent par un rendez-vous matinal à 7h à la station de recherche, durent un minimum de six heures et, parfois, beaucoup plus longtemps, et ce, dans une mer houleuse.

Observation d'oiseaux

Circuit A : La Minganie

Toute la **baie de Sept-Îles** permet à l'ornithologue amateur de faire un grand nombre d'observations d'oiseaux de rivage et de marais ainsi que de canards. Sur le rivage, on peut souligner quelques bons lieux d'observation comme la pointe du Poste, au bout de la rue De Quen, le Vieux Quai ainsi que deux haltes le long de la route 138, à l'ouest de la ville. En croisière autour des îles qui ponctuent la baie, on peut voir sur l'île du Corossol diverses colonies d'oiseaux marins.

La **réserve de parc national de l'Archipel-de-Mingan** abrite de nombreuses merveilles naturelles uniques au Québec et dans tout l'est de l'Amérique. Il en est de même sur le plan ornithologique. On y reconnaît par exemple l'une des rares colonies de macareux moines du golfe, sur l'île aux Perroquets, à l'extrémité ouest de l'archipel. On les observe principalement à partir des bateaux d'excursion dont le port d'attache est à Havre-Saint-Pierre, Mingan et Longue-Pointe.

Dans la forêt de cette partie de la Côte-Nord, on remarque plus spécialement la paruline à calotte noire, la paruline rayée, la mésange à tête brune, le bruant fauve, le bruant de Lincoln et la grive à joues grises.

Circuit B : Au pays de GillesVigneault

Au **refuge d'oiseaux de Watshishou** de Baie-Johan-Beetz, on peut, en déambulant sur des trottoirs de bois, observer la faune ailée.

Plongée sous-marine

Circuit A : La Minganie

Protégée par les îles qui l'entourent, la baie de Sept-Îles rend le milieu marin plus favorable à la plongée sous-marine. Plus de 75 sites ont été répertoriés dans la baie : on en trouve de tous les niveaux de difficulté. Deux épaves artificielles ont même été créées en 1995.

Kayak

Circuit A : La Minganie

Le **N R J Sport** *(4474 Arnaud, Sept-Îles, ☎968-9675)* organise une foule d'activités pour les amateurs de canot, de kayak et de randonnée pédestre. Leur longue liste de forfaits va de la tournée des îles de l'archipel des Sept-Îles aux excursions de deux à huit jours avec camping.

L'organisme **Québec Expédition Kayak-de- mer** *(juin à oct; 116 rue de la Rive, C.P. A7, Magpie, ☎949-2388)* vous propose la découverte des îles de la Minganie en compagnie de guides écologistes qui connaissent bien le milieu naturel de l'archipel et de la côte. Un autre forfait mène les kayakistes sur les lacs et les rivières, dans certains coins méconnus et autrement inaccessibles.

L'organisme Excursions Vie à Nature gère également le **Centre d'infor-mation sur le kayak de mer en Minganie** qui peut conseiller les kayakistes voyageant avec leur propre embarcation, leur offrir une carte de l'archipel de Mingan tracée spécialement pour les kayakistes et leur proposer différents produits ainsi que de l'équipement lié à la pratique du kayak de mer.

Ski alpin

Circuit A : La Minganie

Pour le ski alpin, la **Station de ski Gallix** *(25,50$; mi-déc à mi-avr mer au ven 10h à 15h30, sam-dim 9h à 15h30; 1 ch. du Centre de ski, Gallix, ☎766-7547)* offre une dénivellation de 185 m et compte 22 pentes dont 7 éclairées en soirée.

Motoneige

Afin de satisfaire les amateurs, une carte indiquant les sentiers de motoneige de la région est disponible à l'Association Touristique de Duplessis.

Association des clubs de motoneige de la côte Nord
625 boul. Laflèche
Baie Comeau, G5C 1C5
☎296-8967

Circuit B : Au pays de Gilles Vigneault

L'entreprise **Les Excursions-randonnées Côte-Nord** *(1121 rte. 138, Ragueneau, ☎567-8761)* organise des excursions en motoneige à partir de Rivière-Saint-Jean jusqu'à Blanc-Sablon, sur la Basse-Côte-Nord. Groupes de six à huit personnes.

La **communauté montagnaise de Pakuashipi** *(Conseil des Montagnais de Pakuashipi, C.P. 178, Pakuashipi/Saint-Augustin, ☎947-2253, ⇄947-2622)* propose plusieurs activités de familiarisation avec la culture autochtone, entre autres des excursions en motoneige qui ont lieu -

dans un rayon d'environ 80 km et qui comportent la pratique de diverses activités de chasse et de pêche ainsi que des séjours dans des camps de bois. Pakuashipi n'est accessible que par avion ou par motoneige à partir de Natashquan.

Hébergement

Circuit A : La Minganie

Sept-Îles

Camping sauvage de l'île Grande-Basque
7$
juil à mi-sept
Corporation touristique de Sept-Îles, 1401 boul. Laure O., G4R 4K1
☎962-1238
☎968-1818 en été
⇄968-0022
Camper sur une île sauvage, dans la tranquillité de la nature, c'est le fantasme de plusieurs citadins. Le Camping sauvage de l'île Grande-Basque rend ce rêve possible dans l'environnement superbe de la baie de Sept-Îles. Cette île étant la plus rapprochée de la rive, elle représente une belle étape pour les kayakistes et les canoteurs. Foyers, avec bois disponible sur place. Pas d'eau potable.

Auberge internationale Le Tangon
18$/pers. en dortoir
C
555 av. Jacques-Cartier, G4R 2T8
☎962-8180
L'Auberge internationale Le Tangon est l'auberge de jeunesse de Sept-Îles, l'endroit où les jeunes aiment s'arrêter pour coucher à très petit prix, pour faire des rencontres imprévisibles et pour profiter d'une chaude ambiance.

Hôtel Sept-Îles
67$
tv, ℜ
451 av. Arnaud, G4R 3B3
☎962-2581 ou 800-463-1753
⇄962-6918
L'hôtel Sept-Îles se dresse au bord du fleuve et bénéficie d'un beau panorama. Les chambres sont simplement décorées, mais offrent un confort adéquat.

Hôtel des Gouverneurs Sept-Îles
82$
≈
666 boul. Laure, G4R 1X9
☎962-7071 ou 888-910-1111
⇄962-8338
L'hôtel des Gouverneurs Sept-Îles est situé sur un boulevard très passant près d'un centre commercial. Il dispose de chambres modernes et confortables.

Havre-Saint-Pierre

Réserve de parc national de l'Archipel-de-Mingan
droit d'accès journalier 2,50$
camping 6-9/pers./jour
juin à sept
1010 promenade des anciens, G0G 1P0
☎538-3285 en saison
☎538-3331 hors saison
La réserve de parc national de l'Archipel-de-Mingan dispose de 34 emplacements de camping sauvage situés sur six îles de l'archipel, lesquelles ont chacune leurs propres caractéristiques.

Les campeurs qui recherchent la paix totale et l'isolement au sein d'un environnement marin éblouissant seront comblés sur ces emplacements. Ils doivent toutefois faire preuve d'une grande autonomie et d'un sens de l'organisation sans faille.

Sur les îles, les services et installations consistent en une plateforme pour tentes, des toilettes sèches, des tables, des grils, des abris pour le bois et du bois de chauffage.

En saison touristique, il est permis de réserver jusqu'à sept jours à l'avance pour les personnes et jusqu'à six mois à l'avance pour les groupes. On peut aussi s'inscrire quotidiennement à la «criée», qui a lieu à 14h45 au centre d'accueil de Havre-Saint-Pierre. Les emplacements réservés qui n'ont pas été réclamés sont alors distribués aux premiers arrivés. La durée maximale de séjour sur une même île est de six jours.

Un service de bateau-taxi assure le transport des personnes qui n'ont pas d'embarcation. Des frais supplémentaires sont alors exigés. La température étant extrêmement changeante, il est recommandé d'emporter suffisamment de vêtements chauds et secs. Il faut aussi prévoir apporter de l'eau potable et de la nourriture pour deux jours de plus que le séjour planifié, même s'il n'est que d'un jour, puisque le mauvais temps et le brouillard peuvent modifier l'horaire des services maritimes. Destination fabuleuse pour le kayak de mer.

Auberge de la Minganie
15$/pers.
C
mai à oct
rte. 138, G0G 1P0
☎538-2944
L'Auberge de la Minganie, une sympathique auberge de jeunesse, se trouve près de la ville, à côté du parc national de l'Archipel-de-Mingan. Si vous venez en autocar, il faut demander au chauffeur d'arrêter de-

vant l'auberge. On peut y participer à plusieurs activités culturelles et de plein air.

Hôtel-Motel du Havre
62$
ℜ, ℂ
970 boul. de l'Escale, G0G 1P0
☎538-2800 ou 888-797-2800
⇌538-3438
Il y a un établissement qu'on ne peut manquer de voir en entrant à Havre-Saint-Pierre, puisqu'il est situé à l'intersection de la route principale et de la rue de l'Escale, qui traverse le village et mène au quai. L'Hôtel-Motel du Havre est définitivement le grand hôtel de la ville. De récents efforts de rénovation ont permis d'améliorer l'aménagement de plusieurs chambres, mais certaines d'entre elles restent ternes et un peu déprimantes. Accueil sympathique.

Île d'Anticosti

Auberge Au Vieux Menier
17,50$ par pers. en dortoir
35$ pdj en gîte
bc
de juin à septembre
C.P. 112, Port-Menier, G0G 2Y0
☎535-0111
L'Auberge Au Vieux Menier propose une formule d'hébergement entre le gîte touristique et l'auberge de jeunesse. Située sur le site de l'ancienne ferme Saint-Georges, plus vieux bâtiment de l'île, on y retrouve aussi un centre d'interprétation de fossiles. Tarifs économiques.

Auberge Port-Menier
66$
ℜ, tvc
C.P. 160, Port-Menier, G0G 2Y0
☎535-0122
⇌535-0204
L'Auberge Port-Menier est une institution de longue date sur l'île. Dans un décor sommaire, l'auberge propose des chambres propres. Plusieurs circuits de visites guidées sont organisés à partir de l'auberge. Le hall d'entrée est décoré des quelques magnifiques reliefs sur bois provenant du Château Menier. Location de vélos.

Baie-Johan-Beetz

Maison Johan-Beetz
50$ pdj
15 Johan-Beetz
☎539-0137
Vous pouvez loger dans la Maison Johan-Beetz un hôtel exceptionnel puisqu'il s'agit d'un monument historique décoré de dessins de Johan Beetz. Les chambres sont confortables quoique rudimentaires.

Natashquan

Auberge La Cache
85$
183 ch. d'En Haut, G0G 2E0
☎726-3347
⇌726-3508
L'Auberge La Cache met une dizaine de chambres agréables à la disposition des voyageurs.

Kegaska

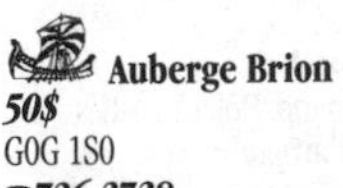
Auberge Brion
50$
G0G 1S0
☎726-3738
On trouve à Kegaska une petite auberge familiale vraiment sympathique. L'Auberge Brion vous assure un accueil chaleureux en français ou en anglais ainsi qu'un bon repas. Ambiance détendue et service attentionné. Ouverte toute l'année.

Restaurants

Circuit A : La Minganie

Sept-Îles

Au quai, vous trouverez deux poissonneries vendant du poisson frais.

Café du Port
$$
495 av. Brochu
☎962-9311
Le mignon Café du Port propose une bonne cuisine familiale simple et délicieuse. L'endroit est des plus sympathiques.

Chez Omer
$$$
372 av. Brochu
☎962-7777
Le restaurant Chez Omer prépare de délicieux plats de fruits de mer.

Longue-Pointe

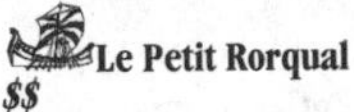
Le Petit Rorqual
$$
986 ch. du Roi
☎949-2240
Le Petit Rorqual figure comme l'une des meilleures tables de toute la Côte-Nord. On y retrouve une fine cuisine régionale, évidemment à base de poissons frais et de fruits de mer.

Havre-Saint-Pierre

Chez Julie
$-$$
1023 rue Dulcinée
☎538-3070
La réputation du restaurant Chez Julie n'est plus à faire car ses excellents plats de fruits de mer en ont ravi

plus d'un. Son décor de coffee shop, avec sièges en vinyle, ne parvient pas à refroidir l'ardeur des inconditionnels, qui y reviennent pour savourer la pizza aux fruits de mer et au saumon fumé.

Île d'Anticosti

Pointe-Carleton
$-$$
SÉPAQ
La salle à manger de Pointe-Carleton est la meilleure et la plus agréable table de l'île. Dans une pièce éclairée ou sur la terrasse, le point de vue est spectaculaire et la cuisine, savoureuse. Chaque soir, on propose une spécialité différente. Si vous êtes ici un soir de «Bacchante» (assiette du pêcheur), ne manquez le repas pour rien au monde.

Auberge Port-Menier
$$
Port-Menier
☎535-0122
L'Auberge Port-Menier abrite une salle à manger qui propose une cuisine populaire de qualité.

Auberge Place de l'Île
C.P. 47, Port-Menier G0G 2Y0
☎535-0279
L'Auberge Place de l'Île propose une bonne cuisine familiale, avec un menu du midi différent à chaque jour. Située au centre du village, l'auberge dispose également de sept chambres propres et confortables.

Circuit B : Au pays de Gilles Vigneault

Natashquan

Auberge La Cache
$$$
183 ch. d'En Haut
6h30 à 10h et 18h à 20h30
☎726-3347
On peut prendre un bon repas au restaurant de l'Auberge La Cache; des plats de viande et de fruits de mer y sont proposés.

Sorties

Port-Cartier

Graffiti
☎766-3513
Avec sa programmation de spectacles et d'expositions, son bar et son restaurant, le café-théâtre Graffiti reste l'un des endroits les plus animés et les plus courus en ville.

Sept-Îles

Le Matamek
451 av. Arnaud, Hôtel Sept-Îles
accès par l'arrière
En plein cœur de la ville et juste au bord de la magnifique promenade du parc du Vieux-Quai, le bar **Le Matamek** est le rendez-vous des visiteurs et des gens de Sept-Îles pour son «5 à 7» et pour ses soirées animées. L'ambiance y est à la discussion, aux rencontres et à la camaraderie. Clientèle de plus de 30 ans.

Île d'Anticosti

Auberge Au Vieux Menier
Port-Menier
☎535-0111
L'Auberge Au Vieux Menier et son bar-café Vous accueillent chaleureusement. Terrasse

Achats

Circuit A : La Minganie

Sept-Îles

La Côte-Nord vous fascine suffisamment pour que vous ayez le goût de lire encore plus sur le sujet? **La Librairie Côte-Nord** *(Mail Place de Ville, 770 boul. Laure, ☎968-8881)* propose une bonne sélection de livres sur la région. Vous y serez bien conseillé.

Les artisans et artistes régionaux vous proposent leurs produits à la **Boutique de souvenirs de la Terrasse du Vieux-Quai** *(en saison; ☎962-4174)* et dans Les abris de la promenade du Vieux-Quai, situés à l'extrémité ouest de la promenade. Il y a aussi **la boutique Les Artisans du Platin** *(451 av. Arnaud, ☎968-6115).*

Les amateurs de produits d'artisanat amérindien trouveront un choix intéressant et typiquement montagnais à la **boutique du Musée régional de la Côte-Nord** *(500 boul. Laure, ☎968-2070).*

Longue-Pointe

La Boutique des Îles *(134 rue du Bord-de-la-Mer E., ☎949-2320)* a de tout sur ses étalages, des vêtements de bonne qualité à l'effigie de la Minganie aux produits d'artisanat montagnais ou local en passant par les petits souvenirs moins coûteux et les belles reproductions animalières.

Île d'Anticosti

Les Artisans d'Anticosti *(juin à sept tlj 9h à 16h, sept à déc tlj 9h à 14h; C.P. 89, Port-Menier, ☎535-0270)* ont une superbe sélection de produits d'artisanat et de vêtements en cuir de chevreuil ainsi que des bijoux en bois de cerf. T-shirts et cartes géographiques.

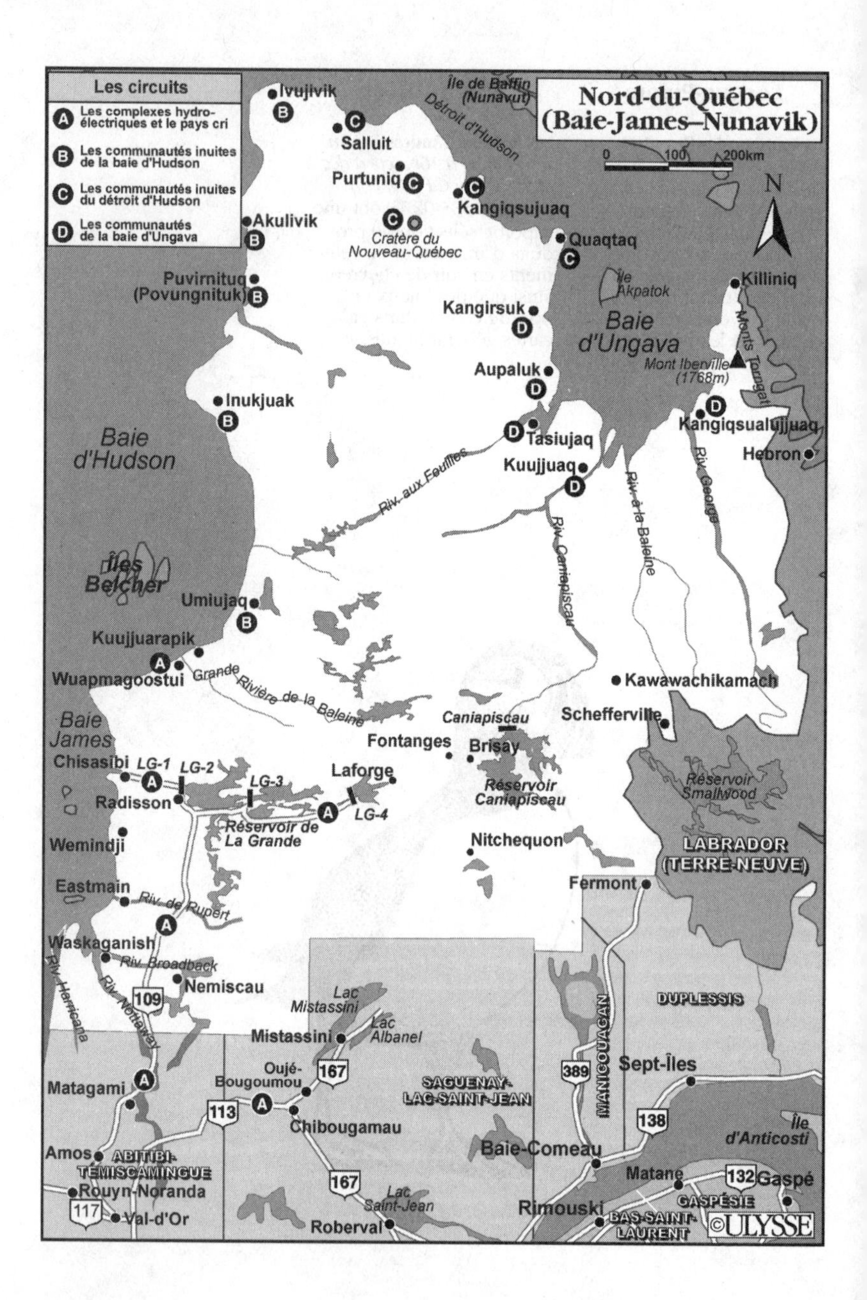

Nord-du-Québec
(Baie-James–Nunavik)
Les circuits
A Les complexes hydro-électriques et le pays cri
B Les communautés inuites de la baie d'Hudson
C Les communautés inuites du détroit d'Hudson
D Les communautés de la baie d'Ungava
0 100 200km
N
Île de Baffin (Nunavut)
Détroit d'Hudson
Ivujivik
Salluit
Purtuniq
Kangiqsujuaq
Akulivik
Cratère du Nouveau-Québec
Quaqtaq
Puvirnituq (Povungnituk)
Île Akpatok
Killiniq
Kangirsuk
Baie d'Ungava
Monts Torngat
Mont Iberville (1768m)
Aupaluk
Inukjuak
Tasiujaq
Kangiqsualujjuaq
Baie d'Hudson
Kuujjuaq
Hebron
Riv. aux Feuilles
Riv. à la Baleine
Riv. George
Riv. Caniapiscau
Îles Belcher
Umiujaq
Kuujjuarapik
Wuapmagoostui
Grande Rivière de la Baleine
Kawawachikamach
Baie James
Caniapiscau
Schefferville
Fontanges
Brisay
Chisasibi
LG-1
LG-2
LG-3
Laforge
Réservoir Caniapiscau
Réservoir Smallwood
Radisson
LG-4
Réservoir de La Grande
Wemindji
Nitchequon
LABRADOR (TERRE-NEUVE)
Eastmain
Fermont
Riv. de Rupert
Waskaganish
Riv. Broadback
Riv. Harricana
Riv. Nottaway
109
Nemiscau
Lac Mistassini
Lac Albanel
DUPLESSIS
Mistassini
MANICOUAGAN
Oujé-Bougoumou
167
SAGUENAY-LAC-SAINT-JEAN
389
Sept-Îles
Matagami
113
Chibougamau
138
Île d'Anticosti
Amos
ABITIBI-TÉMISCAMINGUE
Baie-Comeau
Matane
132
Gaspé
Rouyn-Noranda
167
Lac Saint-Jean
GASPÉSIE
117
Val-d'Or
Rimouski
Roberval
BAS-SAINT-LAURENT
©ULYSSE

Nord-du-Québec

L'ensemble géographique du Nord québécois composé de deux grands secteurs, Baie James et Nunavik, constitue un gigantesque territoire septentrional s'étendant depuis le 49e parallèle jusqu'au nord du 62e parallèle et couvrant plus de la moitié de la superficie du Québec.

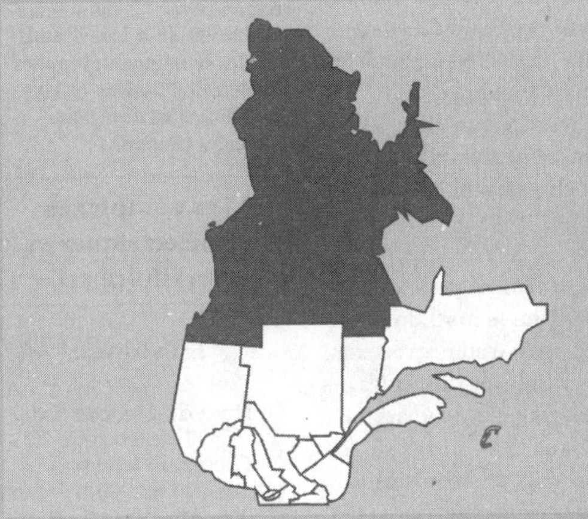

La singulière beauté de ses paysages dénudés, l'extrême rudesse de son climat hivernal et sa végétation, où la toundra succède à la taïga et à la forêt boréale, en font une région résolument différente du reste du Québec. Les gens «d'en bas» la jugent souvent inhospitalière. Elle est du moins très difficile d'accès, puisque routes et chemins de fer s'arrêtent au Moyen-Nord et que près de 2 000 km séparent Montréal d'Ivujivik, le village le plus septentrional du Québec.

Quoique certains s'y aventurent, ce vaste territoire demeure toujours le royaume des peuples autochtones du Nord. Les 14 localités qui ponctuent les rivages de la baie

d'Hudson, du détroit d'Hudson et de la baie d'Ungava regroupent quelque 9 500 habitants, dont 90% d'Inuits. En inuktitut, soit la langue des Inuits, ce territoire a nom Nunavik, et il est géré en grande partie par les Inuits eux-mêmes. Quant aux Cris, ils sont 12 000 à vivre dans neuf villages de la taïga, pour la plupart aux abords immédiats de la baie James (voir Portrait, «Peuples autochtones», p 31).

Dans cette vaste région, Français et Anglais rivalisèrent pour le contrôle de la traite des fourrures dès les premières années de la colonisation de l'Amérique du Nord. Mais depuis maintenant près de 30 ans, c'est le gouvernement du Québec qui s'intéresse au Nord, notamment à la puissance de certaines de ses rivières. Grâce à de spectaculaires exploits technologiques, on érigea, dans la région de la baie James, de formidables barrages hydroélectriques dont les centrales atteignent une puissance de 10 282 mégawatts (MW).

Le Nord occupe une place importante dans la conscience collective des Canadiens et Canadiennes. Et pourtant, bien que les habitants de ce pays se considèrent comme des «nordiques», la grande majorité d'entre eux vivent le long d'une étroite bande de terre en bordure de la frontière qui sépare le Canada des États- Unis, et la plupart ne s'aventureront jamais si loin au nord du continent. Cela dit, l'attrait quasi mystique du Nord attire depuis longtemps les plus aventureux, dont beaucoup sont allés pêcher dans ses eaux cristallines ou chasser son abondante faune.

De plus en plus, cependant, le nord du Québec attire d'autres visiteurs, ses vastes régions sauvages et sa faune unique agissant comme des aimants sur les amateurs de grands espaces et de nature vierge, de plus en plus nombreux aux quatre coins du monde.

Parallèlement, les citadins des régions plus méridionales qui souhaitent faire l'expérience d'un mode de vie tenu pour plus près de la nature se laissent volontiers fasciner par la culture des peuples cri et inuit du Nord québécois, lesquels proposent d'ailleurs des façons créatives et passionnantes d'assouvir cette soif grandissante, qu'il s'agisse d'une expédition en traîneau à chiens à travers la toundra ou d'une nuitée sous un tipi.

Pour s'y retrouver sans mal

L'immense région du Nord-du-Québec est divisée en quatre sections : **les complexes hydroélectriques et le territoire cri**, **les communautés inuites de la baie d'Hudson**, **les communautés inuites du détroit d'Hudson** et **les communautés de la baie d'Ungava (Nunavik)**.

Les complexes hydroélectriques et le territoire cri

En voiture

Le Nord-du-Québec constitue 51% du territoire du Québec et ne compte qu'environ 40 000 habitants (Inuits, Amérindiens et autres). La route 109 pénètre une petite partie de cet immense territoire; elle part d'Amos (en Abitibi-Témiscamingue) et se rend à Radisson.

Longue de plus de 600 km et entièrement revêtue, cette route est presque déserte. Un seul relais routier s'y trouve, au kilomètre 381, et vous pourrez y prendre une bouchée et faire le plein d'essence. Il faut donc partir bien préparé pour cette expédition. D'ailleurs, nous vous conseillons de faire ce long voyage en une seule journée.

Une autre route, est-ouest, dessert les installations hydroélectriques du complexe La Grande : LG-2, LG-3, LG-4, Brisay et Caniapiscau. Il est cependant impossible de dépasser le kilomètre 323 sans l'autorisation d'Hydro-Québec. La portion de route reliant LG-2 et LG-4 est de gravier. Il existe également une portion de route reliant Radisson à Chisasibi et à LG-1.

À l'est de la route 109 s'allongent la route du Nord, longue de 437 km, qui relie Chibougamau et Nemiscau, puis la route de la Baie James, à la hauteur de la rivière Rupert. Vous trouverez de l'essence au poste de Nemiscau Cree Construction *(lun-sam 7h à 9h et 15h à 18h)* et à la station-service à l'entrée du village de Nemiscau *(lun-ven 9h à 19h, sam-dim 9h à 15h)*.

Il s'agit d'une route de terre et de pierre plutôt difficile, surtout en été. On s'y déplace, de préférence, en véhicule tout-terrain. Les poids lourds y circulent constamment et ne sont pas du genre à céder le passage. On doit donc constamment être sur la défensive, conduire de façon très préventive et garder la droite en cédant la place aux camions que l'on croise et qui, souvent, ont tendance à rouler au milieu de la route. Les conditions sur la route du Nord sont meilleures en hiver, alors que la chaussée est plus dure et uniforme bien que glacée.

Location de voitures

Location Aubé
aéroport de La Grande
☎*(819) 638-8353*
⇒*(819) 653-8570*

En autocar

Il est également possible de visiter la région de Radisson en tour guidé. L'agence **Tours Chante-cler** *(2014 boul. Charest O.,*

Le météorite de la baie d'Hudson

Si vous observez une carte du Québec, vous constaterez un arc de cercle parfait à l'est de la baie d'Hudson. Vous remarquerez aussi la présence des îles Belcher au centre de la baie. Certains scientifiques identifient cette formation géologique à la chute d'un météorite. En fait, lorsqu'un météorite tombe, il forme un cratère d'une incroyable rondeur. De plus, la force d'un tel choc provoque un phénomène de vagues vers l'extérieur et vers le centre, un peu comme lorsqu'on jette une roche dans l'eau. Ces trois éléments étant présents, il est possible d'énoncer l'hypothèse qu'un météorite aurait frappé le Moyen-Nord québécois. Le Québec compte d'ailleurs plusieurs cratères formés par des météorites d'une taille considérable, le cratère du Nouveau-Québec, le demi-cratère dans Charlevoix, qu'on peut visiter, et le réservoir Manicouagan, ce dernier étant le plus vaste du Québec.

Si cette hypothèse est fondée, ce météorite serait le plus gros à avoir jamais frappé la face de la Terre. Un tel choc aurait été suffisant pour changer l'axe de la Terre et ainsi provoquer des changements majeurs au niveau du climat. Aussi, ce même choc, avec les multiples répercussions possibles, aurait pu causer la disparition des dinosaures!

Cependant, il est impossible d'affirmer avec certitude que ce gigantesque réservoir a été formé à la suite de la chute d'un météorite. On manque de preuves concrètes. Par exemple, le météorite du réservoir Manicouagan a été identifié grâce à la présence de pierres semblables à celles rapportées par les expéditions lunaires. Diverses études se contredisent à ce sujet. Ainsi le Québec ne s'est pas encore vu attribuer la présence du plus gros cratère météorique du monde, celui-ci se trouvant dans le golfe du Mexique sur les pourtours de la péninsule du Yucatan. Certains scientifiques identifient la formation géologique de la baie d'Hudson au mouvement des plaques tectoniques. Mais là encore ils n'ont trouvé aucune marque dans les fonds marins, ou peut-être serait-ce un vestige du passage du glacier qui a sévi sur le Québec il y a 20 000 ans. Le mystère demeure entier.

bureau 119, Québec, G1N 4N6, ☎800-361-8415) organise des excursions en autocar partant de Québec et allant jusque dans la région de la baie James, au complexe hydroélectrique de LG-2. Le voyage s'étend généralement sur une semaine. La distance séparant la ville de Québec et Radisson est de plus de 1 600 km.

En avion

En raison de la restructuration dont l'industrie aérienne canadienne fait présentement l'objet, les lignes et les transporteurs qui desservent ces destinations sont sujets à changement, si bien que l'information qui suit ne vise qu'à donner une idée des possibilités existantes.

Canadian Airlines International (Air Alma)
☎800-665-1177
Canadian Airlines propose des vols de Montréal à Chibougamau. L'aller-retour le moins cher se vend environ 500$ et peut être obtenu trois jours avant le départ.

Air Creebec
☎800-567-6567
www.aircreebec.com
Air Creebec est la seule compagnie aérienne à

desservir tous les villages cris du Grand Nord québécois à partir de Montréal ou de Val-d'Or. Mistissini, Oujé-Bougoumou et Waswanipi peuvent être atteints en taxi ou en voiture de location depuis l'aéroport de Chibougamau.

Des vols sont aussi offerts jusqu'à La Grande/ Radisson. Notez que, en réservant sept jours à l'avance, vous pouvez bénéficier d'un rabais d'environ 50% sur le prix régulier des billets. Les tarifs aller-retour à prix réduit au départ de Montréal varient entre 350$ (Chibougamau) et 800$ (Chisasibi).

Air Montréal
☎(514)631-2111
☎888-631-2111
www.airmontreal.com
Air Montréal relie la métropole à La Grande pour environ 800$.

Air Inuit
☎800-361-2965
Cette compagnie aérienne propose des liaisons avec Radisson–La Grande (complexe hydroélectrique).

Nunavik

Aucune route ni chemin de fer ne relie les communautés inuites du Nunavik entre elles. Il est donc impossible d'utiliser la voiture ou le train pour ses déplacements. L'avion constitue le seul moyen de transport pour se déplacer d'une communauté à l'autre.

Une petite route non revêtue relie toutefois le village naskapi de Kawawachikamach à Schefferville. Pour se rendre à Schefferville, le visiteur a le choix de prendre le train ou l'avion.

En avion

Air Inuit
☎800-361-2965
Cette compagnie aérienne dessert tous les villages inuits du Nord québécois et canadien. En réservant 7 jours à l'avance, vous pourrez profiter d'une réduction substantielle.

Air Creebec (voir ci-dessus) ne dessert Kuujjuarapik qu'au départ de Montréal. Comptez autour de 800$ pour un aller-retour, que vous pouvez retenir jusqu'à sept jours à l'avance.

Air Canada
☎514-393-3333 ☎888-247-2262
Il n'y a aucun vol direct vers Schefferville, mais Air Canada assure la liaison jusqu'à Sept-Îles, d'où il est possible d'effectuer une correspondance vers Schefferville sur les ailes d'Aviation Québec-Labrador.

Renseignements pratiques

Indicatif régional: 819 (excepté Mistassini et Oujé-Bougoumou : 418)

Renseignements touristiques

L'infrastructure touristique de cette région est très peu développée, aussi est-il difficile d'y partir à l'aventure. Il est recommandé de réserver à l'avance les hôtels ainsi que toutes les visites envisagées.

D'ailleurs, pour découvrir ces terres lointaines de même que pour y pratiquer la chasse ou la pêche, il est fortement recommandé de faire appel aux services d'un pourvoyeur.

Sachez que les prix des biens et services sont sensiblement plus élevés dans le nord du Québec que dans les régions plus au sud. La grande majorité des biens de consommation doivent en effet y être acheminés par la voie des airs, et le coût de la vie y est relativement élevé, d'où une différence marqué dans les prix courants.

Les complexes hydroélectriques et le territoire cri

James Bay Tourism
lun-ven 8h30 à 16h
166 boul. Springer, C.P. 1270, Chapais, G0W 1H0
☎(418)745-3969
☎888-745-3970
⇄(418)745-3970
crdbj.chapais@sympatico.ca

Municipalité de Baie-James
sur la route entre Matagami et Radisson, au kilomètre 6, se trouve un petit bureau (*☎819-739-4473, ⇄739-2088*) où tout visiteur voyageant sur la route doit s'arrêter afin de s'enregistrer. De là, vous pourrez aussi faire les réservations pour la visite des centrales hydroélectriques.

Quelques numéros utiles :

Service de sécurité civile et de tourisme de la municipalité de Baie-James
110 boul. Matagami, C.P. 500, Matagami, J0Y 2A0
☎739-2030
⇄(819)739-2713
www.municipalite.baie-james.qc.ca

Ministère de l'Environnement et de la Faune
Radisson
☎638-8305
Mistassini
☎923-3279
Nemiscau
☎(819)673-2512
Oujé-Bougoumou
☎(418)745-3911
Bureau régional
☎(418)643-6662

Nunavik

On songe à créer sous peu un office de tourisme cri central. Entre-temps, voici une source d'information valable :

Cree Regional Authority
Alfred Loon, responsable du développement économique
☎(514)861-5837
⇄(514)861-0760
aloon@gcc.ca

Vous pouvez en outre obtenir des renseignements sur les possibilités de visite dans la plupart des communautés cries en vous adressant au conseil de bande de chacune des communautés concernées, quoique plusieurs d'entre elles possèdent leur propre coordonnateur touristique.

Tourisme Mistissini
Michael Prince, coordonnateur touristique
187 Main St., Mistissini, G0W 1C0
☎(418)923-3253
⇄(418)923-3115
www.nation.mistissini.qc.ca

Tourisme Oujé-Bougoumou
Gaston Cooper, coordonnateur touristique
203 rue Opemiska,
Oujé-Bougoumou, G0W 3C0
☎(418)745-3905
☎888-745-3905 sans frais
⇄(418)745-3544
tourism@ouje.ca, www.ouje.ca/tourism

Agence de Chisasibi Mandow
Simon Herodier, responsable des activités touristiques
P.O. Box 30, Chisasibi, J0M 1E0
☎855-3373
☎800-771-2733 sans frais
⇄855-3374
mandow@cancom.net

Conseil de bande de Waskaganish
Doris Small, coordonnateur touristique
P.O. Box 60, Waskaganish, J0M 1R0
☎895-8843
⇄895-8901

Conseil de bande d'Eastmain
Société de développement Wabannutao Eeyou
Jonathan Cheezo, directeur Marketing
☎977-0355
⇄977-0281
www.eastmain-nation.ca

Conseil de bande de Waswanipi
Société de développement Waswanipi
Marlene Kitchen, directrice générale
Waswanipi J0Y 3C0
☎753-2587
⇄753-2555

Conseil de bande de Nemaska
Lac Champion
Nemaska, J0Y 3B0
☎673-2512
⇄673-2542

Conseil de bande de Wemindji
Mike McGee, coordonnateur touristique
☎978-0264
⇄978-0258

Conseil de bande de Whapmagoostui
P.O. Box 30, Whapmagoostui, J0M 1G0
☎929-3384
⇄929-3203

Association touristique du Nunavik
B.P. 218
Kuujjuaq, J0M 1C0
☎964-2876 ou 888-594-3424 (États-Unis et Canada)
⇄964-2002
www.nunavik-tourism.com, nta@nunavik-tourism.com

Fédération des coopératives du Nouveau-Québec
19950 Clark Graham
Baie-d'Urfé, H9X 3R8
☎(514)457-9371
☎800-363-7610 du Canada
☎800-465-9474 des États-Unis
⇄(514)457-4626

Naskapi Band of Québec
B.P. 5111
Kawawachikamach, G0G 2Z0
☎(418)585-2686
⇄(418)585-3130

Attraits touristiques

Les complexes hydroélectriques et le territoire cri

Qu'on l'appelle Moyen-Nord, Radissonnie, région de la baie James ou territoire cri..., cette région presque aussi indéfinissable qu'innommable représente la contrée québécoise la plus nordique qui soit accessible par la route.

Ces chemins, construits par les bâtisseurs de barrages et les exploitants de mines, ont véritablement ouvert le cœur du Québec aux populations du Sud tout en permettant aux Autochtones d'accéder, pour le meilleur et pour le pire, au monde moderne.

Femme et enfant inuits

C'est donc tout un univers qui s'ouvre au voyageur un peu plus téméraire en quête d'authenticité et de dépaysement. Ici, tout est différent. Le temps, le climat, la faune, la flore, l'espace, les gens... Rien n'est comme ailleurs.

Matagami (2 300 hab.)

Matagami est une petite ville minière qui a vu le jour en 1963. Ce sont les riches mines de zinc et de cuivre situées sur son territoire qui ont attiré les habitants de cette petite communauté. Matagami constitue, pour ceux et celles qui se déplacent par voie terrestre, la porte d'entrée de la région de la baie James.

La route entre Matagami et Radisson

Au cours des années 1972-1973, les travailleurs québécois ont mis 450 jours pour réaliser le défi de 740 km (jusqu'à Chisasibi) que représentait la route de la Baie-James. En effet, le défi était considérable, quand on connaît la taille des rivières qu'ils ont dû enjamber et le nombre incroyable de lacs contournés. En vous y aventurant, faites attention au paysage qui changera subtilement. Ainsi vous verrez l'épinette noire rapetisser, puis devenir frêle et rabougrie.

★

Nemiscau (535 hab.)

Les Français ont pratiqué la traite des fourrures dès 1661 sur ce lieu de rencontre historique. Le commerce a continué de jouer une place déterminante dans l'histoire de Nemiscau, principalement avec la Compagnie de la Baie d'Hudson qui y a tenu un poste jusqu'en 1970. Le centre de l'activité économique disparaissant, les Cris se sont dispersés, mais ce n'était que pour mieux se retrouver sur les bords du merveilleux lac Champion avec l'aménagement d'un très beau village en 1979. Il s'agit donc d'un village récent, fort bien équipé, qui est devenu le centre administratif du Grand Conseil des Cris.

★★

Radisson (350 hab.)

Cette ville a été construite à partir de 1974 pour accueillir les travailleurs «d'en bas», venus aménager le complexe hydroélectrique de la Baie James. Pendant les moments forts de la construction du complexe, soit en 1978, Radisson était habitée par plus de 3 000 personnes.

Si vous désirez visiter la région, **Voyages jamésiens** *(96 rue Albanel, C.P. 914, Radisson, J0Y 2X0, ☎819-638-6673, ≠638-7080)* propose une fin de semaine à la Baie James pour un peu moins de 700$ par personne incluant transport de Québec ou Montréal, hébergement et activités. Aux visites des barrages, s'ajoutent une excursion en canot- moteur sur la rivière La Grande en été ou un après-midi de ski de fond en hiver.

On se rend surtout à Radisson pour visiter une partie de l'impressionnant complexe hydroélectrique construit dans le Moyen-Nord québécois. Vous avez la possibilité de visiter la **Centrale Robert-Bourassa ★★★**, autrefois connue sous le nom de La Grande 2 ou LG-2 *(entrée libre, toute l'année mer, ven et dim 13h, été tlj 13h, réservations requises 48 heures à l'avance; de toutes les régions du Québec ☎800-291-8486, de l'extérieur du Québec ☎638-8486, ≠638-2419)*. La visite dure 4 heures et comprend le tour des installations extérieures et une séance d'informations. Vous pouvez également accéder à **La Grande-1** *(toute l'année lun, jeu, sam 9h30, été tlj sauf mar 9h30)*.

Au cours des années soixante, le gouvernement du Québec envisage de tirer parti des richesses hydroélectriques du Moyen-Nord québécois et projette la construction de barrages sur les rivières de cette partie du territoire. Il faut cependant attendre le début des années soixante-dix pour qu'un projet d'exploitation hydraulique de La Grande Rivière (ou rivière Chisasibi, en cri), qui s'étire d'est en ouest sur 800 km et se déverse dans la baie James, soit mis de l'avant par le premier ministre québécois d'alors, Robert Bourassa.

Le projet comporte deux phases, dont la première prévoit la construction de trois puissantes centrales sur cette rivière, soit La Grande-2 (LG-2) récemment remommée Robert-Bourassa, La Grande-3 (LG-3) et La Grande-4 (LG-4). Leur mise en chantier débute en 1973 et s'échelonne sur plusieurs années, car la construction de ces centrales présente une grande complexité et requiert des travaux d'envergure.

Ainsi, pour augmenter la puissance installée, il faut augmenter le débit de La Grande Rivière; et pour ce faire, des cours d'eau sont détournés, notamment l'Eastmain et l'Opinaca, de même que la Caniapiscau à l'est. La source de la rivière Caniapiscau sert à la création d'un réservoir de tête de 4 275 km², le plus grand lac artificiel du Québec.

Le complexe hydroélectrique La Grande a nécessité la construction de 215 barrages et de digues, les premiers servant à fermer le lit des rivières, à rehausser le plan d'eau et à créer des chutes, alors que les secondes ont pour fonction d'empêcher les eaux rehaussées de fuir par des vallées secondaires. Au total, le projet a nécessité 2 624 000 000 m³ de moraine, de pierre et de sable, assez pour construite 80 pyramides de Chéops. L'eau est ainsi retenue pour lui permettre de s'engouffrer dans les prises d'eau et de suivre les conduites forcées la menant jusqu'aux turbines qu'elle actionne.

Le 27 octobre 1979, la centrale LG-2 (Robert-Bourassa) commence à produire de l'électricité. Les centrales LG-3 et LG-4 sont respectivement inaugurées en 1982 et 1984. En 1990, ces trois centrales fournissent près de la moitié de la production totale d'électricité du réseau d'Hydro-Québec.

Quant à la deuxième phase du projet, elle comprend le suréquipement de LG-2, créant ainsi la centrale LG-2A, et la construction de quatre autres centrales, dont trois sur la rivière Laforge. La Grande 1 fut terminée en 1995 et Laforge 2 en 1996.

La centrale La Grande-2 est la troisième plus puissante centrale au monde (puissance installé de 7 326 MW), après Itaipu, au Brésil, à la frontière du Paraguay (puissance installée de 12 600 MW), et Guri, au Venezuela (puissance installée de 10 000 MW). Aménagée à 137 m sous terre, La Grande-2 constitue la plus grande centrale souterraine du monde. Son barrage est long de 2,8 km et haut de 162 m, environ la taille de la Place Ville-Marie, à Montréal, et un réservoir d'une superficie de 2 835 km² l'alimente. Pour les années où les précipitations d'eau sont très grandes, il a fallu prévoir un évacuateur de crues. Cet évacuateur comprend huit vannes-wagons d'une largeur de 12 m et d'une hauteur de 20 m, ainsi qu'un canal de restitution long de 1 500 m et d'une dénivellation de 110 m.

On le surnomme d'ailleurs «l'escalier des géants», car il présente 10 «marches» sculptées dans le roc, chacune haute d'une dizaine de mètres et large comme deux terrains de football. Il a été conçu pour subvenir à un surplus d'eau qui se produit statistiquement une fois tous les 75 ans. Dans ces situations exceptionnelles, il peut évacuer 16 280 m³ d'eau par seconde, soit deux fois le débit moyen du fleuve Saint-Laurent au niveau de Montréal.

Il a cependant peu servi jusqu'à maintenant puisqu'on ne l'a ouvert que de 1979 à 1981 (pour la simple et bonne raison que les turbines n'étaient pas encore toutes fonctionnelles à l'intérieur de la centrale) et le 30 août 1987 (sur une période de quelques heures seulement, à l'occasion de la visite du premier ministre français d'alors, M. Jacques Chirac).

La centrale comporte quatre niveaux : le premier abrite la salle des machines, le second renferme les alternateurs, le troisième permet l'accès aux bâches spirales (où se trouvent les turbines), et la galerie de drainage occupe le dernier. Pour amortir les surpressions et les dépressions qui se produisent au moment de la mise en marche et de l'arrêt des machines, une chambre d'équilibre a dû être construite.

La construction de ce complexe hydroélectrique a eu des retombées importantes, aussi bien sur l'environnement que sur les populations autochtones vivant dans cette région du Québec. Pour créer les réservoirs, il a fallu inonder quelque 11 505 km² de territoires, soit 6,5% du bassin hydrographique de la rivière La Grande (2,9% de la superficie des terrains de chasse des Cris).

Tout au long de la construction de ce gigantesque projet hydroélectrique, Hydro-Québec et sa filiale, la Société d'énergie de la Baie James (SEBJ), qui a pour rôle d'administrer tous les projets d'aménagement hydroélectrique de cette région, ont étudié les impacts d'un tel projet sur l'environnement, et ils continuent d'assurer un suivi.

Une partie de ces terres inondées consistant en terrains de chasse pour les Autochtones, les Cris et les Inuits qui les occupaient ont contesté le droit du gouvernement du Québec de faire une telle utilisation de leurs terres ancestrales. Les négociations entre les diverses parties allaient s'échelonner jusqu'au 11 novembre 1975, jour de la signature de la Convention de la Baie James et du Nord québécois, qui établit les droits et les obligations des Autochtones ainsi que les modalités des projets de développement hydroélectrique.

Ours polaire

Selon l'entente signée par les parties en cause, soit les Cris, les Inuits, les gouvernements du Québec et du Canada, Hydro-Québec, la SEBJ et la Société de développement de la Baie James (SDBJ), on reconnaît l'usage exclusif de certaines terres aux Autochtones et des garanties de droits exclusifs de chasse, de pêche, notamment en ce qui concerne certaines espèces (corégone, esturgeon) et de piégeage. De plus, les Autochtones acquièrent de très larges pouvoirs sur l'administration de leurs terres et obtiennent des indemnités en argent. Depuis 1975, 11 conventions complémentaires et huit ententes particulières ont été signées afin de mieux circonscrire les droits de chacun. Il est à noter que la Convention de la Baie James constitue l'une des seules ententes avec les Blancs reconnues par les nations autochtones depuis la proclamation royale de 1763!

L'entrée dans la centrale est tout à fait saisissante. On a l'impression de descendre dans le ventre de la Terre. La salle des turbines et la centrale, ayant la taille d'une cathédrale, procurent un sentiment de surréalisme tout à fait unique au Québec. Le gigantisme de ces installations a de quoi satisfaire tous les mégalomanes du monde.

Radisson–Brisay

Il ne faut surtout pas oublier que la route de la Baie James ne se termine pas à Radisson. À partir du lac Yasinski (km 544), on peut effectivement emprunter la longue route de gravier vers le réservoir Caniapiscau et le barrage de Brisay pour se rendre véritablement au centre géographique du Québec.

★★

Chisasibi (3 200 hab.)

Mot cri signifiant «la grande rivière», Chisasibi est un village moderne construit en 1981, après le départ des Cris de l'île de Fort Georges. Ce petit village est organisé selon la tradition matriarcale des Cris, c'est-à-dire que l'on retrouve les maisons en petit groupe, celle de la mère entourée de celles de ses filles. Les maisons de deux étages en bois sont souvent doublées d'un tipi. Ce dernier sert de cuisine puisqu'on préfère toujours la nourriture cuite sur le feu à celle préparée sur la cuisinière électrique. Vous remarquerez que les rues ne portent pas de nom et sont souvent sans issue. Mais ne vous découragez pas, les Cris sont très aimables et auront tôt fait de vous aider.

Le cimetière s'avère lui aussi intéressant puisqu'on peut y voir deux traditions de sépulture réunies. Traditionnellement, les Cris enterraient leurs morts à l'endroit de leur décès, en face du soleil levant. Comme bien des gens ont perdu la vie en forêt, ils construisaient une petite clôture autour de la tombe pour pouvoir la retrouver.

Aujourd'hui, avec l'influence des religions européennes, ils enterrent les morts dans un cimetière commun, mais la tradition de la clôture perdure. L'alcool est interdit à Chisasibi. Donc, surtout n'en ayez pas durant votre visite, et ne soyez pas surpris de voir un barrage quelques kilomètres avant le village, car il s'agit d'un poste de contrôle.

Il est possible de visiter l'ancien village de **Fort George**, sur l'île des Gouverneurs. Un bac fait la navette à partir du quai situé à proximité de la piste d'atterrissage, en périphérie du village. C'est encore sur l'île que se déroulent le grand *pow wow* Mamoweedow Minstukch, en juillet, et le grand meeting des Cris du Canada, en août. Ces activités sont ouvertes au public. Information : **Agence Chisasibi Mandow** *(☎800-771-2733)*.

L'Île de Fort George

Avec l'augmentation du débit de la rivière La Grande, l'érosion des berges de l'île a quelque peu augmenté. Les Cris ont alors accepté de déménager leur village au site actuel de Chisasibi. L'île de Fort George continue cependant de porter une très grande importance symbolique; d'ailleurs, tous les Cris du Canada et leurs frères et sœurs blancs s'y donnent rendez-vous pour le **Grand Pow Wow** annuel, au mois d'août. Le visiteur peut profiter de son passage sur l'île pour vivre à la façon traditionnelle des Cris.

Vous dormirez sous un tipi, sur une couche de branches d'épinette, et mangerez comme les Cris le font depuis des millénaires. Pour information, contactez l'agence Chisasibi Mandow *(☎800-771-2733)*.

Waskaganish (1 700 hab.)

Fondé en 1668 par Médard Couart Des Groseillers, le village porta d'abord le nom de Rupert puis Rupert's House et Fort Rupert en l'honneur du premier gouverneur de la Compagnie de la Baie d'Hudson. Passant alternativement aux mains des Français et des Anglais, ce poste important est resté des plus actifs jusqu'en 1942, date à laquelle les infrastructures du village ont été mises en place.

On peut visiter le site traditionnel du campement **Nuutimesaanaan** (Smokey Hill), où l'on fumait le poisson et les œufs de poisson (*waakuuch*).

★

Eastmain (560 hab.)

Eastmain bénéficie d'un panorama saisissant sur l'embouchure de la rivière. On y ressent également la chaleur et l'accueil des communautés plus isolées.

★

Wemindji (1 070 hab.)

Les Cris ne se sont installés ici, au bord de la baie James et à l'embouchure de la rivière Maquatua, qu'en 1959, après avoir quitté Vieux-Comptoir, 45 km plus au sud. Une grande partie de la population s'adonne toujours aux activités traditionnelles, mais les Cris ont également développé de nouveaux secteurs économiques avec la création d'un important élevage de renards et de lynx : la Wemindji Cree Fur Ranch. Le nom de Wemindji («montagne de l'ocre») s'explique par la présence dans les collines environnantes de ce colorant minéral, l'ocre, que l'on mélangeait à de la graisse pour en faire de la peinture.

★★

Oujé-Bougoumou (565 hab.)

Le dernier-né des villages cris est aussi le plus remarquable à bien des points de vue. Après une très longue errance de Mistassini à Chibougamau, du lac aux Dorés à Chapais et ailleurs, un groupe de Cris de la région a choisi le lac Opémiska pour s'installer de façon définitive. Leur acharnement leur a valu la reconnaissance du statut de réserve et leur a permis d'envisager la réalisation d'un village unique et fascinant.

Sa conception a été confiée à l'architecte d'origine amérindienne Douglas Cardinal, qui est également l'auteur du Musée canadien des civilisations à Hull. Il a imprégné à Oujé-Bougoumou un caractère profondément marqué par la tradition malgré l'utilisation soutenu de la symbolique et des lignes fuyantes.

Chaque résidence évoque, par sa toiture en particulier, le tipi ancien. Les édifices principaux sont particulièrement impressionnants. L'ensemble du village a la forme d'une oie qui se termine par la reconstitution d'un village traditionnel utilisé pour les grands événements et l'accueil touristique.

Oujé-Bougoumou a mérité en 1995 une reconnaissance officielle de l'Organisation des Nations Unies (ONU) en tant qu'un des 50 villages au monde représentant le mieux les objectifs de convivialité, de respect de l'environnement et de développement durable poursuivis par l'ONU.

À l'entrée du village, vous remarquerez un édifice tout à fait unique duquel s'échappe une colonne de fumée. Il s'agit de l'**usine de cogénération**, qui fournit le chauffage à tous les bâtiments du village par un système à eau chaude alimenté par les résidus de sciage (copeaux) de la scierie Barrette de Chapais, à 26 km de là.

Nouveau-Québec, Kativik ou Nunavik

En 1912, le gouvernement fédéral divise la Terre de Rupert entre le Manitoba, l'Ontario et le Québec. Ainsi la frontière septentrionale du Québec passe de la rivière Eastmain au détroit d'Hudson, 1 100 km plus au nord. On nommera alors cette région **Nouveau-Québec**. Avec la Convention de la Baie-James et du Nord québécois, le gouvernement provincial crée une nouvelle région, celle-là appelée **Kativik**, pour désigner les villages situés au nord du 55e parallèle. Mais, en 1986, la communauté inuite tient un référendum et adopte le nom **Nunavik**, qui signifie «le pays où vivre» en inuttitut, pour identifier cette région.

★★ Mistassini (2 600 hab.)

Au cœur de ce qu'on appelait à l'époque de la traite des fourrures «Le Domaine du Roi» et à mi-chemin entre la vallée du Saint-Laurent et la baie d'Hudson, Mistassini et son lac immense ont longtemps été un point de rencontre de première importance entre les Blancs et les Autochtones, le véritable carrefour de la route des fourrures. Mistassini est localisée à l'extrémité sud-ouest du lac Mistassini sur la presqu'île Watson entre la baie du Poste et la baie Abatagouche.

Avec ses 2 336 km², le **lac Mistassini** était la plus grande étendue d'eau au Québec avant qu'on ne crée les grands réservoirs. Le lac est long de 161 km et large de 19 km; il constitue la principale source d'alimentation de la rivière Rupert. Sa profondeur atteint 180 m. Champlain connaissait déjà son existence en 1603, mais les premiers explorateurs français, notamment Guillaume Couture, ne l'atteindront qu'en 1663. Le jésuite Charles Albanel le traverse en 1672 au cours d'une expédition le menant du lac Saint-Jean à la baie James.

★★ Whapmagoostui (710 hab.) et ★★ Kuujjuarapik (661 hab.)

Voilà une communauté vraiment singulière, autant par son histoire et sa localisation que par sa composition sociale. En effet, le village cri de Whapmagoostui est juxtaposé au village inuit de Kuujjuarapik, à l'embouchure de la Grande rivière de la Baleine, sur la baie d'Hudson. Cette coexistence perdure depuis environ deux siècles autour du poste de traite qui s'est appelé Great Whale ou Poste-de-la-Baleine.

Il ne s'agit, en fait, que d'une seule agglomération divisée par ce que certains appellent sur place «une frontière imaginaire». Le visiteur non avisé passe d'ailleurs d'un côté à l'autre de cette «frontière» sans même s'en rendre compte.

Un regard plus attentif permet toutefois de constater que, même s'ils vivent en harmonie, les deux communautés ne partagent aucun service public, si ce n'est le centre local de services communautaires (CLSC), un centre de soins de santé qui a été construit en plein sur la ligne. Les Inuits y sont soignés d'un côté du corridor, les Cris de l'autre, chacun leur jour. Le meilleur exemple d'intégration reste le bar, du côté inuit, que les deux communautés fréquentent simultanément tout en restant chacun de son côté.

Whapmagoostui est la plus nordique des communautés cries, à la limite extrême du territoire cri et aux confins du territoire inuit qui va, historiquement, jusqu'aux environs de l'extraordinaire lac Guillaume-Delisle.

Les villages sont bordés par une grande plage de sable formant des dunes d'où l'on peut apercevoir les magnifiques **îles Manitounuk**. Ces dernières sont représentatives de ce que l'on appelle les **cuestas hudsoniennes**, caractérisées par des dunes et des plages de sable, vers le large, et de spectaculaires falaises escarpées de l'autre côté, vers le continent. Elles constituent un refuge pour d'innombrables oiseaux, phoques, baleines et bélugas.

Nunavik : Les communautés inuites de la baie d'Hudson

Le long de la baie d'Hudson sont dispersées à

peine six communautés inuites, entre autres Ivujivik, le village le plus au nord du Québec.

Kuujjuarapik

Voir Whapmagoostui, plus haut.

★

Umiujaq (350 hab.)

Situé à 160 km au nord de Kuujjuarapik, le village d'Umiujaq a été inauguré en décembre 1986. La Convention de la Baie James et du Nord québécois offrait aux Inuits de Kuujjuarapik la possibilité de déménager dans la région du lac Guillaume-Delisle, advenant la réalisation du projet hydroélectrique de Grande-Baleine.

Une partie des habitants, craignant les répercussions néfastes du projet, se prononça par voie de référendum, en octobre 1982, en faveur de la création d'une nouvelle communauté plus au nord, qui devint le petit village d'Umiujaq. Après maintes études archéologiques, écologiques et d'aménagement du territoire, la construction du village débuta au courant de l'été 1985, pour se terminer un an et demi plus tard.

Sis au pied d'une colline «ressemblant à un *umiaq*», grande embarcation construite en peau de phoque, Umiujaq fait face à la baie d'Hudson.

★

Inukjuak (1 270 hab.)

Deuxième village en importance du Nunavik, Inukjuak est localisé à l'embouchure de la rivière Innuksuac, en face des îles Hopewell et à 360 km au nord de Kuujjuarapik.

La vie des habitants d'Inukjuak reste fortement liée à la pratique des activités traditionnelles. La découverte sur place d'un gisement de stéatite a permis d'encourager la pratique de la sculpture. De nombreux sculpteurs parmi les plus renommés du Nunavik y habitent et travaillent dans leur petit atelier.

Les plus vieux bâtiments du village sont ceux de la vieille mission anglicane et de l'ancien comptoir de traite situés derrière le magasin Northern et la coopérative fondée en 1967.

Les **îles Hopewell**, avec leurs falaises escarpées, méritent d'être explorées de plus près tout spécialement au printemps, alors que la banquise, sous l'effet des marées et des courants, se présente comme un immense champ de gigantesques blocs de glace imbriqués.

Puvirnituq (1 270 hab.)

Cette communauté est située sur la rive est de la rivière Puvirnituq, à environ 4 km de la baie du même nom et à 180 km au nord d'Inukjuak. Le territoire autour du village se présente sous la forme d'un plateau dont l'altitude est inférieure à 65 m.

Depuis quelques années, par souci de rester fidèle à la prononciation originale, le nom «Povungnituk» s'écrit «Puvirnituq», mot inuktitut signifiant «l'endroit où il y a une odeur de viande faisandée». Ce nom quelque peu original remonterait à une époque où la rivière était plus profonde qu'en temps normal et où plusieurs bêtes se seraient noyées en tentant de la traverser. Leurs carcasses se seraient décomposées sur la plage, et l'odeur aurait inspiré les habitants de la communauté à lui donner ce nom.

Une autre explication veut qu'une épidémie ravagea la colonie, tuant tous les habitants et ne laissant aucun survivant pour enterrer les morts. Lorsque familles et amis arrivèrent des camps avoisinants au printemps, l'air était vicié par l'odeur des corps en décomposition.

Akulivik (450 hab.)

Le village d'Akulivik se trouve à 100 km au nord de Puvirnituq, son plus proche voisin, et à 650 km au nord de Kuujjuarapik. Il est construit sur une presqu'île qui s'avance dans la baie d'Hudson juste en face de l'île Smith. La communauté est bornée, au sud, par l'embouchure de la rivière Illukotat et, au nord, par une baie pro-

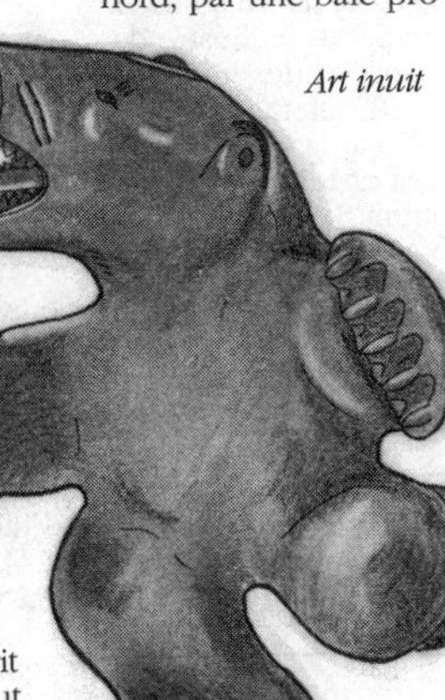

Art inuit

fonde formant un port naturel et protégeant le village des vents.

Cette configuration géographique favorise le départ prématuré des glaces au printemps et constitue un lieu privilégié pour la chasse. Vestiges de la dernière période glaciaire, des coquillages fossilisés, réduits en miettes, ont donné au sol un aspect sablonneux caractéristique.

L'**île Smith**, qui appartient aux Territoires du Nord-Ouest, se trouve juste en face du village, à quelques minutes en bateau ou en motoneige. Cette île montagneuse, qui offre des paysages d'une beauté fascinante, est également le **refuge de milliers de bernaches et d'oies blanches** au printemps.

Ivujivik (450 hab.)

Village le plus septentrional du Québec, Ivujivik est situé à 150 km d'Akulivik et à 2 140 km de la ville de Québec. Il est niché au fond d'une petite anse au sud des îles et du détroit de Digges, près du cap Wolstenhlome, dans une région montagneuse. «Ivujivik» est le théâtre de courants marins importants qui s'affrontent à chaque marée car la baie et la détroit d'Hudson s'y rencontrent. Le nom d'Ivujivik évoque d'ailleurs ce phénomène puisque ce mot inuktitut signifie «l'endroit où les forts courants font que les glaces s'accumulent».

Les communautés inuites du détroit d'Hudson

Au nord du Nord, entre les baies d'Hudson et d'Ungava, au bord du détroit d'Hudson, se trouvent les villages de Salluit, Kangiqsujuaq et Quaqtaq. Entourées de hauts plateaux et de fjords majestueux, ces trois communautés offrent des sites naturels enchanteurs aux amoureux des grands espaces.

★★ Salluit (1015 hab.)

Située à 250 km au nord de Puvirnituq, à 115 km à l'est d'Ivujivik et à 2 125 km de la ville de Québec, Salluit est blottie dans une vallée formée de montagnes escarpées, à une dizaine de kilomètres de l'embouchure du fjord du même nom.

Le site même de Salluit, dominé par les montagnes dentelées et les collines abruptes, est très spectaculaire. Situé entre mer et montagnes, dans un **fjord** ★★ magnifique, le village est l'un des plus pittoresques du Nunavik. La **baie Déception**, que les Inuits appellent «Pangaligiak», est un lieu réputé pour la chasse, la qualité de sa pêche et la richesse de sa faune et de sa flore en toute saison.

★★ Kangiqsujuaq (515 hab.)

Entourée de majestueuses montagnes au creux d'une superbe vallée, Kangiqsujuaq, mot inuktitut signifiant «la grande baie», se dresse fièrement dans le fjord de l'immense baie de Wakeham. Cette communauté, appelée successivement Wakeham Bay puis Maricourt, est située à 208 km de sa voisine Salluit et à 420 km de Kuujjuaq. Deux rivières à débit important traversent le village. Celui-ci s'est développé depuis 1912 autour d'un poste de traite de la société Révillon Frères.

L'attrait naturel et touristique par excellence de la région et du Nunavik en général est sans contredit le **cratère du Nouveau-Québec** ★★, que les Inuits appellent «Pingualuit». Située à moins de 100 km du village, cette gigantesque fosse est impressionnante avec ses 3 770 m de diamètre et ses 446 m de profondeur.

Découvert par Chubb, un aviateur intrigué par sa parfaite rondeur, le cratère aurait été formé par la chute d'une énorme météorite. Aucune rivière ne s'y déversant, une équipe de chercheurs de l'Université de Montréal a résolu le mystère de son alimentation en eau en découvrant une source souterraine dans les profondeurs du cratère.

Sur les îles côtières, à l'est du village, se trouvent des restes **d'anciens campements** datant de la période de Thulé.

Quaqtaq (275 hab.)

Quaqtaq est limité au nord par un relief montagneux, et au sud et à l'est par des collines basses et rocheuses. Localisé à 157 km de son voisin Kangiqsujjuaq et à 350 km au nord de Kuujjuaq, le village s'étend sur une péninsule qui avance dans le détroit d'Hudson et qui forme le littoral est de la baie Diana, appelée «Tuvaaluk» par les Inuits, soit «la grande banquise». Cette pointe de terre est situé à l'endroit où le détroit d'Hudson et la baie d'Ungava se confondent.

Les Inuits et leurs ancêtres ayant occupé la région pendant près de 2 000 ans, on y retrouve de nombreux **sites archéologiques**. Les environs de la **baie Diana**, région réputée pour la chasse, la pêche et l'observation de la nature, comptent environ un millier de **bœufs musqués** ★. Les plus chanceux auront peut-être même l'occasion d'apercevoir quelques légendaires **harfangs des neiges**.

Les communautés de la baie d'Ungava

Sises sur le littoral de la baie d'Ungava, cinq communautés inuites, à savoir Kangirsuk, Aupaluk, Tasiujaq, Kangiqsualujjuaq et Kuujjuaq, capitale administrative du Nunavik, forment la grande région couvrant la partie est du territoire. Les trois derniers villages côtoient la limite septentrionale de végétation des arbres, ceux-ci donnant une tout autre dimension au paysage. À l'est de la baie se dressent des massifs élevés qui délimitent la frontière entre le Québec et le Labrador. Parmi eux, on retrouvent les monts Torngat, qui présentent les points culminants du Nunavik.

Kangirsuk (420 hab.)

Cette petite communauté est localisée sur la rive nord de la rivière Arnaud, à 13 km en amont de la baie d'Ungava. Jadis connu sous les noms de Payne Bay ou de Bellin, le village se trouve à 118 km au sud de Quaqtaq, à 230 km au nord de Kuujjuaq et à 1 536 km de la ville de Québec.

Quelques **sites archéologiques** se trouvent à proximité du village, dont un plus important s'étend sur l'**île Pamiok**. Ces sites, d'une qualité exceptionnelle, ouvrent une fenêtre sur le passé lointain des premiers habitants de la région. Les **Vikings** auraient notamment séjourné dans la région du lac Payne au cours du XIe siècle. On retrouve donc des **vestiges** de cette époque aux alentours de Kangirsuk.

Aupaluk (169 hab.)

La communauté d'Aupaluk est localisée sur la côte sud d'une petite crique de l'Ungava, la baie Hopes Advance. Située à 80 km du village de Kangirsuk et à 150 km au nord de Kuujjuaq, Aupaluk est la plus petite communauté inuite du Nunavik. Camp de chasse traditionnelle, elle ne fut cependant créée qu'en 1975, alors que des Inuits de Kangirsuk et d'autres villages s'installèrent dans cette zone où abondaient caribous, poissons et mammifères marins.

Il s'agit du premier village arctique canadien entièrement conçu par les Inuits. Étant située sur la route de migration des **caribous**, la région en compte des milliers du mois d'octobre au mois de décembre. Un bon nombre d'entre eux y séjournent jusqu'au printemps.

Tasiujaq (189 hab.)

Ce village est situé à 80 km au sud d'Aupaluk, son plus proche voisin, et à 110 km au nord de Kuujjuaq. Il est établi sur une terrasse de sable et de gravier sur les rives du lac aux Feuilles. La baie formée par ce dernier et qui «qui ressemble à un lac» donne son nom au village et est renommée pour ses marées, parmi les plus grandes au monde. L'amplitude moyenne des **marées dans la baie** est de 16 à 18 m. À la pleine lune du mois d'août, le marnage peut même atteindre 20 m. Le village est à la limite septentrionale de croissance des arbres. On peut d'ailleurs apercevoir les **arbres les plus nordiques du Québec** quelque 20 km plus au nord.

★ Kuujjuaq (1 845 hab.)

Située à 1 304 km au nord de Québec, la capitale administrative, économique et politique du Nunavik s'étend sur une terre plate et sablonneuse sur la rive ouest de la rivière Koksoak, à 50 km en amont de son embou-

Caribou

chure sur la baie d'Ungava. Avec une population dépassant les 1 400 habitants, dont un bon nombre de non-Autochtones, elle constitue la plus importante communauté inuite du Québec.

Aujourd'hui, Kuujjuaq est le centre administratif de la région du Nunavik, et l'on y retrouve le siège social de l'administration régionale de Kativik ainsi que des bureaux de divers organismes régionaux et gouvernementaux. Ses deux grandes pistes d'atterrissage font partie du «Système de Surveillance Nord», et le village est la plaque tournante du transport aérien du Québec nordique, abritant le siège social de plusieurs compagnies aériennes de vols nolisés.

Kuujjuaq possède des hôtels, des restaurants, des magasins, une banque et des boutiques d'artisanat, et dispose de la plupart des services dont sont dotées les capitales régionales du Sud. L'hôpital Tulattavik offre les services de première ligne. Il constitue la ressource médicale principale pour la région de l'Ungava.

La majestueuse rivière **Koksoak** ★ est l'une des merveilles de la région. Elle donne à Kuujjuaq une tout autre dimension et offre un cadre pittoresque. Ses **marées** façonnent des paysages d'une beauté fascinante.

★★★
Kangiqsualujjuaq (705 hab.)

Située à 160 km au nord-est de Kuujjuaq sur la côte est de la baie d'Ungava, Kangiqsualujjuaq, mot inuktitut signifiant «très grande baie», est blottie au fond d'une anse, à l'ombre d'un affleurement de granit et à l'embouchure de la rivière George. Kangiqsualujjuaq, dont la vallée est envahie par la végétation, est la communauté la plus à l'est du Nunavik.

Avant 1959, il n'y avait pas de village proprement dit à cet endroit; les camps d'été étaient établis sur la côte, et les camps d'hiver, à une cinquantaine de kilomètres à l'intérieur des terres. Le hameau a été créé à l'initiative d'Inuits locaux qui fondèrent la première coopérative du Nouveau-Québec, qui avait pour but de commercialiser l'omble chevalier. La construction du village débuta donc au tout début des années soixante, et les premiers services publics furent organisés à cette époque.

La région attire l'une des plus grandes hardes de **caribous** ★ au monde. En effet, le **troupeau de la rivière George** est le plus imposant du Nunavik avec ses quelque 600 000 têtes. Les chasseurs de Kangiqsualujjuaq procurent à l'entreprise Les aliments arctiques du Nunavik inc. une grande partie des 3 000 kg de viande de caribou que celle-ci met en marché annuellement sur le territoire et dans le Sud.

Les **monts Torngat** ★★★, mot inuktitut signifiant «montagnes des mauvais esprits», sont situés à une centaine de kilomètres à l'est du village. Entre la baie d'Ungava et l'océan Atlantique, à la frontière Québec-Labrador, ils forment la chaîne de montagnes la plus élevée du Québec. Ils s'étendent sur 220 km et ont une largeur d'environ 100 km, ce qui en fait une chaîne aussi vaste que celle des Alpes. Plusieurs sommets culminent à près de 1 700 m, comme le majestueux **mont D'Iberville** ★, qui domine le massif avec ses 1 768 m.

★
Kawawachikamach (600 hab.)

Située à 15 km de Schefferville, à quelque 1 000 km au nord de Montréal et tout près de la frontière avec le Labrador, Kawawachikamach est la seule communauté naskapie du Québec. Apparentés aux Cris et aux Montagnais, les Naskapis font, comme eux, partie de la famille linguistique algonquienne. Kawawachikamach, mot naskapi signifiant «là où la rivière sinueuse se transforme en un grand lac», se trouve dans une région d'une beauté naturelle exceptionnelle, au milieu d'innombrables lacs et rivières.

Peuple nomade et grands chasseurs, les Naskapis suivaient la route de migration des caribous dont ils dépendaient pour vivre. À la suite de la quasi-disparition des caribous sur leur territoire et de leur plus grande dépendance face aux postes de traite, ils vécurent, à partir de 1893, des années marquées par la famine.

Fuyant la faim et la maladie, et aidées par le gouvernement fédéral, plusieurs familles s'installèrent près de Fort Chimo en 1949. Sept ans plus tard, les Naskapis décidèrent d'aller vivre avec les Montagnais de Matimekosh, près de Schefferville, dans l'espoir d'améliorer leurs conditions de vie.

En 1978, les Naskapis signèrent, avec les gouvernements fédéral et provincial, la Convention du Nord-Est québécois, inspirée de l'entente survenue trois ans plus tôt avec les Inuits et les Cris. Les Naskapis abandonnèrent alors leurs titres sur leurs terres ancestrales et, en retour, obtinrent une compensation financière, des droits inaliénables sur certains territoires et de nouveaux droits de pêche, de chasse et de piégeage.

Ils décidèrent en outre de s'établir sur les rives du lac Matemace, à 15 km au nord-est de Schefferville. Inauguré en 1984, le village de Kawawachikamach est doté d'équipements collectifs modernes, d'un dispensaire et d'un centre commercial.

En 1982, la fermeture de l'usine Iron Ore, principal employeur des hommes naskapis, donna un coup dur à la communauté récemment installée. Les Naskapis se tournèrent alors vers le tourisme d'aventure et la pourvoirie pour subvenir à leurs besoins. En 1989, ils faisaient l'acquisition du réputé club de chasse et pêche Tuktu.

Activités de plein air

Les complexes hydroélectriques et le territoire cri

Radisson

Il y en a qui veulent pêcher des poissons immenses dans une région sauvage. D'autres rêvent de chasser le caribou dans la taïga ou de l'observer pendant un safari-photo à motoneige. Certains souhaitent passer les vacances familiales de leur vie en louant un chalet confortable au bout du monde. La **Pourvoirie Mirage** *(1130 rue Principale, C.P. 69, Tourville, G0R 4M0, ☎418-359-2259, ⇄359-3539)* a élaboré quelques forfaits extrêmement séduisants qui rendent tout cela possible.

Chisasibi

L'agence **Chisasibi Mandow** *(C.P. 30, Chisasibi, J0M JE0, ☎855-3373 ou 800-771-CRE-E, ⇄855-3374)* est le mieux organisé et le plus fiable des organismes touristiques en territoire cri, celui qui offre la plus grande diversité de produits. Sous l'égide du Conseil de bande, Mandow propose safaris-photos, séjours d'observation de la nature, randonnées à motoneige, ski de fond, excursions en canot et des forfaits de pêche.

L'entreprise dispose également de plusieurs chalets et campements en milieu sauvage pour la pêche à la truite, au brochet et au doré ou pour la chasse au caribou, à l'oie blanche et à la bernache. Les forfaits durent de trois à sept jours.

Nadockmi *(☎819-855-3000)*. Pourvoirie proposant la chasse au caribou et à l'ours noir, ainsi que la pêche au brochet, au doré et à l'omble de fontaine. De plus, elle permet aux touristes d'observer les Cris qui pratiquent les activités traditionnelles de piégeage ou de pêche au filet sur glace.

Tel que mentionné précédemment (voir p 673), les communautés cries s'orientent de plus en plus vers le tourisme. Vous trouverez ci-dessous quelques-unes des entreprises et communautés qui proposent des activités de plein air dans la région. Si vous vous intéressez à une communauté en particulier, et qu'elle n'apparaît pas dans la liste qui suit, mettez-vous en contact avec une des sources citées sous la rubrique «Renseignements touristiques» (voir p 672).

Oujé-Bougoumou

Le bureau de tourisme (voir p 677) organise des visites de 90 min de cette communauté primée et de son village culturel. Il peut par ailleurs vous aider à profiter de visites et forfaits de plus longue durée, tels que ceux proposés par :

Nuuhchimi Wiinuu Tours *(74 Opataca St., Oujé-Bougoumou, G0W 3C0, ☎800-745-2045, ⇄418-745-3500, www.ouje.ca/tourism)*. David et Anna Bosum offrent aux visiteurs une prise de contact de première main avec la culture crie. En font partie des randonnées en raquette dans la brousse, des séances d'introduction à la culture crie, des «aliments du pays» tels que l'orignal, le castor et le lagopède, la découverte de l'artisanat traditionnel et des récits de conteurs.

Nunavik : Les communautés inuites de la baie d'Hudson

Les divisions touristiques **Arctic Adventures** et **Inuit Adventures** *(19950 Clark Graham, Baie-d'Urfé, H9X 3R8 ☎514-457-9371 ou 800-465-9474 du Canada et des États-Unis, ⇄514-457-4626)* de la **Fédération des Coopératives du Nouveau-Québec**, qui appartient à part entière aux Inuits du Nunavik, organisent des excursions au Nunavik depuis 1969 et 1990 respectivement.

Tandis qu'Arctic Adventures se voue aux expéditions de chasse et de pêche, Inuit Adventures propose des visites culturelles en des lieux voisins de Nunavut, y compris Inukjuaq, Puvirnituq, Ivujivik, Kangiqsujuaq et Kangirsuk.

Inukjuak

La **Fédération des Coopératives du Nouveau-Québec** *(19950 Clark Graham, Baie-d'Urfé, H9X 3R8, ☎514-457-9371 ou 800-363-7610 du Canada ou 800-465-9474 des États-Unis, ≠457-4626)* propose des forfaits de tourisme d'aventure dans la région d'Inukjuak. De la mi-mars au début de mai, elle organise des séjours d'une durée de cinq jours au coût de 3 425$ plus taxes par personne pour des groupes de deux à six personnes.

Ces séjours incluent une expédition de deux jours en traîneau à chiens dans la toundra. Accompagnés de guides inuits, les voyageurs auront la chance d'observer caribous et lagopèdes dans leur milieu naturel, de pêcher la truite sur la glace et de passer une nuit inoubliable dans un igloo. Une visite de l'Institut culturel Avataq et du musée Daniel Weetaluktuk ainsi qu'une rencontre avec des sculpteurs sont également au programme. Le séjour se termine par un spectacle de chant de gorge présenté par les femmes du village.

La Fédération des Coopératives du Nouveau-Québec, en collaboration avec l'Institut culturel Avataq, propose également un circuit archéologique durant le mois de juillet. Ce forfait de huit jours permet de découvrir en canot à moteur les sites archéologiques pré-dorsétiens, dorsétiens et thuléens de la région d'Inukjuak. Pour 4 630$ plus taxes par personne, les excursionnistes sont accompagnés tout au long de leur séjour par un archéologue et des guides inuits.

Puvirnituq

Puvirnituq est situé sur le chemin de migration de hardes de caribous. On peut y admirer plusieurs dizaines de milliers de bêtes qui défilent durant plusieurs jours en traversant les rivières et en foulant bruyamment le sol de la toundra.

Les communautés inuites du détroit d'Hudson

Kangiqsujuaq

Avec **Inuit Aventure** (voir p 683), il est possible de partir à la découverte du gigantesque cratère du Nouveau-Québec en motoneige. De la mi-mars au début mai, pour 3 240$ plus taxes par personne, des guides inuits emmènent des groupes de deux à six personnes dans la région de Kangiqsujuaq pour une durée de six jours.

En route vers ce site naturel extraordinaire, le visiteur aura la chance d'observer de nombreux caribous, de dormir dans un igloo et de pêcher sur la glace. De retour au village, une rencontre avec des anciens est prévue. La dernière journée est consacrée à une excursion en motoneige vers des sites archéologiques dorsétiens.

Aventures Ammuumaajjuq *(poste restante, Kangiqsujuaq, J0M 1K0, ☎819-338-3368, ≠338-3396)* se spécialise dans le tourisme d'aventure, l'écotourisme, la chasse et la pêche.

Quaqtaq

Quaqtaq et la baie Diana sont renommés pour être riches en fruits de mer et en espèces animales terrestres et marines. L'abondance des truites, des ombles chevaliers, des pétoncles, des moules, des palourdes ainsi que la présence de bélugas, de phoques, de morses, de narvals, de renards arctiques, de lièvres et de loutres font de la communauté un endroit très apprécié des chasseurs, des pêcheurs et des observateurs. On y retrouve, de plus, de nombreux oiseaux tels que la perdrix, le canard eider, la bernache et l'oie du Canada.

Tommy Angnatuk *(☎819-492-9071)* est propriétaire de deux kayaks de mer et organise des expéditions dans la baie de Diana et éventuellement près des îles de la baie d'Ungava.

Les communautés de la baie d'Ungava

Tasiujaq (189 hab.)

La pourvoirie **Tommy Cain and Sons** *(639 boul. Labelle, Blainville, J7C 3H8, ☎450-971-1800 ou 800-361-3748, www.safarinordik.com)* se spécialise dans les activités de pêche à la truite, au saumon et à l'omble. En été, elle organise également des descentes sur la rivière aux Feuilles en canot pneumatique ou standard. En hiver, il est possible de faire des randonnées en motoneige.

Kuujjuaq

Quelques compagnies aériennes de vols nolisés ont leur siège social à Kuujjuaq. Elles permettent aux visiteurs d'aller pratiquer leurs activités préférées loin des sentiers battus. **Johnny May's Air Charters** *(☎819-964-2662 ou 964-2321)* offre un service de transport à bord d'hydravions pour des voyages de chasse et de pêche dans la région de l'Ungava et du détroit d'Hudson, ainsi qu'aux monts Torngat et au cratère du Nouveau-Québec.

Plusieurs pourvoiries organisent des excursions autour de Kuujjuaq pour chasser le caribou, pêcher le saumon et l'omble ou simplement faire un safari-photo extraordinaire : **Ungava Adventure** *(46 rue Ste-Anne, bureau 3A, Pointe-Claire, H9S 4P8, ☎819-964-2424 ou à Montréal ☎514-694-4424, ⇄514-694-4267).*

Arctic Aventures organise des excursions de chasse au lagopède et de pêche sur la glace, ainsi que des forfaits incluant la chasse au caribou avec nuitées dans un camp ou la pêche au saumon et à l'omble avec nuitées dans un camp, avec ou sans guide.

Qimutsik Eco-Tours *(284 Evans, Kirkland, H9H 3L9 ☎514-694-8264 ou 888-297-3467, ⇄514-694-8264, www.qimutsiktours.com)* a vu le jour sous l'inspiration de deux jeunes Inuits du Nunavik qui, de concert avec leur partenaire établi à Montréal, proposent des excursions d'une semaine en traîneau à chiens au départ de Kuujjuaq, en hiver et au printemps. Les participants dorment dans des tentes de prospecteurs et dans des igloos qu'ils érigent eux-mêmes avec l'aide de leurs guides.

Hébergement

Les complexes hydroélectriques et le territoire cri

Whapmagoostui

Auberge Sinittivik
gérée par Aventure Grande-Baleine
☎(819) 929-3456
⇄929-3258
Auberge Sinittivik propose 33 chambres propres et modernes avec télévision et plusieurs avec salle de bain privée. Restaurant et bar. Service en français.

Nemiscau

Hôtel Nemaska
☎(819) 673-2615
Nemiscau dispose de services hôteliers modernes et confortables à l'Hôtel Nemaska, situé dans l'édifice du Conseil cri.

Radisson

Camping municipal de Mistassini
☎(418) 276-5675

Camping Saint-Louis
☎(418) 276-4670
Deux terrains de camping sont ouverts en été dans la région de Radisson. Il s'agit du Camping municipal de Mistassini et du Camping Saint-Louis, également à Mistassini.

Hôtel-motel Le carrefour La Grande
75$- 95$
53 rue Des Groseillers
☎638-6005
⇄819-638-7497
L'Hôtel-motel Le carrefour La Grande propose des chambres convenables, certaines avec cuisinette.

Auberge Radisson
72$- 92$
66 rue Des Groseillers
☎638-7201
⇄819-638-7785
L'Auberge Radisson dispose de chambres au confort moderne, toutes munies d'un téléviseur et d'une salle de bain privée.

Chisasibi

Motel Chisasibi
122$
à l'étage du centre commercial
☎855-2838
⇄819-855-2735
Le Motel Chisasibi dispose de 20 chambres confortables avec salle de bain privée et téléviseur. Aucun service de restauration.

Oujé-Bougoumou

Auberge Capissisit
☎(418) 745-3944
L'Auberge Cassipit met 12 chambres confortables à la disposition des voyageurs. Le mobilier de la salle principale, œuvre d'artisans autochtones du sud des États-Unis, est particulièrement remarquable. Salle à manger.

Les visiteurs peuvent aussi «jouer les durs» en logeant sous une tente murée ou un tipi traditionnel à l'intérieur même du village culturel.

Kuujjuarapik

Kuujjuaraapik Inn
115$
☎(819) 929-3374
⇄929-3637
Le Kuujjuaraapik Inn dispose de 21 chambres à deux lits *(99$ plus taxes par personne, 136$ plus taxes par personne pour une chambre avec télévision)* et d'un restaurant. On peut également y louer des motoneiges.

Nunavik : Les communautés inuites de la baie d'Hudson

La **Fédération des Coopératives du Nouveau-Québec (FCNQ)** exploite la plupart des établissements hôteliers situés dans les communautés inuites. Les réservations pour les hôtels de la FCNQ devraient être faites par le biais de son numéro de téléphone central *(☎800-363-7610)*. À titre de référence, les numéros de téléphone des différents hôtels sont toutefois également fournis ci-dessous.

Inukjuak

Hôtel Inukjuak
☎819-254-8306
ou à la coopérative
☎254-8138
La gérante de l'établissement est Myna Weetaluktuk. L'hôtel, pouvant accueillir 21 personnes, propose les tarifications suivantes : 125$ pour une personne seule, 180$ plus taxes pour une chambre àen occupation double avec deux petit lits et pour 30$ de plus, à une chambre avec grand lit et télévision.

Puvirnituq

Matiusi Tulugak
130$ occupation simple
230$ occupation double
☎819-988-2539
☎819-988-2888
ou à la coopérative
☎988-2983
L'hôtel peut loger 20 personnes.

Akulivik

Danielly Qinuajuak
180$
☎819-496-2526
ou à la coopérative
☎496-2002

Les communautés inuites du détroit d'Hudson

Salluit

Qavvik Hotel
☎819-255-8501
⇄255-8504
La Fédération des Coopératives du Nouveau-Québec n'y exploitant aucun hôtel, il n'y a qu'un établissement privé pour se loger à Salluit, soit le Qavvik Hotel, qui propose 10 chambres avec deux petits lits.

Kangiqsujuaq

Lukasi Napaaluk
☎819-338-3212
ou à la coopérative
☎338-3252
Le seul hôtel du village est géré par Lukasi Napaaluk. L'hôtel peut loger 14 personnes.

Quaqtaq

La Fédération des coopératives du Nouveau-Québec gère le seul lieu d'hébergement de la communauté. Le gérant, **Jusipi Keleutak**, peut être contacté au ☎819-492-9206. La maison, pouvant accueillir sept personnes, ne propose qu'une seule tarification de 90$ plus taxes par personne.

Les communautés de la baie d'Ungava

Kangirsuk

Le seul établissement hôtelier de la communauté est administré par la Fédération des Coopératives du Nouveau-Québec. On peut rejoindre la gérante, **Maggie Simigak**, au ☎(819)935-4382. La maison, pouvant accueillir sept personnes, ne propose qu'une seule tarification de 90$ plus taxes par personne.

Aupaluk

On trouve un seul établissement hôtelier administré par la Fédération des Coopératives du Nouveau-Québec dans ce petit village. On peut contacter le gérant, **Tommy Grey**, au ☎(819) 491-7060. La maison, pouvant accueillir six personnes, n'offre qu'une seule tarification de 90$ plus taxes par personne. Il est possible de devoir partager sa chambre avec d'autres voyageurs, et il est fortement recommandé de réserver.

Kuujjuaq

La Fédération des coopératives du Nouveau-Québec gère un des deux hôtels du village. La gérante, **Emily Mesher**, peut être contacté au ☎(819)964-2272. Cet établissement peut loger 20 personnes.

Kuujjuaq Inn
225$
☎(819) 964-2903
⇄964-2031
L'auberge Kuujjuaq Inn dispose de 22 chambres pour deux personnes avec télévision et salle de bain privée.

Kangiqsualujjuaq

Le seul établissement hôtelier de la communauté est administré par la Fédération des Coopératives du Nouveau-Québec. On peut joindre le gérant, **Tommy Etook**, au ☎(819) 337-5241. La maison, pouvant accueillir sept personnes, ne propose qu'une seule tarification de 90$ plus taxes par personne. Les chambres pouvant accueillir de deux à quatre personnes, il est possible de devoir les partager avec d'autres voyageurs.

Restaurants

Les complexes hydroélectriques et le territoire cri

Radisson

Radis-Nord
57 rue Des Groseillers
☎638-7255
Le Radis-Nord est un magasin général vendant diverses denrées et provisions. C'est une bonne adresse à connaître pour ceux et celles qui préparent une expédition dans la profondeur de ce territoire.

Restaurant Radisson
$
61 rue Des Groseillers
☎638-7387
Le Restaurant Radisson propose une cuisine simple mais bonne. Ce restaurant possède un permis de vente d'alcool.

Auberge Radisson
$$
complexe Pierre-Radisson
☎638-7201
Le restaurant de l'Auberge Radisson propose un excellent menu. Le service est courtois et amical.

Chisasibi

Herodier and Son
lun-ven 8h à 19h
sam 10h à 17h
dim fermé
rez-de-chaussée du centre commercial
☎855-2585
Le restaurant Herodier and Son sert les petits déjeuners ainsi que des repas légers pour emporter ou pour consommer sur place.

Kuujjuarapik

Kuujjuaraapik Inn
$$
☎(819) 929-3374
Le chef cuisinier du restaurant de l'hôtel Kuujjuaraapik Inn, un Parisien, vous proposera des repas élaborés.

Nunavik : Les communautés inuites de la baie d'Hudson

Inukjuak

Nunavimmi Pigiursavik
$$
☎(819) 254-8247
La cafétéria du centre de formation aux adultes Nunavimmi Pigiursavik est ouverte au public matin, midi et soir. Les repas, préparés par les étudiants en cuisine sous la direction de professionnels, sont variés et équilibrés.

Puvirnituq

Allie's Coffee Shop
$
☎(819) 988-2600
Allie's Coffee Shop sert des repas de type casse-croûte.

Les communautés inuites du détroit d'Hudson

Salluit

Adamie Keatainak Scallops
☎(819) 255-8971
Si une envie de moules et de pétoncles vous prend et que vous vous sentez trop fatigué pour aller les chercher vous-même en bateau, contactez Adamie Keatainak Scallops, qui se fera un plaisir d'essayer de satisfaire votre fringale.

Les communautés de la baie d'Ungava

Kuujjuaq

Aliments de l'Arctique Inuksiutiit
☎(819) 964-2817
Les Aliments de l'Arctique Inuksiutiit se spécialisent dans la préparation de gibier.

Kuujjuaq Inn
$$$
☎(819) 964-2903
⇄964-2031
Enfin, le Kuujjuaq Inn offre un service de restauration. Il arrive que le cuisinier prépare du poisson frais pêché ou de la viande d'animaux fraîchement abattus. Il faut compter environ 25$ pour un repas.

Sorties

Les complexes hydroélectriques et le territoire cri

Kuujjuarapik

Kuujjuarapik est le seul village du Nunavik à posséder un bar, ouvert de midi à minuit, et où l'on peut danser et consommer bières et boissons alcoolisées.

Achats

Il serait vraiment malheureux de rentrer d'un voyage dans le Grand Nord québecois sans un souvenir fait main de la région. Ainsi un périple en territoire cri ne saurait-il être complet sans une «oie en mélèze laricin», soit un leurre à ce jour fabriqué selon les méthodes ancestrales, cependant qu'on ne peut quitter le Nunavik sans une sculpture en «pierre de savon» ou un bijou en bois de caribou.

Les complexes hydroélectriques et le territoire cri

Radisson

La boutique **Inouis** *(96 rue Albanel, ☎638-6969)* se spécialise dans l'art amérindien. Ainsi, vous y découvrirez de magnifiques sculptures et de jolis pendentifs.

Chisasibi

Une petite boutique extrêmement intéressante a été aménagée sous le **grand tipi**. On y offre un excellent choix de produits des artisans locaux.

Nunavik : Les communautés inuites de la baie d'Hudson

Kuujjuarapik

La quantité et la qualité des sculptures produites dans ce village sont proportionnelles au grand intérêt manifesté par les membres envers le mouvement coopératif, solidement implanté à Puvirnituq. Les cartes de crédit et de débit sont acceptées au magasin Northern et à celui de la coopérative.

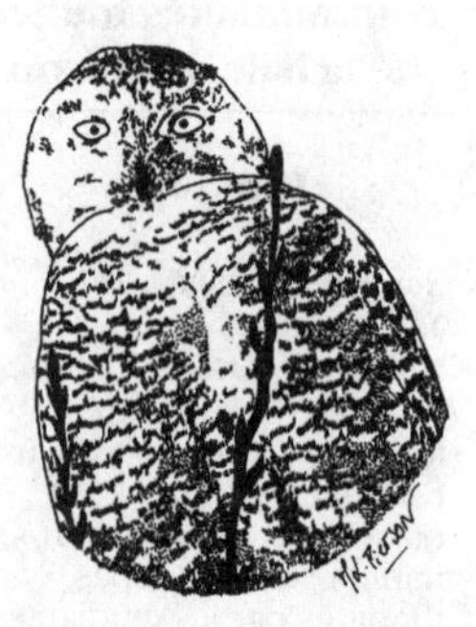

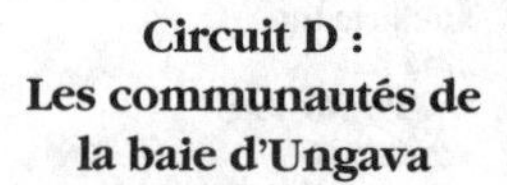

Circuit D : Les communautés de la baie d'Ungava

Kuujjuaq

Outre la coopérative, on trouve deux autres établissements peut aller admirer les talents des artistes inuits. **Innivik Arts and Crafts Shop** *(☎819-964-2780)* propose aux visiteurs divers produits artisanaux et objets d'art fabriqués par les artisans de la communauté. Quant à **Tivi Galeries** *(aéroport de Kuujjuaq, ☎819-964-2465 ou 800-964-2465)*, elle constitue la seule galerie d'art inuite du Nord-du-Québec.

Kangiqsualujjuaq

Avec les peaux de caribou, les artisans de Kangiqsualujjuaq fabriquent de nombreux produits artisanaux. Ils ont conservé l'art ancestral de la fabrication des mitaines (moufles), dans lequel ils excellent, et exportent une partie de leur production vers d'autres villages inuits. D'autres vêtements sont fabriqués au village, comme les *kamiks*, les pantoufles, les manteaux, les *nasaks*, ainsi que les bijoux en bois de caribou.

INDEX

Abbaye cistercienne d'Oka (Oka) 289
Abbaye de Saint-Benoît-du-Lac (Saint-Benoît-du-Lac) 238
Abénaquis 32
Abitibi-Témiscamingue 341
 activités de plein air 351
 attraits touristiques 344
 hébergement 354
 parcs 351
 pour s'y retrouver sans mal . . 341
 renseignements pratiques . . . 342
 restaurants 356
 sorties 357
Achats 70
Akulivik (Nord-du-Québec)
 hébergement 686
Alcools 68
Algonquins 32
All Saints Anglican Church (Dunham) 233
Allée du Marché (Saint-Hyacinthe) 199
Alma (Saguenay - Lac-Saint-Jean) . 620
 restaurants 627
Aménagement du territoire 37
Amérindiens 31
Amos (Abitibi-Témiscamingue) . . 346
 hébergement 354
 restaurants 356
Amphitéâtre Bell (Montréal) 108
Amphithéâtre de Lanaudière (Joliette) 272
Amphithéâtre du Parc récréo-forestier de St-Mathieu (Mauricie) 387
Amqui (Gaspésie) 554
Ancien bureau de la Price Brothers (Chicoutimi) 611
Ancien bureau de poste (Rivière-du-Loup) 521
Ancien consulat américain (Rivière-du-Loup) 521
Ancien hôtel de la Pointe Bleue (Ville d'Estérel) 295
Ancien phare (Matane) 540
Ancien sanatorium (Gaspé) 545
Ancien Séminaire (Nicolet) 378
Ancienne cathédrale grecque Saint-Nicolas (Montréal) 99
ancienne église protestante de Petit-Gaspé (Parc national Forill . 555
Angliers (Abitibi-Témiscamingue) 350
Animaux 68
Anishnabe(é) 32
Annexe du musée de la Civilisation (Vieux-Québec) 408
AquaClub (Mont-Tremblant) 298
Aquarium des Îles (Havre-Aubert) 571
Architecture 37
Aréna Maurice «Rocket» Richard (Montréal) 125
Arthabaska (Centre-du-Québec) . . 373
Arts visuels 47
Asbestos (Cantons-de-l'Est) 249
Ash Inn (Gaspé) 546
Astrolab du Mont-Mégantic (Cantons-de-l'Est) 248
Atelier du peintre Maurice Cullen (Chambly) 188
Atelier Guy Simoneau (Port-au-Persil) 595
Ateliers ApArt (Saint-antoine-de-Tilly) 481
Atikamekw 32
Au Pays des Merveilles (Ste-Adèle) 294
Auberge Georgeville (Georgeville) 239
Auberge Grand-Mère (Grand-Mère) 369
Auberge Saint-Gabriel (Montréal) . . 97
Auberge Symmes (Aylmer) 330
Aupaluk (Nord-du-Québec) 681
Authier (Abitibi-Témiscamingue) . 348
Autocar 56
Autochtones 31
Aventure chez les autochtones
 Abitibi-Témiscamingue 354
Ayer's Cliff (Cantons-de-l'Est) 240
 hébergement 256
 restaurants 260
Aylmer (Outaouais) 330
 fêtes et festivals 340
 hébergement 337
 restaurants 339
Bagatelle (Sillery) 455
Baie de la Tour (Duplessis) 662
Baie de L'Isle-Verte (Bas-Saint-Laurent) 527
Baie Diana (Quaqtaq) 681
Baie-Comeau (Manicouagan) 636
 bars et discothèques 647
 fêtes et festivals 647
 restaurants 646
Baie-du-Febvre (Centre-du-Québec) 378
Baie-Johan-Beetz (Duplessis) 658
 hébergement 665
Baie-MacDonald (Duplessis) 662
Baie-Saint-Paul (Charlevoix) 584
 hébergement 597
 restaurants 599
Baie-Sainte-Catherine (Charlevoix) 595
Baie-Sainte-Claire (Duplessis) . . . 656
Baie-St-Paul (Charlevoix)
 fêtes et festivals 602
Banc-de-Paspébiac (Gaspésie) . . . 550
Banque de Montréal (Montréal) . . . 93
Banque Molson (Montréal) 93
Banque Royale (Montréal) 92
Banques 60
Barachois (Gaspésie) 546

Barrage Daniel-Johnson (Manicouagan) 639
Barrage de Carillon (Pointe-Fortune) 210
Barrage hydroélectrique des Cèdres (Notre-Dame-du-Laus) 302
Barrage Mathieu-D'Amours (Matane) 542
Barrage Sartigan (Saint-Georges) . 499
Barraute (Abitibi-Témiscamingue)
hébergement 354
Bas-Saint-Laurent 513
Basilique (Varennes) 208
Basilique Notre-Dame (Montréal) . . 94
Basilique Notre-Dame-du-Rosaire (Cap-de-la-Madeleine) 368
Basilique Sainte-Anne-de-Beaupré (Sainte-Anne-de-Beaupré) 447
Basilique St. Patrick (Montréal) . . 111
Bataille de la Ristigouche (Gaspésie) 553
Bataille-de-la-Châteauguay (Montérégie) 215
Bateau 57
Bateau-Mouche (Montréal) 97
Bateaux Leclerc (St-Jean-Port-Joli) 492
Batiscan (Mauricie) 368
Battures du Kamouraska (Bas-Saint-Laurent) 527
Beauceville (Chaudière-Appalaches) 499
Beauharnois (Montérégie) 214
Beaumont (Chaudière-Appalaches) 486
hébergement 504
restaurants 507
théâtres et salles de spectacle . 510
Beauport (environs de Québec) . . 444
fêtes et festivals 474
Beaupré (environs de Québec)
hébergement 469
restaurants 472
Bécancour (Centre-du-Québec) . . 372
hébergement 383
restaurants 385
Bedford (Cantons-de-l'Est) 234
Beebe Plain (Cantons-de-l'Est) . . . 239
Belœil (Montérégie)
hébergement 221
restaurants 224
Belvédère Champlain (Parc de la Gatineau) 334
Berceau de Kamouraska (Saint-Pascal) 518
Berge du Vieux-Moulin (Saint-François-de-Sales) 176
Bergeronnes (Manicouagan) 635
hébergement 644
restaurants 646
Berthier-sur-Mer (Chaudière-Appalaches) 487
restaurants 508
Berthierville (Lanaudière) 272
Betsiamites (Manicouagan) 636
achats 647
Bières 68
Bill's Barn (Stanbridge East) 234
Biodôme (Montréal) 125
Bioparc de la Gaspésie 551
Biosphère (Montréal) 129
Black Lake (Chaudière-Appalches) 500
Blanc-Sablon (Duplessis) 660
Blockhaus de Lacolle (Saint-Paul-de-l'Île-aux-Noix) . . . 194
Bocage (Pointe-Claire) 143
Bois Duvernay (Laval) 179
Bois Papineau (Laval) 179
Bolton Centre (Cantons-de-l'Est)
hébergement 255
Bonaventure (Gaspésie) 551
hébergement 561
restaurants 565
Bordeaux House (Pointe-à-la-Croix) 553
Boucherville (Montérégie) 206
Bourg de Pabos (Pabos Mills) 548
Brisay (Nord-du-Québec) 676
Bromont (Cantons-de-l'Est) 234
hébergement 253
restaurants 259
Brossard (Montérégie) 204
Bureau des bénédictions (Sainte-Anne-de-Beaupré) 447
Butte du Vent (Cap-aux-Meules) . 570
Cabane à sucre 67
Cabano (Bas-Saint-Laurent) 526
Cacouna (Bas-Saint-Laurent) 521
Cafés 67
Cageux 350
Calvaire du parc d'Oka (Laurentides) 302
Camp Fortune (Parc de la Gatineau) 335
Canal de Chambly (Chambly) . . . 190
Canal de Lachine (Montréal) 97
Candiac (Montérégie) 203
Cantons-de-l'Est 229
Canyon de la Vauréal (Duplessis) 662
Canyon des Portes de l'Enfer (Rimouski) 524
Cap Barré (Percé) 547
Cap de Bon-Désir (Bergeronnes) . 635
Cap-à-l'Aigle (Charlevoix)
hébergement 599
restaurants 601
Cap-à-l'Aigle (Charlevoix) 594
Cap-aux-Meules (Îles-de-la-Madeleine) 570
Cap-aux-Oies (Charlevoix) 589
Cap-aux-Os (Gaspésie)
hébergement 559
Cap-Chat (Gaspésie) 542
restaurants 562
Cap-de-la-Madeleine (Mauricie) . . 367
Cap-des-Rosiers (Gaspésie) 544

Cap-Saint-Ignace
(Chaudière-Appalaches) 490
magasinage 511
Cap-Santé (environs de Québec)
hébergement 471
Cape Cove (Gaspésie) 546
Carignan (Montérégie)
restaurants 222
Carillon (Laurentides) 290
Carleton (Gaspésie) 552
hébergement 561
restaurants 565
théâtres et salles de spectacle . 566
Carré Royal (Sorel) 201
Carrefour mondial de l'accordéon
(Montmagny) 510
Cartes de crédit 60
Cascades d'eau (Laurentides) 306
Caserne de pompiers no 1
(Montréal) 126
Casino de Charlevoix
(Pointe-au-Pic) 602
Casinos
Montréal 171
Cathédrale Christ Church
(Montréal) 110
Cathédrale de l'Assomption
(Trois-Rivières) 364
Cathédrale de Saint-Jérôme 292
Cathédrale du Christ-Roi (Gaspé) . 545
Cathédrale Saint-Charles-Borromée
(Joliette) 272
Cathédrale Saint-François-Xavier
(Chicoutimi) 608
Cathédrale Saint-Germain
(Rimouski) 524
Cathédrale Saint-Hyacinthe-le-
Confesseur (Saint-Hyacinthe) . . . 198
Cathédrale Saint-Jean-Eudes
(Baie-Comeau) 636
Cathédrale Saint-Jean-L'Évangéliste
(St-Jean-sur-Richelieu) 192
Cathédrale Saint-Michel
(Sherbrooke) 245
Cathédrale Sainte-Anne
(La Pocatière) 516
Cathédrale Sainte-Cécile
(Salaberry-de-Valleyfield) 215
Cathédrale Sainte-Thérèse-d'Avila
(Amos) 346
Causapscal (Gaspésie) 553
hébergement 561
restaurants 565
Cavalier du Moulin
(Ville de Québec) 396
Caverne de la rivière à la Patate
(Île d'Anticosti) 662
Caverne Lusk
(Parc de la Gatineau) 335
CEF du Bois-De-Belle-Rivière
(Laurentides) 304
Centrale électrique de la
Rivière-des-Prairies (Duvernay) . . 179
Centrale hydro-électrique de
Beauharnois (Melocheville) 214
Centrale nucléaire Gentilly 2
(Bécancour) 373
Centrale Robert-Bourassa
(Nord du Québec) 674
Centre Astro (Dolbeau) 619
Centre culturel (Grand-Mère) 369
Centre culturel et d'interprétation
de Havre-Saint-Pierre 655
Centre culturel Montagnais
(Mingan) 655
Centre d'accueil de la réserve de
l'Archipel-de-Mingan 655
Centre d'archéologie de la
Métabetchouane (Desbiens) 615
Centre d'art animalier Faunart
(Saint-Jean-Port-Joli) 492
Centre d'art de Baie-Saint-Paul
(Baie-Saint-Paul) 584
Centre d'art Marcel-Gagnon
(Sainte-Flavie) 539
Centre d'exposition (Val-d'Or) . . . 345
Centre d'exposition de
Baie-Saint-Paul (Baie-Saint-Paul) . 586
Centre d'exposition du
Vieux-Palais (Saint-Jérôme) 292
Centre d'exposition
Raymond-Lasnier (Trois-Rivières) 364
Centre d'histoire de Montréal
(Montréal) 96
Centre d'histoire naturelle de
Charlevoix (Baie-Saint-Paul) 586
Centre d'information
d'Hydro-Québec (Baie-Comeau) . 639
Centre d'interprétation
Archéo-topo (Bergeronnes) 635
Centre d'interprétation de la
batture de Kamouraska 527
Centre d'interprétation de la
côte de Beaupré 446
Centre d'interprétation de la
forge Tremblay (Charlevoix) 589
Centre d'interprétation de la
pomme du Québec (Rougemont) 236
Centre d'interprétation de la
vie urbaine de Québec 400
Centre d'interprétation des
dunes de sable (Tadoussac) 634
Centre d'interprétation des
marais salés (Saint-Paul-du-Nord) 643
Centre d'interprétation du Parc
de l'Île-Bonaventure-et-du-Roche 548
Centre d'interprétation du phoque
(Grande-Entrée) 573
Centre d'interprétation
multiethnique de Rawdon
(Rawdon) 275
Centre de commerce mondial
(Montréal) 92
Centre de la Nature (Laval) 179
Centre de la nature de
Mont-Saint-Hilaire (Montérégie) . 216

Centre de l'héritage britannique en Gaspésie (New Richmond) . . 551
Centre de recherche et d'interprétation de la Minganie (Longue-Pointe) 654
Centre de ski de Fond Bellevue (Estrie) 252
Centre de ski de fond L'Estérel (Laurentides) 307
Centre de ski de fond Morin-Heights (Laurentides) 307
Centre des loisirs marins (Les Escoumins) 635
Centre d'accueil et d'interprétation de la réserve de parc national de l'Archipel-de-Mingan 655
Centre d'art de Lévis (Lévis) 483
Centre d'arts (Orford) 263
Centre d'exposition de Mont-Laurier (Mont-Laurier) 300
Centre d'exposition sur l'industrie des pâtes et papiers . . 366
Centre d'histoire de la Métabetchouane (Desbiens) 615
Centre d'interprétation de la foresterie (La Sarre) 348
Centre d'interprétation de la gare de Montebello 324
Centre d'Interprétation de la nature du lac Boivin (Cantons-de-l'Est) 249
Centre d'interprétation de l'histoire de Sherbrooke (Sherbrooke) 245
Centre d'interprétation des pêches contemporaines (Rivière-au-Renard) 544
Centre d'interprétation des phares et balises (La Martre) 543
Centre d'interprétation du cuivre (Murdochville) 543
Centre d'interprétation du patrimoine de Sorel 201
Centre d'interprétation du saumon atlantique(Ste-Flavie) . . . 539
Centre d'interprétation du vent et de la mer (Cap-Chat) 542
Centre d'interprétation et d'observation de Cap-de-Bon-Désir (Bergeronnes) 635
Centre d'interprétation ferroviaire (Vallée-Jonction) 498
Centre d'interprétation Sir-William-Price (Jonquière) 613
Centre d'interprétation «Il était une fois...une petite colonie 193
Centre Eaton (Montréal) 110
Centre éducatif des migrations (Montmagny) 488
Centre éducatif et écologique de la faune aquatique des Laurentides 296
Centre équestre de Bromont (Cantons-de-l'Est) 251
Centre Far Hills (Laurentides) . . . 308
Centre historique et aquatique de Roberval (Roberval) 616
Centre Infotouriste (Montréal) . . . 106
Centre national d'exposition (Jonquière) 613
Centre thématique fossilifère (Notre-Dame-du-Nord) 350
Centre touristique et éducatif des Laurentides 296
Chambly (Montérégie) 187
achats 227
bars et discothèques 226
fêtes et festivals 227
hébergement 220
restaurants 222
Champ-de-Mars (Montréal) 99
Champlain (Mauricie)
restaurants 385
Chandler (Gaspésie) 548
hébergement 560
Chanson 46
Chanteclerc (Laurentides) 307
Chantier naval MIL Davie (Lauzon) 484
Chapelle anglicane St. Mark (Lennoxville) 241
Chapelle de procession (Lotbinière) 480
Chapelle des Cuthbert (Berthierville) 273
Chapelle des Indiens (Tadoussac) 634
Chapelle des Marins (L'Islet-sur-Mer) 491
Chapelle et musée de l'Hôpital Général (Québec) 422
Chapelle Notre-Dame-de-Lourdes (Saint-Michel-de-Bellechasse) . . . 487
Chapelle presbytérienne (Métis-sur-Mer) 540
Chapelle Saint-Bernard (Station touristique du Mont-Tremblant) 298
Chapelle Saint-François-Xavier (Lauzon) 484
Chapelle Sainte-Anne (Lauzon) . . 484
Chapelle Sainte-Anne (Neuville) . 458
Chapelle Sainte-Anne (Sainte-Marie) 494
Chapelles de procession (Île aux Coudres) 588
Chapelles de procession (L'Ange-Gardien) 446
Chapelles votives (Varennes) 208
Charlesbourg (environs de Québec) 461
Charlevoix 581
Charny (Chaudière-Appalaches) . . 483
Chasse
Abitibi-Témiscamingue 353
Château (Montréal) 104

Château Bellevue
(Cap Tourmente) 449
Château de Neuville (Neuville) . . 457
Château Ramezay (Montréal) 99
Château Dufresne (Montréal) 124
Château Logue (Maniwaki) 333
Château Menier (Port-Menier) . . . 656
Château Montebello (Montebello) 324
Château-Richer (environs de
Québec) 446
achats 474
hébergement 468
Châteauguay (Montérégie) 213
Chaudière-Appalaches 477
Chelsea (Outaouais) 333
Chemin de Gros-Cap
(Cap-aux-Meules) 570
Chemin de la Croix
(Sainte-Anne-de-Beaupré) 448
Chemin des Vieux-Moulins
(L'Acadie) 193
Chemin Royal (Beauport) 444
Chevery (Duplessis) 660
Chibougamau (Saguenay–
Lac-St-Jean)
hébergement 624
restaurants 627
Chicoutimi (Saguenay -
Lac-Saint-Jean) 608
achats 628
bars et discothèques 627
fêtes et festivals 627
restaurants 625
Chisasibi (Nord-du-Québec) 676
achats 688
hébergement 685
restaurants 687
Chomedey (Laval) 178
Chute de la Vauréal (Duplessis) . . 662
Chute du Windigo (Laurentides) . 306
Chute Kalimazoo (Duplessis) 662
Chutes Fraser (Charlevoix) 593
Cidrerie artisanale Michel Jodoin
(Rougemont) 236
Cinéma 48
Circuit des galeries d'art
(Charlevoix) 602
Circuit du Grand prix
(Trois-Rivières) 367
Cité de l'Or (Val-d'Or) 344
Cité de l'Énergie (Shawinigan) . . 370
Clermont (Charlevoix) 593
Club de golf du Manoir Richelieu
(Charlevoix) 590
Club Mont-Royal (Montréal) 104
Club vacances «Les Îles»
(Îles-de-la-Madeleine) 576
Coaticook (Cantons-de-l'Est) 240
hébergement 256
Collège Dawson (Montréal) 114
Collège de L'Assomption
(L'Assomption) 270
Collège de Saint-Laurent
(Saint-Laurent) 144
Collège de Stanstead
(Stanstead Plain) 240
Collège des frères du Sacré-Cœur
(Arthabaska) 376
Collège Macdonald (Sainte-Anne-
de-Bellevue) 143
Colline des Demoiselles
(Havre Aubert) 571
Colline parlementaire
(Ottawa, Ont.) 329
Colonne Nelson (Montréal) 98
Complexe Desjardins (Montréal) . 111
Complexe G (Québec) 416
Complexe G (Ville de Québec) . . 417
Compton (Cantons-de-l'Est) 240
Concours des châteaux de sable
(Îles-de-la-Madeleine) 580
Consulats 49
Contrecœur (Montérégie) 208
Coopérative d'artisanat micmaque
(Maria) 552
Corps de garde (Chambly) 188
Cosmodôme (Chomedey) 178
Coteau-du-Lac (Montérégie) 211
Couleurs en vélo (Laurentides) . . 320
Cours Le Royer (Montréal) 95
Cours Mont-Royal (Montréal) 106
Couvent (Pointe-Claire) 143
couvent des Récollets
(Trois-Rivières) 365
Couvent des sœurs des Saints-
Noms-de-Jésus-et-de-Marie
(Longueuil) 206
Couvent des sœurs des Saints-
Noms-de-Jésus-et-de-Marie
(St-Hilaire) 196
Couvent des sœurs Grises
(Montréal) 116
Couvent des ursulines
(Stanstead Plain) 240
Covey Hill (Montérégie) 216
Cowansville (Cantons-de-l'Est) . . . 234
restaurants 259
Cratère du Nouveau-Québec
(Kansiqsujuaq) 680
Cris 33
Croix de Gaspé (Gaspé) 546
Cuestas hudsoniennes
(Nord-du-Québec) 678
Cuisine québécoise 67
Cultes 71
Cyclorama de Jérusalem
(Sainte-Anne-de-Beaupré) 448
Cyr, Louis 276
Danville (Cantons-de-l'Est) 249
restaurants 262
Décalage horaire 61
Dégelis (Bas-Saint-Laurent) 526
hébergement 532
Deltaplane 80
Déplacements 54

Desbiens (Saguenay - Lac-Saint-Jean)
restaurants 626
Deux-Montagnes (Laurentides)
restaurants 314
Discothèques 68
Dispensaire de la garde (La Corne) 346
Domaine de l'Estérel (Ville d'Estérel) 295
Domaine du Seigneur Taschereau (Sainte-Marie) 494
Domaine Forget (Saint-Irénée) . . . 590
Domaine Howard (Sherbrooke) . . . 246
Domaine Joly de Lotbinière (Sainte-Croix) 479, 481
Domaine Mackenzie-King (Parc de la Gatineau) 331
Domaine Porteous (Sainte-Pétronille) 451
Domaine seigneurial Taché (Kamouraska) 518
Dorion (Montérégie) 209
Douane 53
Drogues 71
Droit de remboursement de la taxe pour les non-résidents 60
Drummondville (Centre-du-Québec)
fêtes et festivals 387
hébergement 383
restaurants 386
Drummonville (Centre-du-Québec) 377
Dune Sandy Hook (Îles-de-la-Madeleine) 574
Dunes de sable (Tadoussac) 634
Dunham (Cantons-de-l'Est)
hébergement 253
restaurants 258
Duplessis 649
Duvernay (Laval) 179
Eastern Townships Bank (Cowansville) 234
Eastern Townships Bank (Sherbrooke) 244
Eastman (Cantons-de-l'Est)
hébergement 254
Eaton Corner (Cantons-de-l'Est) . . 246
Écluse de Saint-Lambert (Saint-Lambert) 204
Écluse de Saint-Ours (Saint-Ours) 200
Écluse de Sainte-Catherine (Sainte-Catherine) 202
École des hautes études commerciales (Montréal) 133
École du rang II (Authier) 348
Écomusée des Deux-Rives (Salaberry-de-Valleyfield) 215
Écomusée d'Anticosti (Port-Menier) 656
Économie 29
Économusée de l'accordéon (Montmagny) 488
Économusées
accordéon 488
bateaux miniatures 492
fleurs 178
forge 452
miel 446
papier 587
Écuries (Odelltown) 195
Édifice Ernest-Cormier (Montréal) . 97
Édifice Price (Ville de Québec) . . 399
Édifice Sun Life (Montréal) 106
Église (Odelltown) 195
Église (Saint-Ulric) 540
Église (Sainte-Anne-de-la-Pérade) . 368
Église anglicane (Frelishburg) . . . 233
Église anglicane Christ Church (Saint-André-Est) 289
Église anglicane Christ Church (Sorel) 201
Église anglicane St. Andrew (New Carlisle) 550
Église anglicane St. George (Lennoxville) 241
Église anglicane St. George (Montréal) 107
Église anglicane St. James (Bedford) 234
Église anglicane St. James (Ormstown) 216
Église anglicane St. James (Port-Daniel) 550
Église anglicane St. Paul's (Mansonville) 237
Église anglicane St. Stephen (Chambly) 188
Église catholique Saint-Joseph (Chambly) 190
Église catholique Saint-Joseph (Saint-Joseph-de-la-Rive) 587
Église catholique Saint-Paul (Grand-Mère) 369
Église de Ferme-Neuve (Ferme-Neuve) 300
Église de la Nativité de la Sainte Vierge (La Prairie) 203
Église de La Présentation (La Présentation) 199
Église de la Purification-de-la-Bienheureuse-Vierge-Marie . . . 274
Église de la Sainte-Famille (Cap-Santé) 459
Église de La Vernière (Cap aux Meules) 570
Église de la Visitation (Montréal) . 110
Église de Mingan (Mingan) 655
Église du village (Odanak) 378
Église d'Oka (Oka) 289
Église en bois (La Martre) 543
Église en forme de wigwam (Maria) 552
Église Erskine & American (Montréal) 104

Église néo-gothique St. James
(Cape Cove) 546
Église néo-romane Saint-Félicien
(Saint-Félicien) 617
Église Notre-Dame (Laterrière) . . . 611
Église Notre-Dame (Roberval) . . . 616
Église Notre-Dame-de-Bonsecours
(L'Islet-sur-Mer) 491
Église Notre-Dame-de-Fatima
(Jonquière) 613
Église Notre-Dame-de-la-Nativité
(Beauport) 444
Église Notre-Dame-de-la-Présentation (Shawinigan-Sud) . 370
Église Notre-Dame-de-la-Victoire
(Lévis) 484
Église Notre-Dame-de-Liesse
(Rivière-Ouelle) 516
Église Notre-Dame-de-Lorette
(Wendake) 462
Église Notre-Dame-des-Neiges
(Trois-Pistoles) 522
Église Notre-Dame-du-Rosaire
(Saint-Hyacinthe) 198
Église protestante (Pointe-au-Pic) . 593
Église protestante de Petit-Gaspé
(Parc national Forillon) 555
Église Sainp-Eustache
(Saint-Eustache) 288
Église Saint-Alphonse-de-Liguori
(La Baie) 608
Église Saint-André (Saint-André) . 518
Église Saint-Antoine
(Saint-Antoine-de-Tilly) 481
Église Saint-Antoine-de-Padoue
(Longueuil) 206
Église Saint-Antoine-de-Padoue
(Louiseville) 372
Église Saint-Athanase (Iberville) . . 192
Église Saint-Augustin
(Saint-Augustin-de-Desmaures) . 457
Église Saint-Augustin-de-Cantorbéry
(Cantons-de-l'Est) 238
Église Saint-Bonaventure
(Bonaventure) 551
Église Saint-Charles-Borromée
(Charlesbourg) 461
Église Saint-Charles-Borromée
(Grondines) 460
Église Saint-Christophe
(Arthabaska) 376
Église Saint-Clément
(Beauharnois) 214
Église Saint-Denis (Saint-Denis) . . 200
Église Saint-Dominique
(Jonquière) 613
Église Saint-Édouard (Bécancour) 373
Église Saint-Étienne (Beaumont) . 486
Église Saint-François
(Saint-François) 453
Église Saint-François-de-Sales
(Gatineau) 325
Église Saint-François-de-Sales
(Neuville) 458
Église Saint-François-de-Sales
(St-François-de-Sales) 178
Église Saint-François-Xavier
(Grande-Vallée) 544
Église Saint-François-Xavier
(Kahnawake) 213
Église Saint-François-Xavier
(Saint-François-du-Lac) 378
Église Saint-François-Xavier
(Verchères) 208
Église Saint-Georges (Cacouna) . . 521
Église Saint-Georges
(Saint-Georges) 499
Église Saint-Grégoire (Bécancour) 379
Église Saint-Hilaire
(Mont-Saint-Hilaire) 196
Église Saint-Ignace
(Cap-Saint-Ignace) 490
Église Saint-Jacques-le-Majeur
(Causapscal) 554
Église Saint-Jean (Saint-Jean) 452
Église Saint-Jean-Baptiste
(Saint-Jean-Port-Joli) 492
Église Saint-Jérôme (Matane) 542
Église Saint-Joachim (Châteauguay) 213
Église Saint-Joachim (Pointe-Claire) 143
Église Saint-Joachim
(Saint-Joachim) 449
Église Saint-Joseph (Carleton) . . . 552
Église Saint-Joseph
(Deschambault) 460
Église Saint-Joseph
(Saint-Joseph-de-Beauce) 498
Église Saint-Joseph-de-Lauzon
(Lauzon) 484
Église Saint-Laurent (Saint-Laurent) 144
Église Saint-Léon (Montréal) 121
Église Saint-Louis (Lotbinière) . . . 480
Église Saint-Louis-de-France
(Terrebonne) 269
Église Saint-Marc (La Baie) 608
Église Saint-Mathias (Saint-Mathias) 195
Église Saint-Maxime (Scott) 494
Église Saint-Michel (Percé) 547
Église Saint-Michel
(Saint-Michel-de-Bellechasse) . . 487
Église Saint-Michel (Sillery) 455
Église Saint-Michel (Vaudreuil) . . 209
Église Saint-Norbert (Cap-Chat) . . 542
Église Saint-Patrice
(Rivière-du-Loup) 521
Église Saint-Paul
(Saint-Paul-de-Joliette) 271
Église Saint-Pierre (Saint-Pierre) . . 454
Église Saint-Pierre (Sorel) 201
Église Saint-Sulpice (Saint-Sulpice) 274
Église Saint-Vincent-de-Paul
(Saint-Vincent-de-Paul) 176
Église Sainte-Agnès (Lac-Mégantic) 248
Église Sainte-Agnès (Sainte-Agnès) 593
Église Sainte-Amélie
(Baie-Comeau) 639

Église Sainte-Anne
(Sainte-Anne-de-Sorel) 202
Église Sainte-Anne
(Sainte-Anne-des-Monts) 543
Église Sainte-Croix (Sainte-Croix) . 481
Église Sainte-Emmélie
(Leclercville) 479
Église Sainte-Famille
(Boucherville) 207
Église Sainte-Famille
(Sainte-Famille) 453
Église Sainte-Geneviève
(Berthierville) 273
Église Sainte-Geneviève
(Sainte-Geneviève) 144
Église Sainte-Jeanne-de-Chantal
(N.-D.-de-l'Île-Perrot) 212
Église Sainte-Luce (Sainte-Luce) . . 525
Église Sainte-Marguerite-de-
Blairfindie (L'Acadie) 193
Église Sainte-Marie (Sainte-Marie) . 497
Église Sainte-Rose-de-Lima
(Sainte-Rose) 178
Église Sainte-Rose-de-Lima
(Sainte-Rose-du-Nord) 614
Église St. Andrew
(New Richmond) 552
Église St. Andrews and St. Paul
(Montréal) 103
Église St. Barthelemy
(Rivière-du-Loup) 520
Église St. George (Georgeville) . . 239
Église St. James
(Saint-Jean-sur-Richelieu) 192
Église St. James the Apostle
(Stanbridge East) 234
Église St. James United (Montréal) 110
Église St. Luke (Waterloo) 235
Église St. Mary (Barachois) 546
Église St. Michael (Sillery) 455
Église St. Peter on the Rock
(Cap-à-l'Aigle) 594
Église The Ascension of Our Lord
(Montréal) 120
Église Unie (North Hatley) 241
Église unie Chalmers-Wesley
(Québec) 394
Église Unie Plymouth-Trinity
(Sherbrooke) 245
Électricité 71
Électrium d'Hydro-Québec
(Montérégie) 209
Embouchure du canal de Lachine
(Lachine) 142
Enceinte (Kahnawake) 213
Enfants 64
Éolienne de Cap-Chat (Cap-Chat) 542
Équitation
Îles-de-la-Madeleine 576
Escalade
Laurentides 304
Essipit (Les Escoumins) 635
Estrie 229
Exotarium (St-Eustache) 288
Explorama
(Sainte-Anne-des-Monts) 543
Expression (Saint-Hyacinthe) 199
Fabuleuse histoire d'un royaume
(La Baie) 608
Falaises de La Belle Anse
(Îles-de-la-Madeleine) 570
Falls (Causapscal) 554
Faubourg Sainte-Catherine
(Montréal) 116
Faune 15
Ferme Blanchette
(Parc national Forillon) 555
Ferme expérimentale
(Sainte-Anne-de-Bellevue) 143
Ferme Lune de Miel (Stoke) 246
Ferme Roy (L'Acadie) 193
Ferme-Neuve (Laurentides) 300
hébergement 314
Festi-Jazz (Rimouski) 535
Festival de Blues de Tremblant
(Laurentides) 320
Festival de l'érable (Plessisville) . . 387
Festival de la chanson de Granby 264
Festival de la Crevette (Matane) . . 566
Festival de la Gibelotte de Sorel . . 227
Festival de l'oie blanche
(Montmagny) 510
Festival de montgolfières
(St-Jean-sur-Richelieu) 226
Festival de musique actuelle de
Victoriaville 387
Festival des Couleurs (Laurentides) 320
Festival des montgolfières
(Gatineau) 340
Festival des sciences de la nature
(Port-au-Saumon) 595
Festival d'astronomie populaire du
mont Mégantic (Cantons-de-l'Est) 248
Festival Innu Nikamu
(Maliotenam) 654
Festival international de la Poésie
(Trois-Rivières) 387
Festival international du Domaine
Forget (Sainte-Irénée) 602
Festival Orford (Orford) 264
Festival western (Saint-Tite) 387
Festivent (St-Jean-Chrysostome) . . 510
Fête de la Musique (Laurentides) . 320
Fête de l'été d'Aylmer (Outaouais) 340
Fête de Saint-Louis (Chambly) . . . 227
Fête des Patriotes (Saint-Denis) . . 200
Fête du Vieux Marché
(Saint-Denis) 200
Fête du Vol Libre
(Mont-Saint-Pierre) 566
Fêtes et festivals 68
Filature Paton (Sherbrooke) 245
Fitch Bay (Cantons-de-l'Est) 239
Fjord (Salluit) 680
Fleurineau (Sainte-Dorothée) 178
Flore 14

Folklore 71
Forestville (Manicouagan) 635
hébergement 644
restaurants 646
Forfaits aventure
Abitibi-Témiscamingue 353
Forge-menuiserie Cauchon
(La Malbaie) 594
Forges du Saint-Maurice
(Trois-Rivières) 367
Fort Chambly (Chambly) 188
Fort de la Martinière (Lévis) 484
Fort Ingall (Cabano) 526
Fort Lennox (St-Paul-de-l'Île-
aux-Noix) 194
Fort Listuguj (Restigouche) 553
Fort Péninsule
(Parc national Forillon) 555
Fort Prével (Gaspésie) 546
hébergement 560
restaurants 563
Fort-Coulonge (Outaouais) 331
Fort-Numéro-Un (Lévis) 484
Fortifications de Québec
(Ville de Québec) 393
Forum (Montréal) 114
Foyer Saint-Antoine des sœurs
Grises (Longueuil) 206
Franklin (Montérégie) 216
Frelighsburg (Cantons-de-l'Est) . . 233
restaurants 258
Fumeurs 68
Galerie Archambault (Lavaltrie) . . 274
Galerie d'art Bishop-Champlain
(Lennoxville) 244
Galerie d'art du Trait-Carré
(Charlesbourg) 462
Galerie Louise-Carrier (Lévis) 483
Gare centrale (Montréal) 108
Gare Dalhousie (Montréal) 100
Gare de Lacolle (Lacolle) 194
Gare maritime Iberville (Montréal) . 97
Gare Viger (Montréal) 100
Gare Windsor (Montréal) 107
Gaspé (Gaspésie) 544
bars et discothèques 565
hébergement 559
restaurants 563
Gaspésie 537
Gatineau (Outaouais) 325
fêtes et festivals 340
théâtres et salles de spectacle . 339
Géographie 13
Georgeville (Cantons-de-l'Est) . . . 239
hébergement 256
Gesgapegiag (Gaspésie) 552
Glissades des Pays-d'en-Haut
(Laurentides) 306
Godbout (Manicouagan) 639
hébergement 645
Golf
Charlevoix 590
Gorge de Coaticook
(Cantons-de-l'Est) 249
Grace Church (Sutton) 237
Granby (Cantons-de-l'Est) 235
fêtes et festivals 263
hébergement 253
restaurants 259
Grand Pow Wow
(île de Fort Georges) 677
Grand Prix Player's de
Trois-Rivières 387
Grand Séminaire (Montréal) 113
Grand-Mère (Mauricie) 368
hébergement 382
restaurants 385
Grand-Métis (Gaspésie) 539
achats 566
hébergement 558
restaurants 562
Grande-Entrée
(îles-de-la-Madeleine) 573
Grande-Grave
(Parc national Forillon) 555
Grande-Vallée (Gaspésie) 544
Grandes-Piles (Mauricie) 369
hébergement 382
restaurants 385
Grands feux du Casino (Hull) . . . 329
Grange Bhérer (Cap-à-l'Aigle) . . . 594
Grosse-Île (Chaudière-Appalaches) 489
Grosse-Île (Îles-de-la-Madeleine) . 573
restaurants 579
Grotte de Saint-Elzéar (Gaspésie) . 555
Guérin (Abitibi-Témiscamingue) . 349
Havre-Aubert
(Îles-de-la-Madeleine) 570
Havre-aux-Maisons
(Îles-de-la-Madeleine) 572
Havre-Saint-Pierre (Duplessis) . . . 655
hébergement 664
restaurants 665
Hébertville (Saguenay -
Lac-Saint-Jean)
hébergement 624
restaurants 626
Hemmingford (Montérégie) 216
Hippodrome (Ormstown) 216
Hippodrome de Trois-Rivières
(Trois-Rivières) 367
Histoire 15
âge d'or du libéralisme
économique 21
Confédération 20
Depuis 1980 24
Duplessisme 23
Grande Dépression 22
Régime anglais 17
Révolution tranquille 23
Seconde Guerre mondiale 22
Holt-Renfrew (Ville de Québec) . . 402
Hommage aux fondateurs de
Baie-Saint-Paul (Baie-Saint-Paul) 584

Hôpital Général des sœurs Grises (Montréal) 96
Hospice Auclair (Montréal) 136
Hôtel Château Champlain (Montréal) 107
Hôtel de ville (Châteauguay) 213
Hôtel de ville (Montréal) 99
Hôtel de ville (Saint-Armand-Station) 233
Hôtel de ville (Saint-Hyacinthe) . . 198
Hôtel de ville (Sainte-Marguerite-du-Lac-Masson) 295
Hôtel de ville (Sherbrooke) 244
Hôtel de ville (Trois-Rivières) . . . 364
Hôtel de ville de Westmount (Montréal) 120
Hôtel L'Estérel (Ville d'Estérel) . . . 295
Hôtel Reine-Elizabeth (Montréal) . 109
Hôtel Ritz-Carlton (Montréal) 104
Hôtel Tadoussac (Tadoussac) . . . 632
Hôtel-de-Ville (Ville de Québec) . 400
Hudson (Montérégie) 210
- achats 228
- hébergement 222
- restaurants 226

Hull (Outaouais) 325
- achats 340
- bars et dicothèques 339
- fêtes et festivals 340
- hébergement 336
- restaurants 337
- théâtres et salles de spectacle . 339

Hurons-Wendat 33
Hydravion 58
Iberville (Montérégie) 192
- achats 227

Île aux Basques (Bas-Saint-Laurent) 527
Île aux Grues (Chaudière-Appalaches) 490
- hébergement 505
- restaurants 508

Île aux Perroquets (Duplessis) . . . 654
Île Beauséjour (Gaspésie) 548
Île Bonaventure (Gaspésie) . 547, 548
Île d'Entrée (Îles-de-la-Madeleine) 573
- hébergement 578

Île d'Orléans (environs de Québec)
- hébergement 470

Île de Fort George (Nord-du-Québec) 677
Île de la Grande Entrée (Îles-de-la-Madeleine) 573
- hébergement 577
- restaurants 579

Île des Moulins (Terrebonne) 269
Île du Cap aux Meules (Îles-de-la-Madeleine) 570
- bars et discothèques 579
- hébergement 576
- restaurants 578
- théâtres et salles de spectacle . 580

Île du Havre Aubert (Îles-de-la-Madeleine) 570
- bars et discothèques 579
- fêtes et festivals 580
- hébergement 577
- restaurants 578
- théâtres et salles de spectacle . 580

Île du Havre aux Maisons (Îles-de-la-Madeleine) 572
- bars et discothèques 579
- hébergement 577
- restaurants 579

Île d'Anticosti (Duplessis) 655
- magasinage 667
- restaurants 666

Île Pamiok (Kangirsuk) 681
Île Perrot (Montérégie) 212
Île Providence (Tête-à-la-Baleine) 660
Île Saint-Bernard (Montérégie) . . . 213
Île Saint-Quentin (Mauricie) 379
Île Smith (Akulivik) 680
Île Verte (Bas-Saint-Laurent) 522
- hébergement 530

Îles de Sorel (Montérégie) 202
Îles du Pot à L'Eau-de-Vie (Bas-Saint-Laurent) 530
Îles Hopewell (Nord-du-Québec) . 679
Îles Manitounuk (Nord-du-Québec) 678
Îles-de-la-Madeleine 567
Îlot Saint-Nicolas (Ville de Québec) 412
Innuat 35
Insectarium (Montréal) 122
Institut (Joliette) 271
Institut des sourdes-muettes (Montréal) 135
Institution des Sœurs de la Congrégation de Notre-Dame . . . 444
Inuits 33
Inukjuak (Nord-du-Québec) 679
- restaurants 687

Ivujivik (Nord-du-Québec) 680
Jardin botanique (Montréal) 122
Jardin d'architecture (Montréal) . . 116
Jardin Daniel-A.-Séguin (Saint-Hyacinthe) 199
Jardin des Gouverneurs (Ville de Québec) 396
Jardin Marisol (Bromont) 235
Jardin zoologique de Granby (Granby) 236
Jardins de Métis (Grand-Métis) . . . 540
Jardins de Rocailles (Laurentides) . 296
Jardins du Québec 76
Jardins d'Henriette (Saint-Lazare) . 210
Johannsen (Laurentides) 298
Joliette (Lanaudière) 271
- fêtes et festivals 284
- hébergement 279
- restaurants 282
- théâtres et salles de spectacle . 283

Jonquière (Saguenay - Lac-Saint-Jean)
hébergement 623
restaurants 626
Kahnawake (Montérégie) 213
fêtes et festivals 227
Kamouraska (Bas-Saint-Laurent) . 517
hébergement 529
Kangiqsualujjuaq (Nord-du-Québec) 682
hébergement 687
Kangiqsujuaq (Nord-du-Québec) 680
achats 688
hébergement 686
Kangirsuk (Nord-du-Québec)
hébergement 686
Kanien'kahaka 34
Kawawachikamach (Nord-du-Québec) 682
Kegaska (Duplessis)
hébergement 665
Kingsey Falls (Centre-du-Québec) 376
hébergement 383
Kinnear's Mills (Chaudière-Appalaches) 500
Knowlton (Cantons-de-l'Est) 237
bars et dicothèques 262
hébergement 254
restaurants 259
Knowlton's Landing (Cantons-de-l'Est)
hébergement 254
Knowlton's Landing (Cantons-de-l'Est) 238
Knox Presbyterian Church (New Carlisle) 550
Kuujjuaq (Nord-du-Québec) 681
achats 688
hébergement 686
restaurants 687
Kuujjuarapik (Nord-du-Québec) . 678
magasinage 688
restaurants 687
sorties 688
L'Acadie (Montérégie) 193
L'Ange-Gardien (environs de Québec) 446
L'Anse-à-Gilles (Chaudière-Appalaches) 490
L'Anse-Saint-Jean (Saguenay - Lac-Saint-Jean) 607
achats 627
hébergement 622
L'Écomusée de Saint-Constant (Saint-Constant) 203
L'Étang-des-Caps (Îles-de-la-Madeleine) 572
L'Étang-du-Nord (Îles-de-la-Madeleine) 570
La Baie (Montréal) 110
La Baie (Saguenay - Lac-Saint-Jean)
hébergement 622
restaurants 625
La Bolduc 548
La Corne (Abitibi-Témiscamingue) 346
La Grave (Havre-Aubert) 571
La Malbaie (Charlevoix) 591
bars et discothèques 601
hébergement 598
La Martre (Gaspésie) 543
La Méduse (Havre-aux-Maisons) . 572
La Pocatière (Bas-Saint-Laurent) . . 516
restaurants 532
La Prairie (Montérégie) 203
La Présentation (Montérégie) . . . 199
La Romaine (Duplessis) 658
La Sarre (Abitibi-Témiscamingue) . 348
hébergement 354
La Tuque (Mauricie) 369
Labelle (Laurentides) 300
hébergement 314
restaurants 319
Lac Boivin (Cantons-de-l'Est) 249
Lac Brome (Cantons-de-l'Est) 237
Lac des Sables (Laurentides) 296
Lac Massawippi (Cantons-de-l'Est) 240
Lac Masson (Laurentides) 295
Lac Mégantic (Cantons-de-l'Est) . . 248
Lac Memphrémagog (Cantons-de-l'Est) 238
Lac-Beauport (environs de Québec)
hébergement 471
Lac-Etchemin (Chaudière-Appalaches)
hébergement 507
Lac-Mégantic (Cantons-de-l'Est) . . 248
hébergement 258
restaurants 262
Lac-Supérieur (Laurentides)
hébergement 312
Lachine (Montréal)
restaurants 165
Lachute (Laurentides)
hébergement 314
Lacolle (Montérégie) 194
restaurants 223
Laiterie Charlevoix (Baie-Saint-Paul) 586
Lanaudière 265
Laniel (Abitibi-Témiscamingue)
hébergement 356
restaurants 357
Lanoraie (Lanaudière) 274
Laterrière (Saguenay - Lac-Saint-Jean) 611
Laurentides 285
fêtes et festivals 320
hébergement 308
restaurants 314
sorties 319
Laval 175
théâtres et salles de spectacle . 182

Laval-des-Rapides (Laval) 179
Lavaltrie (Lanaudière) 274
Laveries 71
Le Bic (Bas-Saint-Laurent) 522
    théâtres et salles de spectacle . 534
Leclercville
 (Chaudière-Appalaches) 479
lÉconomusée de l'accordéon
 (Montmagny) 488
Lennoxville (Cantons-de-l'Est) . . . 241
    hébergement 257
    restaurants 261
Les Cèdres (Montérégie) 211
Les couleurs en vélo (Laurentides) 320
Les Escoumins (Manicouagan) . . . 635
    restaurants 646
Les Îlets-Jérémie (Manicouagan) . . 635
Lévesque, René 551
Lévis (Chaudière-Appalaches) . . . 483
    magasinage 511
    restaurants 507
    théâtres et salles de spectacle . 510
Lieu historique national de
 Coteau-du-Lac (Montérégie) . . . 211
Lieu historique national de la
 bataille de la Châteauguay 215
Lieu historique national de la
 Bataille-de-la-Ristigouche 553
Lieu historique national de la
 Grosse-Île-et-le-Mémorial-
 des-Irlandais 489
Lieu historique national du canal
 de Carillon (Laurentides) 290
Lieu historique national du
 Commerce-de-la-fourrure-à-
 Lachine 142
Lieu historique national du Fort
 Lennox (St-Paul-de-l'Île-aux-
 Noix) 194
Lieu historique national du
 Fort-Chambly (Montérégie) 188
Lieu historique national du
 Fort-Numéro-Un (Lévis) 484
Lieu historique national du
 Fort-Témiscamingue (Ville-Marie) 350
Lieu historique national du
 Parc-de-l'Artillerie (Québec) 404
Lieu historique national du
 phare de Pointe-au-Père
 (Bas-St-Laurent) 524
Lieu historique national
 George-Étienne-Cartier (Montréal) 99
Lieu historique national
 Les Forges-du-Saint-Maurice
 (Trois-Rivières) 367
Lieu historique national
 Louis-S.-Saint-Laurent (Compton) 240
Listuguj (Gaspésie) 553
Littérature 44
Location de roulottes motorisées . . 56
Location de voitures 56
Longue-Pointe (Duplessis) 654
    magasinage 667
    restaurants 665
Longueuil (Montérégie) 205
    restaurants 225
Lotbinière (Chaudière-Appalaches) 479
    restaurants 507
Louiseville (Mauricie) 372
Lourdes-de-Blanc-Sablon
 (Duplessis) 660
L'Annonciation (Laurentides) 300
L'Anse-au-Griffon (Gaspésie) 544
L'Anse-Pleureuse (Gaspésie) 543
L'Assomption (Lanaudière) 269
L'Isle-Verte (Bas-Saint-Laurent) . . 521
L'Islet-sur-Mer
 (Chaudière-Appalaches) 491
    hébergement 505
    restaurants 509
Madeleine (Gaspésie) 543
Magasin Franchère (Saint-Mathias) 195
Magasin général Hodge
 (Stanbridge East) 234
Magasin Hyman
 (Parc national Forillon) 555
Magog (Cantons-de-l'Est) 238
    bars et dicothèques 262
    fêtes et festivals 264
    hébergement 255
    restaurants 260
    théâtres et salles de spectacle . 263
Magoon Point Road
 (Cantons-de-l'Est) 239
Maison Alix-Bail (Mont-Laurier) . . 300
Maison Alphonse-Desjardins
 (Lévis) 483
Maison Alphonse-Letarte
 (Warwick) 376
Maison Amable-Dionne
 (Kamouraska) 518
Maison André-Benjamin-Papineau
 (Chomedey) 178
Maison Archambault
 (L'Assomption) 270
Maison Atholstan (Montréal) 106
Maison Aubin (La Prairie) 203
Maison Auclair (Saint-Lambert) . . . 204
Maison Bellanger-Girardin
 (Beauport) 444
Maison Butters (Stanstead Plain) . 240
Maison Chapais (Saint-Denis) . . . 517
Maison Cherrier (Saint-Denis) . . . 200
Maison Cirice-Têtu
 (Ville de Québec) 396
Maison culturelle de Chambly
 (Chambly) 190
Maison Cummings (Lennoxville) . 241
Maison d'école du rang
 Cinq-Chicots (Arthabaska) 376
Maison Darveau (Neuville) 457
Maison Dawson (Saint-Lambert) . 204
Maison de la prune (Saint-André) 520
Maison de l'eau (Sherbrooke) . . . 246

Maison de l'OACI (Montréal) 92
Maison de Roderick MacKenzie (Terrebonne) 269
Maison des Arts de Laval (Laval-des-Rapides) 179
Maison des Arts et de la Culture (Saint-Jean-sur-Richelieu) 192
Maison des dunes (Tadoussac) . . . 634
Maison des Gouverneurs (Sorel) . 201
Maison des insectes (Charlesbourg) 462
Maison des Marcoux (Beauport) . 444
Maison Deschambault (Deschambault) 459
Maison Donaldson (Roberval) . . . 616
Maison Drouin (environ de Québec) 454
Maison Drouin (Île d'Orléans) . . . 454
Maison du colon (Ville-Marie) . . . 350
Maison du docteur Joseph Côté (Saint-Vallier) 487
Maison du manufacturier de chaussures W. A. Marsh (Québec) 416
Maison du notaire (Trois-Pistoles) 522
Maison Ducharme (Chambly) . . . 188
Maison Dumulon (Rouyn-Noranda) 349
Maison Dupuis (Ste-Marie) 497
Maison Ephraïm-Bédard (Charlesbourg) 462
Maison Garneau-Meredith (Québec) 416
Maison Hamel-Bruneau (Sillery) . 456
Maison Hamilton (New Carlisle) . 550
Maison Hétier (Percé) 547
Maison historique Sir Étienne-Pascal-Taché (Montmagny) 489
Maison Horatio-Walker (Sainte-Pétronille) 451
Maison J. A. Vachon (Sainte-Marie) 494
Maison Jean-Charles-Chapais (Rivière-Ouelle) 517
Maison Johan-Beetz (Baie-Johan-Beetz) 658
Maison John-Yule (Chambly) 188
Maison Labadie (Longueuil) 206
Maison Laberge (L'Ange-Gardien) 446
Maison Lamontagne (Rimouski) . . 524
Maison Langlais (Kamouraska) . . . 517
Maison Laurent-dit-Lortie (Beauport) 445
Maison Le Noblet-Duplessis (Contrecœur) 208
Maison LeBoutillier (L'Anse-au-Griffon) 544
Maison Leclerc (Île aux Coudres) . 588
Maison Louis-Hippolyte-Lafontaine (Boucherville) 206
Maison Macdonald (Saint-Jean-sur-Richelieu) 192
Maison Médard-Bourgault (Saint-Jean-Port-Joli) 492
Maison Mercille (Saint-Lambert) . . 205
Maison Morey (Sherbrooke) 245
Maison natale de René Lévesque (New Carlisle) 551
Maison nationale des Patriotes (Saint-Denis) 200
Maison Pagé (Lotbinière) 480
Maison Papineau (Montréal) 102
Maison Pierre-Charay (Les Cèdres) 211
Maison Pierre-du-Calvet (Montréal) 102
Maison Pierre-Lacroix (Ste-Marie) . 497
Maison Poisson (Arthabaska) 376
Maison provinciale des clercs de Saint-Viateur (Joliette) 272
Maison René-Richard (Baie-Saint-Paul) 586
Maison Rodolphe-Duguay (Nicolet) 378
Maison Rollin-Brais (Longueuil) . . 206
Maison Roscoe (Rouyn-Noranda) . 349
Maison Routhier (Oka) 289
Maison Saint-Pierre (Saint-Jean-Port-Joli) 492
Maison Shaughnessy (Montréal) . . 116
Maison Suzor-Côté (Arthabaska) . 373
Maison Terroux (Saint-Lambert) . . 204
Maison Thomas-Whitehead (Chambly) 190
Maison Trestler (Dorion) 209
Maison Valois-Génus (Dorion) . . . 209
Maisons Bryson (Fort-Coulonge) . 331
Maisons Roussil (Terrebonne) . . . 269
Malartic (Abitibi-Témiscamingue) . 345
Malécites 34
Maliotenam (Duplessis) 654
Manic 2 (Manicouagan) 639
Manic 5 (Manicouagan) 639
Manicouagan 629
Maniwaki (Outaouais) 333
hébergement 337
Manoir Boucher-de-Niverville (Trois-Rivières) 364
Manoir Casgrain (Rivière-Ouelle) . 517
Manoir Christie (Iberville) 192
Manoir Couillard de l'Espinay (Montmagny) 489
Manoir Couillard-Dupuis (Montmagny) 488
Manoir de Bellefeuille (île Beauséjour) 548
Manoir de Boucherville (Boucherville) 207
Manoir de Charleville (Saint-Jean-de-Boischatel) 445
Manoir de l'accordéon (Montmagny) 488
Manoir de Salaberry (Chambly) . . 188
manoir de Sales-Laterrière (Les Éboulements) 589
Manoir de Tilly (Saint-Antoine-de-Tilly) 481
Manoir de Tonnancour (Trois-Rivières) 365

Manoir d'Youville
(Île Saint-Bernard) 214
Manoir Fraser (Cap-à-l'Aigle) 594
Manoir Fraser (Rivière-du-Loup) . 520
Manoir Gamache
(Cap-Saint-Ignace) 490
Manoir Globensky
(Saint-Eustache) 288
Manoir Gourdeau
(Sainte-Pétronille) 451
Manoir Hovey (North Hatley) . . . 241
Manoir Masson (Terrebonne) 269
Manoir Mauvide-Genest
(Saint-Jean) 452
Manoir Montmorency (Beauport) . 445
Manoir Philippe-Aubert-de-
Gaspé (Saint-Jean-Port-Joli) 492
Manoir Richelieu (Pointe-au-Pic) . 591
Manoir Rouville-Campbell
(Mont-Saint-Hilaire) 196
Manoir seigneurial
(Saint-Pierre-Les-Becquets) 373
Manoir seigneurial McPherson-
LeMoine (île aux Grues) 490
Manoir seigneurial Rioux-Belzile
(Trois-Pistoles) 522
Manoir Taché (Montmagny) 489
Manoir Trent (Drummondville) . . 377
Mansonville (Cantons-de-l'Est) . . . 237
hébergement 254
Marais (Causapscal) 554
Marché (Saint-Hyacinthe) 199
Marché Bonsecours (Montréal) . . 102
Marché Maisonneuve (Montréal) . 125
Maria (Gaspésie) 552
hébergement 561
Marina
(Saint-Michel-de-Bellechasse) . . . 487
Marquis-de-Malauze
(Pointe-à-la-Croix) 553
Mashteuiatsh
(Saguenay - Lac-Saint-Jean)
hébergement 624
Massif (Charlevoix) 596
Matagami (Nord-du-Québec) 674
Matamajaw (Causapscal) 554
Matane (Gaspésie) 540
bars et discothèques 565
fêtes et festivals 566
hébergement 558
restaurants 562
Matapédia (Gaspésie) 553
Mauricie - Centre-du-Québec 359
McGreer Hall (Lennoxville) 241
Méduse (Ville de Québec) 422
Melocheville (Montérégie) 214
Mémorial-des-Irlandais
(Chaudière-Appalaches) 489
Messines (Outaouais)
restaurants 339
Mesures 71
Métabetchouan (Saguenay -
Lac-Saint-Jean) 614
Météo 71
Métis-sur-Mer (Gaspésie) 540
hébergement 558
restaurants 562
Micmacs 34
Miguasha (Gaspésie) 552
Mine Capelton (Capelton) 241
Mine JM (Asbestos) 249
Mingan (Duplessis) 654
Mi'gmaq 34
Mohawks 34
Moisie (Duplessis) 654
Monastère des Apôtres de l'Amour
Infini (Saint-Jovite) 297
Monastère du Précieux-Sang
(Saint-Hyacinthe) 198
Monastère et musée des ursulines
(Trois-Rivières) 366
Mondial des Cultures
(Drummondville) 387
Monnaie 59
Mont Albert (Gaspésie) 554
Mont Césaire (Laurentides) 304
Mont Christie (Laurentides) 306
Mont Condor (Laurentides) 304
mont D'Iberville 682
Mont Éléphant (Cantons-de-l'Est) . 238
Mont Gabriel (Laurentides) 307
Mont Habitant (Laurentides) 306
Mont Jacques-Cartier (Gaspésie) . 554
Mont Joli (Percé) 547
Mont King (Laurentides) 304
Mont Mégantic (Cantons-de-l'Est) . 246
hébergement 258
Mont Olympia (Laurentides) 306
Mont Orford
(Cantons-de-l'Est) 249, 252
Mont Owl's Head
(Cantons-de-l'Est) 252
Mont Saint-Bruno (Montérégie) . . 217
Mont Saint-Grégoire (Montérégie) . 218
Mont Saint-Joseph
(Cantons-de-l'Est) 248
Mont Saint-Joseph (Carleton) 552
Mont Saint-Michel (Arthabaska) . . 376
Mont Saint-Sauveur (Laurentides) . 306
Mont Sugar Loaf (Cantons-de-l'Est) 237
Mont-Chauve (Cantons-de-l'Est) . . 250
Mont-Garceau (Lanaudière) 279
Mont-Joli (Gaspésie) 554
Mont-Laurier (Laurentides) 300
bars et discothèques 319
hébergement 314
Mont-Rolland (Laurentides)
bars et discothèques 319
Mont-Saint-Hilaire (Montérégie)
hébergement 221
Mont-Saint-Pierre (Gaspésie) 543
fêtes et festivals 566
hébergement 559

Mont-Tremblant
(Station touristique) 298
bars et discothèques 319
fêtes et festivals 320
hébergement 312
restaurants 318
Mont-Tremblant (Village) 298
hébergement 313
restaurants 319
Montagnais 35
Montagne Coupée (Lanaudière) . . 279
Montebello (Outaouais) 323
hébergement 336
Montérégie 183
Montmagny
(Chaudière-Appalaches) 487
bars et discothèques 509
fêtes et festivals 510
hébergement 504
magasinage 511
restaurants 508
Montréal
activités culturelles et sportives 169
circuit A : Le Vieux-Montréal . . 90
circuit H : Le Plateau
Mont-Royal 134
fêtes et festivals 170
hébergement 147
Monts Torngat (Kangiqsualujjuaq) 682
Monument à Jacques Cartier
(Gaspé) 545
Monument à Jacques de Lesseps
(Gaspé) 546
Monument à l'Empress of Ireland
(Pointe-au-Père) 524
Monument à la mémoire
de Madeleine de Verchères 208
Monument à la mémoire du
général Wolfe (Québec) 418
Monument à Maisonneuve
(Montréal) 93
Monument aux Patriotes
(Mont-Saint-Hilaire) 196
Monument du Flambeau
(Trois-Rivières) 364
Monument National (Montréal) . . 112
Morin-Heights (Laurentides) 294
hébergement 309
restaurants 316
Motoneige
Abitibi-Témiscamingue 353
Moulin (Frelishburg) 233
Moulin (Les Éboulements) 589
Moulin (Pointe-Claire) 143
Moulin (Verchères) 208
Moulin César (Baie-Saint-Paul) . . . 586
Moulin Cornell (Stanbridge East) . 234
Moulin Day (Trois-Rivières) 367
Moulin de Beaumont (Beaumont) 486
Moulin de Grondines (Grondines) 461
Moulin de La Chevrotière
(Deschambault) 460
Moulin du Père-Honorat
(Laterrière) 611
Moulin du Portage (Lotbinière) . . 479
Moulin Fleming (Lachine) 142
Moulin La Pierre (Arthabaska) . . . 376
Moulin Légaré (Saint-Eustache) . . 288
Moulin Michel (Bécancour) 372
Moulin Paradis (Bas-Saint-Laurent) 518
Moulin seigneurial
(Saint-Jean-Port-Joli) 492
Moulin seigneurial de Pointe-du-Lac
(Mauricie-Centre-du-Québec) . . . 372
Moulins à vent (Repentigny) 275
Moulins de l'Isle-aux-Coudres
(Île aux Coudres) 588
Moulins Desgagné
(Île aux Coudres) 588
Murdochville (Gaspésie) 543
Musée (Kahnawake) 213
Musée acadien du Québec
(Bonaventure) 551
Musée amérindien et inuit
(Godbout) 639
Musée Armand-Frappier
(Laval-des-Rapides) 179
Musée Beaulne (Coaticook) 240
Musée canadien des civilisations
(Hull) 328
Musée Colby-Curtis
(Stanstead Plain) 240
Musée d'archéologie
Pointe-à-Callière (Montréal) 95
Musée d'Art contemporain
(Montréal) 111
Musée d'art de Joliette (Joliette) . . 272
Musée d'Aylmer (Aylmer) 330
Musée d'histoire du Lac-Saint-Jean
(Alma) 620
Musée de Charlevoix
(Pointe-au-Pic) 593
Musée de cire de Québec
(Ville de Québec) 398
Musée de Guérin (Guérin) 349
Musée de Kamouraska
(Kamouraska) 518
Musée de l'Amérique française
(Ville de Québec) 402
Musée de la basilique (Montréal) . . 95
Musée de la Gaspésie (Gaspé) . . . 545
Musée de la Haute-Beauce
(Saint-Évariste-de-Forsyth) 500
Musée de la Mer (Havre-Aubert) . 572
Musée de la Mer (Pointe-au-Père) 524
Musée de la nature
(Sainte-Rose-du-Nord) 614
Musée de La Poste
(Saint-Marc-de-Figuery) 346
Musée de la Société d'histoire
du comté de Compton 246
Musée de Lachine (Lachine) 142
Musée de l'Isle-aux-Coudres
(Île aux Coudres) 588

Musée de Missisquoi (Stanbridge East) 234
Musée de numismatique (Montréal) 93
Musée de sainte Anne (Ste-Anne-de-Beaupré) 448
Musée des Abénakis (Odanak) . . 377
Musée des Anciens Canadiens (Saint-Jean-Port-Joli) 492
Musée des Arts décoratifs de Montréal (centre-ville) 104
Musée des arts et traditions populaires du Québec (Trois-Rivières) 364
Musée des Beaux-Arts (Montréal) . 103
Musée des Beaux-Arts (Ottawa, Ont.) 329
Musée des Beaux-Arts (Sherbrooke) 244
Musée des cavernes de Saint-Elzéar (Saint-Elzéar) 551
Musée des Religions (Nicolet) . . . 378
Musée des voitures à chevaux (Saint-Vallier) 487
Musée du Bas-Saint-Laurent (Rivière-du-Loup) 521
Musée du Chocolat (Bromont) . . . 234
Musée du Fjord (La Baie) 607
Musée du Fort (Ville de Québec) . 398
Musée du Saguenay - Lac-Saint-Jean (Chicoutimi) 609
Musée du Saint-Laurent (Trois-Pistoles) 522
Musée du Séminaire de Sherbrooke 245
Musée du Vieux-Marché (La Prairie) 203
Musée d'archéologie (Trois-Rivières) 367
Musée d'art de Mont-Saint-Hilaire 196
Musée d'art inuit Brousseau (Ville de Québec) 398
Musée ferroviaire canadien (Saint-Constant) 202
Musée François-Pilote (La Pocatière) 516
Musée Gilles-Villeneuve (Berthierville) 274
Musée Héritage-Sutton (Sutton) . . 237
Musée historique du comté de Brome (Knowlton) 237
Musée Innu Shaputuan (Sept Île) . 654
Musée J. Armand Bombardier (Valcourt) 235
Musée Laurier (Arthabaska) 376
Musée Le Chafaud (Percé) 547
Musée Louis-Hémon (Péribonka) . 619
Musée Marc-Aurèle-Fortin (Montréal) 96
Musée Marguerite-Bourgeoys (Montréal) 102
Musée maritime Bernier (L'Islet-sur-Mer) 491
Musée Marius-Barbeau (Saint-Joseph-de-Beauce) 498
Musée Marsil (Saint-Lambert) 204
Musée McCord d'histoire canadienne (Montréal) 109
Musée minéralogique et d'histoire minière (Asbestos) 249
Musée minéralogique et minier (Thetford Mines) 500
Musée Molson-Beattie (Tadoussac) 634
Musée Nicolas Manny (Beauharnois) 214
Musée paléontologique (Miguasha) 552
Musée Pierre-Boucher (Trois-Rivières) 364
Musée régional de la Côte-Nord (Sept-Îles) 654
Musée régional de Rimouski (Rimouski) 524
Musée régional de Vaudreuil-Soulanges (Vaudreuil) 210
Musée régional des mines (Malartic) 345
Musée régional du Haut-Richelieu (St-Jean-sur-Richelieu) 192
Musée régional d'Argenteuil (Carillon) 290
Musée religieux (Rouyn-Noranda) 349
Musée Renaissance (Saint-Urbain) 587
Musée René Bertrand (Montérégie) 193
Musée Royal 22e Régiment (Ville de Québec) 406
Musée Scheffer (Lourdes-de-Blanc-Sablon) 660
Musée Uplands (Lennoxville) . . . 241
Musée-Atelier Calixa-Lavallée (Calixa-Lavallée) 208
Mystic (Cantons-de-l'Est) 234
Naskapi 35
Natashquan (Duplessis) 658
- hébergement 665
- restaurants 666

Nemiscau (Nord-du-québec) 674
- hébergement 685

New Carlisle (Gaspésie) 550
- hébergement 561

New Richmond (Gaspésie) 551
- hébergement 561

Newport (Gaspésie) 548
Nicolet (Centre-du-Québec) 378
Noranda Inc., Fonderie Horne (Rouyn Noranda) 349
Nord-du-Québec
- activités de plein air 683
- attraits touristiques 673
- hébergement 685
- renseignements pratiques . . . 672
- sorties 688

North Hatley (Cantons-de-l'Est) . . 241
- bars et dicothèques 262
- hébergement 257
- restaurants 261

Notre- Dame-du-Portage
(Bas-Saint-Laurent) 520
Notre-Dame-de-l'Île-Perrot
(Montérégie) 212
Notre-Dame-de-Pierreville
(Centre-du-Québec) 378
Notre-Dame-des-Bois
(Cantons-de-l'Est) 246
hébergement 258
restaurants 262
Notre-Dame-des-Pins
(Chaudière-Appalaches) 499
Notre-Dame-du-Lac
(Bas-Saint-Laurent) 526
restaurants 533
Notre-Dame-du-Laus (Laurentides) 302
Notre-Dame-du-Nord
(Abitibi-Témiscamingue) 349
Nouveau monde, expéditions
en Rivière (Laurentides) 305
Nouvelle (Gaspésie) 552
Oasis du vieux palais de justice
(L'Assomption) 270
Observatoire de la
Pointe-à-Puiseaux (Sillery) 455
Observatoire Mont Cosmos
(St-Elzéar) 498
Odanak (Centre-du-Québec) 377
Odelltown (Montérégie) 194
Oka (Laurentides) 288
hébergement 308
restaurants 314
Old Harry School (Grande-Entrée) 573
ONF (Montréal) 132
Onhoüa Chetek8e (Wendake) . . . 463
Opéra-bibliothèque Haskell
(Rock Island) 239
Oratoire Notre-Dame (Carleton) . . 552
Oratoire Saint-Joseph (Montréal) . 118
Orford (Cantons-de-l'Est)
fêtes et festivals 264
hébergement 255
restaurants 260
théâtres et salles de spectacle . 263
Ormstown (Montérégie) 216
Ottawa–Ontario (Outaouais) 329
fêtes et festivals 340
Otterburn Park (Montérégie)
achats 228
Oujé-Bougoumou
(Nord-du-Québec)
hébergement 685
Outaouais 321
Pabos Mills (Gaspésie) 548
Palais de justice (Joliette) 271
Palais de justice (Kanouraska) . . . 517
Palais de justice (La Malbaie) 594
Palais de justice (Montréal) 97
Palais de justice (Rivière-du-Loup) 521
Palais de justice (Roberval) 616
Palais de justice (Sherbrooke) . . . 245
Palais épiscopal (Joliette) 272
Palais épiscopal (Rimouski) 524
Palais municipal (La Baie) 608
Papeterie Alma (Alma) 620
Papeterie Saint-Gilles
(Saint-Joseph-de-la-Rive) 587
Papineauville (Outaouais) 324
Parapente 80
Parc 424
Parc aquatique du
Mont-Saint-Sauveur (Laurentides) 306
Parc archéologique de
Pointe-du-Buisson (Montérégie) . 214
Parc Cartier-Richard (Contrecœur) 209
Parc Casimir-Dessaulles
(Saint-Hyacinthe) 198
Parc de l'Artillerie
(Ville de Québec) 404
Parc de l'aventure basque en
Amérique (Trois-Pistoles) 522
Parc de la Cité du Havre
(Montréal) 128
Parc de la Gaspésie (Gaspésie) . . 554
hébergement 559
restaurants 563
Parc de la Gatineau (Outaouais)
hébergement 337
Parc de récréation de Frontenac
(Chaudière-Apalaches) 502
Parc des Ancres
(Pointe-des-Cascades) 212
Parc des bisons (Laurentides) . . . 300
Parc des Grands-Jardins
(Charlevoix) 596, 597
Parc des Îles (Matane) 542
Parc des Îles (Montréal) 145
Parc des Patriotes (Saint-Denis) . . 200
Parc des Voltigeurs
(Drummondville) 377
Parc du Mont-Royal (Montréal) . . 145
Parc du Mont-Tremblant
(Laurentides) 304
Parc du Vieux-Quai (Sept-Îles) . . . 654
Parc d'Oka (Laurentides) 302
Parc Héritage
(Abitibi-Témiscamingue) 346
Parc historique de la
Pointe-du-Moulin (Île Perrot) . . . 212
Parc Lafontaine (Montréal) 146
Parc linéaire du Petit
Train du Nord (Laurentides) 307
Parc Linéaire le P'tit
Train du Nord (Laurentides) 292
Parc Marie-Victorin (Kingsey Falls) 377
Parc marin du Saguenay–
Saint-Laurent (Manicouagan) . . . 640
Parc maritime de Saint-Laurent
(Saint-Laurent) 452
Parc Mitchell (Sherbrooke) 245
Parc Monk (Lachine) 142
Parc national Forillon (Gaspésie) . 555
hébergement 559
Parc portuaire (Trois-Rivières) . . . 366
Parc René-Lévesque (Lachine) . . . 142
Parc Safari (Montérégie) 216

Parc Sauvé
(Salaberry-de-Valleyfield) 215
Parc-plage (Boquet) 202
Parcours du Héron (Laval) 180
Parcs et réserves
Aiguebelle 351
Archipel des Sept Îles
(Duplessis) 661
Archipel-de-Mingan
(Duplessis) 661
Ashuapmushuan
(Saguenay–Lac-St-Jean) 620
Assinica
(Saguenay–Lac-St-Jean) 621
Baie de L'Isle-Verte
(Bas-Saint-Laurent) 527
battures du Kamouraska
(Bas-Saint-Laurent) 527
Bic (Bas-Saint-Laurent) 527
Bois-de-Coulonge
(environs de Québec) 455
cap Tourmente
(environs de Québec) 463
Cascades (Lanaudière) 276
chute de la rivière Chaudière
(Chaudière-Appalaches) 501
chute Sainte-Agathe
(Chaudière-Appalaches) 501
chutes de Shawinigan
(Mauricie) 379
chutes et de la croix lumineuse
(Bas-Saint-Laurent) 527
chutes Sainte-Ursule (Mauricie) 380
Chutes-Dorwin (Lanaudière) . 276
Chutes-Monte-à-Peine-et-des-
Dalles (Lanaudière) 278
Duchesnay
(environs de Québec) 464
Etchemins
(Chaudière-Appalaches) 501
Forillon (Gaspésie) 555
Frontenac
(Chaudière-Appalaches) 501
Gaspésie (Gaspésie) . . . 554, 555
Gatineau (Outaouais) 334
Gorge de Coaticook
(Cantons-de-l'Est 249
Grands-Jardins (Charlevoix) . . 595
Hautes-Gorges-de-la-rivière-
Malbaie (Charlevoix) 595
île d'Anticosti (Duplessis) 661
Île Saint-Quentin (Mauricie) . . 379
Île-Bonaventure-et-du-
Rocher-Percé (Gaspésie) 555
Île-de-la-Visitation (Montréal) . 145
îles de Saint-Timothée
(Montérégie) 217
Îles-de-Boucherville
(Montérégie) 217
Jacques-Cartier
(environs de Québec) 464
Kabir Kouba
(environs de Québec) 464
Parcs et réserves (suite)
La Vérendrye
(Abitibi-Témiscamingue) 351
Lac Saint-François
(Montérégie) 218
lacs Albanels, Mistassini,
Waconichi
(Saguenay–Lac-st-Jean) 621
Laurentides
(environs de Québec) 464
Les Fourches (Gaspésie) 554
Mastigouche (Mauricie) 379
Matane (Gaspésie) 554
Mauricie 379
Miguasha (Gaspésie) 552
Mont-Orford
(Cantons-de-l'Est) 249, 250
Mont-Saint-Bruno (Montérégie) 217
Mont-Sainte-Anne
(environs de Québec) 463
Mont-Tremblant (Laurentides) 302
Montagne-Coupée
(Lanaudière) 278
Monts-Valin
(Saguenay–Lac-St-Jean) 620
Oka (Laurentides) 302
Papineau-Labelle (Outaouais) 334
Plaisance (Outaouais) 334
Pointe-aux-Outardes
(Manicouagan) 640
Pointe-de-l'Est
(Îles-de-la-Madeleine) . . 573, 574
Pointe-Taillon
(Saguenay–Lac-St-Jean) 621
Port-Daniel (Gaspésie) 555
Portneuf (environs de Québec) 464
P'tit Train du Nord
(Laurentides) 302
Rapides-du-Diable
(Chaudière-Appalaches) 501
rivière Causapscal (Gaspésie) . 554
Rivière St-Francois
(Montérégie) 217
Rivière-Batiscan (Mauricie) . . . 379
Rivière-des-Mille-Îles (Laval) . . 179
Rivière-du-Nord (Laurentides) 302
Rouge-Matawin (Lanaudière) . 277
Rouge-Matawin (Laurentides) . 302
Saguenay (Manicouagan) 640
Saguenay
(Saguenay–Lac-St-Jean) 620
Saint-Maurice (Mauricie) 379
Sept-Chutes
(Chaudière-Appalaches) 501
Sept-Chutes (Lanaudière) 278
Sept-Îles - Port-Cartier
(Duplessis) 661
Stoneham
(environs de Québec) 468
Val Saint-Côme (Lanaudière) . 279
Yamaska (Cantons-de-l'Est) . . 249
Parlement (Ottawa, Ont.) 329

Paspébiac (Gaspésie) 550
hébergement 560
Passe migratoire de la
Rivière-à-Mars (La Baie) 608
Patinage
Lanaudière 279
Pavillon 70
(Saint-Sauveur-des-Monts) 294
Pavillon de la Faune (Stratford) . . 249
Pêche 80
Abitibi-Témiscamingue 353
environs de Québec 467
Îles-de-la-Madeleine 574
Manicouagan 643
Pêche blanche
(Sainte-Anne-de-la-Pérade) 380
Pêcherie Gros-Cap
(Cap-aux-Meules) 570
Pénitentier (Saint-Vincent-de-Paul) 176
Percé (Gaspésie) 546
achats 566
bars et discothèques 565
hébergement 560
restaurants 563
Péribonka
(Saguenay - Lac-Saint-Jean) 619
hébergement 624
Personnes handicapées 64
Petit-Champlain (Ville de Québec) 406
Petit-Saguenay
(Saguenay - Lac-Saint-Jean) 606
hébergement 622
Petite-Vallée (Gaspésie)
théâtres et salles de spectacle . 566
Phare (île Verte) 522
Phare de Cap-Gaspé
(Parc national Forillon) 555
Phare de La Martre (La Martre) . . 543
Phare de Pointe-des-Monts
(Pointe-des-Monts) 640
Pharmacies 72
Pic de l'Aurore (Percé) 547
Piedmont (Laurentides) 294
bars et discothèques 319
Pikogan (Abitibi-Témiscamingue) 348
Pine Cottage (Cacouna) 521
Pinède d'Oka (Oka) 289
Pisciculture Saint-Faustin
(St-Faustin) 296
Place Bourget (Joliette) 271
Place d'Armes (Montréal) 93
Place d'Armes (Ville de Québec) . 397
Place de la Mairie (Chambly) 190
Place des Arts (Montréal) 111
Place du Marché (Sorel) 201
Place Jacques-Cartier (Montréal) . . 98
Place Montréal Trust (Montréal) . . 109
Place Royale (Montréal) 95
Place Saint-Bernard
(Mont-Tremblant) 298
Place Vauquelin (Montréal) 99
Place Ville-Marie (Montréal) 109
Plage de Berthier-sur-Mer
(Chaudière-Appalaches) 487
Plage de l'Hôpital
(Île du Cap aux Meules) 573
Plage de l'Ouest
(Îles-de-la-Madeleine) 574
Plage de la Dune du Sud
(Îles-de-la-Madeleine) 574
Plage de la Grande Échouerie
(Îles-de-la-Madeleine) 573, 574
plage de Saint-Zotique
(Montérégie) 217
Plage municipale (Rawdon) 278
Plaisance (Outaouais) 324
Planche à voile
Îles-de-la-Madeleine 574
Planétarium Dow (Montréal) 108
Plaza Alexis-Nihon (Montréal) . . . 114
Plein air 73
loisirs d'été 76
loisirs d'hiver 81
Plein art (Ville de Québec) 439
Plessisville (Centre-du-Québec) . . 373
fêtes et festivals 387
restaurants 386
Pohénégamook
(Bas-Saint-Laurent) 526
hébergement 532
Pointe Carleton (Duplessis) 662
Pointe des Cascades
(Pointe-des-Cascades) 212
Pointe-à-la-Croix (Gaspésie) 553
Pointe-à-la-Garde (Gaspésie)
hébergement 561
Pointe-au-Père (Bas-Saint-Laurent) 524
hébergement 531
restaurants 534
Pointe-au-Pic (Charlevoix) 591
bars et discothèques 601
hébergement 598
restaurants 600
Pointe-aux-Outardes
(Manicouagan) 636
Pointe-Bleue
(Saguenay - Lac-Saint-Jean) 616
hébergement 624
Pointe-Claire (Montréal)
restaurants 165
Pointe-des-Cascades (Montérégie) 211
Pointe-des-Monts (Manicouagan) . 640
hébergement 645
restaurants 647
Pointe-du-Buisson (Montérégie) . . 214
Pointe-du-Lac (Mauricie) 372
restaurants 385
Pointe-du-Moulin (Montérégie) . . 212
Pointe-Fortune (Montérégie) 210
Pointe-Lebel (Manicouagan)
hébergement 645
Politique 25
Pont couvert
(Notre-Dame-des-Pins) 499
Pont couvert en bois (Port-Daniel) 550

Pont couvert Galipeau (Grande-Vallée) 544
Pont couvert Grandchamps (Berthierville) 273
Pont couvert Narrows (Fitch Bay) 239
Pont d'aluminium (Jonquière) . . . 613
Pont de Grand-Mère (Grand-Mère) 369
Pont des Chapelets (Cap-de-la-Madeleine) 368
Pont Marchand (Fort-Coulonge) . . . 331
Pont Victoria (Saint-Lambert) 204
Population 31
Port de mer (La Baie) 607
Port-au-Persil (Charlevoix) 595
Port-Cartier (Duplessis) 653
    bars et discothèques 666
Port-Daniel (Gaspésie) 550
Port-Menier (Duplessis) 656
Portrait 13
Poste de traite Chauvin (Tadoussac) 634
Poterie de Port-au-Persil (Port-au-Persil) 595
Poudrière de l'Esplanade (Ville de Québec) 394
Pourboire 60
Pourvoiries 76
Pow Wow (Kahnawake) 227
Presbytère (Batiscan) 368
Presse 72
Prévost (Laurentides)
    bars et discothèques 319
Price, William 613
Promenade de la poésie (Trois-Rivières) 367
Promenade de la rivière du Nord (Laurentides) 304
Promenade de la Rivière du Nord (St-Jérôme) 292
Promenade des Gouverneurs (Ville de Québec) 419
Promenade du Père Marquette (Lachine) 142
Promenade du Portage (Hull) . . . 325
Promenades de la Cathédrale (Montréal) 110
Promenades de l'Anse-aux-Coques (Sainte-Luce) 524
Promenades du Vieux-Québec (Ville de Québec) 402
Pulperie de Chicoutimi (Chicoutimi) 609
Puvirnituq (Nord-du-Québec) 679
    hébergement 686
    restaurants 687
Quai de Montmagny (Montmagny) 489
Quai de Pointe-au-Pic (Pointe-au-Pic) 593
Quai des pilotes (Les Escoumins) . 635
Quai Jacques-Cartier (Montréal) . . . 98
Quaqtaq (Nord-du-Québec) 680
    hébergement 686
Quartier chinois (Montréal) 112
Radisson (Nord-du-Québec) 674
    achats 688
    hébergement 685
    restaurants 687
Randonnée pédestre
    Abitibi-Témiscamingue 352
Rawdon (Lanaudière) 275
Récréathèque (Laval) 182
Refuge d'oiseaux de Watshishou (Baie-Johan-Beetz) 658, 663
Refuge Pageau (Amos) 346
Régates internationales de Valleyfield (Montérégie) 227
Regroupement Loisir Québec 73
Relais-santé 66
Rémigny (Abitibi-Témiscamingue)
    hébergement 355
Renseignements généraux 49
Renseignements touristiques 50
Repentigny (Lanaudière) 274
    fêtes et festivals 284
    hébergement 280
Réseau de ski de fond Sutton-en-Haut (Estrie) 252
Réserve amérindienne de Gesgapegiag (Gaspésie) 552
Réserve amérindienne des Escoumins (Manicouagan) 635
Restigouche (Gaspésie) 553
Richelieu (Montérégie)
    bars et discothèques 226
    restaurants 223
Rigaud (Montérégie) 210
    restaurants 225
Rimouski (Bas-Saint-Laurent) 524
    bars et dicothèques 534
    fêtes et festivals 535
    hébergement 531
    restaurants 533
Rivière Koksoak (Kuujjuaq) 682
Rivière St-Francois (Montérégie) . . 217
Rivière-au-Renard (Gaspésie) 544
Rivière-Bleue (Bas-Saint-Laurent) . 526
    restaurants 534
Rivière-du-Loup (Bas-Saint-Laurent) 520
    hébergement 530
    magasinage 535
    restaurants 533
Rivière-Éternité (Saguenay - Lac-Saint-Jean) 607
    hébergement 622
Rivière-Ouelle (Bas-Saint-Laurent) 516
Rivière-Pentecôte (Duplessis) 653
Roberval (Saguenay - Lac-Saint-Jean) 616
    restaurants 627
Rocher Percé (Percé) 547
Rock Island (Cantons-de-l'Est) . . . 239
Rougemont (Cantons-de-l'Est) . . . 236
    achats 264

Route de Tomifobia
(Cantons-de-l'Est) 239
Route des vins (Cantons-de-l'Est) . 233
Routhierville (Gaspésie) 553
Rouyn-Noranda
(Abitibi-Témiscamingue) 348
hébergement 355
restaurants 356
sorties 357
Roxton Pond (Cantons-de-l'Est) . . 236
Saguenay–Lac-Saint-Jean 603
Saint-Adolphe-d'Howard
(Laurentides) 294
Saint-Aimé-des-Lacs (Charlevoix) . 593
Saint-Aimé-du-Lac-des-Îles
(Laurentides) 300
Saint-Alexandre (Bas-Saint-Laurent) 527
Saint-Alphonse-Rodriguez
(Lanaudière)
restaurants 283
Saint-André (Bas-Saint-Laurent) . . 518
hébergement 529
restaurants 532
Saint-André-de-Restigouche
(Gaspésie) 553
Saint-André-Est (Laurentides) 289
Saint-Antoine-Abbé (Montérégie) . 216
achats 228
Saint-Antoine-de-l'Isle-aux-Grues
(Chaudière-Appalaches) 490
Saint-Antoine-de-Tilly
(Chaudière-Appalaches) 481
hébergement 504
Saint-Antoine-sur-Richelieu
(Montérégie)
restaurants 225
Saint-Armand-Station
(Cantons-de-l'Est) 233
Saint-Augustin (Duplessis) 660
Saint-Benoît (Laurentides) 290
Saint-Benoît-du-Lac
(Cantons-de-l'Est) 238
hébergement 255
Saint-Bernard (Île aux Coudres) . . 588
Saint-Bernard (Laurentides) 298
Saint-Bruno-de-Montarville
(Montérégie) 205
bars et discothèques 226
restaurants 223
Saint-Colomban (Laurentides)
hébergement 309
Saint-Denis (Bas-Saint-Laurent) . . 517
Saint-Denis (Montérégie) 199
fêtes et festivals 227
Saint-Donat (Lanaudière) 276
fêtes et festivals 284
hébergement 280
restaurants 283
Saint-Édouard-de-Maskinongé
(Mauricie) 372
Saint-Elzéar (Gaspésie) 551
Saint-Eugène-de-L'Islet
(Chaudière-Appalaches)
hébergement 505
restaurants 508
Saint-Eustache (Laurentides) 288
restaurants 314
Saint-Évariste-de-Forsyth
(Chaudière-Appalaches) 500
Saint-Fabien (Bas-Saint-Laurent)
restaurants 533
Saint-Fabien-sur-Mer
(Bas-Saint-Laurent) 522
Saint-Faustin (Laurentides) 296
Saint-Félicien
(Saguenay - Lac-Saint-Jean)
hébergement 624
restaurants 627
Saint-Ferréol-les-Neiges
(environs de Québec) 448
restaurants 472
Saint-Fidèle (Charlevoix) 595
Saint-François-de-Sales (Laval) . . . 176
Saint-François-du-Lac
(Centre-du-Québec) 378
Saint-Gabriel-de-Brandon
(Lanaudière) 277
fêtes et festivals 284
hébergement 281
Saint-Georges
(Chaudière-Appalaches) 499
bars et discothèques 510
hébergement 506
restaurants 509
Saint-Grégoire
(Centre-du-Québec) 379
Saint-Hippolyte (Laurentides)
hébergement 309
restaurants 315
Saint-Hubert (Montérégie)
restaurants 225
Saint-Hyacinthe (Montérégie)
fêtes et festivals 227
Saint-Hyacinthe (Montérégie) 198
bars et discothèques 226
hébergement 221
restaurants 223
Saint-Irénée (Charlevoix) 590
hébergement 598
restaurants 600
théâtres et salles de spectacle . 602
Saint-Jean (environs de Québec) . 452
Saint-Jean-de-Matha (Lanaudière)
restaurants 283
théâtres et salles de spectacle . 283
Saint-Jean-des-Piles (Mauricie)
hébergement 382
restaurants 385

Saint-Jean-Port-Joli
(Chaudière-Appalaches) 491
bars et discothèques 510
fêtes et festivals 510
hébergement 506
magasinage 511
restaurants 509
théâtres et salles de spectacle . 510
Saint-Jean-sur-Richelieu
(Montérégie) 190
fêtes et festivals 226
hébergement 220
restaurants 223
Saint-Jérôme (Laurentides) 292
restaurants 314
Saint-Joseph-de-la-Rive
(Charlevoix) 587
hébergement 598
restaurants 600
Saint-Jovite (Laurentides) 297
achats 320
restaurants 317
Saint-Lambert (Montérégie) 204
restaurants 225
Saint-Lazare (Montérégie) 210
Saint-Louis-du-Ha! Ha!
(Bas-Saint-Laurent) 525
Saint-Marc-de-Figuery
(Abitibi-Témiscamingue) 346
Saint-Marc-sur-Richelieu
(Montérégie)
hébergement 221
restaurants 224
Saint-Mathias (Montérégie) 195
Saint-Michel-de-Bellechasse
(Chaudière-Appalaches) 487
Saint-Michel-des-Saints
(Lanaudière) 277
Saint-Moïse (Gaspésie) 554
Saint-Nicolas
(Chaudière-Appalaches) 483
Saint-Omer (Gaspésie) 552
Saint-Ours (Montérégie) 200
Saint-Pascal (Bas-Saint-Laurent) . . 518
Saint-Patrice (Bas-Saint-Laurent) . . 520
Saint-Paul-de-Joliette (Lanaudière) 271
Saint-Paul-de-l'Île-aux-Noix
(Montérégie) 194
Saint-Paulin (Mauricie)
hébergement 382
restaurants 385
Saint-Pierre-les-Becquets
(Centre-du-Québec) 373
Saint-Prosper
(Chaudière-Appalaches) 499
Saint-Roch-des-Aulnaies
(Chaudière-Appalaches) 493
Saint-Sauveur-des-Monts
(Laurentides) 294
achats 320
bars et discothèques 319
hébergement 309
restaurants 315
Saint-Siméon (Charlevoix) 595
Saint-Simon (Bas-Saint-Laurent)
hébergement 531
Saint-Stanislas (Mauricie) 368
Saint-Sulpice (Lanaudière) 274
Saint-Tite (Mauricie)
fêtes et festivals 387
Saint-Ulric (Gaspésie) 540
Saint-Urbain (Charlevoix) 586
Saint-Vallier
(Chaudière-Appalaches) 487
restaurants 508
Saint-Vincent-de-Paul (Laval) . . . 176
Sainte-Adèle (Laurentides) 294
hébergement 310
restaurants 316
théâtres et salles de spectacle . 320
Sainte-Agathe-des-Monts
(Laurentides) 296
hébergement 311
restaurants 317
Sainte-Agnès (Charlevoix) 593
Sainte-Amélie (Baie-Comeau) . . . 639
Sainte-Anne-de-la-Pérade
(Mauricie) 368
Sainte-Anne-de-Sorel (Montérégie) 202
Sainte-Anne-des-Monts (Gaspésie) 543
Sainte-Catherine (Montérégie) . . . 202
Sainte-Croix
(Chaudière-Appalaches) 480
hébergement 504
Sainte-Dorothée (Laval) 178
Sainte-Flavie (Gaspésie) 539
hébergement 557
restaurants 562
Sainte-Florence (Gaspésie) 553
Sainte-Luce (Bas-Saint-Laurent) . . 524
hébergement 532
restaurants 534
Sainte-Marguerite-du-Lac-Masson
(Laurentides) 295
restaurants 316
Sainte-Marie
(Chaudière-Appalaches) 494
restaurants 509
Sainte-Marie-de-Beauce
(Chaudière-Appalaches)
hébergement 506
Sainte-Marie-de-Monnoir
(Montérégie)
achats 228
Sainte-Pétronille
(environs de Québec) 451
Sainte-Rose (Laval) 178

Sainte-Rose-du-Nord
(Saguenay - Lac-Saint-Jean)
restaurants 626
Salaberry-de-Valleyfield
(Montérégie) 215
Salle de concert J.-Antonio
Thompson (Trois-Rivières) 364
Salluit (Nord-du-Québec) 680
hébergement 686
restaurants 687
Sanctuaire de Beauvoir (Stoke) . . 246
Sanctuaire du mont Saint-Joseph
(Cantons-de-l'Est) 248
Sanctuaire Marie-Reine-des-Coeurs
(Chertsey) 276
Sanctuaire Notre-Dame-de-Lourdes
(Rigaud) 210
Sanctuaire Notre-Dame-des-
Douleurs (Gaspé) 546
Sanctuaire Notre-Dame-du-Cap
(Cap-de-la-Madeleine) 367
Sanctuaire Notre-Dame-du-
Sacré-Cœur (Ville de Québec) . . 396
Santé 63
Santons de Charlevoix
(Saint-Joseph-de-la-Rive) 587
Sauvagine (Baie-du-Febvre) 378
Scott (Chaudière-Appalaches) . . . 494
Sécurité 63
Seigneurie des Aulnaies
(Saint-Roch-des-Aulnaies) 493
Sentier de l'Estrie
(Cantons-de-l'Est) 250
Sentier de la Matawinie
(Lanaudière) 278
Sentier du Fjord (Tadoussac) 642
Sentiers du Mont-Mégantic (Estrie) 252
Sentiers du moulin (Lac-Beauport) 467
Sept Chutes (St-Ferréol-les-Neige) 448
Sept-Îles (Duplessis) 653
bars et discothèques 666
hébergement 664
magasinage 666
restaurants 665
Serres Sylvain Cléroux
(Sainte-Dorothée) 178
Shawinigan (Mauricie) 369
hébergement 382
restaurants 385
Shawinigan-Sud (Mauricie) 370
Shawville (Outaouais) 330
Sherbrooke (Cantons-de-l'Est) . . . 244
bars et dicothèques 263
hébergement 257
restaurants 261
théâtres et salles de spectacle . 263
Sillery (environs de Québec)
restaurants 473
Silos à grains (Montréal) 97
Site archéologique du poste
de traite (Chicoutimi) 611
Site d'interprétation de
l'anguille (Kamouraska) 518
Site du fort Jacques-Cartier
(Cap-Santé) 458
Site historique de Cap-Rouge
(Cap-Rouge) 457
Site historique du Banc-
de-Paspébiac (Paspébiac) 550
Site historique Matamajaw
(Causapscal) 554
Site Mary Travers dite :
«La Bolduc» (Newport) 548
Sites archéologiques (Kangirsuk) . 681
Sites archéologiques (Quaqtaq) . . 681
Ski de fond
Ville de Québec 426
Sorel (Montérégie) 201
fêtes et festivals 227
Square Cabot (Montréal) 114
Square Dorchester (Montréal) . . . 106
Square Phillips (Montréal) 110
Square Victoria (Montréal) 92
Stanbridge East (Cantons-de-l'Est) 234
Stanstead Plain (Cantons-de-l'Est) . 240
Station de recherche des îles de
Mingan 662
Station de recherche des îles
Mingan (Longue-Pointe) 654
Station de ski Bromont
(Cantons-de-l'Est) 252
Station de ski de Gray Rocks
(Laurentides) 307
Station de ski du Mont-Avila
(Laurentides) 306
Station de ski du Mont-Habitant
(Laurentides) 306
Station de ski du Mont-Olympia
(Laurentides) 306
Station de ski du Mont-
Saint-Sauveur (Laurentides) 306
Station de vélo de montagne
de Bromont (Estrie) 250
Station piscicole (Tadoussac) 632
Station piscicole de Gaspé
(Gaspésie) 546
Station scientifique Aster
(Saint-Louis-du-Ha! Ha!) 525
Station touristique de la
Montagne Coupée (Lanaudière) . 279
Station touristique de Val
Saint-Côme (Lanaudière) 279
Station touristique du
Mont-Tremblant (Laurentides) . . . 298
Statue de la reine Victoria
(Montréal) 92
Stoke (Cantons-de-l'Est) 246
Stop 58
Stratford (Cantons-de-l'Est) 249
Sumarah (Cap-aux-Meules) 570
Sutton (Cantons-de-l'Est) 237
hébergement 254
restaurants 260
Symposium de la nouvelle
peinture au Canada
(Baie-Saint-Paul) 602

Symposium international de sculpture de l'Estriade (Granby) . . . 263
T. E. Draper/châtier Gédéon (Angliers) . . . 350
Tadoussac (Manicouagan) . . . 632
achats . . . 647
bars et discothèques . . . 647
fêtes et festivals . . . 647
hébergement . . . 643
restaurants . . . 646
Tasiujaq (Nord-du-Québec) . . . 681
Taxes . . . 60
Téléphérique panoramique (Saint-Bernard) . . . 298
Tembec (Témiscaming) . . . 351
Témiscaming (Abitibi-Témiscamingue) . . . 350
hébergement . . . 356
Temple Maçonnique (Montréal) . . 113
Terrasse de Lévis (Lévis) . . . 483
Terrebonne (Lanaudière)
restaurants . . . 281
théâtres et salles de spectacle . 283
Tête-à-la-Baleine (Duplessis) . . . 660
Thetford Mines (Chaudière-Appalaches) . . . 500
hébergement . . . 507
Tour 1000 (Montréal) . . . 108
Tour BNP (Montréal) . . . 109
Tour CIBC (Montréal) . . . 106
Tour d'observation (Carleton) . . . 552
Tour d'observation Rotary (Val-d'Or) . . . 344
Tour de la Bourse (Montréal) . . . 92
Tour de Montréal (Montréal) . . . 124
Tour du lac (Sainte-Agathe-des-Monts) . . . 296
Tour IBM-Marathon (Montréal) . . 107
Tour Lévis (Montréal) . . . 128
Tournoi international de hockey pee-wee de Québec (Ville de Québec) . . . 439
Train . . . 57
Traversée internationale du lac Memphrémagog (Magog) . . . 264
Traversiers . . . 58
Trinity Church (Cowansville) . . . 234
Trois Sœurs (Percé) . . . 547
Trois-Pistoles (Bas-Saint-Laurent) . 522
hébergement . . . 530
restaurants . . . 533
Trois-Rivières (Mauricie) . . . 362
fêtes et festivals . . . 387
hébergement . . . 381
restaurants . . . 383
Trou de la Fée (Desbiens) . . . 615
Tryton (Cap-Chat) . . . 542
Tunnel ferroviaire du cap de l'Enfer (Port-Daniel) . . . 550
Univers Maurice «Rocket» Richard (Montréal) . . . 125
Université Bishop (Lennoxville) . . 241
Université de Montréal (Montréal) 120
Université McGill (Montréal) . . . 109
Upton (Montérégie)
théâtres et salles de spectacle . 226
Usine Cascades (Kingsey Falls) . . 377
Val-d'Irène (Gaspésie) . . . 557
Val-d'Or (Abitibi-Témiscamingue) 344
hébergement . . . 355
restaurants . . . 356
sorties . . . 357
Val-David (Laurentides) . . . 296
hébergement . . . 311
restaurants . . . 317
Val-Jalbert (Saguenay - Lac-Saint-Jean)
hébergement . . . 624
Val-Morin (Laurentides) . . . 296
fêtes et festivals . . . 320
hébergement . . . 310
restaurants . . . 316
Valcourt (Cantons-de-l'Est) . . . 235
Vale Perkins (Cantons-de-l'Est)
hébergement . . . 254
Vallée-Jonction (Chaudière-Appalaches) . . . 498
Varennes (Montérégie) . . . 208
Vaudreuil-Dorion (Montérégie) . . 209
hébergement . . . 222
Vélo
Abitibi-Témiscamingue . . . 351
Charlevoix . . . 596
Laurentides . . . 305
Verchères (Montérégie) . . . 208
Victoriaville (Centre-du-Québec) . 373
bars et discothèques . . . 386
fêtes et festivals . . . 387
hébergement . . . 383
restaurants . . . 386
Vieille douane (Montréal) . . . 95
Vieille école (Georgeville) . . . 239
Vieille école (L'Acadie) . . . 193
Vieux Chemin (Cap-Santé) . . . 459
Vieux palais de justice (Montréal) . 98
Vieux Presbytère (Deschambault) 460
Vieux Séminaire (Montréal) . . . 95
Vieux-La Prairie (Montérégie) . . . 204
Vieux-Port de Chicoutimi (Chicoutimi) . . . 609
Vieux-Port de Montréal (Montréal) . 96
Vieux-Poste (Sept-Îles) . . . 653
Vieux-Presbytère (Saint-Bruno-de-Montarville) . . . 205
Vieux-Québec (Ville de Québec) . 393
Vieux-Tremblant (Laurentides) . . 298
Vignoble du Domaine des côtes d'Ardoises (Dunham) . . . 234
Vignoble l'Orpailleur (Dunham) . . 234
Vignoble Les Blancs Coteaux (Dunham) . . . 234
Villa Bagatelle (Sillery) . . . 455
Villa Montrose (Cacouna) . . . 521
Village des défricheurs (Saint-Prosper) . . . 499

Village des sports
(Saint-Gabriel-de-Valcartier) 467
Village du Bûcheron
(Grandes-Piles) 369
Village du Père-Noël (Val-David) . 296
Village historique de Val-Jalbert
(Saguenay - Lac-Saint-Jean) 615
Village huron (Wendake) 463
Village minier de Bourlamaque
(Val-d'Or) 344
Village québécois d'antan
(Drummondville) 377
Ville d'Estérel (Laurentides) 295
hébergement 310
Ville de Québec 389
Ville-Marie
(Abitibi-Témiscamingue) 350
hébergement 355
restaurants 357
Vins 68
Visites minières (Thetford Mines) . 500
Voie ferrée du Petit Train du Nord
(Laurentides) 305
Voile
Îles-de-la-Madeleine 574
Voiture 54
Waban Aki 32
Wakefield (Outaouais) 333
achats 340
Warwick (Centre-du-Québec) . . . 376
Waterloo (Cantons-de-l'Est) 235
Waterville (Cantons-de-l'Est)
hébergement 256
Way Mills (Cantons-de-l'Est)
hébergement 256
Welustuk 34
Wendake (environs de Québec)
restaurants 474
Whapmagoostui
(Nord-du-Québec) 678
hébergement 685
Windsor (Montréal) 106
Yamachiche (Mauricie) 372
Zion United Church (New Carlisle) 550
Zoo (Granby) 236
Zoo
(Saint-Édouard-de-Maskinongé) . 372
Zoo du Québec (Charlesbourg) . . 462
Zoo d'oiseaux exotiques
(Roxton Pond) 236

Notes de voyage

Notes de voyage

Bon de commande Ulysse

Guides de voyage

☐ Abitibi-Témiscamingue et Grand Nord	22,95 $	135 FF
☐ Acapulco	14,95 $	89 FF
☐ Arizona et Grand Canyon	24,95 $	145 FF
☐ Bahamas	24,95 $	145 FF
☐ Belize	16,95 $	99 FF
☐ Boston	17,95 $	99 FF
☐ Calgary	16,95 $	99 FF
☐ Californie	29,95 $	129 FF
☐ Canada	29,95 $	129 FF
☐ Cancún et la Riviera Maya	19,95 $	99 FF
☐ Cape Cod – Nantucket	16,95 $	99 FF
☐ Carthagène (Colombie)	12,95 $	70 FF
☐ Charlevoix Saguenay Lac-Saint-Jean	22,95 $	135 FF
☐ Chicago	19,95 $	99 FF
☐ Chili	27,95 $	129 FF
☐ Colombie	29,95 $	145 FF
☐ Costa Rica	27,95 $	145 FF
☐ Côte-Nord – Duplessis – Manicouagan	22,95 $	135 FF
☐ Cuba	24,95 $	129 FF
☐ Cuisine régionale au Québec	16,95 $	99 FF
☐ Disney World	19,95 $	135 FF
☐ El Salvador	22,95 $	145 FF
☐ Équateur – Îles Galápagos	24,95 $	145 FF
☐ Floride	29,95 $	129 FF
☐ Gaspésie – Bas-Saint-Laurent - Îles-de-la-Madeleine	22,95 $	99 FF
☐ Gîtes du Passant au Québec	13,95 $	89 FF
☐ Guadeloupe	24,95 $	98 FF
☐ Guatemala	24,95 $	129 FF
☐ Honduras	24,95 $	145 FF
☐ Hôtels et bonnes tables au Québec	17,95 $	89 FF
☐ Jamaïque	24,95 $	129 FF
☐ La Nouvelle-Orléans	17,95 $	99 FF
☐ Las Vegas	17,95 $	89 FF
☐ Lisbonne	18,95 $	79 FF
☐ Louisiane	29,95 $	139 FF
☐ Los Cabos et La Paz	14,95 $	89 FF
☐ Martinique	24,95 $	98 FF
☐ Miami	18,95 $	99 FF
☐ Montréal	19,95 $	117 FF

Guides de voyage

☐	New York	19,95 $	99 FF
☐	Nicaragua	24,95 $	129 FF
☐	Nouvelle-Angleterre	29,95 $	145 FF
☐	Ontario	27,95 $	129 FF
☐	Ottawa	16,95 $	99 FF
☐	Ouest canadien	29,95 $	129 FF
☐	Ouest des États-Unis	29,95 $	129 FF
☐	Panamá	24,95 $	139 FF
☐	Pérou	27,95 $	129 FF
☐	Plages du Maine	12,95 $	70 FF
☐	Portugal	24,95 $	129 FF
☐	Provence – Côte-d'Azur	29,95 $	119 FF
☐	Provinces Atlantiques du Canada	24,95 $	129 FF
☐	Puerto Plata–Sosua	14,95 $	69 FF
☐	Puerto Rico	24,95 $	139 FF
☐	Puerto Vallarta	14,95 $	99 FF
☐	Le Québec	29,95 $	129 FF
☐	République dominicaine	24,95 $	129 FF
☐	Saint-Martin – Saint-Barthélemy	16,95 $	89 FF
☐	San Francisco	17,95 $	99 FF
☐	Seattle	17,95 $	99 FF
☐	Toronto	18,95 $	99 FF
☐	Tunisie	27,95 $	129 FF
☐	Vancouver	17,95 $	89 FF
☐	Venezuela	29,95 $	129 FF
☐	Ville de Québec	17,95 $	99 FF
☐	Washington, D.C.	18,95 $	117 FF

Espaces verts

☐	Cyclotourisme au Québec	22,95 $	99 FF
☐	Cyclotourisme en France	22,95 $	79 FF
☐	Motoneige au Québec	22,95 $	99 FF
☐	Le Québec cyclable	19,95 $	99 FF
☐	Le Québec en patins à roues alignées	19,95 $	99 FF
☐	Ottawa-Hull à Vélo	3,95 $	43 FF
☐	Randonnée pédestre Montréal et environs	19,95 $	117 FF
☐	Randonnée pédestre Nord-est des États-Unis	19,95 $	117 FF
☐	Ski de fond au Québec	22,95 $	110 FF
☐	Randonnée pédestre au Québec	22,95 $	117 FF

Guides de conversation

☐ L'Anglais pour mieux voyager en Amérique	9,95 $	43 FF
☐ L'Espagnol pour mieux voyager en Amérique latine	9,95 $	43 FF
☐ Le Québécois pour mieux voyager	9,95 $	43 FF
☐ French for better travel	9,95 $	43 FF

Journaux de voyage Ulysse

☐ Journal de voyage Ulysse (spirale)bleu – vert – rouge ou jaune	11,95 $	49 FF
☐ Journal de voyage Ulysse (format de poche) bleu – vert – rouge – jaune ou «sextant»	9,95 $	44 FF

Budget • zone

☐ •zone Amérique centrale	14,95 $	69 FF
☐ •zone Ouest canadien	14,95 $	69 FF
☐ •zone le Québec	14,95 $	69 FF
☐ Stagiaires Sans Frontières	14,95 $	89 FF

Titre	Qté	Prix	Total
Nom :		Total partiel	
		Port	4.00$/16FF
Adresse :		Total partiel	
		Au Canada TPS 7%	
		Total	

Tél : Fax :

Courriel :

Paiement : ☐ Chèque ☐ Visa ☐ MasterCard

N° de carte________________ Expiration__________

Signature________________________

Guides de voyage Ulysse
4176, rue Saint-Denis, Montréal
(Québec) H2W 2M5
☎ (514) 843-9447,
sans frais : ☎ 1-877-542-7247
fax (514) 843-9448
info@ulysse.ca

En Europe:
Les Guides de voyage Ulysse, SARL
BP 159
75523 Paris Cedex 11
info@ulysse.ca
☎ 01.43.38.89.50
Fax 01.43.38.89.52

Consultez notre site : www.ulysse.ca